D1747837

Uwe Thaysen (Hrsg.)

Der Zentrale Runde Tisch der DDR
Band III: Neuer Machtkampf

Der Zentrale Runde Tisch der DDR

Wortprotokoll und Dokumente
Band III: Neuer Machtkampf

Bearbeitet, mit einem einleitenden Essay versehen und herausgegeben von Uwe Thaysen

Westdeutscher Verlag

Die Deutsche Bibliothek – CIP-Einheitsaufnahme
Ein Titeldatensatz für diese Publikation ist bei
Der Deutschen Bibliothek erhältlich

Dieses Werk wurde gefördert durch den Deutschen Bundestag
und das Bundesministerium des Innern.

Alle Rechte vorbehalten
© Westdeutscher Verlag GmbH, Wiesbaden 2000

Der Westdeutsche Verlag ist ein Unternehmen der Bertelsmann Fachinformation GmbH.

Das Werk einschließlich aller seiner Teile ist urheberrechtlich geschützt. Jede Verwertung außerhalb der engen Grenzen des Urheberrechtsgesetzes ist ohne Zustimmung des Verlags unzulässig und strafbar. Das gilt insbesondere für Vervielfältigungen, Übersetzungen, Mikroverfilmungen und die Einspeicherung und Verarbeitung in elektronischen Systemen.

www.westdeutschervlg.de

Höchste inhaltliche und technische Qualität unserer Produkte ist unser Ziel. Bei der Produktion und Verbreitung unserer Bücher wollen wir die Umwelt schonen: Dieses Buch ist auf säurefreiem und chlorfrei gebleichtem Papier gedruckt. Die Einschweißfolie besteht aus Polyäthylen und damit aus organischen Grundstoffen, die weder bei der Herstellung noch bei der Verbrennung Schadstoffe freisetzen.

Umschlaggestaltung: Horst Dieter Bürkle, Darmstadt
Druck und buchbinderische Verarbeitung: Lengericher Handelsdruckerei, Lengerich
Printed in Germany

Inhaltsverzeichnis

Band III: Neuer Machtkampf

10.–13. Sitzung (29. Januar – 19. Februar 1990)

10. Sitzung 549

Berlin, Residenz Schloß Niederschönhausen, Mittwoch, den 29. Januar 1990

TOP 1: Eröffnung und Festlegung der Tagesordnung 549

– **Tagesordnung**
[Dokument 10/1, Anlagenband] 549

– **Antrag** FDGB: Antrag zur Geschäftsordnung, unter den Tagesordnungspunkt „Einzelanträge" das Thema „Mediengesetz" aufzunehmen 549

– **Antrag** GP: Antrag zur Geschäftsordnung, unter Tagesordnungspunkt „Einzelanträge" das Thema „Staatsjagdgebiete" aufzunehmen 550

TOP 2: Informationen über ein Gespräch am 28.1.1990 von Vertretern der Parteien und Gruppierungen mit Ministerpräsident Modrow 551

TOP 3: Ökologische Fragen 551

– **Vortrag** vom Minister für Naturschutz, Umweltschutz und Wasserwirtschaft, Peter Diederich über den gegenwärtigen Stand der Umweltsituation in der DDR 551

– **Aussprache** der Teilnehmer des Runden Tisches zum Vortrag von Minister Diederich .. 558

TOP 4: Mediengesetzgebung der Volkskammer 565

Vorlage 10/7 **Antrag** FDGB, VL, SPD, UFV, DJ: Veränderung der Gesetzesvorlage „Gewährleistung der Meinungs-, Informations-, und Medienfreiheit" 565

TOP 5: Ökologische Fragen (Fortsetzung) 565

– **Aussprache** der Teilnehmer des Runden Tisches zum Vortrag von Minister Diederich (Fortsetzung) 565

Vorlage 10/3 **Antrag** AG „Ökologischer Umbau": Zur Einbeziehung ökologischer Prinzipien in der Gestaltung der gesellschaftlichen und ökonomischen Entwicklung der DDR" 582

– **Antrag** IFM: Abstimmung über den Wortlaut des Minderheitenvotums der Vorlage 10/3, Punkt 5.3 588

Vorlage 10/1 **Standpunkt** der SED-PDS zur Umweltpolitik
[Dokument 10/2, Anlagenband] 589

– **Standpunkt** der SED-PDS zur ökologischen und ökonomischen Erneuerung (Information 9/6)
[Dokument 10/3, Anlagenband] 589

Vorlage 10/12 **Antrag** SPD zu Fragen der Atomenergie und Reaktorsicherheit in der DDR
[Dokument 10/4, Anlagenband] 590

Vorlage 10/16 **Antrag** SPD, NF, GP, IFM, GL, UFV, DA zur Stillegung der Kernkraftwerksblöcke 1 bis 4 in Greifswald
[Dokument 10/5, Anlagenband] 590

– **Antrag** NDPD: Antrag zur Geschäftsordnung, Vorlage 10/16 für diese 10. Sitzung zurückzustellen 591

– **Antrag** IFM: Abstimmung über den Wortlaut des Minderheitenvotums der Vorlage 10/3, Punkt 5.3 595

Vorlage 10/13 **Antrag** SED-PDS zur Bildung des Grünen Tisches der DDR 596

	– **Information** SED-PDS zur Vorlage 10/13: Beschlußvorlage des Grünen Tisches; Sofortmaßnahmen	596
	– **Antrag** NDPD: Änderungsantrag zur Vorlage 10/13	597
Vorlage 10/10	**Antrag** GL, GP zur Bildung eines gesamtdeutschen „Grünen Runden Tisches"	598
	– **Antrag** SPD: Änderungsantrag zur Vorlage 10/10	599
	– **Antrag** CDU: Änderungsantrag zur Vorlage 10/10	599
Vorlage 10/6	**Antrag** DBD: Zur Einrichtung eines nationalen ökologischen Forschungsprojektes	600
Vorlage 10/5	**Antrag** GL: Zur Bildung einer gemeinsamen Arbeitsgruppe von Regierung und Rundem Tisch zur Entwicklung umweltgerechter Lösungen im öffentlichen Personennahverkehr	602
	– **Antrag** SPD: Änderungsantrag zur Vorlage 10/5	602
Vorlage 10/4	**Antrag** GP: Sofortmaßnahmen zur Begrenzung der weiteren Wasserverschmutzung und Gesundheitsgefährdung	603
	– **Antrag** DBD: Vorlage 10/4 soll zurückverwiesen werden an die Arbeitsgruppe „Ökologischer Umbau"	603
	– **Antrag** FDGB: Vorlage 10/11 noch in der 10. Sitzung zu behandeln	603
Vorlage 10/15	**Beschlußantrag** GL, GP: Neuerliche Prüfung der von der DDR und West-Berlin abgeschlossenen Müllverträge	604
Vorlage 10/17	**Beschlußantrag** GL, GP, DA, NF, IVL, SPD, NDPD, IFM, UFV: Installation von Wasserzählern	606
	– **Antrag** DBD: Änderungsantrag zur Vorlage 10/17	607
Vorlage 10/18	**Antrag** NDPD: Die Regierung wird aufgefordert, das Material des Runden Tisches begutachten zu lassen und die Änderungs- und Ergänzungsvorschläge in das Material einzubeziehen	607
	– **Vorschläge** PDS: Zur Verwirklichung einer weitsichtigen Umweltpolitik durch die Regierung (Information 10/5) [Dokument 10/6, Anlagenband]	608
	– **Information** DA: Eckpunkte und einige Diskussionsaspekte für die Ausarbeitung eines neuen Energiekonzeptes (Information 10/6) [Dokument 10/7, Anlagenband]	608
	– **Information** PDS: Zwischenbericht der PDS-Arbeitsgruppe: Zu den Ursachen der bisherigen Nicht-Umweltpolitik der DDR (Information 10/8) [Dokument 10/8, Anlagenband]	608

TOP 6: Überlegungen für eine neue Verfassung 608

Vorlage 10/2	**Antrag** AG „Neue Verfassung": Änderung zum Beschlußantrag der Volkskammerkommission	608
	– **Antrag** Kommission der Volkskammer zur Änderung und Ergänzung der Verfassung der DDR vom 19. Januar 1990 (Information 10/3a) [Dokument 10/9, Anlagenband]	608

TOP 7: Öffentlichkeitsarbeit des Runden Tisches 609

TOP 8: Anträge auf Zulassung weiterer Parteien, Gruppierungen als Mitglieder bzw. Beobachter am Runden Tisch 610

	– **Antrag** SPD: Den neuen Parteien und Gruppierungen, die Anträge auf Zulassung stellen, sollte Beobachterstatus und Mitspracherecht eingeräumt werden	611
	– **Antrag** DJ: Weitere Zulassungen zum Runden Tisch sollten entfallen	612
	– **Antrag** NF: Das pauschale Rederecht soll von der Prioritätenkommission präzisiert werden	612

TOP 9: Ausländische Mitbürger (113/7) 613

Vorlage 10/20	**Antrag** AG „Ausländerfragen": Benennung eines Ausländerbeauftragten (wird in die 11. Sitzung vertagt) [Dokument 10/10, Anlagenband]	613

TOP 10: Nutzung der Staatsjagdgebiete 613

Vorlage 10/8	**Antrag** GL, GP: Zur Nutzung der Staatsjagdgebiete und ehemaliger militärischen Sperrgebiete	613

TOP 11: Erklärung des Justizministers Kurt Wünsche zu Demokratie und Rechtsstaatlichkeit 616

Vorlage 10/21	**Erklärung** des Justizministers zu Demokratie und Rechtsstaatlichkeit	616
Vorlage 10/22	**Bericht** Schnur, DA: Über ein Gespräch mit dem Stellvertreter des Ministers für Innere Angelegenheiten und Chef der Deutschen Volkspolizei, Generalmajor Wunderlich und Herrn Schnur am 29. 1. 1990	617
	– **Vorschlag** DA: Zur Sicherheitspartnerschaft mit den polizeilichen Kräften	617

TOP 12: „Regierung der Nationalen Verantwortung" 617

Vorlage 10/11	**Antrag** FDGB: Zur Mitarbeit aller oppositionellen Parteien und Gruppierungen in einer „Regierung der Nationalen Verantwortung"	618

TOP 13: Chancengleichheit bei den Volkskammerwahlen 618

Vorlage 10/19	**Antrag** SPD, GP, GL, NF, IFM, VL, UFV, DA: Gewährleistung der Chancengleichheit bei der Vorbereitung der Volkskammerwahlen	618

TOP 14: Lage der DDR 619

– **Information** des Ministeriums für Finanzen: Aufforderung, sich an der Frage der Preisbildung zu beteiligen [Dokument 10/11, Anlagenband]	619
– **Information** LDPD: Erklärung i. A. Klaus-Peter Budig, Minister für Wissenschaft und Technik, zur Auflösung MfS/AfNS (Information 10/7) [Dokument 10/12, Anlagenband]	619

Vorlage 10/14	**Antrag** zur Situation im Gesundheitswesen	619
	– **Erklärung** der AG „Wirtschaft": Zum Gesamtkonzept der Wirtschaftsreform (Information 10/4) [Dokument 10/13, Anlagenband]	619

TOP 15: Abschluß durch den Gastgeber 619

11. Sitzung ... 620

Berlin, Residenz Schloß Niederschönhausen, Montag, den 5. Februar 1990

TOP 1:	Begrüßung und Vorstellung neuer Teilnehmer der Parteien und Gruppierungen	620
TOP 2:	Beratung zur Tagesordnung	620

      Vorlage 11/0   **Vorschlag** für die Tagesordnung der 11. Sitzung
                               [Dokument 11/1, Anlagenband] ... 620

TOP 3: Zwischenbericht aus dem Dreierkomitee zur Auflösung des MfS/AfNS, vorgetragen von Werner Fischer, Sicherheitsbeauftragter des Runden Tisches und Regierungsbevollmächtigter zur Auflösung des MfS/AfNS
[Dokument 11/2, Anlagenband] ... 622

    – **Appell:** Aufruf der Dreiergruppe von Beauftragten zur Auflösung des AfNS an die Bevölkerung der DDR ... 624

TOP 4: Wahlgesetz ... 624

    Vorlage 11/4   **Antrag** AG „Wahlgesetz" zu Wahltermin und Kandidatenaufstellung für die Volkskammerwahl am 18. März 1990 sowie Anlage zum Terminplan der auf den 18. März 1990 vorgezogenen Wahl
[Dokument 11/4, Anlagenband] ... 624

    – **Erklärung** NF zum vorgezogenen Wahltermin für die Volkskammerwahlen am 18. März 1990 (Information 11/5) ... 625

    Vorlage 11/5   **Antrag** NF: Änderung des Wahltermins ... 626

    – **Antrag** IFM: Verzicht auf Gastredner aus der Bundesrepublik bei Wahlveranstaltungen in der DDR ... 628

    – **Antrag** SPD: Einzelabstimmung der Punkte 1-4 der Vorlage 11/4 ... 630

TOP 5: Parteien- und Vereinigungsgesetz ... 631

    Vorlage 11/7   **Erklärung** AG „Parteien- und Vereinigungsgesetz" zu Aktivitäten der Partei „Die Republikaner" auf dem Territorium der DDR ... 631

    – **Entwurf** AG „Parteien- und Vereinigungsgesetz": Vorläufiges Gesetz über Parteien und andere politische Vereinigungen, Parteiengesetz
[Dokument 11/3, Anlagenband] ... 631

    – **Antrag** Präsidium der Volkskammer der DDR: Zum Beschluß der Volkskammer der Deutschen Demokratischen Republik zu Aktivitäten der Partei „Die Republikaner" auf dem Territorium der DDR (Information 11/2)
[Dokument 11/5, Anlagenband] ... 631

TOP 6: Wirtschaft: Erste Runde der Regierungserklärungen ... 632

    – **Kommentar** des Industrieministers und Vorsitzenden des Wirtschaftsausschusses, Karl Grünheid, zum Bericht über die Lage der Volkswirtschaft und Schlußfolgerungen zur Stabilisierung, insbesondere zu den Zielvorstellungen der Wirtschaftsreform
[Dokument 11/6, Anlagenband] ... 633

    – **Erklärung** der Stellvertretenden Vorsitzenden des Ministerrates, Ministerin für Wirtschaft, Prof. Dr. Christa Luft, zum Konzept der Wirtschaftsreform ... 634

    – **Ausführungen** des Staatssekretärs im Ministerium der Finanzen und Preise, Dr. Manfred Domagk, zu der Verbraucher-, Preis- und Subventionspolitik sowie zu der Reform des Industriepreissystems ... 637

TOP 7: Wirtschaft: Erste Runde der Beratung ... 639

    Vorlage 11/9   **Stellungnahme** AG „Wirtschaft": Erklärung des Runden Tisches zum Arbeitsmaterial der AG „Wirtschaftsreform" beim Ministerrat ... 639

    – **Antrag** NDPD: Rückverweisung an AG „Wirtschaft" ... 640

    – **Antrag** SPD: Einzelabstimmung der Anträge zum Thema Wirtschaft ... 641

	– **Antrag** LDPD: Abstimmung darüber, welche der 26 Anträge zum Thema Wirtschaft in die AG „Wirtschaft" verwiesen werden und welche am Runden Tisch verbleiben	641
Vorlage 11/24	**Erklärung** CDU: Sofortmaßnahmen zur Sicherung des sozialen Status der Werktätigen [Dokument 11/7, Anlagenband]	643

TOP 8: **Wirtschaft: Erste Runde der Beantwortung der Fragen durch Regierungsvertreter** 646

TOP 9: **Wirtschaft: Zweite Runde der Beratung** 651

	Entwurf der Regierung: Verordnung über die Gewährung von Vorruhestandsgeld [Dokument 11/8]	651
	– **Entwurf** der Regierung: Verordnung über die Gewährung staatlicher Unterstützung und betrieblicher Ausgleichszahlung an Bürger während der Zeit der Arbeitsvermittlung [Dokument 11/9]	651
Vorlage 11/17	**Anfrage** GP an die Regierung betr. Agrarexportgeschäfte	652
Vorlage 11/14	**Erklärung** VdgB: Zu den bisherigen Vorschlägen der AG „Wirtschaftsreform" beim Ministerrat der DDR [Dokument 11/10, Anlagenband]	654
Vorlage 11/26a	**Antrag** FDGB: Verwendung von PDS-Geld zur Erhöhung der Mindestrenten und zur Finanzierung der Betreuungsarbeit der Volkssolidarität [Dokument 11/11, Anlagenband]	656
Vorlage 11/20	**Antrag** SPD: Einsetzung einer deutsch-deutschen Expertenkommission zur Prüfung der Möglichkeiten und Bedingungen für eine Währungsunion	657
Vorlage 11/29	**Antrag** PDS: Kooperation DDR-BRD, Organisation der BRD-Wirtschaftshilfe durch neue Verwaltungsreform. Ziel: Deutschland einig Vaterland [Dokument 11/12, Anlagenband]	658
Vorlage 11/19	**Antrag** SPD: Frühestmögliche Durchführung der Preisreform im Bereich Nahrungsgüter, Lebensmittel und Gaststätten in Verbindung mit Ausgleichszahlungen an die Bevölkerung [Dokument 11/13, Anlagenband]	660
Vorlage 11/31	**Antrag** PDS: Verknüpfung des Wirtschafts- und Währungsverbundes mit einem Sozialverbund [Dokument 11/14, Anlagenband]	661
Vorlage 11/13	**Antrag** PDS: Sicherung der in der Verfassung und im Arbeitsgesetzbuch der DDR garantierten Rechte für Frauen [Dokument 11/15, Anlagenband]	661

TOP 10: **Wirtschaft: Zweite Runde der Beantwortung der Fragen durch Regierungsvertreter** 661

	– **Bericht** des Ministerrates der DDR über die Lage der Volkswirtschaft und Schlußfolgerungen zur Stabilisierung [Dokument 11/16, Anlagenband]	664
Vorlage 11/18	**Stellungnahme** UFV: Zum Arbeitsmaterial der AG „Wirtschaft vom 29.1.1990 [Dokument 11/17, Anlagenband]	667
	– **Forderungen und Fragen** PDS: Zu Wirtschafts- und Sozialfragen (Information 11/13) [Dokument 11/18, Anlagenband]	667
	– **Stellungnahme** FDGB: Zu den „Zielstellungen, Grundrichtungen, Etappen und unmittelbaren Maßnahmen der Wirtschaftsreform…" vom 29. Januar 1990 (Information 11/7) [Dokument 11/19, Anlagenband]	667

TOP 11: **Wirtschaft: Dritte Runde der Beratung, insbesondere zur sozialen und ökologischen Absicherung der wirtschaftlichen Erfordernisse** 669

Vorlage 11/11	**Antrag** UFV: Erarbeitung einer Sozialcharta [Dokument 11/20, Anlagenband]	669
Vorlage 11/15	**Antrag** GP: Soziale Absicherung der Werktätigen [Dokument 11/21, Anlagenband]	669
Vorlage 11/22	**Erklärung** GP: Zur geplanten Währungsreform [Dokument 11/22, Anlagenband]	670

Vorlage 11/28	**Antrag** GP, NF, GL: Aushändigung energiestatistischer Unterlagen [Dokument 11/23, Anlagenband]	670
Vorlage 11/30	**Antrag** PDS: Sofortmaßnahmen ökologisch orientierter Marktwirtschaft im Bereich der klein- und mittelständischen Industrie [Dokument 11/24, Anlagenband]	670
Vorlage 11/6	**Antrag** NDPD: Berücksichtigung der sozialen und ökologischen Erfordernisse bei der Ausarbeitung der Wirtschaftsreform [Dokument 11/25, Anlagenband]	670

TOP 12: Parteien- und Vereinigungsgesetz 674

    – Kommentar Dr. Karl-Heinz Christoph, Ministerium der Justiz 674

Vorlage 11/35	**Antrag** DA: Änderungen des vorläufigen Parteiengesetzes [Dokument 11/26, Anlagenband]	676

TOP 13: Problem Kernkraft 676

Vorlage 10/12	**Antrag** SPD zu Fragen der Atomenergie und Reaktorsicherheit in der DDR [Dokument 10/4, Anlagenband]	676
Vorlage 10/16	**Antrag** SPD: Zur Stillegung der Kernkraftwerksblöcke 1 bis 4 in Greifswald [Dokument 10/5, Anlagenband]	676
Vorlage 11/32	**Antrag** PDS: Bürgerkontrolle über das KKW Greifswald [Dokument 11/28, Anlagenband]	677
Vorlage 11/33	**Erklärung** GP, GL, IFM, DFV, NF, DFP, DA: Abschaltung des KKW Greifswald [Dokument 11/29, Anlagenband]	677

    – **Standpunkt** der Leitung des Kombinats KKW „Bruno Leuschner" Greifswald zur Gewährleistung der nuklearen Sicherheit beim Betrieb der Blöcke 1 bis 4 im KKW Greifswald vorgetragen von Dr. Reiner Lehmann, Generaldirektor des Kombinats KKW Greifswald 677

    – **Resolution** der Belegschaft des KKW Greifswald, vorgetragen von Volkmar Kirchhoff, Vertreter der Belegschaft des Kombinates 678

    – **Information:** Standpunkt des Leiters des SAAS, Prof. Dr. Sitzlack, zur Sicherheit der Kernkraftwerksblöcke des KKW Greifswald 679

    – **Stellungnahme** des Hauptabteilungsleiters im Ministerium für Schwerindustrie, Harald Gatzke, zu den Auswirkungen einer sofortigen Stillegung des KKW Greifswald auf die Elektroenergie- und Wärmeversorgung [Dokument 11/27, Anlagenband] 680

    – **Diskussion** der Regierungserklärungen 681

TOP 14: Neuzulassungen 687

    – **Antrag** Prioritätengruppe: Behandlung von Anträgen auf Neuzulassungen 687

TOP 15: Gesundheitswesen 688

Vorlage 11/3	**Antrag** AG „Gesundheits- und Sozialwesen": Übergabe des Inventars des MfS	688
Vorlage 10/14	**Antrag** SPD: Zur Situation im Gesundheitswesen	688

TOP 16: Bildung und Jugend 688

Vorlage 10/9	**Antrag** AG „Bildung, Erziehung und Jugend": Zum Erhalt von Personal und Einrichtungen für Jugendliche [Dokument 11/30 Anlagenband]	688
Vorlage 11/10	**Antrag** VL: Erstellung eines Berichtes zur Lage der Kinder und Jugendlichen [Dokument 11/31, Anlagenband]	689

TOP 17: Sicherheit 690

Vorlage 11/12	**Antrag** AG „Sicherheit": Bedingungen für die Übernahme von Spezialisten des ehemaligen MfS/AfNS durch die Hauptabteilung Kriminalistik des MfIA	691

    – **Antrag** NDPD: Vorlage 11/12 an die AG „Sicherheit" bzw. an das Dreiergremium zurückverweisen 692

TOP 18: **Ausländerfragen** 693

    Vorlage 10/20 **Antrag** AG „Ausländerfragen": Benennung eines Ausländerbeauftragten
                             [Dokument 10/10, Anlagenband] 693

    Vorlage 11/1   **Antrag** AG „Ausländerpolitik": Entsendung von zwei Vertretern der AG „Ausländerpolitik" in den Verfassungs- und Rechtsausschuß der Volkskammer
                             [Dokument 11/32, Anlagenband] 693

TOP 19: **Währungsfragen** 694

    Vorlage 11/20 **Antrag** SPD: Einsetzung einer deutsch-deutschen Expertenkommission zur Prüfung der Möglichkeiten und Bedingungen für eine Währungsunion 694

                – **Erklärung** VL: Zu den Gefahren des Direkteinstiegs in die Marktwirtschaft (Information 11/4)
                    [Dokument 11/33, Anlagenband] 694

                – **Beschluß** des Runden Tisches: Möglichkeiten und Bedingungen für einen Währungsverbund/eine Währungsunion 696

TOP 20: **Betriebsverfassungsrecht** 696

    Vorlage 11/25 **Antrag** SPD: Herstellung demokratischer Kontrolle über die staatliche Wirtschaft durch Bildung von Betriebsräten
                             [Dokument 11/34, Anlagenband] 697

    Vorlage 11/21 **Antrag** VL: Sicherung der Werktätigeninteressen und Verwirklichung von Wirtschaftsdemokratie bei der Durchführung der Wirtschaftsreform
                             [Dokument 11/35, Anlagenband] 697

                – **Antrag** LDPD: Verweisung der Vorlage 11/21 an die Einbringer 698

    Vorlage 11/26b **Antrag** VL: Zum Abbau der Subventionen bei Kinderbekleidung und -schuhen
                             [Dokument 11/36, Anlagenband] 698

12. Sitzung ... 700

Berlin, Residenz Schloß Niederschönhausen, Montag, den 12. Februar 1990

TOP 1: Begrüßung und Vorstellung neuer Teilnehmer der Parteien und Gruppierungen ... 700

TOP 2: Beratung der Tagesordnung ... 701

    Vorlage 12/0   Tagesordnung
[Dokument 12/1, Anlagenband] ... 701

    Vorlage 11/19   **Antrag** SPD: Frühestmögliche Durchführung der Preisreform im Bereich Nahrungsgüter, Lebensmittel und Gaststätten in Verbindung mit Ausgleichszahlungen an die Bevölkerung
[Dokument 11/13, Anlagenband] ... 702

TOP 3: Positionen des Runden Tisches für die Verhandlungen Modrow/Kohl am 13. und 14. Februar 1990 ... 703

    Vorlage 12/6   **Antrag** NDPD, DJ: Positionen des Runden Tisches für die Verhandlungen Modrow/Kohl am 13. und 14. Februar 1990 ... 703

    Vorlage 12/7   **Antrag** PDS (Kommission Umweltpolitik) an den Ministerpräsidenten der DDR, Herrn Dr. Hans Modrow: Bildung einer gemeinsamen Energiekommission
[Dokument 12/2, Anlagenband] ... 704

    Vorlage 12/8   **Offener Brief** PDS an den Bundeskanzler der Bundesrepublik Deutschland Herrn Dr. Helmut Kohl
[Dokument 12/3, Anlagenband] ... 704

    – **Erklärung** Minister Ullmann im Namen der Regierung: Zur Verhandlungsgrundlage der DDR ... 708

    – **Antrag** CDU: Klärung, ob Herr Ullmann seine Anträge in seiner Eigenschaft als Minister oder als Vertreter von DJ einbringt ... 709

    – **Standpunkt** PDS „AG Junger GenossInnen": Zur Ausgestaltung der Vertragsgemeinschaft auf dem Wege zu einer Konföderation (Information 12/2)
[Dokument 12/4, Anlagenband] ... 709

    – **Antrag** NF: Kein Wahlkampf am Zentralen Runden Tisch ... 711

    – **Information** FDGB: Bedingungen einer Vertragsgemeinschaft zwischen DDR und BRD auf dem Gebiet der Wirtschafts- und Währungsunion (Information 12/3)
[Dokument 12/5, Anlagenband] ... 712

    Vorlage 12/15   **Antrag** LDP: Themenvorschlag für die Gespräche von Ministerpräsident Modrow mit Bundeskanzler Kohl
[Dokument 12/6, Anlagenband] ... 714

    – **Antrag** NDPD: Übertragung aller Anmerkungen und Anträge zu Vorlage 12/6 an eine Redaktionsgruppe ... 715

    Vorlage 12/19   **Antrag** DJ: Vorsorgemaßnahmen der Regierung der Nationalen Verantwortung für den Fall der währungspolitischen Vereinnahmung unseres Landes ... 717

    – **Antrag** IFM: Geschäftsordnungsantrag: Abstimmung darüber, wer sich der politischen Willensbildung zum Wirtschafts-, Währungsverbund und Sozialverbund anschließt ... 719

TOP 4: Parteien- und Vereinigungsgesetz ... 720

    Vorlage 12/4   **Entwurf** AG „Parteien- und Vereinigungsgesetz": Vorläufiges Gesetz über Parteien und andere politische Vereinigungen – Parteiengesetz - ... 720

    – **Stellungnahme** des Ministers der Justiz, Prof. Dr. Kurt Wünsche, zum Entwurf des vorläufigen Parteiengesetzes ... 724

    – **Antrag** UFV: Änderungen sprachlicher Formulierungen in der Vorlage 12/4, die Stellung der Frau betreffend ... 726

    Vorlage 12/5   **Entwurf** AG „Partei- und Vereinigungsgesetz": Gesetz über Vereinigungen – Vereinigungsgesetz –
[Dokument 12/7, Anlagenband] ... 728

		– **Antrag** PDS: Zu Vorlage 12/5 3 Abs. 2: Jugendliche zwischen 14 und 18 Jahre sollen selbst entscheiden dürfen, welcher Vereinigung sie beitreten 729
	Vorlage 12/23	**Antrag** DBD: Protest gegen öffentliche Erklärungen von Vertretern des Runden Tisches, wonach mehrheitlich gefaßte Beschlüsse für sie nicht bindend sind 733
		– **Antrag** DJ: Stellungnahme der Parteien, warum sie darauf bestehen, Gastredner einzufliegen 733
TOP 5:	Erklärung des Ministers für Post- und Fernmeldewesen, Dr. Klaus Wolf, zum Vertriebssystem für Verlage der BRD 734
		– **Rückfragen** und Stellungnahmen zu den Erklärungen der Regierungsvertreter 736
TOP 6:	Wahlgesetz 740
	Vorlage 12/28	**Antrag** DJ, IFM, GP, VL: Kandidatenaufstellung und Briefwahl 740
		– **Entwurf**: Erklärung des Staatsrates der Deutschen Demokratischen Republik zu den Kommunalwahlen am 7. Mai 1989 742
	Vorlage 12/22	**Erklärung** CDU: Minderheitenvotum zum „Gastredner"-Beschluß der 11. Sitzung [Dokument 12/8, Anlagenband] 745
	Vorlage 12/21	**Antrag** GP: Zum Kommunalwahlrecht, insbesondere zur Anwendung des Verhältniswahlrechts mit Komponenten der Personenwahl [Dokument 12/9, Anlagenband] 745
		– **Antrag** SPD: Verweisung der Erklärung in die AG „Wahlrecht" 746
TOP 7:	Bürgerkomitees, Umgang mit den Unterlagen des MfS 748
	Vorlage 12/1	**Standpunkt** AG „Recht": Zur Ordnung der Bürgerkomitees 748
	Vorlage 12/9	**Antrag** PDS: Vorstellungen über zukünftige politische Strukturen und Arbeitsweisen der Bürgerkomitees [Dokument 12/10, Anlagenband] 749
	Vorlage 12/3	**Zusatzantrag** AG „Recht": Bildung einer Kommission zur Kontrolle der Vernichtung von Daten des MfS/AfNS [Dokument 12/11, Anlagenband] (104) 751
	Vorlage 12/2	**Antrag** AG „Recht": Zur Vernichtung von Daten des MfS/AfNS 752
		– **Erklärung** NF Schwerin, AG „Sicherheit": Zum weiteren Umgang mit den Unterlagen des ehemaligen MfS (Information 12/6) 752
TOP 8:	Positionen des Runden Tisches für die Verhandlungen Modrow/Kohl am 13. und 14. Februar 1990 756
	Vorlage 12/17	**Antrag** UFV: Verknüpfung des Wirtschafts- und Währungsverbundes mit einer Sozialcharta [Dokument 12/12, Anlagenband] 756
	Vorlage 12/18	**Antrag** SPD: Einberufung einer Konferenz der Siegermächte des Zweiten Weltkrieges unter gleichberechtigter Teilnahme von DDR und BRD [Dokument 12/13, Anlagenband] 756
		– **Position** VdgB für die Verhandlungen Modrow/Kohl am 13. und 14. Februar 1990 – Verhandlungsanregungen – (Information 12/10) [Dokument 12/14, Anlagenband] 758
	Vorlage 12/29	**Antrag** Freies Forschungskollegium „Selbstorganisation" für Wissenskatalyse an Knotenpunkten: Umgehende Bildung einer Treuhandgesellschaft (Holding) zur Wahrung der Anteilsrechte der Bürger mit DDR-Staatsbürgerschaft am Volkseigentum der DDR [Dokument 12/15, Anlagenband] 760
TOP 9:	Interessenvertretung und Mitbestimmung in den Betrieben 762
	Vorlage 11/25	**Antrag** SPD: Herstellung der demokratischen Kontrolle über die staatliche Wirtschaft durch Bildung von Betriebsräten [Dokument 11/34, Anlagenband] 762
	Vorlage 12/11	**Antrag** FDGB: Zustimmung zu dem vom Außerordentlichen Gewerkschaftskongreß erarbeiteten Beschluß zur Änderung der Artikel 44 und 45 der Verfassung der DDR sowie zum Entwurf eines Gewerkschaftsgesetzes [Dokument 12/16, Anlagenband] 762

		– **Anlage** zu Vorlage 12/11: Vorschlag zur Änderung der Verfassung der DDR [Dokument 12/17, Anlagenband]	763
		– **Antrag** UFV: Art. 44 und 45 in der AG „Neue Verfassung" überarbeiten zu lassen	763
		– **Antrag** NDPD: Informierung der AG „Wirtschaft" über die Gesetzgebung	766

Vorlage 12/24 **Antrag** SPD, VL, FDGB: Sicherung von Interessen der Arbeiter und Angestellten und zur Verwirklichung von Wirtschaftsdemokratie 767

Vorlage 11/21 **Antrag** VL: Sicherung der Werktätigeninteressen und Verwirklichung von Wirtschaftsdemokratie bei der Durchführung der Wirtschaftsreform [Dokument 11/35, Anlagenband] 770

TOP 10: Nationalparkprogramm 771

Vorlage 11/16 **Antrag** SPD: Nationalparkprogramm als Baustein für ein geeinigtes Europa [Dokument 12/18, Anlagenband] 771

Vorlage 12/32 **Antrag** GP: Nationalpark Sächsische Schweiz 772

TOP 11: Abbau von Subventionen bei Kinderbekleidung 773

Vorlage 11/26b **Antrag** VL: Zum Abbau der Subventionen bei Kinderbekleidung und -schuhen [Dokument 11/36, Anlagenband] 773

Vorlage 12/14 **Antrag** AG „Sozialwesen": Festlegung differenzierter Ausgleichsbeträge bei Kinderbekleidung und –schuhen [Dokument 12/19, Anlagenband] 775

Vorlage 11/14 – **Standpunkt** VdgB zu den bisherigen Vorschlägen der AG „Wirtschaft" beim Ministerrat der DDR (frühere Information 11/1) [Dokument 11/10, Anlagenband] 775

TOP 12: Soziale Sicherheit für Behinderte 776

Vorlage 12/20 **Antrag** DJ: Anspruch auf Unterstützung und Ausgleichszahlung für Behinderte und Invalidenrentner 776

– **Verordnung** der Regierung über die Gewährung staatlicher Unterstützung und betrieblicher Ausgleichszahlung an Bürger während der Zeit der Arbeitsvermittlung [Dokument 11/9, Anlagenband] 776

TOP 13: Schließung von Kindertagesstätten 776

Vorlage 12/25 **Antrag** SPD: Zur Verordnung über die Gewährung staatlicher Unterstützung und betrieblicher Ausgleichszahlung an Bürger während der Zeit der Arbeitsvermittlung und zur Verordnung über die Gewährung von Vorruhestandsgeld 777

Vorlage 12/10 **Erklärung** FDGB: Verwendung der durch die FDJ zurückerstatteten Mittel aus dem Solidaritätsfonds von 50 Millionen Mark [Dokument 12/20, Anlagenband] 778

Vorlage 12/27 **Antrag** UFV: Zur Schließung von Kinderbetreuungsstätten 778

TOP 14: Fliegerstreitkräfte 779

Vorlage 12/16 **Antrag** NF: Zur geplanten Verlegung von Fliegerstreitkräften 779

– **Antrag** FDGB: Verweisung der Vorlage 12/16 an einen Regionalen Runden Tisch 780

– **Erklärung** AG „Wirtschaft": Zu Fragen der Währungsreform (Information 12/4a) [Dokument 12/21, Anlagenband] 780

TOP 15: Aufruf zur Aufnahme sowjetischer Juden in der DDR 781

Vorlage 12/33 **Antrag** IFM: Aufruf zur Aufnahme sowjetischer Juden in der DDR 781

13. Sitzung ... 783

Berlin, Residenz Schloß Niederschönhausen, Mittwoch, den 19. Februar 1990

TOP 1:	Eröffnung der 13. Sitzung des Zentralen Runden Tisches ...	783
TOP 2:	Erklärung des Ministerpräsidenten, Dr. Hans Modrow, zum Besuch in der BRD vom 13.–14. Februar 1990 ...	783
	– Fragen und Stellungnahme zur Erklärung des Ministerpräsidenten Modrow ...	785
Vorlage 13/17	Erklärung und Antrag SPD: Zur aktuellen Situation ...	791
	– Stellungnahme von Ministerpräsident Modrow zu den Rückfragen ...	793
TOP 3:	Beratung über die Behandlung noch anstehender Anträge ...	795
	– Antrag Moderation: Zuordnung der Einzelanträge zu einem Paket ...	796
TOP 4:	Ordnung, Sicherheit und Rechtsstaatlichkeit ...	797
	– Erklärung der Regierung: Zur „Ordnung, Sicherheit und Rechtsstaatlichkeit", vorgetragen von Peter Moreth, stellvertretender Vorsitzender des Ministerrates und Minister für örtliche Staatsorgane (Information 13/3) ...	797
TOP 5:	Verständigung über die Tagesordnung ...	798
Vorlage 13/0	Tagesordnung [Dokument 13/1, Anlagenband] ...	798
TOP 6:	Wirtschaft III – Landwirtschaft ...	800
Vorlage 13/1	Material der AG „Wirtschaft": Zur weiteren Entwicklung der Landwirtschaft ...	800
	– Stellungnahme des Ministers für Land-, Forst- und Nahrungsgüterwirtschaft, Dr. Hans Watzek, zur Situation der Land-, Forst- und Nahrungsgüterwirtschaft ...	803
	– Entwurf vorgelegt von Minister Watzek: Konzeption zur Vorbereitung, Ausgestaltung und Durchführung der Wirtschaftsreform in der Land-, Forst- und Nahrungsgüterwirtschaft (Information 13/2) [Dokument 13/2, Anlagenband] ...	806
	– Ergänzungen des Direktors des Instituts für Agrarökonomie der Akademie der Landwirtschaftswissenschaften, Prof. Schmidt, zum Gesamtkonzept der Wirtschaftsreform .	807
TOP 7:	Eigentum an Grund und Boden ...	809
Vorlage 13/1a	Antrag DA: Ergänzung zu Punkt 1 der Anlage 13/1, Sofortmaßnahmen ...	809
Vorlage 13/4	Antrag DBD: Zum Nutzungsrecht der LPG am Boden ...	810
Vorlage 13/7	Antrag PDS: Zum LPG-Gesetz ...	810
Vorlage 13/11	Antrag VdgB: Zu landwirtschaftlich genutztem Boden ...	810
Vorlage 13/19	Antrag VL: Zu den Eigentums- und Nutzungsverhältnissen der DDR-Bürger ...	811
	– Erklärung LDP: Zum Schutz des Eigentums der DDR und ihrer Bürger (Information 13/5) [Dokument 13/3, Anlagenband] ...	812
TOP 8:	Kurzmitteilungen von Herrn Ziegler ...	815
	– Beschluß des Ministerrates: Freistellung in Vorbereitung der Volkskammerwahlen [Dokument 13/4, Anlagenband] ...	816
	– Protest von 16 Rechtsanwälten: Gegen Vorverurteilungen [Dokument 13/5, Anlagenband] ...	816
	– Protokoll dreier Sitzungen der AG „Sicherheit' [Dokument 13/6, Anlagenband] ...	816
TOP 9:	Ergänzung der Tagesordnung um Einzelanträge ...	816
TOP 10:	Wirtschaft III – Landwirtschaft ...	817

	– **Kompromißvorschlag** der Redaktionsgruppe: Eigentumsfragen in der Landwirtschaft (zu Vorlage 13/1)	817
Vorlage 13/2	**Antrag** DBD: Zur Vermeidung weiterer Devastierungen	819
Vorlage 13/3	**Antrag** DBD: Zur Entschuldung der Landwirtschaftlichen Produktionsgenossenschaften	820
Vorlage 13/5	**Antrag** PDS: Zur Gewinnbeteiligung der Genossenschaftsbauern und Arbeiter	821
Vorlage 13/6	**Antrag** PDS: Zu Arbeits- und Lebensbedingungen der Bäuerinnen	822
Vorlage 13/10	**Stellungnahme und Antrag** VdgB: Zum Regierungsentwurf gemäß Information 13/2 [Dokument 13/7, Anlagenband]	823
Vorlage 13/13	**Antrag** NF: Sofortige Umwandlung von Subventionen für Lebensmittelpreise in personengebundene Einkommensbeträge [Dokument 13/8, Anlagenband]	823
Vorlage 13/13b	**Ergänzungsantrag** IFM: Zur sofortigen Umwandlung von Subventionen	826
Vorlage 13/13c	**Beschluß** Runder Tisch: Zur Umwandlung von Subventionen für Lebensmittelpreise in personengebundene Einkommensbeträge	829
Vorlage 13/15	**Antrag** GP: Zum Export von Schweinefleisch	830
Vorlage 13/18	**Antrag** CDU: Zur Stabilität der Agrarproduktion und zur Sicherheit der genossenschaftlichen Arbeit	832
Vorlage13/25	**Antrag** PDS an den Ministerrat der DDR: Zum Bodenreformeigentum [Dokument 13/9, Anlagenband]	834
Vorlage13/20	**Ergänzungsantrag** AG „Ökologischer Umbau": Zur Vorlage 10/3 „Einbeziehung ökologischer Prinzipien in die Gestaltung der gesellschaftlichen und ökonomischen Entwicklung der DDR" [Dokument 13/10, Anlagenband]	834
	– **Abschließende Stellungnahme** von Minister Watzek zum Themenkomplex „Wirtschaft III-Landwirtschaft"	836

TOP 11: Anträge zur Erklärung von Ministerpräsident Dr. Hans Modrow 838

Vorlage 13/14	**Antrag** IFM: Zur NATO-Mitgliedschaft, zur Oder-Neiße-Grenze und zum Rechtsweg in die deutsche Einheit	839
Vorlage 13/26	**Antrag** CDU: Zum Erhalt der Lebensbedingungen	846
Vorlage 13/24	**Antrag** DJ: Zur Erhaltung der Wohn- und Lebensgewohnheiten	847
	– **Sicherung** der Bürger gegen mögliche Folgen der Vereinigung	847
Vorlage 13/27	**Antrag** PDS: Standpunkt zu einem Sozialverbund (Empfehlung eines deutsch-deutschen Runden Tisches) [Dokument 13/11, Anlagenband]	850
Vorlage 12/12	**Antrag** FDGB: Gesamtdeutscher Runder Tisch	851
Vorlage 13/28	**Antrag** AG „Wirtschaft": Zu Ergebnissen ihrer Beratungen am 7. und 14. Februar 1990 ...	852
Vorlage 13/23	**Antrag** GP, UFV, IFM, VL: Zur Einigung Deutschlands (Gegen die Vereinnahmung der DDR durch die BRD)	853

TOP 12: Versammlungsgesetz 855

Vorlage 13/8	**Entwurf** AG „Parteien- und Vereinigungsgesetz": Gesetz über Versammlungen – Versammlungsgesetz – [Dokument 13/12, Anlagenband]	855
	– **Stellungnahme** des Stellv. des Ministers für Innere Angelegenheiten, Generalmajor Winderlich, zum Versammlungsgesetz	855

TOP 13: Sozialpolitik 858

Vorlage 13/21	**Grundsatzantrag** FDGB: Zur Sicherung der Interessen der Werktätigen [Dokument 13/13, Anlagenband]	858
Vorlage 13/31	**Antrag** VL: Zur staatlichen Finanzierung von Kindereinrichtungen	859

TOP 14: **Neue Verfassung: Stellung der Gewerkschaften** 859

    Vorlage 13/12   **Antrag** AG „Neue Verfassung": Verfassungsrechtliche Stellung der Gewerkschaften [Dokument 13/14, Anlagenband] 859

TOP 15: **Wahlgesetz** 861

    Vorlage 13/30   **Antrag** AG „Gleichstellung von Frauen und Männern": Zur Gleichstellung von Frauen und Männern im Wahlgesetz 861

    Vorlage 13/29   **Antrag** AG „Wahlgesetz": Appell zu fairem Wahlkampf 865

       – **Antrag** NF: „Keine Wahlkampfredner aus dem westlichem Ausland" als Punkt 5 des Wahlgesetzes 865

    Vorlage 13/32   **Antrag** VL: Gewährleistung der Meinungs-, Informations- und Medienfreiheit 868

TOP 16: **Recht und Rechtsstaatlichkeit** 868

    Vorlage 13/33   **Antrag** AG „Recht": Zur Sicherung der Arbeitsfähigkeit der Gerichte und der Gewährleistung einer unabhängigen Rechtsprechung 868

    Vorlage 13/35   **Auskunftsverlangen** AG „Strafrecht": Zu personellen Voraussetzungen bei der Durchführung der Verfahren wegen Amtsmißbrauch [Dokument 13/15, Anlagenband] 869

       – **Brief** vom Gefangenenrat der Strafvollzugseinrichtung Berlin-Rummelsburg 870

    Vorlage 13/34   **Antrag** AG „Sicherheit", AG „Recht": Zur physischen Vernichtung magnetischer Datenträger des MfS/AfNS 872

TOP 17: **Ökologie** 874

    Vorlage 13/36   **Antrag** AG „Ökologischer Umbau": Beteiligung des Runden Tisches am Nationalen Ökologischen Forschungsprojekt 874

    Vorlage 13/15a   **Antrag** GP, GL: Zum Fleischexport 875

       – **Schreiben** des Fernsehen der DDR an den Zentralen Runden Tisch: Zur live-Übertragung der Beratungen des Runden Tisches [Dokument 13/16, Anlagenband] 875

[Beginn der Sitzung 9.00 Uhr]

TOP 1: Eröffnung und Festlegung der Tagesordnung

Lange (Moderator): Meine Damen und Herren, wir wollen mit der Sitzung des Runden Tisches beginnen. Darf ich Sie bitten, Ihre Plätze einzunehmen.

Ich begrüße alle Teilnehmer, Beobachter, Berater und Gäste zu dieser Sitzung des Runden Tisches. Es ist die zehnte Sitzung, die uns hier zusammenführt.

Wir haben nicht die Zeit, um einen Rückblick jetzt anzustellen im Blick auf das, was in den vergangenen Wochen geschehen ist, aber einige Bemerkungen seien mir erlaubt: In den vergangenen Wochen hat sich zunehmend gezeigt, daß der Runde Tisch von der Zusammenarbeit von Engagierten geprägt ist. Von Engagierten, die sich am 7. Dezember 1989 erstmalig aus Sorge um unser in eine Krise geratenes Land getroffen haben. Seitdem haben sich die Vertreter mit **Vergangenheitsbewältigung und Zukunftsgestaltung** zu befassen gehabt. Und dies geschah in intensiven Beratungen auf verschiedenen Ebenen. Es sind Vorschläge erstellt worden, um eine dringend notwendige Stabilisierung der gegenwärtigen Lage zu erreichen.

Ich denke, es ist notwendig, daß wir auch an diesem Tag und von dieser Stelle aus sagen, daß die Beratungen, die hier geführt werden, zum Wohl der Menschen in unserem Land geschehen und für eine friedliche, **gewaltfreie weitere Entwicklung**.

Zur gleichen Zeit wie der Runde Tisch tagt heute die Volkskammer. Vertreter des Runden Tisches werden dort zu Fragen der Gesetzgebung, vor allem zum **Mediengesetz** und zum **Wahlgesetz** sprechen, um Ergebnisse der Beratungen einzubringen.

Wir grüßen sehr herzlich alle, die durch Hörfunk und Fernsehen mit dem Runden Tisch auch an diesem Tag verbunden sind. Wir möchten allen danken, die geschrieben haben, um ihre Erwartungen und Vorstellungen, ihre Wünsche auszusprechen und wir danken auch für die zahlreichen Telefonanrufe. Zu dieser Frage der Öffentlichkeitsarbeit wird im weiteren Verlauf unserer Sitzung noch einiges gesagt werden.

Wir haben heute eine Reihe neuer Vertreter am Runden Tisch. Um Zeit zu sparen, möchte ich Ihnen vorschlagen, daß die, die erstmalig an der Beratung teilnehmen, sich doch jetzt einmal kurz melden, daß Sie aber sofort einen Zettel mit Name, Partei oder Gruppierung und Anschrift hier nach vorne geben für die Moderatoren und auch für die Presse, damit die Namensliste zusammengestellt werden kann. Und wir bitten Sie, bei Ihrer ersten Wortmeldung dann doch sich kurz vorzustellen, das erspart uns Zeit. Dürfen wir einmal eben durch Handzeichen feststellen, wer neu am Runden Tisch heute teilnimmt.

Vielen Dank.

Sie sind so freundlich, wenn es noch nicht geschehen ist, und geben uns Ihre Namen hierher.

Wir haben uns mit der **Tagesordnung** zu befassen, um sie festzulegen. Ich möchte zuvor aber, weil es auf der Tagesordnung unter Punkt 2 vermerkt ist, sagen, daß das Hauptthema dieser Beratung des Runden Tisches heute die ökologischen Fragen sein werden. Dazu begrüße ich sehr herzlich Herrn Dr. Diederich, Minister für Naturschutz, Umweltschutz und Wasserwirtschaft und eine Reihe weiterer Regierungsvertreter. Herr Minister Diederich ist so freundlich dann zu gegebener Zeit, sie uns vorzustellen.

Wir begrüßen auch herzlich die Medien die unter uns sind und wir bedanken uns schon jetzt bei Ihnen, daß Sie dann, soweit das nicht anders geregelt ist, vor der Arbeit am Thema „Ökologie" den Tagungsraum verlassen. Sie sind uns also jetzt willkommen auch für die nächsten Beratungen zur Tagesordnung.

Wir haben für die Tagesordnung, außer den hier vorgesehenen Punkten, eine Frage zu klären, die für den 29. Januar [1990] angekündigt war, nämlich die Frage eines weiteren Zwischenberichtes zur Frage der **Sicherheit**.

Ich möchte dazu Herrn Ziegler bitten, einiges zu sagen.

Ziegler (Co-Moderator): Die Ereignisse sind oft schneller als unsere Planungen. Wir haben einmal festgelegt, oder [es] war vorgeschlagen worden, am 29. Januar [1990] sollte ein **Sicherheitsbericht** gegeben werden. Er ist dann vorgezogen worden durch einen Zwischenbericht zu Sicherheitsfragen auf den 15. Januar [1990], und bei der letzten Sitzung haben wir bestätigt das **Dreierkomitee**. Am 24. Januar [1990] hat ein Gespräch dieses Dreierkomitees, das die **Auflösung des Amtes für Nationale Sicherheit** mit begleiten und kontrollieren soll, mit dem Ministerpräsidenten stattgefunden. Und es schien uns deshalb angemessen zu sein, die Arbeit erst abzuwarten, damit das Dreierkomitee gemeinsam mit dem Beauftragten der Regierung dann hier vor dem Runden Tisch über erste Ergebnisse oder Ergebnisse berichten kann. Das war der Grund, warum wir heute davon abgesehen haben, es auf die Tagesordnung zu setzen.

Lange (Moderator): Vielen Dank. Bevor die ökologischen Fragen auf die Tagesordnung kommen, möchte ich Sie darauf hinweisen, daß wir als Moderatoren vorschlagen, eine kurze Information entgegenzunehmen über die gestrigen **Beratungen von Vertretern der Parteien und Gruppierungen mit Herrn Ministerpräsident Modrow**. Das sollte also unter Punkt 1 jetzt noch mit vorgesehen werden.

Zur Geschäftsordnung, bitte, Herr Kallabis.

Kallabis (FDGB): Ich bitte einen Punkt aufzunehmen noch einmal zum **Medienbeschluß,** der heute der Volkskammer vorliegt, weil in der Vorlage, die dem Präsidium zugegangen ist, eine weitere Änderung vorhanden ist, die wir nicht kennen.

Lange (Moderator): Unter [TOP] 6 „Einzelanträge" [des **Vorschlages zur Tagesordnung**[1]] würden wir jetzt notieren „Mediengesetz", ja?

Kallabis (FDGB): Kann schon zu spät sein, weil die Volkskammer, ich weiß nicht, wann sie das behandelt.

Lange (Moderator): Herr Böhme.

Böhme (SPD): Angesichts dessen, daß das Mediengesetz heute in der Volkskammer beraten wird, würden wir vorschlagen, daß dieser Punkt vorgezogen wird.

Lange (Moderator): Ja, bitte, Herr Ziegler.

Ziegler (Co-Moderator): Herr Böhme, liegt der Beschluß, Ihr Antrag schriftlich vor, denn es verhandelt sich sehr

---
[1] Dokument 10/1, Anlagenband.

schlecht – – Sonst müßte er sofort gemacht werden, geschrieben werden und vielleicht dann in der ersten Pause – –

Böhme (SPD): Ich würde darum bitten, daß sich dann in der Pause die Antragsteller [vom] FDGB mit den interessierten Vertretern zusammensetzen und nach der Pause der Punkt behandelt wird.

Lange (Moderator): Vielen Dank. Gibt es weitere Bemerkungen zur Tagesordnung?
Herr Poppe.

Poppe (IFM): Ja, ich würde vorschlagen, den Punkt 4 „Öffentlichkeitsarbeit" vorzuziehen und zwar aufgrund zahlreicher Anrufe, die uns erreicht haben.

Einmal zur geschehenen Einblendung der Telefonnummer und der Anrufe, die gekommen sind, und der Nichtberücksichtigung dieser Anrufe in den bisherigen Sitzungen.

Zum zweiten kamen Vorschläge, die den Personenkreis hier betreffen, und der Wunsch etwas Näheres über die hier Anwesenden zu erfahren, das wurde also auch sehr häufig in Anrufen gesagt, so daß ich denke, daß wir uns eingangs der heutigen Sitzung schon Gedanken darüber machen sollten, wie mit der Öffentlichkeit umgegangen wird.

Lange (Moderator): Sie schlagen vor, daß dieser Punkt vor [Punkt] 2 „Ökologische Fragen" kommt, ja?

Poppe (IFM): Ja.

Lange (Moderator): Wird dieser Vorschlag unterstützt? Wollten Sie dazu sprechen?
Bitte, Herr Ziegler.

Ziegler (Co-Moderator): Die **Prioritätengruppe**, Programmgruppe hat eben über diesen wichtigen Punkt gesprochen, und es ist verabredet worden, daß folgendes geschieht: Der Rundfunk ist bereit, eine Sendung am kommenden Mittwoch auszustrahlen „Mitglieder des Runden Tisches antworten". Und wir haben verabredet, daß bis heute zur Mittagspause die Parteien und Gruppierungen je einen benennen, der dann diese Fragen aufgreift und im Rundfunk Rede und Antwort steht. Und darum würde ich vorschlagen, daß wir das nach der Mittagspause verhandeln, wenn die Beratung unter den beiden Seiten passieren konnte.

Lange (Moderator): Ich denke, es ist wichtig, daß wir die Überlegungen der Programmgruppe hier zur Kenntnis nehmen und entsprechend verfahren.

Poppe (IFM): Ja, wenn das eine solche Regelung gibt, die das möglich macht, eine im Sinne unserer Hörer und Zuschauer getroffene Regelung eben, dann halte ich das für sinnvoll. Dann sollte man die en détail noch einmal vorstellen, nachher.

Lange (Moderator): Ja, das wird geschehen. Vielen Dank, Herr Poppe.
Herr Wiedemann.

Wiedemann (CDU): Ich habe den Auftrag, eine Erklärung der Arbeitsgruppe „Wirtschaft" des Runden Tisches zum Gesamtkonzept der **Wirtschaftsreform** abzugeben.

Lange (Moderator): Muß das heute geschehen? Weil das Thema „Wirtschaft" ja zu einem anderen Zeitpunkt auf dem Programm steht. Es würde also am 5. Februar [1990] eigentlich dann sachgemäß sein.

Wiedemann (CDU): Es wird schriftlich vorgelegt, und wir können das dann zurückstellen bis zum eigentlichen Behandlungstermin.

Lange (Moderator): Ja gut, vielen Dank. Gibt es weitere Bemerkungen zur **Tagesordnung**? Können wir dann so verfahren, wie es hier vorgeschlagen ist?
Herr Templin.

Templin (IFM): Ich möchte einen Antrag des **Berliner Runden Tisches** an den großen, an den Zentralen Runden Tisch hier einbringen, der auch schriftlich vorliegt.

Lange (Moderator): Das würden wir unter [TOP] 6 „Einzelanträge" dann aufnehmen.

Templin (IFM): Ja.

Lange (Moderator): Danke. Darf ich dann fragen, ob [wir] mit den Änderungen, daß wir „Mediengesetz" aufnehmen und nach der Pause heute vormittag beraten und daß die Fragen der Öffentlichkeitsarbeit nach der Mittagspause besprochen werden, unsere Zustimmung zu der vorliegenden Tagesordnung so geben und mit dem Hinweis, den ich vorhin im Blick auf die Information der gestrigen Beratung genannt habe.
Bitte, Frau Dörfler.

Frau Dörfler (GP): Ich möchte für die Grüne Partei und die Grüne Liga einen Antrag einbringen unter Punkt 6, betreffend die **Staatsjagdgebiete**. Einen Antrag an den Runden Tisch unter Punkt 6.

Lange (Moderator): Der wird dann schriftlich vorliegen?

Frau Dörfler (GP): Ja, wird vorliegen.

Lange (Moderator): Staatsjagdgebiete. Es ist ein weiterer Zusatz. Bitte schön.

Merbach (DBD): Merbach, DBD, **Forschungszentrum Müncheberg der AdL** [Akademie der Landwirtschaftswissenschaften der DDR]. Ich habe noch einen Zusatzantrag bereits eingereicht zum Punkt 2, „Ökologische Fragen", der von der Gruppe „Ökologischer Umbau", der Arbeitsgruppe, getragen wird. Ich bitten diesen Punkt noch mit zu behandeln. Er liegt schriftlich vor.

Lange (Moderator): Ja, das wird im Zusammenhang mit Ökologie zur Diskussion gestellt. Das haben wir bereits schriftlich in den Händen. Ja, vielen Dank.

Dann möchte ich Sie bitten, sind Sie mit der vorgelegten Tagesordnung einverstanden? Wer das ist, den bitte ich um das Handzeichen. – Gibt es Gegenstimmen? – War das eine Gegenstimme? – Nein, danke. Dann haben [wir] diese Tagesordnung so festgelegt.

Ich bitte jetzt Herrn Ziegler, eine Information über die Beratungen der Vertreter von Parteien und Gruppierungen gestern mit Herrn Ministerpräsident Modrow zu geben.

TOP 2: Informationen über ein Gespräch am 28. 1. 1990 von Vetretern der Parteien und Gruppierungen mit Ministerpräsident Modrow

Ziegler (Co-Moderator): Sie sind über die Medien darüber bereits informiert worden, aber es muß ja der Runde Tisch auch offiziell informiert sein über das, was gestern verhandelt worden ist.

Der Ministerpräsident hatte die **Parteien und Gruppierungen** des Runden Tisches eingeladen zu einer Beratung über die Möglichkeiten der **Übernahme von Mitverantwortung** in der Regierung. Darüber ist in langen Stunden, in sieben Stunden, verhandelt worden. Ich sage Ihnen nur das Ergebnis.

Es ist im Ergebnis folgendes festgelegt worden: Angesichts der Situation in unserem Lande soll die **Wahl für die Volkskammer vorgezogen** werden **auf den 18. März 1990**. Die nötigen Schritte werden heute der Volkskammer vorgetragen werden.

Es ist dann zweitens festgelegt worden, daß eine **Regierung der Nationalen Verantwortung** gebildet wird, das bedeutet, daß die bisher nicht in Regierung vertretenen Gruppierungen je einen Minister ohne Ressort in der Regierung der Nationalen Verantwortung stellen werden.

Es ist vereinbart worden, daß die Namen zu benennen sind bis zum 31. Januar 1990. Eine Bestätigung, eine **Wahl der Minister** wird dann in der nächsten Volkskammersitzung erfolgen müssen.

Drittens: Es ist zugesagt worden, daß ein Minister für den Runden Tisch bestimmt wird, der die besondere Aufgabe hat, die Verbindung zum Runden Tisch zu halten.

Und schließlich, angesichts der Entwicklungen in den Gemeinden und Städten, sollen am 6. Mai [1990], also an dem ursprünglich vorgesehenen **Wahltermin** für die Volkskammer, nun die Kommunalwahlen für Städte und Gemeinden stattfinden, damit auch dort wieder handlungsfähige, legitimierte Entscheidungsgremien gebildet werden können.

Dies in Kurzfassung das Ergebnis von gestern.

TOP 3: Ökologische Fragen

Lange (Moderator): Vielen Dank, Herr Ziegler.

Damit könnten wir den Punkt 1 jetzt zunächst abschließen und kommen zu dem Hauptthema der heutigen Beratung „Ökologische Fragen". Herr Minister Diederich wird so freundlich sein, die Mitarbeiter der Regierung uns noch vorzustellen und dann bitte ich ihn, zu uns zu sprechen.

Diederich (Umweltminister): Meine sehr verehrten Damen und Herren, ich möchte Ihnen zunächst vorstellen rechts neben mir Herrn Staatssekretär Reinhold Fiedler, Staatssekretär im Ministerium für Naturschutz, Umweltschutz und Wasserwirtschaft. Neben ihm sitzt Herr Professor Dr. [Karl-Hermann] Steinberg, er ist Stellvertreter des Ministers für Schwerindustrie. Dann darf ich Ihnen weiterhin vorstellen, hinter uns sitzend, Herrn Hans Lütge, Abteilungsleiter im Ministerium für Naturschutz, Umweltschutz und Wasserwirtschaft. Ich darf Ihnen vorstellen Herrn Generalleutnant Kaiser vom Ministerium für Nationale Verteidigung. Und ich möchte Ihnen hier vorn, auf der vorderen Seite, noch vorstellen Herrn Dr. [Horst] Schönfelder, er ist Staatssekretär im Ministerium für Gesundheits- und Sozialwesen.

Lange (Moderator): Vielen Dank. Ich begrüße Sie alle noch einmal sehr herzlich. Wir freuen uns, daß wir die Möglichkeit haben, heute mit Ihnen dieses Gespräch zu führen.

Ich darf nun bitten, daß die **Medienvertreter**, die nicht die Zulassung haben, hier dabeizusein, uns doch verlassen und die weiteren Verhandlungen draußen verfolgen. Ich möchte Sie bitten, daß Sie dann auch die Tür schließen, damit wir zu unserer Sacharbeit kommen, und ich darf, während[dem] dies geschieht, noch einen Vorschlag der Moderatoren weitergeben.

Wir möchten Ihnen vorschlagen, daß wir uns heute auf 16.00 Uhr als Tagungsabschluß orientieren, in der Hoffnung, daß es uns gelingt. Findet dieses Ihre Zustimmung?

Es wird hier gesagt, das kennen wir schon. Weil wir es kennen, möchte ich jetzt nicht darüber abstimmen, daß wir nicht in Gewissensnöte kommen, wenn wir es dann doch nicht schaffen, aber Sie sind so freundlich und nehmen unseren Vorschlag an. Wir wollen es wirklich versuchen, bis zu diesem Zeitpunkt mit unseren Beratungen zum Abschluß zu kommen. Vielen Dank.

Diederich (Minister für Naturschutz, Umweltschutz und Wasserwirtschaft): Sehr geehrte Damen und Herren, in Vorbereitung des heutigen Zentralen Runden Tisches auf die Aufgabenproblematik der Ökologie und des Umweltschutzes haben wir als Ministerium für Naturschutz, Umweltschutz und Wasserwirtschaft eine sehr umfangreiche Analyse über den gegenwärtigen Stand der Umweltsituation in unserem Lande erarbeitet und dieses Material der Arbeitsgruppe „Ökologischer Umbau" des Runden Tisches bereits zur Verfügung gestellt.

Ich bitte Sie, mir zu gestatten, daß ich in Anlehnung an dieses Papier einen **Auskunftsbericht**[2] gegenüber dem Runden Tisch gebe, der die Interpretation und die Lagedarstellung auf diesem Gebiet in unserem Lande noch einmal verdeutlicht.

> **Vortrag vom Minister für Naturschutz, Umweltschutz und Wasserwirtschaft, Peter Diederich über den gegenwärtigen Stand der Umweltsituation in der DDR]**
>
> Ausgehend von dem dringlichen, gesellschaftlichen Erfordernis der öffentlichen Darlegung der Umweltsituation in unserem Land und auf der Grundlage der Ergebnisse des Runden Tisches sowie dem Auftrag der Regierung wurden die Entwicklungen der Umweltbedingungen in unserem Land analysiert und der Bericht, wie ich bereits eingangs sagte, vor der Beratung bereits vor acht Tagen übergeben.
>
> Bei dieser Arbeit wurden die in den zurückliegenden Wochen und Monaten bei uns eingegangenen nach Hunderten, ja Tausenden zählenden Zuschriften mit einer Vielzahl von Anregungen, Hinweisen, Vorschlägen und Kritiken zur, an der bisherigen Umweltpolitik der Regierung berücksich-

---
[2] Dem Runden Tisch wurde dieser Bericht auch schriftlich an die Hand gegeben. Die schriftliche Version weicht unwesentlich von der hier wiedergegebenen mündlichen Version ab. Die Formatierungen wurden der schriftlichen Vorlage angeglichen.

tigt. Wir haben jeden Brief, jeden Anruf und jede Eingabe sehr gründlich gelesen und ausgewertet, konnten jedoch noch nicht auf jede einzelne Zuschrift antworten.

In den uns zugesandten Meinungsäußerungen bekunden die Bürger ihre Bereitschaft, auf vielfältige Art und Weise mitzuwirken, um ihren Beitrag beim ökologischen Umbau einzubringen. So haben bereits eine Vielzahl dieser Vorschläge und Hinweise bei der Neuprofilierung der Arbeit des Ministeriums für Naturschutz, Umweltschutz und Wasserwirtschaft seit Jahresbeginn ihre Berücksichtigung gefunden.

Andererseits wurde auf Initiative von Herrn Pfarrer Dr. Gensichen aus Wittenberg ein Grüner Tisch einberufen, zu dem die Parteien, politischen Organisationen und Bürgerbewegungen ihre Vertreter entsenden. Dieser Grüne Tisch versteht sich als beratendes Organ der Regierung in Umweltfragen und als Förderer der Verknüpfung von Fachkompetenz und ökologischen Basisbewegungen und spricht Empfehlungen in prinzipiellen Ökologie- und Umweltfragen aus.

Das erste Treffen des Grünen Tisches, der entsprechend dem Auftrag des Vorsitzenden des Ministerrates durch mich zu organisieren war, hat am 24. Januar [1990] in Berlin stattgefunden. Die von den Vertretern der beteiligten Parteien, Organisationen und Bürgerbewegungen im Namen ihrer Mitglieder getragenen Entschließungen liegen Ihnen zur Beratung und Entscheidung vor. Finden sie Ihre Zustimmung, werden die vorgeschlagenen Maßnahmen durch die Regierung eingeleitet.

Sehr gern nehme ich das heutige Treffen am Runden Tisch zu ökologischen Fragen wahr und auch zum Anlaß, um von dieser Stelle aus den vielen tausenden Bürgern aus allen Schichten der Bevölkerung, die engagiert für den Schutz der Natur und der Umwelt eintreten, sehr herzlich für diese uns und unseren Kindern so außerordentlich wichtige und im großen Umfang geleistete Arbeit zu danken. Sind doch gerade diese vielzähligen Anregungen, Ideen und Vorschläge von Bürgerbewegungen und Parteien, die wir bei der Neuprofilierung des Ministeriums sowie bei der Erarbeitung und Diskussion der dringlichen und mittelfristigen Aufgaben im Bereich des Umweltschutzes aufgegriffen haben, nun Schritt für Schritt zu realisieren. Dazu gehört vor allem das von Vertretern der Arbeitsgruppe „Ökologischer Umbau" des Runden Tisches ausgearbeitete ökologische Konzept, das von der VdgB, der Grünen Partei, der Grünen Liga, der DBD, der CDU, der LDPD, der NDPD, der SED/PDS, Demokratie Jetzt und dem FDGB sowie vom Unabhängigen Frauenverband getragen wird, das bei der Ausarbeitung des komplexen Umweltprogrammes mit einfließen soll.

Dazu gehören aber auch der vom Grünen Tisch hier vorgelegte gemeinsame Antrag auf Sofortmaßnahmen zum wirksamen Schutz bestehender und künftiger Landschaftsschutzgebiete, von Natur- und Landschaftsparks vor landschaftsschädigenden Eingriffen sowie die eingeleiteten Maßnahmen zur Einstellung der Abnahme von Sondermüll aus dem Ausland auf DDR-Deponien und zur beschleunigten Sanierung beeinträchtigter Deponiestandorte einschließlich der Versorgung der Bevölkerung mit hygienisch einwandfreiem Trinkwasser.

Sehr geehrte Damen und Herren!

Verbunden mit dem ökologischen Umbau der Gesellschaft ist die grundlegende Veränderung der Strategie zur Durchführung der ökologischen Aufgaben. An die Stelle der bisher vorwiegend angewandten sehr aufwendigen Anpassungs- und Reparaturmaßnahmen zur Entsorgung und nachträglichen Abwehr schädigender Auswirkungen durch die Produktion und Konsumtion muß immer stärker das Vorsorge- und Vermeidungsprinzip treten, damit umweltschädigende Entwicklungen von vornherein entsprechend dem wissenschaftlich-technischen Entwicklungsstand ausgeschlossen werden können. Dazu gehören vor allem abproduktarme und abproduktfreie Produktionstechnologien und solche mit Kreislaufführung sowie die Substitution von umweltschädigenden Stoffen aus Produktionstechnologien und Erzeugnissen sowie die Wertstoffgewinnung und der Wiedereinsatz der Rohstoffe in den wirtschaftlichen Kreislauf.

Für eine solche Strategie erarbeiten wir neue staatliche Rahmenbedingungen für Grenzwerte der zulässigen Schadstoffableitungen in die Atmosphäre, das Wasser und den Boden, die am Schutz der Gesundheit der Menschen, an artenreichen Ökosystemen, der Erhaltung und Verbesserung des biologischen Selbstreinigungsvermögens, der Gewährleistung der Mehrfachnutzung regenerierbarer Ressourcen und ähnlichem orientiert sind, um dem jeweiligen anerkannten Stand der Technik für die verschiedenen Produktions- und integrierten Umweltschutzverfahren der Zweige und Bereiche in der Wirtschaft zu entsprechen.

Das heißt Abkehr von der bisherigen verfehlten Investitionspolitik in der Wirtschaft, nach der vorwiegend lediglich die rechtlichen Bestimmungen für die Einhaltung von Mindestwerten des Arbeits- und Umweltschutzes zu berücksichtigen waren.

Ebenso betrifft das die Einstellung der von falschen Autarkiebestrebungen geleiteten Intensivierungspolitik, bei der im hohen Maße die Produktion aus verschlissenen Anlagen oder nur modernisierten Produktionsanlagen ohne Nachrüstung mit der erforderlichen Umweltschutztechnik mit wachsenden Gesundheits- und Umweltbelastungen aufrechterhalten und gesteigert wurde.

Erforderlich ist eine veränderte Struktur- und Energiepolitik, bei der die Erfordernisse der Ökologie, der Ökonomie und des Marktes gleichermaßen Berücksichtigung finden. Das heißt, daß bei Konzeptionen und Entscheidungen in allen Zweigen und Bereichen der Wirtschaft, jetzt und künftig Strukturveränderungen, Standort- und Territorialplanungen und die komplexe Modernisierung von Produktionsanlagen vorbereitet und realisiert werden, die Maßnahmen zum vorsorglichen Umgang mit Naturressourcen und zum Schutze der natürlichen Umwelt von Beginn an enthalten sein müssen.

Der Hauptweg der künftigen ökologiegerechten Wirtschaft besteht vor allem in der Umstellung der Produktion von rohstoff- und energieintensiven Erzeugnissen zu Gunsten höher veredelter im Rahmen einer durchgreifenden Veränderung der Struktur in der Volkswirtschaft und Außenwirtschaft. Dazu gehören besonders die energieintensiven Bereiche der Karbo-Chemie, der Kalziumkarbidproduktion, der Aluminiumherstellung, der Zementproduktion und viele andere Bereiche der Grundstoffindustrie. Die durch die Energieträgerumstellungen zu Heizölablösungen in den Jahren 1982 bis 1985 verfügten Rohbraunkohlefeuerungen mit wachsenden Staub- und Rauchgasbelastungen in den Innenstädten müssen schrittweise ersetzt werden durch schadstoffarme Brennstoffe und vor allem auch durch eine zentralisierte Wärmeversorgung mit Fernwärme. Die ökologische Energiekonzeption muß auch die langfristige und weit bessere Nutzung der regenerativen Energiequellen wie Geothermie, Biogas aus Gülle, Abwasser aus Deponien, Kleinwasserkraft, Windkraft und Umweltwärme mittels Wärmepumpen und Solarenergie einschließen.

Dieses Herangehen an den ökologischen Umbau in unserem Staat erfordert auch künftig das engagierte Eintreten jedes Einzelnen und der gesamten Gesellschaft für die Einhaltung der ökologischen Erfordernisse [bei der] weiteren Entwicklung.

Ich möchte Ihnen an dieser Stelle auch die Mitteilung machen, daß wir in der vergangenen Woche dem Antrag der Organisation Greenpeace, in unserem Lande sich zu stationieren, entsprechend entsprochen haben.

Die bekanntermaßen hohe Sensibilität unserer Bevölkerung für eine solche ökologiegerechte Entwicklung setzt, wie es auch die Mehrheit unserer Bürger völlig zu Recht fordert, eine umfassende Information der Bevölkerung voraus.

Bei der Ausarbeitung des vorliegenden und erstmals in unserem Lande nunmehr „offenen" Berichtes über die Umweltsituation haben wir uns von diesem Informationsbedürfnis leiten lassen und zugleich die von der Regierung vorgesehenen sofort- und mittelfristigen Maßnahmen zur durchgehenden Verbesserung der Umweltsituation vorgestellt.

Unter Berücksichtigung der Erfordernisse des ökologischen Umbaus sowie der Forderungen und vielfältigen Vorschläge breiter Kreise der Bevölkerung, von Parteien und Organisationen sowie ökologischen Bewegungen wurde das Profil und die Aufgabenstellung des Ministeriums verändert. Bestimmend für die Neuprofilierung dieses Ministeriums für Naturschutz, Umweltschutz und Wasserwirtschaft wird die Entwicklung zu einer staatlichen Umweltbehörde sein, die in weit stärkerem Maße, als das bisher möglich war, nach dem Verursacherprinzip auf die umfassende Berücksichtigung der ökologischen Erfordernisse bei der Wirtschaftstätigkeit und der gesamtgesellschaftlichen Entwicklung Einfluß nehmen und zur Ausprägung umweltbewußten Verhaltens jedes Einzelnen beitragen wird.

Von großer Bedeutung ist dabei nach unserer Auffassung die Schaffung eines staatlichen Rahmenplanes für den Umweltschutz und seine konsequente Verwirklichung sowie die staatliche, finanzielle Förderung von Vorhaben des Umweltschutzes mit besonderer Bedeutung für die Gesellschaft und die Wirtschaft und die durch wirksame ökonomische Mittel gesteuerte Einhaltung der ökologischen Rahmenbedingungen, dazu gehört auch die Schaffung entsprechender gesetzlicher Rahmenbestimmungen, wie zum Beispiel die Umweltverträglichkeitsprüfung insbesondere für Standorte, für neue Erzeugnisse und Verfahren, das Chemikaliengesetz und anderes mehr.

Bevor ich über die Umweltsituation in unserem Lande spreche, möchte ich an dieser Stelle jedoch noch auf einige Schwerpunkte der Arbeit eingehen, die in Verbindung mit der Neuprofilierung des Ministeriums stehen:

1. Vertieft wird die Arbeit in dem vom Ministerium übernommenen Aufgabengebiet Natur- und Artenschutz, das in unserem Ministerium als eigenständiger und neugebildeter Bereich der Landnutzungsplan und Ressourcenschutz mit dem Natur- und Artenschutz in Verbindung mit dem Gewässer-, Boden- und Landschaftsschutz, dem Schutz der Atmosphäre sowie der Klima- und Ozonforschung weiter entwickelt werden wird.
Dazu werden an der Basis, in den Räten der Bezirke und Kreise noch im 1. Quartal des Jahres 1990 die notwendigen Veränderungen nach weiteren Diskussionen mit Naturschützern und Vertretern ökologischer Bewegungen beraten und die notwendigen Entscheidungen vorbereitet.
Einfließen sollen hier die Vorschläge der ökologisch orientierten Parteien und Bewegungen, insbesondere der Grünen Liga, der Grünen Partei und der Gesellschaft für Natur und Umwelt zur Umgestaltung von Truppenübungsplätzen, ehemaligen Sonderjagdgebieten sowie von Flächen im bisherigen Grenzgebiet entlang der Staatsgrenze der DDR zur BRD. Die entsprechenden Anregungen des Ministeriums im Zusammenwirken mit dem Ministerium für Nationale Verteidigung legen gegenwärtig einen solchen Arbeitsstand dar, daß wir die Übergabe von Kartenmaterial und den Umfang der Truppenübungsplätze entsprechend kennen, spezifische Ausführungen können hierzu getätigt werden. Geschaffen wurde im Ministerium eine eigenständige Abteilung, Abprodukte und Chemikalien, deren Aufgabe vor allem in der Erarbeitung von Strategien für die Abproduktenvermeidung und zur sinnvollen Abproduktenverwertung sowie von Sanierungs- und Entsorgungslösungen für Altdeponien und Schadstoffe beziehungsweise schadstoffhaltige Abprodukte in Verbindung mit der spürbaren Einschränkung beziehungsweise der Einstellung des Mülltourismus besteht.

2. Die Kontrollorgane – die Staatliche Umweltschutzinspektion, die Staatliche Gewässeraufsicht – werden einheitlich geleitet und für die Umweltüberwachung entsprechend den in Gesetzen und Verordnungen fixierten spezifischen Aufgaben eingesetzt. In den Bezirken werden Entscheidungen vorbereitet, wie, ausgehend von bereits erfolgreich durchgeführten gemeinsamen Kontrollen in Kombinaten und Betrieben, eine komplexe Umweltüberwachung im Territorium gemeinsam gesichert werden kann. Dringlich ist die Erarbeitung einer komplexen Einschätzung der Umweltbelastung in Verbindung mit der Bewertung der Auswirkungen auf die Gesundheit und zu den Gesundheitsrisiken durch das Ministerium für Gesundheits- und Sozialwesen mit seinen Organen.

3. Durch das Ministerium wurde mit der Akademie der Wissenschaften sowie mit dem Ministerium für Wissenschaft und Technik eine bedeutende Erweiterung der ökologischen Forschung einschließlich der Bildung eines Instituts für Ökologie der Akademie der Wissenschaften und der Erweiterung der Ökologischen Forschung in Instituten der Landwirtschaft und auch des Hochschulwesens vereinbart.
Ein Projektkatalog für die koordinierte Forschung wird gegenwärtig erarbeitet.

Der Minister für Wissenschaft und Technik hat mir am vergangenen Freitag die ersten Vorstellungen, die es dann noch zu diskutieren gilt, übergeben. Damit im Zusammenhang wird das Zentrum für Umweltgestaltung in ein Institut für Umweltschutz mit einem nationalen Zentrum für Umweltinformationen entwickelt. Das Institut für Wasserwirtschaft wird dem Ministerium wieder direkt unterstellt und die ökologisch-orientierte Forschung in der Wasserwirtschaft erweitert. Darüber hinaus wird ein ökonomisches Institut für den Ressourcenschutz gebildet.

4. Die Eigenverantwortung der in den Bezirken tätigen Betriebe der Wasserwirtschaft zur Wahrnehmung der Trinkwasserversorgung und Abwasserbehandlung wurde bedeutend erweitert.

5. darf ich Ihnen mitteilen, daß in der Leitung des Ministeriums alle Parteien der Koalitionsregierung seit Beginn des Jahres 1990 in Leitungsfunktionen arbeiten.

Meine sehr verehrten Damen und Herren!

Gestatten Sie mir bitte einige Ausführungen zur Entwicklung der Umweltbedingungen in der DDR und zu weiteren Maßnahmen zur Verbesserung der Umweltsituation.

Die hierzu schriftlich vorliegende Information mit einem umfangreichen Zahlenbericht beruht auf den zusammengefaßten, statistischen Werten für das Jahr 1988. Die Statistiken für 1989 werden gegenwärtig erarbeitet und liegen zu Beginn des zweiten Quartals in diesem Jahre vor. Entsprechend der Verordnung über die Umweltdaten vom 13. November 1989 wird die Regierung den Umweltbericht 1989 nach Vorliegen dieser statistischen Grundlagen veröffentlichen.

Die vorliegende Information stellt die komplizierte ökologische Lage des Landes dar, die im Ergebnis jahrelanger Versäumnisse insbesondere auf in zurückliegenden Jahren getroffene Fehlentscheidungen zur Fortführung veralteter Produktionsprozesse, zur uneffektiven Steigerung des Braunkohleneinsatzes sowie zur unzureichenden Entwicklung und Produktion von prozeßintegrierter und anderer Umwelttechnik zurückzuführen ist, und die zu einer Verschärfung der Umweltbelastung in der Mehrzahl der Wohn- und Industriezentren, besonders aber in den Räumen Leipzig, Halle und Cottbus, im oberen Elbtal, im Raum Zittau – Görlitz, im Erzgebirgsvorland und im Thüringer Becken führten. Die hohen Belastungen der Luft, der Gewässer und des Bodens sind wiederum Ursache gesundheitlicher Belastungen der Bürger, Schäden an Flora und Fauna und an Sachgütern.

Vor allem in diesen Gebieten übersteigen die Belastungen der Luft mit Schwefeldioxid und Staub die gesetzlich zulässigen Werte, und die [Belastung der] Gewässer durch Abwasserinhaltsstoffe schränkt die Nutzung des Wassers bedeutend ein. Trotz der Tatsache, daß die Aufwendungen für den Umweltschutz durch die verantwortlichen Ministerien zum überwiegenden Teil in diese Schwerpunktbetriebe gelenkt wurden, konnten an vielen Orten Verschlechterungen der Umweltsituation nicht angewendet werden.

Die Entwicklung stellt sich in wesentlichen Bereichen wie folgt dar:

Die DDR verfügt über eine Energieträgerstruktur, die zu 70 Prozent auf Braunkohle basiert. 12 Prozent des Primärenergieverbrauches werden durch Erdöl und 10 Prozent durch Erdgas gedeckt. 83 Prozent der Elektroenergie werden zur Zeit aus Braunkohle erzeugt.

Die DDR hat mit 233 Gigajoule pro Einwohner nach Kanada und den USA den in der Welt höchsten Bruttoinlandsverbrauch an Energie.

Die Umwelt wird aufgrund des hohen Braunkohleeinsatzes erheblich beeinträchtigt. Das betrifft die Gesundheit der Menschen, die Verlagerung von Städten und Gemeinden sowie Produktionsanlagen, die Inanspruchnahme von Boden- und Wasserressourcen sowie die Zerstörung der Landschaft.

Die Schwefeldioxidemission stieg seit 1980 mit zunehmenden Braunkohleeinsatz bis zum Jahre 1987 auf nahezu 5,6 Millionen Tonnen im Jahr. Ein leichter Rückgang gegenüber dem Vorjahr war witterungsbedingt.

Im Raum Leipzig – Borna – Zeitz – Altenburg beträgt die jährliche durchschnittliche Schwefeldioxidkonzentration über 150 mg/mÅ und in Halle-Merseburg 100–150 mg/mÅ. Damit wird der Grenzwert für die menschliche Gesundheit von 150 mg/mÅ überschritten. Deshalb wurden gerade in diesen Gebieten die vordringlichsten Maßnahmen durch die Regierung zur Senkung der Luftbelastung eingeleitet. Tage mit Smogsituationen bei SO_2-Spitzenbelastungswerten über dem internationalen Grenzwert von 600 mg/mÅ häuften sich im Raum Leipzig in den Winterhalbjahren 1986 bis 1989 29-mal und in dem Gebiet Erfurt sogar 64-mal. Die Staubemission lag 1988 bei rund 2,2 Millionen Tonnen. Bei der Schwefeldioxidemission pro Flächeneinheit rangiert die DDR an erster Stelle in Europa. Die Hauptverursacher der hohen SO_2- und Staubemissionen in der Industrie sind mit 58 Prozent SO_2 und 41 Prozent Staub der Bereich Kohle und Energie, und mit je 12 Prozent SO_2 und Staub der Bereich der Chemie.

Die Maßnahmen zur Reinhaltung der Luft waren überwiegend auf Anlagen zur Staubrückhaltung konzentriert. Dennoch übersteigen die Staubbelastungen vor allem in den Kreisen des Bezirkes Leipzig die zulässigen Grenzen. Der niedrige Effekt der Maßnahmen zur Staubrückhaltung macht deutlich, daß die Investitionen auf diesem Gebiet überwiegend für den Einsatz verschlissener Anlagen eingesetzt worden sind. Insgesamt wurden nur 30 Prozent des tatsächlichen Bedarfs an Entstaubungsanlagen realisiert.

Für die Rauchgasentschwefelung wurden seit 1986 zunehmende Investitionsaufwendungen eingesetzt. Die bisher erreichten Effekte sind minimal, da der überwiegende Teil der leistungsfähigen Anlagen bisher nicht oder nur ungenügend verfügbar ist, darunter die Rauchgasentschwefelung in Berlin-Rummelsburg sowie im Heizkraftwerk Karl-Marx-Stadt Nord II. Weitere, seit 1984 festgelegte Maßnahmen zur Rauchgasentschwefelung wurden nicht in die Volkswirtschaftspläne eingeordnet.

Aufgrund des Protokolls zur Konvention über weitreichende grenzüberschreitende Luftverunreinigungen vom 9. Juli 1985 haben die Länder die Verpflichtung übernommen, bis 1993 die jährliche Schwefeldioxidemission beziehungsweise grenzüberschreitenden Schadstoffströme im Vergleich zu 1980 um 30 Prozent zu reduzieren. Zur Realisierung dieser Verpflichtung wurden entsprechende Beschlüsse durch die Regierung herbeigeführt, die mit einem Aufwand von 14,4 Milliarden Mark auf die Beschleunigung der Rauchgasentschwefelung gerichtet werden sollten. Ihre Verwirklichung ist gescheitert an der fehlenden materiellen und finanziellen Einordnung und auch am fehlenden wissenschaftlich-technischen Vorlauf, obwohl, besonders nach 1984, in einer Vielzahl von Versuchsanlagen zu sieben Verfahrensprinzipien gearbeitet wurde. Davon ausgehend wurde das oben genannte Protokoll zur Konvention durch die DDR bisher nicht ratifiziert.

Die Koalitionsregierung hat jetzt die kurzfristige Erarbeitung eines neuen volkswirtschaftlichen Energiekonzepts bis 1990 im April festgelegt. Dieses Energiekonzept muß den ökologischen Erfordernissen Rechnung tragen und zur Senkung der Rohbraunkohleförderung und -verarbeitung beitragen.

Als Haupthemmnis für die Senkung der Schwefeldioxid-Belastung erwies sich bisher das starre Festhalten an einem Energiekonzept, das auf eine ständige Steigerung der Rohbraunkohleförderung und -verarbeitung ohne Modernisierung der Kraftwerke, ohne Umstellung des Kraftwerksanlagenbau auf neue Kraftwerksanlagen, die den ökologischen Erfordernissen entsprechen, gerichtet war.

Zur Senkung der Staubemission verfügt die DDR über einen wissenschaftlich-technischen Vorlauf und auch über Produktionskapazitäten. Das Hauptproblem besteht darin, daß seit Jahren, trotz nachdrücklicher Forderungen des Ministeriums für Umweltschutz und Wasserwirtschaft sowie des Ministeriums für das Gesundheitswesen, der Auf- und Ausbau der Produktionskapazitäten nicht erfolgte, sondern nur eine Bedarfsdeckung der Investitionsvorhaben in Höhe von 20 bis 30 Prozent erfolgte.

Durch die Koalitionsregierung ist der Auftrag erteilt, an der Erhöhung der Bedarfsdeckung einschließlich des Anlagenimportes zu arbeiten und Entscheidungsvorschläge mit dem Volkswirtschaftsplan 1990 vorzulegen. Dazu ist es unbedingt erforderlich, über die Neuprofilierung entsprechender Maschinenbaubetriebe zu entscheiden, wobei sich hier auch Kapazitäten der SDAG-Wismut [Sowjetisch-Deutsche Aktiengesellschaft] wie auch bei Betrieben mit ehemaliger spezieller Produktion anbieten würden.

Bei Stickoxiden gehört die DDR zu den wenigen Ländern, die seit Beginn der 80er Jahre eine Senkung des Ausstoßes von Stickoxiden, im Verkehrswesen zum Beispiel um ca. 15 Prozent, erreichen konnten, wobei die Traktionsumstellung der Reichsbahn auf Elektrobetrieb die entscheidende Rolle spielte.

Gemäß der eingegangenen internationalen Verpflichtung vom 1. November 1988 muß der Stickoxidausstoß bis spätestens 1994 auf den Stand der Emission von 1987 begrenzt werden. Parallel dazu sind Voraussetzungen für die weitere Senkung der Emission zu schaffen, wie zum Beispiel:

– Entwicklung und Produktion von Abgaskatalysatoren,

– Ausrüstung von Energieerzeugeranlagen mit neuen Brennersystemen,

– Entwicklung und Produktion von Motoren für Arbeitsmaschinen mit niedrigem Kraftstoffausstoß und niedrigem Stickoxidausstoß sowie die

– Veränderung der Energieträgerstruktur in den einzelnen Industriebereichen.

Im Jahre 1988 wurden schätzungsweise 387 Kilo-Tonnen[3] Kohlenwasserstoffe emittiert, darunter 1 135 Tonnen Fluorchlorkohlenwasserstoffe, die zu den wichtigsten ozonabbauenden Substanzen zählen. Der Anteil der DDR-Produktion und des Verbrauchs an FCKW [Fluorchlorkohlenwasserstoff] im Weltmaßstab beträgt ca. 1 Prozent.

Die für die DDR bindenden internationalen Verpflichtungen legen fest, bei Fluorchlorkohlenwasserstoffen ab 1. Juli 1989 den Verbrauch und bis 30. Juni 1993 die Produktion auf den Stand des Basisjahres 1986 zu begrenzen. Der Verbrauch und die Produktion ist ab 1. Juli 1993 um 20 Prozent und ab 1. Juli 1998 um 25 Prozent gegenüber 1986 zu senken.

Das geringe, natürliche Wasserdargebot der DDR erfordert hohe Anwendungen zur Gewährleistung der Nutzungsfähigkeit der Wasserressourcen als Grundlage einer qualitätsgerechten und stabilen Wasserversorgung der Bevölkerung, der Industrie und Landwirtschaft sowie zum Schutz des Wassers in grenzüberschreitenden Wasserläufen und in der Ostsee.

Seit 1980 wurde die Abwasserbehandlung um neun Prozent erweitert und damit die Wasserbereitstellung auf gleichbleibendem Niveau gesichert. 2,1 Milliarden Kubikmeter, das sind 19 Prozent des mittleren verfügbaren Wasserdargebotes, sind wegen ihrer hohen Verschmutzung als Bewässerungswasser und für Trinkwasseraufbereitung nicht nutzbar und erfordern für den Brauchwassereinsatz sehr hohe Anwendungen.

Gegenwärtig werden in der Industrie 67 Prozent des zu reinigenden Abwassers in Abwasserbehandlungsanlagen gereinigt und 85 Prozent der anfallenden Abwässer behandelt. 14 Prozent des in die Gewässer eingeleitenden Abwassers sind ungereinigt, und zur Sicherung des Wohnungsbaues wurden die Kläranlagen der kommunalen Abwasserbehandlung um 23 Prozent erhöht. Damit wurde die Abwasserbehandlung nicht im gleichen Maße entwickelt wie der Wohnungsneubau.

Die Probleme, die zu einer solchen Lage führten, sind insbesondere

– die in der Industrie nicht ausreichend entwickelte Leistungsfähigkeit der Abwasserbehandlung zur Zurückhaltung von spezifischen Abwasserinhaltsstoffen, wie zum Beispiel der chlorierten Kohlenwasserstoffe, Schwermetalle und anderes, aber auch bei anderen Wasserschadstoffen zu suchen. Schwerpunkte sind dabei die chemische- und Kali-Industrie sowie die Spanplattenproduktion

– die in den kommunalen Abwasserbehandlungsanlagen noch bestehenden Rückstände für eine biologische und weitergehende Abwasserreinigung und Disproportionen zwischen Trinkwasserversorgung und Abwasserbehandlung in Folge unzureichender Baukapazitäten in zahlreichen Kreisen, besonders aber in den Bezirken Dresden, Halle, Karl-Marx-Stadt und Suhl.

---

[3] Schriftlich: 347 kt.

- in der Landwirtschaft sind zugelassene Verluste beim Transport der Lagerung und der Verwendung von Dünger sowie Pflanzenschutzmitteln und Wachstumsregulatoren sowie der Schadstoffeintrag in die Gewässer noch angestiegen sowie die Gefährdung der Grundwasserressourcen durch eine unsachgemäße Güllewirtschaft zu verzeichnen. Und ein letzter Fakt in diesem Zusammenhang:

- die trotz bestehender Fortschritte in der Wertstoffrückgewinnung in der Industrie immer noch bestehenden großen Reserven bei der Anwendung von wasserarmen beziehungsweise wasserlosen Technologien.

Zur Änderung der Lage müssen in den Verursacherbereichen die Investitionen und materiellen Leistungen für die Errichtung von Abwasserbehandlungsanlagen erhöht werden. Dabei muß die Einführung von abproduktarmen und abproduktfreien Produktionstechnologien beziehungsweise von Anlagen den Vorrang haben, die zu einer Verwertung und Rückgewinnung von Wertstoffen führen, insbesondere über Ionen-Austauscheranlagen.

Im Bereich der Grundstoffindustrie wurden Maßnahmen zur Abwasserbereinigung unter anderem im Gebiet der mittleren Saale und der Pleiße durchgeführt. Dennoch konnte eine Minderung der Nutzungsfähigkeit der Gewässer im Raum Halle/Leipzig nicht aufgehalten werden. Im Jahre 1988 kam es durch unzureichende Wasserqualitäten in der mittleren Saale sogar zu Ausfällen in der Chemie und Zellstoffproduktion.

In der Landwirtschaft muß der Einsatz von Pflanzenschutz- und Schädlingsbekämpfungsmitteln sowie von mineralischen Düngemitteln, insbesondere Phosphor gesenkt und ein rationeller Einsatz sowie bessere Applikationstechnik beschleunigt werden, besonders zum Schutze der Wasserressourcen auch in Trinkwasserschutzgebieten. Erreicht werden muß eine [die] Umwelt nicht mehr belastende Gülleaufbereitung und -verwertung.

Ein besonderes Anliegen des Gewässerschutzes ist die Reinhaltung und Sanierung der Ostsee durch ständige Verringerung des Schadstoffeintrages vom Land, aus der Luft und von Schiffen. In Erfüllung der Helsinki-Konvention vom Jahre 1974 wurde durch die DDR in diesem Zeitraum zum Beispiel die in die Ostsee eingeleitete organische Abwasserlast um 1,2 Millionen Einwohnergleichwerte verringert. Der Anteil der DDR an der Gesamtbelastung beträgt bei Stickstoff 0,7 Prozent, bei Phosphor 0,3 Prozent und bei Quecksilber, Cadmium und Zink 0,1 Prozent.

In der Helsinki-Kommission wurde im Februar 1988 vereinbart, bis spätestens 1995 die Belastung der Ostsee mit Stickstoff und Phosphor um 50 Prozent zu reduzieren und dazu größere Abwasserbehandlungsanlagen, die direkt in die Ostsee einleiten, mit biologischen Reinigungsstufen und Phosphateliminierung auszurüsten. Der Auf- und Ausbau entsprechender Klärwerke ist in Vorbereitung und Durchführung zum Beispiel in der Stadt Rostock. Darüber hinaus werden Anlagen zur Verringerung der Einleitung von Schwermetallen und Pestiziden errichtet und der Ausbau von Güllespeichern und Lagerplätzen für Düngestoffe erweitert.

Ein besonderes Problem in der Trinkwasserversorgung ist der erforderliche weitere Ausbau der Nitratbelastung der Grundwasserressourcen, die insbesondere in den landwirtschaftlich intensiv genutzten [Flächen] in Folge Überdüngung den Grenzwert von 40 Milligramm pro Liter Nitrat überschreiten, das sind acht Prozent der Grundwassermeßstellen. Zum Abbau der hohen Belastungen sind einerseits wirksame Maßnahmen zur Verhinderung der Nitratauswaschung von landwirtschaftlich genutzten Flächen, besonders in Einzugsgebieten, sowie geeignete Trinkwasseraufbereitungsanlagen, zum Beispiel im sogenannten Nitrateliminierungscontainer, im größeren Umfange bereitzustellen.

Die Maßnahmen zum Schutze des Bodens und der Landschaft sind darauf gerichtet, im Rahmen der Gestaltung einer mehrfach nutzbaren Landschaft insbesondere die Aufgaben der Land- und Forstwirtschaft zur Erzielung hoher und stabiler Erträge bei gleichzeitiger Wahrung des ökologischen Gleichgewichts und des Erholungsbedürfnisses der Menschen abzusichern. Das ist nicht in allen Gebieten gelungen.

In den letzten Jahren wurde zur besseren Herstellung der Übereinstimmung der ökologischen Entwicklung und der Anforderungen aus der landwirtschaftlichen Produktion die rechnergestützte und schlagbezogene Bewirtschaftung eingeführt. Die Flurgestaltung, das Anlegen von Windschutzstreifen, der biologische Pflanzen- und Artenschutz begannen sich in der Landwirtschaft immer weiter durchzusetzen. Erforderlich ist das Zurückdrängen des ständigen Anwachsens der Bodenerosion und die Vermeidung von Störungen des Boden-Wasserhaushaltes durch die Unterbodenverdichtung nach dem Einsatz schwerer Technik sowie die Verringerung der Auswaschung von Stickstoff, aber auch Phosphor und anderer Inhaltsstoffe aus Dünger- und Schädlingsbekämpfungsmitteln, sowie die Reduzierung der Viehbestände in zu großen Ställen und Stallkomplexen zur Beherrschung insbesondere der schadlosen Beseitigung der Gülle.

Im Jahre 1988 gab es in der DDR 789 Naturschutzgebiete mit einer Fläche von 109 192 Hektar. Insgesamt sind das ein Prozent der Gesamtfläche der DDR.

Neben den Naturschutzgebieten gibt es rund 9 100 Naturdenkmäler als geschützte Einzelobjekte beziehungsweise Flächen bis zu drei Hektar. Das betrifft besonders Brutgebiete, Vogelschutzgehölze, Baumgruppen, Moore und anderes.

Weiterhin existieren auf dem Territorium der DDR 402 Landschaftsschutzgebiete mit einer Fläche von 1 957 000 Hektar. Das entspricht einem Anteil von 18,1 Prozent der Gesamtfläche. Die Mehrzahl der Landschaftsschutzgebiete befindet sich in landschaftlich reizvollen Urlaubs- und Erholungszentren der DDR. In diesen Gebieten hat sich die volkswirtschaftliche Nutzung ohne landschaftsverändernde Eingriffe bewährt.

Gegenwärtig sind in der DDR 856 Tier- und 136 Pflanzenarten unter Schutz gestellt. Im Artenschutz leistet die DDR eine anerkannt gute Arbeit. Erfolge wurden unter anderem bei der Bestandssicherung des Elbebibers, der Wildkatze, dem Uhu und einigen Greifvogelarten erzielt. Der Natur- und Artenschutz wird im immer breiteren Umfang durch ehrenamtliche Kräfte gesichert.

Ökologische Fragen

Im Jahre 1988 fielen 91,3 Millionen Tonnen industrieller Abprodukte und Sekundärrohstoffe an. Davon wurden 36,4 Millionen Tonnen verwertet. Das entspricht einem Verwertungsgrad von ca. 40 Prozent.

Die verbleibenden 54,9 Millionen Tonnen wurden nicht in den volkswirtschaftlichen Kreislauf zurückgeführt, sondern direkt oder über Zwischenstufen in die Umwelt abgegeben. Davon können etwa 20 Millionen Tonnen Abprodukte, zum Beispiel Schwermetalle im Abwasser, schwermetallhaltige Stäube, Aschen aus metallurgischen Prozessen und anderes, das Potential für weitere Rohstoffgewinnung bilden.

Der Hauptweg in der Abproduktwirtschaft muß die Vorsorge, das Vermeiden von Abprodukten und die vollständige Verwertung der Rohstoffe sein. Die wissenschaftlich-technische Entwicklung und die Verfahrensforschung sind auf folgende Lösungen zu konzentrieren:

- die Substitution von umwelt- und gesundheitsrelevanten Stoffen wie zum Beispiel Asbest, Formalin, Fluorchlorkohlenwasserstoffe und andere; die Einführung

- abproduktarmer Prozesse in der Metallbe- und -verarbeitung, in der Galvanik bei chemischen Prozessen;

- für Verwertungsverfahren bisher nicht mehr nutzbarer Abprodukte, insbesondere für schwermetallhaltige Abwässer, schwermetallhaltige Stäube, Inhaltsstoffe aus Rauchgasen und Verbrennungsprozessen sowie die

- recyclinggerechte Gestaltung von Erzeugnissen zur Erfassung und Aufbereitung dieser Erzeugnisse insbesondere in der Elektronik, Elektrotechnik, der Fahrzeugindustrie und der Verpackungsindustrie.

Im Jahre 1988 wurden nahezu 1,3 Millionen toxische und schadstoffhaltige Abprodukte auf Deponien, in Verbrennungs- und Entgiftungsanlagen sowie ungesetzlich auf Brandplätzen teilweise beseitigt. Die Einhaltung der gesetzlichen Bestimmungen und technischen Auflagen wurde in 900 Fällen durch die zuständigen Kontrollorgane überprüft.

Zur Durchsetzung von Sicherheit und Ordnung wurden 219 Auflagen, 15 Ordnungsgeld- und 3 Zwangsgeldvollstreckungen durchgeführt.

Neben dem unbedingten Erfordernis von Sicherheit, Ordnung und gefahrlosen Betrieb der Deponien bestehen folgende besondere Probleme:

Zu Beginn der 90er Jahre ist die Kapazität von etwa 40 Schadstoffdeponien in unserem Lande erschöpft. Zur Sicherung der notwendigen Deponie-Kapazitäten in den nächsten Jahren ist es in allen Bezirken erforderlich, umweltverträgliche Standorte auszuwählen, mit den Bürgern und Bürgerinitiativen zu beraten und die Standortfestlegung nach Durchführung einer Umweltverträglichkeitsprüfung durch die örtlichen Volksvertretungen zu treffen.

Von besonderer Bedeutung und besonders dringlich ist die Entsorgung von Abprodukten und Rückständen mit einem hohen Gefährdungspotential, die auf den herkömmlichen Deponien nicht abgelagert werden können. Dies sind zum Beispiel polychlorierte Biophenile, nicht deponierfähiges Leiterplattenmaterial, verbrauchte Primärelemente sowie überlagerte Pflanzenschutz- und Schädlingsbekämpfungsmittel.

Für die schadlose Beseitigung dieser Abprodukte ist die Errichtung von Hochtemperaturverbrennungsanlagen unerläßlich.

Wachsende Bedeutung, als Quelle für potentielle Gefährdung in der Umwelt, gewinnt der Hausmüll. Die Verwertung von Hausmüll beschränkt sich auf die getrennte Erfassung von Futtermitteln, die Müllverbrennung und die Herstellung von Rohkompost beziehungsweise Kompost.

Insgesamt fielen immerhin im Jahre 1988 37,7 Millionen Kubikmeter feste Siedlungsabfälle an.

Davon wurden 21,8 Millionen Kubikmeter auf geordneten Deponien abgelagert. Die restlichen 15,9 Millionen Kubikmeter wurden auf zahlreiche wilde Deponien beziehungsweise auf unkontrollierte Ablagerungen verbracht, welche die Umwelt stark belasten und eine Sekundärrohstofferfassung erschweren. Aufgrund fehlender Beseitigungs- und Verwertungskapazitäten wurden ca. 30 Prozent der abgefahrenen Fäkalien unkontrolliert beseitigt, was zu zahlreichen Eingaben der Bevölkerung führte.

1988 wurden durch das Institut für Kommunalwirtschaft in Dresden 173 geordnete Deponien nachgewiesen. Bei ca. 70 Prozent dieser Deponien wird die Kapazität bis zum Jahre 2 000 hinreichend erschöpft sein.

In der Erklärung der Koalitionsregierung ist den Maßnahmen zur grundlegenden Verbesserung des Umweltschutzes größte Bedeutung beigemessen worden. Es werden folgende Maßnahmen durchgeführt:

Sofortmaßnahmen:

1. Es wurden Regierungskommissionen zur kurzfristigen Ausarbeitung von Strukturentscheidungen zur Produktion von Kalziumkarbid, Viskoseseiden und Viskosefasern im Bereich der Kohleverschwelung und Metallurgie eingesetzt, deren Arbeitsergebnisse im Januar und Februar der Regierung vorzulegen sind.
   Ich kann Ihnen heute hier berichten, daß in der letzten Regierungssitzung zum Beispiel sehr konkrete Maßnahmen, die die Umweltbelastung betreffen, für die Betriebe der Ferrolegierung in Lippendorf, in Hirschfeld, in Lauchhammer sowie für die Kraftwerke der Kaliwerke in Werra, aber auch dem Edelstahlwerk in Freital und die Kupferhütte in Ilsenburg und Hettstedt getroffen worden sind.

2. Für die Plandurchführung 1990 sind folgende weitere Maßnahmen vorgesehen:

- die Erhöhung der Leistungen und Investitionen für Umweltschutzobjekte,

- die Festlegung besonders dringlicher Umweltmaßnahmen für die Bezirke Leipzig und Dresden,

- die Erhöhung der Bereitstellung von Entstaubungstechnik.

3. Die ökologiegerechte Wirtschaftsführung setzt auch den Anforderungen entsprechende Veränderungen in der Leitungsstruktur voraus. Über die damit in Zusammenhang stehende Neuprofilierung des Ministeriums für Naturschutz, Umweltschutz und Wasserwirtschaft

habe ich bereits gesprochen. In der Wirtschaftsführung kommt es darauf an, in jedem Zweig und Bereich der Volkswirtschaft die Wechselwirkung zwischen materieller Produktion und Auswirkung auf die Umwelt und die Beziehungen zwischen Ökologie und Ökonomie im Reproduktionsprozeß den ökologischen Erfordernissen entsprechend zu berücksichtigen. Zur wirksamen Durchsetzung der Anforderungen ökologiegerechter Wirtschaftsführung werden der Regierung Vorschläge zum Einsatz von Umweltbeauftragten in Kombinaten, Betrieben und Genossenschaften unterbreitet.

4. Die Vertragsbeziehungen im Umweltschutz mit der BRD wurden weiter entwickelt, und es wurde mit dem Bundesministerium für Umwelt, Naturschutz und Reaktorsicherheit folgendes vereinbart:

- Erstens: Die Bildung einer gemeinsamen Umweltschutzkommission sowie der Auf- und Ausbau des Datenaustausches über die Ergebnisse der Umweltüberwachung sowie Fragen der Smog-Situation.

- Zweitens: Es wurde vereinbart, die Durchführung von 6 Pilotprojekten zur Finanzierung durch die Regierungen beider Staaten, die vor allem der Einführung der Wirbelschichtverbrennung und der Senkung von Quecksilber durch neue Verfahren bei der Chlorproduktion dienen, und weitere acht bereits vereinbarte Vorhaben gibt es.

- Drittens: Weitere Vereinbarungen, die insbesondere die Bildung eines gemeinsamen Umweltfonds betreffen, wurden mit den Bundesländern, darunter zum Beispiel mit Niedersachsen und Hamburg bereits abgeschlossen.

- Viertens: Mit der Regierung der BRD und dem Senat von West-Berlin werden kurzfristig entsprechende Verhandlungen aufgenommen, um den Transport von Industrie- und Sondermüll auf DDR-Deponien umgehend zu stoppen und die dafür erforderlichen Regelungen herbeizuführen. An den besonders betroffenen Standorten Schöneiche und Ketzin im Bezirk Potsdam, an denen insbesondere Sondermüll aus Industrie und Gewerbe deponiert wurde, wurde bereits der entsprechende Stopp durch mich ausgesprochen und ein Sofortprogramm zur schnellstmöglichen Sanierung des beeinträchtigten Untergrundes und zur Versorgung der Bevölkerung mit hygienisch einwandfreiem Trinkwasser aus dem zentralen Trinkwassernetz des VEB [Wasserversorgung und Abfallbehandlung] Potsdam eingeleitet.

Ich möchte abschließend zu einigen mittelfristigen Maßnahmen informieren.

[Mittelfristige Maßnahmen[4]]

5. Auf der Grundlage des Ministerratsbeschlusses vom 23. November [1989] sowie dem Maßnahmeplan in Auswertung der 12. Volkskammersitzung, ist eine Konzeption für die Entwicklung der Umweltpolitik, die einer besseren Übereinstimmung zwischen Ökonomie und Ökologie Rechnung trägt, auszuarbeiten und im März der Regierung vorzulegen.

6. In Übereinstimmung mit der Konzeption für die Entwicklung des Umweltschutzes muß bei der Ausarbeitung der Grundlagen für die Wirtschaftsreform Erfordernissen zur Erreichung einer ökologisch gerechten Produktion in der Industrie und Landwirtschaft größte Beachtung geschenkt werden.

7. Und letztlich geht es um eine Ausarbeitung von Regelungen für die Umweltverträglichkeitsprüfung. Damit soll die Grundlage für alle volkswirtschaftlichen Entscheidungen bei der Errichtung und Rekonstruktion von Bauwerken und Anlagen geschaffen werden, damit die Umweltbedingungen für die Bürger und gesellschaftlichen Einrichtungen, die zu keinen Schäden beziehungsweise unzumutbaren Belastungen führen.

Meine sehr verehrten Damen und Herren!

Ich möchte Sie auch weiterhin bitten, Kritiken, Vorschläge und Hinweise zu allen Fragen des Umweltschutzes, der Ökologie und des Naturschutzes dem Ministerium für Naturschutz, Umweltschutz und Wasserwirtschaft mitzuteilen, damit insgesamt ein gedeihliches Zusammenwirken auf diesem Gebiet zum Wohl von uns und unseren Kindern jederzeit gesichert wird.

Ich bedanke mich.

Lange (Moderator): Herzlichen Dank, Herr Minister Diederich.

Ich denke, das ist eine Fülle von Informationen und Fakten, für die wir dankbar sind.

Ich habe es so verstanden, daß Sie und die weiteren Vertreter der Regierung zu Auskünften bereitstehen, wobei jetzt nicht nur an eine Frage-Antwort-Situation gedacht ist, sondern wie Sie zuletzt erwähnten, auch Vorschläge hier eingebracht werden können.

Wir müßten uns dann auch noch einmal verständigen zu den bereits verteilten Informationen zu Ökologiefragen und den vorliegenden Vorlagen.

Jetzt hatte sich zunächst Herr Schmidt gemeldet. Bitte.

Schmidt (CDU): Ich habe den Eindruck, daß für die Vollständigkeit der Lageanalyse die **Kernenergie** berücksichtigt werden muß. Wie steht es damit?

Lange (Moderator): Das ist die erste Rückfrage. Ich denke, wir sollten das Verfahren beibehalten, daß wir jetzt einige Fragen sammeln, damit die Beantwortung dann nicht zu schwierig ist.

Frau Dörfler.

Frau Dörfler (GP): Das wollte ich auch fragen. Fragen der **Radioaktivität** gehören zur Beurteilung von Umweltqualität.

In diesem Zusammenhang auch noch eine Frage zu der Karte im Anhang des Berichts neben der Übersicht 8. Dort sind Meßstellen des **meteorologischen Dienstes** der DDR angegeben zur Überwachung von Luftverunreinigungen, und ich frage, welche Verbindlichkeit hat diese Karte in bezug auf Meßstellen zur Radioaktivität? Bedeutet diese Karte, daß hier die angegebenen Meßstellen für Radioaktivität dort stationiert sind, oder gibt es noch mehr in der DDR? Gibt es noch andere Einrichtungen, die Radioaktivität in der Umwelt messen?

Diederich (Umweltminister): Entschuldigung, das Mikofon war nicht angestellt. Die Informationen zu Strahlenschutz

---
[4] Aus der schiftlichen Vorlage.

Ökologische Fragen

und Meßdaten gehen in das im Monat März der Regierung vorzulegende Material mit ein.

In diesem Zusammenhang möchte ich darauf verweisen, daß in der Strukturierung der Aufgabengebiete in unserem Land die Fragen der **Reaktorsicherheit** und so weiter nicht bei uns angesiedelt sind. Sie sind im Staatlichen Amt für Atomsicherheit und Strahlenschutz angesiedelt. Aber der Vizepräsident des Staatlichen Amtes für Atomsicherheit und Strahlenschutz ist mit hier. Er kann konkret die Auskunft geben.

Lange (Moderator): Dürften wir Sie darum bitten? Bitte kommen Sie hierher ans Mikrofon, sonst können wir Sie nicht verstehen.

Rabold (Vizepräsident des Staatlichen Amtes für Atomsicherheit und Strahlenschutz [SAAS]): Meine sehr verehrten Damen und Herren, die Fragen zur Überwachung der Radioaktivität der Umwelt sind in der DDR gesetzlich geregelt. Jeder Anwender von **Radioaktivität,** der Radioaktivität in die Umwelt abgibt, ist verpflichtet, in der Umgebung seiner Anlage zu messen. Unabhängig davon findet eine Überwachung des gesamten Territoriums der DDR auf Radioaktivität nach einem Programm und in Verantwortung des Staatlichen Amtes für Atomsicherheit und Strahlenschutz statt.

Ich bin allerdings von Ihrer Frage ein bißchen überrascht. Meine Zuständigkeit betrifft die Kernenergie und nicht die Überwachung der Radioaktivität in der Umwelt. Ich kann Ihnen aber mitteilen, daß eine Veröffentlichung aller Meßdaten der vergangenen Jahre erfolgt. Ein Bericht über die Meßdaten des Jahres 1988 ist bereits publiziert worden. Eine gesetzliche Regelung, die diese Publikation der Daten festlegt, ist kürzlich getroffen worden, so daß alle diese Informationen verfügbar sind.

Was die Auswirkungen der Nutzung der **Kernenergie** bezüglich der Radioaktivität der Umwelt betreffen, kann ich folgendes sagen: Es gibt gesetzliche Regelungen des Strahlenschutzes in der DDR, die auf internationale Empfehlungen, auf Empfehlungen kompetenter, internationaler Organisationen zurückgehen. Ausgehend von diesen Empfehlungen, die in den Gesetzen festgehalten sind, werden bei der Genehmigung von Kernenergieanlagen spezielle **Grenzwerte** in der Genehmigung festgelegt. Diese Grenzwerte liegen weit unterhalb der in den Gesetzen enthaltenen Grenzwerte, die die Grenze für die nachgewiesene Belastung oder Schädigung des Menschen durch radioaktive Strahlung darstellen.

In Praxis bedeutet das, was von den **Kernkraftwerken** in die Umwelt an Radioaktivität abgegeben wird, daß diese radioaktive Belastung des Menschen nicht meßbar ist, so gering ist sie. Es erfolgt eine Messung an den Abgabepunkten des Kernkraftwerkes und eine darauf aufgebaute Berechnung der Auswirkungen auf die Umwelt nach Modellen, die die meteorologischen Bedingungen und Verteilungen berücksichtigen. Diese Berechnungen führen zu dem Ergebnis, daß die durch die Abgaben der Kernkraftwerke verursachte radioaktive Belastung 0,1 Prozent der unvermeidlich vorhandenen natürlichen Strahlenbelastung des Menschen darstellen.

Vielleicht soviel an dieser Stelle.

Lange (Moderator): Ja, vielen Dank. Es war die Frage nach Kernkraft gestellt worden.

Herr Professor Steinberg wird darauf antworten.

Steinberg (Stellvertr. Minister Schwerindustrie): Die Vorstellungen hinsichtlich der Entwicklung der **Kernenergie** durch das Ministerium für Schwerindustrie sind folgendermaßen.

Der **Reaktor in Rheinsberg** – 70 Megawatt – soll 1992 außer Betrieb gehen. Die vorgesehene Endausbaustufe des Kernkraftwerks Nord mit insgesamt acht Blöcken zu je 440 Megawatt soll schrittweise weitergeführt werden. Gegenwärtig ist der Block 5 in Erprobung. Die weiter in Betrieb zu nehmenden Blöcke werden nach westlichen Sicherheitsstandards ausgerüstet und in Betrieb genommen.

Am Standort Stendal sollen insgesamt vier Blöcke zu je 1 000 Megawatt schrittweise in Betrieb genommen werden. Sie befinden sich im Bau. Auch dort gilt die Aussage bezüglich der Sicherheitstechnik. Weitere Kernkraftwerke, zum Beispiel im Raum östlich von Leipzig oder an anderen Standorten, sind in den Thesen zum neuen Energiekonzept der DDR nicht enthalten. Es wird sie also nicht geben. In absehbarer Zeit wird kein neues Kernkraftwerk begonnen.

Lange (Moderator): [Bei neuen Wortmeldungen sollten neue Mitglieder am Runden Tisch ihren Namen sagen] die sich dann bitte vorstellen.

Merbach (DBD): Ja, Merbach, DBD, Forschungszentrum Müncheberg für Bodenfruchtbarkeit.

Zu dem Letztgenannten, radioaktive Belastung. Ich bin Leiter eines Isotopenlabors und weiß folgendes und möchte folgendes dazu sagen:

Erstens: Es war noch vor zwei Monaten geplant, ich bin über die neue Entwicklung nicht unterrichtet, ein **Frühwarnsystemnetz** einzurichten, in das wir auch einbezogen werden sollen, und wo wir mit Meßtechnik versorgt werden sollten. Das sollte im Rahmen der ZV [Zentralversorgung] erfolgen, müßte sicher noch einmal präzisiert werden, ob das noch so ist.

Zweitens: Wir bereiten ein Forschungsprojekt vor und fertigen eine Studie an im Moment in Richtung Umwelt, **Radioaktivität,** zum Beispiel Transferkoeffizient in die Pflanze, Tier. Es gibt keine Forschung bis jetzt auf diesem Gebiet in der DDR. Wir sollen die nächstes Jahr anfangen. Bis jetzt hängt es in der Luft, die Finanzierung, also wer es bezahlt. Und hier müßte sicher dann auch eine Klärung oder eine Empfehlung an das Landwirtschaftsministerium oder an das Amt erfolgen, daß hier eine finanzielle Absicherung vonstatten gehen kann. Aber wir sind damit beauftragt, ab nächstes Jahr eine solche Forschung durchzuführen.

Danke.

Lange (Moderator): Danke. Ich möchte den nächsten aufrufen.

Herr Pflugbeil, Neues Forum.

Pflugbeil (NF): Mein Beitrag bezieht sich leider auch auf die Radioaktivität.

Gehört zum Bereich des Umweltschutzes nicht auch ein Plan über die Sanierung des **Uranabbaugebietes** im Süden der DDR? Sie wissen alle, daß dort Uranabraumhalden existieren, die auf unabsehbare Zeit radioaktive Edelgase abgeben, die natürlich gesundheitsschädlich sind. Sie wissen, daß es dort Schlammabsetzdeponien gibt, in denen die flüssigen Abprodukte der Uranaufbereitung, also die Schlämme der Uranaufbereitung deponiert werden. Diese Schlämme trocknen im Sommer aus, und der feine stark radioaktive Staub wird über die Gegend verblasen. Das sind Dinge, die schwer zu lösen sind, die aber, glaube ich, umgehend gelöst werden müssen, weil sie die Bevölkerung wirklich immens belasten, viel stärker als die Kernkraftwerke, wenn sie nicht kaputtgehen. Dazu hätte ich gerne Auskunft.

Lange (Modertor): Bitte schön, Herr – –

Diederich (Umweltminister): Ich kann zunächst auf Ihre Frage antworten, daß es ein konkretes und abgestimmtes, auch zur Abarbeit bestimmbares Programm zur Zeit nicht gibt.

Wir werden mit unserer Umweltkonzeption, die im März zur Behandlung steht, die Ansätze und Aufgaben darin mit formulieren. Insbesondere in die Pflicht genommen ist hier der Betrieb selber, die **SDAG Wismut** [Sowjetisch-Deutsche Aktiengesellschaft], die mit den notwendigen Mitteln, aber auch Kenntnissen hier mit einsteigen muß. Und wir werden auch im engen Zusammenwirken mit der Schwerindustrie notwendige Schritte festzulegen haben, wie an diesem Gesamtproblem – welches ein bekanntes ist, das muß ich noch einmal sagen – Herr Pflugbeil – gearbeitet wird.

Lange (Moderator): Herr Jordan, Grüne Partei.

Jordan (GP): Ich schließe mich gleich an diese Frage des Uranbergbaus an, und zwar sind im Zusammenhang mit dem Uranbergbau Schlacken und Schotter in Straßen und Plätzen des Vogtlandes und ähnlichen Landschaften in der Umgebung von Gera eingebaut worden. Haben Sie darüber eine Karte, über den Einsatz dieser Materialien? Gibt es Messungen? Das war der erste Teil der Frage.

Der zweite Teil bezieht sich auf den auslaufenden Uranbergbau; der ist gemeinsam betrieben worden mit der Sowjetunion. Laufen Verhandlungen zur gemeinsamen **Rekultivierung** dieser Landschaft, zur gemeinsamen Aufarbeitung der Halden, zur gemeinsamen Sicherung der Bergbaugebiete?

Lange (Moderator): Ich möchte die beiden nächsten aufrufen und dann wieder um Antwort bitten.

Es hatte sich als nächster gemeldet Herr Meckel, SPD, und dann Frau Töpfer, FDGB.

Meckel (SPD): Es zeigt sich, daß die Fragen ja in sehr verschiedene Bereiche unserer Wirtschaft gehen, und meine Frage ist, wie können Sie die **Kompetenzen** Ihres **Ministeriums** im Verhältnis zu den verschiedenen anderen Bereichen beschreiben? Das, denke ich, ist eine ganz entscheidende Frage des Umweltschutzes in der künftigen Zeit.

Die zweite Frage geht konkret in Richtung der Landwirtschaft. Was ist hier geplant mit den Großbetrieben, den industriellen Großbetrieben der Landwirtschaft, der Großviehhaltung? Ich denke an den Süden der DDR, wo ich im letzten Sommer richtige Gülle gesehen habe. Sie sprachen von der Verwertung von Gülle. Ich frage, wie ist daran gedacht, dieses zu verringern? Wie ist es mit der **industriellen Landwirtschaft**, der industriemäßig betriebenen Landwirtschaft, Verringerung, kleinere Betriebe, Umbau auf eine ökologisch orientiertere, zumindest eine Begrenzung des Chemieeinsatzes? Dies sind Fragen, die für uns wesentlich sind.

Dritte Frage: die Zersiedelung der Landschaft, das heißt die Frage von Bauten und Landbegrenzung landwirtschaftlich genutzter Fläche auf [das] wirklich nur für diese Nutzung Mögliche in der Zukunft. Ich denke, hier brauchen wir ein entsprechendes Bodengesetz, das sowohl für die landwirtschaftliche Nutzung als auch für eine künftige Verhinderung von **Bodenspekulation** notwendig ist. Das betrifft jetzt nicht nur Fragen der Umwelt. Ich denke aber, [das] ist auch in diesem Zusammenhang eine wesentliche Frage.

Lange (Moderator): Frau Töpfer, FDGB, bitte.

Frau Töpfer (FDGB): Den eben angesprochenen Gedanken der Verhinderung von **Bodenspekulation** und auch der Erhaltung der Arbeitsfähigkeit unserer bis jetzt vorhandenen **Genossenschaften**, den unterstütze ich sehr, daß das in der weiteren Gesetzgebung aufgenommen wird.

Ich möchte aber einen anderen Aspekt in die Diskussion werfen, und zwar die Frage, daß ja mit diesem **Umweltkonzept**, das neu erarbeitet wird, auch die Schließung von Betrieben und Einrichtungen verbunden sein wird. Und es gibt ja bereits für bestimmte Werke schon Pläne. So haben sich die Werktätigen, die dort arbeiten, an uns gewendet mit Fragen, was ihre Zukunft betrifft. Und diese Fragen möchten wir weiterreichen.

Wir sind zwar grundsätzlich dafür, daß Betriebe, die umweltunverträglich sind und eine Belastung für die dort Arbeitenden und ihre Familien darstellen, für das Territorium, geschlossen werden. Es muß aber auch ein klares Programm geben, was mit diesen **Werktätigen** geschieht. Sie müssen eine adäquate Arbeit vermittelt bekommen. Es muß Umschulungs- und Qualifizierungsmaßnahmen geben und soziale Sicherstellung.

Diederich (Umweltminister): Ja, ich möchte versuchen, auf die Fragen in der Reihenfolge zu antworten.

Zunächst kam die Frage, gibt es die Verwertung von Abprodukten der SDAG Wismut als Form von Schüttstoffen oder anderweitigen Zuschlagstoffen in dem dortigen Umfeld. Mir ist gegenwärtig nicht bekannt, daß dort der Einbau solcher radioaktiven Materialien zum Straßenbau und anderweitig genutzt wurde, [ich] möchte jedoch hinzufügen, daß zu den gesamten Fragen die Begrünung betreffend, dort sehr viele örtliche Initiativen entstanden sind. Es wird jetzt Aufgabe sein, diese ganzen Fragen, die dort gemündet sind, in ein dort für das unmittelbare Territorium machbares Konzept zu kleiden. Generell, muß ich noch einmal sagen, ist das zur Zeit auf zentraler Ebene noch nicht entschieden und geklärt, wie die ganzen Fragen des Strahlenschutzes, der Reaktorsicherheit strukturmäßig zugeordnet sind, zur Zeit noch nicht im Ministerium für NUW [Naturschutz, Umweltschutz und Wasserwirtschaft], aber generell in einem selbständigen der Regierung direkt unterstellten Staatlichen Amt für Atomsicherheit und Strahlenschutz.

Zu der Frage, die Sie aufwarfen, welche Kompetenz hat denn nun das **Ministerium für Naturschutz, Umweltschutz und Wasserwirtschaft?** Wir werden das gesamte Ministerium freilenken schrittweise von jedweder wirtschaftsleitender Funktion. Daß also das Ministerium sich mehr denn je hinwendet zu einer Entwicklung einer unabhängigen Umweltbehörde, die mit Vetorecht auch besetzt ist gegenüber dem ganzen Fragenkomplex, der in der gesamten Breite – der Kreis hat 360 Grad – ansteht.

Da hinein fallen auch die gesamten Fragen, die hier angeschnitten worden sind. Was wird mit den – – wir haben zur Zeit vielfältig solche Eingaben – zu den Fragen der **Gülle,** die Sie brachten? Es gibt teilweise Tierkonzentrationen, wo die Gülle von vornherein nicht als beherrschbar gesehen wurde, und jetzt gibt es bereits langfristige Wirkungen gegenüber der Natur. Der Minister für Land-, Forst- und Nahrungsgüterwirtschaft hat erste Entscheidungen der Umverteilung der Produktion getätigt hinsichtlich der Reduzierung einer solchen, aber man wird nie ein Rezept haben können und sagen können, das muß auf diese Größe zurückzufahren sein. Hauptpunkt muß sein, inwieweit ist das Abprodukt, in dem Falle Gülle, beherrschbar? Und darauf hat sich die Produktion zu konzentrieren oder die Höhe der Produktion zu beschränken.

Zu den Fragen der **Landschaftszersiedelung,** sicherlich ein sehr anstehendes Problem. Wir haben in dem Aufgabengebiet, welches in unserem Ministerium mit angesiedelt ist, den Fragen der Landnutzungsplanung die entsprechenden Aufgaben zuzuschreiben, damit alle Vorhaben, die dienen, Standorte zu finden für den Wohnungsbau, für die Industrie oder eben bis hin zur Erholung letztlich und endlich dann unter einem Aspekt, und da gebe ich Ihnen natürlich recht, wir brauchen dazu ein entsprechendes Bodengesetz, und der Boden muß kosten, der Boden muß Geld kosten, damit man sich frei macht von der Tatsache, Boden spielt in der Deutschen Demokratischen Republik keine Rolle und ist unabhängig in großen Ordnungen vorhanden. Wir nehmen ja immer noch mehr Boden in Anspruch als wir zurückführen.

Also die Tendenz ist noch nicht abgebaut und hat sich in ein gegenseitiges Verhältnis umgekehrt. Wir nehmen nach wie vor mehr in Anspruch an Boden für Industrie als hier rekultiviert und zurückgeführt wird.

Und zu der dritten Frage, die hier aus der Sicht des FDGB kam: Ich stimme da mit Ihnen völlig überein. Es gibt viele Möglichkeiten, sich den Fragen der Klärung von umweltrelevanten Aufgaben zu stellen. Eine davon sind sicherlich **Strukturveränderungen.** Eine davon wird sicherlich auch sein Schließung. Aber das setzt voraus, daß wir bei Schließung ein gerade auch konkretes Konzept dahinterstellen, wie wird dann der Umsetzungsprozeß, die nachgerade notwendige Qualifizierung bis hin vielleicht sogar des Wechsels vom Wohnort organisiert, damit die Arbeitskräfte, die dort freigesetzt werden, auch natürlich dann mit einem sozialen Programm untersetzt ihre entsprechenden Chancen und Gleichheiten haben.

Lange (Moderator): Es gibt zu diesen Fragen noch eine weitere Expertenantwort.
Bitte.

Rabold (Vizepräsident des SAAS): Ich möchte zu zwei Fragen etwas sagen, die aufgeworfen worden sind. Das betrifft das **Frühwarnsystem.** Es gibt einen Beschluß des Ministerrates aus dem Jahre 1987, der eine Ertüchtigung des Systems der Umweltüberwachung der DDR festlegt in zwei Etappen.

In einer ersten Etappe werden die Haupteffizienten, das sind die **Kernanlagen** und eine Reihe weiterer Einrichtungen, die [mit] automatischen Meßstationen ausgerüstet [sind], die mit einer direkten Leitung zur Übertragung der Daten in das staatliche Amt ausgerüstet werden. Dort wird eine Zentrale errichtet, die alle Daten sammelt, auswertet und bewertet. In diesem System sind eine Reihe von Laboratorien, die bestehen, eingeschlossen; das betrifft Einrichtungen der Landwirtschaft. Z. B., es ist daran gedacht, daß über die Zivilverteidigung auch eine Ertüchtigung der Meßstellen und Meßeinrichtungen der Zivilverteidigung stattfindet. Eingeschlossen in dieses System sind auch die vorhandenen meteorologischen Meßstellen und Meßstationen, wobei die empfindlichste Meßtechnik im Staatlichem Amt für Atomsicherheit und Strahlenschutz installiert wird zur speziellen Bewertung, und ein abgestuftes System der Empfindlichkeit und des Umfangs der Meßtechnik in den anderen Einrichtungen. Soweit zu dieser Frage.

Die zweite Frage, zu der ich etwas sagen möchte, ist die Nutzung von Abfallprodukten des Uranbergbaus. Beim Uranbergbau fallen große Mengen von **Haldenmaterial** an, und es gibt sehr viele Anträge, diese Haldenmaterialien, die sehr gut geeignet sind als Baumaterialien, zu nutzen. Es gibt dazu ein Gesetz, das festlegt, daß jeder, der eine solche Nutzung beabsichtigt, eine Freigabe des Staatlichen Amtes für Atomsicherheit und Strahlenschutz für dieses Material benötigt. Es gibt keinerlei Freigaben für den Wohnungsbau. Es gibt nach sorgfältiger Messung Freigaben als Untergrundmaterial für den Straßenbau. Insgesamt wird es sehr sorgfältig überwacht, und es entstehen dadurch keinerlei unzulässige Strahlenbelastungen.

Lange (Moderator): Vielen Dank, Herr Professor Rabold. Er ist Vizepräsident des Staatlichen Amtes für [Atomsicherheit und] Strahlenschutz.

Die nächsten Meldungen Herr Schulz, Herr Poppe, Herr Behrendt. Herr Schulz, Neues Forum.

Schulz (NF): Herr Minister. Nachdem Ihr Vorgänger unlängst der besorgten Bevölkerung in diesem Land die ungeheuerliche Tatsache zugemutet hat, daß in seinem Ministerium nie eine eigentliche **Umweltkonzeption** oder Konzeption der Umweltpolitik vorgelegen hat, haben Sie heute in groben Konturen ein solches Konzept vorgestellt, das sich in einigen Ansatzpunkten mit den Ansprüchen der Ökologiebewegungen in diesem Land deckt, in vielen Passagen allerdings an die fatalen Sprachfertigteile Ihres Vorgängers erinnern, die sich ja in all den zurückliegenden Jahren nie verifizieren ließen.

Ich frage Sie deswegen als verantwortlicher Umweltschutzminister in diesem Land nicht allein danach, in welchem Zustand Sie die Umwelt übernommen haben in diesem Land, sondern auch in welchem Zustand Sie dieses Ministerium übernommen haben, das heißt, ich will dort genauer werden und präziser.

Wenn Sie sagen, daß Sie das Zentrum für Umweltgestaltung in ein **Institut für Umweltschutz** umbilden und ich hier Herrn [5] in Ihrer Mannschaft sitzen sehe, der zeitweilig Direktor dieses Zentrums für Umweltgestaltung war und dafür gesorgt hat, daß dort Fachexperten weggegangen sind, und dieses Zentrum für Umweltgestaltung, das ja in seinem Ansatz durchaus eine progressive Umweltpolitik beabsichtigt hat, Herr Stief wird das bestätigen, und Herr Lausch würde das wahrscheinlich auch bestätigen, nachdem solche Fachleute dort weggegangen sind, wie denken Sie, daß Sie mit einer derartigen Mannschaft eine progressive Umweltpolitik in diesem Land betreiben können? Das [ist] meine erste Frage.

Ich will das nutzen, Herr Meckel hat ja auch gebündelt Fragen vorgelegt, zu einer zweiten Frage. Wenn ich höre, daß Sie Maßnahmen zur **Luftreinhaltung** beabsichtigen, wie wollen Sie künftig ausschließen, daß eine derartige Maßnahme, Sie haben es selbst erwähnt, wie das Heizkraftwerk Georg Klingenberg, daß es dort ein modernes Rauchgas-Entschwefelungsverfahren, wie das Wellmann-Lord-Verfahren, in einem dicht besiedelten industriellen Ballungsgebiet errichtet wird, und dort Schwefeldioxid flüssig an Gifteabteilung I gewonnen wird, das heißt eine der hochbrisanten oder die höchstbrisanteste Chemiefabrik, unmit-

---

[5] Name gelöscht.

telbar in einem Wohngebiet steht, 400 Tonnen hochtoxische Abfallstoffe, in dem Fall ein zurückgewonnener Rohstoff anfällt, also für meine Begriffe oder für die Begriffe der Leute, die mich beraten, eine völlig falsche Entscheidung zum Standort, auch eine völlig falsche Entscheidung zu einem Verfahren zu dem Zeitpunkt, als dieses Verfahren nirgendwo in der Welt praktiziert war und die Anlauftücken in Buschhaus vorlagen.

Wenn ich höre, daß Sie die **Ionenaustauscherproblematik** mobilisieren und befördern wollen, dann frage ich mich, wie wollen Sie künftig diesen Prozeß steuern, daß viele Verfahren hier in diesem Land im Schubkasten gelandet sind, liegengeblieben sind und im Grunde genommen ein Rücklauf eingetreten ist, der eigentlich nicht mehr nachzuholen ist. Wir haben Verfahren entwickelt, hochmoderne Verfahren, die sind im Ansatz steckengeblieben, die haben westliche Firmen übernommen, haben die Patente in Lizenzen genommen und haben sie bereits als Umwelttechnik praktikabel entwickelt.

Lange (Moderator): Herr Poppe, [Initiative] Frieden und Menschenrechte.

Poppe (IFM): Ja, ich bin etwas verwundert über die Leichtigkeit, mit der vorhin das Thema **Kernkraft** abgehandelt wurde und auch die Geschwindigkeit, mit der es wieder verlassen wurde. Ich glaube, wir brauchen dazu auch noch einmal einen gesonderten Gesprächsgang in einer vielleicht etwas ausführlicheren Weise.

Ich möchte nur heute aufgrund der alarmierenden Nachrichten, die über vom Kernkraftwerk Lubmin bei Greifswald ausgelösten Beinahekatastrophen ja bekanntgeworden sind in den letzten Tagen, hier noch einmal nachfragen: Wie sieht es denn tatsächlich mit der **Sicherheit dieses Kernkraftwerkes** aus?

Es ist wenig hilfreich, zu hören, wie die radioaktive Belastung im Falle eines funktionierenden Kernkraftwerkes ist. Das wissen wir, daß das also minimal ist, aber das, was alles dort bekanntgeworden ist über Schlampereien und über, ja, drohende Katastrophen ausgehend von diesem Kernkraftwerk, läßt doch viele in unserem Land sehr beunruhigt auf diese Entwicklung sehen, und wir fragen deshalb: Welche konkreten Maßnahmen sind getroffen, welche Reaktoren sind abgeschaltet, welches Sanierungsprogramm gibt es bezüglich dieses Kernkraftwerkes?

Lange (Moderator): Herr Behrendt, LDPD.

Behrendt (LDPD): Angesichts unserer ganz und gar nicht heilen ökologischen Welt habe ich eine Frage an den Minister, deren Beantwortung uns vielleicht einen Blick in die Zukunft ermöglicht. Ich möchte Sie, Herr Minister, fragen nach Ihren Vorstellungen zu einer **ökologisch orientierten Marktwirtschaft** und in diesem Zusammenhang die Frage nach der Investitionspolitik und der Subventionspolitik Ihres Ministeriums stellen.

Lange (Moderator): Dürfen wir um die Antworten zu diesen gestellten Fragen jetzt bitten?

Diederich (Umweltminister): Ich möchte zuerst auf die Frage von Herrn Schulz vom Neuen Forum eingehen. Ich bin drei Wochen im Amt und habe ein Ministerium übernommen mit einem ganz spezifischen Aufgabengebiet, aber ich hatte mich bereits in meinen Ausführungen dazu bekannt, daß wir das Ministerium für Naturschutz, Umweltschutz und Wasserwirtschaft entwickeln wollen zu einer **unabhängigen Umweltbehörde**, beginnend beim Vetorecht bis hin zu den ganzen Fragen, die anstehen, die Umweltverträglichkeitsprüfungen betreffen.

Ich bin also ganz und gar nicht der Auffassung, daß das Ministerium für Naturschutz, Umweltschutz und Wasserwirtschaft zu sagen hat: Dort wird mit Ionenaustauscher gearbeitet oder dort wird eine Wirbelschichtsverbrennung gemacht oder oder. Das muß schon, bitte schön, entsprechend des **Verursacherprinzips** der technologische Prozeß bestimmen, der auch letztendlich den Betrieb, die Investition trägt, den Betrieb trägt, und er hat nicht nur die Kosten für die Produktion zu tragen, er hat auch die Kosten für die gesamte Umwelttechnik zu tragen, die uns sicherstellt, wenn wir so weit sind, und dahin müssen wir sehr schnell kommen, daß wir sagen, Umweltverträglichkeitsprüfung an diesem Standort mit dieser Produktionstechnologie hat folgende Auswirkung.

Und dann muß man eine unabhängige Gutachterbehörde hinschicken und muß sagen: Jawohl, alle Fragen die **Lufthygiene**, das Wasser und so weiter betreffend sind eigentlich hier anhängig, bedürfen einer nochmaligen Vorlage, einer anderen oder diesbezüglichen Qualität. Also ich befreie mich hier vollkommen von einer Bevormundung der Industrie, indem wir dort Technologien oder Prozesse vorzugeben haben, die sie dann entgegenzunehmen haben auf Empfehlung des Umweltministers. Der Umweltminister wird künftighin nur noch sich für solche Fragen hergeben, daß er sagt, jawohl, und wird kontrollieren. Das zum ersten.

Und ich muß vielleicht sagen zu den ganzen Fragen, die hier noch anstehen, zu **Personaldiskussionen** würde ich jetzt hier am Zentralen Runden Tisch die Tagesordnung vielleicht nicht weitern wollen.

Zu der Anfrage, die hier kam, zu den Fragen der Marktwirtschaft. Auch hier, ich verstehe den Übergang zu einer sozial- und **ökologisch-orientierten Marktwirtschaft** so, daß die Marktwirtschaft in unserem Lande kein Gesellschaftstyp ist, sondern generell ein Typ ist, der die Wirtschaft zu regulieren hat. Und da hinein fallen natürlich auch viele Fragen, die zur Zeit, beginnend bei Handwerksbetrieben fortgesetzt über Genossenschaften, über kleinere und mittlere Betriebe der Industrie getätigt werden, wo man mit Kapitalbeteiligung auch Technologien einkauft, Produktionsketten, Produktionsstätten einkauft.

Und hier, bin ich der Auffassung, müssen wir mit dem zu organisierenden System der **Umweltüberwachung** von der Zentrale über die Bezirke bis hinein in die Kreise sicherstellen, daß dort Fragen die Umwelttechnik betreffend letztendlich ihre Berücksichtigung finden. Es ist also sicherlich ein sehr berechtigter Gedanke, der hier angemeldet wird, daß im Lande selber nicht Technologien eingekauft werden, die in der westlichen Welt verworfen worden sind, weil sie eben einen hohen Grad an Umweltbelastung bringen, und vielleicht aus Kostengründen dann der Import getätigt wird. Hier muß das notwendige Mitsprache- und Einspruchsrecht gewährleistet sein.

Zu den Fragen die Kernkraft betreffend würde ich vorschlagen, daß Professor Steinberg hier noch einmal [eine] entsprechende Möglichkeit erhält, sich zu äußern.

Lange (Moderator): Ja, dürfen wir Sie gleich bitten?

Steinberg (Stellvertr. Minister Schwerindustrie): Zunächst möchte ich aber auf die Frage bezüglich des **Kraftwerks Rummelsburg** Stellung nehmen. Die Entscheidung, dort das Wellmann-Lord-Verfahren mit der Gewinnung mit flüssigem SO$_2$ einzuführen, wurde nicht durch das Ministerium für Umweltschutz und auch nicht durch das Ministerium für Kohle und Energie gefällt, sondern durch [das], soviel ich weiß, durch Herrn Dr. Günter Mittag seinerzeit.

Bezüglich der Vorstellung des Ministeriums für Schwerindustrie zu einer ökologisch orientierten Marktwirtschaft möchte ich noch ergänzen, wenn durch Strukturveränderungen neue Industrieanalgen zu errichten sind, und das wird in großem Umfang erforderlich sein, dann wird das nach den ECE-Normen geschehen und nach den entsprechenden Genehmigungsverfahren, weil wir entsprechend ein sauberes Zimmer in das **Haus Europa** einbringen wollen. Das ist ein Grundprinzip, und das erstreckt sich auch auf die Nachrüstung bestimmter Kraftwerke mit Entschwefelungs- und auch Entstaubungstechnik. Auch dort werden wir die Normen, die in der Bundesrepublik beziehungsweise in der EG anstehen, einführen und einhalten.

Bezüglich der Kernkraftsituation beziehungsweise der aktuellen Situation im Kernkraftwerk Nord in Lubmin bei Greifswald möchte ich Herrn Dr. Lehmann, dem Direktor dieses Kernkraftwerks, die Möglichkeit zur Antwort einräumen, falls Sie einverstanden sind, bitte. Er ist anwesend.

Lange (Moderator): Ja, wir bitten darum.

Lehmann (Generaldirektor des KKW Greifswald): Meine Damen und Herren, ich möchte zunächst vorausschicken, daß die **Kernenergie** ja wie keine andere Energieart in der Vergangenheit keine Möglichkeit hatte, ihre Ergebnisse, sowohl die positiven als auch die Probleme der Kernenergie, in der Öffentlichkeit darzustellen, und aus diesem Grunde besteht natürlich ein erheblicher Nachholbedarf.

Ehe ich auf die aktuelle Situation eingehe, möchte ich doch noch – es wurde von Herrn Pflugbeil und auch darüber hinaus gesagt, daß Kernkraftwerke im Normalbetrieb außerordentlich umweltfreundlich sind – die aktuellen Daten für einige Nukleide nennen.

Wir haben z. B. eine Emission von Edelgas von 103.5 Kera-Bequerel pro Jahr. Der Genehmigungswert liegt bei 2 100 Kera-Bequerel pro Jahr und der internationale Durchschnitt liegt bei 218 Kera-Bequerel pro Jahr. Dieses ist der Mittelwert aus den Betriebsjahren 1982 bis 1988.

Ich könnte ähnliche Daten auch für Nukleide nennen und möchte damit unterstreichen, daß bei dem Betrieb des **Kernkraftwerks Greifswald** und auch des **Kernkraftblocks in Rheinsberg** keine Störfälle aufgetreten sind, die zu einer Überschreitung der Interventionswerte an den festgelegten Grenzen geführt haben.

Bezüglich der aktuellen Situation in der Kernenergie hat Professor Steinberg bereits darauf hingewiesen, daß das Kernkraftwerk Rheinsberg, welches sich seit 1966 in Betrieb befindet, 1992 stillgelegt wird. Die Ursachen hierfür sind die veraltete Technologie und die nicht mehr den Sicherheitsanforderungen moderner Kernkraftwerke entsprechende Gestaltung dieses Werkes.

Zum Kernkraftwerk Greifswald: Es sind die vier Blöcke 1 – 4, die in der Vergangenheit in der Presse besondere Aufmerksamkeit erregten, seit 1973 der erste Block, der letzte seit 1979 in Betrieb. Es sind dies Konstruktionen aus den sechziger Jahren, und sie entsprechen den Mindestanforderungen heutiger Kernkraftwerkstechnik. Sie bedürfen dringend der Rekonstruktion. Entsprechende Rekonstruktionsmaßnahmen sind vorbereitet.

Im Ergebnis des Besuches des **Umweltministers der Bundesrepublik**, Herrn Töpfer, wurde festgelegt, daß eine gemeinsame Kommission von Experten beider Staaten gebildet wird, die das Sicherheitsniveau dieser Blöcke einschätzt und dann entsprechende Festlegungen für die Regierung der DDR vorbereitet. Diese Kommission hat in der vergangenen Woche ihre Arbeit aufgenommen. Ich habe persönlich nochmals Kontakt mit der Gesellschaft für Reaktorsicherheit der Bundesrepublik aufgenommen, um diese Arbeit zu forcieren.

Zur „Schlamperei", dieses in den Medien verbreitete Wort muß ich zurückweisen. Es besteht im Kernkraftwerk Greifswald, auch im Kernkraftwerk Rheinsberg, seit Beginn der Betriebsführung dieser Kernkraftwerksblöcke eine lückenlose Übersicht über alle Unregelmäßigkeiten im Betrieb, über alle Probleme, die aufgetreten sind. Diese Ansagen werden in sogenannten technischen Jahresberichten aktuell analysiert. Für jede aufgetretene Störung wurden entsprechende **Untersuchungskommissionen** eingeleitet, Maßnahmen festgelegt. Dieser Meldefluß geht von uns an das Staatliche Amt für Atomsicherheit [und Strahlenschutz].

Wie das international üblich ist, werden die Ereignisse in Kategorien geteilt. Auch bei uns im Lande sind dies, den internationalen Gepflogenheiten angepaßt, drei Kategorien. Diese Meldungen sind nachvollziehbar, sind prüfbar und sind in jedem Fall akkurat von der Leitung des Kernkraftwerks an die zuständigen staatlichen Stellen weitergeleitet worden. Für die Veröffentlichung dieser Werte hatten wir keine Verantwortung, haben wir kein Recht gehabt, wir mußten diese an die genannten Stellen weiterleiten und dort wurde über die Veröffentlichung, auch über die Speisung der existierenden internationalen Informationssysteme entschieden.

Genügt das?

Lange (Moderator): Vielen Dank.
Herr Professor Rabold noch?

Poppe (IFM): Einen Moment dazu. Heißt das, daß sie das dementieren, was im „Spiegel" dort an den Berichten über diese Beinaheunfälle in diesem KKW geschrieben wurde?

Lehmann (Generaldirektor des KKW Greifswald): Im Jahre 1975 hat es einen Brand gegeben, eine sehr komplizierte Störung. Das muß ich bestätigen. Diese Störung ist damals nicht veröffentlicht worden. Ich selbst war seinerzeit auch noch nicht in diesem Werk beschäftigt, habe mich also auf die vorliegenden Akten konzentrieren müssen, und dazu ist auch eine entsprechende Information in die Tagespresse gegeben worden. Wenn dies gewünscht wird, kann ich das nochmals hier vortragen. Es ist ein recht technischer Inhalt. Ich kann das auch hier tun.

Lange (Moderator): Herr Professor Rabold, würden Sie jetzt noch ergänzen?

Rabold (Vizepräsident des SAAS): Ja, wenn Sie gestatten möchte ich einiges hinzufügen zu den Ausführungen von Dr. Lehmann.

Es ist ja das erste Mal, daß wir Gelegenheit haben, über die Kernenergie in dieser Form öffentlich zu sprechen. Es ist sicher wünschenswert, doch etwas zu den grundsätzlichen Voraussetzungen in der DDR zu sagen.

Es gibt seit langem ein **Atomgesetz,** in einer Neufassung aus dem Jahre 1983, was eine Verantwortungsregel für die Sicherheit der Kernenergie enthält – diese Verantwortung liegt voll und ganz beim Betreiber der Kernkraftwerke – und was eine Regelung darüber enthält, daß eine vom Betreiber unabhängige staatliche Kontrolle durch das Staatliche Amt für Atomsicherheit und Strahlenschutz im Auftrag der Regierung ausgeübt wird.

Aus der Sicht dieser staatlichen Kontrolle würde ich gerne wenige Worte zur Ergänzung sagen zu den Kernkraftwerken und der derzeitigen Situation.

Die Blöcke 1 – 4 des Kernkraftwerks **Greifswald** sind in den sechziger Jahren konzipiert worden. Seit dieser Zeit hat es eine große Entwicklung des Verständnisses der Sicherheitsprobleme und der Möglichkeiten zu ihrer Beherrschung gegeben. Diese Entwicklung ist auch nicht abgeschlossen. Das bedeutet aber, daß Kernkraftwerke, die neu errichtet werden, von der Nutzung all dieser Erkenntnisse ein höheres Niveau der Sicherheit darstellen unvermeidlich – [profitieren].

Diese Situation hat sich systematisch und langjährig entwickelt, ist verfolgt worden und es ist seit – – langem sind Bemühungen im Gange, Rekonstruktionen zur Erhöhung der Sicherheit in unseren Kernkraftwerken durchzuführen.

Solche **Rekonstruktionsmaßnahmen** hat es an verschiedenen Stellen innerhalb der Kernkraftwerke gegeben, in Auswertung dieser Einschätzung und auch im Gefolge aufgetretener Störungen. Dabei ist die Erkenntnis gewachsen, daß zur Heranführung dieser Kernkraftwerke an das heutige Niveau der Sicherheit eine große und grundsätzliche Rekonstruktion notwendig ist. Eine solche Maßnahme kann in der DDR aufgrund der Struktur, die die Nutzung der Kernenergie in der Industrie hat, nicht ohne Unterstützung der UdSSR durchgeführt werden.

Als sich die Vorbereitungsmaßnahmen für eine solche Rekonstruktion über die Jahre hinzogen, ohne daß konkrete Ergebnisse, die realisierbar waren, entstanden, ist im vergangenen Jahr eine Forderung von unserer Seite, vom **Staatlichen Amt für Atomsicherheit und Strahlenschutz**, erhoben worden und es sind Mindestanforderungen an die Rekonstruktion dieser Kernkraftwerke erhoben worden. Erste und wesentliche Festlegung dabei war, daß eine umfassende Analyse des Zustandes der Kraftwerke, der Werkstoffe, der Komponenten durchgeführt wird und daß eine Bewertung des Sicherheitsniveaus durchgeführt wird.

Diese Forderung fällt zusammen mit der in den Gesetzen festgelegten Überprüfung dieser Komponenten nach 10 000 Betriebsstunden. Diese Arbeiten sind seit Anfang des vergangenen Jahres im Kernkraftwerk und im Staatlichen Amt für Atomsicherheit und Strahlenschutz im Gange. Das Angebot des Bundesministers für Umwelt und Naturschutz und Reaktorsicherheit, Herrn Töpfer, am Anfang dieses Jahres gibt es die Möglichkeit, die Expertise, die in der Bundesrepublik vorhanden ist zur Bewertung der Sicherheit, zu nutzen, einzubeziehen in diesen bereits laufenden Prozeß der Bewertung der Sicherheit. Und ich sage hier ganz offen, eine Entscheidung der Frage, ob eine Rekonstruktion zur Heranführung an das internationale Sicherheitsniveau möglich ist, muß noch auf der Grundlage einer solchen Entscheidung, einer solchen Analyse getroffen werden.

Bei der volkswirtschaftlichen Tragweite einer solchen Entscheidung ist es selbstverständlich, daß es sich nicht auf Emotionen und Meinungen gründen kann, sondern, daß eine exakte wissenschaftliche Bewertung erfolgen muß. Diese Bewertung ist im Gange. Sie ist keine ganz leichte Aufgabe, die in wenigen Wochen abzuwickeln ist. Über das Ergebnis wird selbstverständlich berichtet werden und es wird auch einfließen in die Energiekonzeption der DDR.

Danke.

Lange (Moderator): Vielen Dank. Ich möchte an dieser Stelle Ihnen die Liste der Wortmeldungen zur Kenntnis geben. Es haben sich gemeldet Herr Schlüter, der zweite Vertreter der Grünen Liga, Herr Möller, Herr Fischbeck, Herr Wiedemann, Herr Pflugbeil, Frau Dörfler, Frau Tippel, Herr Mahling, Herr Musch, Frau Schmidt, Herr Nooke. Dazu kommt noch VdgB und Herr Stief. Sie noch einmal, Herr Schulz? Dann sollten wir diese Rednerliste – Herr Hegewald – schließen.

Ich möchte Sie zweitens darauf aufmerksam machen, daß wir zu dem gesamten Komplex eine Reihe von Vorlagen haben, über die zu sprechen [ist], die zu erläutern [sind], und [über] die dann entsprechend auch abgestimmt werden muß. Nur, daß wir uns ein wenig einrichten im Blick auf die zeitliche Abfolge unserer Beratung.

Wir haben hier festgestellt, und wir freuen uns, daß die Möglichkeit besteht, daß die Vertreter der Regierung, solange wir sie hier möchten, unter uns sein können. Deshalb würden wir Ihnen jetzt zunächst eine Pause vorschlagen. Wir unterbrechen an dieser Stelle die Aussprache und setzen dann wieder mit der Rednerliste, wie ich sie bekanntgegeben habe, ein.

Eine Viertelstunde Pause, 10 Minuten nach elf.

[Pause von 10.55–11.15 Uhr]

Ducke (Moderator): – mit den Verhandlungen fortfahren können. Wir haben schon zwei Minuten zugegeben. Jetzt drei.

Darf ich dann bitten, die Interviews abzuschließen, den Imbiß schnell wegzulegen oder aufzuessen und hereinzukommen. Bitte.

Meine Damen und Herren, darf ich bitten, daß ein reitender Bote in das Foyer geht, damit wir beginnen können. Wir haben jetzt die Pause schon fünf Minuten überzogen.

Ich bitte dann, die Tür zu schließen, auch wenn noch nicht alle Teilnehmer da sind. Wir müssen beginnen.

Meine Damen und Herren, wir gehen davon aus, daß die Rednerliste abgeschlossen ist. Sollen wir darüber noch einmal abstimmen? Dann tue ich das jetzt, denn ich weise darauf hin, daß viele der in den Anträgen genannten Probleme dann ja auch konkret bei den Anträgen zum Ausdruck gebracht sind.

Also, wer dafür ist, daß wir diese Rednerliste jetzt abschließen, hebe die Hand. Bitte. – Jawohl, das ist die absolute Mehrheit. Danke schön. Die Rednerliste ist abgeschlossen.

Wir müssen einen Einschub machen. Wie schon am Anfang angekündigt, bitte ich um Unterbrechung der Diskussion zur Ökologiesituation, und es liegt vor Ihnen die **Vorlage 10/7** vom heutigen Tag, die unter [dem Tagesordnungspunkt] 6.1. vorgesehen war. Das ist zum „**Beschluß der Volkskammer über die Gewährleistung der Meinungs- und Informations- und Medienfreiheit**". Ich bitte den Antragsteller, die Vorlage einzubringen.

Wer bringt die Vorlage ein?

Bitte schön, FDGB. Bitte.

TOP 4: Mediengesetzgebung der Volkskammer

Kallabis (FDGB):

> [**Vorlage 10/7, Antrag FDGB, VL, SPD, UFV, DJ:** Veränderung der Gesetzesvorlage „Gewährleistung der Meinungs-, Informations-, und Medienfreiheit"]
>
> In der Vorlage des Entwurfs für einen Beschluß der Volkskammer zur Gewährleistung der Meinungs-, Informations- und Medienfreiheit, die am 18. 1. 1990 vom Runden Tisch bestätigt wurde, und zu deren Korrektur durch die Regierung der Runde Tisch am 22. 1. 1990 einen Beschluß faßte, ist in der Fassung, die dem Präsidium der Volkskammer übermittelt wurde, eine weitere Veränderung vorgenommen worden, von der der Runde Tisch nicht informiert worden ist.
>
> Im Paragraph 11, 1. Satz, wurde aus dem Text „Rundfunk, Fernsehen und ADN sind unabhängige, öffentliche Einrichtungen, die nicht der Regierung unterstehen", das Wort ADN herausgenommen. Dafür wurde dem Paragraphen eingefügt: „Der ADN bleibt eine Einrichtung der Regierung. Das schließt die Gründung anderer Agenturen nicht aus."
>
> Der Runde Tisch drückt sein Befremden aus, daß an der Beschlußvorlage weitere politisch wesentliche Veränderungen vorgenommen wurden, ohne daß der Runde Tisch zuvor davon in Kenntnis gesetzt wurde. Der Runde Tisch erwartet von der Volkskammer, daß der Beschluß über die Gewährleistung der Meinungs-, Informations- und Medienfreiheit in der Fassung erfolgt, die am 9. 1. 1990 dem Runden Tisch vorlag und von ihm am 18. 1. 1990 bestätigt wurde.

Ich bitte das als Antrag zu nehmen und ihm zuzustimmen.

Ducke (Moderator): Der Antrag ist vorgelegt, der ist schon unterschrieben, wie Sie sehen, FDGB, Vereinigte Linke, SPD, Unabhängiger Frauenverband und Demokratie Jetzt. Das sind die darunterstehenden Unterzeichner.

Ich schlage vor, daß wir zu dem Anliegen, weil wir ja über dieses schon einmal beschlossen haben, nicht eine große Debatte führen, sondern nur fragen, wer unterstützt diesen Antrag. Dann würden wir einen Boten an die Volkskammer senden. Wer wünscht dazu das Wort?

Herr Pflugbeil, bitte.

Pflugbeil (NF): Nur, daß wir das unterstützen. Es braucht nicht weiter kommentiert zu werden.

Ducke (Moderator): Vielen Dank. Nein, nein. Neues Forum auch. Es liegt eine Unterstützungswortmeldung vor. Ich würde sagen, wenn keine weiteren Wortmeldungen vorliegen, dann könnten wir darüber abstimmen. Sind Sie dagegen? – Nein.

Dann rufe ich auf **Vorlage 10/7**. Die Bitte beziehungsweise der **Protest an die Volkskammer,** daß dieser zitierte Passus gestrichen ist; wer dafür ist, daß dieser Protest und die Erwartung des Runden Tisches der Volkskammer vorgelegt wird, und zwar noch heute, deswegen unterbrechen wir ja jetzt, damit das noch in die Verhandlungen dort hineingetragen werden kann, den bitte ich um das Handzeichen. Wer dieses unterstützt, [den] bitte ich um das Handzeichen.

Würden Sie einmal zählen. Gibt es Gegenstimmen? – Keine Gegenstimme. Gibt es Stimmenthaltungen? – Auch keine Stimmenthaltung. Die **Vorlage 10/7** ist angenommen, und ich bitte die Antragsteller, das Weitere zu veranlassen im Namen des Runden Tisches. Vielen Dank.

Damit ist das Thema, das wir eingeschoben haben, Mediengesetz, eigentlich beendet, und wir fahren fort mit der Ökologiediskussion in der Reihenfolge der uns vorliegenden Rednerliste. Darf ich einmal meinen Nachbarn bitten. Vielen Dank. Herr Schlüter, Grüne Liga, ist der nächste.

Bitte, Herr Schlüter.

TOP 5: Ökologische Fragen (Fortsetzung)

Schlüter (GL): Herr Minister, Sie kommen aus dem Bereich der Landwirtschaft. Wir waren ja immer dafür, daß der Bereich Landwirtschaft und Naturschutz getrennt werden. Nun ist diese Möglichkeit vorhanden. Wir sehen aber da dann auch die Kalamität, daß es praktisch gar keine Ausbildung, keine Hochschulberufe auf diesem Gebiet gibt, die dann Kenntnisse voraussetzen für so eine Leitung des Ministeriums vielleicht.

Welche Maßnahmen sind im Bereich des **Hochschul-/Fachschulwesens** vielleicht dann angedacht in diese Richtung?

Das zweite führt dann wieder zurück auf den Bereich der Landwirtschaft. Ich komme aus dem Norden der DDR. Wir haben zwar Probleme mit der Atomkraft und mit [der] **Schönberg-Mülldeponie,** wir haben aber als Umweltverschmutzer Nummer 1 bei uns die Landwirtschaft, und da ist mir der Bereich Landwirtschaft in dem Bericht wesentlich zu kurz gekommen. Sie sehen das schon an dem ökologischen Umbau.

Das Papier von der Arbeitsgruppe ist zu diesem Bereich wesentlich umfangreicher [**Vorlage 10/3, Antrag AG „Ökologischer Umbau": Zur Einbeziehung ökologischer Prinzipien in der Gestaltung der gesellschaftlichen und ökonomischen Entwicklung der DDR**]. Uns ist die ganze Sache also zu kurz gekommen. Das betrifft insbesondere die industriellen Viehanlagen. Das betrifft die Auswirkungen im Ammoniak, dann natürlich wieder auch auf die Forstwirtschaft. Sie kennen wahrscheinlich die Probleme, die wir im Norden der Republik eben nicht nur mit dem Wasser haben, mit der Gülle, mit der Nitratbelastung, sondern auch mit den enormen Waldschäden gerade durch die **Großviehhaltung.** Das wäre die zweite Frage vielleicht dazu.

Und das dritte, die **Kleingärten** fallen auch unter Ihren Bereich, oder fielen bis jetzt in den Bereich des Ministeriums. Und wir hatten vom Naturschutz mit dieser Sache in der Vergangenheit große Probleme. Es waren eigentlich immer naturnahe Gebiete, die für die Kleingärten ausgewiesen wurden, und aufgrund der starren Beschlüsse und der Planungsvorhaben wurden die auch fast vollkommen durchgesetzt, ohne auf bestimmte ökologische Maßnahmen zu achten beziehungsweise wirklich naturschutzwerte Flächen dafür nicht zu berücksichtigen.

Danke schön.

Ducke (Moderator): Die Fragen sind klar geworden. Wünschen Sie gleich? Als nächster würde dann [Herr] Bernt-Bärtl reden. Aber erst – –
Herr Minister, möchten Sie?

Diederich (Umweltminister): Ich möchte vielleicht bei den letzten beginnen, wenn Sie gestatten. Die Aufgaben der Kleingärten, muß ich Sie korrigieren, lagen nicht in unserem Ministeriumsbereich. Es gibt hierzu einen eigenständigen **Verband der Kleingärtner, Siedler und Kleintierzüchter,** der dem Ministerium für Land-, Forst- und Nahrungsgüterwirtschaft sachlicherseits zugeordnet war.

Aber ich betrachte den Inhalt Ihrer Frage doch dahingehend, daß wir künftighin bei all den anstehenden Fragen der Landnutzungsplanung dort die größte Aufmerksamkeit hinzuwenden haben, Professor Succow – mit am Tisch sitzend – vertritt diesen Bereich in unserem Ministerium als Stellvertreter, so daß also die angemeldeten Bedenken oder auch angemeldete Vorteile, die mit dem Neuerschließen von **Kleingärtenanlagen,** ihren Auswirkungen und so weiter in Zusammenhang stehen, da durchaus in unserem Ministerium zu den Fragen der Landnutzungsplanung ein entsprechender Partner vorhanden ist.

Zu den Fragen der **Landwirtschaft:** Ich möchte die Teilnehmer des Zentralen Runden Tisches vielleicht um Verständnis bitten. Wir haben ein erstes Papier heute hier übergeben und haben nicht den Anspruch erhoben, daß wir natürlich nun alle auch noch im Ministerium anwesenden offenen Probleme einer entsprechenden Problemstellung hier zugeschrieben haben.

Ich würde generell vielleicht einmal folgenden Vorschlag mit unterbreiten. Da wir dieses Papier ja im März noch einmal vorlegen wollen, konkretisiert und vervollkommnet, daß im Rahmen der Erarbeitung des **Umweltprogrammes,** welches wir bis zum März ja fertig haben wollen in Verbindung mit der Analyse, und in diesem Umweltprogramm ja den Weg, die Ziele und nicht nur auf dem Ist-Stand beruhend uns die Fotografie ansehen wollen, sondern Wege und Ziele vorschlagen wollen, wir haben innerbetrieblich, will ich einmal sagen, **elf Arbeitsgruppen** gegenwärtig installiert, elf Arbeitsgruppen zu den ganz einzelnen, spezifischen Teilkomplexen. Das beginnt also bei der ökologischen Wirtschaftsentwicklung, setzt sich über die Fragen des Natur- und Landschafts- und Artenschutzes hinweg bis ins kleinste Detail hinein. Ich würde vielleicht die Vertreter der Basisgruppen, der ökologischen Gruppen, des Neuen Forums beziehungsweise der Grünen Liga, der Grünen Partei, alle Sie bitten wollen, hier mitzuwirken, damit wir hier das ganze Feld an Meinungen mit beleuchten, das ganze Feld an Problemen mit erfassen, um sicherzustellen, dann, ich sage es einmal, den Anspruch zu erheben, hier haben in einer breiten demokratischen Basis alle mitgeholfen, sich den gegenwärtig anstehenden, ins Haus stehenden Aufgaben zu stellen.

Zu den Fragen der **Ausbildung:**

Hier möchte ich folgenden Standpunkt vielleicht vertreten. Es gibt im Rahmen des Zusammenwirkens mit dem Minister für Bildung, dem das gesamte Hoch- und Fachschulwesen untersteht, bis hin zu den **Lehrplänen** in den **Schulen,** also beginnend bei der ersten Klasse bis zur zwölften Klasse, und im Zusammenwirken mit dem Ministerium für Wissenschaft und Technik entsprechende Absprachen, wie beginnend im Kindesalter eine umweltgerechte, den Ansprüchen genügende Erziehung in die Lehrprogramme mit aufgenommen werden soll.

Und das setzt sich fort bis zu ersten Gedanken, möchte ich sagen, die noch nirgends verabschiedet sind, aber in der Diskussion sind, wie wir in dem gesamten ingenieurtechnischen, ich sage einmal, Fachschulbereich, Fragen der Ökologie, des Umweltschutzes bis hin zu ganz spezifischen Aufgaben mit ansiedeln müssen, und es gibt das Gleiche und gleiche Vorstellungen zu den Fragen der Vermittlung von Kenntnissen bis hin zu postgraduellen Möglichkeiten der Weiterbildung auf dem Gebiet der Ökologie an den einzelnen Hochschulen, sehr spezifisch gehalten teilweise.

Also, wenn ich mich jetzt noch einmal dem Ministeriumsbereich von Professor Steinberg zuwenden wollte, dann ist das natürlich insbesondere **ingenieurtechnologisches Wissen,** wo hingegen das meinetwegen, im Bereich der Landwirtschaft oder der Naturwissenschaften angesiedelt, ein ganz anderes schon sein kann.

Diese Aufgabe wird, was die gesamte Forschungs- und **Bildungskoordinierung** betrifft, in dem Stellvertreterbereich bei Professor Succow in unserem Hause mit angesiedelt sein. Es gibt hier bereits, ich sage einmal, das Netz- und Maschenwerk des Vorgehens, und wir werden zu einer entsprechenden Zeit dann diese Vorstellungen eingehen lassen müssen in entsprechende Festlegungen, in das entsprechende Programm, mit entsprechenden Festlegungen untersetzen, sie zu Durchführungsbestimmungen oder Gesetzescharakter zu erheben haben.

Ducke (Moderator): Danke schön. Ich habe eine Liste von 16 Wortmeldungen.

Ich würde bitten, daß sich die Gemeldeten vielleicht doch auch schon beziehen können auf die Vorlagen, die vorliegen. Wir ersparen uns damit dann etwas. Wenn wir solche langen, grundsätzlichen Dinge jetzt sagen, die nachher noch einmal in der Vorlage erwähnt werden. Ich bitte also jetzt die, die sich zu Wort gemeldet haben, schon einfach uns auch zu sagen, ich beziehe mich auf **Vorlage XY,** ansonsten um kurze Rückfragen, die auch kurz, darum bitte ich die Regierungsvertreter, nur beantwortet werden, denn die Debatte über die Vorlagen, die kommt ja noch, wenn ich darauf aufmerksam machen kann. Sonst schaffen wir es nicht. Und [am] Mittag müssen wir [mit dem] Thema Schluß machen, sonst werden wir heute überhaupt nicht fertig.

Bitte, Herr Bernt-Bärtl.

Bernt-Bärtl (GL): Ja, ich möchte mich an die Vorlage halten, Information, Entwicklung der Umweltbedingungen. Nach dem Eingangspassus finde ich hier einen Aufgabenkatalog auf der Seite 4.

Ducke (Moderator): Aber darf ich bitten, wir wollen noch nicht in die Debatte zu den Vorlagen eintreten, nur die Rückfragen an die Regierung.

Bernt-Bärtl (GL): Ja, gut, da ist dort ausgedrückt, daß vor allen Dingen Dresden verstärkt einbezogen werden soll hinsichtlich der Sanierungsmaßnahmen. In Halle gibt es – ich komme aus dem Bezirk Halle – darüber großen Protest, und zwar deswegen, weil der **Bezirk Halle** im Prinzip mit 30 Prozent der Umweltbelastung, 50 Prozent der toxischen Belastung der DDR und über 40 Prozent der chemischen Industrie angesiedelt ist. Man müßte eigentlich sagen, der Bezirk Halle ist der **Katastrophenbezirk der DDR.** Ich finde das hier nicht verankert, und ich würde darum bitten, daß das also schwergewichtsmäßig hier in dieses Papier mit hineinkommt und nicht, daß jemand am heißen Draht sitzt,

Ökologische Fragen (Fortsetzung)

und dann auf dieser Grundlage es dann dazu kommt. Das als erstes.

Zweitens, die Frage **Landschaftsgestaltung** als Gesamtkomplex. Dort sehe ich also noch große Lücken in unserer jetzigen Art und Weise. Wir müßten meines Erachtens unbedingt ein Institut haben für Landschaftsgestaltung im weitesten Sinn, um diese einzelnen Aktivitäten dort zusammenzuführen.

Drittens ist ein ganz detailliertes Problem die Frage der **Reichsbahntarife**. Es gibt mittlerweile Gerüchte, daß die Reichsbahntarife erheblich angehoben werden sollen, und zwar sogar bis 24 Pfennig pro Kilometer. Das erscheint uns den Vorstellungen hinsichtlich gerade der ganzen grünen Bewegung in Ost und West, also vor allen Dingen auf die Schiene zurückzugehen und die Schiene zu stärken, etwas entgegenzulaufen, wenn es stimmen sollte.

Und viertens ist die Frage einfach noch zum **Energiekonzept**. Hier ist unter Punkt 4 angemerkt, daß das bis zum April 1990 vorliegen soll mit dem Schwerpunkt Reduzierung des **Braunkohleneinsatzes**. Ist das der einzige Schwerpunkt? Oder welche Schwerpunkte sind da noch darin?

Ducke (Moderator): Danke. Zu welchem Thema?
Bitte schön, Herr Steinberg.

Steinberg (Stellvertr. Minister Schwerindustrie): Ich möchte zunächst bezüglich der Frage Raum **Dresden** Sanierung, Raum **Halle** vielleicht nicht, sagen, es gibt auch zwei Regierungskommissionen, die sich einmal mit dem Raum Buna-Leuna befassen und zum anderen mit dem Raum Bitterfeld.

Zum Raum **Buna-Leuna** gab es bereits Entscheidungsvorlagen, die gegenwärtig im Ministerrat behandelt werden.

Zum Raum **Bitterfeld** wird am 7. Februar [1990] die gebildete Regierungskommission ihre erste Tagung unter meiner Leitung aufnehmen.

Zu den Grundzügen des **Energiekonzeptes** möchte ich sagen: Selbstverständlich bedeutet das zu allererst Einsparung, absolute Einsparung des Primärenergieeinsatzes.

Das bedeutet deutliche Senkung des spezifischen Energieaufwandes zur Erzeugung einer bestimmten Produktmenge, und die tragenden Linien werden sein neben dem Rückgang des Rohbraunkohleeinsatzes, ich denke an eine Größenordnung von 30, mindestens 30 Prozent Absenkung bis zum Jahr 2000, Substitution durch Steinkohle, zu importierende Steinkohle, durch Erdöl und durch Erdgas.

Ducke (Moderator): Danke schön Herr Professor Steinberg. War noch zur Landschaftsgestaltung, wer?

Professor Succow wird gebeten, nicht als LDPD[-Mitglied], sondern jetzt für das Umweltministerium – –

Succow (Umweltministerium, LDPD): Ja, also unsere Vorstellungen sind, eine **Landnutzungsplanung** für unser Land rasch aufzubauen, die später einmal zu einer Raumplanung wird, also Siedlungs-, Stadt-, Dorfplanung und Landschaftsplanung vereinigt. Das sind Erfordernisse, die wir dringend brauchen. Wir haben jetzt gute Leute, die jetzt schon anfangen, in der nächsten Woche, das für die DDR zu machen.

Ducke (Moderator): Danke schön.
Zu den Gerüchten will sich wohl, kann sich im Moment niemand äußern.

Diederich (Umweltminister): Nein, ich kann Sie davon in Kenntnis setzen, daß wir die Fragen der **Umweltsubventionen,** der **Umweltinvestitionen,** Preispolitik auf diesem Gebiet verfolgen. Das geht bis hin zum Wasserpreis. Aber in der Regierung lag auch bisher nichts, was derartige Tarifänderungen durch das Ministerium für Finanzen und Preise oder den Verkehrsminister eingebracht, eine solche Argumentation stützt.

Ducke (Moderator): Gut. Dann wollen wir auch die Gerüchteküche nicht anheizen. Der nächste ist Herr Möller, NDPD, dann Herr Fischbeck.
Bitte, Herr Möller.

Möller (NDPD): Herr Minister, ich habe basierend auf dem Bericht zur Entwicklung der Umweltbedingungen drei konkrete Fragen.

Die erste: Welcher Herkunft sind die **Daten,** auf denen Ihre Umweltinformation aufbaut?

Ich begründe meine Frage damit, daß es offensichtlich Differenzstandpunkte gibt und gebe dafür folgendes Beispiel: In Ihrem Bericht sind in der DDR 446 000 Einwohner mit **Trinkwasser** oberhalb des Nitratgrenzwertes versorgt. Nach Unterlagen des Ministers für Gesundheits- und Sozialwesen sind es aber 1 394 000 Einwohner. Das ist also mehr als das Dreifache.

Meine zweite Frage: Warum enthält das Material keine Informationen, und seien es Erstinformationen, über den Einfluß der **Umweltbelastungen auf die Gesundheit?**

Sie haben hier erklärt, daß die angrenzenden Bereiche in dem Material noch nicht in der notwendigen Weise vertreten sein konnten, aber ich bin der Auffassung, daß das von solcher Brisanz ist, daß wenigstens Erstbelege über Gesundheitsrelevanzen, wie sie ja bekanntlich in Expositions-Wirkungsstudien Pirna oder Espenhain-Böhlen gewonnen worden sind, hier zumindestens anklingen sollten.

Meine dritte Frage: Warum sind inzwischen vorbereitete Maßnahmen zur **Umweltsanierung** in dem Arbeitsplan des Ministerrates nicht enthalten, was ja in Konsequenz Ihrer Erhebungen zweckmäßig gewesen wäre?

Ich beziehe mich hier auf bereits vorher erkannte und fortbestehende Risiken und belege das Ganze mit folgendem Beispiel: Es gibt den Entwurf einer Vorlage für den Ministerrat im Juli dieses Jahres, zwischen Ihrem Amtsvorgänger und dem Minister für Gesundheitswesen vereinbart, der am 24. Oktober 1989 vorgelegt werden sollte, aus verständlichen Gründen dann zurückgestellt werden mußte, über die **Trinkwassersanierung,** Beschluß über die Ergebnisse und weiteren Aufgaben bei der Sicherung qualitäts- und bedarfsgerechter Trinkwasserversorgung und so weiter.

Ich möchte noch einmal betonen, daß die drei Beispiele, die ich für meine Fragen hier angeführt habe, nur Exempel sind. Es gibt also auf allen drei Gebieten weitere offene Probleme.

Ich möchte auch gern einräumen, daß der Runde Tisch hier nicht in der Lage sein wird, alles im Detail zu beantworten, und möchte deshalb meine Anfrage mit dem Vorschlag abschließen, derartige Details, die außerordentlich wichtig sind für eine Neuvorlage des Informationsberichtes im März zusammen mit der Umweltkonzeption, doch vielleicht mit sachkundigen Vertretern in die jeweiligen Arbeitsgruppen zu delegieren. Hier käme in Frage sowohl der „ökologische Umbau" als auch „Gesundheitswesen".

Ducke (Moderator): Danke. Das war Ihre Aufforderung, daß eigentlich nur zu ganz konkreten Dingen jetzt beantwortet werden muß, also die Datenbasis.

Diederich (Umweltminister): Ja, also wir beziehen uns von der **Datenherkunft** entweder auf unsere Betriebe, die VEB WAB [Volkseigene Betriebe, Wasser, Abwasser, Bewässerung], die ja dann bei Überschreiten des Trinkwassergrenzwertes, also des Nitratgrenzwertes, dann in die Versorgungspflicht genommen werden. Ich gestehe ein, daß, wenn es hier solche – – ich höre das jetzt das erste Mal, ich bin auf die Differenz nicht aufmerksam geworden – – 1,2 [Millionen] und 400 000 [Einwohner], das ist ja eine gewaltige Abweichung, daß wir das mit dem Ministerium für Gesundheits- und Sozialwesen noch einmal abklären müssen.

Ich habe, weil es solche gesundheitsrelevanten Fragen gibt wir haben sie ja an einer Stelle, was die Luftbelastung betrifft, auf der Seite 12 schon einmal dargelegt, wo wir gesagt haben, die in den Bezirken **Cottbus** bis **Leipzig,** also verschiedene aufgeführt, mit überlasteten bis sehr stark überlasteten und damit den gesundheitsrelevanten Bezügen – – hatte ich ja auch darum gebeten, daß in unserer Mannschaft heute hier teilnimmt Herr Dr. Schönfelder, um Aussagen, die nicht im Bericht vorhanden sind, hier aus der Sicht des Gesundheitsministeriums zu beantworten.

Ducke (Moderator): Das ist ja möglich.

Diederich (Umweltminister): Aber, das ist ja durchaus möglich, daß wir ja auch hier Bezug nehmen.

Was Sie noch in Frage stellten, ist das Ausbleiben der neuen **TGL** [Technische Normen, Gütervorschriften und Lieferbedingungen, später Symbol für die Standards in der DDR] **für Trinkwasser.** Diese wird gegenwärtig verabschiedet werden, das heißt, wir bringen sie ein. Ich stimme mit Ihnen überein und würde es untersetzen wollen, daß wir so, wie Sie vorgeschlagen haben, bei der Vorlage alle aufgefordert seien, doch bitte ihren Eintrag, ihren Bezug mitzubringen, damit wir dann, wie ich bereits vorhin sagte, möglichst komplett auch hier bestehen.

Ducke (Moderator): Danke schön. Es war die konkrete Frage noch zur Auswirkung auf die Gesundheit. Ein Vertreter des Gesundheitsministeriums ist da.

Darf ich Sie bitten, Herr Dr. Schönfelder.

Schönfelder (Staatssekretär im Gesundheitsministerium): Meine sehr geehrten Damen und Herren. Wenn ich als Verantwortlicher des Ministeriums für Gesundheitswesen hier in dieser Runde spreche, dann möchte ich als Einleitung sagen, daß uns natürlich als oberstes die Gesundheit unserer Menschen und die Gesunderhaltung der Bürger in unserem Land zur Pflicht gemacht wird, und das auch zum Hauptanliegen unserer täglichen Arbeit gehört.

Zu den konkreten Fragen hier – die Differenzstandpunkte, die in diesem vorliegenden Papier aufgeworfen worden sind – muß ich sagen, daß wir auch in einer ersten Sichtung dieses Materials dieses als anders dargestellt betrachtet wissen wollen. Wir gehen auch von der von der **Staatlichen Hygieneinspektion** ermittelten Zahl von rund 1,4 Millionen Bürgern aus, die mit einem Trinkwasser versorgt werden, was einen überhöhten Nitratgehalt hat. Wir gehen aber davon aus, daß wir in der zu überarbeitenden Vorlage für März auch unseren Beitrag gemeinsam mit dem Ministerium für Umweltschutz und Wasserwirtschaft noch verifizieren werden und unseren Beitrag einbringen werden, damit die von der Staatlichen Hygieneinspektion gemessenen Werte dort auch einfließen.

Erlauben Sie aber, daß ich generell zu einigen Fragen, die den Umweltschutz und den **Gesundheitszustand der Bevölkerung** betreffen, antworte, auch aus diesem aufgeworfenen Problem oder angesprochenen Problem Raum **Pirna/ Dresden,** daß wir als Staatliche Hygieneinspektion im Ministerium für Gesundheitswesen zuständig sind für die Festlegung von Grenzwerten im weitesten Sinne, die einzuhalten sind, und diese Grenzwerte aufgrund wissenschaftlicher Erkenntnisse oder internationaler Erfahrungen festgelegt werden in den sogenannten Makwerten oder Mikwerten.

Diese Grenzwerte sind, wenn sie eingehalten werden, absolut sicher hinsichtlich der Gesundheit, des Gesundheitszustandes. Das heißt bei Einhaltung dieser Werte kann man davon ausgehen, daß eine gesundheitliche Schädigung oder Beeinträchtigung nicht vorhanden ist. Bei Überschreiten dieser Werte gibt es differenziertes Herangehen, das heißt es werden Ausnahmegenehmigungen zum Teil erteilt mit Auflagen, und diese Auflagen sind sehr konkret in Sofort-Maßnahmen, in mittel- und langfristen Maßnahmen doch zu formulieren bis hin zu Sperrung von einzelnen Teilbetrieben oder ganzen Betrieben.

Die Ergebnisse dieser Messungen, die wir jährlich und regelmäßig in den Bezirkshygieneinstituten unseres Landes durchführen, gehen seit Jahren schon in einen Jahresbericht ein. Dieser **Jahresbericht** wird der Regierung vorgelegt. Dieser Jahresbericht wurde auch früher dem Zentralkomitee und dem **Politbüro** vorgelegt. Und dieser Jahresbericht, der immer sehr offen die tatsächlichen Werte in unseren Messungen hinsichtlich der gesundheitlichen Beeinträchtigung aufzeigte, liegt vor und wird auch in Zukunft vorgelegt werden. Aber der Unterschied wird darin bestehen, daß wir in Zukunft doch recht offener diese Werte dann gemeinsam diskutieren können.

Diese krankheitsbestimmenden Einflüsse von äußeren Noxen, die sind untersucht worden über einen längeren Zeitraum, 1987 und 1988 ganz gezielt in bestimmten Ballungsgebieten unseres Landes, im Raum **Dresden/Pirna** und auch im **Leipziger Raum.** Die Ergebnisse dieser Untersuchung belegen ganz eindeutig, daß eine gesundheitliche Beeinträchtigung vorhanden ist aufgrund der Eintragungen in den Daten, der Krankendateien, der Krankenunterlagen der behandelnden Ärzte.

Und selbst wenn diese Daten eine wissenschaftliche Beweiskraft aufgrund einer großangelegten Studie noch nicht haben sollten oder von einigen angezweifelt werden sollten, dann können wir doch sagen, daß die Dokumentation der Ärzte verschiedener Fachrichtungen in diesen Gebieten uns genügend Legitimation sind, um von einer **gesundheitlichen Beeinträchtigung** dieser Bürger in diesem Raum zu sprechen, und es muß unsere Aufgabe sein, hier schnellstens Veränderungen zu fordern von der Industrie und von den zuständigen Organen im Territorium. Soweit die Antwort.

Ducke (Moderator): Danke schön. Als nächstes hat das Wort Herr Fischbeck, Demokratie Jetzt, dann Herr Wiedemann, CDU.

Bitte, Herr Fischbeck.

Fischbeck (DJ): Ich habe zwei Fragen. Ich möchte zunächst einmal noch eine Frage zur **Kernenergie** nachreichen, wenn man so will. Ich möchte gerne fragen, wo bleiben die abgebrannten **Brennstäbe** aus Greifswald? Welche Regelungen gibt es zur Endlagerung dieser Brennstäbe? Gibt es auch Verträge mit der Sowjetunion über die Wiederaufarbeitung von Brennstäben? Das ist die eine Frage.

Und die andere Frage ist komplexerer Natur. Bei der Fülle von Vorhaben, die Sie, Herr Minister, aufgezählt haben, die sicherlich sehr notwendig sind und zu begrüßen sind, erhebt sich natürlich die Frage, wie soll das bezahlt werden? Gibt es auch **Kostenanschläge**? Für viele von den Projekten sicherlich ist es schwer möglich, das ökonomisch ganz und gar zu übersehen.

Sicher ist uns allen klar, daß die Sanierung unserer Umwelt in allererster Linie ein ökonomisches Problem ist und daß Konzepte zum **ökologischen Umbau** – nebenbei bemerkt liebe ich dieses Wort „Umbau" gar nicht, weil man eine Gesellschaft nicht bauen kann, also ich benutze es aber trotzdem – also Konzepte zum ökologischen Umbau sind doch ganz gewiß nicht zu trennen von der **Wirtschaftsreform**. Wie sind die Beziehungen zwischen Ihren Arbeitsstäben zum Wirtschaftsministerium?

Ducke (Moderator): Ja, das war eine sehr konkrete Frage mit einer kurzen Antwortmöglichkeit und etwas Prinzipielleres. Herr Minister.

Diederich (Umweltminister): Ja, ich möchte zunächst davon ausgehen, daß wir nach wie vor nach dem sogenannten **Verursacherprinzip** auch die Finanzierung der im Umweltschutzbereich anfallenden Objekte und Projekte durchzusetzen haben. Aber, und ich hatte es in meinen Ausführungen drin, es gibt nicht nur Vorstellungen, sondern bereits konkrete Festlegungen, wie im gesamtvolkswirtschaftlichen Sinne oder die Interessen der Gesundheit an dem einen oder anderen Standort betreffenden Umweltschutzvorhaben mit **staatlichen Förderungsmitteln** ausgestattet werden. Das werden im Jahr, nach den gegenwärtigen Vorstellungen, 2 bis 2,5 Milliarden Mark sein aus einem Gesamtfonds, um dort die Vorrangstellung anstehender Aufgaben kurzfristig lösen zu können, weil es dann die Kraft und die Möglichkeiten der einzelnen Verursacher unter Umständen überschreitet. Soweit zu dieser Sache.

Welche Kompetenzen wir haben. Ich will das hier vielleicht einmal ganz kurz sagen, eine **Arbeitsgruppe „Ökologische Wirtschaftsentwicklung"** haben wir für die Erarbeitung unseres Umweltprogrammes mit installiert, und die steht unter der Leitung der Wirtschaftskommission. Und wir nehmen dort mit daran teil, wollen aber erst einmal die Vorstellung der Wirtschaft hören, um dann als entsprechendes Ministerium Einfluß zu nehmen auf die Sicherstellung notwendiger Aufgaben der Ökologie und des Umweltschutzes, so daß also auch wieder hier vom Verursacherprinzip ausgehend nicht der Umweltminister oder der Umweltschutz vorgibt oder vielleicht sogar zu wenig denkt oder gar nicht denkt, sondern daß generell gesagt wird, was hat die Wirtschaft vor, und welche Aufgaben zieht das nach im Rahmen des von uns einzureichenden Umweltkonzeptes.

Und zu der ersten Frage, die Sie ansprachen, müßte ich von seiten der Kompetenz weitergeben, was die Verarbeitung oder Lagerungen von Brennstäben, von Brennelementen betrifft.

Ducke (Moderator): Bitte schön, Herr – –

Lehmann (Generaldirektor des KKW Greifswald): Das **Entsorgungskonzept** der Kernkraftwerke der DDR geht davon aus, daß die mittel- und niedrigaktiven Abfälle in der DDR entsorgt werden. Sie wissen ja, daß wir über ein entsprechendes **Endlager** für radioaktive Abfälle in Morsleben verfügen.

Die hochaktiven Rückstände, und das sind die **Brennelemente**, werden nicht in der DDR entsorgt, und das ist auch prinzipiell nicht vorgesehen, dieses zu tun.

Das heißt, wir müssen dies mit ausländischen Partnern realisieren. Bis zum Jahre 1985 hat die **Sowjetunion** die Brennstäbe kostenlos zurückgenommen. Damals hat die sowjetische Seite diese Verträge nicht mehr verlängert, sondern hat diese kostenpflichtig gemacht und darüber hinaus eine Abklingzeit von fünf Jahren vorgeschrieben.

Wir haben aus diesem Grunde auf dem Gelände des Kernkraftwerkes Greifswald ein **Zwischenlager** für abgebrannte Brennstoffe realisiert, in welchem unsere seit diesem Zeitraum angefallenen Brennstäbe zwischengelagert werden. Es besteht prinzipiell die Möglichkeit, und wir sind gegenwärtig dabei, diese ökonomisch zu bewerten und vertraglich zu binden, in die Sowjetunion zu entsorgen. Es gibt auch Angebote aus der Republik Frankreich und aus Großbritannien.

Ducke (Moderator): Danke schön.

Fischbeck (DJ): Noch eine kleine Nachfrage. Daraus ist zu entnehmen, daß gegenwärtig die abgebrannten Brennstäbe in der DDR in Zwischenlagern verbleiben und noch keine Endlagerungsmöglichkeit realisiert ist.

Lehmann (Generaldirektor des KKW Greifswald): Doch, es ist grundsätzlich so in allen Kernkraftwerken, daß nach der Entladung der Reaktoren diese Brennelemente über einen definierten Zeitraum in sogenannten **Abklingbecken** bleiben, bis eine entsprechende Reduzierung der Strahlung entstanden ist. Diese Zwischenlagerung wird bei uns realisiert. Früher waren das drei Jahre, jetzt sind es fünf Jahre. Und danach wird der Abtransport in die Sowjetunion oder in die anderen Länder realisiert.

Ducke (Moderator): Danke schön.

Ich rufe Herrn Wiedemann, CDU, und danach Herrn Pflugbeil, Neues Forum, [auf].

Bitte, Herr Wiedemann.

Wiedemann (CDU): Danke schön. Zunächst eine Feststellung. Bei aller Unvollständigkeit des vorgelegten Informationspapiers hat die CDU jedoch festgestellt, daß eine Vielzahl von Problemen, auf die sie in der Vergangenheit hingewiesen hat, und für die sie auch Vorschläge unterbreitete, in ihrem Sinne aufgenommen wurden. Ich glaube, das muß man auch einmal sagen, daß hier wirklich positive Ansätze für die Entwicklung vorhanden sind.

Eine Frage zu dem, was Professor Steinberg vorhin schon beantwortete, und zwar für die Kraftwerke. Er ging davon aus, daß die **ECE-Festlegungen** hier bereits zugrunde gelegt werden. Dürfen wir das so verstehen, daß grundsätzlich bei allen Grenzwertfestlegungen, anderen Daten und dergleichen bereits die zukünftige Stellung der DDR im europäischen Haus, ganz egal in welcher Form, mit berücksichtigt wird?

Eine zweite Frage, die an Dr. Möller anknüpft. Wir meinen, daß es unbedingt notwendig ist, parallel zu dem hier heute Vorgelegten, sehr rasch die gesundheitlichen Auswirkungen der Umweltsituation präzise offenzulegen und darzulegen.

Es ist im Grunde genommen ein Mangel, daß wir heute darüber nicht befinden können. Und es reicht auch nicht aus, was hier auf der Seite 12 in sehr kurzer Form dargelegt wurde.

Ich erinnere nur daran, daß die **Werktätigen** sich draußen wahrscheinlich oftmals gar nicht der Umweltsituation so richtig im klaren sind. Es gibt da Diskussionen, die auf den Punkt gebracht vielleicht so aussehen, lieber den Arbeitsplatz erhalten, aber dann immer noch in der alten Dreckschleuder arbeiten. Ich glaube, hier muß man ganz einfach die Dinge auf den Tisch bringen und sagen, wie die Situation ist, damit man auch den Werktätigen draußen die Entscheidung erleichtert.

Ich knüpfe hier auch an das an, was Frau Dr. Töpfer hier bereits gesagt hat. Aber das erfordert natürlich auf der anderen Seite ein entsprechendes **soziales Netz**, um den Werktätigen, die in solchen Betrieben –, ich denke beispielsweise an das, was jetzt in den Zeitungen stand über Pirna, um den Werktätigen auch eine Zukunftsaussicht zu geben, sonst, wenn ich daran denke, was der „Berliner Rundfunk" heute früh über Arbeitslosigkeit gesagt hat, dann gehen wir ja einem unheimlichen Desaster entgegen. Das ist also meine zweite Frage.

Meine dritte Frage berührt ebenfalls das **Gesundheitswesen**. Es gibt ja bei der Umweltüberwachung eine Arbeitsteilung. Früher noch mehr als heute. Und das „Teile und Herrsche" war damals Prinzip, damit keiner wußte, was eigentlich draußen Sache war und was passierte. Wie will man denn jetzt zusammenarbeiten, auf der einen Seite das Ministerium für Umweltschutz, ich verkürze das einmal, und auf der anderen Seite das Ministerium für Gesundheits- und Sozialwesen, daß es wirklich im Interesse der Umwelt und auch der Menschen ist. [Der] Mensch ist ja auch ein Stück Umwelt, aber wir klammern das ja meistens ein wenig aus.

Eine weitere Frage habe ich noch zur **ökologischen Forschung**, zur ökologischen und **Umweltforschung** möchte ich lieber sagen, denn es sind ja zwei verschiedene Dinge.

Das wurde hier nur angedeutet, daß die Akademie der Wissenschaften auf dieser Strecke etwas tun wird, daß man ein Institut dort haben wird. In welcher Richtung wird dieses Institut arbeiten? Welche Strategien gibt es dafür? Gibt es überhaupt auf dieser Strecke schon einen Vorlauf bei uns, einen Vorlauf, der verwertbar ist, der verwertbare Ergebnisse bringt? Oder gibt es auch Abstimmungen mit anderen Ländern? Auf dem Gebiet der **Waldschadensforschung** gibt es ja eine recht gute Zusammenarbeit mit der Bundesrepublik. Gibt es die auch auf anderen Gebieten, damit wir schnell an verwertbare wissenschaftliche Ergebnisse herankommen?

Und eine letzte Frage an [den] Herrn Minister. Sie sprachen hier über Kontrolle. Sie sprachen auch über Rahmenbedingungen. Wir gehen marktwirtschaftlichen Prinzipien entgegen oder sind schon mittendrin – wenn man Frau Dr. Luft Glauben schenken darf. Wie sieht denn das **Instrumentarium** aus, mit dem Ihr Ministerium auf die Betriebe Einfluß nehmen will, damit den Belangen des Umweltschutzes in dem von uns allen hier vertretenen Sinne Rechnung getragen wird? So, das wäre es.

Danke schön.

Ducke (Moderator): Das war Stellungnahme und Frage zugleich, was zu beantworten ist.

Herr Minister.

Diederich (Umweltminister): Also, in der ersten Frage stimme ich mit Ihnen völlig überein, daß der Austausch und der Eingang von Informationen so gesichert sein muß, daß wir uns da beide wiederfinden, also sowohl die Vorschläge, die ich dankend entgegennehme, dann natürlich auch ihre entsprechende Veröffentlichung finden.

Zu den Fragen der **Offenlegung der Wirkungen** umweltschädigender Einflüsse auf die **Gesundheit** haben wir mit dem Ministerium für Gesundheits- und Sozialwesen eine solche Absprache getroffen, daß wir künftig in solchen Berichten diesen Teil mit übernehmen, wobei ich sagen muß, hier geht es um die Wirkung. Und die Überwachung der Menschen möchten wir aber ganz gerne nach wie vor im Ministerium für Gesundheitswesen, was die gesundheitliche Problematik betrifft, doch lassen.

Wir streben aber an, und da komme ich eigentlich zu einem Punkt, den Sie anschnitten, wir möchten für jeden erkennbar eine **Vereinheitlichung des Umweltüberwachungssystemes** haben.

Also, ich sage das, zur Zeit ist es so, die staatliche Gewässeraufsicht und die staatliche Umweltinspektion sind bei uns. Alle Fragen, die Immissionen betreffen, sind beim Ministerium für Gesundheitswesen. Wir wollen gegenwärtig und arbeiten daran, sehr kurzfristig zu einer einheitlichen Auffassung kommen, damit auch für die Menschen erkennbar ist, das ist eine Institution, und das ist die Umweltüberwachungsbehörde mit allen ihren Teilen des technischen Inhaltes mit der Datenerfassung und deren Interpretation, und alles andere, was sich daraus schlußfolgert, bleibt natürlich, wenn es gesundheitsrelevant ist, in den Händen der Mediziner.

Zu den Fragen der **Forschungsstrategie**. Jawohl, es gibt so etwas. Ich könnte jetzt einen ganzen Katalog, den heutigen Rahmen der Beratung überschattend, nicht überschattend, aber überschreitend, zumindest darlegen. Es geht darum, solche Aufgaben wie **Ökosystemforschung, Ökotoxikologie,** Schutz des Waldes, Boden- und Gewässerökologie, die Fragen der Mikrobiellenökologie, Stadtökologie, Klima- und Atmosphärenforschung, Umwelt und Gesundheit, **Technikfolgenabschätzung,** also ein ganzer Katalog, der jetzt inhaltlich ausgestaltet werden muß und bis hin zu den Kapazitäten reicht, die Sie bearbeiten, um dann nach einer im nationalen Forschungsprogramm zu bestimmenden Rang- und Reihenfolge zu sagen, jawohl, hier, mit dem Minister für Wissenschaft und Technik sind wir uns da sehr eins, daß die Fragen der Ökologie hier Vordergrundstellung haben und erstrangig bearbeitet werden müssen. Das geht bis hin zur Finanzbereitstellung.

Ducke (Moderator): Ja, das nächste, oder war das klar, noch eine Frage.

Diederich (Umweltminister): Entschuldigung, Sie hatten noch eine Frage gestellt. Wie wirken Sie auf Betriebe ein?

Also, ich muß erst noch einmal hier sagen, wir werden einen ganzen Katalog notwendiger Einflußnahmen über den Preis, das beginnt bei Abgas und Staubgeld über Abwassereinleitungsgeld und so weiter, sicherzustellen haben, daß der **Preis** ein regulierendes Moment hier ist. Das wird eine Aufgabe sein.

Und die andere Seite wird sein, daß wir mit den von mir genannten **Überwachungsorganen** sicherstellen müssen, daß eine von Dauer behaftete Kontrolle in diesen Betrieben vor sich geht. Und wir behalten uns auch vor, und ich habe das eingangs gesagt, solche Fragen der Technikverträglichkeit, der Umweltverträglichkeitsprüfung voranzustellen, bevor Neues installiert wird.

Ducke (Moderator): Herr Staatssekretär Schönfelder vom Ministerium für Gesundheits- und Sozialwesen wünscht noch eine Ergänzung.

Bitte.

Schönfelder (Staatssekretär im Gesundheitsministerium): Verehrte Anwesende. Es ist erforderlich, hier auf die von Herrn Wiedemann aufgeworfene Frage doch noch ein paar Sätze zu sagen aus der Sicht des Gesundheits- und Sozialwesens.

Die hier zur Diskussion stehende Vorlage ist uns sehr kurzfristig zur Stellungnahme vorgelegt worden. Wir haben unsere Meinung dazu gesagt. Die Position des Gesundheitswesens ist in dieser Vorlage nicht so deutlich zum Ausdruck gekommen. Deshalb auch dieser eine Passus: Es sind Analysen vorzulegen.

Ich hatte Ihnen vorhin gesagt, wir haben Analysen. Wir haben Analysen über den Gesundheitszustand in den belasteten Gebieten unseres Landes. Wir haben Analysen. Aber diese Analysen, möchte ich doch noch einmal betonen, sind Auszüge und **epidemiologische Studien** aus Krankenunterlagen. Sie sind nicht zu vergleichen mit wissenschaftlichen Untersuchungen, denn ich muß folgendes hier doch sagen: Wenn wir wissen, daß in einem Gebiet die Mikwerte oder Makwerte, sei es nur für den Werktätigen am Arbeitsplatz oder für die Bevölkerung in einem besonders belasteten Gebiet, um das X-fache überschritten werden, dann bedarf es keiner wissenschaftlichen Untersuchung und einer medizinischen Begründung, daß die Bürger, die in diesem Land wohnen, oder die Werktätigen, die dort arbeiten, gesundheitlich gefährdet sind. Das ist eine Tatsache, die nur noch einmal unterstützt werden kann durch Beobachtungen über mehrere Jahre von Ärzten aus diesem Gebiet. Und diese Beobachtungen liegen vor.

Wir haben mehrere Dutzend Ärzte aller Fachrichtungen einbezogen in eine langfristige Befragung und Auswertung ihrer **Krankendaten,** und hier lassen sich eindeutige kausale Zusammenhänge zwischen Schadstoffbelastung und Krankheitsgeschehen, sprich Gesundheitszustand, belegen. Dies ist in dieser Ihnen vorliegenden Vorlage noch nicht so deutlich geworden. Das wird aber im Zusammenwirken mit dem Ministerium für Umweltschutz noch erfolgen für die im März vorgesehene Vorlage.

Ducke (Moderator): Herr Wiedemann, Sie haben was ausgelöst.

Auch Herr Professor Steinberg wünscht noch eine Ergänzung.

Bitte schön.

Steinberg (Stellvertr. Minister Schwerindustrie): Bezüglich der ECE-Standards galten meine Worte der Errichtung von Neuanlagen, das heißt Investitionen aufgrund der Strukturpolitik. Sie beziehen sich aber auch auf die **Nachrüstung von Kraftwerken,** sofern also größere Objekte vorgesehen sind, wo wir auch mit ausländischen, also NSW [Nicht-Sozialistisches Wirtschaftsgebiet]-Partnern zusammenarbeiten wollen.

Um auch noch einmal auf die Diskussion der ersten Runde zurückzukommen. Die Nachrüstung der Kraftwerke bezüglich Entstaubungstechnik und auch der Entschwefelungstechnik wird schätzungsweise etwa 25 bis 30 Milliarden Mark der DDR erfordern.

Ducke (Moderator): Danke schön.

Nun kommt zu Wort Herr Pflugbeil, Neues Forum, danach Frau Dörfler, Grüne Partei.

Bitte, Herr Pflugbeil.

Pflugbeil (NF): Ich bitte darum, meinen Beitrag mit Herrn Dörfler auszutauschen, in der Reihenfolge.

Ducke (Moderator): Einverstanden.

Pflugbeil (NF): Ja, Danke.

Ducke (Moderator): Herr Dörfler, bitte schön.

Dörfler (GP): Ich habe vier Anfragen in Richtung Kernkraftnutzung

Heute veröffentlicht „Der Spiegel" einige Informationen, die uns bislang unbekannt geblieben sind, unter anderem eine Liste von einem Dutzend Pannen seit 1974, von denen mehrere zu einer Katastrophe hätten führen können. Nach einer bisher geheimgehaltenen **Störfallstatistik** habe es allein 1988 in **Greifswald** 18 Schnellabschaltungen gegeben sowie 122 Störungen und 242 unplanmäßige Ereignisse. Trotz erlassenen Verbots überflögen Militärflugzeuge immer wieder unkontrolliert das Kraftwerk, das einem Absturz nicht standhalten könne.

Weiterhin, die Reaktorblöcke 1 und 3 des Kernkraftwerkes Greifswald seien auf **mangelhaften Fundamenten** errichtet und kippten langsam zur Seite. Ich frage an, was an dieser Veröffentlichung der Realität entspricht.

Zweitens: Stimmt es, daß die genannten nötigen Rekonstruktionen der Kernkraftwerk-Blöcke 1 bis 4 Kosten verursachen, die in der Größenordnung den Kosten eines Neubaus entsprechen?

Drittens: Gibt es eine **Haftpflichtversicherung** für eventuelle KKW-Unfälle, und wie hoch sind die Versicherungskosten?

Viertens: Die kürzlich gebildete **Reaktoruntersuchungskommission** unter Leitung des Bundesumweltministers Professor Töpfer darf sich keinesfalls nur aus Vertretern der Atomlobby zusammensetzen. Wir fordern auf, **unabhängige Fachleute,** die am Ausbau der Atomwirtschaft nichts verdienen, in diese Kommission aufzunehmen. Wir denken dabei zum Beispiel an einen Vertreter des Öko-Institutes Freiburg.

Ducke (Moderator): Das waren konkrete Fragen faktisch an die Atombehörde. Es wäre Herr Professor Rabold, Herr Dr. Lehmann [zuständig]. Herr Dr. Lehmann, bitte schön, Sie antworten darauf.

Bitte, Herr Dr. Lehmann.

Lehmann (Generaldirektor des KKW Greifswald): Bezüglich der heutigen Veröffentlichung im „Spiegel" bitte ich um Verständnis. Ich konnte sie noch nicht im Original sehen, aber ich kenne in etwa den Inhalt.

Zur **Störfallstatistik.** Ich hatte bereits in meinen vorhergegangenen Ausführungen dargestellt, daß es eine sehr exakte Erfassung aller Störfälle gibt. Diese Störfälle werden entsprechend einer Methodik, die auch international üblich ist, [die] bei uns im Lande vom Staatlichen Amt für Atomsicherheit und Strahlenschutz vorgegeben ist, erfaßt und werden in entsprechende Kategorien geteilt. Ich habe jetzt nichts parat, diese Zahlen zu bestätigen, aber ich glaube schon, daß sie in dieser Größenordnung liegen. Diese Ereignisse sind also erfaßte Ereignisse, gemeldete Ereignisse, die dann entsprechend behandelt wurden, bewertet wurden, die Ursachen gesucht wurden und entsprechend abgestellt wurden.

Sie sind entsprechend der geltenden Vorschriften von uns an das Ministerium und an das SAAS [Staatliches Amt für Atomsicherheit und Strahlenschutz] gemeldet worden.

Zu den 18 **Schnellabschaltungen** – auch hier bitte ich, mich nicht auf die Zahl genau festzulegen – sind dieses Ereignisse, die in diesem Störfall-Spektrum mit zu sehen sind. Es sind dieses funktionsmäßig bedingte Reaktionen des Sicherungssystems für die Kernenergieanlagen.

Bezüglich der **Fundamente** 1 bis 3 werden, bezüglich aller Fundamente unserer Reaktoren werden ständig Messungen durchgeführt. Diese Messungen können sofort eingesehen werden. Es gab in der Anfangsphase nach Inbetriebnahme dieser Blöcke Bewegungen der Fundamente. Diese Bewegungen sind seit vielen Jahren zum Stillstand gekommen. Sie werden, wie gesagt, ständig kontrolliert, gemessen und können eingesehen werden. Mir sind keine von den Normen abweichende Veränderungen bekannt.

Zum Thema **Rekonstruktion** ist es richtig, wenn man eine Rekonstruktion durchführen wollte, die diese Kernkraftwerksblöcke 1 bis 4 in die Nähe des gegenwärtigen internationalen Niveaus brächten, dann würden in etwa Aufwendungen in dieser Größenordnung des Neubaus entstehen, ohne daß damit die Sicherheitsnormen der neunziger Jahre erreichbar werden. Aus diesem Grunde wird auch diese Strategie, die ursprünglich angedacht war, nicht weiter verfolgt, sondern wir arbeiten an einer gezielten **Auslaufstrategie** für diese Blöcke, die a) gewährleistet, daß schnellstens sicherheitserhöhende Maßnahmen, in Fachkreisen nennt man das – – durchgesetzt werden und b) die Kosten so gestaltet werden, daß sie vertretbar sind, das heißt, wir rechnen mit einer gezielten Auslaufstrategie. Wie steil diese Kurve sein wird, wird durch die Ergebnisse der Untersuchungen, die Sie schon ansprachen, genannt werden.

Ich darf dann die vierte Frage nehmen zur **Atomlobby**, die diese Dinge untersucht. Hier bitte ich um Verständnis. Ich habe diese Kommission nicht festgelegt. Sie ist festgelegt worden. Es sind dies Fachleute aus der Bundesrepublik und aus unserem Lande sowohl der Aufsichtsbehörden als auch Spezialisten von Instituten und anderen Einrichtungen, die hinzugezogen werden. Ich befinde nicht über die Zusammensetzung der Kommission, aber ich kann mir durchaus vorstellen, daß niemand etwas dagegen hätte, wenn auch beispielsweise das Öko-Institut in Freiburg oder andere hinzugezogen würden. Aber ich bitte um Verständnis, das ist also nicht mein Entscheidungsfeld.

Eine Anmerkung. Ich gehöre mit Sicherheit nicht zu denen, die an der Kernenergie verdienen. Ich beziehe mein Gehalt wie jeder andere auch, und insofern also bin ich überhaupt nicht stimuliert, die Kernenergie in irgendeiner Form aus persönlichen Gründen zu befördern, es sei denn aus meinen ingenieurtechnischen Einsichten in die Energieentwicklung dieses Landes.

Zur **Haftpflicht**: Für das Kombinat Kernkraftwerke besteht eine Haftpflicht gegenüber allen aus dem Betrieb des Kernkraftwerks resultierenden Normalereignissen. Wir zahlen entsprechende Beiträge dazu. Das sind mehrere Hunderttausend Mark im Jahr. Gegenüber hypothetischen Störfällen oder Störfällen im Kernkraftwerk, und das ist ja wahrscheinlich der Sinn der Frage, besteht nach dem Atomenergiegesetz Staatshaftung.

Ducke (Moderator): Danke schön. Herr Professor Rabold hat noch um eine Ergänzung gebeten
Bitte.

Rabold (Vizepräsident des SAAS): Es war eine Anfrage zur **Zusammensetzung dieser Untersuchungskommission**, dazu gestatten Sie mir einige Bemerkungen. Diese Untersuchungskommission geht zurück auf ein Strahlenschutzabkommen, das 1987 zwischen dem Staatlichen Amt für Atomsicherheit und Strahlenschutz und dem Bundesministerium für Umwelt-, Naturschutz und Reaktorsicherheit abgeschlossen wurde. Beim Besuch von Herrn Töpfer in diesem Jahr in der Republik ist eine erweiterte Zusammenarbeit auf der Grundlage dieses **Strahlenschutzabkommens** besprochen worden. Es war in der Vergangenheit vorrangig auf Aspekte des Strahlenschutzes orientiert. Es soll erweitert werden um die Aspekte der kerntechnischen Sicherheit, der **Endlagerung** von radioaktiven Stoffen und um das Gebiet des Rechtes, auch des Atomrechtes, kurz gesagt.

Eine erste konkrete Aktivität im Bereich der kerntechnischen Sicherheit ist vereinbart worden. Das ist die Beteiligung von Experten der Bundesrepublik an der in der DDR laufenden Untersuchung zur Einschätzung der Sicherheit der Kernkraftwerksblöcke 1 bis 4 des Kernkraftwerkes Greifswald. Dabei ist festgelegt worden, daß jede der beiden Seiten festlegt, welche Experten sie hinzuzieht. Es ist aber eine Aufgabe, die aufgrund des Statuts der vertragsschließenden Seiten eine Zusammenarbeit der Aufsichts- und Kontrollorgane bedeutet, und dementsprechend ist das Ergebnis zu werten.

Wir haben also keinen Einfluß darauf, welche Experten von der Bundesrepublik einbezogen werden. Es ist bisher so, daß von seiten unserer Republik Experten des Staatlichen Amtes für Atomsicherheit und Strahlenschutz unter Einbeziehung und Abstützung auf die Experten des Kernkraftwerkes diese Arbeit bestreiten. Eine Einbeziehung von Vertretern anderer Organisationen muß geprüft werden.
Danke.

Ducke (Moderator): Danke schön.
Es liegt noch, nein es fliegt noch im Raum das Überfliegen. Herr Dr. Lehmann, Sie haben sich bereitgemacht.

Lehmann (Generaldirektor des KKW Greifswald): Meine Damen und Herren, ich bitte um Entschuldigung, das hatte ich noch vergessen.

Die Kernkraftwerksblöcke in **Greifswald** verfügen über ein sogenanntes **Druckraumsystem** und nicht über ein flugzeugabsturzsicheres Containment. Das ist einer der Punkte, warum ich vorhin sagte, sie sind auch theoretisch nicht an das Sicherheitsniveau der neunziger Jahre heranführbar. Aus diesem Grunde wurde in Abstimmung mit dem SAAS ein **Überflugsverbot** für das Kernkraftwerksgelände in Greifswald erlassen. Dieses Überflugverbot ist seit 1986 sehr konsequent in Kraft, aber in Auswertung der Ereignisse in Tschernobyl.

Es hat seit diesem Zeitpunkt einen Überflug gegeben. Dieser ist von uns registriert worden, ist mit dem Kommandeur des Flugzeuggeschwaders, welches in Karlshagen liegt, ausgewertet worden und mit dem Piloten entsprechende Erziehungsmaßnahmen durchgeführt worden. Ein ständiges Überfliegen des Kernkraftwerkes ist, das kann ich mit Sicherheit sagen, da ich ja da arbeite, überhaupt nicht der Fall.

Ducke (Moderator): Gut. Danke schön.
Das Wort hätte jetzt Frau Dörfler. Aber Sie haben ausgetauscht, denn Herr Dörfler war gar nicht auf meiner Rednerliste.

Dörfler (GP): Ich habe für Herrn Jordan gesprochen.

Ökologische Fragen (Fortsetzung)

Ducke (Moderator): Ah, dann ist der Herr Pflugbeil ganz hinten erst dran.
Dann Frau Dörfler nun, bitte.

Frau Dörfler (GP): Ich habe einige Anfragen zum Thema Wasser.
Wir haben den relativ niedrigen Anteil der DDR an der Schadstoffbelastung der Ostsee zur Kenntnis genommen. Da das Territorium der DDR aber zu rund 75 Prozent über die Elbe in die Nordsee entwässert, sind dringend auch Angaben zur **Schadstoffbelastung der Nordsee** durch die DDR nötig. Ich bitte das mit einzuordnen für die Überarbeitung des Berichts.
Zweitens ist die Aussage, daß nur 14 Prozent des Abwassers nicht geklärt werden, irreführend in unseren Augen, weil viele Kläranlagen in unserem Land überlastet sind, schlecht arbeiten oder das Wasser nur mechanisch reinigen. Von einer **Abwasser-Klärung,** so wie es der Bürger versteht, kann deshalb in vielen Fällen trotz sogenannter Kläranlagen nicht die Rede sein.
Dazu habe ich noch eine Ergänzung, und zwar ist uns ein offener Brief bekanntgeworden schon vom November 1989 aus dem Betrieb Feinwerktechnik Dresden, wo die Bereitschaft zur Produktionsaufnahme von **Wasseruhren** bekundet wird mit einer anliegenden Unterschriftenliste von Belegschaftsmitgliedern. Aus diesem Papier geht hervor, daß es lediglich an der Entscheidung der zuständigen Ministerien fehlt, um diese Produktion von Wasseruhren einzuleiten und so der Verschwendung von Wasser entgegenzuwirken. Also, ich bitte da auch um eine Stellungnahme.
Der dritte Punkt meiner Anmerkungen richtet sich auf den Einsatz von **Düngemitteln** und **chemischen Pflanzenschutzmitteln.** Aus Ihrem Bericht war zu entnehmen, daß der Einsatz von Düngemitteln und chemischen Pflanzenschutzmitteln gesenkt werden soll. Unsere Anfrage deshalb: Warum werden diese **Agrochemikalien** immer noch zu staatlich gestützten Preisen an die Verbraucher abgegeben? Ich weiß nicht, wir haben einen Antrag an die Regierung vorbereitet zu diesem Thema. Kann ich den jetzt einbringen oder später?

Ducke (Moderator): Wir würden bitten, daß wir den dann später [einbringen], wenn alle Anträge da sind, damit wir jetzt wirklich erst die Befragung zu dem Bericht der Regierung haben, ja?

Frau Dörfler (GP): Ja, dann also nur jetzt rein verbal. Warum sind diese Chemikalien noch staatlich gestützt?

Ducke (Moderator): Danke.
Bitte, Herr Minister.

Diederich (Umweltminister): Zu dem ersten Punkt, was die Aufgaben der **Nordsee-Reinhaltung** betrifft, haben wir, glaube ich, Übereinstimmung. Wir haben auch bei dem letzten Besuch des Bundesministers zum Beispiel uns vereinbart, ein Meßsystem für den Bereich der unteren Elbe zu installieren, wo mit modernsten Meßdaten die Datensicherheit in ihrer Erfassung, was die Gütesituation in der unteren **Elbe** betrifft, aufnimmt. Wir sind auch an der nächsten Nordseekonferenz im Beobachterstatus dabei und haben gegenüber der Reinhaltung der Nordsee durch uns verursacht entsprechende Verpflichtungen.
Ich stimme mit Ihnen überein zu der zweiten Frage. Es muß exakter heißen, 14 Prozent sind nicht geklärt, also werden nicht in Klärprozesse einbezogen was die Abwasserbehandlung betraf, was Sie ansprachen.
Zu dem Problem **Wasseruhren.** Ich muß Ihnen erst einmal sagen, daß wir als zuständiges Ministerium, welches die Wasserwirtschaft zur Zeit noch drin hat, mit unseren Betrieben der VEB-Wasserversorgung und Abwasserbehandlung in den Bezirken und Kreisen natürlich für die Installation von Wasseruhren sind. Das setzt auch einen einheitlichen Preis voraus. Daran wird, was den Wasserpreis betrifft, gegenwärtig gearbeitet. Aber wir sind zunächst dafür.
Die Herstellung der Uhren erfolgt im Bereich des Maschinenbaus, und dort wird gegenwärtig daran gearbeitet. Uns kostet die gesamte Sache, ich will den Preis hier einmal nennen, zwei Milliarden Mark, **Nachrüstung** nicht vorhandener Wasseruhren und deren Einbau mit der Registratur und der Kostenerhebung, so daß an diesem ganzen Problemkreis Produktion/Einbau von Wasseruhren und damit auch fälliger Wasserpreis dahingehend dieser Arbeitsstand ist.
Ich teile Ihre Auffassung, daß das unkontrollierte oder zu hoch dosierte Ausbringen von **Pflanzenschutzmitteln** und **Düngemitteln** dahingehend eine unmittelbare Veränderung bedarf, daß man dort die Subvention wegnimmt und daß unmittelbar der Preis so gestaltet wird, daß also der Einsatz des Pflanzenschutzmittels vor biologischen Mitteln zum Beispiel, die möglich sind teilweise, insbesondere auch in unseren Gewächshausanlagen, daß dort der Einsatz von Pflanzenschutzmitteln durchaus radikal gesenkt werden kann, weil dann doch ökonomische Überlegungen in dem Vordergrund stehen, die ein solches Problem eigentlich nach sich ziehen. Soweit zur Kürze.

Ducke (Moderator): Danke. Als nächste hat das Wort Frau Tippel, PDS, dann Herr Mahling.
Bitte, Frau Tippel.

Frau Tippel (SED-PDS): Ich halte es für notwendig, noch einmal auf eine Frage zurückzukommen, die vorhin von Frau Dr. Töpfer eingebracht wurde. Ich bin der Auffassung, daß sie durch den Herrn Minister nicht zur Genüge beantwortet worden ist.
Ich möchte das anhand eines Beispiels deutlich machen. Mir liegt hier ein Brief vor aus dem **Kreis Aue,** wo durch den Runden Tisch in diesem Kreis und durch Bevölkerungsbewegungen gefordert wird die **Schließung des VEB-Faserplattenwerkes.** Hiervon sind ganz konkret 285 Werktätige betroffen, die soziale Sicherheit ihrer Familien.
Ich selbst komme auch aus dem Katastrophenbezirk **Halle,** konkret aus der Stadt Halle. Ich kenne also aus nächster Nähe die Umweltbelastungen für die Menschen, für die Familien in unserem Raum. Ich kenne aber auch die Besorgnis um die **soziale Sicherheit** der Arbeiterinnen und Arbeiter, die in der chemischen Industrie, in den Werken **Leuna** und **Buna** tätig sind. Deshalb erhebt sich für mich die Frage, doch konkreter zu fassen, bis zu welchem Zeitpunkt und durch wen ein Konzept zu erarbeiten ist, um die **Einheit von sozialer und ökologischer Sicherheit** für unsere Arbeiterinnen und Arbeiter in diesen Betrieben zu sichern.

Ducke (Moderator): Ja, das war eine konkrete Anfrage.

Diederich (Umweltminister): Ja, Frau Tippel, ich muß erst einmal sagen, ich glaube, daß wir gar nicht so unterschiedliche Meinungen haben. Aber es darf nicht die Aufgabe des Umweltministers sein, im Rahmen von Strukturveränderungen die Vorschläge zu machen, die in diesem Betrieb notwendig sind.

Übereinstimmung habe ich mit Ihnen, daß ein **soziales Netz** da sein muß, was zu allen Fragen, wenn Umstrukturierungen ins Haus stehen, entsprechend Antwort geben muß, das heißt, wenn dort in diesem speziellen Falle ein Bereich der Faserindustrie oder der Spanplattenproduktion oder wie auch immer stillgelegt werden muß aus Gründen des Umweltschutzes, ob es nun einen Werktätigen betrifft oder tausend [Werktätige], das ist zunächst doch erst einmal völlig dahingestellt, sie muß beantwortet werden.

Es muß beantwortet werden, welche Vorschläge hat das zuständige wirtschaftsleitende Organ in Sachen Umprofilierung, Strukturänderung, vielleicht sogar Umlernung der Arbeitskräfte, und in welcher Zeitdauer geht das vor sich? Geht das in Etappen vor sich, oder muß das abrupt geschehen? Und andererseits muß dahinterstehen, inwieweit müssen hier entsprechende Sicherheiten geschaffen werden?

Ducke (Moderator): Gut. Herr Professor Steinberger.

Steinberger (Stellvertr. Minister Schwerindustrie): Ich möchte noch folgendes ergänzen. Diese sozialen Maßnahmen, die Nachfolgemaßnahmen, die mit einer Stillegung, aus Emissionsgründen verursachten Stillegung verbunden sind, sind wesentlicher Bestandteil der Arbeit der benannten Regierungskommission.

Wir hatten zum Beispiel vergangenen Donnerstag die entsprechende Sitzung der Kommission bezüglich der Stillegung der Schwelereien, der Braunkohlenschwelereien im Raum **Espenhain, Borna, Böhlen,** und die längste Diskussion ging um solche **Nachfolgemaßnahmen,** um eben die sozialen Härten zu vermeiden, beziehungsweise entsprechende Lösungen zu finden.

Um Ihnen ein Beispiel für solch eine von uns als Schwerindustrie angedachte Lösung und auch angearbeitete Lösung zu zeigen, möchte ich sagen, daß wir das Großkraftwerk **Tierbach** durch eine Rauchgasentschwefelungsanlage nach dem Sprühabsorptionsverfahren mit einer BRD-Firma sehr wahrscheinlich, die Spezifikationen sind jetzt ausgeschrieben, durchführen wollen. Dabei werden etwa 250 000 Tonnen REA-Gips, Rauchgasentschwefelungsanlagengips anfallen, die dann an diesem Standort zum Aufbau einer Baustoffindustrie auf Basis dieses Gipses führen werden. Dazu gibt es bereits Verhandlungen mit geeigneten Wissensträgern, so daß wir auch das Problem der Baustoffversorgung im Raum **Leipzig,** Ballungsgebiet Leipzig, damit doch erheblich lösen können und auch Arbeitskräfte dort in dieser neuen Nachfolgeproduktion mit Baubeginn 1990 binden werden.

Ducke (Moderator): Gut. Das war noch eine Antwort, die ins Detail ging.

Als nächster hat das Wort Herr Mahling und dann Herr Musch.

Herr Mahling, Domowina.

Mahling (Vertreter des Sorbischen Runden Tisches): Ja, meine Frage an den Umweltminister nach den Kompetenzen des Ministeriums und nach seinem Instrumentarium.

Sie sprachen erst von Preis und Überwachung als dem Instrumentarium. Es gibt aber Dinge, die lassen sich nicht bezahlen, und die Überwachung bringt nichts.

Ich denke an die bedenkenlose **Abbaggerung** hochrangiger ökologischer Reservate, Stichwort **Dubringer Moor,** Abbaggerung sorbischer Kulturlandschaften, Abbaggerung von Dörfern, unter denen nicht einmal Kohle liegt, Stichwort **Klitten.**

Was wollen Sie tun, was können Sie tun, um die Vernichtung unersetzlicher Werte zu verhindern?

Ducke (Moderator): Danke.
Herr Minister, bitte.

Diederich (Umweltminister): Da Sie den Bereich der **Domowina** vertreten, kann ich Ihnen zunächst einmal sagen, daß in der vergangenen Woche die Regierung ein sehr umfangreiches **Förderungsprogramm** für das sorbische Volk beschlossen hat. Das schließt ein die ganzen Fragen der Landnutzungsplanung in Ihrem Territorium. Dort gibt es sehr konkrete Aufgabenstellungen zur Sicherstellung von Reservaten, der Einstellung vorhandener oder beziehungsweise auch der im Projekt befindlichen Tagebauanlagen. Soweit zu dieser Sache.

Inwieweit kann man Einfluß nehmen? Ich möchte sagen, als allererstes, und ich hatte diesen Begriff heute schon mehrfach geprägt, geht es uns darum, mit dem Instrumentarium der **Umweltverträglichkeitsprüfung** von vornherein sicherzustellen, welche Auswirkungen haben Maßnahmen, welche sind mittelfristig oder langfristig zu erwarten? Und erst dann werden die Zustimmungen der obersten Umweltbehörde dahingehend eingeholt beziehungsweise gegeben werden. Und zum dritten möchte ich in diesem Zusammenhang sagen, daß wir mit dem seinerzeit im Ministerium für Land-, Forst- und Nahrungsgüterwirtschaft angesiedelten Miniverantwortungsbereich Artenschutz, Naturschutz, Landschaftsschutz, der war dort, ich glaube, durch zwei Personen verwaltet, mit dem gegenwärtigen Aufbau in unserem Ministerium auch personell Sicherheiten geben werden, daß die Fragen der Landnutzungsplanung, der **Landschaftsplanung,** des Artenschutzes, des Ressourcenschutzes ihre entsprechende Beachtung finden.

Ducke (Moderator): Danke. Ich erlaube mir hinzuweisen, daß wir noch sieben Wortmeldungen haben und noch eine reichliche halbe Stunde bis zum Mittagessen. Als nächstes Herr Musch, Vereinigte Linke, dann Frau Schmidt, Unabhängiger Frauenverband.

Bitte, Herr Musch.

Musch (VL): Ich möchte mich kurz vorstellen. Ich bin Bereichsökonom im Kabelwerk Adlershof und Lehrbeauftragter an der Humboldt-Universität. Herr Minister, ich habe in Ihrem Bericht zum **Energiesparprogramm** wenig gehört, was konkret ist. Dazu kommt, daß meine Vorstellung, wie Sie konkret **Strukturpolitik** machen wollen, auch nicht klarer geworden ist durch diesen Bericht. Also, zum Beispiel die Frage allein über das Verursacherprinzip sehe ich nicht, wie man bei realen Energiepreisen vorankommen will. Ohne reale Energiepreise wird aber die Orientierung eines ganzen, sehr stark auf Umwelt wirkenden Bereiches kaum zu verändern sein. Ich sehe auch nicht genau, wie Sie durch staatliche Förderung von Umwelttechnologien mit 2 bis 2,5 Milliarden einen Durchbruch erzielen wollen, zum Beispiel bei der Rekonstruktion von Stromerzeugern oder bei modernen Heizungsanlagen. Es bleiben dann noch gesetzgeberische Maßnahmen, zum Beispiel zum Umweltschutzbeauftragten.

Das alles zusammengenommen bringt mich immer noch in die Sorge, daß Sie an den Folgen allein korrigieren wollen.

Ökologische Fragen (Fortsetzung)

Ich sehe nicht, wie Sie aktive politische Strukturpolitik machen wollen.

Ducke (Moderator): Herr Minister, möchten Sie – –

Diederich (Umweltminister): Ja, selbstverständlich. Ich hatte in meinen Ausführungen bereits versucht, deutlich zu machen, daß die Fragen des neuen ökologisch untersetzten Energieprogramms in den nächsten Monaten zu verhandeln sind. In diesem gesamten Energieprogramm sind Fragen mit aufgenommen. Also, ich unterstelle zunächst einmal, daß Sie gleichermaßen davon ausgehen, daß zur Zeit die **Energieerzeugung** in unserem Lande die Hauptursachen für Umweltbelastung sind, und damit begründet, wir radikal herunterfahren müssen den Rohbraunkohleeinsatz, uns konsequent hinzuwenden haben zu Energieträgern, als da sind Steinkohle, Erdgas, Erdöl, um Substitute zu haben für Umweltbelastung, daß wir uns den Fragen, und da hatte ich eingangs etwas dazu gesagt, auch alternative Energiequellen dort, wo sie tragend sind, dort wo sie einsetzbar und möglich sind, uns hinzuwenden haben.

Wir werden mit dieser von uns aus zu beeinflussenden Energiepolitik entsprechende Forderungen stellen. Ich kann Ihnen versichern, ich sitze auch im Wirtschaftskomitee unserer Regierung und habe dort die Aufgaben des Umweltschutzes vorzubringen, um sicherzustellen, daß, ich sage einmal die Maßnahmen, radikale Änderungen in der Einsatzstruktur von Energieträgern auch ihre entsprechende Untersetzung finden. Wir müssen zweitens hin unterscheiden, daß wir auf der Grundlage des Verursacherprinzips den Zwangspunkt ansetzen, daß der Verursacher muß.

Wir werden über die zwei Milliarden, die ich nannte, vielleicht haben wir uns da nur falsch verstanden, sie als sogenannte Fördermittel einzusetzen haben, dort wo wir mit dem Verursacherprinzip unmittelbar nicht so schnell vorankommen, wie das vielleicht auch in unser beider Interesse ist. Und ich glaube, daß, insbesondere über solche Maßnahmen wie sofortige **Energiepreisänderungen,** wir entsprechende Energiesparungen bekommen oder Energieeinsparungen bekommen. An diesen Sachen wird gearbeitet, und Sie können sicher sein, und ich habe da auch nichts zu verschweigen, daß wir hier mit Sitz und Stimme in diesen Gremien sitzen.

Ducke (Moderator): Danke schön. Die Zukunft wird Sie messen, Herr Minister.

Frau Schmidt, Unabhängiger Frauenverband. Dann Herr Nooke, Demokratischer Aufbruch.

Frau Schmidt (UFV): Unsere Frage schließt sich an die von Herrn Möller und Herrn Wiedemann an, aber wir fragen dabei nicht nur nach der Wirkung umweltschädigender Einflüsse auf den Menschen, sondern wir möchten darauf hinweisen, daß hinter diesen Menschen Männer, Frauen und Kinder stehen, die durch Schadstoffbelastung schwere **gesundheitliche Schäden** haben und dadurch in ihrer Lebensqualität herabgesetzt sind, und auch ihre Lebenserwartung gemindert ist.

Wir fragen Sie konkret, welche **Nachsorge,** Sofortmaßnahmen zur Heilung und Linderung dieser Krankheiten laufen jetzt? Und wir erwarten dabei eine intensivere Zusammenarbeit des Umwelt- und des Gesundheitsministeriums.

Zum anderen möchten wir noch nachfragen nach den ökonomischen Regelungen, die Sie hier angeben, die unserer Meinung nach nicht ausreichend sind.

Und wir fragen Sie dabei, wie ein kontrollfähiges **Umweltstrafgesetz** aussehen soll, um die Verursacher zu zwingen, umweltgerechte Verfahren anzuwenden.

Ducke (Moderator): Danke. Die Fragen waren klar.
Bitte, Herr Dr. Schönfelder.

Schönfelder (Staatssekretär im Gesundheitsministerium): Zur ersten Frage möchte ich mich folgendermaßen positionieren. Ich hatte Ihnen gesagt, daß wir Übersichten haben über Schädigungen, wie Sie sie auch schilderten bei Kindern, insbesondere in diesen Ballungsgebieten. Dazu liegen wissenschaftliche Untersuchungen [seit] Jahren vor, und wir haben mit dem Ministerium für Bildung gemeinsam das seit Jahren schon praktizierende Austauschverfahren „**Kindererholungsurlaub in weniger belastete Gebiete**" systematisiert, und das Ministerium für Bildung ist beauftragt, eine Organisationsform herbeizuführen, wie das intensiviert wird, wobei wir als Gesundheitswesen die Indikationsstellungen geben und die Kinder entsprechend aussuchen und auswählen, und das Ministerium für Bildung dann die Voraussetzung einer Verschickung in ein weniger belastetes Gebiet macht.

Untersuchungen haben ja ergeben, daß in relativ kurzer Zeit die erhobenen Befunde, die im pathologischen Bereich lagen, sich wieder normalisieren, und daß dies als eine Form der Hilfeleistung erst einmal gesehen wird.

Ducke (Moderator): Die Frage wäre damit beantwortet.
Herr Minister, noch eine Ergänzung?

Frau Schmidt (UFV): Die Frage ist damit nicht beantwortet. Es betrifft ja nicht nur Kinder, sondern es betrifft ebenso auch Erwachsene und nicht nur **Atemschädigungen.**

Schönfelder (Staatssekretär im Gesundheitsministerium): Aus dem Katalog der Krankheitsgruppen, die Sie angesprochen haben, sind vorwiegend Erkrankungen der oberen Luftwege, es sind vorwiegend Allergien, allergische Erkrankungen, Symptomkomplexe, und es sind eine Reihe weiterer Erkrankungen, die sich in diesem Bereiche darstellen.

Zu den Kindern hatte ich Ihnen unsere Maßnahmen gesagt.

Die **Betreuung dieser Erwachsenen** in diesem Bereich sind in zweierlei Hinsicht zu sehen, zum ersten in den Betrieben, wo die Schädigung vorhanden ist, durch die Überwachung, durch eine gezielte Kurverschickung und durch eine entsprechende Dispensairebetreuung durch die behandelnden Ärzte in diesem Bereich.

Ducke (Moderator): Danke schön.
Herr Minister, noch eine Ergänzung? Bitte.

Diederich (Umweltminister): Ja, ich möchte versuchen, auf Ihre Frage hier noch einmal eine Antwort zu geben.

In dem neustrukturierten Ministerium gibt es ab sofort eine Abteilung Umweltrecht. Wir werden mit dieser **Abteilung „Umweltrecht"** zunächst und vordergründig alle anstehenden offenen Fragen des Umweltrechtes in Verordnungen und Gesetze kleiden und werden neue, so zum Beispiel, wie bereits mehrfach angesprochen, ein Gesetz über die Umweltverträglichkeitsprüfung zum Beispiel sehr kurzfristig der Volkskammer vorzulegen haben.

In diese ganze Problematik eingebettet sind natürlich auch alle Fragen, die die **Sanktionstätigkeit** [betreffen], entsprechende Mechanismen zu schaffen, die fördernd auf den Umweltschutz sind.

Ich kann Ihnen gegenwärtig sagen, daß die Fragen des Staub- und Abgasgeldes, des Abwassergeldes oder zum Beispiel das **Abwassereinleitungsgeld,** wo zur Zeit rund 1,5 Milliarden hereinkommen alleine aus der Position Abwassereinleitungsgeld, wir den Vorschlag an den Minister für Finanzen und Preise gerichtet haben, solche Sachen teilweise zu verfünffachen, um dann mit eingenommenen Geldern uns konstruktiv und vordergründig Aufgaben des Umweltschutzes zuzuwenden.

Das betrifft gleichermaßen die erhöhte Bodennutzungsgebühr und andere, so daß wir aus den Sanktionen, die wir einnehmen, die natürlich rechtlich zu regeln sind, das kann man nicht irgendwie dem Zufall überlassen, dann auch Geldmittel und Finanzen haben, die wir einsetzen zur Sanierung vorhandener beziehungsweise Installation neuer dort, wo es entsprechende Effekte bringt.

Ducke (Moderator): Danke schön. Das Wort hätte jetzt Herr Nooke, Demokratischer Aufbruch. Danach Herr Hammer, VdgB.

Bitte, Herr Nooke.

Nooke (DA): Ja, in Anbetracht der Zeit, und einiges ist ja auch schon gesagt – – Ein paar Sachen zur **Struktur im Ministerium,** die mir noch nicht ganz klar ist.

Wie ist es nun wirklich geplant bezüglich des **Staatlichen Amts für Atomsicherheit und Strahlenschutz?** Es geht doch nicht an, daß das ständig eine **Extra-Behörde** bleibt, denke ich. Wie sind dort die Vorstellungen?

Zum anderen, was wird mit dem **Zentrum für Umweltgestaltung?** Soll das ein Akademieinstitut werden oder soll das dieses neue Amt werden? Das müßte auch noch einmal, glaube ich, deutlich gesagt werden. Denn es wird ja so sein, daß wir ein Umweltamt brauchen, daß wir **Forschungsinstitute** bei der Akademie für die Ökologie, für den Umweltschutz brauchen und daß wir wahrscheinlich darüber hinaus auch ganz unabhängige, der Ökologiebewegung näherstehende Forschungsinstitute brauchen, mit denen wir nur aus **Spenden,** und nicht vom staatlichen Haushalt abhängig arbeiten können. Das ist das eine hierzu.

Dann das andere ist öfters hier betont worden, der **Zusammenhang Umweltschutz, Gesundheitsschutz, Naturschutz.** Es geht natürlich immer zuerst um den Menschen. Und das dürfen wir auch, wenn jetzt der Naturschutz als erstes bei Ihnen steht, nicht vergessen. Und deshalb will ich noch einmal darauf hinweisen, daß es sicher nicht unbedingt sinnvoll ist, das **Ministerium für Gesundheit** und das für Umweltschutz nun zusammenzulegen, aber die Zusammenarbeit muß natürlich irgendwie verbessert werden, und das ist ja mit dieser Überwachung gesagt worden.

Und wenn von Umweltverträglichkeitsprüfung geredet wird, dann sollte man auch einmal überlegen, ob dieses Wort **Gesundheitsverträglichkeitsprüfung** vielleicht auch an manchen Stellen angemessen wäre.

Und da bin ich eigentlich bei dem, was hier noch nicht gesagt wurde. Es wurde zwar von Arbeitern und Arbeiterinnen geredet, die entlassen werden könnten in Betrieben, aber es wurde in bezug auf Gesundheitsschutz noch nicht davon geredet, daß wir natürlich auch viele Betriebe haben, die innen so aussehen, daß ich eigentlich nur mit gutem Gewissen die Arbeiter dort nach Hause schicken kann. Das muß auch einmal gesagt werden, und ich glaube, hier geht es auch darum, den Leuten und Menschen vor Ort deutlich zu machen, welche Gefahren mit einigen Dingen verbunden sind.

Also, diese ganzen Fragen der **Arbeitshygiene,** der **Arbeitsumwelt,** -forschung und des **Arbeitsumweltschutzes,** da ist, glaube ich, auch noch viel zu tun, und wenn wir das in die Berechnung der Schadensminimierung miteinbeziehen, dann wird bei dem einen oder anderen Betrieb deutlich, daß wir da auch ein Stück Umweltschutz betreiben, wenn wir das dicht machen. Das muß man einfach einmal so sagen, denn wir sind acht oder zehn Stunden am Arbeitsplatz, ja? Das ist das eine.

Und dann noch einmal zum **Energiekonzept.** Es geht doch hier um ein Umdenken. Wir werden ja hier nicht die konkreten Probleme am Tisch klären. Und da sehe ich an vielen Stellen, auch bei dem, was hier gesagt wurde, noch nicht das grundsätzliche Umdenken, obwohl viele kleinere Dinge deutlicher angesprochen wurden.

Also, wenn zum Beispiel gesagt wird, Mik- und Makwerte, die sind absolut sicher, dann geht das genau in die falsche Richtung, Herr Schönfelder. Wir müssen endlich zugeben, daß wir, wenn wir **Industrialisierung** machen und darum nicht umhinkommen, daß wir dann Schäden setzen und daß wir nicht das Bewußtsein erzeugen, daß es hier wirklich etwas gäbe, was eine neue Einheit von Ökologie und Ökonomie herstellt. Es gibt einfach Dinge, die sich widersprechen, und an manchen Stellen hilft nur der Verzicht. Das muß man den Menschen im Land auch sagen.

[Beifall]

Und dazu gehört beim **Energiekonzept,** daß es nicht so vor Ort ankommen darf, daß jetzt, nachdem wir öffentlich über alles reden, die Akzeptanz der Braunkohle, die natürlich bei den Leuten, Herr Mahling hat es gesagt, die ihre Dörfer und ihre Häuser verlieren, nicht da ist, dafür benutzt wird, die Kernenergie zu etablieren. Dieses Gegeneinander ausspielen erzeugt nicht das neue Bewußtsein, das wir brauchen. Und darum geht es doch. Und das ist hier die Aufgabe, die dieser Tisch hat, auch das den Menschen im Land zu sagen, daß es so eben nicht geht, daß das neue Energiekonzept von fünf Generaldirektoren, also sozusagen im Westen wäre es die Lobby, installiert wird, sondern da müssen wir doch wohl mit verschiedenen Leuten darüber reden.

Und deshalb meine konkrete Frage: Welche Gutachten sind in Auftrag gegeben von unabhängigen Einrichtungen, meinetwegen auch international besetzte Gremien, nach Möglichkeiten eines Energiekonzeptes für unser Land? Es geht doch hier nicht bloß um das, was irgendwo angeboten wird bei der Energie, sondern zuerst geht es doch um die Nachfrageseite, und die kann man mit dem Einsparpotential – ich hatte mich ganz am Anfang gemeldet und bin der letzte hier, ja – kann man doch mit dem Einsparpotential ganz anders beeinflussen. Und erst, wenn ich das wirklich errechnet habe für Energieträger, für Regionen, habe ich die Möglichkeit, dann mit der Angebotsseite und den Leuten, was die Generaldirektoren dort anzubieten und auszuhandeln bereit sind, einzusteigen.

Deshalb konkret: Der 70-Megawatt-Reaktor in **Rheinsberg,** warum muß der bis 1992 laufen? Ist da nicht eher etwas zu machen? Das also verstehe ich dann zum Beispiel nicht.

Zum **Rohbraunkohleabbau** zwei Sachen. Für das SAAS, haben Sie schon einmal überlegt, auch da Radioaktivitätsmessungen zu machen, zum Beispiel beim Ascheverkippen?

Ich würde das gerne einmal wissen wollen für die Leute, die dort in der Gegend wohnen.

Und vergessen Sie das Problem der **Wiederurbarmachung** nicht. Das ist in dem Regierungsbericht so ein Zwischenraum, was also völlig unangepaßt für die Landwirtschaft oder für die nachträgliche Nutzung übergeben wird. Dieses Problem und auch generell die Ascheverkippung ist ein großes Problem an den Stellen, wo von der Kohle Land wieder zurückgegeben wird. Soweit.

Ducke (Moderator): Wünscht jemand von der Regierung – – Bitte schön.

Diederich (Umweltminister): Ja, nicht nur Offenlegung der Daten, ich kann Ihnen auch die **Struktur des Ministeriums** sagen.

In einem ersten Bereich untersteht der Staatssekretär dem Minister und ist somit erster Stellvertreter. Er macht die gesamte Aufgabenplanung der Ökonomie und Planung. In einem zweiten Sektor sind alle Fragen der Landnutzungsplanung, des Ressourcenschutzes gegenüber Boden und Wasser, geleitet von Professor Succow. In einem vierten Bereich sind alle Fragen der Umweltüberwachung angesiedelt, staatliche Gewässeraufsicht, staatliche Umweltinspektion bis hin zu den Fragen des Umweltrechtes. In einer nächsten Säule des Ministeriums sind die gegenwärtig noch im Ministerium vorhandenen wirtschaftsleitenden Aufgaben in Sachen Trinkwasserversorgung, Abwasserbehandlung, Zusammenwirken mit den bezirklich geleiteten Betrieben des VEB WAB [Volkseigene Betriebe, Wasser, Abwasser, Bewässerung]. Und in einer letzten Säule, aber nicht unbedeutenden Säule, sondern sehr wichtigen Säule, sind alle Fragen der internationalen Zusammenarbeit, zum Beispiel, was wir gegenwärtig mit der Bundesrepublik an Pilotobjekten verhandeln, um dort auch gemeinsam im Zusammenwirken mit anderen Ministerien sicherzustellen, daß die konventionellen oder die kommerziellen Teile eine entsprechende Untersetzung erfahren.

Die Aufgabe, ob SAAS im Umweltministerium oder gegenwärtig als eine zentrale Behörde dem Ministerpräsidenten direkt unterstellt ist, sehe ich zur Zeit nicht als die erste Aufgabe an, da die Aufgaben bearbeitet werden. Es wäre sicherlich nur eine Überantwortung, aber ich sehe sie, wenn das Staatliche Amt für Atomsicherheit und Strahlenschutz beim Ministerpräsidenten angesiedelt ist, doch als direkt unterstelltes Instrumentarium auch gesichert, seine Aufgaben wahrzunehmen.

Dabei möchte ich sagen, daß zu den Fragen, die Sie ja anschnitten, Ausnahmegenehmigung am Arbeitsplatz, sicherlich von Dr. Schönfelder noch einmal entsprechende Bemerkungen gemacht werden können, und ich würde sagen, daß zu den Fragen des Energiekonzepts Professor Steinberg sich da noch einmal mit befaßt, ja?

Ducke (Moderator): Danke schön.

Steinberg (Stellvertr. Minister Schwerindustrie): Zum Energiekonzept wurde ja schon gesagt, daß wir das der öffentlichen Diskussion erst einmal vorstellen wollen. Das waren Thesen, die ich hier genannt habe, und kein fertiges Konzept. Es ist also Ende März/Anfang April von der Regierung zu beschließen. So viel Zeit zur Diskussion müssen Sie uns bitte lassen. Und Sie werden selbstverständlich Gelegenheit haben, auch an dieser Diskussion teilzunehmen.

Aber die Thesen haben [wir] schon gesagt, wir wollen nicht den zurückgehenden Rohbraunkohleeinsatz durch zusätzlichen Einsatz von Kernenergie decken, sondern durch zusätzlichen Einsatz von Erdgas, Erdöl und Steinkohle nach umweltfreundlichen Technologien.

Ducke (Moderator): Danke schön. Ich glaube, wir müssen jetzt weitergehen. Die Anträge haben das alles nachher noch einmal. Es waren Rückfragen. Ich bitte Sie, es liegt eine große Vorlage vor, die nicht zum Zuge kommt, weil die vielen Dinge jetzt schon erwähnt werden.

Wir hatten uns geeinigt, Anfragen konkret zu den Darstellungen der Regierung. Deswegen jetzt das Wort.

Herr Hammer, VdgB, dann Herr Stief.

Hammer (VdgB): Ja, ich möchte – –

Ducke (Moderator): Benutzen Sie es nicht zu einer Erklärung. Bitte.

Hammer (VdgB): Nein, auf keinen Fall. Ich möchte bloß mit sagen, daß unsere Bedenken hinsichtlich der Behandlung landwirtschaftlicher Themen in diesem Bericht doch zu kurz gekommen sind, aber das ist erst einmal eine Bestandsaufnahme, deshalb noch ganz kurze Anfragen in Ergänzung dessen.

Gibt es konkrete Vorstellungen über Pilotprojekte des **biologisch-dynamischen Landbaus** in unserem Lande für die weitere Zeit? Inwieweit arbeiten da das Ministerium Landwirtschaft und auch Ihr Ministerium zusammen? Existieren schon zeitlich abgegrenzte Forderungen zur Auflösung umweltbelastender industriemäßiger Anlagen der Tierproduktion? Hier würden wir die Bedenken auch, die seitens des FDGB geäußert worden sind, hinsichtlich der Mitarbeiter aus der Sicht der VdgB, mitteilen wollen.

An einen Ihrer Mitarbeiter die Frage: Was sind die in den Karten ausgewiesenen **Naturschutz- und Landschaftsschutzgebiete,** die sich als Truppenübungsplätze bewaffneter Organe dann herausgestellt [haben], wieweit sind die hier miteinbezogen? Und inwieweit werden in diesen oder wurden in diesen Gebieten auch Übungen mit Strahlenmaterial durchgeführt? Es gibt Informationen, daß in **Storkow Uran** der chemischen Abteilung – – dort also mit Strahlenmaterial geübt worden ist. Hier hätten wir auch gern einmal eine Auskunft.

Eine weitere Anfrage noch kurz dazu, daß wir ja uns in verschiedenen Gremien mit dem Ökologieproblem und Umweltschutz befassen. Wir haben die **Arbeitsgruppe „Ökologischer Umbau"** des Zentralen Runden Tisches, wir haben den „Grünen Tisch", an dem, so wie ich informiert bin, noch nicht alle Parteien und Organisationen vertreten sind. Wir haben gehört, daß also elf Arbeitsgruppen Ihres Ministeriums ebenfalls als gesellschaftliche Gremien auf diesem Gebiet des ökologischen Umbaus gebildet werden. Uns würde interessieren, welche Möglichkeiten des Zusammenwirkens dieser Einrichtungen gewährleistet sind, daß im Interesse einer effektiven und demokratischen Arbeitsweise das kurzfristig geklärt werden sollte, wobei wir sagen würden, für den Zentralen Runden Tisch sollte diese Arbeitsgruppe „Ökologischer Umbau" das kompetente gesellschaftliche Gremium bleiben, bis, ja, der Runde Tisch seine Bedeutung einstellt.

Ducke (Moderator): Danke, Herr Hammer.
Herr Minister.

Diederich (Umweltminister): Ich glaube, wir haben Übereinstimmung zu der Auffassung Berücksichtigung landwirtschaftlicher Aufgabenkomplexe einschließlich der Ergebnisse und dessen Niederschreibung im Bericht.

Ob es Pilotprojekte zum **biologisch-dynamischen Landbau** gibt, muß ich sagen, ich weiß es gegenwärtig nicht. Das müßte man mit Herrn Watzek, dem Minister für Land-, Forst- und Nahrungsgüterwirtschaft noch einmal beraten. Also, ich persönlich kenne zur Zeit keines.

Zu den Fragen der Auflösung von **Truppenübungsplätzen** würde ich darum bitten, daß Generalleutnant Kaiser sich hierzu noch einmal äußert. Wir haben ihn mitgebracht, um hier spezifische Auskünfte zu geben einschließlich Fragen der Kontamination, die von Ihnen hier im Rahmen mit Übungen gestellt worden sind.

Was das **Zusammenwirken von bereits geschaffenen Instrumentarien** betrifft: Also, wir haben die Auffassung am Ende des ersten Grünen Tisches vertreten, daß die Arbeitsgruppe „Ökologischer Umbau" des Zentralen Runden Tisches und der **Grüne Tisch** sich fusionieren sollten und zu einem solchen Instrumentarium wird mit Beratungsfunktion gegenüber der Regierung und eigentlich alles, was hier sich ordnen läßt, in diesem Instrumentarium zusammengefaßt ist, daß monatliche Beratungen durchgeführt werden des Grünen Tisches und daß anstehend in kürzeren oder längeren Fristen die entsprechenden Vereinbarungen waren, daß ähnlich des Zentralen Tisches die Tagesordnung vorher festgelegt wird und die Mitwirkungshandlungen aller an diesem Tisch Sitzenden nicht nur erforderlich, sondern auch sehr, sehr gefragt ist. Und deshalb würden wir die Bitte unterbreiten. Was die staatlichen elf Gruppen betrifft, hier bitte ich, keine Verwechselungen zu unternehmen. Das sind staatliche Arbeitsgruppen. Wir bitten aber darum, daß hier die Mitwirkung auch gesichert wird. Der nächste Termin ist zum Beispiel der 27. Ich lade herzlich dazu ein.

Ducke (Moderator): Gut. Danke, Herr Minister. Ich verweise zum Thema Grüner Tisch auf die **Vorlage 10/13**, die gerade ausgeteilt wird, und dann ja noch beraten werden muß. Als nächstes hat das Wort Herr Stief, NDPD – ist noch eine Ergänzung? **Truppenübungsplatz**, ja, ganz konkret, Vertreter der NVA [Nationale Volksarmee].

Kaiser (Generalmajor der NVA): Meine Damen und Herren, ich möchte an sich ganz gern etwas weitere Ausführungen machen zu Fragen der Ökologie in den Streitkräften, aber angesichts der Zeit würde ich mich jetzt auf diese konkrete Fragestellung beschränken.

Erstens: Wir haben ein **ökologisches Konzept,** dessen Bestandteil auch die **Rückgabe von Ausbildungsgeländeabschnitten** und Übungsplätzen ist.

Wir haben als erste Schritte vier Übungsplätze im Auge, die wir zurückgeben wollen. Wobei ich anmerken darf, daß Übungsplätze – ich befinde mich da in Übereinstimmung mit dem hier gereichten Papier der Grünen Liga und der Grünen Partei – in den Sicherheitsbereichen, also in den Randzonen, durchaus ideale Bedingungen für Natur- und Artenschutz beinhalten und stimme auch darin überein, daß man hier keinen Verkauf und kein Zerstören dieses Biotops zulassen sollte.

Übungsplätze also werden bei unseren Überlegungen zur Truppenreduzierung mit vorbereitet zur Abgabe. Ich bitte hier um Geduld und auch Verständnis. Wir müssen einen Rückbau von ausbildungstechnischen Einrichtungen einordnen. Wir müssen die Munitionsfreiheit herstellen. Wir müssen eine **Rekultivierung**, selbstverständliche Übereinstimmung mit grünen Bewegungen und örtlichen Organen planen und realisieren, so daß nach unseren ersten Vorstellungen ein Zeitraum von zwei bis vier Jahren ratsam erscheint. Wir sind offen für Ratschläge und Hinweise, um diesen Rekultivierungsprozeß zu befördern und zu gestalten.

Zum Einsatz **ionisierender Strahlung:** – – nur im Bereich der Armee für bescheidene und nicht sehr relevante Ausbildungsmittel im Einsatz. Ich würde mich noch einmal ganz konkret sachkundig machen, was den Übungsplatz Storkow anbetrifft und könnte dem Runden Tisch eine entsprechende Information zuleiten.

Ducke (Moderator): Danke schön. Als nächster hat das Wort Herr Stief, NDPD, danach Herr Schulz, Neues Forum.

Bitte, Herr Stief.

Stief (NDPD): Meine Damen und Herren, Herr Minister. Ich möchte mich beschränken auf einen Hinweis und zwei Fragen.

Das Dokument, was uns heute vorliegt, enthält eine Reihe positiver Ansätze, das möchte ich unterstreichen, und sicher eine gute Grundlage für die weitere Arbeit, auch in der Arbeitsgruppe „Ökologischer Umbau".

Was den Hinweis betrifft, der in gewisser Weise auch Herrn Dr. Schönfelder beträfe, möchte ich folgendes sagen. Durch Herrn Nooke vom Demokratischen Aufbruch ist dieses Problem schon angerissen worden.

In Verantwortung des Ministers für Maschinenbau liegt die gesamte **Entstaubungstechnik,** und ich beziehe mich jetzt nur auf Sofortmaßnahmen, weil die jetzt, in dieser Zeit, offensichtlich das wichtigste sind, und möchte aufmerksam machen, daß es hier nicht nur um die prozeßgebundene Entstaubungstechnik gehen kann, die ja in dem Dokument deutlich beschrieben ist, sondern auch um Anlagen zur Luftreinhaltung im Lande, die für mittlere und kleinere Betriebe von besonderer Bedeutung sind, die den Anlagenbau betreffen und die bis jetzt immer im Niemandsland angesiedelt waren, was die Strukturen in der DDR betrifft. Das ist sehr wichtig. Es betrifft in der Tat Zehntausende von Arbeitsplätzen, die der lufthygienischen Sanierung bedürfen. Und das ist sehr wohl ein beträchtliches Anlagenäquivalent, was dahintersteht.

Mein Hinweis ist nur die Bitte, das nicht zu vergessen bei diesen Sofortmaßnahmen, wenn man also über Anlagenkapazitäten nachdenkt.

Also, diese gesamten Komplexe der diffusen Schadstoffquellen, wobei also hier den Städten noch besondere Bedeutung zukommt, weil viele dieser Betriebe in **Ballungsgebieten** im Städtischen angesiedelt sind. Umwelt endet eben nicht an der Betriebsgrenze, wie wir wissen. Das müßte eigentlich auch ein interessanter Aspekt, Frau Töpfer, für Sie sein. Bei künftig leistungsstarken Gewerkschaften würden wir da sehr gerne Unterstützung finden.

Eine Frage: Am 17. Januar [1990] hatten Sie Besuch, Herr Minister, von Herrn Töpfer. Und es ging um diese Bildung der **gemeinsamen Umweltkommission.** Da wir am Runden Tisch auch bemüht sind, die **Vertragsgemeinschaft mit der BRD** mit Leben zu erfüllen, wäre die Frage dahingehend zu präzisieren, wie wird es aussehen, daß bei der künftigen Zusammenarbeit dieser Kommission die in Aussicht gestellte Hinzuziehung von weiteren Vertretern aus staatlichen und nicht-staatlichen Stellen und Organisationen so fixiert werden kann, daß auch die politischen Kräfte im Lande, vor allen Dingen im Ergebnis der gestrigen Gespräche, die Möglichkeit der Mitwirkung haben? Das muß nicht unbe-

Ökologische Fragen (Fortsetzung)

dingt gleich jetzt beantwortet werden. Ich möchte es nur sagen.

Und was die Umweltüberwachung betrifft, eine zweite Frage: Ist darüber nachgedacht worden, daß es in der DDR eine Organisation gibt des Namens „**Technische Überwachung**", die in der Bundesrepublik Deutschland einen sehr großen Stellenwert in Sachen Überwachung an Großanlagen hat, über entsprechende Experten verfügt? Ich glaube, das ist im Lande bei uns nicht viel anders. Man sollte das mit in Betracht ziehen, um hier bestehende Potentiale zu nutzen, auch an Fachkräften. Danke.

Ducke (Moderator): Herr Minister.

Diederich (Umweltminister): Ich glaube, es gibt eine übereinstimmende Interessenlage, was die Bemessung der Entstaubungsanlagen und ihre Zuordnung betrifft, daß sie nicht nur für Großkraftwerke und Industrieriesen zu sehen ist, sondern auch für kleinere und mittlere Betriebe bis hin zum unmittelbar gefährdeten Arbeitsplatz. Mit Herrn [Hans-Joachim] Lauck, dem Minister für Maschinenbau, und seinen Verantwortlichen sind dazu entsprechende Gespräche geführt worden. Es gibt sogar ab neuem, so habe ich jetzt erfahren, eine **Gesellschaft für Entstaubungstechnik** in der DDR, wo auch die unterschiedlichsten Eigentumsformen und Kapazitäten zusammengeführt werden zur Produktion von **Entstaubungstechnik**.

Zu Ihrem Vorschlag der Bildung einer gemeinsamen **Umweltkommission DDR/BRD** bin ich durchaus dafür, daß wir sie der verbesserten inhaltlichen Ausgestaltung auch personell entsprechen. Es gibt zur Zeit überhaupt noch keine Vorschläge für personelle Besetzung dieser Umweltkommission, aber es wäre doch durchaus denkbar, daß wir in dem gemeinsamen Wirken, zum Beispiel gemeinsamer Grüner Tisch beider deutscher Staaten, sich daraus ergebende Fragen und dann Delegierung in die gemeinsame Umweltkommission sicherlich auch dem Runden Tisch einen entsprechenden Vorschlag vorlegen können.

Zur TÜ [Technische Überwachung], meine ich, haben wir da keine andere Auffassung.

Ducke (Moderator): Danke. Jetzt rufe ich auf Herrn Schulz, Neues Forum, danach Herrn Hegewald, PDS. Und dann kann ich schon sagen, und dann noch die letzten [Wortmeldungen]. Herr Pflugbeil, Sie waren an die letzte Stelle gerückt.

Bitte, Herr Schulz.

Schulz (NF): Herr Minister, eine Frage, auf die ich hier unbedingt insistieren möchte, da Sie die weder in der von mir vorgelegten Form noch bei Herrn Wiedemann, noch bei Herrn Fischbeck ausreichend beantwortet haben.

Es geht darum, wie sind Ihre Vorstellungen, den Einsatz **innovativer Umwelttechnik** und die Regenerierung bereits entstandener Schäden zu betreiben? Sie nennen hier immer wieder das Schlagwort Verursacherprinzip. Sie wissen hoffentlich ebensogut wie ich, daß dieses Verursacherprinzip seit Jahren in diesem Lande möglich ist. Wir haben ein ausreichendes Gesetzesinstrumentarium, das **Landeskulturgesetz** mit den einschlägigen Durchführungsverordnungen.

Das Grundübel ist, daß man mit diesem Instrumentarium bislang nichts anfangen kann, es zum fatalen Erbe Ihrer Vorgängerregierung, im Grunde genommen auch Ihres Parteifreundes Reichelt ja gehört, daß diese kollektive Verantwortungslosigkeit in diesem Land gewirkt hat, daß Sanktionen im Grunde genommen weggeschoben worden sind, als planbare **Vertragsstrafen** regelrecht bilanziert worden sind, und im Grunde genommen die Schäden geblieben sind, ja sogar die Schäden sich ausgeweitet haben.

Ich kann bei Ihnen nicht erkennen, wie Sie dieses Verursacherprinzip wirklich durchsetzen wollen. Sie deuten an, daß Sie das über den Preis durchführen wollen. Sagen Sie bitte den Menschen in diesem Land exakt, daß Sie, wenn Sie das über den Preis durchsetzen wollen, die Kosten Ihrer bisherigen Versäumnisse den Menschen in diesem Lande auflasten wollen, Versäumnisse in der Umweltpolitik. Ich vermisse in Ihren Ausführungen wirklich ganz deutlich die Begriffe **Öko-Steuer**, die **Verwendung freiwerdender militärischer Mittel** zur Sanierung der Umwelt.

Ich vermisse die Verteilung freiwerdender Subventionen, und ich vermisse die Umverteilung **unrechtmäßig angeeigneten Vermögens** von Parteien, die bisher dafür Verantwortung getragen haben, daß diese Umwelt sich in einem Zustand befindet, der unbedingt einer Erneuerung, einer Regenerierung bedarf.

Bitte äußern Sie sich hier ganz präzise dazu.

[Beifall]

Ducke (Moderator): Herr Minister, bitte.

Diederich (Umweltminister): Ja. Also, ich möchte noch einmal grundsätzlich eine Bemerkung machen.

Wir stimmen sicherlich darin überein, daß es **Umweltschäden** gibt, die über lange, lange Jahre und Jahrzehnte gewachsen sind, und daß wir heute auch nicht von heute, Montag auf Dienstag, zu einer Änderung einer Situation im Lande kommen, die für jeden erkennbar und meßbar ist. Deshalb habe ich mehrfach betont, und ich sage das hier noch einmal, wir müssen mit dem Umweltprogramm im Monat März die notwendigen Maßnahmen, die materiell, technisch und finanziell untersetzt sind, auf den Tisch legen, und dahinter steht, daß sie auch realisierbar sind.

Dabei wird es eine klare Gliederung geben in kurzfristig 1990 und 1991 zu realisierende Maßnahmen und mittelfristige Maßnahmen.

Wir setzen uns dafür ein, und dazu habe ich auch bereits gesprochen, daß wir über verschiedene Regulative, über verschiedene Mechanismen den Umweltschutz finanziell dahingehend unterstützen wollen.

Wir müssen aber neben den Finanzen auch die notwendigen materiellen Kapazitäten dazu haben, um sicherzustellen, daß nicht neben dem Wollen das Geld auf dem Tisch liegt, die **materielle Machbarkeit** nicht vorhanden ist, daß wir über solche Maßnahmen wie Preise, wie Sanktionen, wie Umverteilungen, wie Inanspruchnahme des Förderhaushaltes beziehungsweise des Sonderfonds den Maßnahmen des Umweltschutzes besser als in der Vergangenheit gerecht werden.

Und ich muß Ihnen sagen, daß unsere Vorstellungen auch dahin gehen, daß wir mit der **Wirtschaftsreform**, die durchzuführen ist mit den einzelnen Maßnahmen, alle Fragen bis hin zu, ob wir sie nun Öko-Steuer nennen oder anders, das sei dahingestellt, aber daß wir dann Maßnahmen am Zipfel packen und über den Tisch ziehen, die den Fragen des Umweltschutzes unmittelbar zugute kommen, und dann auch für unsere Menschen am Tage und in der Nacht entsprechende Meßbarkeiten und Kontrollierbarkeiten nach sich ziehen.

Ducke (Moderator): Wir haben noch zwei Wortmeldungen. Ich rufe auf Herrn Hegewald, PDS, und dann Herrn Pflugbeil, Neues Forum.

Bitte, Herr Hegewald.

Hegewald (SED-PDS): Wenn wir von der nachsorgenden Umweltpolitik zu einer vorsorgenden Umweltpolitik kommen wollen, dann ist natürlich strategisches Denken gefragt, und meine Anfrage ist, gibt es eine **Strategiengruppe,** die koordiniert zwischen den einzelnen Ministerien?

Denn bei näherer Betrachtung ist ja in der Geschichte vieles nebeneinander gelaufen, ohne daß man es bemerkt hat. Es wäre also zum Beispiel die Frage an das Bauministerium, gibt es eine Linie des **ökologisch-orientierten Bauens** mit dezentralisierter Wärmeversorgung, wo flächendeckend Energie eingespart werden kann, um damit auch weniger Strom erzeugen zu müssen zum Beispiel?

Ich glaube, daß auch das ganze Verkehrswesen angesprochen ist, und vom Umweltministerium müßten auch starke Impulse für das Bildungswesen ausgehen.

Also, wie ist in Zukunft diese **Koordinierung** zwischen den einzelnen Ministerien gedacht im Sinne einer Strategienbildung, daß für dieses Land in Zukunft doch eine ökologisch orientierte Produktions- und Lebensweise möglich wird, mit der wir vielleicht etwas einbringen in die **Konföderation?**

Die Frage ist überhaupt für mich, wenn es jetzt in deutsch-deutschen Beziehungen über die Vertragsgemeinschaft entschieden schnell zur Konföderation kommen soll, was bringen wir denn ein, was bringt unser Land ein?

Und wenn jetzt dieses **Umweltabkommen** existiert, das wäre meine zweite Frage, dort ist wohl als letzter Punkt ein ökologischer Handlungsplan grob angesetzt. Und die Frage ist nun, wie wird er denn untersetzt?

Werden wir in Zukunft Produkte und Technologien hier importieren, die eben zum Beispiel nicht den Erfordernissen der Umweltverträglichkeit genügen? Gibt es da eine Sperre, daß wir nicht alte Technik wieder importieren und damit wieder neue Ursachen schaffen der Umweltbelastung? Also, wie wird sich diese Beziehung langfristig im Sinne der Umweltverträglichkeit auch für uns darstellen?

Ducke (Moderator): Ja, Herr Minister, bitte.

Diederich (Umweltminister): Zur ersten Frage, Herr Hegewald, kann ich Ihnen sagen, daß sowohl die strategischen Gedanken in den Fragen der Erziehung, Bildung, Ausbildung wie auch alle Fragen der nationalen Forschungsobjekte sich in die internationalen und europäischen Programme einzuordnen haben. Damit nicht in zwei Häusern zweimal das gleiche gemacht wird, finden hierzu auch notwendige Abstimmungen statt. Ich habe gesagt, daß mit dem **Minister für Wissenschaft und Technik** und mit dem **Bildungsminister** die notwendigen Abstimmungen hierzu erfolgen. Einige Teilkomplexe habe ich genannt. Sie liegen bereits vor. Das ist bedingt der Stand der Zeit und muß entsprechend präzisiert werden.

Zu Ihren Fragen des **ökologischen Handlungsplanes** möchte ich eigentlich so verstanden werden, daß dieser ökologische Handlungsplan die gesamte Förderung der Umweltschutznotwendigkeiten nach sich zieht beziehungsweise die gesamte Förderung in den Vordergrund zu stellen hat und wir die Aufgabe haben mit, ob sie nun Strategiekommission heißt oder nicht, aber in der Wirtschaftskommission diese Aufgaben in einer entsprechenden Gruppe zu bearbeiten.

Also all das, was nach vorne gehen muß in der Technik, in der Wissenschaft, in der Produktion, das ist mit Teilnahme des Ministeriums für Naturschutz, Umweltschutz und Wasserwirtschaft gewährleistet. Also, diesen Hinweis könnte ich noch geben.

Ducke (Moderator): Jetzt kommen wir zur letzten Wortmeldung.

Herr Pflugbeil, Neues Forum. Bitte.

Pflugbeil (NF): Mir ist klar, daß unsere Forderungen und Fragen teuer und hart sind.

Dafür, daß jetzt viele Probleme sofort zu lösen sind, tragen wir aber nicht die Verantwortung. Wir haben lange Zeit auf diese Probleme hingewiesen. Jahrelang haben die für Kernenergie und Strahlenschutz zuständigen Experten uns, sagen wir einmal, beschwiegen. Dadurch bekamen wir einen falschen Eindruck vom Preis, von der Sicherheit und von der Umweltfreundlichkeit der Kernenergienutzung. Ich bin enttäuscht, daß jetzt immer noch rosa berichtet wird. Ich habe drei Fragen oder Bemerkungen.

Ich bin enttäuscht darüber, daß der Umweltminister nicht weiß, nicht wußte, daß es viele öffentliche Straßen und Plätze gibt, besonders im Süden der DDR gibt, auf denen **Uranabraum** liegt. Darunter befinden sich auch Schulhöfe. Ein Freund von mir hat von einem solchen Schulhof Steine an das Staatliche Amt für Atomsicherheit [und Strahlenschutz] geschickt. Daraufhin wurde innerhalb weniger Wochen dieser Teil des Schulhofes mit etwa 10 bis 20 Zentimetern Bitumen und Beton bedeckt. Daraus mag sich jeder ein Bild darüber machen, ob das gesundheitsfördernd ist oder nicht, was da auf den Schulhöfen liegt.

Nach Äußerungen der Mitarbeiter des Staatlichen Amtes für Atomsicherheit [und Strahlenschutz] vor Ort sind die Belastungen durch die Abfälle der SDAG [Sowjetisch-Deutsche Aktiengesellschaft] **Wismut** bestimmt nicht zu vernachlässigen. Unser Angebot wäre, daß Sie dafür sorgen, daß die neuen Gruppen und Parteien mit Meßgeräten ausgerüstet werden. Diese **Meßgeräte** kosten nicht viel. Und wir würden Ihnen dabei behilflich sein, eine Kartierung der belasteten Straßen und Plätze anzufertigen, die bisher niemand besitzt. Das wäre die erste Voraussetzung, um vernünftige Maßnahmen zu ergreifen.

Der nächste Punkt. Habe ich das richtig verstanden, daß es keinen gültigen Vertrag über den Umgang mit den hochradioaktiven, abgebrannten **Brennelementen** gibt? Wir befinden uns dann in einer Situation eines Piloten, der aus dem Flugzeug funkt nach einer Firma, die ihm ein Fahrgestell baut. Das müssen wir uns einmal klarmachen.

Ich habe einen Antrag formuliert **[Vorlage] 10/16** und möchte fragen, ob das möglich ist, den hier zur Abstimmung zu bringen. Der besteht nur aus zwei Sätzen.

Ducke (Moderator): Herr Pflugbeil, weil wir die Anträge uns global vorgenommen hatten, eigentlich dachten wir, wir könnten sie noch vor dem Mittagessen [behandeln], würde ich aber trotzdem bitten, daß wir die Anträge dann danach, es ist nämlich schon vier Minuten nach der Mittagszeit, generell zur Abstimmung bringen, damit wir diskutieren können, ja?

Pflugbeil (NF): Dann bitte ich noch um einen Satz.

Ducke (Moderator): Na klar.

Pflugbeil (NF): Wir sind in der Situation von Lottospielern, die ihre Tippscheine abgeben und hoffen, daß sie nicht gewinnen. Welche Partei oder Vereinigung kann auf diese Weise weiter vorgehen?

Ducke (Moderator): Danke. Herr Pflugbeil, ich weiß nicht. Möchte jetzt – –

Zur Frage Strahlenschutz, Herr Professor Rabold, bitte.

Rabold (Vizepräsident des SAAS): Ich habe die gesetzliche Grundlage und die Praktiken bei der Vernutzung von Haldenmaterial bereits erwähnt. Wenn es Nichteinhaltung durch Anwender gibt und sie kommen uns zur Kenntnis, wie Herr Pflugbeil ein Beispiel genannt hat, dann erfolgt sofort eine Untersuchung und eine entsprechende Handlung.

Die Ausstattung von Gruppen mit Meßgeräten und **Meßtechnik** kann ich hier nicht sofort beantworten. Das als sehr billig hinzustellen, ist vielleicht mit Vorsicht zu bewerten. Aber wir haben Gelegenheit, und ich hatte schon Gelegenheit mit Herrn Pflugbeil zu sprechen, auch unter der Leitung von Kirchenvertretern zur Energiepolitik, und wir haben vereinbart, daß diese Gespräche fortgesetzt werden. Ich glaube, wir können uns vorbereiten im Rahmen dieser Gespräche, diese Frage zu besprechen und Lösungen zu suchen.

Ducke (Moderator): Herr Minister noch?

Diederich (Umweltminister): Vielleicht kann man sogar die Einrichtung der ehemaligen **Zivilverteidigung**, des Zivilschutzes dazu nehmen, ich weiß das nicht, um solche Kartierungen vorzunehmen. Wenn die Möglichkeit besteht, sollte man es gerne aufgreifen, das wäre auch meine Position dazu.

Ducke (Moderator): Danke schön. Die Vielzahl von Wortmeldungen und auch die angeschnittenen Probleme zeigen uns, auf welchen brisanten Feldern wir uns in der Diskussion bewegten, und nicht alles konnte ausdiskutiert werden.

Es liegen Anträge vor, und ich bitte Sie jetzt einfach, auch im Interesse der Zuschauerinnen und Zuschauer und der Hörerinnen und Hörer, sich die Anträge doch noch in der Mittagspause einmal zu vergegenwärtigen, damit wir dann, wenn wir Beschlüsse fassen, relativ kurz uns fassen können und zumindest voraussetzen, daß eine Kenntnisnahme vorher da ist.

Es gibt jetzt noch eine kurze Ansage vor der Mittagspause. Ich darf Herrn Ziegler bitten.

Ziegler (Co-Moderator): Es gibt Meldungen, die es notwendig erscheinen lassen, daß wir uns mit Fragen, speziellen Fragen der **Rechtsstaatlichkeit** heute noch mit einer Erklärung befassen. Dieser Entwurf, der von Herrn Schnur auf Bitten der Gruppierungen, die gestern zusammen waren, verfaßt worden ist, ist an die einzelnen Gruppierungen ausgeteilt worden.

Wir bitten dringend darum, daß das in der Mittagspause einmal angesehen wird, und wir würden dann bitten, daß das unter 6.4 unter den Anträgen mit verhandelt wird. Aber wenn da Änderungswünsche sind, sollten sie nicht so aus dem Handgelenk gebracht werden, sondern vorbereitet werden, und bitte schriftlich.

Ducke (Moderator): Danke schön. Nun bleibt mir nur übrig, den Vertretern der Regierung zu danken, daß sie heute hier gewesen sind und sich den Fragen gestellt haben.

Soweit das für die Antragstellung notwendig ist, ist ja noch ein Vertreter der Regierung da, der das dann weitergeben kann.

Wir treten jetzt in die Mittagspause ein. Ich darf noch einmal den dringlichen Hinweis geben, daß gegenüber in dem Haus nur die Teilnehmer an diesem hier sichtbaren inneren Ring bitte Essen bekommen. Wir haben immer wieder die Schwierigkeit, daß zu viele dann dahinkommen und die Küche in Schwierigkeiten kommt. Alle anderen Beobachter, Gäste, Presse essen in der schon bekannten Kantine. Also bitte noch einmal um Rücksichtnahme für die Küche. Wir machen eine Mittagspause bis 14.00 Uhr.

[Mittagspause bis 14.00 Uhr]

Ziegler (Moderator): Ich bitte Sie, die Plätze einzunehmen und die Tür zu schließen. Wir beginnen.

Vor der Mittagspause wurde Ihnen ausgeteilt eine Erklärung zu Demokratie und Rechtsstaatlichkeit. Wir haben darum gebeten, daß Sie die Möglichkeit wahrnehmen, eventuelle Änderungswünsche vorzubereiten. Sie haben dazu Zeit, innerhalb der nächsten Stunde hier das an die Moderatoren zu geben.

Ich rufe jetzt auf folgende Vorlagen und bitte sie zur Hand zu nehmen. Es geht um die Vorlagen zur Ökologie, und ich nenne sie vorneweg, um Ihnen zu sagen, welche Vorlagen alle jetzt behandelt werden: 10/1, 10/3, dazu gehört die **Information 9/6**, 10/13, 10/10, 10/6, 10/5, dazu gehört die **Information 10/5**, 10/4, 10/15 und 10/16.

Ich bitte jetzt die Vertreter der Arbeitsgruppe „Ökologischer Umbau" einzuführen in die **Vorlage 10/3**.

Merbach (DBD): Ja, ich werde das übernehmen. Bin ich zu verstehen?

Ziegler (Moderator): Ja, Sie sind zu verstehen.

Merbach (DBD): Gut.

Die Arbeitsgruppe „Ökologischer Umbau" des Grünen Tisches hat in mehreren Diskussionsrunden diese Vorlage erarbeitet. Diese Vorschläge, die wir hier haben, enthalten kurzfristige und auch längerfristige Maßnahmen. Im Interesse der Dinge, die heute früh schon besprochen worden sind, bitten wir aber, alle in das Kalkül zu ziehen und als Maßnahmenpaket zu beschließen. Wir haben das Papier in zwei Teile geteilt: erstens in allgemeine Grundsätze und zweitens in ein Maßnahmenpaket.

Die allgemeinen Grundprinzipien, und darüber sollten wir uns auf einen Konsens einigen hier, sehen vor, daß wir den **Menschen als Teil der Umwelt** betrachten, und daß die Menschheit nur dann eine Zukunft hat, wenn sie ihre Lebensgrundlagen behütet, wenn sie also Luft, Wasser, Boden, Lebewelt und Landschaft als unersetzlich für die Fortexistenz der Menschheit begreift. Und die Erneuerung unserer Gesellschaft muß also auf eine dauerhafte Beziehung zwischen Mensch und Umwelt gerichtet sein, und hier sollten alle Parteien und Organisationen unabhängig von ihrem politischen Standpunkt einen Konsens darüber haben.

Wir meinen also, daß als Grundprinzipien einer **ökologisch ausgerichteten Politik und eines ökologischen Umbaus**

[Antrag AG „Ökologischer Umbau": Zur Einbeziehung ökologischer Prinzipien in der Gestaltung der gesellschaftlichen und ökonomischen Entwicklung der DDR[6]]

1. Ökologische Leitlinien zum bestimmenden Entscheidungskriterium unserer gesellschaftlichen Entwicklung gemacht werden müssen, um ökologische Erkenntnisdefizite durch intensive wissenschaftliche Forschung zu verringern.
{Hierzu gibt es nachher noch eine Vorlage zur wissenschaftlichen Forschung.}

2. Nur solche Wirtschaftsentwicklungen zuzulassen, die nicht zu Lasten der Umwelt gehen.

3. Die Produktion unter strikter Beachtung der Anforderungen von Ökologie und Umweltschutz und der sparsamen Ressourcenverwertung zu organisieren.

4. Das Vorsorge- und Verursacherprinzip in der Umweltpolitik durchzusetzen.

5. Verursachte Umweltschäden zu benennen und zu sanieren. Das ist das Problem der Altlasten.

6. Beim Umweltschutz eine umfassende internationale Kooperation anzustreben und zu gewährleisten.

7. Den ökologischen Umbau der Gesellschaft und das Grundrecht auf eine gesunde Umwelt zum Verfassungsgrundsatz zu erheben.

8. Eine umfassende öffentliche Umweltinformation, -beratung, -kontrolle und -mitentscheidung zu sichern sowie

9. die Arbeit aller ökologischen Gruppen und Netzwerke im nationalen wie im internationalen Rahmen zu gewährleisten.

Soweit die allgemeinen Grundprinzipien. Jetzt zum Maßnahmenpaket.

Zielger (Moderator): Ja, ist es notwendig, das alles zu verlesen, denn es ist doch ausgeteilt worden und bekannt?

Merbach (DBD): Wir meinen folgendes, daß unsere Öffentlichkeit ein Anrecht darauf hat, das zu kennen, was hier beschlossen wird. Das ist unser Standpunkt von der Gruppe „Ökologischer Umbau". Er wird auch von der Grünen Partei und der Grünen Liga mit allen dort Beteiligten getragen. Demzufolge muß ich mich zunächst einmal dieser Pflicht unterziehen.
Also, zunächst

[1.] Zur Schaffung der gesetzlichen Grundlagen und zur öffentlichen Kontrolle:

[1.1.] Wir meinen, daß ein Volkskammerausschuß für Umwelt und Naturschutz baldmöglichst sofort gebildet werden soll. {Es ist lange genug gefordert.}

2. [1.2.] Wir meinen, daß gesetzliche Regelungen zur Umweltverträglichkeitsprüfung von Standorten, Verfahren und Erzeugnissen gewährleistet werden muß,

3. [1.3.] Daß das Landeskulturgesetz durch ein modernes Umweltgesetzeswerk, die Erarbeitung eines Chemikaliengesetzes und eines Gesetzes zur Gentechnik erfolgen muß,

4. [1.4.] Daß die Ausarbeitung und Anwendung finanzieller und ökonomischer Regelungen zur Förderung ökologiegerechter Produktion und umweltgerechten Verhaltens unbedingt notwendig ist.

5. [1.5.] Die Zusammenführung der bestehenden Umweltkontrollorgane in einer einheitlichen staatlichen Behörde sowie ihre Ergänzung durch ökologische Überwachungsinitiativen.

Zum zweiten Maßnahmenkomplex:

„Information, Erziehung, Aus- und Weiterbildung"

[2.1.] Die sofortige Übergabe des Umweltberichtes, {wir haben den vorhin gehört. Uns lag er nicht vor, obwohl er hier im Organisationskomitee eingereicht worden ist. Deswegen ist dies ein vorläufiger Bericht. Wir müssen den Umweltbericht des Ministers in der Arbeitsgruppe am 8. Februar 1990 noch einmal behandeln.}

2. [2.2.] Umweltinformation, -bildung- und -erziehung müssen einen größeren Raum in den Medien, insbesondere im Fernsehen einnehmen.

3. [2.3.] Schwerpunktmäßige Einordnung der Ökologie in die neue Bildungskonzeption bei Erweiterung des Bildungsangebotes auf diesem Gebiet, insbesondere durch Umweltzentren beziehungsweise Studienrichtungen sowie Lehrstühle für neue ökologische Disziplinen. Es gibt ja schon Lehrstühle für Ökologie.

[2.4. Gründung einer von Parteien und Organisationen unabhängigen Umweltzeitschrift]

3. Zur Wissenschaftspolitik:

[3.1.] Verbesserung und spürbare materielle Förderung der wissenschaftlichen Forschung auf den Gebieten von Ökologie, Natur-, Landschafts- und Umweltschutz sowie Energiewirtschaft und einer umwelt- und ressourcensparenden [in Vorlage 10/3: ressourcenschonenden] Energiewirtschaft.

2. [3.2.] Gründung beziehungsweise Aufbau von ökologischen Instituten beziehungsweise Bereichen bei der Akademie der Wissenschaften, der Akademie der Landwirtschaftswissenschaften und an den Universitäten und Hochschulen.

3. [3.3.] Erarbeitung und schrittweise Realisierung von Forschungsstrategien, die auf die Aufklärung ursächlicher Zusammenhänge und damit auf neuartige ökologische Lösungen gerichtet sind,

---

[6] Die Vorlage ist hier nur ausschnittsweise mit Rahmen wiedergegeben, da die Einleitung frei wiedergegeben wurde. Die Textteile in eckigen Klammer [ ] sind Teil der schriftlichen Vorlage, wurden aber nicht verlesen. Die Textteile in geschweiften Klammern { } sind nicht Teil der schriftlichen Vorlage.

Ökologische Fragen (Fortsetzung)

die in Zukunft heute gebräuchliche Verfahren ergänzen oder substituieren können. Ihre Finanzierung hat vorrangig aus dem Staatshaushalt zu erfolgen.

4. Zur Industrie- und Abproduktentsorgung:

[4.1.] Eine forcierte Entwicklung weitgehend geschlossener Stoffkreisläufe in allen Produktionszweigen einschließlich von Sofortmaßnahmen zur Sekundärrohstoffverwertung.

2. [4.2.] Entwicklung, Produktion, Import und Einsatz einer leistungsfähigen, dem Welthöchststand entsprechenden Umweltschutztechnik und Meßanalytik.

3. [4.3.] Ausstattung aller Betriebe mit notwendiger Umweltschutztechnik beziehungsweise schrittweiser Schließung nicht rekonstruierbarer Umweltverschmutzer.

4. [4.4.] Erlaß einer Großfeueranlagenverordnung, die zum Einbau von Rauchgasentschwefelungs-, Entstickungs- und Entstaubungsanlagen zwingt.

5. [4.5.] Vorrangig in hochbelasteten und geschädigten Territorien Sanierungsmaßnahmen mit den Bürgern zu beraten und in Kraft zu setzen.

6. [4.6.] Schaffung kommunaler Kläranlagen für alle größeren Städte (durchgängig die biologische Klärung anstreben, dritte Reinigungsstufe auch anstreben dort, wo es irgend möglich ist, Deponie schadstoffbelasteter Klärschlämme) unter Nutzung der Baukapazitäten des ehemaligen Staatssicherheitsdienstes; Realisierung des Abwasserprogramms auf dem Lande, (Stufe biologische Klärung)

7. [4.7.] Einführung umweltneutraler Abfalldeponiekonzepte einschließlich Konditionierungstechnologien zur Verbesserung der Deponiefähigkeit von Abfällen und zur Stimulierung ihrer Wiederverwertung, Festlegung der Deponiegebühren auf einem entsprechenden Niveau.

8. [4.8.] Keine neuen Müllimportverträge. {Da ist ja schon darüber befunden worden.}

9. [4.9.] Erstellung einer Nutzungskonzeption für schwermetallbelastete Rieselfelder.

5. Zur Energiepolitik:

Wir haben gesagt, daß ein Energieprogramm vorgelegt werden sollte, und wir haben hier aufgeschrieben, was darin enthalten sein sollte.

Erste Maßnahme: [5.1] Senkung des Energieverbrauchs um mindestens 30 Prozent durch folgende Teilmaßnahmen.

- Kurzfristige Aufhebung der staatlichen Stützung für Elektroenergie und Gas. Der Wirtschaft sind die realen Energiepreise in Rechnung zu stellen, und die Bürger und Einrichtungen erhalten einen finanziellen Ausgleich und werden somit für eigene Energiesparbeiträge belohnt.

- Erarbeitung und Anwendung von Energiespartechniken, effektive Wärmedämmung als gesetzliche Pflicht, Ausbau einer Dämmstoffindustrie, Realisierung von Energiespartechniken bei Kühlung und Beleuchtung, Abwärmewiederverwendung, Kraftwärmekopplung in Kraftwerken und Niedrigenergiehäuser als Beispiel,

- schrittweise Reduzierung des Exports energieintensiver und umweltbelasteter Erzeugnisse. Sie sind hier genannt.

Als zweites: [5.2.] schrittweise Substitution der Braunkohle als Energieträger sowie Einstellung des Braunkohleexports.

3. [5.3.] Vor dem weiteren Ausbau der Kernenergie sind alle Kosten einschließlich der Folgekosten und Risiken im Vergleich zu anderen Energiekonzeptionen offenzulegen und zu diskutieren.

Hier gibt es unterschiedliche Auffassungen in unserer Gruppe. Es gibt ein Minderheitenvotum.

<u>Minderheitenvotum</u>

- Gegen den weiteren Ausbau der Kernenergie treten ein die Vertreter der Grünen Liga, der Grünen Partei, von Demokratie Jetzt und des Unabhängigen Frauenverbandes.

- Die anderen hier genannten Gruppierungen und Parteien behalten sich eine Entscheidung darüber bis zur Vorlage des Energiesparprogrammes vor, bei dem die Risiken verschiedener Energiegewinntechniken oder Energiekonzeptionen eingeschätzt werden müssen und gegeneinander abgeschätzt werden müssen.

4. [5.4.] Konsequente Förderungen und höchstmögliche Nutzungen regenerierbarer und dezentraler Energiequellen. Wir haben sie genannt.

5. [5.5.] Intensive Forschung nach möglichen alternativen Energiequellen unter konsequenter Nutzung internationaler Wissenschaftskooperation.

6. Zur Land-, Forst- und Nahrungsgüterwirtschaft:

1. [6.1.] Abkehr von der einseitig auf hohe Erträge ausgerichteten und Übergang zu einer ökologisch und ökonomisch ausgewogenen Landbewirtschaftung, die bei effektiver Produktion pflanzlicher und tierischer Erzeugnisse gleichermaßen den Schutz des Bodens, des Grundwassers, der Oberflächengewässer, der Luft, der Artenvielfalt und der Landschaft einschließt. Hier sind einige Dinge zum Untersetzen aufgeschrieben:

- Abbau der Nahrungsmittelsubvention bei Lohn-, Renten- und Stipendienausgleich,

- die schnelle Schaffung entsprechender materieller Voraussetzungen (Güllelager, Silosickersaftauffanggruben, befestigte Düngerlagerstätten, Anhebung der Mineraldüngerqualität, verbesserte Applikations- und Bodenbearbeitungstechnik). Ohne das sind die Maßnahmen nicht möglich.

- Gestaltung der Pflanzenproduktion nach den natürlichen Standortbedingungen, Schaffung und Wiederherstellung von Grünland- und Gehölzstreifen an den Oberflächengewässern (zur Minderung von Erosion und Stoffaustrag),

- Erarbeitung technologischer Maßnahmen, Bewirtschaftungsregelungen und Richtwerte durch die Agrarwissenschaften mit dem Ziel der Beseitigung bereits vorhandener und der Verhinderung künftiger Schadwirkungen. Sie sind genannt (Erosion, Schadensverdichtung und so weiter), unter Einbeziehung auch unkonventioneller Verfahren,

- Aufbau von Forschungskapazitäten und Versuchsbetrieben des ökologischen Landbaus.

2. [6.2.] Minimierung der durch die Tierproduktion ausgehenden Umweltschäden und Sicherung einer artgerechten Tierhaltung, unter anderem durch:

- schrittweise Reduzierung sehr großer Tierproduktionskonzentrationen,

- drastische Verminderung des Ammoniakausstoßes in Tierproduktionsanalagen,

- strukturelle Veränderungen der Landwirtschaft je nach den territorialen Bedingungen mit dem Ziel der engeren Zusammenführung oder Wiederzusammenführung von Pflanzen- und Tierproduktion,

- Verringerung der Schweinebestände und gleichzeitiger Ausbau beziehungsweise Modernisierung der Schlacht- und Verarbeitungskapazitäten.

3. [6.3.] Schutz und rationelle Nutzung des Waldes unter strikter Berücksichtigung landeskultureller Erfordernisse, das heißt kein Raubbau, Einschränkung des Holzexports, wissenschaftlich begründete Maßnahmen zur Waldschadenminderung, ökologisch angepaßte Waldbauformen.

7. Zur Orts- und Landschaftsgestaltung einschließlich der Einrichtung von Schutzgebieten:

1. [7.1.] Die Planung der Mehrfachnutzung unserer Landschaft unter vorrangig ökologischen Aspekten muß integrierter Bestandteil der langfristigen territorialen Planung sein und zu einer raumbezogenen Umweltplanung weiterentwickelt werden. Dabei ist der Umweltvorsorge grundsätzlich der Vorrang einzuräumen, unter anderem folgende Untersetzung:

- Unterbindung der weiteren Zersiedelung und Belastung unserer Landschaft durch Kleingartenanlagen, Wochenendhäuser oder ähnliche Vorhaben,

- schrittweise Wiederherstellung und Schaffung von Flurelementen, (von Feldgehölzen bis zu Teichen und Tümpeln), sie sind hier aufgeführt, zur Sicherung naturnaher Ökotypen, der Biotop- und Artenvielfalt und ökologischer Regulationsmechanismen,

- Renaturierung und Sanierung von Fließ- und Standgewässern statt weiterer Verbauung und Trockenlegung, dabei Übernahme von Landschaftspflegemaßnahmen durch Meliorationsbetriebe,

- Ausdehnungen der Trinkwasserschutzgebiete und ihre Nutzung unter strenger Beachtung ökologisch begründeter Regeln und Richtwerte und

- Erweiterung von Schongebieten für gefährdete Pflanzen- und Tierarten in der Agrarlandschaft.

2. [7.2.] Vorläufige Unterschutzstellung des Fünf-Kilometer-Grenzbereiches zwischen DDR und BRD und Bildung einer Expertenkommission aus Ost und West, die eine landeskulturelle Analyse durchführt und besonders schützenswerte Gebiete ausweist, die dann unter gesetzlichen Schutz zu stellen sind.

3. [7.3.] Ausarbeitung und Realisierung von Dorfgestaltungskonzeptionen, die an dörfliche Traditionen (historisch wertvolle Bauten zum Beispiel, Fachwerkhäuser, Kulturgüter, Bodendenkmale) anknüpfen sowie ein harmonisches und gepflegtes Ortsbild, Naherholungsbereiche und Schutz von Kleinbiotopen gewährleisten.

4. [7.4.] Überprüfung konzipierter beziehungsweise bereits bestätigter Neubaugebiete auf der sogenannten „grünen Wiese", Orientierung der Baubetriebe auf Werterhaltung und Sanierung der vorhandenen Bausubstanz.

5. [7.5.] Durchsetzung verkehrsberuhigter und begrünter Zonen in Wohngebieten und Einkaufszonen.

Zum Punkt 8, Verkehrspolitik:

1. [8.1.] Ausbau eines attraktiven öffentlichen Nah- und Fernverkehrs unter vorläufiger Beibehaltung staatlicher Subventionen bei Verbesserung der Verkehrsstrukturen auf dem Lande. Das letztere ist ganz wichtig.

2. [8.2.] Wegfall der Kfz-Steuer bei gleichzeitiger spürbarer Erhöhung der Benzinpreise.

3. [8.3.] Einführung bleifreien Benzins und geregelter Katalysatoren für Verbrennungsmotoren.

4. [8.4.] Anlage von Radwegenetzen in Städten.

5. [8.5.] Anbringung von Lärmschutzanlagen an stark befahrenen Verkehrstrassen.

Das Konzept hier wird getragen von den unterzeichnenden Parteien und Organisationen CDU, DBD, DJ, FDGB, GL, GP, LDPD, NDPD, SED-PDS, UFV, VdgB. Zusätzlich kommt die Vereinigte Linke hinzu. Die anderen Gruppierungen bitte ich sehr herzlich – und Parteien –, an unseren nächsten Beratungen am 8. Februar 1990 teilzunehmen, damit wir insgesamt einen Konsens erreichen.

Ziegler (Moderator): Vielen Dank für die Vorlage der Arbeitsgruppe „Ökologischer Umbau".

Das, worum es hier vor allen Dingen geht, steht in der Präambel, daß nämlich empfohlen wird, diese Maßnahmen als Arbeitsgrundlage bis zum 6. Mai 1990 zu nehmen.

Viele Dinge, das werden Sie gemerkt haben, sind ja heute am Vormittag und in unterschiedlicher Weise aufgenommen worden, und es werden einzelne Dinge noch herausgenommen und zur Beschlußfassung vorgelegt in den nachfolgenden Vorlagen. Es sollte also jetzt nicht in die Einzeldiskussion all dieser einzelnen Schritte eingetreten werden, aber natürlich muß Gelegenheit sein, sich zu äußern.

Herr Behrendt, bitte.

Behrendt (LDPD): Ich möchte erklären, daß die LPDP das von der Arbeitsgruppe „Ökologischer Umbau" vorgelegte Positionspapier voll mitträgt. Ihre Vorschläge sind hier vollständig eingegangen. Wir bedauern, daß der Informationsbericht der Regierung nicht so rechtzeitig vorgelegen hat, daß die Arbeitsgruppe das hätte schon berücksichtigen und einarbeiten können. Die Diskussion heute vormittag hat etliche der Probleme ja schon weitergeführt. Ich möchte einen Vorschlag unterbreiten.

Herr Professor Succow, der für die LDPD hier sitzt, könnte zu einigen der auch in den Vorlagen enthaltenen Fragen Überlegungen, auch Lösungsvorschläge, auch erste Arbeitsschritte schon benennen, die er als Stellvertreter des Ministers aus der Kenntnis im Ministerium heraus hier weiß. Ich würde das Angebot unterbreiten, weil ich mir vorstellen kann, daß doch einiges von den Anträgen dort an Kenntnisstand erst hier durch ihn vermittelt werden könnte.

Ziegler (Moderator): Danke. Also, Herr Succow ist sowieso an der Reihe. Er hatte sich ja gemeldet.

Succow (LDPD): Gut. Ich darf kurz informieren. Wir sind eigentlich schon in vielem weiter als wir hier noch denken. Wir haben am 16. Januar 1990, gleich am zweiten Tag der Amtsübernahme, eine gemeinsame **BRD-DDR-Kommission „Grenzstreifen"** hier bei uns gehabt, und wir haben jetzt, am 13. Februar 1990, die zweite Begegnung. Der Grenzstreifen wird zur Zeit überprüft von Expertengruppen im Hinblick auf Landschaftsschutzgebiete, Naturschutzgebiete, Erholungslandschaften und Räume, die wir freigeben, wo wir keinen Anspruch haben. Das ist eine Sache, die schon sehr weit durch die Räte der Kreise und Bezirke in Kooperation mit bundesdeutschen Kreisen und Bezirken geschehen ist.

Wir haben am 30. Januar 1990, also morgen, eine **Kommission „Umland Berlin"**, schon deutsch-deutsch, wo es geht um die Entwicklung dieser Landschaft, die Sicherung dieser Landschaft für die Zukunft, also sanfter Tourismus, keine Intensivierung der Landnutzung, mit Territorialplanern, mit den Experten des Umweltschutzes.

Wir haben am 31. [Januar 1990] eine Beratung auch wieder deutsch-deutsch, **„Nationalparks, Naturparks"**. Wir haben etwa vier Nationalparke für unser Land jetzt konzipiert, haben einen Generalprojektanten, der jetzt dabei ist, diese Landschaften abzugrenzen, Aufbaustäbe in den Bezirken. Wir haben etwa so sechs, acht Naturparke, die also große wertvolle Landschaften sichern sollen. Wir haben in der letzten Woche am Grünen Tisch beschlossen, daß ein Baustopp in diesen Gebieten, keine Landspekulation, Sicherung aller vorhandenen Gebäude, Sicherung der einstigen Sperrgebiete für diese Nationalpark- und Naturparkprojekte erfolgt.

Wir haben dann jetzt schon eine Reihe von Maßnahmen eingeleitet, um arbeitsfähige Kreise oder einen arbeitsfähigen Naturschutz, Umweltschutz, Bodenschutz auf Kreis- und Bezirksebene zu erreichen. Ab 1. März 1990 soll das schon so weit sein, daß in jedem Kreis so etwa drei bis fünf hauptamtliche Leute für die neuen Aufgaben des Naturschutzes arbeiten, auf Bezirksebene etwa 10 bis 15, dazu noch **Naturschutzstationen.**

Wir sind dabei, die wissenschaftlichen Einrichtungen zu überdenken. Was brauchen wir, um in Zukunft die Aufgaben, die Erfordernisse eines ökologischen Umbaus in unserem Lande, einer Sicherung unserer Ressourcen in unserem Lande zu erhalten? Wir haben etwa vor, daß in der AdW, in der Akademie der Wissenschaften, die Grundlagenforschung der Ökologie betrieben wird, also **Systemökologie** an aquatischen Ökosystemen, an forstlichen und an agrarischen. Und wir haben die Vorstellung, und es sieht schon so aus, daß einige Institute auch bereit sind, zu uns zu kommen, im Bereich des Ministeriums so etwa fünf bis sechs Institute anzusiedeln, die dem Ressourcenschutz aus gesamtgesellschaftlicher Sicht, also aus übergeordneter Sicht, dienen: der Bodenressourcenschutz, Naturschutz, Landschaftsschutz, dann Wasserressourcenschutz, Fragen der Umweltökonomie, des technischen Umweltschutzes.

Wir sind dabei, auch die Fragen der Umweltverträglichkeitsprüfung jetzt als eigene Abteilung in unser Ministerium im Stellvertreterbereich „**Umweltüberwachung**" aufzubauen. Ich kann Ihnen sagen, heute früh ist in der Volkskammer der Ausschuß für Umweltschutz berufen worden. Es ist vielleicht nur eine ganz kurze Phase, aber vielleicht auch nur eine gute Absichtserklärung.

Ich könnte jetzt noch weitergehen. **Truppenübungsplätze**, Sie haben es vorhin gehört. Auch da sind wir soweit, daß wir ein Programm abarbeiten wollen, die dringendsten, die wichtigsten, die für uns aus der Sicht des Naturschutzes wesentlich sind. Wir brauchen aber auch diese Räume für Deponieplätze. Wir brauchen sie vielleicht auch als Erholungsräume, und das Institut für Landschaft, Forsten und Naturschutz wird diese Aufgabe wahrnehmen aus überzweiglicher Sicht, eine Bewertung, eine Bonitur dieser Gebiete.

Wir sind dabei, den ökologischen Umbau der Landwirtschaft voranzutreiben. Eine Abteilung „**Landschaftsschutz**" wird eine, ja die Melioration muß in Zukunft, wird einen grünen Stempel bekommen; jedes Projekt. Das sind Dinge, die wir in der nächsten Woche schon beraten.

Es mag vielleicht reichen, um Ihnen zu zeigen, wie wir in den letzten 10, 14 Tagen, was wir doch schon angeleitet haben. Und ich kann Ihnen versichern, in der nächsten Woche kommen einige gute Mitarbeiter zu uns ins Ministerium, und Institute haben sich bereiterklärt, Mitarbeiter einstweilig zu delegieren, um den großen Berg von Aufgaben zu schaffen, denn ich denke, der Boden wird in seinem Preis einen hohen Wert bekommen, und jetzt ist noch eine Chance, wir können noch größere Landschaften sichern, wir müssen diese Chance ganz schnell nutzen in unser aller Interesse. Danke schön.

Ziegler (Moderator): Vielen Dank für diese ausführliche Ergänzung. Das zeigt hier, wenn wir noch einmal auf die Präambel sehen, auf die es ankommt, daß also hier eine weitgehende Übereinstimmung mit dem Maßnahmenplan, der hier empfohlen wird, und der Regierung besteht.

Herr Fischbeck.

Fischbeck (DJ): Ich möchte gern drei Bemerkungen machen:

Erstens: In diesem Papier stehen sehr viele gute Sachen darin, die wir sehr gern mittragen, wo wir nur zustimmen können.

Zweitens fehlt mir aber doch eigentlich das Entscheidende, möchte ich fast sagen beziehungsweise das Entscheidende verbirgt sich hier nur hinter ganz ganz allgemeinen Formulierungen. Wenn es nicht gelingt, die ökologischen Belange ökonomisch zu funktionalisieren, werden wir nicht vorankommen. Mit Verboten allein, mit Grenzwerten allein, mit Umweltverträglichkeitsprüfungen allein ist das nicht zu machen. Da wird es immer wieder Verstöße geben, die sich nicht kontrollieren lassen. Das alleine kann es nicht sein, sondern man muß Konzepte entwickeln, wie man dies erreicht.

Und das steht also hier nur in dem Punkt unter I zum Beispiel 2 „nur solche Wirtschaftsentwicklungen zuzulassen, die nicht zu Lasten der Umwelt gehen". Was soll das heißen?

Oder unter Punkt 4 wird wieder das Vorsorge- und Verursacherprinzip genannt. Vorhin wurde schon mit Recht kritisiert, das reicht ja nicht aus, sondern das muß genauer durchdacht werden. Wie kann das wirklich ökonomisch im System verankert werden, daß das passiert?

Ein ganz wesentliches Instrument ist dabei der **Preis**. Darüber ist schon ein kleines bißchen diskutiert worden vorhin, aber doch in dem Sinne, daß Preise wieder festgesetzt werden. Wir sind doch auf dem Wege zu einer Marktwirtschaft, wo man Preise nicht einfach festsetzen darf, sondern die Preisbildung muß systemgerecht und systemimmanent erfolgen, und dann so, daß es ökologisch wirksam wird. An der Stelle muß nachgedacht werden, und da vermisse ich hier in diesem Papier leider das Entscheidende. Aber trotzdem kann ich diesem Papier ansonsten nur zustimmen.

Und die dritte Bemerkung ist nur eine kleine verbale Bemerkung: Das Wort „Tierproduktion" widerspricht dem Geist, um den es hier geht. Also, ich würde doch sehr darum bitten, das Wort „Tierproduktion" durch „Tierhaltung" zu ersetzen. Danke.

Ziegler (Moderator): Frau Töpfer, bitte.

Frau Töpfer (FDGB): Wir unterstützen das vorgelegte Papier mit seinen Maßnahmen, aber wir bitten auch darum, daß vielleicht noch eine anschließende Studie erfolgt, wie das hier vorgelegte Papier wirtschaftlich und sozial abzusichern ist. Das würde aber insbesondere die Regierung anbetreffen, daß sie auch die finanzielle und materielle Machbarkeit feststellt oder dafür Mittel bereitstellt.

In diesem Papier – unter 5.3 – sind die Gruppierungen aufgezählt, die bestimmte Fragen der Kernenergie unterstützen oder nicht unterstützen. Wir möchten als **FDGB** ausdrücken, daß wir uns auch gegen den weiteren Ausbau der **Kernenergie** wenden, insbesondere angesichts der heute offengelegten Bedingungen bei dem Kernkraftwerk Lubmin.

Ziegler (Moderator): Ja, also ich möchte jetzt darum bitten, daß die Vertreter der Arbeitsgruppe „Ökologie" diese Anregungen hier, die von Herrn Fischbeck, Frau Töpfer [gegeben worden sind], gleich mit notieren, damit die dann in die Arbeit einbezogen werden können, denn das sollte ja ein Programm sein. Es ist noch nicht die Vollständigkeit aller Maßnahmen

Jetzt Herr Musch.

Musch (VL): Die Vereinigte Linke unterstützt dieses Papier der Arbeitsgruppe „Ökologischer Umbau". Wir schließen uns dem Minderheitsvotum gegen den weiteren Ausbau der Kernenergie an.

Wir sind in einem Punkt einer kritischen Meinung. Wir glauben, daß in diesem Programm Aktivitäten, Förderung der Aktivitäten **basisdemokratischer Gruppen** den Platz finden muß, weil wir glauben, daß ohne diese Gruppen das Programm nicht realisierbar ist, auch politisch nicht realisierbar ist.

Und eine letzte Bemerkung geht zur Finanzierung hin. Die Vereinigte Linke ist der strengen Auffassung, daß ohne drastische Reduzierung der Militärausgaben bis zu einer **Entmilitarisierung,** vor allen Dingen der beiden deutschen Staaten, das Programm schon mittelfristig nicht mehr zu finanzieren ist. Danke schön.

Ziegler (Moderator): Herr Stief, bitte.

Stief (NDPD): Die Nationaldemokratische Partei trägt das von der Arbeitsgruppe „Ökologischer Umbau" erarbeitete Papier.

Ich möchte hinzufügen, daß wir – das ist gerade in Arbeit – einen Antrag zur Abstimmung vorbereiten im Zusammenhang mit dem heute behandelten Tagesordnungspunkt 2 [ökologische Fragen], weil das etwas untergegangen ist nach unserer Auffassung, sinngemäß so formuliert, daß die Teilnehmer des Runden Tisches die heute gegebenen Informationen des Ministers für Natur-, Umweltschutz, Wasserwirtschaft zur Kenntnis nehmen, und zweitens, daß das Informationsmaterial der Regierung durch die **Arbeitsgruppen** – das ist unser Vorschlag „**Ökologischer Umbau**" und „**Gesundheit**" – bis zum 8. Februar begutachtet werden. Die Regierung wird aufgefordert, die dort erarbeiteten Hinweise in das regierungsamtliche Dokument einzubeziehen, damit das noch einmal eindeutig klar wird.

Wir würden den Antrag dann herumgehen lassen und bitten um Abstimmung zum gegebenen Zeitpunkt.

Ziegler (Moderator): Ich bitte aber, das dann gleich zu machen, damit wir diesen ganzen Komplex nachher auch wirklich abschließen können und nicht immer wieder zurückkommen müssen.

Herr Thurmann von der SPD.

Thurmann (SPD): Die SPD trägt dieses Papier im Konzept mit. Wir werden auch weiter mitarbeiten. Bei der letzten Beratung war kein Vertreter zugegen. Wir werden uns aber in diese Arbeit mit einbringen.

Es sind in diesem Papier insbesondere zur Landwirtschaft die Fragen nicht umfassend genug angesprochen. Es ist ja auch ein erstes Papier, und sicher wird das ausgebaut werden können.

Insbesondere im Norden und Süden der DDR hat die Bildung von Großflächen in überdimensionierten Betrieben dazu geführt, daß die Naturlandschaft zerstört worden ist und auf diesen Großflächen Angriffspunkte für **Wasser- und Winderosion** großen Maßes eintreten konnten. Sicher wird das durch eine Konzentration der landwirtschaftlichen Betriebe auf die dörflichen Strukturen überwunden werden können. Das muß aber sicher einer Wirtschaftspolitik und einer Neugestaltung der Bodennutzung und der Organisation der Landwirtschaft nach einer neuen Regierung überlassen bleiben.

Wir sind der Meinung, bei dem schrittweisen Abbau großer **Tierkonzentration** müßten sofort alle Investitionen, die zur Zeit noch laufen, um Tierkonzentration zu installieren, abgebrochen werden. Wir sind der Meinung, daß zusammengehören im Rahmen der geschichtlich gewachsenen Dorfstrukturen – – weil diese Großbetriebe im Augenblick die ganze Problematik der Umwelt organisatorisch nicht erfassen und auch nicht beherrschen.

Wir sind der Meinung, daß nicht nur eine **Zersiedelung** durch Erholungsbauten und Kleingärten entstanden ist, sondern auch durch den Bau nicht der Landschaft angepaßter landwirtschaftlicher Nutzbauten und Wohnbauten in mehr Stöcken und Etagen.

Wir sind auch der Meinung, daß der Schutz und die Erhaltung von Tier- und Pflanzenarten nicht vorrangig ehrenamtlicher Tätigkeit überlassen werden darf, sondern daß hier staatliche Ressourcen eingesetzt werden müssen in personeller und materieller Hinsicht. Danke.

Ziegler (Moderator): Frau Dörfler.
Herr Dörfler hatte sich zuerst gemeldet.

Dörfler (GP): Ich hatte mich gemeldet.

Ziegler (Moderator): Ja.

Dörfler (GP): Die Grüne Partei unterstützt das vorgelegte Programm „Ökologischer Umbau" und hat maßgeblich daran mitgearbeitet. Der Einwurf, der von der Oppositionsseite kam, daß die Instrumentarien zur Durchsetzung dieser guten Absichten nicht genannt sind, ist richtig und entspricht auch unserer Meinung. Diese detaillierten Vorstellungen wurden durch uns unterbreitet, aber dann wieder entfernt durch einen Mehrheitsbeschluß.

Ich möchte kurz nennen, worum es geht: Es geht darum, daß **Naturnutzung** künftig **nicht kostenfrei** sein darf, und diese Kosten müssen entrichtet werden durch die Verursacher von Umweltbelastungen und durch die Nutzer der natürlichen Ressourcen. Wir fordern deshalb zu überdenken, ob es nicht nötig wäre, eine **Energieverbrauchssteuer** einzuführen zusätzlich zum Abbau der Subventionen. Wir brauchen Mittel, um die Energiesparprogramme zu finanzieren und um alternative Energiequellen zu entwickeln und einzuführen.

Wir fordern weiterhin wirksame Sanktionen für alle Schadstoffemissionen flüssiger, gasförmiger und fester Art.

Und zum dritten fordern wir dringend eine **Verpackungssteuer**, gestaffelt nach Wiederverwertbarkeit der Verpackungsmaterialien. Wenn demnächst Technologien auf unseren Markt kommen, die den Verpackungsmüll in unser Land bringen, den wir schon im Westen wahrnehmen, dann sehe ich große Probleme hinsichtlich der Müllentsorgung. Ich bin der Meinung, daß wir hier schnelle Entscheidungen treffen müssen, daß beispielsweise Einweggetränkeverpackungen sofort hoch besteuert werden müssen, beispielsweise mit einem Aufschlag von fünfzig Pfennig pro Verpackung.

Ziegler (Moderator): Danke. All diese Dinge werden aufgenommen. Ja, sie kommen gleich dran, Herr Lehmann.
Aber erst ist Herr Wiedemann noch dran, nicht?

Wiedemann (CDU): Ja, wir haben uns ja in der Arbeitsgruppe in sehr kollegialer Zusammenarbeit an und für sich ein Bild gemacht, und die CDU trägt das voll mit, was hier gesagt worden ist.

Ich wollte eigentlich zu zwei Sachen nur eine kurze Bemerkung machen hier noch. Einmal zu Herrn Fischbeck. Wir sind uns sicherlich einig darüber, daß man die Preise für Naturressourcen nicht dem freien **Kräftespiel des Marktes** überlassen kann, sondern daß man Preise für Wasser und für andere Dinge natürlich zentral und generell festsetzen muß. Das deckt sich wohl auch mit den Auffassungen von Herrn Dörfler.

Und zum anderen möchte ich an Herrn Meckel die Frage stellen, wie er denn das alles, was er hier aufgeführt hat, mit der **genossenschaftlichen Demokratie,** die wir nun endlich einmal wieder einführen wollen, in Übereinstimmung bringen will. Ob die nun Pflanzen- und Tierproduktion zusammenmachen oder nicht, das ist ihre ureigenste Sache und einige andere Dinge in dem Zusammenhang auch. Was wir dabei empfinden, ob Pflanzen- und Tierproduktion oder Acker- und Pflanzenbau und Viehwirtschaft, wie wir das neuerdings zu sagen pflegen, getrennt sind oder zusammen sind, das ist unsere eigene Empfindung, aber man sollte es den Genossenschaftsbauern bitte schön überlassen, was sie in diesem Zusammenhang tun werden. Sie sollen über ihre Genossenschaften endlich einmal selber bestimmen können.

Danke schön.

Ziegler (Moderator): Herr Lehmann. Dann, ich sage jetzt noch, wer sonst noch auf der Liste steht. Herr Merbach, Herr Poppe und Herr Mahling.

Herr Merbach, ich weiß nicht, vielleicht wäre es ganz gut, wenn Sie den Schluß machen, um das zusammenzufassen, nicht?

Dann würde ich nämlich, wenn mit Ihrer Erlaubnis, Herrn Lehmann dann erst noch und dann Herrn Nooke noch [das Wort geben], der kommt aber danach, ja.

Wir schreiben alles auf.
Jetzt ist Herr Lehmann erst einmal an der Reihe.

Lehmann (VdgB): Die VdgB unterstützt den Bericht der Arbeitsgruppe, verweist aber darauf, daß zum künftigen ökologischen Produzieren in der Landwirtschaft gewisse Rahmenbedingungen gehören, zum Beispiel der Abbau von **Nahrungsmittelsubventionen,** die unserer Meinung nach zu einer erheblichen Verschwendung und zu hohen Verlusten an Nahrungsmittel bisher geführt hat.

Wir verweisen weiter darauf, daß als eine andere Rahmenbedingung die qualitativ wesentlich bessere Versorgung der Landwirtschaft mit Produktionsmitteln erforderlich ist, um ökologisch produzieren zu können sowohl in der Industrie als in der **Tierhaltung** als auch in der **Pflanzenproduktion.**

Wir bringen als dritte Rahmenbedingung ein eine gesellschaftliche Aufwandsteilung beim ökologischen Umbau. Ökonomie und Ökologie lassen sich in der Landwirtschaft nicht in jedem Falle als einfache Einheit gestalten.

Als vierte Rahmenbedingung bringen wir ein, daß strukturelle Änderungen in der Landwirtschaft notwendig sind, da eine durchgängig schematische Trennung von Pflanzen- und Tierhaltung und Entwicklung einheitlich großer Pflanzenproduktionsbetriebe die ökologische und ökonomische Landwirtschaft erschweren.

Danke.

Ziegler (Moderator): Ich muß Herrn Merbach nun noch fragen. Jetzt sind aber noch Herr Poppe, Herr Mahling, Herr Schulz, Herr Platzeck, Herr Nooke [an der Reihe]. Ich würde nun aber vorschlagen, daß wir auch allmählich die Rednerliste abschließen.

Herr Merbach, darf ich Sie dann doch am Schluß nehmen, ja? Danke schön.

Dann ist Herr Poppe jetzt dran.

Poppe (IFM): Ja, ich habe nur eine kurze Bemerkung. Die Initiative Frieden und Menschenrechte schließt sich dem unter 5.3 genannten **Minderheitenvotum** gegen den weiteren Ausbau der Kernenergie an. Und falls es zu diesem Konzept in irgendeiner Weise zur Abstimmung kommt, so würden wir darum bitten, daß zunächst noch einmal über den Wortlaut dieses Votums abgestimmt wird. Es könnte ja sein, daß es sich dann gar nicht mehr um ein Minderheitenvotum handelt.

Ziegler (Moderator): Nur damit ich es richtig nachher in der Verfahrensweise mache, Sie möchten dann eine Vorwegabstimmung über das Minderheitenvotum, ja?

Poppe (IFM): Ja.

Ziegler (Moderator): Danke.
Herr Mahling.

Mahling (Vertreter des Sorbischen Runden Tisches): Zu Punkt 6.1 des Papiers, erster Pilotstrich: „Abbau der Nahrungsmittelsubventionen bei Lohn-, Renten- und Stipendienausgleich."

Ich würde vorschlagen, hier noch einzufügen „und **Kindergeldausgleich**", daß man also die Kinderreichen nicht dafür bestraft, daß die Kinder viel essen.

Und es wäre zu überlegen beim dritten Pilotstrich: „Schaffung und Wiederherstellung von Grünland- und Gehölzstreifen an den Oberflächengewässern" zu ergänzen „und auf **Feldern über 50 Hektar**" oder aber an den Oberflächengewässern zu streichen und das allgemein zu belassen.

Ziegler (Moderator): Solche Anträge müßten Sie bitte schriftlich geben, am besten gleich an Herrn Merbach, den Einbringer, damit das dann dort aufgenommen werden kann, ja? Würden sie es bitte aufschreiben.
Dann Herr Schulz, Neues Forum.

Schulz (NF): Das Neue Forum würde diese Vorlage von der Tendenz her unterstützen. Ich gebe allerdings hier noch einmal deutlich zu bedenken, daß die Frage **Ökonomie und Ökologie** ganz sauber geklärt werden muß, denn bekanntlich ist die **ökologische Belastungsintensität** umgekehrt proportional zur **wirtschaftlichen Effektivität**. Es kommt darauf an, unsere Wirtschaft zu modernisieren, unsere Betriebe zu modernisieren mit modernstem Know-how auf dem Stand der Technik. Das würde auch einen Umwelteffekt bringen, einen sofort nachweisbaren Umwelteffekt.

Allerdings gebe ich zu bedenken, daß bestimmte Ökosysteme, die bereits heute geschädigt sind, unter einem Verzögerungseffekt auch nach Rückgang der Belastung noch Schäden aufweisen werden.

Es muß in jedem Falle gesichert werden, daß künftige Investitionen der DDR auf dem Gebiet des Umweltschutzes Welthöchststand entsprechen, keine autarken Lösungen der DDR, also keine Eigenbastellösungen mehr angeboten werden.

Das ist in Ihrem Entwurf mit drin, aber die Frage Ökonomie – Ökologie, das Wechselverhältnis zwischen beiden, ist hier nicht bedacht worden. Das betrifft dann natürlich auch die Kosten für dieses sehr umfangreiche Papier. Das ist so nicht verifizierbar. Das sollte Ihnen klar sein.

Ziegler (Moderator): Herr Platzeck.

Platzeck (GL): Ich möchte noch ein Problem ansprechen und bitte vielleicht Professor Succow, das mitzunehmen. Es sind ja viele Aktivitäten angesprochen worden vorhin, die das Ministerium jetzt vorhat oder teilweise schon begonnen hat umzusetzen.

Wir werden bei vielen Veranstaltungen immer wieder daran erinnert und teilweise in sehr drastischer Form, und heute früh kam das implizit noch einmal hoch, als es darum ging, daß auch **Kommunen** zukünftig Millionen oder Milliarden zu verteilen haben werden auf dem Gebiet des Umweltschutzes, und da bedarf es ja erheblicher Kompetenz. Ansonsten richten wir vielleicht wieder Schaden an oder verschleudern Geld.

Nun sitzen dort sehr viele Leute, die schwarz zu grün erklärt haben und sich dabei rot gegeben haben. Und andererseits ist es aber auch ein Strukturproblem. Wir wissen alle, daß die Ratsmitglieder, gerade in **Städten** und **Kreisen**, teilweise Erholungswesen, Wasserwirtschaft, Landwirtschaft und was nicht alles noch mit bearbeiten, und der **Umweltschutz** kommt, so ist es in der Praxis, an letzter Stelle.

Planen Sie doch bitte, oder versuchen Sie auch vom Ministerium aus, ich weiß, daß diese ganzen **Ratsmitglieder** ja durch Sie angeleitet werden, regelmäßig Einfluß zu nehmen, daß strukturelle Änderungen derart vorgenommen werden, egal, was wir in der DDR einmal für eine Verwaltungsstruktur bekommen werden, daß die Ratsmitglieder für Umweltschutz nicht belastet sind mit anderen Fachbereichen.

Das führt – und das sehen wir, wie gesagt, an Dutzenden Beispielen täglich – ständig zu Entscheidungen, also sie sind innerlich selber zerrissen, aber wenden sich dann doch meistens den wirtschaftlich besser sichtbaren oder kurzfristig sichtbaren Entscheidungen zu, wie zum Beispiel dem Erholungswesen oder ähnlichem, und der Umweltschutz fällt hinten runter. Also wir hätten die dringende Bitte, wenn es da rechtliche Möglichkeiten gibt, unbedingt Einfluß darauf zu nehmen.

Danke schön.

Ziegler (Moderator): Also, ich möchte noch einmal fragen, ob wir denn die Liste nicht abschließen können. Dann bitte ich doch diejenigen, sich zu nennen, sonst geht das nämlich immer so weiter. Jetzt hat sich nämlich noch Herr Pflugbeil gemeldet. Na also gut. Herr Pflugbeil noch.

Ich frage aber noch einmal, wir müssen uns doch einmal einigen. Also jetzt gehe ich davon aus, die Rednerliste ist mit denen, die sich jetzt gemeldet haben, geschlossen. Der letzte Redner ist nachher Herr Merbach. Danke schön.
Jetzt Herr Nooke.

Nooke (DA): Ja, also, ich mache das ganz kurz, weil unser Name dort nicht unten steht. Wir sind also auch dabei, bei denjenigen, die dieses Papier tragen, Demokratischer Aufbruch, und ich will bloß noch einmal darauf hinweisen, daß es nicht zu grün wirkt an manchen Stellen. Der Punkt 2: „Nur solche Wirtschaftsentwicklungen zuzulassen, die nicht zu Lasten der Umwelt gehen".

Dazu hatte ich heute früh schon etwas erzählt. Das geht einfach nicht. Wir sollten von **Optimierung von Wirtschaft** und **Umweltbelastung** oder so reden. Das muß einfach umformuliert werden.

Und was damit zu tun hat, ein Beispiel: Wenn man nur den **Markt** zuläßt, dann heißt es zum Beispiel beim Punkt 5.4, daß also bei der Forderung regenerierbarer, dezentraler Energiequellennutzung zum Beispiel die Geothermie, die gerade dabei ist, hier Fuß zu fassen im Norden der Republik, herunterfallen würde, weil sie eben nicht am Markt teilhaben kann mit dem, was sie zur Zeit leistet.

Ich will das als Beispiel bloß nennen, daß es also hier genau um diese Strukturentwicklung geht, daß man nicht nur hinterher versucht, Umweltschutz zu machen, sondern genau überlegt, was man zuläßt und was vielleicht schon in der Entwicklung wieder eingeht, wenn wir hier den Markt einfach kommen lassen, ohne nicht gleich mit hineinzugucken vom Umweltschutz und von der Ökologie her. Ich glaube, das reicht in Anbetracht der Zeit.

Ziegler (Moderator): Danke schön.
Herr Pflugbeil.

Pflugbeil (NF): Ich bitte, das Neue Forum bei dem Minderheitenvotum dazuzuschreiben gegen den weiteren Ausbau der Kernenergie.

Ziegler (Moderator): Wir werden darüber ja getrennt abstimmen, aber das können wir dann dazuschreiben, nicht?

Pflugbeil (NF): Ja.

Ziegler (Moderator): So, Herr Merbach, wenn Sie jetzt so hier das Schlußwort für diese Ausspracherunde nehmen würden.

Merbach (DBD): Ja, recht schönen Dank. Ich will nur ein paar Anmerkungen machen.

Erstens: Dieses Gebiet ist so umfangreich. Es würde also sicherlich ein Buch von 500 Seiten ergeben haben, wenn wir alle Maßnahmen schön einzeln aufgeführt hätten. Wir haben an dem Material ungefähr 50 Stunden gearbeitet, reine Arbeitszeit, und haben uns bei vielen Dingen, die Einzelmaßnahmen sind, auf Pauschaldinge geeinigt, die im Grunde aber die einzelnen Maßnahmen unterbringen lassen. Es ist richtig, es sind so viele Dinge darin, daß also das ein langfristiges Programm ist. Das steht auch darin in der Präambel, aber wir meinen, daß die meisten Dinge angepackt werden müßten, und deswegen stehen sie darin.

Zweite Sache: Viele der Diskussionsmeinungen, die gekommen sind, befinden sich schon drin in dem Papier, wenn wir es aufmerksam lesen. Also einige Dinge, die hier links gekommen sind, stehen ganz definitiv so darin.
Ich bitte das zu beachten.

Zweitens: Es ist richtig, Ökonomie, Ökologie, das Verhältnis ist ganz entscheidend. Da gibt es sicher zwei Wege.

Der erste Weg ist der: die **Ressourcensparsamkeit**. Das gilt insbesondere für die Landbewirtschaftung, das wäre ein erster Schritt. Dazu müssen technische Voraussetzungen dasein, das steht drin.

Der zweite Schritt, überlegenswerte Schritt, und das liegt auch wieder im Sinne sehr der **Landbevölkerung**, ich vertrete ja hier auch die DBD, ist natürlich, daß bestimmte ökologische Vorteilswirkungen, die zu Lasten des Ertrages gehen oder des Einkommens der Landbevölkerung, als gesamtgesellschaftlicher Auftrag ausgeglichen werden müssen, und dazu brauchen wir **ökonomische Bewertungskriterien für ökologische Vorteilswirkungen**. Und genau das steht irgendwo drin. Das ist eine Frage der Wissenschaftspolitik unter Abwägung der Güter, wenn man so will.

Drittens: Natürlich, wir müssen verschiedene Dinge hier noch ergänzen. Wir haben ja gesagt, der Umweltbericht liegt uns noch nicht vor oder lag uns noch nicht vor. Wir haben ihn seit Freitag. Wir behandeln diesen **Umweltbericht** am 8. Februar 1990 und werden dann noch Ergänzungsvorschläge ausarbeiten, die dann dem Runden Tisch zur Verfügung stehen werden.

Und viertens würde ich darum bitten, daß Anträge zu Einzelheiten, und das betrifft auch manche Anträge, die jetzt im Nachhinein hier zu behandeln sind, zunächst einmal an unsere Arbeitsgruppe gerichtet werden sollen.

Wir bemühen uns, diese Dinge einzuarbeiten und einen Konsens darüber zu erreichen, damit wir hier die Arbeit erleichtern. Es sind nämlich hier einige Dinge eingebracht worden, auch im Nachhinein, die eigentlich bei uns nicht abgestimmt waren und jetzt noch einmal im Sonderweg zum Teil widersprechen, zum Teil halb widerspiegeln. Ich bin also der Meinung, und da sollten wir nachher darüber befinden, daß wir solche Einzelanträge an unsere Arbeitsgruppe bringen, und dort werden wir darum ringen, einen vernünftigen Weg zu finden.

Und das letzte zu dem **Minderheitenvotum**:

Ob ich das so oder so herum nenne, darum geht es mir jetzt nicht. Die Meinung, auch meine eigene für die DBD, war die: Wir sollten erst die Risikoabwägung für die verschiedenen Wege durch die sachkundigen Leute bekommen. Denn es wird hier zwar sehr über die Risiken der Kernenergie diskutiert, das ist heute ja auch schon gesagt worden, aber man sollte nicht vergessen, und dieser Winter spricht ja wieder dafür, daß die ständige CO_2-Anhebung in der Atmosphäre meines Erachtens auch ein Risikofaktor ist. Man muß also die Gesamtheit betrachten, und ich darf darauf hinweisen, daß die vier mildesten Jahre und Winter des letzten Jahrhunderts in den achtziger-Jahren gelegen haben.

Ich will also darauf hinweisen, daß es also durchaus auch andere Risikofaktoren gibt, und deswegen möchten wir eine Entscheidung, [daß] die, die also zunächst einmal gegen dieses Minderheitenvotum waren, eine Entscheidung erst dann treffen, wenn wir von kompetenter Seite eine wirkliche Entscheidungsalternative vorgelegt bekommen haben. Ich bedanke mich.

Ziegler (Moderator): Vielen Dank. Wir verfahren jetzt, das ist mein Vorschlag, folgendermaßen:

Da dieses hier ein Programm ist eigentlich für Arbeit, und wir gehört haben, daß das weithin übereinstimmt mit den Dingen, die die Regierung auch betreibt, ist der Vorschlag, daß wir nach Abstimmung über das Minderheitenvotum dieses also bestätigen, wie es hier empfohlen wird und die einzelnen Dinge, die hier genannt worden sind, einfach überweisen an die Arbeitsgruppe, damit sie die weiter aufarbeiten kann. So mein Vorschlag.

Wir kommen gleich zur Abstimmung. Dazu, möchte ich nun allerdings sagen, liegt hier ja noch vor die **Vorlage 10/1**. Das ist „Standpunkt der SED-PDS zur Umweltpolitik[7]" und im Grunde müßten wir auch den Blick werfen in die **Information 9/6, „Standpunkt der SED-PDS zur ökologischen und ökonomischen Erneuerung[8]"**. Mein Vorschlag ist, weil hier ja gesagt wird in der [Vorlage] 10/1, daß Ergebnisse, da sich die SED-PDS auch zu bekennt, daß das in diesem Zusammenhang gleich mit in die Arbeitsgruppe weitergegeben wird zur Aufarbeitung. Können wir so verfahren?
Danke.

Dann müssen wir jetzt als erstes den Antrag von Herrn Poppe aufnehmen. Er hat darum gebeten, daß in der Ziffer

---

[7] Dokument 10/2, Anlagenband.
[8] Dokument 10/3, Anlagenband.

5.3 über das Minderheitenvotum extra abgestimmt wird. Herr Poppe, ist das so richtig?

Poppe (IFM): Ja, das ist richtig.

Ziegler (Moderator): Gut, dann frage ich jetzt, wer hier am Runden Tisch das Minderheitenvotum [unterstützt], das vertreten wird von der Grünen Liga, der Grünen Partei, von Demokratie Jetzt, Unabhängigem Frauenverband und – Nachtrag – Neuem Forum, Herr Pflugbeil hat das eben gesagt.

Ja, ach so, Herr Wiedemann.

Wiedemann (CDU): Ich bitte darum, daß dann diese Frage hier eindeutiger formuliert wird. Der weitere Ausbau der Kernenergie ist nicht exakt formuliert. Darunter ist nicht klar zu verstehen, ob es sich um die Fertigstellung bereits begonnener Anlagen handelt oder ob jegliche Baumaßnahmen sofort eingestellt werden. Beide Möglichkeiten sind aus diesem Text zu entnehmen, und davon hängt unsere Haltung ab.

Ziegler (Moderator): Ja, das ist nun einmal in diesem Text so formuliert, wie es formuliert ist. Da müßte ich dann fragen, wie die Auslegung ist, nicht? Können Sie die geben?

Bitte, Herr Dörfler oder Herr Poppe. Mir ist egal, wer von Ihnen.

Poppe (IFM): Also, ich würde sie so interpretieren, daß sie sich auch auf bereits begonnene Bauvorhaben bezieht.

Ziegler (Moderator): Herr Dörfler.

Dörfler (GP): Wir unterstützen es.

Ziegler (Moderator): Also das heißt, es wird nicht bloß für neue, sondern grundsätzlich auch Fertigstellung, was bereits begonnen ist.

Herr Wiedemann, damit ist es eigentlich klar, wie es läuft, und damit können Sie hoffentlich dann Ihre Abstimmung vollziehen, ja?

Wiedemann (CDU): Ist klar. Danke schön.

Ziegler (Moderator): Gut. Dann möchte ich – –

Ja, Herr Pflugbeil.

Pflugbeil (NF): Ich würde es wirklich eindeutig formulieren. Also so, wie es hier steht, ist tatsächlich mißverständlich. Ich würde sagen, für die Fortsetzung des Ausbaus der Kernenergie.

Ziegler (Moderator): Ja, nun bin ich ein bißchen in der Schwierigkeit, weil wir hier einen Text einer Arbeitsgruppe haben, und das ist ein bißchen schwierig, darin herumzubasteln.

Herr Merbach.

Merbach (DBD): Ich würde vorschlagen, das als Extraentscheidung hier abzuhandeln, das erst einmal so drin stehenzulassen, sich mit dem Ergebnis der Arbeitsgruppe zufriedenzugeben und extra noch einen Beschluß zu fassen über diese beiden Möglichkeiten.

Ziegler (Moderator): Ja, also, ich schlage jetzt vor, das geht ja hier darum zu sehen, wie die Unterstützung ist. Sonst müßten wir jetzt einen Extraantrag machen. Das wäre eine ganz exakte Sache, nicht? Das müßte geschrieben werden. Aber damit wir es jetzt abstimmen können: „gegen den weiteren", wie hatten Sie gesagt, „gegen die Fortsetzung", Herr Pflugbeil? Wie hatten Sie das formuliert, damit es klarer ist? Schreiben Sie es auf, gut.

Wir stimmen also dann nachher, weil wir doch zu den Kernkraftfragen kommen, als Extraantrag dies noch einmal ab. Ja?

Und jetzt steht also hier zur Abstimmung, wer als Empfehlung zur Arbeitsgrundlage diesem Papier [**Vorlage 10/3**] der **Arbeitsgruppe „Ökologischer Umbau"** zustimmt, den bitte ich jetzt abzustimmen und um das Handzeichen. – Danke. Wer ist dagegen? – Brauchen wir jetzt nicht zu zählen. Wer enthält sich der Stimme? – Das ist einstimmig.

Wir danken der Arbeitsgruppe für diese intensive Arbeit und diese umfassende Vorlage.

Sie bekommen übergeben auch [**Vorlage**] 10/1 und das, was SED-PDS – haben Sie schon – bekommen haben.

Und nun, während Herr Pflugbeil noch formuliert, bitte ich doch, weil wir jetzt gerade bei den Kernkraftwerken sind und unsere Experten auch noch hier sind, die **Vorlagen 10/12 [Antrag SPD: Zu Fragen der Atomenergie und Reaktorsicherheit in der DDR**[9] und [**Vorlage**] **10/16 [Antrag SPD: Zur Stillegung der Kernkraftwerksblöcke 1 bis 4 in Greifswald**[10] vorzunehmen.

[**Vorlage**] 10/16 hatte Herr Pflugbeil schon vorhin ganz kurz angesetzt. Da geht es um die Stillegung der ersten Blöcke, des KKW „Bruno Leuschner", und wer das alles trägt, steht unter dem Antrag.

Und nun habe ich bloß eine Frage. Es ist in [**Vorlage**] **10/12** ein Antrag der SPD noch auf dem Tisch. Und da steht in dem ersten Anstrich. „Eine Entscheidung über die Zukunft der Kernkraftwerke in der DDR soll erst nach Abschluß der Untersuchungen der Expertenkommission getroffen werden". Auf der anderen Seite unterstützt die SPD auch die sofortige Stillegung. Wie ist das zu verstehen? Ja, die Antwort müßten vielleicht Sie geben, ja?

Böhme (SPD): Wir haben der Vorlage der Arbeitsgruppe „Ökologischer Umbau" mit Vorbehalt zugestimmt. Wir nehmen das so an, wie das vorgetragen worden ist, daß bestimmte Punkte an die Arbeitsgruppe zurückverwiesen werden zur weiteren Bearbeitung, sind aber der Meinung, daß tatsächlich eine Entscheidung über die Zukunft der Kernkraftwerke in der DDR erst nach Abschluß der Untersuchung der Expertenkommission getroffen werden kann.

Ziegler (Moderator): Ja, es bleibt aber Ihre Unterschrift unter diesem Antrag von Herrn Pflugbeil, [**Vorlage**] **10/16**, trotzdem darunter, ja?

Böhme (SPD): Ja.

Ziegler (Moderator): Aha, nur damit wir eben wissen, wie es ist.

Herr Merbach.

Merbach (DBD): Ich habe trotzdem noch eine Anfrage. Für mich besteht hier ein Widerspruch zwischen der **Vorlage 10/16** und **10/12**. Hat jetzt nichts mit unserer [**Vorlage**] **10/3** zu tun, die wir verabschiedet haben.

Hier steht einmal, „eine Entscheidungsfindung wird nach" – Sie haben es ja schon gesagt – „wird nach Abschluß der Untersuchungen durch eine Expertenkommission getroffen", durch die SPD unterschrieben, würden wir voll unterstützen als DBD jetzt. Und dann steht hier ein Antrag,

---

[9] Dokument 10/4, Anlagenband.
[10] Dokument 10/5, Anlagenband.

Ökologische Fragen (Fortsetzung)

wo auch die SPD unterschrieben hat, daß also sofort etwas stillgelegt werden soll.

Dort würden wir nicht mitgehen. Es sei denn, es könnte garantiert werden, daß trotz der Abschaltung dieser Blöcke die Energieversorgung, auch wenn der Winter doch noch kommen sollte, gesichert wäre. Wenn mir das jemand sichern kann, wir haben Verantwortung vor dem Volk, würde ich sagen. Aber der Widerspruch bleibt für mich. Denn diesen **Antrag 10/12** würde ich sofort als DBD unterstützen. Den anderen Antrag verstehe ich nicht. Das ist ein Widerspruch in sich.

Ziegler (Moderator): Ja, jetzt diese direkte Frage, wie das zu sichern ist. Wer kann denn da Auskunft geben? Kann das einer von Ihnen bitte tun?

Lehmann (Generaldirektor des KKW Greifswald): Ja, meine Damen und Herren. Bezüglich des weiteren **Ausbaus der Kernenergie** und der Aussage der Expertengruppe, glaube ich, ist der Antrag, den die SPD gestellt hat, vernünftig und sollte so bestätigt werden.

Auch uns ist daran gelegen, gesellschaftliche Akzeptanz im Gesamtkonzept der Energiewirtschaft vortragen zu dürfen und zu erreichen.

Bezüglich des **Antrages 10/16** zur Stillegung der Kernkraftwerksblöcke 1 bis 4 – und hier sehe ich nicht unbedingt einen Widerspruch zu dieser Grundposition – bezüglich dieses Antrages muß ich sagen, daß aus meiner gegenwärtigen Kenntnis es nicht möglich ist, diese zehn Prozent der **Elektroenergieerzeugung,** die ausfallen, zu kompensieren. Auch nicht durch Importe. Ich sehe einmal von den ökonomischen Möglichkeiten ab, weil die Netzverbindungen zwischen den Netzen der Bundesrepublik und Österreichs teilweise schon durch die Planimporte belastet sind und zum anderen nicht die Übertragungsfähigkeit haben, diese Menge Elektroenergie zu übertragen.

Dies müßte aber noch einer detaillierten Untersuchung unterzogen werden. Ich bitte um Verständnis, das ist nicht direkt mein Fachgebiet.

Bezüglich der **Wärmeversorgung** der **Stadt Greifswald** und des Gewächshauskomplexes, der am Kraftwerk hängt, kann ich mit Sicherheit sagen, daß es dafür zum gegenwärtigen Zeitpunkt keine Alternative gibt. Wenn also die Blöcke, unterstellen wir, morgen abgeschaltet werden müßten, dann kann die Stadt Greifswald nicht mehr mit Wärme versorgt werden.

Ziegler (Moderator): Das ist [die] Antwort auf Ihre Frage.
Herr Stief.

Stief (NDPD): Ob nun ein Widerspruch zwischen den beiden Anträgen besteht, sei dahingestellt. Ich glaube, daß dieser **Antrag 10/16** zurückzuführen ist auf eine irritierende Meldung gestern abend in den elektronischen Medien, soweit ich mich erinnere durch den Direktor des Betriebes in Greifswald, wo relativ problemlos über eine mögliche Abschaltung gesprochen wurde oder sie ins Auge gefaßt wurde. Es scheint mir eine so schwerwiegende Entscheidung zu sein, daß ich darum bitten würde, diesen **Antrag 10/16** heute zurückzustellen, aber eine sehr verantwortungsbewußte, schnelle Prüfung dieser Situation zu veranlassen, weil zehn Prozent Elektroenergie über Kernkraft ein so bedeutendes Volumen darstellen, daß man das so nicht machen könnte.

Ziegler (Moderator): Herr Pflugbeil, bitte.

Pflugbeil (NF): Ich habe leider das **Atomgesetz** nicht in der Tasche, aber meiner Ansicht nach gibt es dort einen Paragraphen, in dem steht sinngemäß, daß die **Sicherheit** unbedingten Vorrang vor wirtschaftlichen Gesichtspunkten hat. Ich glaube, das ist nachdem, was wir heute gehört haben und was in den Medien zu hören ist und was auch nicht bestritten worden ist von Herrn Dr. Lehmann im Kern der Aussage, nicht mehr aufrechtzuerhalten. Und ich denke, die Frage, wo wir die Energie herkriegen, ist wirklich eine sekundäre Frage, wenn man dagegensetzt das **Risiko eines Unfalls in einem Kernkraftwerk**. Ich glaube, das kann man nicht auf einer Ebene diskutieren.

Ziegler (Moderator): Herr Böhme.

Böhme (SPD): In diesem Zusammenhang sei mir, meine Damen und Herren, eine nostalgische Erinnerung genehmigt. Die Initiative Frieden und Menschenrechte hatte vor drei Jahren, behämt von sehr vielen, einen Volksentscheid zu diesen Fragen gefordert. Das am Rande.

Wir sehen in der **Vorlage 10/12** eine prinzipielle Haltung der SPD. In der **Vorlage 10/16** eine Ausnahmeregelung für die hier benannten vier Blöcke. Ich möchte vorschlagen, daß die **Arbeitsgruppe „Ökologischer Umbau"** mit Experten eine Anhörung macht außerhalb der Runde hier, des Runden Tisches direkt, um uns Zeit, Tagungszeit zu ersparen. Aber die Sicherheitsrelevanz erscheint mir hier so als wichtig angezeigt, daß man auf dieses Hearing nicht verzichten sollte.

Ziegler (Moderator): Herr Böhme, nur damit es klar ist, dann hieße es aber, daß heute keine definitive Entscheidung, sondern die Anhörung vorneweg geht, ja?

Böhme (SPD): Wir sind im Interesse eines Fortgangs der Tagung mit einer Zurückweisung an die Arbeitsgruppe auch unserer Vorlage einverstanden.

Ziegler (Moderator): Also, das betrifft auch **[Vorlage] 10/12** dann?

Ja, also, es ist nun hier beantragt worden von Herrn Stief Zurückstellung für heute. Herr Böhme hat das modifiziert, Arbeitsgruppe zurückverweisen mit der Auflage, eine Anhörung zu machen, um die Sachen noch einmal zu prüfen. Natürlich ist der weitestgehende Antrag der, der vorliegt, das muß ich schon sehen, ja?

Böhme (SPD): Gestatten Sie den Zusatz: Wir bitten die **Vorlagen 10/12** und **10/16** in das Hearing mit einzubeziehen.

Ziegler (Moderator): Ja, ja, ist alles klar.
Jetzt Herr Stief.

Stief (NDPD): Ich möchte gerne so verstanden wissen, mir ist die Brisanz dieser Situation durchaus bewußt, auch die Zurückverweisung an die Arbeitsgruppe „Ökologischer Umbau". Das scheint mir aber Zeitverlust zu sein, so meine ich das nicht mit der Zurückverweisung.

Man sollte vielleicht sich sehr schnell ein präzises Urteil beschaffen von Experten, um in dieser Situation entscheidungsfähig zu sein, das können wir alle nicht hier, aber die Arbeitsgruppe kommt, soweit ich weiß, erst am 8. Februar [1990] zusammen, turnusgemäß, und ich glaube, daß das ein zu langer Zeitraum ist, um über dieses wichtige Problem eine Entscheidung herbeizuführen.

Ziegler (Moderator): Ja bitte, dann nennen Sie doch einmal gleich Zeiträume, denn sonst bleibt es ja auch allgemein, wenn die Anhörung oder die Prüfung erfolgen soll, nicht im regulären Turnus der Arbeitsgruppenarbeit, nicht?

Stief (NDPD): Man sollte mit Herrn Dr. Merbach vielleicht draußen vor der Tür vereinbaren, was wir machen können, um in den nächsten zwei Tagen diesbezüglich urteilsfähig zu sein. Nicht erst den 8. Februar [1990] abwarten.

Ziegler (Moderator): Bis zur nächsten Runde könnte der Runde Tisch dann, es könnte dann nur eine **Vertagung bis 5. Februar [1990]** bedeuten.

Stief (NDPD): Ja.

Ziegler (Moderator): Herr Dr. Merbach, ja.

Merbach (DBD): Ja, im Prinzip bin ich für diese Verfahrensweise. Die Frage ist eben bloß, wir sollten sicherlich von der **Energiekommission** oder den Experten, die mit Energie in der DDR befaßt sind, ein Urteil auf den Tisch bekommen, ehe wir jemanden geladen haben, angehört haben und die Leute herangefahren sind aus der ganzen DDR, ist die Woche sicher herum.

Wir müssen faktisch eine schriftliche Stellungnahme auf den Tisch bekommen von den kompetenten Leuten. Wenn Sie sagen, jawohl, wir können das verantworten, dann tragen wir das mit und wenn Sie sagen, nein, wir können es nicht verantworten, muß hier erneut befunden werden, das könnte das nächste Mal passieren. Ich würde also bitten, den Auftrag – ich weiß nicht, wie die Körperschaften heißen – entweder an eine Energiekommission oder an das entsprechende Ministerium oder wohin auch immer, auch vielleicht an das staatliche Amt weiter zu verweisen, daß wir dort ein sachkundiges Urteil erfahren und das schriftlich kriegen.

Ziegler (Moderator): Herr Nooke. War Herr Pflugbeil eher dran, ja? – Dann habe ich das übersehen.

Herr Pflugbeil also.

Pflugbeil (NF): Ich habe eine Frage und ein Problem. Meine Frage an Herrn Dr. Lehmann: Sind Sie in der Lage für die **Sicherheit** des Betriebs dieser Blöcke unter den gegenwärtigen Bedingungen geradezustehen? Das ist, nachdem was ich heute gehört habe und gelesen habe, mir unvorstellbar, und das würde bedeuten, nach dem Atomgesetz, daß die Dinger abgeschaltet werden müssen. Erster Punkt.

Und der zweite Punkt, den ich zu bedenken geben möchte, die Frage eines **Expertenurteils** über dieses Problem, ist besonders schwierig deshalb, weil es von Leuten gemacht wird, die sehr eng persönlich verbunden sind mit diesem Problem. Also, die Frage der Unvoreingenommenheit tatsächlich steht, das ist international ein Problem. Deshalb würde ich dringend darum bitten, daß die Meinung zu diesem Thema, die Meinung unserer Experten zu diesem Thema, ergänzt wird durch die Meinung von **unabhängigen Gutachtern,** die es in anderen Staaten sehr wohl gibt, bei uns noch nicht.

Ziegler (Moderator): Ja, Herr Nooke, dann bitte Sie.

Nooke (DA): Ja, ich würde das unterstützen, was Herr Pflugbeil gesagt hat, und vielleicht eben international das besetzen mit unabhängigen Leuten und auch mit Fachleuten international vielleicht. Das wäre auch die Vorstellung, die wir hätten, und ich verstehe dieses „umgehend" so, daß man eben zu diesen zehn Prozent Elektroenergie ja auch eventuell über Einsparung kommt, wenn man die Preise ändert. Das kann eben, wenn man das bald macht, sehr schnell auch passieren und dann kann man über dieses vielleicht auch reden.

Aber ich bin auch dafür, daß Dr. Lehmann noch einmal zu dem Stellung nimmt, wie ernst das ist.

Ziegler (Moderator): Also, wir müssen uns nun auch entscheiden. Hier wird eine **Sofortmaßnahme** beantragt, ob wir die wollen, oder – – das können wir dann nicht, schon gar nicht über die Preise regeln, wenn es eine Sofortmaßnahme ist, nicht. Also, ich bitte dann bloß, in der Anforderung Klarheit zu haben.

Jetzt stand zur Debatte: Entweder wird das heute abgestimmt oder aber es wird zurückverwiesen. Da war bisher genannt ein Termin, bis dahin sollten noch Voten eingeholt werden: 5. Februar [1990]. Das war jetzt so. Und jetzt Herr Wiedemann, und dann Herr Poppe war noch dran.

Wiedemann (CDU): Ich bin auch sehr dafür, daß sich Dr. Lehmann hier artikuliert noch einmal und uns noch einmal die Situation schildert. Und wenn Herr Pflugbeil hier von Unvoreingenommenheit gesprochen hat, dann möchte ich sagen, dann kann ich hier in der Ablichtung keine Unvoreingenommenheit sehen, wenn ich den Einspalter, der darunter steht, für Stromlieferungen aus dem Westen dazurechne.

Danke schön.

Ziegler (Moderator): Herr Poppe, bitte.

Poppe (IFM): Ja, ich höre gerade, es gibt die Möglichkeit, Experten in einem sehr kurzen Zeitraum, also auch international anerkannte Experten, zu erreichen, die in dieser Woche noch bereit wären, nach **Greifswald** zu fahren. Ich würde trotzdem sagen, daß erst einmal diese, also wir haben auch Namen dazu zur Verfügung, die wir da nennen könnten, ich bitte trotzdem darum, daß erst einmal diese **Einschätzung der Sicherheit** von dem Direktor dort gegeben wird und wir dann daraufhin unsere Entscheidung erst treffen.

Ziegler (Moderator): Ja. Herr Dr. Lehmann, Sie sind mehrfach angefragt, bitte nehmen Sie doch Stellung, ja.

Lehmann (Generaldirektor des KKW Greifswald): Ich möchte zunächst sagen, daß ich diese heutige Beratung hier am Runden Tisch natürlich sehr ernst nehme und sehr ernsthaft mit meinem Leitungskollektiv auswerten werde, welches mit mir gemeinsam die Verantwortung für den Betrieb des Kernkraftwerkes zu tragen hat.

Wäre ich mit der Meinung hierher gekommen, daß dieses Kernkraftwerk nicht mehr zu verantworten ist in seinem Betrieb, dann hätte ich längst die **Abschaltung** beantragen müssen. Ich schlage dem Runden Tisch also deshalb vor, daß man mir die Möglichkeit gibt, diese Problematik nochmals mit meinem Kollektiv zu beraten und bis Ende der Woche einen Standpunkt vorzulegen. Bis dahin bin ich bereit, hier zu garantieren, daß dieser Betrieb, so wie er nun über Jahre schon gefahren wird, durchgesetzt wird.

Ich möchte dazu ergänzend sagen, daß diese Kernkraftwerksblöcke natürlich auch eine Reihe von Vorteilen in ihrem Sicherheitskonzept haben, über die heute noch nicht gesprochen worden ist und die es uns gestatten, zum Beispiel durch Hilfeleistung des einen Blockes gegenüber dem anderen, Gefahrensituationen zu vermeiden. Das soll nicht die prinzipiellen konstruktiven Probleme dieser Blöcke, die mir sehr wohl bekannt sind, in irgendeiner Form in Frage stellen.

Ich würde also vorschlagen, zu diesem Teil mir noch diese Zeit zu geben, um einen endgültigen Standpunkt zu formulieren. Ich unterstelle immer, daß die Genehmigung für das Weiterbetreiben dieser Blöcke aufrechterhalten wird, und bezüglich der gesamtenergetischen Fragen, würde ich bitten, dies an das Ministerium für Schwerindustrie zu geben, das geht über meine Kompetenzen.

Ziegler (Moderator): Bitte würden Sie auch gleich [dazu Stellung nehmen].

Rabold (Vizepräsident des SAAS): Wenn Sie mir gestatten, würde ich gerne etwas Ergänzendes dazu sagen. Es ist unsere Aufgabe, eine Genehmigung für den Betrieb eines Kernkraftwerkes zu erteilen. Diese Genehmigung besteht für das Kernkraftwerk Greifswald und ist von uns nicht zurückgezogen worden. Das bringt unsere Einschätzung, die im Moment besteht, zum Ausdruck, daß der **sichere Betrieb dieser Kraftwerksblöcke gewährleistet** ist. Es gibt dazu eine Reihe von Maßnahmen, ich könnte das auch weiter detaillieren.

Es ist tatsächlich so: Uns sind nicht nur natürlich die Mängel bekannt, die diskutiert werden, es gibt in diesem Kernkraftwerk auch eine ganze Reihe wesentlicher **Vorteile.** Es ist eins der ersten Kraftwerke mit sehr hohen Sicherheitsfaktoren, ausgelegt mit sehr hohem Wasserinhalt in den Kreisläufen, die es gestatten, über sehr viele Stunden die Sicherheit zu gewährleisten, was bei anderen Kraftwerken nicht der Fall ist.

– – Three Miles Island war der Dampferzeuger in wenigen Minuten leer und eine Kühlung der Spaltzone nicht mehr gewährleistet. Bei uns sind diese wenigen Minuten mindestens sieben Stunden.

Ich will das nicht vertiefen an dieser Stelle. Die Ernsthaftigkeit des Problems ist uns natürlich bekannt. Ich hatte heute vormittag bereits Gelegenheit, unsere Position dazu darzustellen, daß wir der Auffassung sind, ein längerer Weiterbetrieb dieses Kraftwerkes ohne Anpassung an den **Weltstand** durch eine große Rekonstruktion ist nicht möglich.

Die Voraussetzung für eine wirklich ernsthafte Einschätzung des bestehenden Zustandes und der notwendigen Rekonstruktionen ist eine große Aufgabe. Diese Aufgabe ist seit vergangenem Jahr in Bearbeitung. Durch die Unterstützung, die der Bundesminister für Umwelt –, Naturschutz- und Reaktorsicherheit angeboten hat, wird diese Aufgabe weiter betrieben.

Diese Aufgabe, die eigentlich einen Zeitraum von etwa zwei Jahren in Anspruch nimmt mit unseren Kräften, soll untersetzt werden durch eine kurzfristige Einschätzung der wesentlichen Aspekte nach deterministischen Prinzipien. Davon werden von unserer Seite alle verfügbaren Experten eingesetzt. Nach meinen bisherigen Kenntnissen setzt der Bundesminister für Umwelt- und Reaktorsicherheit ca. 15 Experten mindestens dafür ein, mit einem Aufwand von Monaten, so daß wir, so ist es vorgesehen, im April zu einer ersten Aussage kommen, die die wesentlichen Entscheidungen ermöglicht. Eine kürzere Phase ist auf einer seriösen wissenschaftlichen Basis nicht möglich.

Ich habe deshalb Zweifel an den Erwartungen, innerhalb einer Woche eine begründete Entscheidung herbeiführen zu können. Danke.

Bis Ende April soll eine erste Einschätzung dieser gemeinsamen Expertenkommission erfolgen. Das ist geplant worden mit der Zielstellung, dadurch Informationen und Ausgangspunkte für das Energieprogramm zu bekommen.

Ziegler (Moderator): Danke. Jetzt noch Herr Pflugbeil, der ja hier schon die **Vorlage 10/16** heute früh eingebracht hat.

Dann möchte ich aber einen Verfahrensvorschlag machen, damit wir hier zu einer Entscheidung kommen, denn ich habe den Eindruck, es kommen keine neuen Argumente mehr.

Herr Pflugbeil, bitte.

Pflugbeil (NF): Meine letzte Frage: Seit wievielen Jahren laufen diese vier alten Blöcke in **Lubmin** mit **Sondergenehmigung?**

Ziegler (Moderator): Das ist noch eine Frage an unsere Experten hier, nicht?

Rabold (Vizepräsident des SAAS): Es gibt keine Sondergenehmigung. Es besteht im Moment eine Genehmigung, die Einschränkungen enthält und besondere Maßnahmen zur Gewährleistung der sicheren Betriebsführung fordert, die zu einem Teil auch zu Lasten der Verfügbarkeit für die Stromproduktionen gehen, Sondergenehmigungen nicht.

Ziegler (Moderator): Herr Schulz, was denn, wir wollten abschließen. Das ist ja nicht das letzte Mal, daß wir darüber verhandeln.

Ja, bitte, bitte.

Schulz (NF): In Anbetracht der sicherheitstechnischen Risiken, die Sie ja hier ohne Zweifel zugestanden haben: Wäre es nicht angebracht, das ist international auch üblich, ein **Moratorium** bis zur Klärung dieses Falls einzugehen? Sie tragen hier beide persönlich die Verantwortung für einen Raum in Mitteleuropa. Sie sind sich dessen ja bewußt. Sie beide halten hier den Kopf hin, daß nichts in dieser Zeit passiert. Überlegen Sie diese Verantwortung, die Sie hier sagen. Das können Sie so hinnehmen?

Ziegler (Moderator): Jetzt mein Verfahrensvorschlag: Der weitestgehende Antrag ist natürlich der **10/16,** daß sofort geschlossen wird.

Es ist aber hier doch in vielfacher Weise [darauf] hingewiesen worden, daß wir noch kundig werden müssen, um hier wirklich sachgerecht verantwortlich nach allen Seiten zu verhandeln.

Darum wäre mein Vorschlag, obwohl das den üblichen Verfahrensregeln nicht ganz entspricht, den Antrag von Herrn Böhme zuerst abstimmen zu lassen, und zwar mit der Fristbegrenzung bis zur nächsten Woche, wenn am 5. Februar [1990] der Runde Tisch wieder tagt. Damit eben das passieren kann, was Herr Dr. Lehmann gesagt hat, eine Beratung noch einmal mit dem Kollektiv dort, und das, was Herr Dr. Merbach gesagt hat, daß das noch einmal auch geprüft werden kann, ob noch weitere Experten gehört werden können, nicht. Das war ja gesagt worden von Herrn Poppe, es ginge da verhältnismäßig leicht, jemanden heranzuholen. Das müßten aber Sie in der Arbeitsgruppe entscheiden.

Unter diesen Voraussetzungen würde ich vorschlagen, daß wir zuerst abstimmen über diese Frage: **Vertagung bis zur nächsten Woche,** Vertagung dieser Entscheidung, und zwar betrifft das, wie Herr Böhme gesagt hat, beide **Vorlagen 10/16 und 10/12,** auch die von der SPD. Erhebt sich dagegen, daß wir so verfahren, Widerspruch?

Dann würde ich jetzt abstimmen lassen.

Herr Pflugbeil, ja.

Pflugbeil (NF): Das würde bedeuten, daß wir in der nächsten Woche das Gutachten vom **KKW** in **Greifswald** haben, aber noch keine, jetzt keine unabhängige Stellungnahme, oder dürfen wir das inzwischen betreiben? Wäre das in Ihrem Sinne?

Ziegler (Moderator): Antworten Sie doch bitte direkt, ja.

Lehmann (Generaldirektor des KKW Greifswald): Ich bitte, mich nicht falsch zu verstehen, aber es ist natürlich eine unerhörte Belastung für das Kollektiv, einmal die Kommissionen mit dem Herrn Töpfer zu besetzen, zum anderen den Standpunkt zu bilden. Eine dritte Kommission würden wir einfach von der Quantität der Arbeit nicht verkraften und deshalb würde ich bitten, uns die Möglichkeit zu geben, uns zu artikulieren, dies zur nächsten Beratung vorzulegen. Und dann ist das ja auch weiteren Kontrollen offen.

Ziegler (Moderator): Herr Stief, bitte.

Stief (NDPD): Vielleicht trägt das zur Klärung etwas bei. Rein sachlich sind die beiden Vorlagen, die uns gegeben worden sind, scheinbar sehr ähnlich. Im Grunde genommen ist aber das, Herr Professor Rabold, was Sie eben sagten und fixierten auf etwa Ende April, wenn ich es richtig verstanden habe, eine solide Aussage über die **Gesamtentwicklung Kernenergie**, und in [Vorlage] 10/16 haben wir aber ein Problem, was unverzüglich untersucht werden müßte, um zu einer qualifizierteren Aussage zu kommen, als es uns jetzt momentan möglich ist, uns allen am Tisch. Insofern wäre ich sehr einverstanden, wenn man das trennt.

Das eine ist, am nächsten Montag haben wir eine Meinung, unabhängig jetzt von zu bildenden oder nicht zu bildenden Kommissionen, die jetzt die konkrete Lage im **Kernkraftwerk Greifswald** betrifft, im Sinne des **Antrags 10/16**. Und das andere ist zweifellos, soweit ich das übersehen kann, wirklich nicht eher möglich als Ende April, wobei es erfreulich wäre, wenn man das beschleunigen könnte, im Sinne von [**Vorlage**] **10/12**.

Ziegler (Moderator): So daß also die Vertagung bei **10/12** eine andere Terminsetzung beinhalten würde als bei **10/16**.

Noch Herr Poppe, und dann möchten wir abstimmen.

Poppe (IFM): Wie ich hörte, hätte bereits der Umweltminister Töpfer selbst diesen Apriltermin als völlig unzureichend zurückgewiesen und eine **frühere Schließung** erwartet. Also, so jedenfalls soll es in westlichen Presseberichten stehen. Ich kann das jetzt nicht belegen, aber es wäre jetzt vielleicht einmal zu überprüfen, ob das tatsächlich die Einschätzung ist. Und dann könnte man sich natürlich diesen Termin Ende April tatsächlich schenken, wenn jetzt bereits eine diesbezügliche Einschätzung vorliegt.

Zum zweiten ist die Frage, ob tatsächlich Ihr Kollektiv belastet würde, wenn innerhalb dieser Woche, oder vielleicht braucht man ein paar Tage mehr, eine unabhängige Expertenkommission das Kernkraftwerk begeht und dort an Ort und Stelle vielleicht Untersuchungen vornimmt. Ich weiß nicht, wie groß der Aufwand ist und wie groß die Belastung jetzt Ihres Kollektivs ist, aber ich denke, da sollte sich doch irgendein Kompromiß finden lassen.

Ziegler (Moderator): Na, wir haben die Diskussion abgeschlossen. Die eine Anfrage war noch direkt, wollen Sie darauf noch direkt antworten?

Herr Dr. Lehmann, wollen Sie das noch?

Lehmann (Generaldirektor des KKW Greifswald): Entschuldigung bitte, ich fühlte mich nicht angesprochen. Ich hatte mich schon dazu geäußert.

Poppe (IFM): Darf ich nur kurz ergänzen. Diese Notiz steht in der „TAZ" von heute. Danach hätte am Wochenende der Minister Töpfer die Ansicht vertreten, die Reaktoren in Greifswald müssen „vor Abschluß der sicherheitstechnischen Bewertung vorsorglich stillgelegt werden".

Ziegler (Moderator): Sie wollten eine Bitte äußern, bitte und dann – –

Rabold (Vizepräsident des SAAS): Ich nehme an und darauf bezieht sich meine Bitte, daß hinter diesem Antrag eine Einschätzung von Ihrer Seite steht, die eine Begründung für diesen Antrag darstellt. Wenn bis nächste Woche eine Entscheidung gefällt werden soll, würde ich Sie doch bitten, die Unterlagen auf deren Grundlage Sie zu diesem Vorschlag gekommen sind, uns auch zur Prüfung zur Verfügung zu stellen. Danke.

Ziegler (Moderator): Wozu wollten Sie denn noch sprechen, Herr Pflugbeil?

Pflugbeil (NF): Ich wollte darum bitten, daß uns die Unterlagen der **Panne im November**, die hier der Gegenstand unserer Besorgnis ist, auch in gleicher Weise zur Verfügung gestellt wird, so daß wir unsere Erkenntnisse austauschen können.

Lehmann (Generaldirektor des KKW Greifswald): Ja, das werde ich veranlassen. Ich muß darauf hinweisen, daß dieser Block noch im Probebetrieb ist und vom Kombinat Kraftwerksanlagenbau gefahren wird, aber ich werde die Kollegen bitten, entsprechende Unterlagen vorzubereiten und Ihnen zu übergeben.

Ziegler (Moderator): Wir kommen jetzt zur Abstimmung und zwar geht es jetzt um **Vorlage 10/16**. Hier lautet die Abstimmungsfrage: bis 5. Februar [1990] die Vertagung; und bei dem anderen hatte Herr Stief eine längere Frist bei [**Vorlage**] **10/12** genannt. Ich frage Herrn Böhme, ob das bei ihm, weil das ja von Ihnen stammt, nicht, auf Widerstand stößt?

Böhme (SPD): Ich stimme Herrn Stief zu im Grundsatz. Da wir als SPD fest hier vorgeschlagen haben, daß eine Entscheidung, oder die Zukunft der Kernkraftwerke in der DDR erst nach Abschluß der Untersuchung und so weiter und so fort geschehen soll, finden wir den Termin nach dem 18. März [1990], also nach dem Ausgang der Wahlen, für einen guten Termin. Möglichst aber bald nach dem 18. März [1990], denn das wird sicherlich Gegenstand einer Parlamentsdebatte werden.

Ziegler (Moderator): Wir stimmen zunächst über den Vertagungsantrag zu **10/16** ab. Das wäre nur eine Vertagung bis zum 5. Februar [1990]. Wer dafür ist, den bitte ich um das Handzeichen. Das müssen wir auszählen. – 24 dafür. Wer ist dagegen? – 11 dagegen. Und wer enthält sich der Stimme? – 4 Enthaltungen.

Dürfen wir dann die Arbeitsgruppe „Ökologischer Umbau" auch bitten, das weiter zu betreiben, damit das dann am nächsten Mal vorgelegt werden kann. Es kann, ich weiß nicht – –

Herr Pflugbeil, arbeiten Sie dort mit in dieser Arbeitsgruppe?

Pflugbeil (NF): Bis jetzt nicht, aber ich würde unter diesen Bedingungen – –

Ziegler (Moderator): Herr Merbach, ist das möglich?

Merbach (DBD): Also, ich halte das für sehr abenteuerlich, wirklich **Expertenurteile** und auch unabhängige Expertenurteile bis zum Wochenende, das heißt im Klartext bis zum Donnerstag auf dem Tisch zu haben. Wenn Sie das können, wir sind ja nicht alleine in der Arbeitsgruppe, wenn Sie das können, bitte schön.

Ich halte es wirklich für eine abenteuerliche Zeiteinteilung, innerhalb von zwei Tagen Expertenurteile in so einer entscheidenden Frage auf den Tisch zu haben. Ich habe das vorhin schon gesagt, ich bin ehrenamtlich tätig und ich habe nebenbei einen Beruf. Wenn die Gutachten da sein können, Herr Poppe und Herr Pflugbeil, bis zum Donnerstag und noch welche von der Regierung, wollen wir gerne darüber beraten. Ich bezweifele das, daß sie da sind.

Ziegler (Moderator): Wir werden ja sehen. Wir bitten also die, die hier auch engagiert sind, sich dafür mit einzusetzen.

Wir kommen jetzt zu **10/12**, da war Vertagung bis nach, möglichst bald nach dem 18. März [1990] jetzt vorgeschlagen, wer stimmt dem zu? – Ich glaube, das ist wirklich die Mehrheit, das brauchen wir nicht abzuzählen. Wer ist dagegen? – 2 Stimmen dagegen. Und Enthaltungen? – 4 Enthaltungen.

Danke schön.

Ich möchte jetzt, daß Herr Pflugbeils Antrag, das betrifft das Minderheitenvotum in dieser Vorlage, verlesen wird.

Haben Sie den Antrag, wer hat den Antrag von Herrn Pflugbeil? Haben Sie den, wo denn?

Den Antrag, den Herr Pflugbeil eben handschriftlich vorgereicht hat. Könnten Sie ihn bitte verlesen!

Ducke (Co-Moderator): Es geht um die Einfügung in das **Minderheitenvotum** zu 10/3 [Unterbrechung des laufenden Kernenergieprogramms]. Der Text soll lauten:

> **[Minderheitenvotum zu Vorlage 10/3: Unterbrechung des laufenden Kernenergieprogramms]**
>
> Das laufende Kernenergieprogramm wird unterbrochen. Die Fortführung dieses Programms wird von der Diskussion der Kosten, einschließlich der Folgekosten, und Risiken der Kernenergie im Vergleich zu anderen Energiekonzeptionen abhängig gemacht.

So soll der Text lauten.

Ziegler (Moderator): Konnten Sie das so sofort aufnehmen? Das ist eine extra, Sie melden sich, oder? – Gut. Der Hauptsatz ist ja: „Das laufende Kernenergieprogramm wird unterbrochen. Die Fortführung dieses Programms wird von der Diskussion über Kosten einschließlich Folgekosten, Risiken abhängig gemacht." Das wäre extra abzustimmen und ich frage, ja bitte, Herr – –

Pflugbeil (NF): Ich bin mir nicht sicher, ob jetzt kein Mißverständnis vorliegt. Hinter der Zahl 5.3 diese drei Zeilen, die sollen durch diesen Absatz ersetzt werden? Dies ist korrekt so?

Ziegler (Moderator): Ersetzt werden, ja. So ist es, ja. Also, noch einmal, es geht um die **Vorlage 10/3**, Ziffer 5.3, Anstrich eins, nicht? Sollen ersetzt werden in der Fassung, die eben verlesen worden ist.

Herr Pflugbeil.

Pflugbeil (NF): Es ist doch das Mißverständnis, also nicht der Anstrich, sondern der Absatz davor, bevor die Zeile „Minderheitenvotum" kommt, ja.

Ziegler (Moderator): Und dann soll das Minderheitenvotum so stehen bleiben ja? Das ist doch die Frage. Es war doch beantragt eigentlich, daß das Minderheitenvotum anders gefaßt werden sollte, daß es klar werden sollte, nicht, so war doch der Antrag eigentlich

Ja, bitte, Herr Merbach.

Merbach (DBD): Ich muß noch einmal darauf hinweisen, wir hatten gesagt, daß das Minderheitenvotum so geändert wird und nicht der Passus 5.3. Das ist jetzt schon wieder eine völlig neue Situation. Also bitte, möchten wir uns doch daran halten, was wir festgelegt haben, wenn es geht.

Ziegler (Moderator): Dann schlage ich doch jetzt vor, weil das ja hier um Grundsatzfragen geht, daß Sie doch das bitte noch einmal aushandeln in der Gruppe und dann diese Formulierung machen. Denn das können wir jetzt nicht freihändig machen, wenn solche Mißverständnisse auftreten, nicht.

Herr Pflugbeil, bitte.

Pflugbeil (NF): Es muß dann an beiden Stellen korrigiert werden. Der kritische Punkt ist der weitere Ausbau, nicht daß es Mißverständnisse – –

Ziegler (Moderator): So ist es. Herr Jordan, Sie hatten sich gemeldet, bitte.

Jordan (GP): Wir hatten bei der Formulierung des Minderheitenvotums darauf abgestellt, daß wir für **Stendal** und auch für den weiteren Ausbau von **Lubmin** ganz eindeutig einen Baustopp verlangen.

Ziegler (Moderator): Ja, aber wir waren dabei, wir wollten nichts anderes als – – Das war alles klar, wir wollten nur mißverständliche Formulierungen weghaben, damit es nicht zu Rückfragen und anderen Ausdeutungen kommt. Das war doch der Stand der Dinge. Das ist durch diese Formulierung so noch nicht erreicht, weil es etwas anderes ist.

Ja bitte, Herr Merbach.

Merbach (DBD): Ich schlage vor, wie eben schon gesagt: Wir behandeln das am 8. Februar [1990] in der Arbeitsgruppe noch einmal und werden sehen, ob wir uns auf einen Passus einigen können. Wäre das ein Vorschlag zur Güte?

Ziegler (Moderator): Ich bitte darum, daß Sie das – – das Minderheitenvotum steht ja in dem Text drin, und es ist nur vieldeutig, und diese Vieldeutigkeit soll durch bessere Formulierung in der Arbeitsgruppe bereinigt werden, so daß wir in der Grundsatzfrage ja hier keinen Dissens haben, es wird ja nichts wegmanipuliert, nicht, so daß wir das doch wohl machen können, ja?

Danke.

Wir möchten uns verabschieden. Sie möchten – – haben noch viel zu tun. Wir danken Ihnen, daß Sie so lange bei uns waren, uns Rede und Antwort gestanden haben.

Vielen Dank.

So, wir müssen jetzt weitergehen, es liegen noch eine ganze Reihe Anträge vor. Ich gehe jetzt in der Reihenfolge [vor], wie es hier bei mir vorgeordnet ist, ich hoffe, daß es so geht.

Herr Stief, Sie hatten auch noch einen Antrag in Aussicht gestellt, der ist inzwischen geschrieben und hier, ja? Danke schön.

Wir kommen jetzt zu [Vorlage] 10/13, [Antrag SED-PDS:] **Bildung des Grünen Tisches der DDR**, eingebracht von PDS. Will die PDS zu diesem Antrag kurze Erläuterungen geben?

Hegewald (SED-PDS): Hier sind nur wenige Bemerkungen. Der Text liegt ja vor. Wir sind der Auffassung, daß das für die weitsichtige Umweltpolitik der DDR ein ganz entscheidender Schritt ist. Wenn es uns gelingt, die **Bürgerinteressen** direkt mit dem Ministerium zu verkoppeln, über diesen Grünen Tisch und dieser **Grüne Tisch** eine beratende, eine kontrollierende, von Fachkompetenz getragene Funktion hat, dann wäre das eine Sache, die auch über die Wahlen hinaus wirken könnte. Ich glaube, das wäre ganz im Interesse der Bürger, bei dem Defizit, was es bisher auf diesem Gebiet gab.

Wir haben auch da bereits einen ersten Beschluß gefaßt, und ich darf ihn doch einmal hier vortragen, weil er von prinzipieller Bedeutung ist, wenn es um die Gestaltung der deutsch-deutschen Beziehungen geht:

[Information SED-PDS zur Vorlage 10/13:] **Beschlußvorlage des Grünen Tisches der DDR; Sofortmaßnahmen**

Der schon laufende Ausverkauf hochwertiger Landschaften muß umgehend gestoppt werden. Dafür hält der **Grüne Tisch** folgende Sofortmaßnahmen der Regierung für erforderlich:

1. Bis zur Schaffung klarer gesetzlicher Regelungen müssen laufende und geplante Landschaftsveränderungen – insbesondere die Landschaft beeinträchtigende Baumaßnahmen außerhalb geschlossener Siedlungen in bestehenden Landschaftsschutzgebieten und in künftigen Nationalparks, Naturparks und Naturschutzgebieten – gestoppt werden; jegliche, die künftigen Nutzungsrechte einschränkende Veränderungen von Rechtsträgerschaft und Nutzung des Bodens und baulicher Anlagen in diesen Gebieten unterbunden werden.

2. Freigewordene frühere Sperrgebiete wie Sonder- beziehungsweise Staatsjagdgebiete, Grenzgebiete, Militärgebiete und militärische Übungsplätze müssen als Vorbehaltsflächen für Natur- und Landschaftsschutz einstweilig gesichert werden.

3. In diesen Gebieten vorhandene bauliche Anlagen und Gebäude sind entsprechend der vorgesehenen künftigen Nutzung für die Betreuung der Schutzgebiete, wie Verwaltung, Forschung, Pflege sicherzustellen.

Dieser Antrag wird getragen von den anwesenden Vertretern des Grünen Tisches. Und zum nächsten Grünen Tisch wird dann das Umweltprogramm 2000 wie auch das Energiekonzept zur Diskussion stehen.

Uns scheint, daß das eine Institution ist, die vielleicht auch in die deutsch-deutschen Beziehungen mit eingebracht werden könnte, als eine Form neuer Demokratie. Diese Revolution sollte mit ihrer neuen Form der Demokratie vielleicht in der Konföderation auch etwas Positives zu bieten haben.

Ziegler (Moderator): Das eine war kein Antrag an den Runden Tisch, sondern das war eine Information darüber, was dieser Grüne Tisch schon beschlossen hat. Und der entscheidene Punkt steht jetzt hier:

[Vorlage 10/13, Antrag SED-PDS: **Zur Bildung des Grünen Tisches der DDR**]

Die Teilnehmer dieser Beratung schlagen übereinstimmend dem Runden Tisch vor, auch nach dem Wahltag, am 6. Mai [1990], dieses Gremium unter folgenden Zielstellungen arbeiten zu lassen.

Und da ist die Frage gestellt, ob das der Runde Tisch hier unterstützt, nicht? Möchte dazu jemand sprechen?
Ja, Herr Böhme. Und dann Herr Hammer.

Böhme (SPD): Ich bitte die Herren von der PDS, nur eine Aktualisierung vorzunehmen: Wahltag am 18. März 1990.

Ziegler (Moderator): Stimmt dem zu, das können wir sicherlich schnell machen. Stimmen Sie dem zu? Dann schreiben wir 18. März [1990].
Aber jetzt Herr Hammer.

Hammer (VdgB): Ja, wir stimmen im Prinzip der Bildung dieses Grünen Tisches zu, auch über den Zeitraum nach der Wahl. Wir würden dann aber noch einmal prüfen wollen, ob auch alle, die in der Arbeitsgruppe „Ökologischer Umbau" jetzt dabei sind, dort mit dabei sein können. Und ich hatte die Frage heute früh schon einmal gestellt, das Zusammenwirken dieser Arbeitsgruppe des Runden Tisches und dann des Grünen Tisches, wie das gewährleistet ist, um auch effektiv nicht zweigleisig hier zu arbeiten.

Ziegler (Moderator): Ja, Herr Schieferdecker, ach, Entschuldigung ja, das Rotieren macht es manchmal schwer.

Schieferdecker (SED-PDS): Sowohl auf der ersten konstituierten Sitzung des **Grünen Tisches** als auch auf [der Sitzung] der **Arbeitsgruppe „Ökologischer Umbau"** tauchte natürlich sofort die Frage auf, wozu zwei Institutionen. In beiden Institutionen entschloß man sich aber letzten Endes nicht, vordergründig eine sofortige Fusionierung vorzuschlagen. Es sind zwei Gremien, die etwas verschieden angelegt sind, allerdings besteht zu Recht die Forderung der Arbeitsgruppe „Ökologischer Umbau", daß alle die konkreten Forderungen des Grünen Tisches der DDR, die dem Runden Tisch zu Gehör kommen sollen, erst über den Tisch der Arbeitsgruppe „Ökologischer Umbau" zu gehen haben.
Irgendwie muß ein bißchen Ordnung reinkommen.
Die Arbeitsgruppe „Ökologischer Umbau" versteht sich in bisheriger Auffassung aber als konkretes Organ des Runden Tisches, das bestimmte Aufträge hier, ganz bestimmte konkrete Dinge abarbeitet. Der Grüne Tisch hat eine etwas andere Genese, eine etwas andere Zusammensetzung und sollte vielleicht auch in dieser Art bestätigt werden.
Danke.

Ziegler (Moderator): Ich denke, diese Frage brauchen wir hier nicht weiter zu verfolgen. Das ist eine Sache dieses neuen Grünen Tisches und der Arbeitsgruppe. Hier geht es darum, ob unterstützt wird oder nicht. Und darauf sollten wir uns doch bitte jetzt auch konzentrieren.
Ich habe jetzt übersehen, hier waren Wortmeldungen. Ach, Herr Böhme war – –
Ja, also dann bitte Sie, Herr Möller.

Möller (NDPD): Ich bin nach der Diskussion, die wir in der Arbeitsgruppe „Ökologischer Umbau" hatten, auch der Auffassung von Herrn Schieferdecker, daß wir zur Zeit nicht gewinnen würden, wenn wir beide Gremien zusammenlegen.

Es erhebt sich aber eine andere Frage und die möchte ich an Herrn Succow in seiner Funktion als stellvertretender Minister richten: Unter Punkt 2 ist eine Beraterfunktion in allen umweltrelevanten bedeutsamen Sachfragen als Arbeitsgegenstand angegeben. Bitte, diese Funktion hat doch auch die **Grüne Runde** des Instituts für Umweltschutz. Es wäre also interessant zu wissen, warum im Bereich des Ministeriums zwei derartige Gremien arbeiten sollen.

Und dann möchte ich zu Punkt 3 der Zielstellung noch etwas sagen: Ich halte es für nicht ausreichend zu formulieren, daß die Verknüpfung von Fachkompetenz und ökologischen Basisbewegungen gefördert wird, sondern sie ist, wenn wir aus dem Grünen Tisch ein echtes Beratergremium für den Herrn Minister machen wollen, verpflichtend festzulegen.

Danke.

Ziegler (Moderator): Herr Böhme, bitte.

Böhme (SPD): Zum letzteren möchte ich, entschuldigen Sie bitte, erwidern, daß man eine Basisbewegung ja nun einmal nicht verpflichten kann, wir es von der SPD aber unbedingt erforderlich halten, daß sich in der Zukunft auf unserem demokratischen Weg Fachkompetenz und Basisbewegung miteinander verbinden. Das ist also unsere grundlegende Auffassung dazu.

Zu der von Herrn Schieferdecker aufgeworfenen Frage würde ich sagen, die Arbeitsgruppe am Runden Tisch fühlt sich in der Beauftragung durch den Runden Tisch, und ich finde es richtig, wenn die Arbeitsgruppe des Runden Tisches zum ökologischen Umbau darum bittet, gefordert haben Sie es sicherlich nicht, darum bittet, daß die Ansichten und die Erarbeitungen des Grünen Tisches miteinbezogen werden und hier wahrscheinlich miteinbezogen vorgetragen werden können.

Aber an ökologischen Aufgaben kommt auf uns so viel zu, auch nach dem 18. März [1990] und noch lange Jahre danach, daß es schön wäre, daß der Name „Tisch" erhalten bleibt in der Zukunft.

Ziegler (Moderator): Grüner Tisch.

Böhme (SPD): Daß der Name „Tisch" in der Zukunft auch erhalten bleibt als ein Stück Einstieg in den Weg zur **Demokratie**.

Ziegler (Moderator): Da Herr Succow direkt angefragt ist, sollte er noch sprechen und dann möchte ich doch – – wenn Sie das verändert haben wollen, den dritten Anstrich, dann müßten Sie bitte einen Veränderungsvorschlag machen, und dann möchte ich, daß wir diese Grundfrage entscheiden.

Bitte, Herr Succow.

Succow (LDPD): Ja, ganz kurz also, wir wollen dieses Organ, den Grünen Tisch als Organ, als beratendes [Organ] sehen. Und den anderen, den Sie nannten, das ist etwas, was sich überlebt hat inzwischen.

Ziegler (Moderator): Herr Merbach.

Merbach (DBD): Ja, ich hatte mich vorher schon gemeldet, aber ich war übersehen, ist nicht schlimm.

Wir stimmen [dem] zu, was der Vertreter Herr Böhme von der SPD gesagt hat. Wir sind der Meinung, der Grüne Tisch sollte auch in diesem Namen länger erhalten bleiben.

Und zweitens: Wir meinen, zur Vereinfachung und Qualifizierung der Arbeit dieses Runden Tisches, solange er besteht, sollten die zusätzlichen Informationen zunächst über unseren Tisch laufen. Es würde unser aller Arbeit erleichtern. Und sonst bin ich dafür.

Ziegler (Moderator): Na, danke. Haben Sie eine Veränderung vorzuschlagen, bitte verlesen Sie es.

Möller (NDPD): Meine Änderung besteht in einem Wort, statt es „fördert" die Verknüpfung, es „sichert" die Verknüpfung.

Ziegler (Moderator): Da steht jetzt dieser Abänderungsantrag, steht jetzt zur Debatte, bitte, Herr Böhme.

Böhme (SPD): Verzeihen Sie bitte, „es sichert" schafft wieder das Prinzip Verpflichtung, und Sie können **Basisbewegungen** nicht verpflichten.

Ich bitte um Entschuldigung.

Ziegler (Moderator): Bitte, Herr Möller, Sie wollen antworten.

Möller (NDPD): Mein Vorschlag geht auf folgendes hinaus, eine Möglichkeit der Einbindung von **Umweltkontrollinitiativen, Netzwerken** und dergleichen vorzusehen. Wenn das aus juristischen Gründen mit diesem Wort nicht richtig umschrieben ist, dürfte ich Sie bitte um einen Gegenvorschlag ersuchen.

Ziegler (Moderator): Herr Dörfler. Wir sind nicht bei [Vorlage] 10/10, das kommt sofort daran. Wir sind bei [Vorlage] 10/13.

Herr Schulz.

Schulz (NF): Die Herren der NDPD wünschen eine verbindliche Form für die Verknüpfung von Basisbewegungen und Fachkompetenz. Das ist sicherlich wünschenswert, aber auch nur das. Ich glaube, daß man das nicht in die verbindliche Form pressen kann, sondern man kann das nur, so wie Herr Böhme das bereits dargestellt hat, man kann das nur fördern, man kann das nur anregen, man kann nur Voraussetzungen dafür garantieren, aber diese verbindliche Form können Sie so in der rechtsverbindlichen Form sichern, Garantierecht oder so etwas, das können Sie hier nicht festschreiben. Das ist die Auffassung des Neuen Forums als Vertreter der Basisbewegung.

Ziegler (Moderator): Alle, die jetzt noch die Neigung haben, sich zu dieser Spezialfrage zu äußern, die können das tun, indem sie jetzt abstimmen. Ich stelle zur – – noch etwas?

Möller (NDPD): Ich möchte aufgrund der letzten Diskussion den Vorschlag „Änderungen zu Punkt 3" zurückziehen.

Ziegler (Moderator): Vielen Dank, dann brauchen wir nicht mehr abzustimmen. Schön. Aber das Ganze müssen wir ja abstimmen.

Ja, Herr Hammer.

Hammer (VdgB): Ich hätte nur noch die Beantwortung der Frage, ob die Möglichkeit besteht, daß die VdgB an dem Grünen Tisch auch mitarbeiten kann.

Ziegler (Moderator): Das ist eine andere Frage. Das können Sie jederzeit bei Herrn Merbach beantragen, nicht. Das können Sie jederzeit beantragen.

Merbach (DBD): Das klärt der Grüne Tisch selbst, das hat er sich vorbehalten.

Ziegler (Moderator): Ja, sehr schön.

Also, ich stelle jetzt die Frage, ob dieses unterstützt wird, was in diesem mittleren Absatz steht, nämlich, daß die Weiterarbeit über den 18. März 1990 hinaus des Grünen Tisches gefördert wird. Wer dafür ist, den bitte ich um das Handzeichen. – Das ist die Mehrheit. Wer ist dagegen? – Enthaltungen? – Dann ist das einstimmig.

So, Herr Dörfler, jetzt kommt **[Vorlage] 10/10**, weil das ja ganz nah dran liegt an der Sache, nicht.

Dörfler (GP): Eben deshalb, ich wollte anschließen den Antrag an den Runden Tisch zur Bildung eines gesamtdeutschen Grünen Runden Tisches als Ergebnis des deutsch-deutschen Umwelttreffens am vergangenen Wochenende mit 1 500 Teilnehmern:

> **[Vorlage 10/10, Antrag GP, GL: Zur Bildung eines gesamtdeutschen „Grünen Runden Tisches"**
>
> Die Grüne Partei und die Grüne Liga unterstützen die Forderung der Teilnehmer des deutsch-deutschen Umwelttreffens nach Einsetzung eines gesamtdeutschen „Grünen Runden Tisches" mit Vertretern von staatlichen und unabhängigen Organisationen unter Vorsitz der Umweltverbände. Der Grüne Runde Tisch muß ein Vetorecht bei umweltpolitischen Entscheidungen in beiden deutschen Staaten erhalten.

Ziegler (Moderator): Die Sache ist so, daß dies eigentlich kein richtiger Antrag ist, denn es ist mehr eine Information, daß die Grüne Liga und die Grüne Partei das unterstützen, sonst müßte der Antrag lauten: „Der Runde Tisch fordert die Bildung" oder „unterstützt die Bildung." Dann können wir darüber abstimmen, sonst nehmen wir das nur zur Kenntnis.

Herr Böhme.

Böhme (SPD): Bei all meiner Sympathie für grüne und alternative Politiker in der Bundesrepublik und auch schon hierzulande, die uns über lange Jahre mit vorbehaltloser Konsequenz bei Friedens-, Menschenrechts- und Ökologieseminaren unterstützt haben in offizieller Parteipolitik, möchte ich sagen, wenn dieser Grüne Runde Tisch auch uns alle mit einlädt und es nicht ein Grüner Tisch der Grünen von diesseits und jenseits der Grenze bleibt, sind wir gern bereit als SPD, das als Antrag mit zu unterstützen, daß der Runde Tisch, das mit allem moralischen Nachdruck befördert und unterstützt.

Ziegler (Moderator): Ja, aber die Bedingungen in dem Wenn-Satz Herr Böhme, was heißt denn das: muß das umgeformt werden, oder wie?

Böhme (SPD): Es war nur eine rhetorische Floskel.

Ziegler (Moderator): Ach so, danke.

Herr Stief, bitte.

Stief (NDPD): Ich glaube, daß das eigentlich schon ein etwas versteckter Vorschlag war von Herrn Böhme, oder eine gewisse Bedingung.

Ich möchte nur auf folgendes hinweisen, wir hatten heute früh bei der Bearbeitung oder Verhandlung des Tagesordnungspunktes 2, wenn Sie sich bitte erinnern, an Herrn Minister den Vorschlag unterbreitet, und er hat im Prinzip ja zugestimmt, daß die **deutsch-deutsche Kommission „Umwelt"** nach Konsultationen auch politische Kräfte, die Verantwortung im Lande mittragen und die über, ich möchte einmal sagen, über einen ökologischen Programmansatz verfügen, hinzugezogen werden.

Ich glaube, daß, wenn dieser Anregung gefolgt werden könnte, man dem Sinne nach, was diesen Antrag betrifft, schon ein Stück vorankäme und damit auch eine höhere Verbindlichkeit gegeben wäre als hier, woraus ich auch nur entnehmen kann, daß es sozusagen ein Fachtreffen interessierter grüner Bewegungen und Parteien zwischen beiden deutschen Staaten sein soll.

Herr Dr. Dörfler, ich meine den Antrag von heute morgen an den Herrn Minister, die deutsch-deutsche Umweltkommission. Dort scheint mir die Effektivität höher zu sein, wenn wir uns als Runder Tisch einbringen möchten.

Ziegler (Moderator): Herr Hegewald.

Hegewald (SED-PDS): Ich finde die Idee sehr gut, daß auch über die Grenze hinweg von uns Initiativen jetzt entstehen, **deutsch-deutsche Umweltbeziehungen** mitgestalten zu wollen, zu kontrollieren.

Ich finde es nicht gut, wenn jetzt auf Regierungsebene, gewissermaßen hinter verschlossenen Türen, schon wieder Dinge ausgehandelt werden, wovon wir dann in Kenntnis gesetzt werden. Für meine Begriffe sollten die Basisbewegungen auch in diese Regierungsverhandlung miteinbezogen werden, selbst wenn das vielleicht manchen Herren aus der Bundesrepublik ganz ungewöhnlich ist, wie das jetzt bei uns läuft, aber auf Dauer soll das wohl so sein, daß das Volk an dieser **Vertragsgemeinschaft**, auch was die Gestaltung der Umweltbeziehung betrifft, unmittelbar beteiligt ist.

Über die Formen müßte man sich verständigen. Aber wenn die Vertragsgemeinschaft kommt, sollte dieser **deutsch-deutsche Grüne Tisch** ein gewichtiges Wort mitzusagen haben bei der Ausgestaltung dieser Beziehung.

Ziegler (Moderator): Also dann, damit das dann auch seine richtige Form kriegt, schlage ich einfach vor, daß die ersten Worte „die Grüne Partei und die Grüne Liga" ersetzt wird: „der Runde Tisch unterstützt". Wenn das denn die Meinung eben des Runden Tisches ist, dann können wir darüber hier abstimmen, nicht.

So, jetzt Herr Böhme, Herr Dörfler, Herr Schlüter.

Böhme (SPD): Ich sehe bei entsprechenden klärenden Modalitäten bei den beiden Vorrednern eigentlich keinen Widerspruch.

Ziegler (Moderator): Ja, danke.

Herr Dörfler.

Dörfler (GP): Ich wollte die Umformulierung bekanntgeben: „Der Runde Tisch unterstützt die Forderung der Teilnehmer..."

Ziegler (Moderator): Sehr schön.

Herr Schlüter.

Schlüter (GL): Ja, es geht uns darum: Der Tisch ist ja nicht so neu. Wir hatten in den fünfziger Jahren auf jeder Streichholzschachtel „Deutsche an einen Tisch", und wir haben jetzt wieder die Möglichkeit. Es geht uns darum, daß die

Ökologische Fragen (Fortsetzung)

Industrieverbände mit dem Wirtschaftsministerium ja schon längst an einem Runden Tisch sitzen, an einem gesamtdeutschen, und wir möchten das von unserer Seite eben auch.

[Beifall]

Ziegler (Moderator): Also, der Inhalt ist eigentlich jetzt völlig klar und jetzt ist auch umgeformt, daß es ein Antrag des Runden Tisches sein soll. Ich denke, wir können jetzt darüber abstimmen, nicht? Nein, noch nicht.

Na denn, bitte, Herr Merbach.

Merbach (DBD): Eine Anfrage zu dem Antrag, und zwar der zweite Teil: „Der Grüne Runde Tisch" – beider deutscher Staaten offensichtlich und in erweiterter Form – „muß ein Vetorecht bei umweltpolitischen Entscheidungen in beiden deutschen Staaten erhalten." Das ist mir zu ungenau, denn dann würden wir parlamentarische Entscheidungen unterlaufen können. Ich würde also darum bitten, daß es entweder präzisierter vorgenommen wird, also besser formuliert wird, eindeutiger, welchen Entscheidungen hier ein **Vetorecht** zusteht, oder das wir diesen zweiten Teil streichen.

Ziegler (Moderator): Herr Möller, bitte.

Möller (NDPD): Ich bitte die Einbringenden zu erläutern, was der **Vorsitz der Umweltverbände** bedeutet. Das ist nicht einsichtig.

Ziegler (Moderator): Moment, gut, unter dem – – ach so diese – – Ja, das müßten Sie noch erläutern.

Erst Herr Musch.

Musch (VL): Wir haben den Vorschlag, daß statt „umweltpolitischen Entscheidungen" eingefügt wird „bei wirtschaftlichen Grundsatzentscheidungen, die zu umweltpolitischen Maßnahmen oder Entscheidungen oder Beschlüssen führen." Denn wir gehen davon aus, daß solche umweltpolitischen Entscheidungen natürlich durch wirtschaftsstrategische Entscheidungen getragen oder ausgelöst werden.

Ziegler (Moderator): Darf ich Sie doch einmal darauf hinweisen: Wir unterstützen hier eine Forderung der Teilnehmer nach dem Wortlaut und bringen zwar einen Wunsch zum Ausdruck, aber wenn dieser gesamtdeutsche Tisch kommt, muß das doch erst dort geregelt werden, was überhaupt gemacht werden soll. Mehr können wir hier doch gar nicht machen. Aber wer war jetzt dran?

Herr Böhme war dran, ja?

Böhme (SPD): Ich schlage auf die Anfrage vor eine Formulierung: „Der Grüne Runde Tisch muß ein Mitspracherecht bei umweltpolitischen Entscheidungen [der] beiden deutschen Staaten erhalten, das nach dem 18. März [1990] in einen rechtlichen Rahmen gestellt wird."

Ziegler (Moderator): Also die – – sofort Herr Dörfler. Wir halten bloß fest, „Vetorecht" das ist das entscheidende Wort ja, wird in „Mitspracherecht" – – oder wie?

Böhme (SPD): – „ein Mitspracherecht, das nach dem 18. März [1990] in einen rechtlichen Rahmen gestellt wird."

Ziegler (Moderator): Herr Dörfler.

Dörfler (GP): Ich möchte betonen, daß das nicht geht. Das ist eine Formulierung, die getroffen wurde auf dem deutsch-deutschen Umwelttreffen. Wir können an dieser Formulierung nicht manipulieren. Entweder nehmen wir sie so an, oder wir lehnen sie so ab, ja.

Ziegler (Moderator): Ja, jetzt Herr Schulz. Ach Entschuldigung, ja das habe ich nicht – – Ja, danke.

Herr Wiedemann.

Wiedemann (CDU): Ich stelle den Antrag, über beide Absätze getrennt abzustimmen.

Ziegler (Moderator): Ja, das können wir machen, könnten wir machen, wenn uns jetzt nicht gerade gesagt worden wäre, das wäre so eine Formulierung, die von dort übernommen ist, von diesem deutsch-deutschen Umwelttreffen.

Wiedemann (CDU): Gerade angesichts dieser Tatsache.

Ziegler (Moderator): Ja. Also, da können wir dann natürlich die Frage stellen, ob wir dies beides unterstützen, Absatz eins und Absatz zwei. Gut, das können wir machen.

Herr Schulz.

Schulz (NF): Ich möchte noch eine Meinung zum letzten Absatz sagen. Man kann natürlich vieles fordern, aber man muß auf die Realisierbarkeit von solchen Forderungen achten, das ist so nicht verifizierbar. So gern ich diese Forderung unterstützen möchte, es ist nicht möglich, einen solchen Tisch auf dem **Verfassungsrecht** beider deutscher Staaten momentan mit einer legislativen Gewalt auszurichten.

Das kann – – ich würde den Antrag von Herrn Böhme unterstützen, man müßte das präziser fassen. Das kann eigentlich nur eine neue deutsche Verfassung leisten. Ein derartiges **Mitspracherecht** in einer verbindlichen rechtlichen Form, Herr Böhme, wenn ich Sie da richtig verstanden habe, Mitspracherecht hatten Sie angedeutet, das verifiziert werden müßte. Denn Mitspracherecht wird Ihnen keiner negieren können, das ist auch so gegeben ein Mitspracherecht, sofern Medienfreiheit da ist. Aber ein rechtlich garantiertes Mitspracherecht oder **Einspracherecht,** das kann nur eine neue deutsche Verfassung leisten.

Ziegler (Moderator): Ich mache Ihnen jetzt folgenden Vorschlag: Offensichtlich muß dieser Antrag noch einmal gründlich bedacht und formuliert werden. So, wie er hier vorliegt, bringt er so viele Fragen auf, daß ich Ihnen raten würde, ihn heute zurückzuweisen zur Neuformulierung. Denn das läuft nicht weg, das können Sie nächstes Mal unter Einzelanträgen neu einbringen. Aber bitte, Sie haben all die Fragen, die hier kommen, gehört. Klar war eigentlich nur durch den Beifall, wir wollen auf so etwas zugehen. Alles andere, wie die Modalitäten, haben vielerlei Einzelfragen gebracht.

Bitte, Herr Schlüter.

Schlüter (GL): Wir ziehen den zweiten Teil dann zurück und lassen heute nur über den ersten Teil abstimmen.

Ziegler (Moderator): Ja, das geht natürlich auch, aber dann müssen Sie noch – – also das hieße, Sie ziehen den Absatz zwei zurück, ja? Ja, dann hieße der erste – – dann war da noch nicht geklärt „unter Vorsitz der **Umweltverbände**", was Sie angefragt hatten, das muß noch erklärt werden dann. Können Sie das erklären?

Schlüter (GL): Umweltverbände gibt es in beiden deutschen Staaten, und die würden dann, das müßte man paritätisch dann abstimmen, in dieser Gruppe natürlich mitarbeiten ebenso wie die staatlichen Organisationen.

Ziegler (Moderator): Ja.

Böhme (SPD): Ich erlaube mir den Scherz: Es ist schön, demnächst ein Subjekt, ein organisatorisches Subjekt zu erleben mit insgesamt 78 Vorsitzenden, und wie die sich einigen werden.

Ziegler (Moderator): Ja.
Also, Herr Hegewald, bitte.

Hegewald (SED-PDS): Ich denke, das Subjekt dieses Prozesses sollte doch der **Grüne Tisch** bleiben. Wie von Herrn Ibrahim [Böhme] schon erwähnt, das ist eine Form, wie wir jetzt Erfahrungen sammeln werden, um politikfähig zu werden auch auf diesem Gebiet und die könnte man ja dann mit einbringen als begleitendes **Organ** in diese **Vertragsgemeinschaft**. Die Umweltverbände sind ja wirklich nicht, in dieser Fülle nicht, praktikabel.

Ziegler (Moderator): Das heißt, daß Sie eigentlich diese letzten Worte „unter Vorsitz der Umweltverbände" gestrichen haben wollen?

Hegewald (SED-PDS): Ja, zugunsten des Grünen Tisches.

Ziegler (Moderator): Da muß ich nun noch einmal zurückfragen.
Dann bin ich doch dafür, es läuft ja nicht weg, daß Sie das zurückziehen heute und neu formulieren, nachdem Sie all die Anfragen gehört haben und mit dem Antrag neu formuliert nächstes Mal wiederkommen. Ja?

Hegewald (SED-PDS): Ist in Ordnung.

Ziegler (Moderator): Einverstanden? – Danke schön. Vertagt bis zur Wiedervorlage, ja? – Die Sie machen. So, wir sind leider noch nicht fertig.
[Vorlage] 10/6, hier bringt die Bauernpartei aus der Arbeitsgemeinschaft „Ökologischer Umbau" ein, den Vorschlag, den Sie dort finden, eines **nationalen ökologischen Forschungsprojektes**. Wer erläutert das?
Bitte, Herr Merbach.

Merbach (DBD): Dies ist eine **Vorlage der Arbeitsgruppe „Ökologischer Umbau"**. Wir haben uns im Rahmen der Arbeitsgruppe auf diesen Text geeinigt:

[Vorlage 10/6, Antrag DBD: Zur Einrichtung eines nationalen ökologischen Forschungsprojektes]

Der Runde Tisch schlägt der Regierung zur Sicherung der ökologischen Forschung in der DDR vor:

1. Der Minister für Wissenschaft und Technik wird mit der Vorlage eines „Nationalen ökologischen Forschungsprojektes" bis Mitte März 1990 beauftragt. In die Erarbeitung dieses Projektes werden Vertreter der AG „Ökologischer Umbau" einbezogen, zum Beispiel in der am 21. Dezember 1989 gegründeten interministeriellen Arbeitsgruppe zur Förderung der ökologischen Forschung. Das Projekt ist vor seiner Vorstellung am Runden Tisch der Arbeitsgruppe [‚Ökologischer Umbau'] vorzulegen.

2. Die Regierung sichert, daß die derzeit betriebenen ökologischen Forschungsvorhaben in allen wissenschaftlichen Einrichtungen der DDR (Akademie der Wissenschaften, Akademie der Landwirtschaftswissenschaften, Hochschulen und andere) aus dem Staatshaushalt finanziert werden und Kürzungen der Finanzmittel auf diesem Gebiet nicht zugelassen werden.

3. In Anbetracht der erkannten Erkenntnis- und Politikdefizite ist zukünftig eine überproportionale Förderung der ökologie- und umweltrelevanten Forschung, insbesondere der Vorlaufforschung, zu sichern. Für diesen Zweck sind mindestens zwei Prozent der aus der Abrüstung frei werdenden Mittel einzusetzen.

Ich darf zwei Sätze zum Hintergrund sagen: Wir haben gehört, daß ein solches Projekt jetzt angearbeitet wird. Aber noch vor 14 Tagen hat der Minister für Wissenschaft und Technik ganz anders argumentiert. Wir würden uns freuen, wenn es jetzt so wäre.

Zweitens: Die **Kürzung von Mitteln** haben wir deswegen, oder die Nichtkürzung von Mitteln, angebracht, weil in der Praxis entgegen den Vorstellungen, die hier genannt worden sind heute früh, bereits nach dem Gießkannenprinzip Mittel gekürzt worden sind, Mittel, und wir finden für ökologische Grundlagenforschung zur Zeit keine zahlenden Auftraggeber in unserem Lande. Und deswegen meinen wir, daß wir ab sofort Kürzungen der Finanzmittel für ökologische Forschungsvorhaben stoppen sollten. Das findet also einstimmige Zustimmung unserer Arbeitsgruppe.
Danke schön.

Ziegler (Moderator): Herr Schieferdecker.

Schieferdecker (SED-PDS): Ich schließe mich selbstverständlich diesem Antrag an. Habe aber noch ein kleinen Zusatz. Hinter dem letzten Satz von Teil drei bitte ich einzufügen, ich habe es auch aufgeschrieben und werde das gleich Herrn Merbach übergeben: „Bei der Verteilung von **Räumlichkeiten** und **Arbeitsmitteln** zentraler MfS/AfNS-Einrichtungen in Berlin sind zu bildende ökologische **Forschungsinstitutionen** vorrangig zu berücksichtigen; dies betrifft sowohl Forschungsinstitute der AdW [Akademie der Wissenschaften der DDR], der AdL [Akademie der Landwirtschaftswissenschaften der DDR] als auch unabhängige Einrichtungen."

Das ist der Text, dahinter steht, das ist eine notwendige Sofortmaßnahme, die der Unterstützung dieses Tisches bedarf und dann von Regierung und Bürgerinitiativen auch akzeptiert werden würde.
Ich danke Ihnen.

Ziegler (Moderator): Gibt es weitere Wortmeldungen? Sonst ist ja die Zielsetzung hier sehr eindeutig klar.
Es gibt keine, ja doch, Herr Schmidt, bitte.

Schmidt (CDU): Eine Anfrage: Ist im Punkt 3 der Satz: „Für diesen Zweck sind mindestens zwei Prozent der aus der Abrüstung freiwerdenden Mittel einzusetzen", gedacht als Füllung der Lücke im Finanzhaushalt in [Punkt] 2, um dort Kürzungen der Finanzmittel vermeiden zu können? Oder ist daran gedacht, daß Finanzmittel aufgestockt werden sollen aus den aus der Abrüstung freiwerdenden Mitteln?

Ziegler (Moderator): Herr Schieferdecker.

Schieferdecker (SED-PDS): In Punkt 2 geht es um die Sicherung des Status quo, was Herr Merbach erklärt hat: Jetzt darf keine Mark abfließen. Eine Sofortmaßnahme mit Wirkung von heute.

Ökologische Fragen (Fortsetzung)

Beim Punkt 3 geht es um die notwendige überproportionale Förderung der Forschung und da doch immer gesagt wird, woher soll das kommen, schlagen wir hier ganz konkret diese schon getätigten Abrüstungsmittel vor, die ja praktisch jetzt schon freiwerden. Ja.
Danke.

Ziegler (Moderator): Also, auch hier möchte ich darauf hinweisen: Das ist ein Vorschlag an die Regierung. Der kann so ergänzt werden. Dann sind noch praktische Schritte gemacht worden. Sie haben das, ja? Ja, den Text müssen wir noch schriftlich kriegen. Ich hatte aber den Eindruck, ich habe hier eben jemand übersehen, der sich noch gemeldet hatte.
Herr Merbach, ja, sehen Sie.

Merbach (DBD): Ich hatte mich gemeldet, aber das hat sich erübrigt durch Herrn Schieferdecker.

Ziegler (Moderator): Danke schön. Dann lesen Sie doch den Satz, Herr Schieferdecker, noch einmal vor, damit wir ihn wirklich im Ohr haben, ehe wir abstimmen.

Schieferdecker (SED-PDS): Also, der letzte Satz von Satz drei wird ergänzt: „Bei der Verteilung von Räumlichkeiten und Arbeitsmitteln zentraler MfS/AfNS-Einrichtungen in Berlin sind zu bildende ökologische Forschungsinstitutionen vorrangig zu berücksichtigen; dies betrifft sowohl Forschungsinstitute der AdW [Akademie der Wissenschaften der DDR] und der AdL [Akademie der Landwirtschaftswissenschaften der DDR] als auch unabhängige Einrichtungen."

Ziegler (Moderator): Danke. Wir haben es gehört. Erhebt sich gegen diese Ergänzung Widerspruch?
Ja, doch, Herr Succow, bitte.

Succow (LDPD): Es muß noch erweitert werden um Forschungseinrichtungen des Ministeriums für Naturschutz, Umweltschutz und Wasserwirtschaft, weil wir auch Räume brauchen, ja?

Ziegler (Moderator): Aha, hat noch jemand Interessen?

[Gelächter]

Herr Bernt-Bärtl.

Bernt-Bärtl (GL): Ja, ich weiß nicht, ob diese Möglichkeiten, die räumlichen und technischen **Möglichkeiten des MfS** nun nicht allmählich erschöpft sind. Ich würde vorschlagen, daß man **Armee** hinzufügt. Wenn dort schon im Prinzip Mittel eingespart werden, wird wahrscheinlich auch Technik und Räumlichkeiten eingespart.

Ziegler (Moderator): Nun noch Herr Schieferdecker.

Schieferdecker (SED-PDS): Ich muß meinem verehrten Freund, Minister Succow, hier etwas widersprechen, weil bei den vorgesehenen Abstimmungen über die Normannenstraße und die Kowalkestraße schon Festlegungen ziemlich weitgehend eingefroren sind, daß dort keine Regierungsstellen hinein sollen. Und ich würde sagen, wenn wir jetzt alle noch aufsatteln auf dieses Vorhaben, dann kommt noch die VdgB, und kommt dieser und jener noch.
Pardon, dann entschuldigen Sie bitte, Ihr sitzt gerade so bequem.
Wenn wir jetzt zu viel aufsatteln, dann wird das schwierig. Micha, darf ich aber darauf hinweisen, daß ich gesagt habe, Forschungsinstitute der AdL, also das Institut für Naturschutz, was sich jetzt in der AdL befindet, ja. Ist das eine Brücke für Dich?

Succow (LDPD): Ja, was sich jetzt befindet, aber im Übergang ist als **Forschungseinrichtung** bei uns – – dann kann es sein.

Schieferdecker (SED-PDS): Gut.

Ziegler (Moderator): Ich komme noch einmal auf den Hinweis zurück, wir machen hier einen Vorschlag an die Regierung und frage: Sie wollten also das ergänzt haben?

Succow (LDPD): Nur Forschungseinrichtung reicht doch.

Ziegler (Moderator): Nur Forschungseinrichtung, na ja, das ist vielleicht besser, ehe man das festlegt. Nur Forschungseinrichtung. Gut. Erhebt sich gegen diesen – – ach so, doch.
Herr Merbach.

Merbach (DBD): Ich möchte es nicht bei „nur Forschungseinrichtung" bewenden lassen, weil im Sinne von Minister Budig die **Agrarökologie** unter Umständen nicht zur Ökologie rechnet. Da ist ein bißchen Unklarheit offensichtlich im Ministerium, es sei denn, es ist ausgeräumt. Ich wollte, daß alle, die mit der Ökologie zu tun haben, dort berücksichtigt werden. Und wir haben das in der Arbeitsgruppe eigentlich so formuliert, und wir unterstützen das auch ganz konsequent durch unsere Partei.

Ziegler (Moderator): Was, Herr Schieferdecker, welcher Text? Nun weiß ich gar nicht mehr, welcher Text eigentlich gilt.

Schieferdecker (SED-PDS): Der letzte Satz heißt dann nach dem jetzigen Verständnis: „Dies betrifft sowohl Forschungsinstitute der Akademie, der AdL und weiterer Forschungseinrichtungen als auch unabhängige Einrichtungen" oder so ähnlich.

Ziegler (Moderator): Also, das ist doch nun umfassend, nicht? Gut. Erhebt sich gegen die Ergänzung dieses Textes Widerspruch? – Nein. Sie hatten auch gesagt, das wird mit getragen von Ihnen. Also bitte ich jetzt um Handzeichen, wer dieser Vorlage zustimmt. – Mehrheit. Wer ist dagegen? – Wer enthält sich der Stimme? – Dann ist das einstimmig. Vielen Dank.

[Vorlage] 10/5, [die] Grüne Liga regt an, daß der Runde Tisch die Einberufung einer gemeinsamen Arbeitsgruppe fordert, in der Vertreter der Regierung und der Arbeitsgruppe des Runden Tisches „Ökologischer Umbau" über zukünftige umweltgerechte Lösungen im öffentlichen **Personennahverkehr** entscheiden. Ich habe mir erlaubt, den entscheidenden Satz gleich zu sagen.

[Vorlage] 10/5. Wenn Sie irritiert sind und das nicht finden, dann gebe ich Ihnen einen Tip. Das stand auf einem Blatt mit [Vorlage] 10/4. Und das war oben. Und dadurch können Sie vielleicht jetzt in Ihrem Suchen behindert werden. Ja? Haben Sie es jetzt alle?
Dann muß ich die Grüne Liga bitten, wenn es geht, kurz zu erläutern, worum es hier geht. Sie können auch sagen, er hat es schon richtig gesagt.
Sie haben es noch nicht, nein?

Schlüter (GL): Doch, ich habe es gerade zugereicht bekommen.

Ziegler (Moderator): Bitte schön.

Schlüter (GL):

[**Vorlage 10/5, Antrag GL: Zur Bildung einer gemeinsamen Arbeitsgruppe von Regierung und Rundem Tisch zur Entwicklung umweltgerechter Lösungen im öffentlichen Personennahverkehr**]

Antrag an den Runden Tisch zum Vorschlag der Bildung einer zeitweiligen Arbeitsgruppe von Regierung und Rundem Tisch, Arbeitsgruppe „Ökologischer Umbau".

Die Grüne Liga unterstützt die gemeinsam von Regierung und Rundem Tisch getragene Politik, produktbezogene Subventionen schrittweise durch personenbezogene Zuwendungen zu ersetzen. Die damit verbundenen Wirkungen sind jedoch im konkreten Fall der derzeit subventionierten Tarife im öffentlichen Verkehrswesen kontraproduktiv. Sie äußern sich in Form einer weiter verstärkten Nutzung privater Kraftfahrzeuge mit all ihren negativen ökologischen Folgen. Dies zu verhindern, fordert der Runde Tisch die Einberufung einer gemeinsamen Arbeitsgruppe, in der Vertreter der Regierung und der Arbeitsgruppe des Runden Tisches „Ökologischer Umbau" über zukünftige umweltgerechte Lösungen im öffentlichen Personennahverkehr entscheiden. Dabei ist die Frage einer möglichen Erhöhung des Benzinpreises zur weiteren Stützung der Fahrpreise im öffentlichen Personennahverkehr zu diskutieren.

Ziegler (Moderator): Sie haben es noch einmal verlesen. Gibt es Fragen dazu, worum es geht? Ich glaube, es ist klar. – Wie bitte?

Herr Merbach, bitte.

Merbach (DBD): Ich habe dazu eine Anmerkung und einen Vorschlag. Wir würden vorschlagen, diesen Antrag an unsere Arbeitsgruppe „Ökologischer Umbau" zurückzuverweisen, erstens, weil eine Arbeitsgruppe hier gefordert wird, die eigentlich schon besteht. Und zweitens, weil hier gewisse Widersprüche zu dem Paket, was wir [in **Vorlage**] 10/3 heute beschlossen haben, drin sind, und im Grunde das auch nicht mit der Arbeitsgruppe abgestimmt worden war, obwohl dort die Grüne Liga drin ist.

Ich würde also vorschlagen, daß wir uns noch einmal eine Meinung bilden und mit dem Paket, das wir demnächst vorlegen wollen, endgültig darüber befinden.

Ziegler (Moderator): Ja, also ich muß einmal insgesamt sagen. Da, wo Mitarbeiter in der Arbeitsgruppe, die diese Thematik behandeln, dabei sind, wäre es natürlich immer besser, die Fragen würden erst einmal besprochen. Ein Minderheitsantrag kann ja immer kommen. Aber ich entnehme Ihrer Äußerung, daß es hier nicht um einen Minderheitsantrag geht, sondern gar nicht besprochen worden ist. Das wäre natürlich besser. Nur **Zurückverweisung** geht nicht, dann könnte es höchstens verwiesen werden an ihn, nicht? Ja, gut.

Jetzt Frau Töpfer.

Frau Töpfer (FDGB): Mit dieser Verweisung an die Arbeitsgruppe wäre ja dann die Sache aus der Welt. Ich möchte bloß anregen, daß überhaupt zu der Frage **Verkehrsplanung** zukünftig ein Konzept erarbeitet wird, weil die Frage des öffentlichen Nahverkehrs uns alle bewegt bei unserer Situation auf den Straßen und Schienen.

Ziegler (Moderator): Das, ja, sollte die Arbeitsgruppe aufnehmen.

Herr Böhme.

Böhme (SPD): Ich möchte den Antrag der Arbeitsgruppe „Ökologischer Umbau" etwas konkretisieren. Wir würden sogar bitten darum, daß zu dieser Verweisung einbezogen wird ein Vertreter der Arbeitsgruppe „Ökonomie", die in den nächsten zwei Tagen ein Papier bekommt von Professor Lotze [???] aus Leipzig zur Thematik **Verkehrsökonomie** und Ökologie.

Ziegler (Moderator): Herr Hegewald.

Hegewald (SED-PDS): Mir scheint, daß das Thema von solchem Gewicht ist, daß es sich durchaus lohnt, hier eine eigene Arbeitsgruppe zu bilden.

Wenn wir davon ausgehen, daß die Städte völlig verbaut sind und eigentlich eine **Konzeption „Fahrrad"** in der bisherigen Stadtentwicklung kaum Berücksichtigung fand und in Zukunft sehr viel mehr **Pkws** bei uns im Lande sein werden, und daß damit Lärmbelastung und Luftbelastung auf uns zukommen in Größenordnung, so müßte eigentlich jetzt eine wissenschaftlich begründete Strategie ausgearbeitet werden, an der wir beteiligt sind.

So, wie das jetzt läuft an der **Hochschule für Verkehrswesen**, daß es da vor allen Dingen darum geht, doch die Konzeption „Immer mehr Pkws in der DDR" zu unterstützen, das erscheint mir höchst fragwürdig. Es müßte doch die ganze Frage „Attraktiver öffentlicher Nahverkehr" als Konzept von uns mit unter die Kontrolle genommen werden. Das kann man nicht nur den Experten überlassen.

Insofern begrüße ich sehr, wenn eine solche Arbeitsgruppe gebildet würde. Die kann nicht in der Arbeitsgruppe „Ökologischer Umbau" allein drin sein. Das würde sie überfrachten. Man sollte sich also sehr gründlich überlegen, wer da hineingehört, auch die Experten der Hochschule für Verkehrswesen, aber auch Architekten. Denn das ist ja auch eine Frage des Städtebaus. Das ist ein ganzer Komplex für sich bis hin zu der Frage, wieviele Pkws soll denn die DDR in Zukunft haben? Wie soll das Land überfrachtet werden mit Pkws und mit entsprechenden Abgasen.

Also das ist wohl eine Lebensfrage für unser Land, und insofern muß man dieser Frage besondere Bedeutung zumessen.

Ziegler (Moderator): Ja, es ist nur die Frage, wer diesen Vorschlag ausarbeitet, so daß es mir trotzdem nicht schlecht erscheint, wenn erst einmal die Arbeitsgruppe, die besteht, mit dem Auftrag versehen wird. Dort wird es hinverwiesen, und dann kann das aufgenommen werden.

Denn jetzt aus dem Stand heraus eine neue Arbeitsgruppe zu berufen, das scheint mir fraglich.

Jetzt ist erst Herr Jordan dran, dann Herr Wiedemann, ja?

Jordan (GP): Ich ziehe zurück.

Ziegler (Moderator): Herr Böhme.

Böhme (SPD): Ich möchte meinen Antrag erneuern und noch ergänzen. Wir können über **Subventionspolitik** überhaupt nicht sprechen, bevor das ganze Paket Subventionspolitik hier aufgerissen wird.

Ziegler (Moderator): Herr Wiedemann.

Wiedemann (CDU): Ja, ich wollte den Antragsteller bitten, doch meiner Schwachheit aufzuhelfen hier und mir zu sagen, welcher ganz aktuelle Handlungsbedarf hier vorliegt, das jetzt hier so zu behandeln, ob es da Informationen gibt, daß da also die **Verkehrstarife** verändert werden sollen. Denn das wäre ja der Ausgangspunkt dafür. Vielleicht kann man mir das sagen.

Schlüter (GL): Ja, über die Vermutung wurde ja heute schon gesprochen, daß befürchtet wird, daß gerade die Verkehrstarife mit zuerst drankommen, und wir haben keine näheren Beziehungen dazu, und deswegen ist uns dieser Fakt, also gerade diese Subvention – – die anderen **Subventionsstreichungen** tragen wir mit. Aber gerade im Verkehrswesen, Nahverkehr, Fernverkehr eben nicht.

Ziegler (Moderator): Herr Böhme, könnten Sie Ihren Antrag denn nun noch einmal wiederholen, damit er klar ist?

Böhme (SPD): Bitte Verweisung an die Arbeitsgruppe „Ökologischer Umbau", Hinzuziehung von Vertretern aus der Arbeitsgruppe „Ökonomie" und vielleicht in Verbindung zu sehen mit dem Papier von Professor Ludwig Lotze [???], das sich beschäftigt mit der Thematik Verkehrsökonomie und Ökologie, und erst wieder auf den Tisch bringen, wenn Subventionspolitik insgesamt behandelt wird.

Ziegler (Moderator): Ja, ich würde aber nicht gerne untergehen lassen, was Herr Hegewald hier gesagt hat, mit der Bitte zu prüfen, ob hier nicht extra, weil das so ein komplexes Problem ist, eine neue Gruppe oder Untergruppe gebildet werden muß, nicht?
Ja, bitte.

Merbach (DBD): Ja, ich würde dem letzten zustimmen. Wir können ja zu der Schlußfolgerung dann kommen, daß wir eine Extra-Arbeitsgruppe berufen wollen. Dann schlagen Sie es vor. Und ich sage noch einmal, am 8. Februar [1990] tagen wir, wenn der Wirtschaftsmann kommen soll.

Ziegler (Moderator): Gut. Also jetzt heißt es Überweisung, aber bitte.

Bernt-Bärtl (GL): Also, die Grüne Liga würde dem zustimmen, daß wir das hier weiter verhandeln, aber dann doch unter dem Aspekt, dann möglicherweise eine eigene Arbeitsgruppe zu schaffen, aber nach entsprechender Beratung.

Ziegler (Moderator): Ja, gut, das ist ja mit offen, das ist ja mit drin, nicht?
Also, wer ist für Überweisung in dem Antrag Böhme? – Wer ist dagegen? – Enthaltungen? – Danke. Einstimmig.

Ich bitte jetzt, von der Grünen Partei die **Vorlage 10/4** zu begründen. Das ist ein **Ergänzungsantrag zu 10/3**, das ist dieses – Augenblick – dieses Arbeitsprogramm. Und da geht es um das **Trinkwasser**.
Herr Dörfler, ja?

Dörfler (GP): Ja. Wir formulieren es nicht als Ergänzungsantrag, sondern als Antrag, den ich zur Kenntnis geben möchte.

[**Vorlage 10/4; Antrag GP: Sofortmaßnahmen zur Begrenzung der weiteren Wasserverschmutzung und Gesundheitsgefährdung**]

Unser wichtigstes Lebensmittel, unser Trinkwasser, ist in akuter Gefahr. Bereits 1,5 Millionen Einwohner unseres Landes erhalten Trinkwasser mit zu hohen Nitratgehalten oberhalb des gesetzlich festgelegten Grenzwertes. Die Hauptursachen bestehen neben der nicht beherrschbaren Güllewirtschaft im großzügigen und uneffektiven Einsatz von Agrochemikalien.

Als eine erste Sofortmaßnahme zur Begrenzung der weiteren Wasserverschmutzung und Gesundheitsgefährdung fordern wir:

Die staatlichen Stützungen für Agrochemikalien sind umgehend zu streichen. Gifte und potentielle Schadstoffe, darunter chemische Pflanzenschutzmittel, Stickstoff- und Phosphordünger dürfen nicht länger verbilligt an die Anwender abgegeben werden.

Ziegler (Moderator): Ja. Der Antrag ist ja klar. Er ist wahrscheinlich genau so nicht in der Arbeitsgruppe gewesen, oder?
Herr Merbach.

Merbach (DBD): Ja, es ist so, daß wir ihn so nicht abgesprochen haben.
Ich bin prinzipiell dafür, für diese Sache. Auch wir von der DBD sind dafür, aber nicht losgelöst von anderen Maßnahmen der **Preisreform im Agrarsektor.**
Wir haben hier als DBD die Interessen der Landbevölkerung zu vertreten, und wir können eigentlich nicht mit solcher Einzelmaßnahme dazu vielleicht kommen, daß wir hier Einkommensverschlechterungen hervorrufen.
Deswegen würde ich darum bitten, daß das in unsere Arbeitsgruppe noch einmal geht und daß wir zu einem Konsens kommen, was wir dann vorschlagen.

Ziegler (Moderator): Ja, also ich muß doch einmal sagen, das war eigentlich der Sinn der Arbeitsgruppen, daß solche Dinge vorbesprochen werden, damit der Runde Tisch dann nicht lauter Einzelanträge hier bekommt und dann nun erst angefangen werden muß, die Interessen gegeneinander abzuwägen. Ich bitte doch herzlich darum, in künftigen Fällen, wo Arbeitsgruppen bestehen, das dort erst abzustimmen.
Herr Böhme.

Böhme (SPD): So sehr ich mit den Antragstellern übereinstimme vom Prinzip her, eine solche Maßnahme am Ende kann nur schrittweise angedacht und schrittweise durchgeführt werden, wenn wir nicht einschneidende Folgen für die **Landbevölkerung** nach sich ziehen wollen.

Ziegler (Moderator): Frau Töpfer hat einen Antrag zur Geschäftsordnung gestellt.
Bitte schön.

Frau Töpfer (FDGB): Ich möchte vorneweg noch sagen, daß ich jetzt annehme, daß wir den **10/4**, den Antrag zurückverweisen an die Arbeitsgruppe.
Und mein Geschäftsordnungsantrag betrifft den Antrag, die **Vorlage 10/11 [Antrag FDGB: Mitarbeit aller oppositionellen Parteien und Gruppierungen in einer „Regierung der nationalen Verantwortung"]**. Wir bitten darum, daß das heute noch behandelt wird.
Wir hatten ja verabredet, um 16.00 Uhr Schluß zu machen, und wir sind über die Zeit. Ich habe echte Befürchtungen, daß unser Anliegen sonst nicht mehr zur Sprache kommt.

Ziegler (Moderator): Ja, das heißt also Vorziehen eines Antrages. Daß wir über die Zeit sind, haben Sie ja alle gemerkt. Sie haben gemerkt, wie die Moderatoren sich bemüht haben zur Kürze. Wir haben es inzwischen aufgegeben. Von mir aus machen wir bis 21.00 Uhr. Wenn Sie unseren gut gemeinten, milden Ratschlägen nicht folgen, dann bitte schön. Also, ich sehe keine Veranlassung, jetzt aus der Verfahrensweise auszubrechen, aber wenn Sie das wollen, bitte schön.

Böhme (SPD): Ich möchte dem Antrag des FDGB zustimmen, weil hier eine Frage im Raum steht, die unbedingt, wenn wir dem Antrag Folge leisten wollen, in den nächsten Tagen entschieden werden müßte.

Ziegler (Moderator): Es muß heute noch verhandelt werden, ja, aber jetzt sollen wir unterbrechen die Verhandlung über die Ökologie, die wir doch einmal erst zu Ende bringen sollten. Das war es doch.

Es hat jetzt einer dafür gesprochen, es kann natürlich noch einer dagegen sprechen. Das ist ja ein Geschäftsordnungsantrag, nicht? Will keiner?

Herr Jordan.

Jordan (GP): Also, ich bin der Meinung, wir sollten jetzt erst einmal diesen gesamten Abschnitt abhandeln. Es ist so einfach schwierig, sich wieder darauf einzustellen und die Logik weiter verfolgen.

Ziegler (Moderator): Aber es ist Ihr gutes Recht, von Frau Töpfer, das zu beantragen.

Ich lasse jetzt darüber abstimmen, ob jetzt unterbrochen wird die Verhandlung über die Ökologie und der Antrag **[Vorlage 10/11]** vorgezogen wird. Wer dafür ist, der hebe bitte die Hand. – 4. Wir brauchen nicht weiterzustimmen, da Zweidrittelmehrheit notwendig wäre.

Wir sind wieder bei **Antrag 10/4**, und nun war schon die Vermutung geäußert worden, ob es nicht das beste ist, das auch noch einmal in die Arbeitsgruppe zu verweisen.

Dörfler (GP): Wir sind damit einverstanden, daß die Vorlage der Arbeitsgruppe „Ökologischer Umbau" zugeordnet wird. Wir sind aber der Meinung, daß also hier nicht allein **Einkommensfragen** eine Rolle spielen können, sondern es geht letzten Endes um unsere Gesundheit, um unser Leben.

Ziegler (Moderator): Ja, also, aber dann heißt der Antrag jetzt Verweisung in die Arbeitsgruppe „[ökologischer] Umbau", und da müssen diese Dinge, die Sie eben sagten, verhandelt werden, nicht? Wer ist einverstanden damit, daß es an die Arbeitsgruppe geht? – Danke. Das ist die Mehrheit. Dagegen? – Enthaltung? – 1 Enthaltung.

Danke.

Wir nehmen jetzt den Antrag, gehen wir in der Reihenfolge, **[Vorlage] 10/15**, Beschlußantrag Grüne Liga, Grüne Partei, kurz und knapp: Die von der DDR und West-Berlin abgeschlossenen **Müllverträge** sind einer neuerlichen Prüfung zu unterziehen.

Jordan (GP): Es gibt in diesem Schriftstück Abschreibefehler. Ich möchte das lieber selbst verlesen.

Ziegler (Moderator): Ja, das sollen Sie. Ich wollte nur sagen, worum es geht.

Bitte, Herr Jordan, dann führen Sie ein, nicht?

Jordan (GP):

[**Vorlage 10/15, Beschlußantrag GL, GP: Neuerliche Prüfung der von der DDR und West-Berlin abgeschlossenen Müllverträge**]

Die von der DDR und West-Berlin abgeschlossenen Müllverträge sind einer neuerlichen Prüfung zu unterziehen.

Begründung: Hierbei ist insbesondere der Gesichtspunkt zu beachten, daß die Verträge DDR-seitig durch die zum Ministerium für Staatssicherheit gehörenden beziehungsweise nahen KoKo-Intrac-Unternehmen abgeschlossen wurden. Der gesamte KoKo-Bereich war dem Ministerium für Staatssicherheit, Hauptabteilung II für Finanzen zugeordnet.

Dem Leiter der Hauptabteilung II unterstand der „Führungsoffizier im besonderen Einsatz" Schalck-Golodkowski. Leiter des Bereiches KoKo war Oberst [Wolfram] Meinel. Mit Beschluß der Regierung vom 14. Dezember 1989 wird die Ministerium für Staatssicherheit-Nachfolgeorganisation, das Amt für Nationale Sicherheit, umgehend aufgelöst.

Zudem erklärten Vertreter vom Finanzministerium am Runden Tisch: „Die Deviseneinnahmen aus den Müllimporten sind nicht in die Staatskasse gelangt."

Ziegler (Moderator): Die Veränderung haben Sie dann gleich mitgekriegt beim Verlesen, ja? Daß das nicht „in dem" – – sondern „zudem" muß das heißen. Ja, das haben Sie aber beim Verlesen mitgemacht, ja?

Herr Schieferdecker. Haben Sie nicht, nicht?

Schieferdecker (SED-PDS): Ich verstehe das so, das ist eine Feststellung, eine Erklärung. Eigentlich fehlt mir dann noch ein Satz, was Sie jetzt fordern.

Jordan (GP): Also, hier wird mit diesem Schriftstück veranlaßt, daß die Frage der Müllverträge, nachdem am letzten Wochenende das DDR-Umweltministerium überhaupt die Abnahme von **Sondermüll** nach Vorketzien und nach Schöneiche gestoppt hat, noch einmal generell überprüft wird, insbeondere unter dem Gesichtspunkt, daß es eine sehr enge Verbindung also zum Ministerium für Staatssicherheit gab und daß andererseits also auch nicht klar ist, inwieweit eben rechtliche Grundvoraussetzung für diesen Vertrag gegeben war, nämlich, daß die vertragsschließenden Partner zu versichern haben, daß tatsächlich dieser Sondermüll in ihren Bereichen auf entsprechenden Deponien nach gesetzlichen Vorschriften entsorgt werden kann.

Deshalb also ist unbedingt noch einmal die **Gesamtüberprüfung der Vertragslage** mit der möglichen Konsequenz, also auch aus diesem Vertrag auszusteigen, zu überprüfen.

Ziegler (Moderator): Herr Meißner.

Meißner (DBD): Ich möchte den Antrag noch erweitern. Die DBD ist dafür, daß die **Müllimporte** in die DDR eingestellt werden.

Ziegler (Moderator): Ja, dann ist es aber nicht bloß Erweiterung, sondern das ist eigentlich ein neuer Antrag, nicht?

Herr Böhme.

Böhme (SPD): Herr Meißner, bitte verzeihen Sie mir, ich bin auch dafür, daß die Müllimporte in die DDR eingestellt werden.

Ökologische Fragen (Fortsetzung)

Aber in der Frage West-Berlin ist es doch eine völlig andere geographische und auch vertragliche Situation. Das muß überdacht werden, und ich bin der Meinung, daß auch dieser Antrag verwiesen wird an den Ausschuß, denn hier ist die Zweckbestimmung, die Zielsetzung, nicht eindeutig benannt.

Ziegler (Moderator): Herr Möller.

Möller (NDPD): Ich möchte darauf verweisen, daß, wenn, wie der Inhalt des Antrages ist, eine **Prüfung der Verträge** stattfinden soll, auch die Verträge mit der Freien und Hansestadt **Hamburg** und mit anderen Partnern der DDR stattfinden sollte.

Im übrigen ist das Vorhaben zu begrüßen. Ich muß nur daran erinnern, daß die Erklärungen des Ministers für Natur-, Umweltschutz und Wasserwirtschaft natürlich diesbezüglich, natürlich ihre Grenzen in der Rechtsgültigkeit bestehender Verträge haben, über die man sich hier nicht so ohne weiteres hinwegsetzen kann.

Ziegler (Moderator): Ja, die Medien haben uns ja unterrichtet, daß da an dieser Stelle eine ganze Menge schon im Gang ist. Das können wir natürlich jetzt noch mit unterstützen. Herr Böhme hat gesagt: Verweisen an die Arbeitsgruppe.
Herr Jordan? – Ja, natürlich, Sie müssen dran.

Jordan (GP): Ich bin der Meinung, daß dieser Vertrag nicht an die Arbeitsgruppe verwiesen werden sollte, weil wir in der Arbeitsgruppe diese Umstände, die zum Abschluß dieses Vertrages führten, nicht aufklären können.

Dieser Zusammenhang muß tatsächlich eben in mehreren Ausschüssen und vor allen Dingen auch im Ministerium für Umweltschutz aufgeklärt werden. Und insofern also würde eine Verweisung also uns hier nicht weiterbringen.

Ziegler (Moderator): Herr Schulz.

Schulz (NF): Mir ist der so gestellte Antrag noch nicht präzise genug.

Es geht sicherlich der Grünen Partei, der Grünen Liga ja nicht nur um die Prüfung, sondern es muß die Aussage darin enthalten sein, daß eine Überprüfung – – in der Hinsicht eine Entscheidung zur bisherigen Praxis getroffen wird nach der Überprüfung. Das heißt, eine Überprüfung muß mit einer Schlußfolgerung abgeschlossen werden, ob diese Praxis sachlich so korrekt war oder ob diese Praxis sofort unterbrochen werden muß oder eingeschränkt werden muß.

Es muß am Ende ein Entscheid erfolgen nach der Prüfung. Also, ich würde bitten, daß dieser Satz in Richtung einer Verbindlichkeit, eines verbindlichen Entscheids erweitert wird.

Ziegler (Moderator): Ja, dann müßten Sie bloß bitte Vorschläge machen, wenn Sie hier Abänderungsanträge machen. Sonst ist eigentlich eine Vertagung notwendig. Wir können nicht unausgegorene Vorschläge hier immer an dem Tisch wieder selbst umformulieren.

Frau Töpfer ist jetzt erst dran. Ja, und dann kommt der Geschäftsordnungsantrag. Er kommt sofort.

Frau Töpfer (FDGB): Wir unterstützen prinzipiell das Anliegen dieses Antrages, und ich kann mir in diesem Moment vorstellen, daß es doch leicht ist, die Ergänzung zu machen, hier mündlich vorzutragen und daß dann darüber abgestimmt wird, daß die Verträge zu prüfen sind und das Resultat der Prüfung bei der weiteren **Vertragspraxis** zu berücksichtigen ist.

Ziegler (Moderator): Bitte formulieren Sie es, daß wir dann darüber abstimmen können.

Aber jetzt haben wir erst einen Geschäftsordnungsantrag von Herrn Nooke.

Nooke (DA): Ich bin dafür, daß wir das abstimmen hier, was hier vorliegt.

Ziegler (Moderator): Ohne Änderungen, ja?

Nooke (DA): Ja.

Ziegler (Moderator): Na ja, aber es waren nun vorher eben die Änderungsfragen, nicht?
Herr Böhme.

Böhme (SPD): Bitte entschuldigen Sie. Sie setzen uns da unter einen Zwang. Für uns ist das Anliegen so wichtig, daß wir gern mit Ja stimmen möchten. Aber so können wir nicht abstimmen, wie es formuliert da ist.

Ziegler (Moderator): Herr Nooke, Sie können gleich antworten. Sie kommen gleich dran, ja, Herr Nooke.
Herr Nooke, antworten Sie ruhig.

Nooke (DA): Ja, ich will bloß noch einmal sagen, natürlich ist es wichtig, bloß wir haben hier wahrscheinlich noch mehr zu tun. Und wir verzetteln uns und sind nicht in der Lage, das so zu formulieren, daß auch den Bürgern hier deutlich wird, daß es uns wirklich wichtig ist.

Und deshalb, denke ich, ist der erste Satz doch nicht so falsch, daß man ihn nicht abstimmen kann. Und bis zum 18. März [1990] ist ohnehin nicht soviel Zeit, daß noch wesentliche Entscheidungen darüber hinaus möglich sind, und dann wird neu entschieden werden.

Ziegler (Moderator): Ja.
Jetzt haben wir wieder [einen] Geschäftsordnungsantrag von Herrn Wiedemann.

Wiedemann (CDU): Ja, also ich schlage vor, daß der Antragsteller den Antrag noch einmal zurücknimmt, und zwar, indem er die ersten beiden Zeilen seines Antrages dahingehend ausformuliert, warum denn nun eine neuerliche Prüfung gemacht werden soll.

Ich kann nicht in die Begründung hineingeben, warum die Prüfung – – das müßte oben drin stehen, in welche Richtung denn geprüft werden soll. Soll da also Verträglichkeit oder das Grundwasser – – oder was? Hier geht es ja nach meiner Auffassung darum, daß hier überhaupt die gesamte – – wie das zustande gekommen ist. Es geht also mehr um die Ökonomie als um Wirkungen. Und ich würde vielleicht vorschlagen, Herr Jordan, vielleicht können Sie das noch einmal überprüfen und noch einmal dann richtigstellen. Ich bin gerne bereit, stimme da mit Herrn Böhme überein.

Ziegler (Moderator): So, also Moment einmal, jetzt verheddern wir uns doch, indem wir Geschäftsordnungsanträge stellen in Sachdebatten.

Jetzt war angeraten, Herr Jordan, daß Sie zurückziehen, um in Ruhe präziser, noch gezielter formulieren zu können. Das ist eine Frage an Sie. Und dann müßte erst einmal darüber abgestimmt werden, was Herr Nooke gesagt hat, nicht?

Jordan (GL): Also ich meine, bei der Lage der Dinge, daß auch nicht einmal der **Untersuchungsausschuß** Zugang zu diesen Unterlagen bekommt, und, also, der Kalamität hier in der Mark Brandenburg, die jetzt also zu dem **Müllimportstopp** durch das Ministerium geführt hat, ist die Sache nicht klarer zu formulieren, als daß wir hier vom Runden Tisch eine Klärung, eine Prüfung jetzt verlangen müssen dieser Gesamtvorgänge an sich, um dann also eben auch notfalls also mit diesem Ergebnis vielleicht DDR-seitig diese Verträge zu kündigen. Aber das kann nicht vornab stehen.

Ziegler (Moderator): Zur Geschäftsordnung Herr Ducke, und dann Herr Böhme.

Ducke (Co-Moderator): Ich beobachte jetzt als Moderator die Diskussion mehrfach bei Anträgen. Die Änderungen erscheinen mir immer wieder sehr begründet, aber sie stehen nicht zum Antrag.

Ich bin doch dafür, daß der Antragsteller ein Recht hat, über seinen Antrag abstimmen zu lassen, unabhängig von Veränderungen.

Herr Jordan hat mehrfach dargestellt: Der Antrag steht so. Wir können gar nicht anders formulieren. Ich bitte, einfach abzustimmen. Ist das so richtig?

Ziegler (Moderator): Das ist der Antrag auch von Herrn Nooke, ja? Herr Böhme, Sie hatten auch sich noch zur Geschäftsordnung – –

Böhme (SPD): Ich wollte nur anfragen, ob es nicht möglich ist, daß wir diesen Antrag für heute, Letztabstimmung zurückstellen und zwei oder drei Personen ihn umformulieren in dem Anliegen, wie es Herr Jordan vorgetragen hat.

Ziegler (Moderator): Ja, das ist ja mehrfach gemacht worden.

Böhme (SPD): Wir möchten ja gern mit „Ja" stimmen, aber so können wir nicht.

Ziegler (Moderator): Herr Jordan hat, das ist Herrn Jordan nahegelegt worden, er hat eben begründet, daß er dabei bleibt, und jetzt ist Herr Nookes Antrag natürlich klar. Es heißt Abstimmung darüber, das hat er beantragt, nicht? So, ich lasse über den Text, so wie er ist, von [**Vorlage**] **10/15** jetzt abstimmen. Wer dafür ist. Ja, also, ich bitte jetzt doch – –

Nooke (DA): Ich bin bereit, meinen Antrag zurückzuziehen, wenn vom Ministerium für Umweltschutz, wenn Professor Succow vielleicht noch dazu etwas definitiv sagen kann. Aber sonst sehe ich da keinen Grund.

Ziegler (Moderator): Ja, jetzt wollen wir nicht aufgeregt werden. Wir bleiben schön bei der Geschäftsordnung.

Es ist beantragt worden: Abstimmung. Und es wird jetzt abgestimmt. Sie haben alle Chancen gehabt, Anträge zur Änderung und zur Präzisierung zu machen oder zurückzuziehen. Sie haben es nicht gemacht. Und jetzt wird abgestimmt. Sie müssen dann eben dagegen stimmen. Ja, natürlich, haben Sie auch noch – –

Wer ist für den **Antrag 10/15**, den bitte ich um das Handzeichen. – Das müssen wir auszählen. – 16 dafür. Wer ist dagegen? – Keiner? Wer enthält sich der Stimme? – 22 Enthaltungen. Schade, es wäre sicher anders gegangen, aber es ist nun so, nicht? Gut, ist durch der Antrag.

Wir kommen zu [**Vorlage**]**10/17**. Das hat nun vielerlei Unterschriften. Hier ist eine breite Zustimmung offensichtlich zu dieser Frage der **Wasserzähler**. Wer trägt es denn noch vor und begründet es? Wer ist damit beauftragt?

Herr Schlüter, ja? Bitte.

Schlüter (GL):

> [**Vorlage 10/17, Beschlußantrag GL, GP, DA, NF, VL, SPD, NDPD, IFM, UFV: Installation von Wasserzählern**]
>
> Wir geben uns nicht mit der Erklärung des Umweltministers vom 29. Januar [1990] zufrieden, die Produktion von Wasserzählern auf das Ministerium für Maschinenbau abzuschieben und damit erst einmal vom Runden Tisch zu bringen. Wir fordern sofort in eigener Kompetenz die Produktion von Wasserzählern zu beginnen, sie einzubauen und so der maßlosen Verschwendung Einhalt zu gebieten. Den produktionsbeantragenden Betrieben ist schnellstens die Genehmigung zu erteilen.

Ziegler (Moderator): Sie haben nichts weiter auszuführen, ist ja auch klar, nicht?

Schlüter (GL): Nein, das ist eindeutig.

Ziegler (Moderator): Ja.
Frau Töpfer, bitte.

Frau Töpfer (FDBG): Ich habe eine Anfrage dazu, was unter „in eigener Kompetenz" zu verstehen ist.

Ich befürchte, daß dieses Ministerium kadermäßig und auch finanziell nicht in der Lage sein wird, das zu tun.

Vielleicht sollte man „in eigener Kompetenz" auslegen, daß man das der Wirtschaft überläßt, wenn wir jetzt von Markt sprechen, auch hier einen Markt zu finden und einzusteigen.

Ziegler (Moderator): Mir scheint auch das sehr mißverständlich zu sein. Wenn wir die drei Worte streichen, glaube ich, bleibt die Forderung klar, nicht.

Schlüter (GL): Ist in Ordnung.

Ziegler (Moderator): Ja, drei Worte streichen!
Herr Hegewald.

Hegewald (SED-PDS): Ich finde, hier liegt wieder einmal ein alter Denkfehler zugrunde, daß man immer den **Schwermaschinenbau** benötigt, um Wasseruhren herzustellen.

Mir scheint, ganz wichtig wäre, daß die kleineren und mittleren Betriebe in diese Produktion einbezogen würden, und dazu müßte das entsprechend auch ausformuliert werden.

Ziegler (Moderator): Wenn Sie helfen könnten, wäre das sehr förderlich.
Bitte, Herr Stief.

Stief (NDPD): Das ist hier nicht ausgeführt in dem Antrag, aber es gab eine Verständigung in der Pause, daß in der Tat an solche **Mittel- und Kleinbetriebe** gedacht ist, die bereits Angebote unterbreitet haben und die von einigen Räten der Bezirke zurückgewiesen wurden. Also die Kapazität ist da.

Ziegler (Moderator): Na, könnte das nicht formuliert werden, daß das dann – –

Schlüter (GL): Das steht aber schon darin.

Ziegler (Moderator): Steht schon darin.

Schlüter (GL): „Produktionsbeantragende Betriebe".

Ziegler (Moderator): Wie bitte?

Ökologische Fragen (Fortsetzung)

Schlüter (GL): Es steht darin „produktionsbeantragende Betriebe".

Ziegler (Moderator): Ach so, ja.

Schlüter (GL): Es ist also schon ein Schriftverkehr. Es sind Betriebe da, die die herstellen möchten.

Ziegler (Moderator): Na ja, also richtig, ja. Gut. Herr Meißner. Ach, Herr Meißner, ja.

Meißner (DBD): Ich beantrage, daß man diese ersten vier Zeilen etwas abändert.

Wir haben vorhin festgestellt, daß die **Wasserzähler** nicht in die Kompetenz des Ministers für Naturschutz, Umweltschutz und Wasserwirtschaft gehören.

Ich würde vorschlagen, wir geben uns nicht zufrieden mit der Erklärung des Umweltministers vom 29. Januar [1990] hinsichtlich der Produktion von Wasserzählern. Punkt. Aus. Er wollte nichts abschieben, sondern es gehört nicht in seine Kompetenz.

Ziegler (Moderator): Ja, dann hieße der Text, den Sie vorschlagen noch einmal – –

Meißner (DBD): „Wir geben uns nicht zufrieden mit der Erklärung des Umweltministers vom 29. Januar [1990] hinsichtlich der Produktion von Wasserzählern."

Ziegler (Moderator): Ich fände es auch besser. Das klingt so ein bißchen diffamierend mit dem Abschieben, nicht? Ja. Aber das müssen Sie sagen.

Schulz (NF): Ich möchte dazu eine Erwiderung [geben]. Ich hatte mich gemeldet. Ich möchte dazu eine Erwiderung geben.

Das war der genaue Text des Ministers. Das ist wörtliche Rede oder sinngemäße Rede. Und es entspricht auch der Praxis dieses Ministeriums. Es entspricht auch der Praxis bisheriger Regierungsarbeit: Was nicht in mein Ressort fällt, schiebe ich in das andere, und da bleibt es liegen, weil die es nicht annehmen. Das ist der eigentliche Grund, und ich bin sehr dafür, daß der Text so stehenbleibt, damit der Bürger sieht, daß diese Belange weggeschoben werden.

So ist es nämlich.

Ziegler (Moderator): Herr Schlüter.

Schlüter (GL): Wir lassen es so, wenn die Zustimmung dann bei der Abstimmung erreicht wird.

Ziegler (Moderator): Gut. Also, wir haben aber einen Abänderungsantrag, den wir denn erst ablehnen müssen, wenn er nicht zurückgezogen wird. Sie haben ihn gestellt, nicht, Herr Meißner? Ja, ja. Dann müssen wir darüber befinden gleich. Ja, Sie sind aber erst noch dran. Sie auch?

Stief (NDPD): Was die Vergangenheit betrifft und die Arbeitsweise des Ministeriums für Umweltschutz und Wasserwirtschaft, gebe ich Herrn Schulz völlig recht.

Ich glaube, wir haben eine neue Situation, und fairerweise würde ich meinen, daß doch ohnehin angestrebt wird in diesem Ministerium, keine materiellen Basen mehr zu haben, sondern es würde sich dahin entwickeln zu einem Amt.

Insofern ist es mir wirklich ein bißchen schräg formuliert. Das Abschieben ist auch nicht die Lösung, wenn wir das hier so formulieren. Man sollte verdeutlichen, daß Freiraum geschaffen wird für alle Interessenten, die zweifellos schon vorhanden sind für den Bau von Wasserzählern.

Ziegler (Moderator): Also, Herrn Schulzes Meinung und die von den Antragstellern kann ja siegen, aber jetzt haben wir einen Abänderungsantrag und über den stimmen wir ab. Und dann wird sich zeigen, wie hier die Mehrheit denkt, nicht?

Ja, Herr Schulz? Ja, das lassen wir noch einmal lesen bitte, ja?

Meißner (DBD): „Wir geben uns nicht zufrieden mit der Erklärung des Umweltministers vom 29. Januar [1990] hinsichtlich der Produktion von Wasserzählern. Wir fordern, sofort die Produktion von Wasserzählern zu beginnen" und so weiter, wie das dann dort steht.

Ziegler (Moderator): Ja, ist verstanden, ja? Wer dieser Abänderung des Textes zustimmt, den bitte ich um das Handzeichen. – Das müssen wir auszählen. – Das sind 33, also 34, das ist auf jeden Fall die Mehrheit, aber wir fragen, wer dagegen ist. – Ja, 1 dagegen. Enthaltungen? – Keine. Dann ist jetzt ja Text –, oh ja, Entschuldigung, 2 Enthaltungen, der Text so festgestellt.

Können wir dann über die Gesamtvorlage abstimmen? – Kein Widerspruch. Wer stimmt für die **Gesamtvorlage 10/17** in der veränderten Fassung, den bitte ich um das Handzeichen. – Das ist eindeutig die Mehrheit. Wer ist dagegen? – Wer enthält sich der Stimme? – 1 Enthaltung. Danke.

Jetzt Herr Stief, bitte. [Vorlage] 10/18, das war das, was Sie bei der Diskussion über 10/3 schon eingebracht und erläutert haben, aber nun liegt es schriftlich vor.

Stief (NDPD): Damit die Anhörung des Ministers von heute morgen im Zusammenhang mit dem Tagesordnungspunkt 2 ein Ende hat insofern, daß wir eine Verständigung über die weiteren Schritte herbeizuführen gedenken, möge der Runde Tisch beschließen:

> [**Vorlage 10/18, Antrag NDPD: Die Regierung wird aufgefordert, das Material des Runden Tisches begutachten zu lassen und die Änderungs- und Ergänzungsvorschläge in das Material einzubeziehen**]
>
> 1. Der Runde Tisch nimmt die Information zur Entwicklung der Umweltbedingungen in der DDR und weitere Maßnahmen, Basisjahr 1988, zur Kenntnis.
>
> 2. Die Regierung wird aufgefordert, das Material durch die Arbeitsgruppen „Ökologischer Umbau" und „Gesundheit" des Runden Tisches begutachten zu lassen. Sie wird aufgefordert, vor der Offenlegung der Information die von den genannten Arbeitsgruppen zu unterbreitenden Änderungs- und Ergänzungsvorschläge in das Material einzubeziehen.

Anmerkung am Rande: Das würde uns Freiraum schaffen für weitere Aktivitäten. Ich bin nicht ganz sicher, ob die Bezeichnung „Gesundheit" richtig ist.

Ziegler (Moderator): Ja, die ist inzwischen richtig, weil sich „Gesundheit" und „Soziales" in zwei **Arbeitsgruppen** geteilt haben.

Ja, war vorhin schon diskutiert worden, gibt es dazu noch Rückfragen? Danke. Das ist nicht der Fall. Dann können wir – wie?

Succow (LDPD): Ganz kurz. Das ist der Bericht '88. Wir bereiten ja jetzt den Bericht '89 vor, der Mitte März vorliegen soll. Und ich würde vor allen Dingen sehen, daß in dem neuen Bericht dies [Arbeitsgruppe] „Ökologischer Umbau" und [die] Gesundheitsgruppe eben ihren Einfluß geltend machen.

Ziegler (Moderator): Ja, gut. Das war ja auch vom Minister angekündigt, daß wir diesen Bericht kriegen. Dann frage ich, wer stimmt diesem Antrag hier zu? Den bitte ich um das Handzeichen. – Danke. Das ist die Mehrheit. Wer dagegen? – Enthaltung? – 1 Enthaltung.

Damit haben wir die Anträge zu diesem ganzen Paket erledigt. Ich muß aber noch sagen, daß die **Informationen 10/5** [Vorschläge PDS: Zur Verwirklichung einer weitsichtigen Umweltpolitik durch die Regierung[11]], **10/6** [Information DA: Eckpunkte und einige Diskussionsaspekte für die Ausarbeitung eines neuen Energiekonzeptes[12]] und **10/8** [Zwischenbericht der PDS-Arbeitsgruppe: Zu den Ursachen der bisherigen Nicht-Umweltpolitik der DDR[13]] auch in dieses Paket gehören, und wir sollten die Arbeitsgruppe „Ökologischer Umbau" bitten, sie auszuwerten und in ihre Überlegungen miteinzubeziehen.

Merbach (DBD): Einverstanden.

Ziegler (Moderator): Danke. Damit ist dieser Tagesordnungspunkt 2, der Haupttagungsordnungspunkt 2 beendet.

Leider sind wir mit den Dingen nicht fertig. Sie haben gehört, daß wichtige Dinge noch anstehen. Es muß noch die eine Erklärung, die wir hier in der Zwischenzeit Ihnen zur Kenntnis gegeben haben, zu Ende gebracht werden, und wir müssen heute unbedingt über **Öffentlichkeitsarbeit**, das haben wir zugesagt, und die Zulassungsfrage noch sprechen.

Darum ist mein Vorschlag jetzt, eine Viertelstunde Pause bis 17.00 Uhr zu machen und dann in einer Stunde zu versuchen, den Rest zu erledigen. Einverstanden?

Vielen Dank. Eine Viertelstunde Pause.

[Pause von 16.45 Uhr–17.00 Uhr]

TOP 6: Überlegungen für eine neue Verfassung

Ducke (Moderator): Meine Damen und Herren. Ich bitte Sie, auf die Uhr zu schauen, festzustellen, es ist 17.02 Uhr. Bitte nehmen Sie wieder Platz. Die Pause ist beendet. Wir beginnen auch vor leeren Stühlen.

So, meine Damen und Herren. Wir beginnen wieder, die Sitzung nach der Pause. Auf unserer Tagesordnung steht der Punkt: Überlegungen für eine **neue Verfassung**. Wenn der Antragsteller nicht da ist, übergehen wir dies ersatzlos. Das hat jetzt keinen Zweck.

Ich rufe auf den Tagesordnungspunkt 3: Überlegungen für eine neue Verfassung. Das ist in Ihren Papieren die **Vorlage 10/2**.

Ich rufe letztmalig diesen Punkt auf, sonst setzen wir ihn von der Tagesordnung ab.

Ich bitte den Antragsteller für **10/2** auch Platz zu nehmen. Herr Templin. Den Antrag trägt vor Herr Templin für die AG „Neue Verfassung". Ist Herr Templin anwesend? Das ist nicht der Fall. Wir können diesen Punkt nicht bearbeiten.

Wir gehen zum nächsten Punkt: **Öffentlichkeitsarbeit.**

Meine Damen und Herren, kann ich noch einmal bitten, daß die Interviews beendet werden, die Türen geschlossen [werden]. Wir haben die Verhandlung begonnen.

Es tut mir leid, wir kommen nicht zu den Anträgen. Dann bitte [ich] doch hereinzukommen. Kann nicht Herr Pflugbeil, sagen Sie doch bitte einmal Herrn Templin, daß er nicht vor der Tür stehen bleibt.

Bitte, Herr Pflugbeil.

Herr Templin, Sie sind dran, und wir haben den Antrag von Ihnen schon vertagt. Bitte, Sie sind dran. Wir hatten zwar schon vertagt, aber ich habe Sie noch einmal aufgerufen, die **Vorlage 10/2** bitte einzubringen, sonst lassen wir den Punkt fallen.

Bitte.

Templin (IFM): Ich hatte vorhin schon im Gespräch erwähnt, daß in der Formulierung der Tagesordnung ein Fehler beziehungsweise ein Mißverständnis unterlaufen ist[14].

Die Vorstellungen für die neue Verfassung, die hier angegeben wurden, sind Arbeitsgegenstand in der Arbeitsgruppe „Verfassung" des Runden Tisches. Die sind aber heute hier nicht zur Diskussion gestellt. Die sind vorbereitet, würden aber zu einem späteren Termin kommen.

Und heute geht es um eine vorzuschlagende Änderung zum Beschlußantrag der Volkskammerkommission. Bei dieser Änderung geht es um folgendes:

> [**Vorlage 10/2, Antrag AG „Neue Verfassung": Änderung zum Beschlußantrag der Volkskammerkommission**]
>
> (2) Der Artikel 22 wird durch Absatz 4 und Absatz 5 ergänzt:
>
> „In der Deutschen Demokratischen Republik wohnhafte ausländische Bürger und Staatenlose haben Wahlrecht zu den Kreistagen, Stadtverordnetenversammlungen und Gemeindevertretungen.
>
> (3) Das nähere regeln die Wahlgesetze."
>
> § 3
>
> Der Artikel 54 wird wie folgt verändert:
>
> „Die Volkskammer besteht aus 400 Abgeordneten, die vom Volke unmittelbar auf die Dauer von vier Jahren in freier, allgemeiner, gleicher und geheimer Wahl gewählt werden."

Ducke (Moderator): Danke Herr Templin.

Das, worauf sich dieser Antrag bezieht, finden Sie auf dem Antrag auf der Rückseite [**Information 10/3a, Antrag Kommission der Volkskammer zur Änderung und Ergänzung der Verfassung der DDR vom 19. Januar 1990**[15]]. Da haben Sie den Text der Kommission der Volkskammer, und ich denke, jeder hatte lange genug Gelegenheit, sich damit auseinanderzusetzen. Wünscht jemand das Wort jetzt dazu?

Bitte, Herr Poppe.

---

[11] Dokument 10/6, Anlagenband.
[12] Dokument 10/7, Anlagenband.
[13] Dokument 10/8, Anlagenband.
[14] TOP 3 des „Vorschlages zur Tagesordnung" (siehe Dokument 10/1 im Anlagenband) lautet: „Überlegungen für eine neue Verfassung".
[15] Dokument 10/9, Anlagenband.

Poppe (IFM): Ja. Ich wollte dazu auch nur sagen, es geht jetzt nicht darum, über den Wortlaut an sich abzustimmen und ihn dann einzubringen, denn er ist bereits heute in die **Volkskammer** eingebracht worden als Änderung von Frau Tatjana Böhm vom Unabhängigen Frauenverband im Auftrag der Arbeitsgruppe „Neue Verfassung". Wir bitten nur, das sozusagen nachträglich zu sanktionieren. Diese Vorgehensweise war aufgrund der Kürze der Zeit nicht anders möglich.

Ducke (Moderator): Danke, Herr Poppe, für die Erklärung. Damit erübrigt sich vielleicht eine lange Diskussion. Der Antrag ist von seiten der AG „Neue Verfassung" vorgetragen. Ich weise noch einmal darauf hin, daß wir natürlich auch darüber sprechen müssen, daß die AGs, die Arbeitsgemeinschaften, Zuarbeit für den Runden Tisch zu leisten haben und nicht von sich aus in die Öffentlichkeit gehen können. So wurde das heute noch einmal in der Prioritätengruppe festgelegt. Ich weise darauf noch einmal ausdrücklich hin. Unter diesen Umständen war es der Arbeitsgemeinschaft „Neue Verfassung" nicht anders möglich. Wir nehmen das zur Kenntnis.

Wir stimmen ab, inwieweit Sie mit diesem Antrag sich einverstanden erklären können.

Darf ich dazu – – ist das eine Wortmeldung? Darf ich fragen, ob dazu jemand noch sprechen möchte, sonst lassen wir abstimmen. Das ist nicht der Fall.

Wir können abstimmen lassen. Ich stelle die Frage, wer für diesen Antrag, **Vorlage 10/2**, ist. Den bitte ich jetzt um das Handzeichen. – Das ist die Mehrheit. Darf ich fragen, wer ist dagegen? – Das ist nicht der Fall. Wer enthält sich der Stimme? – Auch das ist nicht der Fall. Der Antrag ist einstimmig angenommen.

So können wir wirklich schon den nächsten Tagesordnungspunkt aufrufen. Herr Templin hat uns ja erklärt, daß die Diskussion über die neue Verfassung zu einem späteren Zeitpunkt kommt.

Ich rufe auf den Punkt: Öffentlichkeitsarbeit des Runden Tisches.

Dazu erteile ich das Wort an Herrn Ziegler.

TOP 7: Öffentlichkeitsarbeit des Runden Tisches

Ziegler (Co-Moderator): Die Zuschauer und die Hörer, die unsere Verhandlungen am Runden Tisch verfolgen, haben ein Anrecht darauf, einige Erklärungen zur Öffentlichkeitsarbeit des Runden Tisches zu hören.

Ich zeige hier einmal, was so im Laufe eines Tages oder zweier Tage an Post hier eingeht. Unser Arbeitssekretariat ist zwar jetzt mit zwei Sekretärinnen und einem Leiter besetzt, trotzdem muß ich sagen: Wir sind nicht in der Lage, das Engagement, das sich in diesen **Zuschriften** und in **Telefonanrufen** ausdrückt, durch Beantwortung aller Briefe aufzunehmen. Wir verfahren mit allen Briefen so, daß sie durchgesehen werden, und sofern sie ein Thema anschneiden, das in einer der Arbeitsgruppen bearbeitet wird, wird der zuständige Vorsitzende davon sofort informiert und erhält diesen Brief mit der Bitte, es in die Arbeit einzubeziehen.

Aber es bleibt natürlich eine große Fülle von Fragen an den Runden Tisch, die wir auf diese Weise nicht fruchtbar machen können, und darum haben wir inzwischen ein Angebot des Rundfunks „Radio DDR", daß sie eine besondere **Sendung** am kommenden Mittwoch und vielleicht auch noch danach einmal halten wollen mit dem Titel etwa „**Mitglieder des Runden Tisches antworten auf Anfragen**".

Wir haben vor, daß dazu die Briefe und die Telefonanrufe, über die immer ein Vermerk gemacht wird, gesichtet werden, und wir Fragen, die immer wieder gestellt werden, herausnehmen und sie dann beantworten lassen, soweit das in einer Zeit von einer Stunde, einer einstündigen Sendung, möglich ist.

Wir möchten alle Hörer, alle Briefeschreiber, alle Eingeber herzlich um Verständnis bitten, daß es nicht möglich ist, anders zu verfahren.

Am kommenden Mittwoch soll die erste Sendung sein. Vielleicht kann der Vertreter von „**Radio DDR**" oder die Vertreter von „Radio DDR", die ja unsere Verhandlungen hier laufend verfolgen, selbst etwas dazu sagen. Dann würden wir herzlich darum bitten. Es ist dann direkt.

Ducke (Moderator): Ja, bitte, Herr Huhn von „Radio DDR".

Huhn („Radio DDR"): Ich darf ausnahmsweise dieses Mikrofon benutzen?

Wir freuen uns, daß Sie mit uns gemeinsam diese Sendung gestalten wollen, meine Damen und Herren, am Mittwoch zwischen 16.00 und 17.00 Uhr bei „Radio DDR". Und wir machen Ihnen auch einen weiteren Vorschlag, am 7. Februar [1990], am kommenden Mittwoch zwischen 8.00 und 9.45 Uhr, würden wir unser **Telefonforum** auch diesen Fragen zur Verfügung stellen.

Wir würden Sie bitten, daß Sie sich auf Namen einigen, wer von den Damen und Herren des Runden Tisches dann zu uns ins Funkhaus kommt und die Fragen der Hörer beantwortet.

Ducke (Moderator): Dazu kann ich schon eine Antwort geben. Es liegt die Bereitschaftserklärung vom Neuen Forum vor; da würde Frau Köppe kommen. Von den Parteien, die schon in der Volkskammer vertreten sind, liegen auch Namensvorschläge vor, aber noch nicht die Entscheidung, wer über welches Thema am Mittwoch sprechen muß. Oder ist einer der Herren schon jetzt bereit? Denn wir legen nicht die Themen vorher fest, sondern es müßte nur jetzt jemand die Entscheidung treffen, wer wird in jedem Fall am Mittwoch dabei sein und über diese Themen sprechen. Es hat sich gemeldet Herr Schieferdecker von [der] SED-PDS. Danke für die Bereitschaftserklärung.

Damit wissen auch die Hörerinnen und Hörer gleich, wer die Fragen beantworten wird und die Briefe. Herr Wiedemann von der CDU steht auch noch parat. Es wird noch zu entscheiden sein, wieviel daran teilnehmen können. Danke schön. Herr Musch.

Es sind sowieso nur zwei Leute. Das war vielleicht jetzt ein Mißverständnis. Die Bereitschaftserklärung von Herrn Gehrke liegt vor, aber ich höre gerade für den Mittwoch, gern, danke. Wäre das zu dem Thema auch?

Ziegler (Co-Moderator): Ja, ich muß noch einen kleinen Nachtrag machen. Manchmal kriegen wir **Briefe.** Sie sind oft auch umfangreich; das zeigt ja, wie sehr sich der Verfasser mit der Materie befaßt hat, aber so endet dann etwa dieser Brief mit der Forderung: Ich bitte, dieses vor dem Runden Tisch zu verlesen.

Wir müssen um Verständnis bitten, daß das nicht möglich ist, denn Sie haben ja unsere Arbeit heute verfolgt. Wenn wir nun noch alle Briefe, die in dieser Weise enden, verlesen sollen, das geht einfach nicht. Sie können aber sicher sein, die Briefe werden beachtet und, soweit es irgend geht, in die Arbeit des Runden Tisches einbezogen.

Ducke (Moderator): Unsere Pressevertreter machen mich noch aufmerksam auf die Telefonnummer. Der Rundfunk „Radio DDR" gibt ja sicher die entsprechende Telefonnummer Ihnen am Radio durch. Danke schön.

Jetzt geht es schnell, denn ich kann schon den nächsten Tagesordnungspunkt aufrufen, nämlich Nummer 5. **Anträge auf Zulassung.** Auch hier muß ich wieder den Leiter der Prioritätengruppe bitten, das Wort zu ergreifen.

Herr Ziegler, heute ist ein strammer Tag für Sie. Bitte.

TOP 8: Anträge auf Zulassung weiterer Parteien, Gruppierungen als Mitglieder bzw. Beobachter am Runden Tisch

Ziegler (Co-Moderator): Mit dem, was ich Ihnen jetzt sagen werde, werde ich wahrscheinlich die Enttäuschung von allen Seiten hervorrufen. Das will ich gleich vorneweg ankündigen, weil wir auch heute in der **Prioritätengruppe** keine glatte Lösung für das Problem, das ich Ihnen jetzt vortragen muß, finden konnten.

Es liegen jedesmal neu Anträge auf Zulassung vor, auf Zulassung als Mitglieder am Runden Tisch, unter anderem aber auch manchmal als Beobachter.

Und so will ich Ihnen bekanntgeben, daß im Augenblick folgende Anträge vorliegen: Die Anträge der marxistischen Partei „**Die Nelken**", der Antrag der **UVP** – ich werde das einmal übersetzen, die einzige „**Unabhängige Volkspartei, die Partei der sozialen Gerechtigkeit, der Freiheit und Demokratie**". Es liegt vor der Antrag auf Mitarbeit am Runden Tisch des **Verbandes der Berufssoldaten der DDR**. Es liegt vor der Antrag der **Europaunion der DDR** auf Beobachterstatus.

Und schließlich gibt es eine Reihe von Anträgen oder Neuanträgen. So hat sich die Arbeitsgruppe zur Bildung einer **Nationalen Bürgerbewegung** erneut an uns gewandt und auch ihre Enttäuschung und ihren Protest zum Ausdruck gebracht, daß die Teilnahme am Runden Tisch nicht genehmigt worden ist, und es ist ihr Antrag erneuert worden. Dasselbe ist zu sagen vom Bundesvorstand des **Demokratischen Frauenbundes Deutschlands**, die natürlich beobachtet haben, wie die Zulassungen erfolgten hier am Runden Tisch und meinen, sie seien nicht recht behandelt worden und darum den Antrag erneut gestellt haben.

Schließlich hat die Geschäftsstelle „**Runder Tisch der Jugend**" einen Antrag gestellt, hier am Zentralen Runden Tisch vertreten zu sein. Das wird gekoppelt mit dem Hinweis, daß der Beobachterstatus der **FDJ** damit hinfiele, da sie ebenfalls am „Runden Tisch der Jugend" vertreten sind.

Dann läuft das sehr oft so wie auch heute, daß mitten in die Verhandlung hinein – ich sortiere jetzt immer schon die Uhrzeit – Anträge kommen. So habe ich hier um 9.45 Uhr den Antrag erhalten, daß die Umwandlung unseres Teilnehmerstatus als Beobachter in Teilnehmerstatus mit Stimmrecht dringend gestellt wird von der **Deutschen Forumspartei.** Mündlich hat sich die **DSU** [Deutsche Soziale Union] ähnlich geäußert, auch die **FDP**. Und schließlich um 9.35 Uhr habe ich hier den Antrag des **Behindertenverbandes** mit der Bitte um sofortige Zulassung zum Runden Tisch erhalten.

Ich schildere Ihnen die Lage so, einmal, weil natürlich die Antragsteller ein Recht haben, daß ihre Anträge dem gesamten Runden Tisch zur Kenntnis kommen; zweitens aber auch, um nun zu fragen, wie zu verfahren ist. Die Prioritätengruppe hat heute darüber beraten.

Das Ergebnis ist, eine völlige befriedigende Auskunft. Nach den Kriterien kann man eigentlich nicht gehen, aber man kann einige Hinweise geben.

Hinzuweisen ist zunächst einmal [darauf], daß der Runde Tisch entstanden ist durch eine Initiativgruppe, und das **zeitliche Kriterium** – am 7. Dezember [1989] waren eben die da, die dieses in Gang gesetzt haben – eine Rolle spielt.

Zweitens, also muß man darauf hinweisen, daß die Parität damals gefordert war, was eine gewisse **Begrenzung** des Runden Tisches damals erforderlich machte in der Zahl. Und schließlich haben wir einen Beschluß gefaßt in der ersten Sitzung, daß der Runde Tisch selbst darüber entscheidet, in welcher Weise er erweitert werden kann.

Und nun kommt es zu einem sehr pragmatischen Entscheid, nämlich der Runde Tisch muß **arbeitsfähig** bleiben.

Wir werden sonst zu einer, ja etwa zu einer volkskammerartigen Versammlung und dort kann man eigentlich eine Diskussion, wie wir sie uns hier erlauben, Sie haben das ja eben gerade alle mitgemacht, sich nicht erlauben. Da kann man dann Statements angeben und sonst muß die Arbeit in den Arbeitsgruppen oder Kommissionen passieren. Es lag aber allen bisher daran, daß diese Möglichkeit belassen wird, so die Diskussion zu führen.

Und darum war nun die Frage, wie soll man verfahren. Es gibt gewiß einige Gesichtspunkte, an denen man prüfen könnte. Das erste wäre die Beachtung des **Selbstverständnisses des Runden Tisches**, wie es in der ersten Sitzung am 7. Dezember [1989] formuliert worden ist.

Man wird weiter sagen können, am [Zentralen] Runden Tisch können nur die mitarbeiten, die eine **überregionale Organisation** haben. Aber man muß weiter auch eigentlich darauf hinweisen, daß das breite Spektrum vieler politischen Ansichten hier bei uns am Runden Tisch vertreten ist.

Ein letztes Kriterium könnte man noch nennen, es müssen Parteien oder Gruppierungen sein, die nach dem **Parteiengesetz**, das erst in Arbeit ist, erfaßt werden, und die sich **zur Wahl stellen** wollen.

Alles aber führt zu keinem klaren Entscheidungsmodus. Und darum ist in der Prioritätengruppe auf folgendes hingewiesen worden: Wir werden eine weitere **Zulassung von Mitarbeitern** hier am Tisch kaum zustimmen können, wenn nicht die Arbeitsfähigkeit absolut in Frage gestellt werden soll.

Aber es gibt einige Hinweise: Es sollten doch die Parteien, die jetzt den Antrag stellen, prüfen, ob sie sich nicht vertreten lassen können von anderen bereits zugelassenen. So weiß ich zum Beispiel, daß „**Die Nelken**" ja eigentlich liiert sind mit der Vereinigten Linken. Und das ist natürlich etwas verwunderlich, daß sie nun noch einen Extra-Antrag stellen.

Außerdem, das Neue Forum ist von Anfang an in der Initiative hier mit darin und die neue **Forumspartei** ist ja entstanden aus dem Neuen Forum. Ich will nun nicht so weiter fortfahren, so könnte man viele Verbindungen noch nennen und da sollte doch wirklich auch von den Antragstellern geprüft werden, wo sie sich eventuell anschließen können.

Es sollte aber, das ist auch meine persönliche Überzeugung, denen, die den Antrag stellen, die Chance gegeben werden, in Kurzvorstellung sich dem Runden Tisch selbst mit ihren Zielen vorzustellen, damit der Runde Tisch wenigstens weiß, von wem die Anträge kommen und dann muß darüber beraten werden, ob es vielleicht doch vom **Beobachterstatus** auf besonderen Antrag hin der Runde Tisch entscheiden kann, ein **Rederecht** einzuräumen zu bestimmten Punkten, die besonders für die Betreffenden aktuell sind.

Das ist der etwas umfangreiche Bericht, der die ganze Kalamität, in der wir uns befinden, hier darlegt und für all die Anträge lautet, den Entscheid, der in der Prioritätengruppe hier empfohlen wird: Keine Neuzulassung.

Ducke (Moderator): Das heißt, wir müssen vielleicht differenzieren, Neuzulassung in **Beobachterstatus.**

Ziegler (Co-Moderator): Darüber ist im einzelnen noch nicht befunden worden.

Ducke (Moderator): Ist das so, von den Anträgen, die jetzt eben gekommen sind? Das weiß ich jetzt nicht. In der Prioritätengruppe war eine Entscheidung getroffen, daß im Beobachterstatus für die Anträge, die da lagen – –

Ziegler (Co-Moderator): Nein, das ist nicht der Fall. Das ist das letzte Mal so gewesen. Die drei, die im Beobachterstatus – –

Ducke (Moderator): Gut, wir nehmen das zur Kenntnis, daß bei der heutigen Prioritätengruppe dies nicht beschlossen worden ist. Das müssen wir jetzt zur Kenntnis nehmen.

Ziegler (Co-Moderator): Das kann ja eventuell zurückverwiesen werden und da dann noch weiter behandelt werden, nicht?

Ducke (Moderator): So, wünscht jetzt jemand das Wort, nur damit klar ist für die, die den Antrag gestellt hatten, damit Sie wissen, wie in der Prioritätengruppe entschieden wurde. Wünscht jemand jetzt das Wort dazu?
Bitte, Herr Ullmann.

Ullmann (DJ): Ich denke, es müßte auch verständlich gemacht werden können, daß der Runde Tisch ein immenses **Arbeitspensum** zu bewältigen hat. Man sollte daran denken, daß seine Arbeit endet mit der jetzt vorgezogenen Wahl, am 18. März [1990], daß also etwa noch sechs Sitzungen, wenn ich ungefähr richtig überschlage, vor uns sind.

Die Tagesordnung dieser sechs Sitzungen dürfte nach meinen bisherigen Erfahrungen weitgehend schon ausgefüllt sein, so daß jetzt eine Verlängerung der Tagesordnung über den 18. März [1990] hinaus nicht möglich ist. Aber doch angestrebt werden sollte, das bereits vorliegende Pensum einschließlich der Unmassen von Zuschriften irgendwie abzuarbeiten. Das sollte eben beachtet werden, wenn man in die Richtung votiert, wie es von der Moderatorengruppe soeben geschehen ist.

Ducke (Moderator): Darf ich nur noch einmal zurückfragen. Sie würden also dabei bleiben, daß jetzt im Moment ein **Stopp für Neuzulassungen** ist? Habe ich Sie so richtig verstanden? Ja, im Hinblick auf das Auslaufen der Arbeit.

Wünscht noch jemand das Wort? Dann müssen wir ja eine Entscheidung treffen hier im Plenum. Die Frage wird dann lauten: Die Anträge, die jetzt eben gestellt wurden – – wir erinnern uns, das letzte Mal wurde **DSU, FDP** und neue **Forumspartei** mit **Beobachterstatus** zugelassen – – für die heute Vorgetragenen ist dieser Antrag nicht in der Weise – – Deswegen muß das Plenum beschließen, was wir und wie wir damit verfahren. Oder unter Umständen noch einmal die Diskussion in die Prioritätengruppe geben, damit wir hier nicht uns, wenn keine konkreten Vorstellungen da sind, vielleicht übernehmen. Wünscht noch jemand das Wort dazu? Bitte, ja Entschuldigung.

Herr Böhme, bitte, Sie hatten sich schon gemeldet.

Böhme (SPD): Herr Dr. Ullmann hat in einer besonderen Art und Weise um das Verständnis gebeten. Ich möchte es erweitern. Es wachsen jetzt, es entstehen jetzt und wachsen eine Reihe von **demokratischen Parteien**. Egal wie sie sich im Spektrum einer späteren parlamentarischen Demokratie ansiedeln werden.

Und es ist für uns wahrscheinlich alle am Tisch, die wir Demokratie wollen, schwierig zu erklären, mit welcher **Legitimation** wir hier am Runden Tisch sitzen. Dr. Ullmann hat auf die vielen Dinge hingewiesen.

Ich bin der Meinung, daß man den Runden Tisch, um ihn arbeitsfähig zu halten, nicht direkt erweitern kann, daß man aber den Parteien und Gruppierungen, die sich anmelden nach Prüfung ihres Selbstverständnisses, wie das auch gesagt wurde, unbedingt einen Beobachterstatus einräumen sollte, und daß vielleicht die Prioritätenkommission einen Vorschlag einbringen sollte, inwieweit man ein **Mitspracherecht** oder ein **Einspruchsrecht** oder etwas in der Art und Weise, versucht zu installieren in das Selbstverständnis des Runden Tisches.

Auf jeden Fall möchte ich die Gelegenheit nutzen, um der Prioritätenkommission unter Herrn Ziegler ganz herzlich zu danken, ich glaube im Namen aller am Runden Tisch, für die sachgemäße Vorarbeit, die Sie thematisch für uns alle leisten.

Ducke (Moderator): Danke schön, das war ein Votum dafür, wenn ich Sie richtig verstanden habe, Herr Böhme, daß wir die Anträge, wie sie jetzt vorliegen, noch einmal in die Prioritätengruppe geben, um ein Einzelvotum zu machen.

Sie plädieren, daß dann empfohlen werden soll, daß sie im Beobachterstatus teilnehmen und auch dort beraten werden soll, inwieweit ein Rederecht einmal möglich ist.

Ja, bitte.

Böhme (SPD): Auf jeden Fall sollte man prüfen, inwieweit diese neuen demokratischen Parteien, so sie ein demokratisches Selbstverständnis haben, in den Arbeitsgruppen mitwirken können.

Ducke (Moderator): Da waren heute schon in der Prioritätengruppe, um nur das zu sagen, damit nicht eine große Verwirrung eintritt, eigentlich weil die Arbeitsgruppen arbeiten, ein bißchen Bedenken geäußert.

Möchten Sie dazu sprechen, Herr Dr. Ebeling, bitte.

Ebeling (DA): Ja, wir haben auch darauf hingewiesen, daß die Arbeitsmöglichkeiten dann in der Arbeitsgruppe sehr stark eingeschränkt werden, wenn wir den Kreis also so erweitern. Es ist jetzt schon sehr schwierig, konstruktiv zu arbeiten, und das wird sich natürlich dann noch verschlechtern, wenn wir also jetzt zusätzlich etwas Neues mit hineinnehmen, was ja letztendlich dann auch bearbeitet werden muß, und das unter dem Gesichtspunkt der vorgezogenen Wahl.

Ducke (Moderator): Danke, das war Herr Ebeling, Demokratischer Aufbruch. Ich schlage vor – –
Nein, Herr Lietz noch, Neues Forum.

Lietz (NF): Ja, ich denke, wenn der Wahltermin, wie ursprünglich ja vorgesehen, am 6. Mai [1990] gewesen wäre, dann wäre das Problem wirklich aktuell und müßte auch noch einmal sehr gründlich bedacht werden. Aber da die Zeit nach dem neuen Termin jetzt 18. März [1990] ist, ist also diese Zeit bis dahin im Grunde genommen so gering, daß eigentlich eine Grundsatzdiskussion durch die knappe Zeit nicht mehr nötig ist.

Ducke (Moderator): Danke schön, das war ein Votum, den Runden Tisch in dieser Zusammensetzung so zu belassen.
Ich schlage Ihnen folgendes vor: Mir scheint es richtig, daß noch einmal die **Prioritätengruppe** gerade die letzten schon seit längerem vorliegenden Anträge prüft, daß wir den Vorschlag sehr ernst nehmen, der hier ja auch die Darstellungsmöglichkeiten der neuen Gruppierung im Hinblick auf die Wahl, hier am Runden Tisch ermöglicht, wollen wir das so auch ganz offen sagen, was da ein Interesse sein könnte, das eventuell eingeräumt wird, eine Redemöglichkeit, daß noch einmal über die einzelnen besprochen wird.
Das wäre der Vorschlag der Moderatoren, daß wir jetzt diesen Beschluß so fassen könnten, im Hinblick auf Ihren Antrag, Herr Böhme. Habe ich Sie so richtig verstanden? Und das zu berücksichtigen, was vom Zeitfaktor und all dem – – auch mit in die Prioritätengruppe geben. Könnte ich diesen Antrag so stellen dem Plenum oder gibt es noch eine Wortmeldung?
Bitte, Herr Ullmann.

Ullmann (DJ): Zusatzantrag: Ich beantrage einen Beschluß des Runden Tisches, daß im Blick auf das Auslaufen der Arbeit und die nun im Blick auf die Wahlen auch gegebenen weiteren demokratischen Artikulationsmöglichkeiten im Lande **weitere Zulassungen zum Runden Tisch entfallen**. Satz zwei: Das legt uns die Verpflichtung auf, [uns] für die demokratischen Rechte aller Gruppierungen im Lande, hier in unserer Arbeit am Runden Tisch, einzusetzen.

Ducke (Moderator): Danke. Darf ich nur eine kleine Rückfrage stellen? Bezieht sich Ihr Antrag auch auf die Anträge, die jetzt schon vorliegen, wo heute in der Prioritätengruppe nicht beschlossen wurde?

Ullmann (DJ): Nein.

Ducke (Moderator): Danke. Das hieße, ich präzisiere.
Herr Schulz noch, bitte, Neues Forum.

Schulz (NF): Ich habe Schwierigkeiten, dem Antrag so zuzustimmen, wie [er] jetzt formuliert ist, daß den anderen Parteien und Gruppierungen, die es beantragt haben hier am Runden Tisch mitzuerscheinen – –

Ducke (Moderator): Herr Schulz, darf ich sagen, dies ist nicht Gegenstand mehr. Auch meine Rückfrage hat ergeben, daß sich das nicht darauf bezieht, Herr Ullmann spricht lediglich für die, deren Antrag noch nicht vorliegt.

Schulz (NF): Es geht um den Antrag der SPD: Ein pauschales **Rederecht** zugestehen. Der ist vom Tisch, ja?

Ducke (Moderator): Nein, nein.

Schulz (NF): Nein, sagen Sie?

Ducke (Moderator): Verwirren Sie nicht. Es war der Antrag gestellt, daß niemand mehr neu zugelassen werden sollte, aber dies bezog sich nur auf die, deren Anträge noch gar nicht vorliegen.
Zweitens: Alle die, deren Anträge schon vorliegen, werden – oder deren Anträge werden noch einmal in die Prioritätengruppe verwiesen, mit der Empfehlung a) zu prüfen, b) ein mögliches Rederecht im Sinne des Antrags Böhme zu erwägen, auch um dieses Demokratieverständnis vielleicht deutlich zu machen.
So ist das jetzt.

Schulz (NF): Ja, sehen Sie, dann liege ich mit meiner Wortmeldung richtig. Mir geht es um dieses **pauschale Rederecht**, was da beantragt worden ist. Nur dieser Punkt hat mich zur Wortmeldung veranlaßt. Ich bin dafür, daß dieses pauschale Rederecht präzisiert wird von der Prioritätenkommission.

Ducke (Moderator): Danke, das wäre ein Antrag. Wir hätten jetzt drei Dinge abzustimmen:
Erstens: Die vorliegenden Anträge werden an die Prioritätengruppe verwiesen, mit der Auflage aus Ihrem letzten Antrag, Herr Schulz, für jeden einzelnen das Rederecht zu präzisieren.

Schulz (NF): Präzise zu fassen.

Ducke (Moderator): Ja danke. Also, ich stelle zum Antrag, die vorliegenden Anträge, wie sie vorhin genannt wurden, gehen noch einmal in die Prioritätengruppe zurück. Wer dafür ist, erhebe die Hand. – Dies ist die Mehrheit. Gibt es Gegenstimmen? – Das ist nicht der Fall. Enthaltungen auch nicht.
Danke.
Zweite Frage: Das **Rederecht**, das mögliche Rederecht dieser neu Zugelassenen im **Beobachterstatus**, oder wie auch immer zugelassenen Gruppierungen, soll präzise gefaßt werden. Ein Vorschlag soll von der Prioritätengruppe erarbeitet werden. War das so richtig, Herr Schulz? Danke. Dem war so.
Dann stimmen wir auch darüber ab, über die präzise Fassung des Rederechtes. Das gilt dann aber auch für all die, die jetzt schon im Beobachterstatus zugelassen sind. Sehe ich das so richtig?

Schulz (NF): Das würde dann generell zutreffend sein.

Ducke (Moderator): Danke. Das nur zur Erklärung auch für die anderen.
Wer für eine Präzisierung des Rederechtes ist, den bitte ich um das Handzeichen. – Dies ist auch die Mehrheit. Darf ich um Gegenstimmen bitten. – Das ist nicht der Fall. Enthaltungen. – 1 [Enthaltung] zähle ich. Danke.
Das würde jetzt bedeuten, daß wir auch darüber abstimmen, über den Antrag, der ja jetzt denen zugänglich wird, die vielleicht sich noch mit dem Gedanken tragen, einen solchen Antrag zu stellen.
Stimmt der Runde Tisch dem Antrag zu, daß noch jetzt eingehende Anträge auf Zulassung an den Runden Tisch keine Berücksichtigung mehr finden können? Habe ich das so richtig gefaßt? Ja?

Ullmann (DJ): Ich hatte das eigentlich anders formuliert.

Ducke (Moderator): Schöner formuliert, mir ist es entfallen. Tun Sie es.

Ullmann (DJ): Ich sage es noch einmal: Der Runde Tisch ist ja eine Notmaßnahme, entstanden in einem **Zustand defizitärer Demokratie.** Wir sind gerade dabei, aus diesem Zustand herauszuwachsen, und das erlaubt uns meines Erachtens so zu verfahren, ohne das irgend jemand im Lande das Gefühl haben muß, daß ihm der Mund verboten wird, oder die Möglichkeiten beschnitten werden, sich in der Öffentlichkeit – –

Ducke (Moderator): Ich weise daraufhin, Herr Ullmann, daß Sie zwar eine schönere Begründung geliefert haben, trotzdem lautet die Frage, ganz schlicht: Empfiehlt der Runde Tisch, Neuzulassungen nicht zuzulassen? Ist das so ganz klar?

Wer schließt sich dieser, von Herrn Ullmann schöner begründeten Vorlage an, den bitte ich jetzt um das Handzeichen. – Das ist auch die überwiegende Mehrheit, vielleicht sogar ganz. Wer ist dagegen? – Wer enthält sich der Stimme? – Das ist nicht der Fall.

Ich gebe das hier auch in der Öffentlichkeit kund, daß dies die Meinung des Runden Tisches ist und bitte da um Berücksichtigung.

Wir hätten, wenn ich richtig sehe, den Tagesordnungspunkt 5 geschafft und können übergehen zu Tagesordnungspunkt 6, „Einzelanträge"; [wir] machen das schnell.

Es ist der Antrag von Herrn Templin eingebracht, einen Antrag vom Berliner Runden Tisch. Er liegt uns nicht schriftlich vor.

Herr Templin, Sie sind dran bitte.

TOP 9: Ausländische Mitbürger

Templin (IFM): Ich würde zu diesem Antrag [**Vorlage 10/20**[16]] bitten, die hier anwesenden Vertreter der Arbeitsgruppe „Ausländische Mitbürger" noch einmal Stellung zu nehmen, wie weit die vom **Berliner Runden Tisch,** in bezug auf die Rechte **ausländischer Mitbürger** und die gegen ausländische Bürger verhängten Kontrollmaßnahmen, wie weit die dort vom Berliner Runden Tisch gefaßten Beschlüsse auf die Beschlußebene des Zentralen Runden Tisches erweitert werden müßten. Das ist also der Antrag, der mir vom Berliner Runden Tisch, mit der Bitte ihn hier einzubringen, übermittelt wurde und jetzt wäre meine Frage: Gibt es hier Vertreter der Arbeitsgruppe „Ausländische Bürger", „Ausländische Mitbürger", die den Hintergrund dieser Antragstellung am Berliner Runden Tisch noch einmal beleuchten können? [**Antrag Berliner Runder Tisch vorgebracht durch IFM (Templin) bezüglich der Rechte und Kontrollen ausländischer Mitbürger**]

Ducke (Moderator): Ja, Herr Templin, daß weiß ich jetzt nicht, was der Antrag ist. Es liegt ein Antrag ja vor über die **Ausländerfrage.** Die Arbeitsgruppe „Ausländerfrage" schlägt dem Runden Tisch vor – – das wäre jetzt heute keine Thematik.

Ich würde vorschlagen, Herr Templin, Ihr Antrag ist insofern richtig verstanden, daß Sie gar nicht den Antrag stellen müssen. Dieser Antrag ist schon gestellt und wird beim nächsten Mal, oder wenn es dran kommt, auf die Tagesordnung gesetzt, ja.

---
[16] Dieser Vertrag wurde auch schriftlich zu Protokoll gegeben. Die in { } gesetzten Ausführungen werden davon abweichend nur mündlich vorgetragen.

Templin (IFM): Meine Rückfrage wäre, ob das von hier anwesenden Mitgliedern der Arbeitsgruppe bereits vorbereitet wurde. Also, ich wurde lediglich gebeten –

TOP 10: Nutzung der Staatsjagdgebiete

Ducke (Moderator): Ja, sie liegt schon schriftlich vor für das nächste Mal. Danke Herr Templin. Ja oder das, wann das Thema drankommt, wie wir die Zeit haben. Wir nehmen das als Einzelanträge für die nächste Sitzung, ja. Wir haben den Punkt 6.2 erledigt.

[Den Tagesordnungspunkt] 6.3 rufe ich auf, „**Staatsjagdgebiete**". Wer bringt den Antrag ein? Herr Jordan von der Grünen Partei.

Bitte, Herr Jordan.

Jordan (GP): Nutzung der Staatsjagdgebiete und ehemaligen militärischen Sperrgebiete.

Die ehemaligen militärischen Sperrgebiete und Staatsjagdgebiete – –

Ducke (Moderator): Wenn Unsicherheiten entstehen: Es ist die **Vorlage 10/8.**

Jordan (GP):

> [**Vorlage 10/8, Antrag GL, GP: Zur Nutzung der Staatsjagdgebiete und ehemaliger militärischen Sperrgebiete**]
>
> Die ehemaligen militärischen Sperrgebiete und Staatsjagdgebiete waren über Jahrzehnte weitgehend vom Einfluß der Öffentlichkeit abgeschirmt. Ungewollt entwickelten sich durch diesen „Schutz" ökologisch wertvolle Zonen, die gerade in unserem dichtbesiedelten Land bisher unerkannte Gratisleistungen der Natur sicherten, wie zum Beispiel eine Ausgleichswirkung im Artengefüge oder die Spende von sauberem Trinkwasser und sauberer Luft.
>
> Die schon erfolgte oder bevorstehende unkontrollierte Öffnung dieser Gebiete für Tourismus, Naherholung, Bauwesen und finanzkräftige westliche Unternehmen bedeutet Zerstörung der Eigenarten unserer Landschaft sowie ein unwiederbringliches Verlorengehen der erwähnten Gratisleistungen.
>
> Der Runde Tisch möge deshalb beschließen:
>
> 1. Sicherung der schon bestehenden Naturschutzgebiete (zum Beispiel Naturschutzgebiet Ostufer der Müritz).
>
> 2. Einstweilige Sicherung der freiwerdenden Staatsjagdgebiete und militärischen Sperrgebiete vor anderweitigen Ansprüchen, Stopp aller laufenden und geplanten Landschaftsveränderungen, einschließlich Wasserbau und Hochbau.
>
> 3. Prüfung der ökologischen Wertigkeit der betreffenden Gebiete durch eine umgehend zu bildende unabhängige Expertenkommission und schnellstmögliche Entscheidung über Schutzmaßnahmen.
>
> Jetzt steht zur Entscheidung, ob unsere Landschaft einem hemmungslosen Ausverkauf preisgegeben wird oder ob ihr natürlicher Wert auch kommenden Generationen bewahrt bleibt.

Ducke (Moderator): Danke Herr Jordan, Grüne Partei. Der Antrag liegt vor, wünscht jemand dazu das Wort?
Die Verbesserung des Druckfehlers nehmen Sie selbst vor. Bitte, Herr Stief, NDPD.

Stief (NDPD): Herr Jordan, diesem Antrag ist zweifellos von der Sache her sehr zuzustimmen. Könnte man für den Begriff „hemmungslos","unkontrolliert" setzen, denn „hemmungslos" impliziert, daß in keiner Weise eine Kontrolle erfolgen könnte. Das ist also jetzt nur eine Frage der Wertigkeit dieses Begriffes.

Ducke (Moderator): Das ist eine konkrete Frage an den Antragsteller. Können Sie sich mit dieser Wortwahl auch zufriedengeben?

Jordan (GP): Ja durchaus.

Ducke (Moderator): Es ist möglich. Wir ändern „hemmungslos" in „unkontrolliert". Danke. Es ist die zweite Zeile von unten.
Weitere Wortmeldungen zu dem Antrag, sonst könnten wir über dieses, weil wir ja heute schon lange über die ökologischen Fragen gesprochen haben, glaube ich, sieht das relativ schnell jeder ein. Dann würde ich fast vorschlagen, wir stimmen darüber ab.
Es gibt, Herr Ullmann, Demokratie Jetzt, noch ein Bedenken, bitte.

Ullmann (DJ): Dergestalt, daß einerseits hier eine Frage angesprochen wird, die nach meinem Dafürhalten in einem Gutachten der **Arbeitsgruppe „Wirtschaft"** schon einmal berührt worden ist, hier aber, finde ich, eine berechtigte Unterstreichung erfährt und auch einen Appell bekommt, der meines Erachtens äußerst wichtig ist und bei einer der nächsten Gelegenheiten vom Runden Tisch ganz gründlich geprüft werden müßte, weil nach meinem Dafürhalten hier auch noch zwei weitere Arbeitsgruppen tangiert sind, nämlich die **Arbeitsgruppe „Recht"** und die **Arbeitsgruppe „Verfassung"**.
Ich denke, hier ist nicht nur die ökologische Frage angesprochen, sondern auch die einer grundsätzlichen und, wie mir scheint, verfassungsrechtlichen Festschreibung des **Bodenrechtes** in der DDR.
Das ist meines Erachtens gerade angesichts der Kontaktaufnahme und des Hereinkommens von westlichem Anlagenkapital eine ganz, ganz wichtige Frage, die ich wenigstens hier notiert sehen möchte. Zusätzlich zu den ökologischen Gesichtspunkten, die hier der Antrag der Grünen Partei und der Grünen Liga mit Recht zur Sprache bringt.

Ducke (Moderator): Herr Ullmann, ich verstehe Ihre Wortmeldung dahingehend, daß Sie keinerlei Bedenken hätten zuzustimmen, wenn es rein um die ökologischen Gesichtspunkte geht, daß aber hier soviele Gesichtspunkte noch zu berücksichtigen sind, die Sie eben genannt haben, daß wir empfehlen würden, das noch einmal diesen Ausschüssen zur Prüfung beziehungsweise zur Bearbeitung vorzulegen, vor allen Dingen weil ja auch im Moment wohl nicht eine absolute Dringlichkeit besteht.

Ullmann (DJ): Doch.

Ducke (Moderator): Doch, also die Dringlichkeit ist da, aber wir sollten es noch einmal in die Ausschüsse geben.
Bitte, Entschuldigung, Herr Musch war zuerst, Vereinigte Linke.

Musch (VL): Ja, ich würde dafür plädieren, „unkontrolliert" zu streichen, das läßt die Vermutung zu, daß ein kontrollierter **Ausverkauf** ginge. Es geht schlicht darum, daß kein Ausverkauf möglich ist.

Ducke (Moderator): Sagen Sie einmal konkret Ihren Ausdruck. Also gar nichts – –

Musch (VL): – Ausverkauf, Ausverkauf.

Ducke (Moderator): Na ja, dann haben wir, wie stehen die Antragsteller dazu? Sie überlegen noch.
Hier war noch eine Wortmeldung, Herr Meißner von der Bauern-Partei, bitte.

Meißner (DBD): Ich würde vorschlagen, daß wir unter Punkt 2 die anderweitigen Ansprüche insofern etwas einschränken, als wir hinzufügen „außer der jagdwirtschaftlichen Betreuung". Es ist bekannt, daß dort ein Überbesatz in diesen **Sonderjagdgebieten** an Wild besteht, was der Landwirtschaft große Schäden zufügt, und ich weiß auch, daß Jagdkollektiven schon Nutzungsrechte an Sonderjagdgebieten zugebilligt worden sind.

Ducke (Moderator): Also, jetzt blasen wir auch noch zur Jagd.
Herr Jordan, haben Sie erst einmal die Antragstellung mit dem Attribut?

Jordan (GP): Ja, ich würde das akzeptieren und würde vorschlagen, eine Klammer dahinterzusetzen, „außer jagdwirtschaftliche Betreuung", Klammer zu.

Ducke (Moderator): Aha, das war jetzt schon zum letzten Antrag „außer jagdwirtschaftliche Betreuung" würde eingefügt werden. Und was sagen Sie zu „hemmungslos" korrigiert in „unkontrolliert" und nun ganz weg? Immer noch keine Meinung, dann hat sich gemeldet zunächst – –

Jordan (GP): Kann ganz weg.

Ducke (Moderator): Kann ganz weg. Danke.
Herr Schulz, Neues Forum, dann Herr Stief, NDPD.

Schulz (NF): Ich finde, daß der Punkt 2 auch noch einmal genauer gefaßt werden sollte. Denn das ist nicht eindeutig klar, zu welchen Ansprüchen diese Gebiete gesichert werden sollen. Es ist nur betont zu welchen anderweitig, daß sie keine anderweitigen Zwecke oder Nutzung finden dürfen. Es ist nicht eindeutig klar, wofür sie genutzt werden sollen.

Ducke (Moderator): Ihre Wortmeldung geht auf eine nochmalige Überprüfung aus.

Schulz (NF): Präzisierung und Ausweisung in eine Arbeitgruppe.

Ducke (Moderator): Möglicherweise im Ausschuß. Ja. Danke, Herr Schulz.
Herr Stief, NDPD, bitte.

Stief (NDPD): Ich würde sehr gern den Gedanken von Herrn Ullmann aufgreifen. Am Schluß dieses Antrages steht ja eigentlich eine Frage, über die zu entscheiden ist, ob wir **Ausverkauf** zulassen oder ob wir es für künftige Generationen sichern, um was es hier geht. Kann man nicht so formulieren, daß man zum Schluß etwa so sagt: „Es ist verfassungsrechtlich zu sichern, daß unsere Landschaft keinem Ausverkauf preisgegeben wird und ihr natürlicher Wert auch kommenden Generationen bewahrt bleibt." Dann ist das eine Aufforderung im Sinne dessen, was ich gehört habe.

Ducke (Moderator): Ich gebe die Wortmeldung an die Antragsteller während sie noch überlegen.
Herr Ullmann, ist das im Sinne Ihres Antrags?

Ullmann (DJ): Ich bedanke mich sehr und fühle mich voll verstanden. [Ich] habe nur meine gewissen Schwierigkeiten mit dem Wort „Ausverkauf". Herr Stief, das ist ein in letzter Zeit häufig zu hörendes Schimpfwort, wenn ich einmal so sagen darf. Mir läge daran oder ich würde vorziehen, daß man sagt eine **„unkontrollierte Privatisierung"** statt „Ausverkauf".

Ducke (Moderator): Das ist begründet. Das Wort hat Herr Schnur, Demokratischer Aufbruch.
Bitte, Herr Schnur.

Schnur (DA): Ich würde doch bitten darum, daß dieser Antrag noch einmal den Arbeitsgruppen „Recht", „Wirtschaft" und, denke ich, auch „Ökologie" zur Bearbeitung zugestellt wird.
Ich denke, man darf nicht verkennen, daß es zum Beispiel bei den Staatsjagdgebieten auch um **Ansprüche von Bürgern** geht, denen ja Land weggenommen worden ist. Ich denke, wenn wir Verfassungstreue und -recht durchsetzen wollen, dann müssen wir diese Ansprüche mit berücksichtigen.
Ich denke, das zweite, wenn so global gefordert wird, Stopp aller laufenden geplanten Landschaftsveränderungen einschließlich Wasserbau und Hochbau, dann könnte es doch gerade Maßnahmen geben, die notwendig sind. Ich glaube, auch hier wird es doch wichtig sein, daß die entsprechenden Vorlagen hier dann uns gezeigt werden müssen, um sachkundig zu entscheiden.
Und ich denke drittens, wenn hier auch einfach global geschrieben wird, „erfolgte oder bevorstehende unkontrollierte Öffnung dieser Gebiete", dann muß man doch auch sagen: Wo ist das erfolgt? Welche **Schutzmaßnahmen** müssen dann sofort erfolgen? Dann sind ja doch Dienststellen anzusprechen.
Das zweite, denke ich, ist weiterhin notwendig, daß man genau auch differenziert, also, ich glaube, das kann ja nicht nur um finanzkräftige westliche Unternehmen gehen. Auch Bürger der DDR haben durchaus, sagen wir, Ansprüche, manchmal solche Dinge zu erwerben. Ich glaube, wenn, dann kann es nur einen einheitlichen **Eigentumsschutz** und **Rechtsschutz** eben für diese Landschaft- und Naturschutzgebiete geben.

Ducke (Moderator): Danke, das war ein eindeutiges Votum auch in Richtung Zurückverweisung. Ich frage die Antragsteller. Die schon genannten Bedenken, die dafür sprechen: Noch einmal in die Ausschüsse, können Sie das annehmen oder?

Jordan (GP): Nein, in Anbetracht der Situation wäre es besser, wenn also eben dieses Anliegen jetzt in dieser Allgemeinheit auch hier abgestimmt wird. Wir haben schon Kenntnis, daß einige Staatsjagdgebiete einfach geöffnet wurden.
Das bedeutet, daß dort dieser enorme **Viehbestand** also jetzt geradezu schon zum Verkehrsproblem wird im Kreis Templin. Dort ist die Schorfheide geöffnet worden, und wir meinen also, daß diese Maßnahmen nun auch behutsam durchgeführt werden müssen, daß dort an fachkompetenter Stelle also eben Einfluß ausgeübt werden muß, damit eben – –

Ducke (Moderator): Herr Jordan, es ist klar das Anliegen, Sie bestehen auf Abstimmung, ganz einfach. Die Bedenken sind geäußert. Noch einmal der Versuch, das was Herr Stief vortrug, könnten Sie sich damit einverstanden erklären in Änderung des letzten Absatzes? Wie? Herr Ziegler hat genau mitgeschrieben und würde den Antrag noch einmal umformuliert lesen. „Ausverkauf" auch schon berücksichtigt?

Ziegler (Co-Moderator): Nein.

Ducke (Moderator): Aha. Dann Herr Stief schon mit „Ausverkauf", also ohne.

Stief (NDPD): Das müßte jetzt heißen: „Es ist verfassungsrechtlich zu sichern, daß unsere Landschaft keiner unkontrollierten Privatisierung preisgegeben wird und ihr natürlicher Wert auch kommenden Generationen bewahrt bleibt."

Ducke (Moderator): Das Anliegen ist klar.
Es hat sich dazu gemeldet Herr Merbach, Bauernpartei.

Merbach (DBD): Ich habe folgenden Vorschlag in – –

Ducke (Moderator): Aber zu diesem Absatz jetzt, damit wir nicht wieder etwas Neues nehmen.

Merbach (DBD): Na, zu diesem letzten Absatz nicht.

Ducke (Moderator): Danke. Dann lassen Sie uns erst einmal über diesen letzten Absatz – – denn es war ja jetzt um die Formulierung – – und die Antragsteller müssen gefragt werden, ob sie sich damit einverstanden erklären.
Während sie noch überlegen, hat Herr Musch seine Wortmeldung, bitte.

Musch (VL): Die Vereinigte Linke ist für „Privatisierung" und gegen „unkontrollierte Privatisierung". Wir sind der Meinung, Privatisierung muß verhindert werden.

Ducke (Moderator): Gut, ohne jedes Attribut. Könnten Sie Herr Stief, sich auch damit einverstanden erklären? Dann fragen wir die – – oder sagt die Antragspartei –

Stief (NDPD): Ich bin nicht der Antragsteller.

Ducke (Moderator): Nein, nein, ich meine, Sie hatten vorgeschlagen mit „unkontrolliert" – – Sie hatten es nämlich wieder hineingebracht.

Stief (NDPD): Ja, ja, ich bin schon der Meinung, daß man das so stehen lassen sollte, „unkontrolliert", weil man ja auch Realitätssinn etwas bewahren sollte.

Ducke (Moderator): Danke. Ich frage die Antragsteller, wofür Sie sich entscheiden würden. Sie haben jetzt mehrere Varianten, bitte.

Jordan (GP): Ich würde auch sagen also, daß eben diese Formulierung gegen „unkontrollierte Privatisierung" so stehen bleiben muß, weil ja tatsächlich DDR-Bürger also irgendwann einmal Land verloren haben und das auch vielleicht jetzt wiederbekommen müssen.

Ducke (Moderator): Danke. Damit müssen wir abstimmen. Wenn das ein Antrag bleibt von der Vereinigten Linken?

Musch (VL): Ja, es bleibt.

Ducke (Moderator): Es bleibt beim Antrag. Zunächst die Frage: Können Sie mit der Veränderung, – wir lassen dann darüber abstimmen –, zunächst einmal sich einverstanden erklären, wie sie Herr Stief eben vorgetragen hat? Ja, wir müssen erst die Antragsteller fragen, ob sie einverstanden sind, danke. Herr Schmidt nun und Herr Merbach zu dem Absatz.

Herr Schmidt.

Schmidt (CDU): Ich beantrage, das Wort „Privatisierung" durch das Wort **„Nutzung"** zu ersetzen. Es ließen sich noch andere gefährliche Dinge als Privatisierung hier vorstellen.

Ducke (Moderator): Was sagen die Antragsteller? „Nutzung" ist aber vielleicht nicht das, was hier gemeint ist, gebe ich einmal so spontan zu bedenken.

Jordan (GP): Wir bleiben bei der ursprünglichen Fassung.

Ducke (Moderator): Danke. Bleiben Sie auf Ihrem Antrag Herr Schmidt? Danke, damit auch erledigt.

Es hat sich FDGB gemeldet, Herr Kallabis.

Kallabis (FDGB): Ich schlage vor, diesen letzten Passus zu streichen, weil er entweder moralischer Appell ist oder sonst erst in späterer Zukunft verfassungsrechtlich und so weiter ausgestaltet werden kann.

Ducke (Moderator): So ist es, das ist der weitgehendste Antrag. Wir haben Streichung, wir haben „unkontrolliert" zu streichen und wir haben dann darüber abzustimmen. So, haben wir jetzt alles? Wir lassen über diesen Absatz jetzt getrennt – – weil das eine Veränderung ist, die beantragt ist – – ja?

Also, der Antrag liegt vor, den letzten Absatz zu streichen. Wer dafür ist, den bitte ich um das Handzeichen. – Es gibt 1 Stimme, nein 1, 2, 3 Stimmen dafür. Wer, wo, wieso? Ja, 3 zähle ich. Frau Töpfer hat sich auch – 4. Wer ist gegen den Antrag? – Tut mir leid, das ist die Mehrheit. Wer enthält sich der Stimme? – Der Rest. Danke. Damit ist der Antrag zurückgewiesen.

Jetzt noch: Sie bestehen auf Streichung von „unkontrolliert"? Es steht der Antrag der Vereinigten Linken, das Wort „unkontrollierte Privatisierung", das Wort „unkontrolliert" zu streichen. Ich lasse abstimmen. Wer für die Streichung des Wortes unkontrolliert ist, den bitte ich um das Handzeichen. – Dies sind 4 Stimmen. Wer ist dagegen? – Na, das ist wohl klar. Auch dieser Antrag ist zurückgewiesen.

Der Antrag steht nun in der Weise, – Sie haben schon zugesagt –, brauchen wir dann nur über alles abstimmen.

Der letzte Absatz steht in der von Herrn Stief vorgelesenen Formulierung.

Ja, stimmen wir über das Ganze ab. Wir haben die Bedenken gehört, Herr Jordan sagt, trotz der Bedenken lasse ich darüber abstimmen, über den ganzen Antrag, oder möchten Sie, daß wir über den letzten Antrag abstimmen? Nein, Sie haben ihn ja eingebracht und steht damit, danke.

Also, wir stimmen über den gesamten Antrag ab. Die Bedenken haben wir gehört, das Für und Wider. Wer für den Antrag **Vorlage 10/8**, Grüne Liga, Grüne Partei ist, den bitte ich um das Handzeichen. – Ach, das ist die Mehrheit. Wer ist dagegen? – Keine Gegenstimme. Wer enthält sich der Stimme notwendigerweise? – 2 Stimmenthaltungen. Danke. Damit ist diese Vorlage auch angenommen.

Wir kommen zum Punkt 6.4, die Erklärung, die wir angekündigt haben, zur **Rechtsstaatlichkeit** in der DDR. Sie hatten die Möglichkeit, wie nach der Mittagspause angekündigt, Ihre Änderungswünsche einzubringen, damit keine öffentliche Diskussion hier geschieht. Wir verlesen jetzt diese Erklärung, eine Änderung war, ja.

Damit wir den Hintergrund dieser Erklärung verstehen, wird Herr Ziegler jetzt erst einmal einige Informationen geben, bitte.

TOP 11: Erklärung des Justizministers [Kurt Wünsche] zur Demokratie und Rechtsstaatlichkeit

Ziegler (Co-Moderator): Ich möchte damit anfangen, daß ich hier aus zwei Telefonanrufen etwas berichte, die uns im Laufe des Tages hier erreicht haben.

Wir sind darauf hingewiesen worden, daß **neonazistische Aktivitäten** angekündigt sind, und es spricht aus diesen Anrufen mancherlei an Verängstigungen, was sich wohl daraus ergeben könnte bis dahin, daß manche der Anrufer sagen, sie hätten Angst, ihre Schulkinder zu schicken, also Hinweise auf mögliche Gewaltakte.

Wir haben heute auch einen eiligen Brief des **Komitees der antifaschistischen Widerstandskämpfer der DDR** bekommen. In diesem Brief werden ähnliche Besorgnisse sehr stark hervorgehoben.

Und schließlich gibt es einen offenen Brief der Richter des Bezirkes Leipzig an die Regierung und gleichzeitig an den Runden Tisch. Dieser **Brief der Richter des Bezirkes Leipzig** berichtet von zunehmenden Gewaltandrohungen und Morddrohungen und bringt zum Ausdruck, daß Richter sich in ihrer Unabhängigkeit nicht mehr sicher fühlen und damit die Rechtsstaatlichkeit, die Rechtsprechung in Frage gestellt wird.

Der Justizminister hat zu diesen Dingen auch eine Erklärung abgegeben. Der erste Teil dieser Erklärung läuft darauf hinaus, daß solche Entwicklungen tatsächlich in unserem Lande zunehmen und zu beobachten sind.

Auf diesem Hintergrund sollte man, – das sind nur ein paar Ausschnitte –, sollte man hören, was hier als Erklärung nun verlesen werden soll.

Ducke (Moderator): Ich bitte Herrn Lange, die Erklärung zu verlesen.

Lange (Co-Moderator):

> [Vorlage 10/21, Erklärung des Justizministers zu Demokratie und Rechtsstaatlichkeit]
>
> Liebe Bürgerinnen und Bürger,
>
> zur Wahrung der demokratischen Entwicklung in unserem Land verständigten sich die Teilnehmer am Runden Tisch mit Ministerpräsident Modrow, die Volkskammerwahlen am 18. März 1990 durchzuführen.
>
> Dies erfordert von uns allen im Bemühen um Rechtsstaatlichkeit und Wahrung der Interessen unseres Volkes alles zu tun, damit die Vorbereitung und Durchführung der Wahl in Ruhe, Sachlichkeit und ohne Gewalt erfolgen kann.
>
> Die am Runden Tisch vertretenen Parteien und gesellschaftlichen Gruppierungen versichern Ihnen, daß Sie bei allen politisch unterschiedlichen Auffassungen die Würde des Menschen achten und sich gegen jede Gewaltanwendung gegenüber Personen und Sachen aussprechen. Jeder

> Bürger hat das Recht auf ein geborgenes, friedlich geschütztes Leben in unserer Gesellschaft.
>
> Die Teilnehmer des Runden Tisches setzen das Vertrauen auf Sie, daß Sie sich jeder Gewalt enthalten, Aufrufen zur Gewalt entgegentreten und keine Gewalt dulden.
>
> Zur Sicherung der Rechtsstaatlichkeit und der Sicherheitspartnerschaft mit den Angehörigen der Volkspolizei erwarten wir, daß mit aller Konsequenz auf der Grundlage des Gesetzes über die Aufgaben und Befugnisse der Deutschen Volkspolizei mit den rechtlich zulässigen Maßnahmen und Mitteln gegen gewalttätige Handlungen vorgegangen wird.
>
> Die politischen Kräfte unseres Landes unterstützen in Verantwortung die Tätigkeit der Polizei und bitten Sie, sich solidarisch diesem Anliegen anzuschließen.

Ducke (Moderator): Meine Damen und Herren, die Moderatoren sind gebeten worden, diese Erklärung zu verlesen. Es ist eine Bitte, die gestern abend bei den Verhandlungen der am Runden Tisch vertretenden Parteien mit Ministerpräsident Modrow gefaßt wurde. Die Erklärung lag Ihnen vor. Änderungswünsche konnten eingebracht werden. Wir haben sie Ihnen jetzt verlesen in der Art, wie sie nach Ihrer Zustimmung – – die wir voraussetzen, oder um die wir bitten, wir haben sie Ihnen jetzt so vorgelesen.

Ich gehe davon aus, daß Sie alle diese Erklärung mittragen. Darf ich, nicht um eine Abstimmung, aber um Ihre Zustimmung bitten.

[Beifall]

Ich danke Ihnen. Ich frage Herrn Schnur, ob er noch zu der Frage der **Sicherheitspartnerschaft** mit der Polizei etwas sagen möchte, bitte, Herr Schnur.

Herr Schnur, Demokratischer Aufbruch.

Schnur (DA): Ich darf in Ergänzung zu dieser Erklärung mitteilen, daß es heute morgen ein Gespräch mit dem Stellvertreter des Ministers für Innere Angelegenheiten und Chef der Deutschen Volkspolizei und mir gegeben hat. Dies ist gestern abend auch abgesprochen worden. Es beruht dann auch im wesentlichen auf dem Inhalt der jetzt verlesenen Erklärung.

Ich darf folgendes mitteilen:

> [Vorlage 10/22, Bericht DA (Schnur): Über ein Gespräch mit dem Stellvertreter des Ministers für innere Angelegenheiten und Chef der Deutschen Volkspolizei, Generalmajor Wunderlich und Herrn Schnur am 29.1.1990]
> 1. Die Angehörigen der Deutschen Volkspolizei nehmen in hoher Verantwortung die Aufgaben und Befugnisse entsprechend dem VP-Gesetz wahr, um die Sicherheit der Bürger und die Ordnung im gesellschaftlichen Leben unseres Landes zu gewährleisten.
> 2. In Erfüllung der Beschlüsse des Runden Tisches zu Sicherheitsfragen nehmen die Angehörigen der Deutschen Volkspolizei ihre Verantwortung zur Sicherung der Dienstobjekte des ehemaligen Amtes für Nationale Sicherheit in Sicherheitspartnerschaft wahr.
> 3. Alle durch die Volkspolizei übernommenen Waffen des ehemaligen Amtes für Nationale Sicherheit sind ordnungsgemäß eingelagert. Der unberechtigte Zugang zu den Waffenkammern und Depots ist ausgeschlossen. Ein durchgängiger bewaffneter Schutz dieser Objekte ist gewährleistet.

Mit dieser Mitteilung will das Ministerium für Innere Angelegenheiten unterstreichen, daß die **Sicherheit** in unserem Land gewährleistet ist und daß nicht unnötige Ängste geschürt werden. Im weiteren kann ich mitteilen, daß es eine Absprache gegeben hat, welche Unterstützungshandlungen von seiten des Bundesministers des Inneren der Bundesrepublik Deutschland, gerade im Hinblick auf den 30. Januar [1990] und andere Tage, gemacht werden können.

Es ist zugesichert worden, daß in den Grenzbereichen die entsprechenden Überprüfungen vorgenommen werden, damit die Organe der Deutschen Volkspolizei als auch die dort zuständigen Polizeiorgane eng zusammenarbeiten, um jegliche Gewalttätigkeiten, sagen wir, zu verhindern. In diesem Gespräch, welches ich heute geführt habe, ist aber auch sichtbar geworden, daß die Angehörigen der Deutschen Volkspolizei ein Wort der Ermutigung auch gebrauchen können. Deshalb habe ich einen folgenden Text vorgeschlagen für uns alle hier am Runden Tisch:

Die Teilnehmer des Runden Tisches danken und ermutigen die Angehörigen der Deutschen Volkspolizei in Sicherheitspartnerschaft mit den politischen Kräften und Bürgern unseres Landes, sich weiterhin konsequent für die Sicherheit der Menschen einzusetzen und gegen jede Gewalt mit den rechtsstaatlichen Mitteln vorzugehen.

Ducke (Moderator): Danke Herr Schnur. Auch hier wieder, die Druckfehler korrigieren Sie selbst.

Ich bitte die Teilnehmer des Runden Tisches diesen eben letzten verlesenen Passus im Hinblick auf die **Sicherheitspartnerschaft mit der Deutschen Volkspolizei**, – wir haben oft schon darüber gesprochen und mehrfach darüber abgestimmt –, um die Unterstützung für diesen Passus. Darf ich Sie wieder um Ihre Zustimmung bitten?

[Beifall]

Ich danke Ihnen.

Es liegt vor uns die **Vorlage 10/11**, Antrag des FDGB, er bittet darin um Unterstützung des Runden Tisches.

Ich bitte, Frau Töpfer, FDGB, den Antrag einzubringen.

TOP 12: „Regierung der Nationalen Verantwortung"

Töpfer (FDGB): Wir bitten die hier anwesenden Gruppierungen und Parteien um Unterstützung dieses Antrages und zwar geht es uns darum, bis zum 18. März [1990], also bis zur Neuwahl, in die Regierungsvereinbarung mit einbezogen zu werden, auch einen **Minister ohne Geschäftsbereich** stellen zu können.

Unser Anliegen ist es dabei, daß in den vergangenen Wochen und Monaten bei bestimmten wirtschaftlichen Entscheidungen soziale Maßnahmen nicht im entsprechenden Maße Berücksichtigung fanden und daß wir das jetzt einfließen lassen wollen in die Regierungsarbeit. Und deshalb bitten wir um Unterstützung für den Antrag den ich noch kurz verlesen möchte:

[Vorlage 10/11, Antrag FDGB: Zur Mitarbeit aller oppositionellen Parteien und Gruppierungen in einer „Regierung der Nationalen Verantwortung"]

Der FDGB begrüßt die Bildung einer „Regierung der Nationalen Verantwortung", die die Mitarbeit aller oppositionellen Parteien und Gruppierungen durch Minister ohne Ressort im Ministerrat vorsieht. Angesichts unserer hohen Mitverantwortung für die Stabilisierung der wirtschaftlichen Lage und für die Gewährleistung sozialer Sicherheit im Lande beantragen wir von der Regierung, die Gewerkschaften in diese Regelung bis 18. März 1990 einzubeziehen und ihnen ebenfalls die Benennung eines Ministers ohne Ressort zu gestatten.

Wir bitten, die Parteien und Gruppierungen des Runden Tisches, diesen Antrag zu unterstützen.

Ducke (Moderator): Danke, Frau Töpfer. Ich weise darauf hin, daß dies nicht eine Entscheidung des Runden Tisches sein kann, inwieweit hier Ministerpräsident Modrow in die „Regierung der Nationalen Verantwortung" einen Minister aus dem FDGB beruft. Das müssen wir ihm auch überlassen.

Der FDGB bittet lediglich, damit wir Klarheit haben, deswegen brauchen wir darüber auch nicht zu diskutieren, in einer Abstimmung, inwieweit dieser Antrag unterstützt wird. Deswegen bitte ich um Abstimmung jetzt. Wer für die Unterstützung – – Herr Gutzeit, wir wollten eigentlich nicht darüber diskutieren. Es steht uns nicht zu, Herrn Ministerpräsidenten Modrow eine Empfehlung zu geben. Sie müssen durch die Abstimmung zum Ausdruck bringen – – bitte, der Antrag ist geändert bis zum 18. [März 1990]. Darf ich um Abstimmung bitten, wer für die Unterstützung dieses Antrags des FDGB ist – nur darum sind wir gebeten – den bitte ich um Handzeichen. – 9 Stimmen. Wer ist dagegen? – 4 Stimmen dagegen. Wer enthält sich der Stimme? – 20 Enthaltungen.

Damit ist der Antrag mit diesen Stimmen unterstützt und wir bitten FDGB auch diese Abstimmung, wir bitten den FDGB, dieses Abstimmungsverhalten bei ihrem Antrag an Ministerpräsident Modrow beizufügen. Danke.

TOP 13: Chancengleichheit bei den Volkskammerwahlen

Ducke (Moderator): Wir rufen auf, die **Vorlage 10/19**, als Punkt 6.6. Es steht unter dem Stichwort der Chancengleichheit für die Volkskammerwahlen. Es ist von einer Reihe von Parteien und politischen Gruppierungen eingebracht.

Wer trägt ihn vor? Darf ich die Antragsteller bitten, wer trägt denn die **Vorlage 10/19,** um die ausreichende Vorbereitung der Volkskammerwahlen abzusichern, uns vor und erläutert sie uns? SPD steht an erster Stelle. Darf ich davon ausgehen – –

Bitte schön, Herr Thurmann. Danke.

Thurmann (SPD): Es geht bei dem Antrag um die **Chancengleichheit** bei der Vorbereitung der Wahlen zur obersten Volksvertretung. Ich werde den Text verlesen:

[Vorlage 10/19, Antrag SPD, GP, GL, NF, IFM, VL, UFV, DA: Gewährleistung der Chancengleichheit bei der Vorbereitung der Volkskammerwahlen]

Um die ausreichende Vorbereitung der Volkskammerwahlen abzusichern, und die Chancengleichheit dabei zu gewährleisten, möge der Runde Tisch folgendes beschließen:

Für die Vorstände/SprecherInnen-Räte der neuen Parteien und Bewegungen, die sich an der Wahl beteiligen, ist, wo dies gewünscht wird, eine bezahlte Freistellung bis zum 18. März 1990 zu ermöglichen. Dies gilt für alle Ebenen der jeweiligen Organisation.

Die neuen Parteien und Bewegungen verpflichten sich, diese Möglichkeit nur insoweit zu nutzen, {– hier ist eine Änderung zum Text –} wie es unbedingt notwendig ist, um die Arbeitskräftesituation im Land nicht unnötig zuzuspitzen.

Die Regierung wird beauftragt, diese Regelung, sobald wie möglich rechtskräftig durchzusetzen.[17]

Ducke (Moderator): Danke. Wünscht noch jemand, hier einen näheren Kommentar zu geben?

Also, wenn ich Sie jetzt richtig verstehe, geht es darum, daß es eigentlich eine Absichtserklärung nur ist. – Nein, die Bitte um die Freistellung, aber die Möglichkeiten noch auszunutzen. Also, erstens **Freistellung.**

Thurmann (SPD): So ist es.

Ducke (Moderator): Zweitens, dies nicht auszunutzen. Gut. Na ja, Sie haben es schöner formuliert. Wünscht jemand das Wort?

Frau Poppe, Sie hatten sich dazu gemeldet.

Frau Poppe (DJ): Ich fürchte bloß, die Regierung kann so etwas nicht rechtskräftig durchsetzen. Sie kann eine Empfehlung geben und ansonsten gilt das AGB [Arbeitsgesetzbuch], wo steht, daß Betriebe für gesellschaftliche Tätigkeit Freistellungen ermöglichen können. Das ist eine Kann-Bestimmung. Ich glaube, mehr kann die Regierung nicht tun.

Ducke (Moderator): Ich glaube, es ist auch darauf hinzuweisen auf die ja schon vorliegende Möglichkeit der Freistellung im Rahmen der Tätigkeit am Runden Tisch, was ja dann auch für das andere genutzt werden kann. Mehr..., ja, lassen wir abstimmen. Lassen wir abstimmen. Das Bedenken ist gehört, möchte noch jemand dafür sprechen? Danke. Jedem sind die Konsequenzen klar? Auch dies ist der Fall.

Wir lassen abstimmen, wer der **Vorlage 10/19,** im Hinblick auf die Chancengleichheit, bezüglich Freistellung zustimmt, den bitte ich um das Handzeichen. – Doch, das ist die Mehrheit. Wer ist dagegen? – Dagegen ist niemand. Wer enthält sich der Stimme? – 6 Stimmenthaltungen. Damit ist der Antrag angenommen.

Meine Damen und Herren, wir haben die Einzelanträge abgearbeitet, und ich gebe zu, nur 13 Minuten vom vorge-

---
[17] Dokument 10/10, Anlagenband.

gebenen Plan überzogen. Wenn wir pünktlich hätten anfangen können, hätten wir noch weniger – –

TOP 14: Lage der DDR

Ich habe Ihnen noch einige Informationen zu geben.

Erstens: Vom Ministerrat, vom Ministerium für Finanzen liegt eine Aufforderung[18] vor, sich an der Frage der **Preisbildung** zu beteiligen, an alle Parteien, das finden Sie in Ihren Fächern. Wir haben es ablichten lassen. Bitte, holen Sie das dort ab.

Zweitens: Es liegt Ihnen vor, die **Information 10/7**. Ich weise ausdrücklich darauf hin, daß heute auf Bitten der LDPD, Herr Professor [Klaus-Peter] Budig, der Minister für Wissenschaft und Technik, der darin angesprochen war, nämlich zur Ergänzung zu den Ergebnissen der neunten Sitzung des Runden Tisches vom 22. Januar [1990], betrifft den Beschluß des Runden Tisches auf Antrag des Neuen Forum, Auflösung MfS und so weiter. Sie finden es ja ausführlich dargestellt. Das ist Ihnen zugegangen. Auf Bitten der LDPD weisen wir darauf hin, daß Herr Minister das extra aus der Volkskammer uns hat zukommen lassen. Sie finden es als **Information 10/7** in Ihren Papieren. [**Information 10/7, LDPD: Erklärung i. A. Minister Budig zur Auflösung MfS/AfNS**[19]]

Dann finden Sie, aber jetzt bin ich unsicher ob das schon ausgeteilt ist, die **Vorlage 10/14** vor. Das ist eine Erklärung beziehungsweise ein Antrag zur Situation im **Gesundheitswesen**. Wenn das jetzt noch nicht ausgeteilt ist, nehmen Sie es dann bitte auch aus Ihren Fächern oder aus dem Arbeitssekretariat[20]. Das ist eine Vorlage für den 5. Februar [1990]. Wir waren nur gebeten worden, darauf schon heute hinzuweisen. Ich habe es auch nur einmal, aber wußte deswegen nicht.

Meine Damen und Herren, es gibt noch eine Wortmeldung. Bitte, Herr Ebeling, Demokratischer Aufbruch.

Ebeling (DA): Ich möchte noch einen Hinweis geben und auf eine **Information 10/4**[21] aufmerksam machen. Es handelt sich um eine Ausarbeitung der Arbeitsgruppe „Wirtschaft". Wir haben ja bei der nächsten Sitzung des Runden Tisches als **Thema „Wirtschaft"** vorgesehen und ich möchte in diesem Zusammenhang zur Vorbereitung der Arbeit am Runden Tisch darauf hinweisen, daß wir uns verständigt haben, die Diskussion auf der Grundlage der Ausarbeitung der Arbeitsgruppe „Wirtschaft" vom 29. Dezember [1989] zu führen. Diese Ausarbeitung wurde hier am 3. Januar [1990] bestätigt.

TOP 15: Abschluß durch den Gastgeber

Ducke (Moderator): Danke Herr Ebeling für die Erinnerung. Und das war auch schon die Erinnerung für unsere nächste Sitzung am 5. Februar [1990], die ja dem Thema „Wirtschaft" gewidmet ist. Dafür finden Sie die entsprechenden Vorlagen in Ihren Papieren. Bitte, bereiten Sie sich da vor.

Eine Bitte noch, die Mitglieder der **Prioritätengruppe** werden gebeten sofort, jetzt gleich im Anschluß an die Sitzung, sich hier am Moderatorentisch zu versammeln, zwecks einer Terminabsprache.

Es bleibt mir nun nur übrig, daß wir uns verabschieden von unseren Hörerinnen und Hörern am Rundfunk, von unseren Zuschauerinnen und Zuschauern am Fernsehen. Wir danken all der Technik, die dies möglich machte, und Ihnen wünsche ich einen guten Schluß des heutigen Sitzungstages. Wir sehen uns wieder in einer Woche. Ich darf mich verabschieden.

[Ende der Sitzung:???]

---

[18] Dokument 10/11, Anlagenband.
[19] Dokument 10/12, Anlagenband.
[20] Das Dokument war (noch) nicht ausgeteilt worden.
[21] Dokument 10/13, Anlagenband.

[Beginn der Sitzung: 9.00 Uhr]

TOP 1: Begrüßung und Vorstellung neuer Teilnehmer der Parteien und Gruppierungen

Ducke (Moderator): Meine Damen und Herren, ich darf Sie ganz herzlich zur 11. Sitzung des Runden Tisches begrüßen. Wenn Sie sich in der Runde umschauen, dann haben wir zunächst unserem Arbeitssekretariat zu danken, und ich hoffe, daß das auch unsere Zuschauerinnen und Zuschauer zu schätzen wissen, daß man leichter erkennbar ist am Tisch. Wir haben nämlich jetzt **Parteienschilder**. Ich bitte die einzelnen Vertreter am Runden Tisch zu schauen, ob sie auch hinter dem richtigen Schild sitzen. Das könnte sonst Diskussionen geben. Vielen Dank.

Ich begrüße nun auch zu dieser Sitzung die Hörerinnen und Hörer von „Radio DDR", und ich möchte mich an dieser Stelle ganz herzlich beim Rundfunk bedanken, konkret bei diesem Sender, daß es möglich gewesen ist, in der vergangenen Woche, **Hörerpost** zu beantworten. Und ich denke, daß das auch eine ganz gute Tradition werden kann, unsere Hörerinnen und Hörer auch dann wissen, daß ihre Anliegen ernstgenommen werden.

Wir sind heute, durch die Volkskammer sicher auch bedingt, wieder in neuen Vertretungen. Hier am Runden Tisch darf ich als erstes beginnen, daß die Parteien ihre Vertretungen oder ihre jetzige Delegation bekanntgeben, soweit Veränderungen stattgefunden haben.

Dürfen wir wieder bei der LDPD beginnen?

Gehlmann (LDPD): Kollege Gehlmann, LDPD.

Ducke (Moderator): Danke schön. Die anderen Herren sind bekannt. Bei der NDPD gibt es ein neues Gesicht? – Nein? Nehmen Sie schon – –

Junghanns (DBD): Ja, Ulrich Junghanns.

Ducke (Moderator): Augenblick bitte, Herr Junghanns. Hier ist noch – –

Freiberg (NDPD): Rolf Freiberg, NDPD.

Ducke (Moderator): Danke. Bitte, die Bauernpartei.

Junghanns (DBD): Ulrich Junghanns, Deutsche Bauernpartei Deutschlands.

Ducke (Moderator): Sprechen Sie ruhig in das Mikrofon, bleiben Sie sitzen, wir erkennen Sie. Bitte.

Kirchner (CDU): Martin Kirchner, CDU.

Ducke (Moderator): Danke. Bei der SED sind – – bei der PDS – –
Danke.

Halm (PDS): Halm, PDS.

Ducke (Moderator): Ja. Bei den anderen, ich sehe hier unten noch bei der Grünen Partei [Veränderungen]. Ach so, Entschuldigung – bei den Unabhängigen Frauen.

Frau Bialas (UFV): Ja, Christiane Bialas, Unabhängiger Frauenverband.

Ducke (Moderator): Danke.

Frau Rottenbach (GL): Grüne Liga, Rottenbach.

Ducke (Moderator): Ich bitte, daß Sie doch darauf achten, daß das Mikrofon eingeschaltet ist, damit wir auch verstehen können. Und Sie sind dann wieder so nett und geben uns Ihre Namensschilder nach vorn, daß wir das gleich jetzt haben. Noch Veränderungen? Das ist beim FDGB ebenfalls [der Fall]. Bitte.

Frau Schießl (FDGB): Der FDGB ist ab sofort mit zwei neuen Vertretern am Tisch. Das sind die, die vom außerordentlichen FDGB-Kongreß gewählt worden sind. Mein Name ist Professor Dr. Karin Schießl, ich bin stellvertretende Vorsitzende des FDGB. Zu meiner Linken sitzt der Kollege Siegfried Saler, er ist verantwortlich für den Geschäftsbereich Tarife, Recht und Wirtschaft.

TOP 2: Beratung zur Tagesordnung

Ducke (Moderator): Danke schön. Meine Damen und Herren, die Ereignisse der letzten Woche lassen uns ein rasantes Tempo der Entwicklung spüren. In der Begegnung mit Ministerpräsident Modrow gibt Michael Gorbatschow in der Sowjetunion ein neues Zeichen auf ein Ziel hin, das nun **deutsche Einheit** heißt. Ministerpräsident Modrow verdeutlicht dies in vier Schritten. Die deutsche Frage wird diskutiert nicht nur in einem noch zu bauenden „Haus Europa", sondern unter den Bedingungen der Realitäten Warschauer Pakt und NATO. Wir sind in diesem Prozeß keine Zuschauer, die die Weisheit derer da oben bewundern dürfen, sondern wir müssen agieren. Heute werden in der Volkskammer neue Minister aus den Reihen der Opposition vorgestellt. Unsere guten Wünsche begleiten sie für diese Arbeit.

Für uns sieht der Plan, der Ihnen vorgelegt ist in der Tagesordnung, den wir aber nun geschickterweise gleich überschreiben als Vorschlag[1], dieser Plan sieht als Hauptthema vor: **Wirtschaft**. Ich wollte dazu gleich Frau Minister Luft und ihre Mitarbeiter begrüßen. Wir haben sie aber gebeten im Interesse von Dringlichkeitsanträgen, daß sie erst um 10.00 Uhr beginnt. Um 10.00 Uhr wäre dann das Thema Wirtschaft dran. Zuvor noch einige Ansagen zur Tagesordnung.

Wir möchten Ihnen vorschlagen aufgrund von Dringlichkeitsanträgen von seiten der Prioritätengruppe, daß wir den vorgeschlagenen Tagesordnungspunkt 4, **Wahlgesetz, Parteien- und Vereinigungsgesetz, Zwischenbericht**, vorziehen sofort nach der Begrüßung beziehungsweise, daß wir dann noch einen Tagesordnungspunkt vorschieben.

Und dazu darf ich herzlich begrüßen Herrn Fischer. Er ist einer der Mitglieder des Dreier-Komitees zur **Auflösung des Amtes für Nationale Sicherheit**. Wir haben ihn gebeten, heute am Runden Tisch einmal einen ganz ersten Bericht uns zu geben über die Arbeit dieses Gremiums. Und es ist auch gut, daß wir jemanden konkret davon einmal hier haben und ihn sehen können. Das würde ich dann vorschlagen gleich nach der Begrüßung. Dann also **Wahlgesetz**.

Das Problem **Kernkraft** wird am Nachmittag dann abzuhandeln sein. Die **Anträge auf Neuzulassung** ebenso. Die **Einzelanträge** finden Sie. Der Tagesordnungspunkt 6.4 **Sicherheit, Vorlage 11/2**, hat sich mit diesem ersten Bericht,

---
[1] Dokument 11/1, Anlagenband.

Beratung zur Tagesordnung

der nun von Herrn Fischer zu geben ist, erledigt und kann gestrichen werden, eine erfreuliche Nachricht des Antragstellers von seiten der SPD.

Nun darf ich aber zunächst aufrufen, daß Sie Anträge zur Tagesordnung bitte dann einbringen. Während Sie sich dies überlegen, möchte ich gern noch zwei beziehungsweise drei Mitteilungen machen.

Erstens: Das **Arbeitssekretariat** bittet, daß wir uns um eine neue Sekretärin bemühen. Eine Kollegin muß aufhören, und es wäre schön, wenn die Arbeit, die wir ja jetzt schon zu schätzen wissen und spüren, gut weitergehen kann. [Ich] bitte die Parteien und politischen Gruppierungen zu überlegen, wen sie für diese Arbeit freistellen könnten.

Zweitens: In Ihren Fächern finden Sie ein Schreiben des Ministeriums der Finanzen und Preise, die Einladung an Parteien und Gruppierungen des Runden Tisches, daß bis Ende Januar, so war es hier gesagt, die Mitteilungen zu geschehen haben. Einige Parteien und Gruppierungen haben diesen Brief noch nicht abgeholt. Ich bitte Sie, immer darauf zu achten, daß Sie die Post holen.

Und das letzte schließlich: Der Generalintendant des Fernsehens der DDR lädt ein zur Mitarbeit im **Medienkontrollrat**. Auch diese Einladung liegt noch für einige in den Fächern. Ich bitte die Parteien und politischen Gruppierungen, diese abzuholen.

Nach diesen Vorbemerkungen, wo ich hoffentlich nichts vergessen habe, bitte ich nun Herrn Fischer um seinen kurzen ersten Bericht über die Auflösung des Amtes für Nationale Sicherheit. Bitte, Herr Fischer.

Halt, ich muß mich doch noch wieder korrigieren. Ich hatte gebeten, Anträge – darf ich dies noch einmal vorziehen? Bitte, sind Anträge zur Tagesordnung, da müssen wir nämlich so abstimmen lassen. Das hätte ich beinahe vergessen.

Bitte, Herr Meckel, SPD.

Meckel (SPD): Unter den letzten Tagesordnungspunkt Einzelanträge wollen wir zwei Anträge einbringen. Einen zur **Währungs- und Preisreform**, das sind zwei gekoppelte Anträge, und einen zweiten für ein **Betriebsverfassungsgesetz** beziehungsweise eine Übergangsregelung für Betriebsräte.

Ducke (Moderator): Danke. Die Vorlagen werden ja dann noch nachgereicht.

Darf ich die Runde fragen, ob erstens noch weitere Anträge [vorhanden] sind oder, dann lassen wir darüber erst abstimmen.

Frau Köppe, Neues Forum, bitte.

Frau Köppe (NF): Wir möchten gern beim Punkt **Wahlgesetz** eine **Erklärung** des Neuen Forum zum vorgezogenen Wahltermin und auch einen Antrag einbringen.

Ducke (Moderator): Danke.

Das ist schon vorgesehen unter diesem Gesichtspunkt. Da brauchen Sie nichts Neues, da kommt dann alles, was schon in der Prioritätengruppe vorgelegt war.

Frau Röth vom Unabhängigen Frauenverband hatte sich noch gemeldet.

Frau Röth (UFV): Ja, wir möchten auch einen Antrag einbringen, und zwar im Zusammenhang mit der anvisierten **Wirtschafts- und Währungsunion** wollen wir einen Antrag auf eine **Sozialcharta** bezüglich der Verhandlungen einbringen.

Ducke (Moderator): Würden Sie dies unter dem Thema Wirtschaft mit verbinden können?

Frau Röth (UFV): Ja.

Ducke (Moderator): Vielen Dank. Dann ist das dabei. Dann hatte sich hier Herr Brinksmeier von SPD gemeldet.

Brinksmeier (SPD): Die **Vorlage 11/2** der Arbeitsgruppe „Sicherheit" ist gestrichen wegen Überholung durch die Aktualitäten einer Woche. Wir haben dafür eine neue Vorlage hereingebracht, die kürzer ist und schneller zu lesen und schneller zu beschließen [ist].

Ducke (Moderator): Aha, die kommt aber dann noch, dann brauchen wir hier nichts zu ändern. Danke.

Brinksmeier (SPD): Die ist im Arbeitssekretariat.

Ducke (Moderator): Der Tagesordnungspunkt muß also bleiben, trotz meiner Ankündigung.

Bitte, Frau? Jetzt haben wir noch nicht die Namen, Sie müssen sich dann selbst vorstellen, Grüne Liga.

Frau Rottenbach (GL): Ja, wir wollten gerne unter Punkt 6 einen zusätzlichen Einzelantrag einbringen, und zwar als Ergänzung zu dem Antrag, ich sage jetzt bloß Stichwort **Grüne Grenze**, zur Problematik **Nationalpark Oberharz**, wollten wir gerne einen Zusatzantrag einbringen. Der wird gerade vorbereitet.

Ducke (Moderator): Danke. Wir notieren uns das Stichwort Nationalpark Oberharz. Ich habe jetzt folgende, nach Ihren Vorschlägen folgende – noch etwas?
Bitte, Herr Hegewald, PDS.

Hegewald (PDS). Wir hätten drei Anträge hier vorzuschlagen für die **Wirtschaftsreform**.

Ducke (Moderator): Ja, wenn das unter das Thema Wirtschaft paßt, dann brauchen Sie das nicht eigens hier vortragen.

Hegewald (PDS): Ja, ist gut.

Ducke (Moderator): Danke.
Nur wenn jetzt noch zusätzlich [Anträge eingebracht werden sollen,] die hier nicht genannt wurden.
Bitte, Herr Musch von Vereinigte Linke.

Musch (VL): Wir wollen zwei Anträge einbringen. Den ersten zur **Regelung der Ausgleichszahlung Kinderbekleidung** und den zweiten zum **Betriebsverfassungsgesetz**.

Ducke (Moderator): Verfassungsgesetz kann zu Wahl-, Partei- und Vereinigungsgesetz mit passen? Geht nicht, nein?
Danke, [das muß] eigen[ständig behandelt werden].
Bitte?

Ziegler (Co-Moderator): Ich denke, könnte das nicht bei diesem Antrag **Betriebsräte** von der SPD in diesem Zusammenhang mit verhandelt werden?

Musch (VL): Ja, in dem Zusammenhang.

Ducke (Moderator): Gut. Dann brauchen wir nicht einen eigenen Tagesordnungspunkt. Ich hoffe – –

Bitte, Herr Jordan, Grüne Partei.

Jordan (GP): Die Grüne Partei hat einen Antrag einzubringen unter Wirtschaft zur **sozialen Absicherung der Werktätigen**. Darüber hinaus haben wir noch mehrere Anträge.

Ducke (Moderator): Gut. Wenn das [die] Wirtschaft [betrifft], dann danke. Er liegt ja dann vor, nur bringen Sie ihn nicht so kurzfristig, daß wir dann auch darüber überlegen können.

Meine Tagesordnung beziehungsweise die meines Nachbarn, der gut mitgeschrieben hat, sieht nun vor 6.5 **Währungs-/Preisreform**, Antrag SPD, 6.6 **Betriebsräte**, Antrag SED, plus **Betriebsverfassungsgesetz**, Vereinigte Linke, 6.7 **Nationalpark Oberharz**, 6.8 **Kinderbekleidung**, habe ich mir nur jetzt als Stichwort gemerkt: Subventionen.

Darf ich in die Runde fragen, sind Sie mit dieser Ergänzung zur Tagesordnung und mit der von mir vorgeschlagenen Änderung einverstanden?

Es gibt noch eine Wortmeldung.

Bitte, von der CDU Herr – –

N. N. (CDU): Können wir uns festlegen zum Ende der Tagung und auch zur Zulassung der Presse wieder?

Ducke (Moderator): Bitte?

N. N. (CDU): – ob wir uns festlegen können zum Ende der Tagung heute, also zum Tagungszeitpunkt, und auch zur Zulassung der Presse?

Ducke (Moderator): **Zulassung der Presse** ist, glaube ich, erledigt. Wir haben jetzt noch diesen Fototermin, während wir beraten. Dann wissen ja die Pressevertreter schon die Konditionen. Aber Sie machen einen großartigen Vorschlag, machen Sie einmal einen Vorschlag, wann sollen wir heute schließen?

N. N.: Ich würde wieder sagen um 16.00 Uhr.

Ducke (Moderator): Aber wir wollen keinen irrealen Vorschlag zunächst diskutieren.

Herr Ziegler, bitte.

Ziegler (Co-Moderator): Hierzu gibt es einen Vorschlag: 18.00 Uhr. Es hat keinen Zweck, daß wir uns gleich von vornherein wieder unter Druck setzen. Es ist nicht zu schaffen bis 16.00 Uhr.

TOP 3: Zwischenbericht aus dem Dreierkomitee zur Auflösung des MfS/AfNS, vorgetragen von Werner Fischer, Sicherheitsbeauftragter des Runden Tisches und Regierungsbevollmächtigter zur Auflösung des MfS/AfNS

Ducke (Moderator): Ich danke Herrn Ziegler, daß er die Meinung der Prioritätengruppe hier so klar referiert. Ich schlage vor, daß wir das Ende der Sitzung für 18.00 Uhr avisieren oder uns vornehmen. Wir könnten ja einmal einen guten Vorsatz fassen. Ist jemand da dagegen? Nein. Dann bitte ich um Ihre Zustimmung zu der ergänzten und veränderten Tagesordnung. Wer dafür ist, daß wir so verfahren mit Ende 18.00 Uhr, [den] bitte ich kurz um das Handzeichen. Ich danke Ihnen, das ist die Mehrheit. Gegenstimmen? – Das ist nicht der Fall. Stimmenthaltungen? – Es gibt 1 Stimmenthaltung.

Danke.

Nun bitte Herr [Werner] Fischer zu Ihrem [Zwischen-]Bericht aus dem Dreierkomitee zur Auflösung des Amtes für Nationale Sicherheit.[2]

Fischer (Sicherheitsbeauftragter des Runden Tisches und Regierungsbevollmächtigter zur Auflösung von MfS und AfNS): Meine Damen und Herren, da dieser Bericht in der heutigen Tagesordnung nicht vorgesehen war, will ich mich sehr kurz fassen. Dies ist deshalb auch kein Bericht über den Stand der Auflösung des ehemaligen AfNS (Amt für Nationale Sicherheit), dieser wird Ihnen demnächst nachgereicht. Vielmehr möchte ich den Versuch unternehmen, die Situation zu beschreiben, in der sich alle mit der Auflösung befaßten Gremien befinden. Es gab und gibt nach wie vor in der Öffentlichkeit Irritationen darüber, wer nun eigentlich mit der **Auflösung des ehemaligen AfNS** beauftragt ist und wie diese Arbeit organisiert wird. Ich halte es für unerläßlich, die Bevölkerung nicht nur über den Ergebnisstand zu informieren, sondern auch unsere Arbeitsweise und Schwierigkeiten transparent zu machen. Ich komme darauf zurück.

Einige Anmerkungen zur Arbeitsweise der früheren Regierungsbeauftragten:

Die bisherigen von der Regierung eingesetzten und nach und nach vom Runden Tisch abgelehnten **Beauftragten zur Auflösung des ehemaligen AfNS** hatten einen eigenen Arbeitsstab, der sich schwerpunktmäßig mit der materiellen Auflösung befaßte. Die Mitarbeiter dieses Arbeitsstabes sind allesamt Mitglieder der SED-PDS. Ihre Berichte zum Stand der Auflösung der Bezirksverwaltungen erhielten sie von den dort eingesetzten Regierungsvertretern, die wiederum auf die Zuarbeit der jeweiligen amtierenden Leiter des ehemaligen Amtes für Nationale Sicherheit in den Bezirken. Eine Überprüfbarkeit der an die Regierung übermittelten Angaben durch eine demokratische Kontrollinstanz, wie die der **Bürgerkomitees** war in der Regel nicht möglich. Eigene wichtige Erkenntnisse der **Bürgerkomitees** wurden mangels Vertrauen in den **Regierungsstab** deshalb nicht weitergegeben. An dieser Stelle möchte ich erwähnen, daß die Mehrheit der Mitglieder der Bürgerkomitees engagiert und problembewußt Enormes bei der Sicherung und Auflösung geleistet hat.

Die Arbeitsgruppe „Sicherheit" des Runden Tisches konnte ihrer Aufgabenstellung als **Kontrollorgan** lange Zeit nicht gerecht werden, da die damaligen Regierungsbeauftragten der Arbeitsgemeinschaft keinerlei Berichte und Informationen zukommen ließen. Vertreter der Arbeitsgemeinschaft intervenierten am 15. Januar 1990 beim Staatssekretär Herrn Halbritter und forderten Aufklärung über die Arbeitsweise des Regierungsstabes. Im Ergebnis dieser Forderung erhielt die Arbeitsgruppe Berichte aus den Bezirken ausgehändigt, adressiert an Herrn Halbritter und verfaßt von den amtierenden Leitern der Bezirksverwaltungen des ehemaligen AfNS. Diese Berichte, datiert vom 7. Januar 1990 – also noch zu einer Zeit, als die Bildung eines **Amtes für Verfassungsschutz** beschlossen war – hatten den Charakter von Dossiers über das Verhalten der Bürger-

---

[2] Die vollständige Fassung des Zwischenberichtes ist im Dokument 11/2 im Anlagenband wiedergegeben.

komitees und waren zudem inhaltlich verfälscht. Nach einem vorgegebenen Fragenkatalog wurde bis hin zu Namensnennungen berichtet, inwieweit die Bildung dieses Amtes behindert oder gefördert wird. Herr Halbritter bestätigte, daß dies keine Ausarbeitungen der Regierungsbeauftragten in den Bezirken waren. Er brachte sein Bedauern über diesen Vorgang zum Ausdruck.

Zur jetzigen Situation:

Am 18. Januar 1990 wurde als neuer Regierungsbeauftragter zur Auflösung des ehemaligen AfNS Herr Fritz Peter, Generaloberst und ehemaliger Chef der Zivilverteidigung, eingesetzt.

Am 22. Januar 1990 beschloß der Zentrale Runde Tisch die Bildung einer **Dreiergruppe,** die zusammen und gleichberechtigt mit dem Regierungsvertreter die Leitung der weiteren Auflösung des ehemaligen AfNS mit Regierungsvollmacht übernimmt. Dieser vom Runden Tisch einstimmig benannte **Dreierrat** besteht aus: **Dr. Georg Böhm,** Mitglied des Parteivorstandes der DBD; **Werner Fischer,** Initiative Frieden und Menschenrechte; **Dr. Gottfried Forck,** Bischof der Evangelischen Kirche Berlin-Brandenburg, und als (dessen) ständiger Vertreter Oberkonsistorialrat **Schröter.** Durch diese neue Konstellation hat sich zwangsläufig der Charakter der Arbeitsgruppe verändert. Als Arbeitsstab der **Dreiergruppe** nimmt sie Kontroll- und Koordinierungsaufgaben **zur DDR-weiten Auflösung des ehemaligen Amtes für Nationale Sicherheit** wahr.

Festzustellen ist, daß die Arbeitskontinuität der Arbeitsgruppe beeinträchtigt ist durch gänzliches Fernbleiben oder Fluktuation einiger Vertreter von Parteien und politischen Vereinigungen. Gleichzeitig ist aber festzustellen, daß ein großer Teil der Mitglieder diese Arbeit sehr ernst nimmt und jede Unterstützung gibt. Besonders hervorheben möchte ich das Engagement der Vertreter der NDPD, der SPD, des Neuen Forums, der Vereinigten Linken und der Initiative Frieden und Menschenrechte. Erfreulich ist die Tatsache, daß sachbezogen gearbeitet wird und wahltaktische Manöver nicht stattfinden, so daß die Frage der einst angestrebten Parität für mich eine untergeordnete Rolle spielt.

Die beiden Herren – Böhm und Schröter – der Dreiergruppe konnten aus terminlichen Gründen an etlichen wichtigen Besprechungen nicht teilnehmen. Notwendige Maßnahmen zur Schaffung einer einheitlichen Arbeitsstruktur auf Republiksebene wurden daher mit Unterstützung der Arbeitsgruppe „Sicherheit" und der Beratergruppe, zusammengesetzt aus Vertretern der Opposition, durch mich in Absprache mit dem Regierungsvertreter eingeleitet.

Trotz des unterschiedlichen Standes der **Auflösung der ehemaligen Bezirksämter (des MfS)** und der unterschiedlichen territorialen Bedingungen schien es mir notwendig und sinnvoll, das zentrale Modell – **Dreiergruppe plus Regierungsvertreter** – auf die **Bezirke** zu übertragen und die direkte Zusammenarbeit mit den Runden Tischen zu sichern. Bei mehreren Zusammenkünften mit Vertretern der Bürgerkomitees und den Regierungsbeauftragten der Bezirke wurden die unterschiedlichen Erfahrungen diskutiert, und es wurde beschlossen, prinzipiell so zu verfahren.

Somit ist der ständige Informationsfluß gesichert, die wöchentlichen Berichte werden in **Zusammenarbeit mit den Bürgerkomitees** erstellt, mitunterzeichnet und der zentralen Arbeitsgruppe zur Zusammenfassung und Auswertung zugeleitet. Gleichzeitig wird der Problemstand seitens der Regierung offengelegt, um zu den grundsätzlichen Problemen vorzudringen und gemeinsame Lösungen zu finden. Die Arbeitsgruppe „Sicherheit" berät zweimal wöchentlich.

Nun etwas zum Selbstverständnis unserer Arbeit:

In einem ersten Gespräch mit dem Ministerpräsidenten am 24. Januar 1990 habe ich unsere Vorstellungen über das weitere Vorgehen zur **Auflösung des ehemaligen Amtes für Nationale Sicherheit** erläutert. Ich habe die Auffassung vertreten, daß die **materielle Auflösung** nicht ausschließlich Ziel unserer Arbeit sein kann. Parallel dazu ist es notwendig, die **Strukturen dieses Apparates** aufzudecken und öffentlich zu machen, seine **Verflechtungen mit der SED** und anderen Organisationen sowie die Zusammenarbeit mit anderen Ministerien aufzuklären. Es geht um die **Aufdeckung noch arbeitsfähiger Objekte,** oft ausgestattet noch mit Nachrichten- und Rechentechnik, und konspirativer Treffpunkte.

Hierzu haben wir eine **operative Gruppe** gebildet, die sofort Hinweisen und Informationen aus der Bevölkerung nachgeht und bereits Erfolge aufzuweisen hat.

Bisher wurde in einer Art und Weise gearbeitet, als ginge es um die Auflösung eines normalen Betriebes, der sich als unrentabel erwiesen hat, und nicht um die Auflösung eines Geheimdienstes, zudem eines der besten der Welt.

In einem früheren Bericht des Regierungsvertreters hieß es, die **alten Strukturen seien zerschlagen.** Bis ich es wage, eine solche Behauptung aufzustellen, wird noch einige Zeit vergehen. Es muß noch sehr intensiv gearbeitet werden. Richtig ist, daß die Arbeitsfähigkeit des ehemaligen Amtes für Nationale Sicherheit aus unseren Erkenntnissen nicht mehr gegeben ist. Es besteht zur Zeit nicht die **Gefahr der Reorganisierung der Staatssicherheit,** aber wir müssen unsere Arbeit so organisieren, daß es nicht ein Kampf mit einem Drachen wird, dessen abgeschlagene Köpfe immer wieder nachzuwachsen drohen.

Für diese zu bewältigenden Aufgaben waren alle bisherigen technischen und personellen Voraussetzungen sowie die Herangehensweise dürftig. Auch die seit Einsetzung der Dreiergruppe geschaffenen Arbeitsstrukturen sind mehr oder weniger hilflose Versuche, den Anforderungen gerecht zu werden. Es bedarf eines **professionell arbeitenden großen Apparates,** der imstande ist, all die gewaltigen Probleme, die mit der Auflösung des ehemaligen Amtes für Nationale Sicherheit im Zusammenhang stehen, umfassend zu lösen. Dies braucht auch eine erhebliche Zeitspanne.

Im Ergebnis dieser Überlegungen ist der **Entwurf zu einem Beschluß** erarbeitet worden, der die **Schaffung einer Dienststelle** unter Leitung der Dreiergruppe und des Regierungsbeauftragten festlegt. In dieser Dienststelle werden hauptamtlich Spezialisten wie Juristen, Computerfachleute, Nachrichtentechniker, Psychologen, Historiker, Kriminaltechniker und andere Fachleute tätig sein. Der Entwurf wird der kommenden Ministerratssitzung vorgelegt und bei Bestätigung kann mit der Einrichtung dieser Stelle bereits in der nächsten Woche begonnen werden.

Mir kommt es besonders darauf an, daß die Arbeit dieser Dienststelle einer **demokratischen Kontrolle** unterliegt. In diesem Zusammenhang möchte ich den Runden Tisch eindringlich bitten, den Standpunkt des Rechtsausschusses des Runden Tisches zur Ordnung über die Bürgerkomitees vom 10. Januar [1990] zu beraten und möglichst schnell zu einem Beschluß zu kommen, der die Rechte und Pflichten der Bürgerkomitees eindeutig regelt.

Zum Schluß einige Bemerkungen, die ich ganz gern als **Appell [Aufruf der Dreiergruppe von Beauftragten zur**

Auflösung des Amtes für Nationale Sicherheit] an die Bevölkerung der DDR, auch an die Öffentlichkeit im Lande verstanden wissen möchte. Es betrifft eine wichtige Dimension unserer Auflösung:

[Appell: Aufruf der Dreiergruppe von Beauftragten zur Auflösung des Amtes für Nationale Sicherheit an die Bevölkerung der DDR]

Unser Land sieht sich mit einem sehr großen Problem konfrontiert, welches – wird es nicht schnell und von uns allen gemeinsam gelöst – schwerwiegende politische Folgen haben (wird)/[kann].

Wir haben das alte Regime zu Fall gebracht, um demokratische Verhältnisse und Rechtsstaatlichkeit zu schaffen. Die Wahrung der Menschenrechte sollte für die radikale Umgestaltung unserer Gesellschaft oberstes Gesetz sein – und zwar für jeden. Das ehemalige Ministerium für Staatssicherheit war eine verfassungswidrige Organisation, die Verbrechen an vielen Menschen begangen hat.

Aber: Nicht alle Stasimitarbeiter waren Verbrecher und vermutlich wird es nie eine absolute Gewißheit geben, wer wieweit und in welchem Maße schuldig geworden ist.

Wir sehen, daß der Volkszorn durchaus berechtigt ist – aber nicht weiterhilft. Wenn sich weiterhin Betriebe weigern, ehemalige Stasimitarbeiter einzustellen, wenn weiter mit Streik gedroht wird, werden wir alle mit dem Problem nicht fertig.

Es gab die Forderung „Stasi in die Volkswirtschaft". Die Frage steht und muß beantwortet werden: Wie gehen wir nun mit diesen Menschen um und mit all jenen, die, in welcher Form auch immer, im alten Partei- und Staatsapparat, in den Betrieben, in den Hausgemeinschaften und anderswo, direkt oder indirekt, gewollt oder ungewollt mit dazu beigetragen haben, daß dieser Repressionsapparat so funktionieren konnte.

Wir wissen es doch alle: Die Verfilzung geht quer durch alle Arbeitskollektive, Freundschaften und Familien.

Wir müssen etwas tun, damit wir einander einmal ohne Mißtrauen ins Gesicht sehen können. Wir müssen lernen, mit dieser Erblast zu leben ohne zu verdrängen und zu schnell zu vergessen.

Wenn wir Rechtsstaatlichkeit wollen, dann gilt das auch für ehemalige Stasimitarbeiter: sie sind erst schuldig gesprochen, wenn es im Einzelfall erwiesen ist.

Die Beauftragten zur Auflösung des ehemaligen Amtes für Nationale Sicherheit sind sich darin einig, daß alles getan werden muß, die Verbrecher vor Gericht zu bringen und daß die Voraussetzungen geschaffen werden müssen, daß nie wieder eine solche Organisation die Chance hat, aktiv zu werden.

Die ehemaligen Angehörigen der Staatssicherheit dürfen selbstverständlich nicht in den Genuß von Privilegien kommen, wie Staatsrenten, Prämienzahlungen, Vorkaufsrechten von Häusern und was auch immer in dieser Richtung denkbar ist. Ich meine auch, daß die Besetzung von Leitungsfunktionen nicht unkontrolliert erfolgen darf.

Und gleichzeitig muß es allen Menschen möglich sein, unter gleichen Bedingungen ein neues Leben aufzubauen. Wenn es nicht gelingt, auch für ehemalige MfS-Mitarbeiter Rechtsstaatlichkeit zu garantieren, haben wir aus der Unsicherheit der Betroffenen ein Gewaltpotential im Land, das jede friedliche Weiterentwicklung verhindert. Wenn uns dies nicht gelingt, dann ist unser Anspruch auf Demokratie gescheitert.

Wir, die Arbeitsgruppe am Runden Tisch, haben einen Teil Verantwortung für eine doppelte Aufgabe übernommen: die Auflösung und Verhinderung eines Neuaufbaus der ehemaligen Staatssicherheit und gleichzeitig die Wahrung der Menschenrechte und Menschenwürde aller Menschen in dieser Gesellschaft.

Was wir heute dringend benötigen, ist die Zusage aller demokratischen Kräfte hier am Tisch und stellvertretend die Zusage der Gesellschaft, daß sie hinter uns stehen, wenn wir Gerechtigkeit auch für die Menschen der ehemaligen Stasi fordern. Wir müssen die Kraft haben, auch angesichts der Opfer keine Rache, sondern Gerechtigkeit zuzulassen und das Klima der Hexenverfolgung schnellstens zu beenden.

Danke für Ihre Aufmerksamkeit.

[Beifall]

Ducke (Moderator): Herr Fischer, ich möchte Ihnen, und so glaube ich auch im Namen aller Teilnehmer hier am Runden Tisch, ganz herzlich danken für diesen Bericht, und Sie merken an der Zustimmung, daß wir hier wohl den Appell verstanden haben. Und es bleibt uns zu hoffen, daß viele Menschen, vielleicht dürfen wir sogar hoffen, alle Menschen in unserem Land diesen Appell verstanden haben.

Ich danke Ihnen herzlich, daß Sie hier gewesen sind und den Bericht gegeben haben. Danke.

TOP 4: Wahlgesetz

Meine Damen und Herren, wir wenden uns nun dem Tagesordnungspunkt **Wahlgesetz, Parteien- und Vereinigungsgesetz** zu. Es liegt Ihnen dazu vor die **Vorlage 11/4, Beschlußvorlage der Arbeitsgruppe Wahlgesetz**. Es liegt Ihnen vor die **Vorlage 11/5, Antrag des Neuen Forum** den **Wahltermin** betreffend, und es liegt Ihnen vor das **vorläufige Gesetz über Parteien und andere politische Vereinigungen, Parteiengesetz**[3], das ist dieses dickere Papier, das leider noch keine Nummer trägt. Die **Vorlage 11/7 der Arbeitsgruppe „Parteien- und Vereinigungsgesetz"** wird gesondert aufgerufen.

Ich bitte, zur **Beschlußvorlage der Arbeitsgruppe „Wahlgesetz", Vorlage 11/4,** den Einbringer um seine Stellungnahme und rufe dann auf die **Vorlage 11/5**, weil das ja notwendig ist, daß wir uns darüber erst verständigen, um weitersprechen zu können. Aber zunächst einmal **11/4**.

Bitte, Herr Wilkening, CDU.

---
[3] Dokument 11/3, Anlagenband.

Wilkening (CDU): Ja, Wilkening, ich bitte um Entschuldigung. Ich war im Raum nicht anwesend als die Vorstellung neuer Vertreter erfolgte.

Die Arbeitsgruppe „Wahlgesetz" sah sich aufgrund der in einer Besprechung mit Premier Modrow verabredeten **Vorziehung des Wahltermins** vor die Aufgabe gestellt, die sich daraus ergebenen Konsequenzen im Blick auf den Terminplan zur Vorbereitung der Wahl noch einmal zu überarbeiten. Sie finden einen Vorschlag für diese neue Zeitschiene, wenn ich so formulieren darf, als Anlage auf der Rückseite der **Vorlage 11/4**[4]. Es gab aber auch noch einige weitere notwendige Veränderungen, die bedacht sein wollten, weil sich der Zeitraum der Wahlvorbereitungen jetzt doch so zusammenstaucht, daß bestimmte Dinge, die sonst in einer zeitlichen Abfolge vorbereitet werden, jetzt parallel vorbereitet werden müssen.

In einer gemeinsamen Beratung mit dem zeitweiligen Volkskammerausschuß zur Vorbereitung der Wahl wurde verabredet, und das war insbesondere eine Bitte des Volkskammerausschusses, daß der Runde Tisch heute vormittag darüber befinden möge, daß diese Vorbereitungsmodalitäten im Einvernehmen mit dem Runden Tisch noch heute in der Volkskammersitzung beschlossen werden können. Sie ersehen aus der Rückseite die **terminliche Notwendigkeit** dafür, wenn die Volkskammer am 21. Februar das Wahlgesetz beschließt und am folgenden Tag bereits das Einreichen von Wahlvorschlägen beginnen soll. Dafür ist der Zeitraum 22. bis 28. Februar [1990] festgesetzt.

Dann ist dafür erforderlich die Vorbereitung, das heißt die Vorbereitung für die Bildung der **Wahlkommission** und die Vorbereitung, die die Parteien beziehungsweise Vereinigungen benötigen, um dann Kandidaten einzureichen, bereits heute durch die Volkskammer in Kraft zu setzen. Das ist der Hauptgrund, weshalb wir uns heute mit dieser Vorlage an den Runden Tisch wenden.

Eine zweite Konsequenz besteht darin, daß mehrheitlich die Auffassung vertreten wurde, das Sammeln von 1000 Unterschriften je Wahlkreis ist in diesem kurzen Zeitraum für sehr viele Parteien nicht gut zumutbar. Deshalb der Ersatzvorschlag, daß neben dem Programm und dem Statut beim Einreichen der Vorschläge auch ein Protokoll über die ordnungsgemäße Wahl der nominierten Kandidaten beizubringen ist.

Punkt 3 der Vorlage ist eine Bitte, in der wir auf das Einverständnis der Moderatoren hoffen. Es muß eine Möglichkeit gefunden werden, daß dieses Präsidium der Wahlkommission der DDR, das insbesondere im Falle des Paragraphen 8.2 des Wahlgesetzentwurfes, das heißt Entscheidung über den Ausschluß von Parteien, zu befinden hat in einer angemessenen, das heißt nicht von öffentlicher Personaldebatte belasteten Art und Weise, gefunden und gebildet wird. Unsere Vorstellung ist die, daß nach den Sondierungen die Moderatoren des Runden Tisches und das Präsidium der Volkskammer, die sich beide auch schon davor konsultieren, einen einvernehmlichen Vorschlag präsentieren, so daß dieses Präsidium ebenfalls durch die Volkskammer am 21. Februar [1990] bestätigt werden kann.

Danke.

Ducke (Moderator): Danke, Herr Wilkening. Sie haben uns die Problematik dargestellt, die für diese Wahl stattfindet. Wir müssen, bevor wir darüber abstimmen und beschließen können, die **Vorlage 11/5** dann aufrufen, die ja eine **Wahlterminänderung** bringt. Nur jetzt ging es um die Reihenfolge. Aber es liegt ein Geschäftsordnungsantrag vor.

Herr Schulz, bitte, Neues Forum.

Schulz (NF): Mein Geschäftsordnungsantrag deckt sich mit Ihrer letzten Feststellung, daß **[Vorlage] 11/5** der weitergehende Antrag ist und demgemäß vorzugehen ist.

Ducke (Moderator): Danke, genau. Nur wir müssen uns erst einmal vorstellen. Und jetzt bitte ich, nachdem wir uns mit dieser Vorlage bezüglich auch des zeitlichen, des Terminablaufs vertraut gemacht haben, um die Vorlage des **Antrages 11/5** des Neuen Forums. Wer wird das machen?

Frau Köppe, Neues Forum, bitte.

Frau Köppe (NF): Dem Antrag geht eine **Erklärung** voraus, die Sie jetzt noch nicht in der Hand haben, die ich aber verlesen möchte. Die ist wohl erst um 16.30 Uhr fertig, also fertig dann geschrieben.

Information 11/5, Öffentliche Erklärung des Neuen Forum

Der vorgezogene Wahltermin für die Volkskammerwahlen zum 18. März ist kein gemeinsamer Beschluß der Vereinigungen und Parteien des Runden Tisches.

Das NEUE FORUM hat in den Verhandlungen mit Ministerpräsident Modrow seine Bereitschaft erklärt, Regierungsverantwortung bis zum 6. Mai in konkreten Bereichen (Justizministerium, Wirtschaftsministerium, Innenministerium, Energieministerium) zu übernehmen.

Wir hatten Vorstellungen über politische und wirtschaftliche Ziele dieser Regierung zu den folgenden Themen vorbereitet:

– innere Sicherheit

– Außenpolitik

– Schritte zur Annäherung beider deutscher Staaten

– Wirtschaft

– Stabilisierung der kommunalen Ebene

– soziale Fragen.

Die Weigerung der SPD, konkrete Verantwortung durch Regierungsbeteiligung zu übernehmen und die darauf folgende Erklärung der CDU, sich dann auch nicht an der Regierung zu beteiligen, führte zu der Entscheidung von Ministerpräsident Modrow, die Wahlen vorzuverlegen.

Das NEUE FORUM hielt seine Bereitschaft zur Übernahme von Regierungsverantwortung trotzdem aufrecht. Über dieses Angebot und die damit zusammenhängenden Fragen verweigerte die Regierung jedes weitere Gespräch.

Wir können uns des Eindrucks nicht erwehren, daß die Entscheidung über das Vorziehen des Wahltermins bereits vor Beginn der Verhandlungen gefallen war. Hiermit protestieren wir gegen dieses wahltaktische Manöver, mit dem die etablierten Parteien und die von BRD-Parteien im Wahlkampf unterstützten Organisationen bevorteilt werden.

Nach Auffassung des NEUEN FORUM muß sich der Demokratisierungsprozeß von unten nach oben ent-

---

[4] Dokument 11/4, Anlagenband.

wickeln. Deshalb treten wir für die Durchführung von Kommunalwahlen noch vor der Volkskammerwahl ein. Wir fordern die Volkskammer auf, den vorgezogenen Wahltermin nicht zu bestätigen.

Und jetzt folgt dann unser Antrag.

Ducke (Moderator): Würden Sie ihn bitte noch mit einbringen? Das war zum Verständnis eine nachträgliche Erklärung des Neuen Forum zu den Verhandlungen.
Bitte, Herr Schulz.

Schulz (NF): Ich würde jetzt den Antrag verlesen. Der liegt Ihnen als **Vorlage 11/5** vor.

[Vorlage 11/5, Antrag NF: Änderung des Wahltermins]

Angesichts der Tatsache, daß durch die friedliche Revolution erstmalig in der DDR eine freie, geheime und unmittelbare Wahl der Volkskammer möglich geworden ist, beschließt der Runde Tisch, diese Wahl, wie ursprünglich vereinbart, am 6. Mai [1990] durchzuführen.

Begründung:

Bei dem jetzt in Umlauf gesetzten Wahltermin 18. März 1990 handelt es sich nicht um eine einverständliche Übereinkunft der an der Wahl teilnehmenden Parteien und politischen Vereinigungen, sondern um eine völlig einseitige und unbegründete Entscheidung.

Der vorgezogene Wahltermin schränkt das zur Diskussion gestellte Wahlgesetz, das aufgrund der geringen Zeit ohnehin einen umstrittenen Wahlmodus vorsieht, von Anfang an ein und gefährdet eine gleichberechtigte und faire Auseinandersetzung der zur Wahl stehenden politischen Kräfte und Programme.

Die Bürger/innen der DDR haben in Anbetracht der geringen Vorbereitungszeit nicht genügend Gelegenheit, sich ein reelles Urteil über die zur Wahl antretenden Parteien/ politischen Vereinigungen sowie deren Kandidaten zu bilden.

Mit dem Eintritt der Opposition in die Regierung und der heute zeitgleich stattfindenden Bildung einer Regierung der Nationalen Verantwortung wird eine vorläufige Stabilisierung der Verhältnisse erreicht, die eine gründliche Vorbereitung einer wirklich demokratischen Wahl am 6. Mai 1990 gestattet.

Ducke (Moderator): Danke, Herr Schulz vom Neuen Forum. Der Antrag ist klar.
Ich eröffne die Debatte über diesen weitergehenden Antrag. Es hat sich gemeldet Herr Behrendt von [der] LDPD, Herr Wolf von [der] LDPD. Wir haben leider noch keine Namensliste, deswegen bitte ich um Entschuldigung.

Wolf (LDPD): Die LDPD hat uns ermächtigt, hier zu erklären, daß wir zwar grundsätzlich mit den politischen Bedenken des Neuen Forum übereinstimmen und sie auch so sehen, aber daß die **Lage im Land,** die sich täglich allein durch den **Weggang von 2000 bis 3000 Bürgern** weiter **instabilisiert,** diese Lage im Land erlaubt kein weiteres Herauszögern einer klaren demokratischen, politisch parlamentarischen Erneuerung unseres Landes, die vertrauenserweckend wirkt.

Deshalb sind wir a) für Beibehaltung dieses Wahltermins, der auch uns Probleme bereitet, aber trotzdem. Und wir sind zum zweiten dafür, am 6. Mai [1990] auch die kommunale Ebene demokratisch zu erneuern und handlungsfähig zu machen.

Ducke (Moderator): Danke. Das war eine Wortmeldung, Herr Wolf von der LDPD.
Noch einmal nur zur Rückfrage, damit wir ganz verstehen. Sie sind für Beibehaltung des Wahltermins jetzt [am] 18. März? Nur noch einmal zur Vergewisserung. Danke.
Es hat sich gemeldet Herr Meckel von [der] SPD. Bitte, Herr Meckel. Darf ich nur einmal sagen, ich bitte am Runden Tisch während dieser Beratungen nicht andere Themen zu beraten, die Berater sich zurückzuziehen. Es ist sehr schwierig, eine Debatte zu führen.
Bitte, Herr Meckel.

Meckel (SPD): Es wird gegen uns ja ein regelrechter Werbefeldzug gestartet, daß wir eingetreten sind für den **18. März** als Wahltermin. Das stimmt, daß wir das taten. Ich will die Begründung sagen und dies stimmt eben nicht, daß man sagt, wir haben damit irgendeinen Vorteil gesucht, sondern wir sahen dies als die einzig mögliche Entscheidung, um eine **stabile Situation** zu erreichen. Die Frage war ja Koalition, eine große **Koalition aller Parteien** oder eben **Vorzug des Wahltermins.** Und dann die Variante, wie sie jetzt ist.

Heute werden die Minister der Opposition in der Volkskammer vereidigt und in die Regierung eintreten. Wir sind ganz klar der Meinung gewesen, eine Koalition, in der sich alle hier am Tisch vereinigten Parteien und Organisationen zu einer Regierung zusammenschließen, wird die Regierung nicht stabiler machen und damit die Situation nicht. Die Entscheidungen in dieser Regierung werden so kompliziert und langwierig sein, daß die Handlungsfähigkeit herabgesetzt wird. Aus diesem Grund haben wir einer solchen Koalition nicht zugestimmt und gesagt, **unter diesen Bedingungen einer Koalition gehen wir nicht in die Regierung.**

Die Situation im Land wird immer ernster. Wir brauchen möglichst schnell eine **demokratisch legitimierte Regierung** und deshalb, auch wenn es uns selbst auch Schwierigkeiten macht, den 18. März als einen Wahltermin zu halten, vielleicht manche Schwierigkeit weniger als anderen. Aber auch uns macht es Schwierigkeiten.

Wir treten ein für die **Erhaltung des 18. März** und dafür – obwohl wir auch da einen späteren Termin eigentlich lieber hätten, aber wegen der Verfaserung der kommunalen Strukturen – auch die **Kommunalwahlen am 6. Mai** wirklich zu machen.

Bis dahin muß noch so viel geschehen, damit die Menschen hier im Land bleiben, an politischem Handeln. Da haben wir und da hat diese Regierung, die jetzt heute installiert wird, noch die Hände voll zu tun. Ein wesentlicher Punkt, und dazu kommt ja nachher ein Antrag, sind die **wirtschaftlichen Fragen** und die von uns angestrebte **Währungsunion.**

Ducke (Moderator): Das war Herr Meckel von der SPD. Es hat sich gemeldet Herr Junghanns, Deutsche Bauernpartei, danach Herr Kirchner von [der] CDU.

Junghanns (DBD): Ja, die Demokratische Bauernpartei hat sich offensiv zur Bildung einer **großen Koalition** gestellt und hat in Betrachtung und Bewertung der realen Situation in unserem Land die Konsequenz mitgezogen und mitgetragen, den Termin der Wahlen zur Volkskammer vorzuziehen. Ich stelle in Rechnung, daß das keine Übereinkunft aller war. Soweit akzeptiere ich auch den Standpunkt des [Neuen] Forums.

Aber was uns in diese Position bewogen hat, ist, daß in unserem Land politische, soziale, ökonomische Entscheidungen von einer Dimension zu fällen sind, die nicht in der **gegenwärtigen politischen Aufsplitterung der Kräfte** und zum Teil gegeneinander wirkenden Kräfte zu fällen sind und schon gar nicht zu realisieren sind. Insofern ist der Schmerztermin 18. [März 1990], was die wahlpolitische Vorbereitung und Durchführung betrifft, eine Position, die die Partei offensiv mittragen will und tragen möchte, auch mit dem Blick darüber hinaus auf den 6. Mai [1990] als nächsten Schritt zur Konsolidierung der staatlichen Macht in den Kommunen.

Ducke (Moderator): Danke, Herr Junghanns von der Deutschen Demokratischen Bauernpartei. Jetzt hat sich gemeldet Herr Kirchner, CDU; dann Frau Poppe, Demokratie Jetzt.
Bitte, Herr Kirchner.

Kirchner (CDU): Ich denke, es ist bekannt, daß die CDU bereit war und ist, Verantwortung zu tragen, damit dieses Land in Stabilität zum eigentlichen Ziel, Freie Wahlen in diesem Lande, kommt. Wir müssen allerdings auch darauf hinweisen, daß auch die heute zu bildende Regierung eine **Übergangsregierung** ist, die nicht ausreichend legitimiert ist.

Hinzu kommt, daß dadurch, daß ja die Minister mit Geschäftsbereich unverändert bleiben und die Oppositionsparteien nur mit Ministern ohne Geschäftsbereich hinzutreten, die Lage in dieser Regierung eigentlich unverändert bleibt. Ich denke, hier steht eigentlich die alte Frage, und unter diesem Aspekt sind wir der Auffassung, daß man bei dem **vorgezogenen Wahltermin** bleiben sollte.

Ein zweites Argument, das ich hier unterstreichen möchte, ist die Frage, diese **Übergangsregierung ist nicht legitimiert,** wirklich tiefgreifende Veränderungen für die Zukunft vorzunehmen und sie dadurch zu präjudizieren. Das betrifft besonders den **Bereich der Wirtschaft** als die eigentliche Kardinalfrage in diesem Lande, auch als die eigentliche Ursache dafür, daß nach wie vor 2 000 und mehr Bürger pro Tag dieses Land in Richtung Westen verlassen.

Drittens denken wir, wir sollten und können unser Volk nicht weiter verunsichern, indem wir erneut über den Wahltermin spekulieren und ihn erneut verändern. Wir müssen – wohlwissend, daß wir jetzt in einer Situation sind, die der eine oder andere vielleicht so nicht gewollt [und] auch nicht ausreichend überblickt hat – jetzt an dem vorgezogenen Termin festhalten.

Ducke (Moderator): Das war Herr Kirchner von der CDU. Ich rufe auf Frau Poppe, Demokratie Jetzt. Danach Frau Röth, Unabhängiger Frauenverband.
Bitte, Frau Poppe.

Frau Poppe (DJ): Wir möchten uns dem Antrag vom Neuen Forum anschließen und sind **gegen eine Vorverlegung des Wahltermins,** weil wir darin den demokratischen Charakter der Wahlen gefährdet sehen.

Einmal deshalb, weil in der Kürze der Zeit nicht alle neuen Gruppierungen und Parteien die gleichen **Chancen im Wahlkampf** haben.

Und zweitens, weil auch in dieser Kürze der Zeit die Bürger keine ausreichende Möglichkeit haben, sich wirklich vertraut zu machen mit den Programmen und Profilen der neuen Parteien und Organisationen, und [sie] haben deshalb also eine eingeschränkte Entscheidungsmöglichkeit.

Ducke (Moderator): Das war Frau Poppe, Demokratie Jetzt. Ich rufe Frau Röth, Unabhängiger Frauenverband, dann Herrn Stief, NDPD. Ich habe – im ganzen sind jetzt noch vier Wortmeldungen. Darf ich vielleicht vorschlagen – Herr Schulz, Sie [sind] dann dran. Ich rufe auf Röth, Stief, Schulz, Klein. Ich möchte Ihnen vorschlagen, daß wir damit erst einmal jetzt diese Rednerliste schließen. Das Problem ist eindeutig klar, damit wir zur Abstimmung kommen, um dann über die nötigen Sachfragen noch [zu befinden].

Sind Sie dafür, daß wir hiermit die Rednerliste zu diesem Programmpunkt schließen? Den bitte ich kurz um das Handzeichen. Wir schließen die Rednerliste. Ja, das sind Zweidrittel. Ich danke.

Jetzt bitte Frau Röth, Unabhängiger Frauenverband.

Frau Röth (UFV): Ja, der Unabhängige Frauenverband schließt sich der Einschätzung des Neuen Forums über das Zustandekommen des Wahltermins am 18. März [1990] an, das heißt also, daß wir mit diesem **Wahltermin** ebenfalls also **nicht einverstanden** waren **in der Verhandlung mit Modrow** und mit den oppositionellen Parteien und Gruppierungen.

Wir sehen die gleichen Befürchtungen wie Frau Poppe sie jetzt eben geäußert hat, daß es sehr schwierig ist für die Bürgerinnen und Bürger, sich eine Meinung zu bilden über die Programme der oppositionellen Bewegungen und Parteien.

Wir sind aber der Ansicht, daß es mit einer erneuten Zurücknahme des Wahltermins vom 6. Mai [1990] auf den 18. März [1990] und jetzt wieder auf den 6. Mai zu einer größeren Verunsicherung in der Bevölkerung kommen würde und sehen uns daher nicht in der Lage, obwohl wir den inhaltlichen Einschätzungen des Neuen Forums voll zustimmen, dem Antrag einer neuen Verschiebung des Wahltermins also zuzustimmen.

Ducke (Moderator): Das war ein klares Votum, Frau Röth, Unabhängiger Frauenverband. Ich rufe Herrn Stief, NDPD; danach Herrn Schulz, Neues Forum.
Bitte, Herr Stief.

Stief (NDPD): In Anbetracht der politischen Situation im Lande sind wir der Auffassung, bleiben bei dieser Auffassung, im Interesse einer schnellen Stabilisierung der Lage bei dem **Wahltermin am 18. März** zu bleiben. Es geht ja vor allem auch um die Schaffung einer übersichtlichen politischen Struktur im Lande, die zu schaffen ist, um Regierungsfähigkeit zu gewährleisten. Und ich möchte mich der schon geäußerten Meinung anschließen, daß zur Zeit wirklich nichts wichtiger ist, als die brennenden Fragen auf dem Gebiet der **Wirtschaft** zu lösen. Sie sind sehr eng gekoppelt mit diesem Wahltermin, weil bestimmte Dinge nur dann in Fluß kommen, wenn bei diesem Wahltermin geblieben wird.

Ducke (Moderator): Danke, Herr Stief, NDPD.
Herr Schulz, Neues Forum. Dann als letzten Redner Herr Klein, Vereinigte Linke.
Bitte, Herr Schulz.

Schulz (NF): Ich halte die hier vorgebrachten Argumente über den Weggang von vielen tausend Menschen an den letzten zurückliegenden Tagen und auch über die Instabilität der Verhältnisse für wirkliche **Pseudoargumente,** die hier vorgebracht werden. Denn eine überstürzte Wahl bietet keinerlei Garantie, daß damit ein stabiles politisches Regime in diesem Land entsteht. Uns erreichen täglich Hunderte von Zuschriften von Bürgern dieses Landes, daß sie nicht in der Lage sind, sich ausreichend zu entscheiden. Eine Wahl muß die Entscheidungsmöglichkeit des mündigen Bürgers möglich machen. Sonst haben wir die Situation, daß die alte Unfähigkeit durch neue Inkompetenz abgelöst wird.

Hier wird auf die Tragfähigkeit von Parteinamen gebaut und auf Pauschalprogramme, ohne daß der Bürger sich über die Kandidaten wirklich ein reelles und glaubwürdiges Bild machen kann. Wollen die etablierten Parteien hier an diesem Runden Tisch sich wirklich dem Vorwurf aussetzen, daß der Bürger in diesem Land wieder entmündigt wird, wieder bevormundet wird und durch einen vorgezogenen **Wahltermin** überhaupt nicht die **Chance** hat, sich **demokratisch zu entscheiden?**

Hier wird eine galoppierende Entwicklung zusätzlich gepeitscht, so daß die Verhältnisse hier drohen durchzugehen.

Ich bitte Sie, Ihre Entscheidung hier noch einmal reiflich zu überlegen.

Ducke (Moderator): Das war eine Wortmeldung, die schon wieder neue Wortmeldungen hervorruft. Aber ich muß darauf hinweisen, daß wir die Rednerliste abgeschlossen haben.

Ich rufe [auf] Herrn Klein, Vereinigte Linke.

Klein (VL): Es ist wichtig darauf hinzuweisen, daß trotz des vorgezogenen Wahltermins bereits jetzt Entscheidungen fallen, getragen von der Regierung, die tief in die Wirtschafts- und Sozialstruktur des Landes eingreifen werden.

Es ist darauf hinzuweisen, daß der ursprüngliche Vorschlag der Opposition, den der Ministerpräsident abgelehnt hat, eine **Stärkung der Kompetenzen des Runden Tisches,** also eine Verbesserung der Öffentlichkeit in bezug auf das, was in diesem Land vor sich gehen wird, eingeschlossen hat. Und der Ministerpräsident hat diesen Vorschlag der Opposition abgelehnt mit der Begründung, daß eine **Doppelherrschaft** zur Stabilisierung der Situation im Lande nicht beitragen wird.

Es ist zu fragen, ob das, was jetzt geschieht, beziehungsweise das, was geschieht unter den gegenwärtig verabredeten Bedingungen, zur Stabilität des Landes beitragen wird. Ob also **soziale Unsicherheit,** die im Wachsen begriffen ist, wie wir alle wissen, abzubauen ist.

Wir sind der Meinung, daß die Turbulenzen, die durch den vorgezogenen Wahltermin entstanden sind, sicherlich fortwirken werden. Wir stimmen, was die Argumentation betrifft, dem Antrag des Neuen Forums zu. Wir haben das auch klar zum Ausdruck gebracht. Die Frage, ob in dieser Angelegenheit jetzt noch eine andere Entscheidung möglich ist, werden sicher viele von uns bezweifeln. Insofern würde ich meinen, daß der Wahltermin so, wie er jetzt – und ich denke, die Bevölkerung hat sich nunmehr darauf eingestellt – verabredet wurde, nicht mehr zu verändern ist.

Ducke (Moderator): Danke, Herr Klein. Meine Damen und Herren, wir sind uns aufgrund der Wortmeldungen bewußt, welche Entscheidung ansteht. Ich muß allerdings auch darauf hinweisen, daß die **Vorlage 11/4** – eine **Beschlußvorlage der Arbeitsgruppe „Wahlgesetz",** in der alle hier vertretenen Parteien mitarbeiten – vorliegt, die da lautet, es möge zugestimmt werden. Ich weise nur darauf hin, damit es nicht hinterher heißt, einmal wurde so abgestimmt und dann so. Man möge sich dieser Konsequenz bewußt sein.

Es liegt ein Antrag der Arbeitsgruppe „Wahlgesetz" vor, und es liegt der weitergehende Antrag vor vom Neuen Forum. Wir haben die Wortmeldungen gehört. Sind Sie bereit zur Abstimmung? Wir lassen jetzt abstimmen.

Es steht zur Abstimmung die **Vorlage 11/5,** Antrag Neues Forum, daß der Wahltermin, wie ursprünglich einmal beschlossen, am 6. Mai bleiben möge. War das so korrekt?

Danke.

Wir stimmen darüber ab. Ich frage, wer der **Vorlage 11/5** zustimmt, Antrag, also die Wahl [zur Volkskammer der DDR] am 6. Mai 1990 zu halten, den bitte ich jetzt um das Handzeichen. Wer dem Antrag des Neuen Forum zustimmt, [den] bitte ich um das Handzeichen. Bitte genau zu zählen. 9 Stimmen dafür. Gegenstimmen? – 22 dagegen. Enthaltungen? – 7 Stimmenthaltungen. Damit ist der Antrag [des] Neuen Forum zurückgewiesen.

Bitte, Herr Poppe, ein Antrag zur Geschäftsordnung.

Poppe (IFM): Ja, bevor über die andere Vorlage abgestimmt wird, würde ich jetzt aufgrund dieses Abstimmungsergebnisses einen Zusatzpunkt formulieren wollen mit dem Antrag, ihn in die **Vorlage 11/4** – –

Ducke (Moderator): **11/4,** Sie sprechen jetzt zur **Vorlage 11/4,** Herr Poppe, ja?

Poppe (IFM): Ja, [Vorlage] **11/4** mit aufzunehmen – –

Ducke (Moderator): Jetzt habe ich Sie nicht ganz verstanden.

Poppe (IFM): Ich möchte in die **Vorlage 11/4** noch einen zusätzlichen Punkt aufnehmen lassen auf der Grundlage – –

Ducke (Moderator): Ist Ihr Recht, Sie haben ihn schon formuliert?

Poppe (IFM): Ja, er liegt aber schriftlich noch nicht vor, bloß er gehört hier zur Sache.

Ducke (Moderator): Macht nichts, Sie tragen [ihn] vor, danke. Ich rufe jetzt also wieder auf die **Vorlage 11/4.** Ja, da sind so viele Dinge drin, da müssen wir einzeln abstimmen, nicht, zu den einzelnen Absätzen. Gibt es – wünscht jemand zu dieser Vorlage das Wort? Jetzt wäre für Sie – – Herr Poppe, bitte schön.

Herr Poppe, Initiative Frieden und Menschenrechte, bitte.

Poppe (IFM): Ja, ich stelle den Antrag, unter 4. einzufügen: „Die am Runden Tisch vertretenen Parteien und Gruppierungen erklären im Sinne der Chancengleichheit und eines **fairen Wahlkampfes,** bei allen öffentlichen Veranstaltungen bis zum 18. März 1990 auf **Gastredner aus der Bundesrepublik und aus West-Berlin zu verzichten."**

[Beifall]

Ducke (Moderator): Ich glaube, Herr Poppe, auch wenn Ihre Vorlage nicht schriftlich vorliegt, das war so kurz und prägnant, das haben wir wohl alle verstanden. Das war ein Ergänzungsantrag zu dieser Vorlage, da müßten wir dann zuerst darüber abstimmen. Wünscht noch jemand das Wort zu diesem Ergänzungsvortrag, so wie er eben von Herrn Poppe vorgetragen wurde, also in meiner Kurzfassung, bei **Wahlveranstaltungen auf Gastredner aus anderen Ländern zu verzichten?**

Es meldet sich Herr Meckel, SPD.
Bitte, Herr Meckel.

Meckel (SPD): Es dürfte deutlich sein, daß wir für diesen Antrag oder diesen vierten Punkt nicht stimmen werden und sehr deutlich dagegen eintreten. Ich will dies kurz begründen, weil es nicht nur eine Frage der **Parteipolitik** ist. Die Zukunft dessen, was heute die DDR ist, der fünf deutschen Länder, die auf dem Gebiet der DDR sind, hat zu tun mit dem, wie wir uns zur Bundesrepublik verhalten und was von dort kommt. Wir sollten uns doch überhaupt nichts vormachen, daß die Zukunft für die Bevölkerung, die hier ist, und damit die Menschen nicht weggehen, eng zusammenhängt mit dem, was von den Politikern, auch der Bundesrepublik, hier getan wird. Es wird eng darauf, also sehr darauf ankommen, wie man hier auch zu gemeinsamen Schritten findet und diese, wenn man sich da geeinigt hat, hier kund zu tun, halten wir deshalb für eine durchaus mögliche und geeignete Form es auch im Wahlkampf, das heißt dem Wähler und der Bevölkerung deutlich zu sagen.

Deshalb treten wir mit aller Klarheit gegen diese Ergänzung auf.

Ducke (Moderator): Danke. Es hat sich gemeldet Herr Kirchner, CDU. Bitte.

Kirchner (CDU): Ich halte es schlicht für nicht möglich, daß man etwa durch einen Mehrheitsbeschluß festlegt, wie eine Partei und woher sie ihre Redner vorführt. Dieses ist ein Gebaren, was ich einfach für nicht demokratisch halte, denn das steht in der Entscheidung

[Gelächter]

das steht in der Entscheidung einer jeden Partei, wie sie dies tut und daß sie es verantwortlich tut, und kann nicht durch die anderen, die ja letzten Endes in diesem Zusammenhang auch das Gegenüber sind, präjudiziert werden.

Ducke (Moderator): Das waren zwei deutliche Wortmeldungen gegen diesen Antrag. Wünscht noch jemand das Wort dafür?
Herr Schulz, Neues Forum.

Schulz (NF): Ich würde denken, um diesen Antrag noch einmal deutlich zu unterstützen, daß das ein Wahlkampf zwischen den politischen Kräften in der DDR sein sollte, in dem sie ihre eigene Identität zu finden und zu bewahren haben. Und ich würde denken, daß wir aufgefordert sind, uns im **demokratischen Meinungsstreit** zu üben und keine Redner voranzustellen, die den Wähler darüber hinwegtäuschen, wie das eigentliche Niveau dieser Parteien und Organisationen ist, die sich hier zur Wahl stellen.

[Beifall]

Ducke (Moderator): Meine Damen, Herr Schnur noch bitte, Demokratischer Aufbruch.

Schnur (DA): Also, ich habe ja viel Verständnis für Sie, Herr Schulz, wenn Sie nun vorgeben, demokratischer zu sein als alle anderen. Ich verwahre mich ganz entschieden gegen eine solche Diffamierung. Ich denke, daß Ihre Person – –

[Zwischenfrage]

Schnur (DA): Ja sicher, ich denke, ich bin durchaus in der Lage, unseren Bürgern unser beschlossenes politisches Programm auch nahezubringen. Ich glaube, es muß in der Eigenentscheidung unserer Parteien wohl stehen, auf welche Art und Weise wir dem Bürger uns wohl vorstellen. Ich glaube, daß es niemandem ansteht, hier irgendwo eine **Diffamierungskampagne** gegenüber anderen zu machen.

[Gelächter]

So, ganz klar.

Ducke (Moderator): Danke, Herr Schnur.
Ich muß jetzt etwas ansagen. Wir haben 10.00 Uhr. Wir hatten gebeten, daß Frau Luft um 10.00 Uhr noch zur Wirtschaft sprechen kann. Ich weise auch darauf hin, daß wir bis um 11.00 Uhr dies übertragen können. Und ich bin sicher, daß viele Hörerinnen und Hörer darauf warten, was für eine Erklärung zur Wirtschaft kommt. Deswegen schlage ich vor, zu diesem Ergänzungsantrag ist genug geredet und ich weise auch auf unsere Geschäftsordnung hin, die ja ein Minderheitenvotum zuläßt, unabhängig davon, was jetzt beschlossen wird. Ich stelle deswegen diesen Ergänzungsantrag.
Frau Röth noch, Unabhängiger Frauenverband.

Frau Röth (UFV): Ja, ich möchte noch vorschlagen, daß die Arbeitsgruppe „Wahlgesetz" einen **Wahlkodex** ausarbeitet und dem Runden Tisch zur Abstimmung vorlegt, wo sozusagen **Gepflogenheiten des Wahlkampfes** festgehalten werden, damit wir in einen fairen Wahlkampf treten und sozusagen menschliche Umgangsformen hier wahren können.

Ducke (Moderator): Frau Röth, das war ein Vorschlag, der sozusagen dann von der Arbeitsgruppe „Wahlgesetz" noch an uns geht. Wir nehmen den hier zur Kenntnis in der Öffentlichkeit, daß wir von der Arbeitsgemeinschaft „Wahlgesetz" einen solchen Vorschlag erwarten.

Nun lasse ich aber abstimmen über den Ergänzungsantrag betreffend **Wahlredner aus anderen Ländern**. Ist das so in der Kurzfassung auch noch exakt, Herr Poppe? Danke. Also, es soll eingefügt werden unter Nummer 4 zur **Beschlußvorlage 11/4**, daß **keine Wahlredner aus anderen Ländern** zugelassen werden sollen. Wer für diesen Ergänzungsantrag, für diesen Vorschlag ist, den bitte ich um das Handzeichen. Dies sind 21 Stimmen, zähle ich. Das bedeutet? Der Kollege fehlt, na ja, wollen wir großzügig sein, 22 [Stimmen] wären das.

Wenn es dann darauf ankommt, kann man nicht sagen, ich habe gefehlt in der Schule.

Ducke (Moderator): – Gegenstimmen? – Das sind 10 Stimmen gegen diese Ergänzung.

[Beifall]

Ducke (Moderator): – Enthaltungen? – 6 Stimmenthaltungen. Damit [ist] der Antrag angenommen. Wir haben also jetzt die **Beschlußvorlage 11/4** unter [TOP] 4 in [der vorgeschlagenen Tagesordnung] in vier Punkten vorliegen. Aber ich bitte Sie, Herr Poppe, ja – Sie tun uns das noch schriftlich hereingeben, damit wir das dann ergänzen. Es ist ein Antrag zur Geschäftsordnung – –
Herr Meckel, bitte.

Meckel (SPD): Wenn ich es recht verstanden habe, ging es jetzt darum, in dieser konkreten Vorlage einen Punkt hinzuzufügen.

Ducke (Moderator): Ja, so ist es.

Meckel (SPD): Ich beantrage jetzt, daß diese Punkte 1 bis 4 einzeln abgestimmt werden.

Ducke (Moderator): Danke. Das war auch so vorgesehen, als ich sagte am Anfang, wir müssen einzelne Punkte – – da war eine Ergänzung. Obwohl, Punkt 4 können wir nicht mehr einzeln abstimmen lassen. Das müssen Sie dann in die Gesamtvorlage [integrieren]. Das müßte dann schriftlich vorliegen, da könnte es nur noch um ein paar Formulierungsprobleme gehen. Denn jetzt ist er darin. Ich rufe auf **Beschlußvorlage 11/4**.

Erstens: „Der Runde Tisch stimmt dem Terminablauf, so wie er zwischen Arbeitsgruppe ‚Wahlgesetz' und zeitweiligem Volkskammerausschuß vereinbart wurde, zu." Er liegt vor. Ich würde sagen, wünscht jemand das Wort? Sonst lassen wir gleich darüber abstimmen. Ein anderer Vorschlag liegt ja nicht vor, und wir wollen hier keine Redaktionsarbeit machen und nehmen zur Kenntnis, daß man sich hier wohlüberlegt zu Wort gemeldet hat. Dann lasse ich darüber abstimmen. Absatz eins der **Beschlußvorlage 11/4**, wer dafür ist, den bitte ich um das Handzeichen. Es ist eindeutig die Mehrheit. Gegenstimmen? – Dagegen ist niemand. Enthaltungen? – Das ist der Fall. 8 Enthaltungen. Danke.

Ich rufe auf den Absatz zwei, der Verzicht auf 1 000 Unterschriften.

Bitte, Herr Kirchner, CDU.

Kirchner (CDU): Ich möchte um eine Definition bitten. Im zweiten Absatz dieses zweiten Punktes heißt es: „Über die Wahl der Kandidaten in einer beschlußfähigen Mitgliederbeziehungsweise Vertreterversammlung der Partei oder politischen Vereinigung", Ende des Zitates, ist also einzureichen. Nach dem Statut der CDU werden die Kandidaten für die Volkskammer durch den Parteivorstand benannt, also nicht durch eine Mitglieder- oder Vertreterversammlung der Partei. Ist durch den Terminus **Vertreterversammlung der Partei** auch abgedeckt, daß es sich hier um ein Vertretungsorgan handelt?

Ducke (Moderator): Danke, Herr Kirchner. Ich bitte jemand von der Arbeitsgruppe „Wahlgesetz", zur Klärung beizutragen. Wer sieht sich dazu in der Lage? Herr Wilkening, es wird bei Ihnen bleiben.

Bitte schön. Herr Wilkening, CDU.

Wilkening (CDU): Ich muß es wohl versuchen, auch wenn es jetzt auf einen innerparteilichen Streit hinauslaufen sollte. Wir haben uns hier am Gesetzentwurf orientiert. Und der Paragraph 9.1 sieht eine solche Legitimation vor. Die Intention, die dahintersteht, ist die, zu verhindern, daß gewissermaßen per Zuruf, das heißt nicht durch eine demokratisch legitimierte Versammlung, Kandidaten nominiert werden.

Ich denke, es ist Angelegenheit der einzelnen Parteien beziehungsweise Vereinigungen, zu regeln und zu klären, in welcher Form diese **Nominierung** erfolgt. Die Arbeitsgruppe „Wahlgesetz" hält es allerdings für unbedingt erforderlich, daß die Nominierung der Delegierten auf einer **geheimen Wahl** basiert. Das heißt, nicht nur eine Bestimmung durch einen Vorstand erfolgt. Auf welcher Ebene diese Nominierung, diese Wahl erfolgt, das wird, so sehe ich es jetzt jedenfalls, letztendlich durch das Statut der jeweiligen Partei beziehungsweise Vereinigung festgelegt.

Ducke (Moderator): Danke, Herr Wilkening, für die Erklärung. Ich glaube, das war einleuchtend. Können wir auch darüber abstimmen oder wünscht noch jemand zu diesem Absatz das Wort? Es geht also, daß wir uns der Konsequenz bewußt sind um den Verzicht auf die 1 000 Unterschriften und auf eine Nominierung in der eben noch einmal erläuterten Weise.

Es wünscht das Wort Herr Meckel, SPD.

Bitte.

Meckel (SPD): Also, ich möchte, weil das ja eine Frage der **Anfechtbarkeit der Wahl** ist, sollten wir an dieser Stelle sehr aufmerksam sein und sehen, welche **Art der Nominierung** entspricht dem Wahlgesetz? Und das, was der zweite Redner hier gesagt hat, denke ich, ist das Zutreffende, daß also nicht ein sowieso bestehendes Gremium ohne Wahlvorschläge aus entsprechenden Versammlungen, die von unten nach oben entsprechend kommen als Kandidatenvorschläge, eine solche Auswahl treffen kann. Denn an diesem ganzen Prozeß dürfen nur solche teilnehmen, die nach den Vorlagen des Wahlgesetzes auch wahlberechtigt sind.

Ducke (Moderator): Danke. Also, ich gehe davon aus, daß dieser Vorschlag der Arbeitsgemeinschaft „Wahlgesetz" mit dem vorgeschlagenen Wahlgesetz übereinstimmt. Ich würde sagen, wir brauchen das jetzt nicht mehr zu überprüfen. Sie haben es nur noch einmal verdeutlicht. Danke.

Also bitte, wir lassen darüber abstimmen. Zweiter Absatz **Vorlage 11/4**. Wer dafür ist, in der vorgeschlagenen Weise, den bitte ich um das Handzeichen. Das ist auf Anhieb die Mehrheit. – Gegenstimmen? Das ist nicht der Fall. – Enthaltungen? Auch nicht.

Danke.

Ich rufe auf Absatz drei, da geht es um die Moderatoren. Das ist etwas Schlimmes. Das Anliegen ist klar. Ich darf hier erklären nach einer ganz kurzen Abstimmung, daß, wenn der Runde Tisch so beschließt, wir uns nicht sträuben würden. Habe ich das jetzt genügend verdeutlichend gesagt, ja? Danke. Darf ich dann auch diesen Absatz aufrufen? „Die Moderatoren des Runden Tisches werden gebeten, gemeinsam mit dem Präsidium der Volkskammer, Namensvorschläge für das **Präsidium der Wahlkommission** [...] zu erarbeiten." Wünscht noch jemand das Wort? Sonst lassen wir abstimmen. Wer ist dafür? Den bitte ich um das Handzeichen. – Das ist die Mehrheit. – Gegenstimmen? – Es gibt keine Gegenstimme. – Enthaltungen? – Niemand.

Danke.

Den Punkt vier, jetzt habe ich also ein Problem, müßte man Geschäftsordnung – – haben wir eigentlich abgestimmt. Das heißt, die Frage würde jetzt nur noch so stehen, wenn jemand eine Gesamtabstimmung wünscht unter Berücksichtigung dann des Punktes vier, könnte das das Ergebnis ein wenig verändern. Sehe ich das so richtig? Müssen wir über das Gesamte noch abstimmen? Wünschen Sie eine Gesamtabstimmung? Es wird nicht gewünscht, dann können wir das unterlassen und es bleibt in der vorgeschlagenen Weise. Nur zur Erinnerung würde ich jetzt bitten, den genauen Formulierungsvorschlag vier noch einmal zu verlesen.

Herr Ziegler, darf ich Sie vielleicht bitten, wenn Sie sich das Mikrofon nehmen?

Ziegler (Co-Moderator): Ziffer vier lautet: „Die am Runden Tisch vertretenen Parteien und Gruppierungen erklären, im

Sinne der Chancengleichheit und eines fairen Wahlkampfes bei allen öffentlichen Veranstaltungen bis zum 18. März 1990 auf Gastredner aus der Bundesrepublik Deutschland und West-Berlin zu verzichten." 22 Stimmen dafür, 10 dagegen, 6 Enthaltungen.

Ducke (Moderator): Danke. Ich denke, es ist in den Wortmeldungen ja deutlich geworden, daß es Sache der einzelnen Parteien sowieso ist, wie sie sich verhalten. Minderheitenvotum hatten wir auch gesagt. Aber dies ist ein Beschluß des Runden Tisches, an dem wir in dieser Weise hier zusammenkommen.

TOP 5: Parteien- und Vereinigungsgesetz

Ducke (Moderator): Ich rufe auf das **vorläufige Gesetz über Parteien und politische Vereinigungen, Parteiengesetz**. Das hat leider keine Nummer, das war nicht mehr zu leisten. Dazu nehmen Sie bitte die **Vorlage 11/7** zur Hand, Erklärung der Arbeitsgruppe „Parteien- und Vereinigungsgesetz", Augenblick, und – –

Ziegler (Co-Moderator): [Vorlage] 11/7 sollte ja nicht [behandelt werden].

Ducke (Moderator): [Vorlage]11/7? Doch. Ich muß noch einmal rückfragen. Herr Ullmann, es war eindeutig von Ihnen jetzt gesagt, daß die **Vorlage 11/7** hier verhandelt wird, oder?

Ullmann (DJ): Zusammen mit der Information, die vom Präsidium der Volkskammer gekommen ist.

Ducke (Moderator): Ich danke noch einmal für die Klarstellung, weil es Unklarheiten gab. Sie haben vor sich liegen das **vorläufige Gesetz über Parteien und politische Vereinigungen**, die **Erklärung der Arbeitsgruppe „Parteien- und Vereinigungsgesetz", Vorlage 11/7**, und den **Antrag des Präsidiums der Volkskammer als Drucksache Nummer 64 [Beschluß der Volkskammer der Deutschen Demokratischen Republik zu Aktivitäten der Partei „Die Republikaner" auf dem Territorium der DDR (Information 11/2**[5]**)]** hier gekennzeichnet. Es war den einzelnen Parteien und Gruppierungen in das Fach gelegt worden. Sie müßten es dort haben. Der weitergehende Antrag ist die Erklärung dazu. Ich bitte Herrn Wolf, LDPD, diese Erklärung vorzutragen.
Bitte, Herr Wolf.

Wolf (LDPD): Die Arbeitsgruppe „Parteien- und Vereinigungsgesetz" hat mich als Vertreter der LDPD beauftragt, hier eine Erklärung gegenüber dem Runden Tisch abzugeben.

[Vorlage 11/7, Erklärung AG „Parteien- und Vereinigungsgesetz": Zu Aktivitäten der Partei „Die Republikaner" auf dem Territorium der DDR]

Die Arbeitsgruppe „Parteien- und Vereinigungsgesetz" wendet sich an den Runden Tisch aufgrund von Nachrichten über die Tätigkeit der Republikaner auf dem Territorium der DDR, insbesondere im Zusammenhang mit der Bildung eines Kreisverbandes dieser Partei in Leipzig. Es besteht der Verdacht des Verstoßes gegen die Verfassung der DDR, insbesondere gegen Artikel 6, Absatz 5.

Auch die in der Arbeitsgruppe diskutierten Grundsätze eines künftigen Parteiengesetzes, {die Ihnen heute hier auch mit vorliegen,} wonach die

„Gründung und Tätigkeit von Parteien, die militaristische oder faschistische Ziele verfolgen oder der Verbreitung und Bekundung von Glaubens-, Rassen- und Völkerhaß dienen oder ihre Ziele mit Gewalt oder durch Androhung von Gewalt zu verwirklichen suchen..."

verboten ist, lassen es notwendig erscheinen, die Positionen der Republikaner dahingehend zu überprüfen.

Wir bitten den Runden Tisch, sich zu dieser Problematik zu äußern und gegebenenfalls das Präsidium der Volkskammer und den Ministerrat aufzufordern, Maßnahmen der Überprüfung in einem rechtsstaatlichen Verfahren einzuleiten.[6]

Soweit die Erklärung der Arbeitsgruppe. Es liegt uns ja vor ein **Antrag des Präsidiums der Volkskammer**. Wir würden dem aus unserer Sicht nicht folgen. Aber dazu wird sich Herr Ullmann noch erklären. Wenn der Runde Tisch über diese Erklärung diesen Antrag befunden hat, wäre es notwendig, ihn heute noch umgehend in diesem Sinne als Willensbekundung des Runden Tisches der Volkskammer vorzutragen.

Ducke (Moderator): Herr Wolf, Sie haben deutlich gemacht, warum wir diese Anträge vorgezogen haben, nämlich damit unsere Entscheidung auch der Volkskammer noch kundgetan werden kann. Darf ich jetzt einfügen, ich möchte Ihnen den Vorschlag machen, weil Frau Minister Luft schon draußen ist und wartet und ja angekündigt war, daß wir nur diese Erklärung und das zur Volkskammer nötige jetzt besprechen und bitten, das **Gesetz über Parteien und politische Vereinigungen, das Parteiengesetz**[7], doch noch auf den Nachmittag zu verschieben, damit wir in dieser Reihenfolge vorgehen. Ich schlage Ihnen das vor, sonst kommen wir vor Mittag nicht mehr zu dem wesentlichen Punkt Wirtschaftsfragen, auf den ja auch die Leute warten, die Erklärung. Wären Sie damit einverstanden? Können Sie mir das durch Kopfnicken kurz kund tun? Danke.
Dann bitte ich jetzt Herrn Ullmann um das Wort.

Ullmann (DJ): Ich teile das Urteil der Arbeitsgruppe „Parteien- und Vereinigungsgesetz", daß der Verdacht auf **Verfassungsfeindlichkeit** im Sinne von Artikel 6 [Absatz] 5 der Verfassung der DDR **gegen die Republikaner** besteht. Ich setze mich dafür ein, daß im Sinne des Antrages der Arbeitsgruppe verfahren wird, und zwar auch durch die Volkskammer.

Ich bedauere sagen zu müssen, daß der **Beschlußantrag**, der vom Präsidium der Volkskammer vorgelegt worden ist,

---

[5] Dokument 11/5, Anlagenband.

[6] Dieser Vortrag wurde schriftlich zu Protokoll des Zentralen Runden Tisches gegeben. Die in { } gesetzten Ausführungen wurden davon abweichend nur mündlich vorgetragen. In [ ] gesetzte Texte finden sich lediglich in der schriftlich zu Protokoll gegebenen Fassung.

[7] Dokument 11/3, Anlagenband.

wichtige **rechtsstaatliche Prinzipien** verletzt und darum so nicht akzeptiert werden kann. Es handelt sich um einen Beschluß, der als Rechtsinhalt hat das **Verbot einer Partei**. Ein solches Verbot setzt ein richterliches Urteil voraus und müßte von einem obersten Verfassungsgericht ergehen. Da ein solches zur Zeit nicht besteht, muß ein anderes Verfahren gewählt werden. Ich glaube, das einzig mögliche Verfahren ist das von der Arbeitsgruppe vorgeschlagene. Die Prüfung, die dort angeregt wird, ist meines Erachtens unter den jetzigen Umständen durch den Generalstaatsanwalt vorzunehmen. Es geht auf keinen Fall, daß das gesetzgebende Organ, die Volkskammer, als Richter auftritt in ein und derselben Sache.

Gegen das Gesetz ist ferner einzuwenden, oder gegen den Beschluß, daß er Unklarheiten enthält, in Ziffer zwei von **Nachfolge- und Ersatzorganisationen** spricht, die nicht klar definiert sind, und sich auf internationale Abkommen beruft, auch ohne klar zu sagen, um welche es sich handelt.

Aus diesem Grunde bitte ich, daß der Runde Tisch beschließen möge, es ist zu verfahren im Sinne des Antrages der Arbeitsgruppe.

Ducke (Moderator): Danke, Herr Ullmann, Sie haben uns die Problematik sehr verdeutlicht und ich glaube, auch verständlich gemacht, daß wir bitten, daß dieser unser Beschluß nun möglichst bald auch der Volkskammer zugestellt wird. Deswegen würde ich am liebsten bald abstimmen lassen über diese Erklärung. Das Problem ist uns klar. Wir haben hier an diesem Ort schon mehrfach über dieses gesprochen, auch ganz konkret unter dem Gesichtspunkt, der hier angedeutet wird, Gründung und Tätigkeit von Parteien. Wünscht noch jemand das Wort? Sonst würde ich dann abstimmen lassen. Bitte, Herr Schnur, Demokratischer Aufbruch.

Schnur (DA): Ich würde das sehr deutlich unterstreichen, was Herr Dr. Ullmann hier vorgetragen hat. Ich glaube, es sollte erstens die Dienststelle des Generalstaatsanwalts, und ich glaube, auch gleichzeitig der Minister des Innern beauftragt werden, eine klare, eindeutige **rechtsstaatliche Aufarbeitung** vorzunehmen; denn wir können ja die Situation der Gründung der Republikaner doch nur an ganz bestimmten Fakten auch bemessen und beurteilen. Und das halte ich für wichtig.

Ich denke, daß es dann zweitens notwendig ist, daß sehr genau überlegt wird, ob nicht tatsächlich auch in einem möglichen **Rechtsgutachten**, was ich denke, auch zur Unterstützung des Runden Tisches notwendig ist, weil ja gerade im letzten Absatz steht, daß der Runde Tisch sich zu dieser Problematik äußern soll. Hier glaube ich, wäre gerade dann ein verfassungsrechtliches Gutachten auf der Grundlage Artikel 6, Absatz 5 dann notwendig. Ich glaube, daß es sich auch in einem relativ vertretbaren Zeitraum erarbeiten ließe. Das nur als Ergänzung.

Ducke (Moderator): Danke, Herr Schnur. Ich würde bitten, daß die hier konkretisierten Vorschläge aufgenommen werden von der Arbeitsgemeinschaft „Wahlgesetz". Und wir lassen jetzt abstimmen, daß wir die Volkskammer bitten, daß sie Kenntnis nimmt von diesem Beschluß in der vorgelegten Weise. Darf ich Sie um das Handzeichen bitten? Wer für die **Vorlage 11/7** ist, den bitte ich um das Handzeichen. Das ist die Mehrheit. Gegenstimmen? – Niemand. Enthaltungen? – Ebenfalls niemand. -Die Vorlage ist einstimmig angenommen und ich bitte sie in dieser Weise der Volkskammer zu übermitteln.

Herrn Dr. Christoph vom Justizministerium bitte ich noch einmal um Geduld. Sie haben es mitgekriegt.

TOP 6: Wirtschaft: Erste Runde der Regierungserklärungen

Ducke (Moderator):Und nun darf ich begrüßen zum nächsten Tagesordnungspunkt Frau Minister Luft vom Wirtschaftsministerium und ihre Mitarbeiter [und ich bitte], daß sie die Erklärung zur Wirtschaft abgibt.

Nun erleben ja mindestens unsere Zuschauerinnen und Zuschauer, daß der Auftritt von Regierungsmitgliedern auch zu einem neuen Fototermin geführt hat. Darf ich also vor der Erklärung wieder bitten, daß die Vertreter der **Medien** in der angegebenen Weise nun weiter verfahren. Frau Luft, wir müssen noch einmal um Ihr Verständnis bitten und Ihnen danken, daß Sie die Zeitverschiebung akzeptieren konnten. Aber es war uns wichtig, daß wir doch diese beiden Erklärungen noch heute der Volkskammer übermitteln, das Wahlgesetz betreffend und gerade jetzt das zum Parteien- und Vereinigungsgesetz.

Nun darf ich Sie noch einmal herzlich begrüßen hier und das Thema nun ankündigen, das das **Hauptthema dieses Tages** sein sollte, und jetzt kann ich sagen auch ist, nämlich die Wirtschaft.

Frau Minister Luft, Sie haben das Wort.

Frau Luft (Ministerin für Wirtschaft): Ich bedanke mich.

Meine Damen und Herren, mit meinen Ministerkollegen abgestimmt, unterbreite ich folgenden Vorschlag für die Beratung zum Wirtschaftsteil am heutigen Runden Tisch.

Erstens sind wir vorbereitet, etwas zu sagen zur **Lage der Volkswirtschaft** und **Vorschläge für Stabilisierungsmaßnahmen** zu unterbreiten. Hierzu liegt Ihnen ein schriftlicher Bericht vor, und mein Kollege Professor Dr. Karl Grünheid, der Vorsitzende des Wirtschaftskomitees, wird einen Kommentar zu diesem Bericht geben und zusätzliche Informationen dazu. Die anwesenden Minister Flegel, Minister für Handel und Versorgung, und Dr. Halm, Minister für Leichtindustrie, stehen in der Aussprache besonders zu diesem Teil zur Verfügung.

Zweitens steht auf unserem Programm: **Zielstellung, Grundrichtungen und Etappen der Wirtschaftsreform.** Hierzu ist Ihnen ebenfalls ein ziemlich umfangreiches, schriftliches Material zugegangen. Ich werde zu drei **Aspekten der Wirtschaftsreform,** die nach meinem Überblick gegenwärtig in breiten Teilen der Bevölkerung vor allem im Gespräch sind und wo es auch Sorgen und Ängste gibt, zusätzliche Bemerkungen machen. Speziell zu **Lohnfragen** und zu **Sozialmaßnahmen**, auch hierzu sind Ihnen Materialien verteilt worden, können Dr. Noak, der stellvertretende Minister für Arbeit und Löhne, sowie Kollege Dr. Hampicke, Abteilungsleiter im gleichnamigen Ministerium, Auskünfte geben und auch Ihre Anregungen entgegennehmen.

Und drittens steht auf unserem Programm **Preispolitik und Subventionspolitik.** Hierzu wird Herr Dr. Domagk, Staatssekretär im Ministerium der Finanzen und Preise, sprechen. Zu allen hier genannten Fragen sind weitere Experten verschiedener Ministerien anwesend. Ich darf meiner Hoffnung Ausdruck geben, daß es uns heute gelingt, über ein Frage-Antwort-Muster hinaus zu kommen. Wir sind hier, um uns Rat zu holen, das Für und Wider von Lösungsvorschlägen mit Ihnen gemeinsam abzuwägen, Argumente, Erwartungen und begründete Forderungen entgegenzunehmen.

Ich schlage vor, für die drei Problemkreise, die ich nannte, zunächst die Berichte nacheinander zu hören und dann die Diskussion im Komplex zu führen, weil wir ansonsten wahrscheinlich Überlappungen nicht vermeiden könnten. Wenn es Übereinstimmung mit dem Programm und der von mir vorgeschlagenen Abfolge gibt, dann könnte Professor Grünheid beginnen.

Aber ich möchte noch einmal fragen, ob Sie einverstanden sind, daß wir die drei Berichte nacheinander hören. Ich glaube, es ist sinnvoller, weil wir sonst nur zu überlappenden Fragestellungen kämen.

Ducke (Moderator): Danke schön. Wer würde beginnen? Herr Grünheid, bitte.

Grünheid (Industrieminister und Vorsitzender des Wirtschaftskomitees für die Durchführung einer Wirtschaftsreform): Meine verehrten Damen und Herren, der Ihnen vorliegende Bericht der Regierung über die Lage der Volkswirtschaft mit Schlußfolgerungen zur Stabilisierung[8], datiert vom 23. Januar.

Inzwischen haben die ökonomischen und sozialen Spannungen in der Gesellschaft zugenommen. Über die sich daraus ergebenden Gefahren hat der Vorsitzende des Ministerrates, Dr. Hans Modrow, auf der 15. Tagung der Volkskammer mit allem gebotenen Ernst gesprochen. Es ist in der Tat so, daß im Januar durch **Streiks, befristete Arbeitsniederlegungen,** durch Mängel in der Leitung, gestörte Kooperationen, infolge weiterer Ausreisen, langsameren Arbeitens und anderer Beeinträchtigungen des Wirtschaftsablaufes erhebliche **Produktionsausfälle** entstanden sind. Die arbeitstägliche Leistung in der Industrie liegt im Januar 1990 voraussichtlich noch unter den Dezember-Ergebnissen 1989 und wird damit nur etwa das Produktionsniveau des Jahres 1985 erreichen.

Trotz selbstloser Arbeit vieler Bürgerinnen und Bürger wirken die genannten Erscheinungen den wirtschaftlichen und sozialen Stabilisierungsmaßnahmen der Koalitionsregierung entgegen. Das Wirtschaftskomitee des Ministerrates konzentriert sich gegenwärtig in seiner Arbeit darauf, die **Funktionsfähigkeit der Wirtschaft** auch unter komplizierter werdenden Bedingungen zu erhalten und gemeinsam mit den Betrieben, Genossenschaften und Kombinaten, den Ministerien sowie den örtlichen Organen des Staates bis März die ökonomischen Ziele und Aufgaben zur Stabilisierung für das Jahr 1990 auszuarbeiten.

Vordringlich sind dabei die Aufgaben zur **Versorgung der Bevölkerung, die materielle Sicherung der Wirtschaft** mit Zulieferererzeugnissen, Energie und Rohstoffen sowie die **Sicherung der Ex- und Importe.**

Wir müssen damit rechnen, daß das **Niveau der Produktion** im Jahre 1990 vor allem im Zusammenhang mit dem weiterhin andauernden Weggang von Bürgern der DDR um vier bis fünf Prozent niedriger liegen wird als 1989. Damit sind der **Verteilung** auch unter Berücksichtigung der Maßnahmen zur Umverteilung von Mitteln aus der Einsparung von Verteidigungsausgaben und aus der Auflösung des ehemaligen Amtes für Nationale Sicherheit sehr enge Grenzen gesetzt, sowohl für die Akkumulation als auch für die Konsumtion.

Mit den verbleibenden Möglichkeiten will die Regierung vor allem Bedingungen für eine Stabilisierung der Leistungen und für wachsende Effektivität unterstützen. Das sind auch die letztlich entscheidenden Voraussetzungen für die **soziale Sicherung** der arbeitenden Menschen unseres Landes und für die Bewältigung von **Umweltproblemen.** Gestatten Sie mir bitte, auf zwei Fragen näher einzugehen.

Erstens: Die Regierung hat für 1990 zur Lösung dringendster Probleme **Lohnerhöhungen** im Gesundheitswesen und anderen Bereichen in Höhe von 4,7 Milliarden Mark zugestimmt. Zusammen mit den ab 1.12.1989 erhöhten Renten und dem Zuwachs anderer Einkommen werden dadurch die Möglichkeiten der materiellen Warendeckung voll ausgeschöpft. Bei weiter erhöhten Einkommen wäre die **Stabilität des Binnenmarktes** nicht mehr aufrechtzuerhalten.

In diesem Jahr müssen mindestens für 8 Milliarden Mark mehr Waren für die Bevölkerung bereitgestellt werden als 1989. Für das erste Halbjahr sind davon bei Einhaltung der Produktionsziele und durch Importe 4 Milliarden Mark gesichert. An der Warenbereitstellung für das zweite Halbjahr muß noch weiter gearbeitet werden.

In diesem Zusammenhang geht die Regierung davon aus, daß bereits in diesem Jahr durch das Handwerk, die genossenschaftlichen und privaten Betriebe sowie durch Kooperationen mit Unternehmen in der BRD mehr Waren und Leistungen für die Bevölkerung produziert werden. In der DDR wie in der BRD werden gegenwärtig die Voraussetzungen geschaffen, möglichst schnell die zugesagten ERP-Kredite für eben diese Klein- und Mittelbetriebe, für Handwerker, Genossenschaften und für die Neugründung von Existenzen einzusetzen. Gleichfalls wird an Maßnahmen gearbeitet, um der Bevölkerung schnell Möglichkeiten zu bieten, ihr Geld langfristig günstig anzulegen.

Zweitens: Was die **außenwirtschaftliche Entwicklung** anbelangt, gibt es ernste Widersprüche, die durch die unbefriedigende Entwicklung von Produktion und Effektivität verschärft werden. Die vorgegebenen Exportziele werden bisher nicht erreicht, und gleichzeitig müssen notwendige Waren für die Versorgung der Bevölkerung und der Wirtschaft sowie für erste vordringliche Maßnahmen im Umweltschutz zusätzlich importiert werden. Der gegenwärtige Arbeitsstand in den Betrieben und Kombinaten ist so, daß 1990 im nichtsozialistischen Wirtschaftsgebiet der Import den Export um mindestens 3 Milliarden Valuta-Mark überschreiten wird. Wenn durch höhere Leistungen keine Entlastung erreicht wird, ist eine weitere **Erhöhung der Kreditaufnahme** bei kapitalistischen Firmen und Banken notwendig.

Die DDR hat bisher alle fälligen Zahlungen für Kredittilgung und Zinsen pünktlich geleistet. Das muß auch in Zukunft so bleiben. In dieser Situation können deshalb im Interesse wirtschaftlicher und sozialer Stabilität weitere **Belastungen der Zahlungsbilanz** nicht verantwortet werden.

Im Zusammenhang mit der bisher noch nicht vollständig gesicherten Produktion von Waren für die Bezahlung wichtiger Importe aus dem sozialistischen Wirtschaftsgebiet muß gleichfalls weitergearbeitet werden. Anderenfalls würden fehlende Exporte Importreduzierungen nach sich ziehen. Auch diese außenwirtschaftlichen Zwänge machen es zu ei-

---

[8] Die vollständige Fassung des Berichtes über die Lage der Volkswirtschaft und Schlußfolgerungen zur Stabilisierung ist als Dokument 11/6 im Anlagenband wiedergegeben.

nem Gebot der Vernunft, die Arbeit der Regierung zur Stabilisierung der Wirtschaft durch alle politischen und gesellschaftlichen Kräfte zu unterstützen.

Meine verehrten Damen und Herren, ein wesentliches Merkmal **neuer Wirtschaftspolitik** ist die **enge Verbindung von Ökonomie und Ökologie.** Der Runde Tisch hat sich in der vergangenen Woche ausführlich damit beschäftigt. Auch die ökonomischen Wirkungen ökologischer Maßnahmen wollen in ihren gegenseitigen Verflechtungen, ihren be- und entlastenden Wirkungen durchdacht und berechnet werden. Konsequenzen für das Produktionsaufkommen – Bevölkerung sowie für den Export und Import sind zu berücksichtigen.

Werktätige, die von ökologisch notwendigen Entscheidungen betroffen werden, müssen neue, möglichst produktivere Arbeitsmöglichkeiten erhalten, und sie müssen darauf vorbereitet werden können. Das ist der Hauptweg, um neben der notwendigen sozialen Absicherung zeitweilig freier Arbeitskräfte produktive Arbeitsmöglichkeiten als Existenzgrundlage für jeden Bürger zu schaffen.

Zu den neuen Zügen unserer Wirtschaftspolitik gehört vor allem auch die **Beseitigung der Abkapselung der DDR von der internationalen Arbeitsteilung** und die breite internationale Öffnung unserer Volkswirtschaft zur Nutzung aller Vorzüge des arbeitsteiligen Prozesses. Dazu ist wirtschaftliche Kooperation, Kapitalbeteiligung und ökonomische Hilfe kapitalistischer Länder nötig, dringlich und willkommen.

Ein Problem, das allseitiger Unterstützung bedarf, ist die schrittweise Beseitigung der gravierenden **Rückstände in der Infrastruktur unseres Landes,** besonders im Straßenbau, bei der Eisenbahn, der Städtesanierung und -erhaltung sowie im Tourismus. Das Dringlichste und für die Menschen Wichtigste muß zuerst angepackt werden.

Die **Eigenverantwortung der Betriebs- und Kombinatsdirektoren** sowie der Handlungsspielraum der Verantwortlichen aller Ebenen ist in Wirtschaftsfragen bereits bedeutend erweitert worden bis hin zu Strukturentscheidungen. Bedingung ist aber in jedem Fall die gründliche Beratung und Abstimmung mit den Vertretungen der Werktätigen, insbesondere mit den Gewerkschaften zur Wahrung der Interessen aller Beteiligten. Es geht auch auf diesem Gebiet um den größtmöglichen Konsens aller gesellschaftlichen Kräfte.

Ich danke für Ihre Aufmerksamkeit.

Ducke (Moderator): Danke, Herr Grünheid [für] diese Darstellung der Zielvorstellungen der Wirtschaftsreform.

Frau Minister Luft, wen schicken Sie jetzt?

Frau Luft (Ministerin für Wirtschaft): Nein, das war eben der **Kommentar zu dem schriftlichen Bericht Lage der Volkswirtschaft.** Wenn Sie einverstanden sind, würde ich jetzt fortsetzen mit zusätzlichen Ausführungen zu dem von uns vorgelegten Konzept zur Wirtschaftsreform.

Ducke (Moderator): Ja.

Frau Luft (Ministerin für Wirtschaft): Das vorgelegte **Konzept zur Wirtschaftsreform** ist das Ergebnis einer intensiven und kollektiven Arbeit vieler Wirtschaftspraktiker und Wissenschaftler sowie der Auswertung der Positionen der Parteien und politischen Bewegungen. Es ist mit den staatlichen Wirtschaftsorganen mehrfach beraten, auch mit der Arbeitsgruppe „Wirtschaft" des Runden Tisches. Der Ministerrat hat dieses Ihnen vorliegende Reformkonzept in seiner Sitzung am 1. Februar gebilligt und dem Präsidium der Volkskammer zur Beratung in den Ausschüssen zugestellt. Wenn wir heute und am 20. und 21. Februar in der Volkskammer Übereinstimmung in den Grundrichtungen der Reform erzielen, wird es möglich sein, die Durchsetzung dieser Wirtschaftsreform weiter zu beschleunigen, was unbedingt nötig ist.

Für den **Bereich der Land-, Forst- und Nahrungsgüterwirtschaft** wurde ein **gesondertes Konzept** für die Wirtschaftsreform ausgearbeitet. Der Minister dieses Bereiches, Herr Dr. Watzek, beabsichtigt, dieses Konzept zur breiten öffentlichen Diskussion zu stellen. In Anbetracht der Bedeutung dieses Zweiges unserer Volkswirtschaft wäre es sicher ratsam, den Komplex Wirtschaftsreform in der Land-, Forst- und Nahrungsgüterwirtschaft auch gesondert am Runden Tisch zu beraten. Für Anfragen, die eventuell heute schon entstehen, ist Professor Dr. Klaus Schmidt von der Landwirtschaftsakademie hier anwesend und auskunftsfähig. Er hat an dem **Konzept Wirtschaftsreform Landwirtschaft** mitgearbeitet.

Ich möchte zu den drei ausgewählten Aspekten sprechen, die ich eingangs angekündigt habe, von denen ich meine, daß sie einen großen Bevölkerungskreis in unserem Lande interessieren und auch nicht wenig Ängste hervorrufen, zu deren Abbau wir heute einen Beitrag leisten möchten.

Der erste Aspekt betrifft die soziale Zielstellung, die **soziale Komponente der Wirtschaftsreform.** Gerade in dieser Frage gilt es, viele Sorgen und Ängste der Bevölkerung abzubauen. Ich möchte hier nachdrücklich erklären: Die Regierung sieht in ihrem Konzept die erforderlichen Maßnahmen vor, um unter den gegenwärtigen Bedingungen wie auch bei künftiger sozialer Marktwirtschaft das **Recht auf Arbeit** für alle, **soziale Sicherheit** für Jung und Alt sowie für die Familie zu bewahren, insbesondere den Rentnern, den Alleinstehenden mit Kindern, kranken und behinderten Bürgern, sozialen Schutz zu gewähren. Das ist der politisch-moralische Anspruch einer wirklich **sozialen Marktwirtschaft,** der sich die Regierung mit dem Konzept zur Wirtschaftsreform verpflichtet fühlt.

Natürlich bedarf das einer **neugestalteten Leistungsbasis der Volkswirtschaft,** bedarf es chancengleicher Wettbewerbsbedingungen für alle Eigentumsformen und vor allem qualifizierter Arbeitsleistungen jedes Bürgers. Auch größere Mobilität und Disponibilität der Arbeitskraft wird ein neues Erfordernis sein, um sich auf technologischen und strukturellen Wandel immer wieder neu vorzubereiten und reagieren zu können. Strenger wird das Leistungsprinzip wirken müssen.

Auch das **selbständige Unternehmen** ist für soziale Leistungen und sozialen Schutz seiner Beschäftigten verantwortlich. **Soziale Sicherheit** läßt sich nur durch **wirtschaftlichen Aufschwung** gewährleisten. Als Geschenk des Staates kann soziale Sicherheit nicht dargebracht werden. Ein solcher Versuch ist ja nicht nur kläglich gescheitert, sondern hat zu hoher innerer und äußerer Verschuldung des Landes geführt.

Das vorgelegte Konzept geht davon aus, daß der Staat unter **marktwirtschaftlichen Bedingungen** natürlich höchste Verantwortung wahrnehmen muß, um den Rahmen und seinen Einfluß so zu setzen, daß soziale Absicherung für alle Bürger möglich ist. Darauf orientiert das vorgelegte Konzept und darauf richten sich die bisher ergriffenen und noch zu ergreifenden Maßnahmen der Wirtschaftsreform.

Ich möchte zu diesen schon ergriffenen und noch zu ergreifenden **Maßnahmen der Wirtschaftsreform**, die vor allen Dingen auf die soziale Absicherung der Bürger gerichtet sind, folgendes sagen:

Erstens: Die Regierung hat die **Ausarbeitung eines Arbeitsplatzbeschaffungs- und eines Umschulungsprogramms** in Auftrag gegeben. Hieran wird intensiv gearbeitet, und einen Redaktionsschluß gibt es dafür natürlich nicht. Ständig muß daran weitergearbeitet werden. Auf dieser Grundlage wird die Tätigkeit der Ämter für Arbeit zur Arbeitsplatzvermittlung, Umschulung und Weiterqualifizierung der aus ihrer bisherigen Tätigkeit freigesetzten Personen wirksamer gemacht. Gegenwärtig geht es bei den 51 000 Menschen, die im Arbeitsvermittlungsprozeß stehen, vor allem, etwa zu 60 Prozent, um Hoch- und Fachschulkader. Nicht wenige von ihnen werden sich für einen Einsatz in der Produktion entscheiden.

Für andere und weitere, die im Prozeß der Verwaltungs- und der Wirtschaftsreform noch freigesetzt werden, gilt es, neue volkswirtschaftlich wichtige Tätigkeiten zu schaffen. Wir haben bereits das neue Institut für Unternehmensführung eingeschaltet, das an der Basis, das heißt in den Kombinaten und Betrieben Vorschläge für die Umschulung und Weiterbildung von Hoch- und Fachschulkadern entsprechend marktwirtschaftlichen Bedingungen ermittelt hat.

Ich kann hier nur Beispiele nennen für Berufe oder Tätigkeiten, an denen neuer oder mehr Bedarf entsteht. Aber ich habe eine drei Seiten lange Liste mit solchen Berufen. Und auch dieses ist sicherlich für die Öffentlichkeit nicht uninteressant. Ich kann aber jetzt hier nur einige Beispiele nennen: Kombinatsdirektoren, Betriebsdirektoren, Leiter von Unternehmungen haben zum Ausdruck gebracht, daß ein erhöhter Bedarf entstehen wird an Betriebsorganisatoren, Hauptbuchhaltern und Buchhaltern, Kostenanalytikern, Investmentbearbeitern, Produktmanagern, Wirtschaftsberatern, Steuerberatern und Steuerprüfern, Bankfachleuten, an Kreditbearbeitern, an Leasingbearbeitern, an Produkt- und Systemdesignern. Bedarf entsteht mehr an Soziologen und Psychologen, an Ökonomen für Kommunalwirtschaft, an Geschäftsführern kleiner, privater und kommunaler Unternehmen, an Sozialarbeitern, und ich will die Aufzählung hier beenden. Aber es ist zweifelsfrei, daß gerade für **Hoch- und Fachschulkader**, die freigeworden sind aus ihren ursprünglichen Tätigkeiten, in solchen, wie den eben genannten Bereichen und Berufen und Tätigkeiten großer Beschäftigungsbedarf entsteht. Die Umschulungsmaßnahmen dafür müssen unverzüglich in Gang gesetzt werden. An einigen Plätzen laufen sie auch schon.

Zweitens: Für Umschulungen werden durch das Ministerium für Bildung in Zusammenarbeit mit dem Ministerium für Arbeit und Löhne Rahmenregelungen und Angebotskataloge erarbeitet, um in den Territorien nach den konkreten Bedarfsanforderungen der Betriebe und Einrichtungen entsprechende **Qualifizierungsmaßnahmen** einzuleiten. Hierzu sind alle geeigneten staatlichen und betrieblichen Bildungseinrichtungen zu nutzen. Die Finanzierung soll aus dem Staatshaushalt sowie aus betrieblichen Mitteln erfolgen.

Drittens: Es gibt den Entwurf einer klaren Regelung für **staatliche Unterstützung** und **betriebliche Ausgleichszahlung** während der Zeit der Arbeitsvermittlung. Diese Regelung liegt Ihnen im Entwurf vor. Diese Regelung sieht vor, bis zu 70 Prozent des bisherigen Nettodurchschnittslohnes zu gewähren, wovon der Staat 500 Mark finanziert. Diese Regelung soll bis zur Einführung einer Arbeitslosenversicherung gelten.

Viertens: Die Einführung einer **Vorruhestandsregelung** ist vorgesehen. Auch diese Regelung liegt Ihnen im Entwurf vor. Diese Vorruhestandsregelung sieht vor, 70 Prozent des Durchschnittsnettolohnes der letzten 12 Monate zu gewähren.

Fünftens: In den Rahmenkollektivverträgen der Betriebe kann die **Zahlung von Überbrückungsgeldern** bei Umschulung und Aufnahme einer neuen Tätigkeit im Betrieb bis zu drei Jahren festgelegt werden.

Soviel zu fünf Dingen, die schon angelaufen sind zu den wichtigen Fragen, die unsere Menschen bewegen.

Aber was die Menschen in ihrer sozialen Sicherheit auch beängstigt, das hängt zugleich mit dem weiterhin **mangelnden Warenangebot** und der Furcht vor einer **Abwertung der Währung** und dann auch ihrer Ersparnisse zusammen. Auch hierzu möchte ich erklären: Die Regierung sieht keine Währungsreform im Sinne einer Abwertung oder einer Entwertung der Sparguthaben vor. Aber dieses zu halten ist nicht allein aus eigener Finanzkraft möglich. Hierzu bedarf es baldiger Vereinbarungen mit der BRD für einen **Währungsverbund**. Ich komme darauf gleich noch einmal zurück. Zugleich soll die **Förderung von Handwerk und Gewerbe**, die **Förderung kleiner und mittelständischer Betriebe** ebenfalls der Belebung des Binnenmarktes dienen. Flankiert werden soll das mit Maßnahmen, auch Kaufkraft zu binden durch Erwerbsmöglichkeiten von Immobilien. Aber, auch das sei gesagt, weil es unvermeidlich im Zusammenhang damit steht, dafür muß eine **Reform der Preise** und zuerst der Einzelhandelsverkaufspreise durch **Abbau der Subventionen** erfolgen. Natürlich, auch das bei entsprechendem sozialen Ausgleich für jeden Bürger. Hierauf wird ja der dritte Schwerpunkt unserer einleitenden Darlegungen Bezug nehmen.

Es wäre wünschenswert, die Meinung der Teilnehmer hier am Runden Tisch nicht nur zur sozialen Zielstellung des Konzepts, sondern genauso zu den unabdingbaren Voraussetzungen und den Konsequenzen für ihre Realisierung zu hören.

Lassen Sie mich bitte noch einige, jetzt muß ich sagen, persönliche Anmerkungen machen zu den in den letzten Tagen massiv ins Gespräch gekommenen Überlegungen zur **Herbeiführung einer Währungsunion zwischen beiden deutschen Staaten unter sofortiger Einführung der D-Mark als Zahlungsmittel in der DDR**. Ich will versuchen, ganz emotionslos die Vorteile und auch die Nachteile einer solchen Lösung zusammenzutragen. Das kann natürlich hier nur kurz geschehen. **Vorteile** einer solchen Lösung wären aus meiner Sicht:

Erstens: Die schnelle Überwindung von Versorgungsengpässen, was positive Zukunftssignale für die Bevölkerung setzen könnte;

zweitens: die Ausweitung der Reisemöglichkeiten, was gleiche positive Signale setzen würde;

drittens: der ständige Zwang oder Druck für die Betriebe, ihre Leistungen an Weltmarktbedingungen zu messen. Die Unternehmen könnten ihre Kooperationspartner nach den Grundsätzen der Rentabilität wählen. Und dies wäre natürlich auch von Vorteil.

Was wären aus meiner Sicht unübersehbare Nachteile, die unsere Bevölkerung, die unser Volk auch wissen muß, wenn darüber gesprochen wird? Ich sehe solche Probleme, ich will

es durchaus **Nachteile** nennen, die man gegenüber den Vorteilen abwägen muß:
- Das Produktivitäts- und damit auch das Lohngefälle zwischen beiden deutschen Staaten wird durch Einführung der D-Mark als Zahlungsmittel auf unserem Territorium nicht gemildert, die **Abwanderungsgefahr** daher nicht automatisch gebremst.
- Die Schließung nicht weniger Betriebe wäre vorprogrammiert, damit **Entlassungen**, wenn nicht Schutzzölle eingeführt werden, was aber doch der neuen Politik der Öffnung, der außenwirtschaftlichen Öffnung, die wir anstreben, widersprechen würde.
- Die Sparguthaben sind abwertungsgefährdet.
- Die Grundfonds und Immobilien werden umbewertet.
- Die **Bundesbank bestimmt die Geldpolitik der DDR**,
- und die währungspolitische Souveränität des Landes ist aufgegeben.

Die **Vereinigung der beiden deutschen Staaten** wäre in währungspolitischer Hinsicht vollzogen, bevor strategische und politische Fragen der Vereinigung, die auch die Nachbarstaaten interessieren, gelöst sind und bevor ein **Wirtschaftsverbund** hergestellt ist. Insgesamt ergibt sich aus meiner Sicht: Die Stabilisierung der Währung kann nicht durch Beschluß hergestellt werden, sondern nur durch **wirtschafts- und finanzpolitische Maßnahmen** und insbesondere durch eigene Anstrengungen, gepaart mit ausländischer Hilfe.

Auch in der BRD ist der Vorschlag zur Einführung der D-Mark in der DDR nicht unwidersprochen. Immer häufiger heißt es: „Die deutsche Einheit gibt es nicht zum Nulltarif". Die Steuerzahler werden gewarnt vor einem Notopfer für die Sanierung der DDR-Wirtschaft.

Auch in den EG-Ländern stößt die übereilte Verkoppelung der beiden deutschen Staaten über die D-Mark auf Widerspruch, da sie sich an die D-Mark gebunden haben.

Meine Schlußfolgerung ist folgende: Das Thema, was hier eben angesprochen worden ist, ist von seiner politischen Tragweite und von seinen sozialen Konsequenzen so weitreichend und so tiefgreifend, daß es doch wohl Gegenstand eines **Volksentscheides** sein sollte, eines Volksentscheides **über die deutsche Einheit, der dann zugleich die Frage der Währungspolitik einschließen könnte.**

Bis dahin sehe ich als vorrangig an, die Stärkung der Wirtschaft und die **Sanierung der Währung** unseres Landes, die schnelle Unterstützung der kleinen und mittelständischen Industrie der DDR, vor allem durch Ersatzteillieferungen und Bereitstellung von Maschinen aus der BRD, die Teilkonvertierung der Mark der DDR für die Bürger dieses Landes zu einem von der Bundesbank gestützten Wechselkurs, der bei eins zu eins beziehungsweise eins zu zwei liegen sollte, eine kostenlose Soforthilfe der BRD-Regierung in Höhe von 10 bis 15 Milliarden D-Mark in Form eines Lastenausgleichs, die Vereinbarung eines Wirtschaftsverbundes, der in der DDR Investitionen dort sparen hilft, wo es in der BRD Überkapazitäten gibt, zum Beispiel im Energiewesen, und die zielstrebige und schnelle Vorbereitung der Konvertierbarkeit der Währung im kommerziellen Bereich. Soviel zu dem ersten Aspekt, der ist etwas umfangreicher ausgefallen. Die nächsten beiden fasse ich kürzer.

Der zweite Aspekt, zu dem ich auf der Grundlage des von uns vorgelegten schriftlichen Konzepts etwas hinzufügen möchte, betrifft das **Verhältnis von Volkseigentum und Privateigentum.**

Generell geht das vorliegende Reformpaket davon aus, daß neben dem gegenwärtig dominierenden **Volkseigentum** eine **Vielfalt anderer Eigentumsformen** mit einem bedeutend wachsenden Anteil an der volkswirtschaftlichen Gesamtleistung entsteht und daß ihnen gleiche Entfaltungsmöglichkeiten gegeben werden. Das entspricht den unmittelbaren Lebensinteressen der Bürger unseres Landes, weil unternehmerische Initiative unter gleichen Wettbewerbsbedingungen aller Eigentumsformen unabdingbare Voraussetzung für die Entfaltung des Binnenmarktes sowie für die außenwirtschaftliche Öffnung ist.

Besondere Förderung erhalten Handwerk, Gewerbe, Klein- und Mittelbetriebe. Das erwartet unser Volk. Allein in den zurückliegenden zwei Jahrzehnten ist die Anzahl der klein- und mittelständischen Betriebe drastisch zurückgegangen. So ist die Anzahl der Industriebetriebe in diesem Zeitraum, 1970 bis gegenwärtig, von mehr als 12 000 ursprünglich auf weniger als 3 000, [also] auf ein Viertel gesunken. Der Anteil der Betriebe bis zu 100 Beschäftigten an der Industrieproduktion sank von 10,4 Prozent 1970 auf wenig mehr als ein Prozent gegenwärtig, also sogar auf etwa ein Zehntel des bereits einmal gehabten Niveaus. Mit der Wirtschaftsreform werden deshalb große **Freiräume für das Unternehmertum** geschaffen.

Bereits gegenwärtig wirken neue Regelungen für die **Bildung privater Betriebe** sowie von Klein- und Mittelbetrieben auf halbstaatlicher und genossenschaftlicher Grundlage, die unter anderem zeitweilige Steuerbefreiung für private Betriebe und die Aufhebung bisheriger Beschränkungen bei der Erteilung von Gewerbegenehmigungen vorsehen. Leistungsfördernde Kredit- und Steuerregelungen für private Produzenten, qualitäts- und investitionsfördernde Handelsspannen, Provisionen und andere Dienstleistungsentgelte für genossenschaftliche und private Händler sollen wirksam werden.

Gegenwärtig beschäftigt sich eine durch die Regierung berufene Arbeitsgruppe mit der **Reprivatisierung volkseigener Betriebe,** die bis 1972 halbstaatlich oder privat waren. Dazu werden noch im Februar dem Ministerrat und der Volkskammer Vorschläge unterbreitet.

Die Regierung befindet sich mit der Mehrheit der Genossenschaftsbauern und -bäuerinnen in Übereinstimmung, das **genossenschaftliche Eigentum in der Landwirtschaft** weiter zu stärken, die Eigenständigkeit der landwirtschaftlichen Produktionsgenossenschaften auszugestalten und für die Ernährung des Volkes marktgerecht sowie kostengünstiger zu arbeiten.

Staatseigentum wie zum Beispiel an der Eisenbahn, in anderen Bereichen des Verkehrswesens, der Post und des Nachrichtenwesens wird es auch künftig geben. Das ist in der Verfassung geregelt. Bevorsteht, dieses Staatseigentum den Erfordernissen der Marktwirtschaft anzupassen und im wohlverstandenen Interesse der Gesellschaft effizienter zu nutzen.

Mit der Wirtschaftsreform erhalten die volkseigenen Betriebe, Kombinate und Einrichtungen wie die Unternehmen der anderen Eigentumsformen auch, volle **Chancengleichheit** für das Wirken in der Marktwirtschaft. Zur Förderung von Eigentümerbewußtsein und persönlicher Interessiertheit der Werktätigen am Volkseigentum sollen **Formen von Anteilpapieren** gesetzlich geregelt und gefördert werden.

Und ich komme zum dritten und abschließenden Teil meiner zusätzlichen Darlegungen zu dem Ihnen schriftlich übergebenen Material[9]. Dieser dritte Aspekt betrifft die stärkere **Einbindung der DDR-Wirtschaft in die internationale Kooperation.**

Die Erhöhung der ökonomischen Leistungskraft und der Wettbewerbsfähigkeit der Wirtschaft unseres Landes ist unter den bestehenden nationalen und internationalen Bedingungen ohne eine stärkere Einbindung in die **internationale Arbeitsteilung** undenkbar. Nur durch eine **Öffnung zum Weltmarkt** sind wir in der Lage, die Effektivität unserer Wirtschaft spürbar zu erhöhen und die internationale Wettbewerbsfähigkeit zu verbessern. Dies sind zugleich entscheidende Voraussetzungen dafür, die Lebensqualität der Bürger in unserem Lande in einem für jeden überschaubaren Zeitraum auf den Standard führender europäischer Länder zu heben.

Eine stärkere Integration in die internationale Arbeitsteilung ist verbunden mit der umfassenden Nutzung vielfältiger Formen der **Wirtschaftskooperation.** Einige dieser Formen wurden bereits in der Vergangenheit angewendet, konnten sich jedoch unter den bestehenden zentralistischen Leitungsstrukturen nicht voll entfalten. Ich denke hierbei unter anderem an die internationale Produktionsspezialisierung und Kooperation, an Kompensationsgeschäfte, an Leasing, Lohnveredelung und die gemeinsame Vermarktung von Produkten. Alle diese Formen gilt es auch weiterhin zu nutzen und auszubauen.

Zugleich wurden mit der Verordnung über die Gründung und Tätigkeit von **Unternehmen mit ausländischer Beteiligung** in der DDR nun auch rechtliche Voraussetzungen für die höchste Form der Wirtschaftskooperation geschaffen. Dabei handelt es sich nicht um ein Allheilmittel und [es] wird seitens der Regierung auch nicht als ein solches verstanden. Nicht ohne Grund wurde deshalb in der Präambel der genannten Verordnung verankert, daß Unternehmen mit ausländischer Beteiligung gegründet werden sollen, wenn sie gegenüber sonst üblichen Formen der Wirtschaftskooperation eine effektivere Lösung gewährleisten. Es wurde allerdings mit der Verordnung ein weitergehender Schritt der Öffnung unserer Wirtschaft nach außen vollzogen.

Ich möchte an dieser Stelle betonen: Öffnung nach außen heißt **nicht ausschließliche Bindung an die BRD.** Es sollten immer die jeweils effektivsten Lösungen mit den geeignetsten Partnern verschiedener Länder, nicht zuletzt auch im Interesse unseres Landes, gefunden werden. Daher sehe ich drei Gesichtspunkte, die für die **Öffnung unserer Wirtschaft** von Bedeutung sind.

Erstens: Alle Maßnahmen, die auf eine tiefere Einbindung in die internationale Arbeitsteilung bis hin zur ausländischen Kapitalbeteiligung gerichtet sind, haben das Ziel, das vorhandene **Volksvermögen** leistungsfähiger zu machen. Unternehmen mit ausländischer Beteiligung stellen eine Ergänzung des Volksvermögens dar. Dabei handelt es sich nicht um eine vielfach befürchtete Veräußerung von Volkseigentum. Es geht generell um die Verbindung inländischer Ressourcen und Fonds mit der Leistungskraft ausländischen Kapitals bei voller Mitbestimmung und sozialer Sicherheit der Belegschaften.

Zweitens: Die Hauptgebiete und Hauptinteressen bei der Kooperation müssen unter Wahrung des notwendigen gegenseitigen Vorteils durch uns bestimmt werden können. Es wurden bereits entsprechende Vorstellungen entwickelt, um insbesondere solche Gebiete und Bereiche unserer Wirtschaft mit Hilfe ausländischen Kapitals zu fördern, die im volkswirtschaftlichen Interesse liegen. Dazu zählt die **Förderung kleiner und mittlerer Betriebe des Handwerks und Gewerbes,** um schnell zu bevölkerungswirksamen Ergebnissen in der Versorgung mit Erzeugnissen und Leistungen zu kommen, die **Modernisierung von Anlagen und Produktionsstätten** zur Erhöhung der Leistungskraft unserer Wirtschaft bis hin zum **Ausbau der Infrastruktur,** wodurch wichtige Voraussetzungen für die Entwicklung des Tourismus und die Entwicklung der DDR als Brücke im Ost-West-Handel geschaffen werden.

Drittens: Alles, was an internationaler Arbeitsteilung genutzt werden soll, darf nicht einseitig mit Blick auf die BRD entwickelt werden, sondern es ist stets nach den effektivsten Lösungsvarianten unter Berücksichtigung von Partnern verschiedener Länder zu suchen. Ohne Zweifel werden die **Beziehungen mit RGW-Ländern** und darunter mit der **UdSSR** auch künftig von großer Bedeutung für unser Land sein. Die DDR kann auf diese Beziehungen vor allem unter den Gesichtspunkten der Rohstoffsicherung und der Ausrichtung bestimmter Produktionen mit den daran gebundenen Arbeitsplätzen nicht verzichten. Aber auch mit Blick auf eine Funktion der DDR als Brücke im Ost-West-Handel sind diese Beziehungen wichtig.

Der Weg einer stärkeren Einbindung der DDR in die internationale Arbeitsteilung erfordert in der Konsequenz auch Schritte hin zu einer **vollen Konvertierbarkeit der Mark der DDR.** Dazu habe ich schon gesprochen, und dies wird nur im Zusammenhang mit Schritten auf einen **Wirtschafts- und Währungsverbund** zwischen der DDR und der BRD realisierbar sein.

Soviel zu meinen Ausführungen. Ich schlage vor, daß nun Herr Dr. Domagk den Teil Preispolitik, Subventionspolitik gleich anschließt.

Ducke (Moderator): Danke, Frau Minister.
Herr Domagk, Sie sind soweit?

Domagk (Staatssekretär im Ministerium für Finanzen und Preise): Meine verehrten Damen und Herren, gestatten Sie, bevor ich auf die **Verbraucher-, Preis- und Subventionspolitik** zu sprechen komme, [daß ich] zunächst einige Bemerkungen mache zur **Reform des Industriepreissystems.** Die Agrarpreise sollten mit dem Komplex der Wirtschaftsreform in der Landwirtschaft behandelt werden. Wenn Sie es aber wünschen, kann ich auch dazu ebenfalls das Konzept darlegen.

Nun zur **Reform der Industriepreise.** Ich möchte dazu zwei prinzipielle Bemerkungen machen.

Erstens: Bereits seit dem 1. Januar dieses Jahres haben wir als eine erste Maßnahme **vereinfachte Übergangsregelungen** getroffen, die den Wirtschaftseinheiten bedeutend größere Rechte bei der Preisbildung einräumen. So liegt die gesamte Kosten- und Preisarbeit im Vorfeld der Produktion im Verantwortungsbereich der Generaldirektoren der Kombinate und der Direktoren der Betriebe. Bis auf ausgewählte, strategisch wichtige – – staatlicher Rahmenbedingungen eigenverantwortlich nach staatlichen Richtlinien festgesetzt werden. Beginnend mit dem Jahre 1991 werden solche **staatlichen Preisbildungsrichtlinien** eingeführt, mit denen die Preisbildung für neue Erzeugnisse den internationalen Gepflogenheiten angepaßt wird. Das betrifft vor allem die Ausgestaltung marktgerechter Preisformen sowie eine auf die Bedingung des Marktes reagierende Preisdifferenzierung.

---
[9] Dokument 11/6, Anlagenband.

Zweitens: Eine **generelle Reform der Industriepreise** beabsichtigen wir im Jahr 1991. Aufgabe dabei ist die Beseitigung von produktgebundenen Preisstützungen und Abgaben bei Produktionsmitteln, insbesondere in der Schwerindustrie, dem Gießereiwesen und der Mikroelektronik.

Aufgabe ist es weiter, die **Annäherung** an die Relationen und Strukturen der **Weltmarktpreise** unter Zugrundelegung ökonomisch begründeter Kurse zu erreichen.

Und es geht nicht zuletzt um die Neubestimmung der **Reineinkommenselemente** unter Berücksichtigung internationaler Kriterien bei Vermeidung einer Erhöhung des Preisniveaus. Es geht also um die Anpassung der Binnenpreisstruktur an die Preisstruktur des europäischen Marktes, insbesondere des BRD-Marktes, verbunden, ich möchte das noch einmal deutlich sagen, mit der Entzerrung der jetzigen Preise von produktgebundenen Subventionen, der Entzerrung der jetzigen Kostengröße von Reineinkommenselementen und von Kostenelementen in der Reineinkommensgröße selbst.

Im Mittelpunkt dieser Arbeiten steht die **Reformierung der Industriepreise für Energieträger** sowie für **Roh- und Werkstoffe**. Dabei wird von einer mehrstufigeren Reform der Industriepreise, wie sie in der Vergangenheit in der DDR üblich war, Abstand genommen. Alles muß verbunden werden mit der Reform der Steuerpolitik, der Einkommenspolitik sowie der Kredit- und Zinspolitik. Parallel dazu sind notwendig die schrittweise Freigabe der Preise im Gleichgang mit der Herstellung von Wettbewerbsmärkten auf dem Gebiete der Produktionsmittel, eine spezielle Eingrenzung der staatlichen Preishoheit auf die Preisbildung für strategisch und versorgungspolitisch wichtige Erzeugnisse und Leistungen, auf die Herausgabe von Regelungen für die Freigabe der Preise, auf die Überwachung, einschließlich Preisüberwachung, der Wettbewerbsgleichheit auf dem Markt. Es geht um die statistische Dokumentation und Information der Preise.

Unsere **zeitliche Schrittfolge** ist hierzu wie folgt konzipiert: 1990, also [zu] Beginn der Freigabe der Industriepreise, aber zugleich mit Regelung zur Verhinderung von Preisauftriebstendenzen durch das Einfrieren bestehender Preise bis 31. Dezember 1990; 1991 auf dem Gebiete der Industriepreise die Fortsetzung der Freigabe der Preise. Aber hier geht es, wie bereits auch gesagt, um die Reformierung der Preise für Energieträger, Roh- und Werkstoffe, ausgehend von den Preisrelationen und Strukturen des europäischen Marktes. 1992 haben wir dann den Abschluß der Preisreform auf diesem Gebiet konzipiert. Ich habe dazu ein Material vorbereitet, und wenn Sie es wünschen, können wir das über das Arbeitssekretariat zur Verteilung bringen, um die einzelnen Etappen hier noch einmal nachvollziehen zu können.

Nun zu den nächsten Schritten bei der **Veränderung der Preis- und Subventionspolitik** gegenüber der Bevölkerung. Wie ist die Lage? Gegenwärtig belaufen sich die Subventionen auf insgesamt 58 Milliarden Mark, darunter für Lebensmittel mit 33 Milliarden Mark Subventionen, für Industriewaren mit 10 Milliarden Mark Subventionen, für Energie und Wasser mit 8 Milliarden Mark. Für Leistungen des Verkehrs und der Post entstehen Subventionen von rund 7 Milliarden Mark. Darüber hinaus werden die Wohnungsmieten mit annähernd 8 Milliarden Mark gestützt.

Anfang der siebziger Jahre betrugen die Subventionen für Konsumgüter und Dienstleistungen nur etwa 6 Milliarden Mark. Hauptursachen für ihre enorme Erhöhung sind die gestiegenen Aufwendungen für importierte und im Inland gewonnene Rohstoffe und Energieträger, aber auch die Ineffizienz der einheimischen Wirtschaft sowie der überzogene Verwaltungsaufwand. Im Ergebnis dieser Aufwandsentwicklung wurden die Industrie- und Agrarpreise seit Mitte der siebziger Jahre in einer Größenordnung von rund 230 Milliarden Mark erhöht, was gleichzeitig ein Anstieg des Industriepreisniveaus um 55 Prozent zur Folge hatte.

Das **Konzept der alten Regierung** bestand darin, die **Subventionen produktgebunden festzulegen**. Das führte zu folgenden negativen Wirkungen: Das Leistungsprinzip wurde drastisch eingeschränkt. Die außerordentlich niedrigen subventionierten Preise begünstigten einen spekulativen Abkauf von Waren für den Verbrauch außerhalb des Landes. Das kostet jährlich etwa bis zu 4 Milliarden Mark Nationaleinkommen. Durch die Billigpreise für die Lebensmittel haben sich volkswirtschaftlich nachteilige Produktions- und Verbrauchsstrukturen herausgebildet. Sie wirken von einem zu hohen Pro-Kopf-Verbrauch bis zur Verschwendung und Verfütterung hochwertiger Nahrungsmittel. Die bestehenden subventionierten Tarife für Energie und Wasser fördern nicht einen sparsamen Verbrauch durch die Bevölkerung, sondern begünstigen eher deren Verschwendung.

Als Gegenpol zu den Subventionen sind die **Verbraucherpreise für neue Erzeugnisse**, die **nicht zum Grundbedarf** gehörten, so festgesetzt worden, daß sie Staatseinnahmen ermöglichen. Diese betragen 1989 etwa 28 Milliarden Mark, wobei ein nicht unbedeutender Teil dieser Einnahmen bei Tabakwaren und Spirituosen realisiert wird. Entsprechend der Regierungserklärung vom 17. November 1989 werden alle diese Subventionen durchforstet und **Vorschläge zur Beseitigung ungerechtfertigter Subventionen** ausgearbeitet. Wie Sie wissen, haben wir damit bei einigen Sortimenten der Kinderbekleidung, um der Vollständigkeit halber will ich es erwähnen, auch bei Blumen, am 15. Januar 1990 begonnen. Bei Kinderbekleidung, und ich greife dieses Beispiel einmal hier heraus, zeigt diese Maßnahme erste positive Wirkungen.

Es fließt beim betreffenden Sortiment kein Nationaleinkommen mehr außer Landes. Die Subventionen bekommen diejenigen, für die sie gedacht sind. Der Druck des Marktes auf eine Senkung der Kosten, eine Erhöhung der Qualität und eine modische Gestaltung beginnt erstmals unmittelbar über den Handel auf die Produzenten zu wirken. Mit den neuen höheren Verbraucherpreisen für die **Kindererzeugnisse** bei der Bevölkerung ist aber auch eine große Erwartungshaltung an die spürbare Erhöhung der Qualität und modische Gestaltung entstanden. Diesen Anforderungen entsprechen die gegenwärtig im Angebot befindlichen Erzeugnisse noch nicht in dem breiten Maße, wie es gewünscht ist, da sie im Prinzip aus Beständen früherer Produktionszeiträume stammen.

Bei all dem bestätigt sich aber unsere Erkenntnis, daß eine Veränderung der Verbraucherpreise eine äußerst sensible Angelegenheit ist. Umfangreiche Diskussionen über die Höhe des **Ausgleichs** belegen das. Das ist auch nicht verwunderlich, da unsere Bevölkerung seit vielen Jahrzehnten nicht mit solchen nominellen Preiserhöhungen konfrontiert wurde. Es wurde auch sichtbar, daß über das Ausmaß der Subventionen bei den einzelnen Sortimenten in der Öffentlichkeit keine realen Vorstellungen bestehen. In diesem Zusammenhang möchte ich betonen, daß wir exakte Berechnungen vorgenommen haben, die beweisen, daß der Ausgleich insgesamt höher ist als die sich aus dieser Maßnahme ergebenden Belastungen. Ich habe das entsprechende

Material mit, und wenn Sie es wünschen, kann das ebenfalls über das Arbeitssekretariat verteilt werden.

Bei dieser ersten Wertung dieser Maßnahme ist aber von besonderer Bedeutung die Bestätigung der Richtigkeit des eingeschlagenen Weges, **produktgebundene Subventionen in personengebundene Zuwendungen umzuwandeln.** Dabei ist für die künftige Arbeit zu beachten, daß Auswirkungen aus dem Wegfall der Subventionen auch bei dem Personenkreis auftreten, der über kein eigenes Einkommen verfügt. Deshalb müssen nach unserer Konzeption auch diese Bürger den Ausgleich in voller Höhe erhalten. Das betrifft zum Beispiel auch nicht berufstätige Hausfrauen im arbeitsfähigen Alter. Um es klar zu sagen, an erster Stelle muß bei allen weiteren Preismaßnahmen die Gewährleistung der sozialen Sicherheit stehen.

Wie soll es nach unseren Vorstellungen nun weitergehen? Erste Vorstellungen zur Weiterführung des **Subventionsabbaus** liegen für den **Bereich der Nahrungsgüter, der Lebensmittel, der Gaststätten** vor. Die Beseitigung der gesamten Subventionen auf diesem Gebiet würde einen monatlichen dreistelligen Ausgleich für jeden Bürger, vom Säugling bis zum Rentner, erfordern. Dabei gehen wir in unserer Konzeption davon aus, daß dieser Ausgleich großzügig zu gestalten ist. Und deshalb schlagen wir auch vor, diesen Ausgleich höher festzulegen, als sich pro Kopf der Bevölkerung an Belastung ergibt. Ein solches Herangehen ist unseres Erachtens notwendig und möglich, weil, wie gesagt, es in erster Linie immer um die Gewährleistung der sozialen Sicherheit geht und zweitens aber auch darum, weil wir volkswirtschaftlich mit entsprechenden Effekten, angefangen von der landwirtschaftlichen Produktion über die Verarbeitung bis hin zum Verbrauch rechnen. Das ist das Grundkonzept für das Herangehen auf diesem Gebiet.

Die Durchführung dieses Konzepts setzt aber voraus, daß wir in bezug auf die **Preiserhöhung** und den **Ausgleichsbetrag**, den der Bürger als Zuschlag zu seinem Einkommen erhält, breite Zustimmung finden. Dazu ist eine umfangreiche öffentliche Diskussion des Grundkonzepts erforderlich. Aber das bedarf noch weiterer Berechnungen, ehe man damit mit konkreten Zahlen in die Öffentlichkeit geht. Das betrifft insbesondere auch die Ausarbeitung verschiedener Varianten. Also, ob man das ganze Lebensmittelpaket angeht oder daraus nur einzelne Gebiete, wie zum Beispiel Brot oder Brötchen, regelt. Zugleich ist es notwendig, um einmal deutlich zu machen, welche Arbeit auch dahintersteckt, Hunderttausende von Einzelpreisen neu zu erarbeiten.

Ausgehend von dieser Lage und dem vorgezogenen Wahltermin sehen wir deshalb trotz des guten Standes der Vorbereitung der Beseitigung der Subventionen und der Veränderung der Verbraucherpreise bei Nahrungsgütern und Gaststätten keine Möglichkeit, diese Aufgabe jetzt noch zu verwirklichen.

Abschließend möchte ich sagen, daß wir über [die] Veränderung der Preise und Subventionen für Mieten, für Energie, für das Verkehrswesen, für die „tausend kleinen Dinge", die Handwerkerleistung, nach Durchführung und gründlicher Analyse des Komplexes Nahrungsgüter, Gaststätten, beraten und entscheiden sollten.

Vielen Dank für die Aufmerksamkeit.

Ducke (Moderator): Danke, Herr Dr. Domagk. Ja, wir haben den Regierungsvertretern zu danken für die ausführliche Darstellung der Problemlage. Ich glaube, daß einigen unter uns es auch so geht wie mir. Manchmal wußte man jetzt nicht ganz genau, zu welcher Vorlage wir diese Information verwenden können. Aber ich hoffe, die Antragsteller haben das auch so notiert.

Ich schlage vor, daß wir als erste Reaktion auf die Darstellung der Regierung die **AG „Wirtschaft"** des Runden Tisches zu Wort kommen lassen, um dann eine Gesprächsrunde einzulegen mit konkreten Rückfragen, um dann die Anträge beziehungsweise Vorlagen besprechen zu können. Sie haben mittlerweile den gleichen Stapel wie ich vor mir liegen. Das sind alles die Vorlagen zum Thema Wirtschaft. Ich bitte Sie, damit so umzugehen, daß Sie die Pause jetzt auch dafür nutzen, um die zu sortieren, damit wir beim Gespräch nicht wieder das erleben, wie das letzte Mal, daß dann faktisch im Gespräch vorweggenommen wurde, was als Vorlage später nachgereicht wurde. Da würde ich dann die Wortmelder darum bitten, daß sie sich informieren, was an konkreten Vorschlägen schon vorliegt, sonst müssen wir dann einschreiten aus Zeit[gründen].

Und nun denke ich, mache ich einen ganz guten Vorschlag, nämlich daß wir uns eine Pause verdient hätten. Wir sitzen seit 9.00 Uhr. Eine Viertelstunde Pause. Wir treffen uns wieder 11.40 Uhr. Sehe ich das so richtig? 11.40 Uhr, da haben wir eine Minute sogar zugegeben.

Ich wünsche erst einmal eine gute Erholungspause.

[Pause]

TOP 7: Wirtschaft: Erste Runde der Beratung

Lange (Moderator): Dürfen wir die Teilnehmer bitten, ihre Plätze am Runden Tisch einzunehmen? Wir setzen unsere Sitzung fort. Zu Beginn möchte ich gern noch einmal darauf Bezug nehmen, was eingangs gesagt worden ist, daß wir uns jetzt in einer Beratung befinden mit Vertretern des Ministerrates zu Fragen der Wirtschaft. Also nicht nur ein Frage- und Antwortspiel, sondern eine Beratung, wo auch Vorschläge vorgetragen und abgestimmt werden. Wir werden dazu dann noch einiges hören. Es sind bereits eine Reihe von Vorlagen zu diesem ganzen Fragenkomplex eingegangen.

Zunächst, wie vereinbart, wollen wir jetzt die Arbeitsgruppe „Wirtschaft" des Runden Tisches bitten, ihre Stellungnahme zu dem Arbeitsmaterial zur Wirtschaftsreform vorzutragen. Wir haben dies bereits vorliegen. Es ist die **Vorlage 11/9, Vorlage der Arbeitsgruppe „Wirtschaft", Erklärung des Runden Tisches zum Arbeitsmaterial der Arbeitsgruppe „Wirtschaftsreform" beim Ministerrat [vom 29. Januar 1990].** Diese Erklärung wird vorgetragen von Herrn Ebeling, Demokratischer Aufbruch.

Herr Ebeling, Sie haben das Wort.

Ebeling (DA): Es handelt sich also um die **Erklärung** in der **Vorlage 11/9.**

> **Vorlage [11/9] der Arbeitsgruppe „Wirtschaft" als Beurteilung zur Erklärung des Runden Tisches zum Arbeitsmaterial der Arbeitsgruppe „Wirtschaftsreform" beim Ministerrat vom 29. Januar 1990**
>
> Die Arbeitsgruppe „Wirtschaft" hat sich in ihren Sitzungen am 17., 24. und 31. Januar 1990 mit den Arbeitsmaterialien

der Arbeitsgruppe „Wirtschaftsreform" beim Ministerrat einschließlich der letzten Fassung vom 29. Januar 1990 beschäftigt und hat dazu Regierungsvertreter angehört. Sie hat auf der Grundlage der vom Runden Tisch angenommenen „Erklärung zu Wirtschaftsfragen" vom 3. Januar 1990 gemeinsam die folgende Beurteilung erarbeitet:

1. Gesamtbewertung des Materials.

Das vorliegende Material wird als Grundlage weiterer notwendiger Entscheidungen zur Durchführung der Wirtschaftsreform positiv eingeschätzt. Allerdings müssen wir die Regierung entschieden darauf hinweisen, daß insbesondere die vorgesehenen sozialen Maßnahmen wegen ihrer Dringlichkeit konkreter gefaßt und kurzfristig terminisiert werden.

2. Zu folgenden wesentlichen Punkten sind durch die Regierung Sofortmaßnahmen zu beschließen:

– Demokratisierung in den Wirtschaftseinheiten durch kurzfristige Schaffung der gesetzlichen Regelungen zur Mitbestimmung und Interessenvertretung;

– Die Bewahrung des Rechts auf Arbeit im Zusammenhang mit der Gewährleistung sozialer Sicherheit im Ergebnis von Strukturveränderungen in der Volkswirtschaft und durch Rationalisierungsmaßnahmen ist nach wie vor nicht ausreichend konkret mit Maßnahmen untersetzt. Die Kopplung von Arbeitsplatzsicherung und Arbeitsplatzbeschaffung muß ein Prinzip des notwendigen Strukturwandels sein. Umschulungsprogramme müssen dem Entstehen von Arbeitslosigkeit entgegenwirken. Die damit in der Regierungsvorlage beauftragten Bildungseinrichtungen müssen mit Unterstützung des Ministeriums für Bildung sofort wirksam werden. Der Runde Tisch wendet sich entschieden gegen jede Form ungesetzlicher Entlassungen. Sofern Arbeitslosigkeit unvermeidlich ist, muß eine soziale Sicherstellung gewährleistet werden. Die von Vertretern des Ministeriums für Arbeit und Löhne am 31. 1. 1990 gemachten Vorschläge (Arbeitslosenpflichtversicherung, Stärkung der Arbeitsämter, Umschulungsangebote, Vorruhestandsregelungen und anderes) werden zur Kenntnis genommen. Ungelöst sind folgende vom Runden Tisch bereits am 3. 1. 1990 geforderten Schritte:
Erarbeitung von staatlichen und betrieblichen Sozialplänen und Bereitstellung entsprechender Sozialfonds; einheitliche Regelung des Überbrückungsgeldes.

– Der Runde Tisch erwartet von der Regierung die Darlegung der Maßnahmen zur Sicherung der Geldwertstabilität und zu einer antiinflationären Politik. In diesem Zusammenhang sprechen wir uns gegen unbegründete, volkswirtschaftlich destabilisierende Einkommenserhöhungen und darauf bezogene Androhungen von wilden Streiks aus.

Zur wirtschaftlichen und sozialen Stabilisierung gehören mit der BRD und West-Berlin zu vereinbarende Regelungen zur Unterbindung grenzüberschreitender Schwarzarbeit.

– Nachdem die politischen Grundsatzentscheidungen zur Gewerbefreiheit und der Gleichberechtigung aller Eigentumsformen in der Wirtschaftstätigkeit getroffen sind, müssen die dementsprechenden gesetzlichen Regelungen unverzüglich in Kraft gesetzt werden.

– Regelungen zur Einbindung in die internationale Arbeitsteilung sind nach Abschluß der Joint-ventures-Gesetzgebung durch Investitionsschutz und Niederlassungsbestimmungen dringend zu ergänzen.

– Die Forderung des Runden Tisches in der Erklärung vom 3. Januar 1990 bezüglich des Schutzes der natürlichen Ressourcen, insbesondere von Grund und Boden aller Eigentumsformen, sind im Regierungskonzept nicht enthalten. Dazu sind unabhängig vom weiteren Fortgang einzelner Maßnahmen der Wirtschaftsreform durch die Regierung Sofortmaßnahmen zur Durchsetzung des derzeitig gültigen Bodenrechtes, also auch Vorsorgemaßnahmen zum Schutz des staatlichen wie auch privaten Grundeigentums im gesellschaftlichen Interesse, einzuleiten.

– Die von der Arbeitsgruppe „Wirtschaft" in der Beratung vom 24. Januar 1990 eingebrachten Hinweise zur Beachtung ökologischer Erfordernisse im Zusammenhang mit der Vorbereitung und Durchführung der Wirtschaftsreform sind zwar enthalten, aber nach wie vor nicht ausreichend als integrierender Bestandteil des wirtschaftlichen und sozialen Gesamtkonzepts begriffen.

Lange (Moderator): Vielen Dank, Herr Ebeling. Wir haben eine Reihe von Stellungnahmen vor uns. Ich verstehe die jetzt beginnende Aussprache so, daß es in beiderlei Richtungen möglich ist, daß also auch darauf reagiert wird von den Vertretern des Ministerrates zu dem, was uns die Arbeitsgruppe „Wirtschaft" vorgelegt hat.
Zunächst hatte sich Herr Stief gemeldet, bitte, NDPD.

Stief (NDPD): Meine Damen und Herren, meine Anfrage richtet sich an Herrn Minister Flegel. Im Zusammenhang mit den von Herrn Minister Professor Grünheid gegebenen Informationen zur Wirtschaftslage wäre sicher von Interesse, vertiefende Informationen zur **Versorgungslage in der DDR** zu erhalten. Und ich möchte meine beiden Hände heben, ein Antrag zur Geschäftsordnung, wenn ich den gleich anschließen darf?

Wir haben sehr viele Anträge hier vorliegen, und ich habe die Auffassung, daß sich manches schon durch die Darlegungen, die hier gegeben wurden, erledigt hat, vom Inhaltlichen [her]. Viele Anträge enthalten sehr interessante Aspekte. Mein Vorschlag wäre, im Sinne einer ergiebigen Diskussion zu wirklich noch nicht klar gewordenen Fragen, diese Anträge zum großen Teil **an die Arbeitsgruppe „Wirtschaft" zurückzuverweisen,** die bereits, wie bekannt, am Mittwoch dieser Woche erneut tagt. Das wäre hilfreich für uns alle, damit wir nicht die gleiche Verfahrensweise wiederholen müssen, wie wir unlängst hier zu beklagen hatten.

Danke.

Lange (Moderator): Das ist ein Antrag zur Geschäftsordnung. Frau Röth ebenfalls zur Geschäftsordnung?

Frau Röth (UFV): Ich möchte mich nur dazu äußern, ich meine, ich begrüße den Vorschlag von Herrn Stief. Es wäre aber nur zu regeln, inwieweit dann die Arbeitsgruppe „Wirtschaft" beschlußfassend sein kann, da das ja eigentlich nur im Verständnis der Runde Tisch ist und in dem Sinne wir die Anträge sozusagen nicht befürworten oder ablehnen können. Das müßte dann hier geklärt werden.

Lange (Moderator): Ja, bitte schön, Herr Engel.

Engel (CDU): Auch weiterführend zu dem Antrag von Herrn Stief: Wir müßten dann auch klären, wann dieser Punkt Wirtschaft dann wieder schnellstmöglich auf die Tagesordnung kommt, damit sich die Arbeitsgruppe „Wirtschaft" aus dem Ergebnis der Beratung vom kommenden Mittwoch auch hier erklären kann, denn hier liegen ja ein ganzer Teil dringende und konstruktive Vorschläge vor.

Lange (Moderator): Herr Stief, könnten Sie noch einmal präzisieren, wie Sie Ihren Antrag verstehen? Die vorliegenden Anträge sollten so wie sie uns jetzt auf den Tisch gegeben worden sind, in die Arbeitsgruppe „Wirtschaft" zunächst gegeben werden? Aber das würde nicht dem widersprechen, daß jetzt natürlich eine Aussprache zu dem, was gesagt worden ist, erfolgen kann?

Stief (NDPD): Ich möchte präzisieren. Die Aussprache sollte sich im wesentlichen auf das beziehen, was heute gesagt worden ist. Die Anträge sollten an die Arbeitsgruppe „Wirtschaft" verwiesen werden, weil diese Arbeitsgruppe erfahrungsgemäß eine sehr gute und präzise Arbeit leistet. Wenn sie am 7. [Februar 1990] zusammentritt, müßte im Ergebnis dieses Treffens zum Großteil der hier heute vorliegenden Anträge eine Meinung gebildet werden können. Das würde die Gesamtverfahrensweise zu Wirtschaftsfragen sicherlich verbessern.

Lange (Moderator): Vielen Dank für diese Präzisierung zu diesem Geschäftsordnungsantrag, wir sprechen jetzt nur dazu.
Herr Ebeling, Demokratischer Aufbruch.

Ebeling (DA): Ich würde diesen Antrag unterstützen, weil er uns wirklich in die Lage versetzt, hier zügiger und konstruktiver zu arbeiten, [ich] möchte aber dann darauf hinweisen, daß wir, wie hier schon gesagt, sehr kurzfristig einen neuen Wirtschaftstermin am Runden Tisch haben müssen, sonst würden also diese Anträge in der Aktualität ja sehr stark verlieren.

Lange (Moderator): Vielen Dank.
Herr Brandenburg, bitte.

Brandenburg (NF): Ich befürworte diesen Antrag, gebe aber zu bedenken, ob wir ungeachtet der Nichtdiskussion der vorliegenden Anträge diese der Regierung schon mit nach Hause geben können.

Lange (Moderator): Auch noch zu diesem Geschäftsordnungsantrag?
Herr Meckel, SPD.

Meckel (SPD): Wir sind gegen die pauschale Überweisung der Anträge an die Wirtschaftskommission und denken, dies muß einzeln abgestimmt werden, für jeden Antrag einzeln, damit eine Debatte darüber geführt werden kann. Eine Verschiebung um eine Woche in dieser Situation ist nicht gut. Manche Dinge müssen sofort in Angriff genommen werden, wie sie in den Anträgen dargestellt sind. Deshalb: Einzelabstimmung zu jedem einzelnen Antrag! Das ist ein Geschäftsordnungsantrag.

Lange (Moderator): Wir haben jetzt über diesen Geschäftsordnungsantrag zu befinden. Dazu noch? – dann befunden wird, welche hier zur Abstimmung gelangen oder welche an den Ausschuß zurückgegeben worden sind. Ist das so in Ihrem Sinn? Dieser Antrag steht jetzt zur Diskussion.
Bitte schön, Herr Holland, LDPD.

Holland (LDPD): Ich stelle den Antrag, daß da nicht inhaltlich jeder einzelne Antrag beraten wird, sondern nur kurz gesagt wird, er geht in die Arbeitsgruppe „Wirtschaft" zurück, einzeln, oder nicht. Wir haben jetzt 26 Anträge vorliegen, und das würde bedeuten, wenn wir über jeden einzelnen abstimmen, ob er in die Arbeitsgruppe geht oder hier am Runden Tisch bleibt, daß wir über 26 zusätzliche inhaltliche Dinge abstimmen. Und da wäre ich dagegen. Ich würde dann also bitten, und so ist mein Antrag, nur zu sagen und abzustimmen, was geht in die Arbeitsgruppe und was bleibt am Runden Tisch, ohne daß zu dem Einzelantrag inhaltlich diskutiert wird.

Lange (Moderator): Darf ich zurückfragen, Herr Holland, wer soll das sagen? Der Einbringer des Antrages oder der Runde Tisch?

Holland (LDPD): Der Einbringer des Antrages.

Lange (Moderator): Gut. Nur daß wir darüber im klaren sind, daß die Einbringer dann jeweils sagen, das kann an die Arbeitsgruppe gehen oder das muß hier vom Runden Tisch behandelt werden. Es steht der Antrag, daß wir einzeln dann nach der jetzt erfolgten Aussprache über die vorliegenden Anträge so befinden, wie ich es eben gesagt habe. Wer dafür ist, daß wir dann einzeln, und zwar kurz ohne große Aussprache dieses entscheiden, den bitte ich um das Handzeichen. Das ist die Mehrheit. – Gegenstimmen? – Enthaltungen? – Es ist 1 Stimmenthaltung. Dann können wir so verfahren, wie das in dem Antrag formuliert worden ist.
Ich habe jetzt folgende Wortmeldungen notiert: Herr Engel, Herr Brandenburg, Frau Röth, Herr Weißhuhn, Herr Dörfler, Herr Musch, Herr Junghanns, Herr Hammer, Herr Lehmann und Herr Holland. Ja, können wir das einmal komplettieren? [Herr] Saler, ja, dann brauche ich ja eigentlich nur die Reihe jetzt durchzunehmen und jeden Einzelnen zu schreiben. [Herr] Meckel.

Stief (NDPD): Herr Lange, darf ich mir die Zwischenfrage erlauben, daran zu erinnern, daß ich an Herrn Minister Flegel eine Frage formuliert habe, die noch vor dem Geschäftsordnungsantrag war?

Lange (Moderator): Ja, [ich] bitte um Entschuldigung. Wenn wir jetzt die Liste komplett haben, werden wir dies sofort hören. Herr Klein, ja, Frau Köppe, das sind ja fast alle, nicht? Es fehlt kaum jemand, der sich jetzt nicht zu Wort meldet. Vielleicht hätte man fragen müssen, wer nicht sprechen möchte. Das wäre dann die Minderheit gewesen. Ja, vielen Dank. Herr Hegewald. Haben Sie Nachsicht, wenn jetzt doch jemand nicht in der richtigen Reihenfolge dran kommt, wir werden das dann immer an der entsprechenden Stelle doch versuchen, daß jeder seine Anfragen hier vorbringen kann.
Jetzt zunächst Herr Stief mit seiner Anfrage, ja.

Stief (NDPD): Ich weiß nicht, ob ich sie wiederholen muß, Herr Minister Flegel hat sie sicherlich verstanden.

Lange (Moderator): Seien Sie so freundlich.

Stief (NDPD): Es geht mir darum, daß im Zusammenhang mit den Informationen zur Lage im Land durch Herrn Minister Grünheid es von Interesse wäre, zur aktuellen **Versorgungslage** im Land durch den Minister für Handel und Versorgung tiefergehende Informationen zu erhalten.

Lange (Moderator): Ich denke, das ist eine direkte Anfrage, die jetzt auch gleich beantwortet werden sollte, bevor die anderen dann ihre Fragen stellen.

Bitte schön, Herr [Manfred] Flegel.

Flegel (Minister für Handel und Versorgung): Danke schön für das Wort.

Meine Damen und Herren, aus den Darlegungen von Frau Luft und Herrn Grünheid ergeben sich die Anstrengungen, die die Regierung zur **Stabilisierung des Binnenmarktes** unternommen hat. Zahlenmäßig stellt sich das wie folgt dar: Nach den jetzt beschlossenen einkommenspolitischen Maßnahmen ergibt sich ein kaufkraftwirksamer **Lohnfondszuwachs** für das Jahr 1990 in Höhe von 6,9 Milliarden Mark. Dieser **Kaufkraftzuwachs** ist für dasselbe Jahr mit 4,3 Milliarden Mark abgedeckt, für das gesamte Jahr bisher mit 6,3 Milliarden Mark, so daß für das Gesamtjahr noch eine Differenz von etwas mehr als einer halben Milliarden Mark bleibt. Gehen wir von den jetzt bekannten Faktoren aus, ist damit und kann damit die **Stabilität des Binnenmarktes** weitgehend gesichert werden und damit die im vergangenen Jahr erstmals erreichte Reduktion des schnelleren Wachstums des Warenfonds gegenüber dem Kauffonds fortgesetzt werden. Allerdings muß ich hinzufügen, daß sich aus diesen Reduktionen ergibt, daß kein weiterer Spielraum für Lohn- und Gehaltserhöhungen vorhanden ist, wenn nicht die Stabilität des Binnenmarktes eingeschränkt werden soll. Diesen Anstrengungen der Regierung zur Stabilisierung des Binnenmarktes stehen eine Reihe negative Faktoren gegenüber, und ich halte es für erforderlich, darüber zu informieren.

Erstens werden die Anstrengungen der Regierung zur **Stabilisierung der Versorgung** der Bevölkerung eingeschränkt durch erheblich zunehmende **Abkäufe von Bürgern aus der BRD** bei einer Reihe von Erzeugnissen. In den Nahrungs- und Genußmittelsortimenten konzentrieren sich die jetzigen Abkäufe vor allem auf Frischfleisch, Fleisch- und Wurstkonserven, Fisch, ich brauche das nicht im einzelnen vorzutragen, Butter, Käse, Brötchen, Teigwaren, Zucker, Mehl, Gemüsekonserven und eine Reihe anderer Sortimente bis hin zu Wein, Sekt und Zigaretten. Ich muß hier feststellen, daß in grenznahen Kreisen bis zu 10 Prozent des Gesamtumsatzes an derartigen Sortimenten auf Käufer der BRD entfallen. Der Bezirk Schwerin rechnet ausgehend von den jetzigen Abkauftendenzen mit einem Mehrbedarf an Nahrungsmitteln von etwa 100 Millionen Mark.

Bei Bekleidungserzeugnissen, Schuhen und technischen Konsumgütern konzentriert sich die Nachfrage der BRD-Bürger in starkem Maße auf Straßenschuhe renommierter Markenfirmen mit gehobenem Preisniveau des Exquisithandels und der Gestattungsproduktion. Das führt in den Exquisitgeschäften differenziert zu höheren Abkäufen gegenüber dem Vorjahr um 30 Prozent und mehr. Weiterhin werden mit steigender Tendenz auch andere hochwertige Artikel gekauft, die eine günstige Preisrelation aufweisen, wie Foto- und optische Geräte, Glas, Porzellan und andere. In einzelnen Kreisen, insbesondere in Grenznähe, wurden im Januar bis zu 50 Prozent des Umsatzes an diesen Sortimenten durch BRD-Bürger realisiert.

Nach wie vor haben wir eine sehr starke **Frequentierung der Gaststätten durch Besuche der BRD und West-Berlins.** Das gilt naturgemäß vor allem für das Zentrum der Hauptstadt, für Bezirks- und Kreisstädte sowie grenznahe Ortschaften. Und ich darf hinzufügen, daß die Bürger der BRD durch ihre Presse animiert werden, Gaststätten in der DDR zu besuchen, weil sie dort besonders gut und billig essen können. Im Durchschnitt werden in den Gaststätten Umsatzsteigerungen von 30 bis 40 Prozent gegenüber dem Vorjahr realisiert. In vielen Einzelobjekten beträgt diese Steigerungsrate 100 Prozent und mehr. Im Bezirk Schwerin wird darüber informiert, daß auch Betriebsfeiern westdeutscher BRD-Firmen in den Territorien und in den Gaststätten der DDR bereits durchgeführt werden. Diese Entwicklung führt dazu, daß der Bedarf nach bestimmten Warenfonds im Vergleich zum Vorjahr spürbar steigt. Das betrifft besonders die Bereitstellung hochwertiger Fleischsorten, Spirituosen und anderer Erzeugnisse. Im Bezirk Frankfurt/Oder ist der Bedarf an diesen Fleischsorten in den Gaststätten zum Vorjahr um etwa 100 Prozent gestiegen.

Wenn wir von den jetzigen Abkauftendenzen ausgehen, muß ich einschätzen, daß ein **zusätzlicher Warenfonds** 1990 aufgrund des **visafreien Reiseverkehrs** von etwa 4 Milliarden Mark erforderlich ist. Gegenwärtig ist die Lage so, daß wir die Nachfrage bei Nahrungs- und Genußmitteln im wesentlichen abdecken können und auch bei nichtwesentlichem Ansteigen der Abkauftendenzen zukünftig abdecken können, aber ich befürchte, daß in den kommenden Monaten, insbesondere März, April, Mai, also mit den Ferienmonaten, diese Abkäufe sich weiter erhöhen.

Eine zweite negative Tendenz besteht darin, daß im Zusammenhang mit den Veränderungen der Preise für Kinderbekleidung und Kinderschuhe auch Tendenzen eines **höheren Abkaufs durch DDR-Bürger** eingetreten sind **bei Nahrungsmitteln, Genußmitteln,** also Butter, Fleisch, Wurstwaren, Mehl, Zucker, bis hin wiederum zu Wein, Sekt und Schwerwaschmitteln. Nach den vorliegenden Einschätzungen können wir diesen steigenden Bedarf gegenwärtig abdecken. Wir werden rechtzeitig Maßnahmen einleiten, um weiteren Abkäufen entgegenzuwirken.

Ein drittes sehr schwerwiegendes Problem liegt darin, daß aufgrund der Sorge der Bevölkerung vor einer **Abwertung der Mark** im Zusammenhang mit der Herstellung ihrer Konvertibilität nach wie vor **Abkäufe** anhalten in sehr starkem Maße bei **hochwertigen Industriewaren**, also bei Fernsehapparaten, bei Haushaltskühlschränken, Gefrierschränken, aber auch bei Bettwäsche und anderen Erzeugnissen dieser Art. Die Folge ist, daß gegenwärtig im Handel nur die hochwertigen Erzeugnisse, die ich hier genannt habe, der Unterhaltungselektronik und der Hauswirtschaft verkauft werden können so, wie sie von der Produktion eintreffen. Der Groß- und Einzelhandel verfügt zur Zeit über keine nennenswerten Bestände mehr. Zu den Maßnahmen, die wir eingeleitet haben, verweise ich auf die zusätzliche Bereitstellung von 3,1 Milliarden Mark, die Herr Grünheid bereits erwähnt hat. Sie beziehen sich sowohl auf langlebige Konsumgüter wie auf Textilien und Bekleidungserzeugnisse bis hin zu Nahrungsmitteln des Grundbedarfs, insbesondere des Diabetikerbedarfs, weil dort unsere eigene Produktion nicht ausreicht, um die Nachfrage, die ständig steigende Nachfrage zu decken. Die Zahl der Diabetiker in unserem Lande verdoppelt sich leider von Jahr zu Jahr.

Ein zweiter Weg, den wir sehen, besteht in der **Umprofilierung vorhandener Produktionen.** Das bezieht sich besonders auf die Frage der Unterhaltungselektronik, und wir haben noch freiwerdende Kapazitäten in den Sortimenten der Kinderbekleidung und der Kinderschuhe. Der Handel hat in Größenordnungen die bereits im Oktober abgeschlossenen Verträge in diesen Sortimenten gekündigt und kündigen müssen mit der Zielsetzung, der Produktion die Möglichkeit zu geben, die freiwerdenden Kapazitäten einzusetzen für die **Erhöhung der Qualität** dieser Erzeugnisse, die bekanntlich gegenwärtig nicht mit den erhöhten Preisen in Übereinstimmung steht und von der Bevölkerung kritisiert wird.

Eine dritte Möglichkeit, die ich sehe, besteht darin: Es gibt von einer Reihe von Firmen – der BRD insbesondere, aber auch anderen Ländern – das Angebot, recht kurzfristig gefragte Industriewaren aber auch Nahrungsmittel, wo wir nicht voll versorgen können, zur Verfügung zu stellen, und zwar zu einem Verkauf gegen Mark der DDR in der DDR, wobei die Erlöse dieser Firmen, soweit es sich um Jointventures handelt, ihre Gewinnanteile bereit sind, nach den bisher geführten Verhandlungen auf Konten zu legen, entweder auf normale Girokonten oder auf Konten mit einer längeren Sperrfrist und dementsprechender höherer Verzinsung. Die Verwertung dieser Konten wäre möglich, falls die entsprechenden Beschlüsse durch den Ministerrat oder das Wirtschaftskabinett gefaßt werden, indem aus diesen Konten natürlich die laufenden Kosten gedeckt werden, daß aus diesen Konten erworben werden können **Kommunalobligationen, Aktien.** Nicht erworben werden sollte meinem Vorschlag nach Grundbesitz, weil die Preise des Grundbesitzes in der DDR in keinem Verhältnis stehen zu dem, was international üblich ist.

Lange (Moderator): Herr Minister, entschuldigen Sie bitte, wenn ich Sie unterbreche, ich komme ein wenig in Sorge im Blick auf die lange Rednerliste. Die Frage war im Blick auf Versorgung. Könnten Sie noch einige Schwerpunkte benennen in aller Kürze, damit wir dann doch die anderen Rückfragen aus der Runde hier zur Kenntnis nehmen.

Vielen Dank für Ihr Verständnis.

Flegel (Minister für Handel und Versorgung): Mit drei Sätzen. Ich wollte doch nur vermeiden, daß ich wegen unzulänglicher Darlegung kritisiert werde.

Ein drittes Problem bezieht sich [auf] die Bereitstellung der Sortimente der „tausend kleinen Dinge", wo wir im hohen Maße setzen auf die ERP-Kredite, um die erforderliche **Ausrüstung für Klein- und Mittelbetriebe** beschaffen zu können. Und ich muß sagen, es wird notwendig sein, in diesen Bereichen bestimmte Preismaßnahmen durchzuführen, um die Produktion zu stimulieren.

Letzte Bemerkung: In all dem sind in breitem Umfange eingeschlossen die **Förderung des privaten Unternehmertums** sowohl im Handwerk wie in der Industrie wie aber auch im Handel. Danke schön.

Lange (Moderator): Wir bedanken uns, Herr Minister, für diese Informationen.

Ich rufe jetzt auf Herrn Engel, CDU.

Engel (CDU): Ja, ich möchte zunächst erst einmal sagen, daß wir die **Vorlage 11/24**[10] **[Erklärung CDU: Sofortmaßnahmen zur Sicherung des sozialen Status der Werktätigen]** zurückziehen mit der Maßgabe, daß die in die Arbeitsgruppe „Wirtschaft" überwiesen werden sollte, dort behandelt und dann hier insgesamt eingebracht werden kann. Ich möchte aber, da es mich doch drängt, gerade dazu

---

[10] Dokument 11/7, Anlagenband.

etwas zu sagen, und hier schließe ich an Herrn Minister Flegel eigentlich in gewisser Weise an, doch einige Probleme einmal dabei herausgreifen und erwarte darauf auch eine Antwort.

Zunächst erst einmal haben wir ja in der DDR seit einiger Zeit nun, kann man schon sagen, **Gewerbefreiheit,** die aber sich an der Basis nicht durchsetzt. Der Schwerpunkt dieser Hemmnisse liegt in der **unzureichenden Gewerbesituation im Lande.** Vor den örtlichen Räten stehen Leute, die Gewerbe eröffnen möchten, Schlange, insbesondere hier in Berlin, aber auch in anderen Großstädten. Und die örtlichen Räte können ihnen nicht helfen, können das Gewerbe zwar erteilen, aber nicht sagen, wo sie unterkommen. Wir sollten schnellstens Überlegungen ansetzen, wie man auch durch bauliche Maßnahmen diese Gewerbe- und Produktionsräumlichkeiten schaffen kann, um damit eine bessere Versorgung der Bevölkerung zu gewährleisten.

Wir denken zweitens auch an die Frage der **Handelsspannenproblematik,** die hier noch nicht geklärt ist, von der hier auch noch nicht gesprochen wurde, die im Zusammenhang mit einer Preisreform zu klären und zu lösen ist. Damit wird praktisch auch eine **Erweiterung des Mittelstandes,** insbesondere des kaufmännischen Mittelstandes, möglich.

Drittens: Nachdem die Frage der deutschen Vereinigung eigentlich doch in einem ziemlich breiten gesellschaftlichen Konsens schon diskutiert wird, ich will es vorsichtig sagen, sollte man die Verordnung über die **Kapitalbeteiligung** hinsichtlich der **49 Prozent Sperrminorität** doch noch einmal überlegen, weil wir es als ein wesentliches Hemmnis sehen, um hier Kapitalimport zustandekommen zu lassen und damit auch Arbeitsplätze zu schaffen.

Und viertens möchte ich auch noch einmal zu den bodenrechtlichen – da gibt es auch andere Vorlagen dazu – zu den **bodenrechtlichen Regelungen** eine Frage stellen. Welche Vorstellungen gibt es dazu, die ja auch die Verfassung der DDR tangieren, um dort die Sicherung des Eigentums an Grund und Boden für Bürger der DDR zu gewährleisten, andererseits aber eben auch die Verpachtung oder die anderweitige Nutzung von Boden für ausländische Kapitalträger möglich zu machen? Danke schön.

Lange (Moderator): Vielen Dank, Herr Engel. Ich würde Ihnen vorschlagen, daß wir jeweils drei [Teilnehmer] zu Wort kommen lassen und dann darauf reagiert wird. Ich denke, es ist notwendig, damit wir die Übersicht bewahren.

So rufe ich jetzt auf Herrn Brandenburg, Neues Forum; und anschließend Frau Röth, Unabhängiger Frauenverband.

Brandenburg (NF): Frau Ministerin, ich kann mich noch gut erinnern, wie Sie im Januar sagten, daß der **Abkauf,** der in der Weihnachtszeit oder in der Nachweihnachtszeit einsetzte, nicht Ihre Erwartungen erfüllt hat und Sie ganz befriedigt waren. Ich unterdrücke jetzt die Frage, ob Sie nun immer noch den gleichen Satz sagen wollen, damit Sie nicht in die Gefahr geraten, wieder 60 Anfragen hier beantworten zu müssen.

Ich möchte mich vielmehr auf einen Punkt konzentrieren, der den subjektiven Faktor der Wirtschaftsreform beinhaltet. Wir haben ja, ich gehöre mit zur Arbeitsgruppe „Wirtschaft", wir haben die bisherigen Papiere als positiv eingeschätzt, aber ich habe den Eindruck gewonnen, daß die Subjekte, die die Wirtschaftsreform tragen sollen, sich weitgehend beschränken auf private Unternehmer, das fördern wir ja, auf ausländisches Kapital, dazu gibt es ja nun seit langem eine heftige Debatte, und auf Generaldirektoren, die zum Beispiel ja durch das Ermächtigungsgesetz im Dezember in Zusammenarbeit mit Ministern und Ratsvorsitzenden ziemlich unbeschränkt schalten und walten können. Ich vermisse **Arbeiter** und **Angestellte als Subjekte der Produktion**. Ich habe den Eindruck, sie tauchen hier eigentlich nur als Objekte auf, ich will es gleich doppelt belegen. Ich habe das vorhin so verstanden, daß Sie durchaus meinen, daß allein mit Fremdkapital der DDR nicht auf die Füße [zu] helfen ist.

Ich bin also auch Ihrer Meinung, daß wir in der Tat die **Mobilisierung unserer eigenen Kräfte** brauchen. Das geht wahrscheinlich unter anderem nur damit, daß man den Millionen von Werktätigen diese Motive gibt, die Bildung von Motiven ermöglicht. Sie haben einen einzigen Punkt, die Kapitalbeteiligung oder Gewinnbeteiligung, benannt. Ich glaube, das ist ein großer, ein umfassender Komplex, der die Werktätigen in die Lage setzt, ganz unterschiedlich, ganz differenziert an der Produktion teilzunehmen, mitzubestimmen. Da kritisiere ich und mahne an, daß gegenüber diesem Ermächtigungsgesetz, die Generaldirektoren betreffend, die **Mitbestimmung der Werktätigen** durch Betriebsräte, durch die Gewerkschaften und durch die Kontrollräte oder Aufsichtsräte nicht gefördert werden. Ich höre immer noch, wie Sie sagten, daß Sie persönlich das für gut erachten, wenn Betriebsräte entstehen. Aber wir erleben immer wieder – jede Woche haben wir solche Anfragen aus den Betrieben – [daß] solche Bildungen abgeschmettert werden, weil die Generaldirektoren sagen, es gibt keine gesetzliche Grundlage dafür. Es ist also ungesetzlich, was ihr hier wollt. Das können wir nicht akzeptieren.

Wir glauben, daß es auch eine Reihe von Betrieben gibt, wo die Kollektive noch nicht aufgegeben haben, wo sie noch nicht einfach nur nach dem Westen schielen – auch dazu werden wir nachher noch eine Anfrage einbringen müssen – sondern wo sie bereit sind, noch einmal die Ärmel hochzukrempeln und zu arbeiten. Allerdings nicht, indem sie Objekte werden für Generaldirektoren oder Fremdkapital, sondern indem sie selbst mitbestimmen oder selbst verantwortlich sind. Ich meine, daß es eine **Anzahl von Betrieben** gibt, wo wirklich eine **Kollektivierung** stattfinden könnte. Man müßte halt überlegen, ob man Betriebe, die scheinbar so heruntergewirtschaftet sind, daß eine Weiterführung in der altgewohnten Weise nicht mehr möglich ist, daß dann den Betriebskollektiven die Möglichkeit geboten wird, dieses Unternehmen in **Selbstverwaltung** zu überführen. Dies wird sicher nur eine Minderheit sein. Der große Teil sind die Werktätigen, die in den bisher volkseigenen genannten Betrieben arbeiten. Es wäre zu überlegen, durch welche **Maßnahmen die Werktätigen** in diesen Unternehmen wirklich **zu Miteigentümern** werden. Dazu müßte man also die Fragen der Gewinnbeteiligung, der Kapitalbeteiligung, da gibt es ja unterschiedliche Konzepte, ich spare mir das jetzt, diskutieren.

Die zweite Frage ist, was den **Objektcharakter der Werktätigen** anbetrifft, daß überall da, wo sozusagen um Schutz debattiert wird, und die vorliegenden Anträge zeigen ja, daß die Arbeitsgruppe „Wirtschaft" sehr recht getan [hat], daß sie angemahnt hat ein komplexes Programm, das sofort wirksam wird, daß dieser Schutz als ein im nachhinein wirkendes Programm verstanden wird. Wir glauben aber, daß, bevor man sich mit Arbeitslosen beschäftigt, was ja unabdingbar notwendig ist, auch heute, daß man aber dennoch zugleich und zuerst die Prioritäten setzt bei der **Arbeitplatzsicherung** und bei der **Arbeitsplatzbeschaffung**. Ich könnte mir verschiedene Maßnahmen vorstellen, wie Arbeitsplatzsicherung [zu leisten] ist. Wir verstehen das gewiß nicht so, daß jetzt also alles zementiert wird und die freizusetzenden Arbeitskräfte nun doch nicht freigesetzt werden. Ich kann aber nicht akzeptieren, daß, wenn etwa also Fremdkapital in Betriebe geht, daß dort gesagt wird, von den 2 500 Beschäftigten im Berliner Bremsenwerk können nur 500 weiterbeschäftigt werden, die anderen müssen auf die Straße. Dieselben Ängste höre ich aus dem ERW [???], aus dem KWO [???] und [anderen Betrieben]. Es kann also nicht so sein, daß zum Beispiel durch das Fremdkapital, das hier hereingeboten wird, wir zu einem Kollaps geführt werden, zu einem Sozialkonflikt, den wir nicht mehr beherrschen können.

Ich glaube, das trifft auch, was die Arbeitsplatzsicherung anbelangt, einen sehr großen Teil der Bevölkerung, der hier nicht sehr oft zur Sprache kam, nämlich die **Bauern**. Die Experten sagen uns, daß ein Großteil der Bauern latent beschäftigungslos ist, wenn wir den Maßstab der internationalen Arbeitsteilung anlegen, wenn wir den Maßstab des EG-Agrarmarktes anlegen, der selbst ja schon ein geschützter Markt ist. Wir hören mit Überraschung und Erschrecken, daß also vielleicht sogar die **Hälfte der Bauern beschäftigungslos wird**. Ich könnte mir vorstellen, daß Genossenschaften, die nicht sehr günstig wirtschaften, daß die bereit sind, den Boden, der immer noch in der privaten Verfügung der Bauern ist, daß dieser Boden vielleicht an lukrative Geldgeber verkauft wird. Wie steht die Regierung dazu? Kann das ein Weg sein, um die Landwirtschaft zu sanieren?

Ich habe auch Probleme, wenn ich lese, daß zum Beispiel 420 Unternehmen stillgelegt werden müssen, weil sie extreme **Belastungen unserer Umwelt** sind. Wir sind, wie unsere grünen Freunde, ja der Meinung, daß wir für unsere Umwelt viel tun müssen. Ich frage aber, in welcher Weise kann das geschehen, ohne einen Sozialkonflikt in dieser Dimension heraufzubeschwören? Die Arbeitsplatzbeschaffung muß sicher mit der Bildung von Betrieben, mit der Kollektivierung von bestehenden Zusammenhängen [einhergehen], und ich möchte den Gedanken der **Arbeitsplatzräume** aufgreifen, der vorhin hier schon eine Rolle spielte, wenn man dort Freiräume schaffen würde, gesetzliche Freiräume, bräuchte ich wahrscheinlich gar nicht sehr viel Baukapazitäten, sondern ich könnte mit den Bedingungen, die wir hier im Lande haben, schon zu wirtschaften beginnen, und zwar heute. Wir erleben das aber, daß auf den entsprechenden Ämtern in den Räten da einfach gemauert wird, daß man verweist auf den Zeitpunkt nach der Wahl, dann könne alles stattfinden. Ich halte das für Unfug. Wir brauchen diese Bedingungen heute, eigentlich schon gestern.

Schließlich, zu den **Arbeitslosen:** Ich finde die Liste ganz interessant, die Sie für die vielen **Hoch- und Fachschulkader** angegeben haben. Ich wünsche mir, daß ein Teil davon in der Tat diese Umschulung vornehmen kann. Ich frage mich, ob das also diese, die Vorlage spricht von 80 000 Arbeitskräften, die aus der Verwaltung freigesetzt werden können, ob wir 80 000 Bankangestellte, Unternehmensberater etc. brauchen. Müßten wir uns nicht auch klar werden, daß eine **Dequalifikation** stattfindet? In welcher Weise? Wer trägt die Kosten dafür, daß 40 Jahre lang eine falsche Politik gemacht wurde, Leute ausgebildet werden? Das geht heute noch weiter, wenn der numerus clausus abgeschafft wird. Ich höre das von der Humboldt-Universität, daß also da geöffnet wird, ohne daß man den Leuten die Sicherheit des Arbeitsplatzes, und dafür haben sich ja, glaube ich, fast alle ausgesprochen, gewährleisten kann.

Wir sind der Meinung, daß eine **Arbeitslosenpflichtversicherung** geschaffen werden muß, um eine Sicherstellung, daß die Betriebe, da gibt es ja in den Vorlagen, habe ich gelesen, auch schon – –

Ich möchte das beschränken auf die Frage, daß ja vorhin gesagt wurde, daß der **Staatshaushalt** eigentlich überlastet ist, daß er defizitär ist, daß die Einnahmen wahrscheinlich sinken werden, daß man damit rechnen muß. Ich weiß nicht, durch welchen Zaubertrick wir zu mehr Finanzen kommen werden, um diese auf uns zukommenden Belastungen tragen zu wollen. Insofern verstehe ich zum Beispiel überhaupt nicht, warum sich die NVA zurückzieht aus Tätigkeiten, die volkswirtschaftlich nützlich sind. Wenn Rückzug, dann meinte ich, könnte man vielleicht ganz zurückziehen, damit die Kosten, die für die Rüstung entstanden sind bisher, gestrichen werden können. Ich weiß, daß die Konversion der Rüstungsindustrie selbst kostenintensiv ist, aber ich denke, da kann man differenzierter herangehen. Aber der große **Sektor der Rüstung** angesichts auch der weltpolitischen Lage wäre vielleicht ein **Sparfaktor**.

Letzter Satz: Ich unterdrücke weitere Anfragen, damit die anderen Damen und Herren auch zum Rederecht kommen. Ich habe aus EG-Ländern, aus kleineren EG-Ländern, die Warnung gehört, daß das Weitertreiben des **Verkaufs von DDR-Waren zu Dumpingpreisen** dort sehr heftig kritisiert wird, und wenn wir 1992 auf den EG-Markt als gemeinsames, als assoziiertes Glied treten wollen, dann wird das wahrscheinlich nicht akzeptiert werden. Ich kann mir also nicht vorstellen, wie man die Devisenlage verbessern will, wenn man den Export ankurbelt, wenn man in dieser Weise weitermacht. Aber ich schenke mir dazu die Aussage.

Ich schenke mir auch die Aussage zu der Frage **Zeitplan der Industriepreisreform**. Wir hören jetzt hier beim Minister, daß also einige Sachen einfach aufgeschoben werden, was den Subventionsabbau anbetrifft, auf den Zeitpunkt nach der Wahl. Das ist mir fragwürdig, wie das zu begründen ist. Danke.

Lange (Moderator): Frau Röth, Unabhängiger Frauenverband.

Frau Röth (UFV): Ja, ich will mich etwas kürzer fassen.

Erste Anfrage: Welche Ergebnisse sind in dem Gespräch zwischen den Vertretern Minister Blüm und der Ministerin Mensch herausgekommen? Stimmt es, was über westliche Sender gegangen ist, daß **DDR-Arbeitskräfte** sich auf dem **westlichen Arbeitsmarkt** bewerben können? Ich möchte nur darauf hinweisen, daß das ungeheure soziale Auswirkungen haben wird, zu sozialem Unfrieden in unserem Lande kommen wird, wenn sozusagen eine zweite Schattenwährung existent wird.

Zweite Anfrage: Die Regierung spricht davon, **Arbeitsbeschaffungsprogramme** zu erarbeiten. Auf welche Bereiche wird sich das konzentrieren? Ich meine damit nicht betriebliche Reproduktionsbereiche, sondern welche konkreten Volkswirtschaftsbereiche wird das betreffen? Das setzt natürlich eine staatliche **Strukturpolitik** voraus. Welche Konzepte hat die Regierung diesbezüglich?

Andererseits möchte ich zu bedenken geben, daß auch laut Joint-ventures-Verordnung die gemischten Unternehmen wie auch **privatisierte Betriebe** in der Lage sind, **eigenes Management mitzubringen**, das heißt also, ihre ganze Leitung durch Arbeitskräfte aus der BRD zu stellen. Und das trifft nicht nur auf das Management zu, sondern das trifft natürlich auf ingenieurtechnisches Personal, auf Stammbelegschaften zu, die die hohen neuen Technologien warten können. Arbeitskräfte in der Bundesrepublik gibt es genug, so daß eigentlich letztendlich für die Arbeitskräfte in der DDR nur an- und ungelernte Tätigkeiten übrig bleiben.

Und die letzte Anfrage: Uns war bekannt, daß die **Lohnerhöhungen** sich nur im Rahmen von 3,6 Milliarden Mark bewegen sollten. Jetzt wurde davon gesprochen, es auf 4,7 Milliarden Mark zu erhöhen. Sie erwähnten zugleich, daß die Kaufkraft also abgedeckt ist. Andererseits haben wir in den Eingangsbemerkungen von Herrn Minister Grünheid gehört, daß die Produktivität in unserem Lande zurückgegangen ist. Das heißt also auch, daß weniger Produkte auf den Binnenmarkt kommen werden, also für uns ergibt sich da eine Diskrepanz. Und treibt man letztendlich damit nicht die **Inflation** in unserem Lande voran?

Und andererseits möchten wir als Unabhängiger Frauenverband den Antrag einbringen, daß in den anvisierten Wirtschafts-, Währungs- und Verkehrsunionen zwischen der DDR und der BRD auch eine **Sozialcharta** erarbeitet wird, [in] die wesentliche soziale Standards, die in unserem Lande bisher existieren, festgeschrieben werden.

Wir nehmen begrüßenswerterweise die Erläuterungen von Frau Ministerin Luft entgegen, daß sie persönlich eine andere Auffassung zur **Währungsunion** hat. Wir sind aber der Meinung, daß, wenn die Gespräche zwischen Kohl und Modrow am 13./14. [Februar 1990] laufen werden, natürlich auch über diese Union gesprochen wird und daß es dabei unabdingbar ist, sich über andere Fragen zu unterhalten, die insbesondere also soziale Bedingungen in unserem Lande betreffen werden, die sozusagen, was immer als **soziale Errungenschaften**, und die sind natürlich auch wirkliche Errungenschaften, mit in diese Union hineingebracht werden, und daß wir im Grunde genommen, Sie zeigten das vorhin selber auf, wenn es zu dieser Währungsunion kommt, natürlich etliche Verluste diesbezüglich in Kauf nehmen müßten. Und wir denken, daß das auch Gegenstand der Verhandlungen zwischen den beiden Regierungen sein müßte.

Jetzt ist die Frage, ob wir den **Antrag [11/11 UFV: Erarbeitung einer Sozialcharta**[11]**]** noch einmal vorlesen und dann zur Abstimmung bringen?

Lange (Moderator): Es ist zunächst die Frage, ob Sie ihn hier behandelt haben möchten, oder ob er in die Arbeitsgruppe verwiesen werden kann.

Frau Röth (UFV): Also, ich denke, daß wir über diesen **Antrag [11/11]** am Runden Tisch abstimmen sollten. Die Stellungnahme nehmen wir mit in die – –

Lange (Moderator): Dann wäre das dann, wenn wir zu den Anträgen kommen, ja. Sie melden sich dann bitte zu Wort. Drei [Teilnehmer] haben ihre Anfragen und Anregungen weitergegeben. Wir stellen fest, es ist schon eine Fülle von Fragen, die gestellt werden.

Ich denke, Frau Minister Luft, wir dürfen Sie bitten, auch mit den weiteren anwesenden Vertretern der Regierung jetzt zu entscheiden, wer auf welche Anfrage Auskunft gibt.

---

[11] Dokument 11/20, Anlagenband.

TOP 8: Wirtschaft: Erste Runde der Beantwortung der Fragen durch Regierungsvertreter

Frau Luft (Ministerin für Wirtschaft): Mein Vorschlag ist, daß ich selbst etwas sage zu dieser Frage **Subjektposition der Werktätigen,** daß Herr Dr. Halm zu allen Fragen spricht, die die Gewerbefreiheit betreffen. Wir haben den Professor Schmidt hier, der wird sich äußern zu der wichtigen Problematik: Werden Bauern beschäftigungslos, wenn EG-Marktbedingungen auf uns zukommen? Also zu allem, was die hier angesprochenen Fragen angeht, die die Bauern betreffen. Und zu vermögensrechtlichen Problemen wird Herr Professor Supranowik sich bitte äußern. Ich fange gleich einmal an. Ich bin aber sicher, daß die vom Kollegen Brandenburg angesprochenen Fragen, die Subjektposition der Werktätigen betreffend, da kommt sicher im Laufe der Diskussion noch mehr. Und ich darf mich daher jetzt relativ kurz fassen.

Ich habe, wenn ich mich zur Wirtschaftsreform geäußert habe, eigentlich als ersten Satz immer gesagt, und dazu stehe ich und darauf lasse ich mich auch festnageln, die Wirtschaftsreform ist kein Selbstzweck, sondern die Wirtschaftsreform muß gemacht werden so, daß wir eine international wettbewerbsfähige Wirtschaft entwickeln mit dem Ziel, die tatsächlichen sozialen und ökologischen Bedürfnisse unserer Menschen immer besser zu befriedigen. Dazu brauchen wir Raum für Eigeninitiative, dazu brauchen wir Eigentümerbewußtsein bei den Werktätigen in Betrieben aller Eigentumsformen, von den volkseigenen bis zu den privaten und auch bis zu denen, die ausländisches Eigentum mit enthalten. Wege, um solche Eigeninitiative, um Eigentümerbewußtsein zu entwickeln – und das ist für mich eigentlich die Ausprägung der **Subjektposition der Werktätigen** – sehe ich in der, ja, wir sagen immer konsequenten, und dazu muß man sich auch noch weiter äußern, was das denn eigentlich heißt, in der konsequenten **Durchsetzung des Leistungsprinzips** in den Betrieben aller Eigentumsformen. Ich sehe einen Weg dazu in der **Veränderung des Arbeitsgesetzbuches,** die ja ansteht und die vor allen Dingen den Leitern in den Betrieben und auch den Kollektiven eine Handhabe geben soll, sich von Menschen zu trennen, die, na ja, die es nicht so ernst nehmen mit der Leistung und mit der Verausgabung der eigenen Kraft, um den Lohn zu erarbeiten. Ich sehe eine solche Möglichkeit auch in der Bindung der Werktätigen an ihren Betrieb und dessen Leistung über das, was wir **Belegschaftsaktien** nennen oder **Gewinnbeteiligungen.** Ich sehe einen solchen Weg ganz wesentlich in der Schaffung der **Gewerbefreiheit,** von der hier schon die Rede war. Dort muß sich Unternehmertum auch entfalten können, wie natürlich in volkseigenen Betrieben auch. Und ich sehe in der Bereitschaft der Werktätigen zur ständigen **Mobilität,** zur ständigen Umschulung, zur Übernahme anderer Tätigkeiten auch einen Weg, um sie nicht zu einem Objekt werden zu lassen.

Wir haben leider in unserer Gesellschaft noch kein Klima dafür geschaffen, daß in einer hochentwickelten Industriegesellschaft **Strukturwandel** etwas Normales ist. Strukturwandel bei uns ist immer noch etwas Anormales, etwas Außergewöhnliches, und daher werden die **Werktätigen,** wenn sie kurzfristig mit Strukturwandel konfrontiert sind, dann leicht auch **zum Objekt.** Aber wir brauchen diese bewußte Einstellung der Menschen und wir brauchen staatliche und betriebliche Aktivitäten, um die Mobilität zu beherrschen und mit der Mobilität sich auch freiwillig zu identifizieren. Und wenn ich sage, wir brauchen dazu staatliche und betriebliche Aktivitäten, ist es genau das, was ich vorhin versuchte, darzulegen, Arbeitsplatzbeschaffungsprogramme, Umschulungsprogramme, Finanzierungsprogramme. Das scheint mir wichtig, um zu vermeiden, zu verhindern, daß Menschen zu Objekten von Strukturwandel werden, sondern daß sie in der Subjektposition bleiben können.

Was die **Arbeitsplatzbeschaffung** anbetrifft, so habe ich hier nur – weil es im Moment das drängende Problem ist in unserem Lande und im besonderen in Berlin, wo sich diese Fälle konzentrieren – ich habe mich beschränkt auf **Hoch- und Fachschulkader.** Und darum habe ich Berufe, berufliche Tätigkeiten genannt, die hierfür ganz gezielt entwickelt werden oder ausgebaut werden müssen. Aber selbstverständlich brauchen wir solche Arbeitsplatzbeschaffungsprogramme, um im Dienstleistungswesen, im Gesundheitswesen, im Bauwesen, in vielen anderen [Bereichen], in der örtlichen Versorgungswirtschaft, ganz gezielt Arbeitsplätze zu schaffen. Ich persönlich bin dafür, jeden Betrieb, der Menschen freisetzt infolge von Strukturwandel, zu verpflichten, Arbeitsplätze neu zu schaffen. Das kann im eigenen Betrieb sein, das kann aber auch im Territorium der Fall sein. Dazu muß die Regierung auch noch entsprechende Instrumentalien verabschieden, für diese Verpflichtung von Betrieben.

Ich möchte mit zwei Bemerkungen zu diesem Komplex abschließen. Ich glaube, wir müssen auch vermeiden, daß nach **ausländischen Arbeitskräften** weiter gerufen wird, wir müssen unsere Menschen unterbringen, was nicht heißt, daß nicht ausländische Spezialisten in Spezialwerken, im Bauwesen und auf vielen anderen Gebieten auch künftig durch uns willkommen sein werden, weil es ja auch hier internationale Arbeitsteilungen gibt, sich Spezialberufe herausbilden, die müssen wir nicht alle in unserem Lande neu entwickeln, aber für Tätigkeiten in, sagen wir einmal, in der Textilindustrie oder in vielen anderen Bereichen, werden wir, glaube ich, zuallererst unsere Menschen unterbringen, ohne daß ich damit gesagt habe, die Menschen, die jetzt auf vertraglicher Grundlage bei uns tätig sind aus dem Ausland, die werden ihre Tätigkeiten auch ordentlich zu Ende führen.

Daß ein **Joint-ventures,** wenn die **Sperrminorität** aufgehoben wird, zu mehr Arbeitsplätzen, daß die Aufhebung dieser Sperrminorität zu mehr Arbeitsplätzen automatisch führt, da habe ich meine Zweifel. Ich denke, das sollte man im Zusammenhang mit der Arbeitsplatzdiskussion nicht so eng sehen, die Sperrminorität, da ginge es mir eher um andere Probleme.

So, vielleicht macht Dr. Halm erst einmal weiter?

Halm (Minister für Leichtindustrie): Ja. Zu [den] Fragen **Handwerk und Gewerbe** möchte ich doch noch einige Ergänzungen machen zu den Ausführungen von Frau Luft. Wir sind ja informiert worden darüber, daß gegenwärtig gearbeitet wird an der **Ausarbeitung eines Rahmengesetzes** für Handwerk und handwerkähnliche Gewerbe sowie eines Rahmengesetzes für Gewerbe auf der Grundlage der Erklärungen der Regierung vom 25. Januar [1990] hinsichtlich der Gewährleistung voller **Gewerbefreiheit.** In dieser Arbeitsgruppe zur Ausarbeitung dieser entsprechenden Regelung der Gesetzesentwürfe arbeiten Vertreter aus Handwerk sowie Industrie- und Handelskammern, mit von Unternehmerverbänden, die sich gebildet haben, aus produktionsgenossenschaftlichem Handwerk und Handwerksbetrieben sowie Vertreter vom Volkskammerausschuß für Industrie-, Bauwesen und Verkehr. Und wir haben auch gebeten, daß Vertreter der Wirtschaftskommission des Runden Tisches mitarbeiten. Sie haben auch ihre Mitarbeit zugesagt, wenn die entsprechenden Unterlagen vorliegen, wo sie dann mit Einfluß nehmen können. Diese Regelungen werden die rechtlichen Grundlagen für eine umfassende Gewerbefreiheit regeln und das erforderliche Verfahren festlegen, wie das also zu machen ist. Es werden Prämissen geregelt für die zu schaffenden eigenständigen Handwerksorganisationen.

Im Gesetz verankert werden rechtliche Garantien für die **Chancengleichheit** von privaten, genossenschaftlichen, Handwerks- sowie Gewerbetreibenden und für deren volle Eigenständigkeit bei der Einführung der künftigen Marktwirtschaft, wobei wir davon ausgehen, daß das Ziel ist, Hemmnisse für die Leistungsentwicklung in Handwerk und Gewerbe zu beseitigen und leistungsfähige mittelständische Betriebe zu schaffen. Parallel dazu muß natürlich ein entsprechendes **Steueränderungsgesetz** erarbeitet werden, was ebenfalls in Arbeit ist und was parallel dazu mit vorgelegt wird. Ziel ist, daß noch in diesem Monat das zur Diskussion vorgestellt wird, und Kollegin Luft hat ja dargelegt, daß wir das noch in die Volkskammer einbringen möchten. Natürlich ist die Frage, die von Ihnen gestellt worden ist, vollauf berechtigt, und wir haben das ja ganz konkret, daß ja Tausende von Anträgen bereits vorliegen. Wir haben ja schon im Dezember bestimmte Möglichkeiten geschaffen, um Bildung von Privatbetrieben auf halbstaatlicher Grundlage – wir haben die Zehn-Personen-Grenze geöffnet beim Handwerk.

Damit sind auch die Möglichkeiten gegeben, hier Erweiterungen durchzuführen. Aber es kommt natürlich jetzt bei den örtlichen Räten, die ja die Gewerbegenehmigungen zur Zeit noch erteilen, die Problematik sehr stark hoch, woher bekommen wir **Gewerberaum**? Und die zweite Frage, woher bekommen wir das Material für die Durchführung des Gewerbes?

Hier haben wir folgendes Konzept, was wir anbieten, und wo wir natürlich auch bitten um die aktive Mitarbeit, weil wir natürlich nicht von heute auf morgen neue Gewerberäume aus dem Boden stampfen können und natürlich auch nicht von heute auf morgen Material bereitstellen, was im Rahmen der Volkswirtschaft nicht zusätzlich da ist. Aber wir haben folgendes Konzept: Wir gehen davon aus, daß im Zusammenhang mit der Wirtschafts- und Verwaltungsreform bisher aus früheren Zeiten **fremdgenutzte Büroräume**, frühere Gewerberäume, Läden, die bereits schon einmal als Gewerberaum genutzt worden sind etc., daß sie untersucht werden, inwieweit kann man sie freisetzen, um für bestimmte Handwerks- und Gewerbebetriebe hier also Räumlichkeiten zu schaffen. Das ist eine Aufgabe, die mit den örtlichen Räten hier unbedingt durchgeführt werden muß. Wir haben dazu auch bereits Aufträge ausgelöst über die vorsitzenden Räte der Bezirke und wir haben auch festgelegt, daß in den örtlichen Territorialorganen entsprechende Informationszentren aufgebaut werden, damit also auch die Bürger, die sich dazu entschließen, ein entsprechendes Gewerbe oder Handwerk neu aufzunehmen, beraten werden können.

Wir sind auch der Auffassung, daß im Zusammenhang mit dem, was Kollege Grünheid dargelegt hat, daß ja die Leistung in den Betrieben 1990 im ersten Quartal niedriger liegt als im vierten Quartal des Jahres 1989 – jedenfalls in meinem Bereich ist das so – daß natürlich dort auch ein bestimmtes **Material** ja dort nicht verbraucht wird, wenn also nicht die gleiche Leistung kommt, kann auch nicht das gleiche Material verbraucht werden. Und wir gehen davon aus, daß also auch hier Leistungen in Anspruch genommen werden können von Handwerk und Gewerbe, um dieses Material einzusetzen, um zusätzliche Leistung für die Bevölkerung, für den Bereich der **Konsumtion** einzusetzen. Ich bin der Auffassung, daß hier echte Wege gegeben sind und daß dieses Konzept natürlich weiter ausgebaut werden kann und muß, und [ich] bin für jeden Vorschlag, für jeden Hinweis da gerne aufnahmefähig, weil wir hier wirklich auch noch nach weiteren Wegen suchen müssen.

Danke.

Lange (Moderator): Vielen Dank. Das war Dr. Halm, Minister für Leichtindustrie.

Es war noch angekündigt Professor Dr. Supranowik. Er ist Leiter des Amtes für den Rechtsschutz. Dürfen wir Sie bitten, an das Mikrofon zu gehen?

Danke.

Supranowik (Leiter des Amtes für Rechtsschutz des Vermögens der DDR): Meine sehr verehrten Damen und Herren, die **Rechtsentwicklung** im Rahmen der Maßnahmen zur Stabilisierung der Wirtschaft und der Durchführung der Wirtschaftsreform ist in vieler Hinsicht mit Fragen des Eigentums und darunter auch mit **Eigentumsrechten an Gebäuden und Grund und Boden** verbunden. Ich möchte hier sagen, hier gilt heute – ein Jurist kann diese Frage nicht anders beantworten – die Verfassung der DDR und alle anderen bodenrechtlichen Gesetze und Verordnungen, die gegenwärtig die Nutzung und die Verfügung über Grund und Boden in der DDR regeln. Sie sind geltendes Recht und sind auch entsprechend verbindlich. Selbstverständlich entstehen nunmehr im Rahmen der Wirtschaftsreform, der Zulassung von Auslandskapital in der DDR und im Zusammenhang mit vielen anderen Fragen bodenrechtliche Fragen in neuer Sicht, und ich möchte sagen, sie müssen mit größter Sorgfalt im Sinne der Prinzipien der Wirtschaftsreform wirklich erarbeitet, kollektiv gemeinsam erarbeitet und geregelt werden. Hier verbieten sich nach meinem Dafürhalten schnelle Vorgriffe auf die Substanz der künftigen Regeln.

Zur Zeit wurde beziehungsweise wird vor allem an folgenden Projekten der Gesetzgebung gearbeitet, die unmittelbar mit diesem oder jenem Umfange mit bodenrechtlichen Problemen verbunden sind. Das war zum ersten die Verordnung über die Gründung und Tätigkeit von Unternehmen mit ausländischer Beteiligung, die hier schon des öfteren erwähnte **Joint-ventures-Verordnung**, in der, meine Damen und Herren, in einer sehr konstruktiven Weise von seiten der Arbeitsgruppe „Wirtschaft" des Runden Tisches der Gedanke eingebracht wurde, Boden in allen Fällen nur als Nutzungsrecht in diese Joint-ventures einzubringen und nicht als Eigentum. Sie wissen, daß diesen Gedanken gefolgt wurde. Die jetzt vorliegende und in Kraft getretene Verordnung regelt exakt dieses Prinzip.

Es wird gegenwärtig vorbereitet, und das dürfte für die Lösung einer Reihe praktischer Fragen, insbesondere auch im Zusammenhang mit der Gewerbefreiheit und der Förderung von Gewerbebetrieben bedeutsam sein, ein **neues Gesetz über die Verleihung von Nutzungsrechten an volkseigenem Boden**. Dieses Gesetz wird im Kern darauf gerichtet sein, die gegenwärtig doch recht begrenzten und nur für bestimmte Fälle zugelassene Verleihung von Nutzungsrechten an volkseigenem Boden entsprechend den heutigen Erfordernissen großzügiger und den Bedürfnissen gerechter werden zu regeln.

Meine Damen und Herren, schließlich, um ein weiteres Beispiel zu nennen, in Ausarbeitung befindet sich ein **neues Gesetz über die Niederlassung ausländischer Unternehmen** zum Zwecke **wirtschaftlicher Tätigkeit** in der DDR. Also, es geht hier um die Schaffung eines **Niederlassungsrechts in der DDR.** Auch in diesem Zusammenhang werden selbstverständlich umfangreiche bodenrechtliche Bodennutzungsfragen aufgeworfen, die in diesem Gesetz über Regelung bei Niederlassungen ausländischer Unternehmen in der DDR zugeführt werden.

Ich darf den Vorschlag der Arbeitsgruppe „Wirtschaft", der zu Beginn der Diskussion unterbreitet wurde, Sofortmaßnahmen zu erwägen zur **Sicherung des Bodenfonds** der DDR und zu überlegen, ob hier gegebenenfalls spezielle gesetzliche Aktivitäten angebracht werden – – ich halte das für einen nützlichen und erwägenswerten Vorschlag. Ich darf in diesem Zusammenhang darauf hinweisen, daß gerade ähnliche Vorschläge und Forderungen von einer sehr starken Gruppe nahezu aller bekannten Agrar- und Bodenrechtler der DDR vorliegen, die in einem ähnlichen Sinne Initiativen unterbreitet haben und gefordert haben.

Schließlich, meine Damen und Herren, es wird Aufgabe der Überarbeitung und Neugestaltung der Verfassung sein, auch entsprechende **verfassungsrechtliche Grundbestimmungen über Eigentum, Eigentumsformen** und **Eigentumsinhalt am Boden in der DDR** zu regeln. Es dürfte sicher sein, daß ein solches Gesetz, daß eine solche Regelung in der Verfassung durch ein generelles Gesetz über Boden, seine Nutzung und seinen Schutz zu ergänzen wäre. Das darf ich dazu sagen.

Bitte, eine zweite Bemerkung, die ich machen möchte zur Regelung für Unternehmen mit ausländischer Beteiligung dieser **Joint-ventures-Verordnung.** Hier ist darauf hingewiesen worden, daß die jetzt in Kraft getretene Regelung über die Gründung und Tätigkeit dieser Unternehmen in der DDR alsbald der weiteren Absicherung durch den Abschluß von **zwischenstaatlichen Investitionsschutzabkommen** bedarf und ergänzt werden muß um ein **Niederlassungsrecht** in der DDR. Ich darf Sie darüber informieren, daß der Ministerrat der DDR ein Muster für zwischenstaatliche Investitionsschutzabkommen der DDR mit interessierten Drittstaaten beschlossen hat. Auf der Grundlage dieses Musters haben soeben, Donnerstag/Freitag vergangener Woche, die zwischenstaatlichen Verhandlungen zwischen der DDR und der Bundesrepublik über den Abschluß eines solchen Abkommens begonnen. Von beiden Seiten ist die Bereitschaft und das Ziel erklärt worden, umgehend zum Abschluß zu kommen. Der Verlauf der ersten Diskussionsrunde gestattet die Einschätzung, daß alsbald damit gerechnet werden kann.

Im übrigen sind Verhandlungen gleicher Art mit Frankreich und Österreich vereinbart und werden demnächst aufgenommen. Ein Niederlassungsrecht in der DDR im Sinne von Niederlassungen für wirtschaftliche Tätigkeit gibt es gegenwärtig nicht. Deshalb hat die Regierung den Auftrag erteilt, sofort umgehend den Entwurf eines Gesetzes über die Niederlassung ausländischer Unternehmen zum Zwecke wirtschaftlicher Tätigkeit in der DDR auszuarbeiten und vorzulegen.

Vielen Dank.

Lange (Moderator): Vielen Dank. Zu den gestellten Fragen jetzt noch Herr Minister Grünheid. Er ist Vorsitzender des Wirtschaftskomitees.

Bitte schön, Herr Grünheid.

Grünheid (Industrieminister und Vorsitzender des Wirtschaftskomitees für die Durchführung einer Wirtschaftsreform): Ich versuche, einige der Sachfragen noch zu beantworten. Die von mir genannte Zustimmung des Ministerrats zu **Lohnerhöhungen** in Höhe von **4,7 Milliarden Mark** beinhaltet zusätzlich zu den 3,6 Milliarden Mark die bereits im Dezember gefaßten Beschlüsse des Ministerrates, die lohnerhöhende Wirkung haben. Dazu gehören solche wie eine höhere Anerkennung der Schichtarbeit im Gesundheits- und Sozialwesen, die bereits im Dezember beschlossen wurde, wirksam für 1990, die Erhöhung von Löhnen für Lkw-Fahrer im Kraftverkehr, Handelstransport und in der Nahrungsgüterwirtschaft oder die Erhöhung von Löhnen und Qualifikationszulagen für Fahrer von Omnibussen, Straßenbahnen und U-Bahnen. Das war die Lösung dringlicher anstehender Probleme. Das macht diese Differenz aus. 4,7 Milliarden Mark ist also das Gesamtvolumen an Lohnerhöhungen, dem von der Regierung für 1990 zugestimmt wurde.

Führt das nicht bei weniger **Arbeitsproduktivität** zur **Inflation?** Ich muß deutlich antworten, die Gefahr wird dadurch erhöht, wenn es nicht gelingt, ich darf aus meinen einleitenden Bemerkungen noch einmal zitieren, die Stabilität des Binnenmarktes zu sichern, indem wir weiter erhöhte Einkommen im Jahre 1990 zu vermeiden suchen.

Was den **Rückzug der NVA aus der Wirtschaft** betrifft, so entspricht das den Interessen der Bürger, Soldaten, die diese Forderung gestellt haben, nicht mehr als Soldaten zweckentfremdet und entgegen ihrer Qualifikation eingesetzt zu werden. Mit der Rückführung der Soldaten aus dem letzten Drittel des Dienstes in ihre ursprüngliche Arbeit entsprechen wir dem volkswirtschaftlichen Interesse, daß sie wieder entsprechend ihrer Qualifikation eingesetzt werden können, ein durchaus im Interesse der Volkswirtschaft liegender Vorgang, der allerdings dem konzentrierten Einsatz ganzer Kompanien an einer Stelle entgegensteht, und dort gibt es dann negative Wirkungen. Hier mußte abgewogen werden, was volkswirtschaftlich zweckmäßiger ist: Es hat also auch etwas zu tun mit den festgelegten vorzeitigen Entlassungen und wird für die Zukunft zu tun haben mit den zu schaffenden Möglichkeiten, außerhalb der Armee Dienst zu tun. Damit werden auch weniger Soldaten überhaupt für einen denkbaren Einsatz in der Volkswirtschaft zur Verfügung stehen, zumindest entgegen ihren persönlichen Wünschen und ihrem Willen.

Zu der Frage **Übereinstimmung, Zuwachs, Warenfonds, Kauffonds** und **Inflationsgefahr** möchte ich doch noch sagen: Jawohl, die Bekämpfung der Inflationsgefahr verlangt, daß die vorgesehene Produktion an Konsumgütern erreicht wird und wir sollten auch aussprechen, ich habe das vor der Volkskammer vor einer Woche getan, es gibt bei allem weitgehenden Ausgleich zwischen Kauffonds und Warenfonds für dieses Jahr, insbesondere für das erste Halbjahr, einen latenten **Kauffondsüberhang** aus den Vorjahren, eine ungedeckte Kauffähigkeit, die wir etwa einschätzen insgesamt mit 8 bis 10 Milliarden Mark, davon etwa rund 5 Milliarden Mark als mobile Kaufkraftmöglichkeit. Auch das wirft Gefahren für die Stabilität des Marktes und damit für inflationäre Tendenzen auf. Deshalb immer wieder unsere Orientierung auf Erhöhung der Leistung mit den jetzt gebotenen Möglichkeiten der **Einkommenserhöhung.**

Ich darf hier einen positiven Faktor anrechnen, mindestens der positiv wirken kann. Natürlich wirkt der **Erwerb von Reisezahlungsmitteln** auch als Kaufkraftbindung. Wer sein Geld dafür ausgibt, es in D-Mark umzutauschen, gibt es nicht für Waren aus, die dem Warenfonds der DDR zugrunde liegen. Dem steht – wir rechnen dort mit über 8 Milliarden Mark, die dafür die Bevölkerung voraussichtlich ausgeben wird in diesem Jahr – dem steht entgegen die Höhe des Kaufes von Waren in der DDR durch Bürger der BRD in der DDR, die sich negativ auf dieses Verhältnis auswirkt. Es ist sehr schwer einzuschätzen, wie wir gesehen haben. Die Einschätzungen von Anfang Januar haben sich sehr verändert bis heute. Wir rechnen im Moment, ausgehend von den erkennbaren Tendenzen, immer noch, daß sich das in Höhe von 1 bis 2 Milliarden Mark positiv auswirkt zugunsten der Stabilisierung zwischen Kauffonds und Warenfonds.

Und ich gestatte mir einige Sätze zu einem letzten Thema, **soziale Sicherung bei zeitweiliger Nichtberufstätigkeit.** Ich darf auch hier noch einmal auf meine Ausführungen vor der Volkskammer zurückkommen. Wir haben in der **DDR ein geltendes Arbeitsgesetzbuch,** das bei allen sicher auch vorhandenen Mängeln einen wichtigen Schutz auch bei zeitweiliger Nichtberufstätigkeit gewährleistet. Und ich darf auch an den Runden Tisch appellieren, uns zu unterstützen bei der Durchsetzung dieses geltenden Arbeitsrechts: Zum Beispiel nach dem Arbeitsgesetzbuch ist der Betrieb verpflichtet, bei Auflösung des Arbeitsvertrages dem Werktätigen einen **Überleitungsvertrag** über eine zumutbare andere Arbeit anzubieten. Bei Rationalisierungsmaßnahmen ist der Betrieb verpflichtet, einen **Änderungsvertrag** mindestens drei Monate vor Eintritt der Veränderung abzuschließen. Die fristgemäße Kündigung bei Änderung der Produktion, der Struktur oder des Stellenbeziehungsweise Arbeitskräfteplanes setzt voraus, daß der Werktätige das Angebot eines Änderungs- oder Überleitungsvertrages abgelehnt hat. Ein besonderer **Kündigungsschutz** ist für bestimmte Werkbeschäftigtengruppen festgelegt. Zum Beispiel dürfen alleinstehende Werktätige mit Kindern bis zu drei Jahren nicht fristgemäß gekündigt werden. Das alles ist in der DDR geltendes Recht, das es gemeinsam, meiner Meinung nach, durchzusetzen gilt. Das AGB legt die Zahlung eines Überbrückungsgeldes für ein Jahr fest für Werktätige, die bei Aufnahme einer anderen Tätigkeit ihren bisherigen **Durchschnittslohn** nicht wieder erreichen.

Nicht geregelt wird durch das Arbeitsgesetzbuch **Zahlung für Werktätige,** denen kein neuer Arbeitsplatz nachgewiesen werden kann. Und dazu gibt es die Vorschläge der Regierung, die Ihnen vorliegen. Die beinhalten, ich darf das noch einmal kurz zusammengefaßt sagen, den Anspruch der Bürger auf eine **finanzielle Unterstützung.** Der Anspruch besteht, wenn der Bürger aus dem zuletzt bestehenden Arbeitsrechtsverhältnis ausgeschieden ist und sich im Amt für Arbeit zur Vermittlung einer anderen Tätigkeit meldet, und das Amt für Arbeit dem Bürger keine geeignete Tätigkeit vermitteln kann. Die Unterstützung durch den Staat beträgt monatlich 500 Mark. Bürger, denen eine Unterstützung gewährt wird, haben gegenüber dem Betrieb, in dem sie zuletzt beschäftigt waren, Anspruch auf einen Ausgleich in Höhe der Differenz zwischen der Unterstützung und 70 Prozent des bisherigen Durchschnittslohnes. Und schließlich, lag der Nettodurchschnittslohn des Bürgers unter 500 Mark bei Vollbeschäftigung, dann erhält er die Unterstützung in Höhe des bisherigen Nettodurchschnittslohnes, wenn, ich sage noch einmal, dem vorliegenden Vorschlag gefolgt wird und der Ministerrat in Konsens mit Ihnen eine solche Verordnung erlassen kann.

Ich darf in dem Zusammenhang auch hinweisen auf die Verordnungsentwürfe zur Gewährung von **Vorruhestandsgeld.** Wenn dem gefolgt wird, wir bitten um Ihren Konsens am Runden Tisch für diese Regierungsvorlage, dann hätten Bürger der DDR Anspruch auf die Gewährung von Vorruhestandsgeld ab [dem] fünften Jahr vor Erreichung des Rentenalters, wenn sie die vereinbarte Arbeitsaufgabe wegen ärztlich festgestellter gesundheitlicher Nichteignung infolge Rationalisierungsmaßnahmen oder Strukturveränderungen oder wegen anderer von ihnen nicht zu vertretener Gründe nicht mehr ausüben können und ihnen keine andere Arbeit oder Umschulung angeboten werden kann. Das Vorruhestandsgeld beträgt für Werktätige, die zum Zeitpunkt der Beendigung des Arbeitsrechtsverhältnisses vollbeschäftigt waren, 70 Prozent des durchschnittlichen Nettolohnes der letzten 12 Monate, mindestens 500 Mark im Monat. Es unterliegt der Beitragspflicht zur Sozialversicherung und gilt bei der Berechnung von Renten als versicherungspflichtige Tätigkeit. Und nach diesem Entwurf soll der Werktätige berechtigt sein, zusätzlich zum Vorruhestandsgeld Arbeitseinkünfte bis zu 400 Mark monatlich zu erlangen. Soweit die Angebote der Regierung zu diesen Fragen.

Ich danke.

Lange (Moderator): Vielen Dank, Herr Grünheid. Ich muß darauf aufmerksam machen, daß es 13.08 Uhr ist und wir eigentlich schon [seit] acht Minuten in der Mittagspause sein sollten. Ich möchte aber gern noch die beiden ausstehenden Reaktionen jetzt, bevor wir in die Pause gehen, aufrufen, und zwar zum Stichwort Handelsspanne, Subventionen wird Herr Dr. Domagk, Staatssekretär im Ministerium für Finanzen und Preise noch etwas sagen, und im Anschluß daran Professor Schmidt zu Fragen der Landwirtschaft.

Herr Dr. Domagk, bitte.

Domagk (Staatssekretär im Ministerium für Finanzen und Preise): [Was die] **Handelsspanne** betrifft, so gehen wir davon aus, daß mit den vorzunehmenden und zu beschließenden EVP-Änderungen auch gleichzeitig eine Änderung der Handelsspanne zu erfolgen hat. Das haben wir bei dem Projekt der Kinderbekleidung auch so praktiziert.

Was die Reformmaßnahmen 1991 betreffen, so gehen wir davon aus, und das ist unser Vorschlag, daß ab 1991 die **Konsumgüterhandelsspannen** vom Handel in eigener Verantwortung festzulegen sind, natürlich ausgenommen versorgungspolitisch wichtige Konsumgüter, wo wir uns vorbehalten sollten, Höchstpreise festzulegen. Da muß man auch für die Handelsspanne eine entsprechende Regelung herbeiführen.

Was die **Handelsspannen für Produktionsmittel** betrifft, so ist das ebenfalls mit der Reform der Industriepreise ab 1991 in Angriff zu nehmen. Und auch hier sind wir der Auffassung, daß solche Handelsspannen zwischen Hersteller und Abnehmer vereinbart werden sollten. Soweit zu diesem Komplex.

Ich möchte noch einmal eingehen auf den Beitrag von Herrn Brandenburg. Sie finden fragwürdig, warum der **Abbau von Subventionen** verschoben wird. Vielleicht darf ich dazu noch einmal ein paar prinzipielle Bemerkungen machen.

Es geht erstens um die inhaltliche Ausgestaltung der Durchführung des Abbaus von Subventionen. Es ist doch beispielsweise schon interessant, **welches Paket** man dabei schnürt, wenn ich das einmal so formulieren darf. Ob wir für Nahrungsgüter und Gaststätten die gesamten 33 Milliarden Mark abbauen oder ob es für richtig gehalten wird, nur Brot und Brötchen beispielsweise zu regeln mit 2,1 Milliarden Mark Volumen, oder ob es für richtig gehalten wird, zusätzlich zu Brot und Brötchen auch Speisekartoffeln in Angriff zu nehmen, wie wir uns zu Gaststättenpreisen verhalten? Also, hier geht es schon bei der Entscheidung los: Was nimmt man aus diesem großen Volumen?

Zweitens steht zur Diskussion, wie wir denn nun den **Ausgleich** gestalten. Und hier muß ich noch einmal betonen, wir sind für einen Ausgleich, der überkompensiert wird, also nachdrücklich die **soziale Sicherheit** unterstreicht. Und dabei stehen schon solche Fragen, ob man den **Ausgleich** nimmt ausgehend vom durchschnittlichen Verbrauch der Bevölkerung. Damit haben Personen mit niedrigem Verbrauch Vorteile, Personen, die, ich darf es einmal so formulieren, übermäßig essen, werden diesen vollen Ausgleich dann nicht erhalten. Oder es ist zum Beispiel interessant, ob wir differenzieren den Ausgleich zwischen Kindern und Erwachsenen, weil ja nachgewiesenermaßen ein Kind bis zum 12. Lebensjahr weniger verzehrt. Man muß diskutieren, ob man einen Ausgleich nach Bevölkerungsgruppen vornimmt, also Rentner oder Land- und Stadtbevölkerung. Das sind also alles Probleme, die deutlich machen, daß dieses Konzept nicht so einfach zu verwirklichen ist.

Und ich darf auch noch einmal auf die **organisatorische Seite** zurückkommen. Es geht nicht nur schlechthin um die Ausarbeitung von mehr als 100 000 Einzelpreisen. Wir brauchten, um beispielsweise das gesamte Paket von 33 Milliarden Mark kurzfristig wirksam zu machen, unter anderem über ein Wochenende, über 250 000 Kräfte, die für die Umbewertung zur Verfügung stehen. Auch das muß alles ordnungsgemäß durchgeführt werden. Und ich mache Ihnen einen Vorschlag: Wir brauchen zu all diesen Dingen einen Konsens mit Ihnen. Und ich würde, wenn Sie alle einverstanden sind, heute nacht ein Material ausarbeiten lassen mit solchen Varianten, das dann in der Arbeitsgruppe „Wirtschaft" beraten wird; denn wenn man sich zu bestimmten Varianten bekennt, kann man dann auch den Prozeß der Ausarbeitung dieser einzelnen Varianten beschleunigen.

Danke schön.

Lange (Moderator): Vielen Dank, Herr Dr. Domagk. Herr Professor Schmidt, bitte.

Schmidt (Institut Agrarökonomie im Ministerium für Land-, Forst- und Nahrungsgüterwirtschaft): Frau Professor Luft hat aufmerksam gemacht, daß wir im Gleichklang zu dem vorgelegten Gesamtkonzept, ausgehend von der Spezifik und der Vielfalt, die sich für die **Land-, Forst- und Nahrungsmittelwirtschaft** ergibt, eine **gesonderte Konzeption** erarbeitet haben. Es kann natürlich nur im Kontext mit dem Gesamtkonzept und zu den konkreten Ausgestaltungslösungen verstanden und realisiert werden. Anläßlich der Beratung, die der Ministerpräsident – –

[Lücke in der Aufnahme]

– Praktikern und Wissenschaftlern in Erfurt durchgeführt hat, ist diese Konzeption den Teilnehmern und dort praktisch allen Bezirken und Kreisen übergeben worden, so daß alle Betriebe, Einrichtungen, also die Wirtschaftsobjekte, die ja künftig die Reform in diesem Bereich tragen sollen, in den Besitz dieses Materials gekommen sind. Wir möchten damit erreichen, daß die Vielfalt der Überlegungen der Gedanken in die weitere konkrete Ausgestaltung einbezogen wird. Ich würde den hier eingangs gemachten Vorschlag noch einmal unterstützen, da das Material Ihnen nicht vorliegt, daß wir doch eine geeignete Form finden, wie wir das vielleicht hier im Rahmen des Runden Tisches oder des Wirtschaftsausschusses auch einmal gesondert beraten und diskutieren können.

Auf drei Fragen, die ich hier erkannt habe, möchte ich kurz eingehen:

Erstens: Bei der Vielfalt der Eigentumsformen gehen wir in unserem Konzept und in Übereinstimmung eigentlich mit allen geäußerten Standpunkten und Hinweisen und Gedanken, die es dazu von der Praxis gibt, davon aus, daß eine unbedingte **Sicherung des Erhalts unserer genossenschaftlichen Grundstruktur** in der Produktion, in der Landwirtschaft und der – –

[Lücke in der Aufnahme]

– Gemeinschaft einbringen. Das ist die **gemeinsame Produktion**, die wir haben, und das ist eine Betriebsstruktur, die leistungsfähig sein wird, wenn es uns gelingt, Deformationen, Einseitigkeiten, zu hohe Konzentrationen und so weiter, und es Vorstellungen gibt, abzuwarten. In diesem Zusammenhang treten eine Fülle von Fragen hinsichtlich der **Eigentumsvielfalt der Kapitalbeteiligung**, Privateigentum in Genossenschaften, Rolle des Volkseigentums künftig in den Genossenschaften, der Bodenbewertung, des Bodenpreises, der Eigentumsanteile, Pacht und so weiter auf. Deshalb ist vorgeschlagen und inzwischen entschieden worden, daß unmittelbar eine **Präzisierung des LPG-Besitzes** in Angriff genommen wird und beschlossen wird, der Regierung vorgelegt wird, und zweitens, daß wir an einer prinzipiellen **Überarbeitung des LPG-Gesetzes** arbeiten werden.

Drei weitere Hauptrichtungen der Arbeit werden bestimmend sein. Sie gehen zurück auf einen Vorschlag einer Initiativgruppe, die ein Papier, das hier schon erwähnt wurde – – Wir wollen eine **Neufassung der Bodennutzungsverordnung** erarbeiten. Sie ist im Interesse des Schutzes der Gemeinnützigkeit genossenschaftlichen Eigentums unerläßlich. Wir dürfen nicht übersehen, daß in der Diskussion anläßlich der Grünen Woche und auch in direktem Kontakt mit vielen Betrieben doch die **Bodenreform** in Frage gestellt wird. Wir meinen bisher, daß mit unserer nationalen Gesetzgebung und auch völkerrechtlich die Bestimmungen der Bodenreform abgesichert sind. Dennoch ist eine intensive Arbeit notwendig im Hinblick auf neue Rechtsbedingungen und Lagen, die entstehen können. Es wird die freie Verfügbarkeit zum Boden doch sehr stark von westlichen Partnern gefordert, und wir müssen hier Schutz schaffen. Deshalb Bodenrecht, eine Neufassung der Bodennutzungsverordnung.

Zweitens wollen wir oder müssen wir ganz dringlich an der **Bodenbewertung**, der Schaffung eines Bodenpreises arbeiten und über die künftige Aktivierung, die ja bisher nicht stattfindet dieses Bodenpreises, dieser Bodenbewertung in den genossenschaftlichen und volkseigenen Betrieben zu klaren Vorstellungen und Entscheidungen – –

[Lücke in der Aufnahme]

Lange (Moderator): Vielen Dank. Meine sehr verehrten Damen und Herren, ich möchte allen – –

Frau Röth (UFV): Ich hatte noch eine konkrete Frage, was aus den Gesprächen Blüm/Mensch herausgekommen ist. Also, konkreter ging es eigentlich nicht.

Lange (Moderator): Ja. Können wir die uns notieren? Wir sind ja ohnehin noch nicht fertig mit unserem Gespräch zu diesen Wirtschaftsfragen. Aber vielen Dank, daß Sie uns darauf aufmerksam gemacht haben.

Ich möchte zunächst einen Dank so zwischenzeitlich hier einmal aussprechen für diese erste Gesprächsrunde, die wir mit den Vertretern des Ministerrates hier führen konnten. Ich darf Sie darauf aufmerksam machen, damit keiner allzu überrascht ist, daß wir auf der Rednerliste weitere 20 Namen notiert haben. Wir haben bisher drei zu Wort kommen lassen. Ich gebe der Hoffnung Ausdruck, daß einige von denen, die sich gemeldet haben, jetzt schon die Antworten auf die Fragen bekommen haben, die sie eigentlich stellen wollten. Aber das ist nur eine Hoffnung, die kann trügerisch sein.

Wir wollen jetzt zunächst unterbrechen für die Mittagspause. Ich soll darauf hinweisen und bitte Sie, dies doch zu beachten, daß im Gebäude gegenüber die Essenausgabe nur gegen Vorlage der roten Einlaßkarten sein wird. Alle anderen haben die Möglichkeit, in der Kantine Majakowskiring [???] dann das Mittagessen einzunehmen. Wir unterbrechen jetzt unsere Sitzung und beginnen wieder 14.00 Uhr.

Zwischenrufe: Das ist doch nicht zu schaffen.

Lange (Moderator): Sagen wir 14.15 Uhr.

[Pause]

TOP 9: Wirtschaft: Zweite Runde der Beratung

Ziegler (Moderator): Ich bitte Sie, Platz zu nehmen und die Tür zu schließen! Wir setzen die Verhandlung über die Wirtschaftsfragen fort. Sie haben vor der Mittagspause gehört, daß noch 19 oder 20 Wortmeldungen da sind. Sie wissen, daß wir bestellt haben, gebeten haben, die Vertreter vom Kernkraftwerk Greifswald, die um 15.00 Uhr kommen werden. Die Minister und Staatssekretäre, die heute vormittag uns zur Verfügung standen, haben auch so geplant, daß gegen 15.00 Uhr plus/minus ein Wechsel ist. Und darum muß ich Ihnen jetzt einen Vorschlag machen:

Erst einmal, daß wir uns möglichst konzentrieren, die Tür jetzt wirklich schließen und nicht weiter Zeit vertun, daß wir anfangen können.

Der zweite Vorschlag: Die Redezeit muß auf drei Minuten begrenzt werden. Und dabei bitte ich jetzt um folgendes, daß man sich wirklich konzentriert und hier nicht ganze Statements, die viele Wiederholungen in sich halten, abgibt, sondern ich bitte Sie herzlich, wenn Sie Fragen haben, sie klar und zugespitzt zu stellen, und zweitens, wenn Sie Anregungen haben, und darum hatte Frau Minister Luft ja gebeten, sie auch kurz und bündig vorzutragen. Und andere haben auch darum gebeten, nicht nur einer, bitte.

Und dann möchte ich Sie darauf hinweisen, daß ja noch die Anträge vorliegen, die natürlich behandelt werden. Und die Dinge, die dort behandelt werden, wenn sie nicht übergeben werden können, gleich, wie das von Herrn Stief beantragt worden ist, in die Gruppe „Wirtschaft". Dann müssen sie ja auch hier noch Möglichkeiten zur Sachinformation und zur Aussprache geben.

Und schließlich die letzte Vorbemerkung: Es liegt auf Ihren Tischen oder Sie haben das erhalten den **Entwurf der Verordnung über die Gewährung von Vorruhestandsgeld**[12] und den **Entwurf über die Verordnung über die Gewährung staatlicher Unterstützung und betrieblicher Ausgleichszahlung an Bürger während der Zeit der Arbeitsvermittlung**[13]. Darauf ist ja nun auch heute schon mehrfach eingegangen worden. Den Vertretern der Regierung liegt daran, daß der Runde Tisch zu diesen beiden Entwürfen auch Stellung nimmt, damit eben die Regierung darüber nun Beschluß fassen kann.

Und nun wollen wir versuchen, so die Wortmeldungen abzuarbeiten. Ich muß natürlich fairerweise fragen, ob sich da Widerspruch erhebt gegen die Redezeitbegrenzung.

Herr Holland, bitte.

Holland (LDPD): Also, sicherlich muß eine Redezeitbegrenzung sein. Aber es ist nicht schön, daß die, die an der Rednerliste hinten anstehen, dann immer Leid tragen müssen von denen, die am Anfang ihre Redezeit ungebührlich in Anspruch genommen haben. Natürlich läßt sich in drei Minuten einiges sagen. Aber zu prinzipiellen Sachen ist das schwer. Also, ich würde schwanken zwischen drei und fünf Minuten, und das bitte ich festzuhalten.

Ziegler (Moderator): Wir werden uns bemühen, das flexibel zu machen, ja. Gibt es sonst noch Wortmeldungen dazu? Ich sehe jetzt keine.

Dann bitte ich Herrn Lange einmal zu sagen, wer als Nächster auf der Liste steht.

Lange (Co-Moderator): Herr Weißhuhn, Initiative Frieden und Menschenrechte; Herr Dörfler, Grüne Partei; Herr Musch, Vereinigte Linke; Frau Bialas, Unabhängiger Frauenverband; Herr Junghanns, DBD. Genügt das erst, oder?

Ziegler (Moderator): Erst einmal reicht das, ja.

Also, dann Herr Weißhuhn, bitte.

Weißhuhn (IFM): Ja, ich werde mich sicher kurz fassen können, wenn ich es muß, da ich es muß. Zwei Bemerkungen, die man natürlich auch als Fragen verstehen kann. Es wurde über die Höhe der **Subventionen** geredet in der Manier, daß der Eindruck entstehen konnte, wie bisher auch, es handele sich dabei einfach um ein Geschenk. Ich denke, ein Zusammenhang ist dabei nicht zur Geltung gekommen, der erwähnt werden sollte, nämlich daß die Subventionen von Konsumgütern **von den Bürgern finanziert** werden, von wem auch sonst, von den Bürgern finanziert werden, und zwar mittels niedriger Löhne und niedrigster, ich betone niedrigster, Renten. Also, insgesamt einem niedrigen Durchschnittseinkommen. Und das bedeutet, daß der **Abbau von Subventionen**, also gleichzusetzen mit Preiserhöhungen, praktisch generell mit entsprechenden **Einkommenserhöhungen** verbunden

---

[12] Dokument 11/8 im Anlagenband.
[13] Dokument 11/9 im Anlagenband.

werden muß. Und das wiederum bedeutet zwangsläufig **Inflation**. Also ein noch ungünstigeres Verhältnis zwischen der DDR-Mark – – kein Geld für Lohnerhöhungen vorhanden mehr über das hinaus, was, wenn ich einmal keinen Widerspruch konstatieren will, sowieso schon dafür eingeplant ist. Wenn das so ist, dann bedeutet das, daß die Inflation durch Nichtreagieren der Lohnpolitik auf die Preispolitik verhindert werden soll. Und im Klartext heißt das dann, den Rückgang des Lebensniveaus zu planen in dem Maße, wie die Subventionen abgebaut werden.

Eine zweite Bemerkung: Frau Professor Luft schlug einen **Volksentscheid zur Frage des Währungsverbundes** vor. Ich frage mich, wann dieser Volksentscheid stattfinden sollte? Am 17. März [1990], ein Tag vor der Wahl vielleicht? Also, mir scheint das problematisch, ein so kompliziertes Thema, was nur auf den ersten Blick einfach durchschaubar scheint, fast zwangsläufig auf diese Weise zu einem Wahlkampfthema zu machen. Es scheint mir sicherer und seriöser, die ja ohnehin sehr bald zustande kommende neue Regierung und deren Politik abzuwarten. Im übrigen sind Volksentscheide ja auch durch **Volksbegehren** von unten möglich. Und damit würde der authentische Bedarf nach einer Entscheidung erst sichtbar werden.

Ziegler (Moderator): Wir danken, daß Sie sich tatsächlich an die Zeit gehalten haben.

Herr Dörfler.

Dörfler (GP): Ich möchte meine Anfragen an die Regierung auf einige Aspekte zur **Exportpolitik** beschränken. Die Grüne Partei ist der Meinung, daß die Exportstruktur der DDR-Wirtschaft gründlich zu überprüfen und schnellstens zu korrigieren ist. Die DDR, ein an Rohstoffen und Energieträgern armes Land, produziert und exportiert in großen Mengen Erzeugnisse, die in ihrer Herstellung ein Höchstmaß an Energie beanspruchen sowie schwerwiegende Umweltbelastungen nach sich ziehen. Beispiele sind Produktion und Export von Stickstoff, Düngemitteln, Kalidüngemitteln, Zement und anderen Baustoffen. Sogar Wärmedämmstoffe werden exportiert, die wir im Lande viel dringender brauchen, um Energie zu sparen. Es werden Erzeugnisse der Carbo-Chemie exportiert sowie Agrarerzeugnisse.

[**Vorlage 11/17, Anfrage GP: An die Regierung betr. Agrarexportgeschäfte**]

{Speziell zu diesem Punkt liegen uns Ergebnisse vom} Institut für Agrarökonomie vor, wonach die Exportgeschäfte der DDR mit Fleisch, Butter und Eiern ökonomischer Unfug sind.

Für den Futtermittelimport wurden in den letzten Jahren mehr Devisen ausgegeben, als der entsprechende Fleischexport einbrachte. Der Exporterlös war negativ. Hinzu kommt der hohe Aufwand in den Landwirtschaftsbetrieben, der umsonst betrieben wurde. Unter dem Strich wurden und werden für jede exportierte Tonne Schlachtschwein 8 000 Mark aus dem Staatshaushalt zugezahlt, {sie fehlen also im Nationaleinkommen}, für jede exportierte Tonne Butter sind sogar 20 000 Mark Verlust zu verbuchen.

Ziegler (Moderator): Entschuldigung, Herr Dörfler. Wenn Sie damit sofort den **Antrag 11/17** erledigen, können Sie weitersprechen.

Dörfler (GP): Ja, ich erledige den damit.

Ziegler (Moderator): Ja, wir sind allerdings noch nicht dabei, aber gut.

Döfler (GP): Aber das ist eine Anfrage.

Ziegler (Moderator): Gut, gut. Na ja, bitte.

Dörfler (GP): Auch als Anfrage deklariert.

Ziegler (Moderator): Bitte schön.

Dörfler (GP):

[**Fortsetzung Vorlage 11/17, Anfrage GP: An die Regierung betr. Agrarexportgeschäfte**]

Nicht auf dieser Rechnung steht, daß das Grundwasser um große Schweinemastanlagen weiträumig hochgradig verschmutzt und irreparabel mit Nitrat belastet ist, daß viele hundert Hektar Wald durch Ammoniak absterben oder schon abgestorben sind und daß die Anwohner unter dem permanenten Gestank leiden.

Mit Unverständnis reagiert deshalb die Grüne Partei auf die Tatsache, [wenn] wiederum 1,5 Millionen Tonnen Futtergetreide importiert wurden.

Wir stellen folgende Anfragen an die Regierung {und erwarten konkrete Antworten}:

1. Warum werden der Tierbestand nicht vermindert und die ökonomisch unsinnigen und umweltschädigenden Agrarexporte nicht eingestellt?

2. Wer trägt die Verantwortung für diese Export„geschäfte", {die mehr ein ökonomischer und ökologischer Ausverkauf als ein Geschäft sind}.

3. Warum werden Bürgerinitiativen, wie im Falle des VEB Schweinezucht und Mast Neustadt-Orla, {ein Betrieb mit 150 000 Schweinen, der zu rund 80 Prozent für den Export arbeitet,} in ihrer aufklärenden Tätigkeit behindert?

{Uns liegen Informationen vor, daß} die zunächst erfolgte Zusage zur Offenlegung der ökonomischen und ökologischen Daten dieses Landwirtschaftsbetriebes auf Weisung des Generaldirektors wieder eingeschränkt wurde[14].

Danke schön.

Ziegler (Moderator): Wir danken auch. Damit ist dann die **Vorlage 11/17**, das möchte ich ausdrücklich noch einmal sagen, bearbeitet, wenn sie dann beantwortet ist. Danke.

Dann ist jetzt Herr Musch erst einmal an der Reihe, von Vereinigte Linke.

Musch (VL): Ja. Frau Minister, wie haben drei Anfragen.

Zum ersten: Wir begrüßen die längst überfälligen aber sehr deutlichen Aussagen zu den **Risiken einer Währungsunion**. Wir meinen auch deshalb, weil die Position des Ministerpräsidenten Illusionen unter großen Teilen der Bevölke-

---

[14] Dieser Vortrag wurde schriftlich zu Protokoll des Zentralen Runden Tisches gegeben. Die in { } gesetzten Ausführungen wurden davon abweichend nur mündlich vorgetragen. In [ ] gesetzte Texte finden sich lediglich in der schriftlich zu Protokoll gegebenen Fassung.

rung über Verbesserung der Konsumtion durch D-Mark als Binnenwährung verstärkt hat. Sie haben diese zu ganzen Teilen mit Ihrer Position ausgeräumt. Wir haben dennoch den Eindruck, daß Sie meinen, daß eine Währungsunion tatsächlich real möglich wäre. Wir denken [dies] deshalb, weil Sie keine Aussagen zu den Größenordnungen der Auswirkungen gemacht haben, die mit direkter Konkurrenz von BRD-Unternehmen entstehen würden. Wir sind der Auffassung, daß Zweidrittel der Betriebe wegen mangelnder Rentabilität oder fehlender Markennamen ruiniert werden. Wir gehen davon aus, daß in keinem Umstellungsprozeß in Europa weniger als 20 Prozent Arbeitslose aufgetreten sind. Das geht deutlich über die Millionengrenze. Wir sind der Auffassung, daß die **Abwanderung** deutlich über die Zwei-Millionen-Grenze gehen würde und daß dies die Sozialnetze nicht nur der DDR, sondern auch der Bundesrepublik dramatisch zerstören würde. Und wir meinen, daß dies Wirkungen auslöst, die weit über den Rahmen beider deutscher Staaten in die EG und in den RGW hinein mitsichbringt. Wir sind deshalb der Auffassung, daß die Aussagen von Ihnen einen falschen Anschein erwecken. Wir sind deshalb der Meinung, daß also Ihre Aussage, die Währungsunion wäre möglich, quantitativ nicht richtig fundiert ist.

Zweitens: Sie sprechen vom **Volkseigentum** und seiner Bewahrung. Wir sind der Auffassung, daß es sich hier traditionell um Staatseigentum handelte und auch nach und bei der Selbständigkeit von Betrieben um **dezentralisiertes Staatseigentum** handeln wird. Das heißt, die Leiter sind nicht der Belegschaft verantwortlich, sondern in erster Linie ihren Ministern. Sie werden nicht gewählt und nicht von unten bestätigt, sondern von oben eingesetzt. Und dadurch, das ist unsere Auffassung, wird der Produzent nicht **Eigentümer,** sondern es bleibt der Leiter. Die Vereinigte Linke hat Vorschläge und Erfahrungen gemacht mit Fondskontrollen, die durch Arbeitskollektive durchgeführt wurden, insbesondere im Lohnbereich. Wir haben relativ positive Ergebnisse, wenn auch nur im einzelnen, bei kollektiven **Lohngarantien.** Wir meinen, daß auf dieser Strecke theoretisch und praktisch durch die Regierung bisher sehr wenig gedacht wurde.

Dritter Punkt: Nirgendwo in der Welt ist ein gestufter **Übergang** von einer zentralverwalteten Wirtschaft auf eine marktwirtschaftlich orientierte ohne starke **soziale Härten** vor sich gegangen. Wir verstehen nicht das Versprechen, das die Regierung gibt, daß bei diesem Übergang der Lebensstandard gehalten werden kann, einschließlich der Vergeudungen, die in allen Bereichen drinstecken. Wir wissen nicht, woher sie die Garantie nehmen.

Danke schön.

Ziegler (Moderator): Frau Bialas.

Frau Bialas (UFV): Der Unabhängige Frauenverband hat eine konkrete Frage zu dem **Entwurf der Verordnung über die Gewährung des Überbrückungsgeldes,** und zwar findet sich hier die Formulierung, daß das Amt für Arbeit dieses gewährt, wenn dem Bürger keine zumutbare Tätigkeit vermittelt werden kann. Wir möchten wissen, welche Kriterien der Zumutbarkeit gegenwärtig bei der **Arbeitsplatzvermittlung** gehandhabt werden, welche gesetzlich festgeschrieben werden sollen, für welche Frist das Überbrückungsgeld gezahlt werden soll und welche Maßnahmen vorgesehen sind bei Ablauf dieser Frist zur sozialen, ja, Sicherung will ich nicht sagen, sozialen Unterstützung.

Gibt es im Moment Maßnahmen zur **Erarbeitung eines Existenzminimuns** in der DDR? Wir halten das für alle sozialpolitischen Maßnahmen einschließlich der weiteren Gestaltung des Überbrückungsgeldes für notwendig, also erst einmal die Erarbeitung und dann auch die ständige Aktualisierung. Wir denken auch, daß im Rahmen der Arbeitskräftefreisetzung und Wiedervermittlung die Kompetenzen und Pflichten der Betriebe einerseits des Staates und der Arbeitsämter festgeschrieben und neu profiliert werden müssen, und wir möchten auch Frau Ministerin Mensch bitten, uns über alle vorgesehenen **Änderungen des Arbeitsgesetzbuches** sowie über die Neuprofilierung der Arbeitsämter hier am Runden Tisch Bericht zu erstatten und diese Sachen zu diskutieren.

Ziegler (Moderator): Das letzte, Frau Bialas, das ist dann schon etwas, was weitergeht über die heutige Sitzung hinaus, mit dem Arbeitsgesetzbuch. Das können die Regierungsvertreter mitnehmen.

Frau Bialas (UFV): Was das gesamte Arbeitsgesetzbuch betrifft, bestimmt. Aber ich denke, daß bestimmte Regelungen ja auch in den nächsten Wochen noch getroffen werden müssen, die dann hier auch diskutiert werden.

Ziegler (Moderator): Ja, danke.
Herr Junghanns von der Bauernpartei.

Junghanns (DBD): Ja. Eingangs des Konzeptes zur Wirtschaftsreform wird der Wert des Eigenversorgungsgrades der Landwirtschaft hervorgehoben, und des weiteren wird zu unserer Einschätzung ungenügend mit dem Wert gearbeitet. Wir sind der Auffassung, daß das Angebot zur gesonderten Behandlung dieses Bereiches Land- und Nahrungsgüterwirtschaft ein offensives Angebot ist, aber trotzdem möchten wir dagegenhalten, daß es nicht geschehen darf. Und so [gibt es] Befürchtungen landauf, landab, daß die **Landwirtschaft** bei der Wirtschaftsreform an den Rand gestellt beziehungsweise zurückgelassen wird.

Deshalb eine zweite Bemerkung ganz kurz. Wir sind der Auffassung, daß es eine ganze Reihe von Problemen gibt, die nicht bereichspezifisch für den Bereich der Land-, Forst- und Nahrungsgüterwirtschaft zu regeln sind. Da sprechen wir aus Lehren der Vergangenheit und sind deshalb auch der Auffassung, daß wir für spezifische Fragen Autorität und Bekenntnis der Gesellschaft brauchen im Interesse der Gesellschaft und deshalb auch die Erwartung gehegt haben, in diesem zentralen Konzept Berücksichtigung zu finden. Wir möchten deshalb aus der differenzierten Betrachtung heute nur mit auf den Weg für eine gesonderte Behandlung geben insbesondere die Frage noch einmal des **Schutzes des Bodens.** Und ich möchte hervorheben, daß es nicht als Schutz des Bodens vor mißbräuchlichem Handel, sondern vordergründig eigentlich das Anliegen sein muß, im Interesse auch der Eigenversorgung, wie sie dargelegt wurde, diesen Boden als Wirtschaftsfläche und damit als Gut zu schützen, und insofern auch den Bogen des Schutzes, des **gesetzlichen Schutzes,** auf die **Genossenschaften** auszudehnen.

Wir möchten des weiteren darauf aufmerksam machen, daß die Maßnahmen zur Schaffung des Interessenausgleiches zwischen Landwirtschaft und Industrie ungenügend noch Berücksichtigung finden. Die Ausrichtung der Primärproduktion und Finalproduktion der **Land- und Nahrungsgüterwirtschaft** auf den Markt hat notwendig Strukturveränderungen nach sich zu ziehen. Und in diesem Zusammenhang ergibt sich für uns die Frage, warum hinsichtlich der Hauptrichtung für den Einsatz von Joint-ventures der ganze **Bereich der Landmaschinenindustrie** noch nicht Berücksichtigung gefunden hat. Und deshalb auch die Frage provoziert, nach welchen Gesichtspunkten diese Auswahl dieser Haupteinsatzgebiete vorgenommen wurde.

Des weiteren bitten wir auch die Einordnung des Bereiches der Land-, Forst- und Nahrungsgüterwirtschaft in der **Struktur des Im- und Exportes** zu überdenken, wobei wir solche Gegenüberstellungen, wie das gerade dargestellt wurde, Leben für Export und Futtermittelimport nicht so pragmatisch gegeneinander abgewogen sehen möchten. In diesem Zusammenhang der Bereich – – der überbereichlichen Betrachtung der Land-, Forst- und Nahrungsgüterwirtschaft steht die Frage, daß das soziale Netz für die **Genossenschaftsbauern** - hier wurden einige Probleme, die in Aussicht stehen, angedeutet – nicht alleine aus diesem Bereich heraus zu stützen und weben ist. Wir müssen uns darüber Gedanken machen, daß die soziale Absicherung im Niveau des gesellschaftlichen Durchschnitts liegen muß.

Nicht zuletzt aus aktueller Sicht bitten wir auch mit dem Blick auf die ökonomischen Regelungen in den Kommunen, Gedanken zu entwickeln und hier mit auf den Tisch zu legen, wie die **ökonomischen Beziehungen der LPG** mit ihrer großflächig angelegten territorialen Struktur zu den einzelnen **Kommunen** strukturiert werden, effektiv angelegt werden.

Und nicht zuletzt ist eine Bitte, daß vordringlich jetzt aus der Regierungssicht Maßnahmen entwickelt und durchgesetzt werden, die die **territoriale Komponente des Lebensmittelmarktes,** insbesondere für die Großstädte regeln. Es gibt ja einige Hinweise darauf, daß sich Betriebe aus der Großstadt versuchen, abzukoppeln und in diesem Zusammenhang jetzt Regulierungsmaßnahmen, wir meinen, über den Preis erfolgen müssen. In diesem Sinne bitte ich darum, letztlich den Termin festzulegen zur Behandlung des Bereiches Land-, Forst- und Nahrungsgüterwirtschaft an diesem Tisch. Ich möchte beantragen bei der Prioritätenkommission den kommenden Montag mit dem Anspruch auf komplexe Betrachtungsweise.

Danke.

Ziegler (Moderator): Ursprünglich war der 19. Februar [1990] vorgesehen.

Junghanns (DBD): Das ist mir nicht bekannt. Gut.

Ziegler (Moderator): Aber wir können darüber in der Prioritätengruppe noch einmal reden, nicht.

Junghanns (DBD): Danke schön.

Ziegler (Moderator): Bitte jetzt Herr Hammer vom VdgB.

Hammer (VdgB): Ja, zu unserer **Vorlage 11/14**[15] [Erklärung VdgB zu den bisherigen Vorschlägen der AG „Wirtschaftsreform" beim Ministerrat der DDR]. Die Vorlage möchten wir also heute noch behandelt und bestätigt wissen, weil wir meinen, daß also die inhaltliche Gestaltung der Wirtschaftsreform ohne die Hinweise, die speziell für die Landwirtschaft auch von den Vorrednern genannt worden sind, nicht durchgeführt werden kann. Wir sind auch der Meinung, daß das hier genannte veröffentlichte Material zu Problemen der Landwirtschaft, worauf Professor Schmidt eingegangen ist, also uns auch zur Verfügung stehen müßte, auch der Arbeitsgruppe „Wirtschaft" am Runden Tisch, und [wir] unterstützen auch das Angebot, wie mein Vorredner sagte, von Frau Luft, zur Landwirtschaft gesondert noch einmal hier am Runden Tisch zu reden. Ich möchte aber noch einmal mit Nachdruck darauf hinweisen zu dieser **Problematik der Subventionen,** daß doch die Notwendigkeit einer schnellen Entscheidung, Klärung getroffen werden muß. Täglich kostet unser Land die Subventionspolitik 60 Millionen Mark im Bereich der Land- und Nahrungsgüterwirtschaft, der Nahrungsgüterbereitstellung, doch eine Größenordnung.

Darüber hinaus drängen wichtige Entscheidungen in der landwirtschaftlichen Produktion, in der Struktur, der zu verändernden Struktur unserer Landwirtschaftsbetriebe in diesem Jahr, die ja eventuell mit dem Jahr 1991 in Gang kommen. Ich denke besonders an die **Zusammenlegung von Pflanzen- und Tierproduktionsbetrieben** unter Wahrung natürlich der Selbstbestimmung, des Selbstbestimmungsrechtes unserer Genossenschaftsbauern, der genossenschaftlichen Demokratie.

Wir sind auch der Meinung, für die schnelle Entscheidungsfindung, dringend notwendige Entscheidungsfindung, auch die Anhaltspunkte für die **Agrarpreisreform** so schnell wie möglich auf den Tisch zu bekommen. Hier gibt es ja also auch noch ökonomische Berechnungen, die ja auch untersetzt werden müssen durch entsprechende Entscheidungen.

Ich möchte hier aber auch noch einmal ganz dringend darauf hinweisen an die Verantwortlichen im Ministerium, daß also aus allem Wollen der Verbesserung der Priorität auch der Landwirtschaft, und wir haben manchmal den Eindruck, daß diese Probleme etwas am Rande behandelt werden, zu den ganz konkreten Anforderungen, die jetzt mit der Durchführung der bevorstehenden Arbeiten, besonders in der Frühjahrsbestellung, was die Ersatzteilbereitstellung, die Maschinenbereitstellung und so weiter betrifft, mit Nachdruck gearbeitet wird. Hier ist bisher noch nichts Sichtbares bei uns passiert.

Es ist auch in der weiteren Diskussion zu Wirtschaftsfragen davon auszugehen, daß wir solche Dinge außer acht lassen, die zusätzlich unnötige Unruhe unter die Genossenschaftsbauern bringen. Wenn hier Zahlen genannt werden, daß also schon in kürzester Zeit nur noch 400 000 Arbeiter in der Landwirtschaft arbeiten, dann glaube ich, dann haben unsere Genossenschaftsbauern mit Recht ein großes unruhiges Gefühl, was aus ihnen wird.

Danke schön.

Ziegler (Moderator): Ich möchte sagen, vielen Dank, Herr Hammer, daß damit die **Vorlage 11/14**, die fälschlich zunächst überschrieben war **Information 11/1** auch eingebracht ist. Das ist nämlich das, was der VdgB als Stellungnahme schon schriftlich in umfangreichen Darlegungen eingebracht hat.

Hammer (VdgB): Jawohl, und deshalb soll – –

Ziegler (Moderator): Und das muß weiter behandelt werden auch, wenn Landwirtschaft zum Thema gemacht wird.

Hammer (VdgB): Jawohl.

Ziegler (Moderator): Danke.
Herr Lehmann, auch VdgB.

Lehmann (VdgB): Ja. Ich möchte meinem Vorredner beipflichten und hier einige Worte zu den **bäuerlichen Handelsgenossenschaften** sagen, die ebenfalls in den Komplex der Landwirtschaft eingeordnet sind. Wir stellen fest, daß im

---
[15] Dokument 11/10, Anlagenband.

vorliegenden Konzept der Wirtschaftsreform keinerlei Aussagen zur Ausgestaltung der Wirtschaftsmechanismen in den **bäuerlichen Handels- und Molkereigenossenschaften** getroffen werden. Diese eindeutige Ausgrenzung des Handels und der Verarbeitungsgenossenschaften aus der Wirtschaftsreform ist ökonomisch unbegründet, stellt unserer Meinung nach eine Nichtbeachtung der Probleme der dort tätigen Menschen dar und widerspricht unseren deutlichen Vorstellungen vom Konsens der gesamtgesellschaftlich relevanten Kräfte. Und diese Nichtbeachtung der genannten Genossenschaften im Komplex der Wirtschaftsreform verhindert in drastischer Weise, daß die ökonomischen Potentiale der BHG [Bäuerliche Handelsgenossenschaft] zur Versorgung der Dörfer mit Produktions- und Konsumtionsmitteln beziehungsweise Dienstleistungen sowie zur notwendig werdenden Schaffung neuer Arbeitsplätze in den Dörfern wirksam werden können. Die VdgB fordert eindringlich, daß ihre Vorstellungen zur zukünftigen Wirtschaftsweise der bäuerlichen Handels- und Molkereigenossenschaften in das Gesamtpaket der Wirtschaftsreform in gebührender Weise integriert werden. Ich möchte hier deutlich sagen, daß **partielle Marktwirtschaft** schon in sehr vielen Kreisen im Lande wirksam ist, allerdings nicht von seiten unserer Republik, sondern von bundesdeutschen und westberliner Unternehmern und Privatpersonen, denen die bäuerlichen Handelsgenossenschaften im Moment machtlos gegenüberstehen.

Ziegler (Moderator): Danke. Ich möchte, daß wir fortfahren und dann doch die Regierungsvertreter auch gezielt und geschlossen kurz antworten.

Also, jetzt Herr Holland, LDPD.

Holland (LDPD): Zu allen vom Runden Tisch am 3. Januar [1990] geforderten **Maßnahmekomplexen** enthält das Material der Regierung Vorschläge und Lösungswege, denen die LDPD im Grundsatz zustimmt.

Eine Reihe inhaltlicher Vorschläge und insbesondere ins Auge gefaßte Zeithorizonte tragen wir allerdings nicht mit. Zum Beispiel wollen wir auf die generelle Notwendigkeit hinweisen, den Übergang zur Marktwirtschaft nicht so zögerlich vorzunehmen, sondern umgehend und gleichzeitig zu organisieren, also parallel die Maßnahmen anzugehen. Nur so sind unseres Erachtens schnelle Verbesserungen der ökonomischen Lage zu erwarten. Zum Beispiel zur Entwicklung eigenständiger Unternehmen. Gefordert ist und vorgeschlagen die umgehende Anwendung des **Erprobungsmodells** für die acht vorgesehenen Kombinate auf alle Kombinate im Jahre 1990 aus unserer Sicht, nicht erst in den späteren Jahren. Ich will einmal polemisch die Frage aufwerfen: Soll denn die Wirtschaftsreform ausschließlich begonnen und getragen werden von den mittelständischen Betrieben, von den vielen Privatbetrieben? Die **Eigenerwirtschaftung der Mittel** in den Kombinaten ist doch nun schon lange erprobt. Warum wird diese nicht dieses Jahr für alle Betriebe, für alle Kombinate durchgeführt? **Eigenerwirtschaftung** der Mittel gibt es für den privaten und den genossenschaftlichen Sektor seit 500 Jahren, seitdem die Geldwirtschaft eingeführt worden ist. Also, ich meine Eigenerwirtschaftung der Mittel muß doch möglich sein in den Kombinaten. Wir sind auch der Auffassung, daß 1990 schon die Betriebe, die Kombinate einschließlich Handwerk und Gewerbe das Recht erhalten sollten, ihre Beschäftigten zum Beispiel über Belegschaftsaktien und andere Formen direkt am Kapital und am Gewinn zu beteiligen.

Und etwas, was uns viel zu langsam geht, ist die **Entflechtung der Kombinate**. Frau [stellv.] Ministerpräsident hat heute darauf aufmerksam gemacht, daß wir früher 12 000 Betriebe des Mittelstandes hatten, die dann 1972 leider umgewandelt wurden, und wir heute nur noch 3 500 davon haben. Und ich bin der Auffassung, daß die Entflechtung der Kombinate und damit die Verselbständigung wenigstens dieser 3 500 oder eines großen Teils davon uns viel, viel schneller in die Lage versetzen würde, die Wirtschaftsreform durchzuführen. Die gesetzlichen Regelungen sind ja in Angriff genommen, so wie heute aus der Berichterstattung ersichtlich wurde, und ich denke, sie sollten auch durchgesetzt werden. Und in die gleiche Linie würde ich setzen wollen den heute von Professor Supranowik gemachten Vorschlag oder den Hinweis für die Niederlassung ausländischer Unternehmen. Ich sehe ein, daß dazu die rechtlichen Regelungen über die Bodennutzung kommen sollen, aber wenn wir uns einig sind, daß wir aus eigener Kraft allein nicht ausreichend vorwärts kommen in der Wirtschaft, muß man natürlich auch die Regelung schaffen können für die **Bildung von Niederlassungen ausländischer Unternehmen**.

Zur **Währungspolitik** würden wir die Auffassung vertreten, daß die neben den im Konzept enthaltenen Aussagen zur künftigen Geldpolitik, insbesondere ist ja genannt worden die Bindung des Geldüberhanges und die Geldverknappung durch die restriktive Kreditpolitik, unseres Erachtens auch Vorstellungen notwendig und erforderlich sind, die schnellstens einen **Währungsverbund mit der BRD** als Einstieg in die **Konvertierbarkeit** hergestellt werden kann und welche Voraussetzungen dafür durch die DDR umgehend zu schaffen sind. Frau [stellv.] Ministerpräsident hat dazu ja Vorstellungen entwickelt, positiv und negativ. Aber nun müßte die Entscheidung kommen, in welche Richtung es geht. Nicht zustimmen würden wir der Beibehaltung des **Außenhandelsmonopols** und fordern eine entsprechende Änderung gesetzlicher Regelungen auch hinsichtlich des Valutamonopols und der Valutaanbietungspflicht.

Zu den **Sozialplänen** und dem **Sozialfonds**: Wir würden umgehende Maßnahmen zur sozialen Absicherung für erforderlich halten. Die Regierung hat heute zwei Konzeptionen vorgelegt, und es ist gebeten worden, den Konsens dazu zu erteilen. Wir würden diesen im Grundsatz zustimmen.

Eine letzte Bemerkung zu den Fragen **Handwerks- und Gewerberecht**. Wir halten die sofortige volle Gewerbefreiheit, so wie sie heute Minister Halm ja mit vorgetragen hat, für private Unternehmer für gerechtfertigt. Wir haben aber die Bitte, daß dabei zugleich auch den örtlichen Räten mitgeteilt wird, wie sie sich verhalten sollen, wenn nun jemand auf dieses **Recht der Gewerbefreiheit** pocht. Zur Zeit sind sie völlig hilflos. Und hier muß also durchgestellt werden, nicht nur, daß wir zentral das beschließen, sondern nach unten.

Und hinsichtlich der **Steuerreform**: Auf diesem Gebiet möchte ich doch einen Vorschlag machen, daß im Vorgriff darauf im ersten Quartal 1990 neben einer Reduzierung der Steuerprogression für Handwerker und Gewerbetreibende die Leistungen mitarbeitender Ehepartner steuerlich voll anerkannt werden.

Zwischenfrage: Voll?

Holland (LDPD): Voll, ja voll. Wir wollten als Vorschlag bringen, daß die Steuerprogression für Handwerker und Gewerbetreibende befristet, vielleicht für zwei bis drei Jahre, auf 35 bis 40 Prozent festgelegt wird, damit die dadurch freiwerdenden Mittel zweckgebunden für die Akkumulation dieser Betriebe eingesetzt werden können, und zweitens eine generelle Absenkung der Grenze für die Steuerprogression auf ungefähr 55 Prozent. Sie beträgt jetzt ungefähr 90 Prozent. Insgesamt gesehen sind also die vorgesehenen und heute vorgetragenen – sind ja ziemlich ergänzt worden – Maßnahmen zur Wirtschaftsreform tragfähig. Wir wollen sie durch die genannten Vorschläge ergänzt wissen und vor allen Dingen schnell durchgeführt wissen.

Ziegler (Moderator): Danke, daß Sie auch gleich hingewiesen haben auf Ihre Stellung, die braucht nachher nicht noch einmal vorgetragen zu werden, zu diesen beiden Entwürfen.

Herr Saler vom FDGB.

Saler (FDGB): Die Gewerkschaften unterstützen ja mit Aussagen und Beschlüssen des außerordentlichen Kongresses im wesentlichen die Grundrichtung der von der Regierung konzipierten Wirtschaftsreform, auch die ersten eingeleiteten sozialen Maßnahmen. Wir wollen hier noch einmal betonen, daß es im Vorfeld des Kongresses ja mit den Ministern für Wirtschaft, Arbeit und Löhne und Finanzen Aussprachen gab, wo eine Unterrichtung stattfand, inwieweit **Anträge auf soziale Maßnahmen** vorliegen. Und wir haben hier zur Kenntnis genommen, daß ein Teil solcher Vorschläge durch die vorliegenden Regelungsentwürfe für **Ausgleichszahlung** für Zeiten ohne Arbeit, **Vorruhestandsregelung** und vor allen Dingen auch für eine einheitliche Regelung des **Überbrückungsgeldes** vorliegen.

Die Gewerkschaften möchten diese rechtlichen Regelungen unterstützen, da sie auch von der Mehrheit der Mitglieder getragen werden. Aber mehr noch, viele Menschen, die bereits in Not geraten sind, warten dringend auf eine rasche Lösung schon in den nächsten Tagen und Wochen, und wir würden hier um Unterstützung ringen.

Die Gewerkschaften erwarten aber auch von der Regierung und würden gern eine Antwort hier hören, wie die Grundsatzanträge an den außerordentlichen Gewerkschaftskongreß zu anderen Fragen, die ja vom Mehrheitswillen der Gewerkschaftsmitglieder getragen werden, Bestandteil der Regierungspolitik werden können und sollen. Wir haben auch mit Genugtuung festgestellt und begrüßen die Orientierung auf die Erweiterung der Inhalte und den Ausbau der **Rechte der Werktätigen und ihrer Gewerkschaften in den Betrieben.** Wir haben, damit diese Dinge real werden können, auf dem außerordentlichen Kongreß ein **Gewerkschaftsgesetz** beschlossen[16]. Und wir wollen damit die Basisdemokratie weiter stärken. Und wir haben dieses Gesetz nicht nur verabschiedet, sondern wir erlauben uns auch den Entwurf in Ihre Hände zu geben, und bitten alle am Runden Tisch vertretenen Parteien und Gruppierungen die schnelle Verabschiedung dieses Gesetzes durch die Volkskammer zu unterstützen, damit der begonnene Prozeß der Entwicklung unabhängiger freier **Basisgewerkschaftsorganisationen** und starker Industriegewerkschaften und Gewerkschaften und ihres Bundes gesetzlich gesichert werden, damit Kampfmaßnahmen der 8,5 Millionen Gewerkschaftsmitglieder nicht notwendig werden.

Die Gewerkschaften haben sich auf dem Kongreß ja dahingehend geäußert, daß sie im wesentlichen mit der **Wirtschaftsreform** mitgehen, aber wir müssen auch feststellen, daß strukturpolitische und Rationalisierungsschritte sich schneller vollziehen als die Schaffung entsprechender **sozialer Sicherungssysteme.** Dies betrifft insbesondere noch fehlende Regelungen zu einer aktiven **Beschäftigungspolitik,** kaum vorhandener Umschulungsprogramme und Kapazitäten sowie unzureichende Schritte zur Profilierung der Ämter für Arbeit, die ja dringend nötig sind.

Es entsteht eine zunehmende **Diskrepanz zwischen Wirtschafts- und Sozialpolitik,** die von den Werktätigen als soziale Verunsicherung erlebt und empfunden wird. Wir wollen hier mit allen Äußerungen am Runden Tisch mitgehen zu den Ängsten hinsichtlich der Arbeitssicherheit, aber auch der Bewahrung von sozialen Errungenschaften und sozialen Grundrechten, aber auch zur Bewahrung des Volkseigentums. Wir wollen daher, daß jede Kapital- und Strukturmaßnahme im Betrieb ausgeglichen wird durch soziale Maßnahmen und auch durch einen sozialen Plan, weil wir sonst einseitig glauben, daß diese Dinge nicht richtig zum Tragen kommen.

Wir möchten die Regierung bitten, uns vier Dinge zu beantworten: Das eine ist, wir wollen ebenfalls als Gewerkschaften wissen, um einen gewerkschaftlichen Standpunkt zur Subventionspolitik eindeutig äußern zu können, wo gegenwärtig das **Existenzminimum** liegt.

Wir möchten gern wissen, wie ein **realer Warenkorb** heute und morgen gebildet wird, damit man davon mit ausgehen kann. Und uns reichen auch Aussagen über Tendenzen der **Inflation** nicht aus, wir wollen wissen, was sich da entwickelt.

Wir unterstützen ja die Aussagen der Regierung hinsichtlich der Vorlage von Varianten, Subventionspolitik mit Ausgleich, wollen aber eindeutig noch einmal auf die Aussage des Kongresses hinweisen, daß die Gewerkschaftsmitglieder den **Abbau von Subventionen** nicht mittragen, nicht mitgehen, wenn nicht ein **ausgewogener Ausgleich** und im Paket, der überschaubar ist für jedes Gewerkschaftsmitglied, vorliegt. Scheibenweise Subventionen abbauen ohne Überschaubarkeit gehen die Gewerkschaften nicht mit.

Und ein letztes Wort: Wir haben hier von der Regierung zur Kenntnis genommen die Aussagen hinsichtlich der **Währung.** Wir möchten nur auf eines aufmerksam machen: Die Gewerkschaftsmitglieder haben mitbekommen, daß ja durch den Fleiß und durch Sparen etwa 70 Prozent der **Spartguthaben** dennoch nur bis 5 000 Mark liegen, und die Mehrheit der Werktätigen hat ganz große Befürchtungen, denn das ist ja kein Sparreichtum, der sich hier ausdrückt, und aus diesem Grunde gehen wir keinen Schritt mit, der in Richtung Abwertung erworbenen Fleißes und Erspartem der Werktätigen geht.

Ich bedanke mich.

Ziegler (Moderator): Vielen Dank. Wegen des Gewerkschaftsgesetzes haben Sie nachher ja noch Möglichkeit, wenn wir unter [Tagesordnungspunkt] 6.6 über Betriebsräte und dergleichen reden, ja.

Saler (FDGB): Ja. Erlauben Sie mir eine Bemerkung zu der **Vorlage 11/26a [Antrag FDGB: Verwendung von PDS-Geld zur Erhöhung der Mindestrenten und zur Finanzierung der Betreuungsarbeit der Volkssolidarität**[17]**]** in diesem Zusammenhang. Die Gewerkschaften möchten den Runden Tisch einen Vorschlag unterbreiten. Wir wollen gern eine Vorlage einbringen, daß die 3,1 Milliarden Mark, die die

---

[16] Siehe dazu auch Information 11/7 als Dokument 11/19 im Anlagenband.

[17] Dokument 11/11, Anlagenband.

PDS jetzt an den Staatshaushalt zur Verfügung stellt, für Unterstützung Sozialschwacher, für Mindestrentner und zur Finanzierung der Betreuungsaufgaben der Volkssolidarität genutzt werden.

Vielleicht kann die Regierung in der nächsten Sitzung hier ein Verwendungskonzept vorlegen. Wir würden das gern zweckentsprechend für diesen Personenkreis sehen wollen.

Ziegler (Moderator): Darüber wird dann nachher bei den Überweisungen nur noch gesprochen, noch einmal eingeführt wird es dann nicht. Die **Vorlage 11/26a** ist damit gleich eingeführt. Danke schön.

Und nun Herr Meckel von der SPD.

Meckel (SPD): Wir bedanken uns für die Ausführungen von heute vormittag zu Wirtschaftsfragen, denken aber, daß hier das Tempo der wirtschaftlichen Veränderungen in diesem Lande sehr viel schneller vonstatten gehen muß als dies hier jetzt benannt worden ist. Denn wir denken, nur was schnell greift und was wirklich auch zu sehen ist, ist von den Leuten so getragen, daß sie hierbleiben. Wir müssen ja einfach sehen, **2 500 Menschen gehen täglich aus diesem Land**, und die Frage ist, was kann sie möglicherweise halten.

Wir halten nichts von einem **Volksentscheid** in den Fragen, die Sie angesprochen haben, denn die Frage ist für uns nicht – und ein Volksentscheid könnte immer nur sagen Ja oder Nein – die Frage ist hier aber meist nicht die Frage Ja oder Nein, weder in bezug auf die Frage der **Einheit Deutschlands** noch in bezug auf die Frage der Währungsunion. Denn wir denken, die Mehrheit der Bevölkerung will beides. Sie will den **deutschen Einigungsprozeß** und will eine **Währungsunion**. Die Frage ist dann immer jeweils, wie organisiert man dies und organisiert man dies jeweils möglichst schnell und so, daß die Menschen und auch Sozialschwache sich nicht davor zu fürchten brauchen. Das ist die konkrete Frage, und die kann man durch einen **Volksentscheid** nicht in irgendeiner Weise entscheiden.

Wir denken, daß eine Währungsunion, das heißt ganz konkret ja, daß auch der DDR-Bürger D-Mark in die Hände bekommt, möglichst schnell in Gang gesetzt werden muß und die Entscheidungen in dieser Frage möglichst bald nach dem 18. März [1990] fallen müssen, jetzt aber schon vorbereitet werden müssen, und haben deshalb hier einen Antrag vorliegen, der darum bittet, daß jetzt schon eine Expertenkommission aus beiden deutschen Staaten eingesetzt wird, – –

Ziegler (Moderator): Sagen Sie bitte die Nummer, ja.

Meckel (SPD): – die kurzfristig, die Nummer habe ich hier nicht vorliegen, ich habe hier unseren – – was? **[Vorlage] 11/20 [Antrag SPD: Einsetzung einer deutsch-deutschen Expertenkommission zur Prüfung der Möglichkeiten und Bedingungen für eine Währungsunion**[18]**]** ja, wo die Frage geklärt werden soll, wie kann es möglichst kurzfristig zu einer **Währungsunion** kommen, die die Möglichkeit gibt, eins zu eins die Mark in D-Mark zu tauschen.

Zu Fragen der **Sparguthaben**: Ich will es jetzt im einzelnen nicht sagen, da gibt es Modelle, über die man reden muß und über die man reden kann. Wir denken, daß es da realistische Möglichkeiten gibt bei allen Problemen, die natürlich da sind. Die von Ihnen genannten Probleme sind zum Teil für uns keine Probleme. Zum Beispiel die Frage des deutschen Einigungsprozesses, das ist gesagt worden, weil wir

---
[18] Wird zum Ende der Sitzung verlesen.

den für entschieden halten. Andere Fragen sind natürlich wirklich die der Rentabilität der Betriebe und der Möglichkeit, zeitweilige **Schutzzölle** aufzurichten. Auch das halten wir mittelfristig oder kurzfristig für eine Möglichkeit. Im einzelnen wird man darüber reden müssen. Ich will aber jetzt nicht zu lange dazu reden.

Der zweite wesentliche Punkt für uns ist wirklich das, was vorhin vom Neuen Forum benannt worden ist: Wie können **Arbeiter und Angestellte zum Subjekt im Produktionsprozeß** werden und bei den Entscheidungen, die jetzt ja ständig anfallen. Und wir denken, daß es zwar jetzt nicht möglich ist, im Hauruckverfahren ein **Betriebsverfassungsgesetz** zu machen, ein **Gewerkschaftsgesetz**, ein **Eigentumsrecht, Unternehmens- und Handelsrecht**. All dieses schaffen wir vor dem 18. März [1990] nicht. Aber, und dazu liegt auch ein entsprechender **Antrag [Vorlage 11/25]** vor, daß es sehr schnell möglich und rechtliche Möglichkeiten geben muß, **Betriebsräte** zu bilden, die klar begrenzte aber eben auch paritätische Mitbestimmung praktizieren. Hierzu haben wir einen **Antrag [Vorlage 11/25]**, den wir nachher noch verhandeln können. Dieses halten wir für grundsätzlich wichtig.

Ein ganz Kurzes zuletzt: Es gibt eine ganze Reihe Vermutungen zu **Nummernkonten in der Schweiz**, die DDR-Bürger haben. Gibt es eine – ganz konkrete Frage – gibt es den Antrag der Regierung der DDR an die Schweiz schon, diese Nummernkonten von Privatpersonen zu sperren? Die Vermutung ist, daß **SED-Prominenz da Eigentümer ist**.

Ziegler (Moderator): Ich möchte darauf hinweisen, daß der erwähnte **Antrag 11/20** bereits heute angemeldet war und unter Ziffer 6 erneut behandelt wird. Er ist hiermit dann auch eingebracht.

Und nun bitte ich Herrn Schulz vom Neuen Forum.

Schulz (NF): Ich möchte auf ein längeres Statement verzichten, das ist ja bereits getan. Ich möchte mich lediglich auf die unmittelbaren Aussagen der Regierungsvertreter hier beziehen. Frau Professor Luft, wir haben entgegengenommen, daß Sie ein **Umschulungsprogramm** aufgrund der **Umstrukturierung** hier anbieten. Sie hatten das in groben Konturen angedeutet. Ich möchte allerdings, und ich hoffe, Sie teilen mein Humorverständnis, daß wir hier keine Luftschlösser aufbauen, daß Sie konkret benennen, **welche Kader stehen in diesem Land zur Verfügung**, um den Kräftebedarf tatsächlich **auszubilden?** Die Situation unserer Hochschulen ist doch eher so, daß durch eine verfehlte Wirtschaftspolitik, die überwiegend an eine Ideologisierung gebunden war, kaum qualifizierte Fachkräfte zur Verfügung stehen, um das zu vermitteln, was Sie als Programm hier richtigerweise angedeutet haben. Das heißt, wenn ich das richtig einschätze, können wir ja das bisherige Instrumentarium der sozialistischen Wirtschaftsführung unter Handhabung von Planung und Bilanzierung vergessen. Es werden jetzt ganz andere Qualitäten gebraucht. Woher werden Sie den **Lehrkörper für dieses Umschulungsprogramm** nehmen?

Und eine Anmerkung zu Herrn Flegel: Ich glaube, die Analyse, die Sie hier geliefert haben, war ein typisches Paradebeispiel für das alte Denken, wie eine Analyse angefertigt wird über das Gebiet von Handel und Versorgung. Allein dieser negativ besetzte Terminus von **Abkäufen,** das erinnert mich zumindest an diese **fatale Mauersprache** und zeigt, daß Sie fern jeglichen Denkens einer Marktwirtschaft sind, die hier angedeutet worden ist. Ich würde Sie bitten, inwieweit haben Sie zum Beispiel den Aspekt berücksichtigt, wie unser Markt entlastet wird durch Bürger der DDR, die in der Bundesrepublik kaufen oder von Gütern der Bundesrepublik versorgt werden? Herr Professor Grünheid hat dazu Stellung bezogen. Wie wird unsere Bilanz entlastet durch den Umtausch von D-Mark in DDR-Geld, das ja sicherlich auch zur Aufwertung unseres angespannten Devisenhaushaltes führt. Das bloß als Anmerkung.

Ziegler (Moderator): Danke. Herr Klein befindet sich nicht im Raum, darum übergehe ich ihn.

Frau Köppe.

Frau Köppe (NF): Es gab vorhin schon eine Anfrage vom Unabhängigen Frauenverband, die nicht beantwortet wurde. Ich möchte diese Anfrage noch einmal stellen, damit die Anwesenden auch genau wissen, worum es geht. Es gibt hier eine Meldung, daß die beiden deutschen Staaten die **grenzüberschreitende Beschäftigung von Arbeitnehmern** möglichst bald einvernehmlich regeln wollen, und zwar Verhandlungen zwischen dem Bundesarbeitsministerium und dem DDR-Ministerium für Arbeit und Löhne, und es handelt sich um die Entwicklung eines **Arbeitnehmeraustauschprogramms.** Darin heißt es, daß der **Pendlerverkehr** von Arbeitskräften in die Bundesrepublik legalisiert werden soll von der DDR und daß auch der entsprechende Paragraph im Reisegesetz geändert werden soll, und daß die DDR voraussichtlich den Angehörigen aller Berufsgruppen erlauben würde, in der Bundesrepublik zu arbeiten und weiter in der DDR zu wohnen. Das gilt also auch für Mangelberufe wie Ärzte und Krankenschwestern. Mir sieht das aus nach einem **Ausverkauf von Arbeitskräften.** Vielleicht kann dazu noch einmal Stellung genommen werden.

Ziegler (Moderator): Ja. Sie haben mit Recht ja darauf hingewiesen, daß Frau Dr. Röth zweimal das schon angemahnt hat. Darauf wird sicher noch eine Antwort gegeben werden müssen. Herr Jordan hat Geburtstag. Wir können ihm leider nicht gratulieren.

Aber deswegen ist er nicht mehr da, und ich kann gleich zu Herrn Lucht übergehen.

Lucht (GL): Ja, ich glaube, vieles ist hier gesagt worden. Ich will mich deshalb auf einen Punkt konzentrieren. Auch insgesamt gesagt, glaube ich, daß das Material, das vorgelegte Material, vom Grundgedanken einer Marktwirtschaft mit sozialem Charakter ausgeht und davon ausgehend, glaube ich, insgesamt unterstützt werden kann. Es gibt eine Reihe von Problemen, die anzusprechen wären. Ich will mich, wie gesagt, auf eins konzentrieren.

Wir müssen hier doch feststellen, daß der **ökologische Charakter** der anzustrebenden Marktwirtschaft oder dieses vorgelegten Konzeptes insgesamt zu kurz kommt. Es kann ja keiner an diesem Schlagwort **ökologisch- und sozialorientierte Marktwirtschaft** vorbei. Daraus scheint [es] uns doch so zu sein, daß hier eher plakativ gearbeitet wurde, als [daß] ein integraler Bestandteil konstruiert wurde. Vorgesehene ökologisch relevante Maßnahmen werden bevorzugt auf administrativem Wege vorgesehen und nicht in die Ökonomie eingebunden. Notwendig wären, und das auch als Fragestellung beziehungsweise Anregung, unseres Erachtens, die Einflußnahme auf die Verbraucher preisbildend durch **Verbrauchsabgaben**, die ein umweltgerechtes Verhalten stimulieren, zum Beispiel daß Abgaben auf nicht wiederverwendungsfähige Verpackungen oder auf Vergaser und Dieselkraftstoff.

Dann zweitens, das erscheint mir besonders wichtig zu sein, die **Bildung von Ökofonds aus Ökosteuern,** dieses Problem wurde überhaupt nicht angesprochen, und **Sanktionsabgaben wegen Umweltverstößen** und die zielgerechte Verwendung dieser Fonds unter der Einflußnahme staatsunabhängiger öffentlicher rechtlicher Körperschaften für den Umweltschutz. In diesem Zusammenhang stände auch die **Installation eines Umweltamtes.** Die Möglichkeit von **Steuerabschreibungen** für ökologisch relevante Investitionsvorhaben der Betriebe und nicht zuletzt die Bestimmung effektiver Subventionsformen für den öffentlichen Personennahverkehr und Fernverkehr. Das sind nur einige Anregungen mit der Bitte, doch bei der Weiterarbeitung zum Marktwirtschaftskonzept die Ökonomie des ökologischen Umbaus hier doch verstärkt zu beachten.

Danke schön.

Ziegler (Moderator): Diese Anregungen gehen sowohl an die Regierung wie an die Arbeitsgruppe „Wirtschaft", denn dort muß das ja auch weiterbetrieben werden. Danke.

Ja, also ich bin darauf hingewiesen worden, ich sollte einmal vorneweg etwas sagen, wer immer drankommt. Jetzt ist Herr Hegewald von der PDS dran; und dann Herr Willich von der NDPD. Herr Freiberg? Ach ja, dann ist das falsch aufgeschrieben worden. Ja, vielen Dank.

Jetzt aber Herr Hegewald, ja.

Hegewald (PDS): Wir hätten eine Sofortmaßnahme für ökologisch orientierte Marktwirtschaft einzubringen im Bereich kleiner und mittelständischer Industrie. Es sind Maßnahmen erforderlich, durch welche verhindert wird, daß in der DDR importierte Technologien und Produkte zu neuen Umweltbelastungen führen. Deshalb wird empfohlen, sofort **Umweltverträglichkeitsprüfungen im Bereich der klein- und mittelständischen Industrie** einzuführen. Damit wird auch diffusen flächenhaften Umweltbelastungen vorgebeugt. Das ist ein Thema, was uns, wenn wir es jetzt nicht packen, außer Griff gerät. Und es gibt dazu schon [eine] Gesetzgebung, aber sie müßte jetzt auch wirksam werden. Das wäre vielleicht auch ein wesentlicher Schritt für eine ökologisch orientierte Marktwirtschaft.

Und ein zweiter Vorschlag: Wenn es mit dem Verschmelzen der beiden Länder jetzt schneller geht, als mancher sich das träumen ließ, und das Ziel „Deutschland einig Vaterland" uns doch alle sehr bewegt, übrigens eine Losung der alten SED, die wir gestern zu Grabe getragen haben, für die zukünftigen Länder – Und wenn wir uns jetzt sehr stark auf die Zukunft dieses Deutschlands bewegen – –

[**Vorlage 11/29, Antrag PDS: Kooperation DDR-BRD, Organisation der BRD-Wirtschaftshilfe durch neue Verwaltungsreform. Ziel: Deutschland einig Vaterland**[19]]

Für die zukünftigen Länder in diesem Bereich wie Thüringen, Mecklenburg, Brandenburg, Sachsen-Anhalt, Sachsen, sind mit Hilfe der Regierung in den nächsten Wochen **Wirtschaftsämter** für klein- und mittelständische Industrie zu schaffen, welche die **Wirtschaftskooperationen**

---

[19] Der erste Teil der Vorlage 11/29 wurde nicht verlesen. Dieser Antrag wurde schriftlich zu Protokoll des Zentralen Runden Tisches gegeben. Die in { } gesetzten Ausführungen wurden davon abweichend nur mündlich vorgetragen. In [ ] gesetzte Texte finden sich lediglich in der schriftlich zu Protokoll gegebenen Fassung. Unterstreichungen im Original. Vgl. Dokument 11/12 im Anlagenband.

Wirtschaft: Zweite Runde der Beratung

> steuern zwischen Bundesrepublik und DDR. Gemischte Kommissionen für die Zusammenarbeit der Länder der BRD und der zukünftigen Länder in der DDR sind jetzt zu bilden. {Das ist vorige Woche geschehen im Bezirk Dresden in Kooperation mit dem Bezirk Leipzig und Karl-Marx-Stadt. Und wenn wir es jetzt nicht tun, ist es zu spät.}
>
> Gemischte Kommissionen als institutionalisierte Partnerschaften mit Fachkommissionen für Gesundheit, Umwelt, Bildung, Verkehr etc. sollten unsere Wirtschaftsreform mit ausgestalten. In den Kommissionen müssen alle politischen Parteien und Bewegungen ihren festen Platz haben. Der Runde Tisch der jeweiligen Bezirke sollte die Arbeit der Kommissionen unterstützen. Der Gleichschritt der die Länder konstituierenden Bezirke sollte von unten nach oben erfolgen. Die Regierung müßte hier koordinieren. Die Ratsbereiche haben produktive Funktionen der gemischten Kommissionen zu erfüllen.
>
> Die auf dem Bezirkstag Dresden am 1. Februar 1990 vorgeschlagenen Maßnahmen zur Bildung eines Wirtschaftsamtes können als Beispiellösung dienen. Von der Regierung wäre analog dazu ein Regelwerk auszuarbeiten. Ziel: {müßte es sein, jetzt Schritte der Verwaltungsreform zu gehen, damit die Wirtschaftshilfe, die von der Bundesregierung kommt, dann nicht, beziehungsweise von den Bundesländern, nicht spontan kommt, sondern mit uns gemeinsam gesteuert [wird]}.
>
> [Verwaltungsreform kommt vor Wirtschaftshilfe. Wenn die Wirtschaftsämter arbeiten, kann das Kapital kommen].

Ziegler (Moderator): Sie haben eben die Verlesung der **Vorlage 11/29** erlebt. Ich bitte sie also vorzunehmen. Sie ist damit eingebracht. Es ist nur die Frage, sie wird nachher, es ist nur noch die Unterstützungsfrage dann zu stellen, nicht wahr? Hat sich jetzt jemand [gemeldet]?
Herr Brandenburg.

Brandenburg (NF): Sie hatten vorhin so ein Verfahren vereinbart, daß nach ungefähr drei Anfragen die Regierungsvertreter – –

Ziegler (Moderator): Nein, also, da haben ..., ich habe das vorhin zur Debatte gestellt und geändert nach der Mittagspause, weil wir Ihnen vorgeschlagen haben – – sonst ist heute nicht mehr durchzukommen.

Brandenburg (NF): Ja, andererseits fehlen uns dann die Antworten. Ich würde also den Antrag erneuern wollen – –

Ziegler (Moderator): Die werden schon kommen.

Brandenburg (NF): – daß wir jetzt der Regierung die Gelegenheit [geben], zu antworten.

Ziegler (Moderator): Ja, also, dann möchte ich, ja gut, den können Sie natürlich jederzeit stellen, den Geschäftsordnungsantrag. Aber ich möchte Ihnen sagen, es stehen noch zwei Wortmeldungen auf der Liste. Für den Fall, daß jemand übersehen worden ist, muß er das dann gleich sagen.
Herr Freiberg, Frau Teschke, Demokratie Jetzt, und Herr Matschie [SPD], die stehen auf der Liste. Mein Vorschlag war, daß wir das dann zu Ende bringen und die Regierung dann insgesamt antwortet, weil sich das vorige Verfahren, wie Sie gesehen haben, dazu ausgeweitet hat, daß wir mit dem Zeitplan überhaupt nicht mehr zurechtkommen.

Brandenburg (NF): Ich ziehe meinen Antrag zurück.

Ziegler (Moderator): Danke schön. Aber Sie waren damals übersehen worden, ja?

Steinitz (PDS): Ich hätte noch einen Vorschlag einzubringen. Professor Steinitz.

Ziegler (Moderator): Ja, dann müßten wir das – – Ihren Namen?

Steinitz (PDS): Ja, Steinitz.

Ziegler (Moderator): Steinitz, müssen wir noch aufschreiben, gut. Damit möchte ich dann aber doch bitten um Ihre Zustimmung, die Rednerliste abzuschließen, damit wir dann zu zwei Dingen noch Zeit haben. Erstens, daß die Regierung antworten kann, und zweitens, daß wir die Vorlagen noch nehmen, weil darüber ja entschieden werden muß. Es erhebt sich kein Widerspruch, danke schön.
Dann ist Herr Freiberg jetzt von der NDPD an der Reihe.

Freiberg (NDPD): Die Konzeption der Wirtschaftsreform sieht eine Vielfalt von **Eigentumsformen** vor, und klar ist, daß künftig private Unternehmen, Handwerks- und Gewerbebetriebe eine wesentliche Rolle dabei spielen werden. Wir sehen eine Möglichkeit des Entstehens von Unternehmen mit inländischer Beteiligung oder von **Privatbetrieben** in der **Umwandlung volkseigener Betriebe,** die bis 1972 halbstaatlich, privat oder als **PGH** [Produktionsgenossenschaft des Handwerks] gearbeitet haben.
Ich möchte auf zwei Probleme aufmerksam machen:
Erstens: Es gibt eine Vielzahl von Anträgen ehemaliger Komplementäre und Unternehmer beziehungsweise deren Nachkommen zur Übernahme solcher Betriebe, die verschiedenen Ministerien vorliegen. Die Schaffung der rechtlichen Regelung für das **Übernahmeverfahren** noch im Februar, so wie das von Frau Minister Luft hier dargelegt wurde, möchten wir ausdrücklich unterstützen. Wir halten das für sehr dringend. Wir meinen aber, daß bis dahin in den betreffenden Kombinaten, aus denen solche Betriebe oder Teilbetriebe ausgegliedert werden sollen und müssen, keine strukturellen Veränderungen bis zur rechtlichen Regelung vorgenommen werden sollten. Wir empfehlen auch, das Antragsverfahren zur Übernahme solcher Betriebe doch deutlich zu machen. Denkbar wäre, daß solche Anträge bei den Räten der Bezirke und zuständigen Kombinaten gestellt werden. Zum anderen möchten wir vorschlagen, daß es vielleicht gut wäre, ein **Beispiel** zu schaffen **der Übernahme solcher Betriebe.** Der Raum Suhl käme in Frage. Mir ist bekannt, daß sich dort solche Bürger bereiterklärt haben, dabei zu sein. Es geht einfach hier darum, entsprechende Zeichen zu setzen.
Zum zweiten: Ehemalige Komplementäre und Privatunternehmer fordern eine Überprüfung der **Rechtmäßigkeit finanzieller Fragen,** die sich mit der **Umwandlung ihrer Betriebe 1972** ergeben haben. Die Fraktion der NDPD in der Volkskammer hat bereits am 12. Januar [1990] auf diese Problematik aufmerksam gemacht. Ich habe die Frage, welche Maßnahmen sind diesbezüglich eingeleitet worden?
Danke.

Ziegler (Moderator): Ja, vielen Dank. Das ist noch etwas zu einem Thema, was noch nicht angeschnitten ist.
Frau Teschke, Demokratie Jetzt.

Frau Teschke (DJ): Ja. Ich habe einen Vorschlag zu machen zur Regierungsvorlage, in der gesprochen worden war von der **Unterstützung sozialer Sicherung bei Nichtberufstätigkeit**. Und zwar schlagen wir vor, daß die angekündigten Schadensersatzleistungen der SED-PDS, wobei das unserer Meinung nach der Anfang ist der Schadensersatzleistungen, als Fondsbildung benutzt werden könnten für eine **Arbeitslosenversicherung**.

Zweitens habe ich eine Frage: Eine wesentliche Voraussetzung für die Entwicklung marktwirtschaftlicher Strukturen, sie sind uns ja allen klar, ist der Ausbau der klein- und mittelständischen Unternehmen. Meine Frage ist: Der Bundeswirtschaftsminister Haussmann sprach bei seinem letzten Besuch von dem **6 Milliarden-Kredit**, der vorzüglich den klein- und mittelständischen Unternehmen zur Verfügung gestellt werden soll. Meine Frage ist: Steht dieser Kredit bereits zur Verfügung? Und wenn ja, wo und zu welchen Bedingungen?

Und als Drittes möchte ich daran erinnern, daß beim letzten Runden Tisch zu Wirtschaftsfragen die Ist-Analyse der Zahlungsbilanz nicht vollständig war. Es fehlten sämtliche **Aktivitäten des Bereiches Kommerzielle Koordinierung**. Es gab dazu einen Antrag, der einstimmig vom Runden Tisch eingebracht worden war, daß hier der Außenhandelsminister oder der Minister für Finanzen – – aber vielleicht kann das Frau Luft nachfragen.

Ziegler (Moderator): Aber das Datum ist noch nicht dran, wir hatten das für später, ja.

Frau Teschke (DJ): Aha, gut. Danke.

Ziegler (Moderator): Aber ich wollte Sie nicht unterbrechen, wenn Sie – –

Frau Teschke (DJ): Das war das letzte.

Ziegler (Moderator): Ja, ich muß Sie bloß darauf hinweisen, es gibt vom FDGB die **Vorlage 11/26a**, und da wird über dieses Geld, was Sie eben anders verwenden wollten, der Partei, anders verfügt. Wenn Sie also da Ihren Antrag, dann müßten – –

Frau Teschke (DJ): Ist doch nur ein Vorschlag, den kann die Regierung akzeptieren oder nicht.

Ziegler (Moderator): Dann müßten Sie den, den müßten Sie dann bloß auch als Antrag stellen, sonst hat er keine Chance, sonst kommt dies vielleicht durch. Aber das müßten Sie dann schon noch veranlassen, ja. Gut.

Herr Matschie, SPD.

Matschie (SPD): Ich möchte noch einmal zurückfragen zur **Preis- und Subventionspolitik** und besonders zu dem Bereich hier bei **Nahrungsmitteln** und **Gaststättenwesen**, weil ja hier über die Hälfte der Subventionen hinfließt, also gut 30 Milliarden Mark. Es ist in der Diskussion deutlich geworden, daß hier auf schnellstem Wege eine Preisreform erfolgen muß, ein Subventionsabbau, da hier durch Käufe ausländischer Bürger, die ja ganz normal sind in einem offenen Land, aber auch durch Verschwendung und Verfütterung etwa 5 Milliarden Mark jährlich an Subventionen zweckentfremdet abfließen. Wenn man das umrechnet, sind das etwa 14 Millionen Mark pro Tag, die hier verloren gehen. Es muß also schnell etwas geschehen auf diesem Gebiet.

Dazu kommt, daß die Land- und Nahrungsgüterwirtschaft natürlich erhebliche Probleme hat, das ist auch benannt worden, diesen hohen Bedarf abzudecken. Herr Dr. Domagk hat gesagt, daß es Verzögerungen geben muß in diesem Subventionsabbau, da hier erst noch diskutiert werden muß über inhaltliche Ausgestaltung, über die Art und Weise des Ausgleichs, über die Preise. Soweit wir informiert sind, liegt seit November letzten Jahres ein **Konzept** in wesentlichen Zügen dafür vor. Ich weiß nicht, warum Sie, Herr Dr. Domagk, vorhin sagten, daß Sie eventuell veranlassen wollen, heute über Nacht ein solches Konzept zu erstellen, sondern [ich] frage jetzt zurück: Warum ist dieses Konzept noch nicht zur Diskussion vorgelegt worden? Warum geht man an dieser Stelle so zögerlich vor? Nach unserer Auffassung ist es möglich, die **Preisreform** in dem Bereich Nahrungsmittel und Gaststätten technisch noch vor der Wahl durchzuziehen, und von unserer Seite liegt ein entsprechender Antrag [Vorlage 11/19] dazu vor.

Ziegler (Moderator): Welche Nummer?

Matschie (SPD): Das ist die Nummer [Vorlage] 11/19.

Ziegler (Moderator): Bitte nehmen Sie dann auch gleich die [Vorlage 11/19, Antrag SPD: Frühestmögliche Durchführung der Preisreform im Bereich Nahrungsgüter, Lebensmittel und Gaststätten in Verbindung mit Ausgleichszahlungen an die Bevölkerung[20]] als eingebracht an. Wir müssen nachher dann das Verfahren mit der Zustimmung machen. So. Als letzter Redner ist Herr Steinitz an der Reihe, PDS. Und dann werden wir in die Antwortenrunde eintreten.

Herr Steinitz, bitte.

Steinitz (PDS): Ich möchte einen Vorschlag machen zur weiteren Arbeit an Problemen des **Wirtschafts- und Währungsverbundes** und der **sozialen Sicherheit**. Meines Erachtens wird es ein Grundproblem, daß diese beiden Komplexe doch relativ losgelöst voneinander behandelt werden. Und ich glaube, daß es unbedingt notwendig ist, hier die enge Verknüpfung zwischen beiden in der weiteren Arbeit zu sichern. Es gab ja heute schon einige Gedanken in diese Richtung, daß Fragen der sozialen Sicherheit mit in die Verhandlungen mit der BRD einbezogen werden müssen in dem Vorschlag vom Unabhängigen Frauenverband. Ausgehend von den Erfahrungen, die es auch international gibt – ich denke hier vor allem an die Arbeiten zur Vorbereitung des EG-Binnenmarkts, wo auch einseitig in der ersten Zeit im Vordergrund wirtschaftliche, währungspolitische, technologische Fragen standen und die sozialen Aspekte, die Sicherung des sozialen Standards, vernachlässigt wurden – und ausgehend von unserem Problem, daß [es] natürlich nicht ausreicht, hier für die DDR bestimmte Sicherungen zu treffen, bestimmte gesetzliche Regelungen vorzunehmen, wenn sie nicht wirksam werden in dem Prozeß der Vereinigung, sollte als Grundsatz meines Erachtens festgelegt werden, daß die Arbeiten an dem Wirtschafts- und Währungsverbund stets verbunden werden mit den Problemen der sozialen Sicherung, angefangen von [den] Fragen Recht auf Arbeit über die Sicherung der sozialen Leistung für Familien, alleinerziehende Frauen, Schwangere und so weiter, die konkret auch in dem Vorschlag vom Unabhängigen Frauenverband enthalten sind. Nur auch anknüpfend an gemeinsame Interessen der Werktätigen in der DDR und der BRD, ich denke auch dabei an die Fragen Schwarzarbeit, Verhinderung von Schwarzarbeit und Schaffung von Lösungen, die eben auch perspektivisch von Bestand sind. Es ist meines Erachtens möglich, hier diesen Prozeß der Vereinigung auch

---

[20] Dokument 11/13, Anlagenband.

in einer Art und Weise durchzuführen, der nicht zu starken – – Herangehens.

Und als Zweites, wir haben auch einen entsprechenden Antrag eingebracht, das ist der **11/31 [Vorlage 11/31, Antrag PDS: Verknüpfung des Wirtschafts- und Währungsverbundes mit einem Sozialverbund**[21]**]**, daß die konkreten Vorschläge, welche Fragen einbezogen werden müssen in einen solchen, ob man ihn Sozialverbund nennt oder Sozialplan, jedenfalls konkret in die weiteren Verhandlungen mit der Bundesregierung zur Gestaltung dieses Prozesses, daß das hinan im Runden Tisch Wirtschaft beraten wird.

Ziegler (Moderator): Herr Steinitz, vielen Dank, aber ich muß fragen, ob Sie nicht eigentlich auch **[Vorlage] 11/13 [Antrag PDS: Sicherung der in der Verfassung und im Arbeitsgesetzbuch der DDR garantierten Rechte für Frauen**[22]**]** gleich mit eingebracht haben. Da haben Sie nämlich die Frage der Sicherheit der Frauen und dergleichen.

Steinitz (PDS): Ja, beides zusammen, ja.

Ziegler (Moderator): Im Grunde haben Sie beide eingebracht, nicht? Vielen Dank.

Damit ist die Rednerliste und die Aussprache hier geschlossen, und wir kommen jetzt zu der zweiten Runde, Antworten der Regierung, und Sie würden sich bitte, falls nicht alle Fragen beantwortet werden, dann gleich melden. Und dann kommen wir zu den Vorlagen.

Frau Minister, darf ich bitten? Wie soll das passieren?

TOP 10: Wirtschaft: Zweite Runde der Beantwortung der Fragen durch Regierungsvertreter

Frau Luft (Ministerin für Wirtschaft): Wir haben eine Einigung, daß wir zu dem **Wirtschaftsreformkonzept** Landwirtschaft, Forst- und Nahrungsgüterwirtschaft eine spezielle Veranstaltung machen. Ich bitte daher sehr um Verständnis, daß wir heute zu den Fragen, die die **Entwicklung der Genossenschaften** angeht, nicht mehr Stellung nehmen.

Aber zu solchen Fragen sehr wohl wie Landwirtschaftsexporte, Joint-ventures, Landwirtschaft, das werden wir machen.

Mein Vorschlag ist, daß zunächst Herr Dr. Noack zu Wort kommt, der stellvertretende Minister für Arbeit und Löhne, weil es noch aus der Vorrunde vor der Mittagspause offene Fragen gibt, und auch heute nachmittag gab es eine Reihe von Fragen dazu. Es sollte dann Professor Grünheid sprechen zu Export Landwirtschaft, ERP-Kredite und eine Reihe anderer Dinge. Wir haben uns zwischendurch schon abgestimmt. Herr Domagk, es gab eine Reihe von Fragen noch zu Subventionen und Preisen, Herr Flegel wäre mein Vorschlag und Herr Dr. Halm. Ich würde mich am Ende noch einmal melden.

Ziegler (Moderator): Danke. Dann machen wir das so in dieser Reihenfolge.

Herr Dr. Noack würde dann bitte jetzt beginnen.

---

[21] Dokument 11/14, Anlagenband.
[22] Dokument 11/15, Anlagenband.

Noack (Stellvertretender Minister für Arbeit und Löhne): Sehr verehrte Damen und Herren – – In der vergangenen Woche fand ein zweites Treffen auf der Ebene der Staatssekretäre beider Ministerien [Arbeitsministerium der BRD und der DDR] statt. In diesem Treffen ging es vorrangig um Fragen der **grenzüberschreitenden Beschäftigung**. In Vorbereitung dieses Treffens hatte das Ministerium für Arbeit auch Vertreter des Runden Tisches mit eingeladen und die Position für das Auftreten auf diesem Treffen auch abgestimmt. Auf dem zurückliegenden Treffen in der vergangenen Woche wurde von beiden Seiten nochmals unterstrichen, daß sie es als vorrangige Verpflichtung ansehen, für die Fragen des **grenzüberschreitenden Verkehrs** so schnell wie möglich Lösungen zu finden.

Nun ist das ein sehr kompliziertes Problem, und ich muß sagen, daß noch kein greifbares Ergebnis vorliegt. Es wurde vereinbart, in drei Arbeitsgruppen weiterzuarbeiten, unter anderem auch in einer Arbeitsgruppe, die die Fragen der grenzüberschreitenden Beschäftigung weiter detailliert diskutiert. Es wurde darüber hinaus vereinbart, ein Pilotprojekt durchzuführen, und zwar in Zusammenarbeit zwischen Ämtern für Arbeit der DDR und Ämtern für Arbeit der BRD, um auch durch diese Zusammenarbeit entsprechende Erfahrungen zu sammeln.

Die BRD geht davon aus, daß sie ihren Unternehmen die Beschäftigung von DDR-Bürgern nicht untersagen kann. Sie wird jedoch alles unternehmen, verstärkt gegen **Schwarzarbeit** vorzugehen. Gegenwärtig wird von der DDR keine Genehmigung erteilt für eine Beschäftigung in der BRD, aber wir wissen, daß verschiedentlich Bürger der DDR bereits in der BRD einer Beschäftigung nachgehen. Erforderlich ist, ausgehend auch vom Reisegesetz, eine **gesetzliche Regelung** für die Beschäftigung von DDR-Bürgern außerhalb der DDR, also auch in der BRD. Und dazu ist es natürlich auch wichtig, daß es mit der BRD zu entsprechenden Vereinbarungen kommt. Wir gehen davon aus, daß wir den Abfluß oder den **Abzug von Facharbeitern, von Arbeitsvermögen** der DDR schützen müssen. Die BRD-Seite erklärte sich aber, wie gesagt, außerstande, ihren Unternehmern eine Beschäftigung von DDR-Bürgern zu untersagen.

Wir vertreten die Auffassung, das heißt, das Ministerium, daß wir zu einer differenzierten Regelung kommen müssen, daß Bürger, die in der DDR vollbeschäftigt sind, in ihrer Freizeit gegebenenfalls, wenn sie es wollen, in der BRD einer Nebenbeschäftigung nachgehen können. Für **Vollbeschäftigte**, oder für **Nichtvollbeschäftigte** besser gesagt, sind wir der Meinung, daß ein **Registrierungsverfahren** eingerichtet werden muß. Ein Registrierungsverfahren, das die Bürger verpflichtet, ihren Versicherungsschutz in der DDR zu erhalten, für sich und für ihre Familien, durch entsprechende Beiträge und daß es auch notwendig ist, valutarechtliche oder sagen wir steuerrechtliche Regelungen zu schaffen, die dazu führen, daß solche Bürger einen Beitrag für die Gesellschaft in der DDR leisten.

Auf diesem Wege könnte eine gewisse Steuerung erreicht werden. Der BRD sei da zum Ausdruck gebracht, daß auf dieser Grundlage es möglich sein könnte, eine Lösung zu finden. Wie gesagt, in einer eingerichteten Arbeitsgruppe wird nun im Detail über diese Fragen weiter diskutiert werden müssen. Die Arbeitsgruppe hat den Auftrag, bis Mitte Februar entsprechende detaillierte Vorschläge auszuarbeiten und dann dem erneuten Treffen auf der Ebene der Staatssekretäre vorzulegen. Wir meinen, daß das Problem sicher nicht administrativ gelöst werden kann, aber wir meinen

auch, das darf sicher nicht dazu führen, die Lösung des Problems, Bürger zu veranlassen, in die BRD überzusiedeln. Wir werden all die Fragen, die in der weiteren Verhandlung eine Rolle spielen, mit den Vertretern des Runden Tisches weiter beraten.
Zu den weiteren aufgeworfenen Fragen: Es wurde hier die Frage gestellt – –

Ziegler (Moderator): Herr Dr. Noack, entschuldigen Sie, Frau Köppe hat da eine direkte Zwischenfrage. Würden Sie die zulassen bitte, ja?

Frau Köppe (NF): Zu diesem **Arbeitnehmeraustauschprogramm**, wie es hier genannt wird: Wenn ich Sie jetzt recht verstehe, ist es dann so, die Bürger wohnen hier, bezahlen hier ihre Sozialversicherung, können aber in der BRD arbeiten. Wer arbeitet dann noch hier? Das ist die Frage.

[Lücke in der Aufnahme]

Noack (Stellvertretender Minister für Arbeit und Löhne): – über entsprechende **steuerrechtliche Möglichkeiten**, so daß der Werktätige an und für sich keinen Anreiz hat, in der BRD zu arbeiten, sondern hier einer Vollbeschäftigung nachgeht.

Ziegler (Moderator): Ja, [jetzt kommen] die Fragen, die Sie noch beantworten wollten.

Noack (Stellvertretender Minister für Arbeit und Löhne): Es wurde die Frage gestellt im Zusammenhang mit der Verordnung über die **Gewährung staatlicher Unterstützung** und **betrieblicher Ausgleichszahlungen** an Bürger während der Zeit der Arbeitsvermittlung, wie es sich mit dem Begriff Zumutbarkeit verhält. Der Begriff **Zumutbarkeit** ist im Arbeitsgesetzbuch enthalten. Er wurde in diese Regelung und auch in die Vorruhestandsregelung aufgenommen. Es gibt gegenwärtig keine gesetzliche Definition dieses Begriffes. Vielmehr wurden bisher bestimmte Kriterien durch die Rechtsprechung entwickelt, unter anderem auch auf Plenartagungen des Obersten Gerichts. Ohne Zweifel ist eine Definition kompliziert, aber ich denke, daß man künftig nicht mehr mit den Kriterien, die durch die Rechtsprechung ausgearbeitet wurden, zurechtkommen wird, sondern angesichts der neuen Bedingungen es erforderlich sein wird, die bisherigen Kriterien weiterzuentwickeln, dabei auch die Erfahrungen jetzt bei der Anwendung der Regelungen auszuwerten und spätestens dann mit der Arbeitslosenversicherung gesetzliche neue Maßstäbe zur Zumutbarkeit zu setzen.
Eine zweite Frage war: **Für welche Zeit soll diese Unterstützung gezahlt werden?** Die gesetzliche Regelung sieht derzeit keine Begrenzung vor, aber natürlich kommt es darauf an, durch entsprechende Vermittlung von Arbeitsplätzen, Neuschaffung von Arbeitsplätzen durch entsprechende Umschulungsmaßnahmen dafür zu sorgen, daß diese Zeit so kurz wie möglich ist. Es ist also keine Begrenzung derzeit vorgesehen. Dieser Frage wird man auch nähertreten müssen im Zusammenhang mit der Arbeitslosenversicherung.
Eine Berechnung des **Existenzminimums** gibt es bisher nicht, aber ich bin der Auffassung, es ist unbedingt erforderlich, daß das schnellstens passiert.
Was die **Veränderung des Arbeitsgesetzbuches** anbetrifft, so sind entsprechende Vorbereitungsarbeiten geleistet worden. Wir sind der Auffassung, daß diese Vorbereitungsarbeiten soweit gediehen sind, daß der Entwurf eines Änderungsgesetzes in Kürze mit Vertretern der zuständigen Arbeitsgruppen des Runden Tisches beraten werden könnte, um dieses Änderungsgesetz zu qualifizieren.
Es ist hier auch angesprochen worden, daß es unbedingt notwendig ist, eine Regelung für die **Aufgaben der Ämter** zu schaffen. Eine solche Regelung ist in Vorbereitung. Sie wird noch in dieser Woche dem Ministerrat vorgelegt werden. Und in der Tat geht es darum, die Aufgaben der Ämter neu zu bestimmen, die Ämter zu verstärken, sie auszubauen sowohl quantitativ als auch qualitativ. Vielen Dank.

Ziegler (Moderator): Wir danken Ihnen für das Wort. Wir verstehen, weil wir das selbst immer gefordert haben, daß wir ausführlich informiert werden. Wenn ich trotzdem bitte, daß wir kurz informiert werden, möge der Zorn dann auf den Moderator gehen, wenn es zu wenig ist, nicht auf diejenigen, die sich dann kurzfassen. Aber ich muß das im Interesse unserer Verhandlungsführung doch einmal in Erinnerung bringen.
Frau Köppe.

Frau Köppe (NF): Ich denke, das, was wir jetzt eben gehört haben über dieses **Arbeitnehmeraustauschprogramm**, was uns da erzählt wurde, ist so wesentlich, daß wir darüber in die Aussprache treten sollten. Ich glaube, da passieren Dinge, die das infrage stellen, was wir hier überhaupt machen. Wenn das in Zukunft so sein wird, dann brauchen wir, glaube ich, über diese anderen Sachen nicht mehr zu beraten, wenn wir uns schon fragen müssen, wer dann hier in diesem Land noch arbeiten wird. Ich glaube, wir sollten jetzt hier einen Punkt machen und darüber dann jetzt hier auch sprechen.

[Beifall]

Ziegler (Moderator): Frau Köppe, eine ganze Reihe von Dingen, die müssen ja bei den Anträgen besprochen werden. Das war ja ausdrücklich gebeten worden, daß da Stellung genommen wird. Aber dann unterbrechen wir jetzt die Beantwortung der noch ausstehenden Fragen, wenn Ihr Antrag kommt, ja. Das muß dann klar sein.

Frau Köppe (NF): Ich denke schon, daß wir darüber noch sprechen sollten im Beisein der Regierungsvertreter, daß es wenig Sinn hat, wenn wir das hinterher machen.

Ziegler (Moderator): Ja. Ich höre gerade, Professor Grünheid wird dazu noch Stellung nehmen. Ich bin doch dafür, daß wir das dann aufgreifen, wenn diese Vorlagen – – Darüber müssen wir reden, nicht. Und vor allen Dingen muß ich Sie auch darauf aufmerksam machen im Zuge der Verhandlung, daß Sie gebeten hatten, daß die Vertreter des Kernkraftwerkes Greifswald, die sind jetzt angereist, und die müssen auch wieder zurück. In der Verhandlungsführung muß das berücksichtigt werden. Ich bitte also, Frau Köppe, daß wir jetzt erst Herrn Professor Grünheid hören.

Grünheid (Industrieminister und Vorsitzender des Wirtschaftskomitees für die Durchführung einer Wirtschaftsreform): Ich möchte mit der gestellten Frage von Frau Köppe beginnen. Der **Arbeitsstand,** der hier von Herrn Noack dargelegt worden ist, ist meiner Meinung nach nicht nur für Sie unakzeptabel, sondern auch für die Regierung der DDR. Und ich nehme ihn als Arbeitsstand und würde meinen, daß es mit einem solchen Verfahren, ich stimme völlig mit Ihnen überein, keine nach vorne gehende **Arbeitspolitik** in der DDR geben kann. Und die Lösung der Probleme – – es ist ja heute so, das betrifft ja nicht nur den grenznahen Raum oder

Berlin-West, die Facharbeiter fahren von Magdeburg nach Wolfsburg montags früh, gehen dort arbeiten, und fahren am Freitagabend mit dem entsprechenden Lohn in der Tasche wieder nach Hause. Es muß hier zwischen den Regierungen eine Vereinbarung gefunden werden, und zwar eine andere, als sie hier als Arbeitsstand mitgeteilt worden ist.

Ich möchte aber auch gerne die Zustimmung des Runden Tisches dazu haben, daß es meiner Meinung nach unzumutbar ist, was uns die Vertreter der Bundesregierung hier zumuten; denn Herr Noack hat das ja mit Bezug auf den Standpunkt der Regierung der Bundesrepublik dargelegt, daß es ihr nicht möglich wäre, einer Einschränkung hier zuzustimmen. Also, ich würde gerne hier mitnehmen wollen, daß wir das in die Regierung tragen zu einer Beratung und Klärung, und [ich] möchte noch einmal versichern, ich bin der Meinung, Ihrer Meinung, daß es mit diesem Arbeitsstand nicht gehen kann und keine vernünftige Lösung der, nennen wir es einmal, **Arbeitsmarktprobleme** in der DDR geben kann und daß hier weiterverhandelt werden muß. Wir müssen immer sehen, daß es zwei Seiten betrifft. Hier muß weiterverhandelt werden.

Ich möchte etwas sagen dürfen zu den Hinweisen von Herrn Dörfler von der Grünen Partei: [Die] gründliche **Überprüfung der Exportstruktur** ist Anliegen der Wirtschaftspolitik der Regierung. Ich kann das nur unterstützen. Ich darf Fakten sagen, um das Bild abzurunden. Sie haben die Beispiele maßgeblich aus dem Export in das nichtsozialistische Wirtschaftsgebiet gewählt. Ich muß sagen, 70 Prozent des Exports der DDR finden in die UdSSR und die anderen sozialistischen Länder statt mit einer völlig anderen Struktur, als sie in das nichtsozialistische Wirtschaftsgebiet stattfinden. Zwischen 50 und 70 Prozent sind dort Maschinen und Ausrüstungen und technische Dinge, die wir gegen Konsumgüter und vor allen Dingen gegen Rohstoffe tauschen.

Es gibt auch einen geringen Anteil von Rohstoffen oder rohstoffähnlichen Erzeugnissen bis hin, jawohl, auch zu Nahrungsgütern, die die DDR dort hinliefert. Die sind aber für die Struktur dieser 70 Prozent unseres Exports überhaupt nicht charakteristisch. Einen größeren Anteil haben sie, und dort muß geändert werden in dem von Ihnen genannten Sinne in die nichtsozialistischen Länder, sowohl was die **Umweltbelastung** betrifft als auch die **Rohstoffrage.**

Ich muß hier wie für die Landwirtschaft bitten, die Wirtschaft braucht Übergänge. Es gibt Monokulturen hier auch in der Produktion unserer Landwirtschaft. Es gibt riesige Viehanlagen, die kann man nicht von heute auf morgen stillegen, weil dort Tausende von Menschen zum Beispiel ihren Arbeitsplatz haben. Das sind echte **Strukturprobleme,** wo die heute hier viel diskutierten Profilierungs-, Umschulungs- und Investitionsprobleme anstehen, nämlich man muß neue Kapazitäten investieren, Landmaschinen für den Ackerbau oder auch in der Industrie.

Was die hohen **Subventionen** betrifft für **Agrarerzeugnisse,** so spielt eine maßgebliche Rolle, daß seit 1981 durch Agrarpreisänderungen das Preisniveau um 26 Milliarden Mark erhöht wurde, das Inlandspreisniveau der Landwirtschaft, maßgeblich im Zusammenhang mit Industriepreisänderungen bei Verbrauchserzeugnissen der Landwirtschaft.

Was die 1,5 Millionen Tonnen **Futtergetreide** betrifft, die **importiert** werden 1990, so dienen sie ausschließlich dem Ausgleich des Ausfalls durch die Trockenheit im vergangenen Jahr, das heißt zur Aufrechterhaltung des Tierparks, wenn ich das so sagen darf, der für die Ernährung der Bevölkerung der DDR erforderlich ist.

Was die Frage der **Verantwortung für diese Politik** betrifft, so fühle ich mich nicht in der Lage, nach den mir zu Gebote stehenden Zeiträumen und Unterlagen meiner Arbeit darauf endgültig zu antworten. Ich werde diese Frage dementsprechend weiterleiten, auch die nach der Behinderung von Bürgerinitiativen, an den zuständigen Minister [für Land-, Forst und Nahrungsgüterwirtschaft, Hans] Watzek, dem der genannte Generaldirektor hier auch untersteht. Ich bitte dafür um Verständnis.

Was die Feststellung betrifft, daß noch nirgends auf der Welt es gelungen ist, eine **Planwirtschaft auf Marktwirtschaft umzulenken, ohne sozialen Schaden zu nehmen,** so ist mir ein solches Beispiel auch nicht bekannt. Ich möchte meine Gedanken dazu sagen, wo ich die Möglichkeiten dazu sehe im Unterschied zu anderen ähnlichen Versuchen. Es gibt in der DDR eine bei allen Schwierigkeiten bis zum heutigen Tage **funktionsfähige Wirtschaft** und eine Grundversorgung dieser Wirtschaft und der Bevölkerung der DDR. Es gibt eine hohe Qualifikation der Bürger dieses Landes, um die sich andere reißen, wie wir wissen. Es gibt ein im Verhältnis zu anderen hier als Beispiel vielleicht zur Frage stehenden Ländern ein sehr **hohes Niveau der Arbeitsproduktivität.** Wir reden immer nur von dem Rückstand gegenüber der BRD. Die DDR hat ein auch gegenüber anderen westlichen Ländern durchaus vergleichbares Produktivitätsniveau und ein wesentlich höheres als andere Länder, die von Plan- zu Marktwirtschaft gehen wollen. Die DDR hat den Standortvorteil einer Drehscheibe zwischen Ost und West. Die DDR hat das Angebot der Vertragsgemeinschaft und weitergehender Schritte, ganz gleich, wie sie aussehen werden. Wenn wir sie klug betreiben, werden sie zum Nutzen der Wirtschaft der DDR sein. Die DDR hat auf einigen Industriegebieten durchaus moderne Kapazitäten, die jetzt nutzbar gemacht werden müssen. Wir müssen die vielen Milliarden, die in die **Mikroelektronik** einseitig investiert wurden, jetzt nutzbar machen.

Aber Fakt ist: Die **DDR hat** als eines der wenigen Industrieländer Europas, nicht nur Ost-Europas, **eine entwickelte mikroelektronische Basis.** Wir haben eine, wie wir feststellen konnten, **funktionierende Landwirtschaft,** nach wie vor gut funktionierende Landwirtschaft, wir haben einen, würde ich meinen, hohen gesellschaftlichen Konsens zu dieser Wirtschaftsreform. Das haben andere Länder nicht.

Daß am Runden Tisch die Arbeitsgruppe „Wirtschaft" hier heute bestätigt hat, daß sie den Grundgedanken dieser Wirtschaftsreform, wie sie von der Regierung vorgelegt worden ist, zustimmt, das kenne ich aus keinem der anderen Länder, die den Versuch unternommen haben, von der Planwirtschaft zur Marktwirtschaft überzugehen. Das heißt, ich sehe schon gute Gründe, daß wir nicht mutlos, sondern mit Mut an diese gewiß komplizierte Aufgabe gehen können.

Die Landwirtschaft darf nicht an den Rand gestellt werden, wie von den Vertretern der Bauernpartei gesagt wird, das kann ich nur unterstützen. Und ich darf sachlich feststellen: Der Vorschlag **Landtechnik** auf die Liste, auf die Prioritätenliste Joint-ventures zu setzen, ist ergänzt. [Er] fehlt in dem hier vorliegenden Exemplar. Ich muß mich entschuldigen, das ist nicht auf dem neuesten Stand. In der gültigen Liste, auf der auch mit der Bundesrepublik verhandelt wird, ist Landtechnik enthalten.

Zur Frage **Ersatzteilbereitstellung** gibt es seit [dem] 28. Dezember [1989] ein Sonderprogramm der Regierung einschließlich zusätzlichen Importen aus westlichen und östlichen Ländern. Das wird wöchentlich kontrolliert. Und im Ergebnis der Beratung mit den Bauern in Bernburg, sage ich einmal, die der Ministerpräsident durchgeführt hat, habe ich den Auftrag, am Donnerstag eine erneute Kontrolle mit den beteiligten Ministern für Landwirtschaft, Maschinenbau, Schwerindustrie durchzuführen.

Zu der Fragestellung des FDGB, der Zustimmung zu den beiden vorliegenden Entwürfen, daß das sehr dringlich ist zu regeln, kann ich sagen, wenn heute der Konsens, wenn wir den mitnehmen können, wird die Regierung am Donnerstag beschließen, daß es ausschließlich der Frage schuldet, daß wir eine so wichtige soziale und ökonomische Frage nicht ohne den Konsens vom Grünen Tisch zu Beschluß bringen können.

Zwischenrufe: Runden Tisch?

Grünheid (Industrieminister und Vorsitzender des Wirtschaftskomitees für die Durchführung einer Wirtschaftsreform): Am Runden Tisch, ja. Grün ist er auch sehr, ja.

Was die Frage betrifft, es fehlen die Ergebnisse immer noch und die Antworten auf den **Bereich Kommerzielle Koordinierung.** Hier wurde schon darauf hingewiesen. Die Arbeiten laufen bis zum 28. Februar [1990], sehr angestrengte Arbeiten, um alles dort aufzuhellen und zu einer konsolidierten Bilanz zu kommen, wie man das nennen kann.

Auf einen positiven Umstand für die **Zahlungsbilanz** der DDR aus der bisherigen Arbeit darf ich Sie hinweisen. Auf der Seite 3 unseres schriftlichen **Berichtes [über die Lage der Volkswirtschaft und Schlußfolgerungen zur Stabilisierung**[23]**]** ist davon die Rede, daß, ursprünglich auch in der Volkskammer genannt, **20,6 Milliarden Dollar** als Nettoverbindlichkeiten genannt wurden. Nach der jetzt vorliegenden Abrechnung, einheitlichen Abrechnung des Gesamtaußenhandels vorläufig, betragen die **Verbindlichkeiten 18,5 Milliarden Dollar,** sprich 2,1 Milliarden günstiger. Das ist im wesentlichen der **Einbeziehung der Guthaben des Bereiches Kommerzielle Koordinierung** in die gesamtstaatliche Zahlungsbilanz geschuldet. Das ist nicht zu Ende. Nach dem 28. [Februar 1990] wird die Regierung hier Auskunft geben.

Zu ERP – ich bemühe mich um Kürze, aber es waren 20 Fragen – zu ERP kann ich berichten, daß die Verhandlungen mit der Bundesrepublik, mit Experten der Bundesrepublik, laufen. Es ist zu sagen, daß in diesen Expertenberatungen vorgesehen wurde, sie am 6. Februar fortzusetzen, das wäre also morgen, und dann eine übereinstimmende Verlautbarung für die Öffentlichkeit zu geben, so daß ich bitte um Verständnis, daß ich das nicht vorwegnehme. Über die Absichten ist soviel heute mit Sicherheit bekannt, daß von diesen **6 Milliarden Mark,** die in Rede stehen, etwa 1,2 Milliarden Mark für dieses Jahr noch gedacht sind, die anderen dann in drei weiteren Jahren.

Und es ist bekannt, daß von der Zweckorientierung her vier Gruppen gebildet wurden: Existenzgründungen, Umweltschutzförderung, Modernisierung und Tourismus. Dabei wird davon ausgegangen, daß die Fonds eindeutig auf den privaten Sektor Handwerk, Genossenschaft gezielt sind. Bisher wurde von den westdeutschen Experten eine Kreditierung von kommunalen Unternehmen ausgeschlossen. Ich sage das deshalb, weil ich vor der Volkskammer den Gedanken geäußert habe, die Müllabfuhr und ähnliche, sagen wir einmal, **Notstandsgebiete** damit zu fördern. Das ist bisher nicht als möglich angesehen worden. Wir verhandeln dort weiter, vor allem, weil bis zu 2 Milliarden Mark für Umweltschutz eingesetzt werden sollen, und der ist ja in der DDR nicht privat organisiert.

Schließlich noch zu der Frage **Sofortmaßnahmen** auf dem **Gebiet der Ökologie** von Herrn Hegewald von der PDS im Zusammenhang mit den Joint-ventures, **Umweltverträglichkeitsprüfungen.** Die in der DDR geltenden Gesetze werden in Anwendung gebracht bei dem Genehmigungsverfahren für das Joint-ventures. Es wird also von uns vorgeschlagen in den Durchführungsbestimmungen zur Joint-ventures-Verordnung vorzusehen, zwar ein sehr verkürztes Verfahren und schnelles, aber nicht ohne die Bestätigung des Lieferanten, daß daraus keine zusätzliche ökologische Belastung, gleich welcher Art, entsteht. Und wir werden das gegebenenfalls nicht nur durch unsere eigenen Organe prüfen lassen, sondern durch Organe der Bundesrepublik, die ja dafür vorhanden sind.

Danke schön.

Ziegler (Moderator): Wir danken für die Antwort und bitten jetzt Herrn Domagk, wie vorgesehen.

Domagk (Staatssekretär im Ministerium für Finanzen und Preise): Ich möchte nur wenige Bemerkungen machen. Ich unterstreiche das Anliegen, daß die **Reform der Preis- und Subventionspolitik** zügig erfolgen muß. Aber ich muß Ihnen hier auch sagen, daß es nicht der Tatsache entspricht, daß bereits seit November ein Konzept vorliegt. Natürlich verfügen wir über eigene Berechnungen und Vorstellungen zu diesem Gesamtpaket der Subventionspolitik. Aber Tatsache ist, daß wir erst nach der Regierungserklärung am 17. November vergangenen Jahres eine konzentrierte Arbeit leisten konnten, nicht nur als Vertreter des Ministeriums für Finanzen und Preise, sondern in Zusammenarbeit mit Vertretern des Ministeriums für Handel und Versorgung, einiger Industrieministerien sowie Experten aus Betrieben und Kombinaten. Und diese Arbeit ist nahezu Ende Januar erst abgeschlossen worden.

Aber ich muß betonen, nicht vollständig, denn wir wissen jetzt **Bescheid über etwa 28 Milliarden Mark,** und deshalb ist es schon sehr wichtig, daß ich aus diesem Paket ein Material mache, um Ihnen Varianten vorzulegen, das heißt, in der Arbeitsgruppe „Wirtschaft", mit verschiedenen Vorschlägen, wie man solche Dinge lösen kann. Und das werden wir auch tun, damit wir hier zu einem Konsens kommen, ehe wir öffentlich weiter Fragen der Subventions- und Preispolitik diskutieren.

Was die Anregung zur **Ökologie** betrifft, da darf ich nur noch einmal kurz anmerken, daß wir natürlich einige Regelungen schon vorbereitet haben. Beispielsweise ist es so, daß mit Wirkung vom 1. Januar dieses Jahres die Inanspruchnahme von Trinkwasser durch die Wirtschaft, durch staatliche Einrichtungen wesentliche – – einige weitere Regelungen in Kraft gesetzt beziehungsweise bestehen sie seit Jahren, aber ich unterstreiche, notwendig ist diese Frage der Ökologie durch **Sanktionen** besser in den Griff zu kriegen, wobei ich natürlich davon ausgehen muß, das alles darf nicht in die **Industriepreissummen** hingerechnet werden, da wir dann Preisauftriebstendenzen im Industriepreisniveau kriegen, was wieder nachteilige Folgen hat. Aber wir nehmen das

---
[23] Dokument 11/16, Anlagenband.

dankbar entgegen, um hier auf diesem Gebiet im Prozeß der Reform der Industriepreise weiterzuarbeiten. Wenn wir das Material abgeben und in der Arbeitsgruppe „Wirtschaft" darüber diskutieren, dann können wir auch die Randfragen, die hier noch gestellt worden sind, dann mit beantworten.
Danke.

Ziegler (Moderator): Vielen Dank.
Herr Flegel.

Flegel (Minister für Handel und Versorgung): Es handelt sich um zwei Fragen. Zuerst darf ich sagen, hier sind zwei unterschiedliche Probleme gemeint, vielleicht sind sie nicht deutlich geworden in meinen Ausführungen. Ich habe davon gesprochen, daß der **Warenfonds** – so, wie er jetzt vorgesehen ist – keine weiteren Lohnerhöhungen zuläßt, wenn es nicht zu **inflationären Tendenzen** kommen soll. Ich bitte davon zu unterscheiden die Umwandlung erzeugnisgebundener Subventionen in personengebundene Subventionen. Daraus ergibt sich kein Kaufkraftzuwachs, soweit ein ausgewogener Ausgleich vorgenommen wird. Bin ich soweit verstanden worden?

Zur zweiten Frage: [Diese] betraf meine Analyse der **wirtschaftlichen Situation des Binnenmarktes.** Dort bitte ich zu beachten, ich habe zwei Dinge versucht darzulegen. Das eine ist der **wertmäßige Ausgleich,** der auch einschließt die 8,6 Milliarden Mark, die sich aus dem Umtausch der DDR-Bürger ergeben, aus dem Weggang einer leider sehr großen Zahl, aus dem Zuwachs der Touristen und so weiter. Danach rechnen wir mit einem wertmäßigen Ausgleich. Unser Problem ist, daß dieser wertmäßige Ausgleich nicht gilt für jedes Sortiment. Und es gibt eine Reihe von Sortimenten. Dort bleibt das Angebot ganz deutlich hinter der Nachfrage zurück. Und dazu gehören eben die Sortimente, die ich genannt habe, langlebige Konsumgüter, um das nicht noch einmal im einzelnen erläutern zu müssen, Kühlschrank bis Fernsehapparat. Ich habe dafür den Begriff **Abkauf** verwandt, meines Wissens nach **ein durchaus marktwirtschaftlicher Begriff.** Ich bitte, aus der Pluralisierung dieses Abkaufs in Abkäufe bitte kein altes Denken, zumindest nicht zwingend, abzuleiten, noch dazu, wo ich dargelegt habe, welche Anstrengungen die Regierung unternimmt, um den bestehenden offenen Bedarf abzudecken und so schnell wie möglich zu befriedigen.
Danke sehr.

Ziegler (Moderator): Vielen Dank. Hier war eine kurze Rückfrage, aber bitte wirklich eine kurze Rückfrage.

N. N.: Ich möchte noch einmal an Herrn Dr. Domagk zurückfragen. Ich habe doch richtig verstanden, daß das Konzept in wesentlichen Zügen fertig ist, daß noch Kleinigkeiten fehlen. Ich frage jetzt noch einmal, warum ist dieses Konzept noch nicht früher in die Arbeitsgruppe gegeben worden, um es mit beraten zu können.

Und ich frage als zweites: Geben Sie mir recht, daß es technisch möglich ist, diese **Preisreform** auf diesem Gebiet noch vor den Wahlen durchzuführen?

Ziegler (Moderator): Das war noch einmal eine Zuspitzung auch an Ihre Sache. Wollen Sie kurz antworten, Herr Domagk?

Domagk (Staatssekretär im Ministerium für Finanzen und Preise): Ja, ich muß sagen, das Konzept ist, wie gesagt, in den letzten Tagen fertiggestellt [worden], ohne Varianten daraus abgeleitet zu haben. Und die muß man herausarbeiten.

Und zweitens, was die Technik betrifft: Zur Durchführung einer solchen Maßnahme gehört hohe Exaktheit. Dazu gehören Preisbestimmungen, gesetzliche Bestimmungen, dazu gehört die Ausarbeitung von über Hunderttausenden von Einzelpreisen, weil dann letztendlich jeder Verkäufer wissen muß, zu welchem Preis er welches Erzeugnis umzubewerten hat. Das stellt allein schon hohe Anforderungen an den Druck, an die Verteilung, an die Einweisung von nahezu 250 000 Kräften.

N. N.: Ist es möglich, bis vor den Wahlen noch? Das wollte ich nur wissen.

Domagk (Staatssekretär im Ministerium für Finanzen und Preise): Ich muß Ihnen sagen, ich schätze, daß das nicht möglich ist vom Gesamtpaket her. Das schätze ich ein.

Ziegler (Moderator): Gut, vielen Dank für die klare Antwort.
Und ich bitte jetzt Herrn Halm und dann Frau Minister Luft.

Halm (Minister für Leichtindustrie): Ich möchte auf einige Fragen noch eingehen von Herrn Holland und von Herrn Freiberg.

Zu den Fragen **Gewerbefreiheit** und die sich damit in Zusammenhang ableitenden steuerrechtlichen Probleme möchte ich darüber informieren, daß ein **Entwurf eines Steueränderungsgesetzes** erarbeitet worden ist vom zuständigen Ministerium, welches den zuständigen Volkskammerausschüssen, dem Wirtschaftskomitee des Runden Tisches, den Handwerkskammern, den Handels- und Gewerbekammern, [den] Unternehmerverbänden zugestellt wird. Und dort sind beispielsweise diese Fragen, die von Ihnen angesprochen worden sind, eingeordnet. [Die] Anwendung eines einheitlichen Einkommensteuertarifs für alle Handwerker, Gewerbetreibenden, selbständig und freiberuflich Tätige sieht eine durchgängige Absenkung gegenüber dem bisherigen Steuertarif vor. Der Höchststeuersatz wird von bisher 90 Prozent auf 60 Prozent gesenkt. Ihr Vorschlag war 55 Prozent. Das muß man noch einmal diskutieren. Ich denke, das ist doch hier ein Angebot, wo man darüber diskutieren kann.

Das gleiche ist mit der ganzen Frage der **Einkünfte der Ehegatten,** daß die künftig getrennt besteuert werden, das heißt also: Bei Mitarbeit im Betrieb des anderen Ehegatten ist vorgesehen, den Lohn einer vergleichbaren Arbeitskraft steuerlich anzuerkennen und gesondert zu besteuern. Eigentlich eine Forderung, die wir gemeinsam lange schon erhoben haben und bis jetzt noch nicht so durchsetzen konnten, wie wir das wollten.

Als einen sehr guten Vorschlag betrachte ich die Frage der **Steuerprogression** befristet für die Schaffung von Akkumulation. Ich würde vorschlagen, daß dieser Punkt im Rahmen des Wirtschaftskomitees, wenn der Entwurf des Steueränderungsgesetzes vorgelegt wird, noch einmal diskutiert wird. Und wir werden das natürlich auch als Regierung noch einmal mit aufnehmen, damit in den entsprechenden Arbeitsgruppen bei uns das auch noch einmal durchdacht wird. Ich bin der Auffassung, das ist ein Weg, den man wirklich hier aufgreifen muß.

Die Fragen, die angesprochen worden sind, ganz kurz, **Entflechtung von Kombinaten.** Da gibt es also ja eine sehr große Bewegung gegenwärtig. Vor allen Dingen in den bezirksgeleiteten Kombinaten liegen den Räten der Bezirke schon eine Reihe von Vorschlägen vor zur Auflösung von ökonomisch uneffektiven bezirksgeleiteten Kombinaten. Diese müssen jetzt durchgeforstet werden und müssen zur Entscheidung gebracht werden, wobei wir deutlich gemacht haben als Regierung, daß das im Zusammenhang mit der Vorlage bis 15. Februar [1990] im Rücklauf der Planentwürfe der entsprechenden Kombinate mit zu behandeln ist.

Sind damit die Fragen aus dieser Ecke erst einmal beantwortet, Herr Holland?

Die Fragen, die noch gestellt worden sind von Herrn Freiberg, möchte ich so beantworten: Die Problematik, daß also die **Reprivatisierung von Betrieben**, daß bis zur rechtlichen Regelung keine strukturellen Veränderungen vorgenommen werden, ist eigentlich gerade die entgegengesetzte Frage von Herrn Holland. Er will das beschleunigen. Hier wird gefordert, daß es also noch aufgehalten wird. Ich sehe die Sache so: Wir müssen das also, da wir im Februar das Gesetz, das **Rahmengesetz für die Bildung von Privatbetrieben, Betrieben mit halbstaatlicher Beteiligung** und **Genossenschaftsbetrieben** ja einbringen werden – wir haben darüber informiert heute früh, die Frau Luft – dort müssen wir also ja die Frage [der] Reprivatisierung mit klären, dort müssen wir auch die Frage mit klären, die hier angesprochen ist, Umwandlung ehemaliger Betriebe mit staatlicher Beteiligung. Das wird also auch dort mitbehandelt, so daß ich davon ausgehe – da das im Februar passiert, wird das also parallel erfolgen – [daß] damit die Parallelität, die gefordert worden ist – – Und ich denke, daß wir bis Ende Februar hier doch einen ganzen Schritt weiter vorangekommen sind.

Die Frage der **Antragsmöglichkeiten für die Reprivatisierung**: Dort haben wir die Räte der Bezirke aufgefordert, daß die entsprechende Vormerkung vorzunehmen ist, damit also das bekannt ist und damit wir wissen, um welche Betriebe es sich überhaupt handelt, die dann in der weiteren Arbeit einbezogen werden können.

Beispiele schaffen? Jawohl. Wir haben ja bereits einige Beispiele geschaffen bezüglich der **bezirksgeleiteten Industrie**, wo wir Betriebe herausgelöst haben aus Verbänden, eigenständige Betriebe, die jetzt direkt dem Wirtschaftsrat des Bezirkes unterstellt sind, um deutlich zu machen, wie man hier über die Erhöhung der **Eigenständigkeit der Betriebe** arbeiten muß, um Erfahrungen zu sammeln. Ich muß sagen, hier in Berlin ist es der VEB Strickenboden Berlin, und das läuft eigentlich recht positiv.

Wir sind auch der Auffassung, daß wir zur Frage der Reprivatisierung Beispiele schaffen. Ich habe dazu vergangenen Donnerstag bereits Festlegungen getroffen, und wir werden in dieser Woche die ersten Beispiele aussuchen, um mit Ihnen gemeinsam entsprechende Regelungen zu schaffen im Zusammenhang mit der Parallelität mit der Ausarbeitung der Rahmengesetze. Danke schön.

Ziegler (Moderator): Vielen Dank. Sie werden den Schluß der Antwortrunde machen.

Frau Luft (Ministerin für Wirtschaft): Meine Damen und Herren, ich möchte die Anwesenheit der Regierungsmannschaft am heutigen Runden Tisch nutzen, um Ihnen am Ende dieser Beratung Dank zu sagen. Dank zu sagen erstens dafür, daß wir eine **grundsätzliche Zustimmung** erhalten haben zu dem hier vorgelegten Wirtschaftsreformkonzept. Und die Regierung fühlt sich bestärkt darin, nach der hier erfolgten Diskussion, eine ganze Reihe von Problemen, deren Lösung wir schnell vorantreiben wollen, nun noch schneller oder zumindest mit noch größerem Tempo anzugehen. Ich will Beispiele dafür sagen.

Erstens: Die Unterstützung der Regierung für die Einbringung eines Gewerkschaftsgesetzes in die Volkskammer liegt vor. Wir stellen uns voll dahinter.

Zweitens: Wir werden noch alles, was in unserer Kraft steht, unternehmen, um weitere Sozialgesetze auf den Weg zu bringen.

Drittens: Wir werden alles, was mit dem Niederlassungsrecht zusammenhängt, so schnell, wie hier schon vorgeschlagen, auf den Weg bringen.

Viertens: Wir werden die hier angesprochenen vermögensrechtlichen Fragen möglichst weit bis zum 18. März [1990] in die Volkskammer bringen.

Fünftens: Wir werden Erfahrungen, die bereits gesammelt werden – Herr Dr. Halm hat das eben gesagt mit der Entflechtung von bezirksgeleiteten Kombinaten – popularisieren. Manches spricht sich einfach auch noch nicht herum. Wir haben dort schon Anfänge. Wir müssen die Erfahrungen, die gemacht werden, popularisieren, auch das Für und das Wider, was sich daraus ergibt, genau einschätzen.

Und sechstens will ich als Beispiel sagen die Steuergesetzgebung, auch etwas, was ja hier gefordert worden ist, was schnell gebraucht wird.

Dies steht im Programm der Regierung. Und ich muß hier noch einmal einen Satz in eigener Sache sagen. Normalerweise ist es nicht üblich, daß eine Regierung, die wenige Wochen mit einem Wahltermin eventuell in einer anderen Zusammensetzung dann arbeiten wird, noch so intensiv an Gesetzen arbeitet. Das ist etwas Einmaliges, was wir hier machen. Das muß man auch einmal sagen. Das heißt, wir sind ständig in der Zwickmühle zwischen dem, als **Übergangsregierung** macht ihr was, was euch eigentlich nicht zusteht, und andererseits werden wir gedrängt, das Tempo zu erhöhen. Ich bitte hier auch um Verständnis für unsere Lage. Also, wir gehen so an unsere Arbeit heran, daß wir im Interesse unseres Volkes ein möglichst großes Maß an Dingen, die ich eben angesprochen habe, noch vor dem 18. März [1990] auf den Weg bringen.

Ich bedanke mich auch für die grundsätzliche Zustimmung zu den hier vorgelegten Regelungen den **Vorruhestand** betreffend und die finanzielle Unterstützung während der Vermittlung. Ich jedenfalls habe es so aufgefaßt, daß wir damit grünes Licht haben, am Donnerstag im Ministerrat diese Regelungen in Kraft zu setzen, und zwar rückwirkend zum 1. Februar [1990].

Ich bedanke mich drittens für eine ganze Reihe von Vorschlägen, die schon als akzeptiert gelten können. Das betrifft Vorschläge, die hier vom Kollegen Hegewald und vom Kollegen Lucht gemacht worden sind zu **Umweltfragen**. Das Reformpaket, das wir in die Volkskammer bringen, das hat gerade zu den Umweltfragen schon eine ganze Reihe von weiteren Vorschlägen, die wir in den letzten Tagen bekommen haben. Wir haben also seit dem Ministerrat am 1. Februar an diesem Konzept schon weitergearbeitet. Ich darf auch versichern, daß diese Regierung die **Sozialfragen** in die Verhandlungen mit der BRD mit einbeziehen wird. Und ich möchte die FDGB-Vertreter bitten, die Vorschläge, die auf dem außerordentlichen Kongreß gemacht worden sind, uns zugänglich zu machen.

Zu der Diskussion, die hier am Ende stattgefunden hat, den **Subventionsabbau** betreffend, möchte ich doch noch eine Bemerkung machen. Es ist eigentlich recht leicht, die marktwirtschaftlichen Instrumentarien zu erlernen und alle

Techniken, die damit zusammenhängen. Das trauen wir uns auch zu. Aber eine Entscheidung von einer solchen Tragweite, wie sie der Abbau von Subventionen für Lebensmittel betrifft, eine solche Entscheidung, würde ich persönlich sagen, soll man vielleicht doch **nicht mit einer Übergangsregierung machen**, sondern hier sollte die Regierung ins Feld gehen, die dann aus den Wahlen herausgeht. Es geht nicht nur um das Beherrschen von marktwirtschaftlichen Instrumentarien. Es geht darum, einen Konsens mit der Bevölkerung zu finden. Und wir bekommen, jeder von uns, jeden Tag solche Berge von Zuschriften. Die Hälfte davon sagt ja, die andere Hälfte sagt nein. Und dies ist nun wirklich das Problem dieser Regierung, daß sie dies, ein so sensibles, ein Problem von solcher sozialer Tragweite, zwar vorbereitet hat – – Und wenn Sie uns jetzt heute hier sagen, also das habt Ihr zu machen – – Aber dazu hat sich natürlich auch keiner aufgeschwungen.

So, ich habe noch zwei – – zwei kurze Dinge möchte ich sagen.

Erstens: zu Herrn Holland. Er hat gefragt: Soll denn alles am Ende auf der klein- und mittelständischen Industrie ruhen, oder was ist hier mit Kombinaten? Ich möchte folgendes sagen: Wenn in den acht **Kombinaten** - und die umfassen 155 Betriebe - die **Eigenerwirtschaftung** eingeführt wird, dann ist das mehr als nur die Eigenerwirtschaftung im bisherigen Sinne. Was bisher über [die] Eigenerwirtschaftung in diesen acht Kombinaten hinausgeht, das ist folgendes: Es geht hier vor allen Dingen um die eigenverantwortliche Verwendung von Valutaanteilen. Es geht um Lohnentwicklung in Abhängigkeit von der Gewinnentwicklung. Und es geht hin bis zur Entwicklung von Kapitalgesellschaften. Das ist etwas qualitativ Neues gegenüber dem, was bisher unter Eigenerwirtschaftung verstanden wurde.

Zweitens: Diese Schritte sind noch nicht in der ganzen Breite mit praktischen Erfahrungen belegt, so daß uns ein sofortiges Anwenden dieser Regelung zur Eigenerwirtschaftung in allen Betrieben noch nicht beherrschbar scheint, insbesondere was die **Valutaeigenverwendung** anbetrifft. Aber die Minister sind berechtigt, die Industrieminister, in eigener Verantwortung schon im Laufe dieses Jahres weitere Betriebe in diese Regelungen einzubeziehen. Und wir hoffen, daß sie sich dazu auch couragieren, wenn die Bedingungen entsprechend sind.

Und schließlich darf ich dazu sagen, drittens: Wo bereits früher für Kombinate der Übergang auf die Eigenerwirtschaftung vorgesehen war, dort bleibt das auch bestehen. Also, im Grunde sind es mehr als acht [Kombinate]. Aber in diesen acht sind es qualitativ neue Elemente.

Letzte Bemerkung zu Herrn Musch von der Vereinigten Linken: Die Wirtschaftsreform erfordert **Konvertibilität**. Darüber sind wir uns im klaren, das sah unser Konzept hier auch vor. Das ist gewissermaßen die Krönung der außenwirtschaftlichen Öffnung eines Landes. Die offene Grenze, die Abwanderungsbewegung, die damit verbunden ist, macht nun ein noch schnelleres als ursprünglich vorgesehenes Tempo notwendig. Das geht nicht ohne währungspolitische Kooperation mit der BRD. Und für diese währungspolitische Kooperation gibt es innerhalb und außerhalb unseres Landes unterschiedliche, sehr unterschiedliche Vorschläge.

Ich habe hier eingangs meiner Bemerkungen heute morgen das **D-Mark-Sofortkonzept** mit den Vor- und Nachteilen, wie ich es sehe, dargelegt. Und mir scheint, daß die sofortige Einführung der D-Mark als Zahlungsmittel in der DDR gerade mit solchen Erscheinungen verbunden ist, wie Sie sie genannt haben, nämlich einen **Betriebsbankrott**, sagen wir es ruhig einmal auf deutsch, der ziemliche Dimensionen annehmen könnte, Entlassungen von sehr vielen Menschen.

Daher muß ich noch einmal sagen, was ich hier vorgetragen habe zu der zweiten Variante, das ist nicht nur meine persönliche Ansicht, sondern dazu steht die Regierung bis jetzt. Ich muß immer sagen bis jetzt, weil jeder Tag neue Realitäten schafft und da muß man auch neu überlegen. Aber bislang sehen wir es als vordringlich an, die **Teilkonvertierbarkeit** für die Bürger so schnell wie möglich, und so schnell wie möglich will heißen, nicht Weihnachten, sondern wirklich schnell – –

Und als zweiten Schritt, wobei der zweite Schritt nicht heißt, er kann erst gegangen werden, wenn der erste realisiert ist, sondern hier gibt es auch eine Parallelität, aber der zweite Schritt wäre die **Konvertierbarkeit im kommerziellen Bereich**, wobei der Schritt etwas länger dauert. Und der ist nicht machbar, aus unserer Sicht, nicht ohne den Zusammenhang zum **Wirtschaftsverbund** machbar. Und der schließt auch die **kooperative Lösung von Sozialfragen** ein. Aber beides, sowohl die Teilkonvertibilität für die Bürger als auch die schließliche Konvertierbarkeit im kommerziellen Bereich, erfordert doch wohl, da dies alles sehr schnell gehen muß, die **Stützung durch die Bundesbank**.

Wenn ich vom **Volksentscheid** gesprochen habe, bitte, das ist auch nur eine Überlegung gewesen, dann eigentlich nicht, weil ich meine, man kann auf eine so wichtige Frage mit Ja oder Nein antworten. So einfach ist es nicht, aber ich glaube, wenn man sich zu einem Volksentscheid bekennt, dann ist man verpflichtet unserem Volk im vorhinein sehr viel an Wahrheiten zu sagen, was dort alles kommen kann. Denn dieses Volk hat diese Kenntnisse bisher nicht. Und das war eigentlich meine Überlegung. Man kann auch andere Instrumente finden. Aber mir geht es darum, einen Weg zu finden, der die Regierung zwingt und der alle gesellschaftlichen Kräfte zwingt, dem Volk zu sagen, was auf uns zukommen kann. Und dann bitte schön sollen auch mehr als nur die, die hier am Tische sitzen oder die in der Volkskammer sind, dann sollen mehr das Ja oder Nein dazu sagen, aber mit dem gerüttelten Maß an Kenntnissen, was dazu notwendig ist, damit nicht ein böses Erwachen erfolgt, wenn die Sache geschehen ist.

Danke.

[Beifall]

Ziegler (Moderator): Wir danken Ihnen und allen Vertretern der Regierung, daß Sie uns so ausführlich und so zeitaufwendig informiert haben, daß Sie die Anregungen gehört haben und daß Sie Fragen beantwortet haben. Wir müssen nun noch die Ernte dieses ganzen Tages einbringen. Und dazu sind ein paar einfache Schritte doch noch notwendig. Die Arbeitsgruppe „Wirtschaft" hat ja ihre Erklärung vorgelegt. Dazu gibt es unter der **Vorlage 11/18 [Stellungnahme UFV: Zum Arbeitsmaterial der AG „Wirtschaft" vom 29. Januar 1990[24]]** und den **Informationen 11/13 [Forderungen und Fragen PDS: Zu Wirtschafts- und Sozialfragen[25]]** und **11/17 [Stellungnahme FDGB zu den „Zielstellungen, Grundrichtungen, Etappen und unmittelbaren**

---

[24] Dokument 11/17, Anlagenband.
[25] Dokument 11/18, Anlagenband.

Maßnahmen der Wirtschaftsreform ..." vom 29. Januar 1990[26]] Stellungnahmen, die das entweder unterstreichen oder mit einigen Punkten anders akzentuieren.

Mein Vorschlag ist: Dieses wird eben der Regierung übergeben, damit sie dieses weiterbearbeiten kann.

Zweiter Vorschlag: Wir haben mehrfach den Hinweis gehört, daß die Frage der **Landwirtschaft** noch einer besonderen Behandlung bedarf. Nach unserem Plan, der in der Prioritätengruppe bearbeitet worden ist, soll das am 19. Februar dieses Jahres passieren. Da ist Wirtschaft unter dem besonderen Gesichtspunkt Landwirtschaft an der Reihe. Ich würde also sagen, dies wird auf den 19. [Februar 1990] verschoben.

Ich will nur noch zwei Dinge sagen: Wir müssen dann noch einmal eingehen auf die beiden Entwürfe, die wir hier schon von der Regierung haben, und das Paket, das hier an Anträgen vorliegt, die soziale Sicherung betreffend. Und es gibt ein zweites Paket, das ist die Verbindung von Ökologie und Wirtschaft. Das muß noch hier kurz von uns verwiesen werden. Dazu werde ich dann die Vorschläge machen. Aber erst hat sich Herr Musch gemeldet und Herr Hammer, sofort.

Musch (VL): Ich muß noch einmal zurückfragen zu den drei Fragen, die ich gestellt habe, ganz knapp. Die erste Illusion, daß viele Menschen meinen, mit [der] **D-Mark-Einführung** ist ihr Konsumtionsproblem gelöst, die scheint mir einigermaßen vom Tisch. Die zweite Illusion, daß wir über einen so komplizierten Umbaumechanismus mit gleichem Standard darüber wegkommen, scheint mir nicht vom Tisch zu sein. Und es ist eine massenhafte, glaube ich, das wird nicht weniger.

Ziegler (Moderator): Ja, bloß wir hatten jetzt nun wirklich die Runde abgeschlossen, Herr Musch. Ich bitte Sie doch.

Musch (VL): Ja, und die dritte [Frage], gestatten Sie das noch, daß wir **Volkseigentum** haben, ist auch nicht vom Tisch.

Ziegler (Moderator): Ja, Sie haben ja Ihre Fragen sehr deutlich vorhin gestellt. Aber wir können eigentlich nicht mehr, denn es warten die Vertreter des Kernkraftwerkes, es warten andere. Und wir sind auch denen, die wir hier einladen, schuldig, einigermaßen die Zeit einzuhalten. Ich bitte also auch um Verstehen.

So, Herr Hammer.

Hammer (NDPD): Wir wollten nur noch sagen, daß die **Vorlage 11/14** [Erklärung VdgB zu den bisherigen Vorschlägen der AG „Wirtschafsreform" beim Ministerrat der DDR[27]] auch mitgenommen wird zur weiteren Bearbeitung, und nicht erst auf den 19. [Februar 1990] gewartet wird.

Ziegler (Moderator): Ja, sehr schön. Das wird natürlich alles übergeben. Aber es wird jetzt dann noch einmal gesondert aufgegriffen am 19. Februar [1990].

So, und nun müssen wir diese beiden **Entwürfe** doch noch einmal kurz vornehmen, **Verordnung über die Gewährung von Ruhestandsgeld und Ausgleichszahlung bei Arbeitsvermittlung**[28].

---

[26] Dokument 11/19, Anlagenband.
[27] Dokument 11/10, Anlagenband.
[28] Dokument 11/9, Anlagenband.

Frau Minister Luft hat sich schon bedankt für die Zustimmung, aber das sollte, damit es nachher nicht kommt und es heißt, wir sind ja noch gar nicht richtig gefragt worden, möchte ich das hier noch einmal zur Debatte stellen, ob es da noch Einwände gibt. Es hat ja Fragen gegeben: Was ist Zumutbarkeit, Zeitbegrenzung, Existenzminimum. Darüber haben wir Auskunft gekriegt, zwar Negativauskunft, aber Auskunft, daß daran gearbeitet wird. Ich frage also: Gibt es noch irgendeinen Hinweis, der mitgegeben werden muß zur Ausgleichszahlung während der Zeit der Arbeitsvermittlung, Entwurf der Regierung? Ich sehe das nicht. Dann darf ich davon ausgehen, daß das die Unterstützung findet.

Dasselbe ist die Frage: **Gewährung von Vorruhestandsgeld**[29]. Gibt es dazu außer den Dingen, die wir hier in den Vorlagen schon haben, noch weitere Hinweise?

Ja, Herr Musch, bitte schön.

Musch (VL): Wenn es hier in dieser Regelung heißt, daß bis 500 Mark, das ist der Punkt Seite 2, Paragraph 5 und folgende, also die folgenden Unterpunkte – –

Ziegler (Moderator): Ja. Nun sind Sie bei?

Musch (VL): Vorruhestandsgeld.

Ziegler (Moderator): Ah ja, gut.

Musch (VL): Mir geht es einfach nur darum, es wird also hier eine Reihe von Fällen geben, wo, wenn das unter 500 Mark ist, nicht mehr als die Mindestrente herauskommt. Und unter den Bedingungen in den **Vorruhestand** zu gehen, halte ich natürlich wirklich für problematisch, ja. Das ist der Punkt.

Ziegler (Moderator): Ja, danke. Das ist ein Gefahrenpunkt, auf den Sie hier hinweisen, nicht, der aufgenommen wird. Gibt es weitere Hinweise dazu? Dann ich auch hier davon aus – –

Ja, bitte, Herr Junghanns.

Junghanns (DBD): Ja, eine Frage noch. Der Geltungsbereich bezieht sich auch auf die **Genossenschaften der Landwirtschaft**. Eine Frage aber aufgrund von finanziellen Problemen einzelner Betriebe. Hier steht generell die Forderung, daß Vorruhestandsgelder von Betrieben aufgebracht werden. Und im Konfliktfall, also sagen wir einmal, wenn die Betriebe nicht liquide sind, um diese Sachen zu tragen, gibt es da einen **staatlichen Ausgleich**? Gibt es da Unterstützung? Wie ist das gedacht?

Ziegler (Moderator): Herr Grünheid.

Grünheid (Industrieminister und Vorsitzender des Wirtschaftskomitees für die Durchführung einer Wirtschaftsreform): Zunächst gilt das für alle Betriebe, und es ist auch richtigerweise, verstehe ich Ihre Unterstützung, daß es die Betriebe interessieren muß, möglichst keine Arbeitslosen zu produzieren. Das wäre dann die Frage einer Durchführungsregelung, wenn ein Betrieb illiquide ist. Das ist aber nicht nur eine Frage an die Landwirtschaftlichen Produktionsgenossenschaften, sondern an jeden anderen Unternehmer, volkseigenen oder privaten auch. Das wäre dann ein gesondertes Verfahren zur Klärung von Fragen zur **Illiquidität**.

Ziegler (Moderator): Danke schön.

Ja, Herr Schulz.

---

[29] Dokument 11/8, Anlagenband.

Schulz (NF): Sagen Sie, die Vorruhestandsregelung liegt uns nicht in gedruckter Form vor?

Ziegler (Moderator): Doch, doch.

Schulz (NF): Ja? Sagen Sie dann bitte, hat das eine Nummer, oder?

Ziegler (Moderator): Nein, das ist ein Entwurf, das sind so kleine Papiere.

Schulz (NF): Ich möchte hier noch eine Frage unterbringen, und zwar: Wer leistet **Ausgleichszahlungen bei Betriebskonkurs**? Das scheint mir auch ein Punkt.

Ziegler (Moderator): Herr Grünheid, können Sie gleich antworten?

Grünheid (Industrieminister und Vorsitzender des Wirtschaftskomitees für die Durchführung einer Wirtschaftsreform): Ja, das war eben meine Frage. Das ist keine Frage der Regelung dieses Geldes, sondern überhaupt, was tritt ein bei **Illiquidität des Betriebes**? Was wird mit seinen Verbindlichkeiten? Das ist in jedem Falle gesondert zu regeln. Und dann auch, das gilt ja für den Lohn der noch Arbeitenden genauso wie die Verpflichtungen, die er hier hat.

TOP 11: Wirtschaft: Dritte Runde der Beratung, insbesondere zur sozialen und ökologischen Absicherung der wirtschaftlichen Erfordernisse

Ziegler (Moderator): Gut. Wir haben also diese Hinweise noch, die dann vielleicht noch etwas deutlicher gefaßt werden können auch in der Endfassung, damit nicht solche Fragen aufkommen. Aber sonst kann ich jetzt davon ausgehen, daß das die Unterstützung findet, damit die Regierung handlungsfähig ist? Darum geht es ja.
Danke schön.
Dann kommen wir zu dem Paket, das **soziale Absicherungen** erbeten hat. Das ist eine ganze Reihe von Dingen von Vorschlägen. Ich nenne einmal das, was schon verwiesen ist an die AG „Wirtschaft", nämlich **Vorlage 11/24 von der CDU, Sicherung des sozialen Status der Werktätigen.** Hatten wir heute früh bereits gesagt. Mein Vorschlag geht nun darauf, daß auch [die Vorlage] 11/13, das ist **Sicherheit der Frauen, von PDS; Vorlage 11/11, Sozialcharta, Antrag des Unabhängigen Frauenverbandes**[30]; und dann **[Vorlage 11/15], soziale Absicherung der Werktätigen, von der Grünen Partei**[31], noch einmal insgesamt zur Ausarbeitung eines Konzeptes der sozialen Absicherung innerhalb der Wirtschaftsreform zusammengearbeitet wird durch die AG „Wirtschaft".
Na, Frau Röth, ja, Sie hatten ja schon gesagt.

Frau Röth (UFV): Also, ich traue mich kaum, irgendwelche Einwände jetzt auszusprechen. Aber gerade mit unserem Antrag geht es um mehr als nur um die gegenwärtige soziale Absicherung. Es geht um die **Sozialcharta**, wenn es zu Verhandlungen kommt bezüglich einer Wirtschafts-, Währungs- und Verkehrsunion. Und ich möchte darum bitten, daß wir in diesem Rahmen uns dazu einigen, als Runder Tisch zu beantragen, daß es bei den Verhandlungen mit berücksichtigt wird. Ich denke nicht, daß die DDR bedingungslos in diese Union eintreten soll – –

Ziegler (Moderator): Also, Frau Dr. Röth, es ist schon völlig klar. Ihr Antrag geht darüber hinweg und ist weitergehend, und darum war ja mein Vorschlag, daß das in der AG noch einmal zusammengearbeitet wird für ein Sofortkonzept und einen weitergehenden Perspektivplan. Können Sie dem zustimmen? Oder sonst müssen wir den – – nein, können Sie nicht zustimmen? Na gut, dann müssen wir den extra nehmen. Ist das bei den anderen denn möglich?
Ja, bitte, Herr Dörfler.

Dörfler (GP): Die Grüne Partei gibt diesen Antrag an die Wirtschaftskommission weiter.

Ziegler (Moderator): Danke schön, dann ist das AG „Wirtschaft". Ja, das ist **[Vorlage] 11/15**?

Dörfler (GP): **[Vorlage] 11/15** ja.

Ziegler (Moderator): **[Vorlage] 11/15**. Und wie ist, dann muß ich der Fairneß halber fragen, **[Vorlage] 11/13** von PDS, ich glaube, Herr Steinitz hatte das schon kurz eingebracht, nicht?

Frau Tippel (PDS): Ebenfalls die gleiche Regelung: Zurückgeben.

Ziegler (Moderator): Danke schön. AG „Wirtschaft".
Nun muß ich sehen, weil das inzwischen so furchtbar viel Papier ist, ob ich – – Ach so, ja, hier fehlt noch einer. Das ist **[Vorlage] 11/26a**, nämlich FDGB hatte gesagt, diese 3,1 Milliarden Mark der PDS sollen zur **Erhöhung der Mindestrenten** genommen werden. Sie hatten aber einen anderen Antrag gestellt, der für den **Arbeitslosenfonds** gemacht werden sollte.

Frau Tippel (PDS): Als Fondsbildung zur Arbeitslosenversicherung hier. Der wird geschrieben.

Ziegler (Moderator): Der wird geschrieben? Darf ich jetzt Herrn Saler fragen?

Saler (FDGB): Ja, wir möchten gern, daß diese 3 Milliarden Mark genommen werden für die **Volkssolidarität**, die im Moment große Schwierigkeiten hat für die **Altenbetreuung**, weil die Hauswirtschaftshilfen ausfallen, für die Rentner, sozial Schwachen, daß aber das für Arbeitslosenunterstützung und anderes von der Regierung aus dem Staatshaushalt getragen wird.

Ziegler (Moderator): Ja, das sagt ja Ihr Antrag, das steht ja da drin. Es ist jetzt bloß die Frage, müssen wir den jetzt extra verhandeln? Dann müssen wir ihn nämlich kontrovers zu dem Antrag dort verhandeln. Mein Vorschlag ist [Verweisung in die] AG „Wirtschaft", um das alles noch einmal gegeneinander abzuwägen, was wir hier im Plenum nicht können.

Saler (FDGB): Einverstanden.

Ziegler (Moderator): Einverstanden. Danke schön.
Frau Teschke, wie ist das mit Ihnen?

Frau Teschke (DJ): Ja, wir sind auch einverstanden.

Ziegler (Moderator): Danke schön. Das kommt dann sogar noch. So, jetzt haben wir diese Dinge vom Tisch. Es ist aber

---
[30] Dokument 11/20, Anlagenband.
[31] Dokument 11/21, Anlagenband.

viel Papier noch hier weiterzubearbeiten. Ich gehe jetzt einmal auf die **Währungsverbunds**, ach so – – Es gibt hier nur noch zwei Vorlagen. Also, neue Anträge nehmen wir nun nicht mehr an zu diesem Thema, ja. Ach, das ist der – – Eben, ja. Es gibt noch zwei Anträge, nämlich **[Vorlage] 11/29 von der PDS**[32] und **[Vorlage] 11/31**. Herr Steinitz hatte **[Vorlage] 11/31**[33] wenigstens schon erläutert. Das waren die Maßnahmen, die notwendig sind, wenn ein **Wirtschaftswährungsverbund** gemacht wird. Und das hängt zusammen mit der von Frau Köppe vorhin geforderten Diskussion über die Dinge, die zwischen Herrn Blüm und Frau Mensch behandelt worden sind. Es ist jetzt die Frage, wie man dieses nun hier am Tisch verhandelt. Ich sehe auch eigentlich keine andere Möglichkeit, als das erst noch einmal in der Gruppe zusammen – – und durchgearbeitet wird.

[Lücke in der Aufnahme]

Steinitz (PDS): – grundsätzlich einverstanden. Das hängt natürlich sehr eng zusammen mit dem Vorschlag vom Unabhängigen Frauenverband, weil – – Im Prinzip geht es um dieselbe Frage, daß keine Probleme zum **Wirtschafts- und Währungsverbund** behandelt werden, ohne diese **sozialen Fragen** einzubeziehen. Und das, ehe man einheitlich, wenn man so sagen will, **Wirtschafts-, Währungs- und Sozialverbund** geschaffen hat.

Ziegler (Moderator): Ja. Also, diese beiden Forderungen sind heute vielfach gestellt worden, keine Wirtschaftsfragen behandeln ohne die soziale Frage, und zweitens, ohne die ökologische Frage. Das waren noch zwei Grundforderungen, die durch die ganze Diskussion gelaufen sind. Wenn Sie darauf den Nachdruck noch einmal nehmen, glaube ich, ist das hier für die AG „Wirtschaft" wie für die Regierung gehört worden. Unter dieser Voraussetzung können wir das noch einmal an die AG „Wirtschaft" geben?

[Zustimmung]

Ziegler (Moderator): Danke. So, jetzt ist hier noch die **Grüne Partei**, die **zur Währungsreform** – –, das ist **[Vorlage] 11/22**[34]. Das betrifft natürlich Fragen, die heute auch angeschnitten worden sind, nämlich das Umtauschverhältnis ist ja mehrfach hier verhandelt worden. Ich denke, es ist klipp und klar gesagt, was die Grüne Partei hier vor Augen hat. Man könnte es der Regierung mitgeben, dieses zu bedenken. Aber der Einbringer soll die Möglichkeit haben, sich zu äußern. **[Vorlage] 11/22**.

Dörfler (GP): Wir nehmen den Vorschlag an und möchten den Antrag der Regierung mitgeben, aber zusätzlich noch den Antrag, der formuliert, daß wir die **Energiestatistiken**, also die energiestatistischen Unterlagen benötigen. Die Nummer dieses Antrages muß ich jetzt erst einmal ermitteln. Kleinen Moment.

Ziegler (Moderator): **[Vorlage] 11/28 [GP, NF, GL: Aushändigung energiestatistischer Unterlagen**[35]**]** wird hier gerade uns freundlich assistiert.

Dörfler (GP): Danke schön, ja.

---

[32] Dokument 11/12, Anlagenband.
[33] Dokument 11/14, Anlagenband.
[34] Dokument 11/22, Anlagenband.
[35] Dokument 11/23, Anlagenband.

Ziegler (Moderator): Also, **[Vorlage] 11/28** plus **[Vorlage] 11/22** an [die] Regierung, ja? Danke schön. Die muß ich – – ich habe sie jetzt gar nicht hier.

So, und nun gibt es noch von der Grünen Partei die **Vorlage 11/17**, das betrifft die **Anfragen Exportgeschäfte**. Soviel ich weiß, nämlich Fleisch, Butter, Eier und so weiter.

Dörfler (GP): Das war schon abgearbeitet.

Ziegler (Moderator): War doch abgearbeitet.

Dörfler (GP): Allerdings waren die Fragen noch nicht alle beantwortet.

Ziegler (Moderator): Aber soweit – –

Dörfler (GP): Mitgenommen.

Ziegler (Moderator): Ja, danke schön. Damit nichts untergeht, bleibt nun noch, ehe wir zu dem Charta-Antrag kommen, der **Antrag 11/19** von der SPD.

Lange (Co-Moderator): **[Vorlage] 11/19**.

Ziegler (Moderator): **[Vorlage] 11/19**, und da geht es auch um den Bereich Nahrungsgüter, Lebensmittel, Gaststätten, nämlich um die **Subventionsfrage**. Na, meinen Vorschlag kennen Sie nun schon, daß das erst bearbeitet werden soll in der AG „Wirtschaft". Aber ich will fragen, was der Einbringer dazu sagt.

Matschie (SPD): Also, ich würde vorschlagen, das hier einer Beschlußfassung zuzuführen.

Ziegler (Moderator): Hier? Na gut. Und nun haben wir die **Vorlage 11/30 PDS: Sofortmaßnahmen ökologisch orientierter Marktwirtschaft im Bereich der klein- und mittelständigen Industrie**[36]. Dieser [Antrag] war noch nicht eingeführt. **[Vorlage] 11/30**. [Ich mache den] Vorschlag, daß das der Regierung übergeben wird.

Steinitz (PDS): Ja, dieser Vorschlag wurde gemacht und auch angenommen, und damit ist die Sache erledigt.

Ziegler (Moderator): Gut, dann kann er damit als erledigt angesehen werden, an die Regierung. Danke schön.

Und nun, ehe ich dann zu den beiden, die hier zur Beschlußfassung gebracht [werden] sollen – – komme ich noch zur **Beschlußvorlage 11/6 [Vorlage 11/6, Antrag NDPD: Berücksichtigung der sozialen und ökologischen Erfordernisse bei der Ausarbeitung der Wirtschaftsreform**[37]**]**, das ist die NDPD, die hier eine Beschlußvorlage vorgelegt hat, mit zwei Beschlüssen, Ziffer eins und zwei am Ende.

Herr Stief, wollen Sie dazu noch etwas erläutern?

Stief (NDPD): Ich habe der Einfachheit halber schon Herrn Krause diese Vorlage übergeben, weil ich den Zeitpunkt nicht übersehen konnte, der uns noch zur Verfügung steht. Im Grunde genommen geht es nur darum, daß diese Klammer hergestellt wird zwischen dem **Paket Wirtschaftsreform** und dem **Grundsatzpapier** von der vergangenen Woche, **Ökologischer Umbau**, was so zwingend noch nicht erfolgt ist, wie wir einschätzen. Das sollte erfolgen in der entsprechenden Arbeitsgruppe der Regierung, kurzfristig den beiden genannten Arbeitsgruppen vorgelegt werden, sie um eine Stellungnahme ersuchen, und das bitte innerhalb einer Woche. Damit würden auch nach meiner Auffassung

---

[36] Dokument 11/24, Anlagenband.
[37] Dokument 11/25, Anlagenband.

Wirtschaft: Dritte Runde der Beratung

eine Reihe anderer Dinge, die in diesem Zusammenhang heute eine Rolle gespielt haben, mit erledigt werden können, sowohl also Arbeitsgruppe „Wirtschaft" als auch „Ökologischer Umbau".

Ziegler (Moderator): Also, das heißt Überweisung dieser Fragen, der Verbund von Wirtschaftsreform mit sozialen und ökologischen Erfordernissen an [die] Regierung und [an die] Arbeitsgruppen „Ökologischer Umbau" und „Wirtschaft".

Stief (NDPD): Da jeder diese Beschlußvorlage in den Händen hat, glaube ich, daß wir so verfahren können, ohne heute zum Beschluß zu kommen.

Ziegler (Moderator): Ja. Herr Dr. Ebeling.

Ebeling (DA): Wir haben ja nun noch die **Vorlage 11/9**, das heißt, das ist die Arbeit der Arbeitsgruppe „Wirtschaft", zusammengefaßt dargestellt. Wir müßten über diese Vorlage ja befinden am Runden Tisch, denn wir haben dem Runden Tisch ja zugearbeitet.

Ziegler (Moderator): Ja, gut, das können wir machen. Ich dachte, das wäre bereits durch die Zustimmung, daß das der Regierung übergeben wird, passiert. Aber Sie möchten eine Extraabstimmung haben, ja?

Ebeling (DA): Das ist ja nur der eine Teil. Wir haben ja gesehen an der vielfachen Diskussion hier, daß dazu noch einige Ergänzungen gekommen sind. Und wir haben hier eigentlich die Fragestellung zusammengefaßt in der Arbeitsgruppe „Wirtschaft". Ich würde beantragen, daß hierüber abgestimmt wird, so wie wir es bisher auch gehalten haben.

Ziegler (Moderator): Also, natürlich, machen wir das. Aber jetzt bleiben wir erst einmal bei dem, wobei wir eben waren, [**Vorlage**] **11/6**. Herr Stief, Sie haben gesagt, das ginge ohne Abstimmung, aber Sie beantragen nun Abstimmung oder nicht?

Stief (NDPD): Ich würde Abstimmung beantragen.

Ziegler (Moderator): Bitte.

Stief (NDPD): Es sei denn, ich kann mir so sicher sein, daß alle zustimmen.

Ziegler (Moderator): Ich stelle die **Vorlage 11/6**[38] hier jetzt zur Abstimmung. Ich erinnere noch einmal daran, worum es geht: Die Verbindung von Wirtschaftsreform mit sozialen und ökologischen Erfordernissen sollen bei der Regierung, beim Ministerrat in der AG „Wirtschaft" bedacht und beraten werden und ebenso in den Arbeitsgruppen des Runden Tisches „Wirtschaft" und „Ökologischer Umbau". Wer dafür ist, den bitte ich um das Handzeichen. Danke. – Gegenstimmen? – Enthaltungen? Dann ist das einstimmig angenommen. Danke schön. Wie?

1 Enthaltung? Die habe ich übersehen. 2 Enthaltungen. [Ich] bitte um Entschuldigung. Das geht dann doch vielleicht zu flott hier.

So. Jetzt kommen wir zu den Dingen, die noch abgestimmt werden müssen, denn über die **Information 11/4** [**VL: Erklärung zu den Gefahren des Direkteinstiegs in die Marktwirtschaft**][39], die uns auf die Gefahren des Di-

---
[38] Dokument 11/25, Anlagenband.
[39] Dokument 11/33, Anlagenband.

rekteinstiegs in die Marktwirtschaft hinweist, ist kein Antrag. Das ist die Vereinigte Linke, die dieses zur Beachtung uns nahelegt.

Wir fangen jetzt an mit den Einzelanträgen, Herr Dr. Ebeling, und nehmen dann abschließend Ihre Vorlage, und zwar also Frau Dr. Röth, **Antrag 11/11** [**UFV: Erarbeitung einer Sozialcharta**].

Frau Röth (UFV): Wir würden vorschlagen, daß wir jetzt auf die einzelnen sozialen Standards, die wir seitens des Unabhängigen Frauenverbandes hier aufgelistet haben, konkret verzichten, weil wir uns darüber im klaren sind, daß es hier zu einem ungeheuren Dissens kommen wird. Wir beantragen deswegen, daß also bei den Verhandlungen zur Wirtschafts-, Währungs- und Verkehrsunion DDR/BRD eine **Sozialcharta** erarbeitet wird, die wesentliche soziale Standards für die Bürgerinnen und Bürger in beiden deutschen Staaten regelt, enthält und daß der Runde Tisch sozusagen die Regierung damit beauftragen möchte, diese Sozialcharta zu erarbeiten.

Ziegler (Moderator): Und eine Zuarbeit durch die Arbeitsgruppe „Sozialwesen" oder „Gesundheitswesen" halten Sie nicht für möglich? Oder auch durch den Unabhängigen Frauenverband? Das wäre doch besser noch.

Frau Röth (UFV): Ja.

Ziegler (Moderator): Ja?

Frau Röth (UFV): In diesem Sinne würden wir uns damit einverstanden erklären.

Ziegler (Moderator): Das wäre doch gut, wenn Sie dann einen noch mehr ausgearbeiteten Vorschlag brächten. Herr Dr. Brandenburg.

Brandenburg (NF): Ich kann mir vorstellen, daß sich die Erarbeitung auf die Arbeitsgruppe „Wirtschaft" und auf die Arbeitsgruppe „Sozialpolitik" erweitern ließe, weil in dem Punkt in der **Vorlage 11/9**, der von Dr. Ebeling angemahnte, ja der Punkt Sozialpläne und Sozialfonds enthalten ist. Und ich glaube, das ist so ein Paket, das noch geschnürt werden muß.

Ziegler (Moderator): Also. Wie lautet Ihr Vorschlag? Daß in diese Erarbeitung auch einbezogen wird die Arbeitsgruppe „Wirtschaft" mit der Arbeitsgruppe „Sozialwesen", ja?

Brandenburg (NF): Jawohl.

Ziegler (Moderator): Ja, Frau Dr. Röth, bitte. Nein, nicht? Hat jemand noch zu **dieser Vorlage 11/11** weitere Hinweise? Dann heißt es: Aufforderung an die Regierung, Weiterbearbeitung [in der] AG „Wirtschaft" und AG „Sozialwesen". Wer diesem Verfahren zustimmt mit diesen Grundsätzen, die hier sind, den bitte ich um das Handzeichen. – Gegenstimmen? -Enthaltungen? 1 Enthaltung. Danke schön.

Wir kommen zu der **Vorlage 11/19**, da geht es um die **Preisreform**. Ich bitte die SPD, noch kurz zu erläutern.

Matschie (SPD): Daß diese Preisreform dringend ansteht, um weitere hohe Verluste der Volkswirtschaft zu verhindern, ist ganz klar. Das ist mehrfach gesagt worden. Nach unseren Erkenntnissen ist es technisch möglich, entgegen den Aussagen hier vorhin, diese **Reform** noch **vor den Wahlen** durchzuführen. Und ich nehme die Äußerung von Frau Professor Luft, die gesagt hat, wenn Sie uns beauftragen, machen wir das in dieser Richtung, daß sie diese Möglichkeit auch sieht, das noch in diesem Zeitraum durchzuführen. Ich weiß nicht, ob ich den Antrag jetzt noch einmal verlesen sollte?

Ziegler (Moderator): Sie müssen nur in zwei Sätzen sagen, was der springende Punkt ist, damit ich es nicht sagen muß.

Matschie (SPD): Ja. Der springende Punkt ist, daß wir einen Beschluß herbeiführen möchten, darüber, daß die dringend notwendige **Preisreform** im Bereich Nahrungsgüter, Lebensmittel und Gaststätten zum frühestmöglichen Zeitpunkt erfolgt, und das heißt, noch vor den Wahlen zur Volkskammer.

Ziegler (Moderator): Ja. Darüber haben Sie ja hier schon mehrfach nachgefragt. Und Sie haben gehört, wie die Antworten waren. Möchte sich dazu jemand äußern?

Bitte, Herr Brandenburg.

Brandenburg (NF): Habe ich eben richtig gehört, vor den Wahlen heißt es, ja? Dafür wäre ich auch. Danke.

Ziegler (Moderator): Hat er eben so erläutert, ja. Weitere Wortmeldungen?

Ja, Herr Weißhuhn.

Weißhuhn (IFM): Die Formulierung im Antrag lautet: „Der Abbau von Subventionen im oben genannten Bereich wird mit Ausgleichszahlungen an die Bevölkerung verbunden." Meine Frage an den Antragsteller: Was genau ist mit **Ausgleichszahlungen** gemeint?

Matschie (SPD): Wie diese Ausgleichszahlungen dann im einzelnen aussehen, das muß die Kommission vorbereiten, die schon daran arbeitet, unter Beteiligung von Teilnehmern des Runden Tisches. Das kann jetzt im einzelnen noch nicht entschieden werden. Fest steht für uns nur, daß ein Abbau der Subventionen nur mit einer solchen Ausgleichszahlung verbunden durchgeführt werden kann.

Ziegler (Moderator): Ja. Also, wenn wir den Antrag nun genau definieren, dann stehen da noch ein paar Fragezeichen, daß da nämlich eine **Kommission** erst einmal bloß von wem gebildet werden soll. Ich vermute, Sie meinen [von] der Regierung beziehungsweise der Volkskammer, nicht? Denn das steht so deutlich hier alles nicht drin.

Matschie (SPD): Mit dieser Kommission ist die Kommission gemeint, die da schon seit längerem daran arbeitet, und diese Kommission wäre dann zu erweitern durch Vertreterinnen und Vertreter des Runden Tisches.

Ziegler (Moderator): Aha. Darf ich dann einmal die Regierungsvertreter fragen: Ist es eine Regierungskommission oder eine Volkskammerkommission? Ich weiß das im Augenblick nicht.

Domagk (Staatssekretär im Ministerium für Finanzen und Preise): Das ist eine Arbeitsgruppe, die sich zusammensetzt aus Vertretern des Ministeriums der Finanzen und Preise, des Ministeriums für Handel und Versorgung, von den in Frage kommenden Industrieministerien und von **Preisbearbeitern** aus Kombinaten und Betrieben. Das ist eine Arbeitsgruppe, die die Dinge vorbereitet hat, und keine Kompetenz besitzt zur Entscheidung. Und ich muß hier noch einmal erinnern an die Worte von Frau Professor Luft, daß es [sich] hier um ein äußerst sensibles Problem handelt. Und unter diesem Aspekt halten wir es für richtig, Varianten zu diskutieren, ehe wir mit diesen Auswirkungen dann in die Diskussion der Öffentlichkeit gehen.

Danke.

Ziegler (Moderator): So. Es geht um eine Arbeitsgruppe, die in diesem Sinne gebildet ist. Ich muß nun gleich noch weiterfragen: Ist denn das realistisch, wenn wir sagen, hier möchten Vertreter und Vertreterinnen des Runden Tisches ran? Darum geht es doch, nicht? – Ja.

Domagk (Staatssekretär im Ministerium für Finanzen und Preise): Deshalb komme ich ja auf meinen Vorschlag zurück. Ich übergebe morgen ein Material, in dem die Grundvarianten dieses Konzepts dargestellt sind, in der Arbeitsgruppe „Wirtschaft" des Runden Tisches, wo sie diskutiert werden können. Daraus werden wir Schlußfolgerungen entnehmen und daraus die weitere Arbeitsetappe abstecken.

Ziegler (Moderator): Ich frage, ob Sie das nicht auch für sinnvoller halten, als daß wir jetzt hier etwas Hals über Kopf beschließen, was völlig irreal dann nachher ist. Jetzt ist aber Herr Stief dran und dann Herr Musch.

Stief (NDPD): Die Zielstellung dieses Antrags ist zweifellos zu unterstützen. Aber ich glaube, daß diese Problematik so kompliziert ist, um das Wort aufzugreifen, so sensibel und so verantwortungsbewußt wie möglich zu einem guten Ende geführt werden soll, und das noch vor den Wahlen, daß mir hier jedes unnötige Risiko unangebracht erscheint. Wenn man sich dem Sinne der Formulierung des Antrags nach darauf verständigen könnte, zum frühestmöglichen Zeitpunkt, aber nicht um jeden Preis vor den Wahlen, weil das jetzt von dem Reifegrad dieses Gesamtprojektes abhängt, und die Arbeitsgruppe „Wirtschaft" hier, wie der Vorschlag lautet, mit einbezieht, um alle Meinungen zu hören und das wohl ausgewogen und verantwortungsbewußt durch jeden Beteiligten, der politische Verantwortung trägt, einer Lösung zuführt, dann ließe sich das sicher realisieren. Aber die Zielstellung vor den Wahlen setzt einen Punkt, der nicht unbedingt sichert, daß das eine reife Lösung wird. Für den Bürger verständlich, denn so sehr populär wird das sicherlich nicht werden. Und es muß dann auch erläutert werden können, begreiflich gemacht werden können.

Ziegler (Moderator): Danke. Herr Musch noch, und dann wollen wir einmal zum Abschluß da kommen, ja.

Musch (VL): Herr Dr. Domagk, ich habe also zwei Vorschläge. Der erste wäre: Können Sie einen Endtermin nennen, den Sie für realistisch halten? Der zweite: Ich würde vorschlagen, daß in der Art, wie Sie vorgeschlagen haben, der Kontakt zur Arbeitsgruppe „Wirtschaft" angefangen wird und dann ständig so bleibt, bis der Endtermin erreicht ist.

Ziegler (Moderator): Ich wollte noch vorschlagen, daß wir, wenn Sie uns zusagen, morgen ist das Material da, es bloß bis zur nächsten Sitzung vertagen, daß vorher noch einmal eine Durchsicht in der AG „Wirtschaft" passieren kann.

Aber Herr Matschie.

Matschie (SPD): Also, ich wäre damit einverstanden, das erst einmal in der Arbeitsgruppe „Wirtschaft" noch einmal zu behandeln und hier in dieser Vorlage auch den Satz zu streichen: „Vor den Wahlen", und nur stehen zu lassen: „Zum schnellstmöglichen Zeitpunkt". Das kann vor den Wahlen sein, dieser schnellstmöglichste Zeitpunkt, aber ich möchte mich da jetzt nicht festlegen.

Ziegler (Moderator): Dann schlage ich noch einmal vor, daß wir das an die AG „Wirtschaft" geben mit der Bitte, es mit dem Material zusammen, was Herr Domagk zugesagt hat, durchzusehen und zu überarbeiten.
Halten Sie das für möglich, Herr Dr. Ebeling?

Ebeling (DA): Ich halte es zunächst erst einmal für möglich. [Ich] möchte [aber] gerne wissen, wann wir dieses Material bekommen.

Ziegler (Moderator): Morgen, haben wir gehört.

Ebeling (DA): An wen wird es übergeben? Um da Klarheit zu haben.

Ziegler (Moderator): Das wollen wir gleich festlegen. An wen können Sie es übergeben? Am besten hier an das Arbeitssekretariat. Dort ist es Ihnen noch am leichtesten zugänglich, nicht. Ja?
Danke schön. So, dann haben wir auch diesen Vortrag.
Und nun kommen wir zum Hauptantrag. Das ist tatsächlich die [**Vorlage**] **11/9**, von der ich schon dachte, wir wären damit fertig. Es gehören aber dazu die **Stellungnahmen** [**Vorlage**] **11/18** [**Stellungnahme des UFV zum Arbeitsmaterial der AG ‚Wirtschaft' vom 29. Februar 1990**[40]] und dann auch zwei **Informationen**, die wenigstens auch noch Dinge besonders akzentuieren. Abzustimmen brauchen wir aber, soviel ich sehe, nur über [die **Vorlage**] **11/9**.
Herr Ebeling, wollen Sie dazu noch etwas sagen?

Ebeling (DA): Ich habe ja heute morgen diese **Vorlage 11/9** vorgetragen. Es ist also entstanden aus der Betrachtung des Wirtschaftsprogramms der Regierung und auch nach Anhörung entsprechender Regierungsvertreter [ist] eine einheitliche Meinung in der Arbeitsgruppe „Wirtschaft" zu diesem hier festgestellten Text erhalten worden.

Ziegler (Moderator): Ja. Ich warte nur, ob sich noch jemand zu Wort melden wird. Sonst stelle ich den Antrag bitte auf Abstimmung hier, nicht, jetzt.
Bitte, Herr Weißhuhn.

Weißhuhn (IFM): Ich beantrage im ersten Anstrich zum Punkt zwei, das **Gewerkschaftsgesetz** als die gemeinte gesetzliche Regelung aufzunehmen.

Ziegler (Moderator): In Anstrich zwei da, ja?

Weißhuhn (IFM): Im ersten Anstrich des Punktes zwei, wo es heißt: „Zu folgenden wesentlichen Punkten sind durch die Regierung Sofortmaßnahmen zu beschließen", und dann kommt dieser Anstrich: „Demokratisierung in den Wirtschaftseinheiten durch kurzfristige Schaffung der gesetzlichen Regelungen zur Mitbestimmung und Interessenvertretung". Mit diesen gesetzlichen Regelungen, meine ich, wäre es richtig, dort das **Gewerkschaftsgesetz** anzuwenden.

Ziegler (Moderator): Können wir das dann vielleicht in Klammer dazusetzen, damit man [es] weiß? Oder wie wollen Sie das? In Klammer dazugesetzt.
Herr Brandenburg.

Brandenburg (NF): Ja. Das wird sich sicher nicht nur auf das Gewerkschaftsgesetz beschränken, das desorientiert vielleicht ein bißchen. Dann sollten wir die Klammer aufmachen und **Betriebsräte**, **Verwaltungsräte** einbeziehen oder es ganz weglassen.

---
[40] Dokument 11/17, Anlagenband.

Ziegler (Moderator): Ich meine, es geht nämlich weiter als Gewerkschaftsgesetz. Aber wenn man da zum Beispiel „oder unter anderem Gewerkschaft" setzt, dann – – gibt es eine Anmerkung dabei?
Herr Ebeling.

Weißhuhn (IFM): Mir geht es nur um die ausdrückliche Erwähnung des Gewerkschaftsgesetzes.

Ziegler (Moderator): Ja, ich verstehe schon.
Herr Ebeling.

Ebeling (DA): Wir müssen es dann erweitern auch auf Betriebsräte, zumindestens auf Betriebsräte.

Ziegler (Moderator): Also, Herr Weißhuhn, das war ein Antrag, ja? Na, dann muß ich ja darüber abstimmen lassen. Also, mein Vorschlag ist, in Aufnahme vom Antrag von Herrn Weißhuhn, daß in Klammern dazugesetzt wird: „u. a. Gewerkschaftsgesetz". Das ist eine vorsichtige Formulierung, die nicht zwingt, daß nun alles andere auch noch aufgeführt wird.
Herr Weißhuhn, könnten Sie das so in dieser Weise akzeptieren?

Weißhuhn (IFM): Ja.

Ziegler (Moderator): Herr Holland.

Holland (LDPD): Ich möchte darauf aufmerksam machen, daß dann hier der Text nicht erfaßt ist. **Interessenvertretung**, das kann Gewerkschaftsgesetz sein. Aber es geht um **Mitbestimmung**. Und Mitbestimmung ist prinzipiell etwas anderes. Da sind Betriebsräte und alle anderen Möglichkeiten. Und wenn wir als Klammer lediglich Gewerkschaftsgesetz machen, wird die Gesetzgebung falsch orientiert. Ich bin deshalb dagegen.

Ziegler (Moderator): Diese Gelegenheit können Sie gleich demonstrieren, indem ich abstimmen lasse. Also, ich lasse – –
Herr Templin.

Templin (IFM): Kann man, um diese Prozedur zu verkürzen, nicht gleich den Inhalt der Klammern erweitern, daß man also das **Betriebsverfassungsgesetz** und das **Gewerkschaftsgesetz** hineinnimmt? Das ist ja auch der Sinn des Antrages gewesen.

Ziegler (Moderator): Man kann das machen. Ich habe bloß immer bei solchen „ad hocs" eine Angst, daß man dann etwas vergißt, und nachher wird es dann gelesen als ausschließlich. Und das ist immer die Gefahr, darum sind manchmal umfassende Formulierungen besser und kriegen mehr Spielraum, als genaue. Aber wie Sie wollen. Wollen Sie den Antrag von Herrn Weißhuhn verändern?
Ja, Herr Templin, bitte.

Templin (IFM): Erweitern, ja.

Ziegler (Moderator): Also, dann heißt es – – Soll das „unter anderem" denn da bleiben, oder soll es nicht bleiben? „... u. a. Gewerkschaftsgesetz?"

Templin (IFM): Ja, unter anderem Betriebsverfassungsgesetz und Gewerkschaftsgesetz.

Ziegler (Moderator): Herr Ebeling.

Ebeling (DA): Ich meine, daß wir damit auch nicht alles erfassen, und wenn wir uns den Text ansehen, dann geht eigentlich eindeutig daraus hervor, was wir meinen. Einmal

Interessenvertretung und die Demokratisierung der Wirtschaftseinheiten durch gesetzliche Regelungen zur **Mitbestimmung**. Da ist eigentlich alles erfaßt. Und so ist es auch in der Arbeitsgruppe „Wirtschaft" verstanden worden.

Ziegler (Moderator): Ja, Herr Ebeling, darüber brauchen wir jetzt, glaube ich, nicht zu streiten, das ist klar, aber es ist jetzt ein Änderungsantrag gemacht, und ich möchte darüber jetzt abstimmen lassen. Wir werden sehen, ob er durchkommt. Der Abänderungsantrag heißt, vor dem Semikolon wird in Klammern gesetzt: „... u. a. Gewerkschafts- und Betriebsverfassungsgesetz".

Wer dafür ist, für diese Erweiterung, den bitte ich um das Handzeichen. Das müssen wir auszählen. – 15 dafür. Gegenstimmen? – 17 sind dagegen. Enthaltungen? – 5 Enthaltungen. Der Antrag ist abgelehnt.

Ich möchte jetzt [über] die **Vorlage 11/9** abstimmen lassen. Wer dem zustimmt, den bitte ich um das Handzeichen. Das ist die Mehrheit. – Gegenstimmen? – Enthaltungen? 2 Enthaltungen.

Ich darf die Gelegenheit benutzen, auch der Arbeitsgruppe „Wirtschaft" für die Vorarbeitung und für die Zusammenfassungen, die uns hier gegeben worden sind, herzlich zu danken. Damit haben wir den Tagesordnungspunkt Wirtschaft, der das Hauptthema des heutigen Tages sein sollte, abgeschlossen. Anscheinend noch nicht?

Herr Brandenburg.

Brandenburg (NF): Ich würde gerne eine Fußnote nachschicken. Ich hatte vorhin bei der Frage der **drohenden Arbeitslosigkeit** bei ausländischen Beteiligungen das Beispiel **Berliner Bremsenwerk** gemacht. Inzwischen steht die halbe Belegschaft vor der Tür der Betriebsleitung. Ich soll und kann hier feststellen, richtig ist, daß am 22. Januar [1990] eine Willenserklärung mit der Knorrbremse München getroffen wurde zur Bildung einer **Aktiengesellschaft**, daß aber nicht beabsichtigt ist, Arbeiter und Angestellte zu entlassen. Ich hoffe, daß, wenn es auf diese Weise möglich ist, durch Falschmeldungen Arbeitsplätze zu sichern, dann bin ich zu jeder Falschmeldung bereit.

Ziegler (Moderator): Das war eine Erklärung, die hier noch gemacht worden ist, nicht [wahr]? Danke schön. Aber jetzt ist der Tagesordnungspunkt Wirtschaft zu Ende, abgearbeitet. Noch einmal, allen herzlichen Dank, die hier uns Rede und Antwort gestanden haben, die Anregungen gegeben haben, Fragen gestellt und beantwortet haben.

[Beifall]

TOP 12: Parteien- und Vereinigungsgesetz

Ducke (Moderator): Meine Damen und Herren, während die Regierungsmitglieder zum Thema Wirtschaft verabschiedet werden, möchte ich noch hinweisen, was noch anliegt. Wir müssen jetzt noch ganz kurz das **Parteien- und Vereinigungsgesetz** ansprechen. Der Vertreter des Justizministeriums, Herr Christoph, ist noch bereit, uns fünf Minuten dazu einzuführen. Ich möchte fast vorschlagen, daß wir dieses noch abhandeln vor einer kurzen Pause, um dann endlich die Mitarbeiter vom KKW [Kernkraftwerk] Greifswald zu Wort kommen zu lassen. Das steht ja noch an.

Darf ich auch die Gewerkschaft um Gehör bitten? Danke. So, ich rufe auf vor der Pause noch das Thema **Vorläufiges Gesetz über Parteien und andere politischen Vereinigungen**[41]. Bitte, Herr [Dr. Karl-Heinz] Christoph, nehmen Sie das Wort.

Christoph (Vertreter des Justizministeriums): Es liegt Ihnen ein Entwurf dieses vorläufigen Gesetzes über Parteien und andere politische Vereinigungen vor. Es ist auf der **Basis des Entwurfs** der in der **Arbeitsgruppe „Parteien- und Vereinigungsgesetz"** des Runden Tisches vorbereitet war, in der Regierungskommission unter Einladung auch der Vertreter der am Runden Tisch anwesenden Parteien und anderen Gruppierungen diskutiert worden. Es ist bekannt, heute vor 14 Tagen ist hier am Runden Tisch beschlossen worden, daß die Regierungskommission auf der Basis des Gesetzentwurfes tätig sein kann, den die Arbeitsgruppe vorgelegt hat. Das ist geschehen. Es sind zwei Beratungen der Regierungskommission durchgeführt worden. Das Ergebnis liegt Ihnen vor.

Dieses Ergebnis ist gleichzeitig – die Regierungskommission ist ja der Regierung verpflichtet in der Vorlage an den Ministerrat – dieser Gesetzentwurf ist gleichzeitig von der Regierungskommission, also von dem Vorsitzenden der Regierungskommission, der Minister der Justiz ist das, Professor Dr. [Kurt] Wünsche, dem Ministerrat eingereicht worden zur Behandlung in seiner Sitzung am Donnerstag.

Bei der Behandlung in der Regierungskommission konnten wir davon ausgehen, daß über viele inhaltliche Fragen ein breiter Konsens zwischen allen Parteien und politischen Gruppierungen bereits erzielt war, ausgenommen **Fragen der Parteienfinanzierung**. Dazu enthält der jetzt vorliegende Entwurf einen Vorschlag, einen Kompromißvorschlag, der sicher noch genauerer Überlegung und Diskussion bedarf. Dieser Vorschlag ist in dieser Form nicht in der Arbeitsgruppe behandelt worden. Darauf muß ausdrücklich hingewiesen werden. Wir hatten aber in der Regierungskommission keine Wahl, es muß der Regierung ein kompletter Vorschlag, ich bitte das zu verstehen, vorgelegt werden.

Es gab bei uns in der Regierungskommission eine sehr konstruktive Diskussion zu dem Entwurf, und ich glaube, es ist in sehr vielen wichtigen Fragen in der Ihnen vorliegenden Vorlage ein doch tragfähiger Konsens erreicht worden. Allerdings, und das möchte ich noch einmal ausdrücklich betonen, zu der Frage der Parteienfinanzierung gibt es einige noch zu überlegende Probleme.

Erstens ist vorgeschlagen, daß ein **Wahlkampfzuschuß** gezahlt wird, und daß dabei von einem bestimmten Prozentsatz der Wählerstimmen, der auf die einzelnen Parteien und politischen Vereinigungen entfällt, ausgegangen wird, ein Modell, das der Regelung in der BRD in etwa entspricht. Dabei ist der hier im Entwurf vorliegende Vorschlag fünf Prozent nach Überlegung des Ministeriums der Finanzen der absolut höchstmögliche Betrag, 5 Mark pro – –, der absolut höchstmögliche Betrag.

Es gibt einen weiteren Vorschlag in diesem Zusammenhang, der vor allem Benachteiligungen von Parteien in der Finanzierung insgesamt durch Zuschüsse aus dem Staatshaushalt ausgleichen soll. Die Berechnung ist etwas kompliziert. Es ist aus Paragraph 16 des Entwurfes zu entnehmen. Die Einigung über diesen Vorschlag bedarf sicher noch wei-

---
[41] Dokument 11/3, Anlagenband.

Parteien- und Vereinigungsgesetz

tergehender Diskussion und überhaupt der Grundsatzerklärung: Wollen wir, daß die Parteien aus dem Staatshaushalt eine solche Finanzierung erhalten, daß sie sie einmalig erhalten gegebenenfalls im Zusammenhang mit der Vorbereitung auf die jetzt vor uns stehende Wahl oder wollen wir das nicht? Und wenn ja, in welcher Höhe und wie soll das berechnet werden? Es ist nahezu unmöglich, einen absolut alle Parteien gleichstellenden Vorschlag zu erarbeiten, glaube ich. Es ist versucht worden, einen Konsens hier zu finden. [Der] **Vorschlag der Regierungskommission** liegt auf dem Tisch. [Der] Vorschlag von meiner Seite für die weitere Verfahrensweise, ohne daß ich das jetzt im einzelnen hier erläutern möchte. Im übrigen könnte das der Kollege Uteg [???] wesentlich besser als Stellvertreter des Ministers der Finanzen.

Die Zeit drängt. Es müßte in der Tat rechtzeitig vor den Wahlen sowohl das **Parteiengesetz** als eigentlich auch noch das **Vereinigungsgesetz,** auf das das Parteiengesetz in einigen Punkten hinweist, verabschiedet werden, wenn speziell auch die Frage nach **Parteienfinanzierung,** nach Wahlkampfzuschuß und so weiter, wenn das voll greifen soll zu den Wahlen. Deshalb haben wir beim Einbringen in den Ministerrat keine Zeit mehr gehabt, deshalb [ist] also vorgesehen, am Donnerstag im Ministerrat das zu verhandeln.

Wir glauben aber, daß, zumal auch einige Vertreter des Runden Tisches an der Arbeit der Regierungskommission nicht teilnehmen konnten, daß eine weitergehende Diskussion, insbesondere auch dieses Teiles Finanzierung, unbedingt erforderlich ist. Es wäre günstig, wenn das noch vor der Behandlung im Ministerrat erfolgen könnte. Zumal die Arbeitsgruppe „Parteien- und Vereinigungsgesetz" morgen tagt, würde ich – es liegt ja ein ausgearbeiteter Vorschlag auf dem Tisch – würde ich die Möglichkeit dazu auch sehen, zumal inzwischen von allen Parteien, von denen das gefordert war, die Parteifinanzen offengelegt sind. Das war ja bisher bekanntlich einer der Hinderungsgründe, warum eine Diskussion im einzelnen darüber nicht geführt wurde. Insofern wäre es möglich, morgen zu einem Konsens zu kommen, der dann auch von den Vertretern des Runden Tisches, die in der Regierung mitwirken, getragen beziehungsweise dort mit eingebracht werden könnte.

Unsere Bitte wäre, möglichst in dieser Richtung voranzukommen, damit wir keine weitere Verzögerung bei der Vorbereitung dieses für die Vorbereitung der Wahlen so wichtigen Gesetzes erhalten. Danke.

Ducke (Moderator): Danke, Herr Christoph, für den Kommentar zu dem uns vorliegenden Entwurf und zu Ihrem konkreten Vorschlag, wie wir verfahren können, denn wir sind jetzt wirklich unter Zeitdruck, nicht nur im Hinblick auf die Wahl, sondern auch für heute. Ich muß darauf hinweisen, daß die Mitarbeiter des KKW Greifswald spätestens um 18.00 Uhr wieder abreisen müssen. Wir haben uns vorhin ein wenig in der Zeit, ich will nicht sagen, daß wir uns vertrödelt haben, aber doch geirrt. Deswegen noch einmal [gibt es] jetzt Wortmeldungen zu diesem Vorschlag?

Frau Poppe hatte sich gemeldet, Demokratie Jetzt. Also bitte nur, wenn – –

Frau Poppe (DJ): Ich halte diesen Vorschlag für annehmbar, zumal wir morgen zusammenkommen. Die Arbeitsgruppe „Parteien- und Vereinigungsgesetz" konnte bisher noch nicht die **Finanzierung** besprechen, weil die letzte Partei ja erst heute wohl, ihre Finanzierung offengelegt hat. Und deshalb hat es auch keinen Sinn, daß wir über diese vier ausstehenden Paragraphen 14, 15, 16, 17 hier sprechen, sondern wir versuchen morgen zu einem Konsens zu kommen über diese Paragraphen.

Ducke (Moderator): Sie würden also dafür plädieren, Frau Poppe, wenn ich Sie richtig verstehe, daß der Runde Tisch beschließen möge, in dem zuletzt genannten Vorschlag zu verfahren, daß wir darüber abstimmen lassen können?

Frau Poppe (DJ): Ja.

Ducke (Moderator): Danke. Jetzt hatte sich noch gemeldet Herr Halm, PDS; dann Herr Mahling, Domowina. Ich weiß nicht, habe ich noch jemand übersehen? Ich bitte sonst um Entschuldigung.

Bitte, Herr Halm.

Halm (PDS): Ich ziehe zurück.

Ducke (Moderator): Danke. Herr Mahling, Domowina.

Mahling (Vertreter des Sorbischen Runden Tisches): Wir begrüßen in Paragraph 16, Absatz 2 den letzten Satz: „Parteien, die nationale Minderheiten vertreten, wird der Ausgleichsbetrag in Höhe von 100 Prozent gezahlt". Wir würden vorschlagen, daß dort der Begriff der „politischen Vereinigung", wie er in den ersten Paragraphen des Gesetzes genannt wird, eingesetzt wird, anstelle von „Parteien", weil es mit den Parteien – –, und es ist günstiger als politische Vereinigung, weil das für eine **nationale Minderheit** schwierig ist, sich direkt auf eine Partei festzulegen.

Ducke (Moderator): Danke, Herr Mahling. Ich nehme an, daß diese Ihre Anregung auch in der AG, in der Arbeitsgemeinschaft mitbesprochen werden kann. Würden Sie dafür sorgen, daß Ihr Vorschlag dort direkt hinkommt? Danke. Dann schlage ich Ihnen vor, daß wir über folgendes abstimmen. Der Runde Tisch beauftragt die Arbeitsgruppe „Parteien- und Vereinigungsgesetz", in ihrer morgigen Sitzung die Frage der **Parteienfinanzierung** zu besprechen, damit das Gesetz am Donnerstag im Ministerrat beraten werden kann. Ist das so exakt formuliert?

Frau Poppe.

Frau Poppe (DJ): Ich hoffe nur, daß wir das morgen an einem Tag schaffen.

Ducke (Moderator): Ja, das können wir Ihnen natürlich nicht durch eine Abstimmung ersparen, nicht. Also, feststeht, am Donnerstag soll es in den Ministerrat. Wir würden heute diese Beauftragung aussprechen können.

Bitte, Herr Halm doch noch, von [der] PDS.

Halm (PDS): Nun muß ich doch noch einmal das Wort nehmen. Wenn das am Donnerstag bereits beraten werden soll und der Runde Tisch hier nicht noch einmal das Ergebnis der Arbeitsgruppe zur Kenntnis nehmen kann, würde ich meinen, daß ich zumindest auf den **Artikel 16,** der so auf keinen Fall stehen bleiben kann, hinzuweisen [habe]. Ich will damit nicht in eine Diskussion eintreten, aber der Artikel 16, wie er im Parteiengesetz steht, ist genau das Gegenteil dessen, was gesagt werden soll mit diesem Artikel, nämlich eine **Chancengleichheit der Parteien** herbeizuführen, und das ist eigentlich eine Chancengleichheit für die kleinen Parteien.

Wenn aber diese Chancengleichheit erreicht werden soll, daß pro Mitglied der Partei ein Ausgleich gezahlt werden soll, dann werden durch diese Chancengleichheit die großen Parteien bevorzugt. Die Chancengleichheit, wie sie das Parteiengesetz der Bundesrepublik in 22 a vorsieht, ist etwas ganz anderes. Da wird nämlich ein Verhältnis hergestellt zwischen den Ausgaben oder den Mitteln, die die ökonomisch stärkste Partei, bezogen auf die Wählerstimmen, hatte, also was sie praktisch für die Gewinnung einer Wählerstimme aufwenden konnte, [das wird] als Ausgangspunkt genommen, und dann werden die Mittel, die die anderen, die nicht so ökonomisch starken Parteien aufwenden konnten für ihre Wahlwerbung, ins Verhältnis dazu gesetzt. Und das ist der Ausgleich, die Chancengleichheit. Da werden nämlich die mitgliedskleinen Parteien dann chancengleich gemacht. Hier erhalten die starken Parteien – –, ich spreche wahrscheinlich für eine mitgliedsstarke Partei, ich hoffe es, daß wir es noch sind. Aber ich mache darauf aufmerksam, daß hier das ganze Gegenteil drinsteht.

Ducke (Moderator): Sie haben das Problem noch einmal klar umschrieben.
Herr Ziegler, bitte.

Ziegler (Co-Moderator): Also, ich möchte doch einmal in Erinnerung bringen, daß der Runde Tisch Arbeitsgruppen eingerichtet hat, um genau das zu machen, was wir jetzt aufgrund einer Vorlage, die keine Vorlage des Runden Tisches ist, anfangen zu diskutieren. Es bleibt dann also, wenn das nicht zu schaffen ist und was ich verstehe, der Runde Tisch selber noch dazu votieren will, tatsächlich nur Verschiebung um eine Woche, daß Sie in Ruhe uns nächstes Mal das vorlegen, was Sie erarbeitet haben in der Arbeitsgruppe. Das wird die Regierung behindern um eine Woche, aber so geht es nicht, daß wir hier jetzt freihändig sozusagen hineingehen, das schaffen wir hier einfach nicht.

Ducke (Moderator): Danke für diese Erklärung. Ich bin zu einem Kompromiß eigentlich jetzt geneigt. Erstens: Wir beauftragen die Arbeitsgruppe „Parteien- und Vereinigungsgesetz", dieses zu beraten. Sie haben aufmerksam gemacht, daß nicht die Gewähr gegeben ist, daß morgen das alles beschlossen werden kann. Ich frage Herrn Christoph: Ist es möglich, wie Sie uns vorgeschlagen haben, daß am Donnerstag zwar das im Ministerrat beraten werden kann, aber noch nicht beschlossen werden kann, sondern noch einmal am Montag zum Runden Tisch, also von der Vorlage Arbeitsgruppe und Ministerrat kommen kann. Wäre das möglich?

Christoph (Vertreter des Justizministeriums): Das müßte gegebenenfalls der Vorsitzende der Regierungskommission, also der Minister der Justiz, vertreten. Ich würde ihm das übermitteln.

Ducke (Moderator): Ja. Sollten wir dies beschließen? Danke.
Frau Poppe noch dazu.

Frau Poppe (DJ): Ich denke, das dürfte auf keinen Fall schon am Donnerstag beschlossen werden, weil das natürlich erst einmal über diesen Runden Tisch gehen muß.

Ducke (Moderator): Herr Christoph dazu, bitte.

Christoph (Vertreter des Justizministeriums): Also, von Beschließen in diesem Sinne kann natürlich keine Rede sein, zugegeben, denn es kommt dann erst in die Volkskammer und da eigentlich, so vorgesehen, in [eine] erste Lesung, dann soll es noch einmal diskutiert werden, und dann aber [wird es] so schnell wie möglich beschlossen.

Ducke (Moderator): Ich bin dann dafür, daß wir die Abstimmungsfrage jetzt so stellen. Diese Vorlage wird in der AG „Parteien- und Vereinigungsgesetz" besprochen. Wir erwarten das Ergebnis aber am nächsten Montag. Auch die Anregung, die hier eben in einer **Vorlage 11/35 [Antrag DA: Änderungen des vorläufigen Parteiengesetzes[42]]** vom **Demokratischen Aufbruch** kommt, unmöglich hier zu beraten, in die Arbeitsgruppe sofort wieder verwiesen wird. Da gibt es, glaube ich, gar kein Pardon. Und wir erwarten, daß wir über dieses Ergebnis der Arbeitsgruppe am Montag informiert werden, um zu beschließen, und erwarten auch einen Stand der Beratung, im Ministerrat sollte es besprochen werden.
Herr Christoph, ist das so möglich? Danke.
Dann könnten wir in dieser Weise abstimmen. Dann bitte ich, wer in dieser Weise verfahren möchte, der Runde Tisch beauftragt die AG „Parteien- und Vereinigungsgesetz", bei der Sitzung die Frage nach der **Parteienfinanzierung** zu beraten, einen Entschluß herbeizuführen für Montag, und wir am nächsten Montag bei der nächsten Sitzung dieses Parteien- und Vereinigungsgesetz noch einmal beraten können in der Weise, wie es uns dann von der AG beziehungsweise auch vom Ministerrat vorgelegt wird, den bitte ich um das Handzeichen, wer für dieses Verfahren ist. Darf ich Sie um – – Danke, das ist die Mehrheit. Gegenstimmen? – Es gibt keine Gegenstimmen. Enthaltungen? – Auch dieses nicht. Damit hätten wir diesen Tagesordnungspunkt erledigt.

TOP 13: Problem Kernkraft

Ducke (Moderator): Meine Damen und Herren, ich mache Ihnen jetzt folgenden Vorschlag. Wenn wir jetzt eine Pause machen, ist das, wie immer eine halbe Stunde. Das wissen wir ja schon. Also, wir machen uns hier ein bißchen Bewegung am Runden Tisch und laden jetzt bitte ein – – Es ist wirklich unfair, die Kollegen sind angereist vom KKW [Kernkraftwerk], die Verantwortlichen sind da, wir müssen weitergehen ohne Pause mit einem bißchen Bewegung, während hier die Platz nehmen. Ich darf Ihnen vorstellen, wer zu uns gekommen ist. Ich rufe also jetzt auf den Tagesordnungspunkt **Problem Kernkraft**.
Es ist Herr Dr. [Reiner] Lehmann vom KKW Greifswald bei uns, wir kennen ihn schon. Es ist der Sprecher der Belegschaft des KKW Greifswald, Herr [Volkmar] Kirchhoff, er ist bei uns. Es ist Professor Rabold, den wir auch schon kennen, und vom Ministerium ist noch Herr Harald Gatzke hier erschienen. Sie werden mit den Erklärungen beginnen. Wir erinnern uns, worum es geht. Es geht um die **Vorlagen 10/12[43] und 10/16[44]** von der vergangenen Sitzung. Ich darf jetzt einmal hochhalten, das sind die Telexe, die eingegangen sind von Belegschaft, von Experten und Expertengruppen. Hier zum Beispiel vom Rektor der Technischen Hochschule in Zittau und so weiter. Wir sind bereit, das alles zur Einsicht Ihnen dann natürlich vorzulegen. Aber zunächst rufe ich auf die Erklärungen.

---

[42] Dokument 11/26, Anlagenband.
[43] Dokument 10/4 im Anlagenband.
[44] Dokument 10/5 im Anlagenband.

Jetzt kriege ich hier aber etwas dazwischen, was mir alles durcheinanderbringt. Danke. Das gehört dazu? Danke. Herr Dr. Lehmann, Sie reden als erster?

Herr Lehmann vom KKW Greifswald, bitte Ihr Wort.

Lehmann (Generaldirektor KKW Greifswald): Meine Damen und Herren, wir waren in der letzten Sitzung so auseinandergegangen, daß ich einen **Standpunkt der Leitung des Kombinats Kernkraftwerke „Bruno Leuschner", Greifswald, zur Gewährleistung der nuklearen Sicherheit beim Betrieb der Blöcke 1 bis 4 im KKW Greifswald vorzutragen** habe.

[Standpunkt der Leitung des Kombinats KKW „Bruno Leuschner" Greifswald, Herr Lehmann, zur Gewährleistung der nuklearen Sicherheit beim Betrieb der Blöcke 1 bis 4 im Kernkraftwerk Greifswald]

Die Blöcke 1 bis 4 im Kernkraftwerk Greifswald wurden in den Jahren 1973 bis 1979 in Betrieb genommen. Sie entsprechen in ihrem technischen Niveau dem Projektierungsstand der sechziger Jahre und besitzen demzufolge auslegungsbedingte Rückstände gegenüber Kernkraftwerken der heutigen Generation, die unter Berücksichtigung der modernsten wissenschaftlich-technischen Erkenntnisse projektiert und errichtet wurden. Das betrifft zum Beispiel das Fehlen eines gegen Flugzeugabsturz gesicherten Containments beziehungsweise die Beherrschung des Abrisses der Rohrleitung mit der größten Nennweite.

Unter Berücksichtigung der Auslegungsparameter der Anlage und des Redundanzgrades der Sicherheitssysteme wurden Bewertungen der möglichen Betriebszustände durchgeführt und ein spezielles Betriebsregime eingeführt, welches verschärfte Prüfvorschriften und verkürzte Prüfzyklen vorsieht sowie durch qualifiziertes Personal und weitere Maßnahmen zur Gewährleistung einer hohen Sicherheitskultur beiträgt.

Durch das Staatliche Amt für Atomsicherheit und Strahlenschutz [SAAS] wurden Grenzwerte und Bedingungen des sicheren Betriebes festgelegt, die durch das Kernkraftwerkspersonal strikt eingehalten werden. Für alle Blöcke des Kernkraftwerks Greifswald liegen gültige Dauerbetriebsgenehmigungen vor.

Die Blöcke 1 bis 4 des Kernkraftwerks Greifswald wurden während ihrer gesamten Betriebszeit mit guten Verfügbarkeiten und ohne solche Störungen betrieben, die zu einer Erhöhung des natürlichen Strahlenpegels in der Umgebung des Kraftwerkes beziehungsweise auf dem Kraftwerksgelände geführt haben. Seit 1989 verfügt das Kernkraftwerk Greifswald zusätzlich über ein hochautomatisiertes System zur Umgebungsüberwachung, welches allen internationalen Ansprüchen genügt.

Über alle Betriebsstörungen wird sorgfältig Buch geführt. Zur Aufklärung der Störungsursachen werden Expertenkommissionen eingesetzt. Jährlich werden Technische Jahresberichte angefertigt und dem Staatlichen Amt für Atomsicherheit und Strahlenschutz sowie den zuständigen staatlichen Stellen vorgelegt. Entsprechend der vom SAAS vorgegebenen Methodik werden alle meldepflichtigen Ereignisse erfaßt und gemeldet.

Die Leitung des {Kombinats} Kernkraftwerk [Greifswald] vertritt die Meinung, daß ein Weiterbetrieb der Blöcke 1 bis 4 des Kernkraftwerkes Greifswald möglich ist und schlägt vor, die Situation nach Vorliegen der Sicherheitsstudie, an der Experten beider deutschen Staaten gegenwärtig arbeiten, erneut zu bewerten. Mit dieser Bewertung ist festzulegen, ob und wenn ja unter welchen Bedingungen und für welchen Zeitraum ein Weiterbetrieb dieser Blöcke gesichert werden kann.

Die Haltung der Leitung des Kernkraftwerks Greifswald stützt sich dabei auf ein Gutachten von Wissenschaftlern der DDR vom 1. Februar 1990 sowie auf ein Gutachten des sowjetischen Generalkonstrukteurs und des Generalprojektanten sowie weiterer Experten vom 3. Februar 1990. {Beide Dokumente liegen dem Sekretariat des Runden Tisches vor.}

Die vorgeschlagene Verfahrensweise setzt die Kenntnisnahme des Runden Tisches sowie die Zustimmung des Staatlichen Amtes für Atomsicherheit und Strahlenschutz und damit der Regierung der DDR voraus. Sollte diese Verfahrensweise nicht bestätigt werden können, sind die Blöcke mit Zurücknahme der Dauerbetriebsgenehmigung abzufahren.[45]

Soweit, meine Damen und Herren, der Standpunkt unserer Leitung. Ich möchte hinzufügen, daß zu den Auswirkungen, wenn das gewünscht wird, Herr Gatzke vom Ministerium für Schwerindustrie Stellung nehmen wird. Ich möchte des weiteren darauf hinweisen, daß die Beratungen am letzten Montag natürlich in Greifswald und in der Belegschaft des Kernkraftwerkes Greifswald große Beunruhigung hervorgerufen haben. Und aus diesem Grunde hat die Belegschaft gebeten, daß ein Sprecher der Belegschaft den Standpunkt vortragen darf.

Ducke (Moderator): Danke, Herr Lehmann. Ich darf, bevor wir Herrn Kirchhoff als Sprecher der Belegschaft des KKW Greifswald bitten, das Wort zu nehmen, Sie noch auf die Vorlagen, die zu diesem ganzen Komplex Ihnen jetzt verteilt wurden, hinweisen, damit Sie sich in der Zwischenzeit auch kundig machen können.

Es ist die **Vorlage 11/33 [Erklärung GP, GL, IFM, DFV, NF, DFP, DA zur Abschaltung des KKW Greifswald**[46]**]**, die auf das gerade von Ihnen letztgenannte, Herr Lehmann, Bezug nimmt bezüglich der **Meldungen in der Presse** und die möglich daraus entstehende Unruhe. Es ist die **Vorlage 11/32, [Antrag] PDS [Bürgerkontrolle über das KKW Greifswald**[47]**,** wo es um **Abschätzung der Risiken der Kernenergieproduktion** geht, und die Vorlage – – ja, das war es schon, Entschuldigung, das habe ich hier zweimal. **Vorlage 11/28 [Antrag GP, NF, GL: Aushändigung energiestatistischer Unterlagen**[48]**]** ist im Moment jetzt hier auch mit dazu zu beraten.

---

[45] Dieser Vortrag wurde schriftlich zu Protokoll des Zentralen Runden Tisches gegeben. Die in { } gesetzten Ausführungen wurden davon abweichend nur mündlich vorgetragen. In [ ] gesetzte Texte finden sich lediglich in der schriftlich zu Protokoll gegebenen Fassung.
[46] Dokument 11/29, Anlagenband.
[47] Dokument 11/28, Anlagenband.
[48] Dokument 11/23, Anlagenband.

Dann bitte ich jetzt Herrn Kirchhoff als Sprecher der Belegschaft des KKW Greifswald, das Wort zu nehmen. Bitte, Herr Kirchhoff.

Geht irgend etwas nicht? Dann müssen wir die Technik einmal bitten. Können wir hier die Mikrofontechnik über mich hier noch erreichen? Irgendwie sind unsere Mikrofone kaputtgegangen. Es wird schon versucht. Drücken Sie noch einmal vorsichtig? Oder kommen Sie hierher.

Bitte schön.

Kirchhoff (diensthabender Ingenieur KKW Greifswald): Ich bin durch die Belegschaft des Kernkraftwerkes „Bruno Leuschner" beauftragt worden, eine **Resolution** dem Runden Tisch zu übergeben. Dieser Resolution wurde am 1. Februar auf einer Belegschaftsversammlung zugestimmt durch die Belegschaft.

Resolution {an den Runden Tisch} [der Belegschaft des KKW Greifswald, vorgetragen von Volkmar Kirchhoff, Vertreter der Belegschaft des Kombinates]

Wir, die Kollegen des Kombinates Kernkraftwerke „Bruno Leuschner" Greifswald, haben mit Befremden und mit Sorge die in den vergangenen Tagen entfachte Diskussion um die Kernenergie in der DDR verfolgt. Auch in diesem Fall rächt sich leider bitter die Medienpolitik der vergangenen Jahre, die unser Kernkraftwerk mit einem Tabu belegte. Deshalb erscheint es jetzt schwer, eine republikweit geführte emotionsgeladene und durch westliche Medien unsachlich und in verantwortungsloser Weise angeheizte Diskussion in einen vernünftigen Meinungsstreit kompetenter, mündiger Bürger umzuwandeln. Wir sind für eine Offenlegung der realen Situation und verwahren uns gegen jede Art von Gerüchten, die in letzter Zeit zunehmend in Umlauf gebracht wurden.

Tatsache ist, daß seit der Inbetriebnahme des Blockes 1 1973 keine meßbaren radioaktiven Umweltbelastungen auftraten. Alle aufgetretenen Störungen wurden beherrscht und die Reaktoren in einen im Rahmen ihres Projektes nuklear sicheren Zustand überführt, ohne daß die gültigen Grenzwerte bei der Abgabe von Radioaktivität oder der Strahlenbelastung des Personals überschritten wurden. Analoge Schlußfolgerungen können aus dem Betrieb von Reaktoren dieses Typs WWR 440 in der Sowjetunion, Finnland, CSSR, Ungarn und Bulgarien gezogen werden. Es muß endlich Schluß sein, daß mit der Kernenergie fadenscheinige Politik gemacht und ein Geschäft mit der aus Uninformiertheit erwachsenen Angst der Bevölkerung betrieben wird.

Der Ausbildungs- und Qualifizierungsstand unseres Personals befindet sich auf einem anerkannten Niveau, wird zyklisch überprüft und ständig durch technische Weiterbildungsmaßnahmen ergänzt. In Vorbereitung befindet sich ein neues Schichtsystem, um einen noch höheren Zeitfonds für Qualifizierungsmaßnahmen zu schaffen.

Eine sofortige Stillegung des Kernkraftwerkes Greifswald ist weder ökonomisch noch ökologisch zu vertreten. Entscheidungen zu diesem Thema dürfen nur von der Regierung gefällt werden, gestützt auf ein sicherheitstechnisches Gutachten und wirtschaftliche Langzeitprogramme. Übereilte ultimative Forderungen des Runden Tisches, die sich zudem auf eine stark tendenziöse und teilweise sachlich falsche Berichterstattung in westlichen Medien gründen, lehnen wir grundsätzlich ab. Meinungsfreiheit darf sich nicht zur Freiheit der Inkompetenz verkehren. Deshalb müssen alle Gutachten den internationalen Sicherheitsstandard berücksichtigen und aufgrund der Tragweite dieser Analysen auch Gegengutachten von anderen Organisationen, zum Beispiel aus Frankreich, Schweden, Finnland und der IAEA eingeholt werden.

Es ist ökologisch nicht vertretbar, statt einiger Nanogret [???] Tausende Tonnen CO_2 jährlich zusätzlich zu der ohnehin schon starken Belastung in die Umwelt abzugeben, selbst wenn man annimmt, daß die Belastung durch Staub, Schwefel und Stickoxide geringgehalten wird. Wer gestattet uns, die Bodenschätze der Erde verstärkt zu verbrennen, statt sie auch in Zukunft sinnvoll zu nutzen? Eine rasche Einsenkung unseres Energiebedarfes um cirka 30 Prozent ist wegen der fehlenden ökonomischen Basis ebenso unrealistisch wie die Annahme, kurzfristig durch Importe aus der BRD den dann fehlenden Elektroenergiebedarf decken zu können. Allein für die Fernwärmeversorgung der Stadt Greifswald müßte ein umweltbelastendes Kohleheizwerk wieder angefahren werden. Außerdem müßten durch den weiter vorangeschrittenen Wohnungsneubau in Greifswald zusätzliche Heizkapazitäten geschaffen werden.

Weiterhin muß die Bereitstellung von Energie für die zahlreichen Industriebetriebe und Kliniken als notwendige Existenzgrundlage tausender Menschen geklärt werden. Es müßten weiterhin Lösungen gefunden werden, Dampf für die Aufbereitung der trotzdem noch anfallenden radioaktiven Wässer auch bei stillgesetzten Blöcken zu erzeugen. Auch wären Baustellenbetriebe und der Anfahrbetrieb des Blockes 5 ohne Dampfabgabe der Blöcke 1 bis 4 nicht möglich. All dies sind ökologische und ökonomische Faktoren, die einer sofortigen Stillsetzung aus ökonomischer Sicht entgegenstehen. Ganz abgesehen von dem fehlenden sozialpolitischen Auffangprogramm.

Da gegenwärtig über Betriebsstillegung verhandelt wird, sind wir nicht einverstanden mit der Interessenvertretung der Werktätigen durch die Vertreter des FDGB am Runden Tisch. Wir verlangen konsequenten Einsatz für die Belange von Werktätigen, die von der Betriebsstillegung betroffen sind. Den Forderungen nach einem sozialen Netz müssen jetzt endlich konkrete Gesetzesvorlagen folgen.

Voraussetzung für eine Weiterentwicklung der Kernenergie ist ein hohes Sicherheitsniveau. Dafür müssen im Rahmen der existierenden und neu vorzulegenden Analysen als notwendig angesehene Rekonstruktionsmaßnahmen durchgeführt und mit zusätzlichen Kontrollmaßnahmen versehen werden. Gegen die Reaktordruckgefäßversprödung sind umfangreiche technische Maßnahmen vom Einsatz von Abschirmkassetten bis zum thermischen Ausheilen des Druckgefäßes ergriffen worden. Die Sicherheit großer Rohrleitungen gegen Abriß oder Bruch wird durch ein umfangreiches System von Werkstofftechnik im Prüfverfahren und Druckproben nachgewiesen. Wichtig ist auch die zunehmend bessere Bereitstellung von Mitteln, um Verschleißteile durch Austauschreparatur zu ersetzen und somit die projektgemäße Basissicherheit der KKW-Blöcke zu gewährleisten. Die Rekonstruktionsmaßnahmen sollten vorrangig Redundanzerhöhungen des sicherheitsrelevanten Systems zum Ziel haben und damit fortgeschrittenen internationalen Stand erreichen.

Wir Kernkraftwerker versichern, verantwortungsbewußt und umsichtig die KKW-Blöcke zu betreiben und weiterhin alle gesetzlichen, staatlichen und betrieblichen Bestimmungen einzuhalten. Weitere Entscheidungen zum Betrieb der Blöcke 1 bis 4 sollten nur im Ergebnis einer umfassenden Sicherheitsanalyse kompetenter Fachleute erfolgen. Wir befürworten ein Energieprogramm, das eine schrittweise Inbetriebnahme neuer, neuestem Sicherheitsstandard entsprechenden Kapazitäten vorsieht. Wichtigstes Anliegen muß ein ökologisch-ökonomisch abgestimmtes Konzept sein, das Tragfähigkeit für die nächsten Jahrzehnte hat.

Wir fordern unsere Medien auf, kurzfristig unsere Bevölkerung über die tatsächliche Situation im Kombinat Kernkraftwerk „Bruno Leuschner" Greifswald, zu informieren.

Ducke (Moderator): Das war die Stellungnahme.

Lehmann (Generaldirektor Kernkraftwerk Greifswald): Meine Damen und Herren, ich hatte bereits am vergangenen Montag Gelegenheit, den Standpunkt des Staatlichen Amtes für Atomsicherheit und Strahlenschutz [SAAS] des zuständigen Kontrollorgans in der DDR hier darzulegen. Dieser Standpunkt ist ein kritischer, der sich mit der realen Situation unserer Kernkraftwerke auseinandersetzt und auf einer wissenschaftlichen Analyse dieser Situation beruht. Wir haben unseren grundsätzlichen **Standpunkt zur Frage der Sicherheit dieser Kernkraftwerksblöcke** noch einmal formuliert und ich möchte Ihnen diesen Standpunkt vortragen.

[Information: Standpunkt des Leiters des SAAS, Prof. Dr. Sitzlack, zur Sicherheit der Kernkraftwerksblöcke des KKW Greifswald]

Angesichts der gegenwärtig in der DDR zunehmenden Diskussion um die friedliche Nutzung der Kernenergie wird es als notwendig erachtet, nochmals auf die vom Staatlichen Amt für Atomsicherheit und Strahlenschutz, bereits in der Vergangenheit vertretene Position zur Sicherheit der Kernkraftwerke in der DDR hinzuweisen, wie sie in einem Schreiben vom 5. Juni 1989 an den Vorsitzenden des Staatlichen Komitees der UdSSR für die Kontrolle der sicheren Durchführung von Arbeiten in der Kernenergie, Minister W. N. Malyschew, formuliert wurde. Darin wurde u. a. ausgeführt, daß bei den vier Blöcken mit Reaktoren WWER-440/230 im Kernkraftwerk Greifswald in der sicherheitstechnischen Auslegung die bekannten Abweichungen vom aktuellen internationalen Stand bestehen. Unabhängig davon führen die im Verlaufe des Betriebes auftretenden Korrisions-, Verschleiß- und Ermüdungsprozesse zur Beeinträchtigung der sicheren und zuverlässigen Funktion wichtiger Ausrüstungen. Gleichzeitig werden ernsthafte Zweifel zum Ausdruck gebracht, ob eine Rekonstruktion in den 90er Jahren, bei der eine beträchtliche Differenz zum internationalen Stand verbleibt, überhaupt vertretbar ist.

Diese ernste Bewertung ergab sich aus den vom Staatlichen Amt für Atomsicherheit und Strahlenschutz seit 1986 durchgeführten Sicherheitsanalysen und den auf ihrer Grundlage formulierten Mindestanforderungen, deren Erfüllung als Voraussetzung für den Weiterbetrieb während der projektierten Lebensdauer der Anlagen gefordert wurde.

Die Mindestanforderungen wurden mit den für die Kontrolle der Kernenergienutzung Verantwortlichen in der UdSSR, Bulgarien und der Tschechoslowakischen Republik, wo derselbe Reaktortyp ebenfalls betrieben wird, im Juli 1989 in Berlin beraten und auf ihrer Grundlage ein gemeinsamer Standpunkt erarbeitet.

Mit Schreiben vom 25. Juli 1989 wurde dieser Standpunkt dem Generaldirektor des Kombinates Kernkraftwerk „Bruno Leuschner" übermittelt und seitens des Staatlichen Amtes für Atomsicherheit und Strahlenschutz die Forderung erhoben, noch 1989 spezielle Betriebsbedingungen für die Blöcke 1 bis 4 des KKW Greifswald in Kraft zu setzen, um hohe Sicherheit in der Betriebsführung zu erreichen. Dieses spezielle Betriebsregime ist eine Bedingung der erteilten Genehmigung und wird periodisch überprüft.

Darüber hinaus wurde der Betreiber beauftragt, in Wahrnehmung seiner Verantwortung für die Sicherheit der Anlagen, Lösungen zur Umsetzung des gemeinsamen Standpunktes zu erarbeiten. Von der Regierung wurde das damalige Ministerium für Kohle und Energie angewiesen, mit der UdSSR, als den Generalprojektanten und Verfahrensträger über die Realisierung zu verhandeln. Bisher wurde jedoch kein abschließendes Ergebnis erzielt, das dem Kontrollorgan zur Prüfung und Genehmigung hätte vorgelegt werden können.

Grundsätzlich ist zur Frage einer Rekonstruktion festzustellen:

– Die Blöcke 1 bis 4 des KKW Greifswald sind auch durch Nachrüstung mit sehr hohem Aufwand nicht auf einen Stand zu bringen, der den heutigen Sicherheitsanforderungen entspricht.

– Die mit fortschreitender Zeit durch Alterung und Verschleiß bedingte Minderung der Sicherheit und die international erfolgende dynamische Entwicklung der Reaktorsicherheitstechnik lassen jede verzögerte und langsamere Rekonstruktion fragwürdig erscheinen, da sich der Abstand zum internationalen Sicherheitsstandard ständig vergrößert.

Entsprechend dem nationalen Erfordernis, die kerntechnische Sicherheit ständig auf dem höchst möglichen Stand zu gewährleisten, und entsprechend der von der Internationalen Atomenergieorganisation [IAEA] geförderten Vereinheitlichung des Sicherheitsstandards wurde eine aktuelle Sicherheitsanalyse der Blöcke 1 bis 4 des Kernkraftwerkes Greifswald eingeleitet, wobei derartige Analysen auch für die im Bau befindlichen Anlagen vorgesehen sind. An ihr beteiligen sich Sachverständige aus der Bundesrepublik Deutschland, der UdSSR, der Internationalen Atomenergieorganisation und andere. Das Ergebnis dieser Analyse ist der Entscheidung über begrenzten Weiterbetrieb, Rekonstruktionen oder Stillegung zugrunde zu legen.

Danke.

Ducke (Moderator) Danke, Herr Professor für diese Stellungnahme des Staatlichen Amtes für Atomsicherheit und Strahlenschutz zu den genannten Problemen, die ja sich in den Anträgen auch niedergeschlagen haben. Es liegt nun noch das Angebot des Ministeriums für Schwerindustrie vor.

Herr Gatzke würde die Stellungnahme vortragen. Sie haben sie hier in einer nicht numerierten Vorlage ebenfalls zur Kenntnis gebracht.

Darf ich Sie bitten, Herr Gatzke.

Gatzke (Hauptabteilungsleiter im Ministerium für Schwerindustrie): Meine Damen und Herren, ich bin Hauptabteilungsleiter für Kernenergie im Ministerium für Schwerindustrie. Gestatten Sie deshalb, daß ich, bevor ich zu den eventuellen Auswirkungen spreche, auch kurz noch die Positionen des Ministeriums für Schwerindustrie zum möglichen Weiterbetrieb dieser Blöcke 1 bis 4 hier Ihnen ausführe. Wir sind, als das zuständige zentrale staatliche Organ, gemäß dem **Atomenergiegesetz** der DDR, für die Anwendung der Atomenergie und den Schutz vor ihren Gefahren und ich denke, es ist deshalb notwendig, daß ich unsere Position ebenfalls darlege.

Ich kann erstens feststellen, daß die **Betriebsführung** des Kernkraftwerkes Greifswald durch die Leitung des Kernkraftwerkes und durch sein qualifiziertes Betriebspersonal auf der Grundlage der bestehenden gesetzlichen Bestimmungen und der Verordnungen erfolgt bei Einhaltung der Grenzwerte und Bedingungen des sicheren Betriebes und unter Beachtung des hier schon dargestellten besonders begründeten Betriebsregimes, so wie das der Generaldirektor Herr Dr. Lehmann hier dargelegt hat.

Zweitens: Es liegen für den Betrieb dieser Blöcke **Dauerbetriebsgenehmigungen** des zuständigen Überwachungsorganes vor, damit verbunden Auflagen, die der Betriebsführung zugrundegelegt werden.

Drittens: Das Ministerium für Schwerindustrie vertritt in Übereinstimmung mit allen Experten sowohl der DDR als auch der UdSSR und mit dem Überwachungsorgan den Standpunkt, daß diese Blöcke 1 bis 4 im Kernkraftwerk Greifswald als Voraussetzung für den mittel- und langfristigen Weiterbetrieb an das internationale Sicherheitsniveau herangeführt werden müssen. Dazu wurden seit 1982 wissenschaftlich-technische Untersuchungen durchgeführt und erste, ich betone erste, anlagentechnische Maßnahmen realisiert.

Gegenwärtig werden durch Expertengruppen aus der DDR und der BRD, so wie wir das auf der Regierungsebene abgestimmt haben, die vorliegenden **Sicherheitsanalysen** vertieft und nach neuesten Gesichtspunkten mit dem Ziel bewertet, ob und gegebenenfalls unter welchen Bedingungen sowie für welchen Zeitraum diese Blöcke weiter betrieben werden können. Zur Beschleunigung der Untersuchungen, die leider Zeitverzug haben, haben wir in den letzten Wochen auch dritte Länder, also auch Sachverständige und Betriebe der Bundesrepublik in die Untersuchungen einbeziehen können. Eine erste Bewertung wird Ende April diesen Jahres vorliegen. Wir werden die Öffentlichkeit über diese Ergebnisse umfassend informieren.

Viertens: Haben wir ebenfalls zur Begründung unseres Standpunktes mit unterstützt die Befragung der Experten und Wissenschaftler der DDR, nach der ersten Behandlung vor acht Tagen hier an diesem Runden Tisch, und haben auch erreichen können, daß die zuständigen und kompetenten Experten und Wissenschaftler der UdSSR innerhalb von 48 Stunden in die DDR gereist sind und vor Ort die Situation geprüft haben und das Gutachten erarbeitet und vorgelegt haben, was auch hier im Sekretariat zur Einsichtnahme vorliegt.

Alle diese Unterlagen bekräftigen uns in unserer Auffassung, daß es zum gegenwärtigen Zeitpunkt keinen unmittelbaren Handlungsbedarf gibt, sondern daß wir, wie das schriftlich fixiert ist, die Ergebnisse der unabhängigen **Expertenuntersuchungen** im April zur Kenntnis nehmen werden. So, wie das bereits in der gemeinsamen Pressekonferenz mit Herrn Bundesminister Töpfer zum Ausdruck gebracht worden ist, stellen wir uns den Ergebnissen dieser Expertenuntersuchungen und werden daraus die erforderlichen Schlußfolgerungen ableiten. Wir haben deshalb in die in Durchführung befindlichen Arbeiten zum neuen Energiekonzept alternativ Untersuchungen einbezogen, die entweder die **Nachrüstung** oder **Rekonstruktion dieser Blöcke** oder auch, wenn das in diesen Untersuchungen dann als notwendige Konsequenz erscheint, ein geordnetes Abfahren dieser Blöcke und die Realisierung von Ersatzneubauten zum Inhalt haben und die erforderlichen Entscheidungen kurzfristig ermöglichen.

Meine Herren, ich habe diese Erklärung vorangestellt, weil ich unterstreichen möchte, daß für die Sicherheit oder für das Weiterbetreiben nur **Fragen der Sicherheit** entscheidend sind. Ich sage das noch einmal betonend, ja, wenn ich jetzt Ihnen die Konsequenzen darstelle, die bei einer sofortigen oder unmittelbaren Stillegung, so wie das die **Vorlage 10/16** vom 29. Januar gefordert hat, verwirklicht werden würden. Ich möchte unterstreichen und ich bitte Sie, das so zu verstehen, daß das kein „Unter-Druck-setzen" bedeutet. Wir sind uns darüber im klaren, daß bei diesen Konsequenzen, so schlimm wie sie sich darstellen, [wir] diese Konsequenzen eine Erklärung und Lösung zuführen müßten, wenn sicherheitsbedingt eine Stillsetzung unabdingbar erforderlich ist. Ich erkläre das hier ausdrücklich.

Die Berechnungen, die Untersuchungsergebnisse, die die verantwortlichen Generaldirektoren dem Ministerium vorgelegt haben, haben in Kürze folgendes Ergebnis, sie liegen Ihnen schriftlich vor. Ich möchte es mir deshalb ersparen, auf alle einzelnen Zahlen hier einzugehen.

[Stellungnahme: Zu den Auswirkungen einer sofortigen Stillegung des KKW Greifswald auf die Elektroenergie- und Wärmeversorgung]

Im Kernkraftwerk Greifswald werden mit der im Dauerbetrieb befindlichen Leistung von 4 mal 440 MW jährlich 12 Terrawattstunden Elektroenergie erzeugt. Das entspricht etwa einem Anteil von 10 Prozent des Elektroenergieverbrauchs der DDR. Gleichzeitig wird zur Wärmeversorgung der Stadt Greifswald und der Großbaustelle des Kernkraftwerkes (Blöcke 5 bis 8) eine Wärmemenge von maximal 300 Megawatt thermisch ausgekoppelt. Mit dieser Wärmemenge werden in Greifswald

- {immerhin} 14 000 Wohnungen,

- 45 Industriebetriebe,

- 1 Gewächshausgroßanlage,

- 50 gesellschaftliche- und Handelseinrichtungen,

- 15 Schulen

- 15 Kinderkombinationen,

- 6 Krankenhäuser

- 20 Wohnheime

mit Wärme und Warmwasser versorgt.

– Unmittelbar betroffen sind davon gegenwärtig ca. 5 000 Personen im Kernkraftwerk Greifswald selbst und auf der Großbaustelle ca. 7 000 Personen, die dort als Bau- und Montagearbeiter beschäftigt sind. Davon wiederum sind 2 500 Personen unmittelbar an der Stadt Greifswald und Umgebung angesiedelt.

Eine sofortige Stillegung dieser Blöcke 1 bis 4 des Kernkraftwerkes Greifswald hätte folgende Auswirkungen:

1. Ausgehend vom Ansatz der Elektroenergiebilanz für das erste Halbjahr 1990 würde eine elektrische Arbeit von ca. 4,3 Terrawattstunden ausfallen. Zum Ausgleich müßten

– Reserveleistungen im Umfang von etwa 2 Terrawattstunden auf Basis {zusätzlicher} Importenergieträger (mit einer Importmittelbereitstellung von ca. 100 Millionen Valutamark) sowie durch andere Energieträger vollständig in Anspruch genommen werden

und zweitens ein zusätzlicher Import von Elektroenergie aus der Bundesrepublik und aus Österreich mit einer elektrischen Arbeit von einer Terrawattstunde (einem zusätzlichen Importmittelaufwand von 95 Millionen Valutamark) über die bisher hinaus schon vereinbarten Lieferungen durchgeführt werden.

Dabei haben wir berücksichtigt, daß kurzfristig eine Erhöhung der Übertragungsmöglichkeiten aus der BRD von derzeitig 320 MW auf ca. 800 MW und die weitgehende Ausschöpfung der Importmöglichkeiten aus Österreich {im Umfang von maximal 1 000 MW} zu organisieren sind.

Die Mittel für diese Importe sind nicht in den Plänen, oder im Planansatz für 1990 enthalten.

In dieser Betrachtung wurde bereits zugrunde gelegt, daß der Elektroenergiebedarf im ersten Halbjahr 1990 um 1,3 Terrawattstunden unter den geplanten Werten liegen wird.

{Klima und wirtschaftliche Entwicklung.} Durch die höhere Auslastung der konventionellen Wärmekraftwerke erhöht sich der {Schadstoffausstoß}, die Schadstoffemission in dem betrachteten Zeitraum {des ersten Halbjahres} zum Beispiel an Schwefeldioxid um 60 bis 70 000 Tonnen.

Durch die vollständige Ausnutzung der verfügbaren Reserveleistungen verringert sich die Versorgungszuverlässigkeit im Elektroenergiesystem mit der Gefahr notwendiger Flächenabschaltungen. {Sämtliche Optionen, die beispielsweise mit Österreich vertraulich gebunden werden, dienten ja der Störvorsorge. Wir würden sie jetzt in Anspruch nehmen müssen, um die Grundlastversorgung zu sichern.} Darüber hinaus kann der Nordraum der DDR (Bezirke Rostock, Schwerin und Neubrandenburg) durch Wegfall des leistungsstärksten Einspeiseknotens {nämlich dieses Kernkraftwerkes} nicht mehr zuverlässig versorgt werden. Beim einfachen Störfall treten {nach den Netzberechnungen der letzten Tage} Flächenabschaltungen und damit erhebliche Versorgungseinschränkungen für Industrie und Landwirtschaft auf.

2. Für die Wärmeversorgung der Stadt Greifswald bestehen kurzfristig keine Alternativen. Das in der Stadt Greifswald bestehende Heizwerk mit einer Kapazität von 38 Megawatt thermisch (24 Prozent des gesamten Wärmebedarfs) ist nur zum Warmhaltebetrieb in Havariefällen vorgesehen. Eine zusätzliche Beschaffung und Installation von konventionellen Wärmeerzeugungsanlagen ist in diesem erforderlichen Umfang also kurzfristig (in Wochen) nicht möglich.

Damit ist das gesellschaftliche und wirtschaftliche Leben der Stadt Greifswald in der Winterperiode nicht sicherbar und es müßten Evakuierungsmaßnahmen erwogen werden.

3. Die Wärme- und Medienversorgung der Großbaustelle der Blöcke 5 bis 8 des Kernkraftwerkes Greifswald und der Probebetrieb des Blockes 5 sind nicht mehr gesichert. Der Probebetrieb des Blockes 5 könnte nicht weitergeführt werden. Die Bau- und Montagearbeiten müßten eingestellt werden.

Über diese unmittelbaren Auswirkungen [auf die Elektroenergie- und Wärmeversorgung im Jahr 1990 hinaus], {die ich jetzt hier für die nächsten Wochen und Monate nur befristet dargestellt habe, und so bitte verstanden wissen will,} entstehen komplizierte sozialökonomische Fragen für einen größeren Teil der Bevölkerung Greifswalds, {die ja irgendwie mit diesem größten Investitionsvorhaben in der Umgebung verbunden sind} sowie langfristige Wirkungen auf die Energieversorgung der DDR, die noch zu untersuchen sind[49].

Ich danke für die Aufmerksamkeit.

Ducke (Moderator): Danke schön. Wir haben nun vier Stellungnahmen von Greifswald, Berlin gehört. Ich eröffne die Aussprache darüber, bevor wir dann zu den Vorlagen konkret gehen und, bitte, Herr Pflugbeil hat das Wort.
Herr Pflugbeil, Neues Forum, bitte schön.

Pflugbeil (NF): Ich habe damit gerechnet, daß eine Breitseite zurückkommt, aber mit so einer massiven habe ich nicht gerechnet, das vielleicht vorneweg.

Wir haben beim letzten Runden Tisch vereinbart, daß die Opposition die Möglichkeit hat, eine unabhängige Expertengruppe einzusetzen, die die gleichen Fragen, die Sie eben versucht haben zu erläutern, auf ihre Weise erläutert.

Ich möchte darüber informieren, daß wir heute abend starten und Dr. Lehmann ist so freundlich, uns morgen Audienz zu gewähren im Kernkraftwerk. Wir werden mit Professor Trauber [?] aus Hamburg, mit Dr. Hirsch [?] aus Hannover, Dr. Seiler [?] aus Darmstadt nach Greifswald fahren und bitten darum, daß zwei Kollegen aus dem Kernkraftwerk selber uns unterstützen bei unseren Analysen. Das war nicht ganz einfach, das zu organisieren und es ergibt sich daraus, daß hier noch keine druckreife Antwort auf die Antwort der Experten vorliegt.

Ich möchte trotzdem etwas dazu sagen. Wir haben hier ein Paradebeispiel dafür gehört, daß eine einseitig orientierte Energiepolitik einen in Zwangssituationen bringt, die es praktisch unmöglich machen, vernünftig zu reagieren. Ich möchte das an zwei Beispielen erläutern: In unserem **Atomgesetz,** aus dem ich Ihnen zwei Paragraphen zitieren möch-

---

[49] Dieser stark paraphrasierte Vortrag wurde schriftlich zu Protokoll des Zentralen Runden Tisches gegeben. Die in { } gesetzten Ausführungen wurden davon abweichend nur mündlich vorgetragen. In [ ] gesetzte Texte finden sich lediglich in der schriftlich zu Protokoll gegebenen Fassung. Die vollständige Fassung dieses Vortrages von Herrn Gatzke ist im Dokument 11/27 im Anlagenband wiedergegeben.

te, können Sie finden: „Der Schutz des Lebens und der Gesundheit des Menschen sowie der Schutz der Umwelt vor den Gefahren bei der Anwendung der Atomenergie hat auf der Grundlage neuester wissenschaftlich-technischer Erkenntnisse" und so weiter zu erfolgen.

Professor Rabold schreibt in einem „Spiegel"-Interview, [der] heutige „Spiegel", ich zitiere sinngemäß: Es sollen Untersuchungen durchgeführt werden, aus denen Entscheidungen abgeleitet werden können, ob eine Rekonstruktion möglich ist, um ein **akzeptables Sicherheitsniveau** zu erreichen. Ich hoffe, Sie verstehen den feinen Unterschied.

Und ein anderer Paragraph, Paragraph 2, Absatz 3 des gleichen Gesetzes: „Der Schutz des Lebens und der Gesundheit des Menschen sowie der Schutz der Umwelt vor den Gefahren bei der Anwendung der Atomenergie ist zu gewährleisten und hat Vorrang gegenüber volkswirtschaftlichen- und anderen Vorteilen, die sich aus der Anwendung der Atomenergie ergeben".

Wir haben eben in der Einleitung zu den Ausführungen über die Schwierigkeiten, die wir kriegen, wenn wir das Ding abschalten, den Satz gehört, **Sicherheit hat Vorrang**. Das war ein Satz, und dann kam eine lange Ausführung darüber, was es denn an **Arbeitskräfteproblemen** gibt, wo wir denn die Wärmeversorgung Greifswald sichern wollen, was für Konsequenzen der Stromausfall hat. Ich denke, das steht im krassen Widerspruch zu dem, was in unserem Atomgesetz steht.

Ich vermisse zum Beispiel eine auch nur annähernd gleichgewichtige Darstellung der **Folgen**, die ein schwerer **Kernkraftwerksunfall** dort oben für die Gegend hätte. So etwas kann man durchaus ausrechnen, und ich bin sicher, daß solche Überlegungen angestellt wurden. Ich würde denken, daß das fair ist, diese Überlegung neben die Konsequenzen, die ein Abschalten dieser Anlagen hat zu stellen.

Ich protestiere scharf dagegen, daß Druck gemacht wird mit den **wirtschaftlichen Konsequenzen** und dadurch das Gefühl bei den Höheren erzeugt wird, daß man unsichere Kernkraftwerke tolerieren muß, weil es gar nicht anders geht. Ich möchte nicht mehr dazu sagen, doch vielleicht noch ein Detail, was Ihnen die Denkweise verdeutlicht. Es ist hier in den Folgen auf die **Umweltbelastungen** hingewiesen, die das Abschalten der Kernkraftwerke bedeutet. Es ist nichts gesagt worden über die Umweltbelastungen, die ein schwerer Kernkraftwerksunfall bedeutet. Es ist SO_2 erwähnt worden. Meine Frage wäre, ist bei den SO_2-Emissionen, die gegen das Abschalten der Kernkraftwerke gesetzt wurden, von modernen Kohlekraftwerken ausgegangen worden, oder ist das das SO_2, was aus einem Kohlekraftwerk herauskommt ohne jegliche Entschwefelungsanlage?

Ducke (Moderator): Danke, Herr Pflugbeil.

Gibt es weitere Wortmeldungen dazu? Sie haben darauf aufmerksam gemacht, nur noch einmal zum Verständnis, Sie haben aufmerksam gemacht, daß es noch zu dieser **Expertenuntersuchung** kommen wird, wir sozusagen noch einmal auch mit den Ergebnissen davon dann rechnen können.

Pflugbeil (NF): Wir starten heute abend und ich bin noch nicht ganz sicher, wann das schriftlich vorliegt. Vielleicht noch eine letzte Nachfrage. Herr Kirchhoff hat hier sehr eindrücklich den **Standpunkt der Arbeiter im Kernkraftwerk** vorgetragen. Mich würde interessieren, ob da eine Vollversammlung stattgefunden hat und ob er das Mandat hat, meinetwegen der Gewerkschaftsgruppe des Kernkraftwerks, für diesen Standpunkt.

Ducke (Moderator): Herr Kirchhoff, können Sie gleich etwas dazu sagen?

Kirchhoff (Vertreter der Belegschaft KKW Greifswald): Ja, ich hatte vorneweg darauf hingewiesen, daß am 1. Februar [1990] eine **Belegschaftsversammlung** stattgefunden hat, auf der diese Resolution zur Kenntnis gegeben wurde und auch durch die Belegschaftsveranstaltung zugestimmt wurde. Das heißt also, daß ich mit dem Mandat der Belegschaft hier bin. Vielleicht noch als Erwiderung auf Ihren Protest, daß hier nur auf ökonomische Bereiche die Argumentation gelegt wurde. Bitte, bringen Sie mir irgendein Argument, das beweist, daß wir die **nukleare Sicherheit** nicht gewährleisten.

Ducke (Moderator): Gut. Danke schön, Herr Kirchhoff. Das ist eine Frage, die sicherlich noch zu beantworten ist, aber vielleicht gehen wir jetzt erst einmal in den Wortmeldungen weiter. Es hatte sich gemeldet Herr Stief, NDPD; und Herr Hegewald, PDS. Bitte, Herr Stief und dann war noch Herr Dörfler, ja, danke.

Stief (NDPD): Meine Damen und Herren, ich möchte meine Auffassung ganz vorne anstellen, daß es sicherlich darum geht, eine sehr verantwortungsbewußte Entscheidung zu treffen, was den Weiterbetrieb des Kernkraftwerkes Nord betrifft. Auch Entscheidungen betreffend, die eine **Rekonstruktion** möglich machen, wie wir gehört haben, oder eine **Rekonstruktion** nicht möglich machen oder sinnvoll erscheinen lassen.

Ich akzeptiere auch die Argumente von Herrn Pflugbeil und es ist zweifellos zu begrüßen, wenn neben dem angekündigten Gutachten durch internationale Experten eine **Gegendarstellung**, ab morgen früh beginnend, auch auf seriöser Basis, anders kann das nicht sein, unternommen wird.

Ich möchte nur auf eines hinweisen: Es ist sicherlich für unsere Bevölkerung nicht beruhigend, wenn Zweifel im Raum stehen bleiben. Wir haben die eine Darstellung und wir haben die andere Darstellung. Beide sind gleich wichtig und sicher auch verantwortungsbewußt. Wir sollten das Problem nach meiner Auffasung auch nicht verwissenschaftlichen, das würde auch nicht weiterführen. Wir haben folgenden Tatbestand zu verzeichnen: Eine sehr **einseitig determinierte Energiepolitik in der DDR**, die uns in eine Lage gebracht hat, jetzt praktisch keine Alternative zu haben. Wenn Fakten dafür sprechen, daß mit Greifswald gewissermaßen ein Betriebsende in greifbarer Nähe sein könnte – – Das muß aber bewiesen werden, das muß belegt werden.

Ich darf in diesem Zusammenhang auch noch einmal darauf hinweisen, daß in dem Papier, was von der Arbeitsgruppe „Ökologischer Umbau" verfaßt worden ist, es ein Minderheitenvotum gibt, das in Kenntnis der Gesamtsituation um Greifswald herum, wenn ich einmal von Pressemeldungen ganz absehe, die Entscheidungen ausgesetzt werden, natürlich immer unter dem Zwang schneller Entscheidungen, ausgesetzt werden, bis unabhängige Expertengutachten zu dieser Problematik vorliegen.

Ich persönlich habe nicht heraushören können aus den Darlegungen der Vertreter des Werkes und des Ministeriums, daß etwa die **Sicherheitsproblematik** nur so beiläufig erwähnt wird. Ich bin persönlich der Überzeugung, daß man hier sehr verantwortungsbewußt sich der Lage nun mehr bewußt ist und eine Lösung anstrebt, die überzeugend ist für alle im Lande. Alle Alternativbetrachtungen, ob nun mehr

SO₂ und mehr CO₂ und wie auch immer, das verstehe ich unter Verwissenschaftlichung, bringen uns nicht weiter.

Man sollte sich darauf verständigen, das wäre mein Vorschlag, so schnell es geht und jede Verzögerung ausschließend, zwei unabhängige Gutachten, durch unterschiedliche Experten, auf den Tisch zu bekommen. Und dann wird sicherlich eine verantwortungsbewußte Entscheidung möglich sein. Es ist sicherlich durch die einseitige Energiepolitik eben ein Zwang entstanden, Herr Pflugbeil hat das dargestellt, was den Raum Greifswald betrifft, auch die **Wärmeversorgung,** die Versorgung der Infrastruktur und vieles andere mehr – – Es gibt ja im Grunde genommen keine Ersatzlösung die überzeugen könnte.

Aber hier muß wirklich verantwortungsbewußt entschieden werden.

Ducke (Moderator): Danke Herr Stief von [der] NDPD.
Es hat jetzt das Wort Herr Hegewald, PDS.

Hegewald (PDS): Ja, meine Damen und Herren, ich denke, wir befinden uns in einem historischen Augenblick. Diese Revolution, die im Oktober begonnen hat, hat eine neue Etappe erreicht. Sie ist jetzt bei der **Kernenergie** angelangt und führt zur Demokratisierung und **kontrollfähigen Kernenergieproduktion.** So etwas hat es ja in unserem Land noch nicht gegeben.

Ich glaube, daß jetzt die Zeit ist, daß wir Mechanismen einbauen an der **demokratischen Kontrolle,** die dann ständig wirkt. Das darf kein Zufallserlebnis sein, daß wir uns hier zu diesem Thema verständigen, denn es ist lebenswichtig. In diesem dicht besiedelten Europa muß die Bevölkerung genau wissen, was in einem Kernkraftwerk geschieht. Diese Produktion darf nicht geheim geschehen. Ich glaube, daß die **Bürgerkomitees** in Zukunft, mit den Experten gemeinsam, die **ständige Kontrolle** gewährleisten sollten. Das sollten wir vielleicht einbringen, als ein Resultat dieser Revolution in ein zukünftiges Deutschland. Denn es ist die Frage, wie auch in der Bundesrepublik die Kernenergie durch die Bürger kontrolliert werden kann. Also, das verstehe ich als eine breite Demokratisierung, die auch sowohl die wissenschaftliche Seite hat, wie auch die psychologische, das Phänomen Angst, und Angst kann sehr depressiv wirken. Und nach Tschernobyl haben wir wohl die Pflicht, ein neues **Sicherheitsverständnis** zu besitzen, das nämlich sowohl die technische Seite aber auch die subjektive Seite der Menschen mit einbezieht.

Was heute in den Gutachten eigentlich sehr wenig gesagt wurde: Wie ist denn eigentlich die **Arbeitsmoral** und die **Arbeitsdisziplin** und wie wird das **technologische Regime** denn vom Menschen her eingehalten?

Wenn man sich die Analyse von Tschernobyl ansieht, so sind es fünf schwerwiegende Fehler gewesen, die über die Störungen dann zu dieser Havarie geführt haben. Und eine Gretchenfrage für den sicheren Betrieb des Kernkraftwerks ist doch wohl die Frage, wie es gelingt, die Störungen zu beherrschen, damit sie nicht in den „GAU", in den „Größten Anzunehmenden Unfall" übergehen. Und zu dieser Frage ist heute überhaupt nichts gesagt worden. Das gehört, für meine Begriffe, aber in die Expertengutachten unbedingt hinein, ansonsten wird man dem Thema **Risiko** und **Risikobewältigung im Kernkraftwerk** überhaupt nicht gerecht. Das kann also nicht dann eine Tagesanalyse sein vom technischen Zustand, sondern das muß auch die Arbeitsdisziplin der Arbeit – – soziologischer Weise erfassen. Ich glaube, das gehört auch zur Aufrichtigkeit, wenn man diese Risikostudie macht, und ich würde sehr darum bitten, daß das, dieser subjektive Faktor, auch in die Risikoproblematik mit einbezogen wird.

Und ich würde auch meinen, es müßte ein Termin genannt werden, wann die Ergebnisse vorliegen. Es kann ja nicht so sein, daß das offen bleibt, sondern da müßte ja nun ganz konkret, müßten ja heute Festlegungen getroffen werden bis wann diese Experten die Gutachten zu erstellen haben.

Und ich bin der Auffassung, wir sollten auch beschließen, daß es von nun an bei uns eine ständige Kontrolle gibt. Eigentlich ist das, wenn ich das einmal so hart sagen darf, ich bitte das zu entschuldigen, das ist auch ein **Erbe des Stalinismus,** diese **Geheimniskrämerei im Bereich der Kernenergie,** die haben wir ja von der Sowjetunion mit übernommen und eigentlich müssen wir diese alten Strukturen jetzt zerbrechen im Sinne einer Demokratisierung unseres Landes. Und das gilt auch für die **Chemieindustrie** und andere Bereiche, wo große Gefährdungen auftreten können. Ich glaube, in dieser Richtung müßten wir zu konkreten Festlegungen noch kommen, die dann auch für die Regierung mit Verbindlichkeit sind, für das zukünftige Deutschland, dort müssen wir das einbringen die Transparenz dieser Energieproduktion.

Ich bin nicht gegen Kernenergie, ich bin sehr dafür, daß man sie nutzt. Aber sie muß eben durchgängig von der Projektierung über die Bauausführung bishin zum Betreiben der Anlage und bis zur Entsorgung muß sie beherrscht sein. Das ist, glaube ich – –, und das will der Bürger genau wissen, wenn ihm das nicht klar ist und die bisherige **Informationspolitik** auf diesem Gebiet war ja wohl, wir sagen möglichst nichts zur Kernenergie, es sei denn, es gibt Anfragen. Mit dieser Art gibt sich der Bürger heute nicht mehr zufrieden. Das ist eigentlich ein Grundrecht, diese Information über die sichere Kernenergie zu besitzen und zwar täglich, um auch ruhig schlafen zu können und auch in Greifswald. Ich glaube, in dieser Richtung müßten wir vielleicht einmal eine Gruppe bilden, die sich des Themas annimmt und zu konkreten Festlegungen kommt.

Ich betrachte das als eine wichtige Etappe unserer Revolution, die eigentlich ausstrahlen sollte auf den europäischen Raum.

Danke für die Aufmerksamkeit.

Ducke (Moderator): Ich verweise zu dieser Wortmeldung von Herrn Hegewald, PDS, auf die **Vorlage 11/32 [Antrag PDS: Bürgerkontrolle über das KKW Greifswald**[50]**],** auf die er jetzt auch eben schon Bezug genommen hat. Das Wort hat nun Herr Dörfler, Grüne Partei, dann Herr Pflugbeil.

Bitte, Herr Dörfler.

Dörfler (GP): Unseres Wissen existiert ein **technischer Sicherheits-** und **Störfallbericht der Kernkraftwerke.** Die Redaktion des „Spiegel" hat diesen Bericht offenbar zur Verfügung gestellt bekommen und berichtet dem Leser der Bundesrepublik ausführlich darüber. Wir richten folgende Anfrage an die Vertreter des Kernkraftwerkes: Sollen die Bürger der DDR, die alle Kosten und Risiken der DDR-Kernkraftwerke zu tragen haben, weiterhin von jenen Informationen ausgeschlossen werden, die jedem Bundesbürger zugänglich sind? Nach Ihren Ausführungen ist ein Abschalten aus ökonomischen Gründen weitgehend nicht möglich.

---

[50] Dokument 11/28, Anlagenband.

Ich stelle jetzt die Frage: Welche Maßnahmen wollen Sie treffen, wenn die Reaktoruntersuchungskommission zu dem Ergebnis kommt, daß eine sofortige **Abschaltung** aufgrund der **Konstruktionsmängel** und der Störungsanfälligkeit sowie der Sicherheit in Mittel- und Nordeuropa unumgänglich ist?

Und eine dritte Frage, wie stehen Sie als Vertreter unserer Kernindustrie zu der Tatsache, daß **in der Sowjetunion** in jüngster Zeit, nach Veröffentlichung in einer DDR-Zeitung, für acht Kernkraftwerke durch Bürgerinitiativen ein **Baustopp** erreicht wurde und auch das einzige Atomkraftwerk Polens, nach massiven Protestaktionen, nicht zu Ende gebaut wird?

Ducke (Moderator): Das war Herr Dörfler, Grüne Partei, mit konkreten Anfragen. Die Experten können sich schon darauf vorbereiten.

Das Wort hat jetzt noch Herr Pflugbeil, Neues Forum.

Pflugbeil (NF): Ich ziehe zurück. Meine Fragen gingen in die ganz ähnliche Richtung.

Ducke (Moderator): Danke schön. Ja, ich möchte noch einmal dann darauf hinweisen, daß wir uns beschäftigen müssen mit den Vorlagen und ich bitte die Antragsteller, die diese Anträge eingebracht haben, sich noch zu überlegen, wie weit die zurückgestellt werden können, bis also die Untersuchung der Expertenkommission vorliegt und so weiter ja, daß wir uns in der Zwischenzeit noch überlegen.

Und ich erteile jetzt das Wort, Herr Dr. Lehmann von Greifswald, bitte.

Lehmann (Generaldirektor Kernkraftwerk Greifswald): Ja, meine Damen und Herren, ich werde mich bemühen diese Fragen zu beantworten und auch auf die Anträge einzugehen.

Zunächst zu Herrn Pflugbeil: Ich stimme mit Ihnen völlig überein, Herr Pflugbeil, daß dies eine Konsequenz der sehr **einseitigen Energiepolitik** ist, die in den letzten Jahren betrieben worden ist. Und dies sollte Anlaß sein, und das ist ja auch schon festgelegt, daß die künftige Regierung das Energiekonzept der Republik grundsätzlich überdenkt und wie man in der Kernenergie sagt, diversitäre Lösungen anbietet, damit man nicht in solche Situationen kommt. Also, hier gibt es völlige Übereinstimmung.

Zu der Sachfrage bezüglich des SO_2, welche hier genannt wurde, ist es richtig, es sind die Kraftwerke der DDR, die zur Verfügung stehen aus netztechnischen Gründen zugrunde gelegt worden. Da sind natürlich Kraftwerke, die nicht dem modernsten Entwicklungsstand entsprechen, aber andere Lösungen sind kurzfristig nicht denkbar. Ich darf darauf hinweisen, daß Importe aus der Bundesrepublik, **Elektroenergieimporte aus der Bundesrepublik**, statistisch gesehen natürlich auch 40 Prozent Elektroenergie aus Kernenergie beinhalten.

Zu dem Kernproblem der **Sicherheit**: Hier möchte ich noch einmal ganz deutlich sagen und dies auch unterstreichen: Jawohl, das gesamte Betriebsregime im Kernkraftwerk Greifswald ist danach ausgerichtet, daß **Sicherheit Vorrang vor der Ökonomie** hat. Ich möchte hier nochmals aus meinem Bericht zitieren, daß wir aus diesem Grunde die Situation nach vorliegender Sicherheitsstudie, an der Experten beider deutscher Staaten gegenwärtig arbeiten, erneut bewerten werden. Dies ist nicht irgendwann, dies ist aller Voraussicht nach spätestens im April dieses Jahres. Und dann und hier darf ich nochmals zitieren, mit dieser Bewertung ist festzulegen, ob und wenn ja, unter welchen Bedingungen und für welchen Zeitraum ein Weiterbetrieb dieser Blöcke gesichert werden kann. Ich schließe also ganz bewußt keine der möglichen Varianten aus, aber ich muß auch darauf hinweisen, daß die **Außerbetriebnahme eines Kernkraftwerkes** eine komplizierte Sache ist, die man nicht ad hoc entscheiden kann und die sorgfältig vorbereitet und geklärt werden muß, einschließlich der Schaffung der notwendigen Ersatzlösungen.

Bezüglich des Antrags der PDS zwei Anmerkungen. Zu den Fragen: Wie schnell und genau können **Fehlhandlungen** des Reaktorbedienpersonals diagnostiziert werden und **Störfälle** analysiert werden? Hier ist die Antwort, das hängt von der Art der Fehlhandlung ab. Wenn es eine Fehlhandlung im sicherheitsrelevanten Bereich ist, dann wirken automatische, unabhängig von den Operator wirkende Systeme und bringen den Reaktor in den sicheren Zustand, das sind die vom „Spiegel" genannten **Schnellabschaltungen der Reaktoren**. Das heißt, der Block geht vom Netz, elektrisch vom Netz, geht aber in den sicheren Zustand durch Einfahren der entsprechenden Regelstäbe. Andere Fehlhandlungen, die beispielsweise nur die Energetik betreffen oder andere Dinge, werden durch die Aufschreibungen diagnostiziert und werden entsprechend ausgewertet. Es wird jede Fehlhandlung im Kernkraftwerk ausgewertet, durch Experten untersucht und die Schlußfolgerungen werden auch dokumentiert. Dies ist auch, hier darf ich auf Herrn Dörfler gleich eingehen, dies ist auch in den technischen Jahresberichten akkurat ausgewiesen, die wir Ihnen natürlich auch zur Verfügung stellen können.

Hier im Punkt zwei ist nach den **Fehlhandlungen** gefragt worden. Hier sind zwei Anmerkungen: Die 57 Prozent scheinen nicht zu stimmen, die sind nicht von uns, ich kenne diese Quelle auch nicht, aber richtig ist, daß wir eine sehr intensive Arbeit zum ganzen Thema **Mensch-Maschine-Kommunikation** durchführen und natürlich sehr intensiv untersuchen, wo hohe Belastungen des Personals entstehen, unter welchen Bedingungen das Personal arbeitet, daß auch psychologische Eignungstests unseres Personals durchgeführt werden, was den „Spiegel" veranlaßt, das als „**Stasimethode**" zu bezeichnen, das darf ich hier einflechten, und dagegen verwahren wir uns unter anderem. Dieses alles wird also gemacht. Hier liegen umfangreiche Untersuchungen vor. Einige unserer Kollegen haben Dissertationen dazu geschrieben, die können ebenfalls vorgelegt werden.

Und bezüglich der **Bürgerkontrolle** gibt es seitens des Kombinates der Leitung keine gegenteiligen Auffassungen. Ich muß natürlich darauf hinweisen, daß es eine staatliche Kontrolle gibt durch das Staatliche Amt für Atomsicherheit [und Strahlenschutz], welches im Auftrage der Regierung diese Kontrolle durchführt. Wenn es diese oder die künftige Regierung für richtig hält, diese **staatliche Kontrolle** zu ergänzen durch eine Bürgerkontrolle, sind wir dafür durchaus offen. Es muß natürlich eine kompetente Vertretung der Bürger sein.

Ich glaube, die Herren der PDS wissen, daß dieses kein Versäumnis der Leitung des Kernkraftwerkes ist, sondern eben einfach die Quittung für eine jahrelang **falsche Politik der SED**.

Hegewald (PDS): – Des Herrn Mittag.

Lehmann (Generaldirektor Kernkraftwerk Greifswald): Ich möchte im weiteren zu den Fragen, die Herr Dörfler gestellt hat, sagen – zu den technischen Berichten hatte ich schon gesprochen, die liegen vor bis zum Jahre 1988, der 89iger ist in Arbeit – zu den **ökonomischen Gründen** habe ich mich geäußert: Sicherheit hat in jedem Fall Vorrang, aber wir müssen natürlich auch auf die ökonomischen Konsequenzen hinweisen, und es geht hier um einen definierten Zeitraum, um den wir diskutieren, es geht im Prinzip um zwei Monate. Und dann kann man geordnete Strategien erarbeiten und vorlegen, und ich bitte den Runden Tisch, diesem unseren Antrag zuzustimmen.

Und bezüglich der **Kernkraftwerke in der Sowjetunion:** Auch diese Frage kann ich beantworten: Dies sind Kernkraftwerke, die auch aus einer falschen Energiepolitik in Gebieten gebaut wurden, die extrem erdbebengefährdet sind. Aus Prestigedenken einzelner Regionen und Gebiete des Landes wurde zum Beispiel in eine extrem erdbebengefährdete Zone in Armenien ein Kernkraftwerk gestellt, wurde auf die Krim ein Kernkraftwerk gestellt oder wurden in unmittelbare Nähe von Großstädten Kernkraftwerke gestellt. Ich erinnere an Odessa und Minsk, ich könnte sie alle acht aufzählen, Herr Dörfler. Dieses, all dieses, ist bei uns durch die entsprechenden Gesetze geregelt. Die Abstände zu großen Städten werden eingehalten, die Erdbebengefährdung wird durch sehr umfangreiche Untersuchungen, die Jahre beanspruchen, durchgeführt, und unsere Kernkraftwerke, sowohl Greifswald als [auch] Stendal und Rheinsberg, liegen in erdbebensicheren Zonen, wo also, soweit man das statistisch nachweisen kann, die **Erdbebenhäufigkeit** extrem gering ist.

Dies alles sind natürlich relativ technische Ausführungen. Ich möchte damit auch meine Ausführungen beenden und nochmals unterstreichen, die Leitung des Kombinates Kernkraftwerke und ich persönlich sind uns durchaus im klaren, in welch verantwortungsvoller Position wir gegenwärtig sind, und wir wissen auch, daß hier grundsätzliche Entscheidungen bezüglich der Blöcke 1 bis 4 notwendig werden. Wir halten dies auch für notwendig im Interesse der weiteren Politik, in der Energiepolitik insgesamt und der Rolle der **Kernenergie in der Energiepolitik,** aber wir sind dagegen, heute und jetzt zu entscheiden, diese Blöcke außer Betrieb zu nehmen, sondern uns den Raum zu geben, gestützt auf die Expertengutachten, eine vernünftige Entscheidung vorzulegen, die auch die sozialen Belange berücksichtigt. Danke schön.

Ducke (Moderator): Danke, Herr Lehmann.

Es hat um Ergänzung gebeten Herr Rabold. Bitte schön.

Rabold (Vizepräsident des Staatlichen Amtes für Atomsicherheit und Strahlenschutz): Es sind Zweifel laut geworden, daß kein **verantwortliches Umgehen mit der Kernenergie** bei uns im Lande bisher stattgefunden hat. Ich möchte mich sehr an die Worte von Herrn Stief anschließen, der deutlich macht, daß ein wirklich verantwortungsvolles Verhalten sehr notwendig ist und daß nur durch ein solches Verhalten das Vertrauen der Öffentlichkeit zu einer solchen Technologie hergestellt werden kann.

Ich glaube, es sind einige Worte doch der Information zweckmäßig an dieser Stelle. Wir haben ein **Atomenergiegesetz,** es ist hier mehrfach zitiert worden mit Passagen, von denen ich sagen muß, daß sie aus der Feder unseres Hauses stammen, und daß wir diese Passagen zu einer Zeit, als das nicht sehr leicht war, durchgesetzt haben, in diesem Atomenergiegesetz aus dem Jahre 1983 insbesondere, was den **Vorrang der Sicherheit vor ökonomischen Vorteilen** betrifft. Auf dieses Atomenergiegesetz gründen sich eine Reihe weiterer Vorschriften, die im völligen Einklang stehen mit internationalen Vorgehensweisen und Praktiken zur Sicherung einer, oder zur Gewährleistung einer sicheren Führung, Errichtung und Betriebsführung von Kernkraftwerken.

Es gibt heute, publiziert aus dem Jahre 1988, harmonisierte Vorstellungen, welche Elemente die Sicherheit eines Kernkraftwerkes ausmachen, publiziert von der Internationalen Atomenergieorganisation als das Arbeitsergebnis einer Expertengruppe, die nach Tschernobyl sich dieser Aufgabe gewidmet hat und damit einen Zeitpunkt wohl auch gewählt oder getroffen hat, an dem es möglich war, ein solches harmonisiertes Verständnis für die Sicherheit eines Kernkraftwerkes zu formulieren. Das umfaßt alle Aspekte, sowohl vom verantwortlichen Verhalten all derer, die damit tun haben – Betreiber, Errichter, Kontrollorganen – über einen Begriff, der mit **Sicherheitskultur** beschrieben wird, und all die Handlungen, Motivierungen, Qualifikationen, der Trainingszustand und ähnliches umfaßt. Diese Vorstellungen umfassen auch das, was man eigentlich als **Sicherheitstechnologie** oder sicherheitstechnische Auslegung des Kraftwerkes fassen muß, und sie stützen sich auf eine Reihe von Technologien und Vorgehensweisen, die geeignet sind, diese Sicherheit immer wieder zu überprüfen, in Frage zu stellen, auf der Grundlage der gesammelten Betriebserfahrungen neu zu bewerten. Ein Prozeß, der auch bei uns im Lande geführt wird.

Ich sage das alles deshalb, um deutlich zu machen, daß es sehr wohl ein verantwortliches Verhalten bei uns im Lande auf einer guten **gesetzlichen Grundlage** gegeben hat, um die sichere Betriebsführung, um die Sicherheit der Kernkraftwerke zu gewährleisten. Ich glaube, das muß man aussagen, um nicht völlige Unsicherheit auch bei unserer Bevölkerung zu erzeugen.

Ich bin beim letzten Mal gefragt worden, ob ich denn eine Verantwortung, wie sie mit meiner Aufgabe verknüpft ist, tragen kann. Ich muß dazu sagen, daß das nicht im einzelnen möglich ist, daß das nur geht, gestützt auf ein Kollektiv qualifizierter und erfahrener Mitarbeiter, die die verschiedensten Aspekte, die dabei zu berücksichtigen sind, bewerten, wissenschaftlich bewerten und damit eine verantwortliche Entscheidung ermöglichen.

Und das ist das, was mich mit Sorge erfüllt, wenn ich die Diskussionen an diesem Tisch höre, weil die Zweifel, die erhoben werden, mir nicht in gleicher Weise sorgfältig geprüft hier vorgetragen werden. Wir haben das letzte Mal die Bitte geäußert, daß uns Unterlagen, die zur Begründung des eingereichten Antrages vorhanden sein sollten oder müßten, übergeben werden. Wir haben nichts erhalten. Es besteht bei mir das Gefühl, daß der schnelle Blick in eine Zeitung, in ein westliches Medium, als Argument benutzt wird. Ich glaube, das ist auch keine Maßnahme, die **Vertrauensbildung** ermöglicht.

Ducke (Moderator): Danke, Herr Rabold.

Es hat noch um das Wort gebeten Herr Gatzke. Bitte schön.

Gatzke (Hauptabteilungsleiter im Ministerium für Schwerindustrie): Ganz kurz zur Frage der **Öffentlichkeitsarbeit** auf dem Gebiet der Anwendung der Kernenergie. Ich akzeptiere alle kritischen Positionen, die hier mit Blick in die Vergangenheit geäußert wurden, wir tragen sie selbst. Nach mehrfachen vergeblichen Bemühungen, eine Konzeption der Öffentlichkeitsarbeit auf diesem Gebiet, wie sie internationalen Maßstäben standhält, vor der Wende bestätigt zu erhalten, liegt diese Konzeption nunmehr vor, ist vom Minister für Schwerindustrie bestätigt und Grundlage unserer Arbeit. Ich bin gern bereit, daß wir, wenn wir morgen mit Minister Pflugbeil uns in Lubmin treffen werden, daß ich [sie] ihm dann vorlege. Und sie beinhaltet sowohl grundsätzliche Fragen der Einbeziehung, der demokratischen Einbeziehung aller Bevölkerungskreise in den Fragen, in den grundsätzlichen Fragen der **Akzeptanz zur Kernenergie.** Das werden wir in Verbindung, denke ich, gemeinsam mit der Diskussion über das neue Energiekonzept in Breite in den nächsten Wochen und Monaten zu tun haben. Und es beinhaltet insbesondere auch die **Einbeziehung der Bevölkerung,** der Werktätigen, insbesondere der Bevölkerung in den einschlägigen Gebieten, **in die Genehmigungsverfahren,** so wie das international üblich ist, bisher bei uns in dem Maße nicht der Fall war.

Wir haben hierzu mit Herrn Bundesminister Töpfer vereinbart, eine entsprechende **Harmonisierung der Vorschriften** und Bestimmungen unverzüglich durchzuführen und sie vor allen Dingen in den grenznahen Gebieten schon jetzt unmittelbar bevorstehend anzuwenden.

Und ein letztes schließlich: Mit dem Tag der offenen Tür, die das Kernkraftwerk Greifswald am vergangenen Wochenende praktiziert hat, wo mehr als 1000 Bewohner an den beiden Tagen Sonnabend und Sonntag Gelegenheit hatten, nun diese Grenzen zu überwinden und sich unmittelbar vor Ort mit den Werktätigen im Kernkraftwerk auszutauschen, zu unterhalten, ihre Befürchtungen zu äußern und Antwort zu erhalten, kompetent, glaube ich, gehen wir den richtigen Weg. Danke schön.

Ducke (Moderator): Ich möchte nur darauf hinweisen, ehe noch eine Wortmeldung, Herr Hegewald, PDS, zu Wort kommen kann, daß wir dann an die Anträge gehen. Ich bitte, keine Debatte mehr um die grundsätzliche Einstellung zur Kernenergie, sondern es geht jetzt um die konkret vorliegenden Anträge.

Bitte, Herr Hegewald zunächst einmal, PDS.

Hegewald (PDS): Ich möchte mir doch noch eine kleine Episode erlauben. Wir haben zehn Tage vor **Tschernobyl** in Dresden in der Schauburg den Film „Silkwood" vorgeführt mit Experten von Ossendorf, und da wurde uns glaubhaft versichert, daß es so etwas in sozialistischen Ländern nie geben könne. Und nach diesem Grunderlebnis Tschernobyl sei es doch gestattet, daß man auch zweifelt. *De omnibus dubitandum*, an allem ist zu zweifeln. Das ist übrigens die Lebensmaxime von Marx gewesen. Das ist ja eine produktive Haltung, und wenn man das einmal produktiv sieht im Sinne, daß jetzt etwas in Bewegung kommt, um höhere Sicherheit zu erreichen, so ist das doch eigentlich nur zu begrüßen, nicht als Mißtrauensantrag, sondern im Sinne eines produktiven Vorwärtskommens zu höherer Sicherheit.

Und dann hätte ich noch die große Bitte: Wir müssen Möglichkeiten finden, die Bevölkerung qualifiziert und so verständlich zu informieren über die **Medien,** und zwar kontinuierlich, daß jeder auch weiß, was da los ist. Bis jetzt ist das eben immer sporadisch gewesen, und da sind eben auch Maßeinheiten gekommen, Becquerel, die meisten wissen nicht, was Becquerel ist. Und dann gibt es ja noch andere Verrechnungseinheiten. Bitte schön, dann müßten wir einmal ein paar elementare Verrechnungseinheiten nennen und was das auch für Wirkungen auf die Gesundheit hat. Der Bürger will nämlich auch wissen, welche Wirkung hat es auf meine **Gesundheit,** wie berührt es mich. Und wenn das nicht dabei ist, dann sind die ganzen Umweltdaten auch nur halbherzig. Das gilt für die gesamte Umweltpolitik genauso. Wir müssen eine **Informationspolitik** haben, wo der Bürger genau weiß, wie es ihn trifft oder treffen könnte, und wie wir was tun, damit es ihn nicht trifft. Und das muß in den Medien kontinuierlich geschehen, das wäre meine Bitte. Dazu müßten noch Festlegungen getroffen werden. Das sind wir den Bürgern schuldig.

Ducke (Moderator): Danke, Herr Hegewald, ich verweise – – Die Forderung nach Information ist auch enthalten in der **Erklärung,** die als **Vorlage 11/33 [Erklärung GP, GL, IFM, DFV, NF, DFP, DA zur Abschaltung des KKW Greifswald**[51]**]** Ihnen vorliegt. Ich glaube, oder sagen wir es einmal so, können wir davon ausgehen, oder wer zieht sich die Jacke an konkret, diese Forderung nach Information von seiten jetzt der hier Vortragenden, daß das gewährleistet ist? Herr Rabold? Danke, das genügt uns. Diese Zusicherung gibt es, daß für eine solche Information der Bevölkerung gesorgt wird. Danke, ebenfalls vom Ministerium.

Jetzt bitte ich doch zur Hand zu nehmen, ja, meine Frage wäre dann noch an die PDS, **Vorlage 11/32 [Antrag PDS: Bürkontrolle über das KKW Greifswald**[52], sie verweisen hier auf das Expertengutachten, über das müssen wir abstimmen. Würden Sie sagen, daß durch die Darlegung faktisch dieser Antrag auch seinen Adressaten gefunden hat?

Hegewald (PDS): Ist damit voll erfüllt.

Ducke (Moderator): Vielen Dank. Dann haben wir noch die Anträge vom vergangenen Mal, das sind die **Vorlagen 10/12 [Antrag SPD zu Fragen der Atomenergie und Reaktorsicherheit in der DDR**[53]**].** Da geht es um diese **Expertenkommission,** eingebracht von der **SPD,** die ja heute mehrfach schon erwähnt wurde. Und meine Frage ist die: Können wir also die dargestellten Probleme mit dem Hinweis auf die Expertenkommission in dieser dargestellten Weise abstimmen? Oder steht noch der **Antrag 10/16 [SPD, NF, GP, IFM, GL, UFV, DA: Zur Stillegung der Kernkraftwerkblöcke 1 bis 4 in Greifswald**[54]**],** das heißt, die absolut **sofortige Stillegung der Blöcke,** wie sie hier gefordert ist? Darf ich einmal die Antragsteller bitten, sich dazu zu äußern? Also, das ist nicht der Fall.

Bitte, Herr Pflugbeil.

Pflugbeil (NF): Also, ich denke, wir sind auf diesen Kompromiß eingegangen, erst einmal die beiden Gutachten auf den Tisch zu legen.

Ducke (Moderator): Danke. Das würde bedeuten, fassen wir zusammen, wir stellen jegliche Entscheidung jetzt zurück, oder? Nein, wir lassen doch abstimmen. Bleiben Sie man noch eine Weile hier. Wir lassen abstimmen, die Entscheidungen des Runden Tisches bis nach Eingang der Expertengutachten zurückzustellen. Ist das so exakt, damit wir nicht irgend etwas verschleppen und hinterher dann ist plötzlich das nicht als Meinung des Runden Tisches – – Ich stelle dies zur Abstimmung.

Ach bitte, hier ist noch eine Wortmeldung. Bitte, Herr Hegewald.

---

[51] Dokument 11/29, Anlagenband. DFP = Deutsche Forumspartei; DFV = Demokratischer Frauenverband.
[52] Dokument 11/28, Anlagenband.
[53] Dokument 10/4, Anlagenband.
[54] Dokument 10/5, Anlagenband.

Hegewald (PDS): Ich hätte noch eine Ergänzung, wenn ich das sagen darf. Wenn wir keine Termine festlegen, ist der Runde Tisch weg.

Ducke (Moderator): Der Termin ist gegeben. Die Experten sagen, das liegt im April vor. Der Runde Tisch kann vorher weg sein. Oder meinte jetzt Herr Pflugbeil die Expertenkommission, sobald dies auch vorliegt, Ihres – –

Pflugbeil (NF): Also, ich denke, das hängt ein bißchen davon ab, was drin steht. Wenn jetzt wirklich herauskommt, daß die Situation so ist, daß man sofort abschalten muß, dann muß man eben abschalten.

Ducke (Moderator): Ja. Das bedeutet, wir machen eine erste Entscheidung des Runden Tisches abhängig von den, Herr Stief wies ja auch darauf hin, von den zwei Gutachten eigentlich. Eines liegt schon teilweise vor. Vielleicht kann es noch ergänzt werden, für das Herr Pflugbeil jetzt mit Namen zeichnet, ja.
Danke.

Pflugbeil (NF): Ich bitte um Entschuldigung, ich muß jetzt weg zu diesem Gutachten nach Greifswald hoch.

Ducke (Moderator): Ja, aber wir müssen darüber abstimmen. Deswegen, bitte die anderen Wortmelder geben sich damit, mit diesem Termin – – Bitte, Herr Matschie noch, aber nur wenn – –

Matschie (SPD): Ja. Der Antrag der SPD enthielt noch einen anderen Punkt, daß wir – –

Ducke (Moderator): Aber der steht jetzt im Moment...

Matschie (SPD): – von der Expertenkommission Zwischenberichte haben wollen. Der stand...

Ducke (Moderator): Der ist im April fällig, ja. Wir haben jetzt den weitergehenden Antrag, den – –

Matschie (SPD): Es geht um Zwischenberichte auch, damit der Runde Tisch entscheiden kann.

Ducke (Moderator): Ja, wir haben jetzt den weitergehenden Antrag, daß wir diese jetzt von uns berichtenden Untersuchungskommission abwarten, daß ich dies jetzt zur Abstimmung – – Das ist der weitergehende Antrag. Wer dafür ist, daß wir diese **Untersuchung der Expertenkommission** abwarten bis zu einer Entscheidung des Runden Tisches, den bitte ich um das Handzeichen. – Das ist auf Anhieb die Mehrheit. Gegenstimmen? – Es ist nicht der Fall. Enthaltungen? – Ich stelle fest, daß einige nicht abgestimmt haben. Damit wäre dieser Punkt erledigt. Ich möchte ganz herzlich danken den Vertretern, die uns hier diese Fragen, die das letzte Mal aufgeworfen wurden, in, ich glaube schon doch sachlicher Weise und auch der Bevölkerung mitteilen konnten, so daß wir leben können mit dieser nicht Vertagung der Entscheidung, sondern wirklich mit dem Hinweis auf die zu erwartenden Ergebnisse der Untersuchungskommission. Vielen Dank.
Der Tagesordnungspunkt ist beendet. Ich rufe den nächsten auf.
Aber jetzt machen wir doch zehn Minuten Pause. Aber ich bitte darum, zehn Minuten einzuhalten. Danke.

[Pause]

TOP 14: Neuzulassungen

Ziegler (Co-Moderator):

[Lücke in der Aufnahme]

[Aus dem Ereignisprotokoll ist zu rekonstruieren, daß an dieser Stelle als Beobachter, von der Prioritätengruppe so entschieden, folgende Parteien beziehungsweise Gruppierungen bekanntgegeben werden:

> Deutsche Soziale Union (DSU)
>
> Deutsche Forumspartei (DF)
>
> Freie Demokratische Partei (FDP)
>
> Unabhängige Volkspartei (UVP)
>
> Runder Tisch der Jugend
>
> Europaunion der DDR.

Des weiteren erklärte Co-Moderator Ziegler für die Prioritätengruppe:

> Erstens: Die Zahl der Beobachter wird auf je einen grundsätzlich beschränkt.
>
> Zweitens: Die neuen Antragsteller werden als Beobachter mit je einem Vertreter zugelassen. Das setzt also voraus eine strenge Disziplin in der Einhaltung der Zahlen sowohl der Berater wie der Beobachter. Der Grund ist ziemlich einleuchtend, die Verhandlungsfähigkeit des Runden Tisches zu gewährleisten und aufrechtzuerhalten.
>
> Drittens: Zu Beginn jeder Sitzung haben die Beobachter die Möglichkeit, zu einzelnen Tagesordnungspunkten, von deren Sachinhalt sie besonders betroffen sind, ein zeitlich begrenztes Rederecht zu beantragen. Darüber wird der Runde Tisch jeweils beschließen.
>
> Und schließlich viertens: Die neuen Parteien, die hier als Beobachter zugelassen werden, erhalten die Möglichkeit, in einer vom Runden Tisch vorgelegten Reihenfolge ihre Zielsetzungen jeweils in einer Begrenzung von zehn Minuten darzustellen, um sich vorzustellen.
>
> Dieses betrifft die eben Genannten. Es gibt sonst keinen ganz und voll überzeugenden Grund, Ablehnungen auszusprechen, außer dem Grund, daß erstens der Runde Tisch verhandlungsfähig bleiben muß, und zweitens hier nun einmal das Recht der ersten Stunde angezogen wird, denn sonst natürlich, wer soll einer neugegründeten Partei mit überzeugenden Gründen sagen, ihr könnt nicht mitarbeiten. Aber es gibt ja auch noch andere Möglichkeiten der Mitarbeit.]

Soweit dieser Vorschlag, und ich bin damit gleich am Ende.
Bei „**Den Nelken**" vertritt die Prioritätengruppe die Auffassung, dieser Antrag ist abzulehnen, da „Die Nelken" in der Vereinigten Linken erfaßt sind.
Der **Antrag der Nationalen Bürgerbewegung** wird nicht neu aufgenommen, da die Bürgerkomitees und die

Bürger durch viele andere Organisationen am Runden Tisch auch zu Wort kommen.

Und nun schließlich noch zu den **Berufssoldaten** und zum **Verband der Kleingärtner, Siedler und Kleintierzüchter.** Ihnen wird empfohlen, sich zu sachbezogenen Themen hier anzumelden, wenn die Themenliste vorliegt, und dann könnten sie hier als Gast zu diesem Thema, was Sie besonders betrifft, als Interessenverband auch gehört werden. Zum Beispiel sollten wir durchaus einmal den **Verband der Berufssoldaten zur Militärreform** hören, wenn das hier auf der Tagesordnung steht. Soweit der Vorschlag der Prioritätengruppe.

Lange (Moderator): Vielen Dank, Herr Ziegler. Es ist ja das Verständnis, die Prioritätengruppe soll eine Vorprüfung vornehmen und einen **Antrag**, einen Vorschlag hier an den Runden Tisch richten. Den haben wir eben gehört. Gibt es von Ihnen dazu Rückfragen? Das ist offensichtlich nicht der Fall. Darf ich dann fragen, ob wir den Vorschlag der Prioritätengruppe jetzt insgesamt so annehmen wollen oder möchten Sie getrennt abstimmen? Zusammen? Es erhebt sich kein Widerspruch, daß wir den vorgeschlagenen Antrag im Blick auf Neuzulassungen, wie von Herrn Ziegler eben dargestellt, annehmen. Ich möchte fragen, wer dafür ist, den bitte ich um das Handzeichen. Das ist eindeutig die Mehrheit. Der Vorschlag der Prioritätengruppe ist damit so angenommen.

TOP 15: Gesundheitswesen

Wir kommen zu Punkt 6 [der ursprünglichen Tagesordnung], **Einzelanträge, 6.1 Gesundheitswesen.** Wir haben heute unter der [Vorlage] 11/3 von der Arbeitsgruppe „Gesundheits- und Sozialwesen" einen Antrag vorgelegt bekommen, und es ist außerdem noch zu verweisen auf die **Vorlage 10/14** vom 29. Januar, die von der **SPD** vorgetragen worden ist zu **Fragen der gegenwärtigen Situation im Gesundheitswesen.** Beide müßten jetzt hier beraten und abgestimmt werden.

Gibt es zu dem **Antrag der SPD, Vorlage 10/14, gegenwärtige Situation,** Erläuterungen? Darf ich fragen, ob jeder diesen Antrag jetzt hat? Es ist also vom letzten Montag, wo dieses Papier ausgegeben wurde. Möchten die Antragsteller noch Erläuterungen dazu geben? Die Antragsteller sind noch am Suchen. Ja, eingebracht ist er, aber es ist noch nicht darüber abgestimmt worden, [**Vorlage**] **10/14.** Habe ich das richtig verstanden? Aber Sie wissen, SPD, was Sie hier vorgetragen haben? Der ist zurückgezogen? Dann brauchen wir uns nicht damit zu befassen?

Es steht also jetzt die **Vorlage 11/3,** Arbeitsgruppe „Gesundheits- und Sozialwesen". Wer gibt dazu Erläuterungen? Sind Vertreter dieser Arbeitsgruppe unter uns? Das scheint nicht der Fall zu sein.

[**Vorlage 11/3, Antrag AG „Gesundheits- und Sozialwesen: Übergabe des Inventars des MfS**]

Der Runde Tisch möge beschließen: Bei der Auflösung des Ministeriums für Staatssicherheit und seiner Nachfolgeorgane ist auch dafür Sorge zu tragen, daß das Inventar dieser Einrichtungen einschließlich Büro und Rechentechnik vorrangig dem Gesundheits- und Sozialwesen übergeben und nicht eingelagert wird.

Das ist die Vorlage.

Möchte jemand dazu sprechen? Das scheint nicht der Fall zu sein. Können wir dann darüber abstimmen? Ich merke schon, alle schauen auf die Uhr. Dann stelle ich die **Vorlage 11/3** zur Abstimmung. Wer sie in der vorliegenden Form annehmen möchte, den bitte ich um das Handzeichen. Ja, das ist die Mehrheit. Ich frage trotzdem, wer ist dagegen? – Stimmenthaltungen? Das ist nicht der Fall. Der **Antrag 11/3** ist so angenommen.

TOP 16: Bildung und Jugend

Wir kommen zu [TOP] 6.2, Entschuldigung, 6.2, Bildung und Jugend. Dazu gibt es die **Vorlage 10/9 [Antrag AG „Bildung, Erziehung und Jugend": Zum Erhalt von Personal und Einrichtungen für Jugendliche**[55]**]** vom 29. Januar [1990] von der Arbeitsgruppe „Bildung, Erziehung und Jugend". Die haben Sie letzten Montag erhalten, und eben ist ausgeteilt worden die **Vorlage 11/10, Antrag [VL: Erstellung eines Berichtes zur Lage der Kinder und Jugendlichen**[56]**].** Über beides kann jetzt gesprochen werden. Möchte jemand zu dem Dringlichkeitsantrag der Arbeitsgruppe „Bildung und Jugend" sprechen? **Vorlage 10/9** vom 29. Januar [1990]. Das scheint nicht der Fall zu sein.

[Zwischenfrage]

Lange (Moderator): [Vorlage] 11/10 ist jetzt eben ausgeteilt worden. Ihr **Antrag Vereinigte Linke, Bericht zur Lage der Kinder und Jugendlichen.** Ist noch nicht ausgeteilt? Darf ich fragen, wer ihn noch nicht hat? Dann müssen wir einen kleinen Moment noch warten. Ich frage noch einmal Arbeitsgruppe „Bildung, Erziehung und Jugend" vom 29. Januar [1990], **Vorlage 10/9.** Zu diesem Dringlichkeitsantrag gibt es keine Erläuterungen?

Bitte, Herr Ziegler.

Ziegler (Co-Moderator): Ich habe da einmal die Frage, weil wir von dieser Gruppe nichts mehr sonst gehört haben. Die Einberufer waren Frau Köppe, auch jetzt nicht anwesend, und Herr Schramm, nicht mehr anwesend am Runden Tisch. Arbeitet diese Gruppe? Denn wenn wir diesen Antrag hier stellen, geht er einmal wieder völlig so allgemein hinaus. Es ist dringlich, über **Bildung und Jugend** zu reden. Ich vergröbere natürlich ein bißchen. Wie geht denn das weiter? Wann kommt denn eine Vorlage zur Frage der Jugend und der Bildung, daß wir da inhaltlich etwas machen können, denn dies ist ganz formal. Ich weiß, aber es scheint niemand hier zu sein von der Arbeitsgruppe „Bildung und Jugend", nicht. Ach so, doch.

Lange (Moderator): Ist jemand von den Beratern [anwesend]? Würden Sie bitte an das Mikrofon gehen?

Frau Jäger-Hülsmann (FDJ): Ja, ich bin Mitglied der Arbeitsgruppe „Bildung, Erziehung und Jugend".

Lange (Moderator): Sagen Sie uns bitte Ihren Namen?

Frau Jäger-Hülsmann (FDJ): Evelin Jäger-Hülsmann. Ich bin Beobachter von der FDJ und Mitglied der Geschäftsstelle des Runden Tisches der [???] Jugend, und in dieser

---

[55] Dokument 11/30, Anlagenband.
[56] Dokument 11/31, Anlagenband.

Funktion hat die Arbeitsgruppe beschlossen, also dort Mitglieder des Runden Tisches der Jugend in dieser Arbeitsgruppe zu integrieren. Wir haben schon mehrere Male zusammengesessen und mußten leider verzeichnen, daß beide Einberufer an unseren Arbeitsgruppenberatungen nicht teilgenommen haben, obwohl in jeder Arbeitsgruppenberatung neu diese Forderung auch auf die Tagesordnung gesetzt wurde. Das ist der erste Antrag, den wir in der Arbeitsgruppe beraten haben, und es sind auch weitere Anträge in der Arbeitsgruppe am letzten Donnerstag bereits beraten worden. Dieser Antrag gründet sich unter anderem auf Informationen, die Vertreter der Vereinigten Linken dort eingebracht haben, daß es **Zustände in Kinderheimen** gibt, die wir also nicht tragen können, mit den **Isolierungsräumen für Kinder** und so weiter. Aufgrund der Arbeitsgruppenberatung am letzten Donnerstag hat es unter Hinzuziehung von jemandem [von] der Staatsanwaltschaft am Freitag letzter Woche eine Beratung gegeben in einem Kinderheim. Und das war im Endeffekt noch einmal der auslösende Faktor zu bitten, daß diese Vorlage vorgelegt wird, da bisherige Analysen zur Lage unter der Jugend, also, diese Informationen, die hier abgefordert werden, nicht vorgelegt sind bisher.

Lange (Moderator): Ja, vielen Dank. Wir haben wenigstens jetzt eine Reaktion dazu. Ich möchte trotzdem den Runden Tisch fragen: Wie wollen wir mit der vorliegenden Vorlage dieser Arbeitsgruppe jetzt verfahren? Wollen wir sie zunächst zustimmend zur Kenntnis nehmen? Aber ich denke, es ist notwendig, da hier am Schluß auch von Forderungen an die Regierung gesprochen wird, zu überlegen, ob dies jetzt so möglich ist oder ob wir noch einmal die Arbeitsgruppe bitten, doch detaillierter zu sagen, worum es hier geht.

Herr Stief dazu.

Stief (NDPD): Mein Vorschlag wäre, daß wenigstens annähernd so intensiv und präzise gearbeitet wird wie in manchen anderen Arbeitsgruppen und daß diese Sache bei aller Berechtigung so untersetzt wird, daß sie wirklich eine gedankliche Anregung für die Regierung für notwendig zu treffende Maßnahmen darstellt. Das ist zu allgemein.

Lange (Moderator): Sie würden für Zurückverweisung an die Arbeitsgruppe sein? Ist das ein Antrag?

Stief (NDPD): Das ist ein Antrag.

Lange (Moderator): Ja. Bitte, Herr Klein dazu, Vereinigte Linke.

Klein (VL): Ja. Der hier schon erwähnte **Antrag 11/10,** also der hier geforderte **Bericht zur Lage der Kinder und Jugendlichen** ist im Zusammenhang mit der Forderung nach diesem Bericht auch untersetzt mit eben jenen konkreten Aussagen, die in einem solchen Regierungsbericht enthalten sein können, denn wir sind davon überzeugt, daß unabhängig von den Ergebnissen der Arbeit unserer Gruppe hier für den Runden Tisch eine ganze Reihe von Erkenntnissen zu eben den hier in diesem Antrag genannten Fragestellungen vorliegen muß, daß es eine Reihe von Analysen gibt. Wir wissen alle, daß solche Dinge ja bisher niemals öffentlich wurden, und mit diesem Antrag wird die Konsequenz daraus gezogen, das, was bekannt ist, öffentlich zu machen. Wir können davon ausgehen, daß eine Institution in der Vergangenheit dazu hätte auffordern müssen, sehr viele in den hier betroffenen Bereichen Arbeitenden imstande sind, dazu Informationen zu geben, und zwar kurzfristig und schnell. Und es ist bekannt, daß zu eben diesen Problemen dringlich Öffentlichkeit gefordert ist und Handlungsbedarf besteht. Ich verweise also hier auf die **Vorlage 11/10**[57]:

> **[Vorlage 11/10, Antrag VL: Erstellung eines Berichtes zur Lage der Kinder und Jugendlichen]**
>
> Der Runde Tisch möge beschließen, daß bis Anfang März ein Bericht zur Lage der Kinder und Jugendlichen in unserem Land von der Regierung durch einen Beauftragten vorgelegt wird. In diesem Bericht sind konkrete Aussagen zu treffen.

Nun werden aller Wahrscheinlichkeit nach hier all die Dinge aufgezählt, die hier auch schon eben in dem vorigen Beitrag angesprochen worden sind, die sind hier detailliert untersetzt. Ich will aus Zeitgründen jetzt darauf verzichten, das hier vorzulesen. Wenn dieser Bericht vorgelegt wird, so können wir erwarten, daß zu eben den Punkten das hier öffentlich gemacht wird, zur Erläuterung des Antrags 11/10.

Danke.

Lange (Moderator): Bitte, Herr Saler.

Saler (FDGB): Es gibt auch aus gewerkschaftlicher Sicht Ursache zu sagen, daß einige solcher Dinge durchaus untersucht werden müßten, auch im Zusammenhang mit der Tatsache, daß sehr viele Leute aus der Republik gehen und solche Dinge dadurch ebenfalls entstehen. Und wir wären dafür, daß wir auf diesem Gebiet ausreichend informiert werden.

Lange (Moderator): Frau Kögler, Demokratischer Aufbruch.

Frau Kögler (DA): Ich möchte nur ganz kurz diese Antragstellung unterstützen, auch wenn die Urheber hier nicht anwesend sind. Ich denke schon, daß es dringend ist, und die Zeit sollten wir uns dafür nehmen.

Danke.

Lange (Moderator): Herr Hegewald, PDS.

Hegewald (PDS): Ich denke, es geht nicht nur um einen Lagebericht. Die Situation ist ja sehr besorgniserregend, was die **Orientierungslosigkeit vieler Jugendlicher** betrifft. Ich glaube, wir müßten uns auch einmal darüber verständigen, welche Ideale, welche Werte denn eigentlich für unsere Jugendlichen überhaupt noch verbindlich sein sollten, damit überhaupt noch Bildung möglich ist. Im Sinne einer **humanistischen Bildung** müßten wir einen Impuls geben an die Verantwortlichen der Bildung, daß sie sich einmal Gedanken machen und das auch einmal vortragen, wie man sich denn zukünftig die **Werte und Ideale der Jugend** vorstellt, denn ohne inneren Halt, ohne bestimmte Werte und Ideale ist ja wohl kaum ein **Bildungskonzept** möglich.

Nun will ich nicht schon wieder irgend etwas oktroyieren, aber ich glaube, wenn wir die Vielheit der Ideen [uns vor Augen führen], die in unserem Land jetzt da sind, die reicht noch nicht aus. Man muß ja auch bestimmte Fixpunkte haben, von denen man sich leiten läßt. Und darüber sollte vielleicht einmal das **Wissenschaftsministerium** hier Stellung beziehen, wie sie sich vorstellen, wie diese Jugend in Zukunft, wie sie zu orientieren ist oder nicht nur, wie sie zu orientieren ist, sondern wie sie befähigt wird zur **Selbstori-**

---

[57] Dokument 11/31, Anlagenband.

entierung. In dieser Richtung müßte vielleicht doch einmal etwas gemacht werden, denn der Zustand in den Schulen ist desolat. Das ist sehr, sehr besorgniserregend. Und ich würde da auch die Vertreter der Kirche bitten, uns zu helfen, denn wir werden auch die **Werte des Christentums** fest in unser **Bildungsideal** einordnen in der zukünftigen Gesellschaft. Unsere Kirche hat für die Revolution so viel getan, und ich glaube, sie sollte mit diesen Werten auch voll eingehen in zukünftige Bildungsideale.

Lange (Moderator): Vielen Dank. Ich denke, es besteht Übereinstimmung unter uns, daß es sich hier um ein sehr dringliches Problem handelt. Wir müssen jetzt nur eine Entscheidung treffen, die dieses unterstreicht und die es auch dann in praktische Schritte umsetzt.

Herr Ziegler hatte sich zunächst gemeldet.

Ziegler (Co-Moderator): Ich denke, die **Vorlage der Vereinigten Linken, 11/10**, nimmt die Dringlichkeit der **Vorlage 10/9** der **AG „Bildung, Erziehung, Jugend"** viel konkreter auf, als sie es selber macht. Und ich würde empfehlen, daß man dies heute beschließt, um diesen Bericht anzufordern, und aufgrund dieses Berichtes sich dann erst wendet an Regierung und Institutionen mit konkreten Maßnahmen. Denn das verpufft, wenn der Runde Tisch so allgemein sagt, Ihr alle sollt für die Jugend sein. Wer ist nicht für die Jugend?

Lange (Moderator): Ja. Herr Stief.

Stief (NDPD): Ich danke Herrn Ziegler herzlich. Im Grunde genommen ist die **Vorlage 10/9** durch den **Antrag 11/10** erstens präzisiert und damit von der sehr allgemeinen Aussage her hinfällig. Niemand zweifelt daran an dem, was Herr Hegewald noch im einzelnen ausgeführt hat. Die Frage ist nur, die sich für mich ergibt, ob die Bezeichnung von der Regierung präzise genug ist. Es gibt zum Beispiel ein **Jugendforschungsinstitut in Leipzig**, was bisher Offenlegung ganz bestimmter Untersuchungsergebnisse verweigert hat, und andere Einrichtungen. Vielleicht kann man das, ich habe jetzt keinen konkreten Vorschlag, ein bißchen genauer fassen. Es war ja vom Wissenschaftsministerium die Rede, es gibt ja auch noch andere Institutionen, die für Jugend generell zuständig sind. Regierung ist mir einfach zu ungenau.

Lange (Moderator): Ja. Es ist etwas auch am Schluß erwähnt im Blick auf Untersuchungsergebnisse von Instituten. Vielleicht kann man das auch in der Richtung dann noch deuten.

Herr Templin, Initiative Frieden und Menschenrechte.

Templin (IFM): Ich denke, daß bei diesem Problem der Verweis an bestimmte Institutionen wie das Wissenschaftsministerium oder die Suche nach einem neuen Idealkatalog wenig weiterhilft. Nach unseren Erfahrungen und Informationen gibt es unter der Jugend bei aller hier angemahnten Orientierungslosigkeit ganz vitale Versuche, durch Selbstorganisation, durch neue Projekte und Initiativen ihre eigene Situation zu verbessern. Und die Unfähigkeit und **fehlende Bereitwilligkeit kommunaler Stellen,** damit umzugehen, mit solchen **Selbsthilfeprojekten,** das scheint uns ein gravierendes Problem zu sein.

Ich plädiere also sehr dafür, in den geforderten Bericht auch Erfahrungen aufzunehmen mit solchen oder von solchen Selbsthilfeprojekten von solchen Initiativen, positiven, aber ich fürchte eben auch eine ganze Reihe negativer Erfahrungen und Konsequenzen daraus, wie muß damit umgegangen werden, wenn es um Objekte geht, wenn es um mögliche Finanzierungen geht, die ja nicht in Riesengrößenordnungen sind, die nach unserer Erfahrung nicht an der Sachunmöglichkeit, sondern am immer noch vorhandenen **Bürokratismus** scheitern.

Lange (Moderator): Herr Mahling, Domowina.

Mahling (Vertreter des Sorbischen Runden Tisches): Ich würde es gern sehen, wenn hier in die **Vorlage 11/10** noch aufgenommen wird: „In diesem Bericht sind konkrete Aussagen zu treffen zur Lage der Kinder ethnischer Minderheiten". Ich denke da nicht nur an die Sorben. Dort würde es verhältnismäßig nur um kulturelle Dinge gehen, aber es gibt ja noch andere, die **Sintis** etwa, oder die Frage der **Kinder von Ausländern** in unserem Lande. Ich hielte auch diesen Aspekt für eine besondere Untersuchung für erforderlich.

Lange (Moderator): Könnten Sie noch einmal formulieren und würden Sie noch einmal genau sagen, an welcher Stelle Sie das vorschlagen? Nach den Randgruppen, ja? Anstrich zur Lage weiterer sogenannter Randgruppen und dann ein neuer Anstrich?

Mahling (Vertreter des Sorbischen Runden Tisches): Ja, neuer Anstrich: „Zur Lage der Kinder ethnischer Minderheiten".

Lange (Moderator): Darf ich zunächst fragen, ob dies von den Einbringern angenommen wird? Das ist der Fall. Zur Lage „ethnischer Minderheiten". Dann setzen wir, der „Kinder", ja, „Kinder ethnischer Minderheiten", setzen wir dieses dazu. Können wir dann über diesen Antrag befinden? Ich habe es jetzt so verstanden, daß wir alle der Meinung sind, daß dieser Vorschlag, diese **Vorlage 11/10**, eigentlich das aufnimmt, woran uns gelegen ist, und wir dann die entsprechenden Informationen zu diesem wichtigen Thema erhalten.

Dann stelle ich diese **Vorlage 11/10** zur Abstimmung. Wer ihr zustimmt, den bitte ich um das Handzeichen. Danke schön. Gegenstimmen? – 1 Gegenstimme? Pardon. Enthaltungen? Sie können jetzt noch einmal, wenn Sie möchten – Ah ja, gut. Dann ist dieser Antrag einstimmig angenommen.

Und wir kommen zum nächsten Punkt, [TOP] 6.3, **Ausländerfragen**. Aha, im Moment ist jetzt der Einbringer nicht da.

6.4, Sicherheit.

TOP 17: Sicherheit

Ziegler (Moderator): **Vorlage 11/12**.

Lange (Moderator): Zum TOP 6.4, **Sicherheit, Vorlage 11/12**.

Ziegler (Moderator): Die ist zurückgezogen?

Lange (Moderator): Ja. Wir haben vorhin schon darüber gesprochen, daß diese Vorlage jetzt nicht mehr zur Diskussion steht. Es steht aber die **Vorlage 11/12** von der Arbeitsgruppe „Sicherheit", **Vorlage 11/12**: Der Runde Tisch möge beschließen. Haben Sie diese **Vorlage 11/12**? Die ist verteilt worden. Eine Vorlage der Arbeitsgruppe „Sicherheit". Ist jemand von dieser Arbeitsgruppe unter uns? Es ist eine ganz kurze [Vorlage]. Möchte jemand dazu Erläuterungen geben aus der Arbeitsgruppe? Ist niemand da? Dann würde ich bitten, daß jemand diese Vorlage uns noch einmal [vor]liest.

[Ist] kein Mitglied der Arbeitsgruppe vorhanden? Dürfen wir Sie bitten, so freundlich zu sein?

Herr Klein, würden Sie die Vorlage uns vortragen, bitte?

Klein (VL): Der Text der Arbeitsgruppe „Sicherheit" lautet:

[**Vorlage 11/12, Antrag AG „Sicherheit": Bedingungen für die Übernahme von Spezialisten des ehemaligen MfS/AfNS durch die Hauptabteilung Kriminalistik des MfIA**]

Der Runde Tisch möge beschließen:

Die Übernahme von Spezialisten des ehemaligen Ministeriums für Staatssicherheit, Amt für Nationale Sicherheit durch die Hauptabteilung Kriminalistik des Ministeriums für Innere Angelegenheiten wird unter folgenden Bedingungen anerkannt:

1. Diese Spezialisten sind zur Lösung der im Ministerium für Innere Angelegenheiten neu übertragenen Aufgaben unbedingt erforderlich.
2. Es werden keine ganzen Struktureinheiten vollständig übernommen. Die Leitung dieser Spezialisten wird durch Personen des Ministeriums für Innere Angelegenheiten gewährleistet.
3. Es wird ein befristeter Arbeitsvertrag abgeschlossen und nach einem Jahr finden Kadergespräche statt. (Damit soll gewährleistet werden, daß wirklich nur Spezialisten und nicht verdeckte Kader übernommen werden.)
4. Von vornherein werden zu den Kadergesprächen die gewählten Interessenvertreter der VP-Angehörigen hinzugezogen.

Lange (Moderator): Vielen Dank, Herr Klein. Sie sind hier eingesprungen als Stellvertreter. Ich denke, es ist etwas schwierig, wenn von der Arbeitsgruppe kein Vertreter hier ist, der eine solche Vorlage erläutern kann und dann auch auskunftsfähig [ist] auf eventuelle Rückfragen. Ich sehe mich jetzt eigentlich nicht in der Lage, diese zur Aussprache zu stellen.

Herr Ziegler.

Ziegler (Co-Moderator): Es gibt noch einen anderen Grund. Das sind Dinge, die könnte man am besten weitergeben an die **Dreiergruppe,** die die Auflösung da mit begleitet, weil hier Dinge doch auch geprüft werden müssen, was möglich ist. Damit ist eine Tendenz angegeben und die Dreiergruppe könnte das mit aufnehmen.

Lange (Moderator): Das ist ein Vorschlag. Findet der Ihre Zustimmung?

Herr Meckel, SPD.

Meckel (SPD): Ich denke doch, daß hierüber verhandelt werden sollte, denn ich weiß, daß dieser Antrag auch mit Herrn Fischer verhandelt worden ist, daß es also darüber Kontakt gegeben hat noch in der letzten Nacht, und daß dieses ein wichtiges Anliegen ist, daß bei dieser Übertragung diese Dinge jetzt hier beschlossen werden, um in Fragen **nationaler Sicherheit** hier voranzukommen. Es ist heute morgen in dem Bericht ja deutlich geworden, daß hier auch von der Dreiergruppe selbst wesentliche Defizite erkannt und benannt worden sind, so daß ich dafür wäre, hierüber zu verhandeln und abzustimmen.

Lange (Moderator): Verstehe ich Sie recht, daß dies aber doch nicht [dem] widerspricht, was Herr Ziegler vorgeschlagen hat? Denn ein Adressat muß ja ohnehin gegeben sein, der sich jetzt mit diesem Beschluß beziehungsweise dem Vorschlag der Arbeitsgruppe „Sicherheit" beschäftigt. Sehen Sie da einen Widerspruch? Möchten Sie es anders haben?

Meckel (SPD): Ich denke, daß ein entsprechendes Vorgehen durchaus möglich ist, daß man über diese Dinge an die Regierung, die diesen Beauftragten ja hat – –, und daß die entsprechenden Mandate übergeben werden, denn hier müssen ja auch bestimmte Konsequenzen gezogen werden in bezug auf die Notwendigkeit der Struktureinheiten und die entsprechenden Maßnahmen. Also, ich denke, hier muß es letztlich an die Regierung gehen. Man kann natürlich den Umweg über die Dreiergruppe nehmen. Aber der Beschluß muß hier gefaßt werden.

Lange (Moderator): Vielen Dank für diese Erläuterung. Dann steht dieser Antrag jetzt weiter zur Diskussion und man kann dazu sprechen beziehungsweise wir sollten dann in dem vorgeschlagenen Sinn entscheiden, ob wir dies der Regierung zustellen. Gibt es weitere Wortmeldungen dazu?

Bitte, Herr Saler.

Saler (FDGB): Zum Punkt 3 der Vorlage, unser **Arbeitsrecht** kennt in dieser Art keine befristeten **Arbeitsverträge.** Ich würde vorschlagen, daß er dann geändert wird. Es wird ein Arbeitsvertrag abgeschlossen und nach einem Jahr finden **Kadergespräche** über die Eignung statt. Damit soll gewährleistet werden und so weiter. Bei Nichteignung muß dann die **Kündigung** ausgesprochen werden.

Lange (Moderator): Sie schlagen vor, das Wort „befristet" zu streichen?

Saler (FDGB): Zu streichen, ja. Und „... nach einem Jahr finden Kadergespräche über die Eignung statt." Das müßte hinzugesetzt werden, weil dann bei Nichteignung nach dem Arbeitsrecht das Arbeitsrechtsverhältnis aufgelöst werden kann.

Lange (Moderator): Ja, vielen Dank. Können wir über diesen Änderungsvorschlag sprechen oder [gibt es] dazu Meinungsäußerungen?

Herr Schulz, bitte, Neues Forum.

Schulz (NF): Es gibt in unserem Land sehr wohl **befristete Arbeitsbereiche.** Denken Sie beispielsweise an den Hochschulbereich. Dort werden für Assistenten befristete Arbeitsverträge abgeschlossen.

Lange (Moderator): Herr Jung.

Ja, zur Geschäftsordnung, Herr Stief.

Stief (NDPD): Wenn Herr Meckel die Information hat, die offensichtlich ganz jung ist, von heute Nacht, aus der **Arbeitsgruppe „Sicherheit",** dann ist das sicher richtig. Es gibt aber keine weiteren Informationen, daß darüber so befunden wurde. Wenn wir heute darüber entscheiden, das ist ja ein Lösungsvorschlag, der definitiv ist. Ich halte das für übereilt. Es wäre sicher zweckmäßig, hier noch einmal mit der Arbeitsgruppe „Sicherheit" entweder in Verbindung zu treten oder mit dem Dreierkopf, als Umweg deklariert, Kontakt aufzunehmen. Ich glaube, daß die ein oder zwei Tage – – wir sind ja überfordert. Es ist kein Vertreter der Arbeitsgruppe „Sicherheit" da. Wir leben von einer Information, die nur einer hat.

Lange (Moderator): Das ist ein Antrag zur Geschäftsordnung. Über den müssen wir befinden. Möchte jemand dazu jetzt noch sprechen? Ein Antrag, daß wir diese **Vorlage 11/12** jetzt nicht abstimmen, sondern der Arbeitsgruppe „Sicherheit" noch einmal zurückgeben, um dann weitere Erläuterungen dazu hören zu können.
Herr Stief.

Stief (NDPD): Ich möchte das etwas präzisieren. Dem Dreiergremium: – also, erstens wollen wir mit diesem Beschluß Autorität dieser Gruppe geben, das ist richtig und notwendig. Aber im nächsten Schritt greifen wir in prinzipielle Fragen ein. Ich weiß auch nicht, ob das im Interesse derer ist, die die Verfasser dieses Beschlusses sind, wenn man eine **Ausleuchtung eines befristeten Arbeitsvertrages** ins Auge faßt. Ich bin auch dafür, das in einer Woche dann noch einmal zu behandeln.

Lange (Moderator): Ja, wir sprechen jetzt zu dem Geschäftsordnungsantrag, Zurückverweisung oder nicht?
Herr Schulz.

Schulz (NF): Wenn ich Herrn Stief richtig verstanden habe, heißt der exakte Verfahrensweg jetzt Weiterleitung dieser Vorlage an das Dreiergremium und von dort an die Regierung. Haben Sie das so gemeint?

Stief (NDPD): So könnte es auch gehen. Es geht mir darum, daß das, was hier steht in diesem Antrag, autorisiert wird, verbindlich.

Schulz (NF): Könnten Sie sich darauf verständigen, auf diesen Verfahrensweg?

Stief (NDPD): Zweifellos.

Lange (Moderator): Herr Meckel dazu.

Meckel (SPD): Die Frage ist ja, was in Zweifel gezogen wird als Information. Ich meine, hier sind, wenn man den Obersatz nimmt und den ersten Punkt, daß zur Lösung hier die Spezialisten unbedingt erforderlich sind – – Das ist die Aussage, die hier kommt von der Arbeitsgruppe. Die kann ja wohl nicht in Zweifel gestellt werden. Jedenfalls würde ich sie nicht in Zweifel stellen. Alles andere sind dann Fragen, die die **technische Realisierung** ermöglichen.

Ich wäre dafür, daß wir hier an dieser Stelle durchaus abstimmen, um Handlungsfähigkeit zu erreichen, damit nicht gesagt wird, für unsere Arbeit ist es unbedingt erforderlich, Spezialisten einzustellen, kommt es hier durchaus auf eine Woche an. Deshalb wäre ich dafür, den Vorsatz und [Ziffer] 1 oder [Ziffer] 1 und 2 abzustimmen, und zwar die Punkte drei und vier offenzulassen in der Weise, wie dies im Konkreten geregelt wird. Dann legen wir sie nicht fest, geben aber das klare Mandat, daß hier eine Lösung gefunden werden muß, weiter und brauchen über diesen Punkt nicht noch einmal zu verhandeln.

Lange (Moderator): Herr Ducke hatte sich gemeldet.

Ducke (Co-Moderator): Ich möchte mich doch hier zu Wort melden. Das ist ein so sensibler Bereich. Wenn wir jetzt wieder mit aus dem Handgelenk formulierten Anträgen arbeiten, werden wir dem nicht gerecht. Wir haben schon einmal in anderer Weise – – Ich schlage vor, dies an dieses **Dreiergremium** zu geben, um Formulierungswünsche zu bitten. Ich könnte doch nicht sagen, diese Klammerausdrücke, wir können nicht wieder aus dem Handgelenk – – Ich bitte doch gerade in dem Bereich, wo wir wissen, wie schwierig das ist. Warum sind Sie denn dagegen, Herr Meckel? Das verstehe ich jetzt nicht.

Meckel (SPD): Mir geht es darum, **Handlungsfähigkeit** zu erreichen. Meinetwegen können wir es so machen, daß wir sagen: Dieses Mandat wird an diese Dreiergruppe gegeben, die dann die Dinge weiterleitet. Damit bin ich einverstanden. Wichtig ist, daß sofort in Sachen dieser Spezialisten etwas unternommen werden kann.

Ziegler (Co-Moderator): Also, daß Handlungsbedarf ist, glaube ich, sehen wir, und daß Handlungsfähigkeit bestärkt werden soll auch. Aber wenn da steht: „... unter folgenden Bedingungen anerkannt", legen wir die Leute, die jetzt das regeln sollen, in einer Weise fest, die ich nicht für gut ansehen kann. Wenn da stehen würde: „Werden mit folgenden Empfehlungen anerkannt", dann wäre das klarer. Denn die müssen eben handlungsfähig bleiben, indem sie dies verhandeln, wie man das am richtigsten macht. Der Obersatz ist tatsächlich der entscheidende, den sehe ich auch.

Lange (Moderator): Herr Stief, ich wollte Sie noch fragen, sind Sie der Meinung – –, war da eine Wortmeldung, oder?
Entschuldigung. Bitte, Herr Wolf.

Wolf (LDPD): Wir wären im Prinzip auch für diese Lösung. Wir bitten da nur, bei ähnlichen Anträgen auch in diesem Sinne zu verfahren. Ich kann mich erinnern an einen Antrag an den Minister Budig, als es darum ging, eine **Spezialeinheit** diesem Ministerium zu unterstellen, wo es große Proteste gab. Auch hier sollte in dem Sinne verfahren werden, wie Sie es jetzt vorschlagen. Also, wir stimmen dem zu, aber bitten gerade, weil es in diesem sensiblen Bereich so wichtig ist, dann doch um eine klare Linie auf diesem Gebiet.

Lange (Moderator): Die Frage an Herrn Stief, die ich gern stellen möchte: Verstehen Sie es so, daß dann der vorliegende Text so weitergegeben wird, ohne die vorgeschlagene Änderung zu Punkt 3?

Stief (NDPD): Ich bleibe bei meiner Auffassung, daß dieser gesamte vorliegende Text an das Dreiergremium übergeben wird. Es sind hier Bedingungen fixiert, die sich unserer Urteilsfähigkeit entziehen. Der Antrag ist heute auf den Tisch gekommen, wir hatten keine Möglichkeit mehr, jetzt bei dieser fortgeschrittenen Stunde Rücksprache zu nehmen mit Mitgliedern der Arbeitsgruppe „Sicherheit". Das geht eigentlich über die Möglichkeit hinaus, das wirklich sachkundig zu beurteilen. Das ist das ganze Problem. Ich glaube, wenn das weiterverwiesen wird, brauchen wir nicht eine ganze Woche dazu, um hier schlüssig zu befinden. Das kann ja in zwei Tagen erledigt sein. Die Arbeitsgruppe „Sicherheit" arbeitet ja hervorragend.

Lange (Moderator): Vielen Dank. Dann steht Ihr Antrag jetzt zur Abstimmung, diesen vorliegenden Text der **Dreiergruppe** zu übergeben. Wer dafür ist, den bitte ich um das Handzeichen. – Gegenstimmen? – Stimmenthaltungen? – Es ist so einstimmig beschlossen.
Vielen Dank.
Ich rufe auf TOP 6.3, Ausländerfragen. Dazu wird Frau Dr. Runge uns eine Einführung geben.

TOP 18: Ausländerfragen

Frau Runge (AG „Ausländerpolitik"): Ja. Angesichts der fortgeschrittenen Stunde, eine kurze [Einführung].

Meine Damen und Herren, Ihnen liegen die zwei Vorschläge der Arbeitsgruppe „Ausländerpolitik" vor. Die Arbeitsgruppe bittet die Mitglieder des Runden Tisches, unseren **Antrag zur Ernennung eines Ausländerbeauftragten [Vorlage 10/20**[58]**]** zuzustimmen und zugleich die **Entsendung von zwei Experten in den Verfassungs- und Rechtsausschuß der Volkskammer [Vorlage 11/1**[59]**]** zu bestätigen.

Die gegenwärtige Situation in der DDR hat auch unsere ausländischen Mitbürger in höchstem Maße verunsichert. Die Rechtsgrundlagen für ihren Aufenthalt scheinen gefährdet. Verordnungen und Werte sind ungewiß geworden. Viele DDR-Bürger glauben, ihre Probleme auf Ausländer delegieren zu können. Die **Ausländerfeindlichkeit** wächst, wie wir alle wissen, erschreckend an. Konkret heißt das auch, daß Betriebe der DDR trotz bestehender Abkommen, also Regierungsabkommen, ihre ausländischen Arbeitskräfte abschieben wollen.

Um Rechtssicherheit und gleichberechtigtes Zusammenleben von DDR-Bürgern und Ausländern zu garantieren, braucht es unserer Meinung nach dringend kompetenter Entscheidungsfindungen. Wir gehen davon aus, daß ein **Ausländerbeauftragter** zu ernennen ist, der gemeinsam mit einer Kommission Schutz- und Beratungsfunktionen wahrnimmt. Und darüber hinaus gehen wir davon aus, daß **Experten im Verfassungs- und Rechtsausschuß** der Volkskammer diese Interessen, also Interessen der ausländischen Arbeitskräfte und der in der DDR lebenden Ausländer, bei allen noch zu beschließenden Gesetzen vertreten sollten. Wir bitten darum, daß Sie diese Anträge prüfen und weiterleiten.

Danke schön.

Lange (Moderator): Vielen Dank, Frau Runge. Wer möchte dazu sprechen? Wir haben zwei Vorlagen, **10/20** und **11/10**, zu dieser Frage.

Bitte, Frau Kögler, Demokratischer Aufbruch.

Frau Kögler (DA): Es gäbe bestimmt viel dazu zu sagen. Ich möchte aber auch in Anbetracht der späten Stunde das nur ganz kurz zusammenfassen. Ich denke, daß es richtig ist, was hier ausgeführt worden ist. Es gibt eine latente **Ausländerfeindlichkeit**, eigentlich schon in der Vergangenheit, die zugenommen hat. Es gibt weitere Probleme, wir wissen das alle, mit den ausländischen Werktätigen in den Betrieben unseres Landes, und wir möchten uns ausdrücklich dafür einsetzen, daß dieser Vorschlag angenommen wird.

Lange (Moderator): Danke. Bitte.

Frau Schießl (FDGB): Die Gewerkschaften unterstützen den Antrag der Arbeitsgruppe „Ausländerfragen" [gemeint: AG „Ausländerpolitik"] nachdrücklich. In unseren Reihen arbeiten zehntausende ausländische Mitglieder, und wir wissen sehr genau, wie groß die Verunsicherung unter ihnen ist, daß sie also Rechtssicherheit, Gleichberechtigung, Toleranz in Arbeit und Freizeit sehr dringend benötigen. Das hat auf den Diskussionen des FDGB-Kongresses eine große Rolle gespielt. Auch dort ist diese Forderung erhoben worden. Wir möchten also nachdrücklich dafür Unterstützung ansagen.

Lange (Moderator): Vielen Dank.

Herr Meckel.

Meckel (SPD): Auch wir unterstützen diesen Vorschlag und bitten zu bedenken, ob man nicht hinzufügen sollte, daß dieser **Ausländerbeauftragte selbst ein Ausländer** ist, der seit längerer Zeit in diesem Lande lebt, weil er am eigenen Leibe diese Erfahrungen gemacht hat. Ich denke, daß solche Möglichkeiten auch personell zu besetzen möglich ist.

Lange (Moderator): Ja, vielen Dank. Wir sollten jetzt getrennt über diese beiden Anträge – –, wollen Sie dazu noch etwas ergänzen?

Bitte.

Frau Runge (AG „Ausländerpolitik"): Ja. In der Arbeitsgruppe „Ausländerpolitik" war das nie eine Frage, ob ein Ausländer oder kein Ausländer. Wir glauben, Kompetenz ist gefragt, und wir glauben, daß die Kommission auf jeden Fall In- und Ausländer gemeinsam vereinen sollte. Also, ich glaube, das ist nicht die Bedingung, daß der Beauftragte ein Ausländer sein muß.

Lange (Moderator): Vielen Dank für die Erläuterung. Ich würde Ihnen vorschlagen, daß wir zunächst diese **Vorlage 10/20** zur **Benennung eines Ausländerbeauftragten** jetzt abstimmen. Gibt es dazu noch Äußerungen oder können wir votieren? Dann bitte ich die, die diesen Vorschlag annehmen, um das Handzeichen. – Das ist die Mehrheit. Ich frage trotzdem: Gegenstimmen? – Stimmenthaltungen? – Wir haben die **Vorlage 10/20** einstimmig angenommen.

Die **Vorlage 11/1** befaßt sich damit, **zwei Vertreter in den Rechtsausschuß der Volkskammer** zu entsenden. Gibt es dazu noch eine Erläuterung?

Frau Runge, bitte.

Frau Runge (AG „Ausländerpolitik"): [Vorlage] 11/1, ja. Unser Vorschlag war, Herrn Dr. **Kosewehr** zu entsenden als einen Vertreter der Arbeitsgruppe. Herr Dr. Kosewehr ist Rechtswissenschaftler und Dozent für Ausländerrecht. Er ist der Berater der nicht parteiengebundene und überhaupt nicht gebundene Berater der Arbeitsgruppe. Und soweit wir das beurteilen können, wohl der kompetenteste Fachmann auf diesem Gebiet.

Und einen zweiten Vorschlag würden wir gern auch unterbreiten. Aber das würden wir auch von Kompetenz und ähnlichem abhängig machen. Aber das steht natürlich auch Ihnen frei.

Reiner Kosewehr, Dr. sc. Reiner Kosewehr.

Lange (Moderator): Die Nominierungen sind in der Arbeitsgruppe „Ausländer" bedacht worden. Sie sollten uns jetzt nur zur Kenntnis gegeben werden. Wichtig ist für unsere Entscheidungsfindung, ob wir diese **Vorlage 11/1** annehmen können, **zwei Vertreter in den Rechtsausschuß der Volkskammer** zu entsenden. Möchte dazu noch jemand sprechen? Das ist nicht der Fall. Wer diese Vorlage annimmt, den bitte ich um das Handzeichen. – Gegenstimmen? – Stimmenthaltungen? Gibt es offensichtlich auch nicht. – Dann haben wir auch diesen Antrag einstimmig angenommen.

Frau Dr. Runge, wir danken Ihnen, daß Sie hier gewesen sind, um uns diese beiden Vorlagen zu erläutern.

---

[58] Dokument 10/10, Anlagenband.
[59] Dokument 11/32, Anlagenband.

Wir kommen zum nächsten TOP, 6.5. Das sind Währungsfragen, und dazu gibt es die **Vorlage 11/20.**

TOP 19: Währungsfragen

Gutzeit (SPD): Ich möchte diese Vorlage vorstellen. Das Thema ist ja heute vormittag auch schon hier behandelt worden. Wir denken, daß es sehr dringlich ist. Deswegen möchten wir eine Entscheidung hier heute herbeiführen. Ich verlese die Vorlage:

> [Vorlage 11/20, Antrag SPD: Einsetzung einer deutsch-deutschen Expertenkommission zur Prüfung der Möglichkeiten und Bedingungen für eine Währungsunion]
>
> Tausende verlassen noch immer täglich unser Land. Dies hat eine wesentliche Ursache auch darin, daß sie „richtiges Geld" verdienen wollen. Eine Konvertierbarkeit der DDR-Währung ist dringend nötig, um den Ausreisestrom zu bremsen. Aus eigener Wirtschaftskraft ist die Konvertierbarkeit, in für die DDR-Bürger und -Bürgerinnen vertretbaren Relationen, nur mittelfristig zu erreichen. Wir halten es deshalb für wichtig, über weitere geeignete Maßnahmen nachzudenken. Ein Währungsverbund oder eine Währungsunion mit der BRD wäre eine zu prüfende, schnell wirksame Möglichkeit.
>
> Der Runde Tisch möge deshalb beschließen: Eine Expertenkommission aus beiden deutschen Staaten, die die Möglichkeiten und Bedingungen für einen Währungsverbund/eine Währungsunion prüft, soll kurzfristig einberufen werden.
>
> Die Regierung der DDR wird aufgefordert, die Einberufung der Kommission mit der Regierung der BRD auszuhandeln.
>
> Die am Runden Tisch vertretenen Parteien und Vereinigungen haben die Möglichkeit, Experten oder Expertinnen für die Kommission zu benennen. Die Ergebnisse der Kommission sind dem Runden Tisch zuzuleiten.

Soweit die Vorlage.

Lange (Moderator): Diese Fragen haben uns ja heute schon intensiv beschäftigt, und es war auch schon ein Verweis auf die Vorlage gegeben. Es kann jetzt dazu noch gesprochen werden.
Herr Stief, bitte.

Stief (NDPD): Wegen des sehr engen inhaltlichen Zusammenhanges dieser Vorlage mit dem heute morgen Erörterten ist unsererseits sicherlich dem zuzustimmen. Ich würde nur empfehlen, daß im ersten Absatz der letzte Satz, der ja eine Zielvorgabe eines möglichen Ergebnisses dieser Expertenkommission darstellt, daß man den wegläßt. Also, **Währungsverbund** oder **Währungsunion,** das sind ja zwei mögliche Varianten. Alles andere, worum es geht, ist eigentlich vorher gesagt [worden]. Vielleicht könnte man dem zustimmen. Es gibt ja noch andere Möglichkeiten. Und wenn die Expertenkommission tagt, wird sie schon eine für unser Land tragbare Lösung finden. Das muß weder Währungsverbund noch Währungsunion sein. Das können auch andere Schrittfolgen sein.

Lange (Moderator): Wollen Sie direkt darauf reagieren?
Ja, Herr Meckel, bitte.

Meckel (SPD): Wir sind zwar der Meinung, daß die Richtung einer **Währungsunion** der richtige Weg wäre, denken aber, unsere Meinung kann nicht die allgemeine unmittelbar sein. Deshalb stimmen wir dem zu, diesen Satz zu streichen.

Lange (Moderator): Herr Klein.

Klein (VL): Ich lese in dem Antrag, daß es sich hier im Zusammenhang mit dem Vorschlag eines Währungsverbunds und einer Währungsunion um eine, wie die Antragsteller hier sagen, es sich um eine schnell wirksame Möglichkeit handeln soll. Ich unterstelle weiterhin, daß die Antragsteller in diesem Zusammenhang auch die Konvertierbarkeit thematisieren. Ich möchte die Antragsteller fragen, ob sie tatsächlich nur über **monetäre Mechanismen** die Herstellung einer solchen Union annehmen und ob sie sich nicht darüber im klaren sind, welche **wirtschaftlichen Voraussetzungen** eine solche Union erfordert. Wir haben heute vormittag sogar von der Wirtschaftsministerin die Bedenken gehört, und sehr deutlich gehört, auch auf Nachfragen noch einmal bestätigt bekommen, die in diesem Zusammenhang zu gewärtigen sind. Das möchte ich hier auch noch einmal zu bedenken geben.

Lange (Moderator): Herr Templin.

Templin (IFM): Also, ich beziehe mich auf eine Information, die uns auch vorliegt, 11/4 [**Information 11/4, Erklärung VL: Zu den Gefahren des Direkteinstiegs in die Marktwirtschaft**[60]], in der meines Erachtens nach doch sehr schlüssig Probleme, die mit diesem Antrag dann auch verbunden sind, also mit dem **Antrag 11/20,** aufgeführt werden und ich denke, daß wir für die sinnvolle Diskussion des Für und Wider viel mehr Zeit brauchten, als uns heute zur Verfügung stände. Also, mir ist der Antrag viel zu sehr aus der Sicht der hier genannten Möglichkeiten formuliert und viel zu wenig aus der ja genauso belegbaren Sicht der damit verbundenen Risiken beziehungsweise Belastungen.

Lange (Moderator): Darf ich bitten, daß die Einbringer darauf noch einmal reagieren?
Bitte, Herr Gutzeit.

Gutzeit (SPD): Es wird von den Risiken dieser Möglichkeiten gesprochen. Aber uns ist ja heute auch klar geworden, was passiert, wenn hier nichts – – Das heißt also, wenn hier nicht entschlossen und schnell gehandelt wird, kommen wir vielleicht in eine Situation, wo wir gar nicht mehr wirklich entscheiden können, was wir tun wollen. Deswegen müssen diese Möglichkeiten so schnell wie möglich geprüft werden und in Angriff genommen werden, denn jedes Horrorgemälde von Folgen, die so eine **Währungsunion** vielleicht hätte, läßt außer Acht, was eigentlich jetzt schon läuft. Deshalb bestehen wir auf diesen Antrag.

Lange (Moderator): Herr Klein, Neues Forum.

Klein (NF): Ich möchte den Antrag unterstützen. Ich möchte insbesondere unterstreichen, daß das Hauptrisiko darin besteht, wenn wir auf diesem Feld nichts unternehmen. Und dieser Antrag ist noch recht allgemein formuliert. Der sagt ausdrücklich, daß Möglichkeiten und Bedingungen eines Währungsverbundes beziehungsweise einer Währungs-

---
[60] Dokument 11/33, Anlagenband.

union geprüft werden sollen, was also die Modalitäten offen läßt. Daß etwas getan werden muß, liegt auf der Hand und war, glaube ich, auch aus den Ausführungen unserer Wirtschaftsministerin zu entnehmen.

Lange (Moderator): Herr Stief.

Stief (NDPD): Ich wollte soeben vorschlagen, daß man – um konsequent zu bleiben, wenn wir den letzten Satz des ersten Absatzes streichen – diese beiden Begriffe dann auch unten beschließen möge: Expertenkommission und so weiter. Ich hatte vorgeschlagen, hier **„Konvertierbarkeit der DDR-Währung"** einzusetzen, weil es eben, wie gesagt, mehrere Möglichkeiten gibt. Aber man könnte, um Zielvorgaben zu haben, das so stehen lassen, „Währungsverbund/Währungsunion", prüfen. Niemand zweifelt doch an der Notwendigkeit schneller Lösungen. Das ist unbestritten. Also, ich bleibe bei dem Streichen des letzten Satzes des ersten Absatzes, und alles andere könnte so nach unserer Auffassung beschlossen werden.

Lange (Moderator): Herr Templin.

Templin (IFM): Gerade, weil es um die Notwendigkeit schneller Lösungen geht, darf oder sollte wohl keinem unterstellt werden, daß er sich dieser Dringlichkeit nicht bewußt ist. Also, gerade weil es darum geht, ist es notwendig, hier nicht nur in eine Richtung zu denken und etwa die Richtung Währungsunion oder Währungsverbund mit der Bundesrepublik als einzig möglichen Ausweg zu sehen. Ich plädiere noch einmal dafür, im Sinne der hier vorliegenden **Information 11/4**, den Kreis der Möglichkeiten doch zu erweitern und nicht ständig nur auf der **Ebene DDR/Bundesrepublik** zu denken, sondern wenn, dann dieses Problem als ein internationales zu begreifen und die vorhandenen **internationalen Möglichkeiten** für die Diskussion dieser Frage dann aber auch in einem solchen Antrag mitzuformulieren.

Lange (Moderator): Herr Steinitz, PDS.

Steinitz (PDS): Ich halte die Prüfung dieser Probleme für vordringlich, würde nur vorschlagen zu ergänzen, auch in Auswertung der Diskussion mit den Regierungsvertretern, daß wir nicht nur hier prüfen die Möglichkeiten, Bedingungen dieses Währungsverbundes oder der Währungsunion, sondern ergänzen: „... einschließlich der damit verbundenen **ökonomischen und sozialen Probleme** und Konsequenzen", damit man deutlich macht, daß das mit vielen Schwierigkeiten verbunden ist und daß wir uns derer bewußt sind, bevor eine solche Entscheidung dann getroffen wird.

Lange (Moderator): Das wäre eine Ergänzung zu diesem vorliegenden Antrag?

Gutzeit (SPD): Ist von uns akzeptiert.

Lange (Moderator): Herr Holland.

Holland (LDPD): Wir haben heute vormittag ja gehört durch die Wirtschaftsministerin, daß sie das sowieso vorhat. Ich habe dazu gesprochen und habe beantragt, ich zitiere, „daß konzeptionelle Vorstellungen entwickelt werden sollen, wie schnellstmöglich ein Währungsverbund mit der BRD als Einstieg in die Konvertierbarkeit hergestellt werden kann". Das ist von ihr akzeptiert worden in ihrem Schlußwort. Wir rennen jetzt hier offene Türen ein. Aber selbst wenn wir das machen, wage ich die Frage aufzuwerfen, ob wir als Runder Tisch beschließen können, daß eine **Expertenkommission aus beiden deutschen Staaten** einberufen werden soll. Unsere Kompetenz reicht nur in die DDR hinein, aber nicht in die BRD. Also, ich halte das nicht für möglich, was hier vorgesehen wird. Das Anliegen wird ja akzeptiert.

Ich würde vorschlagen, hinter der Formulierung: „Der Runde Tisch möge beschließen ...", den ersten Absatz zu streichen, weil er nicht möglich ist für uns durchzusetzen. Im übrigen weiß ich aus meiner Sachkenntnis heraus, daß es in der BRD sehr, sehr unterschiedliche Meinungen gibt, ob es überhaupt einen **Währungsverbund** in den nächsten Jahren geben soll. Ich würde also vorschlagen, den zweiten Absatz zu erhalten, aber anders [zu] formulieren. Ich würde sagen: „Die Regierung der DDR wird aufgefordert, schnellstmöglich die Möglichkeiten und Voraussetzungen eines Wirtschaftsverbundes beziehungsweise einer Währungsunion zu prüfen." Und dann die anderen beiden Sätze zu lassen, daß die Parteien, die am Runden Tisch vertreten sind, da in die Kommissionen Vertreter entsenden können und so weiter.

Das halte ich für möglich. Aber ich wiederhole, damit rennen wir offene Türen ein, das hat Frau Minister Luft heute früh bereits akzeptiert.

Lange (Moderator): Herr Meckel.

Meckel (SPD): Ich denke, es ist doch ein gewisser Unterschied, ob man über die Frage der **Konvertierbarkeit** redet oder der **Währungsunion.** Da gibt es Unterschiede. Bei dem letzteren verschwindet die DDR-Mark irgendwann, wir haben nur die D-Mark.

Zum zweiten denke ich schon, daß diese Formulierung etwas Problematisches ist, das sehe ich auch so, daß wir nicht beschließen können, daß sie eintritt. Aber wir können erstreben, daß die Bemühung darum da ist und können versichern, daß dies möglich ist. Von daher stimme ich dem zu, daß man dies umformulieren kann in der Weise, wie Sie es benannt haben, ohne daß jetzt diese inhaltliche Variante, die Sie haben, eine inhaltliche Verschiebung ist, zu nehmen. Also, wir würden durchaus dabei bleiben wollen, daß die Möglichkeiten und Bedingungen eines Währungsverbundes beziehungsweise einer Währungsunion einschließlich der **sozialen und ökonomischen Konsequenzen** geprüft werden sollen von einer solchen Kommission.

Lange (Moderator): Sie sind damit einverstanden?

Holland (LDPD): Ja, damit wäre ich einverstanden.

Lange (Moderator): Sie haben aber jetzt eben noch eine Ergänzung vorgenommen, die im Text nicht vorliegt. Müßte die noch aufgenommen werden im Blick auf die soziale Komponente?

Meckel (SPD): Das entsprach dem Antrag der PDS, dem wir zugestimmt haben.

Lange (Moderator): Könnten Sie bitte sagen, wir haben das jetzt nicht schriftlich vorliegen, welcher Text soll zur Abstimmung gelangen? Herr Steinitz, könnten Sie noch einmal bitte Ihren – – Sie formulieren?

[Zwischenruf Steinitz]

Lange (Moderator): Bitte, Herr Meckel, sind Sie – – Darf ich zunächst noch einmal fragen, der erste Abschnitt bleibt so bestehen, wie er hier uns vorgelegt worden ist? Dann geht

es weiter: „Der Runde Tisch möge deshalb beschließen."
Dann kommt der erste Absatz. Mit welchen Ergänzungen?

Meckel (SPD): Also, dann heißt es: „Die Regierung der DDR wird aufgefordert, eine Expertenkommission zu berufen, die, bestehend aus Experten beider deutscher Staaten, die Möglichkeiten und Bedingungen für einen Währungsverbund beziehungsweise eine Währungsunion prüft, einschließlich der sozialen und ökonomischen Konsequenzen und Probleme." Und dann: „Die am Runden Tisch vertretenen Parteien...".

Lange (Moderator): Einschließlich der sozialen, würden Sie bitte noch einmal wiederholen?

Meckel (SPD): „... einschließlich der sozialen und ökonomischen Konsequenzen und Probleme".

Lange (Moderator): Ja, das ist doch eine sehr umfangreiche Veränderung, die uns inhaltlich aber klar ist, auch nach dem ausführlichen Gespräch, das wir heute hatten. Sie würden das noch einmal formulieren?

Meckel (SPD): Die können wir schriftlich nachreichen. Wir reichen die schriftlich nach, ja.

Lange (Moderator): Das würde aber bedeuten, daß der nächste Satz dann gestrichen wird?

Meckel (SPD): Nein, der nächste Satz muß nicht gestrichen werden, denn es kann möglich sein, daß die hier versammelten Parteien oder Vereinigungen Experten dahin schicken. Die ersten beiden Absätze sind hier zu einem Absatz verschmolzen, das ist richtig.

Lange (Moderator): Ja. Also: „Die Regierung der DDR wird aufgefordert, die Einberufung der Kommission mit der Regierung der BRD auszuhandeln."

Meckel (SPD): Ist dann sachlich einbezogen in dem ersten Satz, ja.

Lange (Moderator): Ja. Vielen Dank. Und dann bleibt der Text so, wie er vorliegt?

Meckel (SPD): So ist es.

Lange (Moderator): Sind jetzt alle sich über den veränderten Text im klaren?
  Herr Stief.

Stief (NDPD): Ich habe es möglicherweise überhört. Vom ersten Absatz entfällt aber der letzte Satz?

Lange (Moderator): Das haben wir noch nicht entschieden. Das war meine Frage.

Stief (NDPD): So waren wir uns einig geworden.

Meckel (SPD): Die Einbringer ziehen den zurück, damit braucht er nicht abgestimmt zu werden.

Lange (Moderator): Gut. Dann steht dieser letzte Satz. „Ein Währungsverbund oder eine Währungsunion" wird gestrichen. Gibt es weitere Erläuterungen oder Anfragen zum Text? Wenn das nicht der Fall ist, dann steht dieser Text jetzt zur Abstimmung. Wer ihm seine Zustimmung gibt, den bitte ich um das Handzeichen. – Gegenstimmen? – 2 Gegenstimmen. Wer enthält sich der Stimme? – 5. Die 2 zählen nicht, ja? 4. Vielen Dank. Dann haben wir diese **Vorlage 11/20** [erledigt].

[**Beschluß des Runden Tisches: Möglichkeiten und Bedingungen für einen Währungsverbund/eine Währungsunion**[61]

Tausende verlassen noch immer täglich das Land.

Dies hat eine wesentliche Ursache auch darin, daß sie „richtiges Geld" verdienen wollen.

Eine Konvertierbarkeit der DDR-Währung ist dringend nötig, um den Ausreisestrom zu bremsen.

Aus eigener Wirtschaftskraft ist die Konvertierbarkeit, in für DDR-BürgerInnen vertretbaren Relationen, nur mittelfristig zu erreichen. Wir halten es deshalb für wichtig, über weitere geeignete Maßnahmen nachzudenken.

Angesichts dieser Tatsache beschließt der Runde Tisch:

Die Regierung der DDR wird aufgefordert, die Einberufung einer Expertenkommission mit der Regierung der BRD auszuhandeln, die die Möglichkeiten und Bedingungen für einen Währungsverbund / eine Währungsunion und ihre sozialen und ökonomischen Konsequenzen und Probleme prüft.

Die am Runden Tisch vertretenen Parteien und Vereinigungen haben die Möglichkeit, Experten/Expertinnen für die Kommission zu benennen.

Die Ergebnisse der Kommission sind dem Runden Tisch zuzuleiten.]

Ducke (Co-Moderator): Vielleicht noch zur Ergänzung. Wenn jetzt Leute nicht mehr da sind, zählt nur noch eine Stimme. Das war nur einmal ausnahmsweise, daß wir für den anderen mit abstimmen konnten.
  Danke.

Lange (Moderator): Ja. Ich denke, das macht unserem Abstimmungsverhalten keine großen Schwierigkeiten. Ja, bei einigen müßte man dann noch mehr anzeigen.
  Wir kommen zu TOP 6.6, **Betriebsverfassungsrecht**. Dazu gibt es die **Vorlage 11/25 der SPD und 11/21 der Vereinigten Linken**. 11/25, Herstellung der demokratischen Kontrolle über die staatliche Wirtschaft durch Bildung von Betriebsräten und 11/21. Möchten die Einbringer Erläuterungen geben?
  Herr Meckel, bitte.

TOP 20: Betriebsverfassungsrecht

Meckel (SPD): Wir sind in einer Übergangssituation, bei der wir feststellen, daß in vielen Betrieben agiert wird, ohne daß ein wirklicher Rechtsraum jeweils da ist, daß zum Beispiel Betriebsdirektionen oder Kombinatsdirektoren Verhandlungen führen, bei denen die Arbeiter und Angestellten nicht wirklich beteiligt sind und beteiligt werden können. Dies, denken wir, kann und darf nicht so sein. Deshalb hier dieser Vorschlag, der ein Übergangsvorschlag nur sein kann, bevor man ein Betriebsverfassungsgesetz hat oder ein Gewerkschaftsrecht, Eigentumsrecht, also bevor diese ganzen Bereiche rechtlich abgedeckt sind. Das wird ja vor dem 18. März

---

[61] Das Ergebnis der Beratungen zur Vorlage 11/20 wurde hier vom Herausgeber eingefügt.

[1990] so nicht möglich sein. Deshalb diese Vorlage, die versucht, **Aufgaben für Betriebsräte** zu nennen, die zu schaffen sind, die den jeweiligen Belegschaften vollständig ermöglicht, Mitbestimmung in den wesentlichen Fragen zu erreichen. Wir wollen deutlich betonen, daß wir dies nicht in Konkurrenz zu der Arbeit der Gewerkschaften sehen. Denn wenn man diesen Text ansieht, wird man sehen, daß die ganze Frage, die wesentliche und zentrale Frage – – eine wesentliche Aufgabe sind dann ein Instrument, mit dem die Gewerkschafter in den Betrieben agieren können in Fragen der **Mitbestimmung**. Wichtig ist uns aber, daß von vornherein deutlich wird, in den Betriebsräten sind alle Mitglieder, die in diesem Betrieb arbeiten, vertreten und können hier agieren. Also, wenn 80 Prozent in der Gewerkschaft sind, dann agieren hier 80 Prozent Gewerkschafter und 20 andere. Deshalb also dieses Gesetz, einfach als eine **demokratische Kontrolle**. Ich will nicht den gesamten Text [der **Vorlage 11/25**] vorlesen, aber doch die zentralen Fragen:

> [Vorlage 11/25, Antrag SPD: **Herstellung demokratischer Kontrolle über die staatliche Wirtschaft durch Bildung von Betriebsräten**[62]]
>
> 1. Die Anzahl der Betriebsratsmitglieder in den Betriebsräten{, die zu wählen sind,} soll den jeweiligen Erfordernissen hinsichtlich größeren Struktur entsprechen. Sie sind als Vertreter der Gesamtbelegschaft{, wie gesagt,} zu bilden.
> Aufgaben [der Betriebsräte] sind:
>
> – Behandlung des Geschäftsberichtes der staatlichen Leitung zur Wirtschaftslage des Betriebes, Kombinates beziehungsweise der Wirtschaftseinrichtung,
>
> – Behandlung der Maßnahmen der staatlichen Leitung zur Sicherung der laufenden Produktion und Liquidität,
>
> – Behandlung der Vorstellungen und Sondierungen der staatlichen Leitung zur weiteren Entwicklung, zum Beispiel Produktionsprofil, strukturellen und organisatorischen Maßnahmen, Zusammenarbeit mit ausländischen Partnern.
>
> Hieraus ergibt sich jedoch keine Legitimierung der staatlichen Leitung für Entscheidungen oder vertragliche Vereinbarungen zur weiteren Entwicklung.
>
> 2. Die Betriebsräte sind berechtigt, von den staatlichen Leitungen entsprechende Vorlagen zu verlangen, durch Beauftragte Einsicht in alle betrieblichen Unterlagen einschließlich der Buchungsbelege und Vertragsunterlagen zu nehmen und die Mitglieder der staatlichen Leitung gemeinsam oder einzeln zu befragen.
>
> 3. Bei erheblichen Unregelmäßigkeiten oder Mängeln in der Arbeit der staatlichen Leitung ist der Betriebsrat berechtigt, deren Ablösung zu verlangen. In solchen Fällen ist eine geschäftsführende Leitung auf der Basis eines öffentlichen Ausschreibungsverfahrens unter Beteiligung eines Betriebsrates einzusetzen.
>
> 4. Es wird als notwendig angesehen, daß die demokratisch gewählte Volkskammer schnellstmöglich mit einem Betriebsverfassungsgesetz die Aufgaben und Rechte der Betriebsräte umfassend regelt.

Soweit dieser Antrag.

Lange (Moderator): Vielen Dank. Ich gehe doch sicher recht in der Annahme, daß die Thematik ein abendfüllendes Programm jetzt wird, auch wenn wir die angesprochenen Gewerkschaften im Blick haben. Ich möchte nur darauf aufmerksam machen, daß wir uns doch der elf Stunden Sitzungsdauer wieder nähern und die Prioritätengruppe auf jeden Fall heute noch eine Sitzung haben muß, um die weitere Arbeit zu besprechen. Es steht aber jetzt diese **Vorlage 11/25**. Dazu haben sich gemeldet:
Bitte, Herr Saler und dann Herr Klein und Frau Schießl, ja.

Saler (FDGB): Darf ich angesichts des fortgeschrittenen Abends einen Vorschlag unterbreiten? Es gibt sowohl in dem **Antrag der SPD** Überlegungen, die auch mit unseren übereinstimmen, die wir mit der **Änderung des Arbeitsgesetzbuches** hier mit vorgetragen hätten. Ich will dazu weiter keine große Erläuterungen dazu machen. Es gibt auch in der **Vorlage 11/21 der Vereinigten Linken** [Antrag VL: **Sicherung der Werktätigeninteressen und Verwirklichung von Wirtschaftsdemokratie bei der Durchführung der Wirtschaftsreform**[63]] einige Vorschläge, mit denen die Gewerkschaften sofort mitgehen.

Und ich würde vorschlagen, da im Gesetzgebungsplan ja sowohl das Gewerkschaftsgesetz als auch das Änderungsgesetz enthalten ist und auf der Tagesordnung steht, ein **Betriebsverfassungsgesetz** aber noch nicht im Gesetzgebungsplan für das erste Quartal ist, daß wir vielleicht uns hier im Konsens einigen und das, was notwendig ist für sofortige rechtliche Regelungen bei den Gesetzen, die auf der Tagesordnung stehen, daß wir die Dinge dort einbringen. Sonst würden wir wirklich jetzt hier diskutieren müssen über ein Für und Wider und den Extrakt dieser Dinge. Und das gibt in beiden Vorlagen gute Gedanken, und wir hätten dazu auch viele noch einzubringen. Wir müßten dazu etwas sagen dann.

Lange (Moderator): Verstehe ich Sie recht, daß Sie dafür plädieren, dies doch bis zum nächsten Mal dann noch einmal zu überdenken und eine Vorlage hier an den Runden Tisch zu bringen?

Saler (FDGB): Dafür würde ich plädieren.

Lange (Moderator): Das ist Ihr Vorschlag, ja.
Zunächst Herr Klein.

Klein (VL): Es ist heute vormittag schon mehrfach, einmal durch das Neue Forum, zum anderen jetzt auch durch die SPD, darauf hingewiesen worden, daß die Bedeutung dessen, worüber wir hier zu sprechen haben, nämlich die **Sicherung der Werktätigeninteressen** und der **Ausbau der Mitbestimmung** angesichts dessen, was uns bevorsteht, eine zentrale Frage ist. Nichts wäre schlimmer, als wenn im Zusammenhang mit diesen hier zur Entscheidung stehenden Fragen zum Beispiel die Gewerkschaften sich und uns Probleme machen in bezug auf die Frage des **Verhältnisses von Gewerkschaften und Betriebsräten**.

---

[62] Dokument 11/34, Anlagenband. Die schriftliche Vorlage weicht in Punkt 1. bis „Aufgaben [der Betriebsräte] sind" erheblich von dem verlesenen Text ab. Die Teile in geschweiften Klammern { } sind nur in der verlesenen Fassung vorhanden.

[63] Dokument 11/35, Anlagenband.

Es ist daher dringend notwendig, daß hier einheitliche Auffassungen herausgebildet werden, daß es wichtig ist, die Möglichkeiten, die diese beiden Mitbestimmungs- und Interessenvertretungsorgane – und deren Stärkung ist unbedingt notwendig – haben, daß die klar und deutlich herausgearbeitet werden und daß in diesem Zusammenhang auch, so denke ich, tatsächlich die Möglichkeit besteht, hier einen Konsens zu finden.

Ich begrüße daher diesen Vorschlag, würde also auch mitgehen, daß sich zum Beispiel die Einbringer zusammensetzen, zum Beispiel mit den Vertretern der Gewerkschaft, und ein solches Papier ausarbeiten, was dann vielleicht etwas umfangreicher wäre. Denn das ist tatsächlich unsere Aufgabe, in dem Punkt hier wirklich Nägel mit Köpfen zu machen.

Lange (Moderator): Ich finde das einen großartigen Vorschlag für unser Verfahren hier.

[Beifall]

Lange (Moderator): Jetzt brauchen wir gar nicht mehr abzustimmen. Es hatten sich aber noch einige gemeldet.
Frau Schießl, bitte.

Frau Schießl (FDGB): Nein, ich stimme dem Antrag natürlich jetzt zu.

Lange (Moderator): Danke.
Herr Holland.

Holland (LDPD): Ich stimme dem Antrag auch zu. Ich wollte aber noch darauf aufmerksam machen, daß durch die Ziffer vier der **Vorlage 11/25**, die ich für sehr berechtigt halte, alle davor gehenden Punkte sowieso erledigt sind, weil die Ziffer vier sehr deutlich sagt, daß die Volkskammer dann schnellstmöglich ein **Betriebsverfassungsgesetz** beschließen soll. Und wir könnten jetzt hier das so verstehen, daß wir eine sehr umfangreiche Vorarbeit dazu leisten, zum Beispiel durch die Arbeitsgruppe „Recht" und „Wirtschaft" des Runden Tisches mit der Gewerkschaft, so wie das vorgeschlagen worden ist.

Und dann möchte ich noch darauf aufmerksam machen, in der **Vorlage 11/21** geht es ja nicht nur um die Mitbestimmung, da geht es ja in Ziffer zwei um viel mehr als Mitbestimmung, da geht es um **Selbstverwaltung in staatlichen Betrieben** mit der **Wahl der Betriebsleitung**. Das ist eine völlig andere, eine völlig andere Thematik als hier jetzt vorgesehen im Betriebsverfassungsgesetz. Also, ich würde doch bitten, daß wir beides trennen und so verfahren, wie vorgeschlagen worden ist mit der Arbeitsgruppe, dem würde ich sehr zustimmen, schon aus der Berücksichtigung dessen heraus, daß hier sehr umfangreiche Vorarbeiten noch geleistet werden müssen.

Lange (Moderator): Das ist im Grunde genommen ein Antrag zur Geschäftsordnung, daß es jetzt zurückverwiesen wird an die beiden Einbringer und sie sich dann mit den entsprechenden Vertretern zusammensetzen, um eine Überarbeitung der vorliegenden Texte vorzunehmen. Sehe ich das so richtig? Findet das Ihre Zustimmung? Dann müßten wir jetzt über diesen Geschäftsordnungsantrag abstimmen.
Zunächst Herr Gutzeit, bitte.

Gutzeit (SPD): Zum Verständnis dieses Antrags, den wir vorgebracht haben. Es sind ja zwei verschiedene Sachen, das **Betriebsverfassungsgesetz** und das, was wir jetzt als **Sofortforderung** hier mit hineingebracht haben. Wir müssen vermeiden, daß diese ganze Sache auf die lange Bank geschoben wird. Uns geht es darum, daß jetzt sehr bald entsprechende Möglichkeiten da sind, denn es werden jetzt Verhandlungen geführt. Jetzt geht es darum, sofort die Rechte der Angestellten und Arbeiter zu vertreten, und zwar schon, bevor ein umfangreiches Gesetzeswerk entfaltet ist. Das heißt, es muß eine **Übergangsregelung** geschaffen werden. Und um diese Übergangsregelung ging es uns.

Lange (Moderator): Ich gehe davon aus, daß uns die überarbeitete Vorlage am nächten Montag hier auf den Tisch gelegt wird, um dies zu vermeiden, daß es jetzt auf die lange Bank geschoben wird. Unter dieser Voraussetzung frage ich Sie jetzt, ob Sie mit dem Verfahren einverstanden sind. Dazu noch?

N. N.: Ich hätte einen zusätzlichen Vorschlag, daß das auch ausdrücklich an die Arbeitsgruppe „Wirtschaft" mit überwiesen wird und dort auch bearbeitet wird.

Lange (Moderator): Ja, ich denke das können diejenigen, die sich bereiterklärt haben, noch einmal bedenken. Wir stimmen jetzt darüber ab, daß wir in der Weise verfahren, daß dieser Text von ihnen überarbeitet wird. Wer dafür ist, den bitte ich um das Handzeichen. – Das ist die Mehrheit. Ich frage trotzdem: Gegenstimmen? – Stimmenthaltungen? – Wir haben dies einstimmig so beschlossen und halten fest, daß wir am nächsten Montag die überarbeitete Vorlage dann hier erwarten.

Ich möchte Ihnen jetzt im Auftrag der Moderatoren vorschlagen, die Sitzung zu beenden, das heißt, die beiden noch ausstehenden Punkte zu verschieben, da die **Prioritätengruppe** dringend sich mit den Fragen der **Programmgestaltung** beschäftigen muß und dazu auch noch einige Zeit nötig hat. Wir würden also dies dann für die nächste Sitzung vornehmen.
Bitte.

Frau N. N. (VL): Ich möchte bitten, daß ich den **Antrag 11/26b**, der heute morgen bereits angekündigt wurde, hier noch einbringen kann. Es handelt sich um den **Abbau der Subventionen bei Kinderbekleidung und -schuhen**[64].

Lange (Moderator): Ich frage die Teilnehmer des Runden Tisches: Soll dies so geschehen, daß wir über diesen **Antrag 11/26** jetzt noch sprechen? Ich muß darüber abstimmen lassen. Es war jetzt ein Antrag gestellt worden, dies soll auf die Tagesordnung gesetzt werden. Wer dafür ist – –? Ja, wir haben jetzt nur gesagt, im Blick auch auf die Zeit, daß wir die beiden noch ausstehenden Punkte auf das nächste Mal verschieben. Ich möchte Sie fragen, wer diesen Antrag unterstützt, daß wir jetzt zur Frage der **Subventionen von Kinderbekleidung** noch den **Antrag 11/26** beraten, den bitte ich um das Handzeichen. Ja, da, ich muß, Entschuldigung, ich muß noch einmal einen Hinweis geben. Mir ist vorhin aufgefallen, daß es hier eine Irritation gibt, es gibt zweimal den **Antrag 11/26**.
Bitte, Herr Ziegler.

Ziegler (Co-Moderator): Nein. Also, das ist nur zusammengeheftet mit dieser Übersicht über die Kleider, und da steht **Information 11/1** zu **Vorlage 11/26**. Dadurch kommt man ein bißchen durcheinander, ja.

---

[64] Dokument 11/36, Anlagenband.

Lange (Moderator): Es gibt aber außerdem die **Vorlage 11/ 26**, vom **FDGB** eingebracht.

Ziegler (Co-Moderator): Ja, das ist die.

Lange (Moderator): Deshalb ist es vielleicht etwas mißverständlich.

Ziegler (Co-Moderator): Dies ist aber schon erledigt.

Lange (Moderator): Das ist erledigt, ist an die AG „Wirtschaft" gegangen. Nur, von daher gibt es vielleicht einige Verwirrung. Ich muß noch einmal fragen, es war jetzt doch noch einmal deutlich gesagt worden, darüber sollte jetzt gesprochen werden, wer dafür ist, daß wir dies jetzt noch verhandeln, Subventionen von Kinderbekleidung, den bitte ich um das Handzeichen. – Gegenstimmen? – Das ist die Mehrheit.

Wir verstehen die Notwendigkeit, darüber zu sprechen, aber ich bitte auch um Ihr Verständnis, daß wir an dieser Stelle jetzt unsere Sitzung abbrechen. Die Prioritätengruppe trifft sich im Anschluß in Raum 213.

Herr Ziegler.

Ziegler (Co-Moderator): Ich bitte unbedingt, daß Herr Stief dabei ist.

Lange (Moderator): Ich bedanke mich für Ihre Mitarbeit.

[Ende der Sitzung: etwa 20.00 Uhr]

[Beginn der Sitzung: 9.00 Uhr]

TOP 1: Begrüßung und Vorstellung neuer Teilnehmer der Parteien und Gruppierungen

Ziegler (Moderator): Meine Damen und Herren, ich begrüße Sie zur 12. Sitzung des Runden Tisches. Die Zeit scheint gegenwärtig schneller zu laufen. Die Wahlen drängen. Es drängen aber auch Erklärungen innerhalb und außerhalb unseres Landes, und diese Erklärungen vermitteln den Eindruck, daß in kürzester Frist Tatsachen geschaffen werden sollen, die keine Zeit mehr lassen, unsere Gesellschaft und unseren Staat, für den wir hier am Runden Tisch sitzen, sorgsam und mit Besonnenheit zu ordnen.

Es ist von **Währungsunion** die Rede gewesen, und das ist geschehen, noch ehe das seit längerer Zeit bekannte Treffen zwischen Ministerpräsident Modrow und seiner Regierungsdelegation mit dem Bundeskanzler stattgefunden hat. Davon ist die Rede gewesen, noch ehe also über den Weg des Zusammenwachsens der beiden Staaten und ihrer Wirtschaft verhandelt werden konnte. Sie wissen es sicher alle selbst: Viele Bürger unseres Landes hat diese Ankündigung mit Besorgnis erfüllt, weil sie nicht ermessen können, welche Folgen für den einzelnen und für das ganze Land aus diesen angekündigten Maßnahmen erwachsen werden. Je eindeutiger die Schritte markiert werden auf dem **Weg des Zusammenwachsens,** desto eher wird den Besorgnissen zu wehren sein in unserem Land und außerhalb unseres Landes, bei unseren Nachbarn. Und deshalb ist es um so notwendiger, daß wir heute konzentriert und umfassend über Gestaltungsmöglichkeiten für das künftige Verhältnis zwischen den beiden deutschen Staaten sprechen. Und es ist gut, daß das geschehen kann noch vor der Reise, die unsere Regierungsdelegation morgen antreten wird.

Unser Programm ist wie immer dicht gefüllt. Es ist unvermeidbar, daß so viele entscheidende Punkte auf der Tagesordnung stehen, weil wir uns darüber klar sein müssen, es sind nur noch fünf Sitzungen bis zur Wahl am 18. März [1990]. Und in dieser Zeit ist vieles zu bewältigen. Und darum bitte ich Sie auch, sich gleich einzurichten bis 18.00 Uhr. Wir wollen versuchen, bis dahin diese gewichtigen Punkte zu schaffen.

Ich möchte Sie alle begrüßen. Unsere Verhandlungen werden wie immer von vielen Bürgern über **Rundfunk und Fernsehen** verfolgt. Noch einmal möchte ich sagen, daß wir uns über alle Zuschriften und alle Anrufe freuen. Und noch einmal möchte ich sagen, daß wir nicht in der Lage sind, alle zu beantworten. Es wird aber alles in die Arbeitsgruppen gegeben, was an konkreten Vorschlägen kommt. Und auch die Briefe, die direkt an die Moderatoren gesandt werden, werden in dieser Weise bearbeitet und verhandelt.

Wir danken noch einmal „Radio DDR 1". Am Donnerstag dieser Woche, zwischen 16.00 und 17.00 Uhr, werden dort wieder Teilnehmer des Runden Tisches Anfragen von Bürgern beantworten. Ich begrüße besonders die Minister an unserem Tisch. Ich möchte sagen, die alten und die neuen Minister. Ich nenne Herrn Moreth, Herrn Ullmann. Und ich sehe Herrn Poppe. Hoffentlich habe ich jetzt niemanden übersehen. Insgesamt seien alle Vertreter der Regierung herzlich willkommen geheißen. Wir danken, daß Sie Ihre Zeit hier zur Verfügung stellen, um mit uns die Dinge zu bedenken.

Zur **Tagesordnung** möchte ich nun noch erinnern an die Beschlüsse vom letzten Mal zum **Beobachterstatus.** Da war gesagt worden, ich nenne nur zwei Einzeldinge, daß je ein Beobachter nur zugelassen ist, weil unser Raum allmählich eng wird, und daß dann die Möglichkeit bestehen soll, wenn Beobachter von ihrer Sache her besonders interessiert oder betroffen sind, daß da dann über Rederecht beschlossen werden kann.

Sie finden die Punkte, die wir heute verhandeln müssen, auf der Tagesordnung. Ich muß eine Einfügung machen und bitte Sie, das zunächst gleich nachzutragen. Unter Ziffer 3.1 soll eine **Erklärung zu den Kommunalwahlen** vom 07. Mai 1989 hier vorgetragen werden. Wir wollen das an dieser Stelle machen, damit die Fragen, die irgendwie mit der Wahl zusammengehören, auch zusammen verhandelt werden.

Um 14.00 Uhr erwarten wir Dr. [Klaus] Wolf, den Postminister, der hier eine Erklärung abgeben will. Wir hoffen, daß wir um 11.00 Uhr mit der Tagesordnung bei Ziffer 3 sind, zum **Parteien- und Vereinigungsgesetz** reden können. Hier werden erwartet der Justizminister [Prof. Dr. Kurt Wünsche] und einige seiner Mitarbeiter.

Ich möchte nun bitten, daß sich diejenigen, die heute neu ihre Gruppierung oder Partei vertreten, noch vorstellen. Die Hörer sind sehr interessiert, Name und Beruf und Partei zu hören, wenn Sie das bedenken. Am Wochenende haben eine ganze Reihe Parteitage stattgefunden, so ist es nicht verwunderlich, daß wir Änderungen haben. Ich bitte, daß wir vielleicht bei der LDP, der Name ist schon richtig jetzt geschrieben, in der richtigen Fassung, gleich die Vorstellung vornehmen.

Wolf (LDP[1]): Ich kann dem Runden Tisch einen Gruß des neugewählten Vorsitzenden der LDP, Professor Dr. **Ortleb,** überbringen. Er hätte gerne die Gelegenheit genutzt, um heute hier an dieser bedeutsamen Beratung auch vor dem Besuch von Herrn Ministerpräsidenten Modrow in der BRD teilzunehmen. Heute finden konstituierende Gespräche in unserem Haus statt, weitere Bündnisvereinbarungen mit uns nahestehenden politischen Parteien. Deshalb sind wir beauftragt worden, heute die Delegation der LDP zu repräsentieren. Mein Name ist bereits bekannt, Dr. Wolf, zu meiner Rechten Dr. Emstedt, Abteilung Wirtschaft, zu meiner Linken, auch entsprechend der Tagesordnung, mein Kollege Wilhelm Kammer, BGL [Betriebsgewerkschaftsleitung]-Vorsitzender.

Ziegler (Moderator): Wir danken. Wir bitten Sie, wie immer sofort die Namen auf einen Zettel zu schreiben und hier unserer Presse abzugeben.

Herr Stief, bitte.

Stief (NDPD): Ich bitte auch um Verständnis dafür, daß der neue Vorsitzende der National Demokratischen Partei Deutschlands, Wolfgang Rauls, heute aus Gründen der Konstituierung der Parteiführung zu seinem Bedauern nicht am Runden Tisch teilnehmen kann. Ich möchte zugleich vorstellen Herrn Dr. Metzker als Mitglied unserer Gruppe, Botschaftsrat.

---

[1] Von der 12. Sitzung an wird die bis dahin zutreffend als LDPD geführte Partei auch in den Materialien zum Runden Tisch überwiegend als LDP ausgewiesen.

Beratung der Tagesordnung

Ziegler (Moderator): Vielen Dank. Wir gehen einfach die Reihe weiter. Sie melden sich selber zu Wort, wenn neue Vertreter hier sind, ja? Ich kann das nicht auf – –
PDS, ja.

Börner (PDS): Neu für die PDS, Rainer Börner, Diplom-Wirtschaftler.

Ziegler (Moderator): Ja, danke schön. Auch den Namen bitte auf den Zettel [notieren] und hier zur Presse, nicht. Danke schön.
Vom Demokratischen Aufbruch haben wir auch jemand neuen?

Pautz (DA): Mein Name ist Dr. Pautz aus Cottbus. Ich bin vom Demokratischen Aufbruch, Bezirksverband Cottbus.

Ziegler (Moderator): Ja, danke schön.
Unabhängiger Frauenverband, bitte.

Frau Schenk (UFV): Ja. Mein Name ist Christina Schenk, von Beruf Physikerin.

Ziegler (Moderator): Danke. Gehen Sie bitte – – Ich glaube, sonst sind alle bekannt. Vielen Dank.

TOP 2: Beratung der Tagesordnung

Und nun zur Tagesordnung[2]. Wenn es möglich ist, sollten wir Anträge so steuern, daß sie immer in die großen Themenkomplexe hineingehören, damit wir nicht zu viele Einzelanträge immer verhandeln müssen. Aber selbstverständlich steht auch in der Eröffnung die Frage: Gibt es noch **Einzelanträge**, die anzumelden sind? Zwei haben wir noch als Überhang vom letzten Mal. Die finden Sie unter den Ziffern 7.1 und 7.2 bereits verzeichnet.
Herr Weiß, bitte.

Weiß (DJ): Ja. Die Bürgerbewegung Demokratie Jetzt bittet, einen Antrag einbringen zu dürfen, der sich auf die **bevorstehende Reise von Herrn Ministerpräsidenten Modrow nach Bonn** bezieht. Wir haben dafür das Mandat des zweiten Vertreterparlaments. Sodann bitten wir, einen Antrag einbringen zu dürfen zur **Verordnung des Ministerrats zur sozialen Sicherstellung für Arbeitsuchende in der DDR**. Auch dabei handelt es sich um eine dringliche Angelegenheit, weil hier etwas wesentliches vom Ministerrat übersehen worden ist und es erhebliche Einsprüche von Behinderten und Geschädigten in der DDR gibt, die ihre Arbeitsplätze gefährdet sehen.

Ziegler (Moderator): Herr Weiß, wenn ich das richtig jetzt verstanden habe, könnten Sie doch den ersten Antrag mit einbringen bei dem Tagesordnungspunkt 2. Das sind doch die Dinge, die gehören doch zur Sache, und den anderen nehmen wir extra auf: [Tagesordnungspunkt] 7.3, **soziale Sicherheit für Behinderte** in Kurzfassung.

Weiß (DJ): Ja, gut. Danke.

Ziegler (Moderator): Frau Schießl, bitte.

Frau Schießl (FDGB): Ein Antrag zu Ziffer 5. Die **Arbeitsgruppe „Recht"** bittet darum, einen Antrag einbringen zu können zur **Vernichtung der Datenbank** mit einer bestimmten Dringlichkeit versehen.

Ziegler (Moderator): Und das wollen Sie bei den Bürgerkomitees unterbringen?

Frau Schießl (FDGB): Das hat damit zu tun, daß die Kollegin Töpfer beide Anträge aus der Arbeitsgruppe „Recht" hier vortragen wird.

Ziegler (Moderator): Aha. Ja.
Also, Herr Ullmann.

Ullmann (Minister o. G., DJ): Ich bitte, zu Tagesordnungspunkt 2 einen Antrag [**Vorlage 12/29**][3] einbringen zu können auf **Errichtung einer Treuhandstelle zur Sicherung der Rechte der DDR-Bevölkerung am Gesamtbesitz des Landes.**

Ziegler (Moderator): Ich schlage Ihnen vor, daß Sie die nur kurz nennen, die Anträge, die zu Tagesordnungspunkten sind. Die nehmen wir aber nicht einzeln jetzt auf, die bringen Sie dann bitte ein.
Jetzt Herr Klein, und Herr Templin kommt dann.

Klein (VL): Wir möchten gerne einen Antrag zum **Wahlgesetz** in bezug auf die Bezirkslisten einbringen.

Ziegler (Moderator): Und das ist dann als Einzelantrag notwendig, weil es also jetzt noch vor der Wahl sein muß. Also dann müssen wir das als 7.4 zum Wahlgesetz – –
So, Herr Templin.

Templin (IFM): Wir wollen ein Minderheitenvotum der Arbeitsgruppe „Wahlgesetz" einbringen und schlagen wegen der Dringlichkeit vor, es im Zusammenhang mit der **Behandlung Parteien- und Vereinigungsgesetz** vorzustellen, so daß das heute vormittag noch passieren kann, weil unsere Vertreterin der Arbeitsgruppe „Wahlgesetz", die das Minderheitenvotum auch einbringen wird, genau in dieser Zeit noch da ist. Das würde mit dem Antrag der Vereinigten Linken sachlich zusammenhängen.

Ziegler (Moderator): Gut. Das melden Sie dann bitte bei der Verhandlung dieses Tagesordnungspunktes.
So, jetzt ist Frau Röth [an der Reihe].

Frau Röth (UFV): Ja, der Unabhängige Frauenverband will einen Antrag einbringen zur **Schließung beziehungsweise zur Reduzierung von Kinderbetreuungseinrichtungen**, und die Arbeitsgruppe „Sozialpolitik" will ebenfalls noch einmal in Ergänzung zu der **Vorruhestandsregelung des Ministerrates beziehungsweise zur Arbeitslosenversicherung** eine Redigierung beantragen.

Ziegler (Moderator): Frau Dr. Röth, darf ich fragen, ist das heute notwendig, oder kann man das in ein Sozialpaket bringen?

Frau Röth (UFV): Na, ich weiß nicht. Die Zeit schreitet ja sehr schnell voran, und ich denke einfach, auch durch bestimmte Äußerungen von stellvertretenden Ministerin/Minister ist da doch einiges in Gang gesetzt worden, was klargestellt werden muß.

Ziegler (Moderator): Also gut. Danke.
Ich möchte hier die Gelegenheit nutzen. Als Sie gekommen sind, haben Sie ja einige **Schüler** vor dem Verhandlungshaus hier demonstrieren sehen. Es ist auch die Frage gestellt worden, ob Sie hier hereinkommen können. Ich habe, oder die Moderatoren erklären, daß wir **Demonstranten**

---
[2] Dokument 12/1, Anlagenband.

[3] Dokument 12/15, Anlagenband.

grundsätzlich nicht in den Verhandlungsraum lassen können, weil dies hier eine Verhandlungsatmosphäre schaffen würde, die nicht der Besonnenheit dienen würde. Wir haben aber die Erklärung, die dort draußen verteilt worden ist, noch einmal abziehen lassen, und die kriegen alle in die Hand, so daß hier nichts unterdrückt wird.

So, wir fahren jetzt fort mit der Frage Einzelanträge, aber bitte überprüfen Sie. Jetzt gehe ich der Reihenfolge nach. Sie sind alle nicht übersehen, bloß wir müssen in der Reihenfolge gehen.

PDS, bitte.

Steinitz (PDS): Ja, die Partei des Demokratischen Sozialismus hat zwei Anträge zu dem Punkt, der die **Verhandlungen von Ministerpräsident Modrow mit Bundeskanzler Kohl** betrifft. Die würden wir dann beim Punkt 2 einbringen. Darüber hinaus gibt es **eine Information der Beratung der Arbeitsgruppe „Wirtschaft"**. Wir hatten auf der letzten Beratung eine Reihe von Anträge überwiesen an die Arbeitsgruppe „Wirtschaft", um sie dort zu diskutieren. Ich möchte darüber informieren, welcher Vorschlag im Ergebnis der Beratung der Arbeitsgruppe „Wirtschaft" zu diesen Anträgen vorliegt, wie weiter damit verfahren werden soll, und zu einem weiteren Punkt, der eben aktuelle Probleme, die jetzt in der Bevölkerung diskutiert werden, **Beunruhigung zu Fragen der Währungsreform und Währungsunion**, wo wir einen Vorschlag haben für eine Pressekonferenz der Regierung; könnte man beide zusammen vielleicht als Information behandeln.

Ziegler (Moderator): Ja. Es ist die Frage, ob das heute unbedingt dran muß diese Erklärung, denn wir haben für den 19. [Februar 1990] erneut Wirtschaft vorgesehen, und bis dahin sollte das eigentlich bearbeitet werden. Das kann ich nicht beurteilen, weil ich nicht weiß, was Inhalt der Erklärung sein wird.

Steinitz (PDS): Wir werden sie jetzt verteilen, und man kann vielleicht danach beurteilen, ob es zweckmäßig ist, das hier zu behandeln.

Ziegler (Moderator): Danke.
Herr Krause, CDU.

Krause (CDU): Die CDU möchte einen Antrag einbringen, der noch in Erweiterung der Vorstellungen geht, die vom Unabhängigen Frauenverband hier genannt worden sind. Ein Runder Tisch möge sich mit **Fragen der Bildung** in unserem Lande beschäftigen. Das bitten wir, daß die Prioritätenkommission prüft, wann das möglich ist, denn es gibt sehr viel verunsicherte Bürger in unserem Lande, und ihnen wurde ja in der letzten Zeit auch gleichsam frei Haus durch die Art der Berichterstattung im Geiste des „Schwarzen Kanals" gleichsam neuer Zündstoff gegeben.

Ziegler (Moderator): Ja, also ich bitte darum, sich zu beschränken auf die Einbringung des Antrags.
Herr Poppe.

Poppe (IFM): Ja, ich schlage vor, den Tagesordnungspunkt 4 noch zu erweitern, und zwar geht es darum, daß die gleichen Verlage, die hier in diesem Zusammenhang auftreten, beabsichtigen, **Großdruckereien zu kaufen,** und das wäre vielleicht eine wichtige Angelegenheit, wenn wir also schon einmal von diesen **Großverlagen** sprechen, daß wir das mit einbeziehen.

Ziegler (Moderator): Herr Poppe, Sie haben ja die Möglichkeit, daß dann, wenn dieser Tagesordnungspunkt aufgerufen wird, noch einmal anzufordern, ja?
Herr Kirchner, CDU.

Kirchner (CDU): Die Christlich-Demokratische Union Deutschlands bittet darum, ein **Minderheitenvotum zur Vorlage 11/4** aus der letzten **Sitzung Wahlgesetz, Auftritt von Wahlrednern von außerhalb dieses Landes,** einbringen zu können. Wir schlagen vor, dies vielleicht auch bei Tagesordnungspunkt 3 mit anzubinden.

Ziegler (Moderator): Entweder melden Sie sich bei Tagesordnungspunkt 3, sonst schlage ich vor 7.4, weil da von der Vereinigten Linken sowieso schon angekündigt [ist], etwas zu bringen.

Kirchner (CDU): Danke schön.

Ziegler (Moderator): Jetzt ist Herr Junghanns von der Bauernpartei – –

Junghanns (DBD): Die Demokratische Bauernpartei möchte einen Antrag zum Tagesordnungspunkt 3 einbringen. Er betrifft einen **Antrag** auf Zustimmung zu einem **Protest hinsichtlich des Umgangs mit Entscheidungen des Runden Tisches.** In der Prioritätenkommission wurde das heute morgen schon angekündigt.

Ziegler (Moderator): In der Prioritätenkommission? Die hat heute gar nicht getagt.

Junghanns (DBD): Ach, Entschuldigung, das ist eine Fehlinformation. Es geht also um die Bitte um eine Zustimmung zum Protest, zum Umgang mit den Beschlüssen des Runden Tisches in Sonderheit mit dem **Beschluß 11/4 der vergangenen Tagung**[4].

Ziegler (Moderator): Ja, danke. Das wollen Sie als einzeln – –

Junghanns (DBD): Zum Tagesordnungspunkt 3, bitte.

Ziegler (Moderator): Ja, bitte. Melden Sie sich dann.
So, und nun Herr Wolf.

Wolf (LDP): Die LDP wird zum Tagesordnungspunkt 2 noch einen ergänzenden Antrag einbringen, der den **Schutz der Rechte der Bürger auf bestimmten Gebieten bei den weiteren Vertragsverhandlungen** beinhaltet.

Ziegler (Moderator): Und das kann nicht bei? Doch bei 2.

Wolf (LDP): Bei [Tagesordnungspunkt] 2 mit. Ist in Arbeit. Wird verteilt.

Ziegler (Moderator): Danke. Gut.
Jetzt noch Herr Gutzeit.

Gutzeit (SPD): Es geht um die Aufnahme von Sachen, die am letzten Runden Tisch behandelt wurden. Das betrifft erstens die Sache, Vorlage zur **Preisreform,** die in der Wirtschaftsgruppe war, **Vorlage 11/19**[5], daß diese wieder, wir würden vorschlagen, unter Punkt 7 noch einmal aufgenommen wird. Wir halten das für dringlich angesichts der Tatsache, daß durch die **Subventionspolitik** täglich 10 Millionen verloren gehen.

Zweitens ist verabredet worden, daß die SPD, der FDGB und die Vereinigte Linke sich zusammensetzen zum Thema

---
[4] Dokument 11/4, Anlagenband.
[5] Dokument 11/13, Anlagenband.

Mitbestimmung. Da gibt es eine Vorlage. Ich sehe die jetzt hier, ach so, das ist 6, ah ja.

Und drittens ein Antrag, der betrifft die **Verordnung über Gewährung staatlicher Unterstützung und betrieblicher Ausgleichszahlungen.** Das ist noch nicht vorhanden, und die **Verordnung über die Gewährung von Ruhestandsgeld,** das betrifft gewisse Nachbesserungen, die unseres Erachtens nötig sind. Und da diese Sachen auch bald anstehen, denken wir, daß wir das unter Punkt 7 noch einbringen sollten.

Ziegler (Moderator): Ja, da war also ein Sammelpunkt „soziale Fragen" - - vom Unabhängigen Frauenverband, CDU schon angekündigt. Da könnten Sie sich vielleicht anhängen, nicht?

Und nun hoffe ich, daß es dann der letzte Einzelantrag ist von Herrn Lietz. Herr Poppe, ach, Herr Jordan auch noch. Sie kommen noch dran, natürlich.

Herr Lietz jetzt erst einmal.

Lietz (NF): Das Neue Forum möchte einen **Antrag** stellen, was **die Umbasierung der Fliegerstreitkräfte** auf dem Territorium der DDR betrifft, und darum bitten, daß er heute behandelt wird, da es sich um terminliche Festlegungen handelt, die möglichst bald - -

Ziegler (Moderator): Danke. Sie bringen es unter 7 ein bitte, ja.

Lietz (NF): Ja.

Ziegler (Moderator): Und Herr Jordan.

Jordan (GP): Die Grüne Partei möchte erst einmal einen **Antrag** einbringen zu 7.1 Nationalparks zur **Ausgestaltung des sächsischen Nationalparks in der sächsischen Schweiz.** Weiterhin haben wir einen **Antrag** zum **Wahlgesetz.** Es geht uns hier um die Zusammenrechnung der Mandatsbruchteile. Dies müßte hier noch einmal, insbesondere nach der Veröffentlichung im „Neuen Deutschland", vom Runden Tisch besprochen werden.

Ziegler (Moderator): Bitte bringen Sie es bei 7.4 zum Wahlgesetz, oder einige hatten gesagt, Sie wollten es im Anschluß an das Parteiengesetz und Vereinigungsgesetz anbringen. Melden Sie sich damit dann bitte rechtzeitig, und lassen Sie die Anträge bitte alle schreiben, damit sie dann auch schriftlich vorliegen mit der richtigen Nummer.

Ich nenne jetzt noch einmal, was an Einzelanträgen da ist, sofern es nicht an andere Tagesordnungspunkte angehängt werden kann.

7.1: Nationalparks und der Antrag der Grünen Partei, Kinderbekleidung, und das war auch noch angekündigt unter

7.2: ein Zusatzantrag. Der wird dann gebracht.

7.3: soziale Sicherheit für Behinderte,

7.4: zum Wahlgesetz, da waren mehrere Dinge,

7.5: Schließung von Kindertagesstätten.

7.6: hatte ich zusammengefaßt - soziale Fragen. Da waren mehrere Anträge gebracht.

7.7: Probleme der Preisgestaltung.

7.8: Fliegerstreitkräfte auf dem Boden der DDR.

Ja? Ich hoffe, daß wir alles erfaßt haben. Findet mit diesen Ergänzungen die Tagesordnung Ihre Zustimmung? Erhebt sich da Widerspruch? - Enthaltungen. - Damit ist die Tagesordnung genehmigt. Wir treten ein in den Tagesordnungspunkt 2. Ich bitte Herrn Dr. Stief um [seinen] Vortrag. Sie nehmen dazu bitte die **Vorlage,** zunächst 12/6, zur Hand. Es kommen dann noch einige andere dazu.

TOP 3: Positionen des Runden Tisches für die Verhandlungen Modrow/Kohl am 13. und 14. Februar 1990

Stief (NDPD): Meine Damen und Herren, ich darf daran erinnern, daß vor geraumer Zeit der Antrag an den Runden Tisch gestellt wurde, eine Arbeitsgruppe „Ausgestaltung der Vertragsgemeinschaft" zu bilden. Über diesen Begriff redet kaum noch jemand, und so ist unter dem heutigen Tagesordnungspunkt eigentlich zu verstehen, daß mit dem eingebrachten **Antrag 12/6** gemeint ist, Herrn Ministerpräsident Modrow mit dem Votum des Runden Tisches für seine Reise morgen nach Bonn für die Verhandlung mit Bundeskanzler Kohl auszustatten. Ich darf diesen Antrag zur Kenntnis geben: **Positionen des Runden Tisches für die Verhandlungen Modrow/Kohl am 13./14. Februar 1990.** Eingebracht ist dieser Antrag von der **National-Demokratischen Partei** und **Demokratie Jetzt.**

[Vorlage 12/6, Antrag NDPD, DJ: Positionen des Runden Tisches für die Verhandlungen Modrow/Kohl am 13. und 14. Februar 1990]

1. Zur Lage:

- Die politisch Verantwortlichen beider deutscher Staaten müssen der gemeinsamen nationalen Verantwortung jetzt nachkommen. Sie müssen in der gegenwärtig komplizierten Lage, die durch rasche Destabilisierung gekennzeichnet ist, ein Höchstmaß an politischer Vernunft an den Tag legen und dürfen sich nicht von Emotionen leiten lassen. Die politische Entwicklung muß unter Kontrolle gehalten werden.

- Der Runde Tisch erwartet, daß die BRD jetzt alles unternimmt, um einer weiteren Destabilisierung der Lage entgegenzuwirken und zu ihrer Beruhigung beiträgt. Es ist offensichtlich, daß manche Kräfte in der BRD gegenwärtig Kurs auf eine bewußte Verschärfung der Probleme in der DDR nehmen. Das liegt unseres Erachtens auch nicht im Interesse der BRD.

- Gegenwärtig geht es vor allem darum, daß die DDR-Bürger im Lande bleiben.
Deshalb ist der Runde Tisch der Auffassung, daß rasche Lösungen zur Verbesserung der Lebenslage in der DDR unerläßlich sind.

2. Ökonomische Schritte auf dem Weg zur Einheit

- Der Runde Tisch vertritt den Standpunkt, daß wir in der DDR in erster Linie unserer eigenen Verantwortung zur Erhöhung der Leistungsfähigkeit unserer Wirtschaft nachkommen müssen. Das erfordert eine zügige und konsequente Realisierung der Wirtschaftsreform.

Sichtbare Ergebnisse im Interesse der Menschen können aber nur erreicht werden, wenn die BRD jetzt den bereits in Dresden besprochenen Solidarbeitrag leistet. Wir betrachten einen Beitrag in Höhe von 10 bis 15 Milliarden DM für angemessen, und dies sofort, unabhängig von allen weiteren Verhandlungen.

- Der Runde Tisch befürwortet grundsätzlich eine Währungsunion zwischen beiden deutschen Staaten als eine wichtige Maßnahme zur Herstellung eines deutschen Wirtschaftsverbundes. Die Regierung wird jedoch nicht legitimiert, jetzt eine Währungsunion zu vereinbaren, weil jede überstürzte Regelung zum Schaden beider deutscher Staaten wäre. Bevor solche Vereinbarungen geschlossen werden, müssen alle Modalitäten sowie Vor- und Nachteile in einem breiten gesellschaftlichen Rahmen gründlich beraten werden.

- Einer vorschnellen Preisgabe der Finanzhoheit der DDR erteilt der Runde Tisch kein Votum.

- Der Runde Tisch fordert, alle notwendigen Maßnahmen auf dem Wege zu einer Währungsunion und einem Wirtschaftsverbund mit Vorkehrungen zur sozialen Abfederung für die Bevölkerung der DDR zu verbinden. Das schließt die schnelle Inkraftsetzung des Gewerkschaftsgesetzes und die Schaffung rechtlicher Regelungen für Betriebsräte ein.

3. Politische Schritte zur deutschen Einheit

- Der Runde Tisch fordert, daß das bereits in Dresden zwischen Ministerpräsident Modrow und Bundeskanzler Kohl besprochene Konzept des stufenweisen Zusammenwachsens beider deutscher Staaten allen weiteren politischen Schritten zugrunde gelegt wird.

- Der Runde Tisch tritt für die Schaffung eines Gemeinsamen Deutschen Rates als Organ einer deutschen Konföderation ein. Das wäre ein wichtiger Schritt zur deutschen Einheit, der bereits jetzt getan werden könnte.

4. deutsche Einheit – europäische Sicherheit

- Der Runde Tisch vertritt die Auffassung, daß der Prozeß der Herstellung der deutschen Einheit in den europäischen Annäherungsprozeß eingeordnet bleiben muß und sowohl die Interessen der Vier Mächte als auch die aller europäischen Völker berücksichtigt. Diese Wechselwirkung ist zu bewahren. Der Prozeß der deutschen Vereinigung darf nicht durch eine künstliche Überhitzung vom europäischen Prozeß getrennt werden. Er muß die Schaffung einer europäischen Friedensordnung fördern.

- Der Runde Tisch hält es für geboten, das im europäischen Entspannungsprozeß bisher Erreichte zu bewahren und unterstützt die Forderung nach einem zweiten KSZE-Gipfel noch in diesem Jahr, um den europäischen Prozeß zu beschleunigen.

- Der Runde Tisch tritt dafür ein, die Pläne und Vorschläge für ein Auseinanderrücken der Blöcke, für eine entmilitarisierte Zone in Mitteleuropa, für eine Truppenreduzierung der nationalen Kontingente und für den Abzug ausländischer Streitkräfte von deutschem Boden einer Prüfung zu unterziehen.

Ein neutraler Status sollte nicht zur Voraussetzung für die staatliche Einheit Deutschlands gemacht werden. Eine Ausdehnung der NATO bis an die Oder-Neiße-Grenze wird jedoch im Interesse der europäischen Sicherheit nicht akzeptiert.

- Der Runde Tisch macht darauf aufmerksam, daß die DDR wichtige außenpolitische Erfahrungen einbringen kann, die für eine Brückenfunktion zwischen Ost und West von Bedeutung sein können. Das umfangreiche Potential ökonomischer, wissenschaftlicher, kultureller Beziehungen mit den osteuropäischen Ländern sollte genutzt werden.

Ziegler (Moderator): Vielen Dank für die Einbringung. Ich möchte darauf hinweisen, daß schon auf Ihrem Tisch Vorlagen liegen, die sich auf diese Ausarbeitung beziehen. Das ist **[Vorlage] 12/7 [Antrag PDS (Kommission Umweltpolitik) an den Ministerpräsidenten der DDR, Herrn Dr. Hans Modrow, zur Bildung einer gemeinsamen Energiekommission**[6]**]** von der PDS und **[Vorlage] 12/8 [Offener Brief PDS an den Bundeskanzler der Bundesrepublik Deutschland Herrn Dr. Helmut Kohl**[7]**]** auch von PDS. Dann gibt es eine Information, die auch damit in Zusammenhang steht. Das ist **[Information] 12/2 [Standpunkt PDS „AG Junger GenossInnen" zur Ausgestaltung der Vertragsgemeinschaft auf dem Wege zu einer Konföderation**[8]**]**. Ich schlage aber vor, daß wir jetzt zunächst die **Vorlage 12/6**, das, was Herr Dr. Stief vorgetragen hat, zur Aussprache stellen, und dann die Änderungs- oder Ergänzungsanträge auch von Demokratie Jetzt – Herr Ullmann hatte das angemeldet – nachher behandeln.

Herr Dr. Wolf von der LDP.

Wolf (LDP): Wir sind der Auffassung, daß dieser eingebrachte Vorschlag als Gesprächsthematik für die Reise von Herrn Modrow nach Bonn eine gute Grundlage darstellt, und wir könnten uns in den grundsätzlichen inhaltlichen Zielstellungen weitgehend diesem Antrag anschließen und meinen, daß das damit ein kollektiver Willensausdruck des Runden Tisches durchaus in der weiteren Verständigung werden könnte.

Wir können das auch deshalb, weil wir wissen, daß auf unserem außerordentlichen Parteitag in Dresden führende politische Vertreter der BRD, der FDP, Graf Lambsdorff eben auch, in diesem Sinne aufgetreten sind, die Angst von der DDR-Bevölkerung, von vielen Kreisen der DDR-Bevölkerung zu nehmen mit einer gut präzise ausgestalteten **Währungs- und Wirtschaftsunion**, die notwendigen Voraussetzungen sehr bald zu schaffen, daß die Lage sich im Land stabilisiert, daß Zukunftsaussichten erkennbar werden, daß Vertrauen erzielt wird und damit der **Übersiedlerstrom** doch sehr deutlich gestoppt wird.

Natürlich ist die Lage dazu, sind die Auffassungen dazu nicht einheitlich, aber verantwortliche politische Kräfte beiderseits der Grenze gehen in diese Richtung. Und deshalb meinen wir, ist das eine gute Ausgangsgrundlage, auf der man sich hier weiter verständigen könnte. Und wir werden dazu, wie angekündigt, noch einen Antrag einbringen.

Ziegler (Moderator): Herr Klein, Vereinigte Linke.

---
[6] Dokument 12/2, Anlagenband.
[7] Dokument 12/3, Anlagenband.
[8] Dokument 12/4, Anlagenband.

Klein (VL): Ich habe nur eine kurze Frage an die Einbringer. Auf der Seite 3 stehen die beiden Sätze, ich zitiere: „Ein **neutraler Status** sollte nicht zur Voraussetzung für die staatliche Einheit Deutschlands gemacht werden. Eine Ausdehnung der NATO bis an die Oder-Neiße-Grenze wird jedoch im Interesse der europäischen Sicherheit nicht akzeptiert." Die Rückfrage besteht nur darin, daß die Schlußfolgerung daraus, die die Einbringer daraus ziehen, mir nicht ganz klar ist. Vielleicht könnte das kurz erläutert werden.

Ziegler (Moderator): Herr Stief, da das eine Direktanfrage ist, würden Sie das bitte gleich machen?

Stief (NDPD): Dr. Metzker antwortet.

Metzker (NDPD): Wir verstehen, die Beweggründe des Ministerpräsidenten durch eine Formulierung einzubringen, gehen aber davon aus, daß die Forderung nach einem neutralen Status des künftigen Gesamtdeutschlands zum gegenwärtigen Zeitpunkt Verhandlungen über den deutschen **Einigungsprozeß** insgesamt hemmen könnte.

Ziegler (Moderator): Ja, danke.
Jetzt Herr Mahling, Vertreter der Sorben.

Mahling (Vertreter des Sorbischen Runden Tisches): Ja, grundsätzlich stimmen wir dem Papier zu, denn seit Jahrhunderten ist das Sorbische Volk innerhalb Deutschlands zwischen den beiden Staaten Sachsen und Preußen geteilt gewesen, bis heute [gibt es] die Trennung in Cottbus und Dresden. Und ausgehend von diesen Erfahrungen können wir Verständnis dafür aufbringen, daß die Deutschen jetzt auch zusammen wollen unter eine Einheit, weil das doch sehr mißlich ist, wenn man in zwei Verwaltungseinheiten lebt. Und wir unterstützen auch diese Bemühungen um Einheit.

In diesem Zusammenhang erwarten wir die **Wiederherstellung der Einheit des Sorbischen Volkes** in einer Verwaltungseinheit. Und im Zusammenhang mit dem Vereinigungsprozeß erwarten wir klare, eindeutige Aussagen für die bestehenden Grenzen zu den slawischen Nachbarn im Osten und im Süden. Von DDR-Seite aus dürfte das jetzt keine Probleme mit sich bringen, aber selbst in dieser Vorlage finde ich ja keine klare, eindeutige Aussage. Und ich bitte zu prüfen, ob es nötig oder sinnvoll ist, das hier so einzubringen in den Punkt 4 der Vorlage.

Ziegler (Moderator): Danke. Herr Junghanns von der Bauernpartei.

Junghanns (DBD): Ja, die Demokratische Bauernpartei möchte an diesem Tisch jetzt in dieser Situation ihre Bereitschaft bekräftigen zur konstruktiv berechenbaren Arbeit an der Lösung aller mit der **Vereinigung Deutschlands** verbundenen Fragen. Insofern finden wir dieses Anliegen auch in dem Verhandlungspapier, eingebracht von Demokratie Jetzt und der National-Demokratischen Partei, grundsätzlich verwirklicht. Wir stimmen dem grundsätzlich zu, möchten aber auch die Erwartung aussprechen gegenüber Herrn Modrow und allen an dieser Verhandlung beteiligten Delegationsteilnehmern, daß in die Verhandlungen in Bonn das Selbstwertgefühl der Bürger unseres Staates eingebracht wird und dort vertreten wird.

Wir halten das in Bewertung der gegenwärtigen politischen Atmosphäre für sehr bedeutungsvoll, weil damit auch über das Gewicht der Wahlentscheidung am 18. März [1990] entschieden wird. Und der Auftrag der **Wahl** ist, ein autorisiertes Gremium, eine **autorisierte Staatsführung** zu schaffen, die gemeinsam mit der der BRD den Weg der Annäherung, des Zusammenwachsens organisiert und gestaltet. In diesem Zusammenhang betrachten wir nicht die Vertragsgemeinschaft als einen Schritt, Entwicklungsschritt, also eine Entwicklungsetappe, aber ein Vertragswerk als ein sehr geeignetes Mittel dafür, jenen Status aufeinander einzustellen und zusammenzubringen, der den Interessenausgleich zwischen den Bürgern der BRD und der Deutschen Demokratischen Republik sichert.

Im Verhandlungspapier sind eine ganze Reihe tragfähiger Punkte verankert und fixiert. Ich möchte diese nicht kommentieren, ich möchte nur auf einen Problemkreis hinweisen, der aus unserer Sicht grundsätzliche Bedeutung hat und den wir deshalb auch zum Gegenstand der Verhandlungen mit machen möchten.

Das ist die **Verhandlung über die Angleichung des Rechtsstatus** sowohl der ökonomischen, der wirtschaftlichen Einrichtung als auch der Bürger beider deutscher Staaten, der über einen gewissen Zeitraum der Annäherung doch konkreter Arbeit bedarf, der auch sichern muß, daß die Basis für die neue Ordnung – ich sehe da insbesondere auch die Kategorie Eigentum – für die Bürger der Deutschen Demokratischen Republik eine neue Bedeutung gewinnt, und die auch Zeit braucht, um sie zu erwerben.

Ich möchte nur noch einmal auf diese Frage der **Anlage des Geldes, der Spareinlagen** im Zusammenhang mit dem **Kauf von Wohnungen** hinweisen. Ich möchte die Sicherung des Eigentums aus der **Bodenreform** noch einmal betonen. Es ist nicht allein möglich, die Einzelfragen der juristischen Konstruktionen zu behandeln. Es muß ein Grundkonsens dafür gefunden werden, die Anerkennung der Rechtskonstruktionen zwischen beiden deutschen Staaten auf einem überschaubaren Weg zu schaffen. Danke schön.

Ziegler (Moderator): Herr Hammer vom VdgB.

Hammer (VdgB): Der VdgB unterstützt den eingebrachten Vorschlag, der die Positionierung des Runden Tisches zu den Fragen der Vertragsgemeinschaft beinhaltet. Gestatten Sie mir, daß wir nun keine Extravorlage machen, aber doch auf einige Schwerpunkte, die wir aus der Sicht der Landwirtschaft hier sehen, eingehen, die bei den bevorstehenden Verhandlungen der Regierung der DDR mit der Bundesregierung für die weiteren Schritte zur deutschen Einheit mit einbezogen werden: Ein Drittel der Bevölkerung der DDR wohnt auf dem Lande, 800 000 Bauern und Gärtner sowie 27 000 Werktätige der BHG [Bäuerliche Handelsgenossenschaften] fordern klare Zukunftschancen ein. Deshalb meinen wir: Bis zum 18. März [1990] und auch für weitergehende Verhandlungen sollten keine übereilten Schritte gegangen werden, die die **bisherigen Strukturen in der Landwirtschaft** sowie das erreichte Niveau in der Versorgung gefährden könnten. Wir denken an ein **Stufenprogramm,** das überschaubar, kontrollierbar für die Bauern ist und Maßnahmen, die sofort wirksam werden könnten, wie zum Beispiel die Sicherung der materiell-technischen Basis, Ersatzteile, Pflanzenschutzmittel, Kleinmechanismen, Technik in der Nahrungsgüterwirtschaft.

Ein klares Wort muß zu dieser gesamten Frage des **Bodenrechtes** gesagt werden, zum Beispiel der Anerkennung der Bodenreform – es kann unserer Auffassung keine zweite Entschädigung für diese Flächen geben – der Sicherung der Gemeinnützigkeit des Bodens und auch der Erhaltung der überwiegend genossenschaftlichen Bewirtschaftung des

Bodens. Wir erwarten, daß Bauern und Gärtner im Interesse der Sicherung ihrer Existenz nicht länger unbeachtet bleiben, unsere Forderungen bei allen Verhandlungen ernsthaft beachtet werden.

Wir werden uns den harten Anforderungen der **Öffnung des EG-Marktes** zu stellen haben. Sorgen und Existenzängste könnten abgebaut werden, wenn geklärt würden die Chancen für Wirtschaftlichkeit, die ökologische Produktion, für eine sichere Existenz, und die soziale Sicherheit muß gewährleistet sein. Wir müssen die Erfahrungen des EG-Beitrittes anderer Länder der EG nutzen, ich denke zum Beispiel an Portugal, das acht Jahre Zeit hatte, sich an die EG zu assoziieren. Deshalb ist es notwendig, ein längeres Stufenprogramm für den Beitritt zu schaffen, in dem Strukturen offengelegt werden, die uns die Wettbewerbsfähigkeit garantieren. Auch weiterhin sind Mittel aus dem Staatshaushalt bereitzustellen für gezielte Maßnahmen zur Gewährung der Chancengleichheit und Berücksichtigung der Differenziertheit der natürlichen Produktionsbedingungen. Ich erinnere zum Beispiel, daß auch die Einkünfte der Bauern in der EG zu ca. 30 Prozent aus Subventionen und anderen finanziellen Quellen gedeckt werden sowie die soziale Absicherung freiwerdender Arbeitskräfte, denen wir eine Alternative geben müssen.

Ein **Konzept zur Einheit Deutschlands** können wir nur dann mittragen, wenn diese Fragen immer auf der Tagesordnung stehen. Mit allem Nachdruck müssen wir aussprechen, daß das **Treffen von Herrn Modrow und Herrn Kohl** dazu beitragen muß, daß zunehmende Unruhen und Ängste bei den Bauern und bei der Dorfbevölkerung abgebaut werden. Es wächst das Mißtrauen und vorhandenes Vertrauen schwindet, weil auch der öffentliche Umgang in allen Medien in Ost und West mit den Begriffen Vertragsgemeinschaft, Währungsunion, Währungsverbund, Zahlungsunfähigkeit, Abwertung der Mark, Kollaps der Wirtschaft und so weiter weit mehr Fragen aufwirft, als beantwortet werden können. Dem muß ein Ende gesetzt werden, auch mit Blick auf klare Wählerentscheidungen zum 18. März 1990.

Ziegler (Moderator): Vielen Dank, Herr Hammer. Aber wenn das wirksam werden soll, möchte ich verweisen auf die **Vorlage 12/8 [Offener Brief PDS an den Bundeskanzler der Bundesrepublik Deutschland Herrn Dr. Helmut Kohl**[9]**]**. Dort sind nämlich die Fragen, die unbedingt geklärt werden sollen, von der PDS aus ihrer Sicht zusammengestellt worden, und wenn Sie für das Gepäck der Regierungsdelegation stichwortartig Ihre Anfragen zusammenstellen würden, wäre das sicher eine Hilfe.

Jetzt Herr Kirchner, CDU.

Kirchner (CDU): Die Christlich-Demokratische Union Deutschlands steht grundsätzlich diesem Papier aufgeschlossen gegenüber, jedoch möchten wir vier Anmerkungen und darunter einen Antrag einbringen. Erstens zum Anstrich Nr. 2 unter 1., wo die Rede davon ist, daß jetzt die Bundesrepublik alles unternehmen möchte, der weiteren **Destabilisierung des Landes** entgegenzuwirken. Der zweite und dritte Satz: „Es ist offensichtlich, daß manche Kräfte in der BRD gegenwärtig Kurs auf eine bewußte Verschärfung der Probleme in der DDR nehmen. Das liegt unseres Erachtens auch nicht im Interesse der BRD" – Ende des Zitates – scheint uns eine Behauptung und Unterstellung zu sein, die man so pauschal nicht aufwerfen kann.

Uns scheint, daß dies auch ein bißchen Stil vergangener Zeiten ist. Wir sollten solche Behauptungen in dieser Weise hier vermeiden. Wir beantragen, daß diese beiden Sätze in dieser Vorlage ersatzlos gestrichen werden.

Ziegler (Moderator): Können Sie sie bitte noch einmal genau sagen?

Kirchner (CDU): Ja, es sind der zweite und dritte Satz im zweiten Anstrich unter 1. Vorlage. Der Satz beginnt: „Es ist offensichtlich, daß manche Kräfte in der BRD ..." bis zum Ende dieses Absatzes ersatzlos gestrichen werden.

Ziegler (Moderator): So, das meine ich damit. Jeder weiß, woran er ist, nicht? Danke. Ja.

Kirchner (CDU): Zweitens, zum ersten Anstrich unter zweitens, wo die Rede davon ist, daß jetzt ein Beitrag in Höhe von **10 bis 15 Milliarden DM** sofort geleistet werden soll. Wir sind der Auffassung, daß man hier noch einmal genau sagen sollte, welchen Zwecken ein solcher Beitrag dienen soll. Es ist ganz sicher so, daß unser Land in einer schwierigen Lage ist. Wenn hier eine Stabilisierung einsetzen soll, dann muß man auch genau sagen, wie dies geschehen kann und wo diese Mittel Verwendung finden sollen.

Drittens, letzter Anstrich unter zweitens, wo die Frage schnelle Verabschiedung und Inkraftsetzung des **Gewerkschaftsgesetzes** und die Schaffung rechtlicher Regelungen für **Betriebsräte** angemahnt wird. So sind wir der Auffassung, daß diese Materie nicht unter Zeitdruck verhandelt werden kann, auch wenn hier zweifellos, vor allen Dingen im Hinblick auf eine rechtliche Regelung für Betriebsräte, Handlungsbedarf besteht, aber pauschal die schnelle Inkraftsetzung des Gewerkschaftsgesetzes zu verlangen, halten wir für nicht tunlich. Hier muß grundsätzlich noch geklärt werden, welche rechtliche Regelung für Gewerkschaften überhaupt erforderlich ist. Vorrang genießt hier ganz sicherlich eine Regelung über Betriebsräte, also etwa ein **Betriebsverfassungsgesetz.**

Viertens und letztens, zweiter Anstrich unter drittens, wo die Schaffung eines Gemeinsamen Deutschen Rates als Organ einer deutschen Konföderation gefordert wird. Die CDU vertritt die Auffassung, daß der Einigungsprozeß beider deutscher Staaten weniger in der Weise, daß die beiden deutschen Staaten diesen Prozeß vorantreiben und zum Punkt bringen, als daß vielmehr durch die **Schaffung der deutschen Länder in der DDR** ein Einigungsprozeß zu einer neuen gemeinsamen Republik auf föderativer Grundlage geschaffen wird. Wir sind von daher nicht damit einverstanden, daß hier ein **Gemeinsamer Deutscher Rat** gefordert wird, sondern halten die möglichst schnelle Schaffung der Länder in der DDR und über diese dann die Schaffung einer föderativen gesamtdeutschen Republik für den richtigen Weg.

Danke schön.

Ziegler (Moderator): Herr Kirchner, es war nur ein Antrag, nämlich die Streichung, das andere waren Anmerkungen, nicht?

Kirchner (CDU): Waren Anmerkungen, Antrag nur zu erstens.

Ziegler (Moderator): Ja, nur, daß wir es nachher dann bei der Behandlung machen.

Kirchner (CDU): Danke schön.

---

[9] Dokument 12/3, Anlagenband.

Ziegler (Moderator): Herr Stief, ich muß Sie fragen, ob das – – Sie können ja das Schlußwort machen. Oder ist es notwendig, sofort hierzu etwas zu sagen?

Stief (NDPD): Ich möchte zur ersten Anmerkung vielleicht, damit wir das dann nicht noch einmal machen müssen, einen Kompromißvorschlag machen, zweiter Anstrich zu erstens. Ich würde vorschlagen, daß wir hinter dem ersten Satz des zweiten Anstriches ein Komma machen, und um dann im Sinne des Antrags von Herrn Ziegler die Schärfe aus dieser Formulierung zu nehmen, dann weiter forsetzen, weil eine Verschärfung der Probleme in der DDR auch nicht im Interesse der BRD liegt.

Ziegler (Moderator): Es ist nun doch, dann treten wir doch in die Verhandlung ein. Das bitte ich dann einmal aufzuschreiben, und dann werden wir das nachher verhandeln. Sonst kommen wir jetzt in der Wortmeldung völlig durcheinander.

Nun ist Herr Schulz vom Neuen Forum an der Reihe.

Schulz (NF): Das Neue Forum unterstützt im wesentlichen den hier eingebrachten Antrag für die Verhandlungsführung zwischen Modrow und Kohl. Ich möchte allerdings auf einen Widerspruch in diesem Papier aufmerksam machen, und zwar widerspricht sich der Anstrich 2 in Punkt 2 mit dem Passus 3 – – eine **Währungsunion** wäre die Preisgabe der Finanzhoheit, ist die Aufgabe der Finanzsouveränität eines Landes. Es spricht sicherlich für die Konfusität der Begriffe im Moment, die da gehandhabt werden. Das Neue Forum setzt sich dafür ein, daß die Begriffe **Währungsunion** und **Währungsverbund** sauber geklärt werden in den Vor- und Nachteilen beider Begriffe und was konkret dahintersteht. Wir können uns nicht damit einverstanden erklären, daß wir grundsätzlich eine **Währungsunion** befürworten. So könnten wir diesem Text nicht zustimmen. Wir wären grundsätzlich dafür, daß sowohl Währungsunion als auch Währungsverbund geprüft werden in ihrer Auswirkung auf die Wirtschaft unseres Landes, auf die Geld- und Kreditpolitik. So, wie es hier steht, ist es eine eindeutige Festlegung, die in sich falsch ist. Ich möchte darauf hinweisen.

Ziegler (Moderator): Herr Schulz, wenn Sie etwas erreichen wollen, müssen Sie einen Änderungsantrag nachher stellen, denn sonst bleibt es bei befürwortet grundsätzlich, nicht?

Schulz (NF): Ich werde diesen Änderungsantrag schriftlich stellen, ja?

Ziegler (Moderator): Ja, ist gut, wenn wir nachher die Vorlage bearbeiten. Wir haben jetzt noch eine sehr lange Rednerliste, und ich bitte, daß Sie überlegen, wer noch unbedingt sprechen muß. Die Unterstützung können Sie ja auch durch Abstimmung aussprechen.

Jetzt Herr Schnur, Demokratischer Aufbruch.

Schnur (DA): Die vorgelegte Vorlage findet grundsätzlich Zustimmung. Ich glaube, daß es aber wichtig wäre, von den Positionen, wie sie als Verhandlungsgrundlage ja für das Gespräch gelten sollen, es vielleicht doch noch, sagen wir, deutlicher ausformuliert werden muß. Ich denke, erstens scheint mir wichtig zu sein, wenn es um Verhandlungen geht, die Zielbestimmung vorzugeben. Hier schlage ich vor, daß zumindest mit aufgenommen werden muß, daß in den Gesprächen die **politische, rechtliche** und **sozialökonomische Ordnung** eben den Blick auf die Einheit mit eingenommen wird.

Das zweite: Ich frage deutlich an, ob der Begriff **Destabilisierung** tatsächlich das alles zum Ausdruck bringt, was die Verfasser hier in dieser Vorlage nun uns dargelegt haben. Vielleicht sollte man es doch dann ein Stückchen deutlicher formulieren. Ich denke hier auch insbesondere an den Anstrich 3 zu Punkt 1, wenn es heißt: „Gegenwärtig geht es vor allem darum, daß die DDR-Bürger im Lande bleiben." Ich glaube, allein mit einer solchen allgemeinen Formulierung helfen wir den Verhandlungen nicht, aber uns selbst und den Bürgern auch nicht, sondern ich denke, es müßte hier zumindestens eine deutliche **Vertrauens- und Perspektivgarantie** gegeben werden, daß es sich lohnt, in diesem Teil unseres Vaterlandes zu bleiben.

Zu Punkt 2: Im Blick auf die Ökonomie halte ich es für einen Widerspruch, wenn im ersten Anstrich von der eigenen Leistungsfähigkeit ausgegangen wird und dann in dem unteren Absatz die **10 bis 15 Milliarden Mark** gefordert werden. Ich schließe mich hier dem Votum von Herrn Kirchner an. Ich denke, hier sollte nicht vergessen werden, daß es ja bereits eine ganze Reihe von vertraglichen Regelungen gibt. Sie sollten dann auch noch einmal konkreter benannt werden. Ich denke **Gesundheitswesen, Umweltschutz** beziehungsweise auch für die Förderung der kleinen und mittelständischen Betriebe. Und viertens glaube ich, müßte das auch hier mit hineingenommen werden hinsichtlich der Fragen einer **Sozialcharta,** denn Wirtschaft und Soziales, glaube ich, müßten stärker zusammengebracht werden.

Im Punkt 2.2 ist davon auszugehen, daß man nach meiner Auffassung nun auch den Mut haben muß zu bekennen: Ist die zu schaffende **Währungsunion** die Möglichkeit, eine Stabilisierung der Wirtschaft und vor allen Dingen auch der Beruhigung der Menschen zu bringen, daß sie eine verwertbare Währung in der Hand haben? Hier sollte doch noch einmal überlegt werden, wie die Frage – wenn es hier heißt: „Jede überstürzte Regelung zum Schaden beider deutscher Staaten" –, sondern ob nicht hier auch mit aufgenommen werden soll, welche Grundvoraussetzungen dafür notwendig sind, die Währungsfragen dann auch dem Bürger und auch die zur Verhandlung anstehen, sichtbarer zu machen.

Im Blick auf Punkt 3, glaube ich, sollte man insbesondere unter dem Aspekt der Gespräche von Bundeskanzler Dr. Helmut Kohl und Michail Gorbatschow aus der Sowjetunion doch deutlich diese Verhandlungsergebnisse mit hereinnehmen. Und ich frage deutlich, ob es nicht besser ist, den Punkt 3 und 4 noch einmal sichtbar zu machen. Ich glaube, die politischen Schritte zur deutschen Einheit können doch nur im Zusammenhang mit 4 gesehen werden, und man würde sie auch dann in einem Gesamtkomplex einbringen und würde nicht etwas besonderes machen und würde noch einmal ausdrücklich die besondere **politische Verantwortung** der beiden deutschen Staaten hier unterstreichen.

Danke.

Ziegler (Moderator): Herr Schnur, wir müssen uns ja jetzt entscheiden, ob wir diese Vorlage nachher in dem Text bearbeiten wollen oder ob es hier nicht darum geht, das Gepäck der Regierungsdelegation zu füllen mit all den Gesichtspunkten, die ja weiter verhandelt werden müssen. Darum bitte ich auch Sie, wenn Sie [eine] Änderung des Textes wollen, die Anträge nachher zu stellen, auch schriftlich. Sonst meine ich, ist es auch möglich, diesmal also zusammenzustellen, was an Problemen behandelt werden muß, denn es geht ja hier nicht um einen schon festlegenden Beschluß, sondern um **Verhandlungshilfe**. Das bitte ich auch bei all den anderen mit zu bedenken.

Jetzt Herr Gutzeit, SPD.

Gutzeit (SPD): Wir begrüßen die Aufforderung zur Besonnenheit gerade in dieser kritischen Lage, meinen aber, daß gerade angesichts der Unruhe in unserer Bevölkerung deutliche Zeichen auf dem Wege zu einer deutschen Einheit gesetzt werden müssen. Gerade auf der Ebene einer **Wirtschafts- und Währungsunion** könnte da etwas getan werden, und auch ein deutlicher **Solidarbeitrag** seitens der Bundesregierung jetzt und sofort könnte ein deutliches Zeichen dafür sein. Ich möchte nicht auf alle Punkte im einzelnen eingehen, wir haben ja auch selbst noch eine eigene Vorlage gemacht, möchte aber jetzt zu Punkt 4 eine Einfügung aus unserer Vorlage schon einbringen.

Es ist vorhin die Anfrage eingebracht worden von der [Vereinigten] Linke, wie denn das mit der **Neutralität** zu denken sei und zugleich eine Verhinderung des **Ausdehnens des Bereichs der NATO** über Richtung Osten verhindert werden soll. Ich denke, zur Klärung all dieser Fragen wäre es wichtig, daß so schnell wie möglich eine **Konferenz der Siegermächte des Zweiten Weltkrieges** unter gleichberechtigter Teilnahme der DDR und der BRD einzuberufen sei, und zwar noch vor der **KSZE-Konferenz**, da diese ja doch ein Weilchen braucht und Ergebnisse auf dieser Ebene nicht so schnell machbar sind.

Die Frage der **Sicherheit** und der **Blockzugehörigkeit** der beiden deutschen Staaten muß geklärt werden, gerade wenn ein Einigungsprozeß, jedenfalls deutliche Schritte zu einem Einigungsprozeß, sehr bald gegangen werden sollen. Es ist schwierig, das europäische Schrittmaß auf Einheit hin so zu beschleunigen, daß es den Problemen hier in Deutschland gerecht wird, und deshalb sind Zwischenlösungen nötig. Meines Erachtens ist das, was in dieser Vorlage gesagt wird, für diese Fragen, die ganz dringend sind, unzureichend. Und ich denke, da müßten Gespräche mit den vier Siegermächten des Zweiten Weltkrieges unbedingt mit einbezogen werden.

Ziegler (Moderator): Herr Gutzeit, wenn ich Sie recht verstanden habe, haben Sie eben gesprochen zu Ziffer 4 Anstrich 2, nicht? Den wollten Sie ergänzt haben, oder wie habe ich das verstanden?

Gutzeit (SPD): Ja, den wollen wir ergänzt haben. Und zwar können wir da die Passage aus unserer Vorlage ohne weiteres dort mit einfügen.

Ziegler (Moderator): Das würden Sie dann, wenn wir zum Text kommen, bitte auch schriftlich vorgeben. Danke.

Herr Ullmann. Ja, Herr Minister, sprechen Sie jetzt als Minister oder als Vertreter von Demokratie Jetzt?

Ulmann (Minister o. G., DJ): Ich sage jedes Mal, was es ist.

Ziegler (Moderator): Gut. Vielen Dank.

Ullmann (Minister o. G., DJ): Zunächst ein paar Bemerkungen zu Voten, die schon gekommen sind. Was vom Vertreter der Sorben gesagt worden ist, halte ich für ein sehr wichtiges Problem, das aber nicht im Rahmen dieser Vorlage geklärt werden kann, sondern zugehörig ist einer künftigen **Verfassungs- und Verwaltungsreform** und dort hoffentlich von den Sorben wieder eingebracht wird, und ich denke, die gebührende Beachtung findet.

Freilich bin ich der Meinung, daß zu Ziffer 4 Anstrich 2 ein Satz hinzugefügt werden müßte, der sich auf die Staatsgrenzen bezieht, und zwar verlangt, daß die **Unantastbarkeit der Grenzen** gegenüber den östlichen Nachbarn Deutschlands, der **Republik Polen** und der **CSSR** jetzt schon anerkannt werden muß im Interesse eines friedlichen Zusammenwachsens der deutschen Staaten.

Ferner möchte ich eine Information voranstellen, weil im Zusammenhang mit dem **Antrag 12/6** nach der Bedeutung von Währungsunion in Ziffer 2 gefragt worden ist. Die Verhandlungsgrundlage, von der die Regierung unseres Landes auszugehen haben wird, davon haben nun Presse und – – Zweifel gelassen, ist die klar geäußerte Absicht der Bundesrepublik, eine Währungsunion durchzuführen auf der Grundlage der DM-Währung unter der Hoheit der Bundesbank. Das veranlaßt mich nun zu folgender **Erklärung**, die ich bitte, **im Namen der Regierung** abgeben zu dürfen:

> **[Erklärung Minister Ullmann im Namen der Regierung: Zur Verhandlungsgrundlage der DDR]**
>
> Die Regierung Modrow ist abseits der üblichen diplomatischen Wege durch die Medien über neue Verhandlungsgrundlagen der Bundesregierung informiert worden. Verhandlungsgrundlagen, die sich sehr weit entfernen von dem, was in Dresden und in Davos besprochen worden ist. Dieses Verfahren der Information ist um so auffallender, als die gleiche Regierung die ehemalige Regierung der DDR (Honecker, Mittag, Stoph) jederzeit der protokollarischen Ehren gewürdigt hat.
>
> Wir stehen einer Lage gegenüber, in der immer neu der Versuch gemacht wird, **die Regierung Modrow** innenpolitisch zu diskreditieren, als ob sie es sei, die den Bürgerinnen und Bürgern unseres Landes die nötige wirtschaftliche Hilfe durch Verzögerungen verwehre.
>
> Die Regierung Modrow ist außenpolitisch einer psychologischen Kampagne ausgesetzt, mit der durch immer neue unklare, aber deutliche Aussagen die **Kreditwürdigkeit** unseres Landes in Frage gestellt und damit die Möglichkeit einer Wahl zum 18. März ebenfalls in Frage gestellt wird.

Ich bin darum der Meinung, daß dem Antrag von Herrn Kirchner nicht gefolgt werden kann. Die Feststellung in Ziffer 1, Absatz 2: „es ist offensichtlich, daß manche Kräfte in der Bundesrepublik gegenwärtig Kurs auf eine bewußte Verschärfung der Probleme in der DDR nehmen", muß so stehen bleiben. Sie ist eine milde Formulierung, und sie ist differenziert.

Es ist nur von manchen Kräften in der Bundesrepublik die Rede, aber ich zitiere den Ministerpräsidenten Späth, CDU, des Landes Württemberg, der gesagt hat, was man hier verlangen könne, sei allein die **bedingungslose Kapitulation**. Und Herr Mischnik hat sich nicht gescheut zu sagen, worauf es ankomme, sei **antisozialistische Marktwirtschaft** ohne Wenn und Aber. Bei den Bürgerinnen und Bürgern unseres Landes muß der Eindruck entstehen, daß hier bestimmte, und ich sage noch einmal, manche Kräfte eine Politik betreiben, die die Bürgerinnen und Bürger unseres Landes nicht nur mit der Abschaffung der Schulspeisung bedroht. Darum muß man zur Frage der **Währungsunion** folgendes feststellen:

Auch die Regierung Modrow, und sie hat es immer wieder deutlich gemacht, geht davon aus, daß es darauf ankommt, schnellstmöglich die Selbstorganisationskräfte des Marktes

von allem falschen Dirigismus freizumachen. Dem muß auch eine Währungsunion dienen. Sie ist denkbar auf DM-Basis, wenn sie gekoppelt wird mit einem **sozialen Absicherungsprogramm,** das sich auf folgende Punkte bezieht:
- auf das Eigentum an Grund und Boden, und hier kann ich nur alles unterstützen, was von anderen Seiten gesagt worden ist, von seiten der Bauernpartei wie von seiten der Vereinigten Bauernhilfe. Es muß jetzt schon eine rechtliche Regelung getroffen werden, die die Bürgerinnen und Bürger unseres Landes beschützt vor einer neuen **Enteignung.** Wie kann man es denn wagen mit diesem Lande, das die Hauptlast der bedingungslosen Kapitulation von 1945 zu tragen gehabt hat, in einer Weise zu sprechen, die wieder auf eine **bedingungslose Kapitulation** hinausläuft und bei vielen Bürgerinnen und Bürgern die Furcht vor neuen Enteignungen wecken muß.
- Ferner gehört in ein solches Programm der sozialen Sicherung die Verhinderung von **Mietspekulationen** und die **Sicherung der Spareguthaben** der Bürger und Bürgerinnen unseres Landes.

Ich erlaube mir, jetzt nun ganz persönlich hierzu einen Vorschlag einzubringen. Leider ist der Text, der vorbereitet worden ist, aus mir unbekannten technischen Gründen noch nicht hier, so daß der Antrag [12/29] vermutlich jetzt nicht behandelt werden kann. Aber ich kündige Ihnen schon an, ich will mich mit aller mir zu Gebote stehenden Autorität dafür einsetzen, daß in unserem Lande eine **Treuhandstelle errichtet wird zur Sicherung der Rechte der DDR-Bevölkerung am Gesamtbesitz des Landes**[10]. Und diese Treuhandstelle sollte ausgestattet werden mit dem Recht, dieses Recht des erwachsenen DDR-Bürgers und der erwachsenen DDR-Bürgerin am Gesamtbesitz dieses Landes urkundlich zu dokumentieren. Ich weiß, ein wie schwieriges Rechtsproblem ich damit anspreche, aber wir müssen es angehen, und ich hoffe, daß entweder heute oder zur nächsten Sitzung des Runden Tisches eine entsprechende Vorlage in Ihren Händen ist.

Ich gehe mit den anderen Mitgliedern der Regierung Modrow, um den Faden wieder aufzunehmen, davon aus, daß alle die, denen ein friedlicher und rechtsstaatlicher Verlauf des deutschen Einigungsprozesses am Herzen liegt, die Regierung Modrow bei ihren Bemühungen unterstützen würde, um Rechte der DDR-Bürger und Bürgerinnen zu verteidigen und zu sichern.
Danke.

[Beifall]

Ziegler (Moderator): Die Erklärung, die Sie namens der Regierung abgegeben haben, nehmen wir zur Kenntnis. Die Anträge, die Sie dann gestellt haben, die müssen wir dann wieder noch behandeln. Jetzt haben wir einen Geschäftsordnungsantrag, der vorgezogen werden muß.
Herr Kirchner, bitte.

Kirchner (CDU): Genau darum ging es mir: In welcher Eigenschaft ist das zweite eingebracht? Ich stelle fest, daß die beiden Plätze für Demokratie Jetzt hier am Tisch besetzt sind.

Ziegler (Moderator): Das ist richtig, dieser Hinweis. Es ist auch klar, daß Herr Dr. Ullmann auf den Stühlen sitzt, die den Regierungsvertretern vorbehalten sind, aber es verhindert niemand von Demokratie Jetzt, den Antrag des Ministers aufzunehmen und als ein Mitglied des Runden Tisches dann neu einzubringen. Möchte jemand sonst noch zum Antrag Kirchner zur Geschäftsordnung sprechen? – Ich sehe, daß das nicht der Fall ist. Ich stelle das dann Ihnen anheim.
Jetzt ist Frau Tippel von der PDS auf der Rednerliste.

Frau Tippel (PDS): Ja. Also grundsätzliche Zustimmung zu dem vorliegenden Papier. Ich möchte mich noch einmal konzentrieren auf den dritten Anstrich auf der Seite 1, weil uns diese Problematik besonders am Herzen liegt, und wir glauben, daß rasche Lösungen zur Verbesserung der Lebenslage sehr unerläßlich sind und ich deshalb die Punkte, die ich nennen möchte, mit in das Paket einbringe, auch in Ergänzung unseres schriftlich vorliegenden Standpunktes.

Ziegler (Moderator): Würden Sie bitte – – das ist doch [Vorlage] 12/8, ja?

Frau Tippel (PDS): Das ist [Information] 12/2[11]. In Ergänzung dieses Standpunktes [Information] 12/2 [**Standpunkt PDS „AG Junger GenossInnen" zur Ausgestaltung der Vertragsgemeinschaft auf dem Wege zu einer Konföderation**] möchte ich noch eine Position zu diesem dritten Anstrich hier vortragen. Im Interesse einer möglichst schnellen und spürbaren Verbesserung der Lebensverhältnisse der DDR-Bürger wird folgenden Projekten von unserer Seite Priorität zuerkannt. Wir glauben, daß sehr wichtig ist, sehr schnell die Einführung einer **Teilkonvertierbarkeit der DDR-Mark,** um DDR-Bürgern zu ermöglichen, einen höheren Betrag an DM zu erwerben.

Wir halten für wichtig, die **Zusammenarbeit auf den Gebieten der Stadtsanierung,** der **Bauwirtschaft** und der **Bautechnik** sehr schnell aufzunehmen, ebenso die Kooperation im Bereich des Gesundheits- und Sozialwesens sowie des Umweltschutzes, die Verhinderung illegaler Beschäftigung und Gewerbetätigkeit von DDR-Bürgern in der BRD und in Berlin-West, die Fragen der Rechtshilfe und der polizeilichen Zusammenarbeit, insbesondere bei **der Bekämpfung der Rauschgiftkriminalität** und bei der Verhinderung und Aufklärung schwerer Straftaten, weiter die Verbesserung der Vekehrswege und Transitverbindungen und die Verbesserung der Kommunikationsbeziehungen im Bereich des Post- und Fernmeldewesens und den Ausbau des Telefonnetzes in der DDR. Wir halten für erwähnenswert, daß bei der Zusammenarbeit auf kommunaler Ebene eine hohe **Eigenständigkeit der Kommunen** gesichert werden soll.

Das würden wir mit einbringen in dieses Paket.

Ziegler (Moderator): Ich wäre Ihnen dankbar, wenn Sie diese Ergänzungspunkte als Ergänzung zur **Information 12/2** auch schriftlich an das Büro geben, denn das gehört dann ins Gepäck, was mitgegeben wird, nicht?

Frau Tippel (PDS): Gut.

Ziegler (Moderator): Danke. Jetzt kommen wir an einen etwas schwierigen Punkt. Ich hatte angekündigt oder in Erinnerung gebracht den Beschluß des Runden Tisches, daß zu besonderen Dingen auch **Beobachter** die Genehmigung erhalten können, das Wort zu ergreifen. Das hätte allerdings

---

[10] Dokument 12/15, Anlagenband.

[11] Dokument 12/4, Anlagenband.

am Anfang passieren müssen. Das ist nicht passiert. Sie wollten dazu jetzt etwas sagen? Sie sind alle aufgeschrieben: Herr Templin, Herr Weiß. Ich muß jetzt bloß diese Frage, weil sie nicht am Anfang – –

Und von der UVP, Sie sind noch nicht berechtigt am Runden Tisch Platz zu nehmen. Ich muß darüber erst einmal entscheiden lassen. Von der Unabhängigen Volkspartei hat sich Herr Schmidt gemeldet und gesagt, die Unabhängige Volkspartei hat hier wesentliches, also ist sehr betroffen an dieser Sache, und darum bittet die Unabhängige Volkspartei, hier das **Rederecht** zu erhalten.

Und da wir uns erst einüben müssen, hätte das zwar am Anfang passieren müssen. Ich würde aber vorschlagen, daß der Runde Tisch dies genehmigt, daß Herr Schmidt von der Unabhängigen Volkspartei zu diesem Tagesordnungspunkt etwas reden darf. Ich muß aber fragen, wer sich zu diesem Antrag äußern möchte. Niemand. Dann frage ich so, erhebt sich Widerspruch? – Das ist nicht der Fall.

Herr Schmidt, würden Sie bitte Platz nehmen, und Sie haben das Wort.

Schmidt (UVP): Ich möchte mich erst einmal bedanken. Sicherlich sind wir als Vertreter der Unabhängigen Volkspartei in gewisser Weise benachteiligt, wenn man das erste Mal an diesem Tisch erscheint, dann gleich in eine volle Diskussion hereinplatzt und möglicherweise noch Gedanken äußert, die der eine oder andere auch hat, dann kann man doch leicht in den Verruf geraten, daß man hier meint, man ist eine der wichtigsten Parteien. So sehen wir das nicht. Wir sind dadurch etwas eingeengt, daß wir, wie gesagt, als Unabhängige Volkspartei hier das erste Mal die Möglichkeit haben zu sprechen. Ich möchte das nicht deshalb nutzen, um uns nun in den Vordergrund zu stellen. Auch das möchte ich hier eindeutig sagen, sondern nur Dinge andeuten, die aufzeigen, wie wichtig das ist, daß hier konkrete Sachen besprochen werden.

Einleitend möchte ich sagen, daß wir als Unabhängige Volkspartei die Ansicht vertreten, daß wir ein für allemal aufhören sollten, Schuld anderen zuzuweisen, das heißt, für die Misere hier im eigenen Land anderen Ländern oder anderen Einrichtungen diese Verantwortung zuzuweisen. Wir sind der Meinung, weder die Bundesrepublik noch ein anderes Land trägt die Verantwortung dafür, was hier 40 Jahre passiert ist, sondern diese Verantwortung tragen wir alle selbst. Wir sind der Meinung, auch das Verlieren ein Krieges und die damit verbundenen Reparationen haben nicht dazu geführt, und ich betone es, haben nicht dazu geführt, daß wir in **dieser wirtschaftlichen kritischen Lage** sind. Sondern das haben wir uns alle selbst zugeführt.

Aus diesem Grund bitte ich zu bedenken, daß aus diesen Formulierungen herausgenommen wird beziehungsweise konkreter formuliert wird: „Die politische Entwicklung muß unter Kontrolle gehalten werden." Wir sind der Auffassung, mit so einer Formulierung halten wir keinen der tausendfachen Jugendlichen im Land, das heißt, wir müssen hier ganz deutlich sagen: Wer hat diese Verantwortung für diese Kontrolle, und das kann in dieser jetzigen Phase nur unsere Regierung in Zusammenarbeit mit diesem Runden Tisch sein. Es ist ganz eindeutig zu fixieren, und zwar finde ich, das sind wir auch unserem Ministerpräsidenten morgen in der Bundesrepublik schuldig, daß wir ihm ein konkretes Paket mitgeben, wie wir sagen, daß wir es unter Kontrolle halten.

Wir sind der Auffassung als Unabhängige Volkspartei, daß diese Formulierung: „Der Runde Tisch erwartet, daß die BRD jetzt alles unternimmt, um einer weiteren Destabilisierung entgegenzuwirken", der Lage nicht gerecht wird. Das heißt wieder, unsere Verantwortung von diesem Tisch anderen zuzuschieben. Wir distanzieren uns als Unabhängige Volkspartei davon, daß wir sagen – – und so, wie das die Vorrednerin von der PDS gemacht hat in dem Sinne, daß wir es untersagen, daß DDR-Bürger im anderen Teil Deutschlands arbeiten dürfen. – Wir sagen gleiches Recht für alle. Wie kann es sein, und das sind Fragen aus der Bevölkerung, wie kann es sein, daß Sportler sich teuer verkaufen dürfen, und nicht nur für eine Monatsgage von 1 000 Mark? Aber „Otto Normalverbraucher", und ich sage das bewußt so, hat keine Möglichkeit, auf ganz legale Art und Weise in diesem Land dort zu arbeiten, was uns ja schließlich nutzt.

Es gehen viele junge Leute, und das haben wir in den letzten Monaten erfahren müssen, aus diesem Land und leugnen dann ihre Identität, indem sie diese **Staatsbürgerschaft** abgeben. Und wir sagen, wir müssen Voraussetzungen schaffen, daß sie das nicht mehr machen müssen. Wir müssen ihnen die Tür öffnen, das heißt, wenn sie drei, vier Monate in der Bundesrepublik arbeiten, daß sie auch wieder zurückkommen. Und das schaffen wir nicht durch Verbote. Das schaffen wir nur durch eindeutige **gesetzliche Regelungen,** daß wir ihnen weiterhin hier eine Heimat geben. Und das, was sie an Geld und an Erfahrung mitbringen, das wird uns nutzen.

Und wer einmal in der **Geschichte Deutschlands** zurückgeht, der wird bemerken, daß es gerade das war, daß viele junge Leute ins Ausland gegangen sind, zurückkamen nach zehn Jahren, was diese deutsche Wirtschaft vor Jahren einmal vorangebracht hat. Und diese Erfahrung aus unserer eigenen Geschichte, die muß in ein morgiges Dokument mit einfließen, also nicht Zurückhalten, insbesondere der jungen Leute durch Verbote, sondern durch Regelungen, daß sie sich mit diesem Land weiterhin identifizieren.

Also: Ich bitte, diese **Verantwortungszuweisung gegenüber der Bundesrepublik** dahin zu korrigieren, daß hier stehen muß: „Der Runde Tisch erwartet, daß die Regierung der Deutschen Demokratischen Republik in Zusammenarbeit mit der Bundesregierung alles unternimmt, um diese einer weiteren Destabilisierung entgegenzuwirken", [so daß wir] unsere Verantwortung nicht herunterstellen.

Zweitens bitte ich darauf hinzuweisen, daß wir immer doch dazu geneigt haben, Dinge zu verhindern oder sagen wir einmal zu leugnen. Ich gehe nur an die **Einheit Deutschlands.** 1949 war eine Kampagne gegen die Teilung Deutschlands. 40 Jahre später waren wir es, die gesagt haben: Die Geschichte hat bewiesen, die Teilung Deutschlands war richtig. **Die Teilung Deutschlands** wurde eingeleitet durch eine **Währungsreform.**

Wir sagen ganz deutlich, wenn wir hier von einer Einheit Deutschlands sprechen und diese wollen, dann müssen wir doch als erstes das beseitigen, was uns getrennt hat. Und das sind zwei deutsche Währungen. Wir müssen also ganz schnell alles tun, daß wir das Zepter in der Hand behalten, wir mit die Bedingungen bestimmen, wie diese eine deutsche Währung aussehen muß; ansonsten gibt es weiterhin da ein Chaos, daß die Währung der Bundesrepublik hier zu einer Leitwährung wird. Und das muß morgen mit auf den Tisch als eines der wichtigsten Dinge, **die Vorbereitung einer Einheitswährung für Gesamtdeutschland,** unabhängig davon, wie sich beide deutsche Teile an sich dann annähern werden. Nur dann können wir erreichen, und ich sage es noch einmal: Nur dann können wir erreichen, daß ein DDR-Bürger hierbleibt, sich mit diesem Land identifiziert, weil 1 000 Mark dann auch 1 000 Mark wert sind. Ansonsten würde alles zu einer Diskriminierung führen.

Des weiteren bitte ich zu überdenken, ob es in dieser doch kritischen Lage nicht sinnvoll erscheint, daß wir kurzfristig dazu übergehen, daß **Bundesbürger** und **Westberliner** im gesamtdeutschen Denken **keine Ausländer mehr sind.** Wir sind der Auffassung, wenn wir von einer deutschen Nation sprechen, von einem deutschen Volk, dann sollten wir ohne viel Wenn und Aber dazu übergehen, auch die **Bundesbürger** und die **Westberliner als Deutsche** aufzufassen und dieses **Ausländerdenken** in dieser Sphäre auszuklammern. Und damit sind wir der Überzeugung, daß wir insbesondere, und das ist eines unserer Hauptanliegen, insbesondere viele junge Menschen motivieren, die diesem Land den Rücken gekehrt haben, geflohen sind, fliehen mußten, daß wir die wieder bewegen können, sich hier anzusiedeln. Und ich sage noch einmal: Wir brauchen jeden. Und wir müssen aktiv in diesen Prozeß einsteigen, indem wir die Voraussetzungen schaffen, daß sich hier jeder wohlfühlt, ohne daß wir immer Forderungen stellen.

Und ich möchte das noch einmal bekräftigen: Diese 10 bis 15 Milliarden, ich bin überzeugt, daß die Bundesrepublik, die Regierung der Bundesrepublik diesen Schritt mitgeht, wenn ganz konkret mit Name und Hausnummer gesagt wird, wofür diese 15 Milliarden eingesetzt werden, wenn ganz konkret gesagt wird, daß diese **15 Milliarden** zum Beispiel dafür eingesetzt werden, daß unser **nationaler Mittelstand,** unsere Unternehmer, die sich herausbilden werden, davon den Hauptteil abbekommen. Wir müssen ganz deutlich sagen: Ohne einen gesunden Mittelstand in diesem Teil Deutschlands wird es in der Zukunft noch mehr Arbeitslose geben. Wir können das nur verhindern, wenn wir diesen eigenen Mittelstand stärken, bevor ein **Großverkauf von Kombinaten** sich vollzieht, was ja schrittweise einsetzt.

Also wir möchten das unterstützen: Diese 15 Milliarden mit Name und Hausnummer untersetzen, und wenn das sich ganz kurzfristig vollzieht, wenn die jungen Menschen merken, hier wird nicht immer nur gesprochen, wir müssen die Entwicklung unter Kontrolle halten, sondern ihnen gesagt wird: „Du als DDR-Bürger bist Deutscher und hast erst einmal die gleichen Rechte wie ein Sportler, keine Privilegien mehr, Du kannst arbeiten, wo Du willst, und Du kriegst dafür auch **Kredite,** wenn Du Dich hier aufbauen willst", sind wir der Überzeugung, daß viele hier, viele, nicht alle, aber viele innerhalb ganz kurzer Zeit sich dann auch mit diesem Teil Deutschlands identifizieren. Und das noch einmal meine Bitte zum Abschluß: Keine Allgemeinaussagen, ganz konkret, und das ist unsere Erfahrung, dann haben wir eine Chance, viele Jugendliche hierzubehalten, und die dann mit an der Entwicklung sich beteiligen.

Ich möchte mich bedanken.

Ziegler (Moderator): Ja, danke. Ich will jetzt noch einmal vorlesen, welche Namen auf der Rednerliste stehen und möchte daran erinnern, daß wir das dann ja auch noch bündeln müssen: Herr Templin, Herr Weißhuhn und Herr Weiß, Frau Schießl, Herr Sahr, Frau Röth, Herr Musch. Und dann ist eben hier noch eine erneute Bitte gekommen von Herrn Rühlemann von der Deutschen Forumspartei. Das läge auf derselben Ebene wie Herr Schmidt eben: die Zulassung zum Wort. Ich möchte bloß darum bitten, daß dann nicht zu lange Grundsatzerklärungen abgegeben werden.

[Zwischenruf]

Ziegler (Moderator): Oh, dann ist es nicht Herr Weiß und – – Ich habe Sie schlicht mit dem Namen verwechselt. Sie sind dann also unter dem Namen Weißhuhn schon vermerkt, ja? Ich bitte, das einmal zu entschuldigen.

Herr Schulz, bitte, Geschäftsordnung.

Schulz (NF): Ich würde, bevor weitere Redner das Wort ergreifen, hier die schlichte Bitte äußern, daß wir keine Agitationsreden halten und keine **Wahlkampftribüne** hier veranstalten. Es ist ein Runder Tisch, der bisher in einem sehr konstruktiven Sinne gearbeitet hat. Hier liegt ein Antrag vor, und ich würde bitten, daß wir uns auf diesen Antrag beziehen. Und wer wesentliche Dinge zu diesem Antrag einzubringen hat, der möge die hier nennen. Aber eine derartige Rede wie vom Vertreter des Demokratischen Aufbruchs bedürfte jetzt einer ebenso langen Erwiderung, ja.

Ziegler (Moderator): Der Demokratische Aufbruch hat eben nicht gesprochen.

Schulz (NF): Oh, Entschuldigung, er ist dann unter dem falschen Etikett aufgetreten.

Ziegler (Moderator): Herr Schulz, nein Herr Schulz, das hatte ich abstimmen lassen: Das war der Beobachter von der Unabhängigen Volkspartei.

Schulz (NF): Entschuldigung, ich war kurz draußen, zu meiner Verblüffung, Entschuldigung.

Ziegler (Moderator): So, also wir wollen uns selber ermahnen und wollen jetzt keine Debatte darüber anfangen.

Aber Herr Stief, ja, bitte.

Stief (NDPD): Ich möchte gerne noch einmal die Bitte von Herrn Ziegler unterstreichen. Es geht um die Verfahrensweise. Meine Damen und Herren, ich glaube nicht – –

[Lücke in der Aufnahme]

Frau Schießl (FDGB): – Abfederung der DDR-Bürger Sorge trägt, sondern daß man neben Wirtschafts-, Währungs- und Verkehrsverbund einen **Sozialverbund** organisiert. Ich würde deshalb folgende Ergänzung für diesen dritten Anstrich vorschlagen: „Der Runde Tisch fordert, daß alle notwendigen Maßnahmen auf dem Wege zu einer Währungsunion und einem Wirtschaftsverbund einen Sozialverbund einschließen." Wir verstehen darunter im Interesse der Arbeitenden in beiden deutschen Staaten, daß Grundrechte der Werktätigen auf Arbeit und soziale Sicherung gewährleistet werden müssen, daß sozial Schwächere, insbesondere Rentner, Kinder und Behinderte nicht ausgegrenzt werden dürfen. Die Rechtsangleichung muß diese Forderung berücksichtigen.

Das entspricht auch den Interessen der westdeutschen Arbeitenden insofern, als sie Ängste darum ausstehen, daß wir das **Billiglohnland** Europas werden und damit also alle ihre gewerkschaftlichen Forderungen, die sie schon erfüllt haben, wieder unterlaufen würden.

Zweitens haben die Gewerkschaften natürlich die Forderung, ich widerspreche hier Herrn Kirchner, daß also die **Mitbestimmungsrechte der Werktätigen** im Betrieb, bevor

Vertragsgemeinschaft in Gang gesetzt wird, gesichert werden müssen. Auch das entspricht den Arbeitenden in beiden Ländern. Da treten wir nicht nur für die Rechte in unserem Land ein.

Und schließlich, dazu haben schon mehrere Redner vor mir gesprochen: Die Gewerkschaften in der DDR treten dafür ein, daß vor dem Ingangsetzen von Verträgen alle ökonomischen und sozialen Vor- und Nachteile des Zusammenwachsens der beiden deutschen Staaten für die Bürger der DDR und der BRD offengelegt werden müssen. Auf dieser Grundlage sollten wir die Möglichkeit schaffen, daß sich die Bürger beider deutscher Staaten für die deutsche Einheit entscheiden können.

Nachdrücklich möchten wir als FDGB auch noch einmal anmahnen oder fordern: In diesen Verhandlungen, die Herr Modrow und Herr Kohl morgen beginnen, muß es gelingen, von den Versprechungen zu finanziellen Leistungen der BRD-Regierung zu konkreten Schritten zu kommen. Und dabei geht es nicht nur darum, daß wir Unternehmer fördern. Dabei geht es zum Beispiel auch darum zu sichern, daß von diesen finanziellen Mitteln bestimmte Teile zur Verfügung gestellt werden, um diesen **Sozialverbund** für beide Seiten zu garantieren. Danke schön.

Vielleicht noch eine Ergänzung. Ich möchte damit die **Information 12/3 [Information FDGB zu Bedingungen einer Vertragsgemeinschaft zwischen DDR und BRD auf dem Gebiet der Wirtschafts- und Währungsunion[12]]** als behandelt und eingebracht verstanden wissen. Wir brauchen dann darüber nicht noch einmal zu reden, wenn es möglich ist, das als Anhang hier mit weiterzugeben.

Ziegler (Moderator): Ja, vielen Dank. Das geht dann mit in das Paket.

Herr Sahr, auch FDGB.

Sahr (FDGB): Wir möchten uns zunächst dafür aussprechen, daß zu [Punkt] 1, der zweite Anstrich, dieser letzte Absatz bestehen bleiben sollte, weil wir ebenfalls der Meinung sind, und wir spüren das als Gewerkschaften sehr deutlich, daß eine bewußte Verschärfung der Probleme, auch die Angriffe gegen die Gewerkschaften in unserem Land zunehmen.

Die Unternehmerverbände der Bundesrepublik sprechen sich immer schärfer gegen **den Entwurf des Gewerkschaftsgesetzes** aus, weil sie nicht hinnehmen wollen, daß mit Kapitalbeteiligung auch die Belegschaften gefragt werden – – vor allen Dingen zu den sozialen Folgen hin. Und sie wollen das demokratische Recht der Mitsprache der Belegschaften ausschließen. Da gehen wir keinesfalls mit. Die Gewerkschaften wollen ja ausdrücklich betonen, wir sind nicht gegen **Kapitalbeteiligung**, im Gegenteil, wir wissen, was unserer Wirtschaft not tut. Wir wollen aber, daß alle vertraglichen Vereinbarungen über Kapitalbeteiligung mit den Belegschaften der betroffenen Betriebe besprochen werden, weil die Auswirkungen nicht Arbeitslosigkeit, Abbau sozialer Bedingungen in den Betrieben und andere negative Erscheinungen zur Folge haben dürfen, und hier muß die Demokratie mit bleiben.

Aus diesem Grunde würden wir dafür eintreten, daß das so bestehen bleibt.

Meine Kollegin hat bereits zu dem Abschnitt der Demokratie hier gesprochen. Dem schließen wir uns voll an. Ich würde vorschlagen, daß wir in dem Punkt 2, letzter Anstrich, dort, wo gesagt wird: „Das schließt die schnelle Inkraftsetzung des Gewerkschaftsgesetzes...", würde ich ein Komma setzen, „... die Schaffung rechtlicher Regelungen für Betriebsräte und den Erhalt des Arbeitsgesetzbuches ein". Ich darf das begründen: Mir gefällt in diesem Papier, daß davon die Rede ist am Schluß, daß die DDR wichtige Erfahrungen auch als Brückenfunktion einbringen kann.

Die Beratungen, die wir geführt haben auf der Ebene der Gewerkschaften, lassen den Schluß zu, daß gerade die **Brückenfunktion zwischen Ost und West durch die DDR** weiter hervorgehoben werden muß. Beispielsweise kann durch Erfahrungen und bewährte gesetzliche Regelungen zur Interessenvertretung und Demokratie in den Betrieben diese Brückenfunktion gestärkt werden.

Sollte das Gewerkschaftsgesetz mit der Kraft des Runden Tisches auch beschlossen werden, haben wir mit unseren Verfassungsrechten und dem Arbeitsgesetzbuch Grundlagen einzubringen, die für die Interessenvertretung in allen Ländern im künftigen europäischen Haus interessant sein könnten, und darum müssen wir für diese Brückenfunktion und den Erhalt eintreten.

Ich möchte noch einen Vorschlag zum Punkt 4 einbringen, der vorletzte Stabstrich zur Neutralität. Wir würden vorschlagen, gegen die hier vorgetragenen Vorschläge vielleicht folgende Änderung vorzunehmen: „Ein neutraler Status sollte...", und dann fortsetzen: „... für die staatliche Einheit Deutschlands in Erwägung gezogen - – „diesen Gedanken nicht ganz herauslassen wollen.

Ich bedanke mich.

Ziegler (Moderator): Frau Röth, Unabhängiger Frauenverband.

Frau Röth (UFV): Ja, wir möchten noch einmal die Idee aufgreifen, die wir das letzte Mal schon eingebracht haben, nämlich bei den Verhandlungen über einen Wirtschafts- und Währungsverbund beziehungsweise eine Vertragsgemeinschaft eine **Sozialcharta** zu erarbeiten. Wir nehmen zur Kenntnis, daß der Demokratische Aufbruch die Idee des Unabhängigen Frauenverbandes aufgegriffen hat und gehen sicherlich mit dem Gewerkschaftsverband konform, daß diesbezüglich ein **Sozialverbund** gemeint ist, ja?

Wir sind der Meinung, daß diese Sozialcharta maßstabsetzend sein muß für eine in der DDR unverzüglich zu erarbeitende Sozialgesetzgebung, die nicht erst von einer Regierung eingeleitet werden kann, die sich nach dem 18. März [1990] also etablieren wird, sondern das muß die jetzige Regierung schon mit bestimmten Maßnahmen einleiten. Damit im Zusammenhang steht natürlich auch die Überarbeitung des AGBs [Arbeitsgesetzbuches], einer Rentengesetzgebung, einer Arbeitslosenversicherung, von Bildungs- und Umschulungsprogrammen, von Arbeitsförderungsmaßnahmen beziehungsweise die Erarbeitung einer Krankenversicherung.

Wir stimmen dem Vorschlag der NDPD beziehungsweise Demokratie Jetzt in dem Sinne zu, daß sich soziale Absicherung nicht bei sozialer Absicherung also festhalten darf, sondern daß bestimmte soziale Standards also dort festgeschrieben werden müssen beziehungsweise gesichert werden müssen und daß man natürlich bestimmte rechtliche Voraussetzungen schaffen muß, damit eine Vertragsgemeinschaft zustande kommt. Und diese Maßnahmen habe ich jetzt eben benannt.

Wir schließen uns den Ausführungen des Neuen Forums an, daß hier eine Klarheit über Währungsverbund bezie-

---
[12] Dokument 12/5, Anlagenband.

hungsweise Währungsunion getroffen werden muß. Die eine schließt nämlich die **finanzielle Hoheit** eines Landes aus.

Und wir möchten noch einmal betonen, daß uns am Freitag im Büro des Unabhängigen Frauenverbandes also die Telefone heißgelaufen sind, und wir appellieren hier noch einmal an alle politischen Verantwortlichen, ihrer Verantwortung gerecht zu werden, indem sie nämlich ein Land, das eh schon in einer prekären wirtschaftlichen und ökonomischen Situation ist, nicht noch in den Bankrott hineinreden. Man betreibt über Medien auch Meinungsbildung. Und in diesem Sinne möchte ich noch einmal an alle politischen Verantwortlichen appellieren, ihrer Verantwortung wirklich gerecht zu werden.

Danke.

Ziegler (Moderator): Danke.
Herr Musch von der Vereinigten Linken.

Musch (VL): Die Vereinigte Linke trägt die vorgelegte Verhandlungsposition im Grundsatz mit. Wir betonen erstens zum ersten Absatz, daß die Position gegen eine **Destabilisierung der DDR** von uns voll getragen wird. Minister Ullmann hat alles Notwendige in großer Klarheit gesagt. Wir haben bei der CDU-Position bisher kein Sachargument entdecken können.

Wir treten zweitens ganz klar dafür ein, daß die Regierung in diesen Verhandlungen nicht legitimiert wird, jetzt eine **Währungsunion** zu vereinbaren, und wir begrüßen den Hinweis auf die eigene Verantwortung für die Leistungsentwicklung. Alle unsere Beobachtungen laufen darauf hin, daß solche Sofortabschlüsse in **Europa** Wirtschaftsreformen gerade verhindert haben, daß sie aus bestehenden Wirtschaften rentable Teile herausgeschnitten haben, daß sie staatliche Rahmenbedingungen zerstört haben und daß sie Sozialnetze zerstört und Sozialabbau gefördert haben. Das Beispiel Polens zeigt das sehr deutlich.

Wir sagen drittens, daß in diesem Vorschlag, in dieser Position eine große Chance für ein **Finanzsystem** besteht, das den alten **Kreditmechanismus** außer Kraft setzen könnte. Dieser alte Kreditmechanismus hat dazu geführt, daß unterentwickelte Gebiete durch Zinsbelastungen weiter in ihrer Unterentwicklung belassen wurden. Es gibt mit einem solchen **Währungsverbund**, wie er hier möglich wäre, die Chance, eine andere Lösung zu finden, eine Lösung, die Überschüsse der starken Länder zur Aktivierung der Leistungsfähigkeit der Schwachen einsetzt.

Dies könnte ein Modell sein, das nicht nur für die Regelung der Verhältnisse beider deutscher Staaten wichtig ist, sondern für Europa und, wenn es sich bewährt, für eine saubere und grundsätzliche Lösung auch der **Unterentwicklungsfrage der Dritten Welt.** Diese internationale Dimension darf man dabei nicht vergessen.

Wir sind viertens und letztens nicht der Auffassung, daß der Einwand gegen die **Neutralität** berechtigt ist. Wir unterstützen im Gegenteil alle Positionen, die Neutralität, Austritt aus den Blöcken oder Auflösung der Blöcke und schnelle und rasche **Entmilitarisierung** fördern. Wir sehen wesentliche Finanzierungsquellen in diesem Herangehen. Wir werden dazu auch extra einen Änderungsantrag einbringen.

Danke schön.

Ziegler (Moderator): Wo wollen Sie den denn anhängen, den Änderungsantrag?

Musch (VL): An den Punkt 4.

Ziegler (Moderator): Gut, danke, können Sie denn nachher [einreichen], ja? Nur damit man schon weiß, nicht? Danke schön.

Jetzt muß ich noch eine Entscheidung herbeiführen. Auch die Deutsche Forumspartei, Herr Rühlemann, Beobachter, hat um das Wort gebeten. Nach dem Grundsatz der Gerechtigkeit wäre ich dankbar, wenn der Runde Tisch dem zustimmen könnte. Erhebt sich Widerspruch? Danke.

Herr Rühlemann, würden Sie bitte hier vorne vorm Mikrofon sprechen, ja?

Rühlemann (DFP): Meine Damen und Herren. Ich bedanke mich recht herzlich, daß erstmals die Deutsche Forumspartei hier die Gelegenheit hat, in der Eigenschaft als Berater das Wort mit zu ergreifen.

Es gäbe viel zu dem Papier zu sagen. Ich möchte mich aber kurz fassen: Da ich unter anderem der Schatzmeister dieser Partei bin, der Deutschen Forumspartei, und Finanzfachmann, muß ich hier prinzipiell erklären und Ihnen eine Empfehlung geben. Es ist notwendig, daß wir die **Finanzhoheit** durchaus der BRD übertragen. Nur so können wir in der Folgezeit eine Inflation verhindern. Die Übertragung der Finanzhoheit, meine Damen und Herren, ist die Voraussetzung dafür, daß es überhaupt möglich wird, wirtschaftlich zusammenzuarbeiten und eine Wirtschaftsunion mit der BRD zu bilden.

Weiterhin möchte ich noch erklären, daß ich das durchaus begrüße, was hier in diesem Papier steht. Wir müssen die Rechtsgrundlagen schaffen, daß eine derartige Zusammenarbeit mit der BRD möglich wird. Wenn das aber heißt Rechtsgrundlagen, dann darf es nicht halbherzig sein.

Und ich verweise also nur einmal auf dieses Gesetzblatt Teil 1, Nr. 4, 1990, wo es um die **Bildung von Aktiengesellschaften, GmbH** und so weiter geht. Dort spielt auch die Vermögensfrage, die Nutzung von Grund und Boden eine große Rolle. Und ich möchte hier darauf hinweisen, daß privatwirtschaftliche **Unternehmertätigkeit,** gleich welcher Form, immer mit davon ausgeht, daß Boden gekauft werden kann. Und das ist in dieser Verordnung wieder nicht enthalten. Damit wird der Kapitalfluß vermindert. Ich kann Sie nur hier darauf hinweisen und empfehlen, daß künftige Rechtsgrundlagen und Durchführungsbestimmungen in dieser Frage großzügiger ausgelegt werden.

International dürfte Ihnen bekannt sein, daß etwa Grund und Boden in den westlichen Ländern immer zu 20 Prozent den Ausländern gehört. Und wenn hier bundesdeutsche Unternehmer Grund und Boden kaufen, dann sind die Leute für mich kein Ausland.

Ich danke, daß Sie mir zugehört haben.

Ziegler (Moderator): Wir danken all denen, die hier ihre Anregungen gegeben haben, und schließen die Rednerliste jetzt endgültig ab. Wir gehen jetzt dazu über, die Anträge zu behandeln. Und zwar gehen wir zunächst aus von dem **Antrag 12/6**, den Herr Dr. Stief eingebracht hat. Als der Einbringer hätten Sie die erste Möglichkeit, dazu etwas zu sagen. Dann würde ich die einzelnen Punkte, die hier angeschnitten sind, aufrufen.

Bitte, Herr Stief.

Stief (NDPD): Meine Damen und Herren. Ich möchte meinen Willen erneut bekunden, daß wir zu diesem Papier so schnell wie möglich eine Endfassung finden, die möglichst breiten Konsens erreicht. Mein Vorschlag wäre also, daß wir die hier, soweit ich das mitbekommen habe, etwa fünf bis sechs Vorschläge zur Präzisierung oder Vertiefung einzelner Aspekte einer kleinen Redaktionsgruppe von drei oder vier Beteiligten übertragen, um das einzuformulieren. Das würde nach meiner Übersicht folgende Aspekte betreffen: Die sehr wertvolle Ergänzung zu **12/6** vom Neuen Forum, die die Untersetzung dieses Begriffes **Währungsunion/Währungsverbund** betrifft. Das wäre zum zweiten die Ergänzung, die notwendig wird, ich erspare mir jetzt, die Stelle zu nennen. Das sollen dann die vier Kollegen machen – was die **Unantastbarkeit der Grenzen** betrifft. Eine dritte Problematik, die Ergänzung über das Erfordernis, daß die **vier Mächte** zu ganz bestimmten Dingen noch Gespräche führen. Wenn ich mich recht entsinne, war das ein Antrag der SPD. Und es käme noch etwas hinzu.

Die von Herrn Ullmann vorgetragenen Ergänzungen zur Untersetzung dieser **Sozialaspekte,** drei oder vier Nebensätze möglicherweise, die sich decken mit [dem] Antrag des FDGB zum **Sozialverbund** und dem Unabhängigen Frauenverband. Das scheint mir sehr wichtig zu sein, und man könnte darüber reden, ob die Punkte 3 und 4 zusammengefaßt werden, was aber nicht unsere Absicht war. Wir wollten das bewußt auseinanderhalten. Wenn wir so verfahren könnten, wäre das sicherlich ersprießlich. Und alles andere, ich sagte es bereits, was vertiefenden Charakter hat, ergänzenden vom Grundsätzlichen her, sollte man so belassen.

Und ich würde zum Schluß noch bemerken, daß wir uns bei der Abfassung des zweiten Anstrichs unter 1 sehr wohl etwas gedacht haben. Und wir sind der Auffassung, daß wir das so stehen lassen. Es ist ohnehin moderat formuliert. Man könnte dazu viel mehr sagen, man könnte sehr viel untersetzen. Das ist nicht unsere Aufgabe.

Und ich möchte auch noch einmal unsere Meinung kundtun. Die Antragsteller maßen sich mit diesem Papier nicht an, mehr zu wissen etwa als Herr Modrow und seine hochrangige **Regierungsdelegation,** die ja sicherlich wohl vorbereitet nach Bonn fahren wird. Die Absicht war, ganz bestimmte wichtige Punkte, die wir am Runden Tisch erkennen, die wir deutlich machen möchten, ihm als Rückenwind mitzugeben ins Reisegepäck, sicherlich ergänzt um einige andere wichtige Aspekte, die ich eben nannte. Das war das Anliegen. Ich könnte mir vorstellen, daß der eine oder andere aus den Parteien oder Gruppierungen sich bereit erklärt, sich unverzüglich für 20 Minuten zurückzuziehen und dieses Papier endgültig abzufassen.

Das wäre mein Vorschlag.

Ziegler (Moderator): Herr Stief, danke, das war ein Verfahrensvorschlag, der manches abkürzt. Es bleiben trotzdem einige Dinge, die hier erledigt werden müssen. Ich stelle zunächst die Frage, ob Sie einverstanden wären mit dem Vorschlag von Herrn Stief. Das bedeutet nämlich, daß die Punkte Währungsunion, Währungsverbundantrag, der hier schon vorliegt vom Neuen Forum, [von] Herrn Schulz, dann schließlich die Frage Unantastbarkeit der Grenzen – das würde ich zu Ziffer 4.3 nehmen, ist mehrfach angesprochen worden von Herrn Ullmann, aber auch von anderen schon, von Herrn Mahling –, daß das dann eingearbeitet wird. Dann schließlich Gespräche mit den Siegermächten bei [Tagesordnungspunkt] 4.2. Das war Antrag SPD, und schließlich mehrere Anträge zu 2.4, die alle zu tun haben, mit den sozialen Fragen, Sozialcharta, Halt des Arbeitsgesetzbuches usw., daß das eingearbeitet werden kann. Dann würde ich die jetzt nicht mehr aufrufen, sondern sagen: Die kommen erst dran, wenn sie eingearbeitet sind.

Herr Poppe.

Poppe (IFM): Ja, zum Antrag, der von der SPD formuliert wurde, der sollte hier ja extra noch einmal behandelt werden. Der kann jetzt ja in dies Paket noch nicht mit hereingenommen werden, sondern muß hier erst diskutiert werden.

Ziegler (Moderator): Sie meinen jetzt das mit den Siegermächten. Ja, also gut, dann wird das noch nicht – – Da erhebt sich Widerspruch.

Herr Kirchner.

Kirchner (CDU): Die CDU möchte noch anknüpfend an das, was wir vorhin vorgetragen haben hinsichtlich des ersten Anstriches unter 2 – –

Ziegler (Moderator): Das kommt.

Kirchner (CDU): – wo es um die **10 bis 15 Milliarden** geht, noch einen Antrag einbringen.

Ziegler (Moderator): Also, ach so, das ist dann noch zu 2, erster Anstrich. [Punkt] 2.1, ja? Das würden Sie dann gleich noch bringen, ja?

Kirchner (CDU): Das wird noch geschrieben zur Zeit.

Ziegler (Moderator): Ach, das wird geschrieben.
Herr Wolf, bitte, LDP.

Wolf (LDP): Die LDP findet Ihr Angebot gut, einige flankierende ergänzende Punkte, so auch unseren mit [Vorlage] 12/15 eingebrachten **Antrag [LDP: Themenvorschlag für die Gespräche von Ministerpräsident Modrow und Bundeskanzler Kohl**[13]**]**, mit einzubeziehen in eine gemeinsame Überarbeitung dieses Dokumentes, ich betone, bei weitgehender Beibehaltung seiner Grundaussagen. Und insofern würden wir uns Kollegen Stief, wenn die anderen politischen Kräfte das auch so sehen, zur Verfügung stellen, um uns zurückzuziehen. Ich möchte wie gesagt darauf aufmerksam machen, wir könnten das mit einbringen, daß auch Gegenstand der Gespräche in Bonn sein sollte:

> **[Vorlage 12/15, Antrag LDP: Themenvorschlag für die Gespräche von Ministerpräsident Modrow und Bundeskanzler Kohl]**
>
> Rechtliche Festlegung zur gegenseitigen Anerkennung von Schulzeugnissen, Fach- und Hochschulabschlüssen, wissenschaftlichen Graden, anderweitigen Qualifizierungsmerkmalen sowie Berufsbezeichnungen.

Das ist kurz und knapp. Und wenn es dazu Übereinstimmung gibt, könnte man das mit einbringen.

Ziegler (Moderator): Das ist der **Antrag 12/15** noch einmal unterstrichen. Der würde dann mit in das Sozialpaket kommen.

Wolf (LDP): Eine letzte Bemerkung würde ich gerne machen wollen, wenn es gestattet ist, zu der Problematik im Nacheinander von gewerkschaftlichen, neuen **gewerkschaftlichen Regelungen** und Vereinbarungen auf dem Gebiete der **Wirtschaftsunion**. Nicht weil sich Liberalität als Mitte betrachtet und vielleicht stärker diesen Platz auch ausfüllen wird, aber vielleicht ist es doch ein Kompromiß,

---

[13] Dokument 12/6, Anlagenband.

der sehr zweckmäßig sein kann. Man müßte doch, glaube ich, gewerkschaftliche Neuregelungen und wirtschaftliche Neuregelungen parallel zueinander treffen, weil hier doch die besten Ansatzpunkte miteinander erkannt und verhandelt werden können, als wenn man das im Nacheinander macht.

Ziegler (Moderator): Danke. Es haben sich jetzt gemeldet Herr Musch, Herr Matschie, Frau Röth. Die möchten wir dann noch hören. Dann müssen wir aber einmal eine Entscheidung treffen, ob wir so verfahren können oder nicht.

Herr Musch.

Musch (VL): Die Redaktionsgruppe möge auch noch einen fünften Punkt in die Bearbeitung nehmen. Das war die Frage der **NATO-Ausdehnung,** unser Hinweis zur **Blockfreiheit** und zur **Entmilitarisierung.** Der ist meiner Meinung nach nicht explizit als Differenzpunkt genannt worden.

Ziegler (Moderator): Ja, gut.

Herr Matschie.

Matschie (SPD): Ich halte es für sehr sinnvoll, daß wir so vorgehen, wie Herr Stief vorgeschlagen hat, und ich denke, wir brauchen unsere Vorlage auch hier nicht extra zu diskutieren, sondern wir können die Aspekte, die für uns wichtig sind, in diese Vorlage mit einarbeiten.

Dann zu dem Änderungsantrag des Neuen Forum bezüglich **Währungsunion, Währungsverbund** möchte ich noch festhalten, daß wir in der vergangenen Sitzung bereits einen Beschluß gefaßt haben, daß eine entsprechende **Expertenkommission** zusammentreten soll. Aber wir können das natürlich an dieser Stelle noch einmal formulieren. Der Beschluß ist jedenfalls schon das letzte Mal gefallen auf unseren Antrag hin.

Ziegler (Moderator): Vielen Dank. Das widerspricht ein bißchen der Bitte von Herrn Poppe. Sie müßten sich dann noch extra melden, damit Sie Ihre Gesichtspunkte hereinbringen. Ich bin nämlich der Ansicht, daß Herr Matschie eigentlich Recht hat, weil es da auch um die Westgrenzen und so weiter geht, die hier geklärt werden sollen.

Aber jetzt erst Frau Röth. Ich habe Sie aufgeschrieben, Herr Poppe.

Frau Röth (UFV): Ja, ich wollte nur anmerken zu dem Antrag der LDP, daß man etwas differenzierter mit der **Anerkennung von Qualifikationsabschlüssen** umgehen sollte. Ich denke da an **Diplome der Hochschule für Staatssicherheit** und dergleichen mehr.

Ziegler (Moderator): Das war es, ja? Danke schön.

So. Da die CDU ihren Antrag noch nicht da hat, bitte ich, daß Herr Kirchner sich darauf vorbereitet, ihn wenigstens inhaltlich stichwortartig vorzubringen. Ich möchte nur darauf aufmerksam machen, daß Herr Schnur bereits gesagt hat, man müsse die genauere Aufteilung dieser 15 Milliarden und Zweckbestimmung dieser 15 Milliarden ansagen.

Aber jetzt spricht noch Herr Poppe.

Poppe (Minister o. G., IFM): Ja, ich wollte jetzt noch einmal wiederholen, daß man den Antrag der SPD, die Konferenz der Siegermächte vorzuziehen und vor die **KSZE-Konferenz** zu legen, nicht einfach jetzt hier so ohne weiteres in einen solchen Text einarbeiten kann. Darüber müßte diskutiert werden. Ich wäre prinzipiell dagegen, in dieser Reihenfolge zu verfahren. Und ich würde das auch entsprechend begründen wollen dann.

Ziegler (Moderator): Ja, dann machen Sie das bitte gleich, damit die Redaktionsgruppe das noch hört.

Poppe (Minister o. G., IFM): Ja, es geht darum, daß wir deutlich machen müssen, daß wir keine separaten deutschen Regelungen wollen, daß der **Vereinigungsprozeß** gebunden ist an den **europäischen Prozeß.** Alle Siegermächte sind auch KSZE-Staaten, und es wäre deshalb angebracht, wenn erst die **gesamteuropäische Diskussion** unter Einbeziehung aller KSZE-Staaten läuft, damit auch die Ängste von unseren östlichen Nachbarn [ernst]genommen werden, wie den vorhin von Herrn Mahling genannten slawischen Völkern, die ja bekanntlich nicht als Siegermächte hier mitsprechen können. Und daß erst im Anschluß dann auf der Grundlage der dann getroffenen KSZE-Beschlüsse Verhandlungen mit den Siegermächten in Richtung Friedensvertrag mit Deutschland aufzunehmen wären.

Ziegler (Moderator): Wir nehmen diese Gesichtspunkte jetzt – – Wir reden immer noch auf der Ebene des Vorschlags, daß eine Redaktionsgruppe zusammentritt. Und darum ist es gut, wenn solche Bedenken jetzt gesagt werden. Die Chance haben Sie nachher bei der Schlußabstimmung sowieso, das dann noch wieder einmal herauszubringen, wenn das da hereinkommen sollte, was wir ja noch nicht wissen.

Herr Matschie.

Matschie (SPD): Ich höre diese Bedenken, und ich finde es auch völlig richtig, daß dies im Zusammenhang behandelt werden muß, daß die **deutsche Frage** nur im **internationalen Kontext** behandelt werden kann. Ich gebe aber zu bedenken, daß die Einberufung der KSZE-Konferenz natürlich einen längeren Zeitraum in Anspruch nimmt und daß eine Konferenz der **Vier-Sieger-Mächte** gemeinsam mit den Regierungen der beiden deutschen Staaten schon wesentliche Vorarbeiten leisten könnte, die dann natürlich auch den Prozeß innerhalb der KSZE-Konferenz beschleunigen können. Ich halte deshalb dieses Vorgehen so für sinnvoll.

Ziegler (Moderator): Ja, vielen Dank. Ich möchte jetzt den Verfahrensantrag von Herrn Stief zur Abstimmung stellen. Muß ich noch einmal wiederholen, daß da bestimmte Anträge – Währungsunion, Währungsverbund, Unantastbarkeit der Grenzen, Gespräche mit den Siegermächten noch vor KSZE mit dem Widerspruch, den wir auch gehört haben, Sozialcharta – abgekürzt gesagt all die Dinge, und schließlich NATO-Ausdehnung hängt ja auch zusammen mit der Frage der Grenzen, an eine Redaktionsgruppe gegeben werden, die wir jetzt gleich dann auch noch, wenn das Zustimmung findet, benennen müssen. Und [wir] dann nach Mittag die neue Vorlage haben. Wer dafür stimmt, daß diese Anträge hier übergeben werden an die Redaktionsgruppe, den bitte ich um das Handzeichen. – Das ist eindeutig die Mehrheit. Ich frage nur, damit es korrekt ist, wer dagegen ist? – – Enthaltungen? – Danke. Dann ist das so. Jetzt müssen wir gleich festlegen, wer das machen soll.

Herr Stief.

Stief (NDPD): Mein Vorschlag wäre, daß die beiden Einreicher je einen Kollegen entsenden.

Ziegler (Moderator): Das ist NDPD und Demokratie Jetzt.

Stief (NDPD): SPD, LDP, FDGB und im Sinne des noch kommenden Antrags CDU. Das müßte eigentlich reichen.

Ziegler (Moderator): Ich frage Frau Dr. Röth: Der Unabhängige Frauenverband ist einverstanden, ja? – Gut. Weil Sie immer wieder die Sozialcharta – –

Frau Röth (UFV): Wir möchten nur darauf hinweisen, daß man nicht unbedingt Sozialverbund sagt, sondern vielleicht **Sozialcharta**. Man müßte da etwas differenzierter mit umgehen, ja? Aber ansonsten [würden wir] unser Vertrauen aussprechen.

Ziegler (Moderator): Ja. Danke schön.
Also, Herr Templin.

Templin (IFM): Also wir würden vorschlagen, mindestens nur einen Vertreter der Grünen in die Redaktionskommission – –

Ziegler (Moderator): Wen, der Grünen?

Templin (IFM): – der Grünen, ja, weil ihr inhaltlicher Vorschlag mit zu den, denke ich, präzisesten und auch folgenreichsten gehörte.

Ziegler (Moderator): Herr Beyermann. Dasselbe, ja?
Also, Herr Stief, können Sie noch einmal sammeln?

Stief (NDPD): Das war eine Unterlassung selbstverständlich.

Ziegler (Moderator): Also NDPD. Und ich bitte jetzt um Abkürzung, indem ich vorschlage, daß Herr Stief der Einberufer ist und die Genannten ihren Vertreter Herrn Stief, wenn wir bald zur Pause kommen, benennen. Ja? Können wir so verfahren? – Ich sehe keinen Widerspruch. Danke.
Jetzt sind aber nun noch einige Dinge, die nicht erledigt sind, und das ist vor allen Dingen, daß Herr Kirchner jetzt erst einmal die 15 Milliarden noch benennen wollte, nicht?

Kirchner (CDU): Wir meinen, daß in das Papier an der bereits besagten Stelle unter [Punkt] 2 erster Anstrich folgende Formulierung angeschlossen werden sollte: „Diese Mittel sind vorzugsweise erstens zur Sicherung des sozialen Status und zweitens zur Förderung des DDR-Mittelstandes als Voraussetzung einer funktionierenden Wirtschaft und Schaffung eines starken Sozialstaates einzusetzen. Zur Zeit geht es vor allen Dingen um Bauleistungen, Maschinen und Ausrüstungen, Material, industrielle Dienstleistungen und technisches Know-how."

Ziegler (Moderator): Danke schön, Herr Kirchner. Das ist auch von Herrn Schnur schon angesprochen worden. Ich schlage vor, das wird mit in die Überarbeitung genommen, ja?

Kirchner (CDU): Damit sind wir einverstanden.

Ziegler (Moderator): Herr Stief, würden Sie das bitte auch mit aufnehmen? Wenn Sie es dann formuliert Herrn Stief geben würden. Danke schön.
Herr Poppe.

Poppe (Minister o. G., IFM): Ja, ich kann es nicht akzeptieren, wenn über derart gravierende Dinge wie die Verteilung oder Aufteilung von erwünschten **15 Milliarden Mark** hier so mit einem Nebensatz hinweggegangen wird und dann also ein einziger Vorschlag dazu gemacht wird. Ich denke, das bedarf doch wirklich eines Diskussionsprozesses, und da hätten wir ja auch eine ganze Reihe Vorschläge noch, wofür die verwendet werden könnten. Ich nenne einmal die **Versorgung der Bevölkerung** mit den dringendsten Konsumgütern und zum Beispiel die **Stabilisierung der Produktion**. Das sind Dinge, weswegen hier Leute das Land verlassen. Es geht auch um die **Verbesserung der Infrastruktur**, um die Verbesserung des Dienstleistungsgewerbes. Es geht um **ökologische** und **energetische Probleme**. Und ich bin doch der Meinung, darüber müßte man dann noch einmal en détail reden, wofür solche Gelder verwendet werden sollten.

Ziegler (Moderator): Herr Poppe, ich habe gesagt, das wird in die Redaktionsgruppe verwiesen und kommt dann wieder auf den Tisch. Natürlich können wir jetzt gleich sagen: Wir verhandeln dieses ganze Paket. Dann wird jeder seine Vorstellungen bringen können. Und dann ist die Frage, ob wir uns überhaupt noch einigen können. Ich dachte, es ist leichter, wenn das erst einmal in der Redaktionsgruppe vorbedacht wird. Aber wir hören jetzt die Gesichtspunkte.
Herr Gutzeit und Herr Junghanns haben sicher zur selben Sache noch etwas zu sagen, nicht?

Gutzeit (SPD): Ich ziehe jetzt zurück. Das betraf auch diese Finanzsachen. Ich denke, wir bereden das lieber in der Redaktionsgruppe.

Ziegler (Moderator): Herr Junghanns.

Junghanns (DBD): Ich möchte auf diesen Vorschlag eingehen. Man muß darauf warten. Man muß ihn dann bewerten. Also dieser Vorschlag, den halte ich nicht für gangbar. Und ich glaube auch nicht, daß die Redaktionsgruppe diese Klippe nimmt, um diese Sache hier hineinzubringen. Wir haben die Strukturierung des Sechs-Milliarden-Kredites noch im Ohr und spüren jetzt eine ähnliche Anbindung dieses Geldes. Ich bin der Auffassung, dann sollten wir lieber diese Frage zur Verfügbarkeit undefiniert lassen. Ich glaube, es gibt viele Seiten, die hier zu benennen wären, um sie hier ins Feld zu führen. Ich glaube, wichtig ist ja erst einmal der Kredit selbst.
Ich möchte aber noch eine Ergänzung anbieten. Zur Unterstützung der Arbeit der Arbeitsgruppe der Redaktionskommission würde ich darum bitten, daß wir zu den **Bodenrechtsfragen** noch zuarbeiten können.
Danke.

Ziegler (Moderator): Dies geht an Herrn Stief, das letzte. Allerdings möchte ich darauf hinweisen, daß ja unter Umständen die Redaktionsgruppe durchaus zu der Erkenntnis kommen kann, worauf wir uns wohl einlassen, wenn wir 15 Milliarden, die noch nicht einmal bewilligt sind, vorneweg schon verteilen. Könnte ja sein, nicht? Aber wir können darüber ruhig weitersprechen bis mittags, wenn wir wollen.
Herr Lietz, bitte.

Lietz (NF): Mein Vorschlag wäre, daß man zur Verteilung dieser 15 Milliarden eine kleine **Kommission** bildet, die, falls das dann bestimmt wird, daß wir sie haben, dann darüber entscheiden kann, wie damit umgegangen wird.

Ziegler (Moderator): Zur Geschäftsordnung, Herr Wolf.

Wolf (LDP): Ich möchte den Gedanken mit zu bedenken geben, daß diese 15 Milliarden möglicherweise von der neuen Regierung verfügt werden im Auftrag des Wählers, der sie gewählt hat.

Ziegler (Moderator): Das war nun allerdings mehr zur Sache, denn ich hatte erwartet, daß Sie Abbruch der Debatte über diesen Punkt erwarten.

Wolf (LDP): Das meinte ich damit.

Ziegler (Moderator): Ach so, das meinten Sie damit. Ja. Erhebt sich gegen diesen Geschäftsordnungsantrag „Abbruch der Debatte über diesen Verteilungspunkt" jetzt Widerspruch? – Es erhebt sich kein Widerspruch. Wir übergeben dies der Weisheit der Redaktionsgruppe.

Aber es fehlt, wir sind leider noch nicht zu Ende, wir müssen zu Abschnitt 1 kommen, zweiter Anstrich. Hier ist Pro und Kontra schon des öfteren geredet worden, ob da die **Schuldzuweisung**, oder wie das formuliert wird, bleiben soll. Antrag war wenigstens von der CDU, die Sätze: „Es ist offensichtlich, daß manche Kräfte in der BRD..." bis Ende dieses Absatzes gestrichen werden. Pro und Kontra ist meiner Erinnerung nach schon hier mehrfach ausgesprochen worden. Aber [über] den Antrag ist nicht abgestimmt worden. Möchte noch jemand sprechen? – Dann lasse ich abstimmen.

Ja, Herr Schnur.

Schnur (DA): Also ich möchte doch noch einmal auf die Überschrift aufmerksam machen: Da heißt es doch „Position des Runden Tisches für die Verhandlungen". Ich glaube, wenn wir Verhandlung – – dann auch konkrete Dinge benennen. Hier beziehen wir uns auf allgemeine Erklärungen. [Die Einreicher] sind auch nicht bereit dann ehrlich zu sagen, wen wir dann meinen, ich meine, das muß ich dann so konkret dann endlich sagen. Soll es dann die Regierung, soll es die Bundesregierung sein? Wer soll es dann konkret sein? Ich meine, sonst muß man dann hier konkret sagen, mit Name und Hausadresse, wer diese Kräfte sind, ansonsten glaube ich, belastet man von vornherein die Regierungsgespräche. Und ich glaube, man sollte generell dann dies auch streichen.

Ziegler (Moderator): Herr Stief, Sie sind direkt angeredet, können Sie gleich noch etwas dazu sagen? Und dann möchte ich doch abstimmen lassen.

Stief (NDPD): Ich [darf] nur darauf hinweisen, daß das eine Meinungsbildung ist der beiden Einreicher. Und wir haben heute nicht nur unsere Meinung gehört, sondern auch die von Herrn Ullmann als Miteinreicher. Natürlich könnte man das genau sagen, aber das wäre dann sicherlich nicht an alle Adressaten zu richten. Hier spielt die Presse eine große Rolle, die Medien insgesamt, die eine oder andere Partei. Es ist tatsächlich so gemeint, daß es für uns nicht hilfreich ist, in der derzeitigen Situation die Lage weiterhin zu überhitzen durch Unbedachtsamkeiten und andere Dinge, die wir momentan, um eigenes politisches Profil zu finden, gar nicht brauchen können. Insofern würden wir von dieser Formulierung nichts zurücknehmen.

Ziegler (Moderator): Ich bringe in Erinnerung, daß wenigstens durch einen Teil von Meinungsäußerungen diese Sache unterstützt wurde, von einem anderen wurde widersprochen und nun bleibt nur, daß hier darüber abgestimmt wird. Der Antrag lautet, die beiden letzten Sätze zu streichen, im Anstrich Ziffer 1, Anstrich zwei. Wer für die Streichung ist, den bitte ich um das Handzeichen. 5 dafür. Gegenstimmen? – Das ist eindeutig die Mehrheit. Stimmenthaltungen? – Keine Enthaltung, damit bleibt dieser Satz stehen.

Nach meiner Übersicht, aber bitte kontrollieren Sie, bleibt nun noch der Hinweis vom Minister Ullmann auf die **Treuhandstelle zur Sicherung des Bodens**, aber das ist schon richtig, daß hier darauf hingewiesen worden [ist]. Die Vertreter von Demokratie Jetzt sind Frau Poppe und Herr Weiß. Es ist wohl noch nicht ausgeteilt, nicht, **Vorlage 12/29**?

Ja, **12/19** ist da. Bitte, diesen haben wir noch nicht weiter verhandelt, dann müssen wir den jetzt noch verhandeln: **12/19**

Weiß (DJ): Meine Damen und Herren, am vergangenen Wochenende hat das zweite Vertreterparlament der Bürgerbewegung Demokratie Jetzt stattgefunden. Wir haben einen Beschluß gefaßt, der im wesentlichen in die **Vorlage**, die Ihnen unter [der Nummer **12/19**] vorliegt, eingeflossen ist. Ich denke, die Begründung ergibt sich aus dem Text, ich muß das nicht vorher weiter erläutern.

[Vorlage 12/19, Antrag DJ: Vorsorgemaßnahmen der Regierung der Nationalen Verantwortung für den Fall der währungspolitischen Vereinnahmung unseres Landes]

Der Runde Tisch möge beschließen:

Der Runde Tisch fordert die Regierung der Nationalen Verantwortung und die Volkskammer der Deutschen Demokratischen Republik auf, unverzüglich Vorsorge für den Fall der währungspolitischen Vereinnahmung unseres Landes zu treffen.

Die Regierung der Nationalen Verantwortung möge mit der Regierung der Bundesrepublik Deutschland rechtlich verbindliche Absprachen darüber treffen, daß frühere Eigentümer, die Anspruch auf Besitztum in der DDR erheben, von der Bundesrepublik Deutschland einen Lastenausgleich erhalten.

Es ist zu sichern, daß

– alles Eigentum an Grund und Boden sowie an Immobilien, Produktionsstätten und Produktionsmitteln im Besitz von privaten, genossenschaftlichen oder gesellschaftlichen Eigentümern in der DDR verbleibt. Das muß Gültigkeit auch nach einem finanz- und währungspolitischen Anschluß der DDR an die Bundesrepublik Deutschland haben. Über zwangsweise „arisiertes" Eigentum soll gesondert befunden werden.

– die Mieten, die Kosten für die sozialen, pädagogischen und medizinischen Leistungen sowie für alle anderen Dienstleistungen und alle Preise nur dann erhöht werden können, wenn zugleich die Löhne, Gehälter, Renten und Stipendien angemessen angehoben werden.

– die Sparguthaben der Bürgerinnen und Bürger in voller Höhe gesichert bleiben und die Ansprüche aus Rentenversicherungen und anderen Versicherungen auch gewährleistet sind.

Der Runde Tisch fordert die Regierung der Deutschen Demokratischen Republik auf, keine verbindlichen Zusagen beziehungsweise Vereinbarungen zu treffen, die die oben genannten Forderungen nicht berücksichtigen.

Wir bitten alle sozial gesinnten Menschen in der Bundesrepublik Deutschland und in Westberlin um Solidarität. Verhindern Sie mit allen demokratischen Mitteln, daß durch einen Einmarsch der Westmark die demokratische Entwicklung in unserem Land abrupt unterbrochen wird.

Gleichzeitig bitten wir die Europäische Gemeinschaft sowie unsere Nachbarn in Frankreich und Großbritannien, in Österreich und in der Schweiz, in den Benelux-Ländern und in Skandinavien sowie in den USA, Kanada und Japan der DDR sofortige Wirtschaftshilfe zu gewähren. Wir fordern die Regierung der DDR auf, wirtschaftliche Hilfe sowohl von der Bundesrepublik Deutschland als auch von den anderen Staaten der Europäischen Gemeinschaft und anderen durch entsprechende Verträge schnell wirksam werden zu lassen.

Wir wollen keinen deutschen Alleingang, wir wollen einen soliden Wirtschafts- und Währungsverbund mit der Europäischen Gemeinschaft.

Wir bitten unsere Freunde in Polen und in der Tschechoslowakei, in Ungarn und in der Sowjetunion, ihren ganzen politischen Einfluß geltend zu machen, um die währungspolitische Vereinnahmung der DDR und damit eine Zwangsvereinigung zu verhindern.

Wir fordern die Garantie für freie Wahlen am 18. März [1990] und die Respektierung unseres Rechtes auf Selbstbestimmung.

Ich danke Ihnen.

Ziegler (Moderator): Also, ich möchte doch darauf aufmerksam machen, daß das hier zwar als ein Beschlußantrag eingebracht worden ist, daß aber die **PDS** in Form von Fragen, **Vorlage 12/8 [Offener Brief PDS an den Bundeskanzler der Bundesrepublik Deutschland Herrn Dr. Helmut Kohl**[14]**]**, auch eine Reihe von ähnlichen Dingen hier vorgetragen hat, eingebracht hat, die bei der Verhandlung bedacht werden sollen. Ebenso muß man das sagen vom **FDGB**, der durch **Information 12/3 [Information FDGB zu Bedingungen eier Vertragsgemeinschaft zwischen DDR und BRD auf dem Gebiet der Wirtschafts- und Währungsunion**[15]**]** das auch gemacht hat und schließlich ist in den, ja **Vorlage 12/8** hatte ich schon gesagt, **[Information] 12/2** auch und schließlich in **[Vorlage] 12/7 [Antrag PDS (Kommission Umweltpolitik) an den Ministerpräsidenten der DDR, Herrn Dr. Hans Modrow, zur Bildung einer gemeinsamen Energiekommission**[16]**]** ebenso wie hier in diesem Antrag vielerlei, was bedacht werden muß.

Und der entscheidene Satz ist: „Der Runde Tisch bittet, keine verbindlichen Zusagen zu machen, sondern dies zu bedenken." Ich bitte jetzt den Runden Tisch zu entscheiden, ob über diesen Antrag im Inhaltlichen verhandelt werden soll. Wenn das nämlich der Fall ist, müssen wir zunächst unterbrechen und die Pause machen, denn hier werden ja dann Festlegungen getroffen, oder ob dieser Antrag in dem Sinn, wie die anderen, in das Verhandlungsgepäck kommt, nur mit der Maßgabe keine vorschnellen, verbindlichen Vereinbarungen.

Herr Weiß, könnten Sie sich dazu noch einmal äußern? Denn sonst müßten wir, weil ja hier Dinge dann festgeschrieben werden – – Und das, glaube ich, geht so auf die Schnelle nicht.

Weiß (DJ): Ich denke, es geht hier vor allem auch darum, daß einmal die Dinge, die rechtlich gesichert sind, die zu sichern sind, die könnten ganz sicher in das Verhandlungspaket mit eingeschnürt werden. Wesentlich aber denke ich, sind ja die politischen Forderungen, oder die **politischen Bitten an die Europäische Gemeinschaft** und an unsere Nachbarn. Und ich würde es begrüßen, wenn der Runde Tisch sich entschließen könnte, hierzu eine deutliche Stellung zu nehmen, denn unser Anliegen als Bürgerbewegung Demokratie Jetzt ist es, dafür zu sorgen, daß es keinen **deutschen Alleingang** gibt bei der Vereinigung, sondern daß das eingebunden ist, solide eingebunden ist in den **europäischen Einigungsprozeß.**

Ziegler (Moderator): Herr Gutzeit.

Gutzeit (SPD): Dieses letzte Interesse und die letzte Forderung unterstützen wir, aber ich denke, das ist in dem anderen Papier voll enthalten. Hier sind eine Reihe anderer Forderungen, die aber so unmittelbar gar nicht verabschiedet sind. Ich würde beantragen, daß dieses Papier in die **Arbeitsgruppe „Wirtschaft"** gegeben wird und unter Umständen Einzelmomente versucht werden in die andere Sache einzufügen. Ich meine, daß hier eine längere Beratung nicht erforderlich ist.

Ziegler (Moderator): Jetzt hier, aber in der Sache sind sicher längere Beratungen [erforderlich], darum ja Arbeitsgruppe.

Gutzeit (SPD): Ich meine, jetzt hier am Runden Tisch ist das meines Erachtens nicht möglich.

Ziegler (Moderator): Ja, Herr Wolf.

Wolf (LDP): Ich würde doch sagen, daß viele Vorstellungen enthalten sind schon in dem Ausgangspapier, manches muß nachträglich weiterbearbeitet werden, auch nach dem Treffen in Bonn. Ich würde darum bitten, abstimmen zu lassen.

Ziegler (Moderator): Ich muß bloß wissen worüber abgestimmt werden muß. Denn es gibt jetzt Verfahrensfragen, die heißen:

Erstens, als Verhandlungsanregung mitgeben.

Zweitens, gleichzeitig in die Arbeitsgruppe „Wirtschaft" zur Prüfung der einzelnen Dinge.

Wenn wir nämlich inhaltlich abstimmen würden, dann hätte ich große Bedenken, weil das noch nicht geprüft ist.

Wolf (LDP): Ich möchte meinen Antrag präzisieren. Wir wären dafür, abstimmen zu lassen, ob so verfahren werden kann, wie Sie jetzt vorgeschlagen haben, damit die Arbeit der Redaktionskommission zu dem Gesamtanliegen des Runden Tischs für den Besuch von Modrow in Bonn formuliert werden kann.

Ziegler (Moderator): Herr Kirchner, Sie hatten sich noch gemeldet.

Kirchner (CDU): Wir müssen als CDU auf jeden Fall darauf hinweisen, daß ohne eine nähere Verhandlung über dieses Papier nicht weiter befunden werden kann. Wenn wir allein drei so weitgehende Einlassungen wie im ersten Satz, wo von **währungspolitischer Vereinnahmung** unseres Landes die Rede ist, dann zu Beginn des zweiten Drittels, Einmarsch der Westmark – –

Ziegler (Moderator): Ja, ich fühle mich sehr unterstützt in meinem Verfahrensantrag. Entschuldigen Sie die Unterbrechung.

Kirchner (CDU): – Ja, also wir müssen dann darauf bestehen, daß dieses Papier hier verhandelt wird. Es kann nicht einfach überwiesen werden.

Ziegler (Moderator): Ja, gut.

---

[14] Dokument 12/3, Anlagenband.
[15] Dokument 12/5, Anlagenband.
[16] Dokument 12/2, Anlagenband.

Dann Herr Stief.

Stief (NDPD): Ich glaube, daß man **politische Willensbildung** im Vorfeld des Besuches von Herrn Modrow in Bonn achten sollte. Besteht nicht die Möglichkeit, trotz aller Problematik, die hier drinsteckt, die natürlich in der Arbeitsgruppe „Wirtschaft" behandelt werden müßte, vom Sachlichen, das als Willenserklärung mit beizufügen? Nicht aller am Tisch, aber derjenigen, die es zumindest eingebracht haben. Es ist ja ein Standpunkt, der Berücksichtigung finden sollte.

Ziegler (Moderator): Also, das hatte ich als erfüllt angesehen mit dem Antrag, es als Verhandlungspapier mitzugeben. Und zweitens dann sollte die inhaltliche Verhandlung in der Arbeitsgruppe „Wirtschaft" zur intensiveren Prüfung erfolgen. Und dann kommt es hier wieder her. Aber der weitergehende Antrag ist natürlich der von Herrn Kirchner, daß es hier am Tisch verhandelt wird. Darüber muß entschieden werden.

Jetzt haben wir noch eine Wortmeldung von Herrn Steinitz.

Steinitz (PDS): Grundsätzlich geht es doch in diesem Vorschlag, den wir hier auch unterstützen würden, um ähnliche Fragen, die wir hier schon diskutiert haben, daß Währungs- und Wirtschaftsprobleme nicht losgelöst beraten und entschieden werden können von den sozialen Garantien. Hier werden vor allem in dem mittleren Teil ja die Fragen aufgeworfen, um die es vor allem bei den Ängsten der Bürger der DDR geht. Wie geht es weiter mit dem **Eigentum am Boden**? Wie ist die Sicherung der **Sparguthaben**? Und wie steht es um die **Mieten** und andere Fragen, die ja, wie Sie schon sagten in anderen Materialien, die jetzt vorliegen, aufgeworfen werden? Wir sollten meines Erachtens prüfen und das wäre, glaube ich, eine wichtige Empfehlung für die Redaktionsgruppe, daß der Teil in dem Papier, das wir dann verabschieden wollen, der diesen Zusammenhang betrifft, ganz eindeutig Festlegungen enthält, daß keine Entscheidungen zu Wirtschafts- und Währungsfragen getroffen werden dürfen, ohne daß diese grundsätzlichen sozialen Fragen einbezogen und geklärt werden.

In dem Sinne würde ich auch vorschlagen – es wurde diskutiert über **Sozialverbund, Sozialcharta** – um auch die Einheitlichkeit, den Zusammenhang hier deutlich sichtbar zu machen, **Wirtschafts-, Währungsverbund und Sozialverbund**, daß man jetzt auch deutlich zeigt: Das sind drei Dinge, die unbedingt zusammengehören. Und die Frage der Sozialcharta, das ist dann die nähere Bestimmung des Inhalts dieses Sozialverbunds. So würde ich vorschlagen, heranzugehen an die Lösung dieser Aufgaben in der Redaktionsgruppe.

Ziegler (Moderator): Ja, vielen Dank.

Ich lasse jetzt über das Verfahren abstimmen. Denn wenn wir jetzt hier inhaltlich nicht dies mehr festlegen, dann bleibt als wesentlich die Aufforderung keine vorschnellen Vereinbarungen zu machen. Aber die drei Anträge lauten jetzt: Erstens: Es wird jetzt inhaltlich hier verhandelt, das ist der weitestgehende Antrag. Dann werden wir erst eine Pause machen müssen und werden dann damit beginnen. Der zweite ist: Es wird als Willensbildung mitgegeben und gleichzeitig, das ist dann der dritte Antrag, zur weiteren Aufarbeitung in die Arbeitsgruppe „Wirtschaft" überwiesen. Darüber möchte ich jetzt abstimmen lassen.

Erstens: Wer ist also dafür, daß das am Runden Tisch jetzt, heute heißt das ja, weiter inhaltlich verhandelt wird? – 3 dafür. Gegenstimmen? – Die Mehrheit. Enthaltungen? – 4 Enthaltungen.

Dann stelle ich jetzt die zweite Frage: Wer ist einverstanden damit, daß dies als Willensbildung mit in das Verhandlungsgepäck für Bonn, ich sage es abgekürzt, überwiesen wird, den bitte ich um das Handzeichen? – Mehrheit. Gegenstimmen? – 5 dagegen. Enthaltungen? – 1 Enthaltung.

Dritte Frage: Wer ist damit einverstanden, daß dieses zur weiteren inhaltlichen Bearbeitung an die Arbeitsgruppe „Wirtschaft" zugleich überwiesen wird, [den] bitte ich um das Handzeichen. – Ja, die Mehrheit ist es. Gegenstimmen? – 4 dagegen. Und wer enthält sich der Stimme? – Danke schön.

Es bleibt, Herr Templin, ein Antrag zur Geschäftsordnung.

Templin (IFM): Wir möchten beantragen, daß durch nochmalige Abstimmung festgestellt wird, wer sich dieser **politischen Willensbildung** hier anschließt, oder dieser politischen Willenserklärung hier anschließt.

Ziegler (Moderator): Ach so, das ist natürlich möglich, daß es nicht nur eine Sache von Demokratie Jetzt ist, aber dann nur in dem Sinne, daß es als Verhandlungsmaterial mitgeht, ja.

Gutzeit (SPD): Wir haben beschlossen, hierüber nicht zu diskutieren, sondern es in diese Redaktionsgruppe zu geben.

Ziegler (Moderator): Nein, nein, das haben wir hier nicht, sondern als Verhandlungspapier so wie Information 2 und 3. Das ist etwas anderes, so daß ich es für möglich halte zu fragen, wer denn auch hinter solcher Willensäußerung mit steht, das halte ich für eine Möglichkeit. Damit es nicht bloß Demokratie Jetzt ist. Es kann ja sein, daß jemand noch dazustimmt, nicht? Das hat doch der Herr Templin jetzt beantragt.

Ja, Herr Schnur, bitte.

Schnur (DA): Gut, aber das setzt doch dann jetzt ehrlicherweise eine Behandlung dieses Papiers hier am Runden Tisch voraus.

Ziegler (Moderator): Ja, doch, Sie können ja dagegen sein.

Schnur (DA): Na, wissen Sie, Herr Ziegler, es geht doch jetzt gar nicht darum, dagegen zu sein, sondern hier ist eine ganze Reihe wichtiger inhaltlicher Punkte, die politisch ja bereits Berücksichtigung in dem Verhandlungspapier der Regierung Modrow im Blick auf morgen und übermorgen findet.

Ziegler (Moderator): Wir verhandeln zur Zeit über den Geschäftsordnungsantrag, ob hier noch einmal Unterstützung erfragt wird, ja oder nein, das ist der Geschäftsordnungsantrag gewesen. Mehr nicht. Und dann sehen wir erst zu, ob darüber abgestimmt wird oder nicht.

Herr Beyermann hat auch zur Geschäftsordnung – –

Beyermann (GP): Ich möchte unterstützen und bitte in diesem Sinne, darüber abzustimmen.

Ziegler (Moderator): Ja. Und dann sehen wir zu. Herr Lietz, Sie wollten doch auch zum Geschäftsordnungsantrag sprechen, ja? Sie hatten zurückgezogen.

Ja, bitte Herr Kirchner zur Geschäftsordnung.

Kirchner (CDU): Also, ich denke, es ist ein Unterschied, ob man dieses Papier hier kursieren läßt – – Und wer es noch mit seiner Partei unterzeichnen will, dagegen ist nichts einzuwenden. Aber ich würde mich dagegen wehren, wenn man hier durch die kalte Küche Mehrheiten jetzt durch eine nochmalige Zustimmung hier am Runden Tisch bildet.

Ziegler (Moderator): Ja also, ich wollte ja auch zunächst nur über den Geschäftsordnungsantrag abstimmen lassen. Und das werden wir dann ja sehen, ob die Mehrheit dafür ist. Also, wer dafür ist, daß an diesem Runden Tisch hier durch Abstimmung noch Unterstützung erfragt werden kann, den bitte ich um das Handzeichen. – Das muß Zweidrittelmehrheit sein, ja. 12. Gegenstimmen? – 11. Also Zweidrittelmehrheit, ich brauche gar nicht zu fragen, ist es nicht. Darum nehme ich den Vorschlag von Herrn Kirchner auf: Demokratie Jetzt möge das umgehen lassen und dann kann jeder da unterzeichnen, wer sich doch dazustellt. Das wäre doch eine Möglichkeit, nicht? Danke schön.

Wir müssen jetzt aber, weil wir Herrn Minister Wünsche schon eine halbe Stunde haben warten lassen, zu einer Pause kommen von 15 Minuten. Und es ist bisher nicht verhandelt der Vorschlag, weil von keinem hier als **Antrag** aufgenommen, der hier antragsberechtigt ist, die **Frage der Treuhandstelle**.

Ja, bitte.

Weiß (DJ): Inzwischen liegt die Vorlage vor und wir könnten dazu jetzt Stellung nehmen.

Ziegler (Moderator): Dann würde ich trotzdem vorschlagen, daß wir jetzt, damit das jeder in Ruhe einmal lesen kann, das ist ja eine ziemlich umfangreiche schwierige Sache, das noch einmal aufrufen, wenn wir die Redaktionsgruppe haben arbeiten lassen. Wir machen jetzt Pause bis 11.50 Uhr und fangen dann mit dem **Parteiengesetz** wieder an.

Vielen Dank, eine gute Pause und gute Erholung.

[Pause]

Ducke (Moderator): Meine Damen und Herren, darf ich Sie bitten, wieder Platz zu nehmen, damit wir die Verhandlungen fortsetzen können. Bitte, nehmen Sie wieder Platz. Meine Damen und Herren, ich bitte Sie wieder am Runden Tisch Platz zu nehmen. Ich hoffe, daß ich im Foyer auch zu hören bin und bitte die Teilnehmer am Runden Tisch, wieder Platz zu nehmen, damit wir den nächsten Tagesordnungspunkt aufrufen können. Wenn Sie so freundlich sind, die Interviews zu beenden und die Tür zu schließen. In anderen Bereichen heißt es, letzter Aufruf. Jetzt bitte ich auch dies als letzten Aufruf zum Verhandlungsbeginn zu betrachten. Die Pause war doch ein wenig zu kurz angesetzt, wahrscheinlich war der Erschöpfungszustand so groß, daß eine längere Erholungsphase notwendig war.

TOP 4: Parteien- und Vereinigungsgesetz

Ich rufe auf, den Tagesordnungspunkt 3, das **Parteien- und Vereinigungsgesetz**. Zuvor aber habe ich noch zwei Ansagen zu machen. Erstens: Die Redaktionsgruppe, die zu dem Thema Positionen des Runden Tisches für die Verhandlungen Modrow/Kohl sich gebildet hat, tagt im Raum 202 und 203. Zweite Ansage: Wir werden aufgefordert durch das **Präsidium der Volkskammer**, daß dringend die Namen der Vertreter der Parteien für den Medienkontrollrat gemeldet werden [und] spätestens um 13.00 Uhr an das Arbeitssekretariat [gegeben werden]. Also, ein Aufruf noch einmal an alle Parteien, die noch nicht ihren Vertreter in den **Medienkontrollrat** benannt haben, dies noch spätestens bis 13.00 Uhr zu tun im Arbeitssekretariat.

Dann begrüße ich zu diesem Tagungspunkt, Parteien- und Vereinigungsgesetz, Herrn Professor Dr. [Kurt] Wünsche, Minister der Justiz. Ich begrüße Herrn Uteg, amtierenden Stellvertreter des Ministers für Finanzen und Preise, Herr Benedix, amtierender Leiter der Hauptabteilung „Innere Angelegenheiten" im Ministerium für Innere Angelegenheiten und Herrn Dr. Christoph, Leiter der Hauptabteilung „Verwaltungsrecht" im Ministerium der Justiz. Wir haben vor uns liegen das **Vorläufige Gesetz über Parteien und andere politischen Vereinigungen, Parteiengesetz, Vorlage 12/4**. Gleichzeitig wird jetzt das **Vereinigungsgesetz [Vorlage 12/5[17]]** auch noch verteilt[18]. Ich bitte die Arbeitsgruppe „Parteien- und Vereinigungsgesetz", uns noch einmal in diese Vorlage einzuführen. Danach haben dann die Vertreter der Regierung die Gelegenheit zur Stellungnahme.

Bitte, Frau Poppe.

Frau Poppe (DJ): Die Arbeitsgruppe „Parteien- und Vereinigungsgesetz" legt Ihnen zwei Gesetzentwürfe vor. Das eine ist das **Vorläufige Gesetz über Parteien und andere politische Vereinigungen**, kurz **Parteiengesetz** genannt. Und das andere ist [das] **Gesetz über Vereinigungen, Vereinigungsgesetz**. Ich weiß nicht, ob das zweite schon an alle ausgeteilt ist.

[Vorlage 12/4, Entwurf AG „Parteien- und Vereinigungsgesetz": Vorläufiges Gesetz über Parteien und andere politische Vereinigungen[19]

– Parteiengesetz –

vom

Zur Gründung und Tätigkeit von Parteien und anderen politischen Vereinigungen in der Deutschen Demokratischen Republik beschließt die Volkskammer das folgende Gesetz:

§ 1

(1) Dieses Gesetz regelt die Rechte und Pflichten der Bürger der Deutschen Demokratischen Republik bei der Gründung und Tätigkeit von Parteien.

(2) Dieses Gesetz gilt auch für andere politische Vereinigungen, mit Ausnahme der [10, 11 und 12.]

---

[17] Dokument 12/7, Anlagenband.
[18] Die Vorlagen 12/4 und 12/5 weisen keinen „Einbringer" aus. In dem Anschreiben des Arbeitssekretariates an die „Parteien/Gruppierungen" vom 9. Februar 1990 wird die AG „Parteien- und Vereinigungsgesetz" als Einbringer ausgewiesen. Jener Anteil an Urheberschaft und Überarbeitung dieser „Entwürfe", welcher den korrespondierenden Volkskammerausschüssen gleichwohl zukommt, wird mit der Ausweisung der AG „Parteien- und Vereinigungsrecht" als Einbringer nicht erfaßt.
[19] Die Vorlage 12/4 wurde hier vom Herausgeber eingefügt. Vergleiche Dokument 9/10 und 11/4.

§ 2

(1) Die Bildung von Parteien erfolgt entsprechend den Grundsätzen der Vereinigungsfreiheit.

(2) Parteien sind politische Vereinigungen von Bürgern, die dauernd oder für längere Zeit in der Deutschen Demokratischen Republik auf die politische Willensbildung Einfluß nehmen und sich mit eigenen Kandidaten an Wahlen beteiligen.

(3) Grundlegende Aufgaben von Parteien sind insbesondere

– Teilnahme und Mitwirkung an der politischen Willensbildung;

– Beteiligung an Wahlen durch Aufstellung von Kandidaten;

– Förderung der politischen Bildung und aktive Teilnahme der Bürger am gesellschaftlichen Leben;

– Mitwirkung an der Vermittlung von Volks- und Staatswillen;

– Auswahl und Befähigung von geeigneten Mitgliedern zur Übernahme staatlicher Verantwortung.

(4) Die Parteien haben beim Präsidenten der Volkskammer

– das Programm und die Satzung (das Statut),

– die Namen der Mitglieder des geschäftsführenden Vorstandes zu hinterlegen. Gleiches gilt für Änderungen bzw. Ergänzungen des Programms und der Satzung (des Statuts). Änderungen der personellen Zusammensetzung des geschäftsführenden Vorstandes sind umgehend mitzuteilen. Der Präsident der Volkskammer führt ein Register der Parteien. Das Parteienregister ist öffentlich und jedermann zugänglich.

(5) Eine Partei, die innerhalb von 6 Jahren nicht mit eigenen Kandidatenvorschlägen an Wahlen teilgenommen hat, wird aus dem Parteienregister gestrichen. Die Öffentlichkeit ist darüber in geeigneter Weise zu informieren. Die Fortführung der Tätigkeit einer aus dem Parteienregister gestrichenen Partei richtet sich nach den Bestimmungen des Vereinigungsgesetzes.

§ 3

(1) Die Bildung von Parteien ist frei und bedarf keiner Genehmigung.

(2) Die Gründung und Tätigkeit von Parteien, die militaristische, faschistische oder andere antihumanistische Ziele verfolgen oder der Verbreitung und Bekundung von Glaubens-, Rassen- und Völkerhaß dienen oder ihre Ziele mit Gewalt oder durch Androhung von Gewalt zu verwirklichen suchen, sind verboten.

§ 4

(1) Mitglieder von Parteien können nur natürliche Personen sein.

(2) Ausländer, die sich mit einer Aufenthaltserlaubnis oder einer Aufenthaltsgenehmigung in der Deutschen Demokratischen Republik aufhalten, können Mitglied einer Partei werden, soweit deren Satzung (Statut) nichts anderes bestimmt.

§ 5

(1) Jede Partei muß einen Nahmen haben, der sich von dem einer bereits bestehenden Partei deutlich unterscheidet. Gleiches gilt für eine Kurzbezeichnung, wenn eine solche verwandt wird.

(2) Der Sitz einer Partei und ihres Vorstandes müssen sich im Staatsgebiet der Deutschen Demokratischen Republik befinden.

§ 6

Soweit staatliche Organe, staatliche Betriebe und staatliche Einrichtungen Leistungen oder anderes an eine Partei gewähren bzw. einer Partei einräumen, haben alle anderen Parteien Anspruch auf Gleichbehandlung.

§ 7

(1) Jede Partei, die sich mit eigenen Kandidatenvorschlägen an Wahlen beteiligt, ist an der Wahlvorbereitung und -durchführung Chancengleichheit zu gewährleisten. Das bezieht sich insbesondere auf

– die Nutzung von Räumen und anderen Versammlungsstätten in volkseigenen Grundstücken, soweit sich diese in Rechtsträgerschaft der örtlichen Staatsorgane befinden

– den gleichberechtigten Zugang zu und die freie Eigendarstellung in den Massenmedien in Übereinstimmung mit dem Beschluß der Volkskammer vom 5. Februar 1990 über die Gewährleistung der Meinungs-, Informations- und Medienfreiheit (GBl. I Nr. 7 S. 39)

– die gleichberechtigte Inanspruchnahme von öffentlich verwalteten Flächen zur Wahlsichtwerbung.

(2) Die Realisierung von Ansprüchen der Parteien gemäß Abs. 1 gewährleisten der Ministerrat, die zuständigen örtlichen Staatsorgane und die Leiter der staatlichen Einrichtungen durch mit den jeweiligen Parteien rechtzeitig abzuschließende Vereinbarungen, die auch Festlegungen über die im Zusammenhang mit der Wahrnehmung der Rechte entstehenden Kosten enthalten müssen.

§ 8

(1) Parteien sind unter der Voraussetzung des § 2 Abs. 4 rechtsfähig. Sie nehmen als juristische Personen am Rechtsverkehr teil.

(2) Für die Teilnahme der Parteien am Rechtsverkehr gelten, soweit dieses Gesetz nichts anderes festlegt, die Regelungen des Vereinigungsgesetzes entsprechend.

§ 9

(1) Jede Partei muß über ein Programm und eine Satzung (Statut) verfügen, die demokratischen Prinzipien entsprechen.

(2) Die Satzungen müssen Festlegungen enthalten über

– Namen und Kurzbezeichnung, sofern eine solche verwandt wird;

– Sitz und Tätigkeitsgebiet der Partei;

– allgemeine Gliederung der Partei;

- Zusammensetzung und Befugnisse des Vorstandes und der übrigen Organe;
- Beschlußfassung der Mitgliederversammlung bzw. Delegiertenkonferenz;
- Beginn und Beendigung der Mitgliedschaft sowie der Rechte und Pflichten der Mitglieder;
- Verfahren der Auswahl von Kandidaten der Partei für die Wahlen zu den Volksvertretungen;
- Form und Inhalt einer Finanzordnung.

Über die Einrichtung einer Schiedsgerichtsbarkeit entscheidet die Partei.

§ 10

(1) Organe der Parteien sind Mitgliederversammlungen und Vorstände. In der Satzung kann festgelegt werden, daß in überörtlichen Struktureinheiten an die Stelle der Mitgliederversammlung eine Delegiertenkonferenz treten kann.

(2) Die Mitgliederversammlung oder die Delegiertenkonferenz ist das oberste Organ der jeweils territorialen Struktureinheit. Sie tritt mindestens einmal in 2 Jahren zusammen. Die Mitgliederversammlung oder die Delegiertenkonferenz (Parteitag) beschließt über die Parteiprogramme, die Satzung (das Statut), die Beitragsordnung, die Auflösung und den Zusammenschluß mit anderen Parteien.

(3) Die Mitgliederversammlung oder die Delegiertenkonferenz (Parteitag) wählt den Vorsitzenden der jeweiligen territorialen Struktureinheit, seine Stellvertreter und die übrigen Mitglieder des Vorstandes.

(4) Mindestens alle 2 Jahre hat der Vorstand vor der Mitgliederversammlung oder der Delegiertenkonferenz (Parteitag) einen Tätigkeitsbericht abzugeben.

§ 11

(1) Die Partei entscheidet satzungsgemäß über die Aufnahme von Mitgliedern. Die Mitgliedschaft in einer Partei schließt die Mitgliedschaft in einer anderen aus. Allgemeine Aufnahmesperren sind unzulässig.

(2) Die Mitglieder der Partei und die Vertreter in den Parteiorganen haben gleiches Stimmrecht.

(3) Die Partei regelt in ihrer Satzung (ihrem Statut) die Disziplinarmaßnahmen gegenüber ihren Mitgliedern und die Gründe für den Parteiausschluß.

§ 12

(1) Die Vorstände leiten die Partei bzw. die territorialen Struktureinheiten der Partei. Sie vertreten die Partei im Rechtsverkehr gemäß der Satzung (dem Statut). Ihr Handeln berechtigt und verpflichtet die Partei unmittelbar.

(2) Der Vorstand handelt durch seinen Vorsitzenden; im Verhinderungsfalle durch einen gewählten Stellvertreter.

§ 13

Eine Partei kann sich durch Beschluß der Mitgliederversammlung oder Delegiertenkonferenz (Parteitag) auflösen. Gleichzeitig ist zu beschließen, an wen das Vermögen zur Nutzung für einen gemeinnützigen Zweck zu überweisen bzw. zu übertragen ist.

§ 14

(1) Die Parteien haben eine Einnahmen- und Ausgabenrechnung sowie eine Vermögensrechnung jährlich zu führen und im Finanzbericht der Partei auszuweisen.

(2) Einnahmen sind:

- Mitgliedsbeiträge und ähnliche regelmäßige Beiträge
- Einnahmen aus Vermögen
- Einnahmen aus wirtschaftlicher Tätigkeit
- Einnahmen aus Schenkungen
- Einnahmen aus Wahlkampfkostenerstattung
- sonstige Einnahmen (aufgegliedert nach Hauptpositionen).

(3) Ausgaben sind:

- Personalausgaben
- Ausgaben für politische Arbeit
- Ausgaben für Verwaltungsaufgaben
- Ausgaben für Wahlen
- sonstige Ausgaben (aufgegliedert nach Hauptpositionen).

(4) Die Vermögensrechnung umfaßt

- unbewegliche und bewegliche Grundmittel
- Umlaufmittel
- Forderungen
- Verbindlichkeiten.

(5) Im Finanzbericht sind die Anzahl der beitragspflichtigen Mitglieder sowie die Wirtschaftseinheiten der Partei mit Angabe der an die Partei abgeführten Gewinne zum Jahresende auszuweisen.

§ 15

Parteien dürfen nur solche Betriebe und Unternehmen betreiben, die der politischen Willensbildung dienen. Gestattet sind auch Bildungseinrichtungen, Ferienheime und andere soziale Einrichtungen.

§ 16

Parteien sind hinsichtlich ihrer politischen Tätigkeit von Steuern befreit. Das gilt auch für die Verwaltung, Schulung und Erziehung. Unterhalten sie jedoch einen wirtschaftlichen Geschäftsbetrieb (z. B. Produktion, Handel, Dienstleistungen, Druckerei, Verlag, Erholungsobjekt), so sind sie insoweit steuerpflichtig. Für die Besteuerung der Umsätze und Gewinne sowie dieses Vermögens gelten die bestehenden steuerrechtlichen Vorschriften.

§ 17

(1) Über Einzelschenkungen (Spenden) im Wert von mehr als 10 000 Mark ist innerhalb von 14 Tagen der Präsident der Volkskammer zu informieren. Dieser macht die Schenkung unter Angabe ihrer Höhe und des Spenders unverzüglich im Gesetzblatt der Deutschen Demokratischen Republik bekannt.

(2) Schenkungen in Erwartung eines wirtschaftlichen Vorteils dürfen weder gewährt noch angenommen werden. Solche Schenkungen sind gegebenenfalls dem Präsidenten der Volkskammer zu überweisen, der sie gemeinnützigen Zwecken zuführt.

(3) Eine Partei darf keine Schenkungen oder anderweitige wirtschaftliche Unterstützung von einem anderen Staat oder von außerhalb des Geltungsbereiches dieses Gesetzes annehmen.

§ 18

(1) Zur Gewährleistung der Arbeitsfähigkeit der Parteien wird jeder Partei ein staatlicher Finanzierungszuschuß gewährt. Der Zuschuß wird auf Antrag der Parteien quartalsweise in angemessener Höhe gezahlt. Die Höhe des Finanzierungszuschusses für das 1. und 2. Quartal 1990 wird durch den Ministerrat im Zusammenwirken mit den Parteien und Gruppierungen des Runden Tisches festgelegt. Die im 1. Halbjahr 1990 gezahlten Zuschüsse werden in keinem Fall zurückgefordert. Diese Bestimmungen gelten nur für Parteien, die sich an den Wahlen beteiligen oder die sich bis zum 28. Februar 1990 gegründet haben und mindestens 500 Mitglieder nachweisen.

(2) Die Höhe des Finanzierungszuschusses für jede Partei für das Jahr 1990 ist nach den Wahlen zur Volkskammer und den Kommunalwahlen unter Berücksichtigung insbesondere der

– Zahl der auf die Parteien entfallenen Wählerstimmen,

– Einnahmen der Parteien,

– unbedingt erforderlichen Personalkosten,

– Anzahl der Mitglieder der Partei

durch Beschluß der Volkskammer festzulegen. Dabei ist auch der besondere Bedarf der neugebildeten Parteien für die Schaffung der notwendigen personellen, materielltechnischen und organisatorischen Arbeitsvoraussetzungen zu berücksichtigen.

§ 19

(1) Parteien, die sich an der Volkskammerwahl mit eigenen Wahlvorschlägen beteiligen, haben Anspruch auf eine anteilige Erstattung von Wahlkampfkosten gemäß Abs. 2.

(2) Der zu bildende staatliche Wahlkampffonds beträgt 5 Mark je Wahlberechtigten. Die Erstattung der Wahlkampfkosten erfolgt anteilmäßig nach den auf die Partei oder auf ein Wahlbündnis entfallenen gültigen Wählerstimmen.

(3) In Vorbereitung auf die Volkskammerwahlen können auf Antrag Abschlagszahlungen in Anspruch genommen werden.

(4) Die Auszahlung der Beträge, die zur Erstattung von Wahlkampfkosten einer Partei zustehen, erfolgt durch den Präsidenten der Volkskammer.

(5) Parteien, die nicht mindestens 0,25 % der gültigen Wählerstimmen auf sich vereinen, erhalten keine Wahlkampfkosten erstattet. Das gilt auch für Wahlbündnisse. Parteien, die nationale Minderheiten vertreten, erhalten in jedem Fall Wahlkampfkosten gem. Abs. 2 erstattet.

(6) Abschlagszahlungen sind nach der Wahl zurückzuzahlen, soweit sie den Erstattungsbetrag gemäß Abs. 2 übersteigen oder wenn ein Erstattungsanspruch nicht entstanden ist.

(7) Für die Wahlen zu den anderen Volksvertretungen werden gesonderte Regelungen getroffen.

§ 20

(1) Bis zum 30. 6. eines jeden Jahres hat jede Partei öffentlich Rechenschaft über das Vermögen, die Einnahmen und Ausgaben des vergangenen Kalenderjahres zu legen. Der Bericht ist mit dem Prüfungsvermerk eines unabhängigen Revisionsorgans an den Präsidenten der Volkskammer zu übergeben.

(2) Der Präsident der Volkskammer macht die Finanzberichte im Gesetzblatt der deutschen Demokratischen Republik bekannt.

§ 21

(1) Das Verbot einer Partei gemäß § 2 Abs. 2 erfolgt in einem Verfahren vor dem Großen Senat des Obersten Gerichts der Deutschen Demokratischen Republik.

(2) Anträge auf Verbot einer Partei können das Präsidium der Volkskammer, der Ministerrat und der Generalstaatsanwalt der Deutschen Demokratischen Republik stellen.

(3) Für das Verfahren vor dem Großen Senat des Obersten Gerichts gilt die Zivilprozeßordnung entsprechend.

(4) Die strafrechtliche Verantwortlichkeit einzelner Mitglieder von Parteien bleibt vom Verbotsverfahren unberührt.

§ 22

(1) Wird eine Partei entsprechend § 21 verboten, ist sie unverzüglich aufzulösen. Verantwortlich für die zur Auflösung zu ergreifenden Maßnahmen sind der Minister für Innere Angelegenheiten und der Minister der Finanzen und Preise.

(2) Das Vermögen der verbotenen Partei fällt an den Staat zur Verwendung für gemeinnützige Zwecke.

§ 23

Betriebe und Unternehmen, die beim Inkrafttreten dieses Gesetzes entgegen den Regelungen des § 15 Eigentum von Parteien sind, sind bis spätestens 31. Dezember 1991 an anderes Eigentum zu überführen. Ehemaliges Volkseigentum ist dabei zurückzuführen.

§ 24

Dieses Gesetz tritt mit Ausnahme des § 17 Abs. 3 am ... in Kraft. § 17 Abs. 3 tritt am 1. Januar 1991 in Kraft.

Ducke (Moderator): Es wird im Moment verteilt, es liegt dann also vor.

Frau Poppe (DJ): Das **Parteiengesetz [Vorlage 12/4]** regelt die Gründung und Tätigkeit von Parteien und anderen politischen Vereinigungen. Ich möchte Sie auf ein paar Paragraphen aufmerksam machen, die ich für diskussionswürdig halte. Das betrifft einmal den Paragraphen 15, in dem es heißt: „Parteien dürfen nur solche Betriebe und Unternehmen betreiben, die der politischen Willensbildung dienen. Gestattet sind auch **Bildungseinrichtungen, Ferienheime** und andere **soziale Einrichtungen.**"

Da bislang also, Parteien auch andere Betriebe und Unternehmungen unterhielten, haben wir eine Übergangsregelung geschaffen, die finden Sie im Paragraph 23, in dem es heißt, daß bis zum 31. Dezember 1991 diejenigen Betriebe und Unternehmen, die nicht im Sinne des Paragraphen 15 der politischen Willensbildung dienen oder Bildungseinrichtungen, Ferienheime und andere soziale Einrichtungen sind, in anderes Eigentum zu überführen sind. Stammen diese Betriebe aus ehemaligem Volkseigentum – bekanntlich galt früher die Regelung, daß Volkseigentum einfach in das Eigentum von Parteien überschrieben werden konnte –, betrifft es also ehemaliges Volkseigentum, so ist dieses wieder an **Volkseigentum** zurückzuführen bis zum 31. Dezember 1991.

Der Paragraph 17 enthält im Absatz 3 folgende Formulierung: „Eine Partei darf keine Schenkungen oder anderweitige wirtschaftliche Unterstützung von einem anderen Staat oder von außerhalb des Geltungsbereiches dieses Gesetzes annehmen." Auch diese Regelung, Paragraph 17 Absatz 3, gilt erst ab dem 1. Januar 1991. Diese Übergangsregelung finden Sie im Paragraph 24.

Auf den Paragraph 18 möchte ich Sie noch aufmerksam machen. Da geht es um den Finanzierungszuschuß. Ich lese einmal vor, Absatz 1: „Zur Gewährleistung der Arbeitsfähigkeit der Parteien, wird jeder Partei ein staatlicher Finanzierungszuschuß gewährt." Was hier mit Partei beschrieben ist, bezieht sich im Sinne von Paragraph 1, Absatz 2 auch auf andere politische Vereinigungen, darauf möchte ich noch einmal hinweisen, also, in diesem Sinne jeder Partei und politischen Vereinigung.

Ich lese noch einmal vor: „Zur Gewährleistung der Arbeitsfähigkeit der Parteien wird jeder Partei ein staatlicher Finanzierungszuschuß gewährt. Der Zuschuß wird auf Antrag der Parteien quartalsweise in angemessener Höhe gezahlt. Die Höhe des Finanzierungszuschusses für das erste und zweite Quartal 1990 wird durch den Ministerrat im Zusammenwirken mit den Parteien und Gruppierungen des Runden Tisches festgelegt."

Das ist also diese Übergangsregelung. „Die im ersten Halbjahr 1990 gezahlten Zuschüsse werden in keinem Fall zurückgefordert." Das geht auch zurück auf den Ministerratsbeschluß vom 21. 12. vorigen Jahres, in dem den neuen Parteien und Gruppierungen Unterstützung zugesichert wurde, unter dem Begriff **Vorfinanzierung**. Und mit diesem Satz haben wir festgelegt, daß diese Vorfinanzierung, also, dieser **Finanzierungszuschuß** nicht rückzahlpflichtig ist. „Diese Bestimmungen gelten nur für Parteien, die sich an den Wahlen beteiligen oder die sich bis zum 28. Februar 1990 gegründet haben und mindestens 500 Mitglieder nachweisen."

Der Absatz 2 des Paragraphen 18 handelt von der **Festlegung eines Finanzierungszuschusses** für jede Partei und politische Vereinigung **nach der Wahl.** Dieses habe die Volkskammer festzulegen und wir haben lediglich Kriterien für diese Festlegung formuliert. Also, unter Berücksichtigung insbesondere der Zahl der auf die Parteien entfallenen Wählerstimmen, der Einnahmen der Partei, also, das müßte davon abgesetzt werden, der unbedingt erforderlichen Personalkosten und der Anzahl der Mitglieder der Partei. Dabei ist auch der besondere Bedarf der neugebildeten Parteien für die Schaffung der notwendigen personellen, materiell-technischen und organisatorischen Arbeitsvoraussetzungen zu berücksichtigen.

Im Paragraph 19 ist die **Wahlkampfkostenrückerstattung** geregelt. Im Absatz 5 heißt es: „Parteien, die nicht mindestens 0,25 Prozent der gültigen Wählerstimmen auf sich vereinen, erhalten keine Wahlkampfkosten erstattet. Dies gilt auch für Wahlbündnisse. Parteien, die nationale Minderheiten vertreten, erhalten in jedem Fall Wahlkampfkosten erstattet."

Ducke (Moderator): Danke.

Frau Poppe von Demokratie Jetzt, hat uns auf die ja noch fehlenden Paragraphen, beim letzten Mal noch fehlenden Paragraphen, hingewiesen. Es war ja auch die Brisanz, die jetzt deutlich geworden ist.

Ich darf jetzt die Vertreter der Regierung bitten, uns zu diesem Gesetzentwurf ihre Stellung abzugeben und danach gehen wir in die Debatte.

Ich muß aber noch eine Mitteilung machen, ich hatte zwar gesagt, daß die Redaktionsgruppe im Zimmer 202 und 203 tagt, aber da hat sich bis jetzt noch niemand eingefunden. Also, auch in diesem Punkt wieder letzter Aufruf. Die Mitglieder der Redaktionsgruppe werden erwartet im Zimmer 202 und 203, sonst ist das Flugzeug abgeflogen. Also, jetzt wird mir eben wieder gesagt, daß das nicht 202 und 203 ist, jetzt merke ich mir schon gar nichts mehr, sondern sie sitzen in 213. Zwei eins drei. In Zimmer 213 jetzt die restlichen Mitglieder der Redaktionsgruppe.

Bitte, Herr Professor Wünsche.

Wünsche (Minister der Justiz): Meine Damen und Herren, ich darf hier erklären, daß der Ihnen vorliegende Entwurf für das vorläufige Parteiengesetz in vollem Maße von der Regierung in dieser Fassung getragen wird – einschließlich der von Frau Poppe vorgetragenen und auch, wie ich meine, ausreichend begründeten Ergänzungen und Veränderungen im Vergleich zu dem Entwurf, der Ihnen zunächst vorlag. Es ist in der Tat so gewesen, daß hauptsächlich diese hier noch einmal erläuterten Regelungen längere Diskussionen sowohl in der Regierung wie auch in dann noch zwei Beratungen der Kommission am Runden Tische erforderlich gemacht haben.

Ich darf auch darauf aufmerksam machen, daß es sich hier um ein vorläufiges Gesetz, um einen **Entwurf für ein vorläufiges Gesetz** handelt und diese komplizierten Finanzierungsprobleme, von denen eben die Rede war, vor allem in den Paragraphen 18 und 19, dann in besonderer Weise – ich glaube, darauf bezieht sich die Vorläufigkeit auch und nicht zuletzt – einer späteren Neufassung unterliegen müssen. Das trifft vor allem für den Paragraphen 18 zu, denn es gibt keine mir bekannten Parteiengesetze, die Regelungen ähnlich der des Paragraphen 18 enthalten würden. Das ist eine **Übergangsregelung**, die ganz sicher von besonderer Bedeutung ist in einer solchen **Situation der Neubildung von Parteien und politischen Vereinigungen**, im übrigen aber international unüblich ist. Üblich dagegen ist der Bezug, wie zum Beispiel auch im Parteiengesetz der BRD, der Bezug auf die Zahl der erreichten Wählerstimmen.

Es sind also alle Vorschläge, die von der Arbeitsgruppe des Runden Tisches in dieser Richtung gemacht worden sind, eingefügt worden. Die Kriterien, die für die Zuschüsse festgelegt worden sind, sind nun verhältnismäßig unbestimmt und bedürfen dann einer sehr differenzierten Auslegung durch die Volkskammer. Es gab ja verschiedentlich Versuche, und das konnten Sie auch dem ersten Entwurf entnehmen, präzisere Kriterien zu finden, aber es war doch allgemein die Auffassung, die sich dann auch in der Ihnen vorliegenden Fassung hier durchgesetzt hat, daß eine zu starke Abstellung dieser Kriterien auf die Mitgliederzahlen der Parteien in dieser Zeit, in dieser Situation, ungünstig wäre und Benachteiligungen hier insbesondere der neugegründeten Parteien und Vereinigungen nur sehr schwer vermeidbar wären. Deswegen ist eben diese vorläufige Regelung, diese **Übergangsregelung,** hier für richtig gehalten worden. Und ich halte sie, auch die Regierung hält sie für tragfähig.

Im übrigen sind die anderen Bestimmungen, die wichtigen, substantiellen Bestimmungen dieses Parteiengesetzes eigentlich in dem ganzen Verlauf der seitherigen Beratungen, seitdem Sie sich hier das erste Mal damit beschäftigt haben, nur in ganz wenigen Nuancen noch einmal diskutiert worden, im übrigen aber von allen voll akzeptiert worden. Und dieses Maß an Konsens, das sehr beachtlich ist, ist eben dadurch möglich gewesen, vor allem dadurch möglich gewesen, daß hier die **Regierungskommission** erstmalig, glaube ich, ausgegangen ist von dem Entwurf einer Arbeitsgruppe des Runden Tisches und auf die Einbringung einer eigenen Vorlage für diese Beratungen verzichtet hat. Dadurch ist dieses hohe Maß an Konsens erreicht worden, wie auch durch die Kooperativität der Mitglieder, der Beauftragten der Parteien und politischen Vereinigungen in der Regierungskommission, für die ich mich bei dieser Gelegenheit noch einmal ausdrücklich bedanken möchte.

Ducke (Moderator): Danke, Herr Minister Wünsche für diese Erklärung.

Wir haben das Gesetz vorliegen. Unsere Aufgabe ist es, nachdem wir uns schon beim letzten Mal haben einführen lassen und einiges dazu gesprochen haben, nun noch die Frage zu stellen: Gibt es dagegen Einsprüche, gibt es noch Wünsche, daß wir darüber noch etwas diskutieren müssen? Sonst sind wir ja dann gebeten um die Zustimmung zu diesem Gesetz.

Und bitte beachten Sie auch den Paragraphen 24, wo es dann um diese **Ausnahmeregelung** bezüglich des Datums der Geltung geht. Wünscht jemand nun zu dieser Vorlage noch das Wort?

Bitte, Herr Mahling, Vertreter der Sorben.

Mahling (Vertreter des Sorbischen Runden Tisches): Zu zwei Paragraphen des vorliegenden Entwurfes, und zwar einmal Paragraph 17.3, wo die **Finanzierung durch das Ausland** untersagt wird, für die **Domovina.** Für uns wäre – – wir spekulieren nicht auf westliche Hilfe, sondern es hat in der Vergangenheit, in den zwanziger und dreißiger Jahren, Unterstützung aus dem slawischen Ausland für die Sorben gegeben, insbesondere von der **CSSR.** Und es ist ja anzunehmen, daß ähnliche Konstellationen wieder kommen. Wäre das damit untersagt, **Unterstützungen** entgegenzunehmen? Eine Anfrage.

Und die zweite ist zu Paragraph 19, Punkt 5. Diesen Punkt begrüßen wir. Wir freuen uns, daß damit alle Parteien, die unsere Interessen vertreten, automatisch ihre **Wahlkampfkosten erstattet** bekommen und möchten allen Parteien, auch den kleinen, Mut machen, die sorbischen Interessen oder die auch der anderen Minderheiten zu vertreten. Ich hoffe, daß ich das richtig verstanden habe, daß alle Parteien, die sorbischen Interessen vertreten, sämtliche Wahlkampfkosten, also, ihre Wahlkampfkosten erstattet bekommen.

Danke.

Ducke (Moderator): Gut, Herr Mahling dazu. Herr Mahling, Sie haben bei Ihrer Intervention beachtet, daß der Paragraph 17.3 ausdrücklich erst ab 1. Januar 1991 Geltung haben soll und die Frage ist – –

Mahling (Vertreter des Sorbischen Runden Tisches): Ja, auch dann würde er uns betreffen.

Ducke (Moderator): Bitte? – Auch dann würde es betreffen. Aber betrifft es die Partei oder Zuwendung für die sorbische Minderheit?

Mahling (Vertreter des Sorbischen Runden Tisches): Das wäre im einzelnen zu klären, also nicht, daß dann – –

Ducke (Moderator): Darf ich vielleicht einen Vertreter der Regierung bitten, ob er dazu schon etwas sagen kann, wie das zu verstehen ist. Das war eine konkrete Anfrage.

Herr Minister Wünsche.

Wünsche (Minister der Justiz): Ja, der Absatz 3 des Paragraphen 17 würde für **Parteien nationaler Minderheiten,** mit dieser Einschränkung, die eben gemacht worden ist, eine solche Zuwendung ausschließen. Es gab an dieser Stelle ursprünglich in dem Entwurf die Formulierung noch als einen zweiten Satz des Absatzes 3, daß von ausländischen Vereinigungen, also überregionalen Vereinigungen, von Parteien solche Zuwendungen entgegengenommen werden können. Dies wurde in der weiteren Diskussion auch nicht für zweckmäßig gehalten und deshalb gestrichen. Wenn es sich also um eine Partei oder politische Vereinigung im Sinne dieses Gesetzes handelt, würde dieser Text das ausschließen. Nicht aber in den Fällen, die hier eben genannt wurden.

Ducke (Moderator): Ja, also danke für die Klarheit. Herr Mahling, ist klar? Jetzt zum Paragraphen 19. Noch eine Rückfrage? Ist da jemand – – Sie hatten dazu noch eine Rückfrage? Oder war das nur eine Erklärung?

Mahling (Vertreter des Sorbischen Runden Tisches): Na ja, mir ging es, ja es war zunächst eine Feststellung zu dem vorliegenden Text. Und ich hoffe, daß meine Interpretation richtig ist, daß alle Parteien, die nationale Minderheiten vertreten, das bekommen.

Ducke (Moderator): Sie meinen jetzt, darf ich das noch einmal rückfragen: Das bedeutet, daß die Sorben auch in verschiedenen oder durch verschiedene Parteien sich vertreten wissen? Jede Partei also, die nachweisen kann, daß sie für die nationale Minderheit ja jetzt votiert oder beziehungsweise sich einsetzt, würde dann ihre gesamten **Wahlkampfkosten** erstattet bekommen. Das ist zugespitzt jetzt.

Mahling (Vertreter des Sorbischen Runden Tisches): Ja, aber ich nehme an, daß das gemeint ist von den Verfassern des Gesetzes.

Ducke (Moderator): Frau Poppe hat uns dazu ein klärendes Wort zu sagen.

Bitte, Frau Poppe.

Frau Poppe (DJ): Ich weiß nicht, inwieweit ich dazu ein klärendes Wort sagen kann. Also, ich glaube, Herr Mahling hat uns hier auf einen Fehler aufmerksam gemacht. Es ist eine unklare Formulierung. Und ich denke, es ist nicht gemeint, daß all diejenigen Parteien, die in ihrem Programm eine kleine Zeile stehen haben – wir unterstützen selbstverständlich auch die nationalen Minderheiten in unserem Land –, daß die damit automatisch in jedem Falle **Wahlkampf-**

kostenrückerstattungsansprüche haben, sondern gemeint ist: Politische Vereinigungen und Parteien der **Sorben** zum Beispiel oder der **Sinti**.

Ducke (Moderator): Das war eine Erklärung von seiten der Arbeitsgruppe. Ich würde die Regierung noch fragen, ob das so in dem Sinn ist. Also, mir wird eben signalisiert, das ist so. Damit ist [das] geklärt und Herr Mahling: Sie sind in diesem Sinne nicht als Wahlkampfhelfer finanziell attraktiv. Das war jetzt das, was ich ja erwähnte. Danke.

Gibt es weitere Wortmeldungen zum Parteiengesetz? Ich sehe ja, bitte. Jetzt habe ich aber Ihren Namen vom Unabhängigen Frauenverbund nicht, wenn Sie ihn uns noch vorreichen.

Frau Packert (UFV): Ja, Kerstin Packert ist mein Name. Ich habe einen Antrag auf Änderungen in sprachlichen Formulierungen. Und zwar um die **Stellung der Frau** in unserer Gesellschaft auch in den Gesetzen klarzumachen, plädieren wir dafür, daß in den Paragraphen, in denen von Bürgern und Kandidaten gesprochen wird, die sprachliche Formulierung aufzunehmen: „Bürger und Bürgerinnen, Kandidaten und Kandidatinnen." Außerdem betrifft das noch einen Paragraphen, wo über Ausländer gesprochen wird. Also, „Ausländerinnen" sollten wir doch auch mit einbeziehen.

Ducke (Moderator): Danke, das war ein klarer Vorschlag zur Formulierung. Ich frage die Regierungsvertreter, sie können sich in der Zwischenzeit Gedanken machen, wie sie dazu Stellung nehmen.

Herr Minister Wünsche wünscht sofort dazu zu sprechen.

Wünsche (Minister der Justiz): Wir hatten in der Regierungskommission für die Ausarbeitung die gleiche Frage schon erörtert und waren dann überwiegend, weit überwiegend doch zu der Meinung gekommen, es bei dieser Formulierung, die hier enthalten ist, zu lassen. Bei bestimmten Gelegenheiten kann das und wird das zweckmäßig sein in Gesetzen, so wie vorgeschlagen, zu formulieren. Als ein durchgängiger Grundsatz für die Formulierung von Gesetzen und anderen Rechtsvorschriften wäre es, ich würde es zurückhaltend formulieren, auch im internationalen Vergleich sehr ungewöhnlich. Und es würde auch dann als neuer Grundsatz, gewissermaßen in die Welt gebracht, bedeuten, daß wir bei allen künftigen Rechtsvorschriften so zu verfahren hätten. Und dies schien allen Beteiligten oder weitaus der Mehrheit der Beteiligten nicht als zweckmäßig.

Ducke (Moderator): Danke. Herr Willich auch zu diesem Thema.

Bitte, Herr Willich, NDPD.

Willich (NDPD): Es gibt eine Reihe von Paragraphen.

Ducke (Moderator): Nein, nur zu diesem Thema jetzt. Die Frage, das war meine Rückfrage, Sie wären sonst dran, dann heben wir uns Ihre Wortmeldung [auf]. Dann zunächst Frau Poppe, dann Frau Röth.

Bitte, Frau Poppe.

Frau Poppe (DJ): Ich möchte den Antrag des Unabhängigen Frauenverbandes unterstützen und das zu einer generellen Regelung machen wollen, zumal im **Mediengesetz**, meines Wissens, das auch verändert worden ist. Und ich denke, wir sollten jetzt dazu übergehen, das wirklich in allen neuen Gesetzestexten dahingehend zu verändern.

Ducke (Moderator): Das war ein Plädoyer dafür. Wir können darüber abstimmen und das dann an die Regierung mitgeben als einen Wunsch des Runden Tisches.

Frau Röth, bitte noch dazu.

Frau Röth (UFV): Ich denke doch, daß die DDR auch Vorreiter sein könnte für einen bestimmten internationalen Trend und meine Anfrage wäre natürlich, wieviel Herren denn in dieser Kommission vertreten sein würden und wir sollten uns doch von diesem alten Denken befreien und die Hälfte des Wählerpotentials, was Frauen ja stellen, doch im entsprechenden Maße und in entsprechenden Formulierungen berücksichtigen.

Ducke (Moderator): Das war ebenfalls noch ein Wort dafür. Herr Minister Wünsche noch.

Wünsche (Minister der Justiz): Ich darf noch einmal im Interesse der **Rechtseinheitlichkeit** und der Vergleichbarkeit das wiederholen, was ich vorhin schon zur Begründung gesagt habe, im übrigen aber darauf hinweisen, daß es sich eben hier nicht um ein Mediengesetz handelte, sondern um einen **Medienbeschluß,** einen Beschluß, der insoweit natürlich rechtliche Bedeutung und Rechtskraft hat, aber doch mit einem Gesetz oder einer anderen Rechtsvorschrift von der Form her nicht zu vergleichen ist.

Ducke (Moderator): Danke.

Ich weise darauf hin, wir haben uns auch noch das Vereinigungsgesetz vor dem Mittagessen vorgenommen. Deswegen zu diesem Thema jetzt noch: Frauen. Wir lassen darüber abstimmen, als Wunsch. Sie können da Ihre Meinung kundtun. Herr Wetzel noch, Grüne Partei.

Wetzel [???[20]] (GP): Ja, ganz kurz dazu: Also, die Grüne Partei unterstützt diesen Antrag. Und also wir – –

Ducke (Moderator): Gut, das stimmen Sie dann so mit ab.

Wetzel (GP): Gut, wir können also die formellen Argumente, die dagegen sprechen, als nicht sehr schlüssig ansehen.

Ducke (Moderator): Ja, also, es war dafür geredet, dagegen war eigentlich nicht geredet. Sie haben die Probleme kundgetan. Jedem ist klar, worum es geht. Ich stelle zur Abstimmung den Antrag des Unabhängigen Frauenverbandes doch generell, also Bürgerinnen und Bürger und so weiter, die **weibliche Form** mit zu berücksichtigen. Habe ich das so korrekt wiedergegeben, ja? – Danke Frau Packert.

Wer dafür ist, den bitte ich um das Handzeichen. – Also, das ist die Mehrheit. Gegenstimmen? – Da werden wachsame Blicke. 2 sind dagegen. Na, ich will nicht sagen, was Sie jetzt auf sich ziehen. Stimmenthaltungen? – 1 Enthaltung. Danke, damit ist dieser Antrag angenommen und wird als Wunsch des Runden Tisches für die Formulierung der Regierung mitgegeben. Weitere Wortmeldungen zum Text selbst? Oder war das dazu unmittelbar? Nein, danke dann sind Sie – –

Bitte, Herr Willich, NDPD.

Willich (NDPD): Es gibt eine Reihe von Paragraphen, so 14.5 und vor allem 18, die sehr komplizierte finanztechnische Probleme beinhalten, die einer weiteren Ausgestaltung bedürfen. Ich würde vorschlagen, daß wir ins Auge fassen, dazu ein **Gremium** zu bilden, das aus den **Finanzverant-**

---

[20] Dieser Name ist nicht in der Teilnehmerliste gem. den Ergebnisprotokollen des Runden Tisches aufgeführt.

wortlichen aller Parteien und politischen Vereinigungen besteht, die mit dieser Materie dann arbeiten müssen, um zu gemeinsamen Ausführungen dieses hier zu Beschließenden zu gelangen. Unsere Partei würde bereit sein anzubieten, als Einlader zu fungieren, wenn zugestimmt wird.

Zweitens möchte ich anmerken, daß sich in den langen Diskussionen über diesen Gesetzentwurf ja als Stolperstein erwiesen hat der Paragraph 15. Ich möchte erklären, daß wir zu dieser Formulierung des Paragraphen 15 stehen, in Anwendung auch des Paragraphen 23, wobei hier natürlich ins Auge gefaßt werden muß, daß die künftige Volkskammer und die künftige Regierung dazu die rechtlichen Voraussetzungen einschließlich der dazu notwendigen Institutionen schaffen muß.

Ducke (Moderator): Danke, Herr Willich. Meine Frage ist, ist das jetzt ein konkreter Antrag bezüglich dieser Kommission? Oder geben Sie das nur zu bedenken für die notwendigen Durchführungsbestimmungen? Dann geben wir das so mit zur Regierung. Oder wollen Sie darüber abstimmen?

Willich (NDPD): Das ist nicht nötig.

Ducke (Moderator): Danke. Genügt den Regierungsvertretern das auch?

Es hat sich jetzt gemeldet Herr Halm, PDS.

Halm (PDS): Auf meinem Zettel stehen als Merkposten ebenfalls die Paragraphen 14 und 18. Ich wollte da konkrete Vorschläge dazu machen. Wenn jetzt dieser Vorschlag durchgeht, würde ich darauf verzichten, denn das könnte dann in dieser Arbeitsgruppe im Detail behandelt werden. Das würde ich dort eingeben.

Ducke (Moderator): Ja, dieser Vorschlag ist ja so von der Regierung akzeptiert, wenn ich das richtig sehe.

Halm (PDS): Nein, der zweite Vorschlag, daß eine Arbeitsgruppe aus Vertretern der Parteien – –

Ducke (Moderator): Ja, das war gerade meine Frage, das braucht nicht extra abgestimmt zu werden, das wird für die Frage der Durchführungsbestimmung mit aufgenommen? War das so korrekt, ja? Würde uns genügen?

Herr Wetzel, Grüne Partei.

Wetzel (GP): Ja, hier wurde jetzt schon die **Parteienfinanzierung** angesprochen und wir sind der Meinung als Grüne Partei, daß das [der] wirkliche Casus Knaxus in diesem Gesetz ist, weil ja auch so ein paar Ungereimtheiten darin vorkommen, die dann auf politische Interessenwidersprüche zurückzuführen waren. Also, im Mittelpunkt unserer anderen Auffassung steht der Paragraph 15, wo geregelt wird, daß Parteien auch **Betriebe und Unternehmen** betreiben dürfen, soweit sie der **politischen Willensbildung** dienen.

Nun weiß ich ja nicht, ob dieser vage Begriff wirklich zur Klärung beiträgt, was denn da nun eigentlich mit gemeint ist. Also, wir können uns darunter natürlich auch solche Sachen vorstellen, wie die „ND"-Druckerei. Das ist ein riesengroßer Betrieb. Man könnte durchaus sagen, die Zeitungen, die da gedruckt werden, das dient der politischen Willensbildung. Die Gewinne dürften auch nicht unbeachtlich sein, die kämen dann dem Eigentümer, also der PDS zugute, das können wir dann wieder nicht gutfinden, da wir natürlich keinen Verlag haben und uns auch keinen Verlag zulegen wollen.

Also, vielleicht noch einmal zu den **Finanzen** selbst. In dem **Wahlkampf**, der jetzt angelaufen ist, wird ja deutlich, welches Gewicht Geld hat. Also, vor allem für die, die kein Geld haben. Und aus diesem einfachen Grunde denken wir, daß diese unheimliche **Verquickung von Politik und Wirtschaft,** wie sie bei uns stattfand und wie sie auch in anderen Ländern stattfindet, sicher unter anderen Vorzeichen, daß hier ganz starke Riegel gebaut werden müssen, die nach unseren Vorstellungen so aussehen müßten, daß Parteien eben nur politisch tätig sein dürfen. Und das müßte auch in diesem Gesetz festgehalten werden.

Sobald man hier mit solchen, wie gesagt, vagen Begriffen anfängt **Wirtschaftstätigkeit** zu erlauben, wird man auch den Mißbrauch solcher gut gemeinten Regelungen nicht verhindern können. Es kam dann immer der Einwand, daß ja eine Partei irgendwelche wirtschaftliche Tätigkeit ausüben müsse, daß das gar nicht anders ginge, aus technischen Gründen. Natürlich, politische Tätigkeit heißt nicht, daß etwa keine Kantine betrieben werden darf oder kein Fuhrpark gehalten werden darf oder – –

Ducke (Moderator): Herr Wetzel, ich mache nur darauf aufmerksam: Das ist kein Antrag jetzt? Sie machen doch eine Erklärung zum Gesetz, aber das geht nirgendwo jetzt ein.

Wetzel (GP): Na ja, also ich denke doch, daß das in Form eines Minderheitenvotums durchaus irgendwo eingehen könnte.

Ducke (Moderator): Dann müssen Sie einen Antrag vorlegen. Liegt er vor?

Wetzel (GP): Also, ich würde dann abschließend doch – Gut, ich kann auch zum Abschluß kommen. Ich glaube, alle verstehen, was gemeint ist. Und ich denke, man oder ich formuliere jetzt den Antrag, daß die Paragraphen, die die **Finanzierung der Parteien** betreffen – also [die Paragraphen] 14, 15, 16 würde das betreffen –, dahingehend verändert werden, daß in ihnen ein klares **Verbot der Wirtschaftstätigkeit von politischen Parteien** enthalten ist.

Ducke (Moderator): Verstehe ich das richtig als einen Antrag? Die Grüne Partei fordert Änderung dieser Paragraphen?

Wetzel (GP): Ja.

Ducke (Moderator): Gut, dann lassen wir darüber abstimmen. Wünscht jemand dazu das Wort? Aber der Antrag müßte exakt formuliert werden.

Wetzel (GP): Ja, das folgt dann.

Ducke (Moderator): Bitte, nein, nein. Jetzt, es muß im Moment [geschehen].

Wetzel (GP): Ach, jetzt gleich, gut.

Ducke (Moderator): Also, ich bitte Sie, wenn – –

Wetzel (GP): Sofort. Also, in Paragraph 14 müßten im Absatz – –

Ducke (Moderator): Ja, machen Sie nicht, nicht – – Müßte ein Antrag dazwischen?

Herr Wolf, bitte, LDP

Wetzel (GP): Na gut, okay.

Ducke (Moderator): Bitte schriftlich uns hier vorlegen.

Wolf (LDP): Ich muß sagen, daß alle politischen Kräfte in der Arbeitsgruppe „Parteien- und Vereinigungsgesetz" zusammengearbeitet haben, auch Kollege Wetzel mit seinen politischen Freunden und Vertretern und Kollegen. Nicht in jedem Falle war die volle Beteiligung gesichert, aber wir haben in mindestens sieben oder acht Beratungen sehr breit über diese Dinge gesprochen. Und insofern erlaube ich mir, zumindestens eine gewisse Verwunderung zum Ausdruck zu bringen, daß jetzt noch einmal diese Frage aufgemacht wird. Aber das kann ich hier nur sagen, darüber habe ich ja nicht zu befinden. Im übrigen ist der Kompromiß dahingehend zustande gekommen, daß ja eine Reihe politischer Kräfte jetzt Betriebe haben, andere wollten gar keine und wir haben uns dahingehend geeinigt, daß die, die vorrangig der politischen Willensbildung dienen, in dieser Phase zu nutzen sind und noch genutzt werden können. Weitergehende, darüber hinausgehende **Wirtschaftstätigkeit** wird ja stärkeren **steuerlichen Belastungen** unterliegen, so daß damit eine einseitige Erhöhung des Wirtschaftspotentials und damit politischer Macht, das liegt auch in unserem Sinne, nicht stattfinden darf.

Ducke (Moderator): Frau Poppe von der Arbeitsgruppe. Darf ich rückfragen: War hierzu in der Arbeitsgruppe doch [ein] Konsens gefunden?

Frau Poppe (DJ): Ja.

Ducke (Moderator): Muß ich die Grüne Partei fragen? Zieht sie den Konsens ihrer Arbeitsgruppe zurück, denn das ist eine Vorlage der Arbeitsgruppe. Wie?

Wetzel (GP): Wir waren ausdrücklich damit nicht einverstanden. Und das war auch bekannt.

Ducke (Moderator): Frau Poppe, bitte.

Frau Poppe (DJ): Die Grüne Partei hat dieses Votum eindeutig eingebracht in der Arbeitsgruppe, aber wir konnten uns in der Arbeitsgruppe nur dahingehend einigen, daß wir also **Druckereien und Verlage den Parteien zubilligen,** aber alle darüber hinausgehende Wirtschaftstätigkeit nicht gestatten wollen. Das ist der Kompromiß.

Ducke (Moderator): Danke, Frau Poppe, Sie haben uns jetzt eine Klärungshilfe insofern gegeben. Es wird also zu dem gesamten Gesetz ein Minderheitenvotum noch nachgereicht werden. Wir brauchen jetzt also über diese Paragraphen nach Geschäftsordnung nicht abstimmen zu lassen. Es wird dann ein Minderheitenvotum, was ja ausdrücklich möglich ist, nachgereicht.

Also, wir können jetzt, wenn keine weiteren Wortmeldungen sind, über diesen vorliegenden Gesetzentwurf abstimmen: inwieweit der Runde Tisch diese Beschlußvorlage billigt. Wir wissen, daß wir noch von der Grünen Partei ein Minderheitenvotum nachträglich geliefert bekommen, was ja möglich ist, das war jetzt die Erklärung der Arbeitsgruppe. Darf ich dann zur Abstimmung aufrufen. Wer für das in **Vorlage 12/4** dargelegte **Vorläufige Gesetz über Parteien und andere politische Vereinigungen, Parteiengesetz** ist, den bitte ich jetzt um das Handzeichen. – Dies ist die Mehrheit. Gegenstimmen? – Da müßten jetzt eigentlich – Nein, es gibt keine Gegenstimme. Wer enthält sich der Stimme? – Das sind 7 Stimmenthaltungen, zähle ich. Danke schön, damit ist der Weg frei eigentlich, daß dies ein Gesetz werden kann. Danke.

Ich rufe auf den zweiten Teil des Tagesordnungspunktes, den **Entwurf Gesetz über Vereinigungen, das Vereinigungsgesetz.** Es ist die **Vorlage 12/5**[21]. Auch hier wieder die Frage an die Arbeitsgruppe, Frau Poppe, Sie bringen die Vorlage ein, bitte.

Frau Poppe (DJ): Ich möchte das ganz kurz vorstellen, es liegt Ihnen ja allen vor. In der Definition Paragraph 1, Absatz 1 [heißt es]: „Vereinigungen im Sinne dieses Gesetzes sind freiwillige, sich selbst verwaltende Zusammenschlüsse von Bürgern zur Wahrnehmung gemeinsamer Interessen und Erreichung gemeinsamer Ziele, unabhängig von ihrer Rechtsfähigkeit." Und ausgenommen von diesen Bestimmungen sind: „Gewerkschaften, Gemeinschaften der Bürger nach dem Zivilgesetzbuch der DDR, Zusammenschlüsse, die auf Erwerbstätigkeit gerichtet sind, Bürgerkomitees, die auf der Grundlage spezieller Rechtsvorschriften tätig sind und Kirchen- und Religionsgemeinschaften – außer Vereinigungen, die ausschließlich diakonischen oder karitativen Zwecken dienen." Wir haben hier unterteilt in **rechtsfähige** und **nicht rechtsfähige Vereinigungen,** und außerdem finden Sie im Paragraph 21 eine Definition über **gemeinnützige Vereinigungen.** Dieses ist insofern wichtig, als daß gemeinnützige Vereinigungen Anspruch erheben können auf staatlichen Zuschuß: „Eine rechtsfähige Vereinigung kann als gemeinnützige Vereinigung anerkannt werden. Voraussetzung dafür ist, daß ihre Ziele, Aufgaben und Ergebnisse auf die Wahrung und Verwirklichung insbesondere humanistischer, sozialer, kultureller oder ökologischer Interessen der Bürger gerichtet sind. Über die Anerkennung entscheiden das Präsidium der Volkskammer für Vereinigungen mit gesellschaftlichem Tätigkeitsbereich oder die zuständigen Vertretungen für Vereinigungen mit territorialem Tätigkeitsbereich, also Bezirk, Kreis, Stadt, Gemeinde oder nach der Verwaltungsreform dann entsprechend in den Ländern. Mit der Anerkennung entsteht nach den geltenden steuerlichen Rechtsvorschriften Anspruch auf **steuerliche Vergünstigung** und finanzielle Unterstützung aus öffentlichen Mitteln. Über die Höhe wird mit dem jährlichen Haushaltsplan entschieden."

Ducke (Moderator): Ja, das waren die Bemerkungen noch aus der Arbeitsgruppe zu dem vorliegenden Entwurf. Ich frage die Vertreter der Regierung. Es ist Herr Benedix, amtierender Leiter der Hauptabteilung „Innere Angelegenheiten" im Ministerium für Innere Angelegenheiten.

Herr Benedix, Ihre Bemerkungen von seiten der Regierung dazu.

Benedix (Regierungsvertreter): Ja, meine Damen und Herren. Vielleicht darf ich den Antrag, eingereicht von Frau Poppe, noch mit ein paar Bemerkungen ergänzen. Wir gehen im Zusammenhang mit der Registrierung der Vereinigung in dem Gesetzentwurf nur davon aus, daß es lediglich dem Interesse der **Erlangung der Rechtsfähigkeit** dieser Vereinigung dient und hierin auch ein gewisser öffentlicher Zugang zu den grundlegenden Dokumenten der rechtsfähigen Vereinigung dann vorhanden ist.

Ich möchte noch ergänzend sagen, daß im Zusammenhang mit den Regelungen zur Unterstützung von Vereinigungen durch **staatliche Förderungsmittel** nicht nur ausschließlich die Problematik darin liegt, daß hier Zuschüsse aus dem Staatshaushalt durch die Volkskammer vorliegen müssen, sondern hier auch **örtliche Volksvertretungen** konkret angesprochen sind, um Vereinigungen in kleineren Territorien entsprechend hier auch diese Möglichkeit einzuräumen.

Ich möchte auch noch sagen, daß im Interesse der Wahrung der Rechtssicherheit der Mitglieder der Vereinigung

---

[21] Dokument 12/7, Anlagenband.

und berechtigter Interessen und Ansprüchen Dritter ein sehr umfassender Teil **Bestimmungen zivilrechtlicher Art** hier aufgenommen worden sind in diesem Entwurf, weil im jetzigen Zivilgesetzbuch dazu keine rechtlichen Regelungen enthalten sind. Soweit vielleicht noch meinerseits ein paar Bemerkungen.

Ducke (Moderator): Gut. Danke, Herr Benedix. Ich stelle nun die Frage: Wünscht jemand zu dieser Vorlage das Wort?
Bitte, Frau Packert, Unabhängiger Frauenverband.

Frau Packert (UFV): Also mein Einwand ist genau der gleiche wie zum Parteiengesetz, also die **Formulierung Bürger und Bürgerinnen.**

Ducke (Moderator): Meine Rückfrage – wir haben vorhin abgestimmt. Könnten Sie – ich glaube ja kaum, daß jetzt jemand anders abstimmen wird – könnten Sie davon annehmen, daß das auch dafür gilt? Darf ich die Regierung fragen, daß das für alle weiteren gilt?
Bitte, Herr Minister Wünsche dazu.

Wünsche (Minister der Justiz): Darf ich mich noch einmal unbeliebt machen mit dem Hinweis darauf, daß hier zum Beispiel zivilrechtliche Bezüge angegeben sind. Paragraph 1: „Gemeinschaften der Bürger nach dem Zivilgesetzbuch", das sind feststehende Formulierungen. Die kann man jetzt schwer über dieses Gesetz in Frage stellen. Man müßte also dann differenzieren. Und das macht jetzt schon die Schwierigkeit, glaube ich, deutlich.

Dort, wo man nicht gebunden ist in dieser Formulierung, müßte man so, wie vorgeschlagen, formulieren. Dort, wo man gebunden ist an andere Rechtsvorschriften, die ja bereits ausformuliert vorliegen und nicht korrigiert worden sind und sicher auch wohl in absehbarer Zeit nicht werden, müßte man dann zu der bisherigen Formulierung greifen und insoweit dann Uneinheitlichkeit in Kauf nehmen. Das ist eine der Konsequenzen und der Überlegungen, aus denen heraus ich vorhin diese Standpunkte vertreten hatte.
Danke schön.

Ducke (Moderator): Herr Minister, Sie haben die Schwierigkeiten noch.
Frau Röth, Unabhängiger Frauenverband.

Frau Röth (UFV): Dann können wir halt nur zur Kenntnis nehmen, daß 40 Jahre lang die eine Hälfte der Bevölkerung hier nicht zur Kenntnis genommen wurde und bedauern das sehr und hoffen, daß in zukünftigen Gesetzesregelungen das berücksichtigt wird und daß von diesem **Formalismus,** der Ihrerseits ja noch einmal bekräftigt wird, abgegangen wird, in Sprache denkt, um das noch einmal deutlich zu begründen.

Ducke (Moderator): Gut. Sie würden sich mit dieser Bemerkung, mit der Abstimmung des Runden Tisches von vorhin begnügen können. Danke. Das Anliegen steht, und die Frage wäre natürlich, inwieweit Sie als Unabhängiger Frauenverband auch ganz konkrete Vorschläge machen könnten, wo das also eingefügt werden kann und wo es nicht eingefügt werden kann im Sinne dieser Punkte. Können wir uns so verstehen? Danke. Ja, meine Damen und Herren – –
Bitte, Herr Börner, PDS.

Börner (PDS): Eine Frage zum Paragraphen 3, Absatz 2 an die Kommission. Ist die **Altersgrenze** 18 Jahre behandelt worden in der Diskussion? Wenn nicht, würden wir den Antrag stellen, diesen Absatz 2 zu ändern in: „Kinder und Jugendliche unter 14 Jahren können mit Zustimmung ihrer gesetzlichen Vertreter einer Vereinigung beitreten, wenn es das Statut der Vereinigung vorsieht", um das **Selbstbestimmungsrecht der Jugendlichen** zwischen 14 und 18 Jahren, vor allen Dingen hinsichtlich [der] **Jugendverbände** zu gewährleisten.

Ducke (Moderator): Ihre Wortmeldung bezog sich auf Paragraph 3, den zweiten Absatz, wenn ich das richtig sehe. Nur für alle noch einmal zum Nachlesen. Die Regierungskommission ist konkret angesprochen, aber auch die Arbeitsgruppe, ob es darüber eine Diskussion gab. Kann jemand dazu etwas sagen? Ist so etwas diskussionsfähig als Frage? Na, wer setzt sich durch?
Herr Wolf, LDP.

Wolf (LDP): Es gab Verständigungen darüber, und bei Parteien haben wir uns klar dafür entschieden, es bei **18 Jahren** zu lassen. Bei Vereinigungen würde ich jetzt meinen, auch mit Blick auf die berechtigten Forderungen junger Menschen unseres Landes, daß politische Interessenvertretung möglich ist, auch mit Blick auf andere Parlamentsbeteiligung oder nicht, daß das nachdenkenswert ist. Und ich persönlich halte im Auftrag meiner Delegation es für durchaus möglich, eine solche Ergänzung aufzunehmen.

Ducke (Moderator): Herr Börner, ich frage Sie zurück: Können Sie sich mit dieser Antwort zufriedengeben? Oder soll ein konkret neuer Antrag gestellt werden? Hier ist ja, wenn ich das richtig sehe, in diesem Absatz die Möglichkeit eröffnet. Oder sehe ich das nicht? Würden Sie, Herr Wolf, noch einmal zur Rückfrage, wenn es im Statut verlangt wird, so heißt es jetzt hier, also die Möglichkeit besteht, würde das Ihrer Meinung nach ausreichen?

Wolf (LDP): Wenn der Antragsteller es als solches betrachtet, würde ich sagen, das Statut als Grundlage würde ausreichen.

Ducke (Moderator): Würde ausreichen. Frage zurück noch einmal [an die] PDS. Soll also hier eine Änderung [vorgenommen werden]? Bitte.

Börner (PDS): Wir glauben, daß das Statut, die Regelung des Statuts in dieser Formulierung des Absatzes 2 dann nicht ausreicht, da vorher klar geregelt wird, daß also unter 18 Jahren die Genehmigung der gesetzlichen Vertreter notwendig ist. Es wäre also aus unserer Sicht dann notwendig, diese **Trennung zwischen Vereinigung und Parteien** in der **Altersgrenze** vorzunehmen.

Ducke (Moderator): Also Sie, wenn ich das jetzt einmal so sehe, plädieren dafür, daß geändert wird, Kinder und Jugendliche und – – Nein, die können gar nicht. Machen Sie einmal einen Formulierungsvorschlag, bitte.

Börner (PDS): Daß die Formulierung geändert wird in: „Kinder und Jugendliche unter 14 Jahren können mit Zustimmung ihrer gesetzlichen Vertreter einer Vereinigung, außer Parteien, beitreten, wenn das Statut der Vereinigung das vorsieht."

Ducke (Moderator): Und zwischen 14 und 18 [Jahren] gibt es diese Klausel nicht.

N. N.: Ja.

Ducke (Moderator): Ich frage, wer uns in dieser Situation helfen kann? Herr Christoph, Leiter der Hauptabteilung Verwaltungsrecht im Ministerium der Justiz.
Bitte, Herr Christoph.

Christoph (Ministerium der Justiz): Ja, eine Bemerkung. Also nach Paragraph 3, Absatz 2 können doch Kinder und Jugendliche in jedem Fall, aber alle mit Zustimmung der gesetzlichen Vertreter, **Vereinigungen** beitreten. Ich weiß nicht, ob es günstig ist, daß wir bei Jugendlichen von 14 bis 18 das ganz generell außerhalb des Einflusses der gesetzlichen Vertreter stellen sollten. Denn es sind doch viele Vereinigungen denkbar, die sich jetzt bilden, die nun die verschiedensten Einflüsse auch auf Jugendliche ausüben können. Und der generelle Grundsatz, daß Jugendliche letztendlich doch noch der Aufsicht der Eltern unterliegen, ja, sollte sicher auch bei diesen doch für die Entwicklung des Jugendlichen so wesentlichen Schritten, einer Vereinigung beizutreten und dort voll mitzuwirken, eine Rolle spielen.

Wir können nicht noch weitergehen und sagen: Bei den Vereinigungen da trennen wir, also in diese können sie eintreten, in jene nicht. Das muß der Disposition doch der Erziehungsberechtigten unterliegen. Außerdem: Der Vorschlag enthielt noch einen Hinweis darauf, daß das nicht für Parteien gelte, das braucht also in diesem Zusammenhang hier, das hat mit dem Parteiengesetz nichts zu tun, nicht aufgenommen zu werden.
Danke.

Ducke (Moderator): Danke, Herr Dr. Christoph für die Hinweise. Ich frage noch einmal, ob Sie daraus einen Antrag formulieren wollen, Herr Börner? Oder ob diese Erklärungen, wie sie eben dargestellt wurden, doch klärend gewirkt haben?

Börner (PDS): Wir möchten es zum Antrag stellen.

Ducke (Moderator): Würden Sie ihn dann bitte formulieren? Es wird vorliegen ein Antrag zu Paragraph 3, Absatz 2. Es wurde eben noch einmal darauf hingewiesen, daß also die **Frage des Elternrechtes** hier auch mit berührt sein könnte, aber der Antrag soll von Ihnen so gestellt werden, dann würde ich Sie bitten – – Oder wollen Sie erst noch eine Bedenkpause? Fragen wir erst noch, ob es weitere Wortmeldungen gibt? Ja, wir lassen Ihnen einmal ein bißchen Formulierungspause. Es kommt jetzt Herr Lucht, Grüne Liga.
Bitte, Herr Lucht.

Lucht (GL): Ja, eine Unklarheit, die sich aber vielleicht aufklären läßt. Im Paragraph 8 steht, Paragraph 8, Absatz 3: „Die Mitglieder haften nicht mit ihrem persönlichen Eigentum für Ansprüche gegen die Vereinigung." Und im Paragraph 18, auch Absatz 3, steht: „Reicht das **gemeinschaftliche Eigentum** zur Erfüllung bestehender Verbindlichkeiten nicht aus, sind die Mitglieder verpflichtet, zu gleichen Teilen den Fehlbetrag zu erstatten." Ist das ein Widerspruch oder ist das irgendeine rechtliche Konstruktion, die wir nicht – –

Ducke (Moderator): Herr Lucht, sagen Sie noch einmal. Vielleicht geht es einigen auch so wie mir. Den zweiten Teil habe ich – –

Lucht (GL): Paragraph 8, Absatz 3 und Paragraph 18, Absatz 3.

Ducke (Moderator): Paragraph 8 und Paragraph 18. Ein Widerspruch. Möchte jemand bitte – –
Herr Christoph, Ministerium der Justiz.

Christoph (Ministerium der Justiz): **Paragraph 8** ist in dem Abschnitt enthalten über die **rechtsfähige Vereinigung,** das heißt die Vereinigung, die juristische Person ist, die als juristische Person selbst Vermögen erwirbt, Rechte begründet, Beziehung und so weiter. **Paragraph 18** ist unter der Überschrift: „Nichtrechtsfähige Vereinigungen". Daraus ergibt sich, daß bei der **nichtrechtsfähigen Vereinigung** ja ein Träger der Rechte und Pflichten da sein muß. Das sind die einzelnen Bürger, die sich zusammenschließen zu dieser Vereinigung, die dann natürlich auch die Konsequenz hinnehmen müssen, daß sie selbst haften.

Ducke (Moderator): Herr Lucht, Ihr Nicken zeigt mir, daß es ausreichend gewesen ist. Gibt es weitere Wortmeldungen zu diesem [Aspekt]?
Herr Halm, PDS.

Halm (PDS): Eine Nachfrage zu Paragraph 21 „**Gemeinnützigkeit**". Nach meinem Gefühl genügt es nicht, hier nur den Charakter der Interessen zu formulieren, also kulturelle und so weiter Interessen, sondern man müßte hinzufügen, wenn diese einem **öffentlichen Interesse** entsprechen.

Also eine kulturelle Vereinigung, die ein ausgefallenes Hobby pflegt, ist deshalb nicht schon gemeinnützig, wenn dieses Hobby nicht auch ein Gesamtinteresse vertritt. Es ist also so, Kulturpflege ist Sache des Staates, und als Unterstützung des staatlichen Auftrages kann jetzt eine Vereinigung hier wirksam werden, und dann wirkt sie in einem Sinne, daß sie **gemeinnützig** ist und gefördert wird.

Ducke (Moderator): Herr Halm, ich gebe Ihr Anliegen gleich einmal an die Regierung weiter. Kann jemand dazu etwas sagen?
Bitte, Herr Minister.

Wünsche (Minister der Justiz): Dem kann, glaube ich, durchaus entsprochen werden. Das trägt zur Klärung bei.

Ducke (Moderator): Gibt es jetzt gegen diesen Vorschlag Bedenken seitens der Mitglieder des Runden Tisches? Dann würde ich Sie bitten, Herr Halm, PDS, daß Sie diesen Vorschlag konkret, wenn es noch nicht [geschehen ist], hier absprechen. Liegt schon konkret Ihnen vor? – Gut. Danke. Öffentliches Interesse. Danke. War alles klar.
Herr Mahling, Vertreter der Sorben. Bitte.

Mahling (Vertreter des Sorbischen Runden Tisches): Da ich einer Minderheit angehöre, liegt ja die Gefahr bei solchen Bestimmungen, wenn man einmal eingrenzt mit allgemeinem öffentlichem Interesse, sehr nahe, daß man sagt, die und die **Minderheit** wird ausgegrenzt, da liegt kein allgemeines **öffentliches Interesse** vor. Deswegen ist mir die weitere Fassung lieber.

Ducke (Moderator): Das war also ein Bedenken, von seiten einer Minderheit vorgetragen.
Bitte, Herr Halm, PDS, sofort dazu.

Halm (PDS): Ich glaube, diese Bedenken kann man zerstreuen, denn die Wahrung der Minderheiten ist eines der vornehmsten Rechte unseres Staates, und damit liegt ein öffentliches Interesse vor.

Ducke (Moderator): Also ich glaube auch, daß der Begriff der Gemeinnützigkeit, Herr Mahling, eigentlich Ihre Bedenken ausschließen kann, wenn ich das richtig sehe.
Herr Lietz, Neues Forum, bitte.

Lietz (NF): Ich denke, das öffentliche Interesse hat uns in den letzten 40 Jahren so oft irritiert, daß wir an dieser Stelle sehr vorsichtig mit diesem Begriff umgehen sollten und lieber diese weiteren, wie hier im Paragraph 21 vorgeschlagenen, Formulierungen lassen sollten, um auch einen gewissen Differenzierungsprozeß, auch auf kultureller Ebene zum Beispiel, möglich werden zu lassen, ohne daß das gleich sozusagen beargwöhnt wird.

Ducke (Moderator): Aha, das wäre also jetzt eigentlich wieder ein Wort dagegen. Ja, das müßten wir dann vielleicht abstimmen, daß die Regierungskommission weiß, was hereinkommt. Sehe ich das so richtig? Also wir haben jetzt den Antrag, daß in Paragraph 21, Absatz 1 – – Können Sie noch einmal die genaue Formulierung sagen?
Bitte, Herr Halm, Ihren Vorschlag?

Halm (PDS): „– soweit sie damit ein öffentliches Interesse wahrnehmen..."

Ducke (Moderator): Also hinter dem ersten Satz, ja? Das war der Antrag, der vorliegt. Der Gegenantrag, über den wir abstimmen müßten, sieht vor, diese Ergänzung nicht einzubringen. Sehe ich das so richtig, Herr Lietz? Wünscht noch jemand zu diesem Antrag das Wort für und zurück? Sonst lassen wir einfach abstimmen. Es wünscht niemand mehr das Wort. Es steht der Gegenantrag, daß diese beantragte Ergänzung, „soweit öffentliches Interesse besteht", weggelassen wird, nicht hineinkommt.
Darf ich bitten, wer für diesen Antrag ist, um das Handzeichen? Da müssen wir doch abstimmen – – Nein, also wir wollten jetzt nicht mehr, daß jemand draußen ist, noch damit honorieren, daß er dann seine Stimme hier behält, sondern ab jetzt, hatten wir das letzte Mal gesagt, nur wer wirklich im Raum ist, darf eine Stimme haben. Also noch einmal: Wer für den Antrag ist, über den Gegenantrag von Herrn Lietz, daß diese Ergänzung nicht eingefügt wird – –
Ja, meinen wir ja, aber wir müssen ja abstimmen. Sie haben ja [einen] Gegenantrag gegen diesen Antrag gebracht.

Schult (NF): Bloß die Personen sind jetzt hier verhindert durch Formulierungs- und Redaktionsarbeiten. Die können wir jetzt nicht ausschließen vom Stimmrecht.

Ducke (Moderator): Aber Herr Schult, wir können nicht jedes Mal feststellen, warum jemand weg ist. Sehen Sie doch, da ist doch jemand sofort da, das ist doch kein Problem!
Danke.
Ich bitte noch einmal: Wer also dafür ist, jetzt noch einmal im Klartext, daß der Text so bleibt, also den Gegenantrag von Herrn Lietz annimmt, den bitte ich um das Handzeichen. Na, müssen wir zählen, oder? – Nein, das ist die Mehrheit. Gegenstimmen? – Wünscht [jemand] also diese Ergänzung? – Das sind 3. Und wer enthält sich der Stimme? – Das sind 4. Also was wir vorhin vorgehabt haben, können Sie wieder vergessen. Es liegt noch ein Antrag [vor].
PDS, Herr Börner, jetzt Ihr Antrag.

Börner (PDS): Wir schlagen also folgende Formulierung für den **Paragraph 3, Absatz 2** vor: – –

Ducke (Moderator): Paragraph 3, Absatz 2.

Börner (PDS): – „Kinder und Jugendliche zwischen 14 und 18 Jahren können einer Vereinigung beitreten, wenn es das Statut vorsieht."

Ducke (Moderator): Wünscht jemand zu diesem Antrag das Wort?
Frau Poppe, Demokratie Jetzt. Bitte.

Frau Poppe (DJ): Ich möchte noch zu bedenken geben, und zwar betrifft es den Paragraphen 17, Absatz 3, **nichtrechtsfähige Vereinigungen**. Da steht: „Für Verbindlichkeiten der Vereinigungen haften die Mitglieder entsprechend Paragraph 434 Zivilgesetzbuch als Gesamtschuldner." Ist es möglich für 14- und 15-jährige, frage ich die Juristen, schon zu haften, oder müßte man dann nicht wenigstens das Alter auf 16 erhöhen?

Ducke (Moderator): Also, Sie meinen, zu haften, ohne daß die **Eltern** dafür geradestehen, was dann ja sozusagen nicht sein müßte. So verstehe ich jetzt Ihre Bedenken, ja?

Frau Poppe (DJ): Ja.

Ducke (Moderator): Wünscht jemand – –
Bitte, Herr Willich, NDPD.

Willich (NDPD): Ich muß den Antragsteller einfach noch einmal fragen: Welchen Nutzen hätte denn die gewünschte Änderung der Formulierung? Das leuchtet mir nicht recht ein. Was soll denn damit verändert werden zum Positiven hin?

Ducke (Moderator): Herr Börner, Sie sind direkt angefragt, wenn Sie sich bitte äußern.
Herr Börner, PDS.

Börner (PDS): Das hätte die Änderung, daß also **Jugendliche** zwischen 14 und 18 Jahren auch selbständig entscheiden können ohne Einschränkung, welcher Vereinigung, vor allen Dingen in Hinsicht Jugendverbände, sie beitreten können.

Ducke (Moderator): Genügt dies als Erklärung? Das heißt, daß die Eltern nicht gefragt werden und kein Recht haben, ihrem Kind zu verbieten oder ihrem jugendlichen Kind zu verbieten, einzutreten, wo [es] dies möchte, auch wenn die Eltern dagegen sind. Das war das Anliegen. Ist das damit deutlich geworden? Aber ja, und wie ist das mit den **Rechtsfolgen**? Die müßten sie aber dann tragen. Ja.
Ja, wenn es weiter keine Wortmeldungen gibt, dann lassen wir einfach über diesen Antrag abstimmen. Es steht also der Änderungsantrag, vorgebracht von Herr Börner, PDS. Würden Sie ihn uns vielleicht noch einmal sagen können? Achtung, Paragraph 3, Absatz 2.
Frau Poppe.

Frau Poppe (DJ): Ich würde doch gerne einmal wissen, ob das rechtlich überhaupt möglich ist? Ich habe darauf hingewiesen: Paragraph 17, Absatz 3. Ob das rechtlich möglich ist, daß das schon mit 14 ohne Zustimmung der Erwachsenen – –

Ducke (Moderator): Ja, also Herr Minister Wünsche, wenn wir schon einen Minister der Justiz hier haben. Aber Sie können das auch einem Rechtsanwalt übergeben.

Wünsche (Minister der Justiz): Nein, nein, es ist ja nach dem Zivilgesetzbuch auch eine solche Haftung möglich. Dann tritt diese bekannte Formulierung, die ja ganz unscharf ist: „Eltern haften für ihre Kinder", eben nur sehr differenziert ein. Denn es müßte dann nachgewiesen werden, daß die Eltern ihrer **Erziehungspflicht** nicht in genügender Weise nachgekommen sind und so weiter.
Also rechtlich ist es möglich.

Ducke (Moderator): Gut. Danke. Damit klar, Frau Poppe? Also, der Antrag steht. Herr Börner, sind Sie so nett, sagen uns noch einmal eben den Text, und dann stimmen wir darüber ab.
Bitte.

Börner (PDS): Die Formulierung: „Kinder und Jugendliche zwischen 14 und 18 Jahren können einer Vereinigung beitreten, wenn es das Statut vorsieht."

Ducke (Moderator): Dieser Änderungsantrag, von PDS eingebracht, liegt nun vor. Es gibt noch eine Bemerkung.
Herr Christoph, bitte.

Christoph (Ministerium der Justiz): [Ich habe] dann nur zu dem speziellen Wortlaut eine Bemerkung. Kinder sind unter 14 Jahre, dann brauchen wir also bloß Jugendliche im Alter von 14 bis 18.

Ducke (Moderator): Danke. Allen ist klar, worüber wir abstimmen. Wer für den Änderungsantrag ist, der von der PDS eingebracht ist, der stimme mit Ja, das heißt hebe die Hand. Ich bitte um Abstimmung. – 16. Wenn sich jetzt alle entschlossen haben, sind es 16 Stimmen, die für diesen Antrag sind. Gegenstimmen? – 11 zähle ich. 11 Stimmen dagegen. Damit ist Ihr Antrag angenommen. Und wer enthält sich der Stimme? – 8 Enthaltungen. Danke. Ja.
Wenn weiter keine Wortmeldungen vorliegen, dann stelle ich dieses Vereinigungsgesetz – – Wir haben dann noch, das möchten wir vor der Mittagspause noch machen, einige Punkte zum **Wahlgesetz** noch, die vorhin eingebracht wurden, über die wir noch abstimmen möchten vor der Mittagspause. Und die Erklärung. Also: Noch Worte zum Vereinigungsgesetz?
Bitte, Frau Packert, Unabhängiger Frauenverband.

Frau Packert (UFV): Also wenn ich das jetzt richtig verstanden habe, dann ist Paragraph 3, Absatz 2 jetzt geändert worden.

Ducke (Moderator): Ist geändert.

Frau Packert (UFV): Und in diesem Augenblick müßten wir aber trotzdem die ursprüngliche Formulierung für Kinder aufrechterhalten. Ich denke jetzt direkt an Pionierorganisationen zum Beispiel, Entschuldigung, **Kinderorganisationen**. Also meine Formulierung war nicht ganz – –

Ducke (Moderator): Nein, für die würde ja gelten, daß Kinder ein – – Sie möchten den Antrag stellen, daß auch unter 14 gegen den Willen der Eltern – –

Frau Packert (UFV): Nein, nein. Ich wäre für die Aufrechterhaltung des ursprünglichen Paragraphen 3, Absatz 2 für Kinder. Also, daß **Kinder** auf jeden Fall die Möglichkeiten haben, Vereinigungen beizutreten, allerdings natürlich mit Zustimmung der Eltern, also **Kinderorganisationen** zu gründen.

Ducke (Moderator): Aber könnten Sie uns das einmal sagen, wie Sie es jetzt formuliert haben möchten? Herr Christoph ist schon am Formulieren.
Bitte.

Christoph (Ministerium der Justiz): Wir könnten den bisherigen Paragraphen 3, Absatz 2 in der Formulierung: „Kinder können mit Zustimmung ihrer gesetzlichen Vertreter einer Vereinigung beitreten, wenn es das Statut der Vereinigung vorsieht", erst einmal belassen. Und dann als zweitens: „Jugendliche im Alter von 14 bis 18" – so wie das vorhin formuliert worden ist – „können ohne diese Zustimmung beitreten".

Ducke (Moderator): Also ja. Da wir aber für das andere, Totaländerung, schon gestimmt haben, müssen wir jetzt doch dies noch als Änderungsantrag wieder neu aufnehmen. Im Sinne, wie es eben von Herrn Christoph vorgetragen wurde, lasse ich es zur Abstimmung stellen.
Wer für diesen Antrag des Unabhängigen Frauenverbandes ist, Beibehaltung dieses zweiten Absatzes oder als zweiten Absatz, der erhebe die Hand. Also es geht darum, daß Kinder beitreten können. Dann müssen wir doch zählen. Langt nicht? – Ja, ja, doch. Es entscheiden sich immer mehr. Das ist die Mehrheit. Darf ich bitten, wer stimmt dagegen? – Es gibt 3 Gegenstimmen, 4. Wer enthält sich der Stimme? – 5 Stimmenthaltungen. Danke. Damit ist auch dieser Änderungsantrag angenommen.
Ja, meine Damen und Herren, es liegt vor uns – – Herr Jordan, noch zum Ganzen.
Bitte. Herr Jordan, Grüne Partei.

Jordan (GP): Wir haben im Ausschuß für Ökologischen Umbau vereinbart, daß generell auch auf dem Gebiet der DDR die **Mitarbeit in internationalen Organisationen und Netzwerken ökologischer Art** möglich ist. Nun ist hier nach dem vorliegenden Entwurf im Paragraph 2 lediglich der Ausschluß von Vereinigungen, die gemäß Paragraph 2, Absatz 2 eben Glaubens-, Rassen- oder Völkerhaß fördern, aufgenommen worden. Wir möchten den Antrag einbringen, daß entsprechend auch dem Beschluß im Ausschuß für **Ökologischen Umbau** eine positive Formulierung hinzukommt, daß darüber hinaus DDR-Bürger und -Bürgerinnen Mitglied in internationalen Vereinigungen und Netzwerken werden können und darüber hinaus auch nationale Organisationen gebildet werden können.
Ich möchte in dem Zusammenhang daran erinnern, daß die DDR jetzt also auch bei „**Greenpeace**" eine nationale Organisation bildet. Das gleiche betrifft auch „Freunde der Erde" oder vielleicht später „**Amnesty International**,".

Ducke (Moderator): Herr Jordan, Sie müßten natürlich dies genau formulieren. Sind wir uns einig? Ja? Welchen Antrag, Sie reden, Sie haben geredet zu Paragraph 2 Absatz – –

Jordan (GP): – Absatz 3.

Ducke (Moderator): Absatz 3. Und wünschen welche Ergänzung? Da bitte [ich] noch einmal um Konzentration.

Jordan (GP): Hinter dem Absatz 3 soll kommen: „Darüber hinaus können DDR-Bürger und -Bürgerinnen Mitglied in internationalen Vereinigungen und Netzwerken sein."

Ducke (Moderator): Widerspricht das, wenn es hier heißt: „Die Aufnahme von Vereinigungen des Auslandes als Mitglieder in Vereinigungen ist verboten." Das würde dagegensprechen, oder? Wo sehen Sie das Problem?

Jordan (GP): Nein, das bezieht sich nur auf den Abschnitt 2: „Verbreitung, Bekundung von Glaubens-, Rassen- und Völkerhaß."

Ducke (Moderator): Danke.
Herr Ullmann, bitte.

Ullmann (DJ): Also ich bin ganz derselben Meinung wie Herr Jordan, habe nur die Überzeugung, daß das nicht in dieses Gesetz hier hineingehört, weil hier von einer anderen Sache die Rede ist.

Ducke (Moderator): Ja. Also das war auch meine Rückfrage noch einmal, worauf sich das jetzt bezieht. Was sagen die Vertreter? Gleiche Auffassung wird von seiten der Regierung – – Ich frage Sie, Herr Jordan? – Es liegt auch nicht vor. Hier ist die Meinung der Fachleute. Frau Poppe von der Arbeitsgruppe hat auch genickt, meint, das gehört hier nicht herein. Würden Sie damit Ihren Antrag zunächst zurückziehen? Er liegt auch noch nicht vor.

Jordan (GP): Wir ziehen zurück.

Ducke (Moderator): Danke. Wunderbar. Herr Junghanns, Bauernpartei. Aber das ist zurückgezogen. Sie brauchen nicht mehr dazu reden.

Wolf (LDP): – **Paket** unseres Landes ist ungeklärt. Es gibt die Entscheidung, daß „**Greenpeace**" zugelassen ist in der DDR. Jetzt müssen wir auch den **Rechtsstatus** klären. Ich bitte, das an Professor Wünsche als Anfrage mitzunehmen.

Ducke (Moderator): Gut. Danke. Wenn weiter keine Wortmeldungen vorliegen, und das ist der Fall, dann stimmen wir darüber ab. Es liegt Ihnen vor der **Entwurf Gesetz über Vereinigungen, Vereinigungsgesetz, Vorlage 12/5**. Wer für diese Vorlage stimmt, den bitte ich jetzt um das Handzeichen. – Dies ist die Mehrheit. Darf ich gleich fragen, wer ist dagegen? – Keine Gegenstimme. Wer enthält sich der Stimme? – Es gibt 2 Stimmenthaltungen. Noch jemand? 2 Stimmenthaltungen. Danke. Damit wäre dieses Gesetz auch mit Dank an die Ausarbeiter so angenommen und kann zu einem Gesetz gemacht werden.

Meine Damen und Herren. Wir haben 13.07 Uhr. Aber wir haben noch, damit wir das Paket im ganzen abhandeln, vor uns liegen, weil das zum **Parteiengesetz** wohl noch mit gehört und zum **Wahlgesetz**, die **Vorlagen** jetzt nachgereicht **12/23** [**Antrag DBD: Protest gegen öffentliche Erklärungen von Vertretern des Runden Tisches, wonach mehrheitlich gefaßte Beschlüsse für sie nicht bindend sind**] und **12/28** [**Antrag DJ, IFM, GP, VL zu Kandidatenaufstellung und Briefwahl**]. Ich meine, wir sollten in jedem Fall über **12/23** noch abstimmen. Es war ja schon als solches angekündigt. Ich bitte den Einbringer, das ist Herr Junghanns, Bauernpartei.

Junghanns (DBD): Ja, meine Damen und Herren. Wir reagieren mit diesem Antrag zur Zustimmung auf einen Protest eigentlich auch auf die Äußerungen, die im Gefolge der letzten Tagung zu diesem Themenkreis die Öffentlichkeit widergespiegelt hat, wobei der Bezug auf den **Verzicht auf Gastredner aus der BRD im Wahlkampf** einer ist. Es geht uns eigentlich um Prinzipielles, und ich möchte deshalb noch einmal diesen Protest verlesen:

> [**Vorlage 12/23, Antrag DBD: Protest gegen öffentliche Erklärungen von Vertretern des Runden Tisches, wonach mehrheitlich gefaßte Beschlüsse für sie nicht bindend sind**]
>
> Wir protestieren gegen öffentliche Erklärungen von Vertretern des Runden Tisches, wonach mehrheitlich gefaßte Beschlüsse für sie nicht bindend sind.
>
> Wir nehmen Bezug auf die Vorlage Nr. 11/4 der Arbeitsgruppe „Wahlgesetz" (Verzicht auf Gastredner aus der BRD im Wahlkampf).
>
> In solcher Handlungsweise drückt sich eine Mißachtung des Runden Tisches aus.
>
> Dadurch werden sowohl Autorität als auch Vertrauen in diese demokratische Initiative geschwächt.
>
> Es wird beantragt, diesem Protest zuzustimmen.

Ein Satz sei noch hinzugefügt. Wir meinen, daß gerade im **Umgang mit Abstimmungsniederlagen** sich offenbart, welchen Wert der Unterlegene demokratischen Normen beimißt, und ich glaube, es ist ein grauer Ausblick auf die Zukunft, wenn solche Handlungsweisen überhandnehmen sollten. Wir wollen mit diesem Antrag auch dem vorbeugen. Danke.

Ducke (Moderator): Danke. Ich schlage folgendes vor, wir hatten vorhin einen ähnlichen Fall: Demokratie Jetzt hat etwas zum Paket einbringen wollen, und es wurde eigentlich abgestimmt, daß wir nicht öffentlich unsere Zustimmung dazu geben wollen. Deswegen müssen wir als erstes nur folgendes uns klarmachen:

Hier geht der Aufruf – –, der Protest der Bauernpartei liegt vor. Die Bauernpartei bittet, sich diesem Protest anzuschließen. Wir haben vorhin gesagt, das ist möglich, wenn Sie durch Umlauf Unterschriften der anderen Parteien sammeln, und wir sozusagen nicht eine öffentliche Abstimmung machen. Aber ich lasse auch darüber abstimmen. Wünscht der Runde Tisch, daß wir öffentlich über diesen **Anschluß an den Protest** der Bauernpartei abstimmen? Dann wäre das ein Antrag zur Geschäftsordnung. Wenn ich es so richtig sehe, vorhin mußten wir Zweidrittel[mehrheit] haben, nicht? – – haben das nicht geschafft. So wäre das ungefähr wieder dasselbe. Ist allen die Frage klar? Es geht also um Anschluß an diesen Protest, das möglich, daß man diesen Protest hier zur Kenntnis genommen hat und unterschreibt. Ich frage aber noch einmal die Bauernpartei: Würden Sie auf öffentlicher Zustimmung hier am Runden Tisch bestehen?

Sie wünschen das so; deswegen müssen wir darüber abstimmen. Ist der Runde Tisch dafür, daß über diesen Antrag oder daß diese Zustimmung zum Protest der Bauernpartei öffentlich eingeholt wird? Den bitte ich dann jetzt um das Handzeichen. Wer ist dafür, daß wir dies öffentlich abstimmen? – Das ist die Mehrheit. Gegenstimmen? – 7 Gegenstimmen. Wer enthält sich? – 6 Enthaltungen. Ist es damit angenommen? Ich frage – –

Herr Weiß, Sie hatten in der Zwischenzeit noch einen Antrag zur Geschäftsordnung.

Weiß (DJ): Ja, ich würde beantragen, daß die hier angesprochenen Parteien die Gelegenheit bekommen sollten, Stellung zu nehmen. Ich denke, die CDU hat sich in der Vergangenheit ebenso wie die SPD gegen diese **Vorlage 12/11** hier ausgesprochen. Und ich denke, sie sollten jetzt die Gelegenheit haben, ihren Standpunkt darzulegen, warum sie darauf bestehen, **Gastredner** einzufliegen.

Ducke (Moderator): Danke. Das war ein Geschäftsordnungsantrag. Müssen wir darüber abstimmen? Oder sind Sie alle der Meinung, daß wir jetzt die Debatte eröffnen? Denn dann müßten wir jetzt erst abstimmen. Es liegt der Geschäftsordnungsantrag vor, daß die Parteien Gelegenheit haben, ihre Stellung abzugeben zu der Frage **Gastredner,** ja? Aber das ist unabhängig noch – – Wie war denn das noch ausgegangen mit dem öffentlich Abstimmen?

[Zwischenstimmen]

Also das hilft jetzt alles nichts, dann ist es nicht durchgekommen, und wir können das nur mit Umfragen. Aber jetzt liegt der Geschäftsordnungsantrag vor, daß die Parteien die Möglichkeit haben, Stellung abzugeben. Ich bitte die Berater, nicht immer bei solchen wichtigen Fragen die Stimmen zu klauen. Also wir stimmen ab, und dazu ist jetzt Zweidrittelmehrheit erforderlich, daß die Parteien jetzt Stellung nehmen können. Antrag Konrad Weiß, Demokratie Jetzt. Ich bitte um Abstimmung.

Wer dafür ist, daß die Parteien öffentlich Stellung nehmen können, den bitte ich um das Handzeichen. Oh, das müssen wir zählen. Zählt jemand? Aber [ich] bitte Sie, schnell zu entscheiden. – Danke. 21 wären Zweidrittel, nicht? Gegenstimmen? – 2 dagegen. Wer enthält sich der Stimme? – 11 Enthaltungen. Hat keine Zweidrittelmehrheit. Der Antrag ist abgelehnt.

Damit wäre der Protest der Bauernpartei hier verlesen, und ich bitte die Initiative zu ergreifen, und über Herumreichen sich die Unterschriften zu diesem Antrag zu holen. Sie können uns aber dann mitteilen, wer unterschrieben hat. Danke schön.

Frau Poppe dazu noch, bitte.

Frau Poppe (DJ): Ich möchte mir erlauben, eine kurze Frage dazwischenzuschieben. Ist es möglich? Und zwar die Arbeitsgruppe „Parteien und Vereinigungsgesetz" hat ja mit diesen beiden Entwürfen jetzt ihre Arbeit beendet. Und nun steht ein neues Gesetz an, das **Versammlungsgesetz,** in welchem also Demonstrationen und Veranstaltungen geregelt werden sollen. Die Regierungskommission hat dazu eine Vorlage erarbeitet. Und wir würden uns wünschen vom Runden Tisch, das Mandat zu bekommen, diesen Entwurf zu diskutieren.

Ducke (Moderator): Das finde ich einen Antrag, der schon deswegen löblich ist, weil ein konkreter Vorschlag da vorliegt. Also der Antrag steht. Die Arbeitsgruppe „Parteien und Vereinigungsgesetz", die ihre Arbeit eigentlich hätte beenden können, bittet um das Mandat des Runden Tisches zum Versammlungsgesetz, zum Entwurf des Versammlungsgesetzes, als Arbeitsgruppe eingesetzt zu werden. Ist das so? Wünscht jemand dazu das Wort? Sonst lassen wir abstimmen gleich. – Danke. Wir lassen abstimmen.

Wer dafür ist, daß diesem Antrag stattgegeben wird, die Arbeitsgruppe „Parteien und Vereinigungsgesetz" zur **Arbeitsgruppe „Versammlungsgesetz"** zu machen, den bitte ich um das Handzeichen. – Na, das ist so. Jetzt frage ich nur noch: Gegenstimmen? – Frau Poppe, Sie haben keine Gegenstimme. Enthält sich jemand der Stimme? – Auch das ist nicht der Fall. Einstimmig. Danke.

Ein Geschäftsordnungsantrag.

Wolf (LDP): Im Sinne der Unterstützung dieses löblichen Vorhabens, bitte ich den Runden Tisch, diese Mitteilung gleich zu nutzen, damit wir keine neuen Briefe schreiben müssen. Wir haben in Voraussicht dieser Entscheidung uns schon fest vereinbart, daß wir [uns] am Donnerstag 9.00 Uhr im Berliner Zimmer wieder dazu treffen. Ich bitte, das jetzt nicht als Amtsmißbrauch zu betrachten.

Ducke (Moderator): Vielen Dank. Das geht alles noch auf Kosten der Mittagspause. Jetzt würde ich sagen, es ist 13.15 Uhr, wir schaffen die **Vorlage 12/28** wohl nicht mehr, oder? Dann ist **Vorlage 12/21 [Antrag GP zum Kommunalwahlrecht, insbesondere zur Anwendung des Verhältniswahlrechts mit Komponenten der Personenwahl**[22]**]** auch noch [vorhanden]. [Diese] müßten wir vertagen auf nach Tisch, denn sonst kommen wir jetzt zu weit in die Mittagspause und verschieben wieder alles. Und dann würde ich folgenden Vorschlag machen. Da wir um 14.00 Uhr den Postminister bestellt haben, würden wir diesen Tagungsordnungspunkt dann planmäßig, den Tagungsordnungspunkt 4, um 14.00 Uhr abhandeln und danach das, was hier zu dem **Wahlgesetz** noch ansteht, anschließend. Darf ich mit Ihrer Zustimmung rechnen? – Das ist der Fall. Wir treten in die Mittagspause ein. Ich bitte noch einmal, an die rote Einlaßkarte zu denken für alle diejenigen, die gegenüber zum Essen gehen. Nur mit der roten Einlaßkarte gibt es dort Essen.

Herr Poppe, noch einen Antrag zur Geschäftsordnung?

Poppe (IFM): Ja, habe ich eben richtig verstanden, daß die beiden Punkte jetzt nicht gleich im Anschluß sind?

Ducke (Moderator): Nein, erst 14.00 Uhr, weil da der Minister da ist.

Poppe (IFM): Ich möchte darum bitten, daß sie doch hier gleich angeschlossen werden, weil unsere Vertreterin, die die eine Vorlage einbringen wird, nur begrenzt Zeit hat, weil sie ihr Kind zu versorgen hat.

Ducke (Moderator): Um welchen Antrag geht es bei Ihnen?

Poppe (IFM): Es geht um [Vorlage] 12/28.

Ducke (Moderator): [Vorlage] 12/28. Es ist der Antrag, darüber müssen wir jetzt abstimmen, Geschäftsordnungsantrag doch fortzufahren, weil hier jetzt eine Zeitkollision ist, Minister gegen Einbringerin. Wer dafür ist, daß wir doch erst die **Vorlage 12/28** abhandeln um 14.00 Uhr, den bitte ich um das Handzeichen. – Das sind 1, 2, 3. Das ist in jedem Fall keine Zweidrittelmehrheit. Das sind 6 Stimmen. Damit müssen wir erst zu der Frage des Ministeriums kommen.

Danke schön. Wir treten in die Mittagspause ein und versuchen, 14.05 Uhr uns wieder hier pünktlich zu treffen. Ich danke den Vertretern der Regierung.

[Mittagspause]

TOP 5: Erklärung des Ministers für Post- und Fernmeldewesen, Dr. Klaus Wolf, zum Vertriebssystem für Verlage der BRD

Lange (Moderator): Ich möchte Sie bitten, Ihre Plätze einzunehmen. Wir wollen die Sitzung fortsetzen. Sofort darf ich alle Vertreter bitten, die sich noch im Vorraum befinden, ihre Plätze hier im Tagungsraum einzunehmen. Ich möchte darum bitten, daß wir die Türen schließen, damit wir unsere

---

[22] Dokument 12/9, Anlagenband.

Sitzung fortsetzen können. Meine Damen und Herren, obwohl wir noch nicht vollzählig vertreten sind, müssen wir die Arbeit wieder aufnehmen, denn es ist unschwer zu erkennen, daß wir eine Fülle von Tagesordnungspunkten für diesen Nachmittag noch vor uns haben. Deshalb wollen wir jetzt versuchen, mit den nächsten Punkten doch so konzentriert wie möglich umzugehen, damit wir das vorgesehene Pensum der Tagesordnung für heute abarbeiten können. Wir unterbrechen, wie vor der Mittagspause angekündigt, jetzt die Beratung in Sachen **Wahlgesetz**, und wir beginnen diese Nachmittagssitzung mit Punkt 4.

In unserer Tagesordnung ist vermerkt, **Erklärung des Postministers zum Vertriebssystem für Verlage der BRD**. Ich begrüße herzlich in unserer Mitte Herrn Dr. Klaus Wolf, Minister für Post- und Fernmeldewesen und Herrn Ralf Bachmann, den stellvertretenden Regierungssprecher der Regierung der DDR. Herr Minister Wolf, Sie haben angeboten, eine Erklärung und Hintergrundinformationen zu einem Thema zu geben, das uns allen in mehrfacher Ausfertigung zum Teil zugestellt worden ist im Blick auf die **Zusammenarbeit des DDR-Postzeitungsvertriebs** und einiger **westdeutscher Verlage**. Ich darf Sie bitten, das Wort zu nehmen.

Wolf (Minister für Post- und Fernmeldewesen): Meine Damen und Herren, bevor ich mich zu dieser Thematik äußere, gestatten Sie mir eine Vorbemerkung. Das **System für den Vertrieb von Zeitungen und Zeitschriften** hat zur Zeit in der DDR seine Leistungsgrenze erreicht. Da über viele Jahre das Angebot in der DDR rückläufig war, erfolgte auch kein Ausbau des Vertriebssystems und Arbeitskräfte wurden in diesem Bereich reduziert.

Die **Arbeitskräfte im Zustellbereich,** wie wir das bezeichnen, lehnen verstärkt die Arbeit an Sonnabenden ab und fordern mehr Lohn und bessere Arbeitsmittel. Für die jetzt auf dem DDR-Markt vorhandenen Titel und Auflagenerweiterungen werden Umschlagstechnik, Fahrzeuge, Räume und zirka 3 000 Arbeitskräfte zusätzlich zu den vorhandenen Zustellkräften benötigt. Da die Arbeitskräfte für diese Arbeit im Zustellbereich der Post nur bedingt zu gewinnen sind, müssen wir mehr Technik einsetzen, private Gewerbetreibende gewinnen, den Verkauf über vorhandene Handelsobjekte verstärken, die Öffnungszeiten der Kioske erweitern sowie effektive Vertriebslinien aufbauen.

Mit den Möglichkeiten der Deutschen Post ist das allein nicht zu schaffen, und der Postminister der DDR ist für jede Hilfe im Interesse der Bevölkerung dankbar. Solche Hilfe haben Firmen der BRD angeboten, wenn ihnen die Möglichkeit eingeräumt wird, mit ihren Erzeugnissen des Zeitungs- und Zeitschriftenangebotes in der DDR zu erscheinen. Darauf haben andere Firmen beschwerdeführend reagiert, ohne zugleich ein Angebot ihrer Beteiligung am Vertriebssystem der DDR zu unterbreiten. Wie in der Presse am 2. Februar 1990 informiert wurde, ist **das Verfahren zum Pressevertrieb der BRD-Zeitungen** und -Zeitschriften nicht abgeschlossen und auch nicht beabsichtigt, das Angebot auf bestimmte Verlage zu beschränken. Die Grenzen für dieses Vorhaben liegen ausschließlich im Vertriebssystem und bei den Modalitäten des Finanzausgleiches.

Es sei auch festgestellt, daß im Gegensatz zur **Post der DDR** sich die **Bundespost der BRD** nicht mit dem **Vertrieb von Zeitungen und Zeitschriften** beschäftigt. Dort liegt das in eigener Verantwortung der Verlage und ihrer eigenen oder anderer Vertriebsorganisationen. Das Gesetz zum Post- und Fernmeldewesen der DDR ging und geht davon aus, daß das **Vertriebsmonopol** bei der **Deutschen Post** in der DDR liegt. Wir meinen, daß dieses Vertriebsmonopol nicht aufrechtzuerhalten ist. Und der Minister für Post- und Fernmeldewesen wird dazu auch in Abänderung des Gesetzes der Volkskammer einen Vorschlag unterbreiten.

Nun zum konkreten Gegenstand des Einspruchs der Verlage unter Federführung des „Jahreszeiten-Verlages" der BRD: Durch die Veröffentlichung der Absichtserklärung vom 23. 1. dieses Jahres zwischen den vier BRD-Verlagen und der Deutschen Post sowie des Konzeptes zur umfassenden Versorgung der DDR-Bevölkerung mit Presseerzeugnissen in den Medien der BRD wurde dort eine umfangreiche Medienkampagne in den letzten Tagen eingeleitet.

Dahinter stehen Besorgnisse kleiner und mittlerer Verlage der BRD, daß die vorgesehene **Pressevertriebsorganisation** den Grundsetzen der Wettbewerbsneutralität und Chancengleichheit widerspreche. Dabei macht sich insbesondere der schon genannte „Jahreszeiten-Verlag Hamburg" mit einer Pressemitteilung vom 31. Januar und einem Brief vom 3. Februar [1990] an die Mitglieder des Runden Tisches und der Zusammenstellung einer Dokumentation zur Kontroverse um den Pressevertrieb der DDR zum Sprecher einer ideellen Interessengruppe von acht teilweise untereinander liierten Verlagen.

Bei Gesprächen am 5. Februar [1990] in meinem Ministerium mit Beauftragten des „Jahreszeiten-Verlages" konnten Positionen ausgetauscht und wesentliche Besorgnisse der Verlage ausgeräumt werden. Dabei wurde klar zum Ausdruck gebracht, daß es nicht vordergründig um eine **Kapitalbeteiligung** dieser Verlage als Gesellschafter, sondern um eine **gemeinsame Interessenvertretung** der übrigen Verlage beim Abschluß und der Ausgestaltung des Gesellschaftervertrages gehe. Diese Interessenlage wurde am 6. Februar an Vertreter der vier Großverlage herangetragen und von diesen positiv aufgenommen. Es wurde vorgeschlagen, die Interessenvertretung durch den gewählten Vorsitzenden des Verbandes deutscher Zeitungsverleger, Herrn Förstner [???], wahrnehmen zu lassen.

Der Vollständigkeit halber muß ich Ihnen dazu sagen, daß diese am 6. Februar abgegebene Erklärung gestern widerrufen wurde, weil angeblich Herr Förstner dazu nicht das Vertrauen hat. Am 7. Februar fand in Hamburg eine Tagung des Fachgruppenvorstandes der Publikumszeitschriften im VdZ [???] statt. Dazu wurde am gleichen Tag über DPA [Deutsche Presse Agentur] eine Presseerklärung veröffentlicht. Und die großen Verlage, mit denen wir bisher verhandelt haben, wurden autorisiert, die Sachgespräche mit der Deutschen Post im begonnenen Sinne fortzusetzen.

Es ist nicht unsere Kompetenz und auch nicht die Aufgabe, über die Wirkungsmechanismen der Marktwirtschaft und der innerstaatlichen Demokratie in der BRD zu urteilen. Ich glaube aber, das es in unserer Verantwortung gegenüber den Bürgern der DDR liegt, ihnen den schnellen und ungehinderten Zugang zu Informationen zu ermöglichen. Das erfordert die **schnelle Einführung einer Vertriebsorganisation** und ihre ungehinderte Nutzung durch alle interessierten Verlagsgesellschaften zu einheitlichen Konditionen. Das erfordert aber auch die Schaffung rechtlicher Voraussetzungen in der DDR für eine **analoge Preisbindung** der westlichen Presseerzeugnisse, wie sie in der BRD existiert, um spekulativen Handel zu unterbinden und Chancengleichheit zu gewährleisten.

Hinsichtlich der gemeinsamen Interessenvertretung aller Verlage aus der BRD und Berlin-West halten wir es für sinnvoll, wenn dazu unter der Verantwortung des Staatssekretärs im Bundesinnenministerium der BRD, Herrn Neusel [???], ein **Konsortium in der BRD** gebildet wird. Ein entsprechender Vorschlag war bei Verhandlungen zwischen Regierungsvertretern beider deutscher Staaten und aller BRD-Bundesländer zur Medienpolitik am 8. Februar in Bonn erarbeitet worden. Wir haben daran teilgenommen, da hat aus der DDR teilgenommen der stellvertretende Regierungssprecher der DDR, Herr Bachmann. Und die gemeinsame Arbeitsgruppe wird von seiten der DDR auch von ihm geleitet. Eine derartige Verfahrensweise würde auch vom „Jahreszeiten-Verlag Hamburg" befürwortet werden, wie uns ein Telefongespräch am 10. Februar nochmals bestätigte.

Lassen Sie mich abschließend betonen, daß der in der ADN[Allgemeiner Deutscher Nachrichtendienst]-Presse-Mitteilung vom 8. Februar in Verbindung gebrachte Vertrieb von Presseerzeugnissen der BRD durch eine gemeinsame Vertriebsorganisation und die mögliche Produktenwerbung westlicher Firmen in den elektronischen Medien der DDR in keinem ursächlichen Zusammenhang steht. Das von den vier Großverlagen vorgeschlagene **Finanzierungsmodell für den Pressevertrieb** auf Basis Mark der DDR gestattet ja gerade eine valutaunabhängige Vertriebsform. Anteilige Valutaansprüche aus der Produktenwerbung entstehen für die Deutsche Post gegenüber den Generalintendanzen des **Rundfunks und des Fernsehens** durch die Bereitstellung von Studiotechnik und Sendeanlagen, die generell im Besitz der Deutschen Post sind und als Dienstleistung für Rundfunk und Fernsehen wirken – so wie auch hier bei der Übertragung des Runden Tisches.

Meine Damen und Herren, ich habe dem Ministerrat einen Vorschlag unterbreitet, wie wir zusammen mit Verlagen der BRD zu einer schnellstmöglichen Aufnahme von Zeitungen und Zeitschriften in das Angebot der DDR kommen. Dieser Vorschlag geht davon aus, daß wir mit einer ganz begrenzten Anzahl einer bestimmten Auflagenhöhe auf der Grundlage der bei uns vorhandenen Basis ausgehen müssen. Diese **Auflagenhöhe** wird in der ersten Phase 500 000 Exemplare nicht überschreiten können. Aus dieser Problematik ergibt sich zugleich die Möglichkeit, nicht alle in der BRD vorhandenen Ausgaben oder Titel sofort hier in der DDR anbieten zu können, weil sonst die Auflage der einzelnen Titel zu gering wäre.

Das ist der Ausgangspunkt, um schnell den Pressevertrieb von BRD-Zeitungen und -Zeitschriften zu beginnen. Würden wir einen anderen Weg gehen, das heißt mit einer bedeutend höheren Auflagenhöhe – und all das, was bei uns überhaupt vertrieben werden kann von den Titeln her – zu beginnen, brauchen wir einen langen Zeitraum, um erst die Voraussetzungen im Vertrieb zu schaffen. Das wäre nach meiner Auffassung nicht vor Jahresende 1990 machbar, weil da sowohl von der Basis des **Straßentransportes** bis hin zu den **Umschlagmechanismen** und der **Gewinnung der Arbeitskräfte** bedeutend mehr erforderlich ist, als nur mit einer Auflage von 500 000 Stück zu beginnen.

Zweitens oder drittens müßten dazu auch die **finanziellen Modalitäten** erforderlich sein. Zur Zeit ist es so: Mit einer Auflagenhöhe, beginnend mit März dieses Jahres, würde etwa eine Umsatzgröße von 700 Millionen Mark in der DDR entstehen. Diese Umsatzgröße würde dann wiederum durch diese an der Vertriebsgesellschaft beteiligten Verlage bereitgestellt, um sehr schnell die **Vertriebsorganisation der Deutschen Post** aufzubessern. Das ist also das Problem, zwischen dem wir zur Zeit zu entscheiden haben, und wo ich Sie auch um Ihre Unterstützung bitte einschließlich der Meinung der Medienkommission des Runden Tisches, um dann der Regierung einen Beschluß zu unterbreiten, der nach Möglichkeit allen Seiten, aber in erster Linie der Bevölkerung unserer Republik gerecht wird. Schönen Dank für Ihre Aufmerksamkeit.

Lange (Moderator): Vielen Dank, Herr Minister Wolf.

Ich möchte Herrn Bachmann fragen, ob er aus seiner Sicht einige Ergänzungen anzufügen hat zu dem, was der Minister vorgetragen hat.

Bachmann (stellvertretender. Regierungssprecher): Vielleicht nur so viel: Ich komme direkt von den Gesprächen in Bonn zurück. Wir haben mit Expertengruppen beider Staaten im Bonner Innenministerium zusammengesessen.

Die Bonner Seite, das Bonner Innenministerium würde eine Regelung befürworten, die alle Verlage der Bundesrepublik sozusagen einbezieht. Sie wollen auch diesbezüglich mit den Verlagen Kontakt aufnehmen und sozusagen ein Versöhnungsgespräch herbeiführen. Die beiden Regierungen stimmen in dem Wunsch überein, daß man in möglichst raschen Etappen erreichen sollte, ein möglichst umfangreiches Angebot der Zeitungen aus dem jeweils anderen Staat auf den Markt zu bringen. Wobei also seitens der DDR auch einige Wünsche vorgebracht wurden, denn wir sind nicht nur interessiert daran, daß **Zeitungen der BRD in der DDR angeboten werden,** sondern selbstverständlich sind wir in gleichem Maße interessiert daran, daß auf **dem Markt der Bundesrepublik unsere Presseerzeugnisse vertrieben werden.** Bereitschaft ist da, aber wir werden also dazu Papier und Druckkapazität benötigen, um die entsprechenden Auflagenerhöhungen und Qualitätsverbesserungen herbeizuführen. Das war der Hauptinhalt der Gespräche mit dem Innenministerium beziehungsweise mit den Experten.

Wir sind natürlich – so, wie es jetzt aussieht – kaum noch in der Lage, das ursprüngliche Ziel zu erreichen, daß der Vertrieb schon vor dem Wahltermin funktioniert, sondern das wird sich nun wahrscheinlich noch bis in den April hinziehen, bis also der Vertriebsapparat aufgebaut werden kann. Die Schuld daran liegt aber nicht auf unserer Seite, sondern auf seiten der BRD-Verlage, die sich bisher nicht auf ein gemeinsames Angebot einigen konnten.

Lange (Moderator): Vielen Dank für diese Informationen. Ich setze, meine Damen und Herren, Ihr Einverständnis voraus, daß wir jetzt zu diesem Punkt keine ausführliche Sachdebatte haben müssen, zumal es sich nur um Vorüberlegungen handelt. Aber es ist natürlich möglich, daß wir ergänzende Kurzbeiträge oder Rückfragen jetzt stellen. Es hatte sich gemeldet Herr Weiß zunächst. Bitte.

Weiß (DJ): Meine Damen und Herren, Herr Postminister. Dem Runden Tisch **der Arbeitsgruppe „Medien"** liegt ein Protokoll vor vom 23. Januar [1990], das vom Ministerium für Post- und Fernmeldewesen unterzeichnet ist – Herr Hammer [???] war der verantwortliche Verhandlungsführer – das ferner vom Ministerium für Kultur – –

Weiß (DJ): – Inhalt dieser Vorvereinbarung ist die **Aufteilung des Zeitungen- und Zeitschriftenmarktes** an die vier genannten westdeutschen Großverlage, an die marktbeherrschenden Großverlage und die **Beibehaltung des Monopols durch die Post der DDR.**

Erklärung des Ministers für Post- und Fernmeldewesen, Dr. Klaus Wolf, zum Vertriebssystem für Verlage der BRD 737

Im Punkt 1 heißt es, daß ein flächendeckendes Vertriebssystem in der DDR ergänzend zu dem bisherigen System der Deutschen Post hergestellt werden soll und daß die tatsächliche Belieferung möglichst noch im Februar 1990 beginnen soll. Das heißt doch im Klartext, daß die Post einen Teil ihrer Vertriebsrechte an die vier Großverlage abgeben will. Es soll ein **Joint-ventures** hergestellt werden. Da sind 50 Prozent der Gesellschaftsanteile für die Deutsche Post vorgesehen.

Und dann gibt es eine weitere Aufschlüsselung unter den Verlagen: „Axel Springer Verlag AG Berlin-Hamburg" soll 16 Prozent des DDR-Marktes bekommen, die „Aenne Burda-GmbH Offenburg" soll fünf Prozent des DDR-Marktes für Zeitungen und Zeitschriften bekommen, „Gruner und Jahr AG & Co." in Hamburg soll 14 Prozent des DDR-Marktes für Zeitungen und Zeitschriften bekommen und der „Heinrich Bauer Verlag Hamburg" soll 15 Prozent des DDR-Marktes für Zeitungen und Zeitschriften bekommen. Es handelt sich hierbei um ein Milliardengeschäft.

Die **Deutsche Post** hat als **Gegenleistung** ausgehandelt, ich zitiere 6.: „Die beteiligten Verlage werden nach Abschluß und Verabschiedung der diesbezüglichen Verträge dem Ministerium für Post- und Fernmeldewesen der DDR 100", ich betone 100" Transportfahrzeuge (1,5-Tonner) unentgeltlich zur Unterstützung eines optimalen Pressevertriebes übergeben." Es handelt sich um überholte Gebrauchtfahrzeuge.

Besonders empörend ist an diesem Papier – das, ich muß sagen, leider auch unter der Beteiligung des Ministeriums für Kultur zustandegekommen ist – der Punkt 5. Hier heißt es: „Die Beteiligten auf seiten der DDR werden im Rahmen ihrer Möglichkeiten dazu beitragen, den beteiligten Verlagen die Vermarktung der Werbezeiten des zukünftig öffentlich-rechtlichen Rundfunks und Fernsehens der DDR zu übertragen, sobald die gesetzlichen Voraussetzungen dafür gegeben sind." 50 Prozent des nach Abzug der Verkaufsprovision verbleibenden Erlöses werden dem Joint-ventures zur Absicherung des Imports von Presseerzeugnissen zur Verfügung gestellt. Auch hier wieder muß ich sagen, handelt es sich um einen unglaublichen Vorgang. Am 23. Januar war bereits der **Beschluß zur Medienfreiheit in der DDR** vom Runden Tisch behandelt, und dem Ministerium für Post- und Fernmeldewesen muß das vorgelegen haben. Sie haben wissen müssen, daß wir uns eindeutig dagegen ausgesprochen haben, daß es **Werbezeiten** gibt. Das ist dann noch etwas modifiziert worden, aber der Beschluß ist dann letzten Endes ja doch so zustandegekommen. Hier sind also im Wissen um ein Gesetzgebungsverfahren oder um einen anstehenden Beschluß diese Vereinbarungen getroffen worden.

Wie sollte das nun aussehen? Ich nenne Ihnen einige Beispiele: Die Post der DDR hat sich angemaßt, entgegen der garantierten Medienfreiheit und Pressefreiheit die Titel auszuwählen, die die DDR-Bürger künftig lesen dürfen. Interessanterweise ist – ich beziehe mich hier auf einen Bericht des „Spiegel", aber ich habe auch andere Unterlagen dazu – daß die Großverlage, die ich vorhin genannt habe, auch fremde Blätter wie zum Beispiel die „Süddeutsche Zeitung" oder die „TAZ", mit ins Programm aufnehmen sollten. Doch mehr als 80 Prozent der Gesamtauflage sollten den konzerneigenen Blättern dieser vier Großverlage, also „Quick", „Stern" oder „Kapital", „Schöner Essen", „Schöner Wohnen" und so weiter, „Bravo", „Girl" und so weiter und so fort vorbehalten bleiben.

Kleine Zeitungen und Zeitschriften hätten gegenüber diesen großen Verlagen, die mehr als 80 Prozent in Anspruch nehmen wollten, überhaupt keine Chance. Aber diese kleinen Zeitungen sind doch eigentlich die, die wir hier ins Land hereinhaben wollen. Ich denke, wir können sehr gut auf „Bravo", „Girl" verzichten. Ich nenne Ihnen einige andere Beispiele. Die „Bild-Zeitung", sicher auch nicht unbedingt eine Zeitung, die in die Medienlandschaft der DDR passen sollte, ist mit 100 000 Exemplaren vorgesehen. Ein Stück „Bild" sollte DM 1,50 kosten. Der „Spiegel" soll mit 50 000 Exemplaren ins Land kommen. Er soll DM 13.50 kosten. Der „Stern" soll mit 65 000 Exemplaren ins Land kommen. Er soll DM 11,40 kosten. Und „Die Bunte" soll DM 50 000 – kosten, Entschuldigung, ja.

Lange (Moderator): Könnten Sie den Preis etwas reduzieren, Herr Weiß?

Weiß (DJ): Das ist etwas reduziert, ja. Ich bitte um Pardon. Ich beziehe mich wiederum auf den „Spiegel". Die Nürnberg-Ausgabe der „Abendzeitung" liefert bereits in die DDR, und zwar mehrere tausend Exemplare täglich zum **Preis** DM 1,50 Ost nach Gera. Das ist mit einer Sondergenehmigung des dortigen Bürgermeisters geschehen. „Springer" holte vergangene Woche einen Großteil seiner Außendienstmitarbeiter zusammen, um sie für den Einsatz in der DDR zu schulen. Lastwagenweise sollen „Bild" und „Welt", „Hörzu" und „Funkuhr" nach Schwerin, Leipzig und Dresden gekarrt werden. Inzwischen gehen **Werbekolonnen** in der DDR von Tür zu Tür, um Abonnenten für alle möglichen Verlagsobjekte zu werben. Eine rechtliche Grundlage aber gibt es dafür nicht.

Ich bitte den Herrn Postminister, dazu noch einmal Stellung zu nehmen.

Lange (Moderator): Vielen Dank für Ihren Beitrag. Ich möchte gern die beiden anderen Wortmeldungen, bevor wir den Minister hören, noch zunächst aufrufen. Das ist Herr Klein. [Er] zieht zurück.

Und Frau Schießl, bitte.

Frau Schießl (FDGB): Ich möchte an den Herrn Minister eine Frage aus ganz anderer Sicht stellen, und zwar nach der Verfahrensweise und dem **Umgang mit den Werktätigen**, die von diesen Maßnahmen betroffen sind. Erstens die Frage, wieviele Arbeitskräfte in unserem Land sind von diesen Maßnahmen betroffen? Welche Verhandlungen sind dazu bereits geführt? Welche Tarife wird es geben? Gibt es **Manteltarife**, und wenn ja, worin bestehen die? Wieviele Arbeitskräfte werden durch diese Maßnahme freigesetzt, welche müssen umgesetzt werden, welche Maßnahmen zur Umschulung sind ergriffen?

Und letztlich die Frage danach: Wie sind die Gewerkschaften in diese Verhandlungen einbezogen worden? Es müßte ja ein Problem sein, was sowohl den DGB als auch den FDGB berührt.

Lange (Moderator): Das ist eine Fülle von Fragen. Herr Minister Dr. Wolf, darf ich Sie bitten, darauf zu antworten, soweit das heute möglich ist?

Wolf (Minister für Post- und Fernmeldewesen): Ja, zuerst zu den Ausführungen von Herrn Weiß. Ich möchte mich ebenfalls beziehen auf das Papier vom 23. Januar dieses Jahres und möchte da auf den ersten Satz eigentlich dieses Papiers, Herr Weiß, aufmerksam machen, [wo es] heißt: „Diese Verlage und das Ministerium für Post- und Fernmeldewesen, Ministerium für Kultur und der Presse und Informationsdienst der Regierung streben folgende Übereinkunft an." Das heißt, das, was wir dort formuliert haben, ist eine **Absichtserklärung.**

Zweitens: Ich möchte sagen, daß diese vier großen Verlage jeder für sich schon im November und Dezember mit exakt ausgearbeiteten Vorstellungen zum Aufbau einer jeweils durch sie durchzuführenden **Vertriebsorganisation in der DDR** gekommen sind. Der „Bauer-Verlag" und auch „Burda" mit einem ganz exakt ausgearbeiteten Vertriebssystem für sich, auch der **Verlag „Springer"** [hat] ein Angebot unterbreitet. Wir haben uns bemüht, diese vier großen Verlage zusammenzuführen, ohne jemals zu sagen, daß andere Verlage nicht das Recht haben des **Eigenvertriebs in der DDR,** wenn sie dazu Voraussetzungen haben.

Und schließlich muß ich darauf hinweisen, daß – auch unterschrieben von den Verlagen und von den von Ihnen zitierten Verantwortlichen unserer Republik – der Punkt 7 ausdrücklich darauf hinweist, daß diese Übereinkunft unter dem **Vorbehalt der Entscheidung des Ministerrates der DDR** und der zuständigen Aufsichtsgremien der beteiligten Verlage steht, das heißt also eine Absichtserklärung, die weiter zu untersetzen ist, ohne daß sie schon eine endgültige Form hat.

Auf der Basis dieser Angebote dieser Firmen – und das ist richtig, was Sie sagen – ist überlegt, ein von der DDR-Vertriebsorganisation herausgelöstes System zu schaffen, um das Angebot dieser Firmen in mehreren Etappen bewältigen zu können. Das heißt also, auch ein **Joint-ventures** zu bilden **im eigenständigen Vertriebssystem der Deutschen Post** mit 50 Prozent Beteiligung in diesem System.

Die **Prozente,** die Sie hier gesagt haben, sind im Prinzip so richtig, wie sie zwischen den Verlagen aufgeteilt sind, aber wir haben zu keinem Zeitpunkt gesagt, daß das eine endgültige Beteiligung ist, wir auch nicht auf den 50 Prozent bestehen, sondern, wenn weitere Verlage in dieses System einsteigen wollen, wir auch bereit sind, dort über weitere Anteile zu reden.

Die Vertriebsorganisation ist nicht in der Zustellung, das ist die Frage der **Gewerkschaft,** vorgesehen, sondern ausschließlich über den Verkauf an Kiosken und festen Einrichtungen, also nicht über das Abonnement, wie es bei uns bisher üblich ist. Das ist nicht zu bewältigen, dazu haben wir die Kräfte nicht. Aber schon um den Umschlagsprozeß zu bewältigen, brauchen wir erheblich mehr Arbeitskräfte, die absolut aus der DDR kommen müssen. Wir haben also bis auf einige Angebote, die im Management dieser Firmen liegen, keine Absicht, Arbeitskräfte aus der BRD hier in der DDR zu beschäftigen, sondern müssen hier **Arbeitskräfte im eigenen Land** gewinnen.

Und schließlich sei darauf verwiesen, alles andere ist hier schon gesagt, daß es natürlich immer subjektiv sein wird und ich deshalb auch darum bitte, die unter Leitung von Herrn Weiß stehende Medienkommission des Runden Tisches einzubeziehen, welche **Titel** ausgewählt werden. Also auch das, was hier an Titeln andiskutiert ist, ist sicher immer eine sehr **subjektive Auswahl,** die aus verschiedenen Gesichtswinkeln her zu betrachten ist. Und wir haben hier auch keine endgültige Auswahl getroffen.

Wir haben uns mit den Verlagen darauf verständigt, daß die **Auflagenhöhe,** um sie überhaupt bewältigen zu können, in der ersten Phase wahrscheinlich nicht mehr als 60 bis 70 Titel, maximal 100 Titel [beträgt]. Je mehr Titel, umso geringer die einzelne Auflagenhöhe des einzelnen Erzeugnisses. Aber dazu gibt es noch keine endgültigen Abstimmungen. Das sind lediglich Vorstellungen, die wir hier unterbreitet haben, die weiter auszusprechen sind.

Ich möchte zu der Frage aus der Sicht des FDGB hier sagen: Im gesamten System der Zustellung sind in der DDR 25 000 **Zusteller** und Umschlagskräfte beteiligt. Eine sehr schwere Arbeit, die hauptsächlich von **Frauen** bewältigt wird. Das Problem besteht darin, daß die Zustellung von Montag bis Sonnabend zu erfolgen hat und wir auch die Meinungen unserer Zusteller, zur Zeit die Sonnabendzustellung einzustellen, nicht akzeptieren können.

Zweitens, daß wir natürlich alles daran setzen, um **die Presseerzeugnisse der DDR** zuzustellen, die ja zu einem großen Teil im Abo-Verfahren laufen. Das war ja etwas, was sich bei uns über viele Jahre herausgebildet hat, daß die Zustellung im Abonnement die Sicherheit bietet, an die Zeitungen und Zeitschriften in der DDR heranzukommen. Wie sich das ändern wird bei höherer Auflagenhöhe in der DDR, werden wir sehen. Das ist im Moment noch nicht abzuschätzen. Zur Zeit sind viele Tageszeitungen, Zeitschriften binnen weniger Stunden verkauft an den Kiosken, und im Zustellbereich ist dort die größere Sicherheit gegeben.

Und schließlich, ich möchte noch einmal betonen, daß das, was sich zur Zeit in der DDR mit Duldung der staatlichen Organe vollzieht – das, was Herr Weiß angesprochen hat, welche BRD-Zeitungen schon hereingebracht werden in einzelne Bezirke, besonders in die Bezirke, grenznahen Bezirke, also im Bezirk Gera und so weiter – widerspricht eigentlich **dem Gesetz über das Post- und Fernmeldewesen,** daß für den **Import von Zeitschriften** der Minister für Post- und Fernmeldewesen verantwortlich ist. So ist es im Gesetz von 1985 im Paragraph 4 festgelegt. Wir haben das zur Zeit geduldet, diese Sache, die da hereingekommen ist mit einmaligen Lieferungen, einmaligen Verkaufsaktionen, aber ich wiederhole das: Es hat eigentlich nichts mit dem Gesetz zum Post- und Fernmeldewesen zu tun.

Lange (Moderator): Danke. Ich weise noch einmal darauf hin, daß wir eine begrenzte Zeit für diesen Tagesordnungspunkt haben. Es hatten sich noch zwei gemeldet. Zunächst Herr Klein und dann Herr Weiß. Herr Templin. Dann würde ich aber vorschlagen, daß wir zum Abschluß kommen.

Bitte, Herr Klein.

Klein (VL): Ich kann mich des Eindrucks nicht erwehren, daß das, was Herr Weiß hier mitgeteilt hat, eigentlich das hätte sein müssen, was wir vom Herrn Minister hätten hören müssen. Insofern ergibt sich natürlich die Frage, vor welcher Situation wir hier stehen? Es überrascht uns natürlich nicht, daß Medienriesen aus der Bundesrepublik hier versuchen, alle Möglichkeiten zu nutzen, den Markt, und zwar auf ihre Weise, zu erobern. Das kann niemanden verwundern. Verwundern kann höchstens, daß das zuständige Ministerium der DDR hier mitspielt.

Ich muß sagen, daß in einem solchen Umfang, wie das hier mitgeteilt wurde, wir das nicht wußten, und wir uns eigentlich der Empörung anschließen müssen, die hier geäußert wurde. Ich glaube, daß eine **Rücktrittsforderung diesen Minister betreffend** hier auf der Tagesordnung steht.

Ich will aber noch eine Frage anschließen. Es gibt eine Frage in bezug auf das **Fernsehen.** Ich würde gern wissen, ob die DDR über **freie Frequenzen** verfügt, ob in diesem Zusammenhang Gespräche laufen, und ob hier etwas ins Haus steht, worüber wir vielleicht auch etwas wissen müßten.

Lange (Moderator): Danke.
Herr Weiß.

Weiß (DJ): Herr Postminister, ich muß Ihnen widersprechen. Es gibt seit dem 5. Februar [1990] den **Beschluß der Volkskammer** über die **Gewährleistung der Meinungs-, Informations- und Medienfreiheit**. Das ist die Grundlage, auf der Sie zu handeln haben. Und darin heißt es: „Alle Bürgerinnen und Bürger haben das Recht auf freie Meinungsäußerung." Dieses Recht schließt die Freiheit ein, sich um Informationen und Ideen aller Art, ungeachtet der Grenzen, mündlich, schriftlich oder gedruckt in Form von Kunstwerken oder durch jedes andere Mittel seiner Wahl zu bemühen, diese zu empfangen und mitzuteilen. Ihre **Postzeitungsliste** ist Makulatur durch diesen Beschluß. Ich bitte Sie, das zur Kenntnis zu nehmen. Ich bitte Sie ferner, zur Kenntnis zu nehmen, daß über die Medien betreffende Fragen künftig der **Medienkontrollrat** entscheiden wird. Auch das ist durch den Beschluß der Volkskammer vom 5. Februar so festgelegt. Dieser Medienkontrollrat wird sich morgen konstituieren, und er wird darüber befinden, wie das **Vertriebsnetz in der DDR** auszusehen hat. Ich kann mich des Eindrucks nicht erwehren, daß Sie hier nicht die volle Wahrheit gesagt haben. Ich habe nicht nur von den Großverlagen Angebote auf den Tisch bekommen, sondern ich habe zum Beispiel vom Pressegrosso der Bundesrepublik, dem Verband deutscher Buch-, Zeitungs- und Zeitschriftengrossisten, hinter dem 74 kleine und mittlere Betriebe stehen, ein konkretes Angebot bekommen, wie man ein Vertriebsnetz in der DDR aufbauen könnte. Ich habe auch von anderen Stellen, auch von den schon genannten zehn Verlagen, die hinter dem „Jahreszeiten-Verlag" stehen, Angebote bekommen.

Ich finde, es ist unsere Pflicht, und es wäre Ihre Pflicht gewesen, das abzuwägen, das zu prüfen und sich sachkundig zu machen und dann den besten Weg auszusuchen. Ich denke, es kann doch nicht darum gehen, daß jetzt hier in erster Linie große oder von mir aus auch kleine Betriebe der Bundesrepublik sich den DDR-Markt aufteilen, sondern es muß doch darum gehen, daß Unternehmer aus der DDR, **mittelständische Betriebe, eine Chance bekommen**, daß sie diesen Markt hier aufbauen können.

Ich denke, die Zeiten, wo die Post den Zeitungsmarkt beherrschen konnte, müssen vorüber sein. Wir müssen mittelständischen Unternehmern die Chance geben, auch den Verlagen die Chance geben, hier ein **eigenes Vertriebsnetz** aufzubauen, und wir müssen Hunderten und Tausenden von Kleinunternehmern, von Händlern die Chance geben, Kioske zu errichten, in ihre Verkaufsstellen, in ihre Buchhandlungen diesen Vertrieb mit hereinzunehmen. Ich denke, das ist der richtige Weg. Dann bleibt es hier in der DDR, und es schafft Arbeitsplätze. Ich danke Ihnen.

[Beifall]

Lange (Moderator): Herr Templin.

Templin (IFM): Noch ein Punkt, der ebenfalls in die Tätigkeit und Verantwortung des jetzt gegründeten **Medienkontrollrats** fällt: Uns liegen Informationen vor, daß es aktuell in Dresden Verhandlungen gibt zwischen dem Direktor der **Großdruckerei „Völkerfreundschaft"**, ehemals SED-Eigentum, jetzt nominell in Volkseigentum überführt, Verhandlungen über den Verkauf dieser Druckerei an einen der beiden Großkonzerne „Springer" beziehungsweise „Gruner & Jahr". Wir denken, daß auch hier wiederum versucht wird, in einer noch rechtsunsicheren oder in diesem Punkt fast rechtsfreien Zeit Verabredungen unter Dach und Fach zu bringen, die nach unserem Verständnis völlig rechtswidrig sind und die auf jeden Fall schnellstens vom Medienkontrollrat geprüft beziehungsweise blockiert werden sollten.

Lange (Moderator): Ja, vielen Dank. Da alle Parteien und Gruppierungen dort ja vertreten sind, wäre jetzt dafür zu sorgen, daß Ihre Gedanken und Vorschläge dort eingebracht werden. Das habe ich jetzt auch so verstanden.
Es hatte sich noch Herr Lietz dazu gemeldet.

Lietz (NF): Ich möchte das, was Herr Weiß gesagt hat, unterstützen, und zwar auch aufgrund eines konkreten Falles aus meinem Breich, wo einer, der seinen Betrieb aufbauen will, durch diese im Augenblick **rechtlose Situation** den Eindruck gewonnen hat, daß hier aufgrund der Monopolisierung oder der neuen **Monopolisierung des Betriebswesens** für neu aufzubauende Betriebe überhaupt keine Chance besteht.

Und deswegen die ausdrückliche Forderung vom Neuen Forum, den im Augenblick wohl rechtlosen und damit auch schutzlosen Zustand neuer Kleinbetriebe durch gesetzliche Maßnahmen ganz klar so einzugrenzen, damit auch eine echte Chance besteht, hier den Markt von innen her aufzubauen.

Lange (Moderator): Danke.
Herr Minister, darf ich Sie bitten, noch einmal darauf abschließend zu reagieren.

Wolf (Minister für Post- und Fernmeldewesen): Ja, noch einmal zur Bemerkung des Herrn Weiß. Ich möchte darauf aufmerksam machen, daß in dem Gespräch zwischen Herrn Bundeskanzler Helmut Kohl und dem Vorsitzenden des Ministerrates am 19. Dezember [1989] in Dresden das gesamte Problem der **Verbesserung der Kommunikationsbeziehungen** angesprochen und auch festgelegt wurde. Aus diesem Gespräch heraus ergaben sich konkrete Maßnahmen an den Postminister – sowohl was den Telefonverkehr zwischen beiden Staaten betrifft, als auch über den Austausch von Presseerzeugnissen zu verhandeln.

Zweitens: Ich möchte noch einmal unterstreichen, daß es überhaupt nicht darum geht, daß die **Deutsche Post** an ihrem **Vertriebsmonopol** festhält. Das ist in kürzester Zeit, wenn man den Zugang aller Erzeugnisse der BRD in die DDR aufmacht, von einer materiell-technischen Basis her überhaupt nicht machbar. Und ich habe in dieser Erklärung zu Beginn auch deutlich gemacht, daß es uns wirklich ernst ist, daß kleinere Vertriebsgesellschaften und private Verkäufer, also Kioske, die wir auch als Deutsche Post aus der großen Linie her, sagen wir einmal als Grossist beliefern, Geschäfte aufmachen. Das ist überhaupt kein Widerspruch, so eine Sache in kürzester Zeit aufzubauen.

Das kann aber nicht Sache der Post sein, sondern das muß sich territorial herausbilden und ist auch territorial sehr unterschiedlich. Dort, wo wir das können – und eine Vielzahl von kleineren Gemeinden hat überhaupt keine Probleme auf diesem Gebiet, während es in größeren Städten, besonders in den Neubaugebieten, durch den Zuwachs an Kiosken und Verkaufsstellen echte Probleme gibt im Arbeitskräftepotential – sehe ich überhaupt keinen Hinderungsgrund, daß in kürzester Zeit dort sich Veränderungen vollziehen.

Ich schließe drittens die **Einbeziehung der Verlage der BRD,** ob groß oder klein, zu keinem Zeitpunkt aus, weder bei den Vorverhandlungen, noch gegenwärtig. Die Angebote, die Ihnen vorliegen, Herr Weiß, sind mir zum Teil, aber andere haben Sie ja genannt, überhaupt nicht bekannt.

Und schließlich viertens will ich noch einmal darauf aufmerksam machen, daß die **Festlegung von Titeln** oder der **Import bestimmter Zeitungen und Zeitschriften** - so, wie es durch die Volkskammer in der Verordnung zur Medienpolitik festgelegt wurde - angeboten wurde, im **Medienkontrollrat** zu beraten. Da gibt es überhaupt keine Frage. Ich würde nie eine Entscheidung treffen, die ohne eine Zustimmung des Medienkontrollrates dort erfolgt.

Deswegen habe ich gesagt: Eine Einzelfestlegung von vier oder sechs Unterschriften ist hier überhaupt nicht machbar, weil es dort sicher um das Einbeziehen sehr vieler Auffassungen und Meinungen geht und wir, Herr Bachmann hat es gesagt, aus der heutigen Sicht das schnelle Importieren von Zeitungen und Zeitschriften, ohne das gründlich abzuprüfen, überhaupt nicht wollen, und es sicher zeitlich auch gar nicht machbar ist, so daß es sich also auf das erste Halbjahr hinzieht, und wir dazu noch eine Reihe von Voraussetzungen schaffen müssen, um dann in größerer Breite, als mit den bisher festgelegten Titeln, gleich ins Geschäft gehen.

Lange (Moderator): Vielen Dank. Durch dieses neue Instrument des **Medienkontrollrates** werden wir sicher eine Reihe der anstehenden Fragen noch klären können. Ich meine aber, trotzdem war es gut und hilfreich, daß wir diese Beratungs- und Informationsrunde jetzt in dieser Weise haben konnten. Ich bedanke mich bei Herrn Dr. Wolf, dem Minister für Post- und Fernmeldewesen, und Herrn Bachmann.

Da war noch eine offene Frage? Würden Sie die bitte noch einmal stellen? Bitte.

Klein (VL): Ich fragte, wie es bestellt ist um die der DDR zustehenden **freien Frequenzen,** die ja der Verwaltung der Post anheimliegen, ob da bereits Planungen im Gange sind?

Wolf (Minister für Post- und Fernmeldewesen): Ich wollte das Thema jetzt nicht ausweiten. Es geht um die **Frequenzen im Fernsehprogramm,** wenn ich es verstanden habe. Es gibt also ja die Funk- und Fernsehfrequenzen. Dort gibt es überhaupt keine Verhandlungen zur Zeit. Es gibt eine gemeinsame Kommission der BRD und der DDR, die technische Möglichkeiten der Übertragungswege prüft für BRD-Programme in die DDR und umgekehrt von DDR-Programmen in die BRD im Fernsehen. Das ist also eine reine **technische Kommission,** die sich also sehr unterscheidet von den Möglichkeiten, die sich dann auf kommerzieller Art ergeben.

Lange (Moderator): Herr Templin noch einmal zu diesem Fragenkomplex.

Templin (IFM): Zu unserer **Information** noch eine notwendige Nachfrage. In dem Material, was wir haben, ist auch enthalten, daß der geplante Verkauf unter Umständen unmittelbar bevorsteht. Das Hineingeben dieser Information in den sich konstituierenden **Medienkontrollrat** könnte ja also auf einen Sachverhalt stoßen, der bereits vollzogen ist.

Also meine Dringlichkeitsanfrage: Ist es über hier anwesende Regierungsvertreter oder andere Verantwortliche möglich, unmittelbar zu prüfen, ob diese Informationen, ob es hier an dem ist beziehungsweise wenn klar ist, das ist eine Verhandlung in einem rechtsfreien oder rechtlosen Raum, diesen Akt zu stoppen.

Wolf (Minister für Post- und Fernmeldewesen): Herr Templin, ich würde Sie bitten, daß Sie mich über Ihre Informationen noch einmal im Detail in Kenntnis setzen. Mir ist eine solche Information nicht geläufig.

Lange (Moderator): Vielen Dank. Dann würden wir Sie darum bitten, Herr Templin, daß es weiter verfolgt werden kann. Wir schließen diesen Tagesordnungspunkt 4 jetzt ab und kommen zurück zu [Tagesordnungspunkt] 3.1, der sich mit dem **Wahlgesetz** beschäftigt. Wir haben an dieser Stelle wieder Übergabe des Stafettenstabes an Dr. Ducke.

TOP 6: Wahlgesetz

Ducke (Moderator): Ich rufe auf die **Vorlage 12/28** zur Wahl, habe aber jetzt wiederum ein Zeitproblem, da wir doch da länger diskutiert haben, daß wir noch zu dem Einbringen der Vorlage nachher zur Kommunalwahl noch etwas sagen innerhalb der nächsten acht Minuten. Aber da Sie jetzt schon so lange gewartet haben, sollen Sie jetzt zunächst das Wort erhalten. **Vorlage 12/28.** Es geht noch einmal um das **Wahlgesetz** und um eine wichtige Frage.

Darf ich bitten, Initiative Frieden [und] Menschenrechte, Frau Menge.

Frau Menge (IFM): Mein Name ist Menge. Ich sitze heute das erste Mal hier am Runden Tisch. Der Grund für die **Vorlage 12/28 [Antrag DJ, IFM, GP, VL: Kandidatenaufstellung und Briefwahl]** liegt darin, wir haben in der letzten Sitzung vorigen Mittwoch in der **Arbeitsgruppe „Wahlgesetz"** des Runden Tisches den Paragraphen 24, Absatz 2 noch einmal behandelt. Der ursprüngliche Text war folgender: „Die Inhaber von Wahlscheinen können in jedem Stimmbezirk ihres Wahlkreises wählen". Dieses „ihres Wahlkreises" ist gestrichen worden, und dazu gab es ein Minderheitenvotum. Und jetzt werde ich anhand der Vorlage das vortragen.

[Vorlage 12/28, Antrag DJ, IFM, GP, VL: Kandidatenaufstellung und Briefwahl]

In der Arbeitsgruppe „Wahlgesetz" des Runden Tisches gibt es ein Minderheitenvotum zur Änderung des Paragraphen 24, Absatz 2, wonach Inhaber von Wahlscheinen in jedem Stimmbezirk wählen können.

Der Beschluß entstand unter der Maßgabe, daß die Zeit für die Vorbereitung einer Briefwahl zu kurz ist.

Um Bürgern, die sich am Wahltag nicht in ihrem Wahlkreis aufhalten, die Wahlteilnahme zu gewähren, sollen sie nun die Möglichkeit haben, in jedem beliebigen Stimmbezirk ihre Stimme abzugeben. Das verstößt gegen den Grundsatz, daß jeder Bürger nur die Abgeordneten seines Wahlkreises wählen kann, wenn die Kandidaten wahlkreisweise aufgestellt werden.

Der Runde Tisch möge beschließen:

Kandidaten werden über Landeslisten aufgestellt.

Damit wäre die DDR ein Wahlkreis, und es gäbe in jedem Stimmbezirk die gleichen Kandidatenlisten.

> Auf diese Weise wäre auch gewährleistet, daß eine Briefwahl für DDR-Bürger, die sich zeitweise im Ausland aufhalten, möglich ist.

Ich möchte dazu noch ergänzen – – in den Medien sind dazu unterschiedliche Positionen bisher erschienen. Wir hatten uns in der Arbeitsgruppe auf folgende Version geeinigt, das ist Paragraph 37, Absatz 3: „Die Berechung der **Sitzverteilung** erfolgt in der Weise, daß zunächst auf Republikebene entsprechend Paragraph 5 des Wahlgesetzes die Anzahl der von einer Partei insgesamt erreichten Mandate berechnet wird. Danach erfolgt die Verteilung der Mandate einer jeden Partei auf die Wahlkreise. In beiden Stufen erfolgt die Berechnung nach dem Hare/Niemeyer-Verfahren."

Das Problem ist jetzt folgendes, daß es an dem vergangenen Freitag eine Ausschußsitzung des zeitweiligen Ausschusses der Volkskammer gab zur Erarbeitung eines Wahlgesetzes. Diese Problematik war eigentlich schon einmal bis zu einer gewissen Klärung gebracht worden, und die Informationen, die mir jetzt zugegangen sind, waren also so, daß es nicht mehr so ist, daß es jetzt zu einer Aufrechnung der Ergebnisse nur bezirksweise kommen soll. Und das führt dazu, daß es eine **nichtamtliche Sperrklausel** gibt, die sich je nach der Anzahl der voraussichtlich zu wählenden Abgeordneten pro Wahlbezirk zwischen knapp 8 Prozent und 2,3 Prozent bewegen würde. Und das halten wir für nicht gerechtfertigt. Danke.

Ducke (Moderator): Danke Frau Menge von Initiative Frieden [und] Menschenrechte. Sie haben uns mit einer sehr komplizierten Materie wieder vertraut gemacht. Es wird sehr viele Bürger interessieren, weil es ja auch – wir bekommen viele Zuschriften – immer wieder die Frage ist: „Wenn ich an dem Tag nicht da bin, kann ich dann nicht wählen?" Und welche Möglichkeiten haben wir? Sie haben hier einen konkreten Vorschlag auf den Tisch gebracht. Wünscht jemand das Wort dazu? Zuerst hat sich gemeldet, Herr Klein. Bitte, Herr Klein.
Herr Klein, Vereinigte Linke.

Klein (VL): Um das vielleicht noch etwas zu verdeutlichen den zuletzt genannten Aspekt dessen, was hier in Rede ist. Und das ist aus den Kommentaren zum veröffentlichten Wahlgesetzentwurf deutlich geworden: Es gibt jetzt eine **De-facto-Sperrklausel**, und ich meine, daß das natürlich dem, was hier am Runden Tisch vielfach gesagt wurde, natürlich eindeutig widerspricht. Sie geht ja, wenn man beispielsweise nur einmal Suhl nimmt, bis zu acht Prozent hinauf. Wenn also beispielsweise bei 30 000 Mindeststimmen für ein Mandat nur 15 000 Stimmen erreicht werden für eine Gruppierung und Partei, aber das überall, dann fallen 250 000 Stimmen unter den Tisch. Das wären eigentlich sieben Mandate. In diesem Sinne wäre eine **Reststimmenverrechnung** angemessen.

Das entspräche auch dem Entwurf, der hier vom Runden Tisch eingebracht wurde. Und im Grunde genommen gibt es kein vernünftiges Argument gegen eine **Landesliste** oder kein vernünftiges Argument gegen eine **Reststimmenverrechnung**, und zwar im Sinne dessen, was eigentlich ursprünglich eingebracht wurde. Ich denke, daß in diesem Sinne doch das Anliegen des Wahlgesetzes – was vielfach bekräftigt wurde, und gerade bei dieser Wahl – in den Konsequenzen verfehlt wäre.

Ducke (Moderator): Sie haben, Herr Klein noch einmal Rückfrage – – im Sinne des Antrages jetzt gesprochen? – Nur noch einmal klar.
Wünscht noch jemand das Wort? Es ist ein konkreter Antrag. Allen ist die Problematik, glaube ich, klar. Wir sind uns auch der Konsequenzen bewußt, wenn abgestimmt wird. Wir lassen dann darüber abstimmen und bitten dann die Verantwortlichen, wie es weitergeht. Wünscht noch jemand das Wort?
Bitte, Herr Matschie, SPD.

Matschie (SPD): Ich möchte noch einmal etwas sagen hier zu dem Vorschlag, Kandidaten nur über Landeslisten aufzustellen. Ich verstehe das Anliegen, was dahintersteht, aber für uns ist es zum Beispiel organisatorisch gar nicht mehr möglich, den Prozeß, den wir da jetzt in Gang gesetzt haben, der Aufstellung von **Bezirkslisten** jetzt noch einmal umzustellen. Das ist also kurz vor dem Abschluß, und ich denke, wir sollten hier nicht so kurz vor der Wahl noch einmal neue Beschlüsse zum Wahlgesetz fassen, sondern ich halte die Regelung, daß man in jedem **Wahlkreis** wählen kann, durchaus für gangbar, weil ich denke, daß es nur in Ausnahmefällen so sein wird. Die meisten sind ja sicher zur Wahl in ihrem Wahlkreis.

Ducke (Moderator): Das war noch einmal eine Wortmeldung gegen den Antrag, wenn ich das verstehe. Gut.
Ja, jetzt hatte ich, ich glaube, Vereinigte Linke, Frau Braband. Und dann Herr Halm, PDS.

Frau Braband (VL): Ich habe nur eine kurze Anmerkung zu dem letzten Beitrag. Das Wahlgesetz ist immerhin noch nicht verabschiedet.

Ducke (Moderator): Danke.
Herr Halm, PDS, bitte.

Halm (PDS): Die ganzen Diskussionen um den Wahlgesetzentwurf zur Volkskammer, und ich glaube auch, was uns auf dem Tisch liegt in bezug auf die **Kommunalwahl** zeigen, daß es ein ideales Wahlrecht nicht geben kann, daß es immer Für und Wider gibt und daß man sich entscheiden muß, was möchte ich unbedingt ins Wahlgesetz hereinbringen und was muß ich dafür in Kauf nehmen. Wir unterstützen auch sehr stark zunächst einmal eine Regelung, die eine **Verrechnung auf der Republikebene** – sei es durch **Listenverbund** oder die hier vorgeschlagene, die das ja dann automatisch mit sich bringt – gewährleistet.

Denn es ist ein relativ hoher Prozentsatz an Reststimmen, der ja einmal 15 für jeden Wahlkreis sich dann addiert, übrig bleibt und eigentlich nicht einen Erfolgswert der Stimmen, die dann abgegeben sind, garantiert.

Was die Regelung nach der **republiksweiten Parteienliste** betrifft, erinnere ich mich, daß hier zunächst einmal ein Argument war, warum darauf abgestellt wurde, in der Diskussion um **Mehrheitswahlrecht** oder **Verhältniswahlrecht**, die Diskussion um den Bekanntheitsgrad der Kandidaten in den Wahleinheiten. Ich glaube, hier haben wir so einen solchen typischen Fall von Güterabwägung, wo man sich sagen muß: Was ist uns wichtiger: den Bekanntheitsgrad zu wahren oder das Wahlrecht von immerhin doch einigen tausend und mehr Bürgern zu garantieren? Zumal durch diese jetzt vorgeschlagene Regelung auch eine günstigere Chance sich wahrscheinlich ergäbe, um Bürger der DDR im Ausland noch mitwählen zu lassen. Es ist für uns nicht unbedingt eine

Regelung, die sein muß, aber viel spricht auch für diese Regelung.

Ducke (Moderator): Danke, Herr Halm, PDS.

Es hat jetzt das Wort Herr Beyermann, Grüne Partei.

Beyermann (GP): Ja, für die Grüne Partei ist die entscheidende Frage in dieser Angelegenheit, daß keine Stimmen verlorengehen. In den letzten Tagen, seitdem die entsprechenden Artikel im „Neuen Deutschland" erschienen sind, kamen viele Bürger auf uns zu und haben hier ihre Probleme mitgeteilt. Und da mit dieser **Landesliste** aber weitere Fragen, wie eben schon erläutert wurde, mitgeklärt wären, würde ich denken, daß die Landesliste hier der beste Vorschlag wäre. Im übrigen, um auf die Argumentation der SPD einzugehen, werden Wahlgesetze möglichst nicht für **Parteien,** sondern eben für den **Wähler** gemacht.

Ducke (Moderator): Danke, Herr Beyermann, Grüne Partei.

Ich weise noch einmal darauf hin, wir müssen einmal klären, ob noch die Arbeitsgruppe „Wahlgesetz" noch einmal tagt. Sonst können wir doch das nur als Anregung an die Volkskammer verstehen, nicht wahr?

So, Herr Willich, bitte, NDPD.

Willich (NDPD): Da die Arbeitsgruppe „Wahlgesetz" in der kommenden Woche noch einmal zusammenkommt und auch dort die Erfahrungen entgegennehmen wird, die jetzt in der Zusammenarbeit mit dem Volkskammerausschuß gemacht worden sind, würde ich vorschlagen, daß wir die hier gemachten Anregungen noch einmal mit in unsere Arbeitsgruppe nehmen.

Ducke (Moderator): Das hieße auch ganz konkret diesen Antrag?

Willich (NDPD): Ja.

Ducke (Moderator): Danke. Wir fragen dann die Antragsteller, ob sie sich damit zufriedengeben könnten. Augenblick, Sie können derweil noch überlegen.

Jetzt zunächst Herr Schulz, Neues Forum.

Schulz (NF): Also da dieser Antrag in die Arbeitsgruppe „Wahlgesetz" noch einmal zurückgenommen wird, kann ich mir eine längere Ausführung ersparen. Ich glaube, Unklarkeit besteht immer noch darüber, wie das **Wahlergebnis** ermittelt wird. Mir liegt eine Information vor, wonach die **Parlamentssitze** überhaupt erst in einer landesweiten Addition ermittelt werden und dann wiederum auf die Bezirke relativiert werden.

Ich weiß nicht, ob das eine verbindliche Information ist oder ob das ein Vorschlag ist, der zur Diskussion gestellt worden ist. Ich gebe allerdings zu bedenken, daß in Anbetracht der politischen Entscheidung, die für dieses Land gestellt ist, wir uns überlegen sollten, ob wir mit einer solchen **regionalen Aufteilung des Wahlrechtes** wirklich gut beraten sind, und ich gebe auch zu bedenken, wie die Parteien selbst damit umgehen werden, ob sie ihre Spitzenkandidaten dann über das Land verteilen und den Passus der Anbindung im Bezirk ohnehin nicht beachten, weil sie einfach gar nicht umhinkönnen. Also ich denke, wir sollten uns hier für eine wirklich saubere Regelung des Wahlrechtes entscheiden, auch in Anbetracht der ganzen Rahmenbedingungen, die stehen, ja?

Ducke (Moderator): Danke, Herr Schulz. Ich verstehe das auch als eine Anregung, die Sie jetzt mit in diese Tagung der Arbeitsgruppe geben. Frau Menge, es steht konkret zunächst die Frage: noch einmal in die Arbeitsgruppe auch diese Anregung? Wir können darüber beschließen. Nur das wäre ja der Grund, daß, ehe es in die Volkskammer geht – – Können Sie sich damit einverstanden erklären?

Frau Menge (IFM): Also ich bin damit nicht einverstanden. Ich würde darum bitten, daß es hier zu einer Trendabstimmung kommt. Wir werden das am Mittwoch in der Arbeitsgruppe noch einmal behandeln, aber wir behandeln im Moment vorrangig das **Kommunalwahlgesetz.** Und es steht zu bedenken, daß nächsten Montag noch einmal der Runde Tisch tagt und daraufhin dann das Wahlgesetz verabschiedet wird. Und ich weiß nicht, inwieweit es noch zu einer konstruktiven Zusammenarbeit mit dem **Volkskammerausschuß** kommen wird.

Ducke (Moderator): Danke, Frau Menge. Das war auch klar.

Also der Antrag steht. Diesen Antrag bitten die Antragsteller als Trendabstimmung für die Sitzung der Arbeitsgruppe und dann für nächsten Montag zu sehen, ja? So war das.

Herr Weiß meldet sich noch dringlich.

Weiß (DJ): Ja, Demokratie Jetzt möchte darum bitten, daß die Abstimmung nicht eine Trendabstimmung ist, sondern eine bindende Abstimmung.

Ducke (Moderator): Gut. Dann bleibt es dabei. Wir stimmen ab, wobei alles Gesagte der Arbeitsgruppe „Wahlgesetz" selbstverständlich damit übergeben ist. Also ich rufe auf die **Vorlage 12/28 [Antrag DJ, IFM, GP, VL zu Kandidatenaufstellung und Briefwahl]** in der vorgelegten und erläuterten Weise und auch, glaube ich, genügend diskutierten.

Wer für den Antrag, in dieser Vorlage formuliert, ist, den bitte ich um das Handzeichen. Müssen wir zählen? Glaube ich nicht. – 19 Stimmen dafür. Wer ist dagegen? – 10 Stimmen dagegen. Wer enthält sich der Stimme? – Das sind 4. Vielen Dank. Damit ist der Antrag angenommen. Danke. Der Antrag ist angenommen.

Ich rufe jetzt auf die **Erklärung des Staatsrates der DDR zu den Kommunalwahlen am 7. Mai [1990].** Ein Entwurf liegt Ihnen vor. Herr Minister Ullmann wird ihn vortragen. Es ist dieser.

Ullmann (Minister o. G., DJ): Ich will den Text nicht vorlesen, oder vielleicht ist es doch nötig. Ja, gut. Ist vielleicht auch kürzer:

[Entwurf]

Erklärung

des Staatsrates der Deutschen Demokratischen Republik

zu den Kommunalwahlen am 7. Mai 1989:

1. In einer vom Generalstaatsanwalt der DDR, der Regierung und dem Staatsrat vorgelegten Information über Ergebnisse von Untersuchungen der Wahlfälschungen wird belegt, daß in verschiedenen Städten und Kreisen Ergebnisse der am 7. Mai 1989 durchgeführten Kommunalwahlen manipuliert worden sind. Dies führt dazu, daß die Richtigkeit der öffentlich ausgewiesenen Wahlergebnisse auch dort in Frage gestellt werden kann, wo solche beschämenden Ereignisse nicht mehr exakt überprüft werden können.

Auf Grund dieser Sachlage schlägt die Regierung dem Staatsrat vor, die am 7. Mai 1989 durchgeführten Wahlen zu den Kreistagen, Stadtverordnetenversammlungen, Stadtbezirksversammlungen und Gemeindevertretungen für ungültig zu erklären.

2. Die aus diesen Wahlen hervorgegangenen örtlichen Volksvertretungen haben unbeschadet erfolgter Manipulierungen und Wahlfälschungen in den vergangenen Monaten unter immer komplizierter werdenden Bedingungen Entscheidendes dafür getan, das kommunale Leben im Lande aufrechtzuerhalten. Die Volksvertretungen und die Räte haben sich damit, wie auch durch ihr immer engeres Zusammenwirken, mit den neuen demokratischen Kräften für die Fortsetzung dieser im Interesse aller Bürger liegenden staatlichen Arbeit legitimiert. Das findet in den von ihnen gefaßten Beschlüssen wie auch in ihrer gesamten Tätigkeit seinen Ausdruck.

Für die Aufrechterhaltung der Regierbarkeit des Landes, die Bewahrung der Grundinteressen der Bürger und zur ordnungsgemäßen Vorbereitung der Kommunalwahlen am 6. Mai 1990 ist es unerläßlich, daß die bestehenden Staatsorgane ihre Tätigkeit bis zur Durchführung freier, geheimer und demokratischer Wahlen geschäftsführend fortsetzen. Es ist für ihre Handlungsfähigkeit geboten, Vertreter aller Parteien, gesellschaftlicher Vereinigungen und politischer Gruppierungen der Runden Tische entsprechend dem Beschluß der Volkskammer vom 29. Januar 1990 in die Tätigkeit der Volksvertretungen und ihrer Räte umfassend und gleichberechtigt einzubeziehen.

3. Untersuchungen belegen, daß erfolgte Wahlmanipulationen in Verbindung mit undemokratischen Wahlverfahren eindeutig zu den verhängnisvollen Resultaten der von der damaligen Führung betriebenen und mit massivem Druck auf alle Staatsorgane durchgesetzen Politik der Erfolgshascherei, der Erhaltung der bestehenden Machtstrukturen um jeden Preis, verbunden mit einer Entmündigung der Bürger, gehörte. Deshalb sind jene aus der damaligen Partei- und Staatsführung zur Verantwortung zu ziehen, die für die in der DDR bestehende Krise die Hauptverantwortung tragen.

Das ist umso notwendiger, weil andere Beteiligte faktisch unausweichlich in die damals bestehenden Befehls- und Machtstrukturen eingebunden waren. Ihr erzwungenes Fehlverhalten muß durch ehrliche, öffentlich kontrollierte Arbeit für die wahren Interessen des Volkes wiedergutgemacht werden.

Diese Erklärung wird dem Runden Tisch zur Kenntnis gebracht, und er wird um seine Zustimmung ersucht. Ich möchte diese Zustimmung beantragen, und zwar im Interesse dessen, was auf Seite 2 steht: „Für die Aufrechterhaltung der **Regierbarkeit** des Landes, die Bewahrung der Grundinteressen der Bürger und zur ordnungsgemäßen Vorbereitung der Kommunalwahlen am 6. Mai ist es unerläßlich, daß die bestehenden Staatsorgane ihre Tätigkeit" – und so weiter – „geschäftsführend fortsetzen". Im Interesse dieses Zieles und auch um die amtierenden örtlichen Volksvertretungen in ihrer Autorität nicht anzufechten, schlage ich dem Runden Tisch vor, im Blick auf die möglichen Rechtsfolgen und einen immanenten Widerspruch in diesem Text den Absatz 2 von Ziffer 1 ersatzlos zu streichen. Ich habe hinsichtlich dieses Vorschlages eine Übereinstimmung mit Ministerpräsident Modrow eingeholt.

Ducke (Moderator): Danke, Herr Minister Ullmann. Uns liegt die Erklärung vor, und wir sind um Zustimmung gebeten. Die Frage noch einmal zurück, Herr Ullmann: Diese Zustimmung, [plädieren Sie für die] Sofortstreichung dieses Passus? Oder sollen wir darüber auch diskutieren? Das liegt an uns.

Ullmann (Minister o. G., DJ): Ich habe es beantragt.

Ducke (Moderator): Jawohl. Also das ist jetzt zunächst der Änderungsantrag dieser Erklärung. Wir verhandeln zunächst die Streichung dieses zweiten Absatzes unter 1. Darf ich um Wortmeldungen bitten. Ist allen klar, warum dieses beantragt ist?
Herr Krause, CDU, bitte.

Krause (CDU): Ich bitte noch um Klärung eines Sachverhaltes. Könnte eine der Konsequenzen dieser Erklärung sein, daß **Verfahren wegen Wahlbetrugs** in den Bezirken und Kreisen und in den Stadtbezirken eingestellt werden oder anders gewichtet werden in Zukunft?

Ducke (Moderator): Sie meinen die Konsequenz der gesamten Erklärung?

Krause (CDU): Ja, ja.

Ducke (Moderator): Herr Ullmann.

Ullmann (Minister o. G., DJ): Das kann meines Erachtens nicht der Fall sein. Wir können nicht die **Unabhängigkeit der Justiz** durch unsere Meinungsäußerungen und Beschlüsse tangieren.

Ducke (Moderator): Danke.
Frau Röth, Unabhängiger Frauenverband, dann Herr Schult, Neues Forum. Bitte.

Frau Röth (UFV): Ja, ich möchte noch einmal nachfragen bezüglich dieser Erklärung. Ich meine, man kann die Erklärung zur Kenntnis nehmen. Aber was sollen wir uns jetzt zu dieser Erklärung wertend äußern? Oder wie ist das zu verstehen?

Ducke (Moderator): Nein, es geht um die Zustimmung zunächst. Jetzt geht es nur darum, den Passus zu streichen.

Frau Röth (UFV): Nein, ich habe trotzdem meine Schwierigkeiten mit der Erklärung des Staatsrates.

Ducke (Moderator): Herr Schult, Neues Forum. Vielleicht noch dazu, eine Schwierigkeit [wird] deutlich. Vielleicht überlegen es sich die anderen.
Bitte, Herr Schult.

Schult (NF): Ja, also mir ist nicht genau klar, warum dieser Absatz gestrichen werden soll. Also ich würde noch einmal gerne hören, ob hier im Punkt 3 im letzten Absatz **Befehlsnotstand** festgestellt werden soll, der einen generellen Freibrief dann darstellt? Also ich finde, daß hier schon Klarheit hergestellt werden muß und man nicht eine Pro-forma-Absolution erteilen sollte, ohne die **Hintergründe dieses Wahlbetruges** nun endlich einmal aufzudecken.

Ducke (Moderator): Das sind zwei konkrete Rückfragen. Die eine deckt sich grundsätzlich mit – – Ja, kann schon jemand darauf antworten?

Herr Schulz, Neues Forum.

Schulz (NF): Ich möchte Herrn Dr. Ullmann noch einmal bitten, deutlich zu machen: Das ist eine Erklärung des Staatsrates, oder das soll eine **Erklärung des Staatsrates** werden, denn wenn es eine Erklärung wäre, würde es uns ja nicht zustehen, daß wir darin Streichungen vornehmen. Das müßte ja dann durch den Staatsrat autorisiert sein. Sie möchten das dem Staatsrat unterbreiten, daß er solch eine Erklärung abgibt, wenn ich Sie da richtig verstanden [habe].

Ducke (Moderator): Also Herr Ullmann, jetzt müssen wir Sie um Antworten bitten.

Ullmann (Minister o. G., DJ): Ja, also es ist der Entwurf. Und der wird uns vorgelegt. Der Regierung ist wichtig, daß der Runde Tisch seine Meinung sagt, und ich habe Ihnen eine Meinung vorgeschlagen, die ich hinsichtlich dieses Passus Absatz 2 von Ziffer 1 habe. Die Ihrige kann natürlich von der meinigen durchaus abweichen.

Was mich zu diesem Antrag bewogen hat, eingebracht in Übereinstimmung mit dem Herrn Ministerpräsidenten, ist dies, daß man sich sehr genau überlegen muß, wenn man eine **Ungültigkeitserklärung einer Wahl** ausspricht, dann hat das eine ganze Reihe von **Rechtsfolgen**. Und Sie können sich sofort überlegen, Herr Schult, was dann eintritt. Und ich glaube, gerade im Interesse dessen, was Sie aufklären wollen, könnte eine mögliche Rechtsfolge neben einer ganzen Reihe anderer diese sein, daß diese Aufklärung behindert wird.

Ducke (Moderator): Das war eine Antwort. Ich merke an den Reaktionen, daß natürlich gerade dieser Absatz die nächsten erst verständlich machte, warum dann eine Geschäftsführung erbeten wird. Aber wenn keine weiteren Wortmeldungen dazu sind, dann lasse ich abstimmen über den Antrag Streichung dieses Absatzes. Und dann schlage ich vor, eine Zustimmungserklärung zu diesem Antrag in der vorgeschlagenen Weise von Ihnen zu erbitten.

Also erste Abstimmungsfrage: Wer für die Streichung dieses Absatzes im Entwurf der Erklärung des Staatsrates ist, das heißt, damit den Antrag Ullmann unterstützt, den bitte ich um das Handzeichen. – Dies sind 2 Stimmen. Wer ist dagegen, daß dieser Absatz gestrichen wird? – Das sind 1, 2. – Ja, es ist jetzt gefragt. Tut mir leid, aber Sie müssen sich entscheiden. Wir sind mitten in der Abstimmung. Wer ist dafür, wer ist dagegen? – 5 dagegen. Wer enthält sich der Stimme? Na, jetzt will ich Hände sehen. – Danke. Ja, das Abstimmungsergebnis ist klar. Es bleibt stehen.

Jetzt bitte ich, Ihre Zustimmung zu erteilen zu der gesamten Erklärung in dieser vorgelegten Weise. Uns ist klar, der Inhalt ist vorgetragen. Wir könnten es auch so machen, da wir ja nicht das als Antrag in der Weise vorliegen haben, aber wir sind von Herrn Ullmann um Zustimmung gebeten worden.

Hier ist etwas zur Geschäftsordnung.
Bitte, Herr Stief.

Stief (NDPD): Herr Monsignore Ducke, ich habe das Gefühl, das ist zu rasch gegangen. Uns ist in irgendeiner Weise klar, was damit verbunden ist, wenn wir diesen Passus stehenlassen. Es ist hier nicht davon geredet worden, daß es hier auch um **gewählte Richter** geht. Das ist ja nicht erwähnt, aber ich glaube, Herrn Ullmann unabhängig davon so verstanden zu haben: Alle, die jetzt noch staatliche Macht ausüben oder Strukturen noch aufrechterhalten, daß sie sich in ihrer **Restlegitimation,** die man ihnen noch gibt, nun in

keiner Weise mehr bestärkt fühlen, und hier Risiken erwachsen, die wahrscheinlich unberechenbar sind.

Im übrigen wollte ich sagen, daß die Fragestellung so rasch kam, Herr Ducke, daß wir uns noch ein bißchen überfordert fühlten, weil das eigentlich überlegt werden muß. Herr Ullmann hat mahnend zweimal auf bestimmte Sachverhalte hingewiesen, ohne ins Detail zu gehen. Aber vielleicht sollte man sich das doch noch einmal genau überlegen. Ich glaube, das ist sehr wichtig.

Ducke (Moderator): Ja, ich glaube nicht, daß wir zu schnell abgestimmt haben. Es lagen keine Wortmeldungen mehr vor. Die Konsequenzen sind klar vorgetragen worden. Die Frage des Überlegens ist eine zweite Frage, das ist klar, ob uns das zusteht.

Jetzt Herr Ullmann, bitte.

Ullmann (Minister o. G., DJ): Ich darf nur eines sagen: Man überlege sich, was das hinsichtlich der **Rats- und Kreisratsbeschlüsse** bedeutet.

Ducke (Moderator): Aber Herr Ullmann, ich mache noch einmal aufmerksam: Das ist nicht ein Antrag, der von uns, vom Runden Tisch, kam, sondern den Sie hier vorgelegt haben.

Herr Wolf, bitte. Dann Herr Schult. Dann Herr Beyermann.

Wolf (LDP): Ohne die rechtlichen Konsequenzen bis ins allerletzte zu überblicken, aber den politischen Sinn würde ich insgesamt logisch verstehen. Die **Wahlen** sind, in 1. wurde das festgestellt, **manipuliert.** Das ist nicht mehr überall klar festzustellen, weil die Unterlagen weg sind. Deshalb wird vorgeschlagen, es für ungültig zu erklären. In 2. heißt es aber trotzdem: Durch die Arbeit und durch die gesellschaftlichen Erfordernisse ist diese Tätigkeit weiterhin legitimiert. Das halte ich für einen wichtigen Punkt.

Mit dieser Ungültigkeitserklärung sind meiner Meinung nach nicht zwingend gemeint auch die **Ungültigkeit der Wahlen der Justizorgane.** Die stehen hier nicht zur Debatte. Damit wird weiterhin erklärt, daß damit auf Seite 2 umlaufend die Tätigkeit geschäftsführend fortgesetzt werden kann. Und das sind für mich die entscheidenden Dinge: Zu sagen, man kann dieser Erklärung doch durchaus zustimmen, ohne die **Arbeitsfähigkeit der staatlichen Organe** der örtlichen Ebene festzustellen. Im Gegenteil: Sie wird gerade, weil die Ungültigkeit genannt wird, im nachhinein als weiterhin arbeitsfähig bezeichnet. Und das ist eine wichtige politische Entscheidung in dieser Zeit.

Ducke (Moderator): Danke, Herr Wolf, LDP.
Es war Herr Schult, Neues Forum [an der Reihe]. Dann Herr Beyermann, Grüne Partei.
Bitte, Herr Schult.

Schult (NF): Ich denke, wir sollten vielleicht die Debatte beenden und die Erklärung zurückweisen, weil ich erstens keine Notwendigkeit sehe für eine solche Erklärung, da die Kommunalwahlen vor der Tür stehen, die Räte recht und schlecht arbeiten. Sie werden nach dieser Erklärung nicht besser arbeiten. Und daß hier so ein bißchen der Verdacht entsteht, daß hier in [ein] schwebendes Verfahren eingegriffen wird, was für meine Begriffe noch aufzuklären ist, auch wenn nicht alle Unterlagen mehr vorhanden sind. Und daß hier im nachhinein schon Rechtfertigungsgründe für untere Befehlsempfänger gefunden werden. Also nach meiner Ansicht ist die Notwendigkeit solcher Erklärung nicht vorhanden.

Ducke (Moderator): Das war ein Votum in diese Richtung.
Herr Beyermann, Grüne Partei. Dann Herr Schulz, Neues Forum. Dann Herr Jordan.

Beyermann (GP): Ja, ich glaube auch, daß die Notwendigkeit, über das Papier abzustimmen, nicht gegeben ist. Wenn der Staatsrat eine solche Erklärung abgeben will, dann soll er solches tun. Ansonsten teile ich die Probleme, die hier genannt wurden, mit diesem zweiten Absatz in Punkt 1, denn in der Tat wirkt sich diese Frage natürlich aus auf die **Legitimität der Justizorgane.**
Die Arbeit in der Praxis ist derzeit auch erschwert. Man kann also verschiedentlich Fälle hören, wo also ganz normale Verfahren, die nun wirklich nicht politischen Charakter trugen, Ehescheidungsverfahren, Unterhaltsverfahren, normale Zivilverfahren, wieder aufzurollen beziehungsweise anzugreifen versucht werden unter dem Vorwand beziehungsweise unter Berufung darauf, daß also die Justizorgane durch die fehlende Legitimation der **Volksvertretungen** nicht legitimiert sind und damit vorausgesetzt wird, daß damals falsch entschieden wurde. Und diesen Zustand würde man natürlich durch diesen Passus sicherlich verstärken. Und insofern kann man darauf hinweisen, aber ich denke auch, daß wir hier nicht über das Papier abstimmen sollten.

Ducke (Moderator): Danke, Herr Beyermann.
Als nächstes hat das Wort Herr Schult, dann Herr Jordan. Und dann würde ich fast bitten, daß wir zu einer Entscheidung kommen.
Frau Poppe noch.

Schult (NF): Also ich denke, wir sind gut beraten, diese Erklärung zurückzuweisen, denn ich glaube, daß Sie mit Ihrer schnellen Abstimmung wirklich in eine Denkpause hier am Runden Tisch hineingestoßen haben. Denn auch dieser Passus 2 im Absatz 1 sagt ja eigentlich verbindlich gar nichts aus. Lesen Sie sich das noch einmal genau durch. Die Regierung schlägt vor, dem Staatsrat etwas zu sagen. Was sagt der Staatsrat denn konkret? Er sagt gar nichts. Er erklärt diese Wahl nicht für ungültig, sondern er stellt etwas fest, was die Regierung ihm vorschlägt. Also es liegt keine zwingende Notwendigkeit hinter dieser Erklärung, und ich glaube, damit haben wir überhaupt nichts [gewonnen].

Ducke (Moderator): Danke. Herr Schulz.
Dann bitte jetzt Herr Jordan, Grüne Partei, dann Frau Poppe, Demokratie Jetzt.

Jordan (GP): Auf die Verantwortung der Mitbeteiligten – – gemacht werden. So, wie die Erklärung hier steht, kann man ja denken, daß die **Bürgermeister** tatsächlich einen **Befehl hatten, die Wahl zu fälschen.** Aber ein Bürgermeister ist doch auch noch seinem Gewissen verantwortlich und hätte doch in dem Moment auch sagen müssen: Also ich habe hier geradezustehen mit meinem Namen, und ich werde nur das angeben, was mir auch nachgewiesen wird, und also nicht dort etwas Unrechtes ausweisen.

Ducke (Moderator): Danke, Herr Jordan.
Frau Poppe, bitte.

Frau Poppe (DJ): Ich möchte mich meinem Vorredner anschließen. Inwieweit wirklich dieses Fehlverhalten innerhalb dieser Befehlsstrukturen erzwungen war, meine ich, müßte man in einem rechtsstaatlichen Verfahren prüfen und kann das hier nicht pauschal schon festlegen.

Ducke (Moderator): Danke. Ich möchte folgendes feststellen. Wir haben diesen **Entwurf der Erklärung des Staatsrates**, ausgearbeitet von der Regierung, vorgelegt bekommen, brauchten eigentlich keine Zustimmung. Deswegen ist das keine Frage. Dies war der Wunsch von Herrn Ullmann, dem ich nachgekommen bin für seine beiden Anträge. Ich bin befugt von ihm, zu erklären: Wir können damit machen, was wir wollen. Das ist jetzt falsch gesagt, aber der Antrag steht, aber er besteht jetzt nicht ausdrücklich, daß jetzt nur diese Erklärung kommt, wenn der Runde Tisch dem zustimmt. Uns ist das hier nur zur Kenntnis gebracht. Es liegt in diesem Sinne kein Antrag der Regierung vor. Es war der Antrag von Herrn Ullmann.
Meine Frage ist jetzt: Ich lasse erst einmal abstimmen, ob wir darüber abstimmen wollen? – Nein, ich halte das doch für gut. Die Bedenken, die eben geäußert wurden, sind doch so stark, daß ich meine, wir sollten uns diesen Luxus nicht gönnen, sondern uns fragen: Sollen wir darüber abstimmen? Ich stelle diese Frage, und als zweites dann, welche Form der Kenntnisnahme, und schlage dann vor: Der Runde Tisch hat diese Erklärung, diesen Entwurf der Erklärung zur Kenntnis genommen, und die Diskussion zeigt die Richtung, wie weiter gedacht werden könnte oder sollte. So würde ich im Moment den Diskussionsstand sehen, um nicht noch Denkpausen zu brauchen. Würden Sie damit einverstanden sein können? Nicken Sie einmal.
– Danke.
Also wir stimmen ab, ob wir abstimmen sollen darüber. Darf ich bitten: Wer meint, daß wir über diese Erklärung im Sinne des Antrages von Herrn Ullmann abstimmen sollen, den bitte ich um das Handzeichen. – Das ist nicht der Fall. – Nein, dann brauchen wir nicht dagegen [stimmen]. Wir stimmen nicht ab. – Stimmenthaltung? – Auch keine. Sind alle dagegen. Dann bitte ich, daß wir dies doch zur Kenntnis nehmen und in dieser Weise auch feststellen. Wir nehmen diese Erklärung zur Kenntnis.
Danke.
Damit rufe ich jetzt auf den **Antrag zu den Kommunalwahlen.** Das ist der **Antrag 12/21**, ein Antrag **der Grünen Partei.** Bevor Sie sich und während Sie sich dies heraussuchen, gestatten Sie mir zwei Informationen. Den Antrag der Grünen Partei haben noch zehn Parteien und politische Gruppierungen unterzeichnet.

Junghanns (DBD): Den Antrag der Demokratischen Bauernpartei, nicht der Grünen Partei.

Ducke (Moderator): Nein, das ging darum, dem Protest der Deutschen Bauernpartei haben sich noch neun andere angeschlossen. Eine Information liegt vorgezeichnet als **Vorlage 12/22**, eine **Erklärung der CDU [Minderheitenvotum zum „Gastredner"-Beschluß der 11. Sitzung**[23]**]**, die wir Ihnen als Information weiterreichen. Das ist ja kein Beschlußantrag. Dies würde mit zu diesem Protest gehören.
Ich rufe jetzt auf **Vorlage 12/21**, Antrag GP: An den Runden Tisch zum Kommunalwahlrecht[24].
Wer führt uns in den Antrag ein?
Bitte, Herr Beyermann, Grüne Partei.

---
[23] Dokument 12/8, Anlagenband.
[24] Dokument 12/9, Anlagenband.

Beyermann (GP): Ja, ich weiß nicht, ob es sinnvoll ist, den ganzen Antrag so vorzulesen, da ihn ja jeder vor Augen hat. Oder wird es gewünscht?

Ducke (Moderator): Sie müssen uns nur sagen, was wir beachten sollen.

Beyermann (GP): Ja, also hier [in **Vorlage 12/21**] wird Bezug genommen auf die Diskussion, die bisher im Wahlrechtsausschuß des Runden Tisches geführt wurde und auf den Vorschlag vom Wahlgesetzausschuß der Volkskammer zum Kommunalwahlrecht vorgelegt wurde. Dabei wird ausgegangen von einem Mehrheitswahlrecht in den **Kommunen**, von einem **Mehrheitswahlrecht mit Mehrmandatswahlkreisen**, das heißt also, daß in einem Wahlkreis zwei bis fünf Kandidaten aufgestellt werden und als Person und nicht als Parteien gewählt werden. Dieser Vorschlag geht davon aus, daß also in den Kommunen der Wähler stärker auf die Person orientiert ist, und insofern es also möglich ist, der Mehrzahl der Wähler oder möglichst allen Wählern die Kandidaten so nahe zu bringen, daß er also auch in der Lage ist, zwischen Personen zu entscheiden.

Von uns wird mit diesem Antrag diese Vorstellung oder diese Annahme angezweifelt. Wir denken, daß also insbesondere in größeren Städten – wenn also diese Annahme in ländlichen Gebieten noch vorhanden sein mag, daß dort die Bindung zwischen Kandidat und Wähler so eng ist, daß jeder Wähler die Kandidaten auch kennt – so ist wohl in größeren Städten, nehmen wir nur einmal Berlin, davon nicht auszugehen. Und es kann auch nicht erwartet werden, daß im Rahmen des Wahlkampfes es möglich sein sollte – angesichts der Zahl der aufgestellten Kandidaten durch die verschiedenen Parteien und der räumlichen und auch sonstigen Möglichkeiten – diese Kandidaten dann auch an den Wähler heranzubringen, sozusagen diese **Beziehung zwischen Wähler und Kandidat** enger gestaltet werden wird. Die Folge davon wäre aber, daß der Wähler, also wenn er den Kandidaten nicht kennt, den er wählen soll, sich an den Parteien orientieren müßte, und damit würden alle Nachteile, die ein **Mehrheitswahlrecht** mit sich bringt, voll zuschlagen, die dort eben wären, daß eine große Zahl der abgegebenen Stimmen nicht in den Volksvertretungen und in der Zahl der Mandate sich niederschlagen würde, dort nicht repräsentiert wäre.

Deshalb wird unser Antrag formuliert, daß die Parteien und Gruppierungen diese Frage noch einmal überdenken sollten. Und wir schlagen vor, daß also in den Kommunalwahlen der DDR eine **Variante des Verhältniswahlrechts** mit **Komponenten der Personenwahl** zur Anwendung kommen sollte. Das könnte also sein – adäquat der bundesdeutschen Regelung – eine **Verbindung von Verhältnis- und Mehrheitswahlrecht** oder so, wie auch im Rahmen der Volkskammer, der Diskussion zum Wahlrecht der Volkskammerwahlen, ein **Verhältniswahlrecht mit loser oder offener Liste**. Hierzu liegen auch Erfahrungen in anderen Ländern, also insbesondere auch in der Bundesrepublik vor, im Kommunalwahlrecht zur Machbarkeit und zu den Ergebnissen dieses Wahlrechts, so daß also diese Sache gut möglich wäre. Darauf hinzuweisen ist noch, daß also so, wie das Kommunalwahlrecht jetzt vorgeschlagen wird, es wohl kaum ein Beispiel in der Welt dazu gibt. Das muß nicht negativ sein, muß nichts zu sagen haben, aber zumindestens sollte man vielleicht darüber nachdenken, warum es so ist.

Ducke (Moderator): Danke, Herr Beyermann.

Es hatte sich noch zu Wort gemeldet Herr Matschie. Und dann würde ich die AG „Wahlrecht" bitten, dazu etwas zu sagen. Wir geben das dann gleich in die AG. Aber bitte, Herr Matschie. Sie haben sich zuerst gemeldet.
Herr Matschie, SPD.

Matschie (SPD): Also ich möchte das Verfahren hier ein wenig anfragen. So, wie ich das verstanden habe, ist die ganze Sache in der **Arbeitsgruppe „Wahlrecht"** diskutiert worden, und die Arbeitsgruppe „Wahlrecht" hat den Vorschlag des **Volkskammerausschusses** bestätigt. Es handelt sich hier also jetzt um ein Minderheitenvotum der Grünen Partei dazu. So, wie ich die Situation in den Arbeitsgruppen kenne, wird häufig sehr intensiv und sehr zeitaufwendig über solche Sachen diskutiert. Wir stehen hier alle nicht in dieser Diskussion drin, es sei denn, es ist jemand von der Arbeitsgruppe „Wahlrecht" hier mit am Tisch, so daß ich mich an dieser Stelle ein bißchen überfahren fühle, was die Entscheidungsfähigkeit in diesen Punkten jetzt betrifft und vorschlagen möchte, das wieder in die Arbeitsgruppe „Wahlrecht" zurückzuverweisen und im Zusammenhang mit einem Vorschlag der Arbeitsgruppe „Wahlrecht" dann als Minderheitenvotum einzubringen, wenn es nicht einen Kompromißvorschlag gibt.

Ducke (Moderator): Danke, Herr Matschie, für die Erklärung. Gestatten Sie nur eine ganz kleine Korrektur. Wir stehen alle in der Diskussion, nur nicht in der Materie. Herr Willich von der Arbeitsgruppe hatte sich gemeldet.
Bitte, Herr Willich.

Matschie (SPD): Ja.

Willich (NDPD): Wir haben auch über diese Problematik in der Arbeitsgruppe sehr lange und auch kontrovers diskutiert und sind uns dann einig geworden in dieser Richtung, also uns so zu verhalten, wie es im Entwurf des Kommunalwahlrechts steht. Wir haben auch zur Kenntnis genommen, was die Grüne Partei eingewendet hat, waren aber mehrheitlich der Auffassung, es bei unserem Entwurf zu belassen. Das schließt natürlich nicht aus, daß im weiteren Verlauf der Arbeit an diesem Gesetzentwurf, der ja auch vom Volkskammerausschuß beraten wird, immer noch auch Minderheitenvoten dort Berücksichtigung finden.

Ducke (Moderator): Danke, Herr Willich. Es liegt also ein konkreter Antrag vor, dies an die Arbeitsgruppe noch einmal zu verweisen. Ich frage die Antragsteller, bevor wir weiter diskutieren. Es wird uns nämlich jetzt erst deutlich, daß das ein **Minderheitenvotum** ist. Danke für die Offenbarung. Die Frage an die Antragsteller: Können Sie das machen? Dann können wir nämlich dies vom Tisch haben, und es kommt zurück.

Beyermann (GP): Ich hatte im Antrag deutlich gemacht, daß es also schon abgestimmt wurde. Insofern wollte ich hier also niemanden hintergehen, um das zu sagen. Unser Anliegen ist: Wir wollten es noch einmal in die Parteien auch hineintragen, um es vielleicht im größeren Rahmen diskutieren zu lassen, weil wir denken, daß das eine sehr wichtige Frage ist – und von weitreichender Konsequenz. Und insofern würden wir doch denken, daß wir auch hierüber abstimmen.

Ducke (Moderator): Danke für die Klärung.
Herr Halm, PDS. Dann Herr Klein, Vereinigte Linke.

Halm (PDS): Soweit mir bekannt ist, ist dieser Gesetzesentwurf bis jetzt in sehr großem Zeitdruck diskutiert, und ich glaube, es hat sich noch keiner so recht die Konsequenzen verdeutlicht, die das hier getroffene **Wahlrecht** eigentlich bedeutet. Es ist hier richtig gesagt worden, daß das ganz stark auf **Zwei-Parteien-Parlamente in den Städten und Gemeinden** hinausläuft.

Denn wenn hier Parteien Planspiele schon anstellen, daß sie eventuell die absolute Mehrheit bekommen bei den Volkskammerwahlen, bedeutet das ja dann auch bei den **Kommunalwahlen**, daß sie etwa dieses Wählerklientel haben. Und wenn in einem Wahlkreis fünf Abgeordnete aufgestellt sind, jede Partei fünf abgeordnete Kandidaten nominieren kann und jeder Wähler fünf Stimmen hat, dann ist die Partei, die die große Mehrheit in diesem Wahlgebiet hat, theoretisch in der Lage, alle fünf **Abgeordnetenmandate** zu erringen. Da gäbe es nicht einmal eine Opposition.

Und mir erscheint das deshalb so grotesk, weil eigentlich in allen Diskussionen um Wahlrechte gesagt wird: Bei landesweiten Wahlen, da kann man also gewisse Vernachlässigungen von örtlichen Gegebenheiten hinnehmen, aber bei Kommunalwahlen sollte eigentlich dort, wo der Bürger zu Hause ist, wo seine unmittelbare Heimat ist, auch garantiert sein, daß eine möglichst große **Interessenvielfalt** dieses doch relativ kleinen Wahlgebietes garantiert ist. Und das macht auf jeden Fall dieses Wahlgesetz nicht.

Und deshalb wäre ich auch dafür, daß noch einmal in der Arbeitsgruppe „Wahlrecht" sehr sorgfältig die Konsequenzen dieses jetzt vorliegenden Entwurfs durchdacht werden.

Ducke (Moderator): Sie unterstützen den Antrag noch einmal, es in die Gruppe zu verweisen.

Herr Klein, Vereinigte Linke. Dann Herr Matschie. Dann Herr Jordan.

Klein (VL): Also ich muß sagen, daß mir die Problematik aufgrund des hier von der Grünen Partei eingebrachten Antrages einleuchtet. Und ich meine, daß die hier angebotene Konsequenz aus dieser Problematik eigentlich abstimmungswürdig ist. Also ich würde meinen, daß wir hierüber abstimmen könnten. Und diese Abstimmung hat ja dann eine empfehlende Wirkung nicht nur für die Arbeit des Ausschusses, sondern sicherlich auch für die Diskussion, die nicht nur wir hier führen sollten.

Ducke (Moderator): Danke, Herr Klein.
Herr Matschie, SPD.

Matschie (SPD): Ich verstehe sehr gut das Anliegen, was hier dahintersteht, und ich unterstütze das auch in jedem Fall. Was mich hier stört ist, daß hier ja nicht versucht wird in diesem Antrag, das noch einmal in die Diskussion zu bringen, sondern hier soll, so ist das Verfahren, der Runde Tisch ein Minderheitenvotum aus der Arbeitsgruppe legitimieren. Ich denke, das kann nicht unser Vorgehen hier sein. Ich bin aber dafür, da ich diese Sache für ganz wichtig halte, das noch einmal in der Arbeitsgruppe „Wahlrecht" ausgiebig zu diskutieren und es deshalb noch einmal an die Arbeitsgruppe zu verweisen und dann hier zu einem Entschluß zu bringen.

Ducke (Moderator): Herr Matschie, Ihr Antrag steht. So habe ich das verstanden. Ich wollte nur meinen, daß wir ruhig uns die Diskussion jetzt leisten, um zu wissen, welche Konsequenzen – –

Es hat sich noch gemeldet Herr Jordan, Grüne Partei.

Jordan (GP): Ja, ich möchte das auch noch einmal erläutern. Es geht uns doch hauptsächlich dabei um die **Förderung der** so wichtigen **Bürgerinitiativen** und auch regionalen Initiativen, die doch unmittelbar die Probleme kennen und auch am besten diese Probleme beispielsweise im Umweltschutz oder bei der Gestaltung unserer Städte vertreten können. Und deshalb gehören Vertreter dieser Initiativen unbedingt in die Kommunal- und vielleicht auch Landesparlamente. Deshalb möchte ich es noch einmal bekräftigen, daß wir auch als Grüne Partei darum bitten, daß dieser Antrag hier abgestimmt wird.

Ducke (Moderator): Danke. Ja, es liegen keine weiteren Wortmeldungen vor.

Doch, Herr Beyermann, Entschuldigung, auch noch Grüne Partei.

Beyermann (GP): Ich wollte noch einmal ganz kurz darauf reagieren auf den Vorwurf, also hier jemanden überfahren zu wollen. Es ist wirklich nicht das Anliegen der Grünen Partei, hier jemanden zu überfahren, aber wir wollten wirklich die Problematik, da im Arbeitsausschuß des Runden Tisches zum Wahlgesetz dort sozusagen kein Weiterkommen war, wollten wir das in den größeren Rahmen in die Diskussion hineinbringen. Und ich sehe, daß diese Diskussion auch eröffnet wurde. Und insofern, wenn jetzt die Mehrzahl der vertretenen Gruppierungen und Parteien sagt: Also sie können jetzt darüber nicht abstimmen, weil sie in den Prozeß des Nachdenkens eintreten wollen bis zur nächsten Arbeitsgruppe und es dann zu einer Entscheidung noch einmal kommen könnte, also wie gesagt, wir möchten niemanden überfahren hier.

Ducke (Moderator): Danke, Herr Beyermann. Es ist Ihr Antrag auf dem Tisch. Es ist der Gegenantrag beziehungsweise der zunächst abzustimmende Antrag der SPD, Rückweisung beziehungsweise noch einmal Verweis in die Arbeitsgruppe und damit die Verpflichtung, daß sich alle Parteien noch einmal kundig machen sollen. Darüber müssen wir zuerst abstimmen. Und dann stelle ich noch einmal die Frage, ob dann die Grüne Partei unabhängig davon noch einmal abstimmt, je nach Ergebnis. Einverstanden mit dem Verfahren, Herr Beyermann? O.K.

Es steht der Antrag, vorgetragen von Herrn Matschie, SPD, diese Vorlage von der Grünen Partei noch einmal in die Arbeitsgruppe „Wahlrecht" zu überweisen.

Wer für diesen Antrag ist, den bitte ich um das Handzeichen. – 20 Stimmen dafür. Wer ist dagegen, daß das in die Arbeitsgruppe geht? – 14 Stimmen dagegen. Wer enthält sich der Stimme? – Keine Stimmenthaltung. Damit ist der Antrag angenommen.

Er wird an den Arbeitsausschuß überwiesen, in die Arbeitsgruppe „Wahlrecht" überwiesen. Dann brauchen wir die zweite Abstimmung nicht, und Sie haben immer noch die Chance, das hier wieder auf den Tisch zu bringen.

Wenn ich es recht sehe, haben wir dann die noch dazwischengeschaltete – – Problematik zum **Thema Parteien-Vereinigungsgesetz, die Erklärung zur Wahl** und die notwendigen Abstimmungen zum Wahlgesetz hiermit beendet. Habe ich etwas übersehen? Nein. Dann können wir den nächsten Tagesordnungspunkt aufrufen, und das ist der **Tagesordnungspunkt 5 Bürgerkomitees**. Ich bitte wieder Kollegen Lange, die Gesprächsführung zu übernehmen.

TOP 7: Bürgerkomitees, Umgang mit den Unterlagen des MfS

Lange (Moderator): Mit diesem Tagesordnungspunkt beschäftigen wir uns endlich mit einer Vorlage, die am Runden Tisch schon längere Zeit ausgeteilt und in verschiedenen Gremien beraten worden ist. Wir haben dazu einige Vorlagen. **Vorlage 12/1** ist der **Standpunkt des Rechtsausschusses [zur Ordnung der Bürgerkomitees]**; **Vorlage 12/9**, ein **Antrag der PDS, [Vorstellungen über zukünftige politische Strukturen und Arbeitsweisen der Bürgerkomitees[25]]**. Ich möchte Sie darauf hinweisen, daß zu diesem Fragenkomplex auch die **Information 12/3** gehört, die bereits eingebracht worden ist und dem Antrag hinzugefügt wird, **Information 12/3 [des FDGB: Zu den Bedingungen einer Vertragsgemeinschaft zwischen DDR und BRD auf dem Gebiet der Wirtschafts- und Währungsunion[26]]**. Und wir haben dann noch einmal zu befinden, wie wir mit der **Vorlage 12/2 [Antrag AG „Recht": Zur Vernichtung von Daten des MfS/AfNS]** und **Vorlage 12/3 [Zusatzantrag AG „Recht": Bildung einer Kommission zur Kontrolle der Vernichtung von Daten des MfS/AfNS][27]** umgehen, die in diesem Zusammenhang genannt worden sind.

Zunächst bitte ich aber jetzt den Standpunkt des Rechtsausschusses des Runden Tisches zur **Ordnung über die Bürgerkomitees** vorzutragen, der in unseren Händen ist. Arbeitsgruppe „Recht", Frau Töpfer, bitte.

Frau Töpfer (FDGB): Ich möchte noch etwas zum Werdegang des Ganzen sagen. Diese **Vorlage [12/1]** lag schon einmal als Erstvorlage am 19. Januar 1990 vor und ist hier diskutiert worden – – und beauftragt worden, daß die Bürgerkomitees hierzu umfassend Stellung nehmen sollen. Wir haben uns darum bemüht und haben vorigen Donnerstag die **Stellungnahmen der Bürgerkomitees** dazu bekommen und hier eingearbeitet in das Material. Unser Anliegen ist, daß dieses Material als Voraussetzung an die Regierung geleitet wird, um dort eine neue Verordnung über Bürgerkomitees zu erarbeiten. Und jetzt möchte ich das Material kurz vorlesen:

Vorlage 12/1, AG „Recht": Standpunkt des Rechtsausschusses des Runden Tisches zur Ordnung über die Bürgerkomitees.

1. Wir schlagen vor, eine Verordnung über Bürgerkomitees so anzulegen, daß sie eine strategische Orientierung für die Entfaltung von Elementen der Basisdemokratie im künftigen demokratischen Staat sein kann. Sie könnte in der neuen Verfassung als Form der Basisdemokratie verankert werden. Der gegenwärtig geltenden Verfassung würde sie nicht widersprechen.
Basisdemokratie wird heute vor allem in Form von Bürgerinitiativen und Bürgerkomitees ausgeübt. Unter Bürgerinitiativen wird das organisierte, meist zeitlich begrenzte Zusammenwirken von Bürgern zur Erreichung eines konkreten Zieles verstanden. Sie können regional oder für das ganze Land gebildet werden.
Bürgerkomitees wirken auf örtlicher Ebene als Interessenvertreter der Bevölkerung vorwiegend auf kommunalpolitischem Gebiet. Sie können sich analog zu den Volksvertretungen nur auf der untersten Ebene bilden, so daß einer Volksvertretung je ein Bürgerkomitee gegenübersteht. Dort, wo die Volksvertretung für ein Territorium zuständig ist, das in Wohngebiete oder -bezirke gegliedert ist, können Bürgerkomitees auf der Ebene der Wohngebiete beziehungsweise -bezirke gebildet werden.
Mitglied des Bürgerkomitees kann jeder Einwohner des jeweiligen Territoriums sein.
Anmerkung:
Bei den gegenwärtig existierenden Bürgerkomitees ist zu prüfen, ob sie Bürgerkomitees oder Bürgerinitiativen im Sinne der künftigen Verordnung sind.

2. Bürgerinitiativen arbeiten parteienunabhängig. Die Mitglieder der Bürgerinitiativen legitimieren sich mit dem Personalausweis für Bürger der DDR und einem von der Bürgerinitiative ausgestellten Auftrag, der vom Bürgermeister oder einem von ihm beauftragten Ratsmitglied gegenzuzeichnen ist.
Für Bürgerinitiativen im Sinne dieser Empfehlung sollten folgende Rechte und Pflichten geregelt werden:

   – Zugang zu allen Informationen, die sich auf die von Bürgerinitiativen angestrebten Ziele beziehen, soweit er nicht das Recht des Bürgers auf Schutz seiner persönlichen Daten verletzt.

   – Sie haben das Recht, eine schriftliche Stellungnahme zu erstellen und gehört zu werden.

   – Bei Ablehnung des Standpunktes der Bürgerinitiative ist diese schriftlich vom Entscheidungsträger zu begründen.

   – Die Positionen aller beteiligten Seiten müssen der Öffentlichkeit zugänglich sein.

   – Verweigern Leiter oder Mitarbeiter der Staatsorgane den Bürgerinitiativen eines der genannten Rechte, kann von Bürgerinitiativen die Beschwerde beim übergeordneten Staatsorgan eingelegt werden. Wird der Beschwerde nicht stattgegeben, ist der Leiter der Untersuchungsabteilung beim Vorsitzenden des Ministerrates zu informieren. Er entscheidet im Zusammenwirken mit den zuständigen Staatsorganen. Wird der Beschwerde durch dieses Organ nicht abgeholfen, besteht das Recht zur gerichtlichen Nachprüfung. Es sollte eine Fristenregelung getroffen werden.

3. In einem künftigen politischen System wird es die Selbstverwaltung der Städte und Gemeinden geben. In diesen Mechanismus der Selbstverwaltung sollten sich die Bürgerkomitees als ein regulierendes Moment einordnen.
Die örtliche Volksvertretung ist das oberste territoriale Machtorgan. Volksvertretungen, Räte und Staatsapparat müssen aber durch die Gesellschaft kontrollierbar sein. D.h. zu ihren Arbeitsprinzipien müssen Transparenz und Öffentlichkeit gehören. Darüber hinaus bedarf es eigenständiger Gremien, die unabhängig von Staat und Parteien Kulminationspunkte des gesellschaftlichen Willensbildungsprozesses zu territorialen Fragen sein können. Diese Funktion käme den Bürgerkomitees

---

[25] Dokument 12/10, Anlagenband.
[26] Dokument 12/5, Anlagenband.
[27] Dokument 12/11, Anlagenband.

zu. Davon ausgehend könnten sie folgende Aufgaben erfüllen:

- Sie sind unverzichtbar bei der Vorbereitung von Entscheidungen, die wichtige Lebensfragen der Bevölkerung betreffen. Ihre Meinung muß angehört werden. Sie können beratende Funktionen haben. Sie können Initiativen an die Volksvertretung herantragen.

- Sie sollen helfen, Widersprüche in der territorialen Entwicklung rechtzeitig zu erkennen und aufzudecken. Auf Verlangen sind die Staatsorgane verpflichtet, Daten und weitere Informationen den Bürgerkomitees zur Kenntnis zu geben, um fundierte eigene Einschätzungen treffen zu können.

- Die Bürgerkomitees sollen konfliktvorbeugend im Territorium wirken. Gibt es zu Grundfragen des Territoriums gegensätzliche Positionen zwischen Staatsorgan und Bürgerkomitees und muß eine Entscheidung herbeigeführt werden, so gilt das Wort der Volksvertretung. Wird diese Entscheidung nicht von breiten Kreisen der Bevölkerung getragen, so haben sowohl Staatsorgane als auch das Bürgerkomitee das Recht, eine Einwohnerversammlung einzuberufen, wo nach dem Mehrheitsprinzip entschieden wird beziehungsweise das Recht, ein Referendum durchzuführen.

- Die Bürgerkomitees achten darauf, daß Rechtsstaatlichkeit herrscht und Machtmißbrauch einzelner ausgeschlossen ist.

AG „Recht", 12. Februar 1990

Dazu muß ich sagen, daß es sich bei diesem Papier um **Richtlinien** handelt, die wir vorgegeben haben und die von der Regierung in ein neu zu fassendes Papier einzuarbeiten sein sollten. Es hat eine sehr kontroverse Diskussion über die Frage, was Bürgerkomitees sind, in der Arbeitsgruppe stattgefunden, und wir konnten uns nur auf diese hier enthaltenen Punkte einigen, und ich hoffe, daß sie die Zustimmung dieses Gremiums finden werden.

Lange (Moderator): Vielen Dank, Frau Töpfer.
Ich denke, es ist ganz gut, wenn wir uns noch einmal vergegenwärtigen, wie es zu dieser Stellungnahme gekommen ist. Sie haben einiges davon schon aufgegriffen. Es ist also ein Entwurf, der uns von der Regierung zur Stellungnahme übergeben worden ist. Ich möchte an dieser Stelle der Arbeitsgruppe „Recht" danken für die Mühe, die sie hier investiert hat, denn sie hat für uns alle gearbeitet und vorgedacht, und dies nicht nur isoliert, sondern, wie wir es beschlossen hatten, in enger **Zusammenarbeit mit den Bürgerkomitees.** Das heißt: Diese Überlegungen, die aus der Praxis kommen, sind also, wenn ich das recht verstehe, hier auch schon mit aufgenommen und berücksichtigt worden. Es geht jetzt darum, daß wir eventuelle Anfragen zum Verständnis des vorliegenden Textes doch äußern können, bevor wir dann einen weiteren Antrag zu dieser Frage, von der PDS eingereicht [**Vorlage 12/9 PDS: Vorstellungen über zukünftige politische Strukturen und Arbeitsweisen der Bürgerkomitees**[28]], zur Kenntnis nehmen.

Darf ich zunächst einmal fragen, wer möchte hier Rückfragen an Frau Töpfer beziehungsweise an die Arbeitsgruppe „Recht" stellen zum Verständnis dieses Standpunktes des Rechtsausschusses? [Es] gibt keine Rückfragen. Das spricht nur für die Qualität der Arbeit, die in dieser Arbeitsgruppe geleistet worden ist. Darf ich dann Ihr Einverständnis voraussetzen und anfügen, welche Änderungen oder Ergänzungen jetzt von der PDS vorzutragen sind?

Frau Tippel (PDS): Wir sind der Auffassung, daß unsere Gedanken hier sehr ausführlich aufgegriffen sind in dem Papier und unterstützen das.

Lange (Moderator): Ja, das würde bedeuten, daß Sie die uns vorliegende **Vorlage 12/9**[29] zurückziehen können, weil Ihre Gedanken bereits in diesem Standpunkt aufgenommen sind. Das wollen wir dann gern so vermerken. Dann steht jetzt vor uns die Frage, **Vorlage 12/1**. Können wir diese Vorlage der Arbeitsgruppe „Recht" als die Stellungnahme des Runden Tisches der Regierung zur weiteren Arbeit an der Ordnung für die Tätigkeit der Bürgerkomitees zustellen?

Wer dafür ist, den bitte ich um das Handzeichen. – Eine Bemerkung dazu noch?

Bitte, Herr Kirchner.

Kirchner (CDU): Ich möchte hier für die CDU erklären, daß uns scheint, daß die Sache ja sehr stark unter einem **Übergangsmodell** steht. Wir möchten weiter darauf hinweisen, daß eine solche Konstruktion Bürgerkomitees, die ja ausdrücklich von **basisdemokratischen Vorstellungen** ausgeht, für uns kollidiert mit unserer Vorstellung einer **repräsentativen Demokratie** und den Garantien für eine Demokratie, die allein in der **Gewaltenteilung** besteht und nicht in Bürgerkomitees.

Lange (Moderator): Frau Töpfer kann darauf antworten.

Frau Töpfer (FDGB): Ich muß zugeben, daß dieser Entwurf entstanden ist unter der Sicht, daß das eine Vorlage bis zu den Wahlen sein sollte, die ja im Mai stattfinden sollten. Wir haben aber in der Arbeitsgruppe „Recht" darüber diskutiert, inwieweit die BRD Modelle hat, die diesen entsprechen würden, und haben dort uns Auskunft geholt, daß beispielsweise in Großstädten wie München dort Bürgerkomitees, sie werden anders genannt, existieren, die unterhalb der gewählten Kommunalebene für die Stadtbezirke beziehungsweise Untergruppierungen in den Städten dort gewählt werden und Verantwortung tragen.

Das fügt sich ganz normal in die repräsentative Demokratie der BRD ein. Das ist in einem so konservativen Staat wie **Bayern** auch möglich. Andererseits gibt auch das **Recht der BRD** die Möglichkeit der **Bürgerinitiative** her, so daß man auf dem Wege der Rechtsangleichung auch hier eine Lösung finden könnte, die allen Wünschen entspricht.

Lange (Moderator): Herr Templin.

Templin (IFM): Ich würde mit Befriedigung zur Kenntnis nehmen, wenn es uns durch diese Vorlage gelänge, **Defizite der repräsentativen Demokratie** aufzubessern. Wir sollten diese Vorlage nicht etwa am Modell der Bundesrepublik messen und meinen, wenn dort das eine oder andere in bezug auf die Kompetenzen von Bürgerinitiativen oder **Bürgerdemokratien** noch nicht durchgesetzt ist, dann etwa hier Abstriche machen, sondern umgekehrt. Vielleicht kann auch das einmal produktiv in die demokratische Landschaft der Bundesrepublik hineinwirken.

---
[28] Dokument 12/10, Anlagenband.

[29] Dokument 12/10, Anlagenband.

Lange (Moderator): Danke.
Herr Wolf, LDP.

Wolf (LDP): Wir sind der Auffassung, daß dieser Versuch, dieses Angebot, vielleicht sogar nur sehr unzureichend reflektiert, wieviel Arbeit darauf verwandt wurde, um diesen wichtigen Bereich der Erneuerung unseres Landes zu gestalten und die großen Defizite an **Demokratie** und Leistungsfähigkeit auch **in den Kommunen** abzubauen. Insofern können wir diesem Anliegen nicht nur zustimmen, sondern wir müssen es auch nachhaltig unterstützen. Das ist unsere politische Auffassung. Allerdings liegt es auch im Interesse der Ausprägung der Gewaltenteilung als Kern unserer Demokratie vom Ansatz her – – doch vermieden werden sollte, wieder eine Art Institution von oben nach unten herzustellen.

Also dieser Gedanke regional, landesweit und dann sogar in den verschiedenen Ebenen der **Volksvertretungen**, parallel dann **Bürgerkomitees** gewissermaßen **als Kontroll- und Beratungsorgane** mit hinzuzufügen, diesen Gedanken der Institutionalisierung, der möglicherweise nicht beabsichtigt war oder vielleicht doch, aber zumindestens hier durchschimmert, der erscheint uns auch mit Blick auf Vergangenheiten nicht begehbar.

Vielleicht könnte man sich in der weiteren Verständigung doch zumindestens zu einer solchen Grundentscheidung in der Lage sehen, daß doch die **Mitwirkung der Bürger**, die Verwirklichung der Bürgerinteressen am Ort, in der Stadt und Gemeinde als wichtiges **Komplement zur Volksvertretung** der Kern der weiteren Betrachtungen und Verständigungen ist. Das wäre unser Vorschlag bei Beibehaltung sehr vieler wichtiger Anregungen, die hier gekommen sind – zumal, und das möchte ich als letzten Satz noch sagen, dieser Versuch, dann die Beziehungen zu den Volksvertretungen von der Kompetenz her schon in Art eines Gesetzes oder einer Vorwegnahme eines Gesetzes zu regeln, dann wiederum in der Tat auf die Problematik dieses Vorhabens aufmerksam macht.

Also: Soviel wie nötig und soviel wie notwendig.

Lange (Moderator): Herr Klein, Vereinigte Linke.
Frau Töpfer, ich würde empfehlen, daß Sie dann am Schluß noch einmal alles zusammenfassen.

Klein (VL): Ja, ich muß schon sagen, daß es interessant ist zu sehen, wie rasant sich die Dinge entwickeln. Jetzt sagt die CDU sogar schon, daß **Basisdemokratie** im Widerspruch zu **repräsentativer Demokratie** steht. Es ist so, daß ja doch vielleicht doch bei einigen noch nicht in Vergessenheit geraten ist, welche bedeutende Rolle Formen direkter Demokratie gerade in diesem Land gespielt haben.

Im Zusammenhang mit der Frage, woran sich Basisdemokratie zu orientieren hat, würde ich den Beitrag des Vertreters der Initiative Frieden und Menschenrechte unterstützen, daß wir uns nicht unbedingt an formalisierten Modellen von solcher Demokratie aus der Bundesrepublik orientieren müssen. Wir haben hier durchaus Eigenes zu bieten. Und ich denke, daß dieser Antrag hier das auch widerspiegelt.

Ich würde meinen, daß wir dem zustimmen können, und ich würde meinen, daß wir hier eine große Verantwortung haben bei der Sache, um die es hier geht, denn die Frage, repräsentative Demokratie als das letzte Wort in Sachen Demokratie zu verstehen, glaube ich, ist gefährlich. Vielleicht ist der Zeitpunkt nicht mehr weit, wo sogar eine **Demonstration** als ein Widerspruch zur repräsentativen Demokratie verstanden wird. Und ich denke schon, wir sollten dafür sorgen, daß solche Überlegungen nicht allzuweit um sich greifen.

Lange (Moderator): Herr Junghanns, DBD.

Junghanns (DBD): Ja, die Demokratische Bauernpartei ist der Auffasung, daß eine repräsentative Demokratie nicht weiße Flecken zulassen darf, und ich glaube, die **Bürgerkomitees** sind doch eine sehr anspruchsvolle Ergänzung zu der sich jetzt neu formierenden Demokratie.

Ich habe das Anliegen auszudrücken, daß es uns vorrangig darauf ankommt, auf der Strecke der Ausgestaltung der Stellung der Bürgerkomitees zielstrebig voranzukommen, weil wir der Auffassung sind, daß es gegenwärtig da sowohl in den Dörfern als auch in den Städten ein **Defizit** an Möglichkeiten der Willensbildung, **demokratischen Willensbildung** gibt.

Insofern verbinde ich damit die Frage, der „Standpunkt" unterscheidet im Eingang zwischen **Bürgerinitiative** und **Bürgerkomitee**, tut das in der Folge dann auch inhaltlich weiter fortsetzen, orientiert [sich] aber weiterhin daran, die Arbeit für die Ordnung der Bürgerkomitees auszugestalten – – Ich hätte also gern noch ein bißchen ein **Ordnungsprinzip** gewußt, nach dem weiter zu verfahren wäre, auch unter Berücksichtigung der Tatsachen, die wir heute morgen beraten haben im Zusammenhang mit dem Vereinigungsgesetz. Ich glaube, da sollte es doch Tangenten geben, die Berücksichtigung finden sollten.

Nicht zuletzt bitte ich auch darum um Aufklärung, in welchem Verhältnis der Standpunkt des Rechtsausschusses zu der uns dazu vorgegebenen Ordnung über die Tätigkeit des Bürgerkomitees im Entwurf steht. Ich möchte dazu gleich sagen, daß eine Fortsetzung der Arbeit auf der Grundlage dieses vorgelegten Entwurfes noch viel mehr Ergänzungen braucht, denn da sind inhaltlich-substantiell noch ein paar Probleme zu klären, die die politische, demokratische Bestimmung dieses Entwurfes aus unserer Sicht überarbeitungsbedürftig machen.

Danke schön.

Lange (Moderator): Herr Kirchner, CDU.

Kirchner (CDU): Genau an das letztere möchte ich anschließen und bemerken: Sollte dies tatsächlich der gültige Entwurf einer Ordnung über die Tätigkeit von Bürgerkomitees sein, so merken wir für die CDU an, daß unter 1.2 die Kernformulierung „Erneuerung des Sozialismus" unter keinen Umständen und gleichgültig in welcher Form von uns mitgetragen wird.

Lange (Moderator): Herr Stief, NDPD – –
Eine direkte Reaktion von Frau Töpfer.

Frau Töpfer (FDBG): Ich möchte nur Mißverständnisse ausräumen. Diese Ordnung war das Ausgangsmaterial. Also wir haben davon abgesehen, es war auch in der Diskussion. Am 19 [Januar 1990] kam zum Ausdruck, daß diese Dinge, wie zum Beispiel, daß vorgeschlagen wurde, diesen **Sozialismuspassus** zu streichen, also das war alles schon berücksichtigt. Wir sind davon ausgegangen, daß dieses Papier nicht zu halten ist.

Lange (Moderator): Ja, vielen Dank.
Herr Stief nun.

Stief (NDPD): Nicht nur aus dem Grunde, daß wir ständig gemahnt werden, zur Problematik der **Bürgerkomitees** hier eine abschließende Meinung zu finden, sondern auch aus dem Grunde, weil die Zeitspanne immer kürzer wird bis zu den **Wahlen,** sollte man diesem vorliegenden Antrag zustimmen, der durchaus, wenn man diese Form der **Demokratieausübung** weiterführen will über die Wahlen hinaus, dann ja durchaus noch einmal präzisiert werden könnte. Es bedarf jetzt der **Legitimierung** der schon arbeitenden **Bürgerkomitees** in den wenigen Wochen, die noch zur Verfügung stehen. Und ich möchte hier auch noch einmal hinzufügen, daß es auch sicherlich rechtens wäre, den wirkenden Bürgerkomitees durch diese Legitimierung ihrer Tätigkeit auch nachträglich noch etwas Achtung zu zollen und sie weiter auszustatten mit dem Votum des Runden Tisches bis zu den Wahlen ohne Spitzfindigkeiten. Das schließt nicht aus, daß später noch genauer über die eine oder andere Formulierung nachgedacht werden kann.

Lange (Moderator): Vielen Dank, Herr Stief.

Ich denke, das ist ein wichtiger Hinweis gewesen, den wir uns in Erinnerung rufen sollten. Wir sind mehrfach angemahnt worden, hier zu reagieren, denn es ist notwendig, daß für die bereits arbeitenden **Bürgerkomitees** ein **rechtlicher Rahmen** notwendig ist. Den bieten wir jetzt an, das heißt mit diesem Papier werden einige weitere notwendige Gesichtspunkte gegeben. Von daher also denke ich, ist es wichtig, daß wir es in der Weise jetzt auch zur Kenntnis nehmen.

Frau Töpfer, sind Sie so freundlich und reagieren noch einmal auf einige Anfragen.

Frau Töpfer (FDGB): Ich möchte zur Anfrage der LDP sagen, daß dieses Papier vorgesehen hat die Formulierung „es können gebildet werden". Wir gehen auch davon aus, daß kein Zwang bestehen kann, nun in jedem Territorium solche Komitees zu bilden. Man muß es der freiwilligen Veranlassung oder Interessiertheit der Bürger übergeben, ob sie es tun oder nicht. Also das sehen wir genauso. Wir hoffen, daß die Regierung auf der Grundlage dieses „Standpunktes" dann ein Papier erarbeitet, was auch die noch vorhandenen Bedenken ausräumt und vielleicht auch weitergeht in den Formulierungen.

Lange (Moderator): – in der Hinsicht ja verändert, daß Vertreter des Runden Tisches jetzt auch von den **oppositionellen Gruppierungen** in der Regierung die Möglichkeit haben, dort ihre Meinung noch mit einzubringen.

Frau Walzmann hatte sich noch gemeldet, CDU.

Frau Walzmann (CDU): Ja, ich denke, daß es gerade in dieser Phase bis zu den Kommunalwahlen von besonderer Bedeutung ist, über diese Thematik zu reden, und das möchte ich eigentlich nicht mißverstanden wissen, was der Herr Kirchner dazu anzumerken wußte. Und ich finde, daß danach, nach den Wahlen, generell über dieses Problem in einer **neuen rechtsstaatlichen Ordnung** diskutiert werden muß. Aber bis zu den Wahlen ist es natürlich unbedingt notwendig, daß wir uns dazu äußern, denn die Bürgerkomitees erwarten das. Und ich sage, wir haben das eigentlich schon viel zu lange von der Tagesordnung hinweggeschoben.

Lange (Moderator): Danke.
Herr Matschie, SPD.

Matschie (SPD): Ich möchte hier noch einmal bekräftigen, daß die SPD auch positiv zu dieser Vorlage steht. Wir halten es für ganz wichtig, daß die jetzt, ohne noch große Diskussionen darüber anzufangen und das wieder herauszuschieben, verabschiedet wird, weil die Bürgerkomitees darauf warten. Ich denke, daß sie sich auch zur Zeit überregional formieren müssen. Ich denke da nur an die **Auflösung des Amtes für Nationale Sicherheit, wo Bürgerkomitees arbeiten,** die auch gezwungen sind, sich **überregional** zu organisieren an dieser Stelle.

Und ich möchte zu bedenken geben, daß es im **kommunalpolitischen Bereich** auch angesichts der Aussagen zur **Gültigkeit der Wahlen** in der nächsten Zeit sehr positiv sich auswirken wird, wenn die örtlichen Volksvertretungen durch solche Bürgerkomitees in ihrer wichtigen Arbeit dort zur Stabilisierung der Situation gestützt werden können.

Lange (Moderator): Danke. Das war noch einmal ein Votum dafür. Sind wir jetzt bereit, darüber abzustimmen, daß wir diesen [**Vorlage 12/1**] **Standpunkt des Rechtsausschusses [zur Ordnung über die Bürgerkomitees]** vom Runden Tisch für die weitere Arbeit an dieser Ordnung der Regierung übergeben?

Wer dafür ist, den bitte ich um das Handzeichen. – Das ist die Mehrheit. Gegenstimmen? – Stimmenthaltungen? – Mit 3 Enthaltungen haben wir dies so beschlossen.

Vielen Dank. Frau Töpfer, können Sie uns noch kurz etwas an Information weitergeben, was mit [der **Vorlage**] **12/2** und **12/3** von Ihnen gedacht war?

Frau Töpfer (FDGB): Wir haben hier einen **Antrag 12/2 [AG „Recht": Zur Vernichtung von Daten des MfS/AfNS]** vorliegen und einen [**Zusatzantrag AG „Recht": Bildung eine Kommission zur Kontrolle der Vernichtung von Daten des MfS/AfNS] 12/3**[30], die sehr eng zusammenhängen. Wir haben heute extra für diese Anträge Vertreter der **Bürgerkomitees aus Schwerin** hergebeten. Und zwar aufgrund der wenigen Zeit, die uns bis zum 18. März [1990] verbleibt, bekommt die Frage, was mit den **Unterlagen des MfS** geschehen soll, eine erneute Brisanz, und deshalb bitten wir, das jetzt hier auf der Tagesordnung behandeln zu dürfen.

Lange (Moderator): Ja, das ist also ein neuer Punkt. Ich wollte jetzt gern noch einmal den Zusammenhang von Ihnen hören. Dann müßte ich Ihnen aber vorschlagen, daß wir das unter verschiedene Einzelanträge mit aufnehmen sollten, weil es ein völlig neuer Tagesordnungspunkt ist, der nicht unbedingt damit zusammenhängt.

Frau Töpfer (FDGB): Den Zusammenhang sahen wir eigentlich darin, daß es **ja Vertreter der Bürgerkomitees** sind, also direkt zu dem Anliegen Bürgerkomitees geht. Und ich würde auch darum bitten, da unsere Experten nach Schwerin nachher wegmüssen – – Das ist einfach ein rein technisches Problem. Wir haben ihnen zugesagt, also wenn es irgendwie den anderen Vertretern entgegenkommt, würden wir doch darum bitten, das hier einschieben zu dürfen.

Lange (Moderator): Dann müßte ich diese Frage an Sie alle weitergeben. Sind Sie einverstanden, daß wir einen Vertreter dieses Bürgerkomitees zu diesen beiden Vorlagen hören, und zwar müßte das ja jetzt unmittelbar geschehen? Es ist eine Frage zur Geschäftsordnung.

Wer dafür ist, daß wir den Vorschlag von Frau Töpfer akzeptieren und einen Vertreter eines Bürgerkomitees, in

---
[30] Dokument 12/11, Anlagenband.

diesem Fall von Schwerin, hören, den bitte ich um das Handzeichen –

Das müssen wir jetzt auszählen, denn es ist eine Zweidrittelmehrheit notwendig. Wer ist dafür? – Ja, das scheint doch die Mehrheit zu sein. Gegenstimmen? – Stimmenthaltungen? – 2 Enthaltungen.

Das ist auf jeden Fall die Zweidrittelmehrheit. Dann dürften wir jetzt Sie bitten, daß wir dazu die notwendigen Informationen hören.

Frau Töpfer (FDGB): Das erste ist die **Vorlage 12/2 [Antrag AG „Recht": Zur Vernichtung von Daten des MfS/AfNS]**. Und zu beiden **Vorlagen, 12/2 und 12/3 [Zusatzantrag AG „Recht": Bildung eine Kommission zur Kontrolle der Vernichtung von Daten des MfS/AfNS]**, liegt noch die **Information 12/6 [Erklärung Neues Forum Schwerin, Arbeitsgruppe „Sicherheit": Zum weiteren Umgang mit den Unterlagen des ehemaligen MfS]** vor, die ich bitte die Vertreter hier zur Kenntnis zu nehmen.

Ich würde gerne diesen **Antrag 12/2** verlesen und dann den Vertreter des Bürgerkomitees bitten, das vielleicht näher zu erläutern. Ja?

Lange (Moderator): Ja, bitte.

Frau Töpfer (FDGB):

Vorlage 12/2, Arbeitsgruppe „Recht": [Zur Vernichtung von Daten des MfS/AfNS]

Ausgehend vom Recht des Bürgers auf Schutz der Persönlichkeit und Selbstbestimmung stellen die Mitglieder der Arbeitsgruppe „Recht" fest, daß die Erfassung und Bearbeitung von Daten, wie sie durch das ehemalige MfS beziehungsweise das Amt für Nationale Sicherheit erfolgte, eine verfassungswidrige Verletzung von Bürgerrechten darstellt. Demgemäß ist in Abwägung der Rechtsgüter grundsätzlich die Archivierung dieser Materialien aufgrund des persönlichen Datenschutzbedürfnisses der Bürger abzulehnen, soweit es sich nicht um Akten handelt, die im Zusammenhang mit durchgeführten Gerichtsverfahren und der Rehabilitierung von Bürgern dienen können.

Die vom MfS und vom Amt für Nationale Sicherheit erfolgte Erfassung und Bearbeitung von Daten war verfassungswidrig, so daß diese grundsätzlich nicht in Gerichtsverfahren als Beweismittel herangezogen werden können. Zudem unterliegt ein Großteil der erfaßten Sachverhalte, die nach geltendem Recht als Straftatbestände zu qualifizieren wären, der Verjährung. Ein weiterer Gesichtspunkt, der der Entscheidung der Arbeitsgruppe zugrunde gelegt wurde, ist der technisch kaum zu verhindernde Zugang von Unbefugten zu den Daten. Um zukünftig einen Mißbrauch der gesammelten personenbezogenen Daten des ehemaligen MfS beziehungsweise des Amtes für Nationale Sicherheit weitgehendst auszuschließen und eine unverzügliche vollständige Zerstörung der Strukturen dieser Organe bis hin zur physischen Vernichtung ihrer materiellen Datenträger zu sichern, empfiehlt die Arbeitsgruppe „Recht" dem Runden Tisch zu beschließen, von der Regierung zu fordern:

1. Die physische Vernichtung der Zentralen Personendatenbank (ZPDB).

2. Physische Vernichtung der Sonderspeicher.

3. Physische Vernichtung von sonstigen Datenträgern und Speichermedien einschließlich vorhandener Duplikate.

Die unverzügliche Vernichtung dieser Datenträger ist deshalb von besonderer Bedeutung, weil der Mißbrauch aufgrund des schnellen und unkontrollierbaren Zugriffs verstärkt möglich ist.

AG „Recht", 12. Februar 1990

Weshalb wir hier diese **physische Vernichtung** verlangt haben, was ja sehr seltsam klingt für den Normalverbraucher, darum bitte ich einmal die Vertreter des Bürgerkomitees, das zu erläutern, ja?

Lange (Moderator): Ja, dürfen wir Sie bitten, dann hier doch am Mikrofon Platz zu nehmen?

Frau Töpfer, bleiben Sie sitzen.

Hier ist auch ein Mikrofon, bitte. Dürfen wir Sie bitten, daß Sie sich kurz vorstellen.

Behnke (Kontrollkommission zur Aufklärung des MfS/AfNS Bezirk Schwerin): Mein Name ist [Klaus] Behnke. Ich gehöre zu den sieben Mitgliedern der vom Regierungsbeauftragten bestätigten Kontrollkommission im Bezirk Schwerin. Wir sind beauftragt, die **Auflösung des Bezirksamtes Schwerin** durchzuführen, hatten dazu bisher elf Wochen Zeit. In diesen elf Wochen haben wir versucht, die **Strukturen des MfS** zu durchleuchten, die Vernetzung der Unterlagen festzustellen und zu dokumentieren. Das Papier, was ich Ihnen heute hier vortrage, ist ein Ergebnis unserer Arbeit.

[Information 12/6, Neues Forum Schwerin, Arbeitsgruppe „Sicherheit":] Zum weiteren Umgang mit den Unterlagen des ehemaligen MfS

Nach der Regierungserklärung vom 1. 2. 1990 durch Herrn Modrow sehen wir die Sicherheit der Stasi-Akten in Zukunft nicht mehr gewährleistet. Durch den Zusammenschluß beider deutscher Staaten und der Bildung gemeinsamer Organe und Institutionen wird unser Land zum Wirkungsfeld für den Bundesverfassungsschutz, den BND und den MAD.

Wir haben die Auflösung der Stasi erkämpft. In seiner Arroganz hat das MfS nie mit dieser Situation gerechnet und entgegen allen Regeln der Konspiration keine diesbezügliche Konzeption erarbeitet. Im Stasi-Nachlaß findet sich umfangreiches Informationsgut, ein Spiegel unserer Gesellschaft aus dem Blickwinkel dieses Geheimdienstes; riesige Dateien, Dossiers zu Privatpersonen, Massenorganisationen, Parteien, Institutionen, Betrieben, offiziellen und inoffiziellen Mitarbeitern der Stasi, Analysen zu allen unser Land betreffenden Fragen. Zur Auflösung dieses Geheimdienstes gehört konsequenterweise auch die Vernichtung all seiner Datenbanken!

Erlangen bundesdeutsche Geheimdienste Zugang zu diesen Stasi-Informationen, erhalten sie tiefen Einblick in unsere Privatsphären, die Personalstruktur unserer Betriebe, Institutionen und Organe. Ehemalige offizielle und inoffizielle Mitarbeiter des MfS können aufgedeckt beziehungsweise zur weiteren Mitarbeit gegen uns gezwungen werden. Wir kämen vom Regen in die Traufe!

Es gilt die Frage zu klären, welcher Nutzen aus der Aufbewahrung und Aufarbeitung des Materials zu ziehen wäre, dagegen abzuwägen, welche Gefahr von ihm ausgehen könnte. Wir haben uns eine Übersicht zu Umfang und Art des gesicherten Materials erarbeitet.

Welches Material muß unbedingt erhalten bleiben?

Für die Geschichtsschreibung sind Befehle, Weisungen, Führungs- und Stabsunterlagen wie auch Gerichtsunterlagen aufzubewahren. Letztgenannte sind für Rehabilitierungen dringend erforderlich. Des weiteren sollte vorläufig nur ein Weg von der Hauptdatei zu den Akten bestehen bleiben und alle zusätzlichen Verzweigungen beseitigt werden. Bei Gefahr des Zugriffs bundesdeutscher Geheimdienste kann dieser Weg an seinen neuralgischen Punkten unterbrochen werden.

Welches Material muß unbedingt vernichtet werden?

Notwendig ist die sofortige physische Vernichtung aller elektronischen Speichermedien, insbesondere der zentralen Personendatenbank und der Extraspeicher in der Hauptabteilung XIII, diese erlauben durch einen schnellen gezielten Zugriff zu jeweils sechs Millionen Datensätzen detaillierte Auskünfte zu Privatpersonen und Personengruppen.

Gesetzwidrig gewonnene Spitzelinformationen haben zum einen keine Rechtskraft, zum anderen jedoch liegen sie, wenn wir sie nicht vernichten, zu weiterer Benutzung bereit. Das betrifft alle Quellenberichte, alle Personendossiers über Bespitzelte und Spitzel wie auch verdichtete Analysen zu Personengruppen, Organisationen, Betrieben und so weiter. Hierbei ist ein weiteres Material zu berücksichtigen, das die aufgeführten Bereiche berührt und uns in Struktur und Inhalt bekannt ist.

Wer ist eigentlich berechtigt, verfassungswidrig gewonnene Informationen zu speichern und dem Staatsarchiv zu übergeben? Wer wagt es, die Verantwortung für die sichere Lagerung des in 40 Jahren Stasi-Spitzelei zusammengetragenen Materials persönlich zu übernehmen? Sollte sich hierfür niemand finden, wäre es besser, das personenbezogene Material sofort der Vernichtung zuzuführen! Diesbezüglich unterlassene Entscheidungen entbinden nicht von politischer Verantwortung.

Technische Fragen:

Für alle Prozesse, gleich ob weitere Archivierung oder Vernichtung des Materials, ist unbedingt die Mitwirkung kompetenter, durch operative Arbeit unbelasteter Mitarbeiter des ehemaligen MfS erforderlich. Diese werden jedoch von Tag zu Tag weniger, weshalb dringend über die sofortige Übernahme des entsprechenden Personals {durch wen auch immer} vom Runden Tisch und dem Ministerrat verhandelt und entschieden werden muß.

Sollte man sich für den gezielten Abbau des Datenberges entscheiden, ist auch konzeptionell für die technische Vorbereitung dieses Prozesses Sorge zu tragen. Praktikable Lösungen zur Vernichtung der elektronischen Datenträger sind ebenso vorzubereiten wie die Bereitstellung der entsprechenden Kapazitäten in den Papiermühlen.

Die Vernichtung des Materials hat unter Kontrolle der Bürgerkomitees im Auftrag der Regierung zu erfolgen. Die Öffentlichkeit ist hiervon durch die Regierung in Kenntnis zu setzen.

gez.:

Klaus Behnke und Thomas Schmidt,

Kontrollkommission zur Auflösung

des MfS/AfNS Bezirk Schwerin[31]

12. Februar 1990

Ich möchte mit einigen Worten die Frage der **elektronischen Speicher** ergänzen. Es ist heute nicht mehr möglich, elektronische Speicher so zu löschen, daß bestimmte Datensätze nicht wieder herstellbar sind. Deshalb ist in diesem Falle, es handelt sich hier um **Plattenspeicher,** die wirkliche **physische Vernichtung** dieser Speicher erforderlich.

Danke für Ihre Aufmerksamkeit.

Lange (Moderator): Ohne die Wichtigkeit der von Ihnen angeschnittenen Fragen zu bestreiten, muß ich doch feststellen, daß wir jetzt einen völlig neuen Tagesordnungspunkt haben und uns eigentlich darüber verständigen müßten, wie wir jetzt umgehen. Wollten Sie sich dazu äußern? –

Frau Poppe, bitte.

Frau Poppe (DJ): Also ich denke, das kann keinesfalls unwidersprochen stehenbleiben.

Lange (Moderator): Ja, das ist eine erste Reaktion. Ich denke, es werden andere in ähnlicher Weise jetzt empfinden. Ich betone das noch einmal, es ist sehr wichtig, daß über diese Fragen gesprochen wird. Meine Frage geht aber in die Richtung, nachdem wir in der vorigen Woche einen **Zwischenbericht** von Herrn Fischer gehört haben, von dieser **Dreiergruppe**, die ja eigentlich an diesen Fakten jetzt nicht nur interessiert ist, sondern tätig ist, inwieweit wir die beiden Vorlagen doch diesem Dreiergremium als eine weitere Hilfe auch für ihre Arbeit zur Verfügung stellen.

Es hatte sich zunächst Frau Töpfer gemeldet. Bitte.

Frau Töpfer (FDGB): Ich möchte noch einmal entschuldigen, daß wir jetzt hier praktisch an diesem Tagesordnungspunkt uns eingeklinkt haben. Aber es ist einfach so, daß die Zeit, das sind praktisch fünf Wochen bis zu den Wahlen, und daß, wenn man diese 100 Kilometer – allein dies an Daten, wie soll man das sagen, an Heftern mit **Daten über Personen,** die es alleine von Berlin gibt an rein materiellen Dingen – wie die **vernichtet** werden sollen, dann braucht das die fünf Wochen.

Wenn wir also diesen Vorgang in Gang setzen wollen, müssen wir doch jetzt langsam eine Entscheidung fällen, ob und wie diese **Datenträger** vernichtet werden sollen. Es kann sein, daß es hier zu dem Entschluß kommt, daß die verbleiben sollen, archiviert werden sollen. Wir haben aber versucht, hier darzulegen, daß es nicht nur um die Frage geht, daß die **Strukturen des MfS** beseitigt werden und auch die von ihnen angesammelten Daten, sondern es geht auch um den **Schutz der Würde** und des **informationellen Selbstbestimmungsrechts** jedes einzelnen Bürgers, der sich bisher

---

[31] Dieser Vortrag wurde schriftlich zu Protokoll des Zentralen Runden Tisches gegeben. Die in { } gesetzten Ausführungen wurden davon abweichend nur mündlich vorgetragen. In [ ] gesetzte Texte finden sich lediglich in der schriftlich zu Protokoll gegebenen Fassung.

bespitzeln lassen muß – entschuldigt, wenn ich hier diesen Ausdruck benutze – und der doch jetzt wenigstens ein Recht darauf hat, daß diese unrechtmäßig im Widerspruch zur Verfassung gewonnenen Daten vernichtet werden und nicht weiter irgendwo existieren, so daß er den **Zugang** Dritter **zu diesen Akten,** die seine Privatspäre berühren, nicht kontrollieren kann und nicht unterbinden und auch nicht davor sicher ist, daß sie später einmal gegen ihn verwendet werden, obwohl es sich um Daten handelt, die von einer Organisation gesammelt worden sind, deren, sagen wir es, humanistisches Anliegen wir jetzt bestreiten würden, wo wir sagen würden, es hatte eigentlich keine Berechtigung in dieser Gesellschaft.

Lange (Moderator): Herr Ziegler.

Ziegler (Co-Moderator): Ich muß den Runden Tisch daran erinnern, daß wir in mehreren Sitzungen dieses heikle und schwierige Thema verhandelt haben. Dort war die Tendenz: **keine Vernichtung der Akten,** sondern Sicherstellung, Versiegelung.

Hier kommt jetzt etwas anderes hinein, und wir haben diese Dinge immer vorarbeiten lassen von der Arbeitsgruppe „Sicherheit". Und ich meine, man kann die Arbeitsgruppe „Sicherheit", die das für uns am Runden Tisch bisher alles untersucht hat, hier nicht ausschalten und so schnell Entscheidungen treffen.

Lange (Moderator): Ja, danke.
Frau Poppe, Demokratie Jetzt.

Frau Poppe (DJ): Die Arbeitsgruppe „Sicherheit" ist damit beauftragt, die Staatssicherheit aufzulösen beziehungsweise das zu kontrollieren. Und ich glaube, das liegt nicht in ihrer Kompetenz, über die **Verwendung der Akten** irgendwie zu entscheiden. Und ich dachte, daß die Arbeitsgruppe „Recht" das Mandat vom Runden Tisch hat, eine **Gesetzesvorlage zum Datenschutz** zu erarbeiten und [ich] möchte gerne die Frage zurückgeben: Wie weit ist die Gesetzesvorlage da? Denn nur das könnte jetzt erst einmal den Zugang für eine endgültige Regelung ermöglichen.

Lange (Moderator): Das ist ein weitergehender Vorschlag im Blick auf den Zusammenhang. Kann darauf Frau Töpfer jetzt gleich reagieren?

Frau Töpfer (FDGB): Wir haben überlegt, ob wir erst einen Entwurf für ein Datenschutzgesetz anfertigen. Wir haben uns auch mit den Zuständigen in Verbindung gesetzt. Es gibt einen Fachmann dort in Jena, und es gibt einen Entwurf im Justizministerium. Er ist aber nicht reif, so daß er hier nicht zur Beschlußfassung vorliegen konnte. Wir sind davon ausgegangen, da wir uns ja vorher mit Fragen der Bürgerkomitees und mit vielen anderen Einzelaspekten beschäftigt haben, daß es hier nicht möglich war, in dieser kurzen Zeit einen wirklich abgerundeten **Gesetzesentwurf zu Fragen des Datenschutzes** vorzulegen.

Wir haben uns aber bei dieser Vorlage – oder sind davon ausgegangen, daß ein annehmbares Modell das **Datenschutzgesetz der BRD** darstellen würde, da wir ja nun zu einer Zeit leben, wo wir mit der **Rechtsangleichung** leben würden. Aber diesem Datenschutzgesetz, das ja wahrscheinlich in einem überschaubaren Zeitpunkt auch hier gelten wird in der DDR oder durch die **Vereinigung beider deutscher Staaten,** auch dem würde das widersprechen, daß diese Dinge archiviert werden. Aber das ist ein ganz nebensächlicher Aspekt.

Man kann einfach nicht verlangen, daß in einem Zeitpunkt – also unsere Arbeitsgruppe ist ja nur existent bis zu den Wahlen bis zum 18. März [1990] – ein gesamter Gesetzentwurf zu diesem Thema vorgeschlagen wird. Wir sind davon ausgegangen – – Wir sind auch nicht beauftragt worden, so ein Gesetz zu entwickeln, sondern welche **Datenschutzmaßnahmen** jetzt notwendig sind, um die Rechte der Bürger zu wahren.

Und zu diesem Zeitpunkt ist dieser **Antrag 12/2 [Antrag AG „Recht": Zur Vernichtung von Daten des MfS/AfNS],** wie er vorliegt, in Ergänzung mit **[Vorlage] 12/3,** den **[Zusatzantrag AG „Recht": Bildung einer Kommission zur Kontrolle der Vernichtung von Daten des MfS/AfNS[32]]** sollte man vielleicht auch einmal heranziehen, wo festgelegt wird, welche Akten vorläufig nicht zu vernichten sind – ist aber das Mindestmaß an Rechten, die wir den Bürgern einräumen sollten – deshalb legen wir das dem Runden Tisch zur Beschlußfassung vor, die hier vom Runden Tisch auch praktisch im Interesse der Bürger angenommen werden sollten, um zu verhindern, daß ein Mißbrauch mit Daten der Bürger weiterhin betrieben werden kann.

Lange (Moderator): Frau Braband.

Frau Braband (VL): Wir möchten diesen Antrag unterstützen, weil hier ja ausführlich dargelegt wurde, wie gerade in bezug auf den Mißbrauch mit diesen Daten mit uns umgegangen werden kann. Und wir denken, daß einfach, als wir der Meinung waren, die Akten dürfen nicht vernichtet werden, wirklich noch eine andere Situation herrschte, die sich inzwischen grundlegend gewandelt hat. Die Arbeitsgruppe „Recht" hat es ausführlich dargelegt unter Berücksichtigung der **Vorlage 12/3** des Zusatzantrages. Also kann man dieser **Vernichtung der Akten nur zustimmen,** wobei im Punkt 2 Absatz B zur **Strafverfolgung** von **Mitarbeitern des ehemaligen MfS,** also in diesem Zusatzantrag, vielleicht eine Konkretisierung oder eine Neuformulierung nötig wäre, weil mir dieser Punkt sehr unklar formuliert scheint.

Lange (Moderator): Herr Templin, Initiative Frieden und Menschenrechte.

Templin (IFM): Ich denke, der Antrag und die Diskussion macht eines deutlich: Wir treten hier in eine politische Dimension plötzlich wieder ein, die weit über das Arbeitsfeld einer Arbeitsgruppe „Sicherheit" oder einer Arbeitsgruppe „Recht" hinausgeht. Ich teile voll die Sorgen und die Bedenken, die in dem Antrag ausgesprochen werden. Ich wende mich aber konsequent gegen die hier vorgeschlagene Lösung. Ich denke, wir merken an zig Punkten, daß die gegenwärtige Situation mit angebotenen Konstruktionen der schnellen Übernahme, des schnellen Überführens, der Bildung gemeinsamer Institutionen und Gremien – – diskutiert, abgesprochen worden – mit dem Hinweis darauf begründet wird, es geht jetzt nicht anders, es muß jetzt so sein, unsere Menschen wollen es ja so, die Bevölkerung verlangt es. Ich glaube, wer hier aus der Öffentlichkeit wach die vorgetragenen Argumente mit verfolgt hat, hier, in den Anträgen, begreift, welch Riesenproblem hier entstanden ist.

Ich könnte die einzig mögliche Lösung darin erblicken, politisch zu überlegen: Was muß in Verhandlung mit der Bundesrepublik, solange dazu noch Zeit ist, geleistet werden, damit es westdeutschen **Geheimdiensten** definitiv nicht möglich ist, **Zugriff zu diesen Akten,** die erhalten

---

[32] Dokument 12/11, Anlagenband.

werden müssen im **Interesse der Aufarbeitung unserer Geschichte** – – Das können nicht die, die jetzt hier sitzen oder die jetzt davon Betroffenen, alleine entscheiden. Das ist ein Stück **DDR-Geschichte,** von dem man nicht willkürlich Teile abschneiden kann, nur weil momentan ein solches für mich verständliches Sicherheitsbedürfnis herrscht.

Welche politischen Lösungen können überhaupt überlegt werden, damit diese Bestände wirklich so sicher aufbewahrt werden, damit hier nicht nur fremden Geheimdiensten der Zugang verschlossen ist? Ich denke, der nächste Schritt, der viel größer und wichtiger ist, heißt ja: Wie können wir es überhaupt in politischen Verhandlungen erreichen, daß eine angestrebte Konsequenz der Demokratisierung unseres Landes, die nämlich heißt, uns von einem **diktatorischen Geheimdienst** befreit zu haben, nicht dadurch ersetzt wird, daß wir vielleicht durch **demokratisch-legitimierte Geheimdienste** im nächsten Schritt wieder beglückt werden?

Denn genau das haben wir uns ja nicht vorgestellt. Und es müßte eine der Kernfragen, der dringend notwendigen Verhandlung und Auseinandersetzung mit der Bundesregierung sein, zu diesem Punkt Stellung zu nehmen, daß es für uns natürlich nicht darum gehen kann, etwa im Sinne gemeinsamer Gremien und Institutionen die Wirksamkeit **westdeutscher Geheimdienste,** in welchem Sinne auch immer, auf dem Territorium der jetzigen DDR zu akzeptieren und zuzulassen.

Lange (Moderator): Herr Lietz, Neues Forum.

Lietz (NF): Ich denke, daß, solange kein **Gesetz über den Datenschutz** auf dem Tisch liegt und verabschiedet worden ist, **keinerlei Vernichtung der Akten** vorgenommen werden darf, sondern erst in diesem Gesetz genau definiert werden muß, wie mit diesen Akten umzugehen ist. Ansonsten würde ich mich in den meisten Dingen meinem Vorredner anschließen. Dies ist eine politische Frage, und auch zur **Aufarbeitung** vieler Dinge sind die Akten und die Benutzung dieser Akten notwendig in Zukunft.

Lange (Moderator): Herr Dr. Ducke zur Geschäftsordnung, bitte.

Ducke (Co-Moderator): Meine Damen und Herren. Wir kommen hier in eine Diskussion, in die wir unvorbereitet gehen. Und dies ist eigentlich dem Sachanliegen nicht gerechtfertigt. Es war vorgesehen, daß diese Thematik, vorgesehen durch die Prioritätengruppe, noch einmal Gegenstand von Verhandlungen am Runden Tisch sein wird: das **Thema Sicherheit.** Und dazu gehört dies auch. Wir haben heute einen Vorschlag zur Kenntnis genommen, der wie einige deutlich machten, so nicht stehen bleiben kann.

Ich schlage deswegen vor, daß dies erstens noch einmal in die Rechtsgruppe geht und zweitens wir das Anliegen, das hier durchscheint, in der Prioritätengruppe für eine weitere Sitzung am Runden Tisch aufarbeiten lassen. Wären Sie damit einverstanden? Das ist mein Antrag, über den ich abstimmen lassen möchte. Vielleicht findet sich sogar jemand, der dem zustimmen kann.

Lange (Moderator): Ein Gegengeschäftsordnungsantrag von Frau Töpfer.

Frau Töpfer (FDGB): Ich möchte beantragen, daß also gesondert abgestimmt wird zu **[Vorlage] 12/2, [AG „Recht": Zur Vernichtung von Daten des MfS/AfNS]** und zwar nur zu den Punkten 1 und 3, wie das ja auch beantragt worden ist. Dann würde es diese Überschneidung nicht geben.

Ich möchte das begründen: Diese **Vernichtung der zentralen Personendatenbank** – einen Moment – würde ja nicht die Argumente betreffen, die jetzt von der Initiative Frieden und Menschenrechte, die ja auch dieser Vorlage in der Arbeitsgruppe zugestimmt hat, betreffen, weil alle praktisch materiell vorhandenen oder **auf Papier vorhandenen Akten** davon nicht betroffen sind. Das sind alles Duplikate, die hier erfaßt sind.

Also man muß sich das so vorstellen, daß eine Akte dort 18mal existiert, und wenn wir sie einmal haben, dürfte es doch wirklich dem Informationsbedürfnis der Geschichtsforscher ausreichen. Ich würde dann den **Antrag 12/3 [Zusatzantrag AG „Recht": Bildung einer Kommission zur Kontrolle der Vernichtung von Daten des MfS/AfNS]** noch einmal zurückziehen, der sich auf die Gesamtdaten bezieht, aber diesen **Antrag 12/3** halte ich für dringend erforderlich, daß darüber abgestimmt wird – –

Lange (Moderator): – **12/2** – –

Frau Töpfer (FDGB): – **12/2,** Entschuldigung – –

Lange (Moderator): – und zwar den ganzen **Antrag 12/2** – –

Frau Töpfer (FDGB): – Ja, das oben ist ja im Prinzip nur eine Erläuterung, weshalb wir das fordern.

Lange (Moderator): Das heißt, die Forderungen, die unter 1 bis 3 aufgelistet sind, die möchten Sie abgestimmt haben. Der weitergehende Vorschlag kommt von Herrn Ducke, daß wir die beiden Anträge an die Arbeitsgruppe „Recht" zurückgeben und an die Prioritätengruppe, damit dort noch einmal sorgfältig bedacht wird, wie dieses Thema hier an den Runden Tisch und damit in die Tagesordnung kommt.

Wollten Sie jetzt zu diesem Geschäftsordnungsantrag sprechen? – Herr Schulz, bitte.

Schulz (NF): Ja, also ich möchte noch einmal ausdrücklich den Antrag von Herrn Ducke unterstützen, denn wir sind hier von einer Diskussion, die um die **Kompetenz der Bürgerkomitees** sich eigentlich gerankt hat, in einen wirklich komplizierten Sachverhalt gekommen. Ich denke, die Leute im Land warten darauf, mit welcher Kompetenz sie in den Bürgerkomitees ausgestattet sind.

Und ich glaube, in Anbetracht und im Ergebnis dieser Diskussion könnte man zusammenfassen: Sie sind **nicht kompetent, diese Unterlagen zu vernichten, sondern sie sind kompetent, diese sicherzustellen,** bis diese Frage der Vernichtung eindeutig geklärt wird. Hier sind Fragen der Dokumentation eindeutig zu berücksichtigen.

Und ich glaube nicht, daß wir das heute hier am Runden Tisch leisten können zu belegen, was sichergestellt werden muß und was letztendlich sicher dann bei diesem Berg, der sich dort angesammelt hat, auch einer Vernichtung preisgegeben werden kann. Ich würde also dafür plädieren, daß wir zurückkommen zum eigentlichen Tagesordnungspunkt: „Kompetenz der Bürgerkomitees".

Lange (Moderator): Ja, der ist ja schon bereits abgeschlossen. Wir waren ja schon ein Stück weiter. Das kam jetzt noch als Ergänzung. Nur: Es hat sich herausgestellt, daß wir im Grunde genommen jetzt nicht über Bürgerkomitees, sondern über Sofortmaßnahmen im Blick auf **Datenschutz** zu verhandeln haben. Und das ist die schwierige Thematik.

Zu diesem Geschäftsordnungsantrag spricht Herr Stief.

Stief (NDPD): Ich stimme dem zu, daß die Arbeitsgruppe „Recht" das noch einmal behandelt, weil ich der Auffassung bin, daß wir hier eine solide Arbeit leisten sollten. Die Sachkunde zu Details – ob nun achtzehnfache Duplikate da sind oder weniger oder mehr – das übersteigt unsere Möglichkeiten.

Ich würde aber vorschlagen, da die Arbeitsgruppe „Sicherheit" mit großen Vollmachten ausgestattet ist, daß sich ein sachlicher Schluß ergibt zwischen [der] Arbeitsgruppe „Recht" und [der] Arbeitsgruppe „Sicherheit", um uns hier eine Empfehlung vorzulegen oder der Regierung vorzulegen, wie am sinnvollsten verfahren werden kann.

Weiter können wir nach meiner Auffassung heute nicht gehen.

Lange (Moderator): Danke.

Herr Matschie, auch noch zu diesem Geschäftsordnungsantrag.

Matschie (SPD): Ich wollte auch nur sagen, daß wir die Arbeitsgruppe „Sicherheit" hier mit einbeziehen müssen, weil das Problem steht, daß wir auch entscheiden müssen in diesem Zusammenhang, wie sicher sind diese Akten überhaupt aufzubewahren.

Lange (Moderator): Vielen Dank. Das war auch unser Verständnis.

Herr Wolf noch dazu.

Wolf (LDP): Ich würde unbedingt den Antrag von Dr. Ducke unterstützen und habe noch eine Bitte zu dem nachher zu besprechenden Papier, „Zusammenfassung des Vorschlagspaketes Modrow/Kohl" [Erklärung des Ministerpräsidenten Dr. Hans Modrow zum Besuch in der BRD vom 13.-14. Februar 1990][33], daß man möglicherweise als Runder Tisch Herrn Modrow bittet, in den Vertragsvereinbarungen und Gesprächen mit Bundeskanzler Kohl darauf aufmerksam zu machen, daß der Zugriff dieses Teiles, dieser Akten verhindert wird und eine garantierte politische Entscheidung dazu getroffen wird.

Lange (Moderator): Danke. Herr Templin – hat sich damit erledigt. Dann steht der Antrag von Dr. Ducke – –

Ducke (Co-Moderator): – Ergänzt um „Sicherheit" – –

Lange (Moderator): – Ergänzt, ja richtig, und zwar, ich wiederhole noch einmal den Antrag: Wir überweisen die beiden vorliegenden **Anträge 12/2 [Antrag AG „Recht": Zur Vernichtung von Daten des MfS/AfNS] und 12/3 [Zusatzantrag AG „Recht": Bildung einer Kommission zur Kontrolle der Vernichtung von Daten des MfS/AfNS]**, an die Arbeitsgruppen „Recht" und „Sicherheit" und außerdem an die Prioritätengruppe, die bedenken soll, wie dieses Thema in die Tagesordnung der nächsten Sitzungen aufzunehmen ist.

Wer für diesen Antrag ist, den bitte ich um das Handzeichen. – Das ist die Mehrheit. Gegenstimmen? – 1 Gegenstimme. – Stimmenthaltungen? – 2 Stimmenthaltungen. Das ist auf jeden Fall die Zweidrittelmehrheit.

Wir haben dies so beschlossen, wie ich es erwähnt habe. **[Vorlage] 12/2** und **12/3** sind damit erledigt.

Und ich darf Ihnen jetzt einen freundlichen Vorschlag auch wieder zur Geschäftsordnung machen. Wir sollten jetzt eine Pause halten. 15 Minuten. Sind Sie damit einverstanden? Wir versuchen zu beginnen. Kleinen Augenblick, hier ist noch eine Anfrage. Zur Pause oder zur Geschäftsordnung? –

Herr Stief.

Darf ich Sie bitten, noch einen Moment zu warten.

Stief (NDPD): Ich habe nichts gegen Ihren hervorragenden Vorschlag. Ich möchte aber bitten, weil das gerade ausgeteilt worden ist und auch im Sinne dessen, daß der Ministerpräsident noch heute dieses hoffentlich konsensfindende Papier bekommt, gleich nach der Pause darüber zu verhandeln.

Lange (Moderator): So hatten es die Moderatoren vor, weil das ja das wichtige Thema dieses Tages ist.

15 Minuten Pause!

[Pause]

TOP 8: Positionen des Runden Tisches für die Verhandlungen Modrow/Kohl am 13. und 14. Februar 1990

Ziegler (Moderator): Wir kommen jetzt dazu, die **Position des Runden Tisches für die Verhandlungen Modrow/Kohl am 13./14. [Februar 1990]** von der Redaktionsgruppe vortragen zu lassen. Soviel ich bei der ersten Durchsicht gesehen habe, sind die **Anträge 12/6 [Antrag NDPD, DJ: Positionen des Runden Tisches für die Verhandlungen Modrow/Kohl am 13. und 14. Februar 1990]**, dann der Antrag vom 12. Februar, **UFV**[34], [Vorlage] **12/17 [auf Erarbeitung einer] Sozialcharta**[35] und **12/18 [Antrag SPD:] Einberufung [einer Konferenz] der Siegermächte**[36] mit aufgenommen worden, aber bisher konnte ich nicht entdecken [Vorlage] **12/15 [Antrag LDP: Themenvorschlag für die Gespräche von Ministerpräsident Modrow und Bundeskanzler Kohl**[37]]. Das war die **rechtliche Festlegung der gegenseitigen Anerkennung von Schulzeugnissen** und so weiter.

Wir bitten jetzt denjenigen, der das hier vorträgt, uns vor allen Dingen hinzuweisen auf die Dinge, die aufgenommen und verändert worden sind in der **Vorlage 12/6**. Ich weiß nicht, wer das jetzt macht? –

Das machen Sie.

Bitte, Herr Stief. Würden Sie das bitte machen.

Stief (NDPD): In der jetzigen Fassung dieses Papiers der Positionen des Runden Tisches für die Verhandlungen Modrow/Kohl an den nächsten beiden Tagen sind die wesentlichen Ergänzungsvorschläge, die schon in Rede standen, eingearbeitet worden. Das betrifft unter anderem die Präzisierung dieser Formulierung unter dem zweiten Anstrich, die also ergänzt worden ist gegenüber der ersten Fassung. Das betrifft den ökonomischen Teil. Hier ist eine Erweiterung vorgenommen worden beispielsweise hinsichtlich der Empfehlung.

---
[33] Siehe TOP 1 der 13. Sitzung.
[34] An dieser Stelle heißt es wörtlich in der Tonbandaufnahme „Grüne Partei". Alle Rekonstruktionsversuche des Herausgebers führen zu dem Schluß, daß es sich dabei um einen „Versprecher" bzw. ein „Versehen" des Moderators handeln wird und daß an Stelle der genannten „Grünen Partei" der „UFV" hätte genannt werden müssen.
[35] Dokument 12/12, Anlagenband.
[36] Dokument 12/13, Anlagenband.
[37] Dokument 12/6, Anlagenband.

Ziegler (Moderator): Entschuldigen Sie bitte einmal. Könnten Sie Ihre Verhandlungen an den Seitentischen aufgeben, damit der Sprecher hier wirklich zu Wort kommen kann!

Stief (NDPD): Das betrifft die Schaffung einer **gemeinsamen deutschen Kommission,** die umgehend Vorschläge für die Verwendung der genannten Mittel im Sinne eines **Solidarbeitrages von 10 bis 15 Milliarden Mark** betrifft. Wir waren uns ja einig geworden, daß heute nicht hier über die Verwendung im Detail entschieden werden kann.

Neu formuliert ist unter zweitens der zweite Anstrich, daß eine kurzfristig einzuberufende **Expertenkommission** aus beiden deutschen Staaten Möglichkeiten, Bedingungen und Auswirkungen einer **Währungsunion** und eines **Währungsverbundes** prüft und danach offenlegt. Alle anderen Passagen sind sinngemäß so geblieben unter diesem Anstrich.

Dann verweise ich auf den letzten Anstrich unter zweitens auf dieser Seite, daß der Runde Tisch fordert, alle Maßnahmen zur Lösung der anstehenden Währungs- und Wirtschaftsfragen mit einer sozialen Absicherung der Bevölkerung in der DDR zu verbinden. Hier ist der Vorschlag eingegangen, dazu ist die sofortige Erarbeitung einer **Sozialcharta** erforderlich, die die sozialen Standards für die Bürger und Bürgerinnen unseres Landes sichert.

Auf Seite 3 ist einbezogen worden das, was die DBD vorgeschlagen hat, über die Betriebsräte hinaus also ein **Bodengesetz** und ein **Genossenschaftsgesetz,** das insbesondere die Eigentums- und sozialen Rechte der Bauern sichert.

Unter politischen Schritten zur deutschen Einheit zu drittens ist im Prinzip keine Veränderung vorgenommen worden.

Bei viertens, letzter Anstrich auf dieser Seite 3, also zweiter Anstrich, ist neu formuliert worden: „Der Runde Tisch bittet die Regierungen beider deutscher Staaten, sich für die **Einberufung einer Konferenz der Siegermächte** des zweiten Weltkrieges unter gleichberechtigter Teilnahme der DDR und der BRD zum frühestmöglichen Termin einzusetzen." Wir haben in diesem Zusammenhang auf den Hinweis, was die Neutralität betrifft, verzichtet, weil darüber Einigkeit in der Redaktionskommission bestanden hat.

Es ist darauf hinzuweisen, daß auf Seite 4 im zweiten Anstrich formuliert wurde, daß der Runde Tisch dafür eintritt, daß die Regierungen und Parlamente beider deutscher Staaten nach der Volkskammerwahl vom 18. März 1990 eine gemeinsame Erklärung zur **Anerkennung** und **Sicherheit** der gegenwärtig bestehenden Grenzen zu **den europäischen Nachbarstaaten** abgeben. Auch hier wurde einigen Anträgen stattgegeben, was hier eingearbeitet wurde.

Ich möchte darauf hinweisen, daß solche wichtigen Themenvorschläge, wie beispielsweise der der LDP, zu rechtlichen Festlegungen zur gegenseitigen Anerkennung von Schulzeugnissen, Fach- und Hochschulabschlüssen etc., worauf Herr Ziegler schon richtig hingewiesen hatte, als Anlage zu diesem Papier mitgereicht werden sollten. Es gab Einigkeit in der Redaktionskommission, das hier nicht mit einzubeziehen.

Soweit also die wesentlichen Änderungen, die die entscheidenden Korrekturen an diesem Papier betreffen. Ich würde darum bitten, wenn es hierzu Zustimmung gibt, daß weitergehende oder ergänzende, für wichtig gehaltene Zusätze dann tatsächlich als Anlagen zu diesem Papier behandelt würden, so daß wir jetzt Redaktionsschluß vorschlagen würden, da das Papier ja heute noch in der nächsten Stunde an den Ministerpräsidenten übergeben werden sollte. Danke.

Ziegler (Moderator): Herr Klein, bitte. – Ja?

Klein (VL): Ja, dann würde ich beantragen, daß von der Vereinigten Linken auf – – den in den Text nicht mit aufgenommenen Änderungsantrag als Minderheitenvotum zu berücksichtigen.

Ziegler (Moderator): Könnten Sie es noch einmal genau benennen, welchen Sie jetzt meinen?

Klein (VL): In der alten Fassung betraf das den auch von uns angefragten – bitte? – Nein, wir haben das der Redaktionskommission übergeben im Zusammenhang mit der Anforderung, diese Änderungsanträge dort – – Hier geht es um den von uns auch in der Diskussion angefragten unklaren Passus über die **Neutralität** und die Frage der Ausdehnung. Unser Änderungsantrag hatte den Wortlaut:

> Die beiden deutschen Staaten setzen sich im Prozeß ihrer Annäherung an die Spitze der Initiativen für militärische und politische Entspannung in Europa. Sie orientieren beide auf schnelle **Entmilitarisierung** ihrer Staatsgebiete, um die Auflösung der Blöcke im Gefolge der **europäischen Entspannung** voranzutreiben und damit die Voraussetzung für einen Bund beider deutscher Staaten zu schaffen.

Ziegler (Moderator): Ihr Vorschlag war also, das als Anlage beizufügen, nicht?

Klein (VL): Unser Vorschlag war ursprünglich, das anstelle des von uns angefragten Passus einzuarbeiten. Dem ist nicht gefolgt worden. Deshalb also unser Vorschlag, das als Votum der Vereinigten Linken – –

Stief (NDPD): – Artikel 4, welcher Anstrich bitte – –

Klein (VL): – Da muß ich jetzt im alten Antrag noch einmal nachschauen, ja – –

Ziegler (Moderator): – Gucken Sie nach, und vielleicht – – da müßte es ja schriftlich gemacht werden, ja? Wir werden das sicher gleich hören, warum es nicht aufgenommen ist.

So. Jetzt war Frau Schießl dran.

Frau Schießl (FDGB): Ich möchte unseren Antrag von heute morgen noch einmal wiederholen. Und ich bin der Auffassung, daß es möglich ist und notwendig ist, das so einzuarbeiten, wie wir es hier vorgeschlagen haben in der **Information 12/3 [Information FDGB: Bedingungen einer Vertragsgemeinschaft zwischen DDR und BRD auf dem Gebiet der Wirtschafts- und Währungsunion**[38]**]** letzter Anstrich auf Seite 2. Ich wiederhole den Vorschlag noch einmal: „Der Runde Tisch fordert, daß alle Maßnahmen zur Herstellung der Währungs- und Wirtschaftsunion mit einem Sozialverbund verknüpft werden."

Wir bestehen auf diesem Wort **Sozialverbund** deshalb, weil das nicht nur beinhaltet, den sozialen Standard für die Bevölkerung der DDR zu sichern, sondern weil das auch die Möglichkeit bietet, in Schritten und Stufen und Zeiten gleich eine **Solidargemeinschaft** mit den Werktätigen der BRD einzugehen und sozusagen nicht nur das abzufordern, was für unser Volk von Bedeutung ist. Und die Erarbeitung einer

---
[38] Dokument 12/5, Anlagenband.

Sozialcharta ist da eine Maßnahme darunter. Da sind wir nicht dagegen, aber es ist die Maßnahme, die darunter sozusagen zu erarbeiten wäre.

Ziegler (Moderator): Das betrifft jetzt Seite 2, letzter Anstrich unter zweitens, wozu Sie jetzt eben gesprochen haben. Aber wir hatten heute früh schon gesagt, daß Ihre **Information 12/3** ja sowieso – – sollte ja doch mitgehen, nicht? Das hatten wir ja eigentlich schon übergeben.

Gut. Herr Weißhuhn.

Weißhuhn (IFM): Ich möchte den Antrag der Vereinigten Linken unterstützen und [wir möchten] uns dem anschließen und ihn noch erweitern im Zusammenhang mit dem zweiten Anstrich des Punktes 4 [der **Vorlage 12/6**]. Dort wird wieder aufgegriffen das vorhin schon angesprochene Problem der Einberufung einer **Konferenz der Siegermächte vor der KSZE-Konferenz**. So ist es auch hier wieder formuliert. Das ist also eindeutig interpretierbar dahingehend, daß diese Konferenz der Vier-Sieger-Mächte vor der KSZE-Konferenz möglichst stattfinden sollte. Wir sind der Meinung, daß das eine weitere – na, die Möglichkeit zumindest vorsichtig formuliert – die Möglichkeit enthält, die deutsche Einigung und den damit in Zusammenhang stehenden Friedensvertrag als einen **deutschen Sonderweg innerhalb des europäischen Integrationsprozesses** zu begreifen. Und das halten wir für problematisch, wenn nicht gefährlich, gerade im Hinblick auf die Reaktion unserer europäischen Nachbarn, in erster Linie derer, die nicht zu den Siegermächten gehören.

Wir schlagen deshalb das genau **umgekehrte Verfahren** vor, nämlich eine Konferenz der Vier-Sieger-Mächte und einen Prozeß der Friedensvertragserarbeitung nur in Abstimmung mit der KSZE-Folgekonferenz im Herbst und nicht umgekehrt, wie hier formuliert.

Ziegler (Moderator): Da wir bisher den Vorschlag nicht abgelehnt haben, daß das als Anlage dazukommt, würde ich Ihnen folgendes vorschlagen: Daß sich doch die Vereinigte Linke und [die Initiative] Frieden und Menschenrechte darauf einigen können, dies nun zu formulieren in zwei Sätzen und das als Anlage dazuzugeben, damit dieser Gesichtspunkt nicht verlorengeht, nicht?

Weißhuhn (IFM): Wenn es nicht anders möglich ist, dann als Anlage, dann auch so, natürlich. Lieber wäre uns natürlich, es käme in das Paket hinein.

Ziegler (Moderator): Dann hieße es, wir müßten die Redaktionsarbeit neu eröffnen und müßten dann die unterschiedlichen Meinungen, die ja an dieser Stelle schon bei der ersten Gesprächsrunde waren, wahrscheinlich als Alternative nebeneinanderstellen.

Jetzt Herr Hammer vom VdgB.

Hammer (VdgB): Ja, wir möchten nur noch darauf hinweisen, daß wir die **Information 12/10 [Position VdgB für die Verhandlungen Modrow/Kohl am 13. und 14. Februar 1990 – Verhandlungsanregungen**[39]] als Anhang zu den **Positionen des Runden Tisches** mit erwähnt haben wollen, weil [sie] ja doch noch einige konkretere Sachen [an]packt, obwohl einiges zu Fragen Bodengesetz und Genossenschaftsgesetz hier schon mit angesprochen ist.

Ziegler (Moderator): Dann jetzt Herr Wolf.

Wolf (LDP): Ich finde durchaus, daß die vorliegende Zusammenfassung weitestgehend unsere heute früh vorgelegten und diskutierten Dinge beinhaltet, auch jetzt weiterhin genannten Fakten, Sozialpaket oder auch KSZE- und Siegermächte-Beratungen. Ob das in jedem Fall so detailliert vorgegeben werden kann, ist die Frage bei diesem komplexen Kreis. Aber wir würden uns hier diesem redaktionellen Beitrag durchaus anschließen. Was die Millionen von Bürgern betreffende Absicherung hinsichtlich **rechtlicher Festlegung zu den Abschlüssen, Qualifizierungsmerkmalen, Berufsbezeichnungen** angeht, so würde ich vorschlagen – weil es hier so explizit nicht eingearbeitet wurde – daß wir die **Vorlage 12/15**[40] direkt so, wie sie ist, als Anhang mit beifügen, und dann hätten wir keinerlei weitere Fragen mehr zu dieser Problematik.

Ziegler (Moderator): Das war ja auch schon selbst vorgeschlagen worden von dem Einbringer. Das sollte dann so passieren, nicht? Vielen Dank.

Herr Matschie.

Matschie (SPD): Ich möchte noch einmal etwas sagen zu der Einberufung der Konferenz der Siegermächte und der nachfolgenden **KSZE-Konferenz**. Wir haben das diskutiert in der Redaktionsgruppe, und es war eigentlich Konsens, das in dieser Reihenfolge stehen zu lassen. Ich möchte es noch einmal kurz begründen. Es geht hier ausdrücklich nicht darum, einen deutschen Sonderweg zu favorisieren, sondern es geht hier ausdrücklich darum, dieses Geschehen in die KSZE-Konferenz einzubinden. Deshalb steht hier auch, daß diese Konferenz der Siegermächte mit den beiden deutschen Staaten gemeinsam Vorarbeiten leisten soll für die KSZE-Konferenz, mehr nicht. Wir denken, daß es für den Erfolg der KSZE-Konferenz unabdingbar ist, daß solche Vorarbeiten geleistet werden an diesem Punkt, sonst könnte es zu einem Scheitern der KSZE-Konferenz in dieser Beziehung kommen, wenn keine ausreichende Vorarbeit besteht.

Ziegler (Moderator): Ja, vielen Dank, Herr Matschie noch einmal für die Erläuterung. Aber ich habe den Eindruck schon nach der Vormittagsdiskussion: Hier wird es wohl gegensätzliche und alternative Meinungen weiter geben, und darum finde ich es nicht schlecht, wenn Sie das formulieren. Es ist dann mit beigefügt, aber wir werden hier ja nicht auf einen Nenner kommen. Das hat sich doch schon gezeigt, nicht?

Herr Steinitz.

Steinitz (PDS): Ich möchte noch einmal zurückkommen auf den letzten Punkt auf Seite 2 [der **Vorlage 12/6**] zur **sozialen Sicherung**. Meines Erachtens geht es hier nicht um eine Alternative zwischen Sozialcharta und Sozialverbund, sondern ich verstehe auch die Sozialcharta als Grundlage zur Bestimmung der Aufgaben, die unbedingt für die DDR gesichert werden müssen, aber daß wir hierbei nicht stehenbleiben können. Denn [es] ist natürlich eine Sache, die für die DDR zu beschließen, und die zweite Sache, die kompliziertere wahrscheinlich, sie dann so in die Beratung einzubeziehen, daß sie auch im Prozeß der Vereinigung mit Grundlage für die zukünftigen Lebensbedingungen wird.

Deshalb würde ich vorschlagen, den Satz, wie er hier steht: „... die Erarbeitung einer Sozialcharta erforderlich, die den sozialen Standard für die Bürger und Bürgerinnen unseres Landes sichert", entsprechend auch dem Vorschlag hier des

---

[39] Dokument 12/14, Anlagenband.

[40] Dokument 12/6, Anlagenband.

FDGB – – und diese Ergebnisse als Grundlage für die Ergänzung des Wirtschafts- und Währungsverbundes in einem Sozialverbund zu nutzen.

Ziegler (Moderator): Sie möchten also den Text erweitern.

Steinitz (PDS): Ja. Das war auch der Vorschlag vom FDGB. Ich wollte den jetzt konkretisieren in dieser Richtung, daß man ohne große Überarbeitung, nur indem man einen halben Satz hinzufügt, diesen Gedanken mit einbezieht.

Ziegler (Moderator): Gut. Darüber können wir ja verhältnismäßig leicht dann abstimmen. Es gab allerdings auch die andere Möglichkeit noch, weil wir ja gesagt haben, die **Information 12/3** wird auf jeden Fall mit übergeben. Aber dann formulieren Sie das doch bitte, dann lassen wir darüber noch einmal schriftlich abstimmen bitte.

Jetzt Frau Röth, bitte.

Frau Röth (UFV): Ja, ich möchte dazu nur ergänzend bemerken, daß es natürlich dafür unabdingbar ist, daß man eine **Sozialgesetzgebung** in der DDR etabliert mit **Arbeitslosenversicherung**, mit **Krankenversicherung**, das haben wir bis jetzt nicht, so daß im Grunde genommen über die Fragen der **Sozialunion** in dem Sinne noch nicht debattiert werden kann. Da müssen erst einmal rechtliche Regelungen in unserem Lande geschaffen werden, bevor man zu einer Sozialunion oder [einem] Sozialverbund kommen kann.

Ziegler (Moderator): Sozialverbund war gewünscht worden als Formulierung. Aber das schließt doch das beides ein. Das ist doch eine Verpflichtung dann auch für hier.

Frau Röth (UFV): Ja, aber dann muß man aufschlüsseln, was sich daran anschließt, nämlich die rechtliche Regelung dafür. Und ich möchte nur anmerken, daß natürlich **Wirtschaftsunion** auch nicht heißt, daß in der DDR sich dann automatisch das Produktivkraftniveau der Bundesrepublik etabliert.

Ziegler (Moderator): Ja, es war der Vorschlag gemacht, daß jetzt folgendermaßen verfahren wird, grundsätzliche Einwände gegen den neuen Text habe ich nicht gehört. Es war dann der Verfahrensvorschlag gleich bei der Einbringung gemacht, daß Erweiterung oder neue Dinge per Anlage beigefügt worden sind. Bei der **Vorlage 12/15** haben wir die Zustimmung der Einbringer. Bei den Anregungen von Vereinigte Linke und [Initiative] Frieden und Menschenrechte – [daran] wird gerade gearbeitet – war auch der Vorschlag, das als Anlage zu bringen. Nun haben wir aber doch jetzt einen Textveränderungsvorschlag.

Wenn Sie darauf bestehen, müßten wir dann doch also darüber abstimmen, ob der Text um diesen Satz erweitert wird oder diesen Halbsatz, den Sie bringen, Herr Steinitz, nicht?

Steinitz (PDS): Na, ich halte das doch für wichtig, weil es ja ein Unterschied ist, ob es als ergänzendes Material beigegeben wird oder als Grundsatz in diesem Dokument aufgenommen wird, wobei meines Erachtens da gar kein Unterschied besteht. Auch zwischen **Wirtschafts- und Währungsverbund** sind wir uns doch im klaren darüber, daß das ein Prozeß ist, über den verhandelt werden muß, zu dem gesetzliche Regelungen geschaffen werden müssen. Ich verstehe nicht ganz, worin der Unterschied zu Sozialverbund – – Das muß natürlich nicht in dem Sinne, daß jetzt beschlossen wird in der Verhandlung mit Kohl/Modrow, daß jetzt der Sozialverbund so und so aussieht, aber daß diese Fragen einbezogen werden, und ich halte es als Prinzip – –

Deshalb würde ich großen Wert darauf legen, daß das aufgenommen wird, daß das als **Einheit** stets verhandelt wird – **Wirtschafts-, Währungs- und Sozialfragen** – dazu natürlich die rechtliche Klärung, gesetzliche Regelung forciert in der DDR als Vorbereitung darauf einbezogen werden müssen.

Ziegler (Moderator): Ich sehe auch nicht, daß die Sache kontrovers ist. Es sind nur noch Folgerungen von Frau Röth genannt worden, und ich bitte Sie, dann, wenn hier kein Widerspruch sich erhebt, noch einmal zu sagen, was hinzugefügt werden soll. Und um der Schnelligkeit willen, bitte ich, daß wir das jetzt mitschreiben, und dann stimmen wir darüber ab, ob der Text so ergänzt wird an dieser Stelle. Und zwar geht es um Seite 2, letzter Satz unten, nicht?

Steinitz (PDS): Ja, „... unseres Landes sichert", endet dieser Satz, „... und diese Ergebnisse als Grundlage für die Ergänzung des Wirtschafts- und Währungsverbundes durch einen Sozialverbund" – ach so, Verzeihung – „und diese Ergebnisse als Grundlage für die Ergänzung des Wirtschafts- und Währungsverbundes durch einen Sozialverbund einbezogen werden."

Ziegler (Moderator): Also, dann lese ich den ganzen Satz noch einmal vor: „Dazu ist die sofortige Erarbeitung einer Sozialcharta erforderlich, die die sozialen Standards für die Bürger und Bürgerinnen unseres Landes sichert, und dies Ergebnis als Grundlage für die Ergänzung des Wirtschafts- und Währungsverbundes durch einen Sozialverbund einbezogen wird." Na, Goethe ist es nicht gerade.

Bitte, Herr Stief.

Stief (NDPD): Ich möchte folgende Bitte äußern – – Es bedarf also eigentlich nicht der erneuten Erwähnung, und ich bin zu der Meinung gelangt, daß es vielleicht doch sinnvoll ist, den Antrag des FDGB in seiner Homogenität zu erhalten und als Anlage beizufügen.

Ziegler (Moderator): Ja, aber wir haben den Antrag von Herrn Steinitz, und wenn das auch mit der Formulierung jetzt im Augenblick aus dem Handgelenk nicht so glatt ist, wir wissen ja den Inhalt. Und darauf kommt es an. Und wir haben jetzt den Hinweis von Herrn Stief noch einmal gehört, die Gesamtinformation dort mitzunehmen, und wir müssen aber über diesen Antrag zur Ergänzung dann abstimmen lassen.

Sie wollten sich, Herr Sahr, noch dazu äußern, ja?

Sahr (FDGB): Vielleicht noch eine Bemerkung zu dem Antrag, um vielleicht Verständnis für den Inhalt noch zu haben. Diese **Solidargemeinschaft** zwischen dem Deutschen Gewerkschaftsbund und dem FDGB verlangt, daß wir uns beiden Seiten zuwenden, und um das ausfüllen zu können, dahin geht auch dieser Antrag von uns mit.

Ziegler (Moderator): Also wir bleiben jetzt bei dem Antrag von Herrn Steinitz, und ich frage, wer der Ergänzung zustimmt, den bitte ich um das Handzeichen. Das müssen wir zählen, ja? – 22 Gegenstimmen? – 3, nicht? 3 waren es wohl. – Gut. Keiner dagegen. Wer enthält sich der Stimme? – 12 Enthaltungen. Danke. Der Text ist so ergänzt. Falls er in der Formulierung noch [ein] klein wenig gefeilt wird, inhaltlich darf nichts geändert werden. – Hätten wir nichts dagegen, nicht? Weil das mit dem Anschluß nicht so ganz klappt. Gut.

Nun möchte ich fragen, ob damit Einverständnis ist, daß die anderen beiden Dinge, das waren einmal, das hatten wir gehört, [Vorlage] 12/15 und dann oder Ihre Anregung als Anlage dazugefügt wird. Haben Sie sie schon formulieren können? Schon geschrieben, aber noch nicht ausgeteilt, nicht? Ja. Also, Sie sind auch damit einverstanden als Anlage, ja?

Danke. Dann sehe ich – –

Ja, Herr Börner.

Börner (PDS): Können wir davon ausgehen, daß die heute früh nicht behandelten **Vorlagen** von uns [der PDS] die **12/8** [Offener Brief PDS an den Bundeskanzler der Bundesrepublik Deutschland Herrn Dr. Helmut Kohl[41]] und die **12/7** [Antrag PDS (Kommission Umweltpolitik) an den Ministerpräsidenten der DDR, Herrn Dr. Hans Modrow, zur Bildung einer gemeinsamen Energiekommission[42]] dann auch in die Anlage mit eingehen?

Ziegler (Moderator): Moment einmal, jetzt müssen wir aber schnell die Briefe – –

Börner (PDS): Das war zum Energievertrag und zum Brief.

Ziegler (Moderator): Die sind ja noch gar nicht, die [Vorlage] 12/7, Augenblick, die ist noch gar nicht behandelt. Die kommt gleich dran. Und welche noch?

Börner(PDS): Die [Vorlage] 12/8.

Ziegler (Moderator): Ach, ja, [Vorlage] 12/8 hatten wir doch heute vormittag schon als insgesamt mit ins Paket überwiesen. Nur [Vorlage] 12/7 nicht, Herr Börner. [Vorlage] 12/8 war schon.

Börner (PDS): Na gut, also wir würden, wenn wir davon ausgehen können, daß beide in die Anlage mit eingehen würden, dann könnten wir so verfahren.

Ziegler (Moderator): Dann brauchen wir [Vorlage] 12/7 nicht weiter zu behandeln. Gut. Vielen Dank. Das erleichtert uns die Arbeit.

Dann frage ich jetzt, möchte ich gerne zur Gesamtabstimmung kommen, ob so in dieser Fassung mit den Anlagen diese **Vorlage 12/6** [Antrag NDPD, DJ: Positionen des Runden Tisches für die Verhandlungen Modrow/Kohl am 13. und 14. Februar 1990] Zustimmung findet. Können wir jetzt zur Abschreitung, Abstimmung schreiten? Ja, es läßt nach, nicht?

Wer also dieser **Vorlage 12/6** zustimmt, den bitte ich um das Handzeichen. – Ja, danke. Gegenstimmen? – Wer enthält sich der Stimme? – 1 Enthaltung. Dann geht dieses mit den Anlagen, und was heute vormittag auch übergeben worden ist, an die Regierung. Das müßte irgendwie schnell passieren, damit das ja noch ins Gepäck kommt.

Ich muß jetzt aber noch eine Sache kurz bekanntgeben, daß hier ein dringender Brief sofort auf den Tisch gekommen ist von „Die Nelken, Marxistische Partei", die anfragen, ob die sofortige Wirtschafts- und Währungsunion bereits beschlossene Sache ist. Da gibt es aber auch einige Hinweise auf Handlungen der Nürnberger Versicherung. Ich denke, diese Anfrage ist hiermit erklärt, weil in der **Vorlage 12/6** ja gerade dagegen Einwände erhoben werden, daß das schon eine beschlossene Sache ist.

Als letztes müssen wir noch aufgreifen, was Herr Dr. Ullmann heute vormittag hier vorgeschlagen hat, und zwar ging es darum, **eine Treuhandgesellschaft zur Wahrung der Anteilsrechte der Bürger mit DDR-Staatsbürgerschaft am Volkseigentum der DDR zu bilden**. Das ist die **Vorlage 12/29**, die heute vormittag auch ausgeteilt worden ist. Herr Dr. Ullmann hatte den Beauftragten hierher gebeten, daß er dazu eine kurze Erläuterung geben kann. Wir werden dann darüber befinden müssen, ob wir diesem zustimmen können oder ob dies nicht erst einmal geprüft werden muß, ehe wir dazu Stellung nehmen. Ich bitte um Ihre Zustimmung, daß der Beauftragte das kurz erläutern kann, in kurzer Form. Bitte. Gibt es Widerspruch? – Nein. Danke.

Bitte.

Gebhardt (Freies Forschungskollegium „Selbstorganisation" für Wissenschaftskatalyse an Knotenpunkten): Meine Damen und Herren, mein Name ist Dr. Gebhardt. Ich spreche als unabhängiger Wissenschaftler, und das vorgeschlagene Modell ist das Ergebnis langer Überlegungen und Abstimmungen mit sehr vielen Experten. Der Titel [siehe **Vorlage 12/29**[43]] sollte **sein Bildung einer Holding „Treuhandgesellschaft Volkseigentum"**. Die Intention besteht darin, daß 40 Jahre fehlgeleitete Arbeit und Mühen nicht gänzlich ergebnislos für die DDR-Bürger bleiben sollten.

Das Problem ist darin zu sehen, daß das Grundgesetz der Bundesrepublik den Besitztitel **„Volkseigentum"** als Rechtskonstruktion nicht enthält, so daß im Falle einer Ausdehnung des Geltungsbereiches dieses Grundgesetzes auf die DDR dieser Besitz juristisch nicht mehr existieren würde.

Deshalb sollte das Volkseigentum in eine im Recht der Bundesrepublik enthaltene Rechts- beziehungsweise **Eigentumsform transformiert** werden als reine Vorsorgemaßnahme angesichts der unabsehbaren weiteren Entwicklung.

Die vorgeschlagene Holding **„Treuhandgesellschaft Volkseigentum"** würde die gleichen Vermögensanteile aller DDR-Staatsbürger als **Grundkapitalbesitz** – unter **demokratischer Kontrolle** durch die Volkskammer, später durch die Länderparlamente – auf dem Gebiet der DDR verwalten.

Die Rechtskonstruktion sollte sich am **Modell der Nachlaßverwaltung** eines Erblassers zugunsten der legitimierten Erbberechtigten orientieren. Der Anteilsanspruch von Staatsbürgern der DDR sollte durch **Ausgabe von Kapitalteilhaber-Urkunden** verbrieft werden. Ein geeigneter Termin hierfür wäre der 18. März [1990], um die Verknüpfung aus der Vergangenheit in die Zukunft zu gewährleisten.

Es sei darauf aufmerksam gemacht, daß bei Installation einer solchen Rechtsform der Runde Tisch und die Regierung keinerlei **Verantwortung** für die **Verwendung** dieses Volkseigentums in der Zukunft übernehmen würden, zum Beispiel hinsichtlich der drängenden Fragen oder der entscheidenden Fragen **Grund und Boden, Verkäuflichkeit** und so weiter. Es besteht nur die Gefahr, wenn diese Vorsorgemaßnahme nicht in Gang gesetzt wird, in Kraft gesetzt wird, daß dann später der Vorwurf eines Versäumnisses unterbreitet werden könnte.

Aus diesem Grunde und aus einem anderen noch – man solle auch die Nebenwirkung bedenken, die darin besteht, daß viele möglicherweise übersiedlungswillige Bürger ange-

---

[41] Dokument 12/3, Anlagenband.
[42] Dokument 12/2, Anlagenband.

[43] Die stark paraphrasiert vorgetragene Vorlage 12/29 ist als Dokument 12/15 im Anlagenband wiedergegeben.

sichts eines solchen Besitzanspruches, der ihnen verbrieft werden würde, ihre Pläne noch einmal überdenken könnten – das wäre natürlich eine Stabilisierungswirkung.

In diesem Sinne wird vorgeschlagen, daß Sie sich überlegen, ob Sie einen Antrag stellen, darüber abstimmen zu lassen, daß Vorbereitungen getroffen werden, um eine entsprechende **Gesetzesgrundlage** an die Volkskammer zu geben mit der Bitte, die Voraussetzungen zu prüfen und eine Expertenkommission einzusetzen.

Ich bedanke mich.

Ziegler (Moderator): Wir danken für die Erläuterung des heute von Herrn Ullmann vorgeschlagenen Punktes. Mir scheint es sehr fraglich, ob man so eine schwerwiegende Sache aus dem Handgelenk hier verhandeln sollte. Ich frage an, ob es nicht besser ist, die Arbeitsgruppe „Recht" zu beauftragen, bis zum nächsten Mal die Sache vorzuprüfen, den Antrag, der hier im letzten Absatz empfohlen wird zu formulieren und uns Hinweise zu geben, damit man ein bißchen besser vorbereitet hier in diese schwierige Sache, die zwar grundlegend und eilig ist, einsteigen kann. Aber es haben sich nun schon einige zu Wort gemeldet.

Frau Röth. Ich schreibe mit.

Frau Röth (UFV): Ja, wir möchten nur anregen, daß diese **Aktien** oder wie auch immer kostenlos an die DDR-Bevölkerung abgegeben werden, denn wir sind ja bisher immer noch Volkseigentümer von Grund und Boden, von Produktionsmitteln und so weiter, so daß wir im Grunde genommen nur bestätigt bekommen müßten, daß wir sozusagen **Eigentümer** an diesen Produktionsmitteln oder von Grund und Boden sind.

Andererseits ist es natürlich auch so: Wer soll diese morbiden Betriebe kaufen und dergleichen mehr? Also das ist schon ein bißchen problematisch. Und dann denke ich doch einfach, daß die Eigentümer verpflichtet werden müßten, ihre Aktien nicht zu veräußern, also sozusagen nicht an Dritte zu verkaufen.

Ziegler (Moderator): Das sind noch weitere Hinweise.

Frau Röth (UFV): Ich bin natürlich rechtlich da nicht bewandert, aber man sollte solche Überlegungen mit einbeziehen.

Ziegler (Moderator): Genau diese Dinge könnten alle möglichst in der **Arbeitsgruppe „Recht"** noch mit bedacht werden, damit das schon etwas umfassender ist.

Jetzt Frau Braband.

Frau Braband (VL): Ich habe den Eindruck, daß der Beitrag von Frau Röth eben eigentlich beweist, daß der vorhergehende Antrag irgendwo – also irgendwie wird er ad absurdum geführt. Und ich bin total aufgeregt im Moment, weil ich das Gefühl habe, es muß einfach einmal jemand sagen: Was soll denn dieser schnelle Anschluß, warum gehen wir davon aus? Und gibt es darüber irgendeine Art von Konsens hier? Warum können wir nicht das überhaupt in Frage stellen? Warum können wir uns nicht dafür einsetzen, daß es diesen Anschluß nicht gibt? Mir scheint das eine viel wesentlichere Frage zu sein.

Ziegler (Moderator): Das spricht nur dafür, daß wir uns diese Prüfungsphase erlauben, dann haben wir nämlich das Gespräch Modrow/Kohl auch hinter uns. Da gibt es vielleicht dann einige Klärungen.

Herr Willich.

Willich (NDPD): Ich beantrage, daß auch die **Arbeitsgruppe „Wirtschaft"** sich mit diesem Vorschlag befaßt.

Ziegler (Moderator): Jetzt Herr Junghanns.

Junghanns (DBD): Das Anliegen ist rühmlich, aber die Wege sind für uns auch mit vielen Fragen behangen, so daß wir die Expertenkommission unterstützen. Ich möchte auch eindeutig sagen, was hier immer zur Disposition gestellt – – Der **Grund und Boden**, der ist zu **80 Prozent in der DDR Privateigentum** und insofern schon gar [nicht] unter dieser Rubrik zu betrachten. Und unsererseits geht es natürlich darum, so haben wir uns heute morgen auch erklärt, daß eigentlich dieser Rechtsstatus bewahrt wird. Aber nichtsdestotrotz ist es natürlich für den ganzen Bereich interessant. Ich möchte aber auch prinzipiell die Frage in die Diskussion der Arbeitsgruppe mit hineinstellen, warum eine **Treuhandgesellschaft der BRD,** warum können wir die nicht selbst initiieren?

Danke.

Ziegler (Moderator): Jetzt ist Herr Schulz vom Neuen Forum an der Reihe.

Schulz (NF): Also ich würde diesen Antrag in seiner Sachlichkeit unterstützen. Er muß allerdings geprüft werden, und ich würde vorschlagen von den Arbeitsgruppen „Wirtschaft", „Recht" und **„Verfassung",** denn das ist ein grundsätzliches Verfassungsrecht, daß überhaupt in unserem Land **Volkseigentum** genau definiert wird und vor allen Dingen auch die **Verfügungsgewalt** über dies Volkseigentum, was ja bislang nie in dem Sinne so geregelt war. Es war weder Staatseigentum noch Volkseigentum, sondern **Funktionärs- und Bürokratieeigentum.**

Es sind zum anderen auch Fragen hier zu klären, was ist mit den Aktien und Anteilen von den ehemaligen DDR-Bürgern, die weggegangen sind, die bereits auf ihr Volkseigentum verzichtet haben, sich dem entzogen haben? Das sind rechtliche Fragen, die geklärt werden müssen.

Ziegler (Moderator): Eigentlich bestätigen alle Wortmeldungen jetzt, daß es sinnvoll ist, das zur Prüfung an die Arbeitsgruppen zu überweisen. Jetzt sind drei [Arbeitsgruppen] genannt, und es ist nur die Frage, ob die innerhalb einer Woche das schaffen können. Es sind genannt Arbeitsgruppe „Recht", Arbeitsgruppe „Wirtschaft" und jetzt zuletzt Arbeitsgruppe „Verfassung", weil es ein **Verfassungsrecht** ist. Wir werden sehen, schnell sollte es gehen – – bis auf den Einwand, wir müßten ja nicht davon ausgehen, daß der **Anschluß** kommt. Das ließe uns ja mehr Zeit, nicht?

Ich frage also, ob wir nicht diese Überweisung zunächst vornehmen und die Prioritätengruppe erkundet, wann es zum frühstmöglichen Termin mit diesen Prüfungen wieder auf den Tisch kommen kann. Ja? Muß ich einzeln abstimmen lassen für jede Arbeitsgruppe? – Brauche ich wohl nicht. Die drei sollen herangezogen werden. Also Überweisung zur Prüfung und möglichst schnellen Wiedervorlage an AG „Wirtschaft", AG „Recht" und AG „Verfassung".

Wer dafür ist, den bitte ich um das Handzeichen. – Das ist eindeutig die Mehrheit. Gegenstimmen? – Enthaltungen? – 2 Enthaltungen. Verständlich. Danke schön. Damit hätten wir diesen schwierigen Tagesordnungspunkt erledigt, Ziffer 2. Wir bitten Herrn Sauer, diese Dinge so schnell wie möglich der Regierung noch zu übermitteln. Wir danken Ihnen für Ihre Erläuterung. Wir werden die Sache dann weiter hören, nicht?

Und ich übergebe jetzt an Herrn Ducke zum Tagesordnungspunkt Interessenvertretung in den Betrieben.

TOP 9: Interessenvertretung und Mitbestimmung in den Betrieben

Ducke (Moderator): Ja, meine Damen und Herren, **Tagesordnungspunkt 6** wird aufgerufen: **Interessenvertretung und Mitbestimmung in den Betrieben** heißt es in unserer Tagesordnung. Dazu bitte ich Sie um folgendes Material. Der Entwurf, **Beschluß des Außerordentlichen Gewerkschaftskongresses, Gesetz über die Rechte der Gewerkschaften in der Deutschen Demokratischen Republik,** das ist Ihnen das letzte Mal schon ausgeteilt worden, dazu die **Vorlage 12/11 [Antrag FDGB: Zustimmung zu dem vom Außerordentlichen Gewerkschaftskongreß erarbeiteten Beschluß zur Änderung der Artikel 44 und 45 der Verfassung der DDR sowie zum Entwurf eines Gewerkschaftsgesetzes]** mit der Erläuterung dazu. Und dann noch liegt uns vor zu diesem Gebiet von **Demokratie Jetzt,** wenn ich das richtig sehe, die **Vorlage 12/20 [Antrag DJ: Anspruch auf Unterstützung und Ausgleichszahlung für Behinderte und Invalidenrentner]** und die **Vorlage 12/24,** der **Antrag SPD, Vereinigte Linke und FDGB [Sicherung von Interessen der Arbeiter und Angestellten und zur Verwirklichung von Wirtschaftsdemokratie].** Ja, und wenn wir dann noch Zeit haben, zu Betriebsräten zu kommen, dann hatten wir am 5. Februar für heute uns vorgenommen die **Herstellung der demokratischen Kontrolle über die staatliche Wirtschaft durch Bildung von Betriebsräten,** ein **Antrag der SPD,** damals unter 11/25[44] Ihnen ausgeteilt. Das war ein Hinweis auf das vorliegende Material. Ich bitte nun die Vertreter des FDGB, die Vorlage einzubringen.

Herr Matschie, noch eine Rückfrage?

Matschie (SPD): Der Antrag vom letzten Mal der SPD ist ja hier in dieses Papier in die **Vorlage 12/24** mit eingeflossen. Da gab es ja gemeinsame Verhandlungen darüber.

Ducke (Moderator): Wunderbar. Das können wir also vernachlässigen.

Herr Sahr, FDGB.

Sahr (FDGB): Wir hatten am letzten Montag, meine Damen und Herren – –

Ducke (Moderator): Ich bitte noch einmal um Entschuldigung. Ich habe jetzt bei dem Sortieren der Papiere vergessen: Wir begrüßen für diese Thematik Herrn Dr. Kaminski, Stellvertreter des Ministers für Arbeit und Löhne, Herrn Dr. Widlak, Abteilungsleiter im Ministerium für Arbeit und Löhne als Vertreter der Regierung, zu diesem Thema. [Ich] bitte um Entschuldigung.

Bitte, Herr Sahr.

Sahr (FDGB): Wir hatten Gelegenheit am letzten Montag, den Runden Tisch darüber zu informieren, daß auf dem **Außerordentlichen Gewerkschaftskongreß der Entwurf eines Gewerkschaftsgesetzes** beschlossen wurde, der logischerweise auch eine **Veränderung der Verfassung,** eine **Veränderung der Artikel 44 und 45** notwendig macht. Im Auftrag des Gewerkschaftskongresses wurde dieser Gesetzesentwurf dem Präsidenten der Volkskammer übergeben und soweit wir informiert sind, sollte er heute im Präsidium der Volkskammer beraten und besprochen werden mit dem Ziel, daß das Gesetz am 20. und 21. dieses Monats in der Volkskammer behandelt werden kann.

Gleichermaßen hatten wir den Gesetzesentwurf und auch den Entwurf der Verfassungsänderung der Regierung übergeben und konnten in den Beratungen mit der Regierung feststellen, daß die Regierung bemüht sein will, diesen Beschluß des außerordentlichen Kongresses der Gewerkschaften zu unterstützen.

Wir haben diese

Vorlage 12/11 [Antrag FDGB: Zustimmung zu dem vom Außerordentlichen Gewerkschaftskongreß erarbeiteten Beschluß zur Änderung der Artikel 44 und 45 der Verfassung der DDR sowie zum Entwurf eines Gewerkschaftsgesetzes]

Der Runde Tisch möge beschließen:

Der **Beschluß des außerordentlichen Gewerkschaftskongresses zur Änderung der Artikel 44 und 45 der Verfassung der DDR sowie für ein Gesetz über die Rechte der Gewerkschaften in der DDR** wird zur Kenntnis genommen und findet Unterstützung.

Der Mehrheitswille der Gewerkschaftsmitglieder nach Erneuerung der Gewerkschaften als vom Staat sowie von allen Parteien, Organisationen und Bürgerbewegungen unabhängige Interessenvertreter erfordert eine Änderung der Verfassungsartikel sowie die Sicherung gewerkschaftlicher Rechte in einem gesonderten Gesetz. Damit würde auch der Notwendigkeit der zügigen Entwicklung einer Solidargemeinschaft mit dem Deutschen Gewerkschaftsbund Rechnung getragen.

Mit der Schaffung rechtlicher Garantien für Tarifautonomie erhalten die im Gewerkschaftsbund, vereinten Industriegewerkschaften und Gewerkschaften die notwendige Autorisierung zur Wahrnehmung ihrer Verantwortung.

Mit den vorliegenden Materialien soll der Forderung der Gewerkschaftsmitglieder und Gewerkschaftsvertreter in den Betrieben nach mehr Basisdemokratie und Rechtsschutz vor willkürlicher Beeinträchtigung ihrer Rechte entsprochen werden. Die Einführung von Kampfmaßnahmen bis zum Streikrecht sowie das Verbot der Aussperrung sollen die Kampfkraft der Gewerkschaften erhöhen.

Dieses **Gewerkschaftsgesetz,** das zweimal in der Öffentlichkeit in der Gewerkschaftszeitung den Mitgliedern zur Diskussion gestellt wurde und aufgrund ihrer Vorschläge entstand, ist bereits von der Mehrheit der Gewerkschaftsmitglieder mitgetragen worden.

Ich will hier ausdrücklich betonen, daß es auch eine Reihe Gespräche gab mit Vertretern hier am Runden Tisch, die ihre Unterstützung zugesagt haben. Und wir bedauern außerordentlich die Haltung der Christlich Demokratischen Union zum Gewerkschaftsgesetz, die wir heute hier gehört haben. Sie entspricht bestimmt nicht dem Denken und Wollen der christlichen Gewerkschaftsmitglieder und schon gar nicht dem Mehrheitswillen aller Gewerkschafter.

---

[44] Dokument 11/34, Anlagenband.

Daß die **Unternehmerverbände** eine solche Haltung einnehmen, wie wir gestern und vorgestern über die Medien mitbekommen haben, überrascht uns nicht. Aber aus den ersten Wochen der Wende haben die Gewerkschaften noch ein anderes Demokratieverständnis der CDU im Ohr, und es wäre gut, wenn auch die christlichen Gewerkschaftsmitglieder hier Unterstützung finden. Wir stellen also sowohl die **Ergänzung zur Verfassung** als auch den Gesetzentwurf, den wir Ihnen übergeben haben, zur Diskussion und bitten herzlich namens der 8,6 Millionen Gewerkschaftsmitglieder um Ihre Unterstützung.

Ducke (Moderator): Danke, Herr Sahr vom FDGB zur **Vorlage 12/11,** wozu ja **die Anlage zu 12/11**[45] gehört, wo Sie die Änderung in der Verfassung fixiert haben. Ich eröffne die Aussprache über diesen Tagesordnungspunkt. Wer meldet sich zu Wort?

Der Unabhängige Frauenverband, Frau Packert.

Frau Packert (UFV): Also ich möchte zum Vorschlag zur **Änderung der Verfassung** etwas sagen, und das Gewerkschaftsgesetz das hängt ja damit sehr stark zusammen. Ich möchte meine Bedenken zu einigen Fragen, die hier aufgeworfen sind in diesem Vorschlag zur Verfassungsänderung, anmelden.

Das fängt an mit dem Artikel 44, Absatz 1, in dem gesagt wird, daß die Gewerkschaften Interessenvertreter aller Werktätigen sind. Vom Anliegen her mag das ja richtig sein. Aber wir müssen natürlich auch bedenken, daß sich in der DDR zur Zeit auch **Initiativen zur Betriebsratsgründung** erheben, und eine verfassungsmäßige Festschreibung eines solchen eigentlich **Alleinvertretungsanspruches** scheint mir nicht gerechtfertigt.

Zweitens: Im Artikel 44, Absatz 2 ist vom Streikrecht die Rede. Der Unabhängige Frauenverband unterstützt prinzipiell diese Forderung nach einem Streikrecht. Wir müssen allerdings sagen, daß Streik ein äußerstes Mittel der Austragung von Konflikten ist und somit in folgenden Gesetzen, also wenn so etwas angenommen wird, das **verfassungsmäßige Streikrecht** erheblich **eingeschränkt** werden müßte, nämlich an viele Bedingungen geknüpft werden müßte.

Ich glaube, das leuchtet wohl jedem ein, daß Streik, daß Streikrecht ausgeregelt werden müßte. Also es wäre zu überlegen, inwiefern hier also dieser **Gesetzesvorbehalt** mit hineingenommen werden müßte. Das möchte ich jetzt als meine Frage sozusagen stellen, ja? Ich möchte noch einmal klarstellen: Wir sind nicht gegen eine Verankerung des Streikrechts, sondern wir sind dafür, das zu konkretisieren.

Drittens: Artikel 45, Absatz 1, hier ist zum ersten von dem **Recht auf Gesetzesinitiative** die Rede und vom Recht auf gewerkschaftliche Zustimmung zu Gesetzen und Rechtsvorschriften zu den Arbeits- und Lebensbedingungen. Auch hier möchte ich meine Bedenken anmelden.

Wenn wir einen solchen Vorschlag befürworten, dann hieße das, da sich die Gewerkschaft ja nicht zur Wahl stellt, daß wir hier eine Grundsatzentscheidung treffen, daß nach der Wahl zur neuen Volkskammer eine Organisation, die nicht in der Volkskammer vertreten ist, das Recht hat, eine Gesetzesinitiative einzubringen.

Ich möchte mich hier nicht ausdrücklich gegen eine solche Möglichkeit aussprechen, ich möchte aber darauf aufmerksam machen, daß das eine Grundsatzentscheidung ist und darüber sicherlich breit diskutiert werden müßte.

---

[45] Dokument 12/16, Anlagenband.

Zum anderen, was die Gesetze, also was die **gewerkschaftliche Zustimmung** anbelangt, gehen meine Bedenken in die Richtung, wenn ich das richtig einschätze, so wird sich sicherlich ein Konsens finden, daß wir in der DDR nach dem **Gewaltenteilungsprinzip** unsere **Staatsorgane** aufbauen werden.

Mein Verständnis von Gewaltenteilung läßt sich nicht damit in Übereinstimmung bringen, daß die Arbeit der Legislative, also der Volkskammer, durch die Zustimmung anderer Organisationen abhängig gemacht wird. Also diese direkte Abhängigkeit, die stört mich an dieser Angelegenheit.

Ducke (Moderator): Sie beziehen sich auf Artikel 45, erster Absatz jetzt, ja?

Frau Packert (UFV): Genau, ja, Artikel 45, erster Absatz. So, das wäre eigentlich alles. Ich hätte also den Antrag, die beiden Artikel auf jeden Fall in der „Verfassungsarbeitsgruppe" noch einmal gründlich zu diskutieren.

Ducke (Moderator): Danke, Frau Packert, Unabhängiger Frauenverband.

Es hat sich als nächster gemeldet Herr Klein, Vereinigte Linke. Dann Herr Weißhuhn, Initiative Frieden [und] Menschenrechte.

Klein (VL): Ich möchte doch gerne noch zwei Rückfragen stellen an diese beiden Vorschläge vom Unabhängigen Frauenverband. Hier war zum ersten die **Bindung des Streikrechts an Bedingungen** avisiert. Hier wäre doch schon wichtig zu wissen, was hier gemeint ist, denn es gibt genug Erfahrungen, wie gefährlich die Einschränkung des Streikrechts in den Erfahrungen der **Arbeiterbewegung** gewesen ist. Man müßte genau sagen, was man hier meint. Eine Verständigung darüber, daß der Streik nun gerade für Lohnabhängige das äußerste Mittel des Kampfes ist, das ist sowieso jedem klar. Denn welche Mittel haben sie denn sonst?

Die zweite Frage: Hier wird gesagt, die Gesetzesinitiative muß der Gewerkschaft bestritten werden, weil sie nicht der Volkskammer angehören wird. Wir sind der Meinung, daß die – – dann war die Rückfrage berechtigt, wenn ich das falsch verstanden habe.

Ich habe gehört, wenn der FDGB nicht in der Volkskammer vertreten ist, muß gefragt werden, inwieweit ihm das **Recht der Gesetzesinitiative** zusteht. Wir sind nun der Meinung, daß zum Beispiel im Zusammenhang mit der Diskussion über **Bürgerkomitees** und gerade im Zusammenhang mit allen Formen **direkter Demokratie** natürlich auch in Zukunft das Thema noch auf der Tagesordnung bleiben wird, ob nur parlamentarische Kräfte das Recht zur Gesetzesinitiative haben sollen. Und in diesem Falle, im Falle der Gewerkschaften und vielleicht auch unter Berücksichtigung dessen, was uns an sozialen Problemen ins Haus steht, würde ich doch meinen, daß man hier unter diesem grundsätzlichen Gesichtspunkt das nicht in Frage stellen sollte.

Ducke (Moderator): Danke, da das eine Rückfrage an die konkrete Anfrage war, wäre es vielleicht ganz gut, wenn [Frau Packert hierzu Stellung nimmt].

Frau Packert (UFV): – Ich möchte nur darauf aufmerksam machen, daß das grundsätzliche Probleme sind, die man vom Grundsätzlichen her ausdiskutieren muß. Also, wir würden beziehungsweise wir haben bisher noch keine endgültige Meinung dazu. Kann man das nun installieren, auch vom staatsrechtlichen und demokratischen Gedanken her, oder kann man es nicht? Das muß diskutiert werden, das muß ausdiskutiert werden.

Ducke (Moderator): Sie unterstützen damit eigentlich Ihren Antrag, daß das noch einmal an die Arbeitsgruppe zurückverwiesen werden sollte, um Klarheit zu schaffen. Dann hätte jetzt das Wort Herr Weißhuhn, Initiative Frieden und Menschenrechte; dann Herr Junghanns, DBD.

Bitte, Herr Weißhuhn.

Weißhuhn (IFM): Die Dringlichkeit einer Regelung für die Gewerkschaften einschließlich des Gewerkschaftsgesetzes ist selbstverständlich unbestritten, wird von uns auch unterstützt. Die Dringlichkeit wird betont dadurch, daß der FDGB ja sogar mit **Generalstreik** gedroht hat für den Fall der Nichtbehandlung. In diesem Zusammenhang habe ich eine Rückfrage an den FDGB. Es wird hier für den Artikel 44, Absatz 3, verlangt aufzunehmen in die Verfassung, daß die Gewerkschaften durch die Tätigkeit ihrer Organisationen, Organe auf der Grundlage der Gesetze ihre Mitwirkung zum Mitbestimmungsrechte wahrnehmen.

Zu den vom FDGB in ihrem Beschluß auf dem Außerordentlichen Gewerkschaftskongreß geforderten Gesetzesentwurf, oder beschlossenen Gesetzesentwurf, heißt es im Paragraphen 4, Absatz 2: „Die Gewerkschaften haben das Recht, Banken, Versicherungsgesellschaften und andere kommerzielle Betriebe zu gründen oder sich daran zu beteiligen und Einnahmen zu erwirtschaften."

Meine Frage ist nun, inwieweit also die Gewerkschaftsmitglieder ihre Interessen vertreten lassen sollen, oder vertreten sollen, insofern sie darin bestehen – noch dazu verfassungsrechtlich abgesichert, wie ich gerade erläutert habe – insofern sie darin bestehen, daß die Gewerkschaft als Institution oder als Vereinigung kommerzielle Betriebe, Banken inbegriffen und dergleichen, in eigener Regie gründen soll. Den Zusammenhang kann ich und den Sinn kann ich nicht erkennen.

Ducke (Moderator): Danke Herr Weißhuhn, Initiative [Frieden und] Menschenrechte.

Es hat jetzt das Wort Herr Junghanns DBD; dann Herr Schulz, Neues Forum.

Junghanns (DBD): Ja, wir als Demokratische Bauernpartei unterstützen diesen Gesetzentwurf grundsätzlich. Wir sehen darin eine notwendige Klammer für die Interessenvertretung über die Betriebsgrenzen hinaus, die auf alle Fälle gesichert, geschaffen werden muß. Außerdem ist die hier dargestellte Qualität der **Unabhängigkeit der Gewerkschaften** auch ein Qualitätszuwachs der gewerkschaftlichen Interessenvertretung in dem Bereich, den wir mit vertreten, sprich die Arbeiter in den Gütern, den **volkseigenen Gütern** oder auch in den Bereichen der Nahrungsgüterwirtschaftsbetriebe.

Nichtsdestotrotz gibt es aber Fragen zu diesem Gesetzentwurf:

Zum ersten: Paragraph 7.2 regelt das Verbot gewerkschaftlicher Tätigkeit durch andere, ist unzulässig. Es steht in einem Zusammenhang mit der Behinderung, die uns erst einmal die Frage stellt: Wohin zielt diese Formulierung? Sie hat auch im gewissen Sinne den Anstrich, daß eine generelle Unantastbarkeit aller Fragen, die mit der Gewerkschaft verbunden sind, hier eingeklagt wird und gesichert werden soll. Ich glaube, es bedarf einer differenzierteren Betrachtungsweise, auch der gewerkschaftlichen Tätigkeit.

Zum zweiten ist auch in Verbindung mit der vorgeschlagenen Änderung des Verfassungsartikels im Paragraphen 10.2 die Regelung enthalten, daß die Gesetze und weitere Rechtsvorschriften der **gewerkschaftlichen Zustimmung** bedürfen. Welchen Grad der rechtlichen Ausgestaltung hat dieses Zustimmungsrecht? Geht es bis zu einem Vetorecht oder in welcher Form soll diese Zustimmung gehandhabt werden?

Wir bitten da um Aufklärung.

Und die dritte Frage betrifft den weiteren Verfahrensweg: Ist es vorgesehen, daß die vorgeschlagene Veränderung der Verfassungsartikel ein Akt der **Verfassungsänderung** vor dem 18. März sein soll? Oder ist es vorgesehen, daß in diesem Sinne die angestrebte völlige neue Fassung der Verfassung, die ja nach meinem Wissen schon in Arbeit ist, um einen Qualitätszuwachs hier bereichert werden soll? Danke.

Ducke (Moderator): Danke, Herr Junghanns. Es waren konkrete Rückfragen jetzt, aber da nur noch eine Wortmeldung vorliegt, würde ich vielleicht doch versuchen, wenn wir uns das noch merken. Herr Schulz, wenn auch noch Rückfragen – –

Herr Schulz, Neues Forum.

Schulz (NF): Ich verstehe diesen Antrag in seiner Dringlichkeit und Notwendigkeit. Aber es ist, wie mit vielen Anträgen dieser Art, die Sache, daß wir eine **Arbeitsgruppe „Neue Verfassung"** haben. Und die Veränderung einer Verfassung ist eine derart einschneidende Sache, daß wir hier solch einen Einzelantrag bitte doch nicht am Runden Tisch im Sinne von Zeitersparnis diskutieren sollten. Diese sicherlich hier angemerkten Unklarheiten dieses Vorschlages – und ich stimme da den unabhängigen Frauen voll zu in den einzelnen sachlichen Bedenken, die hier geäußert worden sind – könnten in der Arbeitsgruppe „Neue Verfassung" eindeutig geklärt werden unter dem Rechtsbeistand von Verfassungsexperten. Also, ich plädiere auf die Verweisung dieses Antrages in die Arbeitsgruppe „Neue Verfassung".

Ducke (Moderator): Das kam ja nun schon mehrfach. Ich frage jetzt, ehe neue Wortmeldungen kommen doch noch einmal bei den Gewerkschaften an. Unabhängig von der Beantwortungsmöglichkeit, wie stehen Sie zur Klärung dieser Fragen? Grundsätzlich zurückverweisen? Dann sparen wir uns jetzt Rückfragen und können die dann in dieser Arbeitsgruppe vorklären lassen. Ich frage noch einmal die Gewerkschaften.

Bitte, Herr Sahr.

Sahr (FDGB): Dieser Entwurf der Verfassungsänderung soll auch in dieser Woche aus juristischer Sicht, aus rechtlicher Sicht, im Verfassungs- und Rechtsausschuß der Volkskammer geprüft werden. Ich würde hier mit einigen Vorschlägen sofort mitgehen, da es auch noch Überlegungen gab, im Zusammenhang mit der Übergabe dieses Entwurfes an die Volkskammer – und zwar, daß hier zu Recht gesagt wird, im Artikel 45, letzter Satz, und ebenfalls auch gesagt wird im Paragraph 10, letzter Satz, daß die **Gesetze** auf dem **Gebiete der Arbeits- und Lebensbedingungen** der **Zustimmung der Gewerkschaften** bedürfen. Wir würden hier voll mitgehen, wenn wir das Wort Zustimmung ersetzen würden durch das Wort **Mitwirkung,** weil wir das für ausreichend halten würden und wir glauben, daß [das] auch hier vom Runden Tisch so vorgeschlagen würde.

Ich darf aber vielleicht noch einmal sagen: Das Anliegen der Gewerkschaftsmitglieder, auch der Juristen, die sich dann damit befaßt haben, war, daß wir die **gegenwärtigen Verfassungsrechte** der Gewerkschaften bewahren wollten. Wir wollten sie festhalten, zementieren soweit es geht und im notwendigen Maß ergänzen – soweit es beispielsweise das Aussperrungsverbot und das Streikrecht betrifft, weil wir so etwas gegenwärtig noch nicht haben.

Es bleibt eigentlich das Problem der **Gesetzesinitiative**. Und ich meine, darüber kann man noch einmal nachdenken. Aber im Rechtsvergleich mit anderen Ländern, auch im Gespräch mit unseren Freunden vom DGB würden wir es für sehr wichtig halten, daß die Gewerkschaften als größte Organisation der Werktätigen eine solche Möglichkeit behalten, weil sie gegenwärtig in der Verfassung vorhanden ist. Wir wollten da nicht zurückgehen. Natürlich haben wir uns dafür ausgesprochen hier, daß wir in der neuen Volkskammer, und wie sie auch heißen mag, nicht mehr vertreten sein wollen.

Aber wir glauben doch, daß in den Fraktionen verschiedener Parteien aktive Gewerkschaftsmitglieder enthalten sein werden, die sich auch zur Wahl stellen. Und es wären Wege zu prüfen, wie diese Gesetzesinitiative dann wirksam werden kann: Auf welche Art und Weise die Gewerkschaften Gesetze, Entwürfe einbringen können? Es geht erst einmal darum, daß wir nicht hinter die geltende **Verfassung** zurückgehen. Über Wege und Methoden kann man noch nachdenken und wir gehen auch davon aus, daß ja ohnehin mittelfristig eine neue Verfassung ausgearbeitet wird, wo man dann über diese Dinge dann auch weiter nachdenken kann.

Mein Vorschlag wäre, daß wir hier diesen Vorschlägen folgen und „Zustimmung" in „Mitwirkung" umwandeln, daß wir [den] Verfassungs- und Rechtsausschuß vielleicht diese Vorschläge, die bisher gekommen sind, mitgeben und dort überprüfen lassen. Denn das muß ja rechtens sein. Und daß man vielleicht über diesen Weg dann diese Artikel hier zur Kenntnis nimmt und diese Überarbeitung am Donnerstag abwartet und ich vielleicht die Bitte dann aussprechen darf auch mit dieser Änderung im Paragraphen 10 – und eine Antwort auf die anderen Fragen zum Gewerkschaftsgesetz würde ich dann anschließend geben –, daß wir uns dann auf das Gewerkschaftsgesetz dann noch einmal konzentrieren könnten, um da die Zustimmung zu bekommen.

Ducke (Moderator): Sie haben einigen Anfragen schon konkrete Hinweise gegeben und auch selbst darauf verwiesen, daß das noch in den Ausschuß der Volkskammer soll. Es standen ja die Anträge hier in die Überweisung der Arbeitsgruppe.

Es hatte sich gemeldet, Herr Klein, ich muß jetzt die Reihenfolge respektieren, dann Frau Röth, dann Herr Templin. Nur, wenn es jetzt um diese Sache geht.

Klein (VL): Ja, ich meine, daß wir ja alle hier nicht sitzen, um die Kompliziertheit der Rechtsmaterie festzustellen, sondern der Situation Rechnung zu tragen, daß ein großer Handlungsbedarf bei der **Sicherung der gewerkschaftlichen Rechte** da ist. Insofern ist natürlich das, was der FDGB hier vorstellt, dem Ernst der Situation angemessen. Insofern auch verständlich, wenn hier erklärt wird, daß nicht hinter den Bestand dessen, was an gewerkschaftlichen Rechten in der DDR existiert, zurückgegangen werden darf. Und ich meine, daß wir in dieser Situation natürlich alle die Chance haben uns dazu zu bekennen, daß diese Angelegenheit übrigens nicht nur bloß der FDGB – eben Gewerkschaften, da würde ich dem, was vom Unabhängigen Frauenverband kam, schon zustimmen –, daß das der Unterstützung bedarf. Es ist also sehr wenig wenn hier gesagt wird, die Sache ist kompliziert, es müßte an die Ausschüsse zurück etc.

Ducke (Moderator): Herr Klein, aber Sie müssen auf den Antrag achten. Hier wird um eine Unterstützung gebeten.

Klein (VL): Im übrigen würde ich den FDGB doch ermutigen, im Zusammenhang mit Paragraph 10 den keineswegs rechtlichen Begriff der **Mitwirkung** – was immer das wohl heißen mag in einigen hier aufgeführten Bereichen – doch im Sinne der Zustimmung, so wie es im ursprünglichen Antrag stand, zu belassen. Ich halte es für gefährlich, wenn ich hier einiges sehe, **wie Arbeits- und Lebensbedingungen**, wie **Entlohnung** hier hinter das, was hier ursprünglich stand, zurückgehen. Ich würde die Gewerkschaften ermutigen, das doch bitte dabei zu belassen.

Ducke (Moderator): Danke, Herr Klein. Darf ich auf die Zeit einmal hinweisen. Wir haben drei Minuten vor dem geplanten Schluß.

Das Wort hat Frau Röth, Unabhängiger Frauenverband.

Frau Röth (UFV): Ich glaube, wir sind uns alle einig, daß die Gewerkschaften gesicherte Rechte haben müssen. Aber gerade deshalb muß es eine reine, also eine **saubere Rechtsformulierung** geben. Und so wie es hier formuliert ist, ist es einfach unseres Erachtens nicht sauber genug. Das zeigt sich dann auch noch einmal im Gewerkschaftsgesetz – also gerade bezüglich des Streikrechts Paragraph 19, Paragraph 20. Das ist unrein formuliert und deshalb schlagen [wir] vor, der Verfassungsausschuß tagt am Mittwoch noch einmal und daß sie sozusagen von uns bevollmächtigt werden, da eine konkrete Vorlage zum Verfassungsausschuß der Volkskammer am Donnerstag noch einmal vorzubereiten und einen Standpunkt zu formulieren im Interesse der Gewerkschaft und der Sicherung ihrer Rechte.

Ducke (Moderator): Danke Frau Röth, das war noch ein Votum für Ihren Antrag, Überweisung an die Arbeitsgruppe.

Herr Templin, Initiative [Frieden und Menschenrechte].

Templin (IFM): Genau dazu wollte ich noch informieren: Nicht der Verfassungsausschuß, sondern präzise gesagt die Arbeitsgruppe „Verfassung" des Runden Tisches, um die geht es ja in der Priorität, wird am Mittwoch wieder zusammenkommen. Fragen, die im Gewerkschaftsgesetzprojekt eine Rolle spielten, nämlich die Probleme, wie weit können auch außerparlamentarische Interessenvertretungen legislativ, gesetzgeberisch tätig werden, haben bei uns in der Arbeitsgruppe bereits eine Rolle gespielt. Es existiert also ein gewisser Diskussionsvorlauf. Ich würde also davon ausgehen, wir könnten uns dieser Vorlage am Mittwoch annehmen, aber ich würde dann sehr dafür sein, wenn es uns in der Kürze der Zeit gelingt, daß wir Probleme dieses Projektes, dieser Vorgabe, auch mit Vertretern unabhängiger Gewerkschaftsinitiativen besprechen. Ich bin sehr dafür, daß hier die gewerkschaftlichen Rechte so maximal wie möglich gesichert werden, aber ich würde mich strikt **gegen ein Monopol des FDGB in Gewerkschaftsfragen** wenden.

Ducke (Moderator): Danke, Herr Templin. Wir haben gehört, daß dieser Entwurf vom Ausschuß der Volkskammer geprüft werden soll und vom FDGB vorgelegt ist. Es steht der Antrag, und darüber lasse ich jetzt einfach abstimmen, daß der Runde Tisch auch vorgeschlagen hat, das in der

Arbeitsgruppe „Neue Verfassung" prüfen zu lassen für seine Entscheidung. Habe ich das so richtig verstanden, das ist Ihr Antrag. Dieser Antrag steht, ist der weitergehende Antrag, darüber müßten wir jetzt abstimmen. Es ist dafür gesprochen worden, es ist dagegen gesprochen worden. Das wäre jetzt die konkrete Abstimmungsfrage zu dem Antrag, der vorliegt.

Frage: Müssen wir darüber abstimmen oder sind die Antragsteller gleich bereit, das in die Arbeitsgruppe zu geben? Sonst lassen wir über den Antrag abstimmen. Möchten Sie abstimmen lassen?

Frau N.N.: Ich würde vielleicht noch einmal die Frage stellen, sich genau festzulegen. Soll in die Arbeitsgruppe die Änderung zur Verfassung oder soll in die Arbeitsgruppe das Gewerkschaftsgesetz – –

Ducke (Moderator): – Das wird wohl beides zusammenhängen müssen. Wie Sie ja schon mehrfach durch Querverweise gezeigt haben, daß man nicht – –

Frau N. N.: Wenn das so geplant ist, dann würden wir darum bitten, die Termine vielleicht so einzuhalten, daß wir unseren mit den Verantwortlichen in der Volkskammer festgelegten Termin [am] 20./21. [Februar 1990] dort wahrnehmen können.

Ducke (Moderator): Ja, wir können uns zwar jetzt hier am Runden Tisch nicht unbedingt allen Konsequenzen stellen, aber Sie nicken, die Arbeitsgruppe „Verfassung". Wir stellen die Frage.

Herr Ziegler, bitte noch.

Ziegler (Co-Moderator): Ich möchte daran erinnern, daß Frau Röth einen etwas weitergehenden Vorschlag gemacht hat, nämlich, daß die Arbeitsgruppe „Verfassung" dann votieren kann, daß das eben nicht blockiert wird. Das wäre etwas weiter, sonst müßte es ja von Rechts wegen eigentlich wieder an den Tisch und dann könnten wir ihnen erst sagen, wie hier der Runde Tisch geht. Das müßte entschieden werden.

Ducke (Moderator): Herr Templin, dazu einen Vorschlag?

Templin (IFM): Also, ich kann für die Arbeitsgruppe „Neue Verfassung" zwar zusichern, daß das jetzt am Mittwoch mit behandelt wird. Ich kann natürlich nicht zusichern, daß das am Mittwoch bereits zu einer abschließenden Einschätzung oder gar zu einem Votum kommt.

Ducke (Moderator): Herr Templin, das kann auch der Ausschuß der Volkskammer nicht vorher zusichern. Aber zumindest wird es behandelt. Und die Frage ist, ob der Runde Tisch auch diesen weitergehenden Antrag berücksichtigt, daß dann diese Arbeitsgruppe von sich aus aktiv werden kann. Das war ja der Gedanke, Frau Röths Antrag. Sind wir uns über die Konsequenzen im klaren? Dann können wir abstimmen.

Herr Sahr, bitte noch einmal. Drücken Sie. Ein Geschäftsordnungsantrag.

Herr Stief, ich bitte um Entschuldigung.

Stief (NDPD): Ich würde es für sehr förderlich halten für diese doch wichtige Gesetzgebung, daß die **Arbeitsgruppe „Wirtschaft"** dazu zumindest eine Meinung bildet. Ich bin informiert, daß die Arbeitsgruppe „Wirtschaft", und es berührt ja viele Fragen, das noch nicht vorliegen hatte. Vielleicht läßt sich ein einfaches Verfahren finden, um da einen Kurzschluß herzustellen zwischen beiden Arbeitsgruppen. Aber ich möchte das nicht umgehen.

Ducke (Moderator): Ja, also wenn ich überlege, was wir heute schon für die Arbeitsgruppe „Wirtschaft" so ungefähr beschlossen haben, ich sehe das ein, aber das ist jetzt eine Frage.

Frau Röth dazu, Sie haben Ihren Antrag gestellt.

Frau Röth (UFV): Also ich muß einmal sagen, das ist nett, daß wir immer so reichlich bedacht werden mit den Empfehlungen des Runden Tisches, als Arbeitsgruppe „Wirtschaft" uns mit bestimmten Fragen zu beschäftigen. Aber ich denke einfach, daß die konkrete Lage hier so ist, daß der **Verfassungsausschuß** eigentlich der prädistinierte Ausschuß wäre, der sozusagen entscheiden könnte.

Ducke (Moderator): Danke, Frau Röth.

Herr Steinitz, PDS. Bitte.

Steinitz (PDS): Ja, ich möchte den Antrag ergänzen. Damit Interessenten hier in der Arbeitsgruppe „Wirtschaft" die Möglichkeit haben, ihre Meinung zu sagen, würde ich auch vorschlagen, den nicht der Arbeitsgruppe „Wirtschaft" gesondert zu übergeben, sondern sie aufzufordern, mit an der Beratung der Arbeitsgruppe „Verfassung" teilzunehmen, falls Meinungen dazu notwendig sind.

Ducke (Moderator): Herr Stief, sind Sie damit einverstanden?

Stief (NDPD): Das war sinngemäß mein Vorschlag.

Ducke (Moderator): Das war sinngemäß Ihr Vorschlag. Die Arbeitsgruppe „Verfassung" nickt auch. Wir brauchen nicht dazu abstimmen, wir votieren in diesem Sinn. Frage an den FDGB: Tun Sie das gleich übertragen, oder lassen wir erst abstimmen?

Sahr (FDGB): Nein, ich würde diesem Vorschlag folgen, daß am Mittwoch in der Arbeitsgruppe beraten wird und von dort in den Verfassungs- und Rechtsausschuß der Volkskammer mit diesen Vorschlägen eingebracht wird und dort überarbeitet werden kann.

Ducke (Moderator): Da dies nun der Antrag des Antragstellers selbst ist, wären Sie einverstanden, brauchen wir nicht darüber abzustimmen. Wenn keine gegenteilige Meinung auftaucht, würden wir diesem Vorschlag folgen und hiermit erklären, daß die **Vorlage 12/11** mit den Ergänzungen von der Arbeitsgruppe „Verfassung" beraten wird und aktiv wird gegenüber dem Ausschuß der Volkskammer. Habe ich das jetzt so richtig wiedergegeben? Kann ich die Zustimmung der Arbeitsgruppe „Verfassung" erfragen?

Templin (IFM): Die ist vorhanden.

Ducke (Moderator): Ist vorhanden. Damit hätten wir diese **Vorlage 12/11 [Antrag FDGB: Zustimmung zu dem vom Außerordentlichen Gewerkschaftskongreß erarbeiteten Beschluß zur Änderung der Artikel 44 und 45 der Verfassung der DDR sowie zum Entwurf eines Gewerkschaftsgesetzes]** berücksichtigt. Jetzt nur meine Rückfrage. Bedeutet das auch [für] die **Vorlage 12/24**, wo es ja auch um die **Betriebsräte** mit geht, daß das damit auch gleich wäre? – Nein. Danke.

Dann rufe ich als nächstes auf die **Vorlage 12/24, Antrag SPD, Vereinigte Linke und FDGB [Sicherung von Interessen der Arbeiter und Angestellten und zur Verwirklichung von Wirtschaftsdemokratie]. Wer trägt uns das vor? Herr Sahr, FDGB, bitte.

Sahr (FDGB): Am Ende des letzten Beratungstages am vergangenen Montag hatten die SPD, die Vereinigten Linken und die Gewerkschaften in Wort und Schrift am Runden Tisch verschiedene Vorschläge unterbreitet und alle mit dem Ziel, der **Basisdemokratie in den Betrieben** weitere Räume zu öffnen und Vorhandenes und Gutes zu bewahren. Dieser übereinstimmende Wille, natürlich von unterschiedlichen demokratischen Formen und Methoden getragen, hatte zu dem Vorschlag geführt, am vergangenen Montag diese unterschiedlichen Methoden und Wege nicht zu verhandeln, uns eine Woche zu vertagen und diese Zeit zu nutzen für einen gemeinsamen Vorschlag. Und das ist gelungen. Das Ergebnis von uns dreien liegt auf dem Tisch, und es steht zur Diskussion.

Zu erstens: Hier ging es um die Frage der **Betriebsräte**, und ich darf hier noch einmal erklären, daß die Gewerkschaften nicht gegen Betriebsräte sind. Sie haben sich in vielen Ländern als Interessenvertreter der Belegschaften bewährt, auch in der Bundesrepublik. Allerdings ergab sich im kürzlich stattgefunden Gespräch mit Kollegen Breit, dem Vorsitzenden des DGB, daß in der Bundesrepublik nur um die 35 Prozent der Werktätigen gewerkschaftlich organisiert sind. Bei uns in der Republik in den großen Betrieben sind es immerhin noch 90 Prozent, und aus diesem Grunde war es verständlich, daß um den Gewerkschaftskongreß herum die Gewerkschaften alles versucht haben, die gewerkschaftlichen Grundorganisationen zu stärken, zu festigen und zu aktivieren.

Die Gewerkschaften stimmen aber trotzdem einer Regelung zu hinsichtlich der **Arbeit der Betriebsräte**, weil wir nicht sicher sind, daß es den Vorständen der Industriegewerkschaften und Gewerkschaften gelingt, zum Beispiel in neu gebildeten **Klein- und Mittelbetrieben** sofort starke gewerkschaftliche Grundorganisationen zu sichern. Hier muß und soll das Wohl der Belegschaften durch Interessenvertreter gesichert werden und für lange Überlegungen oder Streit und Variantendiskussionen bleibt kein Raum, kein Platz. Hier geht es um die Interessen der Werktätigen, und darum sind wir zu einem Kompromiß gekommen, der sich im Punkt 1 zeigt.

[Vorlage 12/24, Antrag SPD, VL, FDGB: Sicherung von Interessen der Arbeiter und Angestellten und zur Verwirklichung von Wirtschaftsdemokratie]

Der Runde Tisch möge beschließen:

1. Die Regierung möge folgende Gesetzesinitiative ergreifen:

In den Betrieben, in denen eine wirksame Interessenvertretung durch die Gewerkschaften nicht gegeben ist, [können] demokratisch gewählte Betriebsräte die gesetzlich festgelegten Rechte der betrieblichen Gewerkschaftsleitungen wahrnehmen. {Ich will hierzu ergänzen, daß hier ein rascher Zugriff auf Gesetzesänderungen noch möglich ist. Wir hatten ja vorgeschlagen und uns auch geeinigt, daß das Änderungsgesetz zum Arbeitsgesetzbuch hier eine Möglichkeit bietet, sofort eine gesetzliche Grundlage zu schaffen. Wir wollen auch nicht unerwähnt lassen, daß die letzten beiden Zeilen, daß sich die Betriebsräte mangels anderer gesetzlicher Regelungen auf die Rechte der Gewerkschaften stützen in ihrer Arbeit, natürlich für die Gewerkschaften ein sehr weitgehender Kompromiß ist. Wir hätten das anders formulieren wollen, aber mit Recht wurde darauf hingewiesen, daß es nicht nur um die Demokratierechte, sondern auch um die Schutzrechte jener Interessenvertreter geht, und wir wollen, daß auch die Betriebsräte, ihre Mitglieder, die gleichen Schutzrechte genießen, wie sie jetzt Gewerkschaftsfunktionäre haben, und darum ist es zu diesem Kompromiß gekommen.}

2. Der Runde Tisch unterstützt die Forderungen nach verfassungsrechtlicher Absicherung des Streikrechts und des Aussperrungsverbotes. {Das wäre gegeben, wenn der Runde Tisch mit dem Gewerkschaftsgesetz mitgeht. Hier haben wir schon einen Weg gefunden. Es war ja vor allen Dingen ein Vorschlag der Vereinigten Linken, eine solche gesetzliche Regelung einzubringen.}

3. Der Runde Tisch unterstützt die Wahrnehmung der Mitbestimmung in bezug auf die Eigentümerinteressen der Arbeiter und Angestellten in staatlichen Betrieben und Einrichtungen durch demokratisch gewählte Organe der Belegschaften. {Hier sind wir uns alle einig, daß das Eigentum in der nächsten Zeit in den Betrieben unterschiedlich sein wird, daß hier verschiedene demokratische Organe zu bilden sind und daß wir hiermit den Weg öffnen, die demokratische Mitbestimmung der Werktätigen auch in Richtung Eigentümerinteressen zu sichern.}

{Ähnliches geht vom Punkt 4 aus.} 4. Die Sicherung der Interessen der Arbeiter und Angestellten in allen größeren Betrieben und Einrichtungen erfordert zumindest die paritätische Mitbestimmung. {Also dort, wo Unternehmungen installiert werden, wollen wir zumindest die gleichberechtigte Mitbestimmung auch der Werktätigen sichern. Und hinter diesen Vorschlägen steht die SPD, die Vereinigten Linken und stehen die Gewerkschaften unseres Landes.}[46]

Ducke (Moderator): Danke, Herr Sahr, für die Erläuterungen dazu. Die Problematik ist uns ja noch aus dem Andiskutieren vom letzten Mal deutlich. Es ist ein Antrag an die Regierung, und ich frage noch einmal zurück. Das sollte auch eine **Gesetzesinitiative** jetzt noch in dieser Zeit sein?

Sahr (FDGB): Ja, zur **Änderung des Arbeitsgesetzbuches**.

Ducke (Moderator): Zur Änderung des Arbeitsgesetzbuches. Danke für die Information. Wünscht jemand das Wort? Ja, bitte, Herr Börner, PDS.

Börner (PDS): Wir unterstützen diesen Antrag voll, hätten eine Anfrage zu dem Punkt 4, um das eventuell auch noch deutlicher zu machen, worum es dabei geht. Die Frage, ob man die Bezeichnung „in allen größeren Betrieben und Einrichtungen" durch diese relativ unklare Bezeichnung „größere Betriebe und Einrichtungen" nicht weglassen könnte, „größere".

---

[46] Dieser Vortrag wurde schriftlich zu Protokoll des Zentralen Runden Tisches gegeben. Die in { } gesetzten Ausführungen wurden davon abweichend nur mündlich vorgetragen. In [ ] gesetzte Texte finden sich lediglich in der schriftlich zu Protokoll gegebenen Fassung.

Und um es auch deutlicher zu machen, daß es bei diesem Punkt 4 um **Betriebe und Einrichtungen aller Eigentumsformen** geht in Unterschied zu dem Punkt 3, also hier auch einzusetzen: „in allen Betrieben und Einrichtungen aller Eigentumsformen".

Und eine dritte Frage dazu: Da der Begriff „paritätische Mitbestimmung" in der Verwendung, also auch in der Bundesrepublik doch dadurch eigentlich auch dadurch vorbelastet ist, daß er auch in der Wirksamkeit der wirklichen Mitentscheidung ja auch nicht sich als ausreichend gezeigt hat, [würden] wir hier auch den Begriff „**Mitentscheidung durch die Gewerkschaften und Betriebsräte**" verwenden.

Ducke (Moderator): Das war eine konkrete Anfrage an die Einbringer, auch eine Veränderung des Textes. Wer spricht dafür?

Herr Klein, Sie haben sich gemeldet, Vereinigte Linke. Bitte.

Klein (VL): Ja, die Anfrage reflektiert einen Teil auch der Probleme unserer Gespräche zu dritt. Wir gehen da voll mit. In bezug auf den Punkt 3: Hier ist natürlich, da die Rede ist von demokratisch gewählten Organen der Belegschaft, hier sind natürlich eindeutig **Eigentümerfunktionen** gemeint. Wir unsererseits sagen dazu natürlich Betriebsräte. Andere nennen das anders. Also wird in diesem Antrag diese Bezeichnung als Kompromiß gewählt.

Im vierten Punkt ist vollkommen klar, daß die unscharfe Formulierung „in allen größeren Betrieben" von uns – – darauf wird von uns kein Wert gelegt. Wir würden das durchaus streichen können.

Und „**paritätische Mitbestimmung**", da ist natürlich zu bedenken, daß hier tatsächlich von Unternehmen aller Eigentumsformen die Rede ist, wo mindestens paritätische Mitbestimmung gefordert wird. Ich vermute, daß das so stehenbleiben muß, wenn ich mich hier einmal umsehe bei meinem Nachbarn von der SPD.

Ducke (Moderator): Also „paritätisch" muß stehenbleiben. Und die „größeren Betriebe", die können Sie streichen. Na gut, ja?

Klein (VL): Einverstanden, ja.

Ducke (Moderator): Sie nicken sich zu. Gut. Also einen Teil Ihres Antrages haben Sie schon durch. Wollen Sie abstimmen darüber paritätisch, oder genügt Ihnen die jetzt gegebene Antwort? – Genügt Ihnen. Danke.

Es hat sich gemeldet Frau Brandenburg, Neues Forum. Bitte.

Frau Brandenburg (NF): Ja, ich habe zu diesem Antrag eine andere Meinung. Ich bin der Meinung, daß erst einmal klargestellt werden muß, was eigentlich unter **Gewerkschaften** und was unter **Betriebsräten** zu verstehen ist. Und daß man hier nicht beides als entweder oder, wie das im ersten Punkt hier aufgeführt ist, behandeln kann. Und daß man keinen Antrag stellen kann zur Ergreifung einer Gesetzesinitiative, wenn derartige Begriffe nicht klar sind. Denn das ist eine weitreichende Angelegenheit, die unsere ganzen Werktätigen **in allen Betrieben,** ob Klein-, Mittel- oder Großbetriebe betrifft, und die Aufgaben der Gewerkschaften und der Betriebsräte müssen ganz klar formuliert sein. Wenn in irgendeiner Form Tarifauseinandersetzungen, Arbeits- und Lebensbestimmungen etc. zur Debatte stehen, dann kann es nicht darum gehen, daß man entweder oder paritätisch oder nicht paritätisch – – Ich würde das zurückweisen das ganze Paket zu einer gründlichen Behandlung.

Ducke (Moderator): Das war ein konkreter Antrag. Wir lassen dazu noch ein wenig die Diskussion laufen.

Herr Klein Sie sind konkret angefragt. Und Herr Matschie.

Klein (VL): Also hier muß man ganz klar und deutlich sagen, es ist eben gerade nicht von entweder oder die Rede, und das zeigt sich auch aus diesem Text. Dieser Text geht davon aus, daß es Gewerkschaften gibt, in welchem Zustand auch immer sie sich im Moment befinden, und, das möchte ich genauso deutlich sagen, daß es Betriebsräte gibt. Und für diese Betriebsräte gibt es in der Tat noch keine klaren rechtlichen Regelungen. Aber allein die Tatsache, daß es sie gibt, und übrigens auch die Tatsache, daß sie sich nicht mit irgend etwas beschäftigen, sondern wirklich mit der Verwaltung von Angelegenheiten im Bereich der Betriebe, zu denen offensichtlich in vielen Betrieben großer Handlungsbedarf besteht – –

Und es ist auch eine Tatsache, daß diese Betriebsräte in vielen Fällen, das ist nun unser Standpunkt, Aufgaben notgedrungen übernommen haben, die ansonsten Gewerkschaften zu erledigen haben, ganz einfach, weil der Zustand der Gewerkschaften das in einigen Betrieben erforderlich gemacht hat. Und daß wir natürlich sehen, daß die Möglichkeiten, die Werktätige im Zusammenhang mit der **demokratischen Wahl ihrer Interessenvertretung** in Form von Betriebsräten, was hier an Möglichkeiten sich ergibt, hier durchaus und auch im Sinne einer solchen Gesetzesinitiative gesichert werden sollten. Also wenn wir hier hinter der Realität zurück. – –

Ducke (Moderator): – Entweder oder, aber im konkreten Betrieb doch entweder oder, wie es hier formuliert ist.

Klein (VL): Also noch einmal, es geht hier tatsächlich nicht darum, daß entweder Gewerkschaften – –

Ducke (Moderator): Gibt es Betriebsräte auch dort, wo es eine Gewerkschaftsleitung im Betrieb gibt?

Klein (VL): Das ist unsere Auffassung, und dieser Punkt wird aber im Punkt 1 nicht angesprochen. Der Punkt 1 spricht nur eine spezielle Frage an.

Ducke (Moderator): Deshalb habe ich noch einmal nachgeschoben.

Frau Brandenburg, ist das damit klar?

Frau Brandenburg (NF): Nein. Der Text lautet: „In den Betrieben, in denen eine wirksame Interessenvertretung durch die Gewerkschaften nicht gegeben ist, können demokratische gewählte Betriebsräte" etc. Wenn das eine nicht da ist, kann das andere. Es muß beides in den Betrieben sein. Es muß eine wirksame **Industriegewerkschaft** vertreten sein und ein **Betriebsrat.**

Ducke (Moderator): Danke. Das war noch einmal zur Klärung. Herr Matschie hat schon klärende Worte bereit, dann Herr Templin.

Herr Matschie.

Matschie (SPD): Ja. Ich muß noch einmal dazu sagen, daß es hier natürlich um eine **Übergangsregelung** geht, die der Situation Rechnung tragen soll. Natürlich muß es in Zukunft so sein, daß es in Betrieben sowohl **funktionierende Betriebsräte als auch funktionierende Gewerkschaften** geben muß. Wir stehen aber vor der Situation, daß es in einigen Betrieben keine funktionierenden Gewerkschaften gibt. Und wir stehen gleichzeitig vor der Situation, daß im Bereich der Industrie schon eine ganze Menge Verhandlungen im Gange sind, in die die Werktätigen in keiner Weise eingreifen können dort, wo keine funktionierenden Gewerkschaften vorhanden sind. Ich denke, daß, um die Rechte unserer Werktätigen an dieser Stelle zu sichern, dieser Antrag nicht wieder zurückverwiesen werden sollte, sondern jetzt hier abgestimmt wird.

Ducke (Moderator): Noch einmal, Sie gehen von einem Faktum aus, daß es Betriebsräte gibt. Und hier ist nur eine Regelung für das Verhältnis von – – Ich habe Frau Brandenburg so verstanden, daß sie das Faktum der Betriebsräte zunächst einmal anfragt, nicht? Ob es das gibt?

Herr Templin, bitte, Initiative Frieden [und] Menschenrechte.

Templin (IFM): Also mein Eindruck ist, daß die Schwierigkeiten, einen Kompromiß zwischen den unterzeichneten Seiten zu finden, dazu geführt haben, daß wirklich extrem mißverständlich formuliert wurde, und zwar so sehr, daß ich mich dem Votum von Frau Brandenburg anschließen würde. Ich denke, man müßte jetzt ein Verfahren überlegen, daß man ohne lange Zeitverzögerung hier aber doch zu einer Klarheit gelangt, die ein Votum ermöglicht. Ich denke nicht, daß es hier möglich ist, weil das nicht nur zwischen Begriffen, sondern zwischen Sachinhalten hier sehr undeutlich ist.

Ducke (Moderator): Ja, Herr Sahr, FDGB, bitte.

Sahr (FDGB): Vielleicht darf ich zur Erklärung noch einmal beitragen. Im gegenwärtigen Gesetzgebungsplan ist nur noch ein **Änderungsgesetz zum Arbeitsgesetzbuch** enthalten. Wenn wir uns für die Interessen der Belegschaften einsetzen wollen, dann müßte ein solcher Weg gefunden werden, daß im Änderungsgesetz, das demnächst behandelt wird, ein solcher Paragraph eingebaut wird. Wenn wir andere rechtliche Regelungen umfassender machen wollen, dann ist das nur nach dem 18. März möglich, und das wird so sein. Es gilt jetzt, sofort zu helfen und dort Interessen zu vertreten, wie hier gesagt wurde, wo die Gewerkschaften im Moment nicht stark genug sind, die Gesamtbelegschaften zu vertreten.

Ducke (Moderator): Das war ein Votum für diesen Antrag. Es steht noch der andere Antrag Zurückverweisung. Ich mache aufmerksam – –

Bitte, Herr Klein noch. Wir lassen dann abstimmen.

Klein (VL): Ich möchte an Herrn Templin und Frau Brandenburg noch einmal die Bitte richten, genau zu sagen, wo die mißverständliche Formulierung liegt. Es mag ja sein, daß sie sich verbessern läßt, ohne daß an der Sache selbst vorbeigegangen wird.

Ducke (Moderator): Danke. Das war eine konkrete Anfrage. Frau Brandenburg, Neues Forum, können Sie dazu Stellung nehmen?

Frau Brandenburg (NF): Ja, ich würde jetzt einmal einfach so aus dem Hut sagen, daß man prinzipiell festlegen möchte, daß in allen Betrieben die Vertretung der Werktätigen durch gewählte Betriebsräte und Gewerkschaften gegeben sein muß.

Ducke (Moderator): Danke, Frau Brandenburg. Ich frage konkret die Gewerkschaften, ob so etwas geht.

Frau Schießl.

Frau Schießl (FDGB): Ich würde dann vielleicht einmal die Gelegenheit nehmen, etwas zum Unterschied von **BGL-Arbeit** [Betriebsgewerkschaftsleitung-Arbeit] und **Betriebsratsarbeit** zu sagen und als erstes damit beginnen, daß man ganz aufmerksam beobachten muß: **Betriebsräte in der BRD** gibt es ja deshalb mit diesen ausgestatteten Rechten, weil die Rechte der Gewerkschaften im Betrieb dort nicht gegeben sind. Und wir hätten, und auch das ist so ein Anliegen, was sozusagen DGB und FDGB hier verbindet, wir hätten die einmalige Gelegenheit oder einmalige Möglichkeit, jetzt mit dieser Variante, die wir hier anbieten, sozusagen ein Wirkungsfeld für beide zu schaffen und damit Rechte zu ermöglichen, die dort bisher auch nicht gegeben waren.

Ducke (Moderator). Ja. Das war, glaube ich, ein klares Wort, was den Antrag verständlich macht.

Dazu jetzt noch einmal Neues Forum, Herr Schulz.

Schulz (NF): Aber um das noch einmal deutlich zu machen: Das muß dann wirklich eindeutig formuliert werden. Ich weiß nicht, ob Sie das jetzt nicht verstanden haben. Sie machen die Betriebsräte zu einer zeitlichen Erscheinung mit dieser Formulierung, und sobald eine wirksame Interessenvertretung der Gewerkschaft gegeben ist, schließen Sie die Betriebsräte mit dieser Formulierung wieder aus. Und im übrigen kann man das auch nicht im Konjunktiv ausdrücken, daß die das können, sondern die haben dann diese Interessenvertretung wahrzunehmen. Das muß zwingend und verbindlich formuliert sein. Es geht hier um die Formulierung. Wir sind uns ja in der Sache, glaube ich, einig. Wir wollen Ihnen da helfen. Ich glaube, wir sollten jetzt nicht mehr in der Sache diskutieren, sondern eine zwingende Formulierung hier auf den Tisch legen.

Ducke (Moderator): Also Herr Klein formuliert, dann Herr Börner, PDS, und Herr Templin.

Herr Klein, Vereinigte Linke.

Klein (VL): Ich habe den Vorschlag von Frau Brandenburg so verstanden, daß sie die Voraussetzung für das in Punkt 1 zu Erfassende darin sieht, daß in Betrieben, auf die das zutreffen soll, Gewerkschaften und Betriebsräte funktionieren sollen. Tatsächlich trifft der Punkt 1 die Situation, daß es in Betrieben zwar solche Betriebsräte gibt, aber keine funktionierenden Gewerkschaften. Hier liegt vielleicht das Mißverständnis.

Ducke (Moderator). Ja, danke.

Herr Börner, PDS, bitte.

Börner (PDS): Wir sind zwar grundsätzlich auch der Auffassung, daß sich Gewerkschaften und Betriebsräte nicht gegeneinander ausschließen müssen, könnten also so einer Formulierung eigentlich zustimmen. Aber wir sind der Auffassung, daß eine schnelle Regelung wirklich notwendig ist und deshalb dieser Kompromißvorschlag, der von den Einreichern hier eingebracht wurde, einfach die schnelle Regelung ermöglicht. Und deshalb würden wir diese Formulierung der Einreicher jetzt unterstützen, im Interesse der Sache [um] eine schnelle Regelung zu finden.

Ducke (Moderator): Ja, Herr Templin, Initiative Frieden [und] Menschenrechte.

Templin (IFM): Meine Frage ist, ob es nicht möglich ist, durch die Vorschaltung eines generellen Artikels diesen Spezialfall hier mindestens in dem, worauf er sich eigentlich hinbewegen soll, deutlich zu machen, nämlich daß das Anzustrebende sein muß, in Betrieben von **Kompetenzen** und Interessenschwerpunkten her klar **abgegrenzte Verhältnisse** zwischen Gewerkschaften und Betriebsräten anzustreben. Und solange das nicht gewährleistet ist – – aber perspektivisch wird das angestrebt, und zwar gleichgewichtig und nicht nach dem **westdeutschen Betriebsrätemodell** zwingend ausgelegt, sondern nach den eigenen Voraussetzungen, und solange das nicht erreicht ist, ist als Übergang das hier Vorgeschlagene natürlich mit zu unterstützen, aber eben als Notbehelf. Daß das aber hier nicht einen Charakter bekommt, den es als temporären haben kann, aber für die Zukunft eigentlich nicht, das müßte möglich sein.

Ducke (Moderator): Ich suche nur die ganze Zeit jemanden, der uns das so klar vorschlägt, daß wir abstimmen können darüber.
Herr Klein, bitte.

Klein (VL): Um Herrn Schulz entgegenzukommen in bezug auf seine Probleme mit dem Wort „können", schlage ich vor, daß wir hier einsetzen „sollen" oder „haben". Ich habe vorgeschlagen: „sollen demokratisch gewählt ...".

Ducke (Moderator): Nein, das wäre dasselbe wie „können". Also das ist – –

Klein (VL): – Nein, das ist der Imperativ.

Ducke (Moderator): Also, Herr Schulz, Sie könnten das auch nicht sagen – –

Schulz (NF): – Nein, auf „haben" bestehe ich.

Ducke (Moderator): „... Haben" besteht er. „In Betrieben, in denen ..." und so weiter „... nicht gegeben ist, haben demokratisch gewählte Betriebsräte ...". Sie wären damit auch einverstanden? – Danke. Ihr Vorschlag ist schon durch.
– Ja.
Es steht der Antrag, das noch einmal in den Ausschuß zurückzuverweisen. Wir haben gehört, wie dringlich das ist, um das Anliegen zu unterstützen. Wir sind uns der Formulierungsproblematik klar. Ich glaube kaum, daß jemand jetzt hier so schnell formulieren kann, aber ich muß über die Anträge abstimmen [lassen].
Herr Ziegler, noch einen Vorschlag?

Ziegler (Co-Moderator): Ich möchte bloß fragen, in welchen Ausschuß denn nun noch einmal die drei – – Das hat doch keinen Zweck. Da müssen wir sie jetzt – –

Ducke (Moderator): – Das wollte ich noch fragen.
Bitte, Herr Schulz.

Schulz (NF): Ich mache jetzt den Vorschlag, Herrn Templins Anregung aufgreifend, wir schieben einen Satz davor: „In Betrieben hat die Interessenvertretung der Werktätigen durch Gewerkschaft und Betriebsräte zu erfolgen ...," und dann kommt der Spezialfall, mit dem wir es jetzt zu tun haben.

Ducke (Moderator): Ich mache jetzt folgenden Vorschlag. Weil dieser Vorschlag, der vorhin schon einmal geäußert wurde, doch auf seiten des FDGB Bedenken hervorgerufen hat, weil da grundsätzliche Sachen angesprochen sind, muß das richtig vorliegen. Fast wäre ich zu sagen geneigt, wir unterbrechen jetzt hier die Debatte. Sie führt uns gar nicht weiter. Wir drehen uns auf der Stelle, bis nicht ein konkreter Vorschlag vorliegt. Sehe ich das richtig?
Oder, Herr Matschie, Erleuchtung?

Matschie (SPD): Ich hätte den Vorschlag, einen Satz dahinterzustellen, der die Gültigkeit einschränkt bis zur **Schaffung eines Betriebsverfassungsgesetzes** oder anderer entsprechender rechtlicher Regelungen. Das könnte also so lauten: „Dies gilt bis zur Schaffung eines Betriebsverfassungsgesetzes oder anderer entsprechender Regelungen."

Ducke (Moderator): FDGB nickt schon. Können die anderen das schon erfassen?
Herr Templin.

Templin (IFM): Wenn dieser Satz dergestalt erweitert wird, in dem oder beziehungsweise „... in denen die jeweiligen Rechte und Kompetenzen von Gewerkschaften und Betriebsräten klar voneinander abgegrenzt sind ..." als Erweiterung des vorgeschlagenen Satzes.

Ducke (Moderator): Könnten Sie sich, Herr Matschie, weil Sie das vorgeschlagen haben, auch damit einverstanden erklären?

Matschie (SPD): Ich denke, diese Ergänzung ist kein Problem, aber das ist sowieso Anliegen eines solchen Gesetzes.

Ducke (Moderator): Danke.
Herr Klein, bitte, Vereinigte Linke.

Klein (VL): Ich bin natürlich sehr daran interessiert, im Zusammenhang mit dieser Problematik auch die Vorschläge in bezug auf so ein Betriebsverfassungsgesetz zu hören. In der Sache aber nähern sich die Vorschläge, die jetzt hier kommen, eigentlich der Vorlage an, der **Vorlage 11/21**[47], die ja unter anderem diese **Befugnisse von Betriebsräten** aus unserer Sicht regelt. Das war nun aber hier nicht konsensfähig, insbesondere mit den Gewerkschaften nicht, und uns lag gerade daran, einen gemeinsamen Vorschlag zu erarbeiten, insbesondere auch mit dem FDGB. Es ist ja bekannt, wo die Probleme liegen. Und das, was hier auf dem Tisch liegt, das ist substantiell, wenn auch ein Kompromiß, und ich meine der Situation angemessen.

Ducke (Moderator): Also noch einmal. Wir haben das nun schon öfters gehört, aber es kam eben ein Vorschlag, der offensichtlich konsensfähig werden könnte, daß man den Vorbehalt einbaut bezüglich Betriebsverfassungsgesetz, zeitlich also damit eine Kondition schafft. Ja, damit könnten wir uns wohl einverstanden erklären. Wer könnte denn jetzt noch einmal formulieren?
Herr Matschie, können Sie es noch einmal sagen mit der Ergänzung, die eben gekommen ist? Dann lassen wir darüber abstimmen, würde ich vorschlagen.

Matschie (SPD): Dann würde unter 1. der letzte Satz heißen: „Dies gilt bis zur Schaffung eines Betriebsverfassungsgesetzes oder anderer entsprechender rechtlichen Regelungen."

Ducke (Moderator): Sind die Meinungen so, daß wir sagen können: Das entspricht den in der Diskussion geäußerten Problemen? – Einige nicken schon. Also danke. Ich sehe, das könnte Konsens finden. Lassen wir darüber abstimmen? Oder zunächst schlicht meine Frage: Wenn die Antragsteller

---

[47] Dokument 11/35, Anlagenband.

einverstanden sind, daß das so ergänzt werden kann, brauchen wir nicht extra dafür abstimmen? – Die Antragsteller sind damit einverstanden. Ihren Antrag würden Sie dann zurückziehen. Dann steht der Antrag in der veränderten Form unter Punkt 1, nämlich mit der Ergänzung: „Dies gilt bis zur Schaffung eines Betriebsverfassungsgesetzes" oder ähnlichem, klar.

Jetzt kommt noch eine Rückfrage von der Presse.

Presse: Ist das Wort „größeren" nun endgültig gestrichen oder nicht?

Lange (Co-Moderator): Ja, es ist schon passiert.

Presse: Ja, weil es nicht abgestimmt worden ist.

Ducke (Moderator): Der Antragsteller hatte das so angenommen. War das dann alles klar? – Gut.

Es steht die **Vorlage 12/24**. Wir haben darüber ausführlich diskutiert. Die Bedenken sind klar. Die Inhalte sind uns bewußt. Wir lassen abstimmen.

Oh, noch eine Rückfrage. CDU. Aber jetzt muß ich wieder fragen – –

Göpfert (CDU): – Mein Name ist Göpfert [???]. Wir haben über Punkt 1 und Punkt 4 des Antrages diskutiert. Wir halten als CDU den Punkt 2 für sehr bedenklich, weil er an die Diskussion der Vorrunde anschließt. Eine Gesetzesinitiative zur **verfassungsrechtlichen Absicherung** des Streikrechts und des Aussperrungsverbotes ist ja eben wieder in den neuen Verfassungsausschuß zurückverwiesen worden, so daß wir in dieser Form dem Antrag nicht zustimmen können.

Ducke (Moderator): So. Frau Röth. Dann Herr Templin.

Frau Röth, Unabhängiger Frauenverband.

Frau Röth (UFV): Wir haben das nicht an den Verfassungsausschuß zurückdelegiert, weil wir gegen ein Streikrecht sind beziehungsweise gegen ein Aussperrungsverbot, sondern wir haben es deshalb zurückverwiesen, damit es sauber juristisch formuliert wird. Und wir wollen hier noch einmal unterstützen, daß die Gewerkschaft ein **Streikrecht** haben muß, das verfassungsrechtlich verankert wird, und sogleich ein **Aussperrungsverbot**, das ebenfalls verfassungsrechtlich verankert wird. Und wir unterstützen diesen Antrag noch einmal in der Gewerkschaft. Das ist die Frage des „Wie", und das muß juristisch sauber formuliert sein. Aber das Recht der Gewerkschaft muß hier festgeschrieben werden.

Ducke (Moderator): Also klar ist, daß das bleibt. Aber das „Wie" sollte geklärt werden.

Herr Templin noch dazu, bitte. Dann Herr Schulz, Neues Forum.

Templin (IFM): Nach dem mir vorliegenden Diskussionsstand in der Arbeitsgruppe „Verfassung" ist die Forderung nach **verfassungsrechtlicher Absicherung des Streikrechts** und eines Aussperrungsverbots eigentlich unumstritten, das heißt also, [sie] wird von einer Mehrheit getragen. Die wichtigen Diskussionen werden darüber [sein], wieweit also die legislativen Funktionen von Gewerkschaften, also Gesetzesinitiativen und andere Punkte noch zu formulieren wären, aber nachdem, was ich zu den Diskussionen der Gruppe sagen kann, ist diese verfassungsrechtliche Sicherung und dieser Schutz eigentlich vorgesehen.

Ducke (Moderator): Das war noch ein Gewicht auf die Abstimmungswaagschalen.

Herr Schulz, Neues Forum, noch ein Gewicht?

Schulz (NF): Ich kann mich ganz kurz fassen zur Beruhigung der CDU. Wir haben den Punkt 2 bereits realisiert.

Ducke (Moderator): Jetzt merken Sie, dies erstaunte. Können Sie es doch noch länger sagen?

Schulz (NF): Ja, wir haben diesen Antrag bereits unterstützt, indem wir ihn in die Verfassungsgruppe gegeben haben. Das ist eine Unterstützung des Runden Tisches in dieser Sache.

Ducke (Moderator): Frau Röth macht uns schon darauf aufmerksam, daß das nicht die Debatte war. Danke. Weitere Wortmeldungen? – Dies ist nicht der Fall. Dann steht der Antrag zur Abstimmung. Die **Vorlage 12/24** oder – ich sah von der CDU keinen eigenen Antrag zu Punkt 2 – die ganze **Vorlage 12/24, Antrag an den Runden Tisch zur Sicherung von Interessen der Arbeiter und Angestellten und zur Verwirklichung von Wirtschaftsdemokratie**, steht zur Abstimmung.

Wer für diesen Antrag ist, den bitte ich um das Handzeichen. – Dies ist die Mehrheit. Gegenstimmen? – 1 Stimme dagegen. Stimmenthaltungen? – 1 Stimmenthaltung. Danke. Damit ist der Antrag angenommen. Ja, und wenn ich das richtig sehe, hätten wir damit den Tagesordnungspunkt 6 auch zu Ende gebracht.

Und wir kommen zum **Tagesordnungspunkt 7, Einzelanträge**, wenn wir nicht beschließen, daß wir die Sitzung beenden. Das könnten wir ja auch einmal zur Abstimmung stellen. Aber ich merke schon, Sie freuen sich, daß es weitergeht. – Nein, nein, ich weiß, Sie haben vollkommen Recht. Wir rufen auf den **Tagesordnungspunkt 7, Einzelanträge**. Welcher Kollege übernimmt denn? – Ja, Herr Lange übernimmt die Leitung. Hier liegt eine Wortmeldung vor. Herr Weißhuhn, wozu? Wozu? – Insgesamt. Na, dann warten Sie einmal.

TOP 10: Nationalparkprogramm

Lange (Moderator): Worum soll es gehen? Wir sind jetzt bei 7.1, **Nationalparks**. Wollten Sie dazu schon sprechen? Wollten Sie dazu schon sprechen zu diesem Punkt? Es ist die **Vorlage 11/16**, die uns schon am vergangenen Montag ausgehändigt worden ist, und es kommt dazu, nachdem, wie wir heute vormittag festgelegt haben, die **Vorlage 12/32**. Wer spricht zu dieser **Vorlage [11/16, Antrag SPD:] Nationalparkprogramm als Baustein für ein geeintes Deutschland und Europa**[48]?

Herr Matschie? Bitte. Es ist die Beschlußvorlage, die von der SPD eingebracht wird.

Matschie (SPD): Ich weiß nicht, ob ich diese Beschlußvorlage, die sehr umfangreich ist, hier noch einmal vorstellen soll. Sie liegt eigentlich seit dem letzten Montag vor und dürfte jetzt allen bekannt sein, so daß ich denke, wir können sofort in die Diskussion einsteigen, wenn das an den Punkten, wo das gewünscht ist – – und die Sache dann zur Abstimmung bringen, dann sparen wir hier Zeit.

Lange (Moderator): Danke. Darf ich zunächst fragen, ob jeder diese Beschlußvorlage in der Hand hat, damit wir wis-

---

[48] Dokument 12/18, Anlagenband.

sen, worüber jetzt gesprochen wird. Es ist eine umfangreiche **Information** angefügt zu der eigentlichen Vorlage. Und ich denke, wichtig ist, was auf Seite 2 für den Runden Tisch jetzt zu entscheiden ist, nämlich diese beiden Punkte, das in der Anlage vorgestellte **Nationalparkprogramm** zu realisieren und zweitens die Bitte an die Regierung zu richten, die dafür **notwendigen Mittel** kurzfristig, und dieses ist unterstrichen, zur Verfügung zu stellen. Wer wünscht das Wort zu diesem Punkt?

Ich sehe keine Wortmeldungen. Darf ich davon ausgehen, daß Sie sich mit der Materie so vertraut gemacht haben und die Vorlage so einsichtig ist, daß wir jetzt nicht darüber diskutieren müssen?

Dann bitte ich, daß wir darüber zur Abstimmung kommen, die zwei Punkte, die ich eben genannt habe: Der Runde Tisch möge beschließen, das in der Anlage vorgestellte Nationalparkprogramm muß realisiert werden. Und zweitens die Regierung zu bitten, kurzfristig die notwendigen Mittel dafür zur Verfügung zu stellen. Sind Sie bereit zur Abstimmung? Es erhebt sich kein Widerspruch. Wer diese beiden Punkte annimmt, den bitte ich um das Handzeichen. – Ja, jetzt kommen doch einige. – Gegenstimmen? – Stimmenthaltungen? – 5 Enthaltungen zu dieser **Vorlage 11/16**. Ich rufe auf **Vorlage 12/32 [Antrag GP: Nationalpark Sächsische Schweiz]**.

Geschäftsordnung. Herr Templin.

Templin (IFM): Wir hatten heute vormittag nach der Festlegung der Tagesordnung noch einen Dringlichkeitsantrag eingebracht, der sicher keiner langen Diskussion bedarf. Es geht um einen **Aufruf des jüdischen Kulturvereins zur Aufnahme sowjetischer Juden**. Und ich würde sehr darum bitten, schon auf Grund der Dringlichkeit und des Charakters dieses Antrages, ihn heute noch mit hereinzunehmen.

Ducke (Co-Moderator): Nur zur Erläuterung, das ist die **Vorlage 12/33 [Antrag IFM zum Aufruf zur Aufnahme sowjetischer Juden in der DDR]**, die Ihnen schon auf den Tisch gelegt wurde, damit Sie wissen, worum es geht.

Lange (Moderator): Ja, ich möchte dies aber jetzt zunächst zurückstellen, damit wir beim Thema bleiben. Wir haben dies als eine Ankündigung. Es geht zunächst um **[Vorlage] 12/32, Nationalparks Sächsische Schweiz**. Die **Grüne Partei** hat hier eine Vorlage [eingebracht]. Sehe ich das richtig? Dann darf ich bitten, daß Sie die erläutern. Oder gibt es keine weiteren Hinweise zu diesem Antrag?

Jordan (GP): Ich möchte diesen Antrag hier verlesen.

Lange (Moderator): **[Vorlage] 12/32. Nationalpark Sächsische Schweiz**.

Jordan (GP):

[Vorlage 12/32, Antrag GP:] Nationalpark Sächsische Schweiz

Beschlußantrag.

Neben den Natur- und Landschaftsschutzgebieten müssen endlich auch bei uns Nationalparks geschaffen werden. Die in landeskultureller, ökologischer und ästhetischer Hinsicht in Europa einmalige Landschaft der Sächsischen Schweiz ist für diese Schutzkategorie geeignet.

Das an der Grenze des Naturschutzgebietes „Großer Winterberg-Zschand" gelegene Stasiobjekt „Zeughaus" sollte als Lehrstätte für Naturschutz, zur Verwaltung des Nationalparks und durch den Bergunfalldienst genutzt werden.

Wie wir erfuhren, wurden jedoch bereits vollendete Tatsachen geschaffen und das zuständige Naturschutzorgan des Bezirkes Dresden beziehungsweise die Interessenvertreter der Bevölkerung übergangen, als über die zukünftige Nutzung des Stasiobjekts entschieden wurde.

Wir fordern, diese überhastet zustandegekommene Festlegung rückgängig zu machen und über das „Zeughaus" erst im Rahmen einer mit zuständigen Fachleuten abgestimmten Gestaltungskonzeption für die Sächsische Schweiz zu entscheiden.

Lange (Moderator): Herr Matschie meldet sich dazu, SPD.

Matschie (SPD): Ich möchte dieser Vorlage zustimmen [und] möchte darauf hinweisen, daß wir eben in der Abstimmung über die andere Vorlage über das Nationalparkprogramm bereits beschlossen haben, daß die **Sächsische Schweiz Nationalpark** wird, denn sie ist in diesem Programm mit einbezogen. Und ansonsten unterstütze ich diesen Antrag hier.

Lange (Moderator): Danke.
Bitte schön, LDP.

Wolf (LDP): Bevor wir zustimmen, würde ich doch um Aufschluß bitten, um welche vollendeten Tatsachen es sich dabei handelt.

Lange (Moderator): Kann die Grüne Partei darauf noch einmal reagieren, bitte?

Jordan (GP): Bei der Vergabe dieses Objektes sind die **Naturschützer im Bezirk Dresden** nicht berücksichtigt worden. Sie hatten, wie mir erklärt wurde, dort Interesse angemeldet, und dieses Interesse ist nicht realisiert worden. Das liegt unmittelbar im Naturschutzgebiet.

Lange (Moderator): Ja, bitte.

Wolf (LDP): Dann muß ich noch einmal präzisieren. Mir geht es darum zu wissen: Ist dieses Objekt bereits vergeben? Deshalb frage ich. [Es ging um] vollendete Tatsachen. Ist das Objekt beispielsweise eine Kureinrichtung oder – –

Jordan (GP): – Darüber kann ich keine weiteren Angaben machen.

Lange (Moderator): Ja, das erschwert jetzt die Entscheidungsfindung ein wenig, wenn diese Auskünfte nicht ausreichen. Ich sehe es, daß Sie damit noch nicht einverstanden sein können.
Was schlagen Sie vor, Herr Matschie?

Matschie (SPD): Es ist ja nicht ausgeschlossen, daß diese jetzt getroffene Entscheidung bestätigt wird in diesem Antrag. Es soll aber nach diesem Antrag noch einmal überprüft werden, ob nicht hier das Interesse des Naturschutzes an die erste Stelle gesetzt werden muß bei der Vergabe des Objektes.

Lange (Moderator): Und an welchen Adressaten ist das gerichtet? Ich denke, das sollte man auch noch einmal klar benennen. Wer soll hier überprüfen?

Jordan (GP): Der Rat des Bezirkes beziehungsweise die für Nationalparks übergeordnete Institution.

Lange (Moderator): Herr Ducke.

Ducke (Co-Moderator): Ich möchte darauf hinweisen, daß Herr Matschie uns schon daran erinnert hat, daß die **Sächsische Schweiz als Nationalpark** schon beschlossen ist und die Details, die jetzt gefragt sind, sich als so schwierig erweisen. Ich bitte doch die Grüne Partei, diese Details zurückzuziehen. Das kann doch nicht Aufgabe des Runden Tisches sein, ungeklärte Vermutungen hier zu beschließen. Die Sache Nationalpark ist beschlossen. Alles andere kann gar nicht beschlossen werden, wenn wir nicht einmal wissen, an wen und mit welchem Inhalt.

Lange (Modertor): Sind Sie damit einverstanden?

Jordan (GP): Ja, wir nehmen es dann zurück und behandeln es noch einmal **im Ausschuß für „Ökologischen Umbau"**.

TOP 11: Abbau von Subventionen bei Kinderbekleidung

Lange (Moderator): Vielen Dank. Es ist eben doch wieder deutlich, daß den freundlichen Empfehlungen von Herrn Ducke kaum jemand widerstehen kann. Abgeschlossen oder gibt es weitere – – Nein.

Dann kommen wir jetzt zu [Tagesordnungspunkt] 7.2., und zwar haben wir auch hier eine Vorlage, die letzten Montag zurückgestellt werden mußte. **Vorlage 11/26[b] [Antrag VL zum Abbau der Subventionen bei Kinderbekleidung und -schuhen[49]]**. Lassen Sie sich nicht irritieren von der Zahl 26. Sie ist noch einmal uns in die Hand gegeben worden, und dazu gehört **[Vorlage] 12/14 [Antrag AG „Sozialwesen": Festlegung differenzierter Ausgleichsbeträge bei Kinderbekleidung und -schuhen[50]]**, einzubringen von der Vereinigten Linken.

Frau Braband (VL): Darf ich einmal nachfragen, was die **Vorlage 12/14** ist?

Lange (Moderator): Die ist eben ausgeteilt worden. Arbeitsgruppe „Sozialwesen". Sie sind jetzt zuständig für die **Subventionen von Kinderbekleidung**. Also hier steht „**Kinderbekleidung und Kinderschuhen**„. Ja, beides.

Das Wort hat Frau Braband.

Frau Braband (VL): Nach mehreren Anläufen passiert es endlich. Wir wollen, daß im Zusammenhang mit dem Abbau der Subventionen bei Kinderbekleidung und -schuhen der entsprechende Regierungsbeschluß noch einmal grundsätzlich überprüft wird. Die Begründung lautet:

---

[49] Es handelt sich hierbei um Vorlage 11/26b. Irrtümlicherweise wurde die Vorlage 11/26 zweimal, jedoch zu unterschiedlichen Anträgen, erstellt. Daher wurde die Vorlage 11/26 vom Herausgeber mit dem zusätzlichen Buchstaben a und b versehen. Diese Vorlage ist als Dokument 11/36 im Anlagenband wiedergegeben

[50] Dokument 12/19, Anlagenband.

[Vorlage 11/26b, Antrag VL: Zum Abbau der Subventionen bei Kinderbekleidung und -schuhen]

Die absoluten Mehrausgaben für Kinderbekleidung und Schuhe sind nachweislich nicht durch die Zuschüsse von monatlich 45,... bis 65,... Mark abzudecken. Einem Mehraufwand von cirka eintausend Mark jährlich pro Kind in jeder Altersklasse, {und dazu gibt es also eine Information, die wir darangehängt haben, das werden Sie auf Ihrem Tisch haben} steht ein Zuschuß von 540,... Mark beziehungsweise 780,... Mark gegenüber. Damit ist klar, daß trotz Einhaltung der von Frau Ministerin Luft gemachten Zusage, daß die Gesamtsumme der Subventionen, das waren 2,05 Milliarden Mark, auf die Zuschüsse von insgesamt 2,1 Milliarden Mark umgelegt werden, insbesondere für die sozial schwächeren Schichten der Bevölkerung erhebliche finanzielle Mehrbelastungen entstehen. Zudem hat sich die von der Regierung zugrunde gelegte Staffelung nach Altersgruppen, das ist in zwei Altersgruppen gestaffelt gewesen, oder es ist in zwei Altersgruppen gestaffelt, in der Praxis der Preisgestaltung als zu undifferenziert und damit ebenfalls als sozial unausgewogen erwiesen. Der Runde Tisch schlägt der Regierung deshalb vor:

1. Es sollte eine differenzierte Staffelung der Zuschüsse nach folgenden Altersgruppen erfolgen, und hier ist also ein Vorschlag, die Altersgruppen in kleinere Etappen einzuteilen, null bis vier Jahre, fünf bis acht Jahre, neun bis dreizehn und ab 14 Jahre.

2. Da davon auszugehen ist, daß weitere Fonds zum Ausgleich der bereits dargelegten Mehrbelastung der einzelnen Haushalte nicht zur Verfügung stehen, muß die Umstrukturierung der Zuschüsse einkommensbezogen im Rahmen der auf die Zuschüsse umgelegten Subventionssumme erfolgen, das heißt, daß dem Prinzip nach die Höhe der Kindergeldzuschüsse umgekehrt proportional zur Höhe des jeweiligen Familieneinkommens sowie unter Berücksichtigung der Anzahl der zu versorgenden Kinder erfolgen muß.

{Und jetzt bitte ich Sie, noch einmal genauer hinzuhören. Es kommt ein Satz, der nicht in Ihrer Vorlage enthalten ist. Wir haben diesen Antrag noch einmal in der Arbeitsgruppe „Gleichstellung der Geschlechter" beraten und haben eine andere Lösung für dieses Problem gefunden, und die lautet folgendermaßen:

Überschreitet der auf jedes Mitglied der Familie entfallende Anteil des Familiennettoeinkommens 700,... Mark, sollte der Zuschuß zum Kindergeld ganz entfallen, das bedeutet, daß die Einkünfte einer Familie umgerechnet werden auf die Familienmitglieder. Wenn also in der Familie ein Einkommen besteht, meinetwegen Vater, Mutter, drei Kinder, es besteht ein Einkommen von 2 000,– Mark netto, dann würde man es durch fünf teilen müssen, um zu einer Summe zu kommen, das wären in diesem Fall 400,– Mark – – Zur Berechnung des Gesamtzuschusses für den einzelnen Haushalt wird somit ein altersbezogener Festbetrag zugrunde gelegt, welcher sich entsprechend dem erzielten Nettoeinkommen dieses Haushaltes verändert.}[51]

---

[51] Dieser Vortrag wurde schriftlich zu Protokoll des Zentralen Runden Tisches gegeben. Die in { } gesetzten Ausführungen wurden davon abweichend nur mündlich vorgetragen. In [ ] gesetzte Texte finden sich lediglich in der schriftlich zu Protokoll gegebenen Fassung.

Ich möchte noch anmerken, daß es beim letzten Mal eine Information der Regierung gegeben hat, aus der ersichtlich ist, wie man zur **Berechnung der Zuschüsse** gekommen ist. Wir akzeptieren die Vorlage insofern nicht, als wir beispielsweise eine jährliche Grundausstattung eines Kindes mit **neun Oberbekleidungsteilen** für etwas zu gering halten. Wir glauben, daß alleine vier Jacken nötig sind im Jahr für ein Kind, und in neun Teilen sind weder T-Shirts, Hosen, Jacken in ausreichender Menge enthalten. Daraus ergibt sich auch die unterschiedliche Bewertung der Summe.

Lange (Moderator): Vielen Dank. Wer möchte dazu sprechen? Rückfragen oder Ergänzungen?
Herr Stief, NDPD.

Stief (NDPD): Selbst wenn ich in den Verdacht gerate, das Verfahren unzulässig abkürzen zu wollen: Zu akzeptieren ist dieser Antrag in jedem Falle. Ich könnte mir vorstellen, daß bei der Festlegung der Modalitäten durch den Minister für Handel und Versorgung nicht alle Details berücksichtigt worden sind. Ich halte es deshalb für zweckmäßig, diesen Multiplizierungsvorschlag in bezug auf die rund zwei Milliarden **Subventionsstreichung** und Zuschußbildung an den Minister für Handel und Versorgung zu verweisen, damit das überdacht wird. Ein Umweg über eine Arbeitsgruppe würde die ganze Sache nur verzögern.

Lange (Moderator): Herr Hammer, VdgB.

Hammer (VdgB): Ich würde mich eigentlich dem letzten Vorschlag auch anschließen wollen, möchte aber auch, nachdem ich dieses Material auch einmal Familien und Müttern zur Kenntnis gegeben habe, doch sagen, daß zumindestens aus der Sicht der Landbevölkerung die Mengen der Bekleidungsstücke doch sehr hoch angesetzt sind, und ich habe selber vier Kinder. Ich habe in meinem Leben so viel für meine Kinder im Jahr noch nicht gekauft.

Es wird mir die Empfehlung mitgegeben, muß ich sagen, daß das **Kindergeld** ja **nach Alter** gestaffelt werden soll. Wir setzen natürlich voraus, daß den wachsenden Qualitätsansprüchen besser gerecht kommen wird der jetzige Preis, und wir haben das ja letztens schon gehört [und das] stimmt natürlich dort hier noch nicht mit voll überein. Ich möchte wirklich warnen vor einer Komplizierung der **Berechnung des Kindergeldes** bei all diesen Modalitäten. Denn das fällt ja wahrscheinlich in die Sozialkommission der Betriebe oder den Beauftragten der Sozialversicherung oder Lohnbuchhaltern, die das machen müssen.

Lange (Moderator): Vielen Dank. Es wird jetzt sicherlich interessant, wenn noch weitere Erfahrungsberichte aus den Familien kommen, aber das kann die Sache ja nur noch interessant gestalten.
Frau Braband hatte sich gemeldet. Bitte.

Frau Braband (VL): Ich möchte nur ganz kurz darauf antworten. Ich glaube, im Ermessen des Staates kann es nicht liegen – – Also es muß nicht seiner Beurteilung unterliegen, ob in den **Familien** die Kindersachen weitergegeben werden. Es muß, glaube ich, doch versucht werden, einen **durchschnittlichen Bedarf** zu ermitteln. Und wie gesagt, die Vorlage der Regierung mit neun Oberbekleidungsteilen im Jahr kann nur davon ausgehen, daß Sachen geschenkt werden oder weitergereicht werden. Und ich glaube nicht, daß das dem Staat obliegen sollte, in dieser Hinsicht darüber zu befinden.

Lange (Moderator): Herr Klein.

Klein (VL): Ja, nur noch eine kleine Anmerkung zu dem letzten Beitrag. Es geht in der Tat nicht darum, die Berechnung des Kindergeldes zu verkomplizieren, sondern der Situation Rechnung zu tragen, sich daran zu orientieren, daß keine zusätzlichen Fonds zur Verfügung stehen und in diesem Falle die **Verteilung sozial gerecht** zu erfolgen hat, das heißt, die Familien mit einem niedrigen **Familieneinkommen** zu bevorzugen in bezug auf die Verteilung der Zuschüsse. Das ist also die Antwort auf die letzte Bemerkung.

Lange (Moderator): Herr Wolf.

Wolf (LDP): Ich ziehe zurück. Mit dem Beitrag von der Vereinigten Linken ist das grundsätzliche Anliegen auch von uns erfaßt. Wir würden Ihrem Antrag im Detail zustimmen, weil er heute gelöst werden muß und eine sozialpolitisch sehr wichtige Situation in der Republik erfaßt, würden aber bitten, grundsätzlich dem Minister für Handel und Versorgung und den anderen daran beteiligten staatlichen Organen eine bessere Durchrechnung der Grundlagen und Voraussetzungen im Rahmen vorhandener finanzieller Mittel dringend zu empfehlen.

Lange (Moderator): Herr Matschie, SPD.

Matschie (SPD): Es kam jetzt hier das Argument, daß das ein ziemlich kompliziertes Verfahren ist. Ich muß sagen, ich unterstütze das Anliegen, was hier dahintersteht.

Ich möchte noch einen anderen Vorschlag einbringen. Wir haben am letzten Montag ganz kurz die Frage der **Subventionspolitik** auf dem Gebiet **Nahrungsgüter, Gaststätten** andiskutiert. Das wurde in die Arbeitsgruppe „Wirtschaft" verwiesen.

Nach meinen Informationen hat sich die Arbeitsgruppe „Wirtschaft" geeinigt, die **Ausgleichszahlungen** nicht zu differenzieren zwischen Erwachsenen und Kindern. Da aber also nachweislich Kinder bis zu zwölf Jahren also weniger verbrauchen, würde sich hier ein Zuschuß ergeben, so daß hier zusätzliches Geld vorhanden wäre gerade für Familien mit Kindern. Und vielleicht könnte man diese beiden Sachen finanziell ein bißchen koppeln. Vielleicht geht das sogar schneller, daß die da an dieser Stelle zu mehr Geld kommen als mit diesem sehr komplizierten Verfahren. Ich bitte, das noch einmal mit zu bedenken.

Lange (Moderator): Möchten die Einbringer noch einmal darauf reagieren, was jetzt eben noch als Vorschlag gekommen ist?
Herr Klein, bitte.

Klein (VL): Also ich vermute, daß das wohl nicht gehen wird. Das ist eine Vermutung, die ich jetzt nach Kenntnis dieses Vorschlages ausdrücken möchte. Ich nehme an, daß die Mittel im Zusammenhang mit dem **Abbau der Subventionen [im Bereich der] Nahrungsmittel** noch Probleme verursachen werden, die weit über die Dimension dessen hinausgehen, was wir hier im Zusammenhang mit Kinderbekleidung zu diskutieren haben. [Das ist eine] Vermutung, da die Regelungen ja noch nicht feststehen. Und das würde nun allerdings zusätzliche Komplikationen ergeben, wenn hier mit den Fonds jongliert wird. Das, glaube ich, muß aber wirklich geprüft werden.

Ich möchte hier nur meine Zweifel ausdrücken, ob ein solches Verfahren funktioniert.

Lange (Moderator): Es war der Vorschlag unterbreitet worden, daß diese **Vorlage [11/26b]** mit der **Information 11/1** [VdgB: Zu den bisherigen Vorschlägen der AG „Wirtschaft" beim Ministerrat der DDR⁵²] mit der Bitte um Überprüfung dem Minister für Handel und Versorgung übergeben wird. Dieser Vorschlag steht immer noch. Ich darf Sie fragen, ob das nicht doch die weiterführende Lösung wäre, wenn sich der Runde Tisch darauf verständigt, daß wir dies, was jetzt eben vorgetragen worden ist, dem Minister für Handel und Versorgung zur nochmaligen Überprüfung übergeben. Könnten wir uns darauf verständigen?

Frau Röth dazu.

Frau Röth (UFV): Ja, ich glaube, daß das nicht eine Angelegenheit ist ausschließlich des Ministers für Handel und Versorgung, da muß zumindest einer, der im Sozialbereich verantwortlich ist, also der Minister für Gesundheit und Sozialwesen, sich gleichzeitig hinzuschließen, denn es geht ja im Grunde genommen um **Bildung von Sozialfonds** und ihre **sozial gerechte Verteilung**. Und in diesem Sinne müßte man sozusagen mehrere Ministeriumsbereiche verantwortlich machen für konkrete Vorschläge.

Fest steht, daß bestimmte soziale Gruppen, insbesondere alleinstehende **Mütter**, die, wenn wir an die zukünftige **Arbeitslosigkeit** denken, einen Arbeitslosenunterstützungsbeitrag von 500 Mark bekommen, natürlich in dem Sinne überhaupt nicht in der Lage sind, ihre Kinder adäquat zu kleiden.

Es muß also nach Wegen gesucht werden, und wir müssen das einfach diesem Ministerium beauflagen, daß sie uns hier Varianten vorschlagen, die im Grunde genommen der einer **Solidargemeinschaft** entsprechen.

Lange (Moderator): Herr Stief. Entschuldigung. Hier ist ein Vorschlag zur Geschäftsordnung.

Herr Wolf, bitte.

Wolf (LDP): Ich würde doch vorschlagen, daß wir zum Abschluß der Debatte langsam kommen und dann überlegen, ob die Beratung noch fortgesetzt werden kann.

Lange (Moderator): Ja, ein Antrag, Schluß der Debatte. Der Antrag ist gestellt. Ich stelle ihn zur Abstimmung. Es ist vorgeschlagen worden, Schluß der Debatte zu diesem Punkt. Wer dafür ist, den bitte ich um das Handzeichen. – Das muß eine Zweidrittelmehrheit sein. Es ist sehr klar. Dann schließen wir die Debatte an dieser Stelle ab.

Stief (NDPD): Im Sinne der Sache, Herr Lange, würde ich doch darum bitten, ich verstehe den Antrag von Frau Röth. Ich schließe ein bei dieser **Kindergeldproblematik**, daß der Minister für Handel und Versorgung sich selbstverständlich konsultiert mit all jenen, die das soziale Element beurteilen können. Das war auch schon bei dem ersten Beschluß so. Bloß das war eine Situation, in der solche Fragen wie **Arbeitslosigkeit und Mindestbetrag von 500 Mark** noch nicht zur Debatte standen. Das ist eine neue Lage. Das könnte man ja mit einem gut gewählten Satz in die Bitte hineinformulieren an ihn, daß das nicht unberücksichtigt bleibt.

Lange (Moderator): Ich muß Sie noch darauf hinweisen, daß ja dieser ganze Komplex, den wir jetzt hier verhandeln, auch mit der zweiten Vorlage zu diesem Thema noch zu tun hat, **Vorlage 12/14** von der **Arbeitsgruppe „Sozialwesen"** muß das ja wohl heißen, und das in Verbindung miteinander gesehen werden kann. Hier gibt es ja auch schon einige Überlegungen im Blick auf die Regierung und die Bitte, dies noch einmal zu überprüfen.

Der Vorschlag von Herrn Stief wäre jetzt in der Richtung zu sehen, daß man dann doch noch einmal überlegt und formuliert. Herr Stief, sehe ich das richtig, daß [das], was in [Vorlage] 12/14 vorliegt von der **Arbeitsgruppe „Sozialwesen"**, würde da noch nicht ausreichen nach Ihrem Eindruck?

Herr Ziegler.

Ziegler (Co-Moderator): Es heißt doch da: „... von der Regierung wird erwartet". Und dann braucht man doch nähere Benennungen nicht mehr vorzunehmen.

Lange (Moderator): Ja, ich denke, das ist umfassend genug, und wir müssen das nicht im einzelnen dann auch beschließen.

Bitte, Frau Braband.

Frau Braband (VL): Vielleicht kann ich dazu nur noch kurz sagen, daß der Arbeitsgruppe „Soziales" dieser Antrag in der letzten Woche vorgelegen hat. Sie konnte sich nicht entschließen, ihm vollständig zuzustimmen. Es ging um diesen Passus, der inzwischen geändert ist. Wir konnten aber die Zustimmung nicht mehr einhalten. Da gab es also vorher eine Formulierung, die Ihnen vorliegt, mit dem **Familienbruttoeinkommen** von 4 000 Mark. Das ist also verändert worden. Und ich denke, dieser Antrag hat jetzt auch die Zustimmung der Arbeitsgruppe „Soziales" und wird darüber auch natürlich zum Minister für Gesundheit und Soziales gehen.

Lange (Moderator): Wir hatten Schluß der Debatte. Das würde bedeuten, die beiden vorliegenden Anträge sind jetzt abzustimmen. Ist das mit Ihrer Zustimmung jetzt so möglich? Dann bitte ich zunächst **Vorlage 11/26b**. Wünschen Sie, getrennt abzustimmen? Ich denke, das ist in dem Fall sinnvoll. Oder soll das zusammen geschehen mit **[Vorlage] 12/14**? Was schlagen Sie vor? Wir haben jetzt nicht noch einmal extra die Arbeitsgruppe „Sozialwesen" gehört. Können wir das gemeinsam, oder, ja – –

Schlagen Sie es bitte vor. Bitte.

Frau Braband (VL): Ja, ich bin dafür, daß wir das gemeinsam abstimmen.

Lange (Moderator): Diese beiden **Vorlagen 11/26b [Antrag VL: Zum Abbau der Subventionen bei Kinderbekleidung und -schuhen⁵³]** und **[Vorlage] 12/14 [Antrag AG „Sozialwesen": Festlegung differenzierter Ausgleichsbeträge bei Kinderbekleidung und -schuhen⁵⁴]** stelle ich jetzt zur Abstimmung. Wer dafür ist, den bitte ich um das Handzeichen. – Gegenstimmen? – Stimmenthaltungen? – Wir haben es so beschlossen ohne Gegenstimme.

Vielen Dank.

Wir kommen zu Punkt 7.3 [der Tagesordnung], **soziale Sicherheit für Behinderte**. Da gibt es eine **Vorlage 12/20** von **Demokratie Jetzt**. Wer erläutert sie uns?

Frau Poppe, bitte.

---

⁵² Es handelt sich um die Vorlage 11/14 (frühere Information 11/1), die im Dokument 11/10 im Anlagenband wiedergegeben ist.

⁵³ Dokument 11/36, Anlagenband.
⁵⁴ Dokument 12/19, Anlagenband.

TOP 12: Soziale Sicherheit für Behinderte

Frau Poppe (DJ):

[**Vorlage 12/20, Antrag DJ: Anspruch auf Unterstützung und Ausgleichszahlung für Behinderte und Invalidenrentner**]

{Wir sind vom Behindertenverband darauf aufmerksam gemacht worden, daß die} Verordnung des Ministerrates der DDR zur sozialen Sicherstellung für Arbeitsuchende in der DDR vom 9. Februar 1990 {eine Benachteiligung der Behinderten enthält.}

So heißt es im Paragraph 2, Absatz 3 {Sie finden die Verordnung auf der Rückseite der Vorlage 12/20, so heißt es im Paragraph 2, Absatz 3}: „Anspruch auf Unterstützung besteht nicht, wenn der Bürger Krankengeld, Invalidenrente oder Altersrente beziehungsweise eine entsprechende Versorgung erhält."

Diese Regelung bedeutet eine soziale Benachteiligung der behinderten und geschädigten Werktätigen, mindert ihre Lebensqualität und verletzt das Gleichheitsprinzip, wie es in der Verfassung der DDR (Artikel 24) garantiert ist.

Zudem ist zu befürchten, daß die ansonsten zur Unterstützung verpflichteten Betriebe vorrangig jene in Paragraph 2, Absatz 3 genannten Werktätigen entlassen werden, weil für sie nicht die Verpflichtung zur betrieblichen Ausgleichszahlung besteht.

Selbst wenn keine unmittelbare soziale Notlage eintreten sollte, bedeutet der Verlust des Arbeitsplatzes gerade für Behinderte und Geschädigte eine besonders schwerwiegende Beeinträchtigung.

Der Runde Tisch fordert den Ministerrat der DDR zu einer entsprechenden Veränderung der genannten Verordnung auf. Dabei ist die Gleichstellung ein besonderer Schutz des Arbeitsplatzes und der gleiche Anspruch auf Unterstützung und Ausgleichszahlung für Behinderte und Invalidenrentner zu gewährleisten.[55]

Lange (Moderator): Vielen Dank. Das ist eine wichtige Ergänzung zu dem, was uns hier schon an diesem Tisch beschäftigt hat. Wer möchte dazu sprechen? **Vorlage 12/20** [**Antrag DJ: Anspruch auf Unterstützung und Ausgleichszahlung für Behinderte und Invalidenrentner**]. Es gibt keine Wortmeldungen dazu. Sie unterstützen das. Dann können wir darüber abstimmen.
Wer dafür ist, den bitte ich um das Handzeichen. – Das ist die Mehrheit. Ich frage trotzdem, ist jemand dagegen? – Enthält sich jemand der Stimme? – Der **Antrag 12/20** ist einstimmig angenommen worden.

---

[55] Dieser Vortrag wurde schriftlich zu Protokoll des Zentralen Runden Tisches gegeben. Die in { } gesetzten Ausführungen wurden davon abweichend nur mündlich vorgetragen. In [ ] gesetzte Texte finden sich lediglich in der schriftlich zu Protokoll gegebenen Fassung. Die Verordnung über die Gewährung staatlicher Unterstützung und betrieblicher Ausgleichszahlung an Bürger während der Zeit der Arbeitsvermittlung ist im Dokument 11/9 im Anlagenband wiedergegeben.

TOP 13: Schließung von Kindertagesstätten

Ziegler (Moderator): Soviel ich sehe – wir übernehmen einmal – soviel ich sehe, ist zu Ziffer 7.4 [der Tagesordnung] alles schon verhandelt, weil es da um das Spargesetz ging. Und das ist verhandelt worden bei [TOP] 3.1, so daß wir gleich zu [TOP] 7.5, **Schließung von Kindertagesstätten**, gehen können. Das ist die **Vorlage 12/27** [**Antrag UFV zur Schließung von Kinderbetreuungsstätten**]. Da gibt es einen Einspruch.
Also, erst einmal Herr Kirchner zur Geschäftsordnung.

Kirchner (CDU): Bei dieser Anmeldung handelte es sich um die förmliche Mitteilung eines **Minderheitenvotums der CDU** zu dieser Sache **Wahlgesetz**. Ich wollte doch bitten, daß dies hier zur Kenntnis genommen wird.

Ziegler (Moderator): Ja, das war die **Information** [**Erklärung CDU: Minderheitenvotum zum „Gastredner"-Beschluß der 11. Sitzung**[56]], die hier fälschlich als **Vorlage 12/22** hereingereicht worden ist, und die ist verteilt worden, und es ist darauf hingewiesen worden, sagt Herr Ducke gerade.

Ducke (Co-Moderator): Ja.

Kirchner (CDU): Gut, wenn das damit offiziell als Minderheitenvotum zur Kenntnis genommen wird, genügt uns das.

Ducke (Co-Moderator): Es ist im Zusammenhang mit dem Protest, dem Antrag DBD verteilt worden und darauf hingewiesen worden.

Lange (Co-Moderator): Gut. Darf ich nur einmal zur Geschäftsordnung vorschlagen. Es wäre dann, glaube ich, damit keine Irritation entsteht, gut, daß wir nicht Vorlage stehen lassen, sondern als Minderheitenvotum dies dann deklarieren. Dann ist es ganz eindeutig.

Kirchner (CDU): Ja, damit sind wir sehr einverstanden.

Lange (Co-Moderator): **Vorlage 12/22** von der CDU.

Ziegler (Moderator): Ja. So. Nun wollte Frau Röth zur Geschäftsordnung sprechen.

Frau Röth (UFV): Ja, ich möchte vorschlagen, den **Antrag 12/25** noch vorzuziehen, weil er sich nämlich anschließt im Grunde genommen an das bereits Gesagte. Was für die Invaliden und Rentner zutrifft, daß die in dieser Regelung nicht berücksichtigt sind, trifft natürlich auch für eine relativ unklare Formulierung für den **Vorruhestand** ein, so daß es sich logisch anschließt, und ich bitte die SPD als Eintragbringer der Arbeitsgruppe „Sozialpolitik", diesen Antrag jetzt zu verlesen.

Ziegler (Moderator): Na, also, dann wollen wir einmal gleich Ihrem Vorschlag folgen, obwohl darüber noch nicht abgestimmt ist, und die Worterteilung in der Regel durch die Moderatoren erfolgt. In der Regel nur. Also, es ist aber sinnvoll, wir können **12/25**, weil es auch um Sozialfragen geht, vorziehen. Das war angemeldet unter soziale Fragen, nicht? **12/25**. Es ist eine **Vorlage**, die die **SPD** gemacht hat. Sie fällt auf dadurch, das sie etwas anders als sonst geschrieben ist. – Ja. Dann finden Sie sie leichter.
Herr Matschie, machen Sie das? Gut. Bitte schön.

Matschie (SPD): Das ist ein

---

[56] Dokument 12/8, Anlagenband.

[Vorlage 12/25,] Antrag [SPD]: Zur Verordnung über die Gewährung staatlicher Unterstützung und betrieblicher Ausgleichszahlungen an Bürger während der Zeit der Arbeitsvermittlung und zur Verordnung über die Gewährung von Vorruhestandsgeld.

Dem Runden Tisch wurden die Entwürfe dieser beiden Verordnungen erst während der Beratung am 5. Februar 1990 übergeben, so daß eine hinreichende Prüfung nicht möglich war. Die Beratung der Arbeitsgruppe „Sozialpolitik" des Runden Tisches am 6. 2. 1990 hat ergeben, daß zu diesen Verordnungen noch einige Fragen zu klären sind.

Die Arbeitsgruppe „Sozialpolitik" ist dabei zu folgenden Ergebnissen gekommen:

Die Arbeitsgruppe „Sozialpolitik" hält die unverzügliche Inkraftsetzung der Verordnung über die Gewährung staatlicher Unterstützung während der Zeit der Arbeitsvermittlung für erforderlich. Dazu

- muß die Berechnungsgrundlage für das Minimum an staatlicher Unterstützung anhand eines ausgewiesenen Existenzminimums und definierten Warenkorbes bestimmt werden.

- sollte die staatliche Unterstützung für Bürger während der Zeit der Arbeitsvermittlung im Hinblick auf im Haushalt zu versorgende Familienangehörige differenziert werden.

- müssen Festlegungen getroffen werden, die die laufenden Unterhaltsansprüche Dritter gegenüber Bürgern während der Zeit der Arbeitsvermittlung sicherstellen.

- muß die Zumutbarkeit einer anderen Arbeit eindeutig definiert werden (der Entwurf dieser Definition lag der Arbeitsgruppe „Sozialpolitik" nicht vor).

- müssen ergänzend Regelungen und Unterstützungen im Rahmen der Sozialfürsorge grundsätzlich überarbeitet werden (zum Beispiel für Bürger mit gestörtem Sozialverhalten).

Die Arbeitsgruppe „Sozialpolitik" hat sich zum Entwurf der Verordnung über die Gewährung von Vorruhestandsgeld folgende Meinung gebildet:

- Diese Regelung wird grundsätzlich befürwortet, muß aber für Arbeiter und Angestellte von Unternehmen aller Eigentumsformen und Institutionen Anwendung finden können {zum Beispiel darf es in Paragraph 7 nicht heißen: „Produktionsgenossenschaften", sondern es muß richtig immer nur „Genossenschaften" heißen.}

- Es sind eindeutige Regelungen einschließlich der Klärung der Finanzierung des Vorruhestandsgeldes beim Übergang aus Arbeitslosigkeit in den Vorruhestand sowie bei sonstigen vom Arbeiter beziehungsweise Angestellten „nicht zu vertretenden Gründen" {dies muß definiert werden, zum Beispiel Konkurs des Betriebes} zu treffen.

- Diese Vorruhestandsregelung erfordert eine Präzisierung des besonderen Kündigungsschutzes für Vorrentner und Rentner [§ 59 Abs. 1 AGB].

Dem Runden Tisch wird vorgeschlagen, durch Beschluß entsprechende Nachbesserungen dieser Verordnungen von der Regierung zu fordern.[57]

Ziegler (Moderator): Ja, vielen Dank. Also es geht um die Überarbeitung einer Verordnung, die hier auch schon vorgelegen hat. Nur sind da nachträglich Dinge aufgefallen.
Herr Stief, bitte.

Stief (NDPD): Weil diese **Verordnung** schon beschlossen ist, wäre ja der Vorschlag sinnvoll, zu dieser Verordnung **Durchführungsbestimmungen** nachzureichen, als wenn die Verordnung an sich überarbeitet wird. Es fehlen neben den zweifellos sehr berechtigten Anregungen, die hier darin enthalten sind, zum Beispiel auch noch ein paar Regelungen, die zuzüglich, was Behinderte und Invaliden betrifft, geregelt werden sollten durch das Ministerium für Arbeit und Löhne oder, ja, so heißt es wohl. Also Durchführungsbestimmungen könnten die noch offenen Fragen regeln und all das beinhalten, was hier angeregt ist.
Ich glaube, es ist das bessere Verfahren als die Verordnung, die schon beschlossen ist, wieder nachzubessern.

Ziegler (Moderator): Das wäre dann ein verhältnismäßig einfaches Verfahren. Wir brauchten nur den Schlußsatz hier etwas zu ändern, wenn das akzeptabel ist für Sie, Herr Matschie.

Matschie (SPD): Ich bin mir nicht sicher, ob das, was hier angesprochen ist, alles innerhalb von Durchführungsbestimmungen geregelt werden kann. Ich glaube, es sind an einigen Stellen auch Änderungen in dieser Verordnung notwendig.

Ziegler (Moderator): Ja, ich suche nach einem übergreifenden Begriff, der der Regierung die Möglichkeit offenläßt, wie sie das macht, ob durch Durchführungsbestimmungen oder ob sie Änderung beschließt, daß wir ihr nicht vorschreiben, wie sie das machen muß. Wir weisen ja auch hier, wenn der Runde Tisch dem zustimmt, nur auf Ungenauigkeit, Lücken und dergleichen hin, nicht?
Herr Stief.

Stief (NDPD): Könnte man sich auf den Begriff **Ergänzungen** zur beschlossenen Verordnung einigen?

Ziegler (Moderator): Ja. Ergänzungen. Ja, dann würde das Wort Nachbesserungen durch Ergänzungen ersetzt, ja?
Herr Matschie, würden Sie dem so zustimmen können?

Matschie (SPD): Mit Ergänzung ist es auch nicht ganz getan, weil einiges umgeändert werden muß direkt in der Verordnung, das diese Forderung intendiert.

Ziegler (Moderator): Ja, dann schlage ich etwas vor. Eine Überprüfung.
Herr Sauer, bitte.

Sauer (Regierungsvertreter): Ich würde vorschlagen, daß ich diese Hinweise oder Vorschläge so entgegennehme. Das müßte im einzelnen geprüft werden, wie man es macht. Es sind ja sehr unterschiedlich graduierte Vorschläge. Ich darf nur einmal sagen, auf der Seite 2, der letzte Anstrich, das geht ja auch über die Verordnung hinaus zum Beispiel, ja? Während es Dinge gibt, die man ohne weiteres auch mit einer

---

[57] Die Teile in [ ] wurden nach der schriftlichen Fassung ergänzt.

Durchführungsbestimmung machen könnte. Aber das ist doch mehr eine rechts- oder gesetzestechnische Frage, über die man sich dann im Detail unterhalten könnte. Ich würde das erst einmal so entgegennehmen und zur Prüfung geben, wenn Sie einverstanden wären, ja? Könnte man so machen. Zur Prüfung oder zu überprüfen. Ja?

Ziegler (Moderator): Also, wir müssen es dann, wenn wir abstimmen wollen, allerdings präzise fassen. Das hilft ja nichts. Dem Runden Tisch wird vorgeschlagen, von der Regierung Überprüfung dieser Verordnungen zu fordern, steht hier. Ja?
Herr Matschie und dann Herr Hammer.

Matschie (SPD): Es geht nicht nur um eine Überprüfung. Dann muß dazugesetzt werden gegebenenfalls Veränderungen.

Ziegler (Moderator): Herr Hammer.

Hammer (VdgB): Vielleicht einmal eine Frage zum Verfahren: Ist das der Standpunkt der Arbeitsgruppe „Sozialpolitik" oder nur der SPD, weil es nur von der SPD unterschrieben ist?

Frau Röth (UFV): Also das ist der Standpunkt der Arbeitsgruppe „Sozialpolitik", und der Einbringer ist die SPD, weil der Einberufer Herr Pawliczak ist.

Hammer (VdgB): Danke schön.

Ziegler (Moderator): Ja, also das ist natürlich jetzt schwierig, wenn der Vorschlag so formuliert ist, daß der eine dies und der andere das erwartet. Der letzte Vorschlag lautete: „Dem Runden Tisch wird vorgeschlagen...", oder das muß ja dann heißen: „Der Runde Tisch beschließt, von der Regierung Überprüfung und gegebenenfalls Veränderung dieser Verordnungen von der Regierung zu fordern." Ja? Können wir das denn – – möchte noch jemand zu den Inhalten sprechen? Das ist nicht der Fall.
Dann stelle ich also diese **Vorlage 12/25** [Antrag SPD zur Verordnung über die Gewährung staatlicher Unterstützung und betrieblicher Ausgleichszahlung an Bürger während der Zeit der Arbeitsvermittlung und zur Verordnung über die Gewährung von Vorruhestandsgeld] zur Abstimmung in der Fassung, wie ich es eben sagte: „Der Runde Tisch beschließt, von der Regierung die Überprüfung, gegebenenfalls Veränderung zu fordern." Wer dafür ist, den bitte ich um das Handzeichen. – Danke. Gegenstimmen? – Stimmenthaltungen? – Danke schön.
Ich möchte, damit das nachher dann nicht angemahnt werden muß, fragen, die **Vorlage 12/10** betrifft auch **Soziales**. Das sind nämlich die **von der FDJ zurückerstatteten Mittel aus dem Solidaritätsfonds von 50 Millionen Mark**. FDGB hat das eingebracht. Eigentlich wird hier nur gefordert dies zur Kenntnisnahme [zu nehmen]. [Das] könnten wir doch eigentlich gleich als Information hier mit erledigt ansehen. Sind Sie einverstanden? Danke schön. Damit ist dann **Vorlage 12/10** als Information erledigt.

Frau Schießl (FDGB): Ein Antrag zur Geschäftsordnung: Wir halten den Inhalt für so bedeutsam, daß es vielleicht wichtig wäre, das den Zuhörern zur Kenntnis zu geben. Alle Parteien haben uns auf das Problem mehrfach aufmerksam gemacht, und das würde ja schnell gehen. Ich würde also darum bitten, die zwei Punkte vortragen zu können.

Ziegler (Moderator): Ja, bitte machen Sie das.

Frau Schießl (FDBG):

> Es geht [in der **Vorlage 12/10**] um die **Verwendung der von der FDJ zurückerstatteten 50 Millionen Mark aus dem Solidaritätsfonds des FDGB.**
>
> Der geschäftsführende Vorstand des FDGB hat in seiner ersten Beratung beschlossen,
>
> 20 Millionen Mark werden an den Zentralausschuß der Volkssolidarität zur Veteranenbetreuung zur Verfügung gestellt,
>
> und 30 Millionen Mark erhält der Ministerrat zur Verwendung für Feierabend- und Pflegeheime, Behinderte sowie für Heime elternloser und behinderter Kinder.
>
> In Absprache mit dem Zentralausschuß der Volkssolidarität und dem Ministerrat werden diese Mittel zur Verfügung gestellt.[58]

Ziegler (Moderator): Ja, vielen Dank. Damit ist es dann erledigt. Und wir kommen nun zur **Schließung von Kindertagesstätten** [Antrag des UFV]. Das ist die **Vorlage 12/27**. Frau Röth, ich nehme an, Sie machen das selbst?

Frau Röth (UFV): Ja.

Ziegler (Moderator): Danke.

Frau Röth (UFV):

> [**Vorlage 12/27, Antrag UFV: Zur Schließung von Kinderbetreuungsstätten**]
>
> {Wir haben also} in den letzten Tagen [erreichten uns] unzählige Hinweise und Mitteilungen von beunruhigten Müttern und Vätern {erhalten} über geplante Schließungen beziehungsweise Reduzierungen von gesellschaftlichen Kinderbetreuungsplätzen. {Das betrifft sowohl Kinderkrippen, Kindergärten als auch Hortplätze.}
>
> Wir fordern {deshalb} die Regierung auf, für die Einhaltung bestehender gesetzlicher Bestimmungen (betrieblicher und staatlicher Gesetzlichkeiten hinsichtlich der Kinderbetreuung) Sorge zu tragen.
>
> Wir bitten den Runden Tisch um Unterstützung des Antrages.[59]

Der Unabhängige Frauenverband wird auch deshalb morgen um 17.00 Uhr auf dem Alexanderplatz eine Demonstration durchführen, und wir laden hiermit alle vertretenen Parteien und Gruppierungen am Runden Tisch ein, sich zu dieser Thematik zu positionieren und ihre Wahlaussagen, die ja sehr wichtig sein werden für Frauen und Männer in unserem Land, kundzutun.

Ziegler (Moderator): Danke.

---

[58] Die hier stark paraphrasiert vorgetragene Vorlage 12/10 ist als Dokument 12/20 im Anlagenband wiedergegeben.

[59] Dieser Vortrag wurde schriftlich zu Protokoll des Zentralen Runden Tisches gegeben. Die in { } gesetzten Ausführungen wurden davon abweichend nur mündlich vorgetragen. In [ ] gesetzte Texte finden sich lediglich in der schriftlich zu Protokoll gegebenen Fassung.

Frau Röth (UFV): Ich möchte bloß noch eine Ergänzung anmerken. **Betriebliche Gesetzlichkeiten,** damit sind **Rahmenkollektivverträge** gemeint, wo festgehalten ist, daß der Betrieb bestimmte betriebliche **Kindereinrichtungen** finanziert. Und wir möchten diesbezüglich nicht nur die Regierung aufrufen, sondern auch an die **Gewerkschaft** appellieren, daß diese Bestimmungen, die in den Betriebsrahmenkollektiven verankert sind, eingehalten werden und sie sozusagen dafür Sorge tragen ebenso wie die Regierung. Und nähere Ausführungen brauche ich, glaube ich, nicht zu machen.

Das ist ein heiß diskutiertes Thema in der Bevölkerung.

Ziegler (Moderator): Eben. Es ist schon so viel Information darüber in die Lande geflossen, auch an Dementis, daß das beabsichtigt ist, daß der Antrag guten Gewissens hier wohl befürwortet werden kann, aber er rennt unter Umständen schon offene Türen ein. Schadet ja nichts. – bewußt, weil ja doch schon von Regierungsseite erklärt worden ist, diese Andeutung, das war nicht gedeckt, nicht, also.

Frau Röth (UFV): – Betraf aber nur die **Schulhorte.** Hier geht es also auch um **Kinderkrippen** und **Kindergärten,** und wir möchten noch einmal betonen, daß es nicht nur im Interesse der Eltern, insbesondere von Frauen ist, sondern natürlich auch im Interesse von Kindern.

Ziegler (Moderator): Ja, also klar. Möchte dazu jemand sprechen?

Herr Lietz, bitte.

Lietz (NF): Nur einmal eine Nachfrage: Sind damit auch die **Kinderkrippen** gemeint, also Kinder ab vollendetem ersten Lebensjahr? Oder geht es hier nur um Kinder ab **Kindergarten?**

Frau Röth (UFV): Auch um die geplante Schließung beziehungsweise Reduzierung von Kinderkrippen. Wir sind uns natürlich durchaus der Tatsache bewußt, daß diese Kinderkrippen in ihrer Arbeit wesentlich qualifiziert werden müssen in unserem Lande. Aber wir müssen zu Lösungen finden, wo eine Übergangsvariante also ermöglicht wird, und das heißt, daß diese Kinderkrippenplätze nicht abgebaut werden. Unsere Zielrichtung muß es sein, diese Krippenplätze zu erhalten und die Betreuung der Kinder in diesen Einrichtungen wesentlich zu qualifizieren, zu verbessern im Interesse der Kinder und der Eltern.

Ziegler (Moderator): Ja, vielen Dank noch für die Erläuterung. Ich sehe keine weiteren Wortmeldungen mehr. Der Inhalt des Antrags ist klar, nicht? Dann möchte ich darüber abstimmen lassen.

Wer den Antrag unterstützt, den bitte ich um das Handzeichen. – Danke. Gegenstimmen? – Stimmenthaltungen? – 2. Ich sehe 2 Enthaltungen. Danke schön.

Wir kommen zu Ziffer 7 [des TOP 7: Einzelanträge]. Da war angemeldet worden, wenn ich mich nicht irre, von der SPD **Preisprobleme.** Es liegen aber keine Vorlagen vor zu diesem Punkt. Infolgedessen müßten wir wohl über diesen Tagesordnungspunkt hinweggehen.

Matschie (SPD): Es wurde uns von der Arbeitsgruppe „Wirtschaft" mitgeteilt, daß sie ein Votum erarbeitet hat zu unserer letzten Diskussion zur **Subventionspolitik,** und das sollte hier hereingegeben werden. Wenn das jetzt nicht erschienen ist, dann können wir hier an dieser Stelle nicht darüber diskutieren.

TOP 14: Fliegerstreitkräfte

Ziegler (Moderator): Stellen wir zurück, bis es vorliegt, nicht? Danke.

Wir kommen jetzt zu den **Fliegerstreitkräften** vom **Neuen Forum.** Ich meine natürlich die **Vorlage 12/16.** Und was dahinter zu verstehen ist, das wird Herr Lietz gleich vortragen, nicht?

Lietz (NF): Es ist vielleicht bekannt, daß in der Nähe von **Güstrow** bei Laage einer der größten **Militärflugplätze** der Warschauer Vertragsstaaten neu aufgebaut ist, und es gibt auf diesem Flugplatz bereits verschiedene Fliegerstaffeln, und es soll jetzt eine weitere dorthin verlegt werden. Ich möchte einmal diesen Antrag vorlesen, um damit den Sachverhalt auch deutlich zu erkennen zu geben:

> **[Vorlage 12/16, Antrag NF: Zur geplanten Verlegung von Fliegerstreitkräften]**
>
> Auf der Grundlage der Militärdoktrin der Warschauer Vertragsstaaten wurden Festlegungen getroffen zur Umbasierung der Fliegerkräfte auf dem Territorium der DDR.
>
> Nach uns vorliegenden Informationen soll konkret eine Fliegerstaffel vom Standort Preschen bei Forst nach Kronskamp bei Laage bis April 1990 verlegt werden.
>
> Wir fordern eine sofortige Aussetzung dieser Entscheidung aus folgenden Gründen:
>
> 1. Diese Entscheidung entspricht nach unserer Meinung nicht den heutigen militärischen Notwendigkeiten.
>
> 2. Eine derartige Konzentration ist der Vertrauensbildung abträglich.
>
> 3. Diese Entscheidung hätte auf das unmittelbar umliegende Territorium folgende negative Auswirkungen:
>
> – Durch die Umbasierung wird Wohnraum für vierzig ansässige Familien blockiert.
>
> – Zusätzliche Arbeitskräfte durch die mitziehenden Ehefrauen würden den gespannten Arbeitsmarkt noch mehr belasten.
>
> – Die schon knapp bemessenen sozialen Einrichtungen würden das Fassungsvermögen durch weiteren Zuzug sprengen.

Soweit zu diesem Antrag. Ich bitte darum, daß der Runde Tisch beschließen möge, an das Verteidigungsministerium der DDR diesen Antrag zu richten mit dem Beschluß, diese Entscheidung, die im letzten Jahr vorbereitet und getroffen wurde, auszusetzen.

Ziegler (Moderator): Ja, es liegen jetzt mehrere Wortmeldungen vor. Erst einmal ein Antrag zur Geschäftsordnung. Ich möchte bloß einmal darauf hinweisen, wir werden sehr unterscheiden müssen, was an den **Zentralen Runden Tisch** und an **Regionale Runde Tische** kommt. Wer weiß denn über die Lage bei Laage und **Kronskamp** Bescheid hier? Kein Mensch, außer Ihnen, Herr Lietz. Und darum frage ich, ob dies denn nun wirklich hier an diesen Runden Tisch gehört.

Frau Schießl (FDGB): Antrag zur Geschäftsordnung, aus dem schon vorgenannten Grund. Ich bin der Auffassung daß das ein Antrag ist, der nicht an den Zentralen Runden Tisch gehört. Der Antrag bespricht nur ein einziges Problem, was die Fliegerkräfte in unserem Land betrifft. Die Fliegerkräfte in diesem Land haben aber andere Probleme als das eine einzige, was hier benannt wird. Da geht es um das Grundprinzip.

Und wenn wir hier am Runden Tisch zu dieser Frage uns verständigen, dann möchte ich den Vorschlag noch einmal wiederholen, den wir schon einmal gemacht haben. Es ist notwendig, hier an diesem Tisch zu Fragen der **Militärreform** zu diskutieren und nicht darum, wo eine Fliegereinheit stationiert werden soll.

Ziegler (Moderator): Ja, das heißt, der Antrag wird in den Übergang zur Tagesordnung – –

Frau Schießl (FDGB): Ich werde den Antrag zurückverweisen an den Antragsteller und dem Verteidigungsministerium vorlegen zur Einbringung in die Arbeiten zur **Militärreform**. Also hier auf jeden Fall heute Vertagung dann und Zurückverweisung.

Aber jetzt Herr Wolf erst, und dann Herr Stief.

Wolf (LDP): Ich würde den grundsätzlichen Bemerkungen meiner Vorrednerin zustimmen, zumal auch die Diktion nach uns vorliegenden Informationen oder andere Dinge hier nicht dem Gehalt entsprechen, den wir hier an den Tag legen sollten. Vielleicht könnte Herr Krause als Regierungsvertreter den Fakt als solchen notieren, Entschuldigung, Herr Sauer, und in direktem Zugang zu dem Einbringer für eine Information zweiseitiger Art beitragen.

Ziegler (Moderator): Herr Stief.

Stief (NDPD): Sinngemäß ähnlich. Ich würde versuchen, den Antrag, der zweifellos seine Berechtigung hat, für das Territorium auch sicher wichtig ist, als Anfrage zu formulieren an den Minister für Nationale Verteidigung, der in direktem Kontakt sicherlich eine sachdienliche Auskunft geben kann, wobei die Dinge, was die Militärreform betrifft, natürlich eine ganz andere Dimension haben.

Ziegler (Moderator): Wir haben ja hier nur über das zu beschließen, was am Zentralen Runden Tisch zu sagen ist. Das andere sind Empfehlungen. Der Zentrale Runde Tisch hat über die Einzelheiten hier nicht zu befinden, sondern wenn, wäre es einzubringen, wenn einmal über **Militärdoktrin** hier gesprochen werden sollte, was höchst unwahrscheinlich ist, da wir noch vier Sitzungen haben. Darum wäre mein Vorschlag, daß Sie es hier zurückziehen und entweder an den **regionalen Bezirks-Runden-Tisch** geben oder nach der Empfehlung von Herrn Stief an das Verteidigungsministerium weitergeben.

Aber wir müssen sonst über Ihren Antrag abstimmen. Ich frage aber, ob Sie dem nicht folgen wollen, dieser Empfehlung, Herr Lietz?

Lietz (NF): Also ich denke, wenn dieser Antrag an den Verteidigungsminister als Empfehlung weitergegeben werden kann – –

Ziegler (Moderator): – Ja, von uns schwierig.

Lietz (NF): – Von hier schwierig. Dann müssen wir das von [der] Bezirksebene machen.

Ziegler (Moderator): Das finde ich richtig.

Lietz (NF): Wenn das sozusagen hier den Rahmen des Runden Tisches sprengt, dann werde ich diesen Antrag zurücknehmen, um ihn dort auf dieser Ebene dann vorzubringen. Schönen Dank.

Ziegler (Moderator): Ja. Wir danken Ihnen.
Frau Brandenburg.

Frau Brandenburg (NF): Ich habe nichts zu diesem Antrag, aber zu einem anderen, nämlich zu **der Information 12/4a** [**Erklärung** AG „Wirtschaft": Zu Fragen der Währungsreform][60] möchte ich den Antrag stellen, daß wir das uns anhören und entsprechend den Empfehlungen der Arbeitsgruppe „Wirtschaft" hier verfahren.

Ziegler (Moderator): Ja, bloß da sind wir jetzt nicht dabei.

Frau Brandenburg (NF): Ich weiß. Sie hatten aber vorhin etwas gesagt von **Subventionen,** und dann kamen die Flieger dazwischen. Und ich weiß nicht, ob Sie das damit jetzt schon behandelt hatten oder nicht behandeln wollten.

Ziegler (Moderator): Wir müssen jetzt erst einmal gucken, damit wir uns richtig verständigen, **12/4a.** Was ist das? Eine **Information 12/4a.**

Frau Brandenburg (NF): Ja, aber es ist nicht nur eine Information. Es ist ein **Vorschlag der Arbeitsgruppe „Wirtschaft"** im Zusammenhang mit den Fragen der **Währungsreform** und der Verunsicherung der Bevölkerung. Und da wird vorgeschlagen, daß auf einer Pressekonferenz dazu Stellung genommen werden soll, damit diese Dinge einmal klargestellt werden.

Ziegler (Moderator): Ja, das tut mir nun sehr leid, ich möchte dann darüber abstimmen lassen, daß jetzt nur eine Nichtvorlage, eine Information hier zum Verhandlungsgegenstand gemacht wird. Das geht so nicht. Wo kommen wir denn hin? Das muß dann nun schon vernünftig eingebracht werden. Also der Antrag steht, daß eine Information, nämlich die Nummer **12/4a,** hier zum Verhandlungsgegenstand zusätzlich in die Tagesordnung aufgenommen wird.
Herr Stief.

Stief (NDPD): Wir sind ja sicher alle sehr arbeitswillig. Aber jetzt noch Informationen entgegenzunehmen, die des Nachdenkens bedürfen, ist vielleicht ein bißchen zu viel verlangt. Für nächste Woche [hat] die Prioritätenkommission **Wirtschaft plus Landwirtschaft** festgelegt. Ich glaube, daß das in diesen Rahmen paßt und dort auch verhandelt werden sollte. Auch alle Fragen, die die Subventionen betreffen. Die Arbeitsgruppe „Wirtschaft" tagt diese Woche Mittwoch noch einmal. Ich bitte doch herzlich darum, daß die Arbeitsgruppe, auch wenn sie hoch belastet ist, sich dieser Dinge weiter annimmt.

Ziegler (Moderator): Wir verhandeln immer noch über den Antrag zur Tagesordnung, der lautet zusätzliche Aufnahme von der **Information 12/4a.**
Herr Templin, ja, dazu.

Templin (IFM): Ich denke, daß das Anliegen des Antrages so dringlich und gleichzeitig so einleuchtend ist. Man muß sich ja dazu noch nicht einmal sachlich positionieren. Eine schnelle und umfassende Information ist auf jeden Fall dringlich. Ich denke, daß man in ganz kurzer Zeit diesem Antrag zustimmen kann.

---

[60] Dokument 12/21, Anlagenband.

Ziegler (Moderator): Herr Klein. Immer noch zum Antrag.

Klein (VL): Ich möchte mich dem anschließen, was eben von der Initiative [Frieden und Menschenrechte] gesagt wurde.

Ziegler (Moderator): Gut. Dann lassen wir das jetzt abstimmen. Es steht der Geschäftsordnungsantrag, daß die **Information 12/4a** als zusätzlicher Tagesordnungspunkt 7.10 hier aufgenommen und verhandelt wird. Wer dafür ist, der hebe die Hand, bitte. Das müssen wir bitte auszählen, ja? – 13. Gegenstimmen? – 4. Stimmenthaltungen? – 6. Gut. Als Punkt 7.10 [der Tagesordnung] wird die **Information 12/4a** mit Mehrheit aufgenommen.

Lange (Co-Moderator): Nein. Keine Zweidrittelmehrheit.

Ziegler (Moderator): Ach, ist ja nicht Zweidrittelmehrheit. Entschuldigung, ja, stimmt ja. Wird nicht aufgenommen. Dann sollten wir es vormerken für die Prioritätengruppe zur Verhandlung nach dem Vorschlag [von Herrn] Stief. Ja, vielen Dank für den Hinweis.

Wir kommen zum letzten Tagungspunkt 7.9. Darüber war befunden worden. Das ist der **Aufruf zur Aufnahme sowjetischer Juden in der DDR**. Es ist ein **Antrag der Initiative Frieden [und] Menschenrechte**. Ich glaube, Herr Templin bringt ihn ein, nicht? Die **Vorlage 12/33**.

TOP 15: Aufruf zur Aufnahme sowjetischer Juden in der DDR

Templin (IFM):

> **Vorlage 12/33, Antrag IFM: Aufruf zur Aufnahme sowjetischer Juden in der DDR**
>
> Wir unterstützen den beiliegenden Aufruf des jüdischen Kulturvereins in der DDR zur Aufnahme sowjetischer Juden in der DDR und bitten den Runden Tisch, in diesem Sinne zu entscheiden.
>
> <u>Aufruf zur Aufnahme sowjetischer Juden in der DDR</u>
>
> Seit Wochen hören wir von antijüdischen Pogromdrohungen in verschiedenen sowjetischen Städten. Antisemitische und nationalistische Kräfte haben sich organisiert und bedrohen das Leben von Juden. Diese Entwicklung bedroht nicht nur Menschenleben; sie stellt auch den Erfolg der Perestroika in der Sowjetunion in Frage.
>
> Eingedenk der Tatsache, daß bei der Judenverfolgung und -vernichtung durch den deutschen Faschismus die ganze Welt zugesehen hat, rufen wir auf, die deutsche Schmach der Vergangenheit nicht zu wiederholen. Ein talmudisches Gesetz sagt: [Lo taamod al dam reecha pekuach nefesh doche et kol hatorah culah.] Alle Gesetze müssen gebrochen werden, wenn ein Leben gerettet werden kann.
>
> Deshalb fordern wir, daß die DDR Voraussetzung zur sofortigen Aufnahme von sowjetischen Juden, die es wünschen, unabhängig von bestehenden Rechtsvorschriften, schafft.[61]

---

[61] Dieser Vortrag wurde schriftlich zu Protokoll des Zentralen Runden Tisches gegeben. In [ ] gesetzte Texte finden sich lediglich in der schriftlich zu Protokoll gegebenen Fassung.

Zur Erläuterung müßte man hier sagen, daß diesem Antrag, was die Rechtsvorschriften betrifft, ein ziemlich kompliziertes Antrags- und Aufnahmeverfahren entgegenstehen würde. Wir müßten hier also für eine Aufhebung oder Lockerung dieses Verfahrens im Sinne einer möglichen sofortigen Aufnahme votieren.

Ziegler (Moderator): Sie sind damit mit der Einbringung am Ende? Danke. Wünscht jemand dazu das Wort?

Herr Matschie, bitte.

Matschie (SPD): Ich möchte diesem Antrag zustimmen und möchte ihn noch dahingehend erweitern, daß die Regierung der DDR auch gebeten wird, die Regierungen der Sowjetunion davon in Kenntnis zu setzen, daß die Leute, die es betrifft, auch informiert werden können. Es nützt nichts, wenn wir hier nur den Beschluß fassen.

Ziegler (Moderator): Also, das muß aber den Text nicht ändern, sondern es wäre eine Verfahrensfrage, nicht? Weitere Wortmeldungen?

Ja, bitte, Herr Lange.

Lange (Co-Moderator): Ich hätte die Rückfrage an Herrn Templin, ob es nicht etwas klarer formuliert werden kann, was im letzten Absatz gesagt wird. Deshalb fordern wir: Von wem? Ich denke, ein Adressat wäre hier gut. So eine generelle Forderung läßt sich sicherlich sehr leicht abstimmen. Aber es wäre, glaube ich, ganz hilfreich, wenn man sagen würde, auf welchem Weg soll denn das nun geschehen.

Templin (IFM): Die entscheidende Ebene dafür [wäre], ich würde davon ausgehen, der Ministerrat der DDR auf seiner nächsten Sitzung, wenn das vom Verfahren her möglich ist.

Ziegler (Moderator): Ja, Herr Templin, ich muß Sie einmal konkret fragen. Ist das denn nicht alles Zitat, wo wir gar nichts daran ändern können, von „Aufruf" bis „schafft"? Also, das ist doch der Aufruf, der uns gegeben wird von dem **jüdischen Kulturverein**, nicht?

Templin (IFM): Ich habe auch keinen Formulierungsvorschlag gemacht, sondern lediglich versucht zu erläutern, was im Sinne dieses Antrages hier mit DDR gemeint sein kann, also die verantwortliche Stelle beziehungsweise Ebenen in der DDR, an die ist dieser Antrag gerichtet.

Ziegler (Moderator): Ja, dann würde das aber sagen, daß der – – Herr Templin.

Templin (IFM): Gut, wir würden ergänzend formulieren als Schluß des Antrages: „Der Runde Tisch bittet den Ministerrat, in geeigneter Form auf diesen Antrag zu reagieren."

Ziegler (Moderator): Ja, eben. Dann ist es klipp und klar, nicht? Das würden wir da oben mit dazuschreiben, „bittet den Ministerrat", nicht? Gut. Möchte sich dazu sonst noch jemand äußern? Das ist nicht der Fall. Dann möchte ich zur Abstimmung kommen.

Wer das unterstützt, den bitte ich um das Handzeichen. – Das ist die Mehrheit. Gegenstimmen? – Stimmenthaltungen? – Es ist einstimmig angenommen. Danke.

Wir haben damit diese Tagesordnung abgeschlossen. Sie haben selber gemerkt, daß wir uns sicher alle an den Rand der Erschöpfung und der sorgsamen Arbeitsfähigkeit gebracht haben. Und darum lassen Sie mich schließen noch einmal mit der dringenden Bitte: Dinge, die vorgeklärt werden müssen in den Arbeitsgruppen, auch dort vorklären zu lassen und nicht in Einzelanträgen, dann Dinge, die dort geklärt werden müssen, noch nachzuschieben. Das hindert uns in unserer Arbeit.

Zweite Bitte: Wenn es irgend möglich ist, nicht immer ist das möglich, aber wenn es irgend möglich ist, auch die Einzelanträge schon bis Freitag ins Arbeitssekretariat zu senden, damit man eine Planung machen kann, auch eine Zeitplanung, die einigermaßen realistisch ist. Das wäre ja in unser aller Interesse.

Also mit diesen beiden Bitten möchte ich schließen, muß allerdings, weil es unabdingbar ist, die Prioritätengruppe bitten, noch zu einer kurzen Sitzung hierzubleiben. Ich wünsche Ihnen einen guten Abend und einen guten Nachhauseweg.

[Ende der Sitzung]

[Beginn der Sitzung: 9.00]

TOP 1: Eröffnung der 13. Sitzung des Zentralen Runden Tisches

Lange (Moderator): Meine Damen und Herren, ich begrüße Sie zur 13. Sitzung des Runden Tisches.

Fast ist man geneigt zu sagen: Entgegen anders lautenden Meinungsäußerungen setzt der Runde Tisch mit dieser 13. Sitzung seine Beratungen fort. Ich begrüße herzlich alle Vertreter, die Berater und Beobachter sowie Gäste, die unter uns sind. Und ich möchte sehr herzlich alle begrüßen, die durch Radio und Fernsehen an diesen Beratungen teilhaben. Für die Verhandlungsführung des Runden Tisches ergibt sich mit dieser Sitzung eine Neuerung. Ich bitte dazu Herrn Ziegler kurz das Wort zu nehmen.

Ziegler (Co-Moderator): Das ist die Neuerung.

[Der Co-Moderator hebt eine kleine Glocke in die Höhe]

Es haben aufmerksame Zuschauer und Zuhörer festgestellt, daß die Moderatoren, besonders in der Mittagspause und am Nachmittag, furchtbare Schwierigkeiten haben, Sie per Gong hier wieder heranzuholen. Und infolgedessen hat Herr Karl-Heinz Schulz aus Berlin 47 diese **Glocke** zur Verfügung gestellt. Sie wird also heute den Gong übertönen und ich kann sie zur Einweihung gleich an Herrn Lange, der jetzt leitet, übergeben. Wir sagen auf diesem Wege auch herzlichen Dank dem Spender.

[Beifall]

TOP 2: Erklärung des Ministerpräsidenten, Dr. Hans Modrow, zum Besuch in der BRD vom 13.–14. Februar 1990

Lange (Moderator): Ja, und für kirchliche Moderatoren ist eine Glocke immer etwas sehr Naheliegendes.

[Heiterkeit]

Wir haben uns in der vergangenen Woche, meine sehr verehrten Damen und Herren, sehr intensiv mit der Vorbereitung der Gespräche, die unsere Regierung in Bonn zu führen hat, hier beschäftigt.

Ich begrüße herzlich am Runden Tisch Herrn **Ministerpräsident Modrow**. Ich möchte Ihnen danken, daß Sie den frühest möglichen Termin wahrnehmen, um über **Verlauf und Ergebnisse** der Gespräche in Bonn zu informieren.

Und bevor Sie dies tun, darf ich darauf hinweisen, daß dieser Blumenstrauß eben vor Beginn der Tagung des Runden Tisches für Sie eingetroffen ist. Ich habe ihn nur hier hingestellt, damit Sie die Möglichkeit haben, frei zu sprechen. Wir bitten Sie um das Wort Herr Ministerpräsident.

Modrow (Ministerpräsident): Herzlichen Dank.

Zunächst sei vielleicht eine Vorbemerkung gestattet. Es ist die 13. Beratung oder die 13. Sitzung des Runden Tisches. Möge es also für uns gemeinsam ein gutes Omen sein und nicht so betrachtet werden wie nun im Rahmen der Wahlarbeit darüber geredet wird, welche Rolle der **Runde Tisch** eigentlich spielt.

Ich persönlich möchte zum Ausdruck bringen, daß er zu einer wichtigen politischen nicht nur Begleitung, sondern zu einem **bedeutsamen Gremium von Beratungen** geworden ist. Und ich glaube, wir haben auch einen Stand gemeinsame Bemühungen und Anstrengungen erreicht, aus dem sichtbar wird, daß der Runde Tisch eine sehr wichtige – und gewiß werden Historiker später darüber auch noch einmal zu beurteilen wissen – eine bedeutsame Rolle gespielt hat und spielt.

In diesem Sinne meine Damen und Herren, möchte ich eine Information, eine Erklärung geben, die mit der Tätigkeit der Regierungsdelegation in Bonn zusammenhängt. Am 13. Februar [1990] hat bekanntlich in Bonn ein Arbeitstreffen des Bundeskanzlers der BRD mit dem Ministerpräsidenten der DDR stattgefunden. Es war dies – nach der Begegnung in Dresden – die zweite derartige Gesprächsrunde.

[Erklärung des Ministerpräsidenten Dr. Hans Modrow zum Besuch in der BRD vom 13.-14. Februar 1990]

Die Begegnung, {um dies mit wenigen Worten zu sagen,} konzentrierte sich auf Grundfragen der Herstellung der Einheit Deutschlands und zwar vor allem auf entscheidende Fragen, die zwischen den beiden deutschen Staaten behandelt, verhandelt und geklärt werden müssen. Meine Begleitung umfaßte sowohl Fachminister als auch die neu in das Kabinett gekommenen acht Minister ohne Geschäftsbereich. Damit war unsere Regierung der Nationalen Verantwortung in Bonn gewichtig vertreten und war {vor einem breiten internationalen Gremium[1]} tätig, und bestätigte wie richtig und notwendig es war, eine solche Regierung in der DDR zu bilden. Auf dieser breiten Grundlage hat nach meinem Gespräch mit Herrn Kohl unter vier Augen dann eine Diskussion mit Vertretern der Bundesregierung stattgefunden. Daran haben auch Ministerpräsidenten von Bundesländern sowie der Regierende Bürgermeister von Berlin (West) teilgenommen.

Ich darf mit Befriedigung feststellen, daß sich in dieser Aussprache, sie umfaßte insgesamt 16 Diskussionsbeiträge, hier in den wesentlichen Fragen einheitliche Standpunkte der Regierung der DDR gezeigt haben, und zwar in allen Äußerungen von Teilnehmern von seiten der DDR.

Ich danke hier noch einmal ausdrücklich den Ministern, die das Wort ergriffen haben, auch und insbesondere den Ministern ohne Fachbereich. Dieses einheitliche konstruktive Auftreten vermittelt eine Lehre für künftige Gespräche und Verhandlungen, und eine solche Lehre sollte auch von der nachfolgenden Regierung, die am 18. März mit den Wahlen ihre Legitimität über die Volkskammer bekommen wird, beachtet werden.

---

[1] In der schriftlichen Fassung: „vor einer breiten internationalen Öffentlichkeit".

Am 13. und 14. Februar hat es nach dem Arbeitstreffen eine Fülle von Begegnungen und Gesprächen mit führenden Politikern, Vertretern von Wirtschaft und Finanzen der Bundesrepublik gegeben. Daran waren ebenfalls sämtliche Mitglieder der mich begleitenden Delegation in dankenswerter Weise sehr aktiv und konstruktiv beteiligt.

Diese weiteren Gespräche haben ebenfalls Gelegenheit gegeben, sowohl die Standpunkte der verschiedensten Persönlichkeiten aus der Bundesrepublik kennenzulernen als auch wiederum die Auffassung der Regierung der DDR zu den anstehenden Fragen zum Ausdruck zu bringen. Ich möchte hier zugleich auch eines nachdrücklich feststellen: Die von den Vertretern der Regierung der DDR in Bonn dargelegten Meinungen, Vorschläge und Forderungen entsprechen voll inhaltlich den Positionen des Runden Tisches, die für das Bonner Arbeitstreffen beschlossen worden sind. Sie sind mir vorher schriftlich zugegangen, und ich habe dieses Positionspapier dem Bundeskanzler bei unserem einleitenden Gespräch übergeben. Ich möchte damit auch unterstreichen, daß damit auch all jene an ihm persönlich gerichtete Materialien und Anliegen übergeben wurden; und Bundeskanzler Kohl veranlaßte, daß ihre Materialien allen Gesprächspartnern der Seite der BRD auch unserem Wunsch gemäß übergeben worden sind, so daß sich hier – das möchte ich unterstreichen – {auch die Übereinstimmung unseres Auftretens[2]} mit all jenen Problemen und Fragestellungen, die ihr Anliegen waren, in Übereinstimmung befunden haben.

Ich möchte in sechs Punkten auf diese Grundpositionen eingehen und vorschlagen, daß danach Mitglieder der Delegation, {ergänzend zu ihren Fragen,} gleichfalls Information geben, damit sich der Runde Tisch über das hinaus, was die Medien berichtet haben, ein Bild machen kann; und dabei denke ich auch und in aller erster Linie an die Bürger der DDR, {wenn auch die jetzige Stunde gewiß nicht die günstigste für jene ist, die beruflich tätig sind, so wird der Abend ja in Zusammenfassungen auch über das informieren für den Teil, der fleißig und verantwortungsbewußt seiner Arbeit nachgeht, damit ein jeder die Informationen entgegennehmen kann, die der Bildschirm und Rundfunk gegenwärtig übermittelt}. Erstens ging es dem Runden Tisch ebenso wie mir darum, gegenüber dem Bundeskanzler die gemeinsame nationale Verantwortung zu betonen. Dem hat Herr Kohl zugestimmt. Das notwendige Höchstmaß an politischer Verantwortung erfordert auch, die Bürger der DDR nicht durch gezielte Meinungsmache aus Kreisen des Bundeskanzler{amtes} zu beunruhigen. Ich meine damit die angeblich in diesen Tagen eingetretene Zahlungsunfähigkeit der DDR und die angeblich noch einmal vorverlegte Volkskammerwahl. Ich habe in Bonn diese Verantwortungslosigkeit gerügt. Eine Entschuldigung oder ein klärendes Wort haben wir offiziell jedoch nicht gehört. Man muß dazu noch feststellen, daß einige Medien der BRD und manche politische Kräfte auch jetzt nicht zur Besonnenheit und Beruhigung beitragen, die doch so notwendig sind für Vertrauen in die Zukunft und für redliche Arbeit. Nachdrücklich möchte ich an dieser Stelle dem Herrn Bundespräsidenten von Weizsäcker meinen persönlichen Dank, Respekt und Hochachtung übermitteln zu dem was er am gestrigen Tage auch die internationale Öffentlichkeit und besonders die Bürger der DDR hat wissen lassen. {Ich persönlich möchte gerade dieses persönliche Gespräch mit Herrn von Weizsäcker besonders für mich persönlich als bedeutsam werten.}

Zweitens war es das eindeutige Bemühen der DDR-Vertreter in Bonn mit diesem Treffen Möglichkeiten einer raschen Verbesserung der Lebensbedingungen in der DDR zu erschließen, insbesondere also erneut die schon in Dresden besprochene solidarische Hilfe der BRD für die DDR anzumahnen. Auch das entspricht den Positionen des Runden Tisches. Wie Sie bereits wissen, meine Damen und Herren, habe ich keine Zusage für eine solche solidarische Hilfe aus Bonn mitgebracht. Es sind aber bestimmte Töne auch in Leipzig in ganz anderer Weise zu hören gewesen für wen man eigentlich bereit ist, solidarisch zu sein und für wen weniger. Es geht aber hier wohl nicht um Parteipolitik, es geht hier um nationale Verantwortung, die wir alle gemeinsam höherstellen sollten. Eine Tageszeitung der BRD hat das ebenso knapp wie treffend mit den Worten kommentiert: Offen bleibt die Frage eines Solidarbeitrages. Ich kann die Enttäuschung vieler Bürger der DDR verstehen, die sich fragen, ob sie nun keine Brüder und Schwestern mehr sind. Allerdings, mehr als sich immer wieder bemühen, kann meine Regierung nicht. Ich werde nicht auf Knien um einen solchen solidarischen Beitrag bitten. Was nach dem 18. März erfolgt, das wird sich zeigen.

Drittens wurde mir vor dem Treffen die Absicht der Bundesregierung signalisiert, so rasch wie möglich eine Währungsunion beider Staaten herbeizuführen. Dem kann vor dem 18. März nicht entsprochen werden. Die Regierung der DDR ist hier auch mit den Standpunkten des Runden Tisches in Übereinstimmung. Darüber hinaus ist verfassungsrechtlich überhaupt die Regierung gegenwärtig nicht befugt, die Währungshoheit preiszugeben, und ich kann dies auch der gegenwärtigen Volkskammer demzufolge nicht empfehlen. Die Grundposition des Runden Tisches habe ich jedoch auch so vertreten, daß es notwendig ist bereits jetzt Arbeitsschritte einzuleiten, damit ein künftiges Parlament recht bald über eine Wirtschaftsgemeinschaft von DDR und BRD und dafür eine einheitliche Währung befinden kann. Tatsächlich darf hier nicht überstürzt vorgegangen werden, weil zahlreiche Sachfragen zu klären sind, darunter gewichtige Rechtsfragen, wobei ich betone, daß insbesondere das Recht der Bauern der DDR auf ihr Bodenreformland nicht antastbar ist. Auch in dem Punkt, meine Damen und Herren, stimmen wir offenbar überein. Fachleute aus beiden [deutschen] Staaten werden in dieser Woche die Vorarbeiten zur Währungsfrage aufnehmen. So ist es in Bonn vereinbart worden, und das rechne ich zu den konstruktiven Ergebnissen.

Viertens haben die Vertreter unserer Regierung in Übereinstimmung mit dem Runden Tisch bei den Gesprächen in Bonn betont, daß es um soziale Sicherheit für die Bürger der DDR geht und gehen muß. In diesem Punkt sind wir durchaus verstanden worden. Es muß auch öffentlich klargestellt werden, daß es keine Wegnahme von Spargeldern geben darf, keine Härten für Rentner, alleinstehende Mütter und kinderreiche Familien, um nur diesen Kreis aus dem Komplex vieler Probleme zu nennen. Ja, ich meine, der künftigen Regierung der DDR sollte geraten werden, von der Bundesregierung entsprechende Garantieerklärungen einzufordern, ehe einer Währungs- und Wirtschaftsunion zugestimmt wird.

---

[2] In der schriftlichen Fassung: „unser Auftreten".

Fünftens haben wir in Bonn klargemacht, daß die Zusammenführung der beiden Staaten in vertraglich geregelter Form erfolgen sollte. Bundeskanzler Kohl hat ausdrücklich erklärt, es gehe seiner Regierung nicht um einen Anschluß der DDR. Damit ist auch klarzustellen, daß wir, die Bürger der DDR, bei allen Fehlern der Vergangenheit doch mit eigenen Werten in den Prozeß des Zusammenwachsens unter Vereinigung gehen sollten. Gerade dazu habe ich auf der internationalen Pressekonferenz besonders nachdrücklich meinen Standpunkt und die Überlegungen – ich glaube, sowohl des Runden Tisches als auch der Regierung – zum Ausdruck gebracht.

Sechstens ist und bleibt die Herstellung eines deutschen Staates mit dem internationalen Umfeld verbunden und zwar dergestalt, daß die Interessen aller Völker Europas sowie speziell der vier Mächte zu wahren sind. Die Konferenz von Ottawa hat sich dazu bekanntlich geäußert.

Die Regierung der DDR begrüßt das Übereinkommen für eine Vier-plus-Zwei-Konferenz. Darüber hinaus habe ich sowohl in Bonn als auch danach in Warschau keinen Zweifel daran gelassen, daß für die DDR die Oder-Neiße-Grenze unantastbar und völkerrechtlich geworden ist. Sie muß auch für den künftigen deutschen Staat bleiben.

Wichtiges politisches Ergebnis des Besuches ist, daß nunmehr von den Regierungen beider Staaten die Weichen für die baldige Vereinigung von DDR und BRD zu einem deutschen Bundesstaat gestellt werden. Dies ist von historischer Bedeutung nicht nur für die Deutschen in Ost und West. Es ist für das Schicksal des ganzen europäischen Kontinentes wichtig, wie sich der deutsche Einigungsprozeß und seine Ergebnisse in die Erfordernisse der europäischen Sicherheit und künftiger kooperativer Strukturen einordnet, wie die Befürchtungen und Sorgen anderer Staaten, ich denke dabei besonders an Polen, aber auch an die Sowjetunion und Frankreich, berücksichtigt werden, wie das Problem geregelt wird damit mit der Aggression Hitler-Deutschlands und dem Scheitern des Dritten Reiches verbundene Fragen und Probleme auch ihre völkerrechtliche Klärung bewahren und behalten. All das erfordert ein gesondertes, ein stufenweises vertraglich geregeltes Zusammenwachsen beider Staaten.

In Bonn bestand Übereinstimmung, daß die deutsche Vereinigung in den gesamteuropäischen Prozeß eingebettet sein muß und das von deutschem Boden nur Frieden ausgehen darf. Nun gilt es, auf beiden Seiten entsprechend zu handeln, Fristen, Formen und Modalitäten der Vereinigung gemeinsam festzulegen, sie mit dem KSZE-Prozeß zu synchronisieren. Nichts darf hier geschehen, was überhastet vor sich geht und für europäische Völker das Gefühl von Unruhe und fehlendem Vertrauen zu den Deutschen aufkommen lassen kann.

Bei all dem, was über das Treffen zu sagen und zu rechten ist, halte ich das in Bonn erzielte Arbeitsergebnis dennoch insoweit für vertretbar, weil es dazu beitragen kann, für die künftige Vereinigung der beiden Staaten die Weichen auf Vernunft, Überschaubarkeit, soziale Sicherungen und ein konstruktives Vorgehen zur Klärung von Sachfragen zu stellen. Damit wollte die Regierung der Nationalen Verantwortung den Bürgern der DDR dienen und Vorarbeit für die Zeit nach dem 18. März leisten. In diesem Sinne wollte ich den Runden Tisch nicht nur informieren, sondern Ihnen auch Dank für Ihre Unterstützung für die Tätigkeit [in] der Regierungsdelegation aussprechen.[3]

Ich danke für Ihre Aufmerksamkeit.

Lange (Moderator): Wir danken Ihnen, Herr Ministerpräsident für Ihre Darlegungen. Ich möchte Sie davon in Kenntnis setzen, daß wir für diesen Tagungsordnungspunkt, der ja außerhalb der uns vorliegenden Tagesordnung jetzt hier zur Behandlung steht, etwa eine Stunde die Möglichkeit haben mit Herrn Ministerpräsident Modrow im Gespräch zu sein. Er hat angekündigt, daß weitere Mitglieder der Delegation bereit sind zu ergänzen. Ich eröffne die Aussprache zu dem Bericht des Ministerpräsident. Herr Platzeck, Minister ohne Geschäftsbereich, Herr Ullmann anschließend ebenfalls Minister ohne Geschäftsbereich.

Platzeck (Minister ohne Geschäftsbereich [Minister o. G.], GP): Dem Bericht von Hans Modrow kann ich voll zustimmen. Ich möchte allerdings etwas sagen, was ich auch schon in der Bundesrepublik gesagt habe, daß mein persönlicher Eindruck der einer, zumindestens stellenweise, der einer Zumutung war, was die Verhandlungen im großen Kreis betraf, so wie uns begegnet wurde, aber ich will mich dabei nicht aufhalten.

Ich habe drei Probleme, die mich im Zusammenhang mit diesem Besuch und im nachhinein bewegen, der ja auf westlicher Seite für meine Begriffe auch mit ausgesprochenen Unrichtigkeiten nachbereitet wurde, wenn Herr Waigel sagt, daß er eben kein Geld in ein Faß, rotes Faß ohne Boden schütten möchte, ist das schlicht weg falsch. Es lag ja eine genaue Auflistung da wofür dieser **Solidarbeitrag**, der ja vom Westen in Dresden in Aussicht gestellt wurde, nicht von uns primär gefordert wurde. Da lag ja eine genaue Liste vor, das stimmt also nicht und wenn Herr Haussmann [Bundesminister für Wirtschaft] sagt, wir hätten die **Währungsunion** abgelehnt, stimmt das auch nicht. Es muß ja legitim sein, die Bedingungen vorher zu klären, zu denen man solche Währungsunion eingehen möchte und um nichts anderes ging es ja dort.

Aber ich glaube, daß ja Jammern wirklich keinen Sinn mehr hat, und wir müssen uns jetzt auch zunehmend auf unsere Möglichkeiten, Kräfte und Fähigkeiten besinnen und da bewegen mich drei Punkte.

Ich bin am Wochenende von sehr vielen – ich habe ja auch etliche Briefe mit von sehr vielen Bürgern – angesprochen worden, die schlicht weg Angst bewegte. Ich will nur ein Beispiel nennen, aus Groß-Glienicke haben die Bürger einen Brief geschrieben, dort befinden sich 400 Haushalte auf **Westgrundstücken**, in Groß-Glienicke ist große Unruhe, das betrifft viele andere Dörfer und Städte der DDR.

Auch und daraus ableitend möchte ich sagen, wir müssen umgehend, es ist ja am letzten Runden Tisch schon ein Vorschlag diskutiert worden, diese Frage von uns aus auch klären, hier gibt es Möglichkeiten, die vorgestellte [Möglichkeit] der **Bildung von Holdings** ist eine, die auf jeden Fall erhöhte Aufmerksamkeit bekommen sollten.

---

[3] Dieser Vortrag wurde schriftlich zu Protokoll des Zentralen Runden Tisches gegeben. Die in { } gesetzten Ausführungen wurden davon abweichend nur mündlich vorgetragen. In [ ] gesetzte Texte finden sich lediglich in der schriftlich zu Protokoll gegebenen Fassung.

Ich glaube, es kann nicht angehen, und das hängt mit dem zweiten Punkt zusammen, der mich bewegt, daß solche Vorschläge von Privatpersonen kommen. Ich meine gut, wir gehören jetzt selber zum Ministerrat, aber das sind Rahmenbedingungen und Vorschläge, die müssen von den Fachleuten des Ministerrates jetzt umgehend ausgearbeitet werden um unseren Bürgern auch das Gefühl zu geben – diesen Begriff, unsere Bürger, mag ich nicht, ich nehme ihn zurück – den Bürgern der DDR das Gefühl zu geben, hier wird auch wirklich gearbeitet für ihre zukünftige Sicherheit, für die **Sicherheit ihrer Mietverhältnisse,** für die **Sicherheit ihrer Grundstücke** und ähnliches. Das kann nicht von Freunden von Dr. Ullmann und uns ausgearbeitet werden und hier vorgelegt werden. Das setzt für meine Begriffe falsche Zeichen.

Zum zweiten und das hängt eng damit zusammen, wir sind ja auch mit sehr vernünftigen Leuten in der Bundesrepublik zusammengekommen, wenn ich an Frau Süßmuth [Präsidentin des Deutschen Bundestages], an Herrn Tyll Necker [Präsident des Bundesverbandes der Deutschen Industrie] denke, die durchaus unsere Einschätzung bis zu einem gewissen Grade teilten, aber mit Recht sagten, wir müssen mehr tun, um gewisse **bürokratische Hemmnisse** in der DDR schnellstens zu überwinden.

Es kann einfach nicht sein, daß gutwillig Leute hier herkommen, helfen wollen, natürlich auch investieren wollen, völlig klar, und dann vor Ort an Barrieren scheitern, die sie nicht verstehen und wieder gehen und sagen, „wir kommen nicht wieder".

Hier glaube ich, haben wir noch sehr großen Handlungsbedarf und der liegt nicht nur an der Zentrale, der liegt in den Bezirken und in den Städten und da muß ganz schnell etwas passieren, diese Leute kommen nicht zweimal, das wurde uns auch ganz klar gesagt. Und dann wird auch unser Ruf, wenn wir sagen, diese und jene Hilfe ist dringend nötig, ein bißchen unglaubhaft, wenn sie dann nicht anwendbar ist vor Ort.

Zum dritten meine ich, wir sollten uns unbedingt auch noch mehr **konzentrieren auf die anderen europäischen Länder.** Es gibt nicht nur die Bundesrepublik. Wir haben viele Zeichen aus Holland, aus Dänemark und von woanders bekommen, die gerne mit uns in engen Kontakt treten würden und ich glaube, gerade der Besuch in Bonn hat gezeigt, daß das auch ein Weg sein muß für die nächsten Wochen und Monate, der intensiver genutzt werden sollte. Danke schön.

Lange (Moderator): Herr Ullmann bitte.

Ullmann (Minister o. G., DJ): Meine Herrn Moderatoren, meinen Damen und Herren, ich stimme voll überein mit den sechs Punkten, die vom Ministerpräsidenten vorgetragen worden sind als Ergebnis der Gespräche in Bonn und möchte nur an einigen Stellen Ergänzungen hinzufügen.

Es ist eine Gesprächsrunde gewesen mit Kanzleramtsminister Seiters. Auf DDR-Seite waren die Gesprächsteilnehmer, die Minister ohne Geschäftsbereich.

In diesem Gespräch hat eine Rolle gespielt, der Satz, der hier in der letzten Sitzung des Runden Tisches Gegenstand der Debatte gewesen ist: Es gäbe **Kräfte in der Bundesrepublik,** manche Kräfte, die auf eine **Destabilisierung unseres Landes** hinarbeiteten. Wir haben zu unserer Freude und Genugtuung von Herrn Minister Seiters, ich betone von einem Vertreter der Regierung, die Erklärung erhalten, daß die Bundesregierung an einer Destabilisierung unseres Landes nicht interessiert sei und es ist wichtig diese Meinung von seiten der Regierung gesagt zu bekommen.

Mein zweiter Punkt betrifft das, was der Herr Ministerpräsident zum Stil und der Art und Weise des **Umganges der Bundesregierung** gegenüber und **mit der Regierung der DDR** äußerte. Er hat mit Recht davon gesprochen, daß eine Entschuldigung offizieller Art nicht ausgesprochen worden ist während des Besuches. Ich will immerhin hier die Mitteilung machen, daß bei dem Essen, das der Herr Bundeskanzler der DDR-Delegation gegeben hat, mein Nachbar mich über das Zustandekommen gewisser Äußerungen informiert hat und mich hat wissen lassen, daß es sich hier um Unachtsamkeiten gehandelt habe, die im diplomatischen Verkehr eigentlich nicht passieren sollten. Das ist sicherlich keine offizielle Entschuldigung, aber ich möchte Sie doch über diese Schilderung des Herganges informieren.

Ich komme nun zu Punkt fünf der Erklärung des Herrn Ministerpräsidenten, da geht es um den **Prozeß der Einigung der beiden deutschen Staaten.** Hier ist eine Diskussion im Gange, von der ich ohne Rückhalt sagen möchte, daß ich sie angesichts der Schwere und des Gewichtes der Probleme teilweise mißbillige, weil sie ohne Augenmaß und Verantwortlichkeit geführt worden ist.

Ich habe dem Herrn Bundeskanzler in der großen Gesprächsrunde, im NATO-Saal, die Frage gestellt, was die **Bundesregierung als Ziel der Vereinigung** beider deutscher Staaten eigentlich vor Augen habe und auf dem Hintergrund, der schon im Gang befindlichen Diskussion habe ich ohne Umschweife die Frage gestellt, ob die Bundesregierung der Meinung sei, daß das Ziel ein **Anschluß der DDR an die Bundesrepublik nach Artikel 23 des Grundgesetzes** sei, wo der letzte Satz lautet, „das Grundgesetz ist in anderen Teilen Deutschlands nach deren Beitritt in Kraft zu setzen".

Bundeskanzler Kohl hat auf diese Frage geantwortet, ein Anschluß in diesem Sinne komme nicht in Frage und Bundesminister Waigel als Vertreter der CSU hat dem zugestimmt. Ich denke, das war nun allerdings eine offizielle Erklärung der Bundesregierung und es muß allen Kommentierungen von anderer Seite entgegengetreten werden, die diesen Artikel immer neu ins Gespräch bringen. Und ich denke, es schadet dem Gespräch der Regierungen und es verunsichert die Bevölkerung in beiden deutschen Staaten, wenn die hier vollzogene Klarstellung nachträglich immer wieder in Interview und Talkshows in Frage gestellt wird.

Ich füge von mir aus folgendes hinzu, wenn dieser Artikel nicht angewandt werden kann, und wir haben eben gehört, daß auch die Absicht nicht besteht, ihn anzuwenden, dann muß man fragen: Was soll geschehen und was soll das **Ziel des Einigungsprozesses** sein?

Das **Grundgesetz der Bundesrepublik Deutschland** kennt eine andere Möglichkeit nach **Artikel 146 [GG].** Er lautet: „Dieses Grundgesetz verliert seine Gültigkeit an dem Tage an dem eine Verfassung in Kraft tritt, die von dem deutschen Volke in freier Entscheidung beschlossen worden ist."

Alle verantwortlichen Politiker und alle Bürgerinnen und Bürger in beiden deutschen Staaten, denen an einer Demokratisierung und an der Wahrnehmung des Selbstbestimmungsrechtes gelegen [ist], sollten in diese Richtung denken und arbeiten. Was heißt das für uns hier am Runden Tisch?

Ich denke, daß man hier dem folgen muß, was der Kollege Platzeck vorhin vorgetragen hat. Wir müssen wenigstens in ersten Schritten die **Rechtsunsicherheit** beseitigen, die hier durch Diskussion und durch die um sich greifende **Unanwendbarkeit alter Gesetze** und **alter Rechtstraditionen** in unserem Lande im Begriff ist, um sich zu greifen.

Wir brauchen Programmentscheidungen und wir brauchen Festzielfestlegungen im politischen und im wirtschaftlichen Bereich. Ich will an dieser Stelle meine Feststellungen beenden mit dem Hinweis darauf, daß mir Beschlußanträge vorliegen von seiten der Initiative Frieden und Menschenrechte und von seiten von Demokratie Jetzt, die durch die Moderatoren abgerufen werden könnten.

Lange (Moderator): Vielen Dank, Herr Minister.
Herr Poppe jetzt.

Poppe (Minister o. G., IFM): Ja, ich kann mich erst einmal dem anschließen was Herr Ullmann eben gesagt hat. Das hat für uns eine große Rolle gespielt in der Diskussion nach dem Besuch und wir haben, wir könnten nachher im Laufe dieses Tagungsordnungspunktes würde ich darum bitten, daß diese entsprechenden Anträge hier noch vorgetragen werden können, weil sie einfach dazugehören.

Ich möchte noch ein paar Bemerkungen machen zum Verlauf der Verhandlung, dort ist mir aufgefallen, daß eigentlich immer nur von **Geld** die Rede war von seiten des Bundeskanzlers. Es kam mehrfach die stereotype Formulierung, „die **D-Mark unser größter Aktivposten**,". Ich hatte eigentlich bis dahin angenommen, daß dort eine andere Haltung besteht, daß also eine Wertvorstellung wie **Demokratie** und **Selbstbestimmung** eine Rolle spielen werden, die ja seit Jahrzehnten dort immer im Munde geführt werden.

Es ging aber weder um die 40jährige Geschichte der beiden Staaten, es ging auch nicht um die **Akzeptanz einer spezifischen DDR-Identität,** es ging auch nicht um die sozialen Probleme, die in diesem Lande zu erwarten sind wenn es zu einer schnellen Währungsunion kommt.

Ich muß aber auch sagen, daß es sich auf seiten der **CDU der Bundesrepublik** nicht um einen monolithischen Block handelt. Gerade das Gespräch mit Frau Professor Süßmuth hat gezeigt, daß es auch andere Positionen gibt. Sie hat also ausdrücklich vor einer Forcierung des Tempos gewarnt in dieser Frage und zur Geduld gemahnt und hat also auch durchaus sich unseren Positionen nicht verschließen können, die auf unsere spezifische Situation in der DDR und auf das Einbringen unserer eigenen Geschichte in ein späteres vereinigtes Deutschland sich bezogen.

Eine weitere **Relativierung der Haltung des Bundeskanzlers** habe ich entnommen den Ausführungen von Tyll Necker [Präsident des Bundesverbandes der Deutschen Industrie], insbesondere war mir dabei wichtig, daß er doch mit einem realistischen Blick gesehen hat, welche Probleme hier entstehen können und ich denke, das wird auch unsere Aufgabe sein, in der nächsten Zeit in aller Offenheit die Diskussion zu führen, was eigentlich bei einer schnellen **Währungsunion** passieren kann, wie sieht es aus mit einem Ersatz der Mark der DDR durch D-Mark, wie sieht es aus mit einem festen Kurs zwischen beiden Währungen oder wie sieht es aus mit einer Parallelexistenz beider Währungen, was sind die Konsequenzen, die sich daraus ergeben?

Es haben zahlreiche Wirtschafts- und Finanzfachleute dazu Stellung genommen, die dann zum Teil zu sehr unterschiedlichen Ergebnissen kommen und ich denke auch, daß der Bevölkerung der DDR klar werden muß, daß es massive Probleme geben wird im Zusammenhang mit einer Währungsunion.

Denn [Herr] Necker hat insbesondere auf das **Wohlstandsgefälle** hingewiesen, was zwischen beiden deutschen Staaten entstehen wird mit Einführung der D-Mark, er hat das als einen ganz normalen Vorgang betrachtet und auf Länder hingewiesen wie zum Beispiel die USA, wo es ein solches Wohlstandsgefälle bei gleicher Währung ja gibt und da wäre aber natürlich zu reden, welche Auswirkungen das hat. Und ich denke, man muß das bei uns öffentlich diskutieren, sowohl die Möglichkeit dieses Wohlstandsgefälles, das heißt also wir würden eine Art **Sizilien** der Bundesrepublik werden können und das muß wirklich klar sein, daß damit nicht unbedingt die **Abwanderungsrate aus der DDR** bereits gelöst werden kann.

Ein weiteres Problem, was auch von Herrn Necker angesprochen wurde, ist die **Arbeitslosigkeit,** die entstehen wird, er hat das also ganz klar gesehen und gesagt: Wir müssen damit rechnen. Wir können nur froh sein, wenn es nicht zu einer strukturellen Arbeitslosigkeit kommt, sondern wenn es nur eine sogenannte Übergangsarbeitslosigkeit ist.

Schließlich zum **internationalen Aspekt.** Er wurde ja nicht nur ausgespart, sondern es wurde von Herrn Kohl auf der Pressekonferenz gesagt, eine Anerkennung der Oder-Neiße-Grenze ist einer zukünftigen gesamtdeutschen Regierung vorbehalten. Hier muß ich entschieden Protest einlegen, das kann nicht unsere Position sein und wir werden [in] dem Antrag, den ich nachher vortragen werde, noch einmal darauf zurückkommen.

Eine Anmerkung noch zu den Grünen. Ich habe eineinhalb Stunden in der **Fraktion der Grünen** gesprochen, das war kein offizieller Programmpunkt. Ich habe dort eine große Sympathie für die Position verspürt, die unsere Delegation mitgebracht hat und es ist auch nachträglich dann doch von ihnen eine ganz klare Stellungnahme gekommen, in der die Haltung des Bundeskanzlers kritisiert wurde.

Soweit erst einmal dazu. Ich müßte die Moderatoren fragen, an welcher Stelle wir den Antrag einbringen können. Er gehört wirklich unmittelbar in diese Thematik.

Lange (Moderator): Ja, vielen Dank. Wir werden das dann gleich zu entscheiden haben. Das waren zunächst drei Ergänzungen von Vertretern der Regierung, die an diesen Gesprächen in Bonn teilgenommen haben. Es liegen jetzt weitere Wortmeldungen vor, zunächst Herr Junghanns.

Junghanns (DBD): Ja, meine Damen und Herren – –

Frau Böhm (Ministerin o. G., UFV): Entschuldigung, darf ich, weil ich auch mit in Bonn war, noch eine kurze ergänzende Bemerkung machen? Ich hatte mich gemeldet, das hatten Sie nur übersehen.

Lange (Moderator): Das habe ich jetzt erst registriert, Herr Junghanns.
Bitte schön, Frau Böhm.

Frau Böhm (Ministerin o. G., UFV): Ja, ich möchte noch etwas sagen, daß das erste Mal in Bonn und im wesentlichen von uns angesprochen, die Fragen, die **sozialen Fragen** mit im Zusammenhang der **Währungsunion** diskutiert wurden.

Die Antworten von seiten der Bundesregierung und speziell von Herrn Minister Blüm sahen in dem Sinne aber so aus, daß es also ganz einfach sei, die Renten beziehungsweise **Arbeitslosenversicherung** der Bundesrepublik auf die DDR überzustülpen. Unserer Meinung nach ist damit die Masse der kommenden sozialen Probleme bei einer schnellen Währungsreform nicht gelöst.

Und in diesem Zusammenhang muß also von unserer Seite ganz speziell, also müssen weitere sozialpolitische Vorstellungen, die nicht einfach den in der Bundesrepublik entsprechen, sondern die auch unsere 40jährige Erfahrung betreffen, mit eingebracht werden.

In einem Gespräch, was ich mit Frau Süßmuth noch hatte, als erste Frauenministerin, die sie war der Bundesrepublik, hat sie uns auch noch einmal darauf hingewiesen, daß es gerade für die **Frauen der DDR** von unheimlicher Bedeutung ist, die **gesellschaftlichen und kommunalen Kindereinrichtungen** zu erhalten, damit auch diese Frauen im **Umqualifizierungsprogramm** und dem **Umschulungsprogramm** also weiterhin die Möglichkeit haben, ökonomisch unabhängig zu sein.

Lange (Moderator): Vielen Dank, Frau Ministerin Böhm vom Unabhängigen Frauenverband.

Nun Herr Junghanns, Demokratische Bauernpartei.

Junghanns (DBD): Ja, meine Damen und Herren, die Demokratische Bauernpartei Deutschlands anerkennt, die von der Delegation der Regierung der Nationalen Verantwortung in Bonn geleistete Arbeit. Wir sind der Auffassung, jawohl, daß die Verhandlungsführung das Mandat vom vergangenen Montag, das wir uns schwer erarbeitet haben, zum Ausdruck gebracht hat. Allgemein, in dem die Delegationsmitglieder das **Selbstwertgefühl der Bürger der DDR** eingebracht und verteidigt haben und speziell in dem die **Fragen der Sicherung des Eigentums der Bauern** und der Sicherung der sozialen Stellung der Bauern offensiv in den Verhandlungen gestellt wurde.

Was die Ergebnisse betrifft, sind sie für uns hinter den Notwendigkeiten aber auch hinter den öffentlich gepflegten, hinter der öffentlich gepflegten solidarischen Haltung der BRD-Regierung zurückgeblieben.

Der Einsatz der Expertenkommission ist für uns ein richtiger unabdingbarer Schritt. Jedoch die Begründung, mit der dabei stehengeblieben und alles weitere auf nach dem Wahltag verlegt wurde, nämlich, daß es bei uns in der Republik noch nicht genügend Garantien dafür gebe, die notwendigen Mittel fließen zu lassen, diese teilen wir nicht.

Nicht zuletzt auch deshalb teilen wir sie nicht, weil diese Erwägungen bei dem bisherigen Einsatz ja wohl über fünf Milliarden D-Mark im Zusammenhang mit den Reisedevisen, mit Maßnahmen des Umweltschutzes bishin zu medizinischen Geräten keine Rolle gespielt haben. Offensichtlich sind jetzt **wahltaktische Gesichtspunkte,** sind es wahltaktische Gesichtspunkte, die dafür herangezogen werden, die parteipolitische über staatspolitische Erwägungen stellen.

Das läuft nach unserer Auffassung entgegen aller anders lautender Beteuerung dem Anliegen, die Lage hier zu Lande auf dem Weg zum Wahltag nicht weiter zu destabilisieren, zuwider. Mehr noch, alles das, was an Kommentierungen in Widersprüchlichkeit zu den Verhandlungsergebnissen über die Kanäle läuft, höhlt den Begriff der Vereinigung und aller damit verbundenen Interessen der Bürger der DDR aus und infolgedessen laufen wir Gefahr, daß der **Wahlentscheid** am mündigen Bürger unseres Landes vorab abgewertet wird.

Das widerspricht dem Streben der Demokratischen Bauernpartei, den Weg zur deutschen Einheit bei **Wahrung der Volkssouveränität** der Bürger beider Teile Deutschlands zu gestalten. Wir unterstützen deshalb als praktische Schlußfolgerungen auch praktische Schritte der Sicherung der Interessenlage unserer Bürger in Sonderheit, wie Sie sie, Herr Platzeck, auch angestrebt haben, was die **Wahrung Eigentumsrechte** betrifft.

Wir sind der Auffassung, wir werden heute auch noch dazu sprechen im Zusammenhang mit dem Wirtschaftspaket „Landwirtschaft", [daß die] stabilen Nutzungsverhältnisse über Jahre jetzt den Weg finden müssen zu stabilen Eigentumsverhältnissen als Kategorien, die in der zukünftigen marktwirtschaftlichen Ordnung Bestand haben können.

Eine Nachfrage zur **militärischen Verhandlungsführung,** was am Wochenende an Mission von Herrn Stoltenberg [Bundesminister der Verteidigung] für die NATO-Mitgliedschaft unseres Landes entwickelt wurde, ist unannehmbar. Mich interessiert, wie der Standpunkt, wie der Verhandlungsstandpunkt von der vergangenen Woche war und welche praktischen Schritte damit verbunden werden, um jenen Anliegen die Vereinigung Deutschlands auch mit einem Auseinanderrücken der Militär – praktisch zu verbinden und damit Sicherheitsinteressen der benachbarten Völker auch zu respektieren verwirklicht werden.

Danke.

Modrow (Ministerpräsident): Die **militärischen Fragen** werden nicht berührt. Und das war auch das Bemühen des Bundeskanzlers immer wieder von zwei Schienen zu sprechen, der internationalen und der **nationalen Schiene** und die nationale Schiene habe in den Gesprächen den Vorrang. Die **internationale Schiene,** also jene der Einbindung in das gesamteuropäische Problem ist im wesentlichen nicht zur Sprache gebracht worden.

Und ich möchte hier noch einmal mit Eindeutigkeit unterstreichen, daß ich davon ausgehe, daß [ich] solche Positionen – die NATO bis an die Oder-Neiße-Grenze zu rücken oder überhaupt den Prozeß der Vereinigung als einen Prozeß der Einbeziehung in die NATO – als keine vertrauensbildende und eine für die vier Mächte gewiß auch nicht annehmbare Situation halte.

Lange (Moderator): Vielen Dank. Es liegt eine Wortmeldung der FDP vor, eine Aussage zum Problem **Westgrundstücke.** Ich habe den Runden Tisch zu fragen, ob Sie einverstanden sind, daß der Vertreter der FDP das Wort ergreift. Gibt es dagegen Widerspruch? Das ist nicht der Fall. Darf ich Sie bitten dann an das Mikrofon und noch einmal bitte Ihren Namen zu nennen.

Vielleicht könnten Sie von hier sprechen.

Thietz (FDP): Mein Name ist [Peter] Thietz von der FDP in der DDR. Als Mitglied des Vorstandes der FDP in der DDR hatten wir im Januar [1990] Kontaktgespräche zu der Bundespartei in Bonn. Bei einem Zusammentreffen mit Herrn Baum, dem stellvertretenden Bundesvorsitzenden der FDP, habe ich dieses Problem angeschnitten, weil ich weiß, wie brisant dieses Problem bei uns in der Bevölkerung ist und es ist ja auch heute hier wieder zum Ausdruck gekommen. Bei diesem Gespräch hat Herr Baum betont, daß in Jahrzehnten **gewachsene Rechte der DDR-Bürger** unbedingt respektiert werden müßten bei einer künftigen Lösung dieses Problems.

Da die FDP sich ja immerhin in der Regierungsverantwortung in Bonn befindet, finde ich, daß dieser eigentlich inoffiziellen Aussage doch eine Bedeutung zuzumessen ist.

Ich würde meinen, daß man vielleicht diese Aussage benutzen sollte, um hier bei einer künftigen Klärung dieses Problems weiterzukommen.

Lange (Moderator): Danke. Die nächste Wortmeldung ist Herr Weiß, Demokratie Jetzt.

Weiß (DJ): Meine Damen und Herren, sehr geehrter Herr Ministerpräsident, ich denke, die Behandlung, die die Regierungsdelegation in Bonn erfahren hat, zeigt uns, was wir zu erwarten haben wenn die **Einigung nach dem Bonner Modell** vor sich geht. Ich erweise Ihnen trotzdem meinen Respekt für die Geduld, die Sie im Interesse der Bürger unseres Landes dort aufgebracht haben.

Für die Bürgerbewegung Demokratie Jetzt ist es unannehmbar, daß auch nur darüber nachgedacht wird, daß die **NATO auf das Gebiet der Deutschen Demokratischen Republik** ausgeweitet werden könnte und es ist für uns ebenso unannehmbar, daß die Frage der **Oder-Neiße-Grenze** nicht vor der Herstellung der deutschen Einheit geklärt ist. Ich bin sehr froh, daß sie mit Herrn Mazowiecki darüber gesprochen haben und auch die Gespräche, die ich in der Vergangenheit mit Vertretern ausländischer Regierungen geführt habe, deuten in diese Richtung.

Ich muß Sie noch einmal mit der leidigen Angelegenheit belästigen, die uns auf der 12. Sitzung schon beschäftigt hat, nämlich mit dem Vorgehen des Herrn **Postministers** und den Verhandlungen, die er mit vier bundesdeutschen Großverlagen geführt hat. Ich habe das Protokoll der 12. Sitzung vor mir liegen und es geht daraus eindeutig hervor, daß es die Absicht gegeben hat zu einer **Monopolbildung auf dem Gebiet des Zeitungs- und Zeitschriftenwesens** zu kommen zwischen der Deutschen Post der DDR, dem Kulturministerium und vier Großverlagen in der Bundesrepublik.

Wie diese Verhandlungen inzwischen, selbst in der Bundesrepublik, eingeschätzt werden, darf ich Ihnen anhand einer Meldung der „Frankfurter Allgemeinen Zeitung" vom 17. Februar [1990] beschreiben, dort wird der Präsident des Bundeskartellamtes, Herr Wolfgang Kartte, zitiert, der diesen Vorgang folgendermaßen kommentiert, das käme einem Rückfall in die Ära Hugenberg gleich.

Zum anderen hatten wir darüber gesprochen, daß der CDU Minister gemeinsam mit den vier Großverlagen sich anmaßen wollte eine Zensurliste aufzustellen. Ich muß nur sagen, Herr Wolf kennt offenbar nicht das geltende Gesetz der DDR, denn mit dem Beschluß der Volkskammer, vom 05. Februar, sind derartige Maßnahmen untersagt.

In der Sitzung, am 12. Februar, ist von Herrn Klein der **Rücktritt von Herrn Wolf** gefordert worden[4], dieser Rücktritt ist bis heute nicht erfolgt. Ich würde Sie bitten, ich dachte, ich als Christ dachte, daß ein CDU Minister so viel Verantwortungsgefühl hat, daß er nach einem solchen Skandal wirklich die Kraft hat selber zurückzutreten, aber offenbar ist Herr Wolf von der CDU dazu nicht in der Lage, deswegen bitte ich Sie, Herr Modrow, Ihre Verantwortung dort wahrzunehmen.

Ich darf Sie auch darüber informieren, daß ich am Abend des 12. [Februar 1990] von einem Mitarbeiter des Ministeriums für Kultur, Herrn Schubert [???], aufgesucht worden bin, der mich in dieser Angelegenheit ebenfalls versucht hat zu beeinflussen und zu belästigen. Ich bitte auch den Kulturminister auf seine Verantwortung hinzuweisen.

Vielen Dank.

---

[4] Siehe die Rücktrittsforderung von Herrn Klein (VL), die er in der 12. Sitzung unter dem Tagesordnungspunkt 5 „Erklärung des Ministers für Post- und Fernmeldewesen, Dr. Klaus Wolf, zum Vertriebssystem für Verlage der BRD" stellte.

Lange (Moderator): Herr Musch, Vereinigte Linke.

Musch (VL): Herr Ministerpräsident, Sie haben meinen Respekt für die Durchsetzung der Verhandlungspositionen des Runden Tisches in Bonn. Es war auch aus unserer Sicht eine sehr schwierige Aufgabe.

Gleichzeitig haben wir Kritik an der Regierung wegen der **Verschleppung der** längst überfälligen **Wirtschaftsreform.** Dadurch sind Verhandlungsspielräume und Handlungsinitiativen unserer Auffassung nach ziemlich weitgehend vergeben worden. Die Verhandlungen mit den BRD Experten, zur Vorbereitung der **Währungsunion,** werden jetzt darüber entscheiden, ob wir einen chaotischen oder einen gestuften **Übergang zur Marktwirtschaft** erreichen werden. Sie fallen nach unserer Auffassung noch in die Verantwortung Ihrer Regierung.

Ich frage Sie, wie will Ihre Regierung sichern, daß das **Staatseigentum an Betrieben** nicht vollständig reprivatisiert wird. Nach meinem Wissen, wird das sogenannte Volkseigentum durch kein juristisch tragfähiges und anerkanntes Eigentumskonzept geschützt. Damit werden die ehemaligen Kapitaleigner Rechtsansprüche geltend machen. Wir haben zu dem Problem auch einen **Antrag [13/19]** vorbereitet.

Ich frage auch, wie es möglich ist, daß erst jetzt und erst durch die Opposition eigentumssichernde Vorschläge, wie das **Konzept einer Treuhandgesellschaft,** auf den Tisch kommen. Soll angesichts dieser massiven Unsicherheit der Runde Tisch etwa zu Großdemonstrationen der Betroffenen aufrufen oder kann Ihre Regierung noch Garantien geben?

Die zweite Frage, im Entwurf des Wirtschaftsreformprogramms sind Vorschläge zu **Organen der Wirtschaftsdemokratie** aufgeschrieben. Belegschaftsvertretungen und Wirtschafts- und Sozialräte stehen im Mittelpunkt. In der Bevölkerung setzt sich langsam die Erkenntnis durch, daß bei jeder Art von Wirtschaftsreform, Beschäftigung, Lohnniveau, Sozialleistungen und gewerkschaftliche Rechte bedroht sind.

Aber es gibt weder ein **Betriebsverfassungsgesetz** noch ein darüber hinausgehendes **Gesetz über die Wirtschaftsdemokratie.** Ich frage Sie, wie will die Regierung jetzt in den Verhandlungen, also parlamentarisch, Wirtschaftsdemokratie durchsetzen, oder haben Sie einen Volksentscheid zu dieser Frage vorbereitet? Ansonsten bleiben doch nur außerparlamentarische Aktionen, wie wir sie aus dem Oktober kennen.

Die dritte Frage, nach unserer Auffassung ist die Wirtschaftsreform im Papier steckengeblieben. Es gibt weder einen realistischen Zeitplan noch konkrete kontrollfähige Maßnahmen, die die **Selbsthilfe zur Leistungsentwicklung** betreffen. Nur die Art und Weise der Kapitalhilfe ist aufgearbeitet und es wundert mich kaum, daß die Straße „Deutschland einig Vaterland" fordert.

Welches konkrete andere Konzept soll sie denn durchsetzen helfen, wenn überwiegend geredet wird und praktische Entscheidungen, wie [die] zur Preisreform, bis zum heutigen Tag ausstehen. Mit welchen drei oder vier Etappen, Herr Ministerpräsident, mit welchen drei oder vier Etappenprojekt wichtigster Maßnahmen geht Ihre Regierung in die Expertengespräche?

Oder liefern Ihre Beamten nur die Zahlen, die die BRD-Experten noch brauchen, um diese Wirtschaft so zu bewerten, wie für ein **billiges Anschlußkonzept** nötig?

Letztens, wir stellen den Antrag, daß bei den Vier-plus-Zwei-Gesprächen hinzukommen und eingeladen werden, die Polen und [die] CSR.

Danke schön.

Lange (Moderator): Es liegen jetzt noch fünf Wortmeldungen vor. Ich möchte Ihnen vorschlagen, daß wir dann zum Abschluß kommen, damit Herr Ministerpräsident Modrow auch noch die Möglichkeit hat darauf zu antworten, und daß wir uns dann mit der angekündigten Vorlage der Initiative Frieden und Menschenrechte noch befassen, zumindest wie wir damit umgehen wollen.

Es hat sich jetzt gemeldet, Herr Lehmann, VdgB; dann Herr Schulz, Neues Forum.

Lehmann (VdgB): Herr Ministerpräsident, meine Damen und Herren. Die VdgB dankt Ihnen für Ihre Äußerungen und Ihren Bericht zu Ihrem Besuch in der Bundesrepublik, mit dem Wissen, daß diese Reise besonders brisant war. Anerkennend möchte die VdgB sich darüber äußern, daß in diesen Verhandlungen zwischen den beiden Regierungen die Standpunkte der VdgB, hier vom Runden Tisch, Eingang gefunden haben. Wir begrüßen dies.

Wir verstehen nicht und begrüßen natürlich nicht, daß bei den Verhandlungen zur künftigen **Landwirtschaftspolitik**, hinsichtlich der Einheit Deutschlands, keine Vertreter der VdgB hinzugezogen worden sind. Wir protestieren dagegen gemeinsam mit dem Bauernverband der Bundesrepublik, denn auch da sind keine Vertreter in diese Kommission genommen worden.

Wir stellen hier und heute an die Regierung, insbesondere an den Landwirtschaftsminister, Herrn Dr. Watzek, persönlich den Antrag, dieses Versäumnis sehr schnell zu korrigieren. In diesem Zusammenhang stimmen wir den Bemerkungen von Herrn Minister Platzeck zu, bezüglich eklatanter **Rechtsunsicherheiten**, hinsichtlich **von Grund und Boden** in der Republik.

Wir haben mit unserem **Standpunkt zur Konzeption für die Wirtschaftsreform** bewiesen, daß wir, die Vereinigung der gegenseitigen Bauernhilfe, die Fachkompetenz besitzen und haben, die notwendig ist, um hier wirksam zu werden. Andererseits möchten wir hier nochmals betonen, daß wir ein erhebliches Potential an Menschen vertreten, 650 000 Mitglieder von Genossenschaften und Gärtnern sowie 26 000 Werktätige von bäuerlichen Handelsgenossenschaften.

Ich danke Ihnen.

Lange (Moderator): Herr Schulz, Neues Forum; danach Herr Ebeling, Demokratischer Aufbruch.

Schulz (NF): Herr Ministerpräsident, der Dank für Ihre Verhandlungsführung in Bonn ist Ihnen bereits ausgesprochen worden. Ich kann mich dem nur anschließen. Ich glaube, Sie und Ihre Regierungsdelegation, insbesondere die Minister ohne Geschäftsbereich haben diesen Dank im vollen Umfang verdient.

Vor allen Dingen, weil Sie auch die Position des Runden Tischen mit aller Konsequenz in Bonn herübergebracht haben und das Neue Forum erfüllt es mit Befriedigung, daß gerade unser **Antrag**, nämlich die **Einsetzung einer deutsch-deutschen Expertenkommission** zur Klärung der Verwirrbegriffe, Währungsverbund, Währungsunion, damit die Bürger in diesem Land eine klare Vorstellung haben, wofür sie sich entscheiden und wogegen, wo die Vor- und wo die Nachteile liegen, daß diese Sache jetzt geklärt wird.

Ich muß allerdings an Sie die Frage stellen, wäre das nicht schon längst möglich gewesen, warum mußte das erst in Bonn als das, wenn ich das richtig interpretiere, jetzt das einzige Verhandlungsergebnis unter dem Strich zustandekommen. Und ich muß an dieser Stelle auch betonen, wir sind bereit, uns an dieser **Expertenkommission** zu beteiligen. Ich möchte das auch als Frage an Sie formulieren, ob Sie unsere Bereitschaft in dem gleichen konstruktiven Sinne dort aufgreifen.

Ich bin auch froh darüber, daß Ihr Bonnbesuch einige Ernüchterung gebracht hat, was den **Solidarbeitrag** der Bundesrepublik anbelangt. Ich glaube, daß die Bürger in diesem Lande allmählich erkennen, daß der verhandelt werden muß, daß uns hier nichts geschenkt wird, trotz volltönender Wahlkampfreden.

Und ich glaube auch, daß deutlich geworden ist, daß wir das mit gesundem Selbstbewußtsein eingehen sollten diese Verhandlung. Das können zweifellos nicht alle der Parteien, die hier am Runden Tisch sitzen, aber wir sollten auf gleichem Niveau verhandeln. Und ich teile auch die Einschätzung von Richard von Weizsäcker, daß wir etwas einzubringen haben in diese Verhandlungen, nämlich die Erfahrung einer **Demokratiebewegung**, die einzigartig ist in der deutschen Geschichte.

Und es läßt sich nicht alles mit monetären Werten aufwiegen, sondern ich glaube, wir haben hier etwas zu sagen, wir sind nicht der „**kleine Michel**", der in diese Verhandlungen eintritt.

Aber ich denke auch, daß wir Zeit brauchen, Zeit um zu überlegen, welche schicksalhafte Entscheidung hier vor uns steht und daß wir am 18. März [1990] keine Emotionalentscheidung haben. Ich glaube, Herr Ministerpräsident, Sie werden in Zukunft auch gut beraten, wenn Sie mit weniger **Sendungsbewußtsein in die Öffentlichkeit** treten würden, sondern mit ausgereifteren Vorschlägen, denn ich denke nicht, daß Sie etwas gutmachen nachdem Sie erst der Entwicklung hinterhergeeilt sind, daß Sie ihr jetzt vorausschreiten wollen. Ich denke, daß wir uns hier demokratisch im konstruktiven Sinne in diesem Land, so wie der Runde Tisch arbeitet, auch verständigen sollen.

Lange (Moderator): Herr Ebeling, Demokratischer Aufbruch; danach Herr Merbach, Demokratische Bauernpartei.

Ebeling (DA): Ich möchte Herrn Ministerpräsidenten und seiner Begleitung ebenfalls danken für die sicherlich sehr schwierigen Verhandlungen in Bonn. In diesem Zusammenhang möchte ich einen Punkt aufgreifen, das ist die Frage der **Währungsunion** und **Wirtschaftsreform**. Das ist sicherlich eine sehr große Problematik, die dahintersteckt und wir wissen das auch.

Die Frage der **Währungsunion** hat viele Risiken, aber [wir] sehen diese Union als eine Notwendigkeit an, [um] eine Initialzündung zu geben, denn es ist sicherlich doch unbestreitbar, daß viele Bürger unseres Landes das Vertrauen in unsere Währung verloren haben und demzufolge auch unser Land verlassen. Ich möchte das aber bitte sehr sachbezogen diskutieren, denn die Währungsunion ohne tiefgreifende Wirtschaftsreform macht für uns keinen Sinn. Und in diesem Zusammenhang verweise ich auf die Ausarbeitung der Arbeitsgruppe „Wirtschaft" vom 29. Dezember [1989], die hier am 3. Januar [1990] angenommen worden ist und ich zitiere:

> Ausgehend von dieser Verantwortung, das heißt der Verantwortung des Runden Tisches und im Interesse der Bewahrung der wirtschaftlichen Situation vor einer weiteren krisenhaften Zuspitzung, verständigt sich der Runde Tisch für die Übergangszeit bis zum Wahltermin, auf eine große Koalition der Vernunft mit dem Ziel, alle die Wirtschaft im Interesse der Bürger unseres Landes stabilisierenden Sofortmaßnahmen und Bewahrung sozialer Sicherheit und ökologischer Erfordernisse zu unterstützen sowie an Regelungen zur Einleitung von Wirtschaftsreformen mitzuwirken.

Das heißt, wir haben uns damals, damals vor wenigen Wochen, zu einer **großen Koalition der Vernunft** bekannt, das heißt auch, eine große **Koalition der Verantwortung.** Es ging um die Einleitung von „Sofortmaßnahmen" und wir stellen heute fest, daß diese Sofortmaßnahmen steckengeblieben sind und daß damit natürlich auch erhebliche Schwierigkeiten in der Verhandlungsposition entstanden sind. Ich beziehe mich hier nur auf wenige Punkte dieses Papiers.

Der Punkt zwei spricht von Veränderungen von Einzelhandelsverkaufspreisen mit dem Ziel des **Abbaues und [der] Umverteilung von Subventionen.** Bisher ist hier nur in Richtung Kinderkleidung etwas getan worden und Vorstellungen entwickelt worden, wie die Subventionen bei anderen Waren abzubauen sind.

Der Punkt vier spricht von der Herstellung [der] juristischen und ökonomischen **Eigenverantwortlichkeit der Wirtschaftseinheiten** aller Eigentumsformen bei regulierendem Einfluß des demokratischen Staates, auch hier fehlt die Untersetzung durch entsprechende Rahmenbedingungen, die notwendig sind, um diese Eigenverantwortlichkeit auch durchzusetzen.

Der Punkt fünf – ein besonders wichtiger Punkt, so meine ich, da er recht frühzeitig auch vom Runden Tisch bestätigt und erkannt worden ist – beschäftigt sich mit der **Erarbeitung von Sozialplänen** und der **Bildung eines Sozialfonds** auf gesellschaftlicher und betrieblicher Ebene und hier sind einige Punkte genannt, was diese Sozialfonds beziehungsweise Pläne mindestens zum Inhalt haben müssen.

Und im Punkt sieben wird die Herausbildung, für die **Herausbildung einer Marktwirtschaft in der DDR,** die Schaffung eines überschaubaren einheitlichen Steuersystems für Unternehmen aller Eigentumsformen gefordert.

Außerdem ist im Punkt zehn, die **natürlichen Ressourcen als Nationaleigentum** zu sichern, ebenfalls aufgenommen.

Ich habe das hier in dieser Form noch einmal zur Kenntnis gebracht, weil wir eigentlich in der Arbeitsgruppe „Wirtschaft" der Meinung waren, daß hier sehr gute Ansatzpunkte für Wirtschaftsreformen gegeben waren und [wir] nunmehr feststellen müssen, daß viele dieser Punkte nicht verwirklicht worden sind und damit natürlich eine schlechte Ausgangsposition im Zusammenhang mit der Währungsunion und der Untersetzung durch Wirtschaftsreformen vorhanden ist.

Ich danke Ihnen.

Lange (Moderator): Ich möchte Sie um Ihre Zustimmung bitten, daß wir im Blick auf die zeitliche Planung jetzt die Liste so schließen, daß noch folgende aufgerufen werden, Herr Merbach, Herr Brinksmeier, Herr Platzeck, Herr Sahr und Herr Linstedt.

In dieser Reihenfolge bitte, Herr Merbach, Demokratische Bauernpartei.

Merbach (DBD): Ja, Herr Ministerpräsident, meine Damen und Herren, die DBD hat ja ihre Unterstützung und Wertschätzung Ihrer Mission bereits ausgesprochen. Ich habe zwei Fragen:

Erstens, ich würde gerne konkret wissen, was auf dem Gebiet des **Umweltschutzes** und der **Ökologie** für ein Verhandlungsergebnis erzielt worden ist. Ich frage das im Auftrag der Arbeitsgruppe „Ökologischer Umbau".

Zweitens, ich möchte an Herrn Platzeck anschließen, was die **Eigentumsverhältnisse** angeht, auch an meinen Vorredner von der DBD. Es ist tatsächlich so, nicht nur in der Stadt auch auf dem flachen Land, daß ehemalige Besitzer, ob groß oder klein, auch ehemalige Bauern ihr Gebäude besichtigen, bereits den Mietern, na ja, alle möglichen Dinge erzählen von Umbau und späteren Mieten und deswegen meine ich auch, daß unbedingt gesetzlich gesichert werden sollen diese Eigentumsverhältnisse, denn es macht sich eine große Unsicherheit breit im Land – auf dem flachen Land genauso wie in der Stadt – und ich frage:

Welche konkreten gesetzlichen Vorbereitungen sind auf dieser Strecke, ob nun **Bodenreformland** oder die **Sicherungen des Eigentums- und Wohnrechts** der kleinen Leute getroffen [werden] und wann kann man damit rechnen, daß hier konkrete Maßnahmen beschlossen werden?

Danke schön.

Lange (Moderator): Herr Brinksmeier, SPD.

Brinksmeier (SPD): Herr Ministerpräsident, ich möchte nicht wiederholen, was schon oftmals jetzt gesagt wurde. Sie können sich auch meiner Achtung zur Eindeutigkeit Ihrer Verhandlungsführung gewiß sein. Ich möchte Sie bitten, eine **Erklärung der SPD [Vorlage 13/17]** mit zur Volkskammer und zur Regierung mitzunehmen, die ich hier vortragen möchte.

[Vorlage 13/17, Erklärung und Antrag SPD: Zur aktuellen Situation]

Es mehren sich die Hinweise, daß die Rechtsgrundlage auf dem Gebiet der Wirtschaft der DDR auf die rasante politische Entwicklung nicht eingestellt ist. Es ergeben sich freie Rechtsräume, die befürchten lassen, daß mit dem Volkseigentum nicht mit der nötigen Sorgfalt umgegangen wird.

Aus Betrieben der DDR wird bekannt, daß das Arbeitsvermögen zu Dumpingpreisen in konvertierbarer Währung exportiert wird, daß der Umgang mit Vermögen von Parteien und gesellschaftlichen Organisationen unkontrolliert in Wirtschaftsverträge mit dem Ausland mündet. Zum Teil gibt es Hinweise, daß Einzelpersonen mit gesellschaftlichem Eigentum im Geschäftsverkehr auftreten. Undurchschaubar ist auch der Handel mit Immobilien volkseigener Rechtsträger. Es gibt Hinweise, daß nach dem 07. Oktober 89 in überstürzter Weise Grundstücke und Häuser zu Niedrigpreisen an ehemalige und noch tätige Funktionäre des Staates, der Parteien und der gesellschaftlichen Organisationen verkauft wurden.

Rechtsordnung, Rechtspflege und demokratische Kontrolle sind auf einer solchen Entwicklung nicht hinreichend vorbereitet. Die SPD bittet um Zustimmung aller Kräfte des Runden Tisches und die Volkskammer, folgende Forderungen sich zu eigen zu machen:

1. Im Vertrauen auf die demokratische Kraft des Volkes bitten wir alle Bürger dieses Landes, ihren Wirtschaftsfunktionären, ihren politischen Interessenvertretern und den Staatsfunktionären in Gelddingen auf die Finger zu sehen und sie nicht aus der demokratischen Kontrolle zu entlassen.

2. von den Staatsorganen fordern wir, gründlich und gewissenhaft ihren Pflichten als übergeordnetes Organ nachzukommen und eindeutig im Interesse der Erhaltung und Mehrung des Volkseigentums zu entscheiden. Dies betrifft sowohl die Zustimmung zu Außenwirtschaftsverträgen als auch die ordnungsgemäße Bewertung der beweglichen und unbeweglichen Grundmittel.

3. Die Parteien, gesellschaftlichen Organisationen und Bürgerbewegungen fordern wir auf, ihre wirtschaftlichen Beziehungen derart zu gestalten, daß kein Ausverkauf gemeinschaftlichen Eigentumes erfolgt und die Durchsichtigkeit für die breite demokratische Öffentlichkeit gewährleistet ist.

4. Die Finanzorgane und alle gesellschaftlichen Kontrollorgane werden aufgefordert, im Rahmen der jährlichen Revision bis zum 31. März alle Wirtschaftsverträge

– zum Verkauf von Arbeitsvermögen in das Ausland

– zum Kauf und Verkauf volkseigener Häuser und Grundstücke,

sowie Verträge zur Gründung von Kapital- und Personengesellschaften deren Teilnehmer ehemalige oder noch tätige Funktionäre sind,

einer gesonderten Tiefenprüfung zu unterziehen.

5. Die Staatsanwaltschaft und Gerichte fordern wir auf, Anzeigen aus der Bevölkerung zur Veruntreuung von Volkseigentum und zur Veruntreuung von Eigentum der Parteien, gesellschaftlichen Organisationen und Bürgerbewegungen mit [der] gebotenen Sorgfalt und Schnelligkeit zu bearbeiten.

Nur das ganze Volk der DDR kann sein Volkseigentum schützen.

Wir haben diesen Antrag in das Arbeitssekretariat hineingegeben. Er wird also auch heute noch schriftlich vorliegen.

Lange (Moderator): Darf ich zurückfragen, das ist also keine Erklärung der SPD, die Sie direkt an die Regierung richten, sondern Sie möchten, das am Runden Tisch dann mit Zustimmung verhandelt haben?

Brinksmeier (SPD): Das ist eine Erklärung und ein Antrag. Wir haben es inhaltlich schlecht trennen können.

Modrow (Ministerpräsident): Aufgrund der Aktualität werde ich das natürlich – –

Lange (Moderator): Herr Platzeck, danach Herr Sahr.

Platzeck (Minister o. G., GL): Zunächst eine Teilantwort auf die Anfrage von Herrn Dr. Merbach, was den **Umweltschutz** und die **Ökologie** als Verhandlungsgegenstand betraf.

Wir haben außer ausführlichen Gesprächen mit dem Bundesvorstand der Grünen die Gelegenheit gehabt mit Herrn Tyll Necker zu sprechen, unter anderem über die Fragen der **Ablösung der Carbo-Chemie** in der DDR. Er hat dort großes Interesse und auch Hilfsbereitschaft signalisiert. Dasselbe Thema wurde auch mit Herrn Johannes Rau, dem Ministerpräsidenten von Nordrhein-Westfalen, diskutiert. Auch er hat für diese Woche noch einmal einen Termin angeboten, den ich auch wahrnehmen werde, um diese Thematik ein bißchen tiefer zu diskutieren, weil ja gerade Nordrhein-Westfalen auf diesem Gebiet profunde Kenntnisse und Erfahrungen hat.

Außerdem wurde das Problem des **Kernkraftwerkes Greifswald,** wo es erhebliches Sorgenpotential gibt, besprochen, auch in Polen, das will ich gleich noch nachsetzen, mit Herrn Kaminsky, dem Umweltminister Polens, der erhebliche Besorgnis geäußert hat und auch eine Bitte.

Und damit komme ich zum zweiten Punkt, den ich hier ansprechen wollte.

Ich bin gerade informiert worden, daß die **Unabhängige Untersuchungskommission,** die vom Runden Tisch eingesetzt im **Kernkraftwerk Nord** arbeiten soll und will, massiv behindert wird, keine Akteneinsicht bekommt.

Ich muß mein völliges Unverständnis darüber äußern, denn es hat sich ja gerade in den letzten Tagen gezeigt, daß die Besorgnisse, die wir hier geäußert haben nicht gegenstandslos sind, sondern ganz im Gegenteil. Der polnische Umweltminister hat gebeten, einen Experten in diese Kommission entsenden zu dürfen. Ich glaube, daß dem nichts entgegenstehen dürfte und bitte von hieraus die Zuständigen noch einmal ganz dringend, dieser Expertenkommission die Arbeit zu ermöglichen.

Es würde unabsehbare Schäden, also nicht jetzt ein eventueller Unfall, sondern die Art und Weise wie dort umgegangen wird, im Bewußtsein und in der Arbeitsweise hier im Lande hervorrufen.

Denn wir haben das gerade vorhin besprochen, damit muß endlich Schluß sein. Wenn wir nicht einmal im Lande offen miteinander umgehen, wie wollen wir uns denn gegen andere Sachen zu Wehr setzen? Und in diesem Zusammenhang auch mein weiteres Unverständnis, das Ministerium für Umweltschutz hat der Arbeitsgruppe des Runden Tisches „Ökologischer Umbau" bisher die **Einsichtnahme verweigert** in die schon erarbeiteten **Dokumente „Ökologische Forschungskonzeptionen, Umweltkonzeptionen der DDR".**

Auch das ist nicht zu verstehen und ich bitte von hieraus, daß hier schnellstens Einblick gewährt wird, denn nur so ist eine sinnreiche Arbeit dieser Kommission weiter möglich und so wird solche Politik nicht am Runden Tisch vorbeigemacht werden.

Danke schön.

Lange (Moderator): Herr Sahr, danach als letzter Herr Linstedt.

Sahr (FDGB): Viele Gewerkschaftsmitglieder stimmten unserer Regierungsdelegation zu, wenn darauf verwiesen würde, daß die DDR und auch die Gewerkschaften in den Vereinigungsprozeß vieles einzubringen haben. Es sind Fleißqualifikationen, vor allem auch demokratische, **gesetzliche Rechte in den Betrieben,** viel Gutes und bis jetzt gesichertes in der Sozialpolitik und anderes. Auch die Gewerkschaften werden dies nicht kampflos aufgeben.

Auch die vorgetragenen Standpunkte zur **Währungs- und Wirtschaftsreform** finden Zustimmung. Es darf keinen billigen **Anschluß an die BRD** geben, kein **Ausverkauf unserer Wirtschaft** mit Arbeitslosigkeit, **Existenzangst** und auch negative Aufrechnung von **Sparguthaben** und Beseitigung sozialer Ansprüche zu Lasten der Familien, der Kinder, Rentner und Schwachen.

Nachdem die Regierung vielen Forderungen der Gewerkschaften bereits entsprochen hat und wir hier in gemeinsamen Verhandlungen Vorschläge zu **Vorruhestandsgeld, Arbeitslosengeld,** auch Lohnerhöhung, Umschulungsmöglichkeiten und so weiter erfüllt haben, gehen wir jetzt davon aus, daß die Regierung noch in den nächsten Sitzungen auch gerechtfertigte Anträge der Mitglieder auf den außerordentlichen Kongreß zu **Urlaub, Arbeitszeit, Lohnsteuer** und anderes positiv verabschiedet.

Die Gewerkschaften erklären sich nach wie vor bereit, mitzuarbeiten in a.) zur Wirtschafts- und Währungsreform und auch zur **Sozialcharta**. Die Gewerkschafter wünschten sich sehr rasch einen **deutsch-deutschen Runden Tisch**, an denen beide Gewerkschaftsorganisationen der DDR und der Bundesrepublik erfolgreich mitarbeiten können.

Wir vertrauen auf die Volkskammer, das **Gewerkschaftsgesetz** morgen und übermorgen in erster Lesung zu verhandeln und danach zu beschließen, damit die Gewerkschaften verlorene Kraft wiedergewinnen und sich auf die neuen, freien Gewerkschaften, mit starken Grundorganisationen, darauf vorbereiten können zu kämpfen, wenn es um ökonomische, soziale Sicherheit und Vermeidung von Ausverkauf, um Arbeitslosigkeit und Not geht.

Und wir wollen vor allen Dingen dagegen ankämpfen, daß Autorität und Stolz unseres Volkes verletzt werden und vor allen Dingen auch auf einen Kampf vorbereitet sein, wenn **Demontage unserer Gewerkschaften** vorgesehen ist. Das werden wir nicht zulassen und wir glauben, daß wir die nötige Kraft dafür finden.

Lange (Moderator): Danke. Herr Linstedt, LDP.

Linstedt (LDP): Herr Ministerpräsident, meine Damen und Herren, ich darf namens der Liberal Demokratischen Partei den Ergebnissen des Besuches in Bonn im grundsätzlichen zustimmen. Der Dank an die Verhandlungsführer, an die Regierung der Nationalen Verantwortung.

Besonders zum dritten Punkt der Einführung einer **Währungsunion** begrüßen wir die **Bildung der Expertenkommission**. Unsere Partei ist für eine schnelle Wirtschafts- und Währungsunion in Verbindung mit einem **Wirtschaftsverbund**. Ebenso ist für die LDPD der **Schutz des Eigentums** der Bürger der DDR ein ganz entscheidendes Problem. Hier sind wir der Auffassung, der Runde Tisch sollte sich klar zu diesen Dingen äußern. Wir werden einen Antrag dazu heute noch einbringen. Es ist auch unser Eindruck, daß viel kostbare Zeit verlorengegangen ist bei der Verwirklichung unserer Wirtschaftsreform. Wir kritisieren auch, daß real vorhandene Unsicherheiten und Ängste bei unseren Bürgern, speziell zu sozialen Fragen, offensichtlich im Wahlkampf teilweise zumindestens geschürt werden.

Wir erwarten **Reformkonsequenz** als Ausgangspunkt für einen neuen Optimismus, für eine Aufbruchstimmung und das ist unser Eindruck aus den Gesprächen, daß das Potential für eine solche Wirtschaftsreform von unten sehr groß ist.

Bieten Sie den Bürgern die lang versprochenen Aussichten sich Eigentum zu schaffen. Es gibt keinen Grund dafür, vorhandene Möglichkeiten, wie die **Kapitalbeteiligung an Unternehmen,** oder der **Verkauf von Grund und Boden**, oder auch von **Wohnungen** weiter hinauszuzögern.

Ich denke an die **Gewerbefreiheit** von nunmehr drei Wochen politisch entschieden. Sie sollte endlich zur Realität werden auch in den Köpfen örtlicher Räte. Zehntausende Bürger warten auf diese Möglichkeit.

Ich will das nicht weiter hinausdehnen, ich wollte nur unterstreichen, ein ganz wesentlicher Punkt für die nächsten Tage aus unserer Sicht, ist das schnelle **Verabschieden konkreter Maßnahmen** in der Wirtschaftsreform.

Danke.

Lange (Moderator): Danke. Damit haben wir die Rednerliste abgeschlossen. Vielen Dank für alle Beiträge, die deutlich machen, wie dringend einige der anstehenden Fragen jetzt zu behandeln sind. Ich bitte Herrn Ministerpräsident Modrow, soweit das jetzt in der Kürze der Zeit möglich ist, darauf zu reagieren.

Modrow (Ministerpräsident): Sie werden verstehen, daß mit den aufgeworfenen Fragen ein sehr breites Spektrum erfaßt ist und das natürlich auch Unterschiedlichkeiten in den Standpunkten am Runden Tisch vorhanden sind. Man kann nun nicht so tun, als wenn bei allen Fragen, besonders [zu] der **Wirtschaftsreform,** es so ist, als wenn sozusagen, daß was der eine sagt, die Meinung sozusagen aller ist. Eine Regierung sitzt hier, auch als Regierung der Nationalen Verantwortung, in einer Situation, die ich natürlich auch zu beachten bitte. Ich will darum zu aufgeworfenen Fragen kurz Stellung nehmen und versuchen, einen konstruktiven Weg für die uns verbliebene gemeinsame Zeit der Arbeit damit noch einmal aufzumachen.

Erstens: Bei den Verhandlungen der Regierungsdelegation wurde, und das glaube ich, hat der Runde Tisch heute noch einmal bestätigt, die **Position des Runden Tisches** nicht einfach einbezogen, sondern aktiv haben wir sie gemeinsam vertreten. Die Regierung wird in diesem Sinne auch vor der Volkskammer ihre Erklärung abgeben und das, was heute hier am Runden Tisch zum Ausdruck gebracht wurde, da wo man den Konsens des Runden Tisches entnehmen kann, auch mit einbeziehen.

Hier, glaube ich, kann ich von dem ausgehen, was die sozialdemokratische Vertretung eingebracht hat und gehe davon aus, daß uns das Papier möglichst auch noch bis heute, wenn es geht, zum frühen Nachmittag zugestellt wird oder gleich mitgegeben werden kann, damit wir diese Probleme beachten, weil ich meine, daß damit auch die Vereinigte Linke bestimmte Aspekte ihrer Haltung mit in dieser Position wiederfindet.

Ich glaube, da ist sozusagen ein Stück Konsens ablesbar.

Zweitens: Die Öffentlichkeit hatte die Möglichkeit, sich über die Verhandlungen, Gespräche doch ein umfangreiches Bild zu machen. Sie haben hier zum Ausdruck gebracht, wie differenziert dabei Eindrücke gewesen sind. Ich möchte für uns, für alle, die vor den **Medien** aufgetreten sind, eines in Anspruch nehmen, daß wir dort mit der **Würde und der Identität des Bürgers der DDR** aufgetreten sind, und daß wir auch nicht von bestimmten Versuchen, sozusagen dort jemanden erdrücken zu wollen, in welcher Situation auch immer, zurückgewichen sind, sondern daß wir unsere Positionen bemüht waren in Anstand, in Ehre und in Verantwortung darzustellen. Nicht mit der Absicht einer Selbstdarstellung, das möchte ich auch sagen, sondern in der Verantwortung um die Dinge und für die Sache.

Drittens: Der **Stil der Vorbereitung** ist auch, und in dem Vieraugengespräch, daß der Bundeskanzler und ich geführt haben, von meiner Seite angesprochen worden. Wir haben Herrn Seiters unsere Positionen zu einer **Vertragsgemeinschaft** am 25. Januar [1990] übergeben und haben da – an Stelle dessen, daß darüber beraten und diskutiert wurde – und dann in der Öffentlichkeit die Währungsunion serviert bekommen, um es einmal so etwas salopp zu sagen.

Natürlich sind wir nicht nach Bonn gereist ohne uns dann auch zu dieser Frage, bereits in einem kleinen Kreis von Experten zunächst eine bestimmte Meinung zu bilden und die Mitglieder der Delegation waren auch darüber insgesamt informiert. Wir haben hier keinen Stil untereinander, wo die einen die Hälfte und die anderen die andere Hälfte wissen, sondern die Delegation ist im vollen Wissen um alle Dinge nach Bonn gereist. Und wir haben alle ein gleiches Arbeitsmaterial zur Verfügung gehabt.

Das ist die vertrauensbildende Arbeit, die wir in der Regierung heute leisten und das soll sie auch sein bis zum 18. März [1990], wo wir in Verantwortung stehen.

Was die **Delegation** anbetrifft, so haben wir immer bei allen Fragen, wo es um die **Währungsunion** ging, drei Grundelemente als eine Einheit gesehen und sie auch so vertreten und werden das auch in der nun ab morgen beginnenden Tätigkeit der gemeinsamen festgelegten Regierungsdelegationen so tun.

Die Währungsunion ist nur denkbar in Verbindung mit der **Wirtschaftsgemeinschaft** und mit einer **sozialen Absicherung**. Drei Komponente bilden hier eine Einheit und nie sind wir anders aufgetreten und das wird auch die Aufgabe sein, mit der zu verhandeln ist. Und ich möchte Ihre Aufmerksamkeit auf die **Zusammensetzung der Delegation** unsererseits richten.

Wir haben zwei geschäftsführende Minister mit in dieser Delegation und der Leiter der **Verhandlungsdelegation** ist Herr Dr. [Walter] Romberg. Ich bin bei diesem Vorschlag davon ausgegangen, daß der Runde Tisch erwartet, daß vor dem 18. März keine verbindlichen Abschlüsse entstehen, sondern eine intensiv Vorverhandlung läuft und Sie sehen, wenn Herr Eppelmann zugleich mit einbezogen ist, daß wir sehr wohl auch in der Zusammensetzung davon ausgehen, daß die Kontinuität der Arbeit dieser Regierungsdelegation gewährleistet ist, das darüber hinaus natürlich Fachexperten mitarbeiten müssen, wie der Präsident der Bank, wie der amtierende Minister für Finanzen, der Leiter des Wirtschaftskomitees und daß natürlich auch weitere Experten hinzugezogen werden müssen, daß Unterkommissionen zur sozialen Absicherung zu bilden sind. Es ist also eine komplexe Arbeit zu leisten.

Zugleich bitte ich um Verständnis, daß es natürlich hier auch um eine sehr vertrauensbildende und damit auch in bestimmten Phasen vertrauliche Arbeit geht, denn jedes Maß, was hier Vertraulichkeit verletzt, wird dazu führen, daß die Irritationen, mit denen wir es ja genügend zu tun haben, Spekulationen auf diesem Gebiet, dann eintreten könnten, die die Unsicherheit erhöhen statt, daß wir Vertrauen schaffen zu den Dingen – – Es ist auch notwendig, daß selbstverständlich in diesem Komplex auch manche Fragen, über die sowohl der Runde Tisch als auch die Arbeitsgruppen des Runden Tisches mit der Regierung in Diskussion waren, die **Preise, Subventionierungen** und so weiter betreffen, nun sich in diesen Komplex mit einbinden. Denn selbstverständlich werden das nun Fragen, die komplexen Charakter tragen, und daß auch solche Probleme hier ihre Einbeziehung finden.

Viertens: Es wurden vor allem **Fragen nach Eigentum** ihrerseits mit aufgeworfen, mit den verschiedensten Aspekten und Überlegungen. Ich möchte zunächst eines eindeutig sagen, wir haben bislang, von seiten der Regierung der DDR, und hier meine ich, sind wir uns ja alle einig, in keiner Weise irgendwelche Festlegungen getroffen, die von unserer Seite Eigentumsfragen in Frage stellen. Für uns war die **Bodenreform** immer eine **Frage des Rechtes** und das war die Grundlage, denn mit der Bodenreform ist bei uns **keine Enteignung des Bodens**, in Form von Schaffung staatlichen Eigentums entstanden, sondern der Eigentümer ist der Bauer am Grund und Boden.

Er bewirtschaftet seinen Boden heute genossenschaftlich. Aus unserer Sicht gab es nie eine Frage. In Frage gestellt werden doch die Dinge nun von der anderen Seite und darin liegt jetzt das Problem und hier sind wir sehr wohl der Auffassung, daß dort mit aller Konsequenz eine weitere Absicherung entstehen muß und das ist doch das Problem, für uns war doch die Sache immer rechtens.

Es geht um eine weitere Absicherung der ganzen Problematik. Und hier verstehe ich sehr wohl Ihre Anfragen. Wir haben am vergangenen Donnerstag zu dem Problem des Grund und Bodens erneut Stellung genommen, uns schienen aber die dort getroffenen Formulierungen eben nicht klar und eindeutig genug, deshalb haben wir sie zurückgestellt und Sie haben nachher Gelegenheit mit Herrn [Hans] Watzek über Fragen dieser Art zu diskutieren und es sollten sich dann auch zu dem Problem ergänzende Überlegungen ergeben.

Wir haben von seiten der Regierung überhaupt nicht die Frage des **staatlichen oder Volkseigentums** in Frage gestellt. Worum es geht ist, daß eine Reihe von fördernden Maßnahmen entstanden sind, die dazu beitragen sollen, daß in der Tat auch nun Fragen einer **Wirtschaftsgemeinschaft/ Währungsunion** und alles was mit **Joint-ventures** und was es da gibt in Übereinstimmung zu bringen sind.

Ich unterstütze sehr, was von sozialdemokratischer Seite und der Fragestellung der Vereinigten Linken noch einmal zu diesem Problem aufgeworfen worden ist, daß wir diese Dinge weiter zu klären haben.

Ich würde deshalb auch den Vorschlag unterbreiten, der offensichtlich zu den Fragen der Wirtschaftsreform ist, notwendig ist, das, was mit Frau Professor Luft begonnen wurde, auch über die **Wirtschaftskommission des Runden Tisches** zielstrebig weiterbefördert und in der Zusammenarbeit so gestaltet wird, daß wir auch hier in Übereinstimmung weiter handeln und handeln können, wobei ich davon ausgehe, daß es auch am Runden Tisch differenzierte Auffassungen gibt.

Wir werden auch, was die **Eigentumsfragen** anbetrifft, im Ministerrat in Auswertung sowohl des Runden Tisches heute als auch der Beratung der Volkskammer von morgen und übermorgen erneut zu diesen Fragen Stellung nehmen, damit in der Tat Gewähr und Sicherheit bleibt.

Und ich verstehe manche Bemerkungen auch so, wenn ich verfolge was sich in Dresden abspielt, in öffentlichen Anfragen an den Oberbürgermeister – ich nehme an, Sie haben ja solche Bilder dabei mit vor Augen, wenn Fragen dieser Art gestellt werden – daß ganz offensichtlich in den Verhandlungen, die Bundesländer und Bezirke gegenwärtig führen, Räte der Kreise mit **Nachbarn an der Grenze,** daß hier das Eigentum nicht angetastet werden kann und darf, und daß jeder in wirklicher Verantwortung und im Rahmen seiner

Kompetenz zu entscheiden hat und nicht, daß dort Geschäfte gemacht werden, für die im Prinzip niemand eine Deckung einbringt.

Anders sind solche Dinge, die zwischen den Ländern dankenswerterweise der BRD und den Bezirken in Gang gekommen sind, wo aus Stiftungen, aus Haushaltsunterstützungen Fragen wie die Unterstützung des Gesundheitswesens, Probleme der Städte und so weiter eine Rolle spielen. Hier wollen wir auch keine Einschränkungen. Hier gehen wir davon aus, daß diese Aufgaben und Probleme weiter zu packen und zu lösen sind.

Was die Bemerkungen anbetrifft zu den **Verhandlungen Vier-plus-Zwei und die Situation für Polen und tschechoslowakische Republik**: Herr Mazowiecki hat in unseren Gesprächen dabei eine Position sehr eindeutig zum Ausdruck gebracht. Selbstverständlich hat die polnische Seite volles Verständnis dafür, daß in dieser Formel Vier-plus-Zwei all jene Fragen, die die vier Mächte und ihre Verantwortung und die Aufgaben und die Interessen und Verantwortung der beiden Regierungen, der Bundesrepublik und der DDR, im Prozeß der Vereinigung anbetreffen, natürlich eigenständige Fragen sind, die auch in der Formel Vier-plus-Zwei zu beraten und zu klären sind, daß es aber darüber hinaus die Frage der Grenzen gibt und daß hier, so das polnische Verständnis, nicht über jemanden ohne den Betroffenen gesprochen wird.

Es ist die Verantwortung der vier Mächte, sich zunächst dazu zu äußern. Wir haben bei unserem Besuch unseren klaren Standpunkt zum Ausdruck gebracht, daß wir sowohl die **Interessen der Volksrepublik Polen** durch uns gewahrt wissen wollen und da, wo wir sie unterstützen können, auch durch uns Unterstützung für die Volksrepublik Polen gegeben sein wird.

Es ist ein Problem mit aufgeworfen von Herrn Konrad Weiß. Ich möchte hier zunächst zur Sachfrage sagen, daß wir das ganze Problem in der Regierung nicht behandelt, sondern den Antrag zurückgewiesen haben, der bekanntlich eingebracht war, so daß es zum Gesamtproblem bisher in der Regierung keine Entscheidung gibt, sondern wir die Beratung am Runden Tisch zunächst vorneweg gestellt haben und nicht eine Situation hier war, daß **Minister [Klaus] Wolf** [Minister für Post- und Fernmeldewesen] durch einen Beschluß der Regierung gebunden oder aus ihrem Verständnis gedeckt war.

Sondern hier war zunächst diese Position, ob die Verhärtung in den vor uns liegenden Wochen zum **Zurücktritt** führen muß.

Das bitte ich noch einmal in gemeinsamer Diskussion zu prüfen, daß man einen Konsens so miteinander hat, daß wir gemeinsam das Problem in Verantwortung vertreten können. Hier würde ich bitten, daß auch Minister Wolfgang Meyer [Regierungssprecher] sich noch einmal mit einschaltet, weil es ja auch um Fragen der **Medieninteressen des Medienrates** geht in all diesen Zusammenhängen, und daß wir dann versuchen, noch einmal einen Weg nach vorne zu finden, der aber sehr wohl die von Ihnen aufgeworfenen Fragen beachtet.

Und ich werde mit aller Entschiedenheit sowohl Minister Wolf als auch Minister [Dietmar] Keller [Minister für Kultur] auffordern, daß man nun mit einer Position aufeinander zugeht, wo sich vielleicht ein Weg finden läßt. Sonst, glaube ich, sind die gegenseitigen Interessen hier, das will ich auch so sagen, nicht genügend gewahrt, und das kann nicht sein. Wir brauchen auch hier eine Situation, wo berechtigte Fragestellungen und Probleme auch in dieser Weise ihre Übereinstimmung erfahren müssen, so daß wir, ausgehend von der heutigen Beratung des Runden Tisches, bestimmte Probleme unmittelbar, die hier in diesem Zusammenhang angesprochen sind, verhandeln.

Und ich habe die herzliche Bitte an die drei Moderatoren, daß wir dann das, was sich noch ergänzend ergibt – entweder an den Runden Tisch noch einmal mitgehört mit Regierungsvertretern – daß wir das über die **Prioritätenkommission** oder den Ausschuß noch einmal miteinander vereinbaren, damit wir nicht neben-, sondern miteinander, wie wir es begonnen haben, auch die Arbeit so fortsetzen.

Und ich bitte auch hier erneut sowohl um Ihre Unterstützung als auch um Ihr Vertrauen um unser gemeinsames konstruktives Vorgehen.

Lange (Moderator): Wir danken Ihnen, Herr Ministerpräsident, für die lange Zeit, die Sie unter uns sein konnten, länger als ursprünglich geplant. Aber wir sehen darin auch ein Zeichen des Vertrauens und der notwendigen Absprache und Beratung.

Bevor wir diesen Punkt verlassen, stehen zwei Anträge zur Diskussion, die in einigen Beiträgen erwähnt worden sind. Ich möchte Sie jetzt fragen, ob wir dazu jetzt die Einbringung hören, weil der Eindruck doch sehr stark vorhanden ist, daß diese Meinungsäußerungen auch für die weitere Arbeit der Regierung von Bedeutung ist. Es ist der **Antrag der Initiative Frieden und Menschenrechte [Vorlage 13/14: Zur NATO-Mitgliedschaft, zur Oder-Neiße-Grenze und zum Rechtsweg in die deutsche Einheit]**. Darf ich Ihr Einverständnis voraussetzen, daß wir dies jetzt anschließen? Oder gibt es andere Vorschläge dazu?

Modrow (Ministerpräsident): Könnten wir so verfahren, daß Herr [Peter] Moreth [Stellvertretender Vorsitzender des Ministerrates], Herr – – die Verhandlung übernimmt, da ich Termine habe, die sich sowieso schon etwas hinausschieben, daß ich dann an Herrn Moreth – –

Lange (Moderator): Ja, selbstverständlich. Wir verabschieden den Ministerpräsidenten mit guten Wünschen für seine weitere Arbeit.

[Beifall]

TOP 3: Beratung über die Behandlung noch anstehender Anträge

Lange (Moderator): Ja, wir sind bei der Frage, wie wir mit den beiden Vorlagen umgehen, eine von Initiative Frieden und Menschenrechte. Herr Ullmann hatte darauf verwiesen, und wenn ich ihn richtig verstanden habe, doch die dringende Bitte an den Runden Tisch gerichtet, daß dies jetzt in Zusammenhang mit diesen Fragen der Verhandlungen auf unserem Tisch liegt.

Ist das so richtig, Herr Ullmann?

Ullmann: [Minister o.G., DJ] Ja, bitte.

Lange (Moderator): Und es ist eine zweite **Vorlage [13/16 DJ: Zu Verfassungsänderungen und Verfassungsfragen[5]]**, die haben wir aber noch nicht schriftlich, die Frau Teschke [für DJ] einbringen wird.

---

[5] Dieser Antrag wurde später zurückgezogen.

Ullmann (Minister o.G, DJ): Die ist aber da.

Lange (Moderator): Dann ist sie nur bei mir nicht gelandet. Ich habe also die **Vorlage 13/14, Initiative Frieden und Menschenrechte.**

Ja, zur Geschäftsordnung bitte.

N. N.: Ja, ich möchte bitten, einen weiteren Antrag in diesem Zusammenhang zu behandeln, den die Arbeitsgruppe „Wirtschaft" heute einbringen möchte und unmittelbar zusammenhängend mit den Problemen, die hier diskutiert wurden.

N. N.: Darf ich mich einmal melden?

N. N.: Ja.

Lange (Moderator): Wir kommen jetzt sicher ein wenig in die Schwierigkeit, wie wir auch die bereits vorliegenden Anträge dieser Thematik zuordnen. Wir haben die Tagesordnung noch nicht bestätigt, wenn ich Sie daran erinnern darf. Ich habe dann gleich noch eine Ansage dazu. Mir geht es jetzt nur darum, im Zusammenhang mit dem Bericht über die Gespräche in Bonn war die Bitte geäußert worden, dazu Stellung zu nehmen und zu votieren. Es sind jetzt also drei Anträge, die dazu vorliegen.

Herr Ducke dazu, bitte.

Ducke (Co-Moderator): Ja, lieber Herr Lange, Sie sagen: drei Anträge?

[Der Co-Moderator blättert verschiedene, in die Höhe gehaltene Papiere durch.]

Das ist der ganze Stapel Einzelanträge, der zur Thematik, die heute vorgetragen wurde, uns vorliegt und noch nicht in der Prioritätengruppe entschieden ist, inwieweit wir heute das als Einzelanträge noch mit behandeln können, also unter anderem Wirtschaft und diese Fragen.

Mein Vorschlag wäre konkret, daß wir versuchen, in der Mittagspause zu bündeln all das, was heute angeklungen ist sowohl in der Regierungserklärung von Herrn Modrow als auch in den Dingen, die als Statements abgeliefert wurden von den einzelnen Sprechern, was teilweise sich schon in konkreten Anträgen und Vorlagen niedergeschlagen hat, damit wir dies als eine Thematik nehmen und der Bitte, Initiative Frieden [und] Menschenrechte und Demokratie Jetzt ihre schon ausgeteilten Vorlagen da mit in diesen Block hineinnehmen zu lassen.

Ob das sinnvoller wäre, weil wir dann zusammen über diese Thematik sprechen und jetzt nicht nur unter Einzelanträge das laufen lassen.

Lange (Moderator): Das ist ein Vorschlag zur Geschäftsordnung. Ich möchte ihn nur dahingehend ergänzen: Vor dieser Sitzung hatten wir siebzehn Einzelanträge vorliegen. Dabei sind nicht die genannt, die mit der Hauptthematik dieses Tages **Landwirtschaft** zusammenhängen. Nur um Sie ein wenig ins Bild zu setzen.

Es hatte sich aber zur Geschäftsordnung jetzt Herr Poppe gemeldet, ja?

Poppe (Minister o.G., IFM): Ja, ich beantrage trotzdem, die beiden **Vorlagen 13/14** und **13/16** jetzt zu behandeln, weil sie wirklich unmittelbar mit dem bisher geäußerten in Zusammenhang stehen und auch nicht einfach als Einzelanträge anzusehen sind.

Es handelt sich eigentlich um Themen, die hier vom Runden Tisch mehrfach schon angestoßen wurden und wozu es auch Beschlüsse gibt. Und angesichts der doch sich häufenden Erklärung in dieser Woche, die den Besuch in Bonn betreffen und den weiteren Umgang mit der Situation, die entstanden ist, betrachte ich diese Anträge jetzt als für unser Selbstverständnis entsprechend wichtig, so daß ich sie doch gleich behandelt wissen möchte.

Lange (Moderator): Sie sprechen von den zwei zuerst genannten Anträgen, Initiative Frieden und Menschenrechte und Demokratie Jetzt. Ist das richtig?

Poppe (Minister o.G., IFM): Ja genau, ja.

Lange (Moderator): Zur Geschäftsordnung Frau Braband, bitte.

Frau Braband (VL): Ich spreche hier im Namen der **Arbeitsgruppe „Gleichstellung von Frauen und Männern"** in diesem Fall. Die Zahl der Einzelanträge wird sich noch um zwei Anträge vermehren, die wir heute morgen auch im Büro noch nicht losgeworden sind, und ich möchte anmelden, daß es sich einmal um einen **Änderungsantrag zum Wahlgesetz** handelt.

Lange (Moderator): Ja, Entschuldigung. Können wir das eben einmal zurückstellen. Wir sind jetzt nicht bei der Zusammenstellung der Tagesordnung. Das kommt noch.

Frau Braband (VL): Ja, ich möchte nur verhindern, daß es einfach unter den Tisch fällt, weil schon ein Veränderungsantrag in der Arbeitsgruppe – –

Lange (Moderator): Ja, Sie haben die Möglichkeit, dies dann vorzutragen.

Frau Braband (VL): Gut.

Lange (Moderator): Wir sind jetzt noch bei diesem Thema. Herr Ducke dazu noch einmal.

Ducke (Co-Moderator): Ich möchte nur darauf hinweisen, es handelt sich nicht um das Thema **Einzelanträge**, was ich gesagt habe, sondern zu dieser Thematik, die unter anderem auch bei [Initiative] Frieden [und] Menschenrechte vorkommt, liegen eine Fülle von Anträgen vor. Und da war unsere Frage, ob wir dies nicht zusammen bündeln sollten, damit wir [das] erst einmal sichten.

Es geht also um die **Eigentumsfrage**. Also alles, was auch dort in dem Antrag IFM steht, liegt nicht nur in Einzelanträgen, sondern zu diesem Komplex vor. Mein Vorschlag noch einmal, nicht über den Einzelantrag IFM jetzt gesondert zu beraten, sondern diese zu bündeln, damit die anderen dann auch vorliegen und von den Mitgliedern des Runden Tisches zur Kenntnis genommen werden können, weil das, meine ich, für die Meinungsbildung wichtig ist. Denn dies ist ja noch nicht ausgeteilt. Habe ich mich verständlich gemacht?

Es geht also nicht um die vielen anderen Einzelanträge, die auch noch kommen werden.

Lange (Moderator): Ja, vielen Dank. Ich denke, das Problem liegt auch darin, daß wir jetzt noch nicht die Möglichkeit hatten, den Inhalt der vorliegenden Einzelanträge zur Kenntnis zu nehmen, so daß ich diesen Vorschlag doch, der der weiterreichende ist, unterstützen möchte.

Die **Prioritätengruppe** hat am letzten Montag festgelegt, daß in der Mittagspause eine Zusammenkunft sein soll, in der festgelegt wird, wie wir mit diesen vorliegenden Anträgen umgehen. Ich denke, Herr Poppe, es ist gar keine Frage, daß die Dringlichkeit auch des von Ihnen vertretenen Vorschlages dann Berücksichtigung findet, aber daß wir uns doch die Möglichkeit erlauben, dies zuzuordnen, damit wir dann ein Paket hier vorlegen können, das abgestimmt werden kann.

Darf ich diesen Geschäftsordnungsantrag, das heißt also: jetzt nicht darüber zu befinden, sondern die Zuordnung zunächst vorzunehmen und dann wieder hier an den Runden Tisch zu bringen, zur Abstimmung bringen?

Wer dafür ist, den bitte ich um das Handzeichen. – Gegenstimmen? – Stimmenthaltungen? – Mit 5 Stimmenthaltungen haben wir diesen – 7? – 7 Enthaltungen haben wir diesen Geschäftsordnungsantrag jetzt beschlossen.

Bevor wir zur **Festlegung der Tagesordnung** kommen, dann komme ich gleich noch einmal auf Ihr Anliegen, gibt es einen weiteren Punkt. Ich würde Ihnen vorschlagen, daß wir ihn jetzt noch entgegennehmen, dann die Tagesordnung festlegen und dann zunächst eine Pause haben, bevor wir mit der Thematik **Landwirtschaft** beginnen, die für heute vorgesehen ist.

Minister Moreth hat darum gebeten, eine Erklärung abzugeben, die uns vorliegt, und zwar ist es die **Information 13/3 [der Regierung der DDR: „Für Ordnung, Sicherheit und Rechtsstaatlichkeit"]**.

Herr Moreth, ich bitte Sie jetzt, dies zu tun. Im Anschluß daran würden wir dann die endgültige Tagesordnung festlegen. Sie haben das Wort.

Moreth (Stellvertretender Vorsitzender des Ministerrates und Minister für örtliche Staatsorgane): Meine Herren Moderatoren, meine Damen und Herren.

Die Regierung bittet den Runden Tisch, eine **Erklärung für Ordnung, Sicherheit und Rechtsstaatlichkeit [Information 13/3]** im Lande zu unterstützen.

Der gesellschaftliche Umbruch in unserem Lande stellt auch bisherige Wertvorstellungen und Ideale, soziale Beziehungen, Sicherheiten und Eigentumsrechte in Frage. Hoffnungen auf einen echten Neubeginn verbinden sich mit Unsicherheit und Ängsten. Ausreiseströme, Massendemonstrationen, Streiks und Gewalt wirken beeinträchtigend auf den [Verlauf] der Demokratisierung. Verstärkt treten extremistische Kräfte in Erscheinung, deren Handlungen gegen die verfassungsmäßige Ordnung unseres Landes sowie die Freiheit, das Leben und die Gesundheit der Bürger gerichtet sind.

Angestiegen ist die Anzahl der Drogen-, Zoll- und Devisenstraftaten. Insgesamt wird der Charakter der Kriminalität zunehmend von Rücksichtslosigkeit und auch Brutalität gekennzeichnet. Das willkürliche Hinwegsetzen über gesellschaftliche Normen, Widerstandshandlungen und Behinderungen gegenüber einschreitenden Ordnungskräften tritt verstärkt in Erscheinung. „Republikaner" und deren Anhänger setzen trotz Verbots durch die Volkskammer ihre Aktivitäten fort und bekennen sich offen oder anonym zu antisemitischen, rassistischen und den Nationalsozialismus verherrlichenden Aktivitäten.

Vordergründig werden Gewaltakte angekündigt, die Leben und Gesundheit von Menschen gefährden. Die Aufklärung dieser Fälle ist mit einem erheblichen polizeilichen Aufwand und wesentlichen gesellschaftlichen Beeinträchtigungen verbunden. Das betrifft zum Beispiel Evakuierungen von Bürgerinnen und Bürgern, Störungen der Produktion, des Verkehrs oder der Tätigkeit staatlicher Organe infolge von Bombendrohungen.

Für einen erfolgreichen und gewaltfreien Verlauf des demokratischen Erneuerungsprozesses in unserem Land sind funktionsfähige Staats-, Justiz- und Polizeiorgane sowie eine unabhängige und ausschließlich an die Verfassung und [die] Gesetze gebundene Rechtsprechung unabdingbare Voraussetzung.

Dem stehen jedoch Angriffe und Drohungen gegen Mitarbeiter der Staatsorgane, Richter, Schöffen und Staatsanwälte entgegen. Gerichtliche Entscheidungen – auch solche auf den Gebieten des Zivil-, Familien- und Arbeitsrechts – werden teilweise nicht mehr akzeptiert. Damit ist die Unabhängigkeit der Rechtsprechung als tragendes Element jeder Rechtsstaatlichkeit in Gefahr; Rechtssicherheit und Schutz der Rechte der Bürger sind nicht mehr voll gewährleistet.

Wir wenden uns an die Abgeordneten und die Mitarbeiter der Staatsorgane, sich konsequent dafür einzusetzen, daß Ordnung und Gesetzlichkeit in den Territorien aufrechterhalten und gemeinsam mit allen demokratischen Kräften die Persönlichkeits- und Eigentumsrechte der Bürger geschützt werden.

Die Arbeitsfähigkeit der örtlichen Verwaltung muß aufrechterhalten werden. Das kann nur im engen Zusammenwirken mit den Bürgerkomitees [und dort, wo erforderlich, allein durch diese] erreicht werden.

Die Sicherheitspartnerschaft zwischen Deutscher Volkspolizei und Bürgern muß weiter gestärkt und zur täglichen Praxis werden.

Die Deutsche Volkspolizei muß mit größerer Präsenz und höherer Wirksamkeit unter Nutzung aller Formen demokratischer Zusammenarbeit die öffentliche Ordnung und Sicherheit auf der Grundlage der Rechtsvorschriften durchsetzen.

Ausgehend vom Verbot der Tätigkeit der „Republikaner" hat die Deutsche Volkspolizei, die sich aus dem Beschluß der Volkskammer vom 5. Februar 1990 ergebenden Maßnahmen zu ergreifen, um weitere Aktivitäten der Mitglieder und Sympathisanten dieser Organisation zu verhindern.

Zur Verwirklichung des Prinzips der Gewaltenteilung gehört die Reform der Justiz und die Sicherheit der Unabhängigkeit der Richter, um die Rechtsprechung auf der Grundlage der Verfassung und der Gesetze der DDR sowie in Übereinstimmung mit international anerkannten rechtsstaatlichen Prinzipien zu gewährleisten. Das ist generell, nicht zuletzt aber auch zur garantiert rechtsstaatlichen Durchführung der zu erwartenden bedeutsamen Strafverfahren wegen Amtsmißbrauch und Korruption, die die Aufmerksamkeit der Öffentlichkeit finden werden, erforderlich.

Deshalb liegt es im gesellschaftlichen Interesse, jegliche Einflußnahme auf die Unabhängigkeit der Richter und Schöffen sowie auf gerichtliche Entscheidungen zu unterbinden. Die Öffentlichkeit gerichtlicher Verhandlungen als

> Garantie ihrer rechtsstaatlichen Durchführung ist zu gewährleisten.
>
> Getragen von der gemeinsamen Verantwortung, alles zu tun für das Wohl unseres Landes, wenden wir uns in tiefer Sorge an alle demokratischen Kräfte, an alle Bürgerinnen und Bürger, unabhängig vom politischen und weltanschaulichen Standpunkt. Tun wir alles für Gewaltfreiheit, Ruhe und Besonnenheit, um Ordnung und Rechtsstaatlichkeit überall und gegenüber jederman durchzusetzen! Vermeiden wir alle Handlungen, die die gesellschaftliche Krise vertiefen!
>
> Dulden wir keine Verletzungen des Rechts und der Gerechtigkeit! Üben wir uns in Toleranz und Respektierung von Andersdenkenden!
>
> Nur auf diesem Wege werden wir die Voraussetzungen schaffen, die es ermöglichen, daß die ersten freien, allgemeinen, geheimen und gleichen Wahlen am 18. März 1990 stattfinden.[6]

Ich danke.

Lange (Moderator): Vielen Dank, Herr Minister. Die Moderatoren schlagen Ihnen vor, daß wir diese **Erklärung zu Ordnung Sicherheit und Rechtsstaatlichkeit** jetzt entgegennehmen und die vorangestellte Bitte um Unterstützung zur Kenntnis nehmen.

Daß wir aber zu diesem Zeitpunkt zur Sache keine ausführliche Diskussion führen sollten, das wäre angemessen, wenn die Fragen von Sicherheit generell wieder auf der Tagesordnung stehen. Aber natürlich ist die Möglichkeit, wenn es jetzt Rückfragen oder Verständnisfragen gibt, die Herrn Moreth zu stellen. Ist dies der Fall?

Herr Schnur.

Schnur (DA): Ich frage konkret nach: Gibt es verläßliche Zahlen, die diese Erklärung rechtfertigen, denn ich verweise darauf, daß sich der Runde Tisch ja gerade zur Frage **Rechtsstaatlichkeit** und **Sicherheitspartnerschaft** insbesondere mit der **Deutschen Volkspolizei** hier bereits Ende Januar sich erklärend und verbindlich geäußert hat.

Lange (Moderator): Können Sie darauf antworten, Herr Minister?

Moreth (Stellv. Vors. des Ministerrates und Minister für örtliche Staatsorgane): Wenn Sie, Herr Schnur, nach Zahlen fragen, so muß ich die Gegenfrage stellen: Zahlen zu welchem ausgewählten **Straftatbestand**? Aber ich darf Sie darauf verweisen, daß aus dem gesellschaftlichen Umfeld in unserer Deutschen Demokratischen Republik diese Erscheinungen der Unsicherheit und des **Vergehens gegen rechtsstaatliche Normen** bekannt sind und auch publiziert werden. Ich darf darauf verweisen, daß es ein hohes Maß an Problemen gibt gerade in den Städten und Gemeinden, auch ein Maß an Verunsicherung von Angehörigen der Deutschen Volkspolizei und anderer Organe.

---

[6] Dieser Vortrag wurde schriftlich zu Protokoll des Zentralen Runden Tisches gegeben. Die in { } gesetzten Ausführungen wurden davon abweichend nur mündlich vorgetragen. In [ ] gesetzte Texte finden sich lediglich in der schriftlich zu Protokoll gegebenen Fassung.

Lange (Moderator): Danke. Weitere Rückfragen zum Verständnis?

Herr Schnur noch einmal.

Schnur (DA): Entschuldigen Sie. Ich denke, daß kann nicht ausreichen. Als wir zu diesem Problem der **Rechtsstaatlichkeit** und der **Sicherheit** [sprachen], als es gerade darum ging, daß wir Fragen des **Rechtsradikalismus** entgegentreten, hat es ja gerade auch im Auftrage des Runden Tisches [mit] meiner Person verbunden und dem stellvertretenden Minister des Inneren und dem Chef der **Deutschen Volkspolizei,** ein Gespräch gegeben.

Und dazu ist auch noch einmal deutlich gemacht worden, welche Aufgabenverbindlichkeiten durch die Organe der Deutschen Volkspolizei zu erfüllen sind und sie hier durch den Runden Tisch mit unterstützt worden sind.

Lange (Moderator): Zur Geschäftsordnung, Herr Gutzeit, SPD.

Gutzeit (SPD): Ich denke, entweder wir diskutieren diese Erklärung insgesamt, oder wir brechen hier ab, denn wir hätten auch etwas dazu zu sagen.

TOP 5: Verständigung über die Tagesordnung

Lange (Moderator): Ja, genau das war die Meinung der Moderatoren. Vielleicht, Herr Schnur, wenn Sie einverstanden sind, können wir das jetzt doch an der Stelle abbrechen. Wir erinnern uns an das, was Sie uns vorgetragen haben und was wir dann ja auch als eine Erklärung vom Runden Tisch an die Bürgerinnen und Bürger der DDR weitergegeben haben. Von daher setze ich jetzt eigentlich Ihre Zustimmung voraus, daß wir diesen Punkt verlassen können und zu gegebener Zeit das gesamte Problem wieder hier verhandelt werden kann.

Wir wollten vor der Pause uns noch über die **Tagesordnung**[7] verständigen. Sie liegt Ihnen vor.

Wir sind schon ein ganzes Stück weit in die Gespräche hineingegangen, ohne daß die Punkte schon zur Sprache gekommen sind, die hier vermerkt sind. Aber ich möchte Sie darauf hinweisen, die so kurz gefaßte Tagesordnung erweckt einen sehr trügerischen Eindruck, denn ich habe schon darauf verwiesen, daß wir vor Beginn der Sitzung bereits siebzehn Anträge, Einzelanträge hatten, die dann in der Mittagspause noch einmal gesichtet werden, um festzustellen, was heute überhaupt noch in die Tagesordndung aufgenommen werden kann.

Wir haben als Hauptpunkt, und damit würden wir dann nach dieser Pause einsetzen, **Wirtschaft III** – das Thema „**Landwirtschaft**". Ich frage jetzt zum Thema **Sozialpolitik**. Gibt es dafür von der Arbeitsgruppe eine Vorlage? Es ist uns bisher noch nichts auf den Tisch gekommen. Oder übersehe ich das nicht richtig? Es liegt offensichtlich nichts vor. Dann können wir diesen Punkt streichen, ja? Das heißt, wir vertagen ihn. Oder gibt es dazu andere Meinungen? Es gibt natürlich Einzelanträge, die sich sicherlich mit dieser Frage beschäftigen.

Frau Schießl bitte, FDGB.

---

[7] Dokument 13/1, Anlagenband.

Frau Schießl (FDGB): Ich möchte daran erinnern, daß die Gewerkschaften darum gebeten haben, diesen Tagesordnungspunkt aufzunehmen, und wir würden uns bereiterklären, also diesen Standpunkt natürlich auch hier dann zum Ausgangspunkt der Diskussion zu machen.

Lange (Moderator): Gut. Wir lassen dann den Punkt in der Tagesordnung stehen. Gut?
Bitte, Herr Ziegler.

Ziegler (Co-Moderator): Ich möchte auch darauf hinweisen, daß eine Reihe von Anträgen, die zu dem vorigen Punkt der Regierungserklärung gekommen sind, genau in diese Richtung läuft und dort dann verhandelt werden kann. Nicht?

Lange (Moderator): Ja, das war die Meinung, die wir schon mit berücksichtigt haben, und es ist, glaube ich, wichtig, daß es uns noch einmal deutlich wird.
Frau Braband zur Geschäftsordnung.

Frau Braband (VL): Ich stelle hiermit den Antrag, daß die Arbeitsgruppe „Gleichstellung von Frauen und Männern" Rederecht in der heutigen Sitzung für den Tagesordnungspunkt **Sozialpolitik** erhält.

Lange (Moderator): Also kein Punkt unter Einzelanträge, sondern Sie möchten zu diesem Thema Sozialpolitik sprechen.

Frau Braband (VL): Ja, obwohl die Anträge, die wir vorzubringen haben, sich nicht ausschließlich auf Sozialpolitik beziehen. Das muß ich ausdrücklich sagen.
Der eine Antrag, und vielleicht können wir das zusammen entscheiden, ich schlage vor, daß der Antrag, der behandelt die sofortige **Einrichtung eines Ministeriums für Gleichstellung von Frauen und Männern**, behandelt wird als ein Punkt unter Sozialpolitik, obwohl er dort auch nicht hingehört. Wir erachten es aber als dringend notwendig, daß sofort dieses Ministerium geschaffen wird. Und das ist dem schon am nächsten. Der **Antrag [Vorlage 13/30, Antrag AG „Gleichstellung von Frauen und Männern": Zur Gleichstellung von Frauen und Männern im Wahlgesetz]**, der sich beschäftigt mit der **Änderung des Wahlgesetzentwurfes**, müßte völlig außer der Reihe laufen. Angesichts der Tatsache, daß morgen die Volkskammersitzung zu diesem Gesetz stattfindet, möchten wir darum bitten, daß das heute hier passiert.

Lange (Moderator): Zur Geschäftsordnung, Herr Gutzeit.

Gutzeit (SPD): Ich meine, daß wir diese Einzeldebatte von Anträgen, die wir nicht kennen, jetzt nicht führen können. Das kostet uns nur Zeit. Das soll die Prioritätengruppe nachher entscheiden.

Lange (Moderator): Es ist nur wichtig, daß wir jetzt hören, welche Anträge lagen uns vor Beginn der Sitzung nicht vor und müßten jetzt aufgelistet werden, damit dann in der Mittagspause die Prioritätengruppe darüber befinden kann. Darum geht es. Gar nicht die Begründung, sondern welche Anträge kommen jetzt noch hinzu, die Sie noch nicht an das Arbeitssekretariat gegeben hatten vor dieser Sitzung.
Herr Klein.

Klein (VL): Bezugnehmend auf die Ausführungen von Herrn Weiß im Zusammenhang mit den **Problemen der Medien** und noch darüber hinausgehend möchten wir dringlich darum ersuchen, daß ein **Antrag [Vorlage 13/32, Antrag VL: Gewährleistung der Meinungs-, Informations- und Medienfreiheit]** dieses Sachgebiet betreffend hier behandelt wird.

Zum zweiten wird es sich als zweckmäßig erweisen, den hier von der SPD schon angekündigten **Antrag zur Sicherung des Eigentums** in Verbindung mit einem auch von uns vorliegenden Antrag zu behandeln. Hier ergeben sich große Parallelitäten, und es wird sich zeigen, daß sich hier das sicher zusammen behandeln läßt.

Zum Punkt **Sozialpolitik** werden wir noch einen Einzelantrag **[Vorlage 13/31, Antrag VL: Zur staatlichen Finanzierung von Kindereinrichtungen]** einbringen zur Situation der Kinder.

Lange (Moderator): Ich möchte Ihnen vorschlagen, daß Sie die Anträge, die noch nicht schriftlich vorliegen, die Sie aber beabsichtigen, heute ins Gespräch zu bringen, doch zumindest mit dem Thema, das verhandelt werden soll, den Moderatoren übergeben, so daß es dann in der Mittagspause verhandelt werden kann. Können wir so verfahren? Das vereinfacht, glaube ich, doch das Gespräch jetzt an dieser Stelle.

Wir haben weiter **Versammlungsgesetz** auf dem Programm, und über die **Einzelanträge**, wie gesagt, wird dann in der Mittagspause entschieden. Gibt es weitere Anfragen oder Vorschläge für die Tagesordnung so, wie sie uns jetzt bekannt ist?

Ich muß das immer unter Vorbehalt sagen, weil ja dann nach der Mittagspause noch einmal diese Dinge beraten werden. Können wir dem zunächst zustimmen?
Herr Ducke.

Ducke (Co-Moderator): Ja, wir müssen noch einmal formell feststellen, daß also noch der Tagesordnungspunkt kommt „alles zur **Regierungserklärung Modrow**,..

Lange (Moderator): Dies auf jeden Fall.

Ducke (Co-Moderator): Ich möchte das nur jetzt hier ausdrücklich sagen, daß diese Wiederaufnahme ausdrücklich kommt.

Lange (Moderator): Ja, wir vermerken das als einen gesonderten Punkt **Wiederaufnahme zur Erklärung des Ministerpräsidenten**. Können wir dann so beschließen, daß wir in dieser Weise heute unsere Arbeit tun? Wir wagen jetzt natürlich gar nicht, irgendeine Zeitansage zu machen. Das haben wir schon mehrfach bereut.
Frau Braband, bitte.

Frau Braband (VL): Ich möchte noch einmal darauf verweisen, daß ich den Antrag gestellt habe, daß die Vertreterinnen der einzelnen Parteien und Gruppierungen in der Arbeitsgruppe „Gleichstellungspolitik" hier **Rederecht** erhalten zum Punkt **Sozialpolitik.**

Lange (Moderator): Sie wollten das aber zum Thema Sozialpolitik haben.

Frau Braband (VL): So ist es.

Lange (Moderator): Und ich denke, dann wäre es dort an der entsprechenden Stelle, daß wir das dort befinden, ja?
Herr Ziegler.

Ziegler (Co-Moderator): Ja, ich muß noch etwas ansagen vor der Pause.

Lange (Moderator): Ja, das ist vermerkt. Können wir erst einmal die Tagesordnung so befinden. Findet das Ihre Zustimmung? – Es ist nicht vergessen. Sie werden nur dann an diesem Punkt **Sozialpolitik,** weil da auch andere sich äußern, diesen Vorschlag noch einmal einbringen. – Wer dafür ist, daß wir dann so verfahren und die Tagesordnung so beschließen, den bitte ich um das Handzeichen. – Gegenstimmen? – Stimmenthaltungen? – Wir haben es so beschlossen.

Ich möchte Ihnen zunächst noch die Ankündigung weitergeben, daß nach der Mittagspause eine Reihe von wichtigen Informationen an Sie weitergegeben werden, die uns auch von der Volkskammer gegeben worden sind, aber vorher, bevor wir jetzt in die Vormittagspause gehen, hat Herr Ziegler noch eine Ansage zu machen.

Ziegler (Co-Moderator): Der Präsident der Volkskammer hatte sich an alle Teilnehmer des Runden Tisches am 7. Februar [1990] mit der Bitte gewandt, Meldung zu geben für die **Wahlkommission der DDR.** Es fehlen eine ganze Reihe von Meldungen, unter anderem von der SPD und noch weitere.

Und nun bittet der Volkskammerpräsident auch darum, daß erstens diese Meldungen sofort abgegeben werden, weil heute abend die Liste zusammengestellt werden muß für die Wahlkommission, und zweites daß Vorschläge für den Vorsitzenden und zwei Stellvertreter gemacht werden. Wir werden die Liste derer, die bisher gemeldet sind, für die Wahlkommission jetzt abziehen lassen und Ihnen in die Fächer geben. Ist schon [geschehen], haben Sie schon, ja?

Dann ist es ja gut, wenn sie schon ausgeteilt ist. Mir ist sie noch nicht auf den Tisch gelegt worden. Sie haben sie dann hoffentlich. Und es wird dringend gebeten, daß diese Vorschläge schriftlich bis sofort nach der Mittagspause ans Arbeitsseketariat gemeldet werden.

Und dritte und letzte Bitte des Volkskammerpräsidenten: Diejenigen, die morgen an der **Volkskammersitzung** teilnehmen wollen und übermorgen und zu einem Punkt reden möchten, müssen sich sofort beim Büro des Präsidiums melden, weil das vorbereitet werden muß. Danke.

Lange (Moderator): Wir treten in die Pause ein und beginnen unsere Sitzung 11.30 Uhr.

[Unterbrechung der Sitzung von 11.00 Uhr bis 11.30 Uhr]

TOP 6: Wirtschaft III – Landwirtschaft

Ducke (Moderator): – ist noch nicht eingeläutet richtig. Meine Damen und Herren. Darf ich Sie bitten, wieder Platz zu nehmen, daß wir nach der kurzen Pause unsere Verhandlungen fortsetzen. Ich lasse einmal die Glocke ertönen.

[Die Glocke klemmt]

Es geht noch nicht.

[Geläute]

Das klingt! Meine Damen und Herren. Ich rufe auf den Tagesordnungspunkt 2. „**Wirtschaft III – Landwirtschaft**".
Zu diesem Tagesordnungspunkt dürfen wir begrüßen den Minister für Landwirtschaft, Herrn Dr. Watzek, sitzt hier zu meiner Linken, neben ihm Professor Schmidt von der Akademie der Landwirtschaften und Herrn Dr. Mückenberger, Jurist im Landwirtschaftsministerium. Er sitzt hier. Außerdem ist bei uns, schon bekannt, Herr Professor Succow, der Stellvertretende Minister für Umwelt und sein Berater, Herr Dr. Pieplow.

Das ist die Regierungsmannschaft zu dem großen Thema Landwirtschaft.

Ich kann Ihnen im Moment noch nicht sagen, welche Vorlagen Sie zu dieser Diskussion brauchen. Es werden immer noch welche dazu ausgeteilt. Ich rufe jetzt als erstes auf die **Vorlage 13/1, Material der Arbeitsgruppe „Wirtschaft": Zur weiteren Entwicklung der Landwirtschaft** und bitte Sie auch schon, zur Hand zu nehmen den **Regierungsentwurf,** der heute auch ausgeteilt wurde: **Konzeption zur Vorbereitung, Ausgestaltung und Durchführung der Wirtschaftsreform in der Land-, Forst- und Nahrungsgüterwirtschaft.** Das wird als **Information 13/2** noch verteilt werden. Also zunächst rufe ich jetzt auf **Vorlage 13/1, Material der Arbeitsgruppe „Wirtschaft": Zur weiteren Entwicklung der Landwirtschaft.** Die Vorlage wird einbringen Herr Junghanns als Sprecher der Arbeitsgemeinschaft. Herr Junghanns ist [von der] DBD.

Bitte schön, Herr Junghanns.

Junghanns (DBD): Meine Herren Moderatoren, meine Damen und Herren, ich möchte noch einmal bekräftigen, weil es dazu Anmerkungen gab, ich trage vor das **Material der Arbeitsgruppe „Wirtschaft"** zum Thema Landwirtschaft. In dieser Arbeitsgruppe hat man sich darüber geeinigt, daß wir dieses Material zum Verlesen bringen. Einbringer ist aber die Arbeitsgruppe „Wirtschaft". Ich bitte, diesen Fehler am Ende der Vorlage[8] zu entschuldigen und zu ändern.

[Vorlage 13/1, Material der AG „Wirtschaft": Zur weiteren Entwicklung der Landwirtschaft]

Die Arbeitsgruppe „Wirtschaft" hat sich am 17. Januar 1990 mit Fragen der Landwirtschaft beschäftigt. Sie empfiehlt dem Runden Tisch die im folgenden formulierten Schwerpunkte anzunehmen und der Regierung zu übergeben. Die Schwerpunkte sollten der durch die Regierung auszuarbeitenden Konzeption zur Entwicklung der Landwirtschaft zugrundeliegen.

Der Runde Tisch erwartet Auskunft von der Regierung zur Gesamtsituation der Landwirtschaft und die Einleitung von Maßnahmen:

1. Sofortmaßnahmen

– Unverzügliche Gesetzesinitiativen und Einbeziehung in die deutsch-deutschen Verhandlungen zum Erhalt der Existenz und des Eigentums der landwirtschaftlichen Produzenten aller Eigentumsformen. Dazu gehören insbesondere Initiativen

• zur Sicherung der Ergebnisse der Bodenreform und damit des privaten Eigentums der Genossenschaftsbauern und -gärtner an Grund und Boden als deren Hauptproduktionsmittel.

• zum Schutz und Erhalt der LPG, GPG und VEG, sofern die Genossenschaftsbauern und -gärtner beziehungsweise Werktätigen das wünschen, Initiativen

---

[8] Dort ist die DBD als „Einbringer" ausgewiesen.

- zur Sicherung der Nutzungsrechte der Kleingärtner, Siedler und Kleintierzüchter einschließlich Wochenendsiedler an Grund und Boden,
- zur Abwehr von Bodenspekulationen und Beseitigung ungesetzlicher Enteignungen von Kirchenland.

In die oben genannten Verhandlungen mit der BRD einzubeziehen sind Maßnahmen, die verhindern, daß frühere Eigentümer von Grund und Boden der Land- und Forstwirtschaft, die durch in der DDR geltendes Recht dieses Eigentum verloren haben, die weitere Verfügbarkeit der jetzigen Nutzer beeinträchtigen können (eventuell Lastenausgleich, soweit das noch nicht geschehen).

- Aufnahme deutsch-deutscher Gespräche zur Vorbereitung der Bauern der DDR auf den EG-Binnen- und Außermarkt; soziale Förderungsmaßnahmen für die Bauern müssen denen anderer Bereiche angepaßt werden
- Erhöhung der Lieferung von Technik, Ersatzteilen, Dünge- und Pflanzenschutzmitteln zur rechtzeitigen Absicherung der Frühjahrsbestellung
- Stabilisierung der Leistungen der Nahrungsgüterwirtschaft, insbesondere der Schlacht-, Kühl- und Verarbeitungskapazitäten durch beschleunigte materiell-technische Ausstattung, Gewinnung von Arbeitskräften und gezielte soziale Maßnahmen
- Anpassung der landwirtschaftlichen Produktion an die Bedürfnisse der Bevölkerung nach gesunder Ernährung, unter anderem durch Förderung des Anbaus von Obst und Gemüse, Veränderung der Struktur der landwirtschaftlichen Produktion und des gegenwärtigen Subventions- und Verbraucherpreissystems
- Sicherung der Gemeinnützigkeit der Bodennutzung durch eindeutige gesetzliche Regelungen, um eine effektive, ökologisch und sozial verträgliche landwirtschaftliche Produktion zu sichern (Bodengesetz, Bodenbewertungsgesetz, Flächennutzungsbehörde)
- Maßnahmen, die die sozialen Bedingungen für die Bürger in Stadt und Land verbessern (Einkommensniveau, Versorgungs- und Dienstleistungen, gesundheitliche, kulturelle und sportliche Betreuung und anderes)
- Drastische Reduzierung der Plankennziffern in der Landwirtschaft, stärkere Anwendung des Vertragssystems und flexibler Preise

2. Maßnahmen zur Wirtschaftsreform
- Schaffung von Voraussetzungen für eine effektive und ökologiegerechte landwirtschaftliche Produktion, die die Nahrungsmittelversorgung der Bevölkerung auf hohem Niveau und in steigender Qualität gewährleistet, die Volkswirtschaft mit agrarischen und tierischen Rohstoffen versorgt, Arbeit für Genossenschaftsbauern und Landarbeiter sichert und die landwirtschaftliche Nutzfläche als Bestandteil der Kulturlandschaft erhält
- Gewährleistung einer engeren materiell-technischen und ökonomischen Verflechtung und Interessenausgleich zwischen Landwirtschaft, Industrie und Handel über Marktbeziehungen
- Chancengleichheit für Betriebe aller Eigentums- und Organisationsformen und Produktionseinrichtungen im ökonomischen Wettbewerb durch einheitliche Preisbildungs- und Besteuerungsgrundsätze
- Verwirklichung der Selbstverwaltung der Genossenschaften und der ökonomischen Eigenverantwortung der volkseigenen Landwirtschaftsbetriebe
- Förderung unabhängiger demokratischer Genossenschaftsverbände und Verbände volkseigener Landwirtschaftsbetriebe beziehungsweise die Gründung von Landwirtschaftskammern als Interessenvertreter gegenüber Regierung und Industrie
- Förderung einer ökologiegerechten landwirtschaftlichen Produktion, durch Technologien in der Pflanzen- und Tierproduktion, die so zu gestalten sind, daß Umweltschäden verringert werden, einschließlich des Abbaus übermäßiger Tierkonzentrationen im Rahmen der Investitionsförderung und Durchsetzung des Verursacherprinzips bei Umweltschäden
- Schaffung ökonomischer Bedingungen, die die Rentabilität der Verarbeitungsindustrie gewährleisten und auch die Gründung von Joint-Ventures sowie andere Formen der Kooperation ermöglichen
- Schaffung gesellschaftlicher Rahmenbedingungen, die eine stabile Inlandsversorgung gewährleisten
- stärkere Einbeziehung der Landwirtschaft in die internationale Arbeitsteilung, mit dem Ziel der höheren Effizienz der landwirtschaftlichen Produktion.

Ich danke.

Ducke (Moderator): Vielen Dank, Herr Junghanns, für die Einbringung dieser Vorlage, die ja eine Fülle von Material enthielt. Bevor die Regierung Gelegenheit hat, darauf zu antworten und ihren eigenen Entwurf vorzustellen, frage ich: Gibt es zu dieser Vorlage der Arbeitsgemeinschaft von seiten der Teilnehmer des Runden Tisches Ergänzungen, Wünsche? Vielleicht können wir auch schon aufmerksam gemacht werden auf Vorlagen, die dazu konkret dann mit in Blick genommen werden, denn ich glaube, der einzelne ist im Moment überfordert, sich durch die Fülle der Vorlagen so durchzuarbeiten, daß er weiß, wo jetzt Kartoffeln angebaut sind und Weizen.

Ergänzungen bitte zu dieser Vorlage. So viele habe ich eigentlich nicht erwartet. Jetzt gehen wir der Reihe nach. Bitte schön, Herr, jetzt muß ich einmal gucken, Herr Möller, NDPD. Würden sich die anderen in der Zwischenzeit noch melden, daß ich mir das notieren kann.

Möller (NDPD): Aus den Vorschlägen der Arbeitsgruppe „Ökologischer Umbau" wäre abzuleiten unter Punkt 2 „Maßnahmen zur Wirtschaftsreform" Seite 3, sechster Anstrich, hier auch die Fragen der **Bodenpflege** mit aufzunehmen, weil die Förderung einer ökologiegerechten landwirtschaftlichen Produktion nicht nur eine technologische Frage ist.

Ducke (Moderator): Vielen Dank. Jetzt hatte sich Herr Professor Succow noch [gemeldet]. Es geht nur um die Ergänzung zu dieser Vorlage. Würden Sie bitte einmal in das Mikrofon rein [sprechen]. Danach Herr Wolf, Herr Engel, Herr Hammer, habe ich jetzt übersehen.
Sie sind der nächste, Herr Hammer.

Succow (Stellv. Minister für Ressourcennutzung und Landnutzungsplanung): Ja, auf der zweiten Seite, fünfter Stabstrich, wo es um gesetzliche Regelungen geht, da würde ich sehr gern die **Umweltverträglichkeitsprüfung** mit eingeführt haben und auch den **Verbraucherschutz**. Diese beiden Dinge sind wichtig. Und es ist auch, ja, auch Sofortmaßnahmen. Ich meine, es ist notwendig, auch **privates Eigentum an Grund und Boden** im Interesse des Gemeinwohls möglich zu machen und auch **langfristige Pachtung von Boden** zu ermöglichen. Ich halte das insbesondere für den **ökologischen Landbau** für erforderlich.

Ducke (Moderator): Danke. Das war eine Ergänzung. Bitte, Herr Hammer, VdgB. Ich bitte also keine Stellungnahme dazu, sondern nur Ergänzung. Bitte, Herr Hammer.

Hammer (VdgB): Ja, wir wollten das ergänzen in unseren **Vorlagen 13/10 [Stellungnahme und Antrag VdgB: Zum Regierungsentwurf gemäß Information 13/2**[9]**]** und **13/11 [Antrag VdgB: Zu landwirtschaftlich genutztem Boden]** Ich möchte vielleicht den Herrn Minister noch darauf hinweisen auf die Dringlichkeit der Behandlung vieler Probleme aus dieser Vorlage, was sich besonders aus der **Absatzsituation** in unserem Land bei Schlachtvieh und anderen Dingen ergibt. Ich würde dann noch einmal konkrete Zahlen – –

Ducke (Moderator): Danke. Es hat jetzt das Wort Herr Wolf, LDP; danach Herr Engel, CDU.

Wolf (LDP): Ich ziehe im Moment zurück.

Ducke (Moderator): Danke. Herr Engel, CDU, dann bitte. Zieht auch zurück? Habe ich jetzt jemanden falsch aufgerufen? Die CDU meldet sich nicht, obwohl sie – – Herr Engel, Sie haben das Wort. Das war das dritte Mal.

Engel (CDU): Ja, danke schön. Wir haben eine Ergänzungsvorlage dazu gemacht, die aber noch nicht vorliegt, die erst seit heute früh im Sekretariat ist. Wir können sie demzufolge noch nicht verhandeln. Ich muß sie bloß hier anmelden.

Ducke (Moderator): Danke schön. Das Wort hat jetzt Herr Ullmann.

Ullmann (Minister o.G., DJ): Ich habe nur zwei Erläuterungsbitten. Erste zu Seite 2, Absatz 1, diese Klammerbemerkung („eventuell Lastenausgleich, soweit noch nicht geschehen") – [Ich] bitte um Interpretation. Eine zweite Erläuterungsbitte, Seite 3, fünfter Anstrich, „Förderung unabhängiger demokratischer Genossenschaftsverbände". Wie ist die Lage dort? [Ich] bitte da um einige Details.

Ducke (Moderator): Danke. Der nächste ist Herr Junghanns, DBD. Herr Merbach, Sie stehen schon drauf.

---
[9] Dokument 13/7, Anlagenband.

Junghanns (DBD): Ich würde an dieser Stelle nur unsere **Vorlagen** anmelden, die **[Vorlage13/]2, 13/3** und **13/4** anmelden zur Behandlung in diesem Komplex.

Ducke (Moderator): **[Vorlage] 13/2 [Antrag DBD: Zur Vermeidung weiterer Devastierungen]**, **13/3 [Antrag DBD: Zur Entschuldung der Landwirtschaftlichen Produktionsgenossenschaften]** und **13/4 [Antrag DBD: Zum Nutzungsrecht der LPG am Boden]**. Jawohl. Das Wort hat Frau Dörfler, Grüne Partei. Dann Frau Hähnchen, Neues Forum. Ja?

Frau Dörfler (GP): Ich melde auch unsere Vorlage für die Grüne Partei an, und zwar zum Punkt 2., sechster Anstrich, zur Frage der übermäßigen **Tierkonzentration**.

Ducke (Moderator): Die Vorlage liegt noch nicht vor.

Frau Dörfler (GP): Doch, die liegt jetzt vor.

Ducke (Moderator): Sagen Sie uns einmal die Nummer?

Frau Dörfler: Ja, ich suche sie selbst. Ich habe sie gesehen. **[Vorlage] 13/15 [Antrag GP: Zum Export von Schweinefleisch]**, glaube ich.

Ducke (Moderator): Danke. Das genügt. Frau Hähnchen, Neues Forum.

Frau Hähnchen (NF): Ja, ich melde an zu Seite 2, fünfter Anstrich, „Subventions- und Verbraucherpreissystem", die **Vorlage 13/13 [Antrag NF: Sofortige Umwandlung von Subventionen für Lebensmittelpreise in personengebundene Einkommensbeträge]** – –

Ducke (Moderator): Ist schon ausgeteilt, nicht? Vielen Dank, Frau Hähnchen.

[Unterbrechung]

Ducke (Moderator): Entschuldigung [für] die Unterbrechung. Wir mußten nur feststellen, daß wir noch so viele Vorlagen hier haben, die noch nicht auf dem Tisch lagen. Als nächstes hat das Wort Demokratischer Aufbruch. Jetzt muß ich [um] Ihren Namen bitten.

Pautz (DA): Dr. Uwe Pautz, Demokratischer Aufbruch. Wir haben eine Ergänzung zu **[Vorlage] 13/1 [zu Punkt] 4 „Sofortmaßnahmen"**. Diese Ergänzung wird noch verteilt.

Ducke (Moderator): Ja, Herr Merbach, bitte, Bauernpartei.

Merbach (DBD): Ja, ich möchte nur auf die Verbindungen mit den Vorlagen des Ökologischen Umbaus verweisen. Erst einmal auf die schon beschlossene **[Vorlage] 10/3** am 29. Januar [1990], wo ein ganzer Abschnitt über **ökologisch orientierte Landwirtschaft** drin ist. Und zweitens haben wir eine Ergänzungsvorlage, die ja gefordert war am 29. Januar [1990], heute vorgelegt – die ist noch nicht ausgeteilt – in denen auch landwirtschaftangierende Fragen drin sind. Ich bitte, diese Vorlage in diesem Kontext hier mitzubehandeln.

Ducke (Moderator): Vielen Dank. Herr Wiedemann, Augenblick, Sie sind dann, ja, jetzt muß ich nur die Parteien aufrufen. Bitte nennen Sie selbst Ihren Namen.

Frau Albrecht (PDS): Petra Albrecht, PDS. Ich möchte auch erst einmal das grundsätzlich unterstützen diese Vorlage vom Ministerium Landwirtschaft, und wir haben drei **Ergänzungsvorlagen, 13/5, 13/6** und **13/7** dazu. Danke.

Ducke (Moderator): Danke schön. Neues Forum, bitte, Herr – –

Zimmermann (NF): Hans-Jürgen Zimmermann. Zu der zweiten Seite dieser **Vorlage [13/1]** den dritten Punkt, „Erhöhung der Lieferung von Technik, Ersatzteilen, Dünge- und Pflanzenschutzmitteln zur rechtzeitigen Absicherung der Frühjahrsbestellung". Ich meine, hier müßte man unbedingt ergänzen, daß es nicht allein um eine Erhöhung der Absicherung geht, sondern in erster Linie der Landwirtschaft und [um] eine **Verbesserung der Qualität der Absicherung** geht, insbesondere was die Landtechnik, Düngemittel und Pflanzenschutzmittel betrifft, und da unbedingt höhere Qualitätsparameter erarbeitet werden müssen und die durchzusetzen sind. Zum nächsten Stabstrich „Stabilisierung" – –

Ducke (Moderator): Wir wollen aber jetzt keine Diskussion dazu. Nur wenn Sie Ergänzungen haben und Anträge dazu. Wäre damit erledigt, ja?

Zimmermann (NF): Ja.

Ducke (Moderator): Danke schön. Es hat jetzt das Wort Herr Wiedemann, CDU.

Wiedemann (CDU): Ich hätte erstens eine Ergänzung zu **[Vorlage] 13/1**, und zwar schlagen wir vor aufzunehmen einen Stabstrich „Schaffung notwendiger **Rahmenbedingungen** für die Gründung und Tätigkeit **bäuerlicher Familienbetriebe**„..
Und zweitens, die vorhin hier vorgesehene Vorlage liegt im Sekretariat bereits vor, aber sie ist irrtümlich unter die Einzelanträge gekommen. Sie steht aber hiermit zur Diskussion. Ich bitte um Erlaubnis, die hier vortragen zu dürfen.

Ducke (Moderator): Sie wird gerade verteilt. Warten Sie die Sekunden. Wir sind noch nicht bei den Anträgen.

Wiedemann (CDU): Ja, danke schön.

Ducke (Moderator): Das Wort hat jetzt Herr Jordan, Grüne Partei. Dann Herr Hegewald, PDS.
Bitte, Herr Jordan.

Jordan (GP): Seitens der Grünen Partei möchte ich hier einbringen, daß wir unter Punkt 2 [Maßnahmen zur Wirtschaftsreform zu] „Chancengleichheit" extra noch einmal eine besondere **Förderung des ökologischen Landbaus** und der **artgerechten Tierhaltung** mit aufnehmen möchten. Und dies solle auf privater und gemeinschaftlicher Basis möglich werden.

Ducke (Moderator): Danke, Herr Jordan.
Herr Hegewald, PDS, bitte.

Hegewald (PDS): Ja, aus der Sicht der Bezirksarbeit in Dresden möchte ich feststellen, daß die **Gülleproblematik** landesweit nicht beherrscht wird, und ich schlage vor, daß zur technologischen Beherrschung der Gülleproblematik ein **Beratungszentrum** zu schaffen ist, um den Bauern die Hilfe zu leisten, sich mit dieser Thematik besser zu beschäftigen.

Ducke (Moderator): Danke schön. Meine Damen und Herren. Ich [hoffe], jetzt niemanden übersehen zu haben, der sich bezüglich Ergänzung – habe ich doch, Demokratie Jetzt, also Frau Teschke. Das tut mir leid.

Frau Teschke (DJ): Ja, ich wollte nur darauf aufmerksam machen, daß wir auch eine **Vorlage [13/24]** haben, und zwar zum Punkt 1 der „Sofortmaßnahmen" **zur Gesetzesinitiative**, die die **Mietung und Nutzung von sogenannten Westgrundstücken** betrifft.

Ducke (Moderator): Danke. So. Meine Damen und Herren, wir haben uns jetzt aufgrund dieser neuen Anträge und der Erweiterung vielleicht auch ein wenig neu kundig gemacht mit dieser Vorlage, und ich möchte jetzt der Regierung die Gelegenheit geben, dazu Stellung zu nehmen und auch hier einen Entwurf selbst vorzustellen.
Ich bitte Herrn Minister Dr. Watzek. Bitte schön. Wenn Sie sich einschalten.

Watzek (Minister für Land-, Forst- und Nahrungsgüterwirtschaft): Meine Herren Moderatoren, verehrte Damen und Herren. Ich gehe davon aus, daß das Material[10], was hier zur Debatte steht, bekannt ist und wir darauf aufbauen können. Ich möchte in meinen Ausführungen zu Beginn einige Ausführungen zur Situation im Bereich der Land- und Nahrungsgüterwirtschaft machen. Und zweitens dann – –

Ducke (Moderator): Entschuldigen Sie bitte, Herr Wiedemann, ein Geschäftsordnungsantrag, aber es ist mitten in der Rede. Darf ich Sie bitten, worum geht es jetzt?

Wiedemann (CDU): Ich möchte nur betonen, daß uns das Material nicht bekannt ist. Es ist soeben verteilt worden. Ich kenne nur persönlich eine Fassung vom 8. Januar, der ich an und für sich auch nicht zustimmen könnte.

Ducke (Moderator): Das müssen Sie so zur Kenntnis nehmen. Wir haben es auch nicht eher bekommen. Das bezog sich also auf Ihren Einwand, daß wir alles kennen.

Wiedemann (CDU): Ja, gut, einverstanden.

Ducke (Moderator): Sie müssen zur Kenntnis nehmen, daß Sie zu uns reden – Ja. Also: Neubauern.

Watzek (Minister für Land-, Forst- und Nahrungsgüterwirtschaft): Ja, verstanden.
Im ersten Komplex einige Bemerkungen zur **Situation im Bereich der Land- und Nahrungsgüterwirtschaft** unseres Landes. Und zweitens dann zum **Komplex der Wirtschaftsreform** in der Land-, Nahrungsgüter- und der Forstwirtschaft, und dazu wird dann Herr Professor Klaus Schmidt weitere Ausführungen machen als Leiter der Arbeitsgruppe zur Ausarbeitung dieses Materials.
In der **Land-, Forst- und Nahrungsgüterwirtschaft** können wir gegenwärtig noch eine relativ stabile Entwicklung verzeichnen. Die Aufgaben sind anteilig erfüllt, und man kann sagen – begünstigt durch die milde Witterung der letzten Wochen – zum Teil auch beträchtlich in der **Tierproduktion** übererfüllt.
Damit haben wir Voraussetzungen geschaffen, um die Bevölkerung stabil und ausreichend mit Nahrungsgütern und die Industrie mit Agrarrohstoffen zu versorgen. Allerdings ist diese gute **Planerfüllung** auch mit einer Reihe von Fragen verbunden, an deren Lösung wir intensiv arbeiten müssen.

---

[10] Siehe die vollständige Fassung des Entwurfs Konzeption und Vorbereitung, Ausgestaltung und Durchführung der Wirtschaftsreform in der Land-, Forst- und Nahrungsgüterwirtschaft (Information 13/2) im Dokument 13/2 im Anlagenband.

Das betrifft einmal die **Abnahme und Schlachtung unseres Schlachtviehs**, da der hohe Grad der Produktion zur Zeit erhebliche Probleme in der Schlachtung der Tiere und in der Einlagerung in den **Kühlhäusern** mit sich bringt, da unsere Kühlhäuser ausgelastet sind, wir in der Schlacht- und Verarbeitungsindustrie Probleme haben, was die **Veralterung unserer Grundfonds** anbetrifft und auch was Probleme unserer Arbeitskräftesituation anbetrifft. Allerdings muß ich auch sagen, wir haben kein Verständnis dafür, daß aufgrund der hohen Produktion – die in der Landwirtschaft gesicherte – teilweise die Versorgung in unseren **Handelseinrichtungen** dieses Niveau nicht widerspiegelt.

Ich kann versichern, daß die **Genossenschaftsbauern und Arbeiter der Land- und Nahrungsgüterwirtschaft** auch unter den gegenwärtig äußerst komplizierten Bedingungen bereit sind, ihren Beitrag zur Stabilisierung der Wirtschaft und der Versorgung der Bevölkerung zu leisten. Das kam auch eindeutig zum Ausdruck bei unserer Beratung mit 800 Genossenschaftsbauern und Arbeitern am 31. Januar [1990] in Bernburg, an der auch der Ministerpräsident unseres Landes teilgenommen hat.

Es wurde aber auch deutlich, daß eine Vielzahl von Problemen aufgeworfen wurde, die sich negativ auf die Landwirtschaft auswirkt. Sie befassen sich einmal mit dem **desolaten Zustand der Technik** und der **Versorgung der Landwirtschaft mit Ersatzteilen**, wie hier schon angesprochen, sowohl in Menge als auch in Qualität, die noch nicht ausreichende Qualität unserer Düngemittel und Pflanzenschutzmittel und damit verbundene Umweltbelastungen und zukünftig zu lösende Strukturprobleme in unserem Bereich.

Diese Probleme und Schwierigkeiten sind zum hohen Teil auf die **verfehlte Wirtschafts-, Investitions- und Akkumulationspolitik** der letzten Jahrzehnte zurückzuführen. Breite Zustimmung gab und gibt es zum **Übergang zur sozialen Marktwirtschaft** in unserem Bereich ökologisch orientiert, wobei aber dabei auch viele Fragen von seiten der Genossenschaftsbauern und Arbeiter gestellt werden.

Die Bauern fordern mit Nachdruck, daß alle Schritte zur Marktwirtschaft mit ihnen beraten und gemeinsam gegangen werden. Dabei bringen sie auch immer wieder ihre Sorge darüber zum Ausdruck, daß die **soziale Sicherheit** gewährleistet bleiben muß, die Perspektiven der Genossenschaften und volkseigenen Gütern gesichert bleiben und daß vor allem das Eigentum an Grund und Boden, am eingebrachten Inventarbeitrag – das heißt: die Rechtstitel, die durch die **Bodenreform** geschaffen wurden – erhalten bleiben.

Und es gibt auch Gedanken und Sorgen und Meinungen über die Zukunft der Dörfer. Ich wollte das vorweg nennen, um zu zeigen, daß wir als Regierung uns auf Schwerpunkte konzentrieren müssen und dabei auch bestimmte Prioritäten in der Arbeit zu sichern haben.

In meinen weiteren Ausführungen möchte ich auf folgende Schwerpunkte eingehen, auf einige konkrete Bewertungen der Arbeit in unserem Bereich und zur Vorbereitung der Wirtschaftsreform, wie es im genannten Papier schriftlich fixiert ist:

Die **ökonomische Entwicklung in der Land-, Forst- und Nahrungsgüterwirtschaft** ist eingebunden in die ökonomische Gesamtsituation unseres Landes. Vorhandene Probleme verschärfen sich auch bei uns durch den Rückgang der Arbeitskräfte infolge der anhaltenden Ausreise und durch wachsende technische Lücken in der Bereitstellung von Ersatzteilen und materiell-technischen Grundlagen der Produktion, Maschinengeräte und Technologien.

Wir müssen dabei davon ausgehen, daß in der Volkswirtschaft insgesamt wichtige ökonomische Zielstellungen nicht erfüllt wurden. Wie der statistische Jahresbericht 1989 ausweist, konnte die industrielle Warenproduktion nur um 2,3 Prozent gesteigert werden im Gegensatz zur geplanten Steigerung von 3,5 Prozent. Die Barproduktion lag bekanntlich unter dem Niveau des Jahres 1988.

Im Januar [1990] ist die Industrieproduktion weiter zurückgegangen, und das hat logischerweise auch konkrete Auswirkungen auf die **Versorgung der Landwirtschaft mit Ersatzteilen** aus den zuständigen Kombinaten der Industrie sowie auch aus Sicht der Bereitstellung entsprechender Traktoren und Maschinen und Technologien für die Landwirtschaft einschließlich der Nahrungsgüterwirtschaft und die Forstwirtschaft.

Das heißt: Wir haben hier ganz gezielt daran zu arbeiten, daß die bereits im vergangenen Jahr mit den zuständigen Ministerien und Kombinaten abgestimmten Aufgaben zur verbesserten Ersatzteilversorgung der Landwirtschaft und zur Bereitstellung entsprechender Technik und Technologie auch mit notwendiger Konsequenz realisiert werden.

Es kann davon ausgegangen werden, daß in der **Pflanzenproduktion** im Jahr 1989 durch große Anstrengungen, insbesondere auch durch die Bewässerungsmaßnahmen, ein Ertragsniveau von rund 47 Dezitonnen Getreideeinheiten je Hektar landwirtschaftlicher Nutzfläche erreicht wurden. Das ist eine Dezitonne mehr als 1988, und in Anbetracht der Trockenheit, die noch nachhaltiger gewirkt hat als 1988, ein gutes Ergebnis.

Dennoch waren die bekannten zusätzlichen **Futtermittelimporte** notwendig, um die langfristigen biologisch bedingten Reproduktionsprozesse nicht abreißen zu lassen.

Erhebliche **Ertragsausfälle** sind bei Kartoffeln und Zuckerrüben einzuschätzen, wobei die Versorgung gesichert und stabil ist. Probleme bestanden weiterhin in der Gemüseproduktion, die nur zu 92 Prozent erfüllt wurde, wobei Fortschritte in der Treibgemüseproduktion und bei der Produktion von Gemüse unter Glas und Plaste erreicht werden konnten.

In der **Nahrungsgüterwirtschaft** wurde trotz der 1989 verschärft auftretenden Probleme bei der Sicherung der materiell-technischen Stabilität und des Arbeitskräftebedarfs eine gute Arbeit geleistet, so daß alle landwirtschaftlichen Produkte im wesentlichen kontinuierlich verarbeitet und die Erzeugnisse in Qualität dem Handel bereitgestellt wurden.

Im **landwirtschaftlichen Vorleistungsbereich**, in den Betrieben und Kombinaten der Land- und – – und der Landtechnik haben die Werktätigen, die Arbeiter in hoher Verantwortung für die landwirtschaftliche Produktion und deren weitere Intensivierung die Aufgaben erfüllt und über den Plan hinaus Ersatzteile und Rationalisierungsmittel hergestellt. Gegenwärtig liegen wir bereits bei etwa 60 Prozent Aufarbeitung der Ersatzteile für die Landtechnik im eigenen Bereich der Landwirtschaft.

Die Werke in der **Forstwirtschaft** haben der Volkswirtschaft ausreichend Rohholz bereitgestellt und mußten zusätzlich Holz einschlagen, um ausfallende Importe aus der Sowjetunion auszugleichen. Mit den Maßnahmen zur Wald- und Bestandspflege, zur Aufforstung, Dünge und zum Schutz der Wälder vor Schadinsekten wurde ebenfalls ein bedeutender Beitrag zur Erhaltung des Waldes und damit auch im Interesse der Ökologie geleistet.

Auf der Grundlage dieser Voraussetzungen geht die Land- , Forst- und Nahrungsgüterwirtschaft an die Erfüllung der Aufgaben in diesem Jahr. Und ich darf darauf hinweisen, daß die Beratung, die ich bereits anführte, am 31. Januar dieses Jahres zum Ausdruck gebracht hat, daß wir im Jahr 1990 vor allem uns darauf konzentrierten, in der **Pflanzenproduktion** die notwendige Steigerung der Produktion zu sichern, wobei der **Schwerpunkt die Getreideproduktion** ist, da es darauf ankommt, eine Stabilisierung und Erhöhung der Erzeugung von Gemüse und Obst sowie die Gewährleistung in der Höhe der Versorgungswirksamkeit bei diesen Produkten zu erreichen, und daß es darum geht, die beschlossene Erhöhung von Erzeugerpreisen bei einer Reihe von Gemüsearten sowie die einheitliche Leitung von Produktion, Verarbeitung und Großhandel durch die Unterstellung der Wirtschaftsvereinigung Obst, Gemüse und Speisekartoffel unter die Verantwortung des Ministeriums für Land-, Forst- und Nahrungswirtschaft unbedingt gut zu nutzen.

Unsere Forderungen an die Neugestaltung des **volkswirtschaftlichen Strukturprozesses** besteht darin, daß eine richtige Einordnung in bezug auf die Modernisierung und Stärkung der materiell-technischen Basis gesichert wird. Erste und vor allem noch für 1990 wirksame Maßnahmen zur Verbesserung der Bereitstellung von Technik auch durch zusätzliche Importe und der Ersatz der Versorgung, insbesondere für das Winterreparaturprogramm, sind durch die Regierung eingeleitet. Es geht darum, noch mit größerer Konsequenz in den nächsten Tagen diese Maßnahmen abzusichern und zu realisieren. Sicherung eines höheren ökonomischen Zuwachses durch Investitionstätigkeit, um insbesondere durch die Senkung des Anteils unvollendeter Produktionen und Investitionen eine noch bessere Wirksamkeit dieser Maßnahmen zu sichern.

Gegenwärtig werden in den Betrieben und Genossenschaften der Land-, Forst- und Nahrungsgüterwirtschaft die **Jahreshauptversammlungen** und **Rechenschaftslegungen** durchgeführt. Die Genossenschaftsbauern und Arbeiter beraten dabei auch die aktuellen Fragen der Produktionsdurchführung in engem Zusammenhang mit Aufgaben zur Vorbereitung, Ausgestaltung und Durchführung der **Wirtschaftsreform** in unserem Bereich.

Was die aktuelle Erfüllung der Produktionsaufgaben betrifft, so bildet zur Zeit die **Tierproduktion** den Schwerpunkt. Das Aufkommen an Schlachtvieh, Milch und Hühnereiern wird stabil gesichert, und auch im Monat Januar sind die Aufgaben auf diesen Gebieten übererfüllt.

In einigen Kreisen und Bezirken ist das gegenwärtig hohe Aufkommen, insbesondere bei **Schlachtvieh**, durch die Schlachtbetriebe kaum zu bewältigen. Es geht hier darum, daß wir weitere Lösungen finden, auch mit **Notschlachtungen** [gemeint wohl Lohnschlachtungen] in der BRD oder auch in Polen Entkrampfungen auf diesem Gebiet zu erreichen.

In einigen Bezirken, wie zum Beispiel in Neubrandenburg und Potsdam, treten punktuell **Probleme bei der Futterabsicherung** auf. Hier wird durch nochmalige Unterstützung durch das Ministerium versucht, betriebsbezogene Lösungen zu sichern, um den Reproduktionsprozeß auch im Jahre 1990 voll abzusichern. Andererseits wird aber auch klar sichtbar, und die hohe Überbietung der Planziele zeigt das, daß eine energische Einstellung auf den notwendigen Bedarf in der Produktion erforderlich ist. Wir prüfen deshalb als Schritt in Richtung marktwirtschaftlicher Wirtschaftsprinzipien, alsbald zu einer strengeren vertraglich gebundenen Produktion bei Schlachtvieh, Milch und Hühnereiern überzugehen.

In der **Pflanzenproduktion,** so kann eingeschätzt werden, wurden für 1990 durch eine Herbstbestellung guter Qualität und größtenteils zu den agrotechnisch günstigsten Terminen gute Voraussetzungen geschaffen. Die bestellte Fläche bei Wintergetreide wurde übererfüllt und bei Winterraps planmäßig eingehalten. Aufgrund der bisher milden Witterung gibt es keine Auswinterungsschäden in den Kulturen. Die Bestände haben sich gut entwickelt, und witterungsbedingt ist vielerorts die Frühjahrsbestellung bereits im Gang. Das staatliche Aufkommen [an] Gemüse wurde im Januar anteilmäßig vom Freiland und aus den Gewächshäusern realisiert. Auch in anderen Zweigen und des Verantwortungsbereiches wird gearbeitet, um die Planziele ohne Unterbrechung voll zu sichern.

Die **industrielle Warenproduktion** als wichtige ökonomische **Kennzahl der Betriebe der Land-, Forst und Nahrungsgüterwirtschaft** wurde im Januar 1990 mit 106,3 Prozent übererfüllt. Abgesetzt wurden Fertigerzeugnisse für die Bevölkerung im Umfange von 1,13 Milliarden Mark und damit die staatliche Orientierung mit 102,3 Prozent erfüllt, gleich 25,4 Millionen Mark.

In der **Forstwirtschaft** wurde der Plan der Rohholzbereitstellung im Januar 104,4 Prozent realisiert. Erneut ergeben sich Anforderungen an die Betriebe der Forstwirtschaft zur Beseitigung der in den letzten Wochen entstandenen Sturmschäden. Sie belaufen sich auf rund 840 000 Kubikmeter Bruchholz. Die Land-, Forst und Nahrungsgüterwirtschaft hat für 45,1 Millionen Valuta-Mark Exporte in das sozialistische Wirtschaftsgebiet und für 65,5 Millionen Valuta-Mark Exporte in das nichtsozialistische Wirtschaftsgebiet durchgeführt.

Insgesamt möchte ich zur ökonomischen Lage noch hinzufügen, zunehmend wird von Genossenschaften und Betrieben erkannt, daß **Produktion, Produktivität, Effektivität und Ökologie** mit einer völlig neuen Konsequenz angegangen werden muß.

Dabei haben [wir] immerhin mindestens noch fünfzehn Prozent der Landwirtschaftsbetriebe, die bei solchen naturbedingt schwierigen Jahren wie 1988/89 an der Rentabilitätsschwelle oder schon darunterstehen. Es muß gelingen mit Unterstützung des Staates, in diesen Betrieben umgehend **radikale Gesundungsmaßnahmen** einzuleiten, sonst besteht die Gefahr, daß sie unter marktwirtschaftlichen Bedingungen nicht mithalten können.

Dabei geht es in erster Linie um die konsequente Anpassung der Produktionsstrukturen an die natürlichen und ökonomischen **Standortbedingungen** und um das **Niveau der Betriebsführung.** Darüber hinaus geht es darum, daß der Landwirtschaft, auch solchen Genossenschaften und Betrieben, beim Abbau [der] in der Regel sehr hohen Kreditbelastungen spürbar geholfen werden muß. Es geht darum, daß überall stabile und **flexible Wirtschaften**, Genossenschaften und Betriebe entstehen, denn sie stehen im Mittelpunkt der Marktwirtschaft.

Wir unterstützen deshalb die Schritte in der Praxis, die darauf hinauslaufen, im Rahmen der bisherigen **Kooperationen Pflanzen- und Tierproduktion** wieder zusammenzuführen, selbständige Betriebe zu bilden, klug Kombinationen zwischen Pflanzen- und Tierproduktion herzustellen, Haupt- und Nebenproduktionsbetriebe herauszubilden und damit effektivere Strukturen in der Produktion sowie in den Neben- und Hilfs- und Hauptbereichen zu sichern.

Gleichzeitig halten wir es für ökonomisch sehr wichtig, daß diesen Landwirtschaftsbetrieben gemeinsam mit der Verarbeitung und dem Handel, aufbauend auf den Kooperationsverbänden, **Kooperationsverbände** sich stärker und **Erzeugnisverbände** sich stärker ausbilden, in denen sich unternehmerische Initiative nicht nur für die Produktion der Landwirtschaft, sondern bis zur Verarbeitung und dem Handel entwickeln können.

Einige Bemerkungen zweitens zur [Regierungsvorlage] „Konzeption zur Vorbereitung, Ausgestaltung und Durchführung der Wirtschaftsreform in der Land-, Forst- und Nahrungsgüterwirtschaft,".

Ducke (Moderator): Das wäre diese **Vorlage [Information 13/2**[11]**]**.

Watzek (Minister für Land-, Forst- und Nahrungsgüterwirtschaft): Ja. In der bisher zur Vorbereitung und Durchführung einer Wirtschaftsreform in der Volkswirtschaft unseres Landes eingeleiteten Arbeit wurde die „**Konzeption für die Land-, Forst- und Nahrungsgüterwirtschaft**" in einer speziellen Arbeitsgruppe vorbereitet. Wichtige weitere Impulse ergeben sich aus der Zusammenkunft des Ministerpräsidenten mit Vertretern der Land-, Forst- und Nahrungsgüterwirtschaft in Bernburg und der Beratung im Ministerium mit den stellvertretenden Ratsvorsitzenden der Bezirke, Generaldirektoren und weiteren Kadern aus unserem Bereich.

In der Arbeit an der „**Konzeption für die Wirtschaftsreform in der Volkswirtschaft**" und den dazu geführten Diskussionen wurde sichtbar, daß es dringend erforderlich ist, für den Bereich Land-, Forst- und Nahrungsgüterwirtschaft eine spezifische Konzeption zu erarbeiten, da die konkreten Bedingungen der Landwirtschaft in der Gesamtkonzeption für die Volkswirtschaft nicht ausreichend aufgenommen werden können.

In diesem Zusammenhang wurde auch die Sorge geäußert, daß dadurch die Landwirtschaft ungenügend Berücksichtigung finden könnte. Mit der Offenlegung der „Konzeption zur Vorbereitung, Ausgestaltung und Durchführung der Wirtschaftsreform in der Land-, Forst- und Nahrungsgüterwirtschaft" – 7 500 Genossenschaften und Betriebe der Land-, Forst- und Nahrungsgüterwirtschaft wurde der Entwurf übergeben – hat die vielfältig geführte Diskussion zu den Anforderungen und anzustrebenden Lösungen einen Rahmen erhalten, der notwendig ist.

Die **Reaktionen** zeigen, daß die sehr oft kontrovers geführten Diskussionen zunehmend in eine konstruktive Richtung münden.

Das Bestreben, möglichst alle mit der Land-, Forst- und Nahrungsgüterwirtschaft befaßten Kräfte in die Arbeit einzubeziehen, hat sich als richtig erwiesen.

Zweitens: Die im Prozeß der Ausarbeitung des Konzeptes gewonnenen Erkenntnisse zeigen eindeutig, daß es unausweichlich notwendig ist, intensiv wissenschaftlich an dieser Problematik zu arbeiten, um zu sichern, daß der **Ernährungskomplex** als ein **tragender Bestandteil jener Volkswirtschaft** in ihre grundlegende Umgestaltung und Reform nahtlos eingeordnet und dabei die spezifischen Bedingungen der landwirtschaftlichen Produktion von der Natur bis zu den Eigentumsverhältnissen in erforderlichem Maße berücksichtigt werden. Unterstrichen wird das auch mit Erfahrungen, die in anderen Ländern bei der Durchführung von Reformen im Agrarsektor gesammelt wurden.

Drittens: Aus den vielfältigen Diskussionen und bisher geäußerten Hinweisen, die in die vorliegende Konzeption eingearbeitet wurden, sowie aus den einschätzbaren Bedingungen ergeben sich für ihre weitere Vorbereitung, Ausgestaltung und Durchführung folgende Schwerpunkte:

– Eine **Integration in die Europäische Gemeinschaft** und das Zusammenwachsen der beiden deutschen Staaten sind Prozesse, die auch die Wirtschaftsreform in der Land-, Forst- und Nahrungsgüterwirtschaft bestimmen. Die vorliegende Konzeption geht von diesen Bedingungen und den sich daraus ergebenden Anforderungen aus.

– Die **Annäherung und Vereinigung der beiden deutschen Staaten** verlangt die Beachtung der bestehenden gravierenden Unterschiede in der Landwirtschaft der beiden Länder, Eigentums- und Besitzverhältnisse, Produktions- und Betriebsstrukturen, technische Ausstattung und technologisches Niveau, Effektivitätsgefälle, Agrarsteuergesetzgebung und Subventionspolitik.

– Die Integration in den **EG-Markt** muß so erfolgen, daß wir dabei unsere Position nicht aufgeben und die **Zusammenarbeit mit den osteuropäischen Ländern** als strategische Linie beibehalten, um Vorteile der internationalen Arbeitsteilung auch auf dem Gebiet der Landwirtschaft für uns zu nutzen.

– Angefertigte Analysen und die potentiellen Voraussetzungen der Genossenschaften zeigen, daß es auch darauf ankommt, Bedingungen zu schaffen, die es für die Genossenschaften, Betriebe und Unternehmen ermöglichen, wettbewerbsfähig zu produzieren.

Die Verbesserung der **Effektivität in der Nahrungsgüterproduktion** ist eine Kardinalfrage. Dafür sind die strukturellen Vorteile der Genossenschaften, wie auch von westlichen Vertretern aus Verbänden und der Wissenschaft immer wieder eingeschätzt, voll auszuschöpfen.

Druckpunkte für die Effektivitätsverbesserung sind: den hohen Aufwand zu senken; die Qualität der Erzeugnisse zu erhöhen; und dazu ist erforderlich, ausgehend von der **Schaffung marktwirtschaftlicher Bedingungen**, die **Eigenverantwortung der Genossenschaften, Betriebe und Unternehmen** zu entwickeln; das technisch-technologische Niveau in der Produktion und Verarbeitung in möglichst kurzem Zeitraum spürbar zu erhöhen; staatlich zu garantieren, daß die Versorgung der Bevölkerung weitgehend aus der eigenen landwirtschaftlichen Produktion erfolgt, eine Ausnahme bilden die Gemüse- und Obstbereitstellung und ein gewisser Sortimentsausgleich; daß die Subventionen für die Verbraucherpreise abgeschafft und vom **Erzeuger** bis zum **Verbraucher** durch laufende Preise für Nahrungsgüter wirksam werden; daß die Produktionsmittelpreise für die Landwirtschaft gesenkt werden; schrittweise die Annäherung der Erzeugerpreise für landwirtschaftliche Produkte an die **EG-Preise** anzustreben und daß die Qualität der Nahrungsgüter vor allem durch ein höheres technologisches Niveau in der Verarbeitung und im Angebot verbessert wird.

Die Beachtung der Bedingungen und international gesammelte Erfahrung gebietet die **Überführung der Land-, Forst- und Nahrungsgüterwirtschaft** in die **Marktwirtschaft** in einem **Stufenprozeß** zu vollziehen. Besonders deutlich wird das im Herangehen der Europäischen Ge-

---
[11] Dokument 13/2, Anlagenband.

meinschaft bei der Herausbildung des gemeinsamen Marktes auf landwirtschaftlichem Gebiet.

Eine unabdingbare Forderung besteht darin, die Durchführung der **Wirtschaftsreform in der Landwirtschaft** mit einer **sozialen Sicherheit** und **Sicherung der Bauern** zu verbinden. Dabei geht es nicht nur um Stabilitätsprogramme für Einzelbetriebe. Die erforderlichen Maßnahmen gehen weit darüber hinaus:

Regel- und Steuermechanismen des Staates gegenüber der Landwirtschaft; Forderung einer auf Effektivität ausgerichteten Strukturpolitik; bessere Produktionsmittelbereitstellung; Einordnung der Land- und Nahrungsgüterwirtschaft in die Volkswirtschaft, wie sie in der Beratung der stellvertretenden Ministerpräsidentin, Frau Minister Luft, mit Generaldirektoren und Industriekombinaten gestellt und bereits in einer Vorlage zur Ersatzteilversorgung zum Ausdruck kommt.

Dringende Probleme sind die Verabschiedung von gesetzlichen Regelungen zur **Sicherung des Eigentums am Boden** und der Gemeinnützigkeit der Bodennutzung, wie sie in der Konzeption vorgeschlagen werden; Übergangslösungen für das Wirksammachen von **Vertragspreisen** für ausgewählte Produkte noch im Jahre 1990 zu schaffen; die Befriedigung des vielfältig vorhandenen Strebens nach Qualifizierung, um den Anforderungen der Marktwirtschaft gerecht zu werden und in den Betrieben ein **modernes Management** durchsetzen zu können.

Die Situation verlangt, bei der Ausgestaltung und Durchführung der Wirtschaftsreform in der Land-, Forst- und Nahrungsgüterwirtschaft keinen Zeitverzug zuzulassen, damit für die Genossenschaften, Betriebe, Unternehmen Voraussetzungen für aktives Handeln im Sinne der Marktwirtschaft geschaffen werden und für Verhandlungen mit der Europäischen Gemeinschaft und der BRD ein Konzept vorhanden ist, das ermöglicht, die Position in der DDR auf diesem Gebiet zu vertreten.

Die Regierung wird um Zustimmung zur vorliegenden Konzeption gebeten und damit auch der Runde Tisch gebeten, dieser Konzeption zuzustimmen, damit der Minister für Land-, Forst- und Nahrungsgüterwirtschaft beauftragt werden kann, die sich aus diesem Konzept ergebende Aufgabenstellung dann konkret in Problemkreisen mit kompetenten Vertretern aus Wissenschaft und Praxis sowie staatlichen Organen auszuarbeiten und in erforderliche Beschlüsse dann umzumünzen.

Ich darf abschließend in der Auswertung des Besuches der Regierungsdelegation in Bonn zum Ausdruck bringen, daß meine Aufgabe vorrangig darin bestand, diese Probleme der **Angleichung** und **Anpassung der Landwirtschaft** unseres Landes **an die Bedingungen der EG- und der BRD-Landwirtschaft zu diskutieren**.

Ich habe mich mit dem Bundesminister für Landwirtschaft, Ernährung und Forsten, Herrn Ignaz Kiechle, dazu geeinigt, daß sofort ein **Fachausschuß Landwirtschaft** der Bundesrepublik Deutschland und der Deutschen Demokratischen Republik ins Leben gerufen wird. Dieser Fachausschuß wird sich in zehn Untergruppen gliedern, die sofort mit der Arbeit beginnen, um zu spezifischen Problemen der Angleichung, der Anpassung der Landwirtschaft der DDR und der Verarbeitungsindustrie in der DDR an die Bedingungen der Europäischen Gemeinschaft und der Bundesrepublik Deutschland Varianten und Lösungen zu erarbeiten, die dann in gemeinsamen Diskussionen zu entsprechenden Konzeptionen führen sollen.

Dabei wurde mir durch die Herren des Bundesministeriums auch zuerkannt, daß für diese Aufgaben langfristige Konzeptionen notwendig sind und nicht in einem Jahr die Landwirtschaft der DDR nun in jeder Form an die EG-Bedingungen anpassungsfähig sein wird, sondern daß hier Regelungen erforderlich sind, die im Jahre 1990 und 1991 Voraussetzungen schaffen, daß die Landwirtschaft und Nahrungsgüterwirtschaft der DDR diesen Bedingungen dann voll entsprechen kann.

Gleichzeitig wurde darüber Einigung erreicht, daß wir eine **Vereinigung e.V.** in Berlin gründen werden aus Überlegungen heraus der deutschen Bauern in gemeinsamer Arbeit der BRD und der DDR, vor allem der beiden **Verbände des Bauernverbandes der DDR** und der VdgB der DDR. Hier werden weitere Absprachen erforderlich sein um zu sichern, daß hier der Informationsfluß gesichert wird; die ständige gegenseitige Information und Bereitstellung von Material erfolgt; Qualifizierungsveranstaltungen vorbereitet werden, um damit unseren Bauern sehr schnell Möglichkeiten der spezifischen Information und Qualifizierung zu geben.

Wir haben auch vereinbart, auf dem Gebiet der **Wissenschaft** eine **engere Zusammenarbeit** zu sichern, besonders auf dem Gebiet der Agrarökonomie, der Preispolitik und der EG-Politik, um auch hier für unsere Arbeit sehr schnell spezifische Erfahrungen und Erkenntnisse ableiten zu können.

Ich danke. Entschuldigung, ich würde bitten, daß Herr Professor Klaus Schmidt dann spezifische Ausführungen noch macht.

Ducke (Moderator): Ja, das war Herr Minister Watzek zu den Themen, die uns vorgelegen sind. Und einige Anfragen, die vorhin gekommen sind, haben da sicher schon eine Antwort gefunden. Ich schlage jetzt vor, in der Weise zu verfahren, daß Sie, Herr Professor Schmidt, uns noch auf die Anfragen, die gestellt sind, einige Antworten geben, kein großes Konzept mehr vorlegen. Und ich schlage jetzt schon den Teilnehmern vor, daß wir uns die Vorlagen vornehmen, bevor wir dann in eine Aussprache gehen, damit wir uns nicht wieder verdoppeln. Denn das war ja immer das Problem, daß wir in der Aussprache dann die Themen schon nannten, die dann in den Vorlagen noch einmal kamen. Sie sortieren schon ab [Vorlage] 13/1a die Vorlagen, und die gehen wir dann einfach durch.

Ich bitte Sie deswegen, Herr Professor Schmidt, – – einfach nur noch Ergänzungen, das, was dann kommt. Sie müssen sowieso noch einmal dazu reden.

Bitte.

Schmidt (Direktor des Instituts für Agrarökonomie der Akademie der Landwirtschaftswissenschaften): Vielleicht einige Ergänzungen, zugleich anknüpfend an die schon begonnene Diskussion, als wir das **Gesamtkonzept der Wirtschaftsreform** hier diskutiert und beraten haben und der Hinweise, die es damals schon von der VdgB gegeben hat. Und ich versuche also auch, auf diese **Vorlage [13/1]**, die hier Herr Junghanns erläutert hat von der Arbeitsgruppe „Wirtschaft", mit einzugehen.

Zu unserem Gesamtkonzept möchte ich sagen, daß wir es doch rechtzeitig eingereicht haben dem Runden Tisch, der Regierung und auch dem Präsidium der Volkskammer. Unsere Arbeit zeigt, das möchte ich also eingangs noch einmal kurz unterstreichen, daß nicht mehr nur die unmittelbaren inneren Erfordernisse in unserer Land- und Nahrungsgüterwirtschaft das Konzept der **Beseitigung der administrativen Planwirtschaft** und den **Übergang zur Marktwirtschaft** bestimmen, sondern daß wir vielmehr versuchen müssen, zugleich das Bedingungsgefüge für eine schrittweise **Integration des Agrarsektors in den Wirtschaftsverbund** und in die **Europäische Gemeinschaft** im Auge zu haben.

Daraus, aus dieser Sicht, da wir von gravierenden Unterschieden in den Agrarverhältnissen gegenüber der Bundesrepublik und der Europäischen Gemeinschaft auszugehen haben, und wir haben sie in diesem Papier deutlich gemacht, sehen wir ganz erscheidende Erfordernisse hinsichtlich der Zielsetzungen, hinsichtlich der kurz-, mittel- und langfristigen Maßnahmen und ihrer Etablierung und der **Ausgestaltung des Regulierungsmechanismus** selbst.

Von besonderer Bedeutung hierbei ist, daß wir mit unserer überwiegend genossenschaftlich organisierten Landwirtschaft **strukturelle Vorteile**, den Vorteil der gemeinschaftlich organisierten Großproduktion, die Fähigkeit zur Erzeugung großer einheitlichen Partien und andere in die zukünftige Entwicklung einbringen.

Dem stehen jedoch **Standortnachteile** gegenüber und das große Problem, daß wir mit einem zu hohen Kostenaufwand nicht ausreichend bedarfs- und qualitätsgerecht und noch mit einem viel zu geringen Veredelungsgrad und zu hohen Verlusten produzieren. Damit stellt sich vor allem die Frage, wie wir mit dem Übergang zur Marktwirtschaft und der schrittweisen Integration in die Europäische Gemeinschaft unseren Bauern und Beschäftigten in der Verarbeitungsindustrie bei voller Nutzung der Vorteile und des Wettbewerbs, die der Zwang zum Markt mit sich bringt, für die Übergangsperiode einen relativ stabilen **Absatzmarkt** für unsere Agrarerzeugnisse sichern können.

Das verlangt, mit der Wirtschaftsreform ein völlig neues **ökologisches Strukturkonzept** für unsere Agrarproduktion zu erarbeiten und den Gesamtprozeß in einer mehrjährigen Übergangsperiode zu gestalten. Eine Anpassungs- und Übergangsperiode ist für die Schaffung realer Wettbewerbschancen für die Mehrheit unserer Landwirtschaftsbetriebe unverzichtbar, um durch Verringerung, insbesondere des technologischen und technischen Rückstandes – das Produktivitätsgefälle, was vor allem daraus resultiert, liegt ein Drittel unter dem Niveau der Bundesrepublik – abzubauen und zugleich ein **Netz einkommensstabilisierender Maßnahmen** für die Genossenschaftsbauern und Arbeiter in diesem Bereich zu schaffen.

In der Diskussion zu unserem Grundkonzept, in der Praxis überwiegend zustimmend und konstruktiv aufgenommen, rücken neben anderen diese grundsätzlichen Fragen immer mehr in den Vordergrund. Bei der sich vergrößernden Vielfalt der Eigentumsformen, der Sicherung ihrer Chancengleichheit gehen alle eingebrachten Hinweise und Gedanken aus der Praxis von der unbedingten **Sicherung des Erhalts der genossenschaftlichen Grundstruktur unserer Agrarproduktion** aus. Und sie fordern die verfassungsrechtliche, **gesetzliche Sicherstellung** genossenschaftlich verarbeitenden Eigentums und der **Gemeinnützigkeit der Bodennutzung.**

Das berührt zwei wesentliche substantielle Fragen, die unsere Genossenschaftsbauern bewegen. Im Vorbereitungskomitee zum Dachverband der Genossenschaften sind diese Fragen beraten worden. Ich bin beauftragt, das hier heute auch entsprechend darzulegen.

Erstens die Einräumung des Rechts der Genossenschaften auf **Erwerb volkseigenen Grund und Bodens,** der von den Genossenschaften, also von den Landwirtschaftlichen Produktionsgenossenschaften, bewirtschaftet und genutzt wird, also die Einräumung der **Möglichkeit des Vorerwerbsrechts** von genossenschaftlich genutztem Boden, des Eigentums der Mitglieder oder von Dritten sowie das Recht zum Kauf von Eigentumsboden der Mitglieder.

Zweitens die **Entschuldung von Betrieben,** die vor allem durch staatliche Strukturentscheidungen in Effektivitätsschwierigkeiten und hohe Fondsbelastungen in den vergangenen Jahren geraten sind, Betrieben, die ungünstige Produktionsbedingungen und Wirtschaftserschwernisse haben, die also besonders hoch mit Krediten, Grundmitteln und Umlaufmitteln belastet sind. Das betrifft etwa 450 Genossenschaften und volkseigene Betriebe. – – Kredit- und Zinstilgungen lassen hier die Mittelbewirtschaftung für die Fondsbildung und Reproduktion in der Zukunft nicht zu. Und wir schlagen deshalb eine **jährliche Kreditstreichung** aus Mitteln des Staatshaushaltes für diese Betriebe vor.

Von besonderem Gewicht für den Übergang zur Marktwirtschaft ist die **Umgestaltung des ökonomischen Regelmechanismus.** Im Zentrum steht die Neugestaltung und das Zusammenwirken von Preisen, Steuern, Subventionen und die Herausbildung eines Vertragssystems. Dabei geht es nicht nur um die Veränderung der Preise, sondern auch die **Anwendung neuer Preisbildungsprinzipien.**

Das betrifft zum Beispiel die Abkehr von der einseitigen Aufwandsbetrachtung, das Prinzip gleicher Wirkungsrichtungen und Durchgängigkeit, die Schaffung eines flexiblen Systems von Vertragspreisen, der staatlichen Festlegung von Preisober- und -untergrenzen und so weiter. Damit müssen wir kurzfristig zu einer Art indirekter Quotenregelung, das heißt Volumensbestimmung an Erzeugnissen für die feste Preisbindung kommen.

Unser Zeitplan sieht vor, noch in diesem Jahr mit den **Vertragspreisen,** wie Herr Minister gesagt hat, für diese Haupterzeugnisse wirksam zu werden. Das betrifft eine nach Produkten differenzierte Senkung der **Erzeugerpreise** als ganz entscheidende Bedingung für unsere **Wettbewerbsfähigkeit im Wirtschaftsverbund** und in Vorbereitung auf den EG-Markt.

Infolge des unzureichenden technisch-technologischen Niveaus eines viel zu hohen Aufwandes an lebendiger Arbeit und Verlusten in der Erzeugniskette, hohen Gemeinkosten, Aufwendungen und Mängel in der Wirtschaftsführung produzieren wir zu teuer. Aber auch infolge einseitiger theoretischer Ansätze für die Preispolitik in der Landwirtschaft in der Vergangenheit ist unser **Erzeugerpreis** zu hoch. Er beträgt in der Bundesrepublik nur 30 bis 60 Prozent unseres Erzeugerpreisniveaus bei vergleichbaren Erzeugnissen.

Eine Angleichung halten wir nur schrittweise über mehrere Jahre für möglich. Ich möchte also hier unsere Minister noch einmal besonders unterstützen. Eine sofortige **Übernahme,** und das würde ich doch gerne in die Überlegung und Diskussion einbringen wollen, **des BRD-Preissystems** würde für unsere **Genossenschaften** in der DDR bedeuten eine Verringerung der Einnahmen auf 48 Prozent nach dem Ergebnis unserer bisherigen Berechnung, eine Verringerung der Ausgaben für Produktionsmittel, Material und Leistungen auf 79 Prozent, aber einen Anstieg der Vergütungskosten auf 186 Prozent – und damit ein Sinken auch dann, wenn wir diese Vergütungskosten nicht so entwickeln würden.

Ein Sinken des durchschnittlichen Gewinns liegt etwa bei 2 000 Mark je Hektar auf eine beträchtliche Summe, die etwa in gleicher Größenordnung in das Minus gehen würde.

Wir würden im Mittel aller Betriebe auf keinem unserer natürlichen 49 Standorteinheiten ein positives Betriebsergebnis erreichen. Höchstens etwa ein Fünftel der Betriebe wäre unter diesen Bedingungen in der Lage, rentabel zu wirtschaften. Eine sofortige Angleichung an das westdeutsche Agrarpreisniveau würde damit für einen großen Teil unserer Betriebe ihre Existenz in Frage stellen, und wir möchten aus dieser Sicht den **schrittweisen Übergang** unbedingt noch einmal unterstreichen.

Im engen Zusammenhang mit dem Preissystem stehen die Regelungen für die künftige **Gestaltung der Steuer.** Wir gehen vom **Prinzip der steuerlichen Gleichheit** aus: gleiche steuerliche Belastung, unabhängig von der Eigentumsform für relativ gleiches Einkommen, relativ gleiche Besteuerung. Das hat zur Folge, daß unsere Genossenschaften nicht mehr völlig autonome Steuerregelungen in der Zukunft haben können. Besonderheiten, die wir künftig für notwendig halten, ist die Beibehaltung zumindestens in der Übergangsphase der **Bodensteuer.** Wir wollen die feste, die jetzt gehandhabte feste Abgabe in eine Bodensteuer umführen und wahrscheinlich eine **Einkommenssteuer.**

Wird das vorgeschlagene Prinzip in unserem Konzept verwirklicht, die Erzeugerpreise schrittweise – wir haben zwei Varianten hier aufgeführt – schrittweise zu reduzieren, dann besteht weiterhin die Notwendigkeit einer **nach Standorten differenzierten Bodensteuer** im Kontext, die wir allerdings mit wesentlich geringeren Volumen künftig erheben wollen.

Im Kontext dieser Problemstellung rückt immer mehr ins Zentrum der Diskussion die Sorge der Genossenschaftsbauern, wie unter marktwirtschaftlichen Bedingungen eine **Mindestsicherung sozialer Errungenschaften** gewährleistet werden kann. Es geht hier um solche Fragen wie **Erhalt der Arbeitsplätze für unsere Frauen,** wir haben einen sehr hohen Anteil, fast 50 Prozent, Schutz von Mutter und Kind, Freistellung bei Erkrankung der Kinder, Sozialversicherungsregelung, Beibehaltung einheitlicher Regelung, Ausgleichszahlung des Subventionsabbaus für die Genossenschaftsbauern. Und das verschärft sich, wenn die Erzeugerpreise verringert werden müssen.

Hier sind mit den **Neuregelungen von Arbeits- und Tarifrecht** auch die Genossenschaftsbauern und Betriebe eindeutig oder für die Genossenschaftsbauern und privaten Betriebe eindeutig rechtliche Regelungen zu schaffen. Die Fragen sind also bei der Steuerregelung und der Bestimmung der Strukturbeihilfen zu beachten.

Für die weitere Arbeit zur Ausgestaltung und Durchführung der Wirtschaftsreform sehen wir die unbedingte Notwendigkeit der **Einheit von Wirtschaftsreform, der Neubestimmung der volkswirtschaftlichen Einordnung der Land- und Nahrungsgüterwirtschaft in das volkswirtschaftliche Strukturkonzept,** einer höhergradigen Produktionsmittelversorgung, die Erarbeitung eines neuen Strukturkonzepts und eines **Stabilisierungsprogramms,** das bestimmte Varianten enthalten muß.

Wir meinen, daß wir einen zeitweiligen **Schutz des Binnenmarktes** für einen möglichst hohen Grad der Eigenversorgung mit Nahrungsmitteln und nachwachsenden Rohstoffen bei entfaltetem Produktionsaustausch und wesentlich erweiterten Importen bei Gemüse und Obst und diätischen Erzeugnissen schaffen müssen.

Wir brauchen nationale Regelungen zur **Subventionierung unserer Landwirtschaft** in der Übergangsperiode einschließlich einer **Quotenregelung** und der Möglichkeit zu **Interventionskäufen.**

Wir benötigen die Umwandlung oder wollen eine Umwandlung aller produkt- und standortgebundenen Förderungsmittel in **Strukturbeihilfen** gestalten und damit in Verbindung bringen die **Stabilisierungsprogramme.**

Wir halten für notwendig die angedeutete **Entschuldung überlasteter Betriebe durch den Staat,** und wir sollten von vornherein an die Möglichkeiten der **Sonderbeihilfen aus dem EG-Stützungsfonds** denken.

Soweit die Ergänzungen zu den Ausführungen des Ministers und dem vorgelegten Papier.

TOP 7: Eigentum an Grund und Boden

Ducke (Moderator): Danke schön, Herr Professor Schmidt. Ja, wir haben das Problemfeld, glaube ich, ziemlich deutlich vor Augen gestellt bekommen – sowohl durch die **Arbeitsgruppe „Wirtschaft/Landwirtschaft"** als auch jetzt von seiten der Regierung, wo ja schon verschiedene Antworten auf Anträge, die vorliegen, gleichsam gegeben wurden.

Ich schlage deswegen vor, daß wir nun anhand der Anträge und der Vorlagen die Problemkreise uns vergegenwärtigen, insofern sie als konkrete Beschlußvorlagen da sind.

Ich sehe einen ersten Bereich. Er betrifft die ganze **Frage des Eigentums.** Ich rufe deswegen jetzt zunächst auf die **Vorlage 13/1a [Antrag DA: Ergänzung zu Punkt 1 der Anlage 13/1],** dazu, wenn nicht eingebracht, Demokratischer Aufbruch. Wenn ich es richtig sehe, gehört dazu die **Vorlage 13/a [???],** Bauernpartei, ebenfalls Eigentumsfrage. Ja? [Vorlage] **13/4 [Antrag DBD: Zum Nutzungsrecht der LPG am Boden].** Ich sehe [Vorlage] **13/7, Antrag PDS, [Zum LPG-Gesetz],** wenn ich das sehe mit **Grund und Boden,** ja? Eigentum. Ich sehe die **Vorlage 13/19, [Antrag] Vereinigte Linke [Zu den Eigentums- und Nutzungsverhältnissen],** wo auch **Grund und Boden** als Fragestellungen behandelt sind.

Und ich sehe, jetzt habe ich vorgegriffen, ja, [Vorlage] **13/11 [Antrag VdgB: Zu landwirtschaftlich genutztem Boden]** muß natürlich noch mit vor[getragen werden], wo es auch um **Land und die Nutzung des Bodens** geht. Habe ich jetzt etwas übersehen? Das sind die Vorlagen, die Ihnen vorliegen müssen, die alle um die **Problematik Eigentum, Grund und Boden** sich drehen, so daß wir die, glaube ich, alle zusammen behandeln können. Darf ich bitten, die Einbringer, uns dazu etwas zu sagen? Vielleicht [Vorlage] **13/1a,** Demokratischer Aufbruch. Herr Pautz hat sich gemeldet. Bitte, Herr Pautz.

Pautz (DA): Ja, gut. Wir bitten um

[Vorlage 13/1a] Beschlußantrag DA: Ergänzung zum Punkt 1, Sofortmaßnahmen.

Wir beantragen:

Die Schaffung klarer gesetzlicher Grundlagen zur Klärung der Eigentumsverhältnisse an landwirtschaftlichen Produktionsmitteln wie Grund und Boden, Wald, Gebäude und Inventar. Wir schlagen vor, hierfür eine Regierungskommission zu bilden und einzusetzen.

Begründung:

1. Es fehlen gesetzliche Klärungen und Regelungen der Eigentumsverhältnisse an Grund, Boden und Inventar.
2. Eigentum als solches muß gesetzlich geschützt werden. Erst damit ist die Voraussetzung für unternehmerische Initiative, Risikobereitschaft und Gewinnmöglichkeit geschaffen.
3. Privateigentum muß unantastbar sein, genossenschaftliches Eigentum ist neu zu definieren.

Danke.

Ducke (Moderator): Danke. Das war der Antrag [vom] Demokratischen Aufbruch. Wollen wir vielleicht uns die anderen Vorlagen lieber gleich mit vor Augen führen, damit wir sehen, worüber zu sprechen ist? Ich rufe dann auf [Vorlage] **13/4, DBD: [Zum Nutzungsrecht der LPG am Boden]** Wer bringt das vor?

Herr Junghanns, bitte.

Junghanns (DBD):

[Vorlage 13/4, Antrag DBD: Zum Nutzungsrecht der LPG am Boden]

Die Demokratische Bauernpartei stellt den Antrag:

Der Runde Tisch erklärt öffentlich und fordert die Regierung dazu auf, dies ebenfalls zu tun, daß das Nutzungsrecht der LPG am Boden, der vom Staat zur dauernden Nutzung übergeben wurde, auch künftig unangetastet bleibt.

Begründung:

Würde diese im gültigen LPG-Gesetz festgeschriebene Regelung durchbrochen, bedeutet das für eine Reihe LPG das Ende der genossenschaftlichen Existenz.

Ich räume aber ein, daß der Hinweis des Herrn Professor Schmidt, der eigentlich jetzt darauf hinausläuft, dieses **sicherungsrechtlich über den Kauf** zu regeln, eine Regelung ist, die wir befürworten.

Ducke (Moderator): Das wäre sozusagen eine Ergänzung zu Ihrem eigenen Antrag, ja? Dann [Vorlage] **13/7, Antrag PDS: [Zum LPG-Gesetz]**. Wenn uns das jemand erklärt.

Bitte, Frau, haben wir Ihren Namen schon, Frau Albrecht. Bitte. Ja.

Frau Albrecht (PDS): Ja. Um diesen Antrag des Demokratischen Aufbruchs und meiner Vorredner zu unterstützen, möchte ich noch einmal an die Ausführung des Herrn Ministerpräsidenten Dr. Modrow erinnern, daß es wichtig ist, zusätzliche Absicherungen noch bis 18. März [1990] durch die Volkskammer zu schaffen, damit wir das **Eigentumsrecht** unserer Bauern einmal sichern und zum zweiten ein Eigentumsrecht der Genossenschaften, Städte, Gemeinden, volkseigenen Betrieben an Grund und Boden schaffen.

Deshalb folgender Antrag der PDS an den Runden Tisch.

[Vorlage 13/7, Antrag PDS: Zum LPG-Gesetz]

Die PDS unterstützt die Forderung der Genossenschaften und Genossenschaftsbauern, daß die Volkskammer durch Beschluß noch bis 18. März 1990 die Regelungen des LPG-Gesetzes vom 2. Juli 1982 (GBl. I Nr. 25, S. 443) aufhebt, welche behindern, daß diese den Boden von den nicht in der landwirtschaftlichen Produktion beschäftigten Bürgern der DDR, die Bodeneigentümer sind, kaufen können.

Damit verbunden ist die Aufhebung der bestehenden Nutzungsverträge über den Boden zwischen den Genossenschaften, den Räten der Kreise und [den] Bürgern, die zwar Bodeneigentümer, aber nicht LPG-Mitglied sind.

Das erfordert, umgehend eine staatliche Bodenbewertung und damit auch Bodenpreise zuzulassen. Der Verkauf von Boden zu spekulativen Zwecken ist durch sofortige staatliche Schutzmaßnahmen zu behindern.

Durch die Volkskammer sind noch vor dem 18. März 1990 die 17, 18, Absatz 1 und 3 und 19, Absatz 1 des LPG-Gesetzes [vom 2. Juli 1982 GBl. I Nr. 25, S. 443] aufzuheben und entsprechend diesem Antrag neu zu beschließen.

Vielen Dank.

Ducke (Moderator): Das war der Antrag der PDS von Frau Albrecht vorgetragen. Eine Dringlichkeit, wenn ich es richtig verstanden habe, zu den schon gestellten Forderungen. Ich rufe noch auf die **Vorlage 13/11,** VdgB.

Bitte, Ihr Antrag. Herr Kramer, VdgB.

Hammer (VdgB): Hammer

Ducke (Moderator): Herr Hammer. Danke.

Hammer (VdgB):

[Vorlage 13/11, Antrag VdgB: Zu landwirtschaftlich genutztem Boden]

Der Boden ist das Hauptproduktionsmittel der Landwirtschaft und die Grundlage für die wirtschaftliche Tätigkeit der LPG und VEG. Spontane Veränderungen der Bodeneigentums- beziehungsweise -nutzerverhältnisse gefährden die soziale Sicherheit aller Genossenschaftsbauern und -gärtner der DDR und beeinflussen direkt das Lebensniveau weiterer 10 bis 15 Prozent der Bevölkerung. Die VdgB beantragt aus diesen Gründen, daß der Runde Tisch die Regierung der DDR auffordert, sofort Maßnahmen einzuleiten, die die Gemeinnützigkeit des Bodeneigentums und der Bodennutzung in unserem Land sichern hilft. Dazu sollten gehören:

1. Das umfassende Nutzungsrecht der LPG und GPG am landwirtschaftlich genutzten Boden zu bestätigen. Die Interessen der Bodeneigentümer, die nicht Mitglieder von LPG oder GPG sind, durch die Zahlung von Pachtgebühren berücksichtigt werden.

2. Werden von den LPG und GPG genutzte Böden aus der landwirtschaftlichen Nutzung herausgenommen und anderen Nutzern (Eigenheimbauern, Industrie- und Landwirtschaftsbetrieben, Touristikunternehmen und so weiter) übergeben, ist vorher das Einverständnis der Eigentümer einzuholen. Erfolgt eine Bebauung, ist den Bodeneigentümern vom neuen Nutzer ein Preis zu zahlen, der den realen Zeitwert des Grundstückes widerspiegelt.

3. Beabsichtigen Nichtmitglieder von LPG und GPG, ihren Boden zu veräußern, ist den LPG und GPG ein

> gesetzliches Vorkaufsrecht einzuräumen. Das betrifft auch die von den Genossenschaften genutzten volkseigenen Bodenstücke. Der Kauf von Böden durch Genossenschaften sollte durch die Gründung von Hypothekenbanken staatlich gefördert werden.
>
> 4. Jeder Eigentums- und Nutzerwechsel von landwirtschaftlich genutzten Böden muß staatlich bestätigt werden. Mit der Schaffung einer entsprechenden staatlichen Aufsichts- und Kontrollbehörde (Amt für Flurgestaltung) ist sofort zu beginnen.
>
> Grundsätze, die den Eigentums- beziehungsweise Nutzungswechsel landwirtschaftlicher Böden berühren, sollten im Gesetz zur Änderung und Ergänzung des Gesetzes über die Landwirtschaftlichen Produktionsgenossenschaften berücksichtigt werden.

Ducke (Moderator): Danke, Herr Hammer. Wenn ich es richtig sehe, ist noch die **Vorlage 13/19**, Vereinigte Linke, auch diese Eigentumsverhältnisse betreffend.
Bitte, Herr Klein, Vereinigte Linke.

Klein (VL): Ja, das geht etwas über den Bereich der hier diskutierten Fragen hinaus und bewegt sich etwa in dem Umfeld des Antrags, den die SPD heute vormittag schon vorgetragen hat.

Ducke (Moderator): Können Sie vielleicht dann nur das, was jetzt dieses konkrete Thema **landwirtschaftliche** [Produktionsmittel] und **Bodennutzung** betrifft, [vortragen]?

Klein (VL): Ja, ich will den Antrag einmal verlesen. Der **Antrag** lautet:

> **[Vorlage 13/19, Antrag VL: Zu den Eigentums- und Nutzungsverhältnissen der DDR-Bürger]**
>
> Der Runde Tisch möge beschließen:
>
> 1. Für alle Verhandlungen mit der BRD über die Wirtschafts- und Währungsunion wird die Regierung verpflichtet, die in 40 Jahren DDR entstandenen Eigentums- und Nutzungsverhältnisse der DDR-Bürger an Grund und Boden, an Häusern und anderen Immobilien auf Dauer zu sichern, indem keinerlei Rechtsakte der BRD anerkannt werden, die die Wiederherstellung alter Eigentumsrechte aus der Zeit vor der Gründung der DDR beziehungsweise vor dem Mauerbau 1961 ermöglichen.
>
> 2. Die Regierung wird aufgefordert, die bestehenden Rechtsgrundlagen durchzusetzen und den Verkauf von Immobilien an Bürger anderer Staaten zu verhindern.
>
> 3. Der Runde Tisch verpflichtet die Regierung im Interesse des Mieterschutzes, die bestehende Gesetzlichkeit gegenüber allen Behörden durchzusetzen und für Verkaufsverhandlungen von in Staatseigentum befindlichen Häusern mit BRD-Bürgern beziehungsweise Firmen zur Verantwortung zu ziehen.

Ich bitte, hier einen Schreibfehler in der Vorlage zu ergänzen, es heißt, alle Verantwortlichen für Verkaufsverhandlungen.

Ducke (Moderator): Sagen Sie uns noch einmal eben die Korrektur, bitte.

Klein (VL): Der Punkt 3, dritte Zeile.

Ducke (Moderator): Sagen Sie es noch – –

Klein (VL): Alle Verantwortlichen für Verkaufsverhandlungen ist einzufügen, alle Verantwortlichen.

Ducke (Moderator): Ja, danke. Vielen Dank, Herr Klein. Wir merken, das geht natürlich etwas über das hinaus, was im Moment konkret verhandelt wird, aber mir schien wichtig, daß wir das gleich noch mit ins Bewußtsein rücken. Habe ich einen Antrag oder eine Vorlage übersehen, die sich mit den Eigentumsrechten beschäftigt? Dann gehen wir in die Aussprache darüber. Bitte, wer hat das Wort? Bitte, Herr Engel, ein Geschäftsordnungsantrag, CDU.
Entschuldigung, Herr Wolf.

Wolf (LDP): Ich würde den Geschäftsordnungsantrag stellen, diese Vorlagen, die sich zum Teil sehr stark widersprechen, hier nicht zu behandeln, sondern in eine gesonderte Arbeitsgruppe zu geben, dort zu verhandeln und das Ergebnis dem Runden Tisch vorzustellen.

Ducke (Moderator): So, da haben wir jetzt also einen konkreten Antrag. Sie haben schon erkannt, daß diese Vorlagen gar nicht einstimmig sind und [wir] wollen jetzt keine Debatte. Gut. Das ist der Antrag, der da steht, also wie die Vorlagen jetzt kommen, das Thema Eigentum betreffend. Der Antrag steht, Geschäftsordnungsantrag. Wir müssen darüber abstimmen: Keine Debatte darüber, sondern Verweis in die Arbeitsgruppe. Dafür, dagegen, [ich] bitte um Wortmeldung.
Es hatte sich aber zunächst gemeldet Herr Hammer zu diesem Geschäftsordnungsantrag, dann Herr Junghanns.

Hammer (VdgB): In Anbetracht der Zeit, die vergeht, und die Möglichkeit, die wir noch haben, erachte ich es für notwendig, daß hier Klärung herbeigeschafft wird, hier diskutiert wird.

Ducke (Moderator): Das war ein Antrag gegen diesen Geschäftsordnungsantrag.
Herr Junghanns, bitte.

Junghanns (DBD): Ich habe auch einen Antrag dagegen.

Ducke (Moderator): Sie möchten auch hier verhandeln.
Frau Albrecht, PDS.

Frau Albrecht (PDS): Ich bin auch gegen diesen Antrag. Unsere Genossenschaftsbauern wollen sofort eine Antwort haben. Bis 18. März [1990] ist nicht mehr viel Zeit.

Ducke (Moderator): Herr Wolf, LDP, ebenso zum Antrag.

Wolf (LDP): Wir sind auch der Auffassung, daß gewisse Grundzüge von Lösungen, die unbedingt getroffen werden müssen, hier politisch artikuliert werden müssen, wobei wir ebenso dann den Antrag unterstützen, die detaillierte Arbeit, die wir heute hier angesichts dieser Breite und Vielfalt und auch des notwendigen Tiefgangs nicht leisten können, dann in der Arbeitsgruppe fortzusetzen.

Ducke (Moderator): Danke. In welcher Arbeitsgruppe? Muß ich ganz hart noch einmal rückfragen.

Wolf (LDP): „Wirtschaft".

Ducke (Moderator): „Wirtschaft". Das ist eine der meistgenannten Arbeitsgruppen. Herr Engel, darf ich Sie fragen, Sie haben eben einen Kompromißvorschlag gehört, nämlich doch eine grundsätzliche Debatte über die angeschnittenen Fragen und dann noch verweisen in den Ausschuß. Können Sie sich damit einverstanden erklären? Sonst lassen wir darüber abstimmen. Aber Sie haben noch einmal das Wort.

Engel (CDU): Ja, ich denke schon, daß es sicher wichtig ist, daß man sich zu einigen Grundsätzen verständigt. Aber wir müssen dann diese Grundsätze sehr stark eingrenzen zum ersten und zum zweiten, die genauen Modalitäten in einer Arbeitsgruppe festlegen. Ich weiß nicht, ob die **Arbeitsgruppe „Wirtschaft"** damit die richtige ist, da es um sehr viele **Rechtsfragen** geht, die wir nicht lösen können, die wir keine Bodenrechtler sind. Man müßte das noch einmal überprüfen, aber insofern – –

Ducke (Moderator): Es geht um Ihren Antrag jetzt zunächst einmal.

Engel (CDU): – insofern könnte man diesen weitergehenden Antrag zur Abstimmung stellen.

Ducke (Moderator): Herr Reiche, SPD, noch bitte dazu.

Reiche (SPD): Die Arbeitsgruppe „Wirtschaft" hat für den kommenden Mittwoch die Fragen des Eigentums auf die Tagesordnung gesetzt. Es sind eine Reihe von Juristen mit eingeladen worden, um diese Fragen eingehend zu behandeln. Ich würde mich sonst dem Vorschlag anschließen, daß hier ein eindeutiges **politisches Votum** zu der **Eigentumsgarantie** abgegeben wird, in welcher Form, das muß man prüfen, aber daß die speziellen Fragen von Fachleuten eingehend noch einmal behandelt werden.

Ducke (Moderator): Danke für die Klärung. Wir haben zur Kenntnis genommen, das Thema Eigentum ist Gegenstand der Verhandlungen in der Arbeitsgruppe. Es wird dafür plädiert, daß wir hier am Runden Tisch uns aber doch äußern zu diesen Vorlagen im politischen Sinn.

Meine Frage an Herrn Engel als Einbringer: Ziehen Sie damit Ihren konkreten Antrag zurück, wenn wir so verfahren, wie es eben ist, daß wir dann darüber abstimmen lassen.

Engel (CDU): Jawohl.

Ducke (Moderator): Ja, würde der Runde Tisch diesem Kompromißvorschlag „politische Äußerung zum Thema Eigentum", wie es hier in den Vorlagen zum Ausdruck kommt, und vereinzelt Verhandlung in der AG „Wirtschaft", würden Sie dem zustimmen können? Dann bitte ich Sie ganz kurz um Ihr Handzeichen, damit wir wissen. – Das ist die Mehrheit. – Danke. Dann eröffnen wir die Aussprache zu den Vorlagen. Ich bitte um Ihre Wortmeldungen.

Herr Wolf, LDP.

Wolf (LDP): In Kenntnis der leider erst kurz vorliegenden staatlichen Konzeption des Arbeitspapieres der Arbeitsgruppe „Wirtschaft/Landwirtschaft" und auch unserer eigenen analytischen Kenntnisse und Überlegungen wollen wir hier mit Blick auf [die] Grundsatzdebatte zu Schwerpunkten und gewissen Ausrichtungen für künftige Lösungen zwei Gesichtspunkte besonders anmerken.

Zum einen die **Eigentumsfrage**, zum anderen die weitere Frage der **Qualität der landwirtschaftlichen Nutzung**, insbesondere der **Bodennutzung**.

Zum ersten: Wir haben dazu auch eine Erklärung vorbereitet, die leider auf Grund der technischen Dinge und unsererseits zu spät geliefert wurde. Sie wird in diesen Minuten noch auf den Tisch kommen, aber ich möchte, da ja schon weitergehende Vorlagen und Anträge zur Eigentumsfrage vorliegen und Gleiches damit tangiert wird, folgende grundsätzliche Überlegungen mit zur Diskussion stellen.

Zur Eigentumsfrage: Für die Lösungen innerhalb unseres Landes und mit Blick auf die gemeinsame deutsche Zukunft würden wir folgende Postulierung treffen:

> **[Information 13/5, Erklärung LDP: Zum Schutz des Eigentums der DDR und ihrer Bürger[12]]**
>
> 1. Soziale Marktwirtschaft duldet keine gesetzlich verordnete Dominanz eines bestimmten Eigentums, also auch nicht des staatlichen beziehungsweise genossenschaftlichen Eigentums. Das schließt den Grund und Boden und den Wandel seiner Eigentumsformen grundsätzlich ein. {Das ist unsere Auffassung.}
>
> 2. Hinsichtlich der Wünsche von außerhalb der DDR lebenden Personen und von Unternehmen, die in der DDR Grund und Boden käuflich erwerben wollen, unterstützen wir den Vorschlag und die konzeptionellen Vorstellungen der Regierung, zunächst, und wenn möglich überhaupt, nur die Nutzung beziehungsweise Pacht und nicht den Kauf von Grund und Boden zuzulassen.
>
> 3. Bezüglich der Ansprüche früherer Eigentümer, die auf der Grundlage geltenden Rechts der DDR Eigentum verloren haben und heute außerhalb der DDR leben, befürworten wir eine kurzfristige Prüfung der an den Runden Tisch herangetragenen Vorschläge zur umgehenden Bildung einer Treuhandgesellschaft, die sich dieser Frage, die ja nicht nur für die Landwirtschaft zutrifft, sondern weitgehend in unserem Lande Grundstücke, Gebäude, andere Anlagen betrifft, anzunehmen und hier zu verbindlichen annehmbaren Lösungen zu kommen, die die Eigentumsfrage auf der einen Seite im Interesse der bisherigen und auch der alten Eigentümer gewährleisten und auf der anderen Seite die Fortsetzung einer gemeinnützigen gesellschaftsdienlichen Nutzung auch gewährleisten.
>
> Wir halten darüber hinaus den Vorschlag für dringlich, bis solche neuen grundsätzlichen Regelungen {– und jetzt komme ich zurück zum Grund und Boden, zur Landwirtschaft –} solche neuen grundsätzlichen Regelungen im Zuge der deutsch-deutschen Gesamtentwicklung Platz greifen, vorrangig über Nutzungsveränderungen nachzudenken und die Eigentumsfragen also vorläufig auszuklammern, bevor nicht die entsprechenden gesetzlichen neuen Normative vorliegen.[13]

Wir würden, wie gesagt, in unserer Erklärung darauf noch etwas deutlicher aufmerksam machen und stellen hier die Frage, ob das schon ein gewisser Konsens sein kann, auf den man sich verständigen kann, damit dann in den Arbeitsgruppen „Wirtschaft", und ich denke auch an „Recht", auch diese Arbeitsgruppe muß sich damit befassen und weitere, dann darüber nachgedacht werden kann.

Eine zweite Bemerkung: Bevor es überhaupt zu solchen Lösungen kommen kann, und es muß natürlich schnell zu

---
[12] Die vollständige Fassung der Information 13/5 ist ungewiß. Dokument 13/3, Anlagenband.
[13] Dieser Vortrag wurde schriftlich zu Protokoll des Zentralen Runden Tisches gegeben. Die in { } gesetzten Ausführungen wurden davon abweichend nur mündlich vorgetragen.

diesen Lösungen kommen, zu rechtlichen Lösungen, machen wir aber darauf aufmerksam, daß wir sehr zwingend schon vorhandene oder neu zu setzende **rechtliche Regelungen** brauchen, durchsetzen müssen, besser durchsetzen müssen, die die **Wiederherstellung der biologischen Gesundheit des Bodens** zum Inhalt haben und den **Schutz der Gewässer**. Es kann unserer Meinung nach nicht um jeden Preis weiter produziert werden, wenn damit die Umwelt weiter unerträglich belastet wird und zugleich andererseits **Nahrungsgüterüberschüsse** produziert werden, subventioniert werden. Hier muß eine gemeinsame Marktregelung Platz greifen, um das eine zu nutzen und das andere nicht weiter zu verschlechtern.

Ducke (Moderator): Danke Herr Wolf, LDP. Wir haben die Erklärung der LDP nun vorliegen unter dem Stichwort **Information 13/5**. Und das wird ja dann auch Gegenstand in der Arbeitsgruppe sein. Darf ich um weitere Wortmeldungen zu diesem Themenkreis Eigentumsfragen bitten.
Bitte, Herr Wiedemann, CDU.

Wiedemann (CDU): Zunächst eine Frage an die DBD. In Ihrem **Antrag, Vorlage 13/4** heißt es, „daß das Nutzungsrecht der LPG an Boden, der vom Staat zur dauernden Nutzung übergeben wurde, auch künftig unangetastet bleibt". Das ist mir nicht ganz klar, was damit gemeint ist, welche **Böden** hier ganz korrekt gemeint sind.
Sind das also Böden, die aus dem staatlichen Bodenfonds kommen, **Bodenreformland?** Sind das auch die Böden, die über die Nutzungsverträge, die durch die Räte der Kreise abgeschlossen worden sind mit individuellem Bodenbesitz und die nicht in Genossenschaften arbeiten, gemeint, oder was ist darunter zu verstehen?
Eine weitere Frage geht vor allen Dingen an Herrn Minister. Wir haben hier einige Vorlagen, die sich mit dem LPG-Gesetz und mit dem [im] **LPG-Recht von 1982** niedergelegten Dingen befassen. Mir liegt ein Entwurf vor, Gesetz zur Änderung und Ergänzung des Gesetzes über die Landwirtschaftlichen Produktionsgenossenschaften **LPG-Gesetz**. Das ist meines Wissens bereits im Volkskammerausschuß Land-, Forst-, Nahrungsgüterwirtschaft behandelt worden oder dort irgendwie eingegangen. Sie kennen den Entwurf sicherlich.
Das behandelt hier in einigen wenigen Paragraphen einige Veränderungen, die im Grunde genommen überhaupt nichts am LPG-Gesetz verändern. Hier an dieser Stelle im Zusammenhang auch mit den anderen eingebrachten Vorlagen ist die Frage zu stellen, inwieweit muß man das LPG-Gesetz grundsätzlich überarbeiten, und zwar schnellstens, so daß diese kleinen Besserungen, die wir hier haben, wirklich nicht viel nützen.
Zum anderen ist die Frage, ob wir überhaupt noch ein LPG-Gesetz brauchen, wenn wir ein **Genossenschaftsgesetz** entwickeln, das also alle Formen von Genossenschaften einbezieht und auf der anderen Seite durch andere Formen des Bodenrechtes, durch ein **Bodengesetz** und so weiter, Dinge, die hier heute auch schon angesprochen worden sind, die gesetzlichen Grundlagen schaffen für die Bewirtschaftung landwirtschaftlichen Bodens.
Mir geht es also nicht grundsätzlich darum, das LPG-Gesetz hier abzuwürgen, sondern eine **allgemeingültigere Rechtsform** zu schaffen. Aber vielleicht kann sich der Herr Minister dazu noch einmal hier äußern, was mit diesem **Ergänzungsgesetz** gemeint ist, warum das so wenig beinhaltet.

Ducke (Moderator): Ja, das waren zwei Fragen jetzt. Wir wollen [auf] die Zeit schauen. Zwei Fragen. Noch eine dritte? Wir sind kurz vor der Mittagspause. Ich frage, sind zu diesem Themenkreis noch Fragen? Dann würde ich nämlich das jetzt abschließen und für die Arbeitsgruppe fertighaben, damit wir die Zeit wissen, wieviel wir noch für die Antworten haben.
Frau Teschke, auch noch eine Frage dazu, zu diesem [Themenkomplex]? Ja?

Frau Teschke (DJ): Ich habe keine Frage, sondern ich möchte noch etwas zusätzlich einbringen.

Ducke (Moderator): Danke. Dann müssen wir erst die Antworten [geben].

Frau Teschke (DJ): Das ist aber kein Antrag.

Ducke (Moderator): Nein. Ja, danke. Dann machen wir erst die Antworten. Herr Klein, auch noch eine Rückfrage, oder? Es geht nur darum, daß jetzt ein bißchen Zeit ist, daß sich die Gefragten auch vorbereiten können.
Bitte.

Klein (VL): Das ist jetzt eine Anfrage an die Regierung im Zusammenhang mit dem Antrag der LDP. Es scheint so zu sein, daß bereits jetzt an zahlungskräftige Kunden **Nutzungsrechte** vergeben worden sind, und ob die Regierung in diesem Zusammenhang beabsichtigt, und ich meine, daß das zu fordern wäre, die Vorkaufnutzungs – –

Ducke (Moderator): Danke. Ich habe schon das Nicken gemerkt, daß jemand antworten kann. Danke. War es auch in diese Richtung noch eine Anfrage? Danke. Dann bitte die Antworten.
Zunächst war Herr Junghanns gefragt, Bauernpartei, zu dem **Antrag 13/4**.

Junghanns (DBD): Gemeint ist ausschließlich aus **staatlichen Bodenfonds** zur Nutzung übergebener Fonds, nicht [gemeint ist] Bodenreformland, weil das ja für uns unter der Kategorie private Flächen, Privateigentum läuft. Und was die **Quellen** betrifft: die sind sehr unterschiedlich. Sie wissen sie, die brauchen wir nicht zu erläutern.

Ducke (Moderator): Danke. Das war die Antwort der Bauernpartei. Jetzt [bitte ich] die Regierung zu antworten.
Herr Minister, würden Sie bitte – –

Watzek (Minister für Land-, Forst- und Nahrungsgüterwirtschaft): Ja. Ich beginne mit der Frage des Herrn Wiedemann, weil sich daran vieles andere mit anbindet. Wir gehen davon aus, daß das **LPG-Gesetz** – ich setze in Klammern, ob das zukünftig noch so heißt, stelle ich in Frage, aber wir gehen heute noch davon aus – wir brauchen eine grundsätzliche **Neufassung des LPG-Gesetzes**, zukünftig eingeordnet in das **Genossenschaftsgesetz**.
Da diese Aufgabe eine Neufassung LPG-Gesetz, sprich Genossenschaftsgesetz, aber doch einen ziemlich intensiven Arbeitsprozeß über einen längeren Zeitraum erfordert, haben wir als Ministerium bereits in der vergangenen Woche eine **zentrale Arbeitsgruppe** eingesetzt, in der die wichtigsten Rechtswissenschaftler auf dem Gebiet des LPG-Boden- und Landwirtschaftsrechtes der DDR mitarbeiten sollen, Praktiker aus LPG und VEG und notwendige Leute aus der staatlichen Leitung, um die grundsätzlichen Probleme der Überarbeitung und Neufassung des LPG-Gesetzes zu behandeln.

Wir waren aber der Auffassung, da das einen längeren Zeitraum in Anspruch nimmt und auch wahrscheinlich vor dem Mai [1990] noch nicht vorliegen wird in Neufassung, daß wir bestimmte sofortige Regelungen in der Veränderung des gegenwärtigen LPG-Rechtes notwendig haben.

Deshalb haben wir diesen **Gesetzentwurf** erarbeitet, im Ministerrat bestätigt und dem Präsidium der Volkskammer zugeleitet. Er soll in der übermorgigen Tagung in erster Lesung behandelt werden. Wir gehen dabei davon aus, daß er solche grundsätzlichen Fragen regeln [wird] wie Eigenständigkeit und Selbständigkeit der LPG, um hier diesen Grundsatz zu postulieren, daß mit der **Vorbereitung auf die Marktwirtschaft** jede LPG eigenverantwortlich entscheiden kann und muß. Das hielten wir – – sofort für notwendig. Da dürfen wir keine Zeit verlieren.

Zweitens, daß wir das Recht einräumen, daß die **LPG sich mit ihrem Eigentum an anderem Eigentum beteiligen kann,** das war bisher nicht möglich laut LPG-Gesetz, so daß also die Bereitschaft besteht, auch die Möglichkeit besteht, daß sie einmal sich mit Verarbeitungsbetrieben zusammen entscheiden und einen gemeinsamen Betrieb bilden, daß Fremdkapital auch über **Joint-ventures** und andere Formen dann aufgenommen werden kann, um auch hier sehr schnell Möglichkeiten der technisch-technologischen Verbesserung der Produktion zu schaffen.

Und drittens waren wir der Auffassung, daß sofort geregelt werden muß die **Sicherung des Eigentums der Bauern an ihrem eingebrachten Eigentum,** das heißt den Boden- und den Inventarbeiträgen, und daß auch ein materielles Interesse an der Verwertung dieses Eigentums entwickelt wird, das heißt Bodenanteile oder, wie wir es zukünftig nennen, **Pacht als Pflicht** für die LPG vorgeschrieben wird, und daß der Pflichtinventarbeitrag als **Genossenschaftsanteil** deklariert wird und der Bauer dann aufgrund dieses Genossenschaftsanteils eine Art Rente vom Ergebnis der LPG zu beanspruchen hat.

Und wir waren der Meinung, daß diese Regelungen sofort notwendig sind, um bereits 1990 mit April/Mai beginnend wirksam werden zu können. Deshalb Vorziehung dieses Veränderungsgesetzes zum LPG-Gesetz mit dem Ziel, langfristig LPG-Gesetz, sprich Genossenschaftsgesetz, anzusteuern.

Ich darf hier noch eingehen auf den Herrn von der Vereinigten Linken. Alle bisher getroffenen Vereinbarungen sind rechtsunwirksam, sind gegen das **geltende Recht** gerichtet. Wir haben eine Grundstücksverordnung, Verkehrsverordnung, die eindeutig festlegt, daß das zuständige staatliche Organ alle Veränderungen im Eigentum an Grund und Boden zu bestätigen hat und Ausländer dabei ausgeschlossen sind.

Und wir haben auch eine **Bodennutzungsverordnung** für land- und forstwirtschaftlich genutzten Boden, die dort auch eindeutige rechtliche Regelungen fixiert, so daß man sagen kann, auch vom gegenwärtigen geltenden Recht ist der **Schutz des Bodens gegen Spekulation** gesichert.

Ducke (Moderator): Danke, Herr Minister. Das Nicken der Antragsteller hat gezeigt, daß Ihre Antwort fast befriedigt. So geht es. Ich weise darauf hin, daß zum Thema Eigentum auch natürlich darüber hinausgehende Anträge noch dann zu dem ganzen Paket **Regierungserklärung Modrow** kommen, wo es nicht nur hier zum landwirtschaftlichen – – Gut kommt – so zu Demokratie Jetzt, ja? Ihr Antrag ist nicht verlorengegangen. Jetzt geht es lediglich um diese Landwirtschaft. Aber es gibt noch eine Wortmeldung, die letzte vor der Mittagspause.

Frau Albrecht, PDS, bitte.

Frau Albrecht (PDS): Es geht darum, daß bei diesen Problemen der Lesung des LPG-Gesetzes in der Volkskammer der **Antrag Nummer 13/5 [Vorlage 13/5, Antrag PDS: Zur Gewinnbeteiligung der Genossenschaftsbauern und Arbeiter]** der PDS bitte beachtet wird; der bezog sich nämlich auf die **Änderung des LPG-Gesetzes,** denn unsere Bauern haben im Moment kein Vertrauen. Sie können nicht warten auf Mai. Das möchte ich noch einmal ganz grundsätzlich hier betonen. Denn wir müssen – – um noch einmal zur Erklärung des Hintergrunds: die ehemaligen Alteigentümer, die noch Boden in der LPG haben, bei denen ist es klar, daß der Boden gesichert ist.

Aber viele sind aus Genossenschaften ausgetreten beziehungsweise haben Boden geerbt, die als Bürger in den Städten leben und Eigentümer zwar sind, aber wo die Genossenschaften nur Nutzer sind. Ja? Also ist künftig keine Sicherung vor **spekulativem Verkauf** möglich, und das möchte ich noch einmal hier – –

Ducke (Moderator): Frau Albrecht, das ist Ihr Antrag. Der ist aber noch nicht vom Runden Tisch bestätigt, sondern wir verfahren in der vorgeschlagenen Kompromißweise, daß die jetzt grundsätzlich besprochenen Anträge der Arbeitsgruppe „Wirtschaft" für die Sitzung am Mittwoch mit übergeben werden, und wir erwarten am nächsten [Mittwoch] einmal dann – müßten wir machen, oder – eine Stellungnahme der Arbeitsgruppe, damit wir dann dem zustimmen können. Sonst müßten wir ja die Einzelanträge einzeln jetzt abstimmen, ohne daß die Details uns bewußt sind. Wir müssen also noch einmal dies eben beim Problem Eigentum vorziehen. So müssen wir das unbedingt machen.

Bitte, Herr Klein.

Klein (VL): Ich weiß nicht, aber diese Vorgehensweise scheint mir unzweckmäßig zu sein.

Ducke (Moderator): Wir haben so beschlossen, Herr Klein.

Klein (VL): Sicher, nur war der Sinn des Konsenses, der hier getroffen wurde, daß ein **politisches Votum** ergeht. Hier hatten wir die Gelegenheit, Anfragen und Rückfragen auch an Antragsteller, aber vor allem an die Regierung zu richten. Ich denke, das insbesondere, weil mindestens zwei einander widersprechende Anträge vorliegen, zumindestens eine Tendenzabstimmung dieses Votum ergehen müßte. Und das scheint mir dem Antrag gemäß dieses Verfahrens richtig zu sein.

Ducke (Moderator): Ja, jetzt ist das nun etwas Korrektur zu dem, wo wir uns eigentlich darauf geeinigt hatten, um dies zu verhindern, daß wir jetzt hier einfach unüberlegt etwas sagen.

Herr Engel, bitte noch einmal zu Ihrem Antrag.

Engel (CDU): Nein, zu einem neuen **Geschäftsordnungsantrag,** da ja offensichtlich wird, daß das erste nicht aufgeht, das heißt, wir wollten ja eine grundsätzliche Aussage des Runden Tisches dazu haben, und ich glaube nicht, daß wir dazu kommen.

Ich würde vorschlagen, daß über die Mittagspause eine **Redaktionskommission** beauftragt wird, drei, vier Grundsätze dazu aufzustellen, die auch versuchen, einen Konsens zwischen den Papieren herzustellen und daß wir das hier an dem Runden Tisch dann als Antrag verhandeln.

Ducke (Moderator): Danke, Herr Engel. Dem kann ich mich gleich anschließen, weil das ja eigentlich ein bißchen so die Meinung zu sein scheint, was auch Sie jetzt eben brachten, nämlich daß wir doch nach der Mittagspause einen Antrag vorliegen haben, der grundsätzlich die Meinung des Runden Tisches im politischen Sinn zum Thema Eigentum an landwirtschaftlicher Nutzfläche, wenn ich das so verstehe, macht.

Wer würde das machen? Herr Engel, Sie haben den Antrag eingebracht. Erklären Sie sich auch bereit? – Vielen Dank. Sie suchen sich noch jemand für die Redaktion. Wunderbar.

Na ja, Herr Junghanns bitte noch da dazu?

Junghanns (DBD): Ich glaube, so können wir jetzt nicht auseinandergehen. Die [Antragsteller] aller Einreicher von den Anträgen, die müssen jetzt natürlich zusammenkommen. Da kann sich [Herr] Engel jetzt nicht hier die Leute zusammensuchen, die er sich denkt. Ich glaube, zu seiner Unterstützung werden wir uns sofort alle vereinigen.

Ducke (Moderator): Alles klar. Die Antragsteller – ich sage es einmal exakt, damit nichts verlorengeht, von [Vorlage] 13/1a, das ist Demokratischer Aufbruch; 13/4 Bauernpartei; 13/7 PDS; 13/11 VdgB und 13/19 Vereinigte Linke – setzen sich zu so einer grundsätzlichen – LDP [Information 13/5] auch? – Danke, LDP auch, ist klar. Danke. Herr – –

Hammer (VdgB): Nur eine kurze Frage. Ist Herr Minister nach der Mittagspause auch noch da, weil wir noch ein paar Anfragen haben? Oder?

Ducke (Moderator): Herr Minister, wir haben die Regierungsvertreter zum Mittagessen eingeladen. Ist damit die Frage beantwortet, wenn Sie nicken, gut?

Hammer (VdgB): Nein, ich meine ja den Runden Tisch.

Ducke (Moderator): Jawohl, Herr Minister wird noch da sein. Dann gehen wir jetzt nach einer noch wichtigen Ansage von Herrn Ziegler [in die Mittagspause].

Bitte schön.

Ziegler (Co-Moderator): Ja, es tut mir leid, das hat ja die Prioritätengruppe nun so beschlossen, daß wir die Prioritätengruppe zu 13.45 Uhr in Zimmer 213 einladen müssen, um die etwa 20 bis 30 Einzelanträge und so weiter, was noch vorliegt, vorzusortieren und zu beraten.

Ducke (Moderator): Ja, jetzt wage ich gar nicht zu sagen, wann die Mittagspause zu Ende ist. Wir orientieren, nein, wir machen es ganz exakt, wir setzen die Verhandlungen fort um 14.05 Uhr. Damit haben wir jetzt eine einstündige Mittagspause, wo ich Ihnen gute Erholung und guten Appetit wünsche.

[Unterbrechung der Sitzung von 13.00–14.30 Uhr]

Ducke (Moderator): Meine Damen und Herren, darf ich Sie wieder bitten Platz zu nehmen, daß wir nach der Mittagspause fortfahren. Ich bitte um Verständnis für eine gewisse Verzögerung hier am Runden Tisch. Die Prioritätengruppe erstickt in Anträgen. Ich habe die Tür gerade aufgemacht. Ich hoffe, daß Sie bald kommen. Außerdem haben wir ja eine Delegierung zu einer Redaktionsgruppe ausgesprochen, die auch noch tagt, so daß wir also noch ein bißchen Geduld haben müssen, damit dann die Tagesordnung weitergeführt werden kann.

Vielleicht nur soviel zur Information: Wir würden dann als erstes jetzt nach der Mittagspause, wie angekündigt, die Informationen entgegennehmen betreffend **Volkskammer** und auch weitere Tagesordnungspunkte, damit man weiß, wie man sich einzurichten hat und welche Themen noch drankommen. Und ich bitte die Regierungsmitglieder um Verständnis, daß wir dies dazwischenschieben, damit die weitere Tagesordnung dann klar ist und [wir] würden dann mit dem Tagesordnungspunkt **Wirtschaft/Landwirtschaft** fortfahren.

Wenn die Redaktionsgruppe es geschafft hat, können wir dann gleich die Trend-, nein, keine Trendabstimmung, die Abstimmung machen bezüglich der **Eigentumsfrage**. Und dann liegen die weiteren Anträge vor in der Ihnen ja zugegangenen Weise, und dann werden wir schauen, welchen wir als nächsten nehmen. So. Soviel zur Einleitung. Sie haben schon gemerkt zur Überbrückung.

[Pause]

Darf ich Sie nun bitten, Platz zu nehmen. Wir erwarten jetzt nur noch die Mitglieder der **Redaktionsgruppe bezüglich des Eigentums**. Die sitzen noch ein bißchen [zusammen] wird mir eben zugeflüstert. So. Darf ich Sie bitten, Platz zu nehmen. Wir eröffnen nach der Mittagspause.

Als ersten Punkt nach der Mittagspause rufe ich einige Informationen auf, und dann einige Informationen bezüglich der Tagesordnung.

Herr Ziegler, darf ich Sie bitten, alles bezüglich **Volkskammer** – – mitzuteilen?

TOP 8: Kurzmitteilungen von Herrn Ziegler

Ziegler (Co-Moderator): Ich möchte Ihnen zunächst sagen, daß auch heute an die Prioritätengruppe früh wieder drei Anträge auf **Zulassung neuer Parteien** an den Runden Tisch vorgelegen haben. Aber ich muß erinnern, daß der Runde Tisch am 5. Februar [1990] beschlossen hat, keine Neuzulassungen mehr auszusprechen.

Die Hauptgründe waren, daß wir in der wenigen Zeit, die wir noch haben, eigentlich dies nicht mehr machen können, daß wir den Runden Tisch weiter erweitern. Wir haben damals schon gesagt, daß es sicherlich viele Anfragen geben kann, warum die einen zugelassen sind und die anderen nicht, und es ist auch offen zu sagen, es gibt eigentlich nur den einen Grund. Es war die Stunde der **Initiatoren**, die diesen Runden Tisch in Gang gebracht haben, und es war die Frage der **Arbeitsfähigkeit**, die den Runden Tisch bewegt hat, zu solchem Beschluß zu kommen.

Die einzige Möglichkeit war dann für die **Beobachter** gegeben, daß sie zu bestimmten Punkten **Rederecht** beantragen. Davon wird ja auch Gebrauch gemacht. Ich will auch sagen, daß die Moderatoren wohl wissen, daß das ein schwieriger Punkt ist, und persönlich bedauere ich auch, daß man manche neu gebildeten Parteien hier nun nicht mehr so mit einbeziehen kann.

Aber eins bitte ich doch auch zu bedenken: Es sind inzwischen, das ist der Unterschied zum 7. Dezember [1990], eine Menge anderer Möglichkeiten gegeben worden, daß die neu gebildeten Parteien im Fernsehen und an vielen anderen Stellen sich auch zu Wort melden können mit ihren eigenen Programmen. Dies nur als Information.

Und nun eine Reihe von kurzen Mitteilungen. Sie haben, und da bitte ich alle Gruppierungen und Parteien, an ihre Fächer zu gehen, dort einen Vorschlag, nämlich, daß ein Gespräch mit dem **Präsidenten der parlamentarischen Versammlung des Europarates** am 22. Februar vormittags um 9.00 Uhr im Volkskammergebäude stattfinden soll. Dazu lädt der Präsident der Volkskammer, Dr. Maleuda, ein. Und es wird gebeten, daß heute bis 15.00 Uhr – ich darf das noch einmal wiederholen, heute bis 15.00 Uhr – die Meldungen erfolgen, wer an diesem Gespräch teilnehmen kann. Das muß dann an Herrn Reichelt gegeben werden vom Arbeitssekretariat, der das sofort durchgibt.

Zweitens: Noch einmal erinnere ich daran, daß die Meldungen für die **Wahlvorschläge der Wahlkommission** sofort an die Volkskammer gegeben werden müssen und ebenso sofort die Meldungen derer, die zu bestimmten Punkten morgen oder übermorgen in der Volkskammer zu sprechen wünschen.

Ich bringe als drittes hierzu in Erinnerung, daß Vorschläge gemacht werden können aufgrund der Liste, die Ihnen nun inzwischen ja nun vorliegt für den Vorsitzenden und seine zwei Stellvertreter in der Wahlkommission. Das ist dieses breite Blatt mit den Namen. Das ist ausgeteilt worden, ja?

Schließlich bin ich aufgefordert worden, darauf hinzuweisen, daß ein Beschluß über **Freistellungen in Vorbereitung der Volkskammerwahlen**[14] vorliegt. Dieser ist Ihnen ausgeteilt worden. Es wird nur dringend gebeten, daß alle Parteien und Gruppierungen dieses beachten, damit nichts versäumt wird.

Vierter Punkt: Der Präsident der Volkskammer bittet darum, daß der Runde Tisch über folgendes informiert wird: Wenn die neue **Volkskammer** zusammentritt, wird sich eine neue Arbeitsweise ergeben, die einen größeren **Raumbedarf** erfordert. Das ist jetzt schon absehbar und wird in der Volkskammer bedacht. Und es kommt in der Nähe der Volkskammer eigentlich nur das **Hauptgebäude des Vorstandes der PDS** zur Erweiterung für die Arbeitsmöglichkeiten der neuen Volkskammer und ihrer Ausschüsse in Frage. Und dort liegt vom Parteivorstand der PDS auch eine grundsätzliche Zustimmung vor, daß das besagte Gebäude in Rechtsträgerschaft der Volkskammer übernommen werden kann.

Der Präsident der Volkskammer bittet darum, weil ja viele Teilnehmer des Runden Tisches höchstwahrscheinlich dann Mitnutzer sind, daß das hier bekanntgegeben wird.

Fünftens: Es haben sich **16 Rechtsanwälte** an die Volkskammer gewandt[15]. Sie haben ihre Besorgnis darüber zum Ausdruck gebracht, daß bei den Untersuchungen und Ermittlungsverfahren gegen Beschuldigte schon **Vorverurteilungen** ausgesprochen werden, wie gegen **Honecker**, und – ich brauche die Namen nicht alle aufzuzählen – –

Diese Rechtsanwälte bringen ihre Besorgnis zum Ausdruck, daß durch solche Vorverurteilungen, wie sie selbst in der Volkskammer auch durch den Generalstaatsanwalt erfolgt sind, daß dadurch keine Voraussetzungen geschaffen sind, wirklich Recht zu sprechen. Recht kann, soll und wird erst dann zu sprechen sein, wenn die Voraussetzungen dafür geschaffen sind, schreiben die 16 Rechtsanwälte.

Ich habe veranlaßt, daß diese **Stellungnahme** kopiert wird und allen Gruppierungen in die Fächer gelegt wird. Hier geht es nur darum, daß die Volkskammer darum bittet, den Runden Tisch zu informieren. Der Verfassungs- und Rechtsausschuß der Volkskammer ist beauftragt worden, ein **Rechtsgutachten** zu erstellen.

Und als letztes sei noch einmal daran erinnert, daß die Hochschule der Deutschen Volkspolizei einlädt zu einem Kolloquium zu Fragen der **Rolle der Volkspolizei im Demokratisierungsprozeß**, und es werden da Meldungen erbeten. Auch das ist den Gruppierungen in die Fächer gelegt worden. Es wird nur noch einmal daran erinnert, daß bitte Direktmeldungen erfolgen möchten.

Soweit.

Ducke (Moderator): Danke schön, Herr Ziegler für die Informationen.

Herr Brinksmeier eine Wortmeldung zuvor?

Brinksmeier (SPD): Noch eine dazu, weil es hierher paßt. Ich habe heute von der **Arbeitsgruppe „Sicherheit"** die letzten Protokolle der letzten drei Sitzungen[16] ins Arbeitssekretariat gegeben, und die werden heute beziehungsweise morgen in die Fächer der einzelnen Gruppierungen gelegt. Wir haben gedacht, das ist der beste Weg, daß Sie Bescheid wissen, wie auch der Sachstand ist dessen, was wir da entscheiden.

Danke.

TOP 9: Ergänzung der Tagesordnung um Einzelanträge

Ducke (Moderator): Danke, Herr Brinksmeier, zum Thema **Sicherheit**. Wir setzen unsere Verhandlungen fort mit der Thematik **Tagesordnung**, und da muß ich Sie gleich wieder aufrufen. Ich hatte nämlich schon angekündigt, Entschuldigung, daß wir die Entscheidung der Prioritätengruppe ja noch zur Kenntnis nehmen müssen, welche Einzelanträge uns heute noch erwarten. Also nehmen Sie die Tagesordnung vor, wo unter Ihren Einzelanträgen bis jetzt noch nichts steht oder eins nur steht und tragen Sie ein, was noch kommt.

Bitte, Herr Ziegler.

Ziegler (Co-Moderator): Ich möchte zunächst sagen, daß ein ganzer Berg von – ich habe es jetzt nicht gezählt – einzelnen Anträgen sich bezieht auf die **Erklärung des Ministerpräsidenten**. Ich werde die jetzt nicht alle einzeln vorlesen. Die werden verhandelt, wenn wieder aufgerufen wird die Erklärung des Ministerpräsidenten. Wenn Sie danach Fragen haben, dann können Sie diese [dann stellen].

Ducke (Moderator): Ich würde gleich vorschlagen, daß wir dies zum Tagesordnungspunkt faktisch 2a machen, also gleich im Anschluß an **Wirtschaft und Landwirtschaft** behandeln möchten, weil das ja grundlegende Fragen sind, nicht nur unter Einzelanträge, ja? Findet das Ihre Zustimmung? –

Danke.

Ziegler (Co-Moderator): Dann hat die Priorititätengruppe folgende Punkte jetzt noch als **Einzelanträge** benannt:

---

[14] Dokument 13/4, Anlagenband.
[15] Dokument 13/5, Anlagenband.

[16] Dokument 13/6, Anlagenband.

Im Zusammenhang mit dem **Gewerkschaftsgesetz zur Verfassungsänderung**, da wird es eine kurze Information geben. Man kann sagen **Verfassungsänderung**.

Zweitens zum **Wahlgesetzantrag** der Arbeitsgruppe „Gleichstellung von Männern und Frauen".

Und drittens zum **Wahlgesetz** beziehungsweise **Wahlverhalten** ein Antrag der Arbeitsgruppe „Wahlgesetz".

Es soll dann noch verhandelt werden unter dem Tagesordnungspunkt 3 der **Antrag der Vereinigten Linken, staatliche Finanzierung von Kindereinrichtungen**. Also hier bitte nicht als Einzelantrag, sondern das hat die Prioritätengruppe zu Tagesordnungspunkt 3 zugeordnet.

Weiter soll verhandelt werden als Einzelantrag:
Zur **Feststellung des Medienkontrollrats**, betrifft ausländische Investitionen im Fernsehen, Antrag der Vereinigten Linken.

Und schließlich [ein Antrag zur] **unabhängigen Rechtsprechung**, AG „Recht" bringt das ein.

Dann **physische Vernichtung aller magnetischen Datenträger**, auch eingebracht von [der] Arbeitsgruppe „Recht".

Und schließlich eine **Anfrage an den Justizminister**, betrifft **personelle Voraussetzungen für Verfahren wegen Amtsmißbrauch**.

Und letztens **Einbeziehung der AG „Ökologischer Umbau" in die Erarbeitung eines nationalen ökologischen Forschungsprogramms**.

Sie werden merken, daß nicht alle Anträge hier aufgeführt worden sind. Ich will darum sagen, was mit denen, die nicht aufgeführt worden sind, hier gesagt worden ist, daß **Einrichtung eines Ministeriums für die Gleichstellung von Männern und Frauen**, dieser Antrag soll ebenso wie die – der Antrag betrifft **Gleichberechtigung von Mutter und Vater in der Erziehung der Kinder** im Zusammenhang mit dem Thema **Frauenbildungspolitik**, ich sage das einmal abgekürzt – am 5. März [1990] verhandelt werden, weil es dann in einem Sachzusammenhang steht.

Und schließlich die **Entmilitarisierung** und **Konversion** in der DDR, Grüne Partei, sollte im Zusammenhang verhandelt werden mit der **Militärreform**.

Und schließlich gibt es eine Reihe von Anträgen, ich glaube, es sind sieben oder acht, die alle mit **Ökologie** zu tun haben. Und die Prioritätengruppe schlägt vor, auf die nächste Tagesordnung am 26. [Februar 1990] noch den Punkt Ökologie zu setzen und die Anträge dann in Zusammenhang mit diesem Thema gemeinsam zu verhandeln und nicht lauter Einzelanträge heute zu verhandeln.

Danke.

Ducke (Moderator): Vielen Dank. Ich stelle die Frage, ob die, wenn ich richtig mitgeschrieben habe, acht Einzelanträge in dieser Weise, auch in der vorgetragenen Weise, wie sie uns von der Prioritätengruppe vorgeschlagen ist, angenommen werden können. Ich bitte dann um das Handzeichen. Wer dieser Ergänzung der Tagesordnung im Hinblick auf Einzelanträge zustimmen kann, den bitte ich um das Handzeichen. – Was war, Herr Brinksmeier, noch ein – –

Brinksmeier (SPD): Ich habe noch eine Frage dazu. Die Erklärung und den Antrag von heute morgen [betreffend].

Ducke (Moderator): Aber ich bitte Sie, das war doch eindeutig gesagt, daß das zum Thema Regierungserklärung Modrow dazukommt im Block.

Danke.

Noch einmal meine Fragestellung. Ergänzung der Tagesordnung im Hinblick auf die Einzelanträge in der vorgeschlagenen Weise, den bitte ich um das Handzeichen. – Es gibt noch keine Ermüdungserscheinungen, merke ich. Danke. – Gegenstimmen? Auch nicht. – Enthaltungen? – Aha, 1 Enthaltung. Danke. Damit ist die Ergänzung der Tagesordnung angenommen.

Wir können weitergehen.

TOP 10: Wirtschaft III – Landwirtschaft

Wir sind beim Thema „**Wirtschaft III – Landwirtschaft**" und hatten eine Redaktionsgruppe gebeten, einen Antrag zu formulieren, der für die Arbeitsgruppe „Wirtschaft" auch feststellen kann, wie geht das nun mit dem Eigentum, zumal unterschiedliche Anträge vorliegen. Alle Antragsteller haben sich bei der Redaktionsarbeit beteiligt. Daß das jetzt nicht schriftlich vorliegt, wird jedem einleuchten. Herr Engel, CDU, ist der Schriftführer gewesen. Darf ich Sie bitten, uns mit dem Ergebnis bekannt zu machen.

Bitte.

Engel (CDU): Ja, die **Redaktionsgruppe** hat sich mit den Anträgen beschäftigt [und] geht davon aus, daß ja ein grundsätzlicher Konsens in der **Vorlage 13/1** erzielt worden ist, der ja hier auch schon eine Rolle gespielt hat.

Wir würden die Punkte, die unter Punkt 1. „**Sofortmaßnahmen**" enthalten sind, mit einer Ergänzung als Konsens hier belassen, und zwar heißt es da, „... unverzügliche Gesetzesinitiativen und Einbeziehung in die deutsch-deutschen Verhandlungen zum Erhalt der Existenz und des Eigentums der landwirtschaftlichen Produzenten aller Eigentumsformen. Dazu gehören insbesondere Initiativen ...", und jetzt gleich die Ergänzung: „... zur Feststellung der Eigentumsverhältnisse an Grund und Boden".

Und dann geht es im ursprünglichen Text weiter:

„zur Sicherung der Ergebnisse der Bodenreform und damit des privaten Eigentums der Genossenschaftsbauern und -gärtner an Grund und Boden als deren Hauptproduktionsmittel, zum Schutz und Erhalt der **LPG, GPG** [Gärtnerische Produktionsgenossenschaft] und **VEG** [Volkseigenes Gut], sofern die Genossenschaftsbauern und -gärtner beziehungsweise Werktätigen das wünschen, zur Sicherung der Nutzungsrechte der Kleingärtner, Siedler und Kleintierzüchter einschließlich Wochenendsiedler an Grund und Boden, zur Abwehr von **Bodenspekulationen** und Beseitigung ungesetzlicher Enteignungen von **Kirchenland.**

In die oben genannten Verhandlungen mit der BRD einzubeziehen sind Maßnahmen, die verhindern, daß frühere Eigentümer von Grund und Boden der Land- und Forstwirtschaft, die durch in der DDR geltendes Recht dieses Eigentum verloren haben, die weitere Verfügbarkeit der jetzigen Nutzer beeinträchtigen können (eventuell **Lastenausgleich,** soweit noch nicht geschehen)".

Dieser Text hat also auch bei uns den Konsens gebildet. Über alle weiteren in den Vorlagen enthaltenen Dinge wurde kein Konsens erzielt. Wir würden deshalb vorschlagen, daß diese grundsätzlichen Fragen sowohl in der Arbeitsgruppe „Wirtschaft" am kommenden Mittwoch als auch in der Arbeitsgruppe „Recht", sobald diese tagt, verhandelt werden. Wir würden weiterhin anregen, daß alle diese Fragen in der morgigen ersten Lesung zum Ergänzungsgesetz zum **LPG-Gesetz** berücksichtigt werden, wenn diese erste Lesung morgen in der Volkskammer erfolgt.

Ducke (Moderator): Danke, Herr Engel. Wir haben einen **Kompromißvorschlag,** über den wir abstimmen können, und das Ergebnis müssen wir zur Kenntnis nehmen, daß über die weiteren Einzelanträge so, wie sie vorliegen, von Ihnen kein Konsens erzielt wurde, so daß wir jetzt eigentlich davor stehen, sie in die Arbeitsgruppe zu geben mit dieser Dissenserklärung, ja, um dann später abzustimmen.

Sehe ich das so richtig so, daß wir jetzt nicht über die Einzelanträge abstimmen, sondern in den wie von Ihnen vorgeschlagenen Arbeitsgruppen verhandeln lassen?

Engel (CDU): So ist es, ja.

Ducke (Moderator): Aber wir führen eine Abstimmung über die **Konsenserklärung** herbei. Danke. Ich beginne trotzdem hinten und sage: Also die Einzelanträge, wie sie vorliegen und wie ja gewünscht wurde, und deswegen muß ich die Vereinigte Linke noch einmal fragen, daß wir darüber abstimmen, ist nun von der **Redaktionsgruppe** dahingehend beantwortet worden, daß es einen Kompromiß gibt und das andere so, wie es vorliegt, in die Arbeitsgruppen überwiesen wird, ja?

Bitte, Herr – –

Mäde (VL): Ich würde dann vorschlagen, daß unser Antrag in die gesamte Frage der Regierung geht, ja? Also Modrow, dann ins Paket herübernehmen.

Ducke (Moderator): Es ist mir jetzt nicht ganz klar, auf welchen Antrag Sie sich beziehen. Den, der hier vorgelegt ist, 13/ – , sagen Sie einmal schnell die **[Vorlage] 13/19 [Antrag VL: Zu den Eigentums- und Nutzungsverhältnissen der DDR-Bürger]** kommt mit in das Paket. Dort war es auch ursprünglich. Sie haben es vorgezogen. Alles klar. Dann können wir so verbleiben.

Darf ich noch einmal bitten, Herr Engel, daß Sie uns über den Kompromißantrag oder über den Kompromiß noch einmal ganz kurz informieren, damit wir wissen, worüber wir abstimmen.

Bitte, den Text noch einmal, ohne daß was schriftlich vorliegt, nur die Veränderung bitte.

Engel (CDU): Die Aufgabe entsprechend meines Geschäftsordnungsantrages bestand ja ohnehin darin, hier nur erst einmal eine grundsätzliche Erklärung des Runden Tisches zu den Eigentumsfragen abzugeben unberücksichtigt der Dinge, die in der Arbeitsgruppe „Wirtschaft" beziehungsweise in der Arbeitsgruppe „Recht" zu klären sind.

Wir würden als diese Erklärung, die heute hier vom Runden Tisch abgeht, das sagen wollen, was in der **Vorlage 13/1** unter dem Punkt 1. „Sofortmaßnahmen", in der von mir vorgelesenen Fassung hier vorgetragen wurde.

Und dann müßten wir zweitens festlegen, daß alle Vorlagen, soweit sie also hier keinen Konsens erzielt haben, in den Arbeitsgruppen „Wirtschaft" und „Recht" des Runden Tisches sowie in der morgigen ersten Lesung zum Ergänzungsgesetz zum LPG-Gesetz in der Volkskammer Berücksichtigung finden.

Das wäre noch einmal in Kurzfassung unser Antrag.

Ducke (Moderator): Danke schön. Damit könnten wir eigentlich jetzt auf eine eigene Abstimmung verzichten, weil ja dann die ganze Vorlage noch zur Debatte steht und Sie uns jetzt schon um eine Änderung, die im Sinne des Einbringers ja wohl auch so schon angenommen wurde von der Arbeitsgruppe, dann im ganzen abgestimmt werden – ja? Ist das so möglich, Herr Engel?

Engel (CDU): Nein. Es geht ja um die Verfahrensweise hinsichtlich der Überweisung an die beiden Arbeitsgruppen und die Überweisung an die Volkskammer morgen.

Ducke (Moderator): Ja, können wir an die Volkskammer jetzt noch überweisen? Ich muß die Regierung fragen. Soviel ich weiß, steht die Tagesordnung für morgen fest. Das ist so.

Engel (CDU): Ja, aber da spielt ja das **Ergänzungsgesetz zum LPG-Gesetz** eine Rolle, und damit sollte das einbezogen werden.

Ducke (Moderator): Also steht es in der Tagesordnung und kann dorthin überwiesen werden. Dann bitte ich um Abstimmung in der vorgeschlagenen Weise. Hier ist noch eine Rückmeldung.

Herr Klein, bitte.

Klein (VL): Ja, im Zusammenhang mit der Textänderung der **Vorlage 13/1** hätte ich doch noch eine Anfrage, und zwar den Punkt **Feststellung der Eigentumsverhältnisse** betreffend. Das ist ja der Zusatz gewesen, der hier mit eingefügt wurde. Ich hätte gerne von denen [gewußt], die diese Änderung vorgeschlagen haben, das ist mir jetzt nicht recht ersichtlich, wer das vorgeschlagen hatte, auf welcher **Rechtsgrundlage** denn diese Feststellung empfohlen wird.

Ducke (Moderator): Können Sie uns dazu gleich antworten?

Bitte, Herr Engel.

Engel (CDU): Das war ein Vorschlag des Demokratischen Aufbruchs, der festgeschrieben ist in der **Vorlage 13/1a**, wobei wir davon ausgegangen sind, daß sich nicht immer zweifelsfrei die Eigentumsverhältnisse an Grund und Boden feststellen lassen, weil es da in den letzten Jahren doch einige Unregelmäßigkeiten gegeben hat.

Ducke (Moderator): Genügt das?

Klein (VL): Meine Frage bezog sich auf die Rechtsgrundlage der Feststellung.

Ducke (Moderator): Herr Engel.

Engel (CDU): Das ist das grundsätzliche **zivile Eigentumsrecht,** wobei jedem Eigentümer ja sein Eigentum zugesichert sein muß, und das wird ja vor Genossenschaftlichung des Eigentums nicht immer mehr möglich jetzt. Das muß aber nachgeholt werden, um zweifelsfrei festzustellen, wem welcher Boden oder welcher Grund gehört.

Ducke (Moderator): Herr Wiedemann noch eine Ergänzung dazu.

Herr Wiedemann, CDU.

Wiedemann (CDU): Ganz kurz. In den letzten Jahren hat ja der Boden zunehmend an Bedeutung verloren. Das wollen wir wieder herbeiführen. In den letzten Jahren sind auch die **Bodenbücher** oftmals nicht mehr so ordnungsgemäß geführt worden, wie das eigentlich notwendig wäre. Und nun müssen wir das wieder auf den neuesten Stand bringen. Und das, was sich inzwischen verändert hat und was da nicht geführt worden ist, das muß jetzt nachgeholt werden. Das ist alles.

Ducke (Moderator): Danke. So, jetzt, glaube ich, können wir abstimmen, über den Antrag, wie er uns von der Redaktionsgruppe vorgelegt ist, in dieser Weise zu verfahren. Muß es noch einmal erwähnt werden, oder können wir gleich abstimmen? Ist allen eigentlich die Sache klar?

Wer für den Antrag der Redaktionsgruppe [stimmt], so, wie er von Herrn Engel vorgetragen worden ist, den bitte ich jetzt um das Handzeichen. Das ist die Mehrheit. – Gegenstimmen? Es gibt keine Gegenstimme. – Enthaltungen? – Es gibt 2, 4, 5 Stimmenthaltungen. Ja? Danke. Damit sind automatisch alle Anträge an die Adressaten überwiesen.

Lassen Sie uns dann die nächsten Anträge vornehmen. Ich komme zum Aufruf der **Vorlage 13/2**, weil, jetzt hatten wir ja ein bißchen Durcheinander. Jetzt geht es wieder von vorn los: Antrag Bauernpartei; danach würde dann also nach meiner Liste kommen, damit Sie noch ein bißchen Luft haben, [Vorlage] **13/5 Antrag PDS [Zur Gewinnbeteiligung der Genossenschaftsbauern und Arbeiter]**, nein, Entschuldigung, **Antrag 13/3 [DBD: Zur Entschuldung der Landwirtschaftlichen Produktionsgenossenschaften]**; dann [Vorlagen der] PDS; dann **13/6, PDS [Zu Arbeits- und Lebensbedingungen der Bäuerinnen]** und noch VdgB, wenn sich das nicht erledigt hat mit dem anderen.

So in der Reihenfolge wollen wir gehen. Bitte, ich rufe auf **[Vorlage] 13/2, Antrag der Demokratischen Bauernpartei Deutschland**. Herr – wer trägt ihn vor?

Herr Junghanns. Bitte schön.

Junghanns (DBD): Ja, der Antrag der Demokratischen Bauernpartei Deutschlands lautet:

[Vorlage 13/2, Antrag DBD: Zur Vermeidung weiterer Devastierungen]

Der Runde Tisch möge beschließen:

1. Der Ministerrat der Deutschen Demokratischen Republik wird aufgefordert, unverzüglich durch unabhängige Experten die Möglichkeiten zum Erhalt von Gemeinden, Ortslagen und landwirtschaftlicher Nutzfläche prüfen zu lassen, deren Devastierung im Zuge der Erweiterung und des Neuaufschlusses von Braunkohletagebauen in den nächsten Jahren vorgesehen ist.

Diesen Experten sind sämtliche Dokumente, Berechnungen und Untersuchungsergebnisse, die den bisherigen Planungen zugrunde liegen, zugänglich zu machen. Die Bürger der betroffenen Gemeinden müssen die Möglichkeit erhalten, ihre Vorschläge, Hinweise und Kritiken in die Arbeit der Experten einzubringen.

2. Die VE Braunkohlekombinate sind verbindlich zu beauflagen, bis zur endgültigen Entscheidung über die weitere Entwicklung der Braunkohlentagebaue im Zusammenhang mit der Beschlußfassung über das neue Energiekonzept alle Maßnahmen, die unmittelbar auf die Devastierung von Gemeinden, Ortslagen und landwirtschaftlicher Nutzfläche gerichtet sind, mit sofortiger Wirkung einzustellen.

Begründung

Dem Parteivorstand der Demokratischen Bauernpartei sind zahlreiche Zuschriften von Parteimitgliedern, Bürgern sorbischer Nationalität, Gemeindekirchenräten, Umweltinitiativen sowie weiteren Organisationen und Bewegungen, so zum Beispiel von der Kreiskonferenz der DBD Finsterwalde, dem Gemeindekirchenrat Dollenchen, von der LPG Proschim und Bürgern dieser Gemeinde, zugegangen, aus denen die große Sorge um die Zukunft ihres traditionellen Lebensraumes spricht.

Sie bringen ihr Unverständnis vor allem darüber zum Ausdruck, daß ungeachtet der angekündigten Erarbeitung eines neuen Energiekonzepts der DDR die Vorbereitungen zur Devastierung von Dörfern, zur Zerstörung von unwiederbringlichen Baudenkmalen wie Schloß und Park Sallgast, zur Vernichtung der Existenzgrundlage von LPG sowie zur Zerstörung der heimischen Flora und Fauna unvermindert fortgesetzt werden.

Die DBD ist der Auffassung, daß durch die Regierung sofort deutliche Zeichen gesetzt werden sollten, die der Verunsicherung der Bevölkerung in diesen Gebieten ein Ende bereiten. Das Beispiel der Gemeinde Klitten, Kreis Niesky, für deren Erhalt sich auch die DBD nachdrücklich eingesetzt hat, zeigt, daß Lösungen im Interesse der Bürger gefunden werden können. Mit gleichem Verantwortungsbewußtsein müssen und können solche Entscheidungen gemeinsam mit den Bürgern auch für alle anderen betroffenen Gemeinden geprüft und gefunden werden.

Danke.

Ducke (Moderator): Danke, Herr Junghanns. Uns ist das Anliegen klar. Es geht um den Zusammenhang **Energiekonzept** und nun schon ganz konkreten Entscheidungen, die getroffen werden müssen. Es ist klar genug formuliert. Wünscht jemand zu diesem Antrag das Wort?

Herr Mahling, Vertreter der Sorben, bitte. Dann Herr Hegewald.

Mahling (Vertreter des Sorbischen Runden Tisches): Dem Antrag kann vorbehaltlos zugestimmt werden, und ich möchte auch die anderen bitten, das so zu unterstützen.

Ducke (Moderator): Danke, Herr Mahling.

Das Wort hat Herr Hegewald, PDS. Dann Herr Jordan.

Hegewald (PDS): Ich möchte diesen Antrag in gleicher Weise unterstützen. Diese Woche wird in Bonn verhandelt über **Umweltprobleme,** deutsch-deutsche Beziehungen, wie sie zu gestalten sind auch in Richtung Umweltschutz. Und es wäre naheliegend, dort von uns einen Vorschlag einzubringen in die Verhandlung für ein **Soforthilfeprogramm der Energielieferungen an die DDR,** das bereits 1990 wirksam wird, um damit auch die **Braunkohleförderung** in der DDR stärker zu reduzieren als bisher und damit auch weitere Dörfer in der Lausitz stehenzulassen.

Wir müßten das als Empfehlung vielleicht für den Umweltminister mit nach Bonn geben.

Ducke (Moderator): Danke, Herr Hegewald. Das Wort hat Frau Dörfler, Grüne Partei; dann Herr Merbach, Deutsche Bauernpartei.

Frau Dörfler (GP): Die Grüne Partei unterstützt die Vorlage der Bauernpartei und schließt sich diesem Antrag an.

Ducke (Moderator): Danke.

Herr Merbach, Bauernpartei noch.

Merbach (DBD): Ich tue dasselbe für die Arbeitsgruppe „Ökologischer Umbau" des Runden Tisches. Ich habe mich kurzgeschlossen mit den Vertretern, soweit sie hier sind. Wir stimmen dem auch zu.

Ducke (Moderator): Danke. Das war ein gewichtiges Votum. Ich habe mich schon gefragt, wie Sie so schnell zu diesem Stimmengewicht kommen. Aber Sie haben gesagt Blitzumfrage. Wünscht noch jemand das Wort?

Dann lassen wir, bitte, Herr Putze – Herr Pautz, Demokratischer Aufbruch.

Pautz (DA): Ich komme ja aus dem Bezirk Cottbus, also aus dem Kohle- und Energiebezirk. Wir unterstützen diesen Antrag. Ich muß allerdings sagen, es gibt schon einige Sachen, wie Schloß und Park Sallgast, die sind schon entschieden, die werden nicht mehr abgebaut. Und es gibt auch schon einige Entscheidungen, die in dieser Hinsicht lauten. Allerdings müssen wir an eins denken, an die kontinuierliche **Elektroenergieerzeugung** bei uns im Betrieb, so daß wir nicht jetzt einfach sagen, die Braunkohlekombinate dürfen nicht weiter die Gebiete aufschließen, sondern es muß um die kontinuierliche Energieversorgung gehen. Und das ist das Wichtigste für uns.

Ducke (Moderator): Danke, Herr Pautz. Jetzt hat noch das Wort Herr Professor Succow vom Umweltministerium.
Bitte.

Succow (Stellv. Minister für Ressourcenschutz und Landnutzungsplanung): Ja, die Bundesrepublik hat etwa 40 Prozent Energieüberschuß, und im Sinne der Vereinigung der beiden deutschen Staaten ist es nicht mehr einzusehen, daß wir weiter die Braunkohle intensivieren, und wir werden am 22./23. [Februar 1990] darauf hinwirken, daß wir eben ein **Soforthilfeprogramm zur Energielieferung** in die DDR erreichen und damit ein Teil dieser zukünftig aufzuschließenden Braunkohletagebaue nicht mehr notwendig werden.

Ducke (Moderator): Danke. Die Wortmeldungen waren eindeutig. Wir lassen darüber abstimmen. Ich rufe auf zur Abstimmung die **Vorlage 13/2, Antrag DBD: Zur Vermeidung weiterer Devastierungen.** Wer für diesen Antrag ist, den bitte ich um das Handzeichen. Darf ich wieder bitten, während der Abstimmung keine Verhandlungen am Runden Tisch. Es ist die Mehrheit. – Gegenstimmen? Keine. – Enthaltungen? Auch keine. Damit einstimmig angenommen.

Ich rufe auf die **Vorlage 13/3,** ebenfalls Bauernpartei. Ich nehme an, Herr Junghanns.

Jawohl, Herr Junghanns. Bitte.

Junghanns (DBD): Der Antrag der Demokratischen Bauernpartei lautet:

[**Vorlage 13/3, Antrag DBD: Zur Entschuldung der Landwirtschaftlichen Produktionsgenossenschaften**]
Der Runde Tisch beauftragt die Regierung, {sachlich richtig gestellt natürlich auf dem Weg der Volkskammer} noch bis zum 18. März [1990] ein Gesetz in Kraft zu setzen, durch das die LPG, die aufgrund staatlich reglementierter Fehlentwicklungen in der Vergangenheit zur Aufnahme hoher Kredite gezwungen waren, entschuldet werden.
Begründung:

Es geht um gleiche Entwicklungschancen für die LPG unter Marktbedingungen. Mitglieder solcher ohnehin benachteiligter Genossenschaften dürfen nicht die Zeche bezahlen [müssen], die sie nicht [zu] vertreten haben {in der Vergangenheit}.[17]

Ducke (Moderator): Wir haben ja zu dieser Thematik – danke schön, Herr Junghanns – vorhin schon einige Ausführungen von Herrn Professor Schmidt dazu gehört. Die rufe ich jetzt nur in dieser Weise in Erinnerung. Wünscht jemand zu dieser Vorlage das Wort? Das ist nicht der Fall.

Doch, Herr Hammer, VdgB.

Hammer (VdgB): Ja, es müßte in diesem Zusammenhang einmal die Frage gestellt werden – wir sind dafür, daß dort **Umschuldungen** und **Entschuldungsverfahren** eingeleitet werden – wie in Zukunft also diese finanziellen Leistungen gebracht werden sollen, wenn also auch die BLN [Bank für Landwirtschaft und Nahrungsgüterwirtschaft] später als Geschäftsbanken da existieren, wo die finanziellen Mittel herkommen, es sind ja Größenordnungen hier genannt worden.

Noch einmal zu den Inventarbeiträgen, also diese Fragen vielleicht auch einmal von Professor – –

Ducke (Moderator): Danke, Herr Hammer. Aber ich würde sagen, jetzt stimmen wir ab, daß umgeschuldet wird. Und wir haben ja vorher schon grundsätzliche Bemerkungen dazu gehört. Woher das Geld kommt, ja, dann müssen sich wieder einige überlegen. Gut.

Aber jetzt zunächst Herr Zimmermann, Neues Forum. Zur **Vorlage 13/3,** ja?

Zimmermann (NF): Ja, grundsätzlich für eine **Entschuldung,** aber man sollte doch differenziert darangehen: Erst einmal nach den Möglichkeiten, die auf der einen Seite dafür da sind, und nicht in jedem Fall ist ein Verschulden nur der bisherigen Parteipolitik oder Regierungspolitik anzulasten.

Es gibt auch einfach **wirtschaftliches Versagen einiger Leitungskader,** die auch zu einem gewissen Teil die Mitschuld getragen haben, und deshalb bitte ich für ein **differenziertes Herangehen** an solche Lösung.

Ducke (Moderator): Ja.

Zimmermann (NF): Eine Möglichkeit besteht in der **Finanzierung,** indem Genossenschaften, die zum Teil über beträchtliches Guthaben verfügen, Volkseigentum erwerben können als genossenschaftliches Eigentum und daß hierbei freiwerdende Mittel für die Entlastung solcher LPG eingesetzt werden können.

Ducke (Moderator): Danke für diese Differenzierung. Es hat sich gemeldet Herr Schmidt, der dazu erklären kann. Ich weiß jetzt nicht, Herr Junghanns, Sie wollen noch zum Antrag selbst sprechen, direkt dazu. Sie sind erst einmal dran.

Junghanns (DBD): Ja, also es geht uns durchaus nicht um eine indifferente Vorgehensweise. Es ist der Fakt zu stellen. Der Fakt ist im Antrag damit verbunden mit einer differenzierten Betrachtung der LPG. Und der Gesetzesweg muß

---

[17] Dieser Vortrag wurde schriftlich zu Protokoll des Zentralen Runden Tisches gegeben. Die in { } gesetzten Ausführungen wurden davon abweichend nur mündlich vorgetragen. In [ ] gesetzte Texte finden sich lediglich in der schriftlich zu Protokoll gegebenen Fassung.

natürlich die Verfahrensregelung mitbringen, der eine Bewertung des Antrags beinhaltet und damit auch eine Umschuldung oder Entschuldung, wie ich es vorgebracht habe, hier dann definitiv zum Ausdruck bringt. Wir teilen diese Auffassung zur differenzierten – –

Ducke (Moderator): Danke. Jetzt hat das Wort Herr Professor Schmidt. Wenn Sie bitte auf das Mikrofon drücken. Danke.

Schmidt (Direktor des Instituts für Agrarökonomie der Akademie der Landwirtschaftswissenschaften): Zwei Bemerkungen:

Diese **Entschuldung** muß **differenziert** durchgeführt werden. Dazu gehören entsprechende Vorbereitungsunterlagen der **Bewertung** der entstandenen Verschuldung. Die werden der Regierung und dem Ministerium dementsprechend vorbereitet. Die **Zahlung dieser Entschuldung** kann nur im Sinne von **Kreditstreichungen** aus dem Staatshaushalt erfolgen. Eine andere Möglichkeit besteht nicht.

Es wäre eine grundsätzliche Unterscheidung der vorhin genannten Inventarbeiträge und so weiter, die aus betrieblichen Mitteln erwirtschaftet werden müssen, hier zu treffen.

Ducke (Moderator): Danke. Meine Frage ist jetzt, daß Unklarheiten eventuell im Antrag selbst bestehen könnten. Gibt es verdeutlichende Notwendigkeiten? Herr Junghanns, Sie bleiben dabei. Dann stimmen wir darüber ab. Allen müßte klar geworden sein, worum es geht. Also keine pauschale Entschuldung, sondern Prüfung der – – Das steht drin.

Dann können wir darüber abstimmen. Wer für diesen Antrag ist, eingebracht [von der] DBD, den bitte ich um das Handzeichen. Dies ist die Mehrheit. – Gegenstimmen? Es gibt keine Gegenstimmen. -Enthaltungen? – Da müßten einige Unklarheiten sein. 1, 2, 3, 4, 5, 6, 7, 8, 9, 10 Stimmhaltungen zähle ich. Danke. Damit ist der Antrag angenommen.

Ich rufe auf den **Antrag 13/5, Antrag PDS**. Und dann gibt es noch [Antrag] **13/6**. Ich weiß nicht, ob Sie beide – – Wer trägt ihn vor?

Frau Albrecht, PDS, bitte.

Frau Albrecht (PDS): Dieser Antrag, den ich hier formuliert habe, ergibt sich aus den Anfragen unseres Kreises, wo ich Vorsitzende des Kreisvorstandes für Kommunales und Landwirtschaft, Kreis Oranienburg bin.

[Vorlage 13/5, Antrag PDS: Zur Gewinnbeteiligung der Genossenschaftsbauern und Arbeiter]

Die PDS fordert, daß die Genossenschaftsbauern und Arbeiter durch materielle Mittel (Inventarbeiträge und Bodenanteile der Bodeneigentümer, die LPG-Mitglied sind) sowie durch finanzielle Mitbeteiligung (personengebundenes Miteigentum in Form von Wertpapieren, Obligationen, Aktien) an das genossenschaftliche Eigentum der LPG sowie an die Gewinnverteilung der Genossenschaften anteilmäßig beteiligt werden können. Die Inventarbeiträge der bereits verstorbenen LPG-Mitglieder und ehemaligen Waldeigentümer sind umgehend an deren Erben durch die Genossenschaften sowie staatlichen Forstbetrieben auszuzahlen.

Dazu ist die Aufhebung des Paragraphen 19 des Zivilgesetzbuches, des Paragraphen 25, Absatz 3 und 41, Absatz 2 des LPG-Gesetzes kurzfristig von der Volkskammer zu beschließen. Die Änderung dieser gesetzlichen Regelung sollte entsprechend dem Antrag kurzfristig bis 18. März 1990 erfolgen.

Ich möchte noch dazu ergänzen: In kurzfristiger Kenntnis gerade eben des Ergänzungsgesetzes der Volkskammer für das **LPG-Gesetz** wurde das teilweise bereits berücksichtigt von der Regierung. Aber es steht die Frage der **Verjährung.** Wir wissen ja, daß es seit 1975 nicht mehr möglich ist, **Inventarbeiträge** auszuzahlen.

Und wenn ich das so lasse, wie es jetzt in der Volkskammer in der ersten Lesung vorgeschlagen wird, würde das bedeuten, daß die Ansprüche unserer Genossenschaften an Auszahlung – Inventarbeitrag nach zwei Jahren – verjährt sind, also höchstens zwei Jahre rückwirkend sind, und deshalb bleibe ich bei meinem Antrag.

Ducke (Moderator): Ja, Sie haben von uns gar keine Gegenstimme zu erwarten. Wir kennen die Änderung zum LPG-Gesetz noch nicht. Deswegen war jetzt meine Frage vielleicht an den Landwirtschaftsminister, dazu noch Erläuterungen zu geben, damit wir den Antrag richtig werten können.

Bitte.

Watzek (Minister für Land-, Forst- und Nahrungsgüterwirtschaft): Wie ich vorhin schon ausführte, haben wir mit dem vorgesehenen **Gesetz zur Änderung des LPG-Gesetzes** vorgesehen, daß einmal die **Inventarbeiträge als Genossenschaftsanteile** erklärt werden mit Gewinnanteilen und daß Mitglieder ohne eingebrachten Boden und damit ohne eingebrachten Inventarbeitrag sich mit Geld Genossenschaftsanteile erwerben können und damit dann gleichzeitig **Miteigentümer** dieses genossenschaftlichen Eigentums sind und damit auch an der **Gewinnverteilung** beteiligt sind. Soweit gehen wir mit.

Ich muß sagen, der **Vorstellung umgehender Auszahlung an die Erben** kann in der Form nicht gefolgt werden, da das in einigen Fällen doch zu erheblichen Problemen für die LPGn führen kann. Wir haben einen Zeitraum von bis zu zehn Jahren in der weiteren Gesetzgebung vorgesehen, wo eine Auszahlung an die Erben des Bodens beziehungsweise der Inventarbeiträge erfolgen soll.

Ducke (Moderator): Danke. Wünscht noch jemand zu diesem Antrag das Wort? Herr Merbach, DBD. War hier noch eine [Wortmeldung], habe ich diese übersehen? Herr Zimmermann dann, Neues Forum.

Bitte, Herr Merbach.

Merbach (DBD): Ja, ich möchte nur, weil eben der Minister uns ja erklärt hat, daß das nicht sofort und umgehend geht, daß wir vielleicht den Antrag umformulieren in der „ehemaligen Waldeigentümer sind schrittweise vielleicht unter Eigenverantwortung der Genossenschaften" und so weiter. Nur ein Ergänzungsvorschlag – –

Ducke (Moderator): Dies ist nur meine Frage. Wäre der Antragsteller/die Antragstellerin damit einverstanden?

Frau Albrecht (PDS): Ja, damit bin ich einverstanden.

Ducke (Moderator): Na, wunderbar. Dann gucken Sie, wie Sie das eintragen.

Jetzt hat das Wort Herr Zimmermann, Neues Forum. Dann Herr Hammer, VdgB; dann Herr Wolf, LDP. Bitte.

Zimmermann (NF): – sich fast mit der letzten Meldung. Ich wollte nur ergänzen, „eine Vereinbarung über die Rückzahlung abzuschließen".

Ducke (Moderator): Auch Sie würden sich verständigen, inwieweit der Antrag mit diesen – – akzeptiert werden kann.

Herr Hammer, bitte, VdgB.

Hammer (VdgB): In Anbetracht der Situation, daß da auch eine Summe von 700 Millionen Mark zur Verfügung steht, soll es doch und muß es ja auch den Genossenschaften, die das zu verantworten haben, selbst überlassen sein, in welcher Höhe sie das machen können. Denn die finanziellen Mittel sind nicht vom Staat zu bekommen.

Ducke (Moderator): Gut.

Hammer (VdgB): Und deshalb also auch zeitweilig so, wie das hier auch schon gesagt worden ist.

Ducke (Moderator): Danke, Herr Hammer.
Herr Wolf, LDP, bitte.

Wolf (LDP): Unsere Frage ergibt sich noch einmal an die Antragsteller, ob denn nicht generell das **genossenschaftliche Eigentum** ohnehin schon doch im Vergleich zum **Volkseigentum** andere Eigentumsbeteiligungen vorgesehen hat und realisiert hat, als das bisher der Fall war.

Müssen wir den Genossenschaftsbauern, die es bleiben wollen, vorschreiben, wie ihre eigenen innerbetrieblichen Reproduktionsbeziehungen von außen geregelt werden oder nicht? Das ist eine Frage, die sich mit Blick auf unser künftiges Eigentümerverständnis und die notwendigen dazu erforderlichen Eigentumsregelungen ergibt.

Ansonsten würde ich es logisch finden, wenn wir im Volkseigentum über solche weiteren **neuen Formen der Eigentumsbildung, der Kapitalbildung, der Beteiligung** nachdenken.

Bei den Genossenschaften bitte ich noch einmal zu überlegen oder doch noch ausführlicher zu begründen, was außer den Fragen der **Rückzahlung dieser Inventarbeiträge** das eigentlich Neue, Weitergehende und Fortschrittlichere an dieser Regelung sein soll.

Ducke (Moderator): Herr Wolf, LDP, war das. Es gibt eine konkrete Rückmeldung dazu. Herr Minister. Ja, denn es empfiehlt sich.

Watzek (Minister für Land-, Forst- und Nahrungsgüterwirtschaft): Ich stimme mit diesen Überlegungen überein. Wir haben im Gesetzentwurf vorgesehen, daß für den eingebrachten Boden unbedingt ein **Bodenanteil** oder [eine] Pacht, das ist eine Frage der zukünftigen Formulierung, gesichert werden muß, um dieses Bodeneigentum auf jeden Fall aufzuwerten für den Bauern.

Das Neue ist, daß diese Pflicht bisher nicht bestand. Die Genossenschaften konnten selbst entscheiden, ob sie Bodenanteile zahlen oder nicht, und leider haben viele den Beschluß gefaßt, keine Bodenanteile mehr auszuzahlen.

Und zweitens ist das Neue, daß bisher keine Regelung getroffen war, daß der **Inventarbeitrag als Genossenschaftsanteil** betrachtet werden konnte und der Genossenschaftsanteil damit auch in die Gewinnverteilung einbezogen werden konnte, daß an und für sich die neue Regelung aber als Kannbestimmung darüber entscheidet, das Kollektiv der Genossenschaftsbauern selbst im Rahmen ihrer finanziellen Möglichkeiten, ihres finanziellen Reproduktionsprozesses – –

Ducke (Moderator): Danke, Herr Minister. Ich würde sonst meinen, wir können über diesen Antrag abstimmen, ob er unsere Unterstützung findet. Darf ich dann zur Abstimmung aufrufen. Die Änderungen, Frau Albrecht, darf ich noch einmal erfragen. Wir wollen ja mit diesen Änderungen abstimmen. Die Änderungen beziehen sich auf die dritte Zeile [von Absatz 1] von unten des ersten Absatzes, ja? Statt „umgehend". Würden Sie uns bitte noch einmal sagen, wie es jetzt geändert sein soll aufgrund der Voten?

Frau Albrecht (PDS): „Schrittweise in Vereinbarung und unter Verantwortung der Genossenschaften".

Ducke (Moderator): Also bei „Waldeigentümern", das Wort ist groß genug, um es zu finden. Noch einmal bitte der Text.

Frau Albrecht (PDS): „Schrittweise durch Vereinbarung und unter Verantwortung."

Ducke (PDS): „Schrittweise und – – "„das ist uns klar. Wer für den Antrag in der nun geänderten Weise ist, den bitte ich um das Handzeichen. Das ist die Mehrheit. – Gegenstimmen? Es gibt 1 Gegenstimme. – Enthaltungen? Das sind 3, 4, 5, 6, 7. Sieben Stimmenthaltungen. Der Antrag ist angenommen.

Ich rufe auf die **Vorlage 13/6**, ebenfalls ein **Antrag der PDS** an den Runden Tisch. Wer bringt ihn ein?

Frau, lassen Sie mich schnell gucken – Frau Tippe, PDS, bitte.

Frau Tippe (PDS): In diesem Antrag geht es um Regelungen im Interesse der Bäuerinnen:

> **[Vorlage 13/6, Antrag PDS: Zu Arbeits- und Lebensbedingungen der Bäuerinnen]**
>
> Die PDS fordert, daß alle Bäuerinnen, die jahrzehntelang unter körperlich schwersten Arbeits- und Lebensbedingungen im Stall und auf dem Feld gearbeitet haben,
>
> – Erschwerniszuschläge von den Genossenschaften,
>
> – staatliche Unterstützung für die Anerkennung von Berufskrankheiten (so zum Beispiel Bandscheibenschäden und anderes mehr), erhalten,
>
> – ihnen bevorzugt Schonarbeit gewährt wird
>
> – und die Vorruhestandsregelungen für Genossenschaftsbäuerinnen bevorzugt angewendet werden können.
>
> Weiterhin sind den Bäuerinnen staatliche Zuschläge zu ihren bisherigen Mindestrenten zu gewährleisten.
>
> Diese Forderungen der Genossenschaftsbäuerinnen sind bei der kurzfristigen Änderung beziehungsweise Ergänzung des LPG-Gesetzes und einem neu zu erarbeitenden Rentengesetz von der Volkskammer zu berücksichtigen.

Danke.

Ducke (Moderator): Danke, Frau Tippe, PDS. Auch ein Antrag, wenn ich es richtig sehe, zu dem Komplex, der morgen ja in der Volkskammer schon behandelt wird zum **LPG-**

Gesetz. Wer wünscht das Wort? Wenn ich es richtig sehe, Herr Junghanns, dann Herr Engel. Herr Junghanns, DBD, dann Herr Engel.

Junghanns (DBD): Dem Inhalt stimme ich zu, aber ich bitte doch, formgemäß für die Verfahrensfragen hier am Runden Tisch auch zu berücksichtigen, daß das dann ein Beschluß des Runden Tisches sein solle und nicht nur schlechthin eine Forderung der PDS, die hier eingebracht werden soll.

Ducke (Modertor): Ja, zunächst hat es die PDS gefordert, und es ist die Frage, ob wir die ersten drei Worte ändern können, „der Runde Tisch fordert", nein, die ersten zwei Worte sogar nur. Danke schön. Nicht, ja. Danke für die Aufmerksamkeit.

Herr Engel, bitte, CDU.

Engel (CDU): Die CDU anerkennt die aufopferungsvolle Arbeit der Genossenschaftsbauern und -bäuerinnen, anerkennt auch die schweren körperlichen Arbeits- und Lebensbedingungen. Wir würden aber zu den vier Stabstrichen, die hier aufgeführt sind, folgendes sagen: Die Regelung der **Erschwerniszuschläge** und die **bevorzugte Zuweisung von Schonarbeitsplätzen** sollte nach dem schon erwähnten neuen **Eigentumsverständnis**, das wir den neuen LPGen zuweisen und zubilligen, doch auch dort und ausschließlich dort autark geregelt werden. Das zum einen.

Zum anderen sind wir der Meinung, daß es ja in der DDR eine **Liste der Berufskrankheiten** gibt, die ja schon sehr viel weitergeht, als die Liste der Berufskrankheiten wie sie die WHO [?] vorgelegt hat. Wenn wir eine solche Regelung haben wollen, dann müßte das hier so formuliert sein, daß diese Dinge – und müßte konkret auch dann mit den Ärzten zusammen geprüft werden – daß diese Dinge dann in die Liste der Berufskrankheiten mit aufgenommen werden und dann entsprechend auch behandelt werden.

Ducke (Moderator): Danke, Herr Engel. Ich werde jetzt gerade aufmerksam gemacht, daß wir schon wissen oder wissen können, daß ja die LPGen das selbständig ja, in Eigenverantwortung regeln, so daß dieser Antrag faktisch eine Empfehlung ist. So war es auch von ihnen verstanden, Frau Tippel, ja?

Das ist gut, also das würde – – ob der Runde Tisch dies auch empfiehlt, denen, die dabei auch dann das Sagen haben, so sagen wir das einmal. Das würde dann heißen, „Der Runde Tisch empfiehlt, daß" usw., ja. Danke.

Könnten sich die Antragsteller damit einverstanden erklären?

Frau Tippel (PDS): Ja

Ducke: (Moderator): Gut. Also waren doch die ersten drei Worte zu ändern. Ich weise gern – – statt der ersten drei Worte lauten [diese] jetzt: „Der Runde Tisch empfiehlt ...". Ich frage nach Wortmeldungen dazu. Das ist nicht der Fall. Dann können wir darüber abstimmen. Wer diesem Antrag zustimmt, den bitte ich jetzt um das Handzeichen. Es ist die Mehrheit. Gegenstimmen? Niemand. – Enthaltungen? Auch niemand.

Vielen Dank, ist angenommen.

Ich rufe auf die **Vorlage 13/10.** Das ist die **Vorlage VdgB [Stellungnahme und Antrag VdgB: Zum Regierungsentwurf gemäß Information 13/2**[18]**].** Ich bin mir jetzt nicht ganz im klaren, ob das jetzt ein konkreter Antrag ist worüber wir abstimmen müssen, oder ob das schon bei den Eigentumsfragen [verhandelt] ist. Darf ich Herrn Hammer bitten, uns das zu erläutern. Dazu oder Augenblick einmal, es ist ein Geschäftsordnungsantrag NDPD, Herr Freiberg.

Freiberg (NDPD): Ich möchte bitten, daß wir diese Vorlage nicht behandeln. Diese bezieht sich auf die vorgelegte überarbeitete Konzeption, die uns heute vormittag erst in die Hand gegeben wurde.

Ducke (Moderator): Ja

Freiberg (NDPD): Ich kenne den Inhalt nicht, muß ich gestehen. Ich kann auch nichts sagen zu Abänderungsvorschlägen, die hier unterbreitet werden. Vielleicht wäre es richtig, das auch in die Arbeitsgruppe „Wirtschaft" zu geben und dort auch noch einmal zu besprechen.

Ducke (Moderator): Das war gerade meine Frage. Würden Sie den Antrag stellen, daß das zunächst in der Arbeitsgruppe vorbesprochen wird. Dieser Antrag ist so gekommen. Herr Hammer können Sie uns dazu noch etwas sagen? Können Sie einverstanden sein?

Hammer (VdgB): Nein, bin ich nicht einverstanden, zumal – –

Ducke (Moderator): Aber nicht, daß es nur eine Erklärung jetzt ist.

Hammer (VdgB): – Nein, es ist keine Erklärung, es sind Forderungen, die jetzt auch in bezug auf die **Wirtschaftsreform der Landwirtschaft** hier jetzt ganz klar von der VdgB formuliert werden und in Anbetracht der Situation, daß wir wahrscheinlich nicht mehr die Gelegenheit haben, uns klar zu landwirtschaftlichen Problemen zu artikulieren, erachte ich es doch für notwendig einige wichtige Punkte daher zu nennen.

Ducke (Moderator): Ja, nun steht trotzdem der Antrag auf Zurückweisung aus dem Grund, daß hier Stellung genommen wird zu dem Entwurf der Regierung, den wir heute erst auf den Tisch bekommen haben. Ich gebe das auch zu bedenken. Wir müssen das jetzt auch abstimmen lassen. Es steht der Antrag von NDPD. Herr Freiberg, Entschuldigung. Von Herrn Freiberg vorgebracht, daß wir diese Stellungnahme des VdgB mit ja der ganzen Regierungserklärung zunächst einmal zur Kenntnis geben und dann deswegen in die Arbeitsgruppe zurückverweisen.

Wer für diesen Antrag ist, den bitte ich jetzt um das Handzeichen. Es war ein Geschäftsordnungsantrag, wir brauchen Zweidrittel[mehrheit], wenn Sie dem Antrag „Verweis in die Arbeitsgruppe" zustimmen.

Wir müssen zählen. Also Zurückverweis? Könnte hinkommen, was? Melden Sie sich ruhig. 27 Stimmen, stimmt das? Ich meine, ist das herausgekommen? – Gegenstimmen? – 6 Gegenstimmen. Damit ist es wohl angenommen? Enthaltungen? – 3 Enthaltungen. Dieser Geschäftsordnungsantrag ist angenommen.

Wir müßten einmal zählen, wieviel Geschäftsordnungsanträge wirklich durchkommen. So einfach war das gar nicht. Also damit wird dieser Antrag in die Arbeitspruppe verwiesen und uns zur Lektüre empfohlen. **Vorlage 13/10.**

Ich rufe auf, die **Vorlage 13/13. Sofortige Umwandlung von Subventionen,** das ist auch ein langer Antrag, Neues Forum. Darf ich Sie bitten dazu Stellung zu nehmen. Es geht also um **Subventionen für Lebensmittelpreise in perso-**

---

[18] Dokument 13/7, Anlagenband.

nengebundene Einkommensbeträge. Darf ich die Vertreter des Neuen Forum bitten. Es wird uns einführen Frau Hähnchen, Neues Forum.
Bitte.

Frau Hähnchen (NF): Ich würde vorschlagen, das [**Vorlage 13/13, Antrag NF: Sofortige Umwandlung von Subventionen für Lebensmittelpreise in personengebundene Einkommensbeträge**[19]] jetzt nicht ausführlich vorzulesen die Begründung, sondern ich mache das einmal etwas verkürzt, weil ja das Problem auch nicht unbekannt ist.

Ducke (Moderator): Sie haben unseren Dank.

Frau Hähnchen (NF): Also wir sehen die **Preisreform bei Lebensmitteln** als einen ersten wichtigen Schritt für die **Wirtschaftsreform.** Wir sehen außerdem, daß Subventionen immer bedeuten nicht nur Preise niedrig zu halten, künstlich und administrativ, sondern auch die Einkommen. Es ist also eine **künstliche Manipulation.**

Die niedrigen Preise bewirken Verschwendung und auch die Zweckentfremdung, daß Nicht-DDR-Bürger, so will ich das einmal nennen, auch daran partizipieren können – – und das gibt uns zur Zeit Verluste, schätzungsweise jeden Tag 10 bis 15 Mio Mark, allein bei Lebensmitteln.

Wir möchten jetzt, solange wir noch über das Nationaleinkommen der DDR bestimmen können, eine Lösung schaffen und verhindern, daß uns eines Tages der **Internationale Währungsfonds** oder eine ähnliche Institution eine Lösung diktiert. Die fällt nämlich immer sehr viel schlechter aus.

Deshalb möchten wir die Größenordnung **30 Milliarden Mark Subventionen für Lebensmittel** – da sind diejenigen abgezogen, die 3 Milliarden, die schätzungsweise an von Nicht-DDR-Bürgern zur Zeit in Anspruch genommen werden – also die verbleibenden 30 Milliarden möchten wir, anstatt, daß damit subventioniert wird, ein **personengebundenes Einkommen** daraus machen, und zwar pro Kopf und Monat für jeden DDR-Bürger ist das eine Größenordnung von rund **150,00 Mark.**

Dieses Konzept wird auch vertreten im Finanzministerium. Das liegt da vor. Und die Preise, die entsprechend kostengerecht gebildet wurden, sind, liegen auch vor. Das Konzept ist praxisreif. Ich habe mehrmals mit Prof. Meyer, dem stellvertretenden Finanzminister, der das zu verantworten hat, darüber gesprochen.

Wir sehen die Umbildung von Subventionen, 30-Milliarden-Fonds in 150,00 Mark personengebundenes Einkommen pro Monat für jeden als besonders sozialfreundlich an, weil damit auch diejenigen sozialen Gruppen, die späterhin an Einkommenszuwachs durch Arbeit nicht sofort teilhaben können – also die Rentner und die Kinder – weil die damit jetzt relativ bevorzugt werden.

Wenn wir auf das **Kindergeld** für jedes Kind 150,00 Mark mehr bezahlen, so ist das eine soziale Abfederung für die künftige Entwicklung. Der Runde Tisch möge deshalb aus der **Vorlage 13/13** beschließen[20]:

Zu den ersten Schritten einer wirksamen Wirtschaftsreform gehört der sozialverträgliche Abbau längst hinfällig gewordener Subventionen.

Um die Bevölkerung der DDR vor weiterem Schaden zu bewahren, wird die sofortige Umwandlung der Lebensmittelsubventionen in personengebundene Einkommen veranlaßt.

Aus dem Staatshaushalt wird bei einer Streichung von 30 Milliarden Mark Subventionen für Lebensmittel (einschließlich Gaststätten) diese freiwerdende Summe in rund 150,00 Mark personengebundenes, zusätzliches monatliches Einkommen umgewandelt. Diesen Betrag erhält jeder Bürger und jede Bürgerin in der DDR, als Zuschlag zum Arbeitseinkommen, Kindergeld, Stipendium, zur Rente und auch dann, wenn keinerlei Einkommen bezogen wird.

Ein entsprechendes Konzept liegt im Ministerium für Finanzen und Preise vor. Der Runde Tisch fordert seine umgehende Verwirklichung, vor allem zur Beruhigung der Bevölkerung, um die Reformfähigkeit der DDR-Wirtschaft zu beweisen und auf einem wichtigen Gebiet voranzutreiben.

Ducke (Moderator): Danke Frau Hähnchen, Neues Forum. Es hat sich gemeldet und gleich das Wort, Herr Schmidt von der Landwirtschaft, dann Herr Reich und dann die weiteren. Sie melden sich eine Weile bis ich geschrieben habe.
Bitte, Herr Schmidt.

Schmidt (Direktor des Instituts für Agrarökonomie der Akademie der Landwirtschaftswissenschaften): Ich erinnere an die Diskussion des Gesamtreformkonzepts mit Frau Prof. Luft. In dem Konzept für die Preisreform, dem Subventionsabbau ist diese Überlegung, die hier dargestellt wurde, voll inhaltlich einbezogen. Wir sind in dem Konzept für die Preisentwicklung und Veränderung in der Landwirtschaft von diesen Grundüberlegungen ausgegangen, daß die **Subventionen für Produkte** umgewandelt werden in **personengebundene Subventionen.** Hier war ja damals der Standpunkt der Regierung dargeleget worden, daß wir das praktisch bis zur Wahl nicht realisieren können.

Ducke (Moderator): Das war ein erläuterndes Wort, aber im Sinne des Antrags, wenn ich es richtig verstanden habe. Herr Reiche, SPD, hatte sich gemeldet, dann Herr Engel, CDU.

Reiche (SPD): Ja, wir müssen bedauern, daß der Antrag in dieser Form völlig unverständlich und überflüssig ist. Darf ich bitten zur Hand zu nehmen die **Vorlage 13/13** die Nummer ist offen, das ist der Antrag der Arbeitsgruppe „Wirtschaft" zu Ergebnissen ihrer Beratung am 7. und 14. Februar 1990.

Es heißt dort auf Seite 2 unter Punkt 2: „Die Arbeitsgruppe ‚Wirtschaft' des Runden Tisches hat die Vorstellung der Regierung zum notwendigen Abbau von Subventionen zur Kenntnis genommen".

So, also ganz umfangreiches Material, als vertrauliches Material, zugestellt worden. Wir haben darüber eingehend diskutiert. Die Regierung hat allerdings, entgegen unseren Erwartungen – die Damen und Herren des Neuen Forums waren natürlich auch zugegen – entgegen unseren Erwartungen erklärt, sie schafft es nicht mehr vor dem 18. März.

Eine Woche vor dem 18. [März] wäre noch in Frage gekommen. Das wollte keiner mehr aus bestimmten Gründen auf sich nehmen. Es sind tatsächlich **20 000 Preispistolen für 4 Millionen Valuta Mark** gekauft worden und alles mögliche. Und wieviele LKWs anreisen müssen – –

Ducke (Moderator): Gut, Herr – –

Reiche (SPD): – Es lag also alles vor, und es heißt jetzt hier bei uns noch einmal Arbeitsgruppe „Wirtschaft": „Bestand-

---
[19] Dokument 13/8, Anlagenband.
[20] Vgl. hierzu Punkt 3.4 und 3.5 der Vorlage 13/13 als Dokument 13/8 im Anlagenband.

teil dieser Maßnahme ist das Prinzip des vollen sozialen Ausgleichs". Davon ausgehend hält es die Arbeitsgruppe „Wirtschaft" für notwendig, daß die Regierung an diesen Maßnahmen zielstrebig weiterarbeitet. Inhaltlich alles ...

Ducke (Moderator): Herr Reiche, ich bin im Moment ganz unsicher, diese Vorlage von der Sie sprechen, da sie noch keine Nummer hat, haben wir noch gar nicht.

Reiche (SPD): Welche ist es denn?

Ducke (Moderator): Nein es ist der Vorschlag, das soll einmal kommen, aber das haben wir noch nicht, das kommt beim Thema **Preisbildung und Subventionen,** also das können Sie uns jetzt nicht unterstellen, daß wir es kennen.

Reiche (SPD): Aber in der Arbeitsgruppe „Wirtschaft" hat es vorgelegen.

Ducke (Moderator): Danke für die Information. Zu dieser Information würde ich jetzt noch einmal ganz schnell – weil das jetzt eine konkrete Frage war, Frau Hähnchen um das Wort bitten. Dann gehe ich in der Reihenfolge weiter. Frau Hähnchen haben Sie Verständnis, weil das jetzt konkret eine Rückfrage war.

Frau Hähnchen (NF): Ja, ich möchte dazu erstens sagen, ich habe mich mit dem Vertreter des Neuen Forums, Herrn Dr. Brandenburg, in der Arbeitsgruppe „Wirtschaft" dazu besprochen. Er hatte ja seinerzeit ebenso wie [die] SPD nicht dieser Verschiebung zugestimmt. Und ich habe außerdem am 11. Februar mit Prof. Meyer, stellvertretender Finanzminister, darüber gesprochen. Und er ist der Meinung, die Sache kann sofort durchgeführt werden. Die **Belastung** kommt auf den **Einzelhandel** zu. Das ist die wichtigste Belastung. Die Preise sind fertig.

Ducke (Moderator): Danke!

Frau Hähnchen (NF): Aber diese Belastung würde immer auf den Einzelhandel zukommen, unabhängig von dem Zeitpunkt, wo es eingeführt wird.

Ducke (Moderator): Das war noch einmal ein Wort für die Antragstellung. Ich darf nur damit sagen: Sie haben in jedem Fall das Recht darüber abstimmen zu lassen, unabhängig ob das noch woanders verhandelt wird. Es hat jetzt das Wort Herr Engel, CDU; dann Herr Linstedt, LDP.

Engel (CDU): Ja, ich habe erst die Frage: Gehört das eigentlich hier in den Tagesordnungspunkt hinein?

Ducke (Moderator): Ja, wegen Lebensmittel, Veredelung landwirtschaftlicher Güter.

Engel (CDU): Es wäre nur eine Frage am Rande gewesen. Ich fühle mich überzeugt.

Meine zweite Sache setzt ein bei Herrn Reiche. Wir haben in der Tat in der Arbeitsgruppe „Wirtschaft" die Vorstellung zu einer sofortigen – zu einem sofortigen **Subventionsabbau** behandelt. In der Arbeitsgruppe „Wirtschaft" wurde das mit 7 zu 7 Stimmen, wenn ich mich richtig erinnere, abgelehnt.

Wir sind natürlich für den **Abbau der Subventionen,** und zwar auch für einen zügigen Abbau der Subventionen, weil wir wissen, daß sich davon die Wirtschaftsreform abhängig macht, der Erfolg der Wirtschaftsreform abhängig macht.

Wir sind natürlich auch dafür, daß diese Dinge umgehend und maßgeblich auch sozial abgefedert werden müssen. Wir müssen uns aber – und das glaube ich, müßte in der Arbeitsgruppe „Wirtschaft" noch einmal genau diskutiert werden – darüber im klaren sein: Was heißt denn **sofortige Umwandlung?** Heißt das übermorgen, heißt das vor der Wahl, heißt das nach der Wahl?

Es müßte sich also doch zu einem **Zeitpunkt** genau verständigt werden. Das können wir sicher hier an dem Runden Tisch nicht machen, aus Gründen der Geheimhaltung, die eine solche Maßnahme erfordert. Ich würde deshalb diese Dinge vom Grundsatz her hier entscheiden wollen und darum bitten, daß die Arbeitsgruppe „Wirtschaft" – daß das dann vom Zeitpunkt her in der Arbeitsgruppe „Wirtschaft" noch einmal behandelt wird.

Ducke (Moderator): Herr Engel, könnte Ihr Antrag so verstanden werden, daß sozusagen der Runde Tisch eine Verstärkung für die Verhandlung in der Arbeitsgruppe „Wirtschaft" hier beschließen könnte nach Ihrem Antrag?

Engel (CDU): So wäre es, und der Runde Tisch soll sich über den Zeitpunkt einigen.

Ducke (Moderator): Danke für die Klärung! Das Wort hat nun Herr Linstedt, LDP. Sie werden sehen es geht. Und dann Frau Dörfler, Grüne Partei.

Linstedt (LDP): Es gibt unsererseits Übereinstimmung dazu, daß dieses Problem **Preisänderung,** auf diesem Gebiet möglichst schnell vom Tisch muß. Ich will in Unterstützung von Herrn Reiche noch einmal betonen: Es gab eine mehrheitliche Abstimmung in der Arbeitsgruppe „Wirtschaft", diese Dinge aus verschiedenen Gründen nicht vor der Wahl durchzuführen.

Ein Problem, was hier noch nicht genannt wurde, das möchte ich gerne sagen, was in der Diskussion eine Rolle gespielt hat:

Die **Größenordnung des Preiskorbes,** der damit verbunden ist, ist so gewaltig, daß ausgehend von den Erfahrungen aus der ersten Runde Kinderbekleidung, die Einstellung oder die Meinung war, daß nur eine neue demokratisch legitimierte Regierung diesen Korb tragen kann, ausgehend von den Wirkungen, die auf Bürger hier eintreten.

Ducke (Moderator): Danke Herr Linstedt, LDP. Frau Dörfler, Grüne Partei. Danach Herr Weißhuhn, Initiative Frieden und Menschenrechte.

Frau Dörfler (GP): Die Grüne Partei ist der Meinung, daß dieses Problem äußerst dringend ist, auch aus ökologischen Gründen. Und wenn dem so ist, daß die Preise fertig sind, werden wir diesen Antrag so wie er ist, unterstützen.

Ducke (Moderator): Danke, das Wort hat Herr Weißhuhn, Initiative Frieden und Menschenrechte; dann Frau Teschke, Demokratie Jetzt.

Bitte, Herr Weißhuhn.

Weißhuhn (IFM): Ich schließe mich Frau Dörfler an, vorausgesetzt, die Begründung, die zahlenmäßigen Größenordnungen und die Erklärungen, daß die Preise fertig seien, dies alles vorausgesetzt, meine ich, ist die Dringlichkeit, die politische Dringlichkeit dieses Problems ausreichend groß, um auf sofortige Durchführung zu dringen, und zwar auch noch vor der Wahl.

Ich würde einen **Zusatzantrag,** einen **Ergänzungsantrag** bereits formuliert, dazu vorbringen wollen, der als Anhang zu dem jetzigen Antrag – – Dieser Zusatzantrag lautet:

[Vorlage 13/13b, Ergänzungsantrag IFM: Zur sofortigen Umwandlung von Subventionen]

Diese Regelung gilt als vorläufig. Differenzierte Zuschläge zu den personengebundenen Einkommen sind, wie auch die generelle Regelung indirekter Subventionen durch die neue Volkskammer vorrangig zu behandeln und zu beschließen.

Danke.

Ducke (Moderator): Danke, Herr Weißhuhn, Initiative Frieden und Menschenrechte. Ich frage dann die Antragsteller: Sie können sich schon überlegen, ob Sie zum Beispiel, brauchen Sie nicht zu antworten, zu einer Ergänzung einverstanden wären oder Sie so gar aufnehmen. Das Wort hat nun Frau Teschke, Demokratie Jetzt; dann Herr Hegewald, PDS.

Frau Teschke (DJ): Wir unterstützen den Antrag des Neuen Forums auch und weisen noch einmal daraufhin, daß es schon einen Antrag gab hier, der am Runden Tisch abgelehnt wurde, weil die Vorstellungen waren, daß es noch kein ausgereiftes Konzept gibt. Da es das gibt, sind wir, unterstützen wir diesen Antrag.

Ducke (Moderator): So, Frau Teschke, Demokratie Jetzt; Herr Hegewald, PDS; dann Herr Ebeling, Demokratischer Aufbruch.

Hegewald (PDS): Wir unterstützen diesen Antrag auch, er sollte als Empfehlung an die Regierung gehen.

Nur: Mir scheint, wir sollten die Dinge **nicht geheimhalten.** Und es sollte nicht schon wieder neu administriert werden. Es wäre doch mit der Bevölkerung darüber ins Gespräch zu kommen. Es muß ja von der Bevölkerung angenommen werden. Ansonsten gibt es große Beunruhigung. Es wäre also in einer soliden Weise darüber zu informieren, damit die Bürger auch wissen, was auf sie zukommt. Ansonsten wird das eine sehr schlimme Sache werden.

Ducke (Moderator): Danke, Herr Hegewald, jetzt Herr Ebeling, DA; dann Herr Brinksmeier, SPD, dann Herr Schulz.

Ebeling (DA): Wir schließen uns natürlich dem Kreis derjenigen an, die den Vorschlag unterstützen. Das ist eine notwendige Voraussetzung für die **Wirtschaftsreform.** Das ist allen klar. Diese Frage ist sehr eingehend behandelt worden in der Arbeitsgruppe „Wirtschaft", und wir haben dort auch eine sofortige Durchführung dieser Maßnahme gefordert.

Es war soweit technisch alles vorbereitet, aber es wurde uns von der Regierung erklärt, und das müßte noch einmal nachgefragt werden, daß ein Zeitaufwand von 4 Wochen erforderlich ist. Aus technischen Gründen – und aus diesen nur aus diesen Gründen – wurde darauf verzichtet, die sofortige Umwandlung als Forderung zu erheben.

Ducke (Moderator): Danke, Herr Ebeling, das war, glaube ich, wichtig zur Klarstellung noch einmal, was hier schon anklang, grundsätzlich Ja, aber die Bedenken, die geäußert wurden. Das Wort hat nun Herr Brinksmeier, SPD; dann Herr Schulz, Neues Forum.

Brinksmeier (SPD): Wenn ich jetzt richtig zugehört habe, gibt es keinen Grund, mit diesen Maßnahmen nicht anzufangen. Es gibt nur die Festlegung, daß sich das nicht sofort schaffen läßt.

Ducke (Moderator): Sie haben eine Frage gestellt. Nun ist die Frage, wer die beantworten kann. Herr Ebeling, wahrscheinlich bezog sich das auf das Zuhören Ihrer Ausführungen, ja? War ich richtig? Wenn Sie einmal so gut – –

Ebeling (DA): Es ging grundsätzlich darum, daß es technisch nicht möglich ist, das alles zu verwirklichen, was für die Umstellung erforderlich ist. Das heißt also, **Preislisten, Inventuren** und alles, was damit in Zusammenhang steht. Ich kann es nicht beurteilen. Wir haben gefordert, es sofort zu tun. Hier ist die Regierung gefordert, das nachzuweisen.

Ducke (Moderator): Danke. Da müßten wir noch die Regierung fragen. Jetzt hat aber zunächst das Wort Herr Schulz, Neues Forum. Dann Herr Mäde, Vereinigte Linke, dann Frau Schießl.

Schulz (NF): Wir sind als Antragsteller zunächst erst einmal damit einverstanden, die Ergänzung, die Herr Weißhuhn vorgetragen hat, mit aufzunehmen in den Antrag.

Zum anderen möchte ich sagen, das kommt hier nicht ad hoc auf den Tisch, sondern die Opposition hat an dieser Frage schon seit Jahren gearbeitet, und wir haben den glücklichen Umstand zu verzeichnen, daß unsere Ergebnisse und die Ergebnisse in Expertenkreisen der Regierung übereinstimmen.

Es gibt, um das noch einmal zu wiederholen, was Herr Brinksmeier gesagt hat, es gibt überhaupt keinen Grund, diesen Antrag zu verschieben, außer den, daß Sie dafür plädieren, daß wir **täglich weitere 10 bis 15 Millionen Mark Verluste** in diesem Land machen.

Das Argument, daß diese Dinge von der **technischen Durchführung** Zeit brauchen, das stimmt. Aber das stimmt auch in vier Wochen. Das heißt, diese Zeit muß einfach gebracht werden. Aber es ist nicht einzusehen, das deswegen noch zu verschieben. Es sollte sofort getan werden.

Ducke (Moderator): Ich verstehe Ihre Intervention dahin, daß es möglich ist, politisch hier am Runden Tisch so zu entscheiden. Die technischen Schwierigkeiten sind dann sowieso Konditionen, über die wir nicht befinden müssen.

Schulz (NF): Die wir in jedem Falle bekommen, aber wir könnten einen Teil aus der gesamten **Subventionsproblematik** hier herauslösen. Das ist eine in sich abgestimmte Frage. Und die Öffentlichkeit, weil das von der PDS ja eingeklagt worden ist, das versuchen wir ja gerade hier am Runden Tisch deutlich zu machen – –

Ducke (Moderator): Danke, Herr Schulz. Es hat das Wort Herr Mäde, Vereinigte Linke; dann Frau Schießl, FDGB.

Mäde (VL): Die Vereinigte Linke unterstützt den Antrag im Grundsatz auch. Ich möchte aber doch noch einmal hervorheben, was Herr Hegewald gesagt hat. Ich glaube, daß die Öffentlichkeit, die wir jetzt hier gerade schaffen, nicht reicht.

Das zeigen auch die Erfahrungen, die wir mit der **Kinderbekleidung** gemacht haben. Dort haben wir wirklich den Nagel nicht auf den Kopf getroffen beziehungsweise die Regierung. Und ich glaube, wir müssen dort das Konzept, der Bevölkerung umfassender darlegen und ihr auch die Möglichkeit geben, sich dazu wirklich zu äußern. Das ist nämlich vorab nicht erfolgt. Damit wir auch in die Lage gesetzt werden, also irgendeine Art von Panik zu verhindern.

Ducke (Moderator): Herr Mäde, welche Konsequenzen hätte das für den Antrag jetzt? Sagen Sie es einmal konkret. Sie würden dafür sein, daß man – –

Mäde (VL): – Konsequenzen insofern, als daß die Regierung zu beauftragen wäre, ja, das Konzept in den Grundzügen, ja, auch was die Preisveränderungen angeht, in den Grundzügen darzulegen und zu veröffentlichen, so daß die Bevölkerung die Möglichkeit hat, auch dort also mit ihrer Meinung einzugreifen.

Ducke (Moderator): Danke, Herr Mäde. Frau Schießl, FDGB; dann Herr Schulz, Neues Forum.

Frau Schießl (FDGB): Ich möchte mich denen anschließen, die hier auf unsere politische Verantwortung aufmerksam machen und noch einmal daran erinnern, wer bisher zu dieser Frage beraten hat. Es haben beraten die Experten der Regierung und die Experten des Runden Tisches. Ich streite ab, daß die Bevölkerung in diese Beratungen einbezogen war.
Die Bevölkerung ist nicht darüber informiert, daß es zur Klärung dieser Frage ursprünglich drei Variantenvorschläge gibt. Die Bevölkerung ist nicht über die Folgen dieser Entscheidung, die heute hier getroffen werden soll, informiert. Und ich erinnere daran, wieviel Leid, wieviele Sorgen und wieviel Ärger es gegeben hat mit der bedingungslosen **Einführung des Kindergeldes.**
Ich würde also diesen Antrag so verstehen wollen, daß die Regierung beauftragt wird, sofort – und das war eigentlich schon einmal hier besprochen – die Ideen, die es zum Subventionsabbau gibt, öffentlich zu machen und auf dieser Grundlage eine Entscheidung herbeigeführt werden kann.
Ich verwahre mich dagegen, hier heute zu einer solchen Entscheidung zu kommen, weil sie erstens gegen die öffentliche Meinung, die wir hier schon einmal selbst erzeugt haben, verstoßen würde, und weil wir zweitens etwas damit auslösen würden, was wir selbst hier in dieser Stunde nicht überblicken.

Ducke (Moderator): Das war also ein Votum gegen diesen Antrag, wenn ich es richtig verstanden habe?

Frau Schießl (FDGB): Ein Votum dagegen, aber insofern dagegen, daß ich der Auffassung bin, die Regierung sollte dem nachkommen, was wir hier schon einmal besprochen haben.

Ducke (Moderator): Aber dieser Antrag liegt im Moment noch nicht vor.

Frau Schießl (FDGB): So ist es.

Ducke (Moderator): Danke. Es ist ein Geschäftsordnungsantrag.
Herr Engel, CDU, bitte.

Engel (CDU): Ich stelle den Antrag, die Debatte an dieser Stelle abzubrechen und über zwei Dinge getrennt abzustimmen. Erstens, über die Sache an sich, damit wir das, wie ich das vorhin gesagt habe, verstärken können. Und zweitens, über den Zeitpunkt abzustimmen.

Ducke (Moderator): Jetzt habe ich leider das zweite nicht ganz verstanden.

Engel (CDU): Zweitens, über den Zeitpunkt der Wirksamkeit noch einmal abzustimmen.

Ducke (Moderator): Aha. Ja. Jetzt frage ich noch einmal die Antragsteller.

Schulz (NF): Ich denke, daß der Antrag sehr eindeutig formuliert ist. Und ich weiß nicht, warum diese Mißverständnisse hier aufkommen. Im Antrag ist nicht die Rede davon, daß wir hier am Runden Tisch darüber entscheiden, sondern es soll veranlaßt werden. Die Veranlassung heißt eigentlich in dieser Staats- und Regierungssprache: Es soll auf die Entscheidungsebene gebracht werden.

Ducke (Moderator): Also, ich stelle jetzt die Fragen so, es ist ein Geschäftsordnungsantrag, wir müssen darüber abstimmen. Wer im Sinne des Vorschlages von Herrn Engel abstimmen möchte oder dann im Sinne jetzt, die Antragsteller bleiben bei ihrem Antrag, dann in diesem Sinn, nur damit wir Bescheid wissen, worüber wir abstimmen, wer für den Geschäftsordnungsantrag von Herrn Engel ist, den bitte ich um das Handzeichen. Oder, Herr Engel, Sie sollten es uns noch einmal sagen, was – –

[Zwischenruf]

Ducke (Moderator): Entschuldigung, ja.

Engel (CDU): Ich habe eigentlich zwei Geschäftsordnungsanträge in einem verpackt, das gebe ich gerne zu. Erstens, war der Antrag, die Debatte über diese Dinge abzuschließen.

Ducke (Moderator): Da lag keine weitere Wortmeldung vor, damit hätten wir eh Schluß gemacht.

Engel (CDU): Ja, das war sowieso erledigt. Dann würde ich den zweiten zum ersten machen und würde vorschlagen, daß wir die Dinge trennen. Erstens uns zu der Sache, so wie sie vom Neuen Forum hier vorgeschlagen ist, abzustimmen, und zweitens zum Zeitpunkt dieses Inkrafttretens abzustimmen, weil mir die Aussage „sofort" nicht reicht.

Ducke (Moderator): Ja. Jetzt haben Sie wieder zwei Dinge gemacht. Also, sagen Sie einmal, also, jetzt stimmen wir ab darüber, daß grundsätzlich über das vom Neuen Forum abgestimmt wird, ja? Aber gleichzeitig über den Zeitpunkt, in welcher Weise abgestimmt werden soll? Nach welchem Antrag?

Engel(CDU): Ich sage es noch einmal ganz kurz.

Ducke (Moderator): Ja, es ist – –

Engel (CDU): Wahrscheinlich habe ich doch nicht so ganz – –

Ducke (Moderator): Die gucken mich alle so an, wie ich mich angucke.

[Heiterkeit]

Engel (CDU): Ich würde sagen, daß wir jetzt über die Sache abstimmen sollten. Da wir sowieso am Ende der Debatte sind, hat sich das erledigt. Aber davon abtrennen sollten [wir] die Frage des Zeitpunktes, so wie das in der Passage hier oben „sofortige Umwandlung" heißt, weil wir uns darüber verständigen müßten, was heißt das, „sofortige".

Ducke (Moderator): Genau, jetzt kommen wir. So, jetzt haben wir es endlich. Also, wir stimmen ab über den Antrag Neues Forum ohne dieses Wort „sofortige" und machen daraus einen eigenen Antrag, der wie heißt, Herr Engel? In den notwendigen Schritten, nein, wir müssen ja nüchtern fragen. Herr Schulz, zum Antrag?

Engel (CDU): Na gut, dann würden wir das so sagen, daß wir das Wort „sofortige" streichen und ein Zusatzpassus vom Neuen Forum formuliert wird, der den Zeitpunkt deklariert.

Ducke (Moderator): Danke. Herr Schulz, was sagen die Antragsteller dazu?

Schulz (NF): Der Ersatz für „sofortige" wäre „vor der Wahl".

Ducke (Moderator): Also, Herr Engel, wäre das im Sinne auch Ihres Antrages? Also, das Wort „sofortige" im Antrag des Neuen Forum, sagen Sie uns noch einmal genau, wo es ist, damit wir nicht das falsche „sofortige" streichen? Jawohl. Zweiter Absatz von oben, zweite Zeile [**Vorlage 13/13**, Seite 3]. „Wird die Umwandlung der Lebensmittelsubventionen in personengebundenes Einkommen noch vor der Wahl veranlaßt". Ist das so exakt?
Frau Hähnchen – nein, nicht exakt?

Frau Hähnchen (NF): Es wäre besser, wenn man das im letzten Absatz an der Stelle [verändert], wo steht, vierte Zeile von unten: „Der Runde Tisch fordert seine Verwirklichung noch vor den Wahlen." Anstatt „umgehende".

Ducke (Moderator): Aber Sie sind dafür, daß wir „sofortige" trotzdem streichen?

Frau Hähnchen (NF): Das können wir oben streichen, ja.

Ducke (Moderator): Einverstanden. Na ja. Die Antragsteller stellen jetzt folgendes so, daß wir [auf Seite 3] im zweiten Absatz, zweite Zeile von oben, „sofortige" streichen und ergänzen im letzten Absatz, vierte Zeile von unten, das Wort „umgehend" ersetzen: „fordert seine Verwirklichung noch vor der Wahl". Ist das so exakt? Vor der Wahl am 18. März [1990], jetzt haben wir das ganz exakt. Danke. Der Antrag steht. Dazu jetzt noch eine Wortmeldung? Wir hatten aber die Rednerliste abgeschlossen, ich war davon ausgegangen.
Herr Klein.

Klein (VL): Es ist offensichtlicher Widerspruch zwischen den Grundlagen des Antrags des Neuen Forum und der Aussage der Regierung über die Machbarkeit aufgetreten, der noch nicht geklärt ist. Ich meine, wir sollten das hier vorher noch einmal von der Regierung abfragen.

Ducke (Moderator): Danke. Das war schon zurückgewiesen, erklärt worden vom Neuen Forum, daß dieses nicht Gegenstand des Antrages selbst ist. Dann lassen wir jetzt darüber ab[stimmen]. Wünscht jetzt jemand noch zu diesem veränderten Antrag das Wort? Diese Version müssen wir doch noch einmal geben. Herr Mäde, Vereinigte Linke, dann Herr Freiberg und Herr Wolf.

Mäde (VL): Ich will die Antragsteller noch einmal fragen, ob es ihnen möglich ist, einen Passus aufzunehmen, der die Regierung auffordert, vor Inkraftsetzung oder Verwirklichung dieser Maßnahmen umfassende **Informierungen der Bevölkerung** durchzusetzen?

Ducke (Moderator): Könnten Sie schon einen Vorschlag machen?

Mäde (VL): Ja. Also: „Vor Verwirklichung dieser Maßnahmen wird die Regierung aufgefordert, die Bevölkerung durch die Presse und durch die Medien umfassend - - „

Ducke (Moderator): Aber ist das nicht da drin?

Mäde (VL): Es ist nicht drin.

Ducke (Moderator): Aha, gut. Danke. Ich hatte „Beruhigung der Bevölkerung" so verstanden, daß man die fragt.

Mäde (VL): „Umfassend zu informieren."

Ducke (Moderator): Also, mit Redaktionsarbeit haben wir Schwierigkeiten in der Öffentlichkeit. Meine Frage war jetzt nur, sind die Antragsteller einverstanden, daß ein Passus kommt, „Informationspflicht der Regierung vor Inkraftsetzung"? Frage.

Schulz (NF): Ja, [wir] sind einverstanden.

Ducke (Moderator): Danke. Und Sie formulieren das dann auch so, daß wir damit leben können? Vielen Dank. Herr Freiberg, NDPD; dann Herr Wolf, LDP.

Freiberg (NDPD): Ich möchte doch noch einmal aufmerksam machen auf das, was Herr Ebeling hier dargestellt hat im Ergebnis der Aussprache, die wir in der Arbeitsgruppe „Wirtschaft" hatten, und deshalb diese Ergänzung, die hier vorgeschlagen wurde, die Verwirklichung vor der Wahl am 18. März [1990], doch fallen zu lassen. Es sollte eine Aufforderung an die Regierung sein, so schnell wie möglich diese Maßnahmen durchzuführen.

N. N.: Wir unterstützen das.

Ducke (Moderator): Frage an die Antragsteller, es war ja ausdrücklich hereingekommen aufgrund anderer Vorschläge, na gut.
Herr Wolf, LDP.

Wolf (LDP): Unser Vorschlag geht in die Richtung, zwischen beiden Forderungen doch einen gewissen Konsens herbeizuführen. Ich würde mir auch erlauben, ihn als Anhang zu formulieren. Also, das „sofortige" oben gestrichen, dafür „umgehend", und dann unten eine Anfügung, aller andere Text bleibt. „Dazu ist von der Regierung noch vor den Wahlen eine Analyse der gesellschaftlichen Größenordnung und der persönlichen finanziellen Auswirkungen vorzunehmen."

Ducke (Moderator): Ich habe nicht den Eindruck, daß das eine Erleichterung für die Regierung ist, nicht, Herr Wolf, sind wir uns klar. Danke. Es hatte noch das Wort Herr Mahling, Vertreter der Sorben, dann Herr Brinksmeier.

Mahling (Vertreter des Sorbischen Runden Tisches): Ich lebe auf dem Dorf und ich habe zum ersten Mal jetzt von diesem konkreten Vorschlag hier gehört und wahrscheinlich auch die gesamte Öffentlichkeit im Lande.
Das spricht dafür, daß das diskutiert wird erst, aber auf der anderen Seite nehme ich an, daß ab dem heutigen Tage die **vorsorglichen Einkäufe** getätigt werden. Denn hiermit haben wir ein ganz konkretes Projekt in die Welt gesetzt.
Es gibt meines Erachtens nur noch ein Vorwärts. Wenn wir jetzt noch nach die Wahlen zurückgehen, dann haben wir bis zum Tag X leere Geschäfte. [Das] ist mein Einwand, wenn man jetzt eine lange Analyse macht.

Ducke (Moderator): Danke, Herr Mahling. Sie wissen, daß Sie gesprochen haben und die Geschäfte schon auf sind. Das Wort hat nun Herr Brinksmeier, SPD.

Brinksmeier (SPD): Ich habe den Beitrag so verstanden: Wenn es keine Gründe gibt, nicht sofort damit anzufangen, die **Subventionen** umzubauen, dann setze ich voraus, daß da von der Regierung die Untersuchungen der Auswirkungen, eben der Antrag von der LDP, eigentlich schon vorliegt, sondern daß es wirklich darauf aufkommt, die nötige Öffentlichkeit und Information zu schaffen, einfach diese Informationen bekanntzugeben.

Ducke (Moderator): Sie würden unterstützen den Vorschlag von Herrn Wolf vorgetragen, LDP, daß hier der Zusatz hineinkommt, daß „vor den Wahlen", also nicht die Verwirklichung vor den Wahlen, sondern „vor den Wahlen eine Analyse vorgelegt werden"?

Brinksmeier (SPD): Nein, ich wollte sagen, es ist gar nicht nötig, in den Antrag hineinzuschreiben, daß diese Analysen gemacht werden. Sondern es ist nur nötig, daß die schon vorhandenen Analysen auch veröffentlicht werden.

Ducke (Moderator): Aha, vielen Dank. Ja, jetzt frage ich die Antragsteller noch einmal, was machen wir mit dem Antrag?

Schulz (NF): Den Vorschlag der LDP nehmen wir nicht an, [den] würden wir nicht aufnehmen in den Antrag.

Und ich möchte auf das Argument von Herrn Mahling noch reagieren. Hier schneiden sich natürlich zwei Dinge. Das eine ist die **Öffentlichkeit** und das andere sind die **Angstkäufe**. Ich denke, wenn man darüber in der Öffentlichkeit informiert und wenn man eine Diskussion zu diesem Punkte führt, lassen sich die Angstkäufe nicht verhindern. Ansonsten müßten sie es heimlich und schlagartig machen. Dann haben Sie die Angstkäufe nicht. Aber beide Dinge bekommen Sie nicht unter ein Dach. Und ich bin dafür, daß wir hier Demokratie machen, daß wir Öffentlichkeit machen und **Transparenz** zu diesen Dingen. Und das tun wir hier.

Ducke (Moderator): Danke. Das bedeutet, wenn ich Sie richtig verstanden habe, Herr Schulz, Sie bleiben bei Ihrem Antrag in der veränderten Form, Verwirklichung vor Wahlen, ja? Danke.

Herr Wolf, bestehen Sie auf Abstimmung Ihres Zusatzes, weil es Kompromiß war?

Wolf (LDP): Ich ziehe zurück.

Ducke (Moderator): Danke. Jetzt [kommt] die letzte Wortmeldung, würde ich sagen. Herr Weißhuhn, Initiative Frieden [und] Menschenrechte. Dann schreiten wir zur Abstimmung. Ich glaube, es ist jedem klar, was hier abgestimmt wird.

Bitte, Herr Weißhuhn.

Weißhuhn (IFM): Ich wollte mich nur noch einmal vergewissern, ob ich in der Annahme recht gehe, daß der Zusatzantrag hier, den ich vorhin genannt habe, Bestandteil jetzt des Antrages ist.

Ducke (Moderator): Ja, das war schon angenommen. Danke.

Ja, meine Damen und Herren, wir haben hier ein Problem, das ausführlich diskutiert ist, das uns auch in seiner Schwere, glaube ich, bewußt ist, und wir wissen, daß wir vor der Frage stehen, **Subventionspolitik** grundsätzlich abzubauen und die Schwierigkeiten von seiten der Regierung auch zur Kenntnis nehmen mußten durch die AG „Wirtschaft".

Wir müssen abstimmen über diesen **Antrag [13/13]**, der so daliegt. Wer für den Antrag des Neuen Forum in der geänderten Form bezüglich des Zeitpunktes ist und der Zusatzantrag, wie er von Herrn Weißhuhn gekommen ist, den bitte ich um das Handzeichen. Wir müssen jetzt zählen. Darf ich einmal? Es ist die Mehrheit. Gegenstimmen? – Niemand. Enthaltungen? – Das sind 8 Stimmenthaltungen. Der Antrag ist in der geänderten Weise angenommen.

> **[Vorlage 13/13c, Beschluß des Runden Tisches: Zur Umwandlung von Subventionen für Lebensmittelpreise in personengebundene Einkommensbeträge]**
>
> Zu den ersten Schritten einer wirksamen Wirtschaftsreform gehört der sozialverträgliche Abbau längst hinfällig gewordener Subventionen.
>
> Um die Bevölkerung der DDR vor weiterem Schaden zu bewahren, wird die Umwandlung der Lebensmittelsubventionen in personengebundene Einkommen veranlaßt.
>
> Aus dem Staatshaushalt wird bei einer Streichung von 30 Mrd. M Subventionen für Lebensmittel (einschließlich Gaststätten) diese freiwerdende Summe in rund 150 M personengebundenes, zusätzliches monatliches Einkommen umgewandelt. Diesen Betrag erhält jeder Bürger und jede Bürgerin in der DDR als Zuschlag zum Arbeitseinkommen, Kindergeld, Stipendium, zur Rente und auch dann, wenn keinerlei Einkommen bezogen wird.
>
> Ein entsprechendes Konzept liegt im Ministerium für Finanzen und Preise vor. Der Runde Tisch fordert seine Verwirklichung noch vor der Wahl am 18. März 1990, vor allem zur Beruhigung der Bevölkerung, um die Reformfähigkeit der DDR-Wirtschaft zu beweisen und auf einem wichtigen Gebiet voranzutreiben.
>
> Diese Regelung gilt als vorläufig. Differenzierte Zuschläge zu den personengebundenen Einkommen sind, wie auch die generelle Regelung indirekter Subventionen, durch die neue Volkskammer vorrangig zu behandeln und zu beschließen.
>
> Die Bevölkerung ist von der Konzeption umfassend zu informieren, bevor sie verwirklicht wird.

Ich rufe auf die **Vorlage 13/15 [Antrag GP: Zum Export von Schweinefleisch]**. Von der Veredelung der Landwirtschaft in Lebensmittel kehren wir nun wieder zurück, na ja, auch schon Veredelung, nicht? „Schweinefleisch", das Stichwort.

Frau Dörfler (GP): Wird so genannt, ja.

Ducke (Moderator): Antrag der Grünen Partei. Ich bitte Frau Dörfler, [die Vorlage] einzubringen.
Bitte.

Frau Dörfler (GP): [Vorlage] 13/15, ja. Es geht uns in diesem Antrag um die **ökonomischen und ökologischen Auswirkungen der Massentierhaltung**.

Ducke (Moderator): Es ist der **Antrag 13/15,** falls ich mich versprochen habe, **13/15**.

Frau Dörfler (GP):

[Vorlage 13/15, Antrag GP: Zum Export von Schweinefleisch]

Von mehreren Wissenschaftlern der DDR wurde nachgewiesen, daß der Export von Schweinefleisch (einschließlich Lebendschweine) weder ökonomisch noch ökologisch sinnvoll ist. Danach ist die Exportrentabilität von Schweinefleisch auf der Basis importierten Futters negativ. Statt Devisen zu erwirtschaften, werden sie offensichtlich verschleudert. Während rund 150 000 Tonnen Schweinefleisch zu Niedrigstpreisen jährlich außer Landes geschafft werden, bleiben über 5 Millionen Tonnen Gülle zurück und belasten zusätzlich Gewässer, Böden, Wälder und unsere Menschen.

Eine Bürgerinitiative im Umfeld des größten Schweinezucht- und Mastkombinates der DDR (Neustadt-Orla) hat sich dazu wie folgt geäußert: „Wir werden nicht länger zusehen, wie unsere Heimat verwüstet und die Zukunft unserer Kinder zerstört wird, weil man sich scheut, begangene Fehler zu korrigieren"

Die Grüne Partei hat bereits am 05. Februar 1990 den Runden Tisch sowie die Regierungsvertreter von diesen Tatsachen in Kenntnis gesetzt.

Wir fordern einen klaren Nachweis der Exportrentabilität, der Inlandsrentabilität sowie eine Offenlegung der durch die Fleischexporte verursachten Umweltschäden.

Der Runde Tisch möge beschließen:

Sollte keine Rentabilität nachweisbar sein, sind die Fleischexportverträge umgehend zu kündigen und die Schweineproduktion in den ökologisch nicht beherrschbaren Großanlagen der DDR zu drosseln.

Das ist der Antrag.

Ducke (Moderator): Danke, Frau Dörfler. Dieser Antrag, ich verweise und frage die CDU, es liegt die **Vorlage 13/18 [Antrag CDU: Zur Stabilität der Agrarproduktion und zur Sicherheit der genossenschaftlichen Arbeit]** auch vor, wo ich nur beim Thema Schlachttier darauf gekommen bin, daß das auch etwas mitzutun haben könnte. Wird das noch verhandelt, weil das ein ausführlicher Vortrag ist? – Das kommt noch? – Könnten wir da jetzt auch schon hereingucken?

Wiedemann (CDU): Das hat an und für sich beides nichts miteinander zu tun.

Ducke (Moderator): Vielen Dank, danke. Das war nur meine Rückfrage, vielen Dank, schon erledigt. Es steht **13/15**, der **Antrag der Grünen Partei [Zum Export von Schweinefleisch]**. Wünscht jemand das Wort zu dieser Vorlage?
Bitte, Herr Wiedemann, CDU.

Wiedemann (CDU): Wir stimmen dem prinzipiell zu. Wir haben uns in dieser Hinsicht auch schon artikuliert. Uns liegen auch schon aus früheren Jahren Berechnungen vor. Wir würden also hier vorschlagen, für die praktische Handhabung an Minister Watzek gleich diese Anlagen systematisch zurückzufahren beziehungsweise die Produktion dort in bestimmten Abschnitten auslaufen zu lassen.

Es geht ja nicht nur um Neustadt-Orla. Wir haben in weiten Teilen unseres Landes derartig hochgezogene Anlagen, bei denen wir, das war von vornherein klar, schon vor 20 Jahren nicht genau wußten, was wir mit den **Exkrementen** machen sollten. Die Futterversorgung war damals nicht das Problem, aber eben die **Abprodukte.** Und da sind wir auch sehr dafür, daß das gemacht wird.

Ducke (Moderator): Danke, Herr Wiedemann, CDU. Es hat das Wort Herr Merbach, DBD.

Merbach (DBD): Ja. Ich stimme sowohl im Namen der DBD als auch im Namen der Arbeitsgruppe „Ökologischer Umbau" diesem Beschluß, der unten steht, zu. Ich möchte darauf hinweisen, daß eine ähnliche Forderung bereits in unserem Papier **[Vorlage] 10/3** vom 29. Januar [1990] enthalten war.

Ducke (Moderator): Danke. Sie haben wieder die gewichtigen Argumente.
Frau Dörfler.

Frau Dörfler (GP): Das ist noch einmal jetzt eine ganz aktuelle Situation, weil die Bürgerinitiative in Neustadt-Orla also ständig mit uns auch Verbindung hat, um das Ganze voranzutreiben.

Ducke (Moderator): Na gut. Also, der Antrag, den wir beschließen sollen, das sind ja nur die letzten vier Zeilen, nicht? Danke. Die Wortmeldungen haben uns noch einmal vertraut gemacht. Können wir schon darüber abstimmen? Dann lassen wir. Herr Wiedemann, noch eine Rückmeldung?

Wiedemann (CDU): Ja, doch noch. Also, beim genauen Lesen sind die **Fleischexportverträge** umgehend zu kündigen. Das geht natürlich nicht. Wir können nicht die Fleischexporte [kündigen], das heißt also alle, das geht nicht.

Ducke (Moderator): Frau Dörfler, erklären Sie genau, wie das mit den „die" [gemeint] ist.

Wiedemann (CDU): Darf ich vielleicht noch einmal gleich zum Konsens [etwas erwähnen]. Es geht uns hier nicht um den Fleischexport im einzelnen, sondern es geht uns hier um die übertrieben **großen Anlagen,** die für uns eine **Umweltbedrohung** darstellen. Beides sind Dinge, die man nicht unbedingt miteinander vermischen kann. Ich sehe das Problem im Ministerium.

Ducke (Moderator): Können Sie einen Vorschlag konkret machen für den Antragsteller oder weiß Frau Dörfler schon, wie es geändert wird?

Frau Dörfler (GP): Es geht um die **Exportverträge,** bei denen **keine Rentabilität** nachweisbar ist. Also, wo nachweislich Schaden entsteht statt Nutzen.

Ducke (Moderator): Danke, das war eine Erklärung, die das Verständnis anregt. Der Herr Minister Watzek hatte sich dazu gemeldet.
Bitte.
Dann, Herr Zimmermann.

Watzek (Minister für Land-, Forst- und Nahrungsgüterwirtschaft): Ja, ich darf kurz dazu noch einige Bemerkungen machen. Wir müssen davon ausgehen, daß die in den siebziger und achtziger Jahren aufgebauten **Großanlagen der Tierproduktion** – da es in dem heutigen Diskussionspapier vorrangig um die **Schweineanlagen** geht, weil die mit [die] größten Probleme in der Umweltbelastung mit sich bringen – daß diese aufgebauten Anlagen nicht abrupt von heute auf morgen auf Null gestellt werden können.

Das hat nicht nur **ökonomische Auswirkungen,** sondern auch sehr gravierende **soziale Auswirkungen** für die Beschäftigten in diesen Anlagen. Wir gehen davon aus, daß wir noch im ersten Halbjahr 1990 eine **Konzeption für den Gesamtkomplex Im- und Export landwirtschaftlicher Produkte** erarbeiten müssen, um uns damit sowohl für 1990 als auch die Folgejahre auf eine vertretbare Entwicklung einzustellen, die davon ausgeht, daß wir auf der einen Seite Futtermittelimporte reduzieren und auf der anderen Seite auch Produkte, Export von Tierprodukten reduzieren.

Das muß vernünftig passieren entsprechend den ökonomischen und sozialen Problemen in der Landwirtschaft und in [den] Betrieben. Wir haben bereits im Jahre 1990 entschieden, daß bei den **Schweinemastanlagen** die Produktion zurückgefahren wird, unter anderem im Ollertal, um besonders gravierende Probleme, die mit der Umweltbelastung zusammenhängen, zu reduzieren.

Außerdem ist an die Akademie der Landwirtschaftswissenschaften der Auftrag erteilt, gemeinsam mit ausländischen Firmen, insbesondere mit [der] BRD, französischen und englischen Firmen neue, ganz neue Verfahren, die bereits als Pilotprojekt in anderen Ländern laufen zur effektiveren **Gülleaufbereitung und -verwertung** zu prüfen, um zumindestens für dann erforderliche Lösungen, neue Varianten anbieten zu können.

Wir gehen davon aus, alle Großanlagen sind in den nächsten Jahren zu entflechten im Rahmen der weiteren **Organisation der Produktion,** der Rationalisierung und Rekonstruktion solcher Anlagen, so daß wir hier ein Programm benötigen, das schrittweise anzuwenden ist.

Ducke (Moderator): Verstehe ich Sie richtig, Herr Minister, daß Sie also für eine Differenzierung bezüglich dieses Antrags plädieren? Ja? Danke. Herr Zimmermann, Neues Forum; dann Frau Teschke, Demokratie Jetzt.

Zimmermann (NF). Ja. Das Anliegen unterstütze ich. Aber was die **Rentabilität** betrifft, doch eine Aussage dazu. Die Rentabilität nach den gegenwärtigen **Preisen** und nach den gegenwärtigen Methoden der **Exkrementbeseitigung** sagt natürlich nichts aus.

Wir müßten hier also voll das **Verursacherprinzip** durchsetzen. Und dann bin ich mir eigentlich sicher, daß jede dieser großen Viehanlagen keine Rentabilität mehr ausweisen kann, so daß die Aufgabe steht, eine Priorität zu setzen, in welchen Anlagen wird die Produktion zurückgefahren.

Und vorrangig geht es dabei um die **Anlagen der Schweineproduktion,** der industriellen Schweinemast und -aufzucht, und dann müßte eine Untersuchung stattfinden, welche Anlagen sind von der **Umweltbelastung** her die gefährlichsten, die größten Verursacher einer Umweltbelastung. Und in diesen muß kurzfristig ein Programm erstellt werden, wie diese Produktion zurückgefahren wird und wie die soziale Sicherstellung der dort Beschäftigten erfolgt, einschließlich Umschulung und allem.

Ducke (Moderator): Danke. Herr Zimmermann war das, Neues Forum.
Frau Teschke, Demokratie Jetzt.

Frau Teschke (DJ): Ich mache es kurz. Wir plädieren auch für eine Differenzierung dieses Antrages und unterstützen ihn in dieser Form nicht.

Ducke (Moderator): Sagen Sie es noch einmal ganz, Sie waren so schnell, daß wir jetzt nicht wissen, [was Sie meinen]. Haben Sie „nicht" gesagt, oder haben Sie nicht „nicht" gesagt?

Frau Teschke (DJ): Ich habe gesagt, daß wir für eine, wir plädieren für eine Differenzierung dieses Antrages und untersützen ihn in dieser Form nicht.

Ducke (Moderator): Danke, Frau Teschke. Ich frage die Antragsteller.
Frau Dörfler.

Frau Dörfler (GP): Ich möchte noch zu bedenken geben, es geht um die **Rentabilität.** Die Umweltbelastung ist die eine Sache, die ich in diese ökonomische Rechnung gar nicht einmal einbeziehe, sondern es ist von mehreren Wissenschaftlern festgestellt worden, daß die Exporte vor dem Hintergrund, daß Futter importiert wird für Valuta-Mark, einfach ökonomisch nicht rentabel sind, daß wir uns mit der Weitererfüllung dieser Verträge Schaden zufügen. Das möchte ich zu bedenken geben.

Ducke (Moderator): Danke. Das war noch einmal im Sinne des Antrags. Sie bleiben also bei dem Antrag in der vorliegenden Form?

Frau Dörfler (GP): Ja.

Ducke (Moderator): Oder überlegen [Sie] sich ruhig, eh Sie antworten. Das Wort hat jetzt Herr Möller, dann Herr Schmidt.
Herr Möller, NDPD, bitte.

Möller (NDPD): Das Anliegen ist klar. Nur ist Neustadt nicht die einzige Anlage dieser Art, gegen die vorzugehen, es längst Zeit ist. Ich verweise auf Eberswalde zum Beispiel.
Ich würde den Antrag unterstützen, wenn er ergänzt würde um die **Probleme der Umweltverträglichkeit.**
Ich halte es für nicht günstig, dieses brisante Problem lediglich an der Exportrentabilität aufzuziehen. Was uns und die nachfolgenden Generationen – ich verweise auf das hier gemachte Zitat – tatsächlich berührt, das ist die **Umweltunverträglichkeit dieser Anlagen,** die sich über Jahrzehnte hinschleppen wird. Danke.

Ducke (Moderator): Das war Herr Möller, NDPD.
Herr Schmidt, Akademie der Landwirtschaften.

Schmidt (Direktor des Instituts für Agrarökologie der Akademie der Landwirtschaftswissenschaften): Wir haben diese Berechnungen auch praktisch veröffentlicht, die Ergebnisse dieser **unzureichenden** Effektivität oder **Rentabilität unserer Schlachtviehexporte** gemacht.

Ich möchte nur noch einmal mitzubedenken geben: Das kann nur ein schrittweises Programm sein des Aussteigens aus den Verbindlichkeiten, das hier die Republik hat. Aber vom Standpunkt der Rentabilität ist das bei Schlachtvieh oder bei anderen Erzeugnissen der Landwirtschaft keine so ganz andere Situation, wie wir sie in vielen anderen Bereichen der Wirtschaft auch haben. Ich möchte das nur so ganz knapp sagen, ohne hier die Zahlen – das könnte man alles offenlegen – hier noch einmal zu nennen, eine ganz ähnliche Situation wie in anderen Zweigen auch.

Ducke (Moderator): Danke, Herr Schmidt. Es hat sich noch gemeldet Herr Lucht von der Grünen Liga. Ich würde dann meinen, daß wir die Debatte abschließen sollten. Sie bringt uns jetzt eigentlich im Moment gar nicht weiter. Der Antrag steht, wenn die Antragsteller [dabei]bleiben, müssen wir darüber abstimmen lassen. Denn es gibt bis jetzt keine Änderung.

Bitte, Herr Lucht, Grüne Liga.

Lucht (GL): Ja. Ich glaube, die Zusatzaussagen der NDPD sind aus ökologischer Sicht so formuliert, daß auch der Antrag der Grünen Partei sehr gut damit leben kann. Ich glaube also auch, wir sollten ihn sogar erweitern in dem Sinne, daß man hier eine **Expertenkommission** beruft, die schnellstens diese Anlagen untersucht, zwar sowohl unter **ökonomischem** als aber auch ganz stark unter **ökologischem** Aspekt.

Und davon ausgehend a) sowohl eine Rang- und Reihenfolge als auch b) einen **Terminplan** erarbeitet, wie diese Anlagen zurückgefahren beziehungsweise sogar stillgelegt werden können.

Insofern ist die Aussage vom Landwirtschaftsministerium zwar richtig, und ich glaube, wir müssen auch den sozialen Aspekt beachten. Aber sie scheint mir doch nicht konkret genug zu sein. Ich möchte hier ganz deutlich auch auf den Terminaspekt hinweisen, und ein Antrag sollte fordern, daß kurzfristig a) die Bestimmung der Expertenkommission und b) der Termin – gezogen werden.

Ducke (Moderator): Herr Lucht, jetzt haben wir so viele schöne Vorschläge gehört. Ich bin aber dagegen, aus Erfahrung, daß wir hier am großen Tisch formulieren. Meine Bitte an die Antragsteller: Könnten diese Vorschläge in einem neuen Antrag formuliert werden, daß wir hier diesen Antrag jetzt nicht zurückweisen, sondern daß wir sagen – sollen wir darüber abstimmen? Machen wir auch. Oder sagen wir, Sie bringen ihn in einiger Zeit noch einmal?

Frau Dörfler (GP): Also, wir lassen jetzt doch darüber abstimmen in dieser Form.

Ducke (Moderator): So, wie er steht? Danke. Denn Änderungen machen wir jetzt; [es] geht gar nicht in der Weise, wie sie vorgetragen wurden. So schön das ist, Herr Lucht, nur das kapiert keiner mehr. Was war das? Ach so. Ich lasse abstimmen. Nein, es ist noch eine Wortmeldung.

Herr Wiedemann, CDU. Bitte. Sie auch?

Wiedemann (CDU): Ich möchte noch einmal Frau Dörfler daran erinnern: Hier sind eigentlich zwei Vorschläge, zwei ganz unterschiedliche Dinge. Einmal geht es um **Fleischexporte**, und zum anderen geht es um die **ökologische Frage**. Das sind zwei Dinge, die man an und für sich gar nicht miteinander vermengen kann, die zwar irgendwo zusammenfließen aus bestimmten Gründen, aber es müßten zwei Anträge sein. Dann machen Sie es uns leicht und mir persönlich auch, hier Zustimmung zu erteilen. Aber so, wie es hier steht, muß ich grundsätzlich dagegen sein.

Ducke (Moderator): Danke. Herr Wiedemann, das war noch sozusagen ein letzter Versuch, ja?

Frau Dörfler, bitte.

Frau Dörfler (GP): Wir formulieren es neu und bringen es erneut ein.

Ducke (Moderator): Ach. Ich würde so sagen, wir müssen jetzt der Gerechtigkeit halber, weil das jetzt **Landwirtschaft** ist, wenn Sie es noch schaffen, innerhalb – –

Frau Dörfler (GP): Heute noch, ja, in einer halben Stunde.

Ducke (Moderator): Na ja, ich meine, sollen wir gerecht sein, bringen wir es dann unter Einzelanträgen. Das schaffen wir schon noch, – irgendwo mit darunter. Einverstanden.

Aber dann ohne Debatte, ja? Danke. Ohne Debatte wird ein neu formulierter Antrag dann zur Abstimmung gestellt. Ich danke für das Verständnis der Antragsteller.

Damit ist die **Vorlage 13/15** für eine Neuformulierung zurückgestellt.

Ich rufe auf die **Vorlage 13/18**, vorgetragen, vorgelegt von der CDU. Und wenn ich richtig sehe, sind wir mit der **Vorlage 13/20** [Ergänzungsantrag AG „Ökologischer Umbau" zur Vorlage 10/3 „Einbeziehung ökologischer Prinzipien in die Gestaltung der gesellschaftlichen und ökonomischen Entwicklung der DDR"[21]] dann am Ende. Es kommt sicher in der Zwischenzeit noch eine Menge hier, aber das übergehen wir. Also, ich rufe auf [Vorlage] 13/18, CDU.

Herr Wiedemann, bitte.

Wiedemann (CDU): Danke schön.

[Vorlage 13/18, Antrag CDU: Zur Stabilität der Agrarproduktion und zur Sicherheit der genossenschaftlichen Arbeit]

Unter den Genossenschaftsbauern in der DDR wächst gegenwärtig erhebliche Verunsicherung hinsichtlich der weiteren Stabilität der Agrarproduktion und der Sicherheit der genossenschaftlichen Arbeit. Als Gründe werden genannt:

– akute Probleme beim Absatz von Schlachttieren und Milch infolge gravierender hygienischer und anderer Mängel in Schlacht- und Verarbeitungsbetrieben, die Betriebsstillegungen zur Folge haben sowie

– zunehmende Ungewißheit über die Auswirkungen der abzusehenden Einbindung in den EG-Agrarmarkt für die Existenz der Betriebe beziehungsweise Genossenschaften.

Da in der EG eine Überproduktion an tierischen Erzeugnissen besteht, werden beide Probleme eng miteinander verbunden gesehen und diskutiert. Das Regierungskonzept {, das uns bisher vorlag, das neue, konnte ich noch nicht genug einsehen,} zur Wirtschaftsreform enthält dazu keine ausreichenden Aussagen. {Ich bitte also um Entschuldigung, wenn ich das heute hier Vorgelegte nicht mit einbeziehen kann}.

Deshalb fordert der Runde Tisch von der Regierung der DDR:

1. Im Interesse der Stabilität der Agrarproduktion, des Absatzes und der Versorgung der Bevölkerung aus eigenem Aufkommen sind unverzüglich gezielte Maßnahmen zur Sanierung der Schlacht-, Kühl- und Verarbeitungskapazität einzuleiten. Dafür sind alle Möglichkeiten, auch die ausländischer Unterstützung, zu nutzen.

2. In die Expertenrunde zur Vorbereitung der Währungs- und Wirtschaftsunion mit der BRD sind spezielle Verhandlungen auf dem Gebiet der Land-, Forst- und Nahrungsgüterwirtschaft einzubeziehen, die Maßnahmen für eine relativ kurzfristige Kompatibilität der DDR-Landwirtschaft einschließlich der Verarbeitung zur EG erarbeiten.

---

[21] Dokument 13/10, Anlagenband.

{Wir haben, das darf ich hier hinzufügen, heute gehört, daß das bereits in Angriff genommen ist. Trotzdem glaube ich, daß das jetzt Folgende doch von Bedeutung ist, weil es so in der Form heute noch nicht dargelegt wurde}. Auf dieser Grundlage sind noch im ersten Halbjahr 1990 Empfehlungen herauszugeben, die den LPG, VEG und anderen Landwirtschafts- sowie den Schlacht- und Verarbeitungsbetrieben ermöglichen, sich auf die Bedingungen des EG-Agrarmarktes einzustellen.

3. Die Regierung schafft Voraussetzungen, um den durch Strukturentwicklung vergleichsweise niedrige Arbeitsproduktivität und hohe Kosten bedingten Produktivitätsrückstand zur EG schnell auszugleichen. Das betrifft insbesondere

– Herstellung vergleichbarer Preis- und Marktrelationen,

– Aufholung des technologischen Rückstands und Erneuerung der materiell-technischen Ausrüstung,

– Sicherung des Absatzes und der Verarbeitung der Produkte, wobei unsere Landwirtschaft nicht zusätzlichem Konkurrenzdruck durch Importe ausgesetzt werden darf,

– Arbeitsplatzsicherungsprogramme für die Landbevölkerung durch Umschulungsmaßnahmen, Förderung der Entwicklung mittelständischer Betriebe sowie durch spezielle Arbeitsprogramme, zum Beispiel zur ökologischen Sanierung,

– Vorbereitung der Nutzungsveränderung wenig produktiver landwirtschaftlicher Nutzflächen durch Flächenstillegung und Überführung in ökologisch produktive Flächen,

– Gewährleistung der Einkommensparität zwischen Industrie und Landwirtschaft durch entsprechende finanzpolitische Rahmenbedingungen (Agrarpreise, Steuern, Finanzhilfen, wirtschaftliche Vergütung für Aufwendungen zur Landschaftsgestaltung und Naturhaushalt und so weiter),

Klärung der zukünftigen Rolle der individuellen Produktion.

4. In Vorbereitung der Währungs- und Wirtschaftsunion sind verbindliche Festlegungen über die Sicherung des privaten und genossenschaftlichen Eigentums in der Landwirtschaft zu treffen, die die Anerkennung der Bodenreform und der darauf begründeten Eigentumsverhältnisse auf rechtsstaatlicher Grundlage einschließt[22].

Ducke (Moderator): Danke, Herr Wiedemann. Das waren umfängliche Punkte, die ja zum großen Teil schon in dem Paket drin sind, die bei der Regierungserklärung heute gekommen sind. Ich verstehe Sie eigentlich in der Weise, daß Sie den Runden Tisch bitten, diese Empfehlung faktisch zu unterstützen in der Weise, wie sie hier vorgetragen ist, denn in anderen Punkten haben wir ja schon teilweise drüber

---

[22] Dieser Vortrag wurde schriftlich zu Protokoll des Zentralen Runden Tisches gegeben. Die in { } gesetzten Ausführungen wurden davon abweichend nur mündlich vorgetragen. In [ ] gesetzte Texte finden sich lediglich in der schriftlich zu Protokoll gegebenen Fassung.

abgestimmt. Das ist immer das Problem bei so langpunktigen Vorlagen.

Aber wenn Sie damit einverstanden wären, die anderen, oder? Dann würde ich sagen: Wer wünscht dazu das Wort? Daß wir jetzt nicht über die Einzelheiten, wissen Sie – –

Vieles ist heute schon besprochen. Sie haben es in der Weise noch einmal vorgetragen, so daß es dazugepackt werden könnte in den ganzen Passus sowohl **LPG-Gesetzänderung** und so weiter.

Sehe ich das richtig, Herr Wiedemann?

Wiedemann (CDU): Ja, damit wäre ich schon einverstanden, aber die Crux ist eben die, daß uns bis heute früh das andere noch nicht bekannt war und daß wir alle gleichzeitig Ideen eingeben. Und ich meine, das ist doch an und für sich etwas sehr Schönes, wenn wir hier untereinander von vornherein solchen Konsens finden.

Ducke (Moderator): Ich habe nur jetzt ein Problem, muß ich sagen. Vorhin hatten wir die gleiche, in etwa ähnlich gelagerte Erklärung des VdgB der Arbeitsgruppe „Wirtschaft" übergeben, damit sie dort das herausnimmt, was positiv ist. Könnten wir hier auch so verfahren? Das wäre der Gerechtigkeit halber – –

Wiedemann (CDU): Wir Christen sind immer für Gerechtigkeit.

Ducke (Moderator): Na wunderbar. Müssen wir darüber abstimmen? Denn dann würde ich sagen, dann verweisen wir auch diese Vorlage in die **Arbeitsgruppe „Wirtschaft"**, ohne jetzt ein Debatte über die einzelnen Punkte zu versuchen. Aber es liegt ein Geschäftsordnungsantrag vor.

Herr Zimmermann, Neues Forum, bitte.

Zimmermann (NF): Ich hätte eine wichtige Ergänzung dazu. Wenn wir aber sowieso noch die Möglichkeit haben, zu den Ausführungen von Minister Watzek etwas zu sagen, dann kann ich das da auch anbringen.

Ducke (Moderator): Jetzt habe ich nicht ganz verstanden. Zu dieser Vorlage oder grundsätzlich zur Landwirtschaft?

Zimmermann (NF): Nein, was auch hier an und für sich mit hineingehörte.

Ducke (Moderator): Sagen Sie es lieber einmal gleich. Nur als Punkt, sonst – –

Zimmermann (NF): Ja. Es geht um das Problem des **riesigen Fleischberges**, den wir vor uns herschieben. Das wurde auch von Minister Watzek angesprochen. Und dieser Punkt findet hier nicht Berücksichtigung in den Ausführungen der CDU, daß wir nämlich sofort, ganz dringlich, und nicht nur in Richtung Westen, sondern auch die Möglichkeit des **Fleischexportes in Richtung Osten** prüfen sollen, auch unter ganz billigen Preisen.

Wir machen einen ökonomischen Unsinn, indem wir immer wieder diesen Fleisch- und auch diesen **Berg an Lebendvieh** vor uns herschieben, weil die **Schlachthöfe** gar nicht in der Lage sind, das alles zu schlachten. Die Tiere werden immer älter. Es fällt immer mehr Fett an, und die Schlachter wissen schon gar nicht mehr, wohin mit dem Fett. Also, hier muß einmal so schnell wie möglich ein Schnitt gemacht werden und sofort Möglichkeiten des **Abbaus dieses Fleischberges** [bedacht werden].

[Heiterkeit]

Ducke (Moderator): Danke. Das war noch eine Ergänzung. Fleischberg würden wir – – den Fleischberg könnten wir dann auch noch mit in die Arbeitsgruppe schieben? Also, ich stelle den Antrag, die CDU hat dem zugestimmt, daß wir dies in die Arbeitsgruppe [verweisen].
Zur Geschäftsordnung, Herr Hammer?

Hammer (VdgB): Ja, ich möchte hier noch einmal kundtun, daß wir eigentlich dagegen protestieren, daß wir unseren Standpunkt hier nicht kundtun konnten.

Ducke (Moderator): Aber verstehen Sie, wir haben das erst zur Kenntnis gebracht. Tun Sie jetzt nicht, geschäftsordnungsmäßig, ja – –

Hammer (VdgB): Ja, ich möchte das hier auch nur noch einmal sagen, daß wir zumindest die Gelegenheit bekommen, daß dieses Material der Regierung mitgegeben wird.

Ducke (Moderator): Ist doch schon.

Hammer (VdgB): Es ist entschieden, daß die Kommission die Arbeitsgruppe „Wirtschaft" dieses überarbeitete Material aus der Wirtschaftsreform III – Landwirtschaft schon am Tisch bearbeitet hat. Und wenn die Mitarbeit am Runden Tisch – –

Ducke (Moderator): Also, ich kann Ihnen nur sagen, der Regierung ist es eh schon mitgegeben, die Anträge liegen alle hier so. Brauchen Sie. Also, der Antrag der CDU – –

Hammer (VdgB): Ich möchte, daß wir als Vertreter der Bauernschaft in unserem Lande dazu unser Wort auch sagen können und daß wir uns auch artikulieren.

Ducke (Moderator): Ja. Aber bitte, das steht im Moment nicht zur Debatte.

Hammer (VdgB): Gut.

Ducke (Moderator): Den Antrag CDU würden wir dem Arbeitsausschuß überliefern. Sind die Antragsteller – – der Arbeitsgruppe übergeben. Sind die Antragsteller damit einverstanden?

[Die Antragsteller stimmen zu]

Danke.
Dann hätten wir, ja, ich habe hier auch noch einen Antrag, der jetzt gerade ausgeteilt wurde, **Vorlage 13/25, [Antrag PDS an den Ministerrat der DDR: Zum Bodenreformeigentum**[23]**]** Da geht es noch einmal zum **Bodenreformeigentum**. Wir hatten vorhin schon ein Paket gepackt „Eigentum". Sind die Antragsteller PDS einverstanden, daß wir dies zu den anderen da schon vorliegenden Anträgen dazugeben?

Börner (PDS): Wir sind damit einverstanden. Aber wir sind nur etwas verwundert, daß der Antrag erst so spät – – Er ist Freitag schon eingereicht worden.

Ducke (Moderator): Das tut uns leid, ja. Es ist gar kein Problem, es geht mit zum Block Eigentum. Danke.
Vorlage 13/20 [Ergänzungsantrag AG „Ökologischer Umbau": Zur Vorlage 10/3, „Einbeziehung ökologischer Prinzipien in der Gestaltung der gesellschaftlichen und ökonomischen Entwicklung der DDR"[24]**]**. Die Deutsche Bauernpartei, auch wieder so etwas Umfängliches.

---
[23] Dokument 13/9, Anlagenband.
[24] Dokument 13/10, Anlagenband.

Herr Merbach, bitte schön.

Merbach (DBD): Ja. Ich spreche hier nicht nur im Auftrag der DBD, sondern auch im Auftrag der Arbeitsgruppe „Ökologischer Umbau". Und wir haben eigentlich nur unsere Schularbeiten vom 29. Januar gemacht, indem wir die Ergänzungen, die noch gefordert wurden, in der Gruppe behandelt haben, also erstens auf der Grundlage des Umweltberichtes, den wir inzwischen bekommen haben, und zweitens auf der Grundlage der Zusatzanträge, die wir verwiesen hatten an die Arbeitsgruppe.
Ich darf das Wichtigste hier sagen. Es geht zunächst um Abschnitt II.2: Informationspolitik. Das ging darum, daß gefordert wurde, den „Umweltbericht" zu liefern. Den haben wir nun gesehen und auf dieser Grundlage empfehlen wir folgendes, daß „zukünftige Umweltberichte fundierte Umweltschadensanalysen (Landwirtschaft, Biotope, Artenschutz, Bodenbelastung, Lebensraumbewertung, Verbrauch von Naturrohstoffen und so weiter) einschließlich der finanziellen Bewertung enthalten" sollen, daß sie als „Gesamtberichte verschiedener Ministerien und kompatibel zu entsprechenden BRD-Berichten zu gestalten" sind. Und es sollen in ihnen „fundierte Aussagen über Umweltzustand, die Sanierung von Umweltschäden, das umwelttechnologische Potential der Industrie sowie Umweltforschungsprojekte enthalten sein".
Den Punkt übergehe ich jetzt, weil er nur noch einmal – –

Ducke (Moderator): Herr Merbach, nur eine Ergänzung.

Merbach (DBD): Ja, bitte.

Ducke (Moderator): Sie legen hier eine Quasi-Information vor, zu der uns jetzt im Moment eigentlich die Vorlagen fehlen. Ich würde Ihnen vorschlagen, wie wir es mit anderen Informationen auch gemacht haben, daß wir diese Information zur Kenntnis geben.
Der Runde Tisch nimmt die zur Kenntnis; denn es ist sehr mühsam für uns jetzt, wenn Sie sagen, zu Abschnitt II.2 [der **Vorlage 10/3** bzw. **13/20**], ohne daß jemand weiß – wir wissen natürlich zum Umweltkonzept – das parat haben, ob wir das nicht wirklich als Information zur Kenntnis nehmen. Denn es ist doch nicht darüber abzustimmen.

Merbach (DBD): Ja, es ist über einige Dinge dann doch darüber abzustimmen, weil es Zusatz – – Es kommen dann bei den anderen Punkten zum Teil zusätzliche Festlegungen. Wir könnten – –

Ducke (Moderator): Denn wir stimmen ja nicht über den, also wir machen ja nicht den Antrag des Umweltministers zum Gegenstand der Abstimmung. Sie haben dazu nur Ergänzungen hier geliefert.

Merbach (DBD): Nein. Wir haben unser Konzept, ja.

Ducke (Moderator): Bitte, Herr Schulz, Neues Forum.

Schulz (NF): Ich würde, Herr Ducke, Ihren Vorschlag unterstützen und würde darauf verweisen, daß wir ja den ökologischen Umbau noch einmal in die Diskussion nehmen, weil es dort Reste gibt. Und ich denke, da wären diese Ergänzungen angebracht und könnten eingebracht werden. Wir nehmen es zur Kenntnis und hätten die Möglichkeit, diese Information dann einzubringen.

Ducke (Moderator): Wissen Sie, also ich glaube, es wäre uns ein bißchen schade, wenn wir jetzt hier zu den einzelnen

Punkten etwas an uns vorbeirauschen lassen. Darum geht es mir eigentlich nur.

Herr Merbach. Bitte schalten Sie das Mikrofon ein.

Merbach (DBD): Ich mache folgenden Vorschlag: Wir ziehen die Vorlage für heute zurück. Wir haben ja vorhin in der Prioritätenkommission festgelegt, daß in der nächsten Woche **Ökologiefragen** zu behandeln sind.

Ich möchte aber eins sagen, da brauche ich nachher nicht noch einmal zu den Ausführungen von Minister Watzek das Wort zu nehmen, ich möchte gern, daß das, was hier zur **Landwirtschaft** drin steht und was in unseren bisherigen **Vorlagen 10/3 und 10/6** vom 29. Januar [1990] zur Landwirtschaft drin steht, Berücksichtigung finden möge bei der Konzeption, die uns heute vorgelegt worden ist.

Ich werde dazu auch noch einen schriftlichen Antrag machen, der ist schon im Sekretariat, mit dieser kurzen Meinung, dann brauche ich nämlich nachher nicht zu den einzelnen Ökologiepunkten Stellung zu nehmen. Mir reichen die nämlich nicht im Auftrag unserer Arbeitsgruppe.

Und ich möchte alle die Dinge, die dort drin stehen, also gern berücksichtigt wissen. Dann bereden wir es in der nächsten Woche eben.

Ducke (Moderator): Danke. Herr Minister Watzek, Sie haben es auch zur Kenntnis genommen. Ich würde nur darum bitten, Sie ziehen nicht dies zurück, sondern geben es uns hier als Hausaufgabe auf, daß wir das uns auch ein bißchen angucken und dann qualifiziert sprechen.

Merbach (DBD): Ja, Einverständnis.

Ducke (Moderator): Vielen Dank. Also, jetzt haben wir die **Vorlage 13/20** auf das nächste Mal nicht verschoben, sondern uns zur Kenntnis gebracht.

Nach meinem Tisch hier zu urteilen sind wir mit den Vorlagen zur **Landwirtschaft** zu Ende gekommen.

Ich meine, daß damit die Problemfelder sehr deutlich geworden sind. Meine Rückfrage an die Teilnehmer am Runden Tisch ist noch, ob noch Rückfragen an den Minister für Landwirtschaft sind? Ob noch zu den Erklärungen heute Bemerkungen gemacht werden müssen? Dann bitte ich jetzt um die Wortmeldungen.

Es hat sich Herr, jetzt muß ich, Herr Hammer vom VdgB? Nein?

Gutzmer (VdgB): Mein Name ist Gutzmer, ich bin LPG-Vorsitzender aus dem Kreis Wittenberg. Ich habe noch zwei, drei Fragen an den Minister.

Die erste bezieht sich auf die Ausführungen, die gemacht worden sind, zur **materiell-technischen Versorgung** und Basis in der **Landwirtschaft**. Ich habe an einer Beratung beim Ministerrat am 07. Februar [1990] über diese Problematik teilgenommen. Und es ist ja einzuschätzen, daß der derzeitige Zustand unserer **Technik** so schlecht ist, daß es zu einer Überlebensfrage für unsere Betriebe kommen wird, ob hier Unterstützung, konkrete Unterstützung kommt oder nicht.

Wir sind als VdgB davon informiert worden, daß in der Ministerratssitzung in der vorigen Woche dieses Problem nicht behandelt worden ist, und es stand einmal zur Debatte, daß hier sofort etwa 150 Millionen Mark Valuta-Mittel bereitgestellt werden müssen, um Importe zu ermöglichen, damit seitens der Regierung für uns Bauern auf diesem Gebiet wenigstens ein Zeichen der Verbesserung gesetzt werden kann.

Denn wenn wir Traktoren haben, mit denen wir arbeiten, die 20 Jahre alt sind, Ersatzteile in unseren Feldschmieden direkt selbst hergestellt werden müssen, keine Ersatzteile mehr produziert werden sollen dafür, dann sehen wir keine Chance mehr, wie wir das nächste Jahr auf diesem Gebiet überstehen sollen.

Eine zweite Problematik ist hier schon im Laufe des Tages heute mehrfach angesprochen worden. Es geht um den **Absatz tierischer Produkte.** Und die Situation ist nicht nur so, daß Exporte unrentabel sind. Die Situation ist so, daß Exporte notwendig sind, um die **Fleischberge,** die hier vor uns stehen, auch abzubauen sind oder abgebaut werden müssen. Und ich möchte nur einmal ein paar Zahlen sagen, die mir vom Kollegen Hammer hier aus dem Bezirk Frankfurt/Oder vorliegen – –

Ducke (Moderator): Darf ich nur darauf hinweisen, wir haben über die Thematik jetzt schon heute mehrfach gesprochen, wenn Sie bitte nur die Rückfrage an den Minister [vorbringen], ja? Danke.

Gutzmer (VdgB): – Na ja, ist gut. Ich kürze das ab. Was wird getan von seiten des Ministeriums, daß nach dem zweiten Quartal die Verträge über Absatz oder über Abnahme von Schlachtvieh überhaupt zustande kommen, weil wir bisher nur Verträge für das erste Quartal abschließen konnten. Und was dann wird, auch im **Zucht- und Nutzviehbereich,** ist relativ unklar, so daß wir auf dem Gebiet hier unbedingt eine Information und Aussage brauchen.

Eine weitere Anfrage bezieht sich auf die **Übergangsphase an den EG-Markt.** Und wir stellen hier die Forderung, daß diese Übergangsphase für uns Bauern ähnlich wie beim Übergang mit Portugal über mehrere Jahre vor sich gehen muß. Und wir fordern hier wenigstens **acht bis zehn Jahre** Übergangsphase.

Und dann würde ich gleich noch eine Sache nachschieben. Wir möchten gerne die Forderung an den Minister aufmachen, daß die VdgB in der „**Landwirtschaftskommission DDR und BRD**" zu integrieren ist und im Anschluß an die Forderung hier eine Antwort gegeben werden kann vom Ministerium, damit wir personelle Vorschläge dazu einbringen können.

Danke schön.

Ducke (Moderator): Das war Herr Gutzmer von VdgB. Es hatte sich noch gemeldet Herr Möller, NDPD. Bitte, Herr Möller, NDPD. Dann Herr Freiberg, NDPD; Herr Zimmermann, Neues Forum.

Möller (NDPD): Herr Minister Watzek, Sie haben auf die Einlassungen von Herrn Merbach bezüglich der ökologischen Aspekte zustimmend genickt. Ich darf also davon ausgehen, daß dieses Problem sicherlich in Ihrer Konzeption stärkere Berücksichtigung finden wird. Ich möchte hier aber ganz konkret auf etwas hinweisen und daraus eine Frage an Sie ableiten.

Die Aspekte der **Umweltvorsorge** sind in ihren Materialien, soweit es den Rahmen der landwirtschaftlichen Produktion betrifft, sehr kurz gekommen. Auch in der **Vorlage 13/1,** die wir heute hier als erste gehabt haben, wird der Eindruck erweckt, als ob die **Sanierung von Umweltschäden** das ist, was von der Landwirtschaft im Augenblick am dringendsten zu fordern ist.

In einem Material Ihres Ministeriums heißt es, ich zitiere: „daß davon ausgegangen werden muß, kurzfristig solche ökonomischen Rahmenbedingungen zu schaffen, die ökologisches Verhalten bei der Landnutzung ermöglichen und fördern. Es muß gewissermaßen eine gerechtere gesamtgesellschaftliche Aufwandteilung bei dem im Rahmen der Wirtschaftsreform geforderten ökologischen Umbau erreicht werden".

Ist das so zu verstehen, daß Sie ein **Handlungskonzept** in Richtung **ökologischer Umbau** entwickeln, und wie soll das in seinen Zügen aussehen, um die Anforderungen der Arbeitsgruppe „Ökologischer Umbau" zu erfüllen?

Ducke (Moderator): Danke, Herr Möller, NDPD. Herr Freiberg, NDPD. Dann Herr Zimmermann, Neues Forum.

Freiberg (NDPD): Ja. Eine Frage noch an Herrn Minister Watzek. Wir wissen, daß die Mehrzahl der Genossenschaftsbauern **individuelle Hauswirtschaften** betreibt und daß das Ergebnis der Produktion wesentlich dazu beigetragen hat, spürbar die **stabile Versorgung der Bevölkerung** zu sichern. Die Frage: Welche Vorstellungen bestehen zum Fortbestand der individuellen Hauswirtschaften?

Ducke (Moderator): Danke, Herr Freiberg, NDPD. Herr Zimmermann, Neues Forum, bitte.

Zimmermann (NF): Herr Minister Watzek hat in seinen Ausführungen auf den **desolaten Zustand unserer Technik** und die **Ersatzteilversorgung** hingewiesen. Diese Aussagen, daß das kurzfristig geregelt und in Ordnung gebracht wird, haben wir in den vergangenen Jahren von führenden Vertretern der ehemaligen Partei und Regierung sehr oft zu hören bekommen in der Landwirtschaft. Nein, es hat sich nichts geändert.

Und deshalb bitte ich doch um konkrete Vorstellungen, Ausführungen, wie das nun geändert werden soll. Ich meine zum Beispiel, daß es ein unhaltbarer Zustand ist, daß wir keine Verträge abschließen über bestimmte **Lieferfristen von Ersatzteilen**. Bei wichtigen Ersatzteilen und Ersatzteilbaugruppen gehört es wohl dazu, daß der Lieferer von Maschinen auch [eine] vertragliche Bindung über [die] Lieferung von Ersatzteilen eingeht. Das ist natürlich nur ein Punkt. Aber das ist eine Sache, die man meiner Ansicht nach kurzfristig regeln kann.

Das andere, daß generell die **Qualitätsverbesserung** unserer Maschinen und Ausrüstungen in der Landwirtschaft notwendig ist, das wird wahrscheinlich nur über die Hilfe und Unterstützung anderer, ich meine jetzt auch Unternehmen der Bundesrepublik oder westeuropäischer Unternehmen, lösbar sein. Und hier bitte ich darum, daß die Möglichkeiten auch geprüft sind und kurzfristig hier in Angriff genommen werden.

Ducke (Moderator): Danke, Herr Minister. Das waren die Rückfragen noch an Sie. Darf ich die Teilnehmer des Runden Tisches bitten, sich die **Vorlage 13/1**, über die wir noch nicht abgestimmt haben, in der Zwischenzeit vorzunehmen? Dann stimmen wir nämlich dann darüber ab ohne Debatte. Aber jetzt erst die Antworten von seiten der Regierung.

Bitte, Herr Minister.

Watzek (Minister für Land-, Forst- und Nahrungsgüterwirtschaft): Ich beginne gleich mit Kollegen Zimmermann und damit auch mit Problemen, die von anderen Teilnehmern hier aufgeworfen worden sind, was die **Ausrüstung mit Technik** und die **Ersatzteilversorgung der Landwirtschaft** dann betrifft.

Ich brauche nicht in die Geschichte zurückgehen, daß das schon ein Problem der letzten Jahrzehnte ist – ungeklärt, ungelöst und, wie gesagt, geschuldet der **verfehlten Akkumulations- und Reproduktionspolitik** der damaligen Führung.

Kurzfristige Lösung, was Ersatzteile anbetrifft, können wir nur erreichen, wenn das gegen das **Finalprodukt** und teilweise gegen den **Export von Landmaschinen** und Traktoren der Inlandproduktion geht. Hier haben wir Forderungen gegenüber der Industrie aufgemacht, da ganz einfach die gegenwärtige Produktion, der Rückgang der Produktion in den wichtigsten Kombinaten der Industrie, die für die Landwirtschaft Zulieferverpflichtungen haben, faktisch von der laufenden Produktion nicht abgesichert werden kann.

Wir haben erreicht, daß wir 15 Millionen zusätzliche Valuta-Mark für den Import aus dem NSW-Gebiet [Nichtsozialistisches Wirtschaftsgebiet] für **Ersatzteile** bereitgestellt bekommen haben, da ganz einfach zur Zeit im Inland nicht die Voraussetzungen bestehen, das Notwendige an Ersatzteilen, dabei immer besonders ausgewählte, für bestimmte Maschinen und Geräte zu erhalten.

Ich muß darauf hinweisen, daß hier jede Woche nach wie vor, wie das in der alten Form der Bilanzierung und Planung der Fall war, jede Woche sogenannte **Rapportberatungen mit Bilanzentscheidungen** durchgeführt werden, um einmal ganz konkret für die nächste Woche festzulegen, welche Ersatzteile in welchem Umfange welchem Sortiment auch bereitgestellt werden müssen, um das Dringendste abzusichern, ich muß das so deutlich sagen in der gegenwärtigen Situation.

Was den Komplex der **modernen Technik** anbetrifft, also **Modernisierung unserer Landwirtschaft** und auch der **Verarbeitungsindustrie** aus der Sicht der **Vorbereitung auf die Marktwirtschaft**: Ich muß es deutlich sagen, ich bin der Meinung, daß weder im Rahmen der DDR noch im Rahmen [der] RGW [Rat für Gegenseitige Wirtschaftshilfe] zur Zeit umfassende Lösungen angeboten werden und angeboten werden können. Wir müssen uns hier auch ganz einfach in Richtung EG-Raum öffnen und uns dort Lösungen ansehen und letztlich Lösungen auch versuchen zu erreichen.

Und ich muß sagen, das geht teilweise im Rahmen unserer Außenhandelsbilanz durch **Bereitstellung von Importen**. Wir haben auch erreichen können, daß wir in diesem Jahr für rund 100 Millionen Valuta-Mark zusätzlich Importe an Technik und Technologien **für die Nahrungsgüterwirtschaft** realisieren, besonders für die Schlachtindustrie und die Milchverarbeitung, zusätzlich, muß ich sagen.

Aber ich muß auf der anderen Seite darauf hinweisen, daß grundsätzliche Lösungen zukünftig nur über Geschäftsbeziehungen möglich sein werden. Uns schenkt auch keiner etwas. Jeder will auch Geschäfte machen. Das heißt, wir werden ganz einfach mit dem **Übergang zur Marktwirtschaft über Kredite**, die aufzunehmen sind durch die Betriebe, durch die LPG, VEG [Volkseigenes Gut] und Nahrungsgüterverarbeitungsbetriebe uns hier Lösungen erarbeiten müssen im Rahmen auch der hier vorskizzierten Währungsunion.

Es geht ganz einfach darum, daß wir sowohl versuchen, über den ERP-Kredit [European Recovery Program] die 6 Milliarden Mark, zumindest die Betriebe, die in Richtung einer Handelstätigkeit, einer Verarbeitungstätigkeit, eingeschätzt werden können, nicht als reine Landwirtschaftsbetriebe, sondern als gewerbetreibende Betriebe versuchen müssen, mit in diesen ERP-Kredit reinzubekommen.

Die Landwirtschaftsbetriebe an sich sind dafür nicht vorgesehen. Und auf der anderen Seite, daß wir mit der **An-**

siedlung entsprechender Banken, auch der Raiffeisen-Genossenschaft, in unserem Lande in den nächsten Monaten ganz einfach darauf ausgehen müssen, **Kredite** zu erhalten, um damit die notwendigen Importe an Maschinen und Geräte aus dem EG-Raum zu sichern. Ich muß sagen, eine andere Lösung sehe ich zur Zeit nicht.

Zur **individuellen Hauswirtschaft**, zur **individuellen Produktion**: Wir gehen davon aus, daß die individuelle Produktion etwa in der gegenwärtigen Größenordnung beibehalten werden sollte, auch aus der Sicht, daß die individuelle Produktion auch für den Bauern und den Dorfbewohner eine wichtige Seite des Lebens auf dem Dorf darstellt.

Letztlich zum Leben auf dem Dorf gehört, daß man auch Hühner, Enten und Gänse und ein Schwein und auch einmal einen Bullen hält. Wir sind gegen die Überspitzung in einigen Fällen, wo teilweise dann auch mit **unlauteren Mitteln** versucht wird Futter zu erwirtschaften, um letztlich dann **überhöhte Tierbestände** zu halten. Wir sind dagegen, aber sind für eine richtig eingeordnete, vernünftige Organisation der individuellen Produktion.

Wir werden dabei bestimmte **Regulierungsmaßnahmen** durchführen, die wir bereits in diesem Frühjahr begonnen haben. Wir brauchen eben nicht 14 000 Tonnen Gänseproduktion, da wir dafür gar keinen Absatz haben. Deshalb müssen wir hier Stimulierungsmöglichkeiten zurücknehmen, um etwa auf die Ebene einzupegeln, die wir an Gänseproduktion für die dann brauchen. Und bei Karnickelproduktion ist das ähnlich, daß wir auch Regulierungsmaßnahmen einführen müssen, um faktisch den Bedarf zu sichern, nicht eine Überproduktion, mit der wir dann Probleme haben und sie nicht absichern können.

Zu den **ökologischen Anforderungen**: Wir gehen davon aus, daß die Landwirtschaft auch ein Bereich ist, der höhere Anforderungen an sich selbst stellen muß, was Ökologie und Umwelt anbetrifft. Dabei ist die Landwirtschaft der Zweig, der rund 80 Prozent des Territoriums unseres Landes beeinflußt durch die Produktion in der Pflanzen- und Tierproduktion und damit eine sehr hohe **Verantwortung** auch **zur Landschaftserhaltung und -gestaltung** und aller ökologischen Probleme hat.

Ich muß allerdings darauf hinweisen, daß es nicht nur allein der Landwirtschaft angelastet werden kann. Wir müssen hier auch die **Forderungen**, die wir **an die Industrie** stellen, noch mit größerer Konsequenz abverlangen. Ich weise nur auf die Qualität der Düngemittel und die Qualität der Pflanzenschutzmittel [hin], die Voraussetzung sind, damit wir also mit größerer Präzision, mit geringerer Wirkung auf die Umwelt mit diesen notwendigen Intensivierungsmitteln umgehen können.

Ich verweise eben auf das Problem **ungeklärter Technik**. Ich muß darauf hinweisen, wenn wir eben **Pflanzenschutztechnik** haben, die teilweise 15 und 20 Jahre alt ist, dann ist damit keine sachgemäße Applikation von Pflanzenschutzmitteln mehr machbar und damit dann auch mit Umweltproblemen dann auch belastet. Ich muß darauf hinweisen.

Wir als Landwirtschaft haben die Verantwortung, im ökologischen Umbau ganz gezielt die Maßnahmen zu realisieren, die wir zu beeinflussen haben. Wir müssen aber als Landwirtschaft sagen, die anderen Bereiche der Volkswirtschaft, insbesondere die Industrie, muß mithelfen, damit wir dieser Anforderung besser gerecht werden können.

Zu den Anfragen der Vertreter der VdgB: **Integration in die Wirtschaftskommission** wird abgestimmt. Einen Zeitraum von acht bis zehn Jahren **Übergangslösung** halte ich zu lang, zu weit gespannt. Ich bin aber der Meinung, und das wurde vom Professor Schmidt hier noch eindeutig nachgewiesen, daß wir eine Übergangslösung benötigen, unbedingt, in den Varianten, die hier dargelegt wurden.

Und ich darf hier sagen, daß in meinen Gesprächen mit Herrn Kiechle [Bundesminister für Ernährung, Landwirtschaft und Forsten] und mit den Verbandspräsidenten, Bauernverband, Raiffeisen-Genossenschaft und anderer Verbände der Landwirtschaft der BRD, wir darüber Übereinkunft erreicht haben, daß es unbedingt notwendig ist, Übergangslösungen und **Anpassungslösungen** für die Landwirtschaft unserer Republik in diesem Prozeß zu erreichen. Das heißt also, hier nicht nur unsere Erkenntnis, sondern auch die Erkenntnis bei den Herren in der BRD.

Absatz Tierprodukte: Ich darf sagen, wir haben jetzt zusätzlichen Export organisiert, Leben für Export, insbesondere nach Rumänien, nach Jugoslawien. Wir versuchen, zusätzliche Importe in die Sowjetunion und nach Rumänien aus den Kühlhäusern zu organisieren, um hier Entlastungen zu erreichen.

Wir versuchen, die Lösungen der **Lohnschlachtungen** auszubauen, auch mit der BRD, allerdings mit der Problematik, daß jede Tonne Fleisch, die zur Schlachtung kommt, zurückgenommen werden muß, weil ja hier **Ausschreibungen** verbindlich sind und kein zusätzlicher Export in den EG-Raum gestattet ist. Also, hier alle Lösungen, daß wir im Monat März eine Entkrampfung dieser Situation erreichen müssen, eindeutig erreichen müssen.

Und was das Problem der **materiellen Versorgung** anbetraf, hatte ich bereits im Zusammenhang mit den Bemerkungen von Herrn Zimmermann Stellung genommen.

Ducke (Moderator): Danke, Herr Minister. Ich gebe zu, daß bei einigen Worten mir das Wasser im Mund zusammengelaufen ist. Vielen Dank.

Wir haben noch eine Abstimmung zu diesem Komplex. Dann können wir für heute das Thema **Wirtschaft und Landwirtschaft** abschließen, nämlich die **Vorlage 13/1**. Ich denke, nach den geführten Diskussionen können wir mit den Änderungen, über die uns ja Herr Engel informiert hatte von der Redaktionsgruppe, über dieses vorgelegte Material abstimmen, daß der Runde Tisch diese Vorlage der Arbeitsgruppe unterstützt, ja? Es ist doch noch eine Wortmeldung?

Herr Wiedemann, bitte.

Wiedemann (CDU): Ja. An und für sich wollten wir den Antrag schriftlich formulieren, aber das Sekretariat sagte, das seien nur eineinhalb Zeilen, und man bat uns, das hier mündlich vorzutragen.

Und wir bäten darum, auf der Seite 2 vielleicht ganz bescheiden als letzten Stabstrich, [der] aber trotzdem nicht sehr unwichtig [ist], ergänzen zu dürfen: „Schaffung notwendiger Rahmenbedingungen für die Gründung und Tätigkeit bäuerlicher Familienbetriebe"

Ducke (Moderator): Ich frage die Antragsteller, ob sie damit einverstanden sind, dann brauchen wir da gar nicht so lange formulieren. Bitte?

Junghanns (DBD): Wir sind damit einverstanden.

Ducke (Moderator): Danke. Damit wäre dieser Stabstrich, würden Sie bitte uns noch einmal sagen?

Wiedemann (CDU): Ja, sehr gern: „Schaffung notwendiger Rahmenbedingungen für die Gründung und Tätigkeit bäuerlicher Familienbetriebe".

Ducke (Moderator): Vielen Dank. Die Antragsteller haben zugestimmt, so daß der Antrag nun in dieser veränderten Form vorliegt. Darf ich um Ihre Zustimmung bitten zu dem vorgelegten Material unter **13/1** der Arbeitsgruppe „Wirtschaft/Landwirtschaft"? Wer dafür ist, den bitte ich um das Handzeichen. Das ist die Mehrheit. – Gegenstimmen? Es gibt keine Gegenstimme. – Enthaltungen? Es gibt 1 Stimmenthaltung. Stadtbewohner.

Damit haben wir den Komplex Landwirtschaft [erledigt]. Herr Hammer?

Hammer (VdgB): Eine kurze Frage an Herrn Minister, wo er uns die Anfrage von seiten der VdgB zu der Beteiligung an der Regierungskommission – wird geprüft, also, ich – –

Watzek (Minister für Land-, Forst- und Nahrungsgüterwirtschaft): Wird abgestimmt.

Ducke (Moderator): Wird abgestimmt.

Hammer (VdgB): Wird abgestimmt? Also, wir möchten das schon fordern, auch in Verbindung mit dem Bauernverband der BRD, der das auch fordert.
Danke schön.

Ducke (Moderator): Danke, es ist zur Kenntnis genommen und Sie werden dort die Antwort erhalten. Ich danke den Vertretern der Regierung, Landwirtschaft und Umwelt, daß sie sachkundig Auskunft geben konnten und uns auch in die Thematik einführten, allen Antragstellern für die konstruktiven Anträge diesmal. Und wir schließen damit das Thema Wirtschaft/Landwirtschaft und haben uns vielleicht doch eine Pause verdient. Ich schlage vor, wir treffen uns wieder 16.50 Uhr, zehn Minuten vor fünf zur Weiterführung. Eine Viertelstunde, zwanzig Minuten müssen wir haben.
Vielen Dank.

[Unterbrechung der Sitzung von 16.30 bis 17.00 Uhr]

TOP 11: Anträge zur Erklärung von Ministerpräsident Dr. Hans Modrow

Ziegler (Moderator): Wir setzen unsere Verhandlungen fort und es soll jetzt folgendermaßen verfahren werden:
Zunächst nehmen wir den Tagesordnungspunkt **Erklärung des Ministerpräsidenten** wieder auf, um die Dinge, die dort noch einzubringen sind, jetzt abzuarbeiten, [wir] nehmen [uns] dann den Tagesordnungspunkt 3, **Sozialpolitik** und 4, **Versammlungsgesetz** vor.

Wir werden sehen, wie lange wir dazu brauchen. Nach Möglichkeit sollte es zügig passieren, aber wir werden uns dann überlegen müssen, ob wir noch eine Pause zwischendurch machen oder ob wir in einem Marathonlauf den Rest der Tagesordnung bewältigen können. Das wird sich zeigen.

Ich rufe jetzt auf noch einmal den Tagesordnungspunkt, der zusätzlich gekommen ist, nämlich die **Erklärung des Ministerpräsidenten Modrow**. Und ich möchte zunächst sagen, welche Vorlagen hierbei noch einmal kurz verhandelt werden sollen. Ich hoffe, daß es wirklich kurz geht. Da ist zuerst die bereits verlesene Erklärung, **Antrag 13/17: Erklärung und Antrag zur aktuellen Situation**, von der SPD.

[Vorlage] **13/14**, ich sage immer in Kurzfassung: **Ablehnung eines Anschlusses nach Artikel 23 des Grundgesetzes, Initiative Frieden und Menschenrechte**.

Es folgt **13/26**, die Reihenfolge ist so überlegt, **Antragsteller CDU**, da geht es um [die] **Sicherung von sozialen Dingen der Mitbürger**.

Schließlich dazu im engsten Zusammenhang [Vorlage] **13/24**. Hier überschneiden sich beide Vorschläge etwas.

Und dann schließlich [Vorlage] **13/27** [Antrag PDS: Standpunkt zu einem Sozialverbund (Empfehlung eines deutsch-deutschen Runden Tisches)[25]], auch Sozialverbund mit der Bundesrepublik.

Und [Vorlage] **13/28**. Da geht es noch einmal um [die] **Währungsunion**. Da hat die **Arbeitsgruppe „Wirtschaft"** Vorschäge zu machen, die sie bereits letztlich eingebracht, aber nicht mehr verhandeln konnte.

Und es kommt dann [Vorlage] **13/16** [**Verfassungsänderung und Rechtsfragen**[26]], eine etwas schwierige Frage, weil sie sehr grundsätzlicher Art ist, ziehmlich am Schluß.

Und nach meinem Vorschlag sollte dann als letztes [Vorlage] **13/23**, weil das noch eine Erklärung ist, den Abschluß bilden.

Das waren die Dinge, die nach meiner Übersicht hier an dieser Stelle zu verhandeln sind.
Herr Klein, bitte.

Klein (VL): [Vergessen wurde **Vorlage**] **13/19** [**Eigentums- und Nutzungsverhältnisse**], die aus dem Paket der vorhin verhandelten Anträge mit hinübergenommen wurde, und zwar zusammen mit dem SPD-Antrag.

Ziegler (Moderator): Wie, welches ist das?

Klein (VL): [Vorlage] **13/19** [Antrag VL: Zu den Eigentums- und Nutzungsverhältnissen der DDR-Bürger].

Ducke (Moderator): Das ist aus dem Paket „Wirtschaft". Ich suche es raus.

Ziegler (Moderator): Aha, wenn Sie – ja gut, **13/19** werden wir dann einordnen, ja. Danke schön. So, verlesen, ich rufe auf die **Vorlage 13/17** [**Erklärung und Antrag der SPD zur aktuellen Situation**]. Sie wurde bereits heute vormittag von Herrn Brinksmeier, wenn ich mich richtig erinnere, im vollen Wortlaut verlesen. Sie wurde auch dem Ministerpräsidenten bereits übergeben und der hat erklärt, ich nehme sie mit für die Regierung.

Es ist jetzt nur noch einmal die Frage, ob hier Wortmeldungen sind, ehe wir dann nach der Unterstützungsfrage fragen. Herr Brinksmeier, wollen Sie noch etwas dazu sagen?
Bitte tun Sie das.

Brinksmeier (SPD): Ich möchte nicht, daß der Eindruck entsteht, daß hier alle ehemaligen und noch tätigen **Funktionäre als Gauner** bezeichnet werden. Der Grundtenor ist einfach folgender, daß ihr Denken, daß die Frage der Kontrolle einfach nicht übersichtlich und auch für die Bevölkerung übersichtlich geregelt wird. Soviel noch dazu von mir.

---
[25] Dokument 13/11, Anlagenband.
[26] Diese Vorlage wurde im Verlauf der späteren Beratung zurückgezogen.

Ziegler (Moderator): Ja, das ist da vielleicht besonders wenn da, also „bei Gelddingen auf die Finger gucken", nicht, diese Formulierung, die etwas verwundert, ja. Ja, gibt es sonst Wortmeldungen zu dieser **Erklärung, 13/17 [Erklärung und Antrag SPD: Zur aktuellen Situation]**?

Es ist auch in der Aussprache mit dem Ministerpräsidenten eigentlich nichts Kritisches eingewandt worden, so daß ich dazu neige zu fragen, ob der Runde Tisch mit dieser Zusatzerklärung von Herrn Brinksmeier, der jede Beleidigung ausschließen soll, dem zustimmend, das unterstützen kann.

Ich sehe keine Wortmeldung. Dann frage ich, wer kann dies unterstützen, den bitte ich um das Handzeichen. Das ist die Mehrheit. – Gegenstimmen? – Enthaltungen? – 7 Enthaltungen. Danke schön.

Wir rufen auf jetzt die **Vorlage 13/14 [Antrag IFM: Zur NATO-Mitgliedschaft, zur Oder-Neiße-Grenze und zum Rechtsweg in die deutsche Einheit]**, und hier geht es um den **Antrag der Initiative Frieden und Menschenrechte** in Kurzfassung: **Keinen Anschluß der DDR an die Bundesrepublik nach Artikel 23 des Grundgesetzes.** Damit das nicht so in der Luft hängt, ist dieser Artikel auf der Rückseite mit abgedruckt worden, denn sonst weiß man ja gar nicht, worüber man dort spricht.

Der Hauptinhalt heißt: Jedes deutsche Land, was den Antrag stellt, kann in die Bundesrepublik aufgenommen werden. Also, das ist ganz grob in Kurzfassung gesagt.

Herr Poppe, wollen Sie dazu noch etwas erläutern?

Poppe (Minister o. G., IFM): Ja, ich möchte dazu sagen, daß es sich hier bei den drei Punkten, die hier als Antrag noch einmal formuliert sind, nicht um etwas grundsätzlich Neues handelt.

Wir haben in [der] einen oder anderen Form darüber am Runden Tisch bereits gesprochen. Es ist also in Sätzen, von früheren Anträgen sind bereits ähnliche Formulierungen enthalten. Wir haben uns deswegen veranlaßt gesehen, auch die Punkte 1 und 2, ich lese sie dann gleich noch einmal vor, hier aufzunehmen, weil im Anschluß oder während des Besuchs, den wir in Bonn vorige Woche gemacht hatten, diese Diskussionen zur **NATO-Mitgliedschaft** und Diskussionen zur **Oder-Neiße-Grenze** alle wieder aufgewärmt worden sind und von verschiedenen Stellen dort Vorstellungen geäußert wurden, die unseren nicht entsprachen und deshalb sehen wir uns veranlaßt, bestimmte Aussagen, die am Runden Tisch schon gemacht wurden, noch einmal zu bekräftigen und in einem Punkt auch zusätzliche Vorschläge zu machen. Das betrifft dann den Punkt 3. Ich lese jetzt noch einmal den Antrag vor.

[Vorlage 13/14, Antrag IFM: Zur NATO-Mitgliedschaft, zur Oder-Neiße-Grenze und zum Rechtsweg in die deutsche Einheit]

Angesichts der Spekulationen über eine mögliche NATO-Mitgliedschaft des zukünftigen Deutschlands,

angesichts der von Bundeskanzler Kohl auf der Pressekonferenz am 13. Februar 1990 vertretenen Position zur Oder-Neiße-Grenze

und angesichts der Äußerungen von Parteien in der DDR über eine mögliche Wiederinkraftsetzung der Verfassung von 1949 beziehungsweise über den Anschluß der Länder der DDR nach einer entsprechenden Verwaltungsreform

an die Bundesrepublik gemäß Artikel 23 des Grundgesetzes der BRD möge der Runde Tisch bekräftigen und beschließen:

1. Eine NATO-Mitgliedschaft des zukünftigen Deutschland ist mit dem Ziel der deutschen Einheit im Rahmen einer europäischen Friedensordnung nicht in Einklang zu bringen und wird deshalb grundsätzlich abgelehnt.

2. Die Beendigung der Teilung Europas ist nur möglich, wenn die bestehenden Grenzen nicht in Frage gestellt werden. Vorbedingung der deutschen Einheit ist deshalb eine gemeinsame Erklärung beider deutscher Staaten, die bestehenden Grenzen, insbesondere die Oder-Neiße-Grenze vorbehaltlos anzuerkennen und ihre Sicherheit von deutscher Seite aus zu garantieren.

3. Der Anschluß der DDR an die Bundesrepublik durch eine Ausweitung des Geltungsbereiches des Grundgesetzes der BRD nach Artikel 23 wird abgelehnt.

Stattdessen sollte wie folgt verfahren werden:

– Vorlage der Grundsätze einer neuen Verfassung der DDR durch die Arbeitsgruppe des Runden Tisches und Beschlußfassung durch den Runden Tisch noch vor den Volkskammerwahlen am 18. März 1990.

– Fertigstellung der neuen Verfassung der DDR unter Berücksichtigung der Beschlüsse des Runden Tisches und ihre Verabschiedung durch Volksentscheid zum frühest möglichen Zeitpunkt nach den Wahlen.

– Bildung einer verfassunggebenden Versammlung aus Bürgerinnen und Bürgern beider deutscher Staaten.

– Verabschiedung einer deutschen Verfassung durch Volksentscheid gemäß Artikel 146 des Grundgesetzes der BRD und eines entsprechenden Artikels der neuen Verfassung der DDR.

– Wahl eines deutschen Parlaments auf der Grundlage der neuen deutschen Verfassung.[27]

Ziegler (Moderator): Vielen Dank für die Einbringung. Klar sind ja die Punkte. Sie stehen jetzt zur Aussprache.

Herr Klein und dann Herr Brinksmeier.

Klein (VL): Wir möchten hier ausdrücklich und nachhaltig die Positionen der IFM unterstützen, die hier in dieser Vorlage in den Punkten 1, 2 und 3 und in der eben verlesenen Präambel zum Ausdruck kommen.

Ebenso, was die ersten beiden in diesem Antrag formulierten Vorschläge zu einer Alternative, dessen was hier unter Punkt 3 abgelehnt wird, vorgeschlagen wird. Aber gerade weil wir angesichts der jetzt entstandenen Lage in Kenntnis dessen [sind], was maßgebliche Kräfte in der Bundesrepublik hier vorhaben – und das ist ja auch der Grund des Antrags – würden wir unsererseits in Bezug auf die drei letzten Stabstriche dieses Antrags eine Alternative vorschlagen, die Sie falls sie hier nicht mehrheitsfähig ist, als unser **Minderheitenvotum** betrachten wollen, damit unsere Zustimmung, zu dem was ansonsten hier noch steht, deutlich bleibt. Und zwar wäre das in Alternative zu eben diesen drei letzten Stabstrichen die Formulierung „Ausgestaltung einer

---

[27] Auf die Rückseite dieser Vorlagen waren die Präambel, Art. 23 und Art. 146 des Grundgesetzes kopiert.

Vertragsgemeinschaft mit dem Ziel, die wirtschaftlichen und politischen Beziehungen beider deutscher Staaten in Richtung eines Bundes deutscher Staaten fortzuentwickeln".

Ziegler (Moderator): Herr – nur das ich es weiß, machen Sie auch drei Stabsstriche oder – –

Klein (VL): Nein, das wäre jetzt der Ersatz für diese drei.

Ziegler (Moderator): Können wir das bitte dann auch schriftlich bekommen. Gut, danke.

Klein (VL): Ja.

Ziegler (Moderator): Herr Brinksmeier, bitte.

Brinksmeier (SPD): Hier ist zuviel drin, als das man in einem Zug von unserer Seite auch zustimmen kann. Einleitung und Punkt 1, ohne Frage, können wir mitgehen.

Bei Punkt 2 „... bestehende Grenzen nicht in Frage gestellt werden", da ist doch die Grenze, die Deutschland voneinander trennt, sicher nicht gemeint.

Zum 3. Punkt fehlt grundsätzlich, daß die Frage auch der **osteuropäischen Nachbarn** einfach in dem Prozeß einer Verfassungsgebung zur deutschen Einheit mit einbezogen werden muß. Das ist mir hier völlig draußen.

Ich denke, wie man verfahren muß, um auch in Deutschland zu einer eigenen Verfassung zu kommen, [man] muß die Interessen der osteuropäischen und europäischen Nachbarn grundsätzlich mit einbeziehen.

Da hätte ich es schwer so undifferenziert dies als Konzept zu übernehmen.

Ziegler (Moderator): Herr Brinksmeier, Sie würden uns helfen, wenn Sie diesen Gedanken als Stabstrich formulierten, daß man nachher dann darüber abstimmen kann, ob man es vielleicht aufnehmen kann.

Brinksmeier (SPD): Ich würde vorschlagen, nur, also in den einzelnen Punkten einzeln abzustimmen.

Ziegler (Moderator): Ach so, gut. Danke schön.
Jetzt ist Herr Mahling an der Reihe.

Mahling (Vertreter des Sorbischen Runden Tisches): Ja, wie bereits beim vorigen Mal: Es ist eine Bekräftigung, vor allem des zweiten Punktes. Die **Sicherung der Grenze** zu den östlichen Nachbarn sollte uns allen wichtig sein.

Und eine Unterstützung auch für den dritten Punkt, insbesondere für den eigentlichen Hauptsatz diesen dritten Punktes. Denn es gibt auch verfassungsrechtliche Elemente in unserer **Verfassung**, die durchaus nicht verlorengehen dürfen, wenn ich etwa allein an die sorbische Regelung denke. Deswegen unterstütze ich diesen Antrag, daß nicht nur einfach die bundesdeutsche Verfassung ausgedehnt wird.

Ziegler (Moderator): Könnten wir zu Ziffer 2 vielleicht auch aus – damit das klar ist. Mir scheint es zwar klar zu sein, aber damit ich auch nicht bezweifeln kann, „... die bestehenden Grenzen zu den Nachbarstaaten der beiden deutschen Staaten...", oder so ungefähr, „... zu den Nachbarn der beiden Staaten..." einfügen, damit solche Mißverständnisse nicht kommen können. Wenn das jemand dann aufnehmen würde, dann würde ich das vielleicht nachher auch abstimmen lassen.

So, jetzt bitte, Herr Wolf.

Wolf (LDP): Wir halten das politische Anliegen dieses Antrages für sehr bedeutsam und gehen seinem Sinn nach auch mit. Aber auch wir meinen, daß bei der Komplexität dieser Thematik und ihrer politischen Brisanz auch innerhalb Europas doch noch einige Verständigungen und Anmerkungen notwendig sind. Und [wir] würden für diesen Fall auch vorschlagen, einzeln zu den Punkten abzustimmen. Ich darf unsere ergänzenden Gedanken hier nennen.

Im Punkt 1 würden wir sagen wollen, „... eine NATO-Mitgliedschaft des zukünftigen Deutschlands (vor allem des Teiles der bisherigen DDR) ...", so zu formulieren und würden dazu erläutern wollen, daß man ja hier **gesamteuropäische Stabilitätsfaktoren** mit berücksichtigen muß.

In diesem Jahr wird der **KSZE-Prozeß** [Konferenz für Sicherheit und Zusammenarbeit in Europa] weitergeführt und wir meinen, daß auch in diesem Zusammenhang und nicht nur aus deutscher Befindlichkeit über die weitere Zukunft der **militärischen Blöcke** in Europa gesprochen werden muß.

Im Punkt 2 würden wir auch sagen wollen, „die bestehenden Grenzen" sind deutlicher zu artikulieren. Wir würden einfügen wollen, „die bestehenden Grenzen zu den europäischen Nachbarn", und dann halten wir es für politisch durchaus notwendig, insbesondere die Oder-Neiße-Grenze dabei so wie bisher weiter hervorzuheben.

Die kompliziertesten Fragen sehen wir in der Tat auch, wie schon Vorredner hier genannt haben, im Punkt 3, dessen politisches Anliegen wir auch mittragen.

Wir würden vorschlagen, im ersten Anstrich darauf aufmerksam zu machen, daß der Runde Tisch ohnehin mit seiner Prioritätenkommissionsfestlegung für den letzten Beratungstag sich vorgenommen hat, zum Punkt **Rechtsstaatlichkeit** auch einige „Grundsätze", steht hier, oder Eckpunkte, Orientierungen für eine neue Verfassung der neu konstituierten DDR nach diesen Wahlen, der neuen Regierung mit auf den Weg zu geben. Wenn es in diesem Sinne zu verstehen ist, dann würden wir dem folgen.

Mit dem zweiten und dritten Strichpunkt würden wir so mitgehen.

Die letzten beiden auf dieser Seite verdienen unserer Meinung nach auch eine weitere Präzisierung. Wir meinen, daß dann die Herbeiführung einer **gesamtdeutschen Verfassung** auch nur im Zusammenhang mit weiteren **europäischen Entwicklungen** und Entscheidungen stehen kann.

Deshalb der Vorschlag, den vierten Stabstrich zu lassen, den fünften zu streichen als Stabstrich, aber den Text zu belassen und dann diesen Anhang, den ich genannt hatte, hinzuzusetzen: „Wahl eines deutschen Parlaments auf der Grundlage dieser neuen deutschen Verfassung im Zusammenhang mit weiteren europäischen Entwicklungen und Entscheidungen hierzu".

Wir unterstützen in diesem Sinne, also mit den genannten Ergänzungen, den auch im umlaufenden, auf der anderen Seite genannten Hinweis, daß ja der **Artikel 146 des Grundgesetzes** seine Gültigkeit an dem Tage verliert, an dem eine **Verfassung** in Kraft tritt, die von dem deutschen Volk in freier Entscheidung beschlossen worden ist.

Ich möchte noch einmal hervorheben, nur so kann es gehen, nicht im Sinne eines **Anschlusses**.

Ziegler (Moderator): Was Sie von Ihren Darlegungen als Abänderungsantrag haben möchten, bitte ich schriftlich herzureichen, sonst kann man sehr schwer darüber abstimmen.

Herr Stief hat einen Geschäftsordnungsantrag.

Stief (NDPD): Unter Berücksichtigung dessen, was von Herrn Wolf eben gesagt wurde, gewinne ich den Eindruck, daß alle Stabstriche, die in diesem Papier stehen, immer den Eindruck des Unvollständigen hinterlassen, wie auch immer man jetzt ergänzend formuliert. Das Anliegen dieses Papiers, was ich sehr unterstütze, scheint mir doch darin zu bestehen, daß wir zu einer Schlußaussage kommen, im Punkt 3, daß wir eine Verfahrensweise nach **Artikel 23** des Grundgesetzes ganz und gar nicht tolerieren.

Könnte man nicht, daß wäre der Sinn meines Antrages, weil ja auch in der letzten Sitzung zu rechtsstaatlichen Fragen über die Verfassung und Eckpunkte gesprochen wird, hier überhaupt enden und diese Details, die in den Stabstrichen stecken, über die wir lange reden werden und die sicherlich viele Probleme beinhalten, uns jetzt einfach schenken. Denn die Grundaussage ist klar. Wir enden also nach „... abgelehnt", Punkt.

Ziegler (Moderator): Also, das würde aber jetzt nicht gleich entschieden werden können. Es wäre nur ein Hinweis für die Debatte, daß man Hinweise dann aufnehmen kann, um sie dann am letzten Verhandlungstag, dem 12. März, noch einmal nach Vorbereitung übernehmen kann.

Ich würde das als den weitestgehenden Antrag nachher zu dieser Sache also vorziehen ja, Herr Stief, denn sonst würde das jetzt hier, Abbruch der Debatte bedeuten und das sollte noch nicht passieren, weil noch eine Menge zu diesem wichtigen Punkt da ist. Sie sind ja alle aufgeschrieben.

Jetzt Herr Stief, oder wollen Sie jetzt Schluß der Debatte – –

Stief (NDPD): Nein, das war nicht meine Absicht.

Ziegler (Moderator): Na, dann habe ich Sie richtig verstanden. Danke schön. Ja, Herr Poppe ist ja sowieso als Einbringer nachher am Schluß dran und jetzt lese ich vor, Lucht, Schulz, Weiß, Wiedemann, Lietz, Börner, Merbach, Poppe. Herr Lucht hat gestrichen. Danke schön.

Dann [bitte ich] Herrn Schulz vom Neuen Forum zu Wort.

Schulz (NF): Das Neue Forum unterstützt diesen Antrag im wesentlichen, vor allen Dingen im Punkt 3 markieren diese Stabstriche im wesentlichen den Weg, der jetzt vorgezeichnet wird, und er steht in Übereinstimmung mit den Arbeitsergebnissen der Arbeitsgruppe „Neue Verfassung".

Denn wir haben ja die Situation, daß unsere **Verfassung** zur Zeit eigentlich Makulatur geworden ist mit den vielen Durchlöcherungen, die bereits in die Verfassung hineingetragen worden sind und sie [in] ihrer **stalinistischen Prägung** in dieser Weise sicherlich nicht mehr verwendet werden kann.

Und wir haben die Situation, daß das **Grundgesetz der Bundesrepublik** ja keine Verfassung ist, sondern ein Grundgesetz, ein Provisorium und das künftig eine **neue deutsche Verfassung** entstehen muß, und ich glaube, wir sind gut beraten, wenn wir die bisherigen Ergebnisse unserer demokratischen Bewegung in einer neuen Verfassung festhalten und dieses politische Ergebnis in die **gemeinsame Verfassungsverhandlung** einbringen. Insofern markiert der 3. Punkt den Weg dorthin und wir sehen uns dort in Übereinstimmung.

Ziegler (Moderator): Aber das widerspricht dem Hinweis von Herrn Stief nicht, daß wir das wieder aufnehmen können am 12. [März 1990], nicht?

So, Herr Weiß, bitte.

Weiß (DJ): Ich denke, der erste Absatz sollte ergänzt werden durch eine Aussage, die auch nach vorn denkt und zwar nicht nur die Mitgliedschaft in der NATO ablehnen, sondern ich denke, wir sollten sagen, daß ein künftiges einheitliches Deutschland einen **entmilitarisierten Status** anstreben sollte.

Zum 2. Punkt würde ich eine Ergänzung vorschlagen, daß die Beendigung der Teilung Europas nur im Rahmen eines Einigungsprozesses, möglichst im Rahmen des **KSZE**-Prozesses stattfinden sollte, daß in die Klärung der deutschen Einigung die europäischen Nachbarn einbezogen werden sollten und daß ein **europäischer Friedensvertrag** die Grundlage für die deutsche Einheit sein sollte.

Bei [Punkt] 3, im ersten Satz möchte ich ergänzen, „der Anschluß der DDR oder einzelner Länder". Denn wie die Diskussion in den letzten Wochen gezeigt hat, ist die **Rechtssituation** im Bezug auf den **Fortbestand der Länder** durchaus unklar. Es gibt da sehr unterschiedliche Auffassungen, und wenn [wir] nicht wollen, daß wir so eine **Rest-DDR** ohne Sachsen und ohne Thüringen eines Tages werden, dann ist es vielleicht ganz gut, wenn wir da von vornherein eine deutliche Aussage machen.

Ich würde gern den zweiten Anstrich ergänzen, nicht durch „... zum frühestmöglichen Zeitpunkt", sondern „... nach ausführlicher öffentlicher Diskussion". Ich denke, es geht jetzt nicht darum, so schnell wie möglich eine neue Verfassung zusammenzuzimmern, wenn ich das so salopp sagen darf, sondern es geht darum, eine gute Verfassung, die bis zur **Schaffung einer einheitlichen deutschen Verfassung** ja auch Gesetzesgrundlage ist, daß die geschaffen werden muß.

Soweit zur **Vorlage 13/14**.

Ich möchte gleichzeitig die **Vorlage 13/16**, die Demokratie Jetzt eingebracht hat, zurückziehen. Das ist – – ein Teil davon ist in der **Vorlage 13/14** enthalten, und zum anderen ist das eine Meinung, die nicht von der ganzen Bürgerbewegung getragen wird.

Danke sehr.

Ziegler (Moderator): Wir ziehen also jetzt aus dem Verkehr die **Vorlage 13/16**. Aber Herr Weiß, Sie haben eine ganze Menge Dinge angesprochen, die wenigstens in Ziffer 1 und 2 und in den im Ziffer 3 [Eng]gedruckten noch schriftlich kommen müßten, damit man darüber abstimmen kann ja. Ja, Ziffer 3 in den – –

Herr Wiedemann.

Wiedemann (CDU): Ja, ich habe den Eindruck, daß hier sowieso schon eine ganze Menge zusammengefaßt ist, was sich sehr schwer mit einem Votum beantworten läßt. Nun wird es also immer mehr und es wird langsam zu einem Grundsatzpapier, über das man einen ganzen Tag diskutieren müßte. Das sind meine Bedenken über die jetzige Verfahrensweise.

Zum anderen habe ich an Herrn Poppe noch eine Frage. Er hat auf Zeile 6 hier etwas mit der **Verfassung von 1949** zum Ausdruck gebracht. Es paßt sich somit zwischen Oder-Neiße-Grenze und Artikel 23[GG] ein. Es steht so ein bißchen verloren da, nach meinen Begriffen. Ich weiß nicht was damit gemeint sein soll, vielleicht könnten Sie das nachher mit erläutern.

Ziegler (Moderator): Aber Herr Wiedemann, wenn Sie gleich einmal auf [Vorlage] 13/16 gucken, dann ist das schon ganz konkret erläutert, was da gesagt ist.

Wiedemann (CDU): Aber diese Vorlage ist ja zurückgezogen, die haben wir ja nicht mehr. Also, hier geht es darum, was da nun mit der Verfassung von 1949 los ist. Es gibt ja auch Verlautbarungen unserer Partei dazu.

Ziegler (Moderator): Ja, also trotzdem muß ich Sie darauf hinweisen, daß es nur um Äußerungen darüber geht und nicht um die Sache, und dies nur als Begründung genommen wird, warum dieser Vorschlag gemacht wird. Aber Herr Poppe kann das ja nachher Ihrer Bitte entsprechend noch erläutern. Danke.

Herr Lietz.

Lietz (NF): Es ist schon gesagt worden von meinem Nachbarn, daß wir in diesem Papier im Grundsatz zustimmen und getrennt. Ich denke aber, wenn man ein Verhandlungspapier formuliert, mit dem man in Verhandlung eintreten will, dann macht sich das nicht gut, wenn man zu definitiv Positionen beschreibt und sie auch als unverrückbar formuliert, so bei Punkt 1, grundsätzlich „abgelehnt" oder bei Punkt 3, „wird abgelehnt".

Ich denke, wenn man in der Formulierung etwas flexibler ist, daß man hier Positionen benennt, die aber in einem Gespräch und [in] eine Verhandlung eingebracht und da auch durchaus noch variiert werden können, würde dem Sachanliegen dieses Papiers viel mehr Rechnung getragen werden können und würde nicht von vornherein eine Front aufbauen.

Und da meine Frage noch einmal an den Antrag, an den Antrageingeber: Bei Punkt 1, heißt das im Klartext, ich kann es nur so verstehen, daß damit eine **Neutralität des zukünftigen Deutschland** gemeint ist? Und wie verhält es sich dann mit dem Vorhandensein oder mit der Aufrechterhaltung der NATO und des Warschauer Vertrages? Das [ist] eine Frage zu dem Verständnis von Punkt 1.

Ziegler (Moderator): Herr Poppe geht dann noch, können wir bitte die anderen noch nehmen, Herr Poppe und Sie dann sozusagen das Schlußwort machen ja? Herr Börner, was sind Sie?

Herr Börner.

Börner (PDS): Wir unterstützen den vorliegenden Antrag voll und würden die Ergänzungen, die Herr Weiß gemacht hat, voll aufnehmen in das Papier und es als die Formulierung übernehmen, der wir voll inhaltlich zustimmen könnten.

Wir sehen allerdings die Gefahr, inzwischen durch die Vielzahl von Änderungsanträgen, daß der Antrag insgesamt heute nicht verabschiedet werden könnte. Wenn das eintreten sollte, würden wir dafür plädieren, in der vorliegenden Fassung [den Antrag] zur Antragstellung zu stellen.

Ziegler (Moderator): Wir werden das sehen, wie weit das geht mit den Abänderungsanträgen.

Herr Merbach.

Merbach (DBD): Ja, die DBD hat ja heute früh schon darauf hingewiesen, daß die NATO-Mitgliedschaft eigentlich unannehmbar ist. Wir meinen nur, man sollte wie Demokratie Jetzt weitergehen und sollte die **Optionen eines entmilitarisierten Deutschlands** festschreiben. Damit wir nicht einseitig sind.

Ziegler (Moderator): Herr Engel und dann Herr Poppe als Schlußredner in der Aussprache.

Engel (CDU): Die Vielzahl der Veränderungswünsche und Ergänzungen, die hier genannt sind, macht eigentlich nur darauf aufmerksam, wie schwerwiegend, wie gewichtig das Papier ist, das hier zur Beschlußfassung vorliegt.

Es ist schon angedeutet worden, daß es in der letzten Beratung des Runden Tisches, am 12. März [1990], ein Papier geben soll, das, wenn wir so wollen, **Empfehlungen für das neue Parlament** und die neue Regierung ausarbeiten soll, wie sie denn ihre Politik, nach Meinung des Runden Tisches, gestalten müsse.

Ich glaube, wir sollten auch, um diese Geschichte hier ordentlich und fundiert zu machen, sie heute hier zurückstellen. [Wir] sollten sie auch in der **Arbeitsgruppe „Verfassung"** durcharbeiten, denn hier geht es um grundsätzliche Dinge, um verfassungsrechtliche Dinge und damit so verfahren, daß sie dann am 12. März 1990 in die letzte Beratung des Runden Tisches eingebracht wird.

Ziegler (Moderator): Danke.

Nun, Herr Poppe.

Poppe (Minister o.G., IFM): Ja. Also, ich wäre erst einmal einverstanden mit der Änderung des ersten Satzes nach dem Vorschlag des Vertreters der LDP, also: „... des zukünftigen Deutschlands, insbesondere des Territoriums der heutigen DDR ist mit dem Ziel der deutschen Einheit ..." und so weiter.

Zweitens bin ich einverstanden mit dem Zusatz „... zu den europäischen Nachbarn ...", also: „... die bestehenden Grenzen zu den europäischen Nachbarn, insbesondere die Oder-Neiße-Grenze ...".

Drittens bin ich einverstanden, den Antrag abstimmen zu lassen, bis 3. „... nach Artikel 23 wird abgelehnt ...".

Zu den übrigen Änderungen möchte ich eigentlich folgendes sagen: Wir haben eine Formulierung, wo bereits drinsteht „Friedensvertrag", wo drinsteht „Entmilitarisierung ist unser Ziel". Gerade vor einer Woche haben wir das alles beschlossen.

Hier ging es mir darum, drei Begriffe, die permanent die ganze Woche kamen, aus verschiedenen Medien, hier herauszunehmen und dort noch einmal darauf hinzuweisen, weil das drei ganz gravierende **Eckpunkte der Diskussion** sind, die uns ständig zur Zeit beschäftigt und deshalb also mit diesen Begriffen „**NATO-Mitgliedschaft**„, „**Oder-Neiße-Grenze**" und „**Artikel 23**" schon gewissermaßen vollständig umschrieben ist diese Diskussion.

Dieses ist **kein komplettes Deutschlandpapier,** sondern das ist ein Hinweis auf diese drei gravierenden Punkte und für meine Begriffe steht das nicht zur Verhandlung. Das sind keine **Verhandlungspositionen,** sondern das sind Grundsätze, denke ich, in der unsere **DDR-Identität** aufgehoben sein sollte. Und die stehen für mich nicht zur Disposition, und deshalb würde ich vorschlagen lassen, vorschlagen, über diese Punkte, die genannt wurden, so in der Form mit diesen beiden Änderungen, abzustimmen.

Darüber hinaus über die Anstriche noch einmal zu beraten, dann wenn es am 12. März [1990] um die neue Verfassung geht. Ich muß dazu noch einmal erläutern, es geht dort nicht nur um einige Eckpunkte, sondern es geht schon, indem was die Arbeitsgruppe „Neue Verfassung" vorlegen will, um die Grundsätze, zum Teil auch schon um ausformulierte Artikel. Aber auf jeden Fall wird das soweit vorangetrieben sein, daß es nicht einfach nur Eckpunkte sind. Es soll schon soweit Klarheit darüber herrschen, daß man wirklich dann **nach den Wahlen,** aufbauend auf diesem Resultat, umgehend weiterarbeiten kann.

Und die übrigen Punkte, die hier genannt sind, die sollen jetzt bloß besagen, daß es eine mögliche Reihenfolge, aber die darf man nicht umdrehen, oder da darf man nichts herauslassen, sondern es kann natürlich – – Ich hätte auch gerne noch hineingeschrieben, „eine deutsche Verfassung, in der die **Entmilitarisierung des deutschen Territoriums** angestrebt wird", in der neuen Verfassung, in der „die **bestehenden Grenzen** garantiert werden..." und so weiter.

Das wäre alles noch möglich gewesen, aber mir kam es jetzt wirklich darauf an, diese drei grundsätzlichen Punkte, die jetzt immer wieder in der Diskussion sind, besonders hier hervorzuheben.

Ziegler (Moderator): Danke noch einmal für die zusammenfassende Erläuterung. Und nun liegen mehrere Anträge vor. Der weitestgehende ist, daß dieses Papier heute nicht verabschiedet wird, sondern in die **Arbeitsgruppe „Verfassung"** gegeben wird. Ich würde dann allerdings hinzufügen, mit den Änderungsanträgen, damit sie mitbedacht werden und am 12. [März 1990] in überarbeiteter Fassung vorgelegt werden.

Sofort, Herr Poppe. Ich will bloß zu Ende sagen, was hier vorliegt. Ein zweiter Antrag sagte, es sollen nur die drei Punkte einzeln abgestimmt werden, und diese Anstriche sollen überwiesen werden. Wenn die Punkte einzeln abgestimmt werden sollen, dann müssen wir vorher die Abänderungsanträge behandeln, damit ein Text vorliegt, den wir dann übereinstimmend sehen können.

Herr Poppe hatte sich nun zur Geschäftsordnung gemeldet.

Poppe (Minister o.G., IFM): Die Interpretation dessen, was Sie als weitestgehenden Antrag jetzt formuliert haben. Ich finde ein Zurückverweisen in eine Arbeitsgruppe ist keineswegs der weitestgehende Antrag, sondern das ist ein Ausweg, mit dem man um eine entschiedene Aussage, wie sie hier getroffen wird, herumkommt.

Der weitestgehende Antrag wäre, die Zustimmung zu diesen drei Punkten, mit der Ausnahme der Anstriche dort, und eine klare Position, die der Runde Tisch in dieser politischen Situation, die im Moment nach unserem Bonn-Besuch eben auch gerade sehr brisant ist, doch noch einmal hier zu verdeutlichen.

Ziegler (Moderator): Ja. Wenn Sie möchten, daß ich so verfahre, dann laufen Sie Gefahr, daß die Sache dann von denen, die das jetzt nicht verhandeln wollen, abgelehnt wird.

Es geht doch jetzt darum festzustellen: Wollen wir heute über diesen Antrag, der ja vorliegt, im einzelnen abstimmen? Also, ich kann Ihrer Auslegung schwerlich zustimmen, daß, wenn hier gesagt wird, heute wird das nicht verhandelt, ist das am weitestgehenden, denn es wird nämlich heute vom Tisch genommen. Aber, möchte sich jetzt zum Geschäftsordnungsantrag noch jemand melden?

Bitte, Herr Wolf.

Wolf (LDP): Ich denke, die politischen Äußerungen aller von uns am Tisch haben auch im Land deutlich gemacht, welchen Wert wir diesem Thema beimessen und unter diesem Gesichtspunkt wäre ich einverstanden, wenn wir unter Berücksichtigung auch unserer Ergänzungsvorschläge die Angelegenheit, die wichtige Angelegenheit am 12. März [1990] mit zur Entscheidung bringen.

Ziegler (Moderator): Ja, also ich möchte damit, bloß damit wir uns jetzt nicht in Verfahrensfragen verheddern, möchte ich doch die Frage stellen, wer heute dafür ist, die Frage so stellen, daß wir diese Sache heute, so wie verfahren ist, verabschieden. Dann ist Herrn Poppes Anliegen mehr Rechnung getragen, als wenn ich sage gleich von Anfang an: ‚Vertagung', nicht.

Herr Poppe, wollen Sie sich noch einmal äußern?

Poppe (Minister o.G., IFM): Ja, ich denke, daß man diese Kurzform durchaus heute verabschieden könnte. Vorbehaltlich der Erläuterung, die dann im einzelnen noch auf der Grundlage der **Arbeitsgruppe „Neue Verfassung"** am 12. März [1990] dazukommt.

Ziegler (Moderator): Ja, es geht aber bloß um das Verfahren. Ich könnte ja Herrn Engels Antrag nun abstimmen lassen. Er heißt einfach „Vertagung!". Ich wollte ihn positiv formulieren und sagen, daß wir also nicht einfach Vertagung sagen, sondern einfach fragen: Wollen wir heute über die einzelnen Punkte abstimmen oder nicht? Und dann wäre der nächste Schritt zu sagen: Wir haben die gewichtigen Dinge alle benannt, können die auch noch einmal ergänzen, und dann wird es neu vorgelegt am 12. [März 1990]. Das ist die Frage. Aber möchte sich noch jemand äußern? Dann möchte ich doch so verfahren.

Ja, Herr Engel, bitte.

Engel (CDU): Ja, doch noch einmal vielleicht zur Bekräftigung dessen was ich hier, es sind doch hier Dinge drin, für die ich auch den **Runden Tisch** einfach **nicht legitimiert** sehe, zum Beispiel für ein **künftiges Deutschland** zu sprechen, oder solche Formulierungen hier zu gebrauchen.

Alleine von diesen Unsauberkeiten in der Sprache sollten wir ausgehen. Und es geht nicht darum, das vom Tisch zu – oder zu verzögern, sondern es geht wirklich darum, daß wir uns darüber im Klaren sind, daß [wir] alle die Dinge, die hier drin stehen und die auch gesagt worden sind ergänzend dazu, doch wirklich auch verantwortlich und so mit diesem Schwergewicht zu prüfen haben.

Deswegen habe ich eindeutig formuliert, daß nicht an den Ausschuß nur zu verweisen, sondern dort zu prüfen, denn ich habe ausdrücklich gesagt, daß diese Sache dann am 12. März [1990] in ihrer letzten Sitzung des Runden Tisches hier wieder eingebracht wird und dann darüber vom Runden Tisch befunden wird.

Ziegler (Moderator): In überarbeiteter Form, nicht?

Herr Stief.

Stief (NDPD): Ich darf den Gedanken von Herrn Poppe aufgreifen. Ich glaube, darauf könnte man sich einigen. Es gibt hier zwei verschiedene Aktualitätsbezüge. Das eine ist besonders eilig und sehr aktuell, das betrifft die ersten drei genannten Punkte.

Das zweite – und ich glaube, das so verstanden zu haben – könnte übereinstimmend so geregelt werden, daß es dann im Zusammenhang mit Grundzügen oder Orientierungen für eine neue Verfassung als Weg oder als Etappen später verhandelt werden kann.

Ich möchte das noch einmal eindeutig sagen. Wir sollten zur Abstimmung bringen die Punkte 1 bis 3, aber ich möchte auch einen gewissen inneren Zusammenhang herstellen zu alledem, was wir hier schon mühselig und verantwortungsbewußt beraten haben, nämlich das Papier vor dem Besuch Hans Modrows in Bonn.

Es gibt dort in dem Punkt 4 eine Formulierung oder mehrere Formulierungen, die **deutsche Einheit, europäische Sicherheit** angehen. Das haben wir im Konsens verabschiedet. Und hier ist eigentlich das an Auffassungen drin, was diese ersten drei Punkte einfach unterstützt. Und wenn wir nach dem letzten Satz, „Artikel 23 wird abgelehnt", einen inhaltlichen Bezug zu diesem Papier herstellen, das ist die **Vorlage** vom letzten Mal, **12/6**, gewesen, dann wird das auch in einen gewissen inhaltlichen Zusammenhang gestellt, und dann könnte man nach meinem Dafürhalten so verfahren wie eben angedeutet.

Denn die ersten drei Punkte sind wirklich wichtig für heute und im übrigen glaube ich, ich erlaube mir Herrn Engel zu widersprechen, daß der **Runde Tisch** durchaus **legitimiert** ist, über ein **künftiges Deutschland** zu reden.

Ziegler (Moderator): Also, ich möchte jetzt die Frage stellen, wer bereit ist, heute über die ersten drei Punkte – aber dann müssen wir die Veränderungsanträge noch einbauen – abzustimmen. Den bitte ich jetzt einmal um das Handzeichen damit wir das sehen. – Danke schön. Es ist auf jeden Fall die Mehrheit, und wir verfahren so.

Dann gehen wir jetzt dazu über, den Text noch einmal mit den Änderungsanträgen anzusehen. Es war damit allerdings ja mit – –, gleich entschieden, Herr Stief, würden Sie das bitte noch einmal kritisch hören, daß wir sagen: Die ersten drei Punkte, das heißt, ohne die Anstriche, die wollten wir heute nicht mehr behandeln.

Stief (NDPD): Ohne die Anstriche.

Ziegler (Moderator): Möchten Sie, wer kann dem zustimmen, daß wir die Anstriche dann verweisen, weil das ja noch einmal auf den Tisch kommen soll. Wer stimmt dem zu? – Ja, das ist auch die Mehrheit. – Gegenstimmen? – Enthaltungen? – Ja, 5 Enthaltungen.

So, dann gehen wir die drei Punkte durch, und zwar liegen zu der Ziffer 1 Ergänzungsanträge vor. Einen hatte Herr Poppe schon mit aufgenommen, der war von der LDP genannt worden: In der ersten Zeile, eine NATO-Mitgliedschaft des zukünftigen Deutschlands, jetzt sollte kommen eine Einfügung, „... insbesondere des Teils der bisherigen DDR".

[Heiterkeit]

Ja, aber so steht es hier – –

Poppe (Minister o.G., IFM): Vielleicht „der heutigen".

Ziegler (Moderator): Der „heutigen", ja das ist wohl so. Ja, das muß man wohl sagen ja, „... der heutigen DDR". Müssen wir darüber noch reden?

Ja, Herr Börner.

Börner (PDS): Ja, Ich finde diesen Zusatz eigentlich eine Einschränkung der bisherigen klaren Aussage insofern, daß diese Formulierung besonders das Gebiet der heutigen DDR eigentlich impliziert, daß es möglich ist, daß die heutige **Bundesrepublik Mitglied der NATO** bleibt und die heutige **DDR aus dem Warschauer Vertrag aussteigt**.

Und wir halten es für notwendig, daß in diesem Prozeß ein gleichzeitiger, ein **Prozeß der Auflösung der politischen militärischen Blöcke** vollzogen werden müßte, also, ein gleichzeitiger – –

N. N.: Ich würde diese Variante so interpretieren, daß die **DDR** in dem Falle auch noch **Mitglied des Warschauer Paktes** ist.

Ziegler (Moderator): Ja, also, mit Interpretationen ist das immer so eine Sache. Herr Börner weist darauf hin, daß hier unter Umständen Einschränkungen gemacht werden und das, was wir ja wollen, eigentlich gar nicht erreicht wird.

Aber ich sage dann gleich noch dazu: Herr Weiß hat dann einen Antrag, auch noch einen Änderungsantrag eingebracht. Es soll hinzugesetzt werden, „ein entmilitarisierter Status eines künftigen einheitlichen deutschen Staates wird angestrebt". Der würde also solche Bedenken, die Herr Börner gebracht hat, wieder aufheben.

Also, darf ich jetzt erst einmal fragen, wir müssen ja abstimmen. Die Einfügung soll lauten: „insbesondere des Teiles der heutigen DDR". Wer stimmt dieser Einfügung zu? Das müssen wir zählen jetzt, ja. – 5 stimmen dazu. – Gegenstimmen? – Das sind 7. Also, die Einfügung ist hiermit abgelehnt.

Nun kommen wir noch zu einem weiteren Änderungsantrag der LDP und zwar, hinter „... Friedensordnung" in Zeile 3 soll ein „vorerst" eingefügt werden, „... vorerst nicht in Einklang zu bringen und wird deshalb ohne den Kontext zu den KSZE-Verhandlungen dieses Jahres abgelehnt". So soll es heißen nach den Vorstellungen von Herrn Dr. Wolf. Ich sage es noch einmal.

Poppe (Minister o.G., IFM): Das verstehe ich ehrlich jetzt nicht, das müßte noch einmal erklärt werden.

Ziegler (Moderator): Ja, dann müßte Herr, bitte wollen Sie das vielleicht klären, ja. Grundsätzlich soll – –

Wolf (LDP): Das betrifft ähnliche Erwägungen, wie sie Vorredner von mir auch genannt hatten. Denn wir meinten damit auch, daß wenn schon, dann nicht nur über die NATO-Mitgliedschaft, sondern auch über die **Mitgliedschaft der DDR im Warschauer Vertrag** gesprochen werden muß und damit das **Zusammenwachsen beider deutscher Staaten** – ich greife eine Formulierung von Herrn Weizsäcker auf – durchaus auch im Zusammenhang mit **europäischen Stabilitätsfragen** zu sehen ist.

Ziegler (Moderator): Herr Poppe, sind Sie mit dieser Erläuterung einverstanden? Der Text ist ja dann ein bißchen kompliziert. Ich muß den nur noch einmal lesen, ja.

Poppe (Minister o.G., IFM): Das geht aber mit aus dem Wörtchen „vorerst" nicht hervor. Das „vorerst" würde bedeuten, daß man diese Auffassung noch einmal ändern könnte. Der Meinung bin ich hier in dem Text nicht, nein.

Ziegler (Moderator): Ja, wir – –

Poppe (Minister o.G., IFM): Also, da wäre mir lieber der Zusatz von Konrad Weiß, der ja dann etwas sagt, über den angestrebten Status.

Ziegler (Moderator): Der kommt ja doch noch. Darüber müssen wir ja noch abstimmen, nicht.

Poppe (Minister o.G., IFM): Da könnte man sich dann dieses Wörtchen „vorerst" sparen, weil diese zukunftsweisende [Sicht] dann ja da drin wäre.

Ziegler (Moderator): Gut. Ich lasse dann jetzt und getrennt darüber abstimmen, ob die Einfügung des Wortes „vorerst" und dieser Fortsetzung mit dem KSZE-Verweis herein soll. [Das] machen wir getrennt, ja?

Also, der Gesamttext sollte dann lauten, „im Rahmen einer europäischen Friedensordnung vorerst nicht in Einklang zu bringen und wird deshalb ohne den Kontext zu den KSZE-Verhandlungen dieses Jahres abgelehnt". „Grundsätzlich" fällt denn damit weg. Wer ist für die Einfügung des Wortes „vorerst"? – Na, nicht einmal der Einbringer? – Doch, also 2. Ich glaube, ich brauche nicht das ganze mühsame Verfahren hier zu machen.

Wer möchte, also, jetzt kommen wir zu dem Text mit dem Verweis auf den Kontext zu den **KSZE-Verhandlungen** dieses Jahres. Das ist noch etwas anderes als die Zusätze von Konrad Weiß, weil es darum dann um eine Zielangabe geht, „entmilitarisierter Status".

Ja, wer kann die Einfügung unterstützen, „deshalb ohne den Kontext zu den KSZE-Verhandlungen dieses Jahres"? Das müssen wir bitte auszählen. – 9. – Gegenstimmen? – 12. Wir brauchen da, glaube ich, nicht mehr nach der – –

Also, kein Glück gehabt diesmal nicht. Dann bleibt der Text. Aber nun ist noch abzustimmen die Ergänzung von Herrn Weiß. Er möchte hinzusetzen zu Absatz 1, „... ein entmilitarisierter Status eines künftigen einheitlichen deutschen Staates wird angestrebt".

Möchte dazu noch jemand etwas sagen? Nicht der Fall. Ich frage: Wer stimmt diesem Zusatz zu? – Das ist auf jeden Fall die Mehrheit. Gegenstimmen? – Keine Gegenstimme. Keine Enthaltungen. Danke.

So, wir kommen zu Absatz 2. Ich muß jetzt, damit Sie dann wissen, wie Sie sich entscheiden wollen, sagen: Der einfachere Änderungsantrag lautet, daß in Zeile 2, hinter „bestehenden Grenzen", einfach eingeführt wird „zu den europäischen Nachbarn".

Aber Herr Weiß hat einen Ergänzungsantrag, den muß ich, damit Sie wissen, wie Sie stimmen wollen, gleich mitlesen: „Der deutsche Einigungsprozeß soll im Rahmen des KSZE-Prozesses unter Einbeziehung der vier Mächte und der europäischen Nachbarn erfolgen. Ein europäischer Friedensvertrag kann die Voraussetzungen für die deutsche Einheit schaffen".

Also, das ist ein umfangreicherer Zusatz, und da hier auch die europäischen Nachbarn in dem Zusatz drin sind, würde es dann doppelt sein, wenn man es beides machte. Herr Stief.

Stief (NDPD): Ich fühle mich eigentlich durch diese Formulierung bestätigt, was die Bemerkung betrifft **Modrow-Papier**, Seite 3: „Der Runde Tisch", unter Punkt 4, „vertritt die Auffassung, daß der Prozeß der Herstellung der deutschen Einheit in den europäischen Annäherungsprozeß eingeordnet bleiben muß und sowohl die Interessen der vier Mächte als auch die aller europäischen Völker berücksichtigt".

Das haben wir schon einmal beschlossen.

Ziegler (Moderator): Ja, aber was heißt das, Sie meinen, das braucht nicht zugesetzt zu werden, oder wie?

Stief (NDPD): Es braucht nicht zugesetzt werden. Ich würde dabei bleiben, daß wir vielleicht nach diesen drei Punkten dann wirklich diesen Brückensatz formulieren und verweisen auf dieses Papier vom letzten Montag, weil dort viele Details, Einzelaspekte genannt sind, die ja zweifellos auch inzwischen nicht nur Herrn Kohl übergeben wurden, sondern auch als Standpunkt deutlich gemacht worden sind.

Ziegler (Moderator): Herr Weiß, wären Sie damit einverstanden, ja?

Weiß (DJ): Damit kann ich leben.

Ziegler (Moderator): Gut, danke schön. Dann ist nur noch darüber zu befinden, ob Sie der Einfügung zustimmen, hinter „... bestehenden Grenzen ...": „zu den europäischen Nachbarn". Wer ist dafür? – Das ist die Mehrheit. – Gegenstimmen? – Keine. Dann ist das so, brauche ich wohl nicht durchzuführen.

Jetzt kommen wir nun zu den Ergänzungen noch zu Ziffer 3. Da war in der ersten Zeile, „... der Anschluß der DDR oder einzelner Länder ...", die Einfügung vorgeschlagen „oder einzelner Länder".

Ja, Herr Poppe.

Poppe (Minister o.G., IFM): Ich will nur noch einmal einen Hinweis [geben]: Der Artikel 23 läßt nichts anderes zu, als das es „einzelne Länder" sind.

Ziegler (Moderator): Es gibt allerdings schon Leute, die hier ganz etwas anderes vertreten und dann die Meinung betreiben, daß die **DDR** könne gesamt als Bundesland – – Also, ich will bloß, weil die Presse über solche Dinge schon informiert hat, möchte ich bloß in Erinnerung bringen.

Sie meinen, Herr Poppe, der Zusatz „oder einzelner Länder" sollte nicht aufgenommen werden, ja. Habe ich das richtig verstanden?

Poppe (Minister o.G., IFM): Also, wenn Sie meinen, daß es wirklich so interpretiert werden könnte, dann machen wir den Zusatz.

Ziegler (Moderator): Es gibt Leute, die das machen, ja.

Poppe (Minister o.G., IFM): Na gut, also dann machen wir eben [den Zusatz].

Ziegler (Moderator): Darf ich dann fragen, möchte – – Ja, Herr Mäde.

Mäde (VL): Ich wollte mir nur die Freiheit nehmen darauf hinzuweisen, daß wir noch **keine Länder** haben, ja. Und das man dann entsprechend von „**Teilen**" sprechen könnte oder so. Aber Länder haben wir noch nicht.

Ziegler (Moderator): Das ist Herrn Weiß nochmals vorzulegen. Was sagen Sie dazu?

Weiß (DJ): Ich denke ganz einfach an die Diskussion, die jetzt um den **Artikel 23** in der bundesdeutschen Presse in der letzten Zeit geführt worden ist. Und da wird mit einer schlafwandlerischen Sicherheit davon ausgegangen, daß es die **Länder** noch gibt. Es gibt zumindestens Verfassungsrechtler, die sagen, die Länder sind nie aufgehoben worden und bestehen weiter. Das steckt eigentlich hinter meinem Antrag dahinter.

Ziegler (Moderator): Also, ich möchte, ich denke, wir sollten jetzt das auch nicht komplizieren und darüber jetzt abstimmen mit den Hinweisen und Bedenken. Wer die Einfügung, „**oder einzelner Länder**" befürwortet, den bitte ich um das Handzeichen. – Es ist die Mehrheit, ja. – Gegenstimmen? – Enthaltungen? – Na, ist klar.

Danke.

So, und [jetzt] hat noch Herr Weiß einen Vorschlag gemacht zum Anstrich 2. Der fällt aber nicht weg, sondern wird nur der Überarbeitung übergeben. Genauso wäre es mit dem Votum, das Herr Klein eingebracht hatte. Wenn wir jetzt über die Anstriche hier nicht mehr befinden, überweisen wir das nur an die Arbeitsgruppe. Findet das Zustimmung? – Danke, ich brauche, glaube ich, nicht abstimmen zu lassen.

So, nun würde ich über die, wie beantragt, über die einzelnen Punkte 1 – 3 in der jetzt festgestellten Fassung abstimmen lassen. Es war von zweien hier Einzelabstimmung erbeten worden.

Ziffer 1, wer stimmt Ziffer [1] zu? Mit dem Zusatz von Herrn Weiß. – Gegenstimmen? – Enthaltungen? – 7 Enthaltungen.

Ziffer 2, wer ist dafür? – Das ist die große Mehrheit. – Gegenstimmen? – Enthaltungen? – 4 Enthaltungen.

Und Ziffer 3, nur dieses Gesperrtgedruckte mit dem Zusatz „oder einzelner Länder". Wer ist dafür? – Gegenstimmen? – Enthaltungen? – 7 Enthaltungen.

Wir haben hier viel Zeit verbraucht, aber die Gewichtigkeit dieses Antrags rechtfertigt es, daß wir hier so ausführlich miteinander gesprochen haben und es ist klar, wir wollten ja diesen Übergangssatz formulieren.

Aber ich schlage vor, ob das nicht lieber passiert, eben bei der Überarbeitung zum [der **Vorlage**] **12/6** [vom 12. Februar], weil da die Anstriche noch gemacht werden. Herr Stief, Sie hatten das vorgeschlagen, darum müßten Sie sich noch einmal äußern.

Stief (NDPD): Ich habe ein Formulierungsangebot, das wir unter diesem 3. Absatz abschließend nur hinsetzen.

Ziegler (Moderator): Ja, bitte.

Stief (NDPD): „Grundsätzliche Aspekte zu dieser Thematik sind im Positionspapier des Runden Tisches vom 12. Februar 1990 enthalten". Damit dieser Hinweis auf dieses Papier erfolgt, weil da nämlich eine ganze Reihe anderer Aspekte mit dabei sind, die hier, das wird nie ganz vollständig sein, sonst kommen wir zum gleichen Papier letzten Endes.

Ziegler (Moderator): Also, das ist ein mehr formaler Hinweis, aber eine wichtige Erinnerung. Erheben sich dagegen Einsprüche, daß wir das dazusetzen? Dann frage ich, das möchte ich doch abstimmen lassen: Zusatz „Grundsätzliche Aspekte – dieser im Positionspapier vom 12. Februar – sind im Positionspapier vom 12. Februar 1990 enthalten".

Stief (NDPD): „Grundsätzliche Aspekte zu dieser Thematik sind im Positionspapier des Runden Tisches vom 12. Februar 1990 enthalten".

Ziegler (Moderator): Wer kann das unterstützen? – Danke, das ist die Mehrheit. – Gegenstimmen? – Enthaltungen? – 6. Gut, und wir halten dieses fest.

Die Anstriche werden mit anderen Anträgen weiter bearbeitet.

Danke schön.

Ich rufe auf die **Vorlage 13/26** [**Antrag CDU: Zum Erhalt der Lebensbedingungen**] und bitte doch bei dieser **Vorlage 13/26**, besonders wenn wir zu der Ziffer 4 kommen, auch die **Vorlage 13/24** [**Antrag DJ: Zur Erhaltung der Wohn- und Lebensgewohnheiten**] gleich ins Auge zu fassen, weil es da dann um ähnliche Dinge, oder sogar dieselben Dinge geht. **13/26**, die CDU ist Antragsteller. Wer möchte das erläutern von Ihnen? Darf ich fragen, wer?

Herr Engel, ja danke.

Engel (CDU): Unsere Vorstellungen gehen aus dem Text hervor, daß wir der Auffassung sind, daß Verhandlungen zu einer Wirtschafts-, Währungs- und Sozialunion geführt werden sollten, deshalb folgender Text:

> **[Vorlage 13/26, Antrag CDU: Zum Erhalt der Lebensbedingungen]**
>
> Der Runde Tisch der DDR möge beschließen, die Regierung Modrow zu beauftragen, in den beginnenden Verhandlungen zur Wirtschafts-, Währungs- und Sozialunion mit der Regierung der Bundesrepublik Deutschland
>
> 1. bei notwendigen Strukturwandlungen und entsprechenden Personalveränderungen, einschließlich zu entwickelnder Umschulungsprogramme, ein Mitspracherecht der jeweiligen Betriebsvertretungen zu gewährleisten;
>
> 2. vordringlich und in besonderer Weise die Interessen leistungsgeminderter und sozial schwacher Personen zu berücksichtigen, um eine Sicherung und Verbesserung ihrer Lebenslage zu erzielen;
>
> 3. die Ansprüche und Forderungen von alleinerziehenden Eltern, kinderreichen Familien, Rentnern und Behinderten zu sichern.
>
> 4. die Eigentumsrechte von Bürgern der DDR an Grund, Boden und Gebäuden nach rechtsstaatlichen Grundsätzen zu gewährleisten.
>
> Der Runde Tisch betrachtet es als unbedingt notwendig, alle Verhandlungsergebnisse sofort öffentlichkeitswirksam werden zu lassen, um allen Sorgen und Ängsten, aber auch um Hysterie und Spekulationen entgegenzutreten.

Wir haben diese Vorlage insbesondere auch deswegen eingebracht, weil wir der Meinung sind, daß eine **Wirtschaftsreform** und eben auch die vorgesehene **Vereinigung beider Staaten** sehr stark von **sozialen Gesichtspunkten** geprägt sein muß.

Ziegler (Moderator): Danke. Wir haben über diese Sachen schon sehr viel gesprochen und geredet. Ich möchte deshalb jetzt vorschlagen, daß Demokratie Jetzt gleich noch [**Vorlage**] **13/24** auch kurz erläutert und wir dann insgesamt darüber reden, weil **13/24** die Ziffer 4 noch auslegt und erweitert.

Bitte, Herr Mäde.

Mäde (VL): Ich erlaube mir den Hinweis, daß wir die Vorlage 13/19 [**Antrag VL: Zu den Eigentums- und Nutzungsverhältnissen der DDR-Bürger**] dort auch dazuziehen sollten.

Ziegler (Moderator): Die kommt dann gleich im Anschluß. Ja, vielen Dank. Wer möchte von Demokratie Jetzt das erläutern?

Frau Teschke, ja.

Frau Teschke (DJ): Ja, unsere **Vorlage 13/24** [**Antrag DJ: Erhaltung der Wohn- und Lebensgewohnheiten**] bezieht sich auf die Grundstücke, die sogenannten **Westgrundstücke** und die Sorge vieler Bürger insbesondere in den Grenzgebieten zur BRD, aber auch im Berliner Raum um die Erhaltung ihrer Wohn- und Lebensgewohnheiten:

[Vorlage 13/24, Antrag DJ: **Zur Erhaltung der Wohn- und Lebensgewohnheiten**

Viele Bürger der DDR, insbesondere im Berliner Raum und in den Grenzgebieten zur BRD, sind in großer Sorge und Angst um die Erhaltung ihrer Wohn- und Lebensgewohnheiten. Sie werden von Bürgern der BRD und Westberlin heimgesucht, die altes Eigentum einklagen wollen.

Massive Anzeichen von Spekulation mit Häusern und Grundstücken sind tägliche Praxis (siehe auch Anzeigenblätter). Es darf nicht zugelassen werden, daß die Bürger der DDR ihr durch Fleiß und Mühe in vielen Jahren erarbeitetes Eigentum wiederum verlieren.

Der Runde Tisch fordert deshalb die Regierung und die Volkskammer der DDR auf, folgendes unverzüglich gesetzlich zu regeln:]

1. Mieter und Nutzer von sogenannten Westgrundstücken (Mehrfamilienhäuser, Einfamilienhäuser, Erholungsgrundstücke und Gewerberäume) erhalten das Recht, nach den zur Zeit geltenden gesetzlichen Bestimmungen, die Grundstücke sofort zu erwerben.
2. Die sogenannten Westgrundstücke, die von den derzeitigen Mietern und Nutzer nicht erworben werden, sind im kommunales Eigentum zu überführen.
3. Über Entschädigungsformen der ursprünglichen Eigentümer hat die Regierung der DDR mit der Regierung der Bundesrepublik Deutschland einvernehmliche Regelungen zu treffen.
4. In die kurzfristige Ausarbeitung der entsprechenden gesetzlichen Regelungen sollten kompetente Vertreter der „Plattform des Mieterbundes der DDR" einbezogen werden.

Demokratie Jetzt bittet um Zustimmung zu dieser Vorlage und Überweisung an den Rechtsausschuß des Runden Tisches und an den Rechtsausschuß der Volkskammer.[28]

Ziegler (Moderator): Ja, da muß man unterscheiden: Erst die Zustimmung, und das andere ist dann noch ein Verfahrensvorschlag. Ich würde vorschlagen, daß die Vereinigte Linke tatsächlich gleich [Vorlage] **13/19** noch dazu erläutert, weil es hier nun eigentlich um die Grundlage denn des Ganzen geht, dieser Einzelprobleme, die hier aufgelistet sind.
Herr Klein, bringen Sie das ein?

Klein (VL): Ja das wurde heute schon einmal vorgelesen [Vorlage 13/19, Antrag VL: **Zu den Eigentums- und Nutzungsverhältnissen der DDR-Bürger**]. Es bleibt mir eigentlich nur übrig, darauf zu verweisen, daß der Punkt 3 in unserem Antrag, der Punkt 4 in dem eben verlesenen Antrag ja auf das Gleiche hinauslaufen. Da das schon einmal verlesen ist, glaube ich, erübrigt sich hier ein Kommentar.

Ziegler (Moderator): Ja, vielen Dank. Ich wollte nur, daß [das] auch ordnungsgemäß eingebracht ist und [ich] bin froh, wenn Sie das so verkürzt machen können. Jetzt stehen diese drei Dinge, die ja alle adasuf Soziale und auf **Sicherung der Bürger der DDR** bei einer möglichen **Vereinigung** hinlaufen, zur Aussprache. Wer möchte sich da [äußern]?

---

[28] Absatz 1-3 der schriftlichen Vorlage 13/24 wurden im mündlichen Text nicht verlesen.

Herr Börner, PDS.

Börner (PDS): Zu dem Antrag von der CDU möchte ich sagen, daß wir am letzten Montag die hier angesprochenen Fragen eigentlich konkreter und zwingender bereits formuliert hatten. Insofern halte ich diesen Antrag eigentlich für nicht unbedingt notwendig. Er tut allerdings auch nicht weh, wenn man ihn verabschiedet. Insofern würde ich diesen Antrag herausnehmen und die beiden anderen Anträge würden wir unterstützen.

Ziegler (Moderator): Ich habe – – vielleicht habe ich noch nicht das so schnell begriffen. Welchen Antrag wollten Sie herausnehmen?

Börner (PDS): Den **Antrag 13/26**.

Ziegler (Moderator): **13/26**.

Börner (PDS): Ja.

Ziegler (Moderator): Herr Junghanns.

Junghanns (DBD): Ja, zum Antrag der CDU, als Papier zu den beginnenden Verhandlungen: Punkt 4, was die **Eigentumsrechte** betrifft, gehen wir davon aus, daß sich in den Verhandlungen unterschiedliche rechtsstaatliche Grundsätze begegnen und diese indifferente Darstellungsweise nicht reicht, auch wenn sie damit kommentiert wurde von Ihnen, Herr Engel, daß Sie eigentlich die „rechtsstaatlichen Grundsätze" von heute morgen damit meinen.
Wir bitten zu überdenken und zu verändern, das zu streichen, oder die „rechtsstaatlichen Grundsätze unserer Republik" zu betonen.
Danke.

Ziegler (Moderator): Das betrifft wieder Ziffer 4, nicht?

Junghanns (DBD): Ja, entweder streichen nach rechtsstaatlichen Grundsätzen, sondern nur „... Eigentumsrechte ..." bis „... Gebäude zu gewährleisten", oder die „rechtsstaatlichen Grundsätze unserer Republik".
Danke.

Ziegler (Moderator): Herr Weißhuhn.

Weißhuhn (IFM): Obwohl wir den Antrag, insbesondere von Demokratie Jetzt, in seinem Anliegen durchaus unterstützen, möchte ich zu bedenken geben, zum Punkt 1 dieses Antrages zu bedenken geben, daß ein **Verkauf der Grundstücke**, die hier gemeint sind, Probleme für eine zu erwartende und notwendige **Flächennutzungsplanung** generell zur Folge hätte.
Und ich schlage deshalb vor, einen solchen Verkauf generell auszuschließen bis eine **Flächennutzungsplanungsverordnung** erlassen wird von der neuen Volkskammer und das **Vorkaufsrecht des Staates**, was ja in den jetzt geltenden gesetzlichen Bestimmungen ja ohnehin schon enthalten ist, sozusagen zu einer **Option** zu machen. Das heißt, also keine Eigentumsveränderung und auch keine Nutzungsveränderung bis dahin.

Ziegler (Moderator): Herr Weißhuhn, das ist natürlich ein bißchen auf mich zurückzuführen, daß ich drei Vorlagen auf einmal hier, weil sie so eng zusammengehören, zur Debatte stelle. Wo würden Sie das denn anbringen, in welcher Vorlage? Das ist in [Vorlage] **13/24**.

Weißhuhn (IFM): **Vorlage 13/24**, Punkt 1.

Ziegler (Moderator): Punkt 1, ja.

Weißhuhn (IFM): Ja.

Ziegler (Moderator): Ja. Frau Röth.

Frau Röth (UFV): Ja, wir teilen die Bedenken von der Initiative Frieden und Menschenrechte und wir schlagen deshalb vor, den Verfahrensweg zu ändern.

Nicht, daß der Runde Tisch diesem Antrag zustimmt und dann ihn an den Rechtsausschuß weiterleitet, sondern daß wir diesen Antrag zuerst an den **Rechtsausschuß** geben und dann wieder dem Runden Tisch zur Vorlage hier vorlegen beziehungsweise – wird ja auch in der Wirtschaftskommission darüber verhandelt werden, wie mit dem derzeitigen **Eigentum an Grund und Boden**, an **Produktionsmitteln**, an **Immobilien** umgegangen wird demnächst.

Und ich denke, daß der Rechtsausschuß dazu eigentlich eine Klärung herbeiführen sollte. Andererseits möchte ich zu dem Antrag der CDU sagen, daß wir uns freuen, daß sie jetzt den anderen Parteien und Gruppierungen gefolgt sind und auch einen **Sozialverbund** hier vorschlagen.

Und wir möchten gleichzeitig anmerken, daß die Ministerin ohne Ressort des Unabhängigen Frauenverbandes den Auftrag bekommen hat, eine **Sozialcharta** zu erarbeiten, wo wir alles das, was hier am Runden Tisch zu diesen sozialen Absicherungsmaßnahmen – – bündeln und versuchen ein Konzept zu erarbeiten. Und ich denke, daß wir das im Interesse aller machen werden und dieses erarbeitete Konzept hier dann auch vorlegen werden.

Ziegler (Moderator): Ja. Jetzt Herr Klein.

Klein (VL): Die Anmerkung der DBD zum Problem der Rechtslage muß sicherlich auch Anwendung finden auf die **Vorlage [13/24]** von Demokratie Jetzt, Punkt 3. Der **Entschädigungsanspruch** – und das müßte geprüft werden – kann wohl nur auf der Grundlage **geltenden Rechts der DDR** geprüft werden und es ist fraglich, ob hier Verhandlungsbedarf bei der Regierung besteht.

Also, diesen Punkt, glaube ich, müßte man sich noch einmal überlegen. Ansonsten würden wir den Antrag ebenfalls unterstützen und in diesem Zusammenhang allerdings den hier vom IFM geäußerten Bedenken, Punkt 1 betreffend, auch folgen.

Ziegler (Moderator): Von Demokratie Jetzt, Ihren Namen sagen Sie doch bitte, der steht hier bei mir noch nicht drauf.

Rambusch (DJ): Ja, mein Name ist Rambusch. Ich gehöre auch dieser „Plattform des Mieterbundes" an und bin dort der Verantwortliche für die **Frage der Westgrundstücke**.

Erstens, möchte ich etwas sagen zum Punkt 4, vom Papier von der CDU, also zu **[Vorlage] 13/26**, die „Rechtsstaatlichkeit". Hier ist überhaupt nicht gesagt, welche **Rechtsstaatlichkeit**, und selbst die Rechtsstaatlichkeit der DDR garantiert nicht das, was wir den Leuten garantieren müssen.

Gehen Sie bitte in unsere Ämter, dann wissen Sie was dort los ist. Den Leuten wird erklärt, wir machen nichts mehr, diese ganzen Überführungen in Volkseigentum und alles drum und dran, das ist keine gesicherte Rechtslage. Es gibt keine gesicherte Rechtslage dafür.

Deshalb muß hier schnellstens etwas erarbeitet werden.

Und zu der Frage von IFM zu unserem Vorschlag hier: Wir sind alle Positionen durchgegangen, und **Flächennutzungspläne** gibt es in jedem Staat. Und dazu gibt es auch überall irgendwo Regelungen, aber es hat [sich] verstärkt in den letzten Wochen, es ist wirklich überfallartig, daß die Bundesbürger über die DDR herfallen, um ihre Rechte einzuklagen.

Die **Liegenschaftsdienste** nehmen bereits Anträge entgegen, **Erbschaftsangelegenheiten** und so weiter und sofort. Und wenn nicht innerhalb von kürzester Frist hier etwas geklärt wird, dann beginnt der **Ausverkauf**. Ich habe Zeitungen dabei, von uns, da bieten Leute 3 000 DM oder kostenlosen Urlaub in der Schweiz für die Vermittlung von Grundstücken.

Ziegler (Moderator): Die Lage ist uns allen eigentlich gut bekannt.

Rambusch (DJ): So, und damit, es muß also hier – mit diesem – hiernach gehandelt werden, daß die Rechte der jetzigen Nutzer gewahrt werden, und daß hier eindeutig das Problem – Es ist nicht so einfach, wir wissen es, Mehrfamilienhäuser, deshalb sind die einzelnen Unterpunkte – entweder kommunal – oder sofort privat überführen!

Das war es.

Ziegler (Moderator): Danke. Herr Lietz.

Lietz (NF): Ich habe den Eindruck bei diesen Anträgen, vor allem bei Demokratie Jetzt und Vereinigte Linke, daß es sich um eine **politische Entscheidung** handelt, wobei die **juristischen Fragen** nicht in der Weise, für mich wenigstens, einleuchtend mit geklärt sind.

Und ich denke, deswegen wäre es sinnvoll, daß man diese Frage, die keinen Aufschub duldet, noch einmal in den Rechtsausschuß zurückgibt und solange wie da keine Klarheit hergestellt worden ist, sozusagen dieses ganze Problem einfriert und solange auf Eis legt, bis eine klare rechtliche Entscheidung gefällt ist, die einhergeht auch mit einer **politischen Entscheidung**.

Aber ich denke, man kann dies beides nicht voneinander trennen und deswegen würde ich den Antrag vom Unabhängigen Frauenbund unterstützen, Frauenverband unterstützen, entschuldige – und die Sache erst in den Rechtsausschuß noch wieder geben und dann hier entscheiden.

Ziegler (Moderator): Ja, also das ist nun schon eine Unterstützung. Wir müssen aber die Wortmeldung – –, Herr Stief von der NDPD.

Stief (NDPD): Ich unterstütze den Antrag vom Unabhängigen Frauenverband. Ich verstehe den Antrag von Herrn Lietz und auch die Sorge von Herrn Rambusch. Ich möchte folgenden Vorschlag machen, diese drei sich einander doch sehr ähnelnden Anträge sollten dem Rechtsausschuß des Runden Tisches übermittelt werden, der veranlaßt werden sollte – das wäre eine Bitte, weil viel Redundanz drin ist – daraus eine Vorlage zu machen.

Ich möchte hier mitteilen, daß ich vor einer Woche ein Pausengespräch hatte mit Professor Sobranowitsch [???], Vorsitzender der **Arbeitsgruppe „Rechtsschutz der DDR"**, der die Problematik kennt – es ist ja nicht nur eine politische Entscheidung, sondern wirklich ein Nachholebedarf in rechtlichen Fragen – der also, es sehr begrüßen würde, wenn wir dieses **vereinheitlichte Papier,** was ja von den drei Einreichern dann ja gemeinsam getragen werden könnte, unverzüglich von der Arbeitsgruppe „Rechtsschutz" an Professor Sobranowitsch [???] weiterleiten würden und nicht hier noch einmal verhandeln.

Denn ich glaube, es ist ja nichts strittig, was an inhaltlichen Fragen aufgeworfen wird. Im übrigen haben wir in den letzten Tagen im Kreis **Königswusterhausen,** der ja charakteristisch ist für sehr, sehr viele **Wochenendgrundstücke** und auch andere Fragen, eine Untersuchung anstellen lassen, die den Handlungsbedarf nur dick unterstreicht. Gesprochen worden ist oft darüber. Das scheint mir der schnellste und sicherste Verfahrensweg zu sein. Es bedarf noch rechtlicher Regelungen.

Ziegler (Moderator): Also, ich stelle folgendes fest, die anderen Punkte, außer dieser Grundstücks- und Bodenfrage, sind bisher überhaupt nicht diskutiert worden, weil sie offensichtlich so einleuchten. Auch diese Frage ist eigentlich nur so diskutiert worden, daß überall dringender Handlungsbedarf genannt worden ist, aber das Verfahren sollte sorgsam sein an dieser Stelle.

Darum der Antrag vom Unabhängigen Frauenverband und deswegen mein Vorschlag, daß jetzt die beiden, die noch auf der Rednerliste stehen, zu Worte kommen, und wir dann über den Antrag des Unabhängigen Frauenverbandes abstimmen. Ich sage das bloß vorneweg, damit sich niemand überfahren fühlt.

Jetzt ist Herr Wiedemann von der CDU am Wort.

Wiedemann (CDU): Ja, also ich möchte [mich] zunächst erst einmal dagegen wenden, daß unsere **Vorlage 13/26** mit in diesen sozusagen „**juristischen Eintopf**" gesteckt wird. Denn das ist etwas ganz anderes vom Inhalt her. Das ist **keine juristische Frage** und ich glaube, es ist unser aller Anliegen hier. Es kommt nicht darauf an, wer das eingebracht hat.

Die zweite Frage aber hier, zu der **Vorlage** Demokratie Jetzt, **13/24**: Da muß ich doch wohl sagen, daß **Eigentümer** und **Nutzer** immer zwei verschiedene Dinge sind und daß man sie hier nicht durcheinanderbringen kann. Das haben wir heute früh schon diskutiert.

Ich bin nun nicht ganz so auf dem Laufenden hier auf dem Grundstücksmarkt, aber [ich] hätte da gerne doch einmal gewußt: Wie sind denn die **Rechtsverhältnisse auf diesen Grundstücken**, wer ist denn der Eigentümer der Grundstücke? Und wenn wir jetzt also diese Grundstücke verkaufen, dann holen wir jetzt im letzten Moment etwas nach, was wir 40 Jahre lang nicht getan haben. Und da sollten wir uns überlegen, ob das das Richtige zum Einbringen ist.

Ziegler (Moderator): Genau, aber nun haben wir gerade gesagt, weil dies so schwierig ist, soll es im Rechtsausschuß vorgeprüft werden. Und genau das wollten wir jetzt nicht an diesem Tisch in dem Plenum machen. Diese Fragen müssen nämlich untersucht werden, wie Sie sagen, Herr Wiedemann.

Wiedemann (CDU): Und deshalb unterstützen wir also auch die Frage des Unabhängigen Frauenverbandes.

Ziegler (Moderator): Ja, und Sie möchten [**Vorlage**] **13/26** extra behandelt haben, nicht?

Wiedemann (CDU): So ist es.

Ziegler (Moderator): Danke. Herr Pautz, vom Demokratischen Aufbruch.

Pautz (DA): Also, ich unterstütze erst einmal, daß diese **Vorlagen 13/24** und **13/19** in den Rechtsausschuß kommen, da es sich hier um rechtliche Probleme handelt. Und darüber könnten wir hier gar nicht so pauschal abstimmen.

Ich muß allerdings sagen, das ist eine Grundforderung und noch eine Grundfrage der Bevölkerung der DDR, den **Antrag 13/26** hier zur Abstimmung zu bringen, denn es sind wirklich wichtige Sachen, die wir bei den beginnenden Verhandlungen der **Wirtschafts-, Währungs-** und **Sozialunion** mit der Bundesrepublik durchsprechen müssen:

– wie da sind der Punkt 1: „Bei notwendiger Strukturwandlung und entsprechender Personalveränderungen ist ein Mitspracherecht durch die Betriebsvertretung zu gewährleisten". Dazu können wir uns doch alle bekennen;

– wie da sind „die Ansprüche und Forderungen der Alleinerziehenden, kinderreichen Familien, Rentner und Behinderten".

Das sind doch ganz wichtige Sachen. Also, ich würde diesem Antrag der CDU komplett zustimmen.

Ziegler (Moderator): Wir wollten, Herr Klein, eigentlich aufhören. Sie müssen aber noch etwas sagen zu Ihrem Antrag. Sie haben ja als Einbringer – – Ich stelle jetzt folgendes fest, wir werden so verfahren, daß wir über **13/19** und **13/24** mit der Verweisung an den Rechtsausschuß anfangen, aber dann über **13/26** noch einmal gesondert verhandeln, weil hier vielleicht dann doch das andere im Vordergrund steht.

Herr Klein.

Klein (VL): Also, ich möchte zu dieser Frage der Rückverweisung an den Ausschuß hier ganz eindeutig feststellen, daß der **Antrag 13/19**, also unser Antrag, sich ausschließlich auf **geltendes Recht** stützt, vom Runden Tisch eine Erklärung zum geltenden Recht erwartet und in diesem Sinne die Regierung sozusagen ermuntern will, geltendes Recht durchzusetzen.

Wenn vom Runden Tisch ein solcher Antrag zurückverwiesen wird, würde das heißen, daß wir hier vom Runden Tisch geltendes Recht in Frage stellen. Angesichts des Handlungsbedarf – das ist ja hier eben sehr eindrucksvoll demonstriert worden, wie groß der Handlungsbedarf ist – halte ich das für die schlechteste der denkbaren Entscheidungen.

Ziegler (Moderator): Ja, das heißt, wir müssen über die drei Anträge sehr gesondert verhandeln und abstimmen, gut. Und nun sehe ich jetzt im Augenblick keine weiteren Wortmeldungen und schlage Ihnen vor, daß wir [**Vorlage**] **13/24**, dann **13/19** gesondert behandeln und dann **13/26**.

Also, **13/24** mit den vier Unterpunkten und der schwierigen Rechtslage, auf die wir verschiedentlich hingewiesen worden sind. Da war der Vorschlag vom Unabhängigen Frauenverband, Verweisung zur Überarbeitung und weiteren Prüfung der Einzelheiten an die **Arbeitsgruppe „Recht"**. Dazu noch Wortmeldungen? Dann möchte ich fragen, wer dem zustimmt. – Die Mehrheit. – Gegenstimmen? – 1 Gegenstimme. – Enthaltungen? – 3 Enthaltungen.

Sie haben den Einspruch von Herrn Klein gehört, der sagt: Hier geht es um **Durchsetzung geltenden Rechts**, also kann man es nicht verweisen – – und daß es hier neu bearbeitet wird, wie das vorgeschlagen war. Also, ich verstehe das so, Sie beantragen damit Abstimmung über diesen Antrag, nicht? Danke. Ich möchte – –

Ja, Herr Schulz, bitte.

Schulz (NF): Ich möchte darauf verweisen, das ist die Auffassung von Herrn Klein, das ist eine einseitige Interpretation. Ich würde dem widersprechen, daß das allein geltendes Recht ist, ja.

Ziegler (Moderator): Ja, darüber werden – – da kann man nur streiten. Aber die Vereinigte Linke ist der Einbringer, nicht, darum unter diesem Gesichtspunkt hat er hier gesprochen.

Herr Wiedemann.

Wiedemann (CDU): Ja, ich möchte noch einmal darauf hinweisen, was ich vorhin insgesamt sagte. **Nutzungsverhältnisse** kann man nicht auf Dauer sichern, wenn ich das hier einmal zusammenziehe. **Eigentumsverhältnisse** kann man auf Dauer sichern, aber nicht Nutzungsverhältnisse.

Von daher ist es doch eine Rechtsfrage und ich würde es empfehlen, das an den Rechtsausschuß abzugeben. Genauso wie die andere Vorlage, und dort kann das geprüft werden.

Ziegler (Moderator): Also, da die einbringende Gruppierung Vereinigte Linke Abstimmung fordert, möchte ich das auch so machen. Sie wissen ja, was Sie dann zu machen haben. Und wenn das dann durchfallen sollte, dann bleibt ja immer noch offen, es an den Rechtsausschuß zu machen. Es ist jetzt – –

Sie wollen noch, ja bitte.

Klein (VL): Ich könnte noch – und vielleicht befriedigt das den Kritiker – durchaus damit leben, daß [in der **Vorlage 13/19**, Abs. 1] „auf Dauer" gestrichen wird, sondern nur „zu sichern" hier stehen bleibt.

Ziegler (Moderator): Ja, dann können Sie, wollen Sie Ihre Vorlage so ändern, dann brauchen wir darüber nicht abzustimmen, wenn das „auf Dauer" gestrichen wird.

N. N.: Keineswegs, hier geht es um die Durchsetzung geltenden Rechts. Im Zusammenhang – –

Ziegler (Moderator): Ja, also da haben Sie ja gehört, daß da nun hier schon andere Stimmen sind. Sie haben ja beantragt Abstimmung, und das wird jetzt nun gemacht. Jeder weiß, wie er sich verhalten kann. Also, es steht zur Abstimmung **Vorlage 13/19**. Wer dafür ist, den bitte ich um das Handzeichen. – Wie? – Es ist nicht geändert worden! Ohne Änderung!

Also, wir sind jetzt in der Abstimmung. Wer ist dafür? Es ist ganz schwierig, wenn Sie sich immer nicht melden. Ich frage noch einmal, wer ist dafür? Damit man das richtig sieht. – 12 sind dafür, für **Vorlage 13/19**. – Gegenstimmen? – 12 sind dagegen. Der Antrag hat keine Mehrheit gefunden, sondern ist durchgefallen. Aber ich frage sicherheitshalber noch die Enthaltungen. – 9 Enthaltungen.

Ich würde jetzt vorschlagen, wenn da kein Einspruch von der Vereinigten Linken kommt, daß er eben nun doch an den Rechtsausschuß gegeben wird, damit er da noch einmal weiter bearbeitet werden kann.

Herr Wolf.

Wolf (LDP): Ich möchte das unbedingt unterstützen, was Sie vorgeschlagen haben, weil die Ablehnung, die jetzt zu diesem erzwungenen Verfahren ausgesprochen werden mußte, nicht Ausdruck der Willensbildung sein kann. Die muß noch vollzogen werden.

Ziegler (Moderator): Ja, darum meine ich sollten – – auch diesen Antrag nun noch zur weiteren Bearbeitung in den Rechtsausschuß bringen. Erhebt sich dagegen Widerspruch? – Möchte sich da jemand der Stimme enthalten? – Danke schön, ist so Sache.

Jetzt müssen wir noch zu Ende bringen, Abstimmung **13/26**. Wollen die Einbringer jetzt noch irgend etwas nach der Aussprache erläutern?

Herr Engel, bitte.

Engel (CDU): Weil der Passus mit der **Rechtsstaatlichkeit** hier mehrfach eine Rolle gespielt hat: Wir sind erstens der Auffassung, daß alles das, was eigentumsrechtlich in den letzten Jahren in der DDR passiert ist, nicht immer rechtsstaatlich war und das natürlich noch wirkt.

Und zweitens ist dieser rechtsstaatliche Grundsatz nicht ein Zustand, den wir hier beschreiben, sondern es ist ein Anspruch, und als solchen möchten wir ihn auch hier drinnen stehenlassen.

Ziegler (Moderator): Es ist zwar in der Diskussion auf diese rechtsstaatlichen Grundsätze hingewiesen worden. Aber es ist kein Antrag auf Abänderung gestellt worden, Herr Engel, so daß ich darüber auch gar nicht abstimmen lasse.

Wollen Sie ihn stellen, Herr Junghanns?

Junghanns (DBD): Ich habe den Antrag gestellt auf Streichung.

Ziegler (Moderator): Ja, Herr Junghanns, Sie haben gesagt: Das ist hier nicht gut. Aber Sie haben keinen Antrag gestellt auf Änderung. Ja, haben Sie? Dann können Sie jetzt – –

Junghanns (DBD): Dann stelle ich jetzt den Antrag. Ich bitte die Möglichkeit zu erhalten, diesen Passus zu streichen.

Ziegler (Moderator): Die beiden Worte, nicht?

Junghanns (DBD): Jawohl.

Ziegler (Moderator): Nein, drei sind es.

Junghanns (DBD): Offensichtlich kommt jetzt auch aus der Kommentierung eine Vermischung rechtsstaatlicher Positionen heraus. Und das ist eigentlich von der Verhandlungsposition untauglich. Ich möchte das sagen.

Ziegler (Moderator): Na gut, jetzt ist klar, Sie haben die Streichung aufgrund der früheren Beiträge der drei Worte in Ziffer 4 beantragt nach rechtsstaatlichen Grundsätzen.

Herr Schulz dazu, ja.

Schulz (NF): Ich würde plädieren, daß wir jetzt darüber abstimmen. Denn es sind an diesem Runden Tisch doch schon wesentlich umfangreichere Anträge zur Thematik über den Tisch gegangen, das zeigt nur den Arbeitsrückstand der Einbringer.

Ziegler (Moderator): Herr Schulz, es wird sowieso jetzt erst abgestimmt über die Textänderung und dann über das Ganze, aber ich bin Ihnen dankbar für die Unterstützung.

Wer unterstützt den Antrag von Herrn Junghanns, in Ziffer 4 [der **Vorlage 13/26**] die drei Worte „nach rechtsstaatlichen Grundsätzen" zu streichen? – 10 dafür. – Gegenstimmen? – 5 sind dagegen. – Enthaltungen? – Die drei Worte sind zu streichen. Es ist trotzdem, es ist klar. Die drei Worte „nach rechtsstaatlichen Grundsätzen" sind zu streichen, sonst bleibt aber die Ziffer 4 erhalten, und nun möchte ich über die **Vorlage 13/26** abstimmen lassen. Bereitschaft scheint zu bestehen, da keine Wortmeldung mehr da ist. Wer unterstützt die **Vorlage 13/26**? Den bitte ich um das Handzeichen. – 19 dafür. – Gegenstimmen? – Keiner. – Enthaltungen? – 13 Enthaltungen. Danke.

Ich rufe auf **Vorlage 13/27**[29] [**Antrag PDS: Standpunkt zu einem Sozialverbund (Empfehlung eines deutsch-deutschen Runden Tisches)**].

---

[29] Dokument 13/11, Anlagenband.

Hier geht es um einen Antrag der PDS und einen ziemlich umfangreichen Vorschlag. Der Antrag allerdings, der findet sich vorne in den ersten Sätzen. Ich bitte darum, wenn es möglich ist, daß wir nun nicht die Einzelheiten hier alle diskutieren, sondern den Antrag, um den es hier geht, nämlich Bildung eines gesamtdeutschen Runden Tisches zu sozialen Fragen, [zu behandeln].

Wer von der PDS bringt ein? Herr Börner, machen Sie das?

Börner (PDS): Ja.

Ziegler (Moderator): Danke schön.

Börner (PDS): Wir haben bei der letzten Tagung, am vergangenen Montag, und auch heute, mehrfach darüber gesprochen, daß wir bei den Verhandlungen zwischen Ministerpräsident Modrow und Bundeskanzler Kohl um die Ausbildung einer **Vertragsgemeinschaft** – immer bei den Fragen des Wirtschaftsverbundes und des Währungsverbundes – auch den Sozialverbund mitzuberücksichtigen – und haben am vergangenen Montag den Begriff der **Sozialcharta** miteingebracht und der auch mitverabschiedet wurde und eingegangen ist in die Verhandlungsunterlagen für die Verhandlungen in der letzten Woche.

Wir haben mit diesem Antrag, den wir hier heute einbringen, zum einen den Antrag des FDGB von vergangener Woche aufgegriffen, und zwar einen **gesamtdeutschen**, also einen **Runden Tisch zwischen der Bundesrepublik Deutschland und der DDR zu sozialpolitischen Fragen,** insbesondere unter Einbeziehung der Gewerkschaften, zu schaffen und dabei von den Grundsätzen einer künftigen **europäischen Sozialcharta** ausgehend, Sozialverbund genauer zu beschreiben.

Es geht uns jetzt nicht darum, daß wir den gesamten Antrag hier vortragen. Wir möchten aber hervorheben, daß es uns dabei vor allen Dingen darum ging, die Komplexität einer **deutschen Sozialcharta** und eines **deutschen Sozialverbundes** in dem Vertragsnetzwerk miteinzubringen, und bitten eigentlich doch darum, nicht nur den Antrag eines solchen Runden Tisches mit aufzunehmen, sondern auch die Bestandteile, [die] hier erwähnten Bestandteile eines solchen Sozialverbundes mit zu bestätigen.

Ziegler (Moderator): Ja, danke für die Einbringung. Wortmeldungen jetzt, er steht zur Aussprache dieser Antrag.

Ja, Herr Lietz, bitte.

Lietz (NF): Ich habe zu Seite 2, Punkt 2, zweiten Anstrich einen Einwand an einer Stelle. Und zwar geht es da um die **Erhaltung und Verbesserung der Krippen.**

Ich bin der Meinung, daß aus verschiedenen Gründen, was die Entwicklung des Kleinkindes betrifft, die Praxis unserer Kinderkrippen sehr problematisch ist und den in diesem Alter notwendigen Aufbau von Urvertrauen dadurch behindert oder sogar verhindert. Deswegen mein Antrag, das Wort „Krippe" vielleicht an dieser Stelle herauszunehmen oder zumindest einzuschränken, aber nicht, wie die anderen Punkte, unter der Zielstellung „erhalten und verbessern" mit einzubeziehen.

Ziegler (Moderator): Sind Sie fertig, Herr Lietz?

Ja, genau das habe ich befürchtet, daß wir die Vorschläge nun doch zum Gegenstand hier machen, während wir heute von Frau Röth schon darauf hingewiesen worden sind, es wird an einer **Sozialcharta** gearbeitet.

Während auch der Einbringer wenigstens gesagt hat: Die Vorschläge im einzelnen brauchen wir nicht alle, aber wir müssen hinweisen auf die Notwendigkeit und den Inhalt und dem Umfang des Sozialverbundes – –

Wenn wir jetzt so anfangen, Einzelvorschläge nehmen, der eine will die Krippe hinein, der andere heraus, dann glaube ich, kommen wir heute hier nicht zum Zuge mit diesem umfangreichen Antrag.

Frau Schießl.

Frau Schießl (FDGB): Ich möchte für den Antrag der PDS zunächst einmal sprechen.

Zweitens möchte ich den Antrag des FDGB **[Vorlage] 13/21** zur heutigen Sitzung hier zufügen und in Anspruch nehmen das Angebot der Frau Röth, das also beinhaltet, alle Anträge, die sich beschäftigen mit dem **Sozialverbund,** der über eine **Sozialcharta** hergestellt werden soll, werden vom Unabhängigen Frauenverband zusammengefügt.

Wir werden dort mitarbeiten. Ich möchte aber die Kraft des Runden Tisches einholen und noch einmal auf diesen Vorschlag der **Bildung eines deutsch-deutschen Runden Tisches** eingehen. Wir sind der Auffassung, daß das ein wichtiges Anliegen ist, was man nach dem 18. März [1990] ganz unbedingt realisieren sollte. Und wir bitten darum, zu überlegen in welcher Form das eingeleitet werden kann.

Außerdem bitten wir den Runden Tisch um Unterstützung dahingehend, daß es in der Expertenkommission, die die **Einheit von Wirtschafts- und Sozialunion** herstellen soll, notwendig ist, die **Gewerkschaften** beider deutscher Staaten in die Arbeit einzubeziehen.

Und letzte Bemerkung: Ich denke, daß es wichtig ist darauf aufmerksam zu machen, der **FDGB** hat sich schon beim letzten Mal dazu bekannt, daß wir alles unternehmen werden dazu, eine **Solidargemeinschaft** mit dem **DGB** einzugehen. Wir betrachten das als ein Grundanliegen der Gewerkschaftsarbeit im Moment in unserem Land und verwahren uns gegen alle die Parteien, die in dieses Anliegen eingreifen wollen beziehungsweise, die gegen ein solches Anliegen vorgehen.

Ich mache darauf aufmerksam, daß der Demokratische Aufbruch heute in der „Frankfurter Rundschau" sich dazu äußert, wie der **Zerfall der Gewerkschaftsbewegung in der DDR** vor sich geht, und daß er eine „**Initiative DGB**" jetzt in der DDR starten will. Das entspricht weder den Auffassungen der Mitglieder des FDGB noch denen des DGB. Wir sind in Verhandlungen darüber und ich möchte also nachdrücklich hier mich gegen solche Eingriffe verwahren.

Ziegler (Moderator): Ja, also Sie haben ja recht, daß Sie sofort auf **[Vorlage] 12/12** der vorigen Sitzung verweisen, das wird ja auch aufgenommen in diesem Antrag der PDS. Ich habe im Augenblick keine Wortmeldungen mehr.

> **[Vorlage 12/12, Antrag FDGB: Gesamtdeutscher Runder Tisch**
>
> wir bitten, die am Runden Tisch vertretenen Parteien und Bewegungen, den im DGB geäußerten Gedanken zur Schaffung eines gesamtdeutschen Runden Tisches zu sozialpolitischen Fragen zu unterstützen.]

Wir müssen natürlich Herrn Lietz Vorschlag aufgreifen. Ich frage nur, ob das nicht folgendermaßen gehen könnte, daß wir hier sagen: „Wir schlagen dazu vor ...", steht es hier vor den Ziffern 1, die dann Einzelheiten bringen, daß man sagt: „Wir schlagen für die Ausarbeitung in einer Sozialcharta vor

…". Dann ist das Diskussionsmaterial, und wir beschließen nicht schon über Krippe und Hort, weil man darüber ja tatsächlich unterschiedlicher Meinung sein kann, nicht.

Könnten Sie diesem [Vorgehen] zustimmen? Herr Lietz nickt auch, dann brauchen wir jetzt über Krippe-oder-nicht-Krippe nicht mehr abstimmen, weiter – – sondern als Vorschlag, ja?

Lietz (NF): Ja, wenn das Problem damit offenbleibt.

Ziegler (Moderator): Das hieße „wir schlagen…" – ich muß natürlich die Einbringer fragen – „… wir schlagen für die **Ausarbeitung einer Sozialcharta** vor – –

Ja, Herr Börner, Sie haben das letzte Wort. Sie sind Einbringer.

Börner (PDS): Wir sind einverstanden.

Ziegler (Moderator): Sie sind einverstanden. Danke. Dann geht es jetzt um die Unterstützung dieser Forderung nach einem **gesamtdeutschen Runden Tisch zu sozialpolitischen Fragen** und auch um die Unterstützung, welchen Umfang das hat. Das hat Herr Börner in der Einbringung besonders unterstrichen. Ihre Dinge sind ja dann mit aufgenommen. Dann möchte ich darüber abstimmen lassen.

Erhebt sich kein Widerspruch? – Darum frage ich, wer unterstützt diesen Antrag, **Vorlage 13/27 [PDS: Standpunkt zu einem Sozialverbund]**? Das ist eindeutig die Mehrheit. – Wer ist dagegen? – Niemand dagegen. – Wer enthält sich der Stimme? – 1 Enthaltung. Vielen Dank.

Damit ist auch der Antrag vom FDGB gleich miterledigt. Und wir kommen zur **Vorlage 13/28 [Antrag AG „Wirtschaft": Zu Ergebnissen ihrer Beratungen am 7. und 14. Februar 1990]**. Von der Arbeitsgruppe „Wirtschaft" war ein Anlauf schon das letzte Mal gemacht worden, allerdings mit einer zu spät vorgebrachten **Information 4a**[30]. Aber jetzt, Frau Dr. Brandenburg, Sie haben alles wieder auf dem Tisch, was Sie letztens gebracht haben. Es ist die Arbeitsgruppe „Wirtschaft", die das jetzt einbringt. Wer will die **Vorlage 13/28** erläutern?

Bitte schön.

Freiberg (NDPD): Der Antrag beschäftigt sich mit den Arbeitsergebnissen der Beratung der Arbeitsgruppe „Wirtschaft" am 7. und 14. Februar dieses Jahres.

[**Vorlage 13/28, Antrag AG „Wirtschaft": Zu Ergebnissen ihrer Beratungen am 7. und 14. Februar 1990**]

1. Die Arbeitsgruppe „Wirtschaft" des Runden Tisches nahm Informationen von Vertretern der Staatsbank über

– die Neugestaltung des Bankensystems und des Kreditwesens

– Maßnahmen zur Sicherung der Währungsstabilität und zur Vorbereitung einer Währungsunion mit der BRD

– Bedingungen zur Ausreichung von Krediten aus der BRD für die Förderung der privaten Wirtschaft in der DDR

zur Kenntnis.

Die Arbeitsgruppe erwartet von der Staatsbank die Übergabe von Informationen über weitere Daten zur Währungssituation, insbesondere im Verhältnis zur BRD, und nächste Schritte auf dem Gebiet des Geld- und Kreditwesens.

Die Arbeitsgruppe „Wirtschaft" schlägt dem Runden Tisch vor,

– die Regierung zur unverzüglichen Durchführung einer Pressekonferenz aufzufordern, mit der Verunsicherungen und Ängste in der Bevölkerung im Zusammenhang mit einer Währungsunion BRD/DDR abgebaut werden.

Die zuständigen Vertreter der Regierung sollten beauftragt werden, Informationen über die realen Möglichkeiten zur Sicherung der Währungsstabilität und der Spargutthaben, wie sie in der Beratung von den Vertretern der Staatsbank konkret dargelegt wurden, in den Medien zu veröffentlichen,

– die Regierung aufzufordern, ständig Informationen über den Stand der Verhandlungen zu Fragen der Wirtschafts- und Währungsunion durch ein Mitglied der Expertenkommission vor der Arbeitsgruppe „Wirtschaft" des Runden Tisches zu geben.

2. Die Arbeitsgruppe „Wirtschaft" des Runden Tisches hat die Vorstellungen der Regierung zum notwendigen Abbau von Subventionen zur Kenntnis genommen.

Bestandteil dieser Maßnahmen ist das Prinzip des vollen sozialen Ausgleichs. Davon ausgehend hält es die Arbeitsgruppe „Wirtschaft" für notwendig, daß die Regierung an diesen Maßnahmen zielstrebig weiterarbeitet.

3. Die Arbeitsgruppe „Wirtschaft" des Runden Tisches hat die Erläuterungen des Entwurfs des Steueränderungsgesetzes zur Kenntnis genommen. Die Grundlinie der beabsichtigten Steuerveränderungen wird unterstützt und als erster Schritt einer generellen Steuerreform betrachtet.

Die Arbeitsgruppe „Wirtschaft" schlägt dem Runden Tisch vor, die Regierung aufzufordern

– alle Voraussetzungen zu schaffen, damit die Volkskammer schnellstmöglich das Änderungsgesetz verabschieden kann,

– ihre Argumente und Positionen zur erforderlichen Lohn- und Gehaltssteuerreform unter besonderer Berücksichtigung der Interessen der Angestellten öffentlich darzustellen.

4. Die Arbeitsgruppe „Wirtschaft" hat mehrheitlich entschieden, kein eigenes Votum zum **Antrag des FDGB 12/11** vom 12. Februar 1990 zu geben, da sich die Arbeitsgruppe „Verfassung" damit beschäftigt.

Wir möchten bitten, die in den Punkten 1 und 3 gemachten Vorschläge zu bestätigen.

Ziegler (Moderator): Danke. Ich möchte nur zu Ziffer 4 erläutern. Da [gemeint ist die **Vorlage 12/11**[31]] geht es um

---

[30] Die „Information 12/4a, Erklärung AG ‚Wirtschaft': Zu Fragen der Währungsreform" ist als Dokument 12/21 im Anlagenband widergegeben.

[31] Vorlage 12/11, Antrag FDGB: Zustimmung zu dem vom außerordentlichen Gewerkschaftskongreß erarbeiteten Beschluß zur Änderung der Artikel 44 und 45 der Verfassung der DDR sowie zum Entwurf eines Gewerkschaftsgesetzes. Dokument 12/16, Anlagenband.

die **Verfassungsartikel 44 und 45**. Dies kommt uns noch einmal auf den Tisch, nämlich unter [Tagesordnungspunkt] 5.1.

Herr Engel hat sich zu Wort gemeldet.

Engel (CDU): Da die letzte Ergänzung von Vorfragen hier gemacht worden ist, brauche ich das nicht zu sagen. Es ging mir um den Punkt 2. Da wir ja heute mit dem Antrag vom Neuen Forum weitergehend eigentlich schon dazu entschieden haben, brauchten wir das nicht hier aufzunehmen oder sollten es um einen Satz mit Verweis darauf ergänzen. Aber es wurde ja gesagt, wir sollen hier bloß zu den Punkten 1 und 3 zustimmen. Dann hat es sich erledigt.

Ziegler (Moderator): Frau Brandenburg.

Frau Brandenburg (NF): Wir sind für die Annahme dieses Antrages der Arbeitsgruppe „Wirtschaft". Und wir weisen insbesondere auf die Notwendigkeit hin, daß den Menschen in unserem Land Informationen gegeben werden zur Frage einer **Währungsunion**. Denn die Schlangen, die jeden Tag vor den Sparkassen stehen, sind ein Zeichen dafür, daß wir eine große Beunruhigung in unserem Land haben.

Ziegler (Moderator): Ja, vielen Dank. Weitere Wortmeldungen sehe ich jetzt nicht. – Ach, Entschuldigung, Herr Sahr, ich habe Sie übersehen.

Sahr (FDGB): Ich möchte etwas zu dem Punkt 3, zweiter Anstrich sagen. Der Regierung lag in der vorletzten Sitzung der **Entwurf eines Steueränderungsgesetzes** vor, der auch unter anderem das, was im zweiten Anstrich steht, beinhaltete, nämlich einen ersten Schritt zur **Lohn- und Gehaltssteuerreform**.

Dieser Entwurf wurde in der letzten Sitzung zurückgestellt, weil man glaubte, er ist nicht machbar, weil dem Geld, was dafür benötigt wurde, keine Warendeckung gegenüberstand. Er wurde zurückgestellt und in der letzten Regierungssitzung ein veränderter Entwurf eingebracht.

Dieser veränderte Entwurf zur Information des Runden Tisches enthielt Steuerentlastung für Handwerk, Gewerbe und Unternehmer, aber keine **Gehaltssteuerreformentlastung** mehr, und die Gewerkschaften haben dagegen Einspruch erhoben.

Nach Diskussion in der Regierung ist auch dieser Entwurf nicht angenommen worden. Der Finanzminister wurde beauftragt, einen neuen Vorschlag einzubringen, der auch einen ersten Schritt der **Steuerentlastung für Angestellte** enthalten soll. Und die Gewerkschaften erwarten, daß am Donnerstag dieser neue Entwurf vorgelegt wird und Entlastung auch für die vier Millionen Angestellten bringt.

Ziegler (Moderator): Ja, vielen Dank für die Information. Ich möchte nur darauf aufmerksam machen, hier wird ja doch nur aufgefordert, das öffentlich darzustellen, nicht? Es wird ja inhaltlich hier nichts bestimmt. Sonst noch Wortmeldungen?

Dann war hier vor allen Dingen darauf hingewiesen worden, daß Ziffer 2 eigentlich schon weitergehend beschlossen worden ist, so daß es kein Hinderungsgrund sein kann, darüber abzustimmen. Und hier war vor allen Dingen durch den Einbringer Ziffer 1 und 3 genannt, denn Ziffer 4 war ja auch nur eine Information.

Und ich möchte also fragen, wer die Vorlage mit diesen Schwerpunkten, Ziffer 1 und 3, die sind es ja, unterstützen kann. Den bitte ich um das Handzeichen. – Danke. Das ist die Mehrheit. – – Gegenstimmen? – Enthaltungen? – Keine.

Danke schön. Einstimmig.

Wir haben einen letzten Antrag hier bei diesem Tagesordnungspunkt zu verhandeln. Das ist die **Vorlage 13/23** [**Antrag GP, UFV, IFM, VL: Zur Einigung Deutschlands. Gegen die Vereinnahmung der DDR durch die BRD**]. Und da geht es nun wieder um eine **Erklärung**, die hier beschlossen werden soll, und zwar beschäftigt sie sich, ich sage wieder nur ein Stichwort, vorwiegend mit der **Haltung der Bundesrepublik**. Die ist unterzeichnet von der Grünen Partei, Unabhängiger Frauenverband, Initiative Frieden und Menschenrechte und Vereinigte Linke. Leider weiß ich nicht, wer von den vier Unterzeichnern es einbringen wird. Das ist mir leider nicht gelungen herauszukriegen. Immer der erste, sagt Herr Sauer. Das ist ein guter Vorschlag; dann ist es die Grüne Partei. Aber die suchen den Antrag erst noch, nicht? Ja.

Herr Jordan, bitte, Grüne Partei.

Jordan (GP):

[**Vorlage 13/23, Antrag GP, UFV, IFM, VL: Zur Einigung Deutschlands. (Gegen die Vereinnahmung der DDR durch die BRD)**]

Der Runde Tisch möge folgende Erklärung beschließen. Im Ergebnis des Modrow-Besuches in Bonn kommt der Runde Tisch zu der Auffassung, daß es der Bundesrepublik in der Frage der deutschen Einigung nicht um die Menschen in beiden deutschen Staaten geht, sondern um die Ausweitung ihres Machtbereiches und um die Gewinnung billiger Arbeitskräfte.

Das wird deutlich in der Art und Weise der Verhandlungsführung, den Verhandlungsergebnissen und dem anschließenden Vorwurf an die DDR-Regierung, sie sei undankbar, weil sie die Position der Bundesregierung nicht akzeptiert hat.

Die nicht deutlich ausgesprochene Anerkennung der Oder-Neiße-Grenze, Versuche, den zukünftigen deutschen Staat in die NATO zu integrieren, sowie Äußerungen aus dem Regierungslager, wonach die Vereinigung nach Artikel 23 Grundgesetz der BRD durch einfachen Beitritt einzelner Länder oder der DDR insgesamt zur BRD erfolgen soll und nicht zuletzt die Forderung nach sofortiger Währungsunion ohne abschließende Prüfung der damit im Zusammenhang stehenden politischen, ökonomischen und sozialen Probleme lassen nur den Schluß zu, daß es sich nicht um eine Einigung zweier gleichberechtigter Partner, sondern um eine einseitige Vereinnahmung der DDR durch die BRD handeln soll.

Der Runde Tisch protestiert gegen diese Haltung der Bundesregierung, die sich über die Sorgen der Bürger/innen beider deutscher Staaten hinwegsetzt. Damit wird der Einigungsprozeß nur erschwert.

Darüber hinaus werden dadurch auch die berechtigten Interessen der europäischen Nachbarn nicht im ausreichenden Maße beachtet.

Wir betonen, daß sich der deutsche Einigungsprozeß nur als Teil der europäischen Einigung realisieren kann.

Wenn die Regierung der BRD schon anderen in der DDR geschaffenen Leistungen und Werten die Anerkennung verweigert, so muß sie doch zumindest akzeptieren, daß

> der in der DDR erwachte Wille der BürgerInnen zur Demokratie, ihr Selbstbewußtsein und die sich entwickelnde demokratische Kultur sich nicht durch einen Federstrich in das System der BRD einpassen lassen.
>
> Dieses demokratische Potential wird sich auch dafür einsetzen, daß Positives in der DDR nicht einfach durch Rechtsangleichung wegrationalisiert wird.
>
> Der Runde Tisch vertritt nach wie vor den Standpunkt, daß zur zügigen und konsequenten Realisierung der Wirtschaftsreform und zur Schaffung sichtbarer Ergebnisse im Interesse der Menschen die Leistung des geforderten Solidarbeitrages durch die BRD unabdingbar ist.
>
> Nur so können die erforderlichen Grundlagen für eine Wirtschafts- und Währungsunion geschaffen werden.
>
> Sofortige Währungsunion löst keines der bestehenden sozialen Probleme, bedeutet im Gegenteil ihre Verschärfung und Ausdehnung auf beide deutschen Staaten.

Ziegler (Moderator): Ja, Sie haben das hier alle mitgelesen. Danke für die Einbringung, Herr Jordan.
Ich möchte auf folgendes hinweisen. Viele der hier angesprochenen Einzelprobleme haben wir präziser und genauer bis heute schon in Beschlüsse gefaßt. Andere Dinge werden dann, wenn wir jetzt dieses alles beschließen müssen, am Runden Tisch sicherlich eine sehr gründliche Diskussion erfordern, weil doch der Eindruck mir wenigstens darliegt, hier sind manche Formulierungen drin, die sich eher nach **Unterstellung** als nach sachlicher Feststellung anhören. Ich soll das vorsichtig nur nach meinem Eindruck sagen.
Darum frage ich, wie wir das behandeln wollen. Wir können das natürlich hier wie beantragt, zur Beschlußfassung nehmen. Dann müssen wir darüber diskutieren. Oder wir nehmen es zur Kenntnis und machen das Verfahren, das wir bei anderen Dingen auch schon gemacht haben: Diejenigen, die das noch unterstützen wollen, unterschreiben das noch mit.
Also, Herr Jordan, bitte schön, und dann Herr Lietz.

Jordan (GP): Ja. Nach kurzer Rücksprache mit der Initiative Frieden und Menschenrechte sind wir übereingekommen, daß dieses Papier den Charakter einer **Erklärung** trägt und, wie Sie schon sagten, sich andere dem durchaus anschließen können.

Ziegler (Moderator): Ja, vielen Dank. Da kommen wir uns ja sehr nahe.
Herr Lietz, bitte.

Lietz (NF): Ja, ich würde das auch in diese Richtung unterstützen wollen, daß die, die sich dem anschließen wollen, dies tun sollen, weil so viele unterschiedliche Probleme auch in so unterschiedlicher Klarheit hier zusammengebündelt sind, daß man das als Gesamtpaket so wenigstens nicht [sehen kann], wenigstens wir können das so nicht verabschieden. Aber dies andere wäre eine gute Brücke, über die man gut gehen kann – die, die wollen.

Ziegler (Moderator): Ja, gut. Schön. Dann könnten wir nur nicht schreiben, „der Runde Tisch möge folgende Erklärung beschließen", sondern es kann nur heißen „entgegennehmen". Und wir sagen dazu, wer unterschreiben will, der unterschreibt das mit. Ja?
Herr Jordan, wäre das so möglich?

Jordan (GP): Ja.

Ziegler (Moderator): Herr Ducke, bitte.

Ducke (Co-Moderator): Es wären dann noch die Änderungen einzubringen im vierten Absatz nicht „der Runde Tisch", sondern „die unterzeichnenden Parteien". Überall, wo „Runder Tisch" kommt, müßte [es] heißen „die unterzeichnenden Parteien".

Ziegler (Moderator): Ja, das wäre die Folge, wenn wir so verfahren, wie Herr Jordan eben auch zugestimmt hat.
Herr Klein, bitte.

Klein (VL): Ja, vielleicht sollten sich die, die sich dieser Erklärung anschließen, das hier öffentlich kundtun, denn die Zuhörer und Zuschauer haben ja das Recht dazu, das zu erfahren.

Ziegler (Moderator): Das steht jedem frei, wenn sie das tun wollen. Ich möchte darauf hinweisen, daß wir das letzte Mal, als es um so eine Sache ging, das per Umlauf gemacht haben und dann nur gesagt haben zehn oder zwölf, wieviel das damals waren, haben sich dazu gestellt. Aber bitte, Sie haben ja jetzt die Möglichkeit, Herr Klein. Sie können das ja sofort. Ach so, Sie sind ja Mitunterzeichner, ja, Entschuldigung. Also wer das will, der kann das natürlich tun.
Bitte schön, Herr Lietz.

Lietz (NF): Ich denke, wenn es eine **Erklärung** ist, wo einige unterzeichnen, dann soll es auch eine Erklärung bleiben und soll es nicht zur Abstimmung gebracht werden – –

Ziegler (Moderator): Nein, ich will ja auch nicht abstimmen.

Lietz (NF): – und von daher halte ich Ihr Verfahren mit dem Umlauf für das akzeptable Verfahren und würde sozusagen früheren Praktiken auch entsprechen.

Ziegler (Moderator): Herr Börner.

Börner (PDS): Ich möchte hiermit erklären, daß sich die PDS dieser Erklärung anschließt.

Ziegler (Moderator): Ja, wenn das öffentlich ist, ist dagegen nichts einzuwenden. Aber abgestimmt wird hier nicht, nicht?
Herr Weiß, bitte.

Weiß (DJ): Ich möchte erklären, daß Demokratie Jetzt sich dieser Erklärung nicht anschließt. Ich denke, hier sind viele Positionen genannt, die richtig sind, aber es gibt einige Formulierungen, die wir so nicht mittragen können. Ich sage das auch öffentlich – –

Ziegler (Moderator): Ja, vielen Dank. Aber notwendig ist es nicht, daß man das jetzt im einzelnen erklärt. Wer das will, möge das tun – –

Weiß (DJ): – ich sage das nur, weil wir immer als **linkes Wahlbündnis** bezeichnet werden und das nicht sind. Und das wollte ich hiermit offensichtlich machen.

Ziegler (Moderator): Ah, so. Herr Pautz, hatten Sie sich gemeldet vom Demokratischen Aufbruch, ja?

Pautz (DA): Ja, ich wollte auch erklären, daß wir dieses Papier nicht unterschreiben.

Ziegler (Moderator): Ja. Also, wenn dann nun noch jemand erklären will, der möge es gleich tun, damit wir es abschließen können. Danke schön. Die Erklärung haben wir gehört.

Vielen Dank. Damit haben wir diesen Punkt der Vorlagen beendet, die zur Erklärung von Ministerpräsident Modrow gehören.

Und es ist jetzt 18.43 Uhr. Wir sind immer noch bei Tagesordnungspunkt 2 und haben die beiden erledigt und den zusätzlichen Punkt. Und jetzt käme noch **Sozialpolitik, Versammlungsgesetz, Einzelanträge**, wobei mindestens zur **Verfassung** und zum **Wahlgesetz** die drei Anträge unbedingt kommen müssen. Und die Grünen hatten ja auch noch gesagt, daß sie ihren Wiederholungsantrag verhandelt sehen möchten, nicht? Ja, bitte.

N. N.: Ich könnte jetzt gleich den Wiederholungsantrag anschließen.

Ziegler (Moderator): Nein. Ich muß jetzt erst einmal den Runden Tisch fragen, ob er bereit ist, dieses Programm noch abzuarbeiten. Dann denke ich, müßten wir uns über eine kurze Pause verständigen und dann mit einem neuen Schwung in das Letzte gehen. Aber eine gute Stunde, eineinhalb Stunden werden wir noch brauchen. Da möchte ich den Runden Tisch drauf aufmerksam machen.

Also, ich frage jetzt, sind Sie bereit, die Tagesordnung noch bis zu Ende durchzuarbeiten? Dann muß ich einmal fragen, wer dazu bereit ist? – Ja, danke schön, [das] ist die Mehrheit. Die anderen werden mitgezogen.

Aber dann schlage ich vor, wir machen eine kurze Pause bis 19.00 Uhr und setzen um 19.00 Uhr wieder ein. Das wird dann sicher besser gehen, als wenn wir jetzt pausenlos durchmachen. 19.00 Uhr. Aber bitte pünktlich, damit wir dann wirklich zu Ende kommen.

[Unterbrechung von 18.45 Uhr–19.15 Uhr]

Ducke (Moderator): Darf ich Sie bitten, wieder Platz zu nehmen. Wir danken den Initiatoren für frische Luft. Aber jetzt bin ich dafür, daß wir die Fenster wieder zumachen. Ob das jemand schafft? Wunderbar. Danke. Ich hoffe, daß ich draußen im Foyer gehört werde.

Meine Damen und Herren, die Pause ist beendet. Zumindest in zehn Sekunden. Und dann würden wir mit den Verhandlungen fortfahren.

Tagesordnungspunkt 4, **Versammlungsgesetz**. Ich bitte um Ihr Verständnis, daß wir vorgezogen haben, denn die Vertreter der Regierung warten nun schon seit 16.00 Uhr auf diesen Tagesordnungspunkt. Und da zu den anderen keine Gäste von der Regierung da sind, setze ich Ihr Einverständnis voraus, daß wir jetzt im Interesse der Sicherheitspartnerschaft mit der Deutschen Volkspolizei diesen Tagesordnungspunkt vorziehen. Ich rufe also auf Tagesordnungspunkt 4, das ist die **Vorlage 13/8: Entwurf, Gesetz über Versammlungen, Versammlungsgesetz**[32]. Es ist verteilt. – Bitte? Sie müssen es haben, es ist gerade verteilt worden. Haben wir jetzt etwa ein Problem, daß das nicht – – Ist es da? – Nein? Keine „Information", keine „Vorlage"? **Vorlage 13/8.**

Herr Schulz.

Schulz (NF): – ist meines Wissens nicht verteilt worden. Ich habe es allerdings in unserem Postfach gehabt.

---
[32] Dokument 13/12, Anlagenband.

TOP 12: Versammlungsgesetz

Ducke (Moderator): Genau. Es ist doch in den Fächern gewesen. Ich bitte noch einmal – – Es ist auch verteilt worden. Also, wir gucken gleich einmal in das Arbeitssekretariat. Meine Damen und Herren, schauen Sie bitte genau in Ihrem Papierwust nach. Es lag in den Fächern – – aber das ist jetzt, glaube ich, zu beheben gewesen. Vielen Dank für Ihr Verständnis.

Ich muß erst die Frage stellen, wer von der Arbeitsgruppe dazu Stellung nehmen kann. Ist da jemand hier? Herr Weißhuhn, Initiative Frieden und Menschenrechte. Danke.

Ich begrüße zu diesem Tagesordnungspunkt Herrn Generalmajor Winderlich, stellvertretender Minister des Inneren und Chef der Deutschen Volkspolizei, Herrn Jakob, ebenfalls vom Ministerium des Inneren und Herrn Christoph vom Ministerium der Justiz.

Herr Generalmajor Winderlich wird einige einführende Bemerkungen dazu machen. Meine Frage ist zum Einbringen der **Vorlage [13/8]**: Sie haben dann auch die Vorlage einzubringen? Herr Weißhuhn. Danke.

Darf ich Sie dann bitten, Herr Generalmajor, daß Sie uns in diese Vorlage einführen.

Winderlich (Stellv. des Ministers für Innere Angelegenheiten): Meine Damen und Herren. Der vorliegende **Entwurf des Gesetzes über Versammlungen [Versammlungsgesetz]** wurde durch eine nicht strukturmäßige Arbeitsgruppe aus Vertretern des Ministeriums für Innere Angelegenheiten, der Akademie für Staats- und Rechtswissenschaften Babelsberg der Humboldt-Universität Berlin, der Vereinigung der Juristen des Rechtsanwaltskollegiums Berlin sowie des Ministeriums der Justiz erarbeitet. Eine Abstimmung erfolgte mit allen Vorsitzenden der Räte der Bezirke sowie den Chefs der Bezirksbehörden der Deutschen Volkspolizei.

In der Arbeitsgruppe „Parteien- und Vereinigungsgesetz" des Runden Tisches wurde in einer Diskussionsrunde volle Übereinstimmung erzielt, so daß ein mit dem Regierungsvorschlag gleichlautender Entwurf an den Runden Tisch übergeben werden konnte.

Der vorliegende Gesetzesentwurf trägt der Verwirklichung der in der Verfassung fixierten **Versammlungsfreiheit** im Prozeß der unabdingbaren demokratischen Erneuerung der Gesellschaft in der DDR Rechnung und ist sogleich ein Schritt zur **Stärkung der Rechtsstaatlichkeit** sowie der **Rechtssicherheit**.

Der Gesetzesentwurf geht davon aus, daß Versammlungen in der DDR ohne staatliche Genehmigung durchgeführt werden können. Das **Versammlungsrecht** wird eindeutig als subjektives Recht der Bürger ausgestaltet. Jedermann hat das Recht, Versammlungen friedlich, gewaltfrei und unbewaffnet durchzuführen. Jeder Bürger soll ungehindert an Versammlungen teilnehmen oder sich von ihnen entfernen können. Niemand darf zur Teilnahme an einer Versammlung gezwungen werden. Dem **Prinzip der Freiwilligkeit** wird strikt Rechnung getragen. Zugleich hat auch niemand das Recht, die Durchführung einer ordnungsgemäßen Versammlung zu stören oder zu verhindern.

Das Recht der Versammlungsfreiheit wird im vorliegenden Entwurf ausschließlich durch das **Verbot zur Durchführung von Versammlungen,** die die **Propaganda für Krieg,** die Bekundung nationaler, rassischer oder religiöser Feindseligkeiten, die Verbreitung faschistischer oder antihumanistischer Ideen oder die Anstiftung zu Terror, Mord, anderer Gewalttaten oder die Beseitigung verfassungsmäßig garantierter Grundrechte der Bürger zum Ziele haben beziehungsweise die durch Parteien oder Vereinigungen durchgeführt werden sollen, die durch gerichtliche Entscheidung verboten sind, beschränkt.

Zur Sicherung der ungestörten Arbeitsfähigkeit der demokratisch gewählten obersten Volksvertretung können diese durch Beschluß für den Zeitraum ihrer Tagungen in einem bestimmten Umkreis Versammlungen im Freien einschränken oder untersagen.

Die Regelungen im Gesetzesentwurf stehen in Übereinstimmung mit den Grundsätzen des Artikel 28 und des Artikels 6, Absatz 5 der Verfassung der DDR, der Artikel 20 und 21 der internationalen Konvention über zivile und politische Rechte vom 16. Dezember 1966 und des abschließenden Dokuments des Wiener KSZE-Treffens vom 19. Januar 1989.

Die **Ankündigungspflicht** bei den örtlichen zuständigen Reden für **Demonstrationen**, Kundgebungen, Umzügen oder anderen Formen der Willensbekundung durch Menschenansammlungen im Freien, die außerhalb umfriedeter Grundstücke durchgeführt werden sollen, führt zu keinem Genehmigungsverfahren. Sie geht davon aus, daß durch diese Arten von Versammlungen aufgrund ihres Ausmaßes zum Teil ein erheblicher Einfluß auf das normale Geschehen im Territorium ausgehen kann und deshalb notwendige Unterstützungsmaßnahmen durch örtliche Organe, Betriebe, Einrichtungen oder die Deutsche Volkspolizei erforderlich werden können.

Der Einsatz volkspolizeilicher Kräfte zur **Auflösung einer Versammlung** erfolgt grundsätzlich nur auf Anforderung durch den Vorsitzenden des örtlichen Rates, wenn eine Versammlung auf der Grundlage des Gesetzes verboten ist oder untersagt wurde.

Es wird jedoch für erforderlich gehalten, daß die **Deutsche Volkspolizei** im Ausnahmefall befugt ist, zur Abwehr einer unmittelbaren Gefahr für Leben und Gesundheit von Personen, bedeutsamer Sachwerte sowie von Terror- oder Gewaltakten eine Versammlung aufzulösen.

Die dazu notwendigen Handlungen sind strikt auf der Grundlage rechtlicher Bestimmungen durchzuführen. Damit wird rechtlich exakt und für jedermann transparent der Handlungsspielraum für die Deutsche Volkspolizei im Zusammenhang mit der Durchführung von Versammlungen bestimmt. Die Regelungen des **Versammlungsgesetzes** stehen in unmittelbarer Verbindung mit bestimmten Regelungen des **Parteiengesetzes**, des **Vereinigungsgesetzes** sowie des **Gewerkschaftsgesetzes**. Deshalb wird es für zweckmäßig erachtet, das Versammlungsgesetz gleichzeitig oder unmittelbar nachfolgend zu diesen genannten Gesetzen zu verabschieden.

Ich darf mich noch einmal für die sehr konstruktive Mitarbeit der Arbeitsgruppe des Runden Tisches bedanken.

Ducke (Moderator): Vielen Dank, Herr Generalmajor Winderlich zu dieser Bemerkung zu der Gesetzesvorlage.

Ich rufe nun von der Arbeitsgruppe auf Herrn Weißhuhn, Initiative Frieden und Menschenrechte, bitte schön.

Weißhuhn (IFM): Ich möchte den Ausführungen, die hier schon gemacht worden sind, nichts Grundsätzliches hinzufügen. Insgesamt möchte ich sie stattdessen bestätigen. Die Arbeitsgruppe hat sich eingehend damit beschäftigt und eine ganze Reihe Veränderungen und Diskussionen noch zu dem bereits bestehenden Entwurf der Regierungskommission gemacht. Das Ergebnis liegt Ihnen vor.

Natürlich ist klar, daß der Runde Tisch jetzt nicht dieses Gesetz lesen und entscheiden kann. Das bedeutet eigentlich, daß wir nur darum bitten können, der Arbeitsgruppe insoweit zu vertrauen.

Hinweisen möchte ich nur noch einmal auf die Übereinstimmung, auch die erwähnte, bereits im ersten erwähnte Übereinstimmung mit der **internationalen Konvention über zivile und politische Rechte**. Und hinweisen möchte ich außerdem auf die Möglichkeit der **Verwaltungsgerichtsentscheidung**, die allerdings in diesem Zusammenhang hier noch nicht endgültig geregelt werden kann, weil da Parallelen zu den noch zu erarbeitenden Verwaltungsrechtsregeln und zur Verwaltungsstruktur, also Ländereinführung etc., notwendig sind, so daß diese Aussage hier zunächst einmal noch für sich allein stehen kann. Danke.

Ducke (Moderator): Danke, Herr Weißhuhn, daß Sie uns noch einmal bestätigt haben, daß die in der Arbeitsgruppe unterbreiteten Ergänzungs- und Änderungsvorschläge in den nun vorliegenden Entwurf eingearbeitet wurden. Dies noch einmal zur Verdeutlichung.

Wir müssen dann die Frage stellen, ob jemand Einwände dagegen hat. Wie Sie schon richtig sagen, können wir das ja nicht verabschieden, aber eben so zur Kenntnis nehmen. Ich eröffne jetzt die Debatte darüber. Bitte um Wortmeldungen. Herr Weiß, Demokratie Jetzt; dann Herr Schulz, Neues Forum.

Bitte, Herr Weiß.

Weiß (DJ): Ja, ich habe einen Einwand gegen den Paragraphen 6 gegen die „**Bannmeile**". Hier ist vorgesehen, daß für die Zeit der Tagungen der Volkskammer, der Bezirks- oder Kreistage Versammlungen in einer Entfernung in der Regel bis zu einem Kilometer um den Tagungsort eingeschränkt oder untersagt werden. „Festlegungen dazu treffen die Volkskammer, die Bezirks- und Kreistage ...", heißt es.

Ich denke, wenn wir eine neue bürgernahe Politik wollen, dann sollten sich die Abgeordneten der Volkskammer und der Kreis- und Bezirkstage oder der späteren Länderparlamente doch nicht vor dem Bürger fürchten. Wir als Bürgerbewegung Demokratie Jetzt, und ich denke, ich spreche da ganz im Sinne des Bündnisses '90, wollen doch, daß die Bürger uns ihren Willen kundtun. Und ich denke, sie sollten es auch dadurch tun können, daß sie an die Volkskammer oder an die Kreis- oder Bezirkstage kommen und dort demonstrieren.

Ich bin für die ersatzlose Streichung dieses Paragraphen 6 und spreche da auch für die Bürgerbewegung Demokratie Jetzt.

Ducke (Moderator): Danke, Herr Weiß. Das war zu Paragraph 6 eine Wortmeldung, die wir gleich an die Regierungsvertreter auch herübergeben.

Ich rufe noch Herrn Schulz, Neues Forum, auf.

Schulz (NF): Herr Generalmajor Winderlich, mir liegt ein **Entwurf vom 5. Februar [1990]** vor **zum Versammlungsgesetz**, und ich würde Sie gern fragen, warum hat man den Absatz 3 in Paragraph 1 ersatzlos gestrichen, das heißt, wenn ich den vorlesen soll, aber Ihnen ist er ja bekannt – –

Ducke (Moderator): – Augenblick. Sie beziehen sich jetzt auf welchen Paragraphen der Vorlage, die uns vorliegt?

Schulz (NF): – nein, es geht nicht um die Vorlage, sondern es geht um den Entwurf, der vor der Vorlage – –

Ducke (Moderator): Aber worauf bezieht sich das jetzt, wo wir es hier entdecken könnten?

Schulz (NF): Es ist in der Vorlage nicht vorhanden. Meine Frage ist, warum das in dieser Vorlage nicht auftaucht, warum es ersatzlos gestrichen worden ist.

Ducke (Moderator): Danke. Welcher Paragraph war das in der Vorlage?

Schulz (NF): In der Vorlage ist es Paragraph 1, ja, und ein neuer Absatz 3, aber im Entwurf vom 5. Februar ist ein Absatz 3, der lautet: „Niemand darf bei Versammlungen Waffen oder sonstige Gegenstände, die ihrer Art nach zur Verletzung von Personen oder zur Beschädigung von Sachen geeignet und bestimmt sind, mit sich führen, ohne dazu behördlich ermächtigt zu sein". [Ich frage] warum dieser Passus gestrichen worden ist.

Ducke (Moderator): Danke. Es ist jetzt angekommen und kann geortet werden. Sind noch weitere Anfragen? Dann würden wir die sammeln, während sich hier eine Antwort vorbereiten kann. Das scheint im Moment nicht der Fall.

Darf ich Sie dann vielleicht bitten. – Herr Klein, doch noch.

Bitte, Herr Klein.

Klein (VL): Ja. Die Anfrage bezieht sich auf den Paragraphen 11, Absatz 1, in dem gleichgeordnet ist in der Sanktionsstaffelung die Ziffer (1)a), wo unter **Ordnungsstrafe** gestellt wird die Durchführung einer Versammlung, die gemäß Paragraph 2, Absatz 1 verboten oder untersagt ist nach Paragraph 6 und 7, und das sind ja recht schwerwiegende Tatbestände, die hier als Verbotsgrund aufgeführt worden sind, mit Recht, aber gleichzeitig die Ziffer (1)d), die die gleichen Sanktionen, nämlich Ordnungsstrafe bis 500 Mark versprechen, wenn man erteilten Auflagen nicht nachkommt. Vielleicht kann man sich dazu verständigen, daß das hier eine gewisse **Unverhältnismäßigkeit** ausdrückt.

Ducke (Moderator): Es geht um die Gleichrangigkeit, die hier sozusagen unterstellt wird, und Sie sagen, das ist nicht gleichrangig. Es wird hier zusammensortiert.

Klein (VL): Ja.

Ducke (Moderator): Danke. Das waren die Anfragen. Darf ich die Vertreter der Regierung bitten?

Herr Winderlich, bitte.

Winderlich (Stellv. des Ministers für Innere Angelegenheiten): Zur **Bannmeile** kann ich soviel sagen, es gibt meines Wissens kein Land, in dem es solche Regelungen nicht gibt, daß für die ordnungsgemäße Arbeit der Parlamente für die Dauer ihrer Tätigkeit entsprechende Festlegungen bestehen.

Sie sind unterschiedlich gefaßt. In der Bundesrepublik gibt es extra noch einmal ein Gesetz dazu, wo genau beschrieben ist, welche Straßen und so weiter zu der Bannmeile gehören. Ich gebe das zu bedenken, daß man ja das Gesetz nicht nur für die heutige Zeit und für die nächste Zeit macht. Es ist schon erheblich störend, wenn Demonstrationen und andere Kundgebungen unter Nutzung auch akustischer Mittel und was man sich alles denken kann dann dort vor so einem Parlament stattfinden.

Zur Frage von Herrn Schulz bitte ich meinen Kollege zu antworten.

Ducke (Moderator): Herr Jakob, Ministerium des Inneren.

Jakob (Abteilungsleiter im Ministerium für Innere Angelegenheiten): Wir haben in der Arbeitsgruppe des Runden Tisches zu dieser Problematik gesprochen und haben uns dort verständigt dazu, daß der **Paragraph 1, Absatz 3** in seiner alten Fassung, wo die Problematik **Waffen und Gegenstände** formuliert waren, unter Umständen zu mißverständlichen Aussagen führen kann bei den Bürgern.

Es wurden auch hier Bedenken geäußert in der Art, daß mit dieser Formulierung, wie sie damals stand, unter Umständen dem Sicherheitsorgan wieder ein Mittel in die Hand gegeben werden könnte, daß Mißbräuche verwendet werden könnten.

Deshalb haben wir uns in der Arbeitsgruppe des Runden Tisches so verständigt, daß wir diese Formulierung „gewaltfrei und unbewaffnet" aufgenommen haben und durch das Wort „unbewaffnet" denselben Grundgedanken verfolgt haben.

Ducke (Moderator): Danke, Herr Jakob. Es wäre noch zu Herrn Klein, Vereinigte Linke, zur **Anfrage der Gleichrangigkeit** [Stellung zu nehmen].

Herr Christoph vom Ministerium der Justiz.

Christoph (Hauptabteilungsleiter im Ministerium der Justiz): Es ist überhaupt in dem vorliegenden Entwurf, Paragraph 11, keine besondere Differenzierung im Text der Rechtsvorschrift vorgesehen. Es gibt aber eine Differenzierungsmöglichkeit natürlich nach der **Schwere des Gesetzesverstoßes** in der Zumessung der Ordnungsstrafe – sowohl in Absatz 1 als auch in Absatz 2.

Ich möchte aber vor allem darauf hinweisen, daß die Möglichkeit natürlich besteht, bei schwereren Verstößen, die insbesondere im Zusammenhang mit den Tatbeständen, die sich aus [der] Verletzung [des] Paragraphen 2, Absatz 1 ergeben, natürlich auch strafrechtliche Möglichkeiten gegeben wären, daß also die Regelungen Paragraph 11, Absatz 1 und 2 nicht die ausschließlichen sind, die hierfür anzuwenden wären. Sie kämen nur in Frage, wenn es sich nicht um so schwerwiegende Angelegenheiten handelt, daß vielleicht das **Strafrecht** in Anspruch genommen werden muß.

Ducke (Moderator): Danke für die Richtigstellung. Meine Rückfrage an die Frager: Können wir das so lassen? Es gibt noch eine Wortmeldung.

Herr Pautz, Demokratischer Aufbruch.

Pautz (DA): Ja, es geht hier um „**Untersagungen** und **Auflösungen**". Hier steht unter 1. – –

Ducke (Moderator): Sagen Sie bitte den Paragraphen?

Pautz (DA): Paragraph 7.

Ducke (Moderator): Danke.

Pautz (DA): Es geht hier über die Problematik „Untersagungen und Auflösungen", „darauf abzielen, verfassungsmäßig garantierte Grundrechte der Bürger zu beseitigen". Das Problem ist an und für sich, daß nirgends definiert ist, jetzt, was sind die **verfassungsmäßigen Grundrechte**.

Nach unserer Verfassung müßte jetzt ab Montag jegliche Demonstration in Leipzig in allen Orten nach diesem Gesetz untersagt werden, wenn wir unsere Verfassung zugrunde legen.

Ducke (Moderator): Ja, das war eine konkrete Anfrage. Wer möchte von der Regierungsvertretern sprechen?

Herr Winderlich.

Winderlich (Stellv. des Ministers für Innere Angelegenheiten): Hier ist vor allen Dingen, sind solche Grundrechte gemeint wie das **Recht auf Bildung**, also die in Verfassung festgeschriebenen Grundrechte, wer die beseitigen will mit seiner Demonstration, dann ist vorgesehen hier die Untersagung oder Auflösung.

Ich verstehe Ihre Fragen insofern nicht konkret, was Sie meinen im konkreten Bestand.

Ducke (Moderator): Herr Pautz.

Pautz (DA): Es geht zum Beispiel um die **Führungsrolle**. Das steht alles in der Verfassung drin – –

Ducke (Moderator): Nicht mehr!

Pautz (DA): – ist gut, ist ja nun heraus. Aber wenn man die einzelnen Paragraphen durchgeht, so ist es nicht ganz klar: Was sind alles **Grundrechte**? Und deswegen habe ich die Anfrage: Gibt es irgendwo [eine Stelle], wo Sie die Grundrechte formuliert haben?

Ducke (Moderator): Herr Weißhuhn, verstehe ich Ihre Wortmeldung direkt dazu?

Dann bitte von der Arbeitsgruppe, Herr Weißhuhn, Initiative Frieden und Menschenrechte.

Weißhuhn (IFM): Ich möchte darauf hinweisen, daß hier nicht verfassungsmäßig garantierte Grundsätze, sondern „**verfassungsmäßig garantierte Grundrechte**" steht.

Das bedeutet: Es handelt sich um Grundrechte, die nicht nur in der Verfassung stehen, sondern die für die Verfassung aus den internationalen Menschenrechtskonventionen abgeleitet sind. Mindestens diejenigen, die in der Verfassung stehen, gelten also sowieso. Die anderen gelten in Zukunft.

Insofern ist also Ihre Frage, glaube ich, insofern auch gegenstandslos, als es nicht um die Verfassung im engeren Sinne, sondern um die Verfassung geht nur insoweit sie auf die **internationalen Menschenrechtskonventionen** Bezug nimmt.

Ducke (Moderator): Danke, Herr Weißhuhn. Sie haben uns auf die Präambel hingewiesen zu dem ganzen Gesetzentwurf.

Jetzt [hat] noch das Wort Herr Brinksmeier [,SPD] und dann Herr Hegewald, PDS.

Brinksmeier (SPD): Ich vermisse in diesem ganzen Entwurf die Vorstellung der jetzt praktizierten **Sicherheitspartnerschaft** und frage nach, ob in Paragraph 5, genau in der Mitte vor Absatz 3 „wird um Unterstützung ersucht, sind Art und Umfang anzugeben", ob das der Rest ist, was von der Sicherheitspartnerschaft geblieben ist?

Ducke (Moderator): Ja, konkrete Frage. Oder wir hören uns zunächst einmal Herrn Hegewald, PDS, an.

Hegewald (PDS): Ich möchte mich auch noch einmal zur **Bannmeile** äußern. Mir scheint auch, daß die Argumentation kam, richtig ist, wir brauchen eine **bürgernahe Politik** und keine Bannmeile.

Wenn das Argument lautet, in allen Ländern ist das so, dann muß das bei uns noch lange nicht so sein. Und Störungen sind vielleicht das „Salz in der Suppe" der Demokratie. Ich denke, wenn die Bürger sich artikulieren mit ihren Interessen, dann können sie das auch an den Gebäuden tun, wo die Regierung ist. Ich denke schon, daß das eine Berechtigung hat, ein neues **Demokratieverständnis** auch in dieses Gesetz einzubringen.

Ducke (Moderator): Danke, Herr Hegewald, PDS.

Darf ich jetzt die Vertreter der Regierung bitten, noch zu dem angesprochenen Paragraphen von Herrn Brinksmeier [Stellung zu nehmen].

Brinksmeier (SPD): Zur **Sicherheitspartnerschaft**. Die Sicherheitspartnerschaft ist als solche vom Begriff her nicht extra festgelegt worden. Ich bitte Sie noch einmal zu schauen in Paragraph 3, Absatz 5. Dort ist festgelegt, daß „um Unterstützung ersucht" wird. „Diesem Ersuchen ist im Rahmen der jeweiligen Verantwortungen und Möglichkeiten nachzukommen". Dort versteckt sich der Gedanke mit der Sicherheitspartnerschaft.

Ducke (Moderator): Danke. Jetzt hätten wir nur noch einmal die **Bannmeile**.

Herr Weiß noch dazu eine Rückfrage?

Weiß (DJ): Ich würde gern doch noch einmal auf die **Sicherheitspartnerschaft** zurückkommen.

Ich finde es nicht gut, daß die Sicherheitspartnerschaft sich jetzt versteckt. Das ist eine solch wesentliche Erfahrung in unserer Gesellschaft gewesen, die auch die Gegenwart mitgeprägt hat, und ich denke, wir sollen das auch in dieses Gesetz in die Zukunft hinein mit herüberretten. Ich denke schon, man kann da einen Satz einfügen, der das zum Ausdruck bringt.

Vielen Dank.

Ducke (Moderator): Danke. Das wäre jetzt konkret zu Sicherheitspartnerschaft und zu Bannmeile ja die Anfrage, daß dies also, weil es ja als nächstes im Miniserrat diskutiert wird und dann in die Volkskammer geht, jetzt gebeten wird, daß jemand im Ministerrat dies vertritt.

Würden Sie das mit vertreten, oder sonst müßten die, die das hier vorgetragen haben, bitten, daß die Minister ohne Geschäftsbereich dies dort vertreten.

Ja? – Herr Weiß, könnten Sie damit einverstanden sein? – Danke.

Dann hätten wir einen Weg gefunden, wie wir diese beiden Anliegen noch einmal in die Diskussion transportieren können.

Ich sehe keine weiteren Wortmeldungen im Moment, dann stelle ich nur die Frage: Gibt es – eben haben wir einige genannt und schon diskutiert – Einwände gegen diesen Gesetzesentwurf [Vorlage 13/8]? Den bitte ich um das Handzeichen. – Dies ist nicht der Fall.

Damit danken wir den Vertretern der Regierung für die ermöglichte Diskussion zu dieser Vorlage, zu diesem Gesetzesentwurf und wissen, daß das nun in der nächsten Zeit in den Gremien verhandelt wird.

Vielen Dank für Ihr Dasein.

TOP 13: Sozialpolitik

Ducke (Moderator): Ich übergebe jetzt für den nächsten Punkt, **Sozialpolitik**, Herrn Ziegler wieder das Wort.

Ziegler (Moderator): Hier möchte ich darauf hinweisen, daß es um zwei Vorlagen konkret geht, nämlich um **[Vorlage] 13/21, Grundsatzantrag des FDGB [Zur Sicherung der Interessen der Werktätigen]** und um **Vorlage 13/31, Ver-**

einigte Linke [**Zur staatlichen Finanzierung von Kindereinrichtungen**].

Schließlich möchte ich vorneweg noch sagen, daß zu diesem Tagesordnungspunkt gebeten haben aus dem Beobachterstatus mitsprechen zu können von der Unabhängigen Volkspartei, Herr Schmidt, der aber nicht mehr anwesend ist, und vom Demokratischen Frauenbund Deutschlands, Frau Brunzel. Ich frage, ob dagegen Einwände erhoben werden? – Na, Sie haben Einwände – –

Frau Brunzel (Demokratischer Frauenbund Deutschlands, DFD): Dagegen werden Einwände erhoben. Wir betrachten die **Vorlage 13/21**[33] als diskutiert im Zusammenhang mit der Vorlage der PDS von vorhin.

Ziegler (Moderator): PDS? Welche meinen Sie da?

Frau Brunzel (DFD): Na, zum **Sozialverbund**.

Ziegler (Moderator): Ach so, dieses, ja. Gut. Also dann würden Sie sagen, daß eigentlich diese Sache gar nicht mehr verhandelt wird, sondern erledigt ist. Wenn es nicht mehr verhandelt wird, dann sind auch keine Wortmeldungen mehr möglich. Das ist klar. Gut. Die Einbringer haben also zur **Vorlage 13/21** soeben erklärt: Sie ist mit dem Antrag, den die PDS eingebracht hat, erledigt. Und wenn Sie hineingucken, sehen Sie ja auch, es geht um dieselben sozialen Sicherungen bei der Währungsunion, wenn sie kommen soll. Gut, dann wird sie nicht weiter verhandelt.

Schön, und jetzt aber [**Vorlage**] **13/31** [**Zur staatlichen Finanzierung von Kindereinrichtungen**] ist noch nicht verhandelt worden. Das ist die **Vorlage der Vereinigten Linken**. Wer bringt sie ein?

Ja, bitte, Frau Braband.

Frau Braband (VL): Ich möchte dieser Vorlage vorausschicken, daß wir – wie sicherlich alle anderen Parteien und Gruppierungen – in der letzten Woche sehr viele Anrufe und auch Briefe hatten zu diesem Thema. Und wir haben uns entschlossen, einen Antrag dahingehend einzubringen.

Unter anderem hat also auch die Kreisdelegiertenkonferenz des DFD aus Stralsund appelliert, daß wir uns für diese Dinge einsetzen. Und wir beantragen daher, daß der Runde Tisch folgendes beschließt:

> [**Vorlage 13/31, Antrag VL: Zur Staatlichen Finanzierung von Kindereinrichtungen**]
>
> Die Vertreter der Parteien und Gruppierungen fordern die Regierung auf, die Sicherung der staatlichen Finanzierung der Kindereinrichtungen einschließlich der Schulspeisung gesetzlich zu verankern.
>
> Die Begründung:
>
> Um weiterhin das uneingeschränkte Recht auf Arbeit für alle, besonders aber für alleinerziehende Frauen und Männer, und um die Gesundheit der Kinder zu gewährleisten, ist es notwendig, alle bestehenden Leistungen in diesem Bereich zu garantieren und entscheidend zu verbessern.

Ziegler (Moderator): Wir müssen jetzt unterscheiden zwischen der Sache und der Form dieses Antrages. Wir sprechen erst einmal zur Sache. Ich will auch gleich hinweisen darauf, was ich meine. Wenn nachher der Runde Tisch dies unterstützt, dann muß es heißen „der Runde Tisch fordert", und dann heißt es nicht mehr „die Gruppierungen" und so weiter.

Aber erst einmal zur Sache. Wer möchte sich zur Sache melden? Es scheint so einleuchtend zu sein, daß das – Ja, wenn Sie einverstanden sind, lasse ich dann gleich abstimmen. – Gut. Und sind Sie dann noch einverstanden mit dieser formalen Änderung, daß es dann heißen muß „der Runde Tisch", ja?

Ja, bitte, Herr Wiedermann.

Wiedemann (CDU): Vielleicht könnte man sprachlich hier das Wort die „Sicherung" herausnehmen. Denn sicherlich geht es darum doch, daß die **staatliche Finanzierung** gesetzlich verankert werden soll und nicht nur die „Sicherung". Das ist so doppelt gemoppelt irgendwie. Ich weiß nicht, ob da eine Absicht dahintersteckt. Aber ich sehe da kein Politikum drin, das ist eine rein sprachliche Sache.

Ziegler (Moderator): Frau Braband, wollen Sie da etwas zu sagen?

Frau Braband (VL): Nein, ich denke, es ist in Ordnung so. Danke schön.

Ziegler (Moderator): So, wie es jetzt hier steht, ja?

Zwischenruf: Nein, nein – –

Ziegler (Moderator): – ja, dann muß ich jetzt doch einmal nach dem Text fragen.

Herr Wiedermann, wie soll es denn heißen?

Wiedemann (CDU): Dann müßte es lauten, also in der zweiten Zeile, „die staatliche Finanzierung der Kindereinrichtungen einschließlich der Schulspeisungen gesetzlich zu verankern".

Ziegler (Moderator): Ja, sehr schön.

Wiedemann (CDU): Nicht, zwei Worte heraus, ja?

Ziegler (Moderator): Ja, vielen Dank. Da brauchen wir wohl nicht darüber abzustimmen. [Wir] haben ja auch zugestimmt. Gut. Dann frage ich: Wer für diese Vorlage ist, der hebe die Hand. – Die Mehrheit, ist klar. Gegenstimmen? – Enthaltungen? – Danke schön. Dann ist das einstimmig so angenommen.

Frau Braband, also, es ist glatt gelaufen. Damit sind eigentlich die Dinge, die heute hier vorlagen, schon da. Weitere Sozialdinge liegen heute nicht vor.

Zwischenruf: Ich glaube, wir nutzen die Gelegenheit, am 5. März [1990] das noch einmal zu machen.

TOP 14: Neue Verfassung: Stellung der Gewerkschaften

Ziegler (Moderator): Danke. Das ist gut so. Schön. Wir kommen zu Tagesordnungspunkt 5 und nehmen nun die Einzelanträge.

Ich rufe als erstes auf die **Vorlage 13/12** [**AG „Neue Verfassung": Verfassungsrechtliche Stellung der Gewerkschaften**[34]]. Hier geht es um die Verfassungsfrage – – war

---

[33] Dokument 13/13, Anlagenband.

[34] Dokument 13/14, Anlagenband.

letztens im Zusammenhang mit dem Gewerkschaftsgesetz bereits hier auf den Tisch gebracht worden.

Herr Sahr, glaube ich, bringt ein, nicht?

Sahr (FDGB): Die Gewerkschaften bringen diese Vorlage nicht ein. Sie ist in der Arbeitsgruppe „Neue Verfassung" entstanden. Aber vielleicht einige erläuternde Worte: Am vergangenen Montag hatten wir im Zusammenhang mit dem **Gewerkschaftsgesetz** eingebracht, eine Verfassungsänderung, **Artikel 44 [und Artikel] 45**[35]. Und der Runde Tisch hat diese an die Arbeitsgruppe „Neue Verfassung" überwiesen.

Die Arbeitsgruppe hat nun eine fleißige Arbeit gemacht und ihrerseits einen Entwurf ausgearbeitet. Und hierzu wäre zu sagen, daß in der Vergangenheit in den vergangenen Monaten in der Volkskammer bei Gesetzesvorlagen immer nur wenig in der Verfassung geändert wurde, in der Regel nur einige Absätze oder Zeilen, so daß auch wir uns hier anschließen wollten.

Und wir haben unseren Vorschlag, als Gewerkschaften zwei Kapitel neu zu formulieren, zurückgenommen. Und wir haben den Wunsch ausgesprochen, daß diese neu formulierten Kapitel der Arbeitsgruppe „Neue Verfassung" übergeben werden, um sie für die **Neue Verfassung** zu nutzen.

Es wäre also hier analog zu verfahren, daß dankenswerterweise hier ein weiterer Vorschlag vorliegt, aber daß er nicht so umfangreich der Volkskammer vorgelegt wird, sondern ebenfalls für die Neue Verfassung genutzt wird, so daß mit dem **Gewerkschaftsgesetz** übrigbliebe, in der geltenden Verfassung 4, im Artikel 4 Absatz 2 nur die beiden Worte „**Streikrecht**" und „**Aussperrungsverbot**" einzufügen.

Und so ist es geschehen, so daß nach unserem Dafürhalten das als ein Vorschlag zur weiteren Bearbeitung und als ein Dank für die Fleißarbeit der Arbeitsgruppe entgegengenommen werden durfte.

Ziegler (Moderator): Ja, das kann ja dann auch noch einmal kommen, falls wir Gesichtspunkte am 12. März [1990] zur neuen Verfassung haben. Ich muß nun trotzdem noch fragen, ob da über diesen Vorschlag noch weiter das Wort gewünscht wird. Sonst wird so verfahren, wie von der Gewerkschaft vorgetragen und von der Arbeitsgruppe.

Ja, Herr Weiß, bitte schön.

Weiß (DJ): Ich habe eine Nachfrage. Ich verstehe nicht, was in Paragraph 2, Absatz 5 heißt, „die innere Ordnung der Gewerkschaften muß in tarifrechtlicher Hinsicht gegnerfrei sein". Was heißt „**gegnerfrei**"? Vielleicht kann das einmal erläutert werden?

Ziegler (Moderator): Ja, vielleicht kann einer von der Arbeitsgruppe oder Herr Sahr – Herr Sahr?

Sahr (FDGB): Ich kann darauf nicht antworten, weil die Arbeitsgruppe [das] eingebracht hat.

Ziegler (Moderator): Frau Töpfer, würden Sie bitten vorkommen? Ja, sie weiß aber trotzdem Bescheid, offensichtlich. Sie hat sich ja gemeldet. Bitte, kommen Sie doch hier ran, hier können Sie doch – –

Frau Töpfer (FDGB): Der Begriff „**gegnerfrei**" heißt in diesem Zusammenhang, daß praktisch, um das in bürgerlichem Rechtsgebrauch zu sagen, **keine Arbeitgeber in der Gewerkschaft organisiert** sein können, also nur Arbeitnehmer, die praktisch auch eine gleiche Rechtslage haben und keine, die eine so differenzierte Rechtslage haben, daß sie praktisch sich mit den Zielen nicht identifizieren können. Das ist die gleiche „Gegnerschaft", wie das im Parteiengesetz formuliert worden ist.

Ziegler (Moderator): Genügt das?

Herr Weiß.

Weiß (DJ): Ja, ich habe das verstanden. Aber ich denke, das ist ein falscher Ansatz. Für mich sind Arbeitgeber und Arbeiterinnen und Arbeiter keine Gegner. Ich denke, da sollte man schon noch einmal darüber nachdenken.

Ziegler (Moderator): Ja, ich möchte darauf hinweisen, daß dies, wenn es als Material überwiesen wird, neu überdacht werden kann.

Frau Brandenburg, bitte.

Frau Brandenburg (NF): Ich habe eine Frage zu Paragraph 1, Abschnitt 2: „Bei innerbetrieblichen Konflikten steht den Werktätigen das Recht des **Arbeitskampfes** zu", und im Paragraph 4, Absatz 1 heißt es, „Das Streikrecht der Gewerkschaften ist gewährleistet". Ein **Streikrecht** bezieht sich nicht nur auf innerbetriebliche Konflikte, sondern das kann aus den verschiedensten Gründen wahrgenommen werden. Und in Paragraph 2 steht unter Abschnitt 2, „Arbeitskämpfe, die den Grundsatz der Verhältnismäßigkeit wahren". Da hätte ich gern gewußt, wie das erläutert werden kann.

Ziegler (Moderator): Herr Templin von der **Arbeitsgruppe „Neue Verfassung"**.

Templin (IFM): Ich bin nun leider in der Situation, den Diskussionsprozeß um diesen Entwurf in der Arbeitsgruppe „Neue Verfassung" nur zum Teil mitverfolgt zu haben, so daß ich zu dem einen Problem hier durchaus Stellung nehmen kann, mir es allerdings sehr lieb wäre, wenn es jemand anderes, der die Diskussion in der Arbeitsgruppe bis zum Schluß mit verfolgt hat, dann auch hier zu Ende vertreten würde beziehungsweise jemand, der von seiten der Gewerkschaft das Resultat noch einmal vor sich hatte.

Ziegler (Moderator): Ich denke bloß, das führt uns jetzt nicht weiter. Wir können jetzt, wenn nach dem Vorschlag der Gewerkschaft verfahren wird, nur folgendes machen: [Und zwar,] daß diese Anfragen und Bedenken sozusagen zu Protokoll genommen werden und mit überwiesen werden an die Überarbeitung zur neuen Verfassung. Sonst kreisen wir jetzt in Vermutungen.

Herr Weiß, wären Sie damit auch einverstanden? Frau Brandenburg, ich sehe keine andere Möglichkeit, ja? Dann müßten diese Anfragen bloß notiert werden. Ja, bitte, jetzt hat Herr Junghanns sich gemeldet von der Deutschen Bauernpartei.

Junghanns (DBD): Ja, ich habe auch nur eine Anfrage, eigentlich. Es geht mir um den Paragraphen 4, Absatz 2, Aufkommen für „... werden den Betrieben von der Allgemeinheit in Höhe des Durchschnittslohnes ersetzt". – Also mir fehlt hinter dieser Konstruktion „arbeitsbedingte Produktionsausfälle werden von der Allgemeinheit ersetzt", die schlüssige Handhabungsmöglichkeit. Es ist für uns vollkommen offen. Das ist eine weitere Frage an die Sinndeutung dieser – –

---

[35] Dokument 12/16, Anlagenband.

Ziegler (Moderator): Würden Sie bitte auch so freundlich sein mit einer kleinen Notiz, damit das mit an die Arbeitsgruppe „Neue Verfassung" geht.

Herr Pautz vom Demokratischen Aufbruch.

Pautz (DA): Bei diesem Vorschlag fehlt mir die **Aufgabe des Betriebsverfassungsgesetzes,** die es ja noch nicht gibt, aber die wir, wie ich weiß, anstreben. Das heißt: die direkte Wirksamkeit der Arbeitnehmer in den Betrieben, des weiteren auch dieser Paragraph 4, und dann ist in Paragraph 5 ebenfalls noch diese **paritätische Mitbestimmung** – ein entscheidendes Wort „paritätisch", für Unternehmen.

Ich weiß nicht, wie man sich das vorstellt von der Gewerkschaft, dann in der paritätischen Mitbestimmung einen **sozialen Frieden** zu gewährleisten.

Ziegler (Moderator): Ich möchte noch einmal darauf aufmerksam machen, das ist hier eine Anregung zur Ergänzung der Verfassung. Und all die Einzelheiten können nicht in der Verfassung stehen, sondern da kann nur stehen, es soll ein Betriebsverfassungsgesetz gemacht werden. Mehr ist das nicht. Darum vermissen Sie natürlich mit Recht bestimmte Dinge hier.

Aber, bitte.

Sahr (FDGB): Zur Klärung noch einmal, weil hier nach der **Gewerkschaft** gefragt wurde. Es ist kein Vorschlag der Gewerkschaften. Der Vorschlag der Gewerkschaften lag letzten Montag vor und ist zurückgezogen worden zur Einarbeitung in die neue Verfassung. Und dieser Vorschlag wird nicht von den Gewerkschaften mitgetragen, sondern die Arbeitsgruppe hat ihn vorgelegt.

Ziegler (Moderator): Also ich würde vorschlagen, all die Dinge, die jetzt genannt sind, nehmen wir hier als Anfragen beziehungsweise Kritik mit der Bitte, sie bei der Überarbeitung in der Arbeitsgruppe „Neue Verfassung" zu bedenken. Ja?

Gibt es weitere Wortmeldungen? – Ich sehe das nicht. Dann frage ich, ob mit diesem Verfahrensvorschlag Einverständnis besteht? Ich bitte um das Handzeichen. – Jetzt stimmen wir nicht inhaltlich ab. – Ja, danke schön, das ist eindeutig die Mehrheit.

TOP 15: Wahlgesetz

Wir kommen zu zwei Punkten, die jetzt mit der Wahl zusammenhängen. Das ist die **Vorlage 13/30** [Antrag AG „Gleichstellung von Männern und Frauen": Zur Gleichstellung von Frauen und Männern im Wahlgesetz], die wir zuerst nehmen müssen, und dann die **Vorlage 13/29** [Antrag AG „Wahlgesetz": Appell zu fairem Wahlkampf]. Bei 13/30 geht es um eine Vorlage von Vertreterinnen verschiedenster Parteien, so muß ich mich wohl exakt ausdrücken. Frau Braband wird das wohl einbringen, nehme ich an.

Ich möchte nur vorher auf eins hinweisen: Die Volkskammer verhandelt morgen in zweiter Lesung über das **Wahlgesetz.** Wir können heute am Text der Vorlage für die zweite Lesung nichts mehr ändern. Wir können höchstens diejenigen, die sich für morgens angemeldet haben mit der Bitte um Rederecht in der Volkskammer, beauftragen, dennoch Gesichtspunkte einzubringen. Wir können jetzt an der Vorlage für morgen in der Volkskammer nichts mehr ändern.

Aber bitte, nun Frau Braband.

Frau Braband (VL): Ich habe schon eine gewisse Schwierigkeit damit, daß da nichts mehr zu ändern ist. Wir haben diesen Vorschlag, diesen **Änderungsvorschlag zum Wahlgesetz** – – ich spreche jetzt hier für die Arbeitsgruppe „Gleichstellung von Frauen und Männern", und ich muß dazu sagen, daß wir diesen Änderungsantrag eingebracht haben in die Arbeitsgruppe „Wahlgesetz", und wir finden uns nicht genügend berücksichtigt.

Ich verstehe, daß es bestimmte Verfahrensfragen und bestimmte Dinge gibt, die scheinbar unumgänglich sind. Wir erachten diese Dinge aber als so wichtig, daß wir versuchen sollten, gemeinsam eine Lösung zu finden, um diese Änderungsvorschläge, falls wir hier – – Ich würde also beantragen, daß hier ein Beschluß gefaßt wird darüber. Wenn er positiv ausfällt, dann schlage ich vor, daß wir versuchen, gemeinsam eine Lösung dafür zu finden. Ich trage jetzt erst einmal den Antrag vor:

> **[Vorlage 13/30, Antrag AG „Gleichstellung von Frauen und Männern": Zur Gleichstellung von Frauen und Männern im Wahlgesetz]**
>
> Wir Frauen der Arbeitsgruppe „Gleichstellung von Frauen und Männern" sind betroffen darüber, daß im Entwurf des neuen Gesetzes über die Wahlen zur Volkskammer der Deutschen Demokratischen Republik, veröffentlicht im „Neuen Deutschland" vom 30.1.1990, Frauen wieder nicht vorkommen. An einer Politik, die demokratischen und humanistischen Grundsätzen verpflichtet ist und eine gerechte Gesellschaft zum Ziel hat, müssen Frauen ebenso wie Männer beteiligt sein. Da dies noch nicht selbstverständlich ist, müssen entsprechende Gesetze die strukturellen Voraussetzungen dafür schaffen, um Frauen und Männern gleiche Chancen zu geben, sich auf allen Ebenen an politischen Entscheidungen zu beteiligen. Der vorgelegte Gesetzentwurf läßt es im übrigen an Entschiedenheit in den Bestimmungen über den Ausschluß den Parteien und politischen Vereinigungen von der Wahl fehlen.
>
> Wir schlagen folgende Änderungen vor:
>
> 1. Formulierungen wie „Bürger", „Wähler", „Kandidat" und andere sind in allen Paragraphen abzuändern in „Bürgerinnen und Bürger", „Wählerinnen und Wähler", „Kandidatinnen und Kandidaten" und so weiter.
>
> 2. In Paragraph 8 ist als Absatz (2) einzufügen:
>
> „Die Aufstellung der Kandidatinnen und Kandidaten erfolgt entsprechend den geltenden Quotenregelungen der sich zur Wahl stellenden Parteien und politischen Vereinigungen. Haben diese keine Quotenregelung, muß der Anteil der Kandidatinnen mindestens dem Anteil der weiblichen Mitglieder der Partei oder politischen Vereinigung entsprechen."
>
> 3. Alle Kommissionen, die die Wahlen vorbereiten, durchführen und kontrollieren, sind paritätisch mit Frauen und Männern zu besetzen.
>
> 4. Der Paragraph 25, Absatz (3), sollte lauten:
>
> Von den Parteien und politischen Vereinigungen sind jeweils, { und ich möchte Sie bitten, eine Änderung vorzunehmen, weil die jetzige Formulierung zu Mißverständ-

nissen führen kann, und ich bitte Sie also,} vier erste KandidatInnen zu benennen, von denen zwei weiblich und zwei männlich sein sollten.

Die Beschränkung auf nur drei namentlich zu erwähnende Kandidaten [!] begünstigt eine nicht-paritätische Besetzung zugunsten des männlichen Geschlechts.

5. Paragraph 42, Absatz (5), ist dahingehend zu ändern, daß ein Abberufungsantrag von mindestens 2 500 Bürgerrinnen und 2 500 Bürgern, die wahlberechtigt sind, unterschriftlich unterstützt werden muß. Nur so läßt sich verhindern, daß Abgeordnete aufgrund von Vorbehalten gegenüber ihrem Geschlecht abgewählt werden.

6. Paragraph 8, Absatz (3) – bisher Absatz (2) – sollte lauten:

„Parteien und politische Vereinigungen, die Personen und Gruppen aufgrund ihres Geschlechts, ihrer ethnischen, religiösen und politischen Zugehörigkeit, ihrer sexuellen Orientierung oder körperlicher beziehungsweise geistiger Behinderung diskriminieren und die faschistische und andere totalitäre Zielvorstellungen äußern oder praktizieren, sind von der Wahl ausgeschlossen. Die Entscheidungen darüber trifft für die jeweilige Wahl die Wahlkommission der DDR."[36]

Ziegler (Moderator): Frau Braband, Sie sagten, Sie hätten das schon eingereicht, finden sich aber nicht wieder. Sind denn diese Forderungen – inhaltlich, meine ich jetzt – wirklich in die Arbeitsgruppe „Wahlgesetz" hier am Runden Tisch eingebracht worden? Denn genau dort hätten sie doch vertreten werden müssen und mitgebracht werden müssen. Ist das passiert?

Frau Braband (VL): Ja, das ist geschehen. Ich habe Dr. Ullmann auch noch einmal dahingehend befragt, und Herr Dr. Ullmann sagte, daß er sich nicht mehr so richtig erinnern könnte, was aus dem Antrag geworden sei.

Ziegler (Moderator): Gut. Also vielen Dank für die Einbringung. Jetzt steht das zur Aussprache. Ich möchte aber daran erinnern, daß wir die Aussprache unter der Voraussetzung führen, daß nur morgen das vertreten werden kann. Anders geht das nicht mehr.
Herr Stief, bitte.

Stief (NDPD): Das entsprach eigentlich dem von mir gedachten Hinweis. Denn das Papier ist, was ja bedauerlich ist, vom 31. Januar [1990], und die **Arbeitsgruppe „Wahlen"** hat dreimal getagt seitdem. Und morgen fällt die Entscheidung. Problematisch.

Frau Braband (VL): Ich kann dazu nur sagen, daß am letzten Montag der Entwurf hier vorgelegen hat, wenn ich mich richtig entsinne. Und, ja, für uns erst – da wir das erst, ich glaube, Ende Januar fertiggestellt haben – die Möglichkeit bestand, von diesem Zeitpunkt an das in die Arbeitsgruppe „Wahlgesetz" zu geben. Das heißt: Wir mußten auch abwarten können, daß die Arbeitsgruppe „Wahlgesetz" das einarbeitet in den Entwurf. Und diese Abänderung hätten wir am letzten Montag hier finden müssen.

Ziegler (Moderator): Ja, also, wir können jetzt an der Verfahrensweise, wie sie gelaufen ist, ja nichts mehr ändern. Wir gehen jetzt der Reihenfolge nach: Herr Wolf und dann Herr Wilkening, Herr Lietz.

Wolf (LDP): Ja. Ich muß darauf hinweisen – und die anwesenden Vertreter, die mitgearbeitet haben in der Arbeitsgruppe „Parteiengesetz", können [das] sicher bestätigen –, daß wir auch über Forderungen, Anregungen in genau diesem politischen Sinne auch in dieser Arbeitsgruppe zu befinden hatten, vorrangig auch auf Antrag der Vertreter des Unabhängigen Frauenverbandes. Und wir hatten dort auch nicht einen solchen Konsens finden können, der zu solchen weitgehenden unterstützenden Aussagen gekommen ist, wie sie jetzt von Ihnen noch einmal hier dargelegt werden. Wir hatten dort mehrheitlich angeboten, das kann ich in aller Verantwortung sagen, ohne die Abstimmungszahlen im Kopf zu haben, doch am Anfang dieser Gesetze, und hier speziell im **Parteiengesetz**, auf diese Problematik aufmerksam zu machen, daß also hier sowohl **Bürgerinnen und Bürger**, Kandidatinnen und Kandidaten gemeint sind, und dann in diesem Sinne das Verständnis weiter in den gesetzlichen weiteren Regelungen sichtbar zu machen, ohne nun jedesmal erneut diese vollständige exakte Formulierung, wie Sie meinen, zum tragen zu bringen.

Ich kann eigentlich nur sagen, daß wir als Vertreter der Arbeitsgruppe „Parteiengesetz" dieses Angebot würden weiter aufrechterhalten wollen, dahingehend, daß morgen, wenn die Möglichkeit besteht, vor der Volkskammer zumindestens auch darauf aufmerksam gemacht wird.

Wenn ich für meine Partei sprechen kann und soll, so sind wir uns sicher, daß wir, was die Präsenz unserer **weiblichen Mitglieder in Funktionen,** auch in staatlichen Funktionen, angeht, sicher **Nachholebedarf** haben. Aber wir haben uns erklärt, uns nicht ausschließlich von einer **Quotenregelung** leiten zu lassen, sondern diesen Nachholebedarf zu verbinden mit einer weitgehenden Berücksichtigung auch des **Kompetenzprinzipes**, so daß wir nicht auf einmal diesen Übergang zur Quotenregelung gehen wollen. Wie gesagt, wir sind uns dieser Pflicht bewußt. Aber hier kann ich nur dafür sprechen, wie sich unsere Partei im Moment dazu äußert.

Den letzten Punkt, Punkt 6, den wir, wenn man in unser Wahlprogramm schaut, hier voll unterstreichen können, meinen wir aber, in der jetzigen Fassung des Paragraphen 8 doch sinngemäß weitgehend schon erfaßt zu haben, ohne jede einzelne soziale Differenzierung in der Definition hier deutlich zu machen.

Ziegler (Moderator): Es haben sich zu Wort gemeldet Herr Wilkening, Herr Lietz, Herr Börner und Frau Braband, Frau Berndt. Noch weitere Wortmeldungen? – Gut, Frau Braband, ich schlage Ihnen vor, daß Sie dann die Zusammenfassung – – nicht?
Gut. Dann ist jetzt Herr Wilkening an der Reihe.

Wilkening (CDU): Ja. Ich denke, ich kann als Co-Einberufer der Arbeitsgruppe „Wahlgesetz" hier auch einige Mißverständnisse aufklären. Dieser Antrag wurde uns übermittelt, ist von der Arbeitsgruppe beraten worden und ist als Empfehlung der Arbeitsgruppe unter dem Datum vom 7. Februar [1990] dem zeitweiligen Volkskammerausschuß für das Wahlgesetz übermittelt worden mit der Formulie-

---

[36] Dieser Vortrag wurde schriftlich zu Protokoll des Zentralen Runden Tisches gegeben. Die in { } gesetzten Ausführungen wurden davon abweichend nur mündlich vorgetragen. In [ ] gesetzte Texte finden sich lediglich in der schriftlich zu Protokoll gegebenen Fassung.

rung „die Arbeitsgruppe ‚Wahlgesetz' des Runden Tisches bittet, bei der Endredaktion des Gesetzestextes dem Antrag des Unabhängigen Frauenverbandes sowie der Arbeitsgruppe ‚Gleichberechtigung' des Runden Tisches zu entsprechen, im gesamten Gesetzestext die Formulierung Bürgerinnen und Bürger beziehungsweise Wählerinnen und Wähler zu benutzen."

Wir haben am Freitag vergangener Woche gemeinsam mit dem zeitweiligen Volkskammerausschuß diese Endredaktion des Gesetzestextes vorgenommen und dabei feststellen müssen, daß die deutsche Sprache an sehr vielen Stellen, wenn es um Gesetzestexte geht, eine solche **doppelgeschlechtliche Bezeichnung** ohne sprachliche Verrenkungen nicht hergibt.

Wir haben uns deshalb zu einem Kompromiß verständigt, auch unter einem gewissen Zeitdruck, denn an diesem Tag, am Freitag vergangener Woche, mußte der Text fertig werden, sonst wäre ein Druck rechtzeitig zur Volkskammersitzung nicht zu garantieren gewesen.

Das heißt, der Kompromiß besteht darin, daß dort, wo es im Text ohne weiteres möglich ist, die doppelgeschlechtliche Bezeichnung verwandt wird. Aber dort, wo das nicht möglich ist – ich verweise als ein Beispiel auf Paragraph 5, Absatz 2 des Gesetzestextes, aber es gibt eine ganze Reihe anderer – darauf verzichtet wird.

Wir gingen davon aus, wenn vor allem einleitend im Gesetz diese doppelte Bezeichnung verwandt ist, gilt sie als für das ganze Gesetz intendiert. Das zu diesem Punkt.

Ich möchte gleich noch zu anderen in der Vorlage angesprochenen Punkten etwas sagen. Sie beziehen sich zunächst auf die Veröffentlichung des Gesetzes in der Tageszeitung am 30. Januar [1990]. Auf diese Fassung hatte der Antrag noch keinerlei Einfluß [und] haben auch weitere Veränderungsbeschlüsse der Arbeitsgruppe keinen Einfluß gehabt. Also, das ist wirklich dann erst später erfolgt.

Zu [Punkt] 1 hatte ich bereits etwas gesagt. Es ist also auf unsere Bitte hin im Rahmen des auch in der Schnelle möglichen, denke ich, geschehen.

Zu Punkt 2: Zu einer **Quotenregelung** haben wir uns weder in der Arbeitsgruppe „Wahlgesetz" noch im Volkskammerausschuß verständigen können, weil das eine Frage ist, die innerhalb der Parteien, die zur Wahl antreten, selbst erst einmal geklärt werden muß. Das schließt nicht aus, daß das ein **Thema des Wahlkampfes** ist, aber für dieses Gesetz sahen wir uns dazu nicht in der Lage.

Das würde sinngemäß auch für den von Ihnen angeführten Punkt 3 gelten und für den Punkt 4.

Zum Punkt 5 darf ich feststellen, daß allerdings aus anderen Gründen derartige Bestimmungen aus dem jetzt erarbeiteten Gesetzestext ganz gestrichen sind, weil dahinter komplizierte rechtliche Probleme stehen, die in einem gesonderten Gesetz geregelt werden müssen.

Zu Punkt 6 ist diese gemeinsame Kommission aus der Arbeitsgruppe „Wahlgesetz" und [aus] dem zeitweiligen Volkskammerausschuß Ihrem Vorschlag gefolgt. Bis auf einige stilistische Umstellungen werden also im Gesetzestext im wesentlichen diese Kriterien enthalten sein.

Danke schön.

Ziegler (Moderator): Danke. Herr Lietz.

Lietz (NF): Ich kann die Intention der Verfasser – –

Zwischenruf Frau N. N.: VerfasserInnen!

Lietz (NF): -VerfasserInnen – oh Gott, da geht es schon los – die Intention der VerfasserInnen dieser Vorlage durchaus verstehen. Ich bin aber immer wieder betroffen, wenn diese aus der Vergangenheit und vielleicht aus der Gegenwart herrührenden Empfindlichkeiten und auch vielleicht berechtigten Schwierigkeiten dann zu einem Prinzip gemacht werden und es denen, die im Grunde genommen durchaus bereit sind, in einer positiven Weise auf die Wünsche der weiblichen Seite der Menschheit einzugehen, dann immer wieder vor den Kopf gestoßen werden.

Ich will nur einmal an zwei Stellen das Problem ein bißchen deutlich machen. Einmal bei Punkt 2 auf der ersten Seite, da heißt es: „muß der Anteil der Kandidaten mindestens dem Anteil der weiblichen Mitglieder und so weiter entsprechen". Ich denke, das kann man nicht erzwingen, sondern ich würde da vorschlagen, wenn man das überhaupt ändern wollte, „sollte".

Und dann denke ich am Schluß, wo es dann heißt, „die Vertreterinnen", das müßte man ehrlicherweise sagen: „Vertreterinnen".

Wir haben bei uns im Neuen Forum auch diese Diskussion sehr ausführlich gehabt. Und da gibt es durchaus auch Vertreterinnen, die sich dieser Meinung ihrer anderen Vertreterinnen nicht unbedingt anschließen, so daß also die Meinung auch unter den Vertreterinnen durchaus sehr ambivalent ist.

Und ich denke, von daher würde es für uns für eine zukünftige freundliche Zusammenarbeit von Männern und Frauen durchaus sinnvoller sein, wenn man die Dinge in einer etwas verbindlicheren Weise herüberbringen würde, damit man auch eine Chance hat, sich darauf einzulassen.

Ziegler (Moderator): Ich würde ja vorschlagen, daß wir dieses nachtfüllende Thema so nicht weiterverhandeln – –

[Heiterkeit]

Ziegler (Moderator): –, sondern daß wir bei dem Wahlvorschlag, diesem Vorschlag hier, bleiben und darüber reden, was wir unterstützen wollen und welche Aufträge wir morgen, soweit sie nicht aufgenommen sind, bringen. Denn sonst schaffen wir das heute wirklich nicht mehr.

Jetzt, Herr Börner.

Börner (PDS): Ich kann die politischen Forderungen, die hier formuliert sind, nur unterstützen. Auch die politischen Forderungen nach **Quotenregelung.** [Ich] möchte aber darauf aufmerksam machen, daß diese Formulierung, wie sie jetzt in dem Punkt 2 ist für Paragraph 8, Absatz 2, eigentlich gar nichts bringt, weil sie alles ermöglicht. Sie ermöglicht auch, daß eine Partei oder Bewegung die Quotenregelung von einem Prozent zum Beispiel festlegt. Und damit ist der ganze Punkt unterlaufen.

Ziegler (Moderator): Allerdings war es bestimmt nicht so gemeint, nicht?

Börner (PDS): Aber das ist in der Formulierung so möglich.

Ziegler (Moderator): Ja. Frau Berndt, bitte.

Frau Berndt (UFV): Ich möchte noch einmal darauf hinweisen, daß die Unterzeichnerinnen hier Vertreterinnen aller der hier anwesenden, oder nahezu aller der hier anwesenden Parteien sind. Und ich gehe davon aus, daß die Vertreterinnen im Gleichstellungsausschuß Delegierte sind von ihren Parteien. Das heißt, daß sie von den Frauen und Männern in diesen Parteien auch für befähigt gehalten wurden, die Meinung der Parteien zu vertreten.

Zum anderen möchte ich anfragen, ob die Beschlüsse, die in den Parteien gefaßt wurden, diesen Vorschlag des Gleichstellungsausschusses nicht mitzutragen, gefaßt wurden nach einer paritätischen Zusammensetzung des Entscheidungsgremiums.

Ich denke aber, daß in diesem Kreis hier darüber abgestimmt werden sollte, ob wir beziehungsweise die Parteien, die hier anwesend sind, diese Vorlage mitvertreten, so daß wir morgen mit einem Konsens möglicherweise in die Volkskammer gehen können und die **Rechte der Frauen** vertreten können.

Ziegler (Moderator): Darüber werden wir ja noch abstimmen. Es ist nur vorneweg zu klären, wer denn das Rederecht für morgen beantragt hat, wen wir beauftragen. Wir müssen ja konkret fragen, wen wir beauftragt haben.

Herr Schulz, ja? Ach so, Frau Röth, wollen Sie da einmal? Das ist schon wichtig, weil der Vorschlag doch darauf hinauslief – –

Frau Röth (UFV): Auf alle Fälle wird sich die Ministerin des Unabhängigen Frauenverbandes zu dieser Thematik äußern. Das ist sicherlich aus der Stellung dieser Ministerin – –

Ziegler (Moderator): Aha, ja, gut. So. Frau Braband, Sie sind jetzt eigentlich an der Reihe. Sie haben aber noch eine Frage. Darf dann Herr Schulz das noch machen, ja?

Frau Braband (VL): Ich würde Herrn Schulz den Vortritt lassen.

[Heiterkeit]

Ziegler (Moderator): Ja, das ist nett.
Ja, Herr Schulz, bitte.

Schulz (NF): Das ist eine echte Quotierung. Ich danke. Ich habe auch in Ihrem Sinne eigentlich nur eine Frage an den Unabhängigen Frauenverband. Der Punkt 4, ist das die Möglichkeit, daß Sie sich damit selbst von der Wahl ausschließen oder sind Sie sich sicher, daß Sie das auch erfüllen können, realisieren können?

Ziegler (Moderator): Das ist eine Anfrage, die kann Frau Braband gleich mitaufnehmen.
So, Sie haben jetzt das letzte Wort.

Frau Braband (VL): Ich habe das Gefühl, ich muß nicht allzuviel dazu sagen. Eigentlich habe ich jetzt einige Fragen. Die erste Frage ist: Wieviel männliche Mitglieder und wieviel weibliche Mitglieder sind in der Kommission „Wahlgesetz", in der Arbeitsgruppe „Wahlgesetz"?

Die zweite geht ein bißchen an Ihre Adresse. Ich habe das Gefühl und das kam später auch noch einmal, daß Sie durchaus bereit sind, der Form genüge zu tun aber nicht dem Inhalt. Sie sind bereit, uns als „Bürgerinnen" zu bezeichnen, aber Sie sind nicht bereit, diese **Quotierung** einzuführen, die ein wichtiger Schritt wäre, um Frauen einfach ihre Verantwortung übernehmen und ausfüllen zu lassen.

Zu dem Beitrag des Neuen Forums möchte ich gar nichts sagen, ich finde, er sprach für sich. Ich bitte Sie trotzdem, jetzt hier darüber abzustimmen. – Ach so, der Hinweis von der PDS. Ich sehe, daß der absolut berechtigt ist. Ich denke aber, wenn eine Partei eine einprozentige Quotierung vornimmt in ihrem Statut, dann werden wir das aushalten müssen. Und es spricht auch für diese Partei.

Ziegler (Moderator): Ja. Wir können jetzt eigentlich über diese Vorlage nur so abstimmen, daß wir Sie fragen, ob sie unterstützt wird mit dem Auftrag, daß das dann morgen in der Volkskammer noch einmal zur Sprache gebracht wird. Anders ja nicht. Wir können das nicht mehr in dieses Verfahren in den Text hineinbringen. Sind Sie bereit darüber abzustimmen, daß ich die Unterstützungsfrage stelle?

Ja, bitte, Herr Wolf.

Wolf (LDP): Ich bin für die Unterstützung, aber ich kann hier beispielsweise in der **Quotenfrage** nicht mitgehen. Darüber hat unser Parteitag in der Partei nicht so entschieden. Selbst wenn ich wollte, ich mache es mir damit nicht leichter, habe ich erst einmal das zu respektieren. Und das würde dann auch für die **Nominierung unserer Kandidaten** beispielsweise für die nächsten Wahlen gelten.

Insofern müßte darüber generell in der weiteren Entwicklung noch gesprochen werden. Insofern unterstütze ich den politischen Sinn, gehe aber in diesem Detail nicht mit.

Ziegler (Moderator): Also, dann wollen wir noch die Frage, die ja eigentlich leicht zu beantworten ist, an Herrn Wilkening stellen. Wie war das mit der **Zusammensetzung des Ausschusses?** Das ist ja auch noch nicht beantwortet.

Wilkening (CDU): Die Zusammensetzung wechselte. Sie war nicht fest, aber ein Blick in die Anwesenheitslisten verrät, daß die **Männer** im Durchschnitt **in der Überzahl** waren, etwa im Verhältnis vier zu vierzehn. Wenn daraus jetzt gefolgert wird, daß alle in dieser Zusammensetzung gefaßten Beschlüsse der Arbeitsgruppe „Wahlgesetz" null und nichtig sind, dann können wir das gerne tun. Nur dann hat das die Konsequenz, daß wir die Wahl verschieben müssen.

Ziegler (Moderator): Nein, das hat aber niemand gesagt. Sie wollten es nur wissen.

Bitte, Frau Braband. Und dann ist aber wirklich Schluß, nicht?

Frau Braband (VL): Ich möchte nur ganz kurz darauf antworten. Es geht überhaupt nicht darum, diese Beschlüsse rückgängig zu machen oder überhaupt anzufechten. Wir haben etwas anzumerken dazu, nicht nur anzumerken, wir haben etwas einzufordern. Und natürlich ist es bezeichnend: Es ist schon eine solche Geschichte, daß Männer möglicherweise, wenn wir ganz freundlich sind, nicht gleich daran denken. Sie haben selbst gesagt, daß Ihnen bei der Durchsicht des **Wahlgesetzes** aufgefallen ist, wie wieviele **männliche Bezeichnungen da vorkommen**. Und bis wir zum Beispiel über eine weibliche Sprache verfügen, die andere Ausdrücke möglich macht für diese Fälle, sollten wir einfach auf „Bürgerinnen und Bürger" bestehen. Das ist ganz einfach. Und ich denke, daß die Tatsache, daß Männer in den meisten Gremien die Entscheidungen fällen, auch sich dahingehend auswirkt, daß bestimmte Dinge, die Frauen betreffen, einfach unter den Tisch fallen. Und ich glaube, wir sind nicht mehr bereit, das hinzunehmen.

Ziegler (Moderator): Ja. Also, jetzt wollen wir aber zur **Vorlage [13/30]** grundsätzlich kommen, die hier ist. Und hier hatten wir uns schon geeinigt, daß die Frage lautet, wer diese Dinge, die hier angeschnitten sind, [in der] Tendenz unterstützt, damit das morgen noch einmal von den Sprecherinnen oder Sprechern in der Volkskammer zur Sprache gebracht werden [kann]. Danach frage ich jetzt.

Und hier bitte ich jetzt um das Handzeichen, wer diese Unterstützung aussprechen will. – Wer möchte dagegen stimmen? Wer enthält sich der Stimme? – 11 Enthaltungen, 20 dafür.

Ich hoffe, daß – – Frau Röth, könnten Sie das dann Ihrer Vertreterin so übermitteln, daß das also auch in dieser Weise die Unterstützung des Runden Tisches hat, ja? Danke schön.

Wir kommen zu **Vorlage 13/29 [Antrag AG „Wahlgesetz": Appell zu fairem Wahlkampf]**. Hier geht es um eine Vorlage der Arbeitsgruppe „Wahlgesetz". Im Grunde aber ist es ein Appell, wenn man genau hinsieht, um einen fairen Wahlkampf zu führen. Ich frage, ob Herr Wilkening [die Vorlage] einbringt? Ist das beabsichtigt?

Wilkening (CDU): Ja, das ist beabsichtigt. Wir haben mit diesem Text einem Auftrag des Runden Tisches vom 5. Februar [1990] zu entsprechen versucht, und zwar bei der auch sehr kontroversen Diskussion bewußt, daß es sehr kompliziert sein wird, solche Kriterien zu formulieren. Das Ergebnis ist ein Kompromiß, bei dem uns, das darf ich vornweg sagen, bewußt ist, daß er auf dem Rechtswege kaum durchsetzbar ist und daß die Bindungskraft der einzelnen Kriterien entscheidend daran hängen wird, ob sich alle an der Wahl teilnehmenden Parteien und Vereinigungen auf eine derartige **Selbstverpflichtung** im Konsens festlegen können oder nicht.

Ich gebe den Text bekannt:

[Vorlage 13/29, Antrag AG „Wahlgesetz": Appell zu fairem Wahlkampf]

Die Wahlen zur Volkskammer der Deutschen Demokratischen Republik liegen im Interesse unseres Landes und seiner Bürger. Die an den Wahlen teilnehmenden Parteien und politischen Vereinigungen verständigen sich darauf, einen fairen Wahlkampf zu führen.

Das bedeutet:

1. Die Parteien und politischen Vereinigungen konzentrieren sich in ihrem Wahlkampf

– auf die Darstellung der eigenen Programme, Ziele, Plattformen und Kandidaten;

– die sachliche Darlegung der Positionsunterschiede zu anderen Parteien, Organisationen, Initiativen, Bewegungen und Personen.

2. Fairer Wahlkampf schließt jede Form von Gewalt und Aggressivität aus. Die an den Wahlen teilnehmenden Parteien und politischen Vereinigungen werden gemeinsam dafür eintreten, daß gewaltsame und aggressive Handlungen im Wahlkampf ausgeschlossen sind.

3. Die Parteien und politischen Vereinigungen anerkennen auch bei scharfen politischen Gegensätzen im Wahlkampf die Politikfähigkeit und Sachkompetenz der Andersdenkenden.

4. Der faire Wahlkampf schließt solche Methoden des Wahlkampfes aus,

– die Parteien und Personen diffamieren,

– die Kandidaten persönlich diskriminieren,

– die Staatssymbole sowie Symbole oder Werbeflächen anderer Parteien, Organisationen, Initiativen und Bewegungen beschädigen,

– die Gerüchte und offenkundige Unwahrheiten sowie bewußte entstellte Aussagen verbreiten,

– die Wahlkampfveranstaltungen anderer Parteien und politischen Vereinigungen stören.

Danke.

Ziegler (Moderator): Ja. Also, der Text spricht ja auch für sich. Die Frage ist, ob dafür Wortmeldungen sind. Ja, Herr Schulz, Herr Weiß, Frau Braband.

Schulz (NF): Ich hätte keine Schwierigkeit, diese Fairneßvorlage so zu tragen, hätten Sie nicht das eine Fairneßgebot, das wir am Runden Tisch bereits beschlossen haben, hier ausgeklammert: daß die Parteien in diesem Wahlkampf auf **Wahlkampfredner aus dem westlichen Ausland**, aus der Bundesrepublik, **verzichten**[37]. Ich glaube, das gehört mit zur Fairneß des Wahlkampfes. Ich plädiere dafür, daß das hier als weiterer Punkt aufgenommen wird.

Ziegler (Moderator): Herr Weiß.

Weiß (DJ): Ja. Meine Bemerkung geht in eine ähnliche Richtung. Ich habe eben mit Freude von Herrn Wilkening von der CDU gehört, daß die Parteien sich konzentrieren wollen auf die Darstellung der eigenen Programme, Ziele, Plattformen und Kandidaten. Dem steht doch aber die Praxis der CDU bisher gegenüber, fremde Kandidaten und fremde Programme, Ziele und Plattformen einzufliegen. Wie kommen die denn mit ihrem Antrag jetzt hier zurecht?

Ziegler (Moderator): Herr Wilkening hat als Mitglied der Arbeitsgruppe das eingebracht. Also, das möchte ich wenigstens doch sagen.

Frau Braband.

Frau Braband (VL): Mein Einwurf oder das, was ich zu diesem Antrag zu sagen habe, geht in die gleiche Richtung wie die Anträge von Herrn Schulz und Herrn Weiß. Ich erinnere, möchte auch noch einmal daran erinnern, daß es einen Beschluß, und zwar einen mehrheitlichen Beschluß an diesem Runden Tisch gegeben hat, eben – – Es waren Parteien, die noch am selben Tag erklärt haben vor der Presse, daß die Beschlüsse des Runden Tisches nicht bindend seien. Ich finde, man kann diesen Antrag nur befürworten unter dem Zusatz, der hier vorgeschlagen wurde. Ich muß aber sagen, daß ich eigentlich nicht genau weiß, warum wir es tun, wenn so eine Erklärung sofort in die Öffentlichkeit geht, daß diese Beschlüsse nicht bindend seien, dann halte ich es für Beschäftigungstheorie.

Ziegler (Moderator): Ja, das zeigt eben, daß man unterscheiden muß zwischen Appellen – und mehr kann das, soviel ich sehe, hier nicht sein – und festen Regelungen. Denn das mit dieser **Fremden- Rednerfrage** hätte eigentlich ins **Wahlgesetz** gemußt. Dann wäre es eindeutig gewesen. Sonst könnte auch der Beschluß des Runden Tisches nur ein Ap-

---

[37] Siehe hierzu den Antrag der IFM: Verzicht auf Gastredner aus der Bundesrepublik bei Wahlveranstaltungen in der DDR, der auf der 11. Sitzung eingebracht wurde. Siehe des weiteren den Antrag von DJ: Stellungnahme der Parteien, warum sie darauf bestehen, Gastredner einzufliegen, der auf der 12. Sitzung behandelt wurde.

pell sein, und da haben einige erklärt, sie halten sich von vornherein nicht daran.

So, jetzt Herr Lietz.

Lietz (NF): Unabhängig von diesem Punkt der **eingeflogenen Wahlredner,** denke ich, hier geht es ja nicht darum, sondern hier geht es um die **Art des Miteinander-Umgehens,** den Stil und das Verhalten zueinander. Ich möchte das ein bißchen unterscheiden. Das eine ist sozusagen eine politische Forderung und dies ist sozusagen eine **Frage der Kultur,** des Wahlkampfes und der Spielregeln, mit denen wir miteinander umgehen.

Von daher kann ich dies, was in dieser Arbeitsgruppe formuliert ist oder von dieser Arbeitsgruppe formuliert ist, nur ganz stark unterstützen und unterstreichen. Ich denke, hier sind Sätze gesagt und Punkte formuliert worden, die uns alle daran mahnen sollten, wenn wir ausufern wieder zurückzukommen zu Verhaltensweisen, die uns als Demokraten angemessen sind.

Ich denke, dies ist wie so ein Spiegelbild: Der, der sich an diese Spielregeln nicht hält, muß wissen, daß er sich eigentlich außerhalb einer demokratischen Kultur bewegt und außerhalb von einer Kultur, in der der Streit sinnvoll, aber trotzdem so ist, daß er den Gegner, auch den politischen Gegner, noch als einen fairen Partner irgendwo mit in Betracht zieht.

Von daher denke ich, sollte dies sozusagen so eine **Magna Charta** unseres Wahlkampfes werden, als der Rahmenbedingungen, in denen ein fairer Kampf ausgetragen werden kann und werden muß, und wer dies überschreitet, muß wissen – das ist ein **moralischer Appell** –, muß wissen, daß er sich eigentlich ein Stückchen ins Abseits begibt und das Fairplay auch unterschiedlicher Positionen und Gruppen sozusagen durchbricht.

Ziegler (Moderator): Herr Junghanns und Herr Weißhuhn, und dann würde ich vorschlagen, daß Herr Wilkening noch ein Schlußwort – Herr Wiedemann auch noch? – Ja, Herr Wiedemann und dann Herr Weißhuhn, nein, dann Herr Wilkening.

Bitte, Herr Junghanns.

Junghanns (DBD): Ja, wir unterstützen das auch im Sinne einer **Magna Charta des fairen Wahlkampfes.** Das ist eine sehr anspruchsvolle Sache, und ich bin auch der Auffassung, daß die moralischen Zwänge, die wir uns damit gegenseitig auferlegen, eigentlich die tragenden sind. Insofern möchte ich auch an unserem Verhalten in der letzten Woche anknüpfen, daß wir dazugehörig den Antrag betrachten wollen, auf die Wahlredner zu verzichten aus der BRD.

Ziegler (Moderator): Herr Weißhuhn.

Weißhuhn (IFM): Ich denke, es genügt, wenn eine Organisation, wie beispielsweise wir das jetzt [tun] oder ich im Namen dieser Organisation jetzt tue, zusichern, eine Vereinbarung dieser Art auch wirklich einzuhalten. Das ist auch nur als Appell möglich. Ich tue das hiermit.

Ziegler (Moderator): Herr Wiedemann.

Wiedemann (CDU): Ja, ich glaube, daß wir alle, die wir hier sitzen, uns der Verantwortung, die dahintersteht, bewußt sind. Aber es gibt noch etwas anderes. Man müßte sich auch damit an die Bevölkerung wenden. Es gibt gewünschte oder ungewünschte, geliebte oder ungeliebte Sympathisanten von unseren Parteien und Vereinigungen, die dann sozusagen wie eine Art Hilfstruppe wirken, um ungeliebte andere Parteien und Vereinigungen irgendwie doch zu verunglimpfen.

Man müßte sich vielleicht – – ich gehe einmal ganz konkret davon aus, vom eigenen Erleben, in meinem eigenen Wohngebiet, wo wir also Wahlplakate geklebt haben, die dann also postwendend sofort zerstört wurden und die Namen herausgekratzt wurden und dergleichen mehr. Sie wurden beschmiert, beschriftet mit Parteiennamen, die auch hier mit am Runden Tisch sitzen – – wobei ich überhaupt nicht darauf komme zu unterstellen, daß das von diesen Parteien gemacht worden ist, weil wir hier sicherlich in einem guten Konsens sitzen.

Aber es waren andere. Man müßte sich hier vielleicht doch, gerade mit einer solchen Aufforderung, auch an die Bevölkerung wenden, um dort mehr Verständnis für einen **fairen Wahlkampf** auch zu finden, nicht nur an die Mitglieder unserer hier vertretenen Parteien und Vereinigungen. Das war also sozusagen eine Erweiterung, ein **Appell auch an die Bürger in unserem Lande,** diesen von uns beabsichtigten fairen Wahlkampf nicht irgendwie zu stören.

Ziegler (Moderator): Herr Wilkening noch zum Schluß.

Wilkening (CDU): Ja, ich bin Herrn Lietz dankbar. Er hat die Intention, von der wir uns haben leiten lassen, sehr subtil wiedergegeben. Es ging uns in der Tat nicht darum, in Inhalte des Wahlkampfes irgendwie einzugreifen beziehungsweise hier Forderungen zu erheben, von denen von vornherein klar sein mußte, daß ein Teil der Partner, die über solche Fairneßregeln übereinkommen wollen, sie nicht mittragen könnte, sondern es ging uns darum, das, was die Kultur dieses Wahlkampfs auch im Blick auf die Situationen, die wir gegenwärtig haben, auszeichnen muß, zu fixieren als eine Art **moralischen Maßstab.** Wenn das gelingen könnte, wäre es sehr schön. Wenn es nicht gelänge, dann wäre allerdings eine solche Aufgabe für uns auch nicht lösbar.

Ziegler (Moderator): Jetzt stehen wir vor der Frage, wie wir damit umgehen. Ich finde, es ist immer schwierig, wenn man Beschlüsse faßt, die dann doch so eine Art Gesetzescharakter haben und nicht wirklich klar zum Ausdruck bringen, hier kann es um so etwas nicht gehen. Sondern hier kann es eigentlich um eine **Willensbekundung** gehen, daß die am Runden Tisch sitzenden Parteien dieses wollen, und zweitens, daß sie dies, wie Sie sagen, in der Bevölkerung, also von allen, erbitten und erwarten. Und in solcher Weise, glaube ich, kann man das hier nur zur Debatte stellen; denn sonst kommen wir sofort wieder in die Schwierigkeit, die ja hier von mehreren an dem Beispiel dargelegt ist.

Herr Weiß noch.

Weiß (DJ): Ja, ich bitte eine Erklärung abgeben zu dürfen für die Bürgerbewegung Demokratie Jetzt.

Angesichts der Tatsache, daß die Übereinkunft, die hier am Runden Tisch getroffen worden ist, **keine Redner aus der Bundesrepublik** beziehungsweise **aus dem Ausland im Wahlkampf** einzusetzen, unmittelbar nach der Tagung des Runden Tisches von Parteien, die hier mit gesessen haben, abgelehnt worden ist, werde ich mich, als Vertreter von Demokratie Jetzt, an dieser Abstimmung nicht beteiligen.

Ich stehe selbstverständlich hinter dem Anliegen, aber ich denke, wenn das eine Papier unmittelbar nach der Abstimmung zur Makulatur gemacht worden ist, sollte man dieses Papier gar nicht erst zur Abstimmung bringen.

Vielen Dank.

Ziegler (Moderator): Also, es gibt jetzt ja nun verschiedene Möglichkeiten, wie wir damit verfahren: – „verständigen sich darauf", das ist eine gegenseitige Bindung. Es wäre noch die Möglichkeit zu sagen: „bekunden ihren Willen", und das ist etwas offener.

Oder man läßt es überhaupt mit der Abstimmung über diese Frage unter den Bedenken, die Herr Weiß eben gesagt hat, und sagt: „Der Runde Tisch hat diese Ausarbeitung oder diese Hinweise für einen fairen Wahlkampf der Arbeitsgruppe ‚Wahlgesetz' zur Kenntnis genommen". Wenn man will, kann man auch noch „zustimmend zur Kenntnis nehmen". Dann werden solche Dinge, die nachher wieder in Schwierigkeiten führen, vermieden, und es bleibt wahrhaftiger.

Darüber müssen wir jetzt entscheiden, wie wir das machen wollen. Der weitestgehende Vorschlag ist natürlich, daß dies hier so in den unveränderten Text „verständigen sich darauf" hier zur Abstimmung gestellt wird und man das beschließt.

Ja, Herr Schulz und dann Herr Lietz.

Schulz (NF): Ich denke, der weitestgehende Antrag ist in Punkt 5 noch aufzunehmen, weil sich ansonsten der Punkt 1 so ausschließt, wenn wir den Entschluß vom Runden Tisch hier nicht in den Kontext bringen. An sich ist dann dieser Punkt 1 hier schon unlauter, wie er so gebracht wird, weil dieser Wahlkampf im Grunde genommen sich nicht auf die Darstellung der eigenen Programme, Ziele, Plattformen und Kandidaten konzentriert, sondern hier wird an sich mit einer vorgeschobenen Darstellung gearbeitet.

Ziegler (Moderator): Herr Schulz, formal ist das wohl richtig, bloß ich wollte eben vermeiden, daß wir in dieselben Schwierigkeiten kommen, in die wir mit diesem Beschluß damals gekommen sind. Darum hatte ich das gemacht. Aber gut, Sie haben recht, formal ist das schon so.

Herr Lietz.

Lietz (NF): Ich denke, Einstellungen kann man nicht qua Abstimmung verordnen, sondern das sind Dinge, die aus einer Haltung heraus erwachsen oder nicht erwachsen. Insofern denke ich, das, was Sie vorgeschlagen haben, dieses „zustimmend zur Kenntnis zu nehmen", ist sozusagen ein Minimalkonsens, aber ist nicht nur eine Zurkenntnisnahme, sondern ist auch schon eine gewisse Entscheidung zu diesem Text.

Also das wäre für mich das wenigste. Ich würde lieber den weitestgehenden Antrag unterstützen. Aber ich vermute, dann würden wir hier keinen Konsens finden. Und mir wäre an dieser Stelle schon daran gelegen, daß wir hier zu einem Konsens kommen, dem alle zustimmen können, vielleicht sogar Demokratie Jetzt unter diesen Bedingungen, also weitestgehendes Entgegenkommen vielleicht. Ich denke, es wäre gut, wenn wir hier nicht sozusagen in eine Beliebigkeit auseinandergehen, sondern daß wir uns ein bißchen gegenseitig nicht in [die] Pflicht nehmen, aber uns zumindest zugestehen, daß wir einander versuchen wollen, fair zu begegnen. Mehr kann es nicht werden.

Ziegler (Moderator): Herr Wilkening und Herr Wolf, und dann müssen wir doch einmal zum Abschluß hier kommen, nicht?

Wilkening (CDU): Ja, ich ziehe meine Wortmeldung zurück.

Ziegler (Moderator): Herr Wolf, bitte.

Wolf (LDP): Wir haben, wie Sie wissen, im Bund Freier Demokraten, also drei Parteien hier in der DDR, uns zum **Wahlbündnis** zusammengeschlossen. Und wir verhehlen auch nicht, daß uns dabei **FDP-Politiker aus der Bundesrepublik mit Wahlveranstaltungen helfen.** Wir haben dazu eine offene und klare Position, und ich meine, so wie Herr Weiß und andere ihre Position offen[legen], und das respektiere ich, hier darlegen, wollen wir das auch tun.

Zum einen sind wir grundsätzlich sehr dafür, ein solches Fairneßangebot im Sinne einer Absichtserklärung mitzutragen und uns dafür auch einzusetzen.

Das wollen wir auch verstanden wissen für solche Wahlveranstaltungen, wo nicht nur DDR-Politiker auftreten. Für uns ist entscheidend, daß es auch hier fair und ordentlich zugeht. Wir begründen das damit, daß diese **Wahlen** nicht nur für die DDR Bedeutung haben, sondern für die **gesamtdeutsche Entwicklung** wichtige Zäsuren setzen, auch für die europäische Entwicklung, und insofern könnten wir uns umgekehrt auch vorstellen, daß, wenn sich diese DDR mit diesen Wahlen vom 18. März [1990] und vom 6. Mai [1990] mit einer neuen und starken und echten Demokratie darstellt, wir auch bei weitergehenden Wahlen auf deutschem Boden und darüber hinaus ähnliches einzubringen haben, was uns jetzt zuteil wird.

Wir sind also in diesem Sinne für die möglichen und notwendigen und machbaren Gemeinsamkeiten, aber auch hier für Fairneß und Konsequenz.

Ziegler (Moderator): Ja, also weitere Erklärungen, glaube ich, sind nicht nötig. Wir wissen, in welcher Qualität dies hier vorgelegt ist. Ich muß jetzt fairerweise die Frage stellen, ob Herr Schulz darauf besteht, daß über seinen Antrag abgestimmt wird, das heißt der Punkt 5 muß aufgenommen werden: **keine Wahlredner.** Die Bedenken hatte ich schon zum Ausdruck gebracht. Wollen Sie sich noch äußern dazu?

Zwischenruf: Nein.

Ziegler (Moderator): Gut. Dann schlage ich vor, weil das mir dem Trend der Aussprache am meisten nahegekommen zu sein scheint, daß wir hier beantragen „**zustimmende Kenntnisnahme**" dieser Ausarbeitung der Arbeitsgruppe „Wahlgesetz". Das ist jetzt eine Abänderung von dem, was hier oben steht: „verständigen sich darauf". Erhebt sich dagegen Widerspruch? – Nein, also dann frage ich, wer zustimmen bereit ist, von dieser Vorlage zustimmend Kenntnis zu nehmen. Den bitte ich um das Handzeichen. – Ja, danke, Mehrheit. Gegenstimmen? – Enthaltungen?

Ducke (Co-Moderator): Abstimmungsverweigerung – –

Ziegler (Moderator): – und das hatte Herr Weiß ja auch angekündigt, daß er sich an dieser Abstimmung nicht beteiligen wird. Das ist völlig klar.

Wir kommen zur **Vorlage 13/32 [Antrag VL: Gewährleistung der Meinungs-, Informations- und Medienfreiheit].** Hier geht es darum, daß der Runde Tisch von der Regierung fordert, am 26. Februar [1990] über die Ergebnisse und die zu ziehenden Konsequenzen, über den Vorfall, der im Medienkontrollrat verhandelt worden ist, Versuche, das Fernsehen auch mit ausländischen Investitionen zu unterstützen, [unterrichtet zu werden]. Das möchten Sie vortragen. Bitte.

Frau Müller (VL): Ich bin Silvia Müller von der Vereinigten Linken. Ich arbeite mit in der Regierungskommission „Mediengesetz" und habe an der außerordentlichen Sitzung des

Medienkontrollrates am 17. Februar teilgenommen. Ich trage den **Antrag [13/32]** vor:

[Vorlage 13/32, Antrag VL: Gewährleistung der Meinungs-, Informations- und Medienfreiheit]

Der Runde Tisch fordert die Regierung auf, die Vorgänge im Fernsehen der DDR, die auch am 17. Februar 1990 Gegenstand einer außerordentlichen Sitzung des Medienkontrollrates waren, in kürzester Frist zu untersuchen. Da ein Verstoß gegen den Beschluß der Volkskammer vom 5. Februar 1990 über Gewährleistung der Meinungs-, Informations- und Medienfreiheit zu befürchten ist, sollte die Einschaltung der Staatsanwaltschaft geprüft werden.

Der Runde Tisch fordert die Regierung auf, am 26. Februar 1990 den Runden Tisch über die Ergebnisse und die zu ziehenden Konsequenzen zu unterrichten.

Begründung: Nach verbürgten Informationen, die dem Medienkontrollrat vorliegen, hat der Generalintendant des Fernsehens der DDR Gespräche unter Ausschluß der Öffentlichkeit mit ausländischen Investoren geführt. Sie dienten dem Ziel, diese am Fernsehen der DDR zu beteiligen. Der Generalintendant hat dies inzwischen über die Medien dementieren lassen. In diesem Zusammenhang ist darauf zu verweisen, daß bereits mehrfach Verhandlungen dieser Art (so im Bereich der Printmedien) geführt wurden, ohne daß die Öffentlichkeit davon Kenntnis hatte. Diese Tatsache ist umso schwerwiegender, als der Verdacht naheliegt, daß durch diese Verhandlungen vollendete Tatsachen geschaffen werden sollen, die durch den Beschluß der Volkskammer vom 5. Februar [1990] nur zum Teil abgedeckt sind.

Wenn ich dazu noch etwas ergänzen darf?

Ziegler (Moderator): Ja, bitte schön.

Frau Müller (VL): Also, in der Begründung ist darauf verwiesen, daß bereits mehrfach Verhandlungen, Gespräche unter **Ausschluß der Öffentlichkeit**, stattfanden. Ich nenne kurz drei Beispiele.

Erstens: Konrad Weiß verwies heute früh bereits darauf, **Verhandlungen des Postministers** Wolf bezüglich eines Vertriebssystems mit vier westlichen Großverlagen, das gleichbedeutend wäre mit einer Aufteilung des Marktes DDR.

Zweitens: Die **Umbenennung des Senders** „Stimme der DDR" in „Deutschlandsender". Dem Hörfunkrat kam dabei nur eine Alibifunktion zu, denn er wurde erst einberufen, nachdem die Umbenennung bereits in den Zeitungen verkündet war.

Und drittens, die **Verhandlungen der Generalintendanz des DDR-Fernsehens** mit 3Sat: Der Medienkontrollrat, der gleichzeitig tagte, wurde nicht einmal informiert. Zu dem Dementi des Generalintendanten des DDR-Fernsehens möchte ich sagen, daß der Medienkontrollrat in seiner außerordentlichen Sitzung am Sonnabend sich um eine Stellungnahme von Herrn [Hans] Bentzien sehr bemüht hat. Allerdings erhielt der Medienkontrollrat die Auskunft, Herr Bentzien habe kein Telefon, und der diensthabende Fahrer des DDR-Fernsehens konnte den Generalintendanten ebenfalls nicht ausfindig machen.

Ziegler (Moderator): Ja, ich schlage vor, daß wir über die inhaltliche Sache nun nicht mehr reden, denn hier wird nichts verlangt, als daß wir bitten, am 26. [Februar 1990] Auskunft über diese Dinge, die hier noch einmal dargestellt werden, zu bekommen. Möchte jemand, ohne daß wir die Sache jetzt noch einmal verhandeln, möchte da jemand noch etwas sagen zu diesem Antrag?

Dann frage ich, wer ihn unterstützt? – Das ist die Mehrheit. Gegenstimmen? – Enthaltungen? – Danke. Das ist einstimmig. Ich habe das jetzt nicht gesehen: 1 Enthaltung.

Herr Sauer, das würden Sie dann bitte auch mitnehmen.

TOP 16: Recht und Rechtsstaatlichkeit

Wir kommen jetzt zu drei rechtlichen Dingen. Dazu wird Frau Dr. Töpfer sofort etwas sagen. Das sind die **Vorlagen 13/33, 13/34, 13/35**. – Ja, zu **13/35** sage ich dann gleich etwas. Das ist von [der] AG „Strafrecht". Frau Töpfer, würden Sie bitte gleich von der Arbeitsgruppe „Recht" [den Antrag vorbringen]?

Frau Töpfer (FDGB): Der erste **Antrag, 13/33 [Antrag AG „Recht": Zur Sicherung der Arbeitsfähigkeit der Gerichte und der Gewährleistung einer unabhängigen Rechtsprechung]**, befaßt sich mit Fragen der Arbeitsfähigkeit der Gerichte und der Sicherung einer unabhängigen Rechtsprechung. Er geht darauf zurück, daß uns in letzter Zeit viele Anfragen erreicht haben von Richtern, aber auch von Bürgern, die die Sicherung einer unabhängigen Rechtsprechung betreffen. Es wurden Richter bedroht, es wurden Gerichtsurteile angezweifelt, die nicht im Zusammenhang mit dem politischen Strafrecht, das bisher Geltung hatte, zu sehen sind.

Es ist also so, daß die Rechtsprechung im Bereich **Familienrecht, Arbeitsrecht** und **normale Kriminalität** gefährdet ist. Deshalb haben wir hier einen Antrag gemacht, der auch dem Umstand Rechnung trägt, daß es bisher üblich war, daß mit den Wahlen, Kommunalwahlen und auch Volkskammerwahlen, bestimmte Gerichte gewählt wurden, also Oberstes Gericht beziehungsweise Bezirks- und Kreisgerichte, daß jetzt aber ein Gesetzentwurf zum Richtergesetz vorliegt, der eine **Berufung von Richtern auf Lebenszeit** im wesentlichen vorsieht, und daß damit, mit der Wahl, praktisch nicht vorgesehen werden soll, daß die Richter erneut gewählt werden, das Oberste Gericht jetzt mit der Volkskammer zusammen, sondern, daß wir empfehlen würden, einen amtierenden Richter bis zur Inkraftsetzung des Richtergesetzes zu empfehlen, um auch zu gewährleisten, daß die **neue Regierung Einfluß** nehmen kann **auf den Justizapparat**.

Ein weiteres Problem ist, daß sich im Rahmen der schon angesprochenen Strafrechtspraxis im Zusammenhang mit **politischen Straftaten** einige Richter und auch Staatsanwälte nicht so verhalten haben, wie es zu erwarten wäre im Sinne einer rechtsstaatlichen Vorgehensweise, und diese drei Gesichtspunkte sind in dieser Vorlage zusammengefaßt. Ich möchte die jetzt vortragen:

[Vorlage 13/33, Antrag AG „Recht": Zur Sicherung der Arbeitsfähigkeit der Gerichte und der Gewährleistung einer unabhängigen Rechtsprechung]

Briefe der Richter an die Regierung der DDR und an den Runden Tisch zeugen von der großen Sorge über die Lage in der Rechtsprechung unseres Landes. Die Rede ist von einer ernsthaften Gefährdung der Aufrechterhaltung der Rechtsprechung auf den wichtigsten Gebieten.

In dieser Lage, die sich seither eher verschlechtert als stabilisiert hat, möge der Runde Tisch seine demokratische Autorität und Wirksamkeit einsetzen, um die sehr kritische Grundsituation in der Rechtsprechung zum Nötigen zu wenden.

Der Runde Tisch sollte alle Mitglieder der Justiz, alle demokratischen Kräfte, aller Bürger aufrufen, mit Vernunft und Rechtsbewußtsein zur Aufrechterhaltung der Rechtsprechung, zum weiteren Herausbilden der Rechtsstaatlichkeit beizutragen.

Der Runde Tisch unterstützt die vom Minister der Justiz, Professor Dr. Kurt Wünsche, getroffene Einschätzung in seiner Erklärung vom 29.1.1990, daß die große Mehrzahl der Verfahren, die Zivil-, Familien- und Arbeitssachen sowie Straftaten der allgemeinen Kriminalität betrafen, unter Wahrung rechtsstaatlicher Prinzipien durchgeführt worden sind.

Der Runde Tisch unterstützt die Grundeinschätzung des Ministers, daß es nicht um eine Infragestellung der gesamten Rechtsprechung und der gesamten Richterschaft gehen kann.

Die Arbeitsgruppe „Recht" möchte die Aufmerksamkeit des Runden Tisches auf die Notwendigkeit lenken, baldmöglichst den Entwurf des Richergesetzes zu erörtern und nach seiner Billigung in Absprache mit dem Ministerium der Justiz der Volkskammer der DDR zur Lesung und Beschlußfassung zu unterbreiten.

Die Gründe dafür liegen vor allem im folgenden:

- In der demokratischen Revolution unseres Volkes sind entschieden Forderungen nach Herstellung von Rechtsstaatlichkeit mit der Forderung nach der absoluten Unabhängigkeit der Richter in ihrer Tätigkeit erhoben worden, wie dies im Entwurf des Richtergesetzes fixiert worden ist. Das schließt ein, künftig keine Wahl mehr der Richter der Bezirks- und Kreisgerichte durch die jeweiligen örtlichen Volksvertretungen. Die Begründung des Dienstverhältnisses erfolgt durch Berufung.
- Wenn die Volkskammer am 18. März gewählt wird, muß die Neuwahl des Präsidenten und des Vizepräsidenten, der Richter des Obersten Gerichts [vgl. Artikel 50 der Verfassung] und des Generalstaatsanwalts innerhalb von drei Monaten erfolgen, also bis zum 18. Juni [1990].

Analoge Überlegungen sind im Hinblick auf die am 6. Mai 1990 stattfindenden Kommunalwahlen und das Amtieren der Direktoren, Richter und Schöffen der Bezirks- und Kreisgerichte anzustellen.

Die Arbeitsgruppe „Recht" bittet deshalb den Runden Tisch zu beschließen:

1. Der Runde Tisch fordert die Regierung auf, umgehend Maßnahmen einzuleiten, um aus der Rechtsprechung alle Richter zu entfernen, die maßgeblich die damalige politische Strafrechtsprechung angeleitet und ausgeübt haben.

Das betrifft: Mitglieder des Präsidiums des Obersten Gerichts, Direktoren und Stellvertreter für Strafrecht der Bezirksgerichte, weitere für das politische Strafrecht verantwortliche Richter [‚1a Senate'] sowie die Richter, die am Sitz der Untersuchungshaftanstalten der Untersuchungsorgane des ehemaligen MfS, die von ihnen ermittelten Verfahren juristisch verantwortlich verhandelt und entschieden haben.

2. Die Volkskammer möge einen Beschluß herbeiführen, daß die Wahlperiode der Kreis- und Bezirksgerichte bis zur Annahme des Richtergesetzes verlängert wird.

Das Oberste Gericht ist umgehend von der neuen Volkskammer neu zu wählen.

Kandidaten für das Oberste Gericht sollten vom Richterbund, dem Minister der Justiz und vom Obersten Gericht selbst vorgeschlagen werden.[38]

Ich möchte dazu noch ergänzend ausführen, daß das Neue Forum einen ähnlichen Antrag eingebracht hat, der verwiesen worden ist an die **Gruppe „Strafrecht und Strafgesetz"**, und daß wir ihn aufgegriffen haben, um ihn jetzt auch im Zusammenhang damit zu unterbreiten, und daß er auch dort so behandelt worden ist und daß der **Richterbund,** der sich jetzt als eine unabhängige Organisation gegründet hat, und auch Vertreter des Ministeriums der Justiz dieses Vorgehen unterstützen.

Ziegler (Moderator): Ja, danke. Ich verweise noch auf **Vorlage 13/35 [Auskunftsverlangen AG „Strafrecht": Zu personellen Voraussetzungen bei der Durchführung der Verfahren wegen Amtsmißbrauch**[39]**].** Dies kommt der Sache sehr nahe, denn hier sind Anfragen in dieser Richtung gestellt, welche personellen Voraussetzungen geschaffen worden sind, eben daß diese Dinge, die ja auch vorgeschlagen werden, durchgeführt werden können.

Ich weise schließlich darauf hin, es ist die **Arbeitsgruppe „Recht",** die uns das vorlegt, nicht eine einzelne Gruppe. Da sind ja die Vorarbeiten geleistet worden. Die Sache steht zur Aussprache, zur Diskussion.
Herr Wiedemann.

Wiedemann (CDU): Ich habe eigentlich nur eine Frage: Ist dieser Personenkreis, der hier genannt wird unter Ziffer 1, samt und sonders schuldig geworden? Oder sind hier Prüfungen erforderlich, weil hier eine **Pauschalisierung** erfolgt? Ich habe keine Ahnung von den Dingen. Es geht mir nur darum, daß wir hier nicht etwa Leute dabeihaben, die irgendwie nicht schuldig geworden sind in dem Sinne, was vorher erklärt worden ist. Denn dann würden wir uns an **Unschuldigen** vergehen, und das dürfen wir auf keinen Fall durch eine derartige Pauschalisierung erreichen.

Es wäre also hier die Frage tatsächlich angemessen, inwieweit man nicht, aus der Vergangenheit unseres Landes lernend – ich war damals noch ein junger Mann, Jugendlicher gewesen, Sie wissen vielleicht, woran ich denke, viele von Ihnen haben damals noch nicht gelebt –, aber: daraus lernend, erneut genau bei jedem einzelnen zu prüfen, worin seine **Verfehlungen** bestehen.
Danke.

---

[38] Dieser Vortrag wurde schriftlich zu Protokoll des Zentralen Runden Tisches gegeben. Die in { } gesetzten Ausführungen wurden davon abweichend nur mündlich vorgetragen. In [ ] gesetzte Texte finden sich lediglich in der schriftlich zu Protokoll gegebenen Fassung.
[39] Dokument 13/15, Anlagenband.

Ziegler (Moderator): Frau Töpfer, bitte. Sie hatten sich ja gemeldet. Sie können das ja gleich beantworten.

Frau Töpfer (FDGB): Ich möchte dazu sagen, daß wir deshalb extra die Formulierung gewählt haben „Richter, die maßgeblich die damalige politische Strafrechtsprechung angeleitet und ausgeübt haben". Und das betrifft, wird ja gesagt, Direktoren, Richter und so weiter, ohne zu sagen „die" Direktoren. Also es ist nicht ausschließlich gemeint, sondern das muß natürlich im Einzelfall geklärt werden, ob sie maßgeblich das verwirklicht haben: die **politische Strafrechtspraxis** im negativen Sinne.

Ziegler (Moderator): Und das ist dann in einem **ordentlichen Verfahren** zu klären, oder wie? Anders doch nicht.

Frau Töpfer (FDGB): Das hat dann der Minister der Justiz selbst in einem von ihm festzulegenden Gang zu klären.

Ziegler (Moderator): Herr Sahr.

Sahr (FDGB): Ich hätte gern einmal gewußt, wer diese Arbeit in Auftrag gegeben hat. Hier ist ein kleiner Irrtum unterlaufen. Ich bitte unter Einbringer den FDGB zu streichen. Er ist nicht Einbringer dieser Vorlage, sondern die Arbeitsgruppe [„Strafrecht"].

Ziegler (Moderator): Herr Wiedemann.

Wiedemann (CDU): Dann bitte ich doch darum, daß diese Vorlage hier entsprechend ergänzt wird mit der Prüfung, was Sie gerade dargelegt haben. Das wäre doch sehr gut. Ich meine, auch für unser demokratisches Verständnis.

Ziegler (Moderator): Können Sie bitte gleich auch antworten auf die Frage von Herrn Sahr, Frau Töpfer?

Frau Töpfer (FDGB): Ich hatte mich bisher immer als einen Vertreter, und wir hatten ja auch einmal darüber gesprochen – –, aber wenn Sie das als FDGB nicht eingebracht haben wollen, dann nehmen wir das zurück. Ich hoffe, daß die NDPD noch dazu steht, denn ihr Vertreter hat uns extra kundgetan, daß wir als Einbringer mitfungieren wollten. Und wir danken auch für die Unterstützung durch die Arbeitsgruppe. Ich möchte sagen, daß der Einwand, daß das **Prüfungsverfahren** gesondert festzuschreiben ist durch den Minister der Justiz, wir hier noch einfügen werden die Formulierung.

Und dann fehlt hier noch eine Festlegung, das habe ich jetzt übersehen, daß das verhältnismäßig gleichartig auch für die betroffene **Staatsanwaltschaft** zu regeln ist. Das betrifft dann aber nicht den Justizminister, sondern den **Generalstaatsanwalt**.

Ziegler (Moderator): Und die Frage, Sie hatten in der Einbringung schon kurz das angedeutet, aber es ist ja noch extra gefragt worden: Wer hat das in Auftrag gegeben?

Ja, es ist hier informiert worden über ein **Schreiben von Richtern** und dergleichen, das ist hier am Runden Tisch passiert, die sich bedroht fühlten aus Leipzig und dergleichen, und daraufhin ist das passiert, ja?

Ja, also, ich muß jetzt fragen, was das bedeutet: „Das werden wir noch einfügen". Heißt das, Sie nehmen das noch einmal zurück, oder formulieren Sie das gleich, daß das hineinkommt? Dann müßte das hier formuliert werden, nicht? Ja, machen Sie es.

Herr Lietz.

Lietz (NF): Ich denke, unter der Voraussetzung, daß wirklich im einzelnen zu überprüfen ist, welche der **Richter** und auch der **Staatsanwälte** ganz bewußt und aktiv **Unrecht** gesprochen haben unter **formalen Rechtsbedingungen**, und wenn das also klargestellt ist, dann fände ich es schon sinnvoll und gut, diese Richter und Staatsanwälte aus diesen verantwortlichen Positionen herauszunehmen, entfernen ist ein etwas problematischer Begriff, damit hier die Grundlagen für eine neue Rechtssicherheit und auch ein neues Rechtsempfinden und auch ein Vertrauen in die Rechtssicherheit derer, die Recht sprechen, in der Bevölkerung wachsen kann.

Ich halte das für eine der wesentlichsten Säulen unserer neuen Demokratie, daß sie auf dem Fundament der Rechtssicherheit und des Vertrauens in das Recht aufbaut. Und ich denke, alles, was dem Schaden zufügen kann oder diesen Prozeß verlangsamt oder verhindert, muß vermieden werden. Und nur aus diesem Grund, nicht um sozusagen jetzt gegen Menschen vorzugehen, aber um das Mißtrauen abzubauen – – Ich könnte mir sogar vorstellen, daß man vielleicht sogar Einverständnis bei den bisherigen Richtern finden könnte, wenn man von dieser Argumentation einer neuen Rechtssicherheit oder einer Rechtsgrundlage ausgehen würde. Und von daher würde ich dies also unter diesen einschränkenden Bedingungen unterstützen und diesen Antrag auch **ausdehnen auf die** Frage der **Staatsanwälte**.

Ziegler (Moderator): Herr Junghanns und Herr Weiß noch. Und ich bitte, daran zu denken, daß wir jetzt auf 20.45 Uhr zugehen, nicht?

Junghanns (DBD): Ja, wir sind auch **gegen** eine **pauschalisierte Verurteilung dieser Richter** und unterstützen die Formulierung, die jetzt fabriziert werden soll. Ich habe aber eine Frage an die Kollegin, inwieweit wirklich diese **Vorlage 13/35** [Auskunftsverlangen AG „Strafrecht"] damit in Verbindung steht. Ich sehe da eigentliche Parallelen. – Sehen Sie nicht? – Es sind Parallelen, die eigentlich zu Personen in diesem Stand stehen und damit auch zur Aufklärung jener Fragen beitragen können, die wir jetzt in das Prüfungsverfahren hineintransferieren.

Ziegler (Moderator): Herr Weiß.

Weiß (DJ): Ich bitte einen **Brief** verlesen zu dürfen, der im unmittelbaren Zusammenhang steht und der vom **Gefangenenrat der Strafvollzugsanstalt Berlin-Rummelsburg** – –

Ziegler (Moderator): Ist hoffentlich nicht sehr lang, nicht?

Weiß (DJ): Der ist nicht sehr lang. Hier steht drüber:

An den Runden Tisch der DDR

Sehr geehrte Damen und Herren,

mit Unverständnis und Empörung nahmen wir die in Presse, Funk und Fernsehen am 23.1.90 dargestellte Tätercharakteristik der von der laufenden Amnestie ausgeschlossenen Strafgefangenen aus der Strafvollzugseinrichtung Bautzen I auf. Eine verallgemeinernde Ableitung aller von der Amnestie ausgeschlossener Strafgefangener der DDR ist unausbleiblich und führt zu einer bewußten Irreführung der Bürger in der DDR. Daher halten wir eine Richtigstellung in der Öffentlichkeit für dringend erforderlich.

Unmittelbar nach der Verkündigung der Amnestie am 6.12.89 brachten die Strafgefangenen der DDR mit einer weiteren Verschärfung der Protestmaßnahmen ihre berechtigte Unzufriedenheit am halbherzigen Umfang und den inhaltlichen Modalitäten zum Ausdruck. Trotz verbindlicher Zusagen kompetenter Vertreter der Staatsorgane in den jeweiligen Strafvollzügen erfolgte bis heute keine eindeutige Ergänzung.

Nicht berücksichtigt wurden solche Hauptkriterien wie die differenzierte Bewertung von Erst- und Mehrfachtätern, von bewußt vom MfS kriminalisierten politisch unbequemen Bürgern, deren Strafmaß generell über der Amnestiegrenze von drei Jahren Freiheitsentzug liegt, und von den chancenlosen DDR-Bürgern, die ähnlich dem Judenstern im Nationalsozialismus mit den Paragraphen 44, 47 und 48 des Strafgesetzbuches behaftet sind.

Die Rechtsprechung in der DDR wurde doch in den zurückliegenden 40 Jahren maßgeblich von dem Personenkreis geprägt, der heute im höchsten Maß als kriminell bewertet werden muß.

Wir fragen die Öffentlichkeit: Was sind demzufolge die in der Vergangenheit ausgesprochenen Urteile noch wert? Aus eigenem schmerzlichen Erleben sprechen wir den Justizorganen aufgrund des stalinistisch verseuchten Gedankenguts die Fähigkeit, wirkliches Recht zu sprechen, vom Grundsatz her generell ab. Das Justizpersonal hat seit Jahrzehnten nicht unabhängig Dienst am Gesetz geleistet, war nicht um die aufrichtige Wahrheit bemüht, schützte nicht die Bürger vor bürokratischen Elementen, sondern konzentrierte sich einzig auf die Bekämpfung dessen, was auf Befehl von oben oder vom MfS unter Kriminalität zu verstehen war.

Eine tatsächliche Umerziehung, eingeschlossen in einem neuen Denken, ist bis heute in den Strafvollzügen nicht möglich, weil die gegenwärtige Gesetzgebung ein sicherer Weg zur Willkür ist.

Wir sprechen nicht für psychisch krankhafte, gemeingefährliche Täter, die eine echte Gefährdung der Bevölkerung darstellen. Wir rufen den Menschen in der DDR zu: Geben Sie im Zug der revolutionären Wende in unserem Land jedem Strafgefangenen guten Willens eine reale Chance für einen menschenwürdigen Neubeginn! Wir solidarisieren uns mit allen Strafgefangenen in der DDR, die auf der Grundlage einer gewaltfreien Sicherheitspartnerschaft um Recht, Freiheit und Menschenwürde kämpfen.

Strafvollzugseinrichtung Berlin-Rummelsburg, der Gefangenenrat.

Ziegler (Moderator): Ja, bloß das geht jetzt zwar indirekt, aber nicht direkt zu dem, was hier dargelegt wird, denn hier wird gefordert, daß die **Richter**, wenn sie maßgeblich beteiligt sind am **politischen Strafrecht**, aus ihrer Position entfernt werden, – na, ich sage das nur so.

Frau Töpfer, Sie haben jetzt Ihre Ergänzung gebracht.

Frau Töpfer (FDGB): Die Ergänzung müßte lauten: „Der Minister der Justiz prüft im Einzelfall die zu treffenden Maßnahmen entsprechend Punkt 1". Ich möchte dazu sagen, daß der **Richterbund** selber mit einem solchen Anliegen an uns herangetreten ist, auch die **Reinigung der Justiz**, wenn man dieses Wort einmal hier gebrauchen kann, anzustreben. Und sie haben, obwohl es vielleicht insgesamt schwierige Maßnahmen sind, das angeregt. Und man sollte vielleicht auch sehen, daß die Richter sich selber um **Rechtsstaatlichkeit** bemühen und daß wir das auch unterstützen sollten.

Ziegler (Moderator): Diesen einen Satz, der soll dann nur am Ende von Ziffer 1 stehen, nicht? Können Sie ihn noch einmal vorlesen?

Frau Töpfer (FDGB): „Der Minister der Justiz prüft im Einzelfall die zu treffenden Maßnahmen entsprechend Punkt 1", also diesen davorstehenden Punkt.

Ziegler (Moderator): Also, wer hatte sich eben gemeldet? Frau Braband.

Frau Braband (VL): Ich wollte diesen Antrag unterstützen mit dieser Änderung, weil ich denke: Wir haben noch nichts gehört in den vergangenen Wochen und Monaten davon, daß in unserem Justizapparat eine Klärung und eine Veränderung vonstatten gegangen ist, und es scheint mir genauso nötig wie den Einbringern aus der Arbeitsgruppe „Recht".

Ziegler (Moderator): Ja, Herr Merbach.

Merbach (DBD): Nur eine kurze Anfrage. Es kann sein, es ist mir entgangen, hatten Sie die **Staatsanwälte** hineinformuliert?

Frau Töpfer (FDGB): Wenn es gewünscht wird, wäre ich gerne dazu bereit. Ich wollte nur nicht jetzt den Punkt ausweiten. Es ist uns bei der Formulierung praktisch durch die Lappen gegangen, wenn ich einmal diesen Begriff verwenden darf. Der Satz würde dann heißen, auch noch unter Punkt 1, „... vergleichbare Maßnahmen sind im Bereich der Staatsanwaltschaft durchzusetzen".

Ziegler (Moderator): Ja, soll der nun hinein oder nicht: „... Bereich der Staatsanwaltschaft, Anwaltschaft durchzusetzen"? – So, gibt es noch weitere Wortmeldungen? Herr Lietz.

Lietz (NF): Ich weiß nicht, ob es ausreicht, wenn nur der **Minister der Justiz** allein der Überprüfende ist als – – sozusagen als – –

Ziegler (Moderator): Ja, wen schlagen Sie denn vor?

Lietz (NF): Ja, ich denke, da müssen noch **zwei Unabhängige** dazu. Ich denke, das reicht nicht, da muß ein **Ehrenamt** oder so – – Ich denke, es reicht nicht aus, wenn nur der Minister der Justiz, das sind ja sozusagen seine untergeordneten Beamten, mit denen er ja arbeiten will. Also ich denke, er ist nicht neutral genug oder unabhängig genug.

Ziegler (Moderator): Frau Töpfer, was sagen Sie dazu? Also, hier steht nämlich bloß: „Er prüft die im Einzelfall zu treffenden Maßnahmen". Also nicht: „Er prüft die einzelnen Fälle".

Ja, Herr Brinksmeier.

Brinksmeier (SPD): Aus meiner Sicht gehört hier eine **parlamentarische Kontrollkommission** hin, die dieser Aufgabe überhaupt gerecht werden kann. Aber ich merke, daß ich inhaltlich diesen Antrag da überschreite. Ich habe Schwierigkeiten mit ihm.

Ziegler (Moderator): Also, mir scheint das auch in der vorgeschrittenen Stunde dann nicht mehr möglich zu sein, daß das hier so im Plenum so auf die Form gebracht wird, daß wir hier mit gutem Gewissen abstimmen können. Ich schlage deswegen dann also vor, daß das noch einmal zurückgenommen wird, um diese Dinge – und nun kommt nämlich noch die Frage der **unabhängigen Kontrollkommission**; das wird ja denn noch viel schwieriger –, daß dies noch einmal überprüft wird, ob das so geht. So kann das dann noch nicht abgestimmt werden.

Ja, bitte, Herr Lietz.

Lietz (NF): Ja, ich denke, man sollte es noch einmal zurückverweisen und dann auch diesen Vorschlag der **parlamentarischen Kontrollkommission** – – Das ist ja wirklich eine Sache, die möglichst objektiv passieren muß und die nicht nur einer entscheiden kann, der sozusagen aus derselben Firma ist, sondern das muß schon ein Stückchen **neutral** sein. Und von daher würde ich also dies zurückverweisen mit diesem Zusatz und das vielleicht dann noch einmal beim nächsten Runden Tisch hereinbringen, um diese Sache dann zu verabschieden hier.

Ziegler (Moderator): Herr Merbach.

Merbach (DBD): Auch dazu, dann sollten wir aber ähnlich verfahren mit **[Vorlage] 13/35**, weil das inhaltlich quasi dasselbe ist.

Ziegler (Moderator): Na, das wurde von Herrn Junghanns ja bezweifelt. Aber hier geht es um eine Prüfungsfrage. Das kann passieren. Ich würde aber sagen, es ist dann die Frage nach – – Na, da kommen wir dann nachher drauf.

Frau Töpfer, wollen Sie noch etwas dazu sagen? Sonst heißt das jetzt, den Antrag vertagen oder zurückverweisen zur Überarbeitung.

Frau Töpfer (FDGB): Also, wenn das gewünscht wird, nehmen wir ihn noch einmal zurück und arbeiten diesen Passus ein, damit das auch stimmig ist.

Ziegler (Moderator): Ja, also dann wäre hier zu **[Vorlage] 13/33** zu sagen: Antrag auf Vertagung ist gestellt – auf Zurückverweisung ist gestellt. Wer stimmt dem zu? – Ja, das ist die Mehrheit. Gegenstimmen? Danke.

Jetzt hatte Herr Merbach gesagt, dasselbe gilt für **[Vorlage] 13/35**. Hier geht es um **Anfragen an den Minister der Justiz, den Präsidenten des Obersten Gerichts und den Generalstaatsanwalt**. Herr Merbach, warum wollen Sie das zurückverweisen, wenn das nur um Anfragen geht?

Merbach (DBD): Wenn wir uns bezüglich der Anfrage schnell einig werden können, mag das sein. Aber sonst ist das inhaltlich ja durchaus überschneidend mit dem anderen. Ich bin nur dafür, daß alles in ein Paket kommt, wenn es zusammengehört. Aber wenn das nur eine Anfrage betrifft und wir uns einig werden, bitte.

Ziegler (Moderator): Herr Lietz.

Lietz (NF): Also ich denke, hier handelt es sich um eine klare, eindeutige Anfrage, der nichts im Wege steht, daß sie auf den Weg gebracht werden kann.

Ziegler (Moderator): Ich habe auch den Eindruck, also daß man dies doch als Anfrage weitergeben kann an die hier Genannten. Erhebt sich dagegen Widerspruch, daß wir diese Anfrage weiterleiten? – Wer möchte sich der Stimme enthalten? – Keiner. Dann würde dies als Anfrage weitergeleitet.

Herr Sauer, wir bitten das mitzunehmen.

So, Frau Töpfer, nun muß ich Ihnen die Frage stellen, ob Sie die **[Vorlage] 13/34 [AG „Recht" und AG „Sicherheit": Zur physischen Vernichtung magnetischer Datenträger des MfS/AfNS]** – das war schon letztes Mal ein schwieriges Thema – heute noch einbringen möchten oder müssen.

Frau Töpfer (FDGB): Na, ich würde schon sagen – –

Ziegler (Moderator): Na ja, bitte.

Frau Töpfer (FDGB): Da ja das letzte Mal schon dazu einiges gesagt worden ist, möchte ich nur anführen, daß das abgestimmt worden ist mit dem **Dreierkomitee zur Auflösung des Amtes für Nationale Verteidigung**[40] und der **Arbeitsgruppe „Sicherheit"** und daß in der Arbeitsgruppe „Sicherheit" ein ähnlicher oder gleichlautender Beschluß gefaßt worden ist, den wir hier eingearbeitet haben, in Zusammenarbeit mit dieser Arbeitsgruppe, und deshalb möchte ich das **[Vorlage 13/34 AG „Recht" und AG „Sicherheit": Zur physischen Vernichtung magnetischer Datenträger]** noch vortragen:

> **[Vorlage 13/34, Antrag AG „Sicherheit", AG „Recht": Zur physischen Vernichtung magnetischer Datenträger des MfS/AfNS]**
>
> Ausgehend vom Recht des Bürgers auf Schutz der Persönlichkeit und Selbstbestimmung stellen die Mitglieder der Arbeitsgruppen „Recht" {und „Sicherheit"} fest, daß die Erfassung und Bearbeitung von Daten, wie sie durch das ehemalige MfS beziehungsweise das Amt für Nationale Sicherheit erfolgte, eine verfassungswidrige Verletzung von Bürgerrechten darstellt.
>
> Mit dem Ziel, den verfassungsmäßigen Zustand wieder herzustellen, und um zukünftig einen Mißbrauch der gesammelten personenbezogenen Daten des ehemaligen MfS beziehungsweise des Amtes für Nationale Sicherheit weitgehendst auszuschließen und eine unverzügliche vollständige Zerstörung der Strukturen dieser Organe bis hin zur physischen Vernichtung ihrer materiellen Datenträger zu sichern, empfehlen die Arbeitsgruppen „Recht" und „Sicherheit" dem Runden Tisch zu beschließen:
>
> 1. Die physische Vernichtung aller magnetischen Datenträger [Magnetbänder, Wechselplatten, Disketten, Kassetten] mit personenbezogenen Daten, einschließlich der dazugehörigen magnetischen Datenträger mit der Anwendersoftware, am Ort ihrer Aufbewahrung unter Leitung von Vertretern der Regierung, bei Kontrolle des Runden Tisches und im Beisein der Bürgerkomitees. Als zweckmäßige Technologien der Vernichtung sind die Verbrennung beziehungsweise mechanische Zerstörung der Datenträger zu nennen.
>
> 2. In Vorbereitung der physischen Vernichtung der magnetischen Datenträger zu personenbezogenen Daten ist eine vollständige Aufstellung aller vorhandenen derartigen Datenträger [auch der Sicherheitskopien] durch die ehemaligen Nutzer anzufertigen und eidesstattlich zu beglaubigen.
>
> Die Projektunterlagen sind zu archivieren, um eine Analyse der Tätigkeit des AfNS, der Art und Weise der Datener-

---

[40] Gemeint war wohl anstelle des „Amtes für Nationale Verteidigung" das MfS/AfNS.

Recht und Rechtsstaatlichkeit

fassung und -auswertung auch in Zukunft zu ermöglichen und um gegebenenfalls die strafrechtliche Relevanz dieser Vorgänge zu überprüfen.

3. Die Vernichtung der magnetischen Datenträger ist bis zum 9.3.90 abzuschließen, um eine Rechenschaftslegung über die vollständige Vernichtung am 12.03.1990, {das ist der letzte} Runde Tisch, zu gewährleisten.[41]

Ziegler (Moderator): Ich erinnere daran, daß wir das letztes Mal schon auf dem Tisch hatten und zurückverwiesen hatten an die beiden Arbeitsgruppen, die jetzt hier unterschrieben haben: AG „Sicherheit" und AG „Recht". Wir hatten auch das letzte Mal schon darüber gesprochen, und es war nur noch einmal zurückverwiesen, weil wir nicht klarsahen, ob sich hier nicht Fragen ergeben, die erst noch geprüft werden sollten – rechtlicher Art und auch technischer Art. Dies steht nun zur Aussprache.
Herr Wiedemann.

Wiedemann (CDU): Eine Frage technischer Art. Ziffer 1: „... am Ort ihrer Aufbewahrungen ... zu verbrennen", wenn ich das einmal zusammenziehe. Ist denn das überall gewährleistet, daß man das am Ort der Aufbewahrung **verbrennen** kann? Wenn es nicht möglich wäre, sollte man es nicht hineinschreiben. Dann kommt uns vielleicht die Feuerwehr auf den Hals, nicht? – Ich weiß es nicht.

Ziegler (Moderator): Herr Weißhuhn.

Weißhuhn (IFM): Meine Frage bezieht sich auf den zweiten Absatz des Punktes 2. Ich würde gerne wissen, was im einzelnen unter diesen „**Projektunterlagen**" zu verstehen ist – und zwar deshalb, weil hier gefordert wird gegebenenfalls **strafrechtliche Relevanz** dieser Vorgänge – – Ich nehme an, das richtig zu verstehen, wenn ich denke, es handelt sich um den Vorgang der Erfassung dieser Daten überhaupt. Ich denke aber, es geht auch darum, den Inhalt dieser Daten und die Folgen dieser Daten in der Vergangenheit als strafrechtlich relevant zu begreifen, und zu diesem Zweck, und nur darum geht es mir dabei, ist eine **Untersuchung** zu gewährleisten. Das wird ein ziemlich aufwendiger Prozeß sein, das ist mir klar. Aber diese Untersuchung ist zu gewährleisten, und es müssen also dafür **ausreichend Materialien zur Verfügung bleiben**. Wenn das nicht die **magnetischen Datenträger** sein müssen, nur dann kann ich dem zustimmen.

Ziegler (Moderator): Herr Brinksmeier.

Brinksmeier (SPD): Also, ich spreche im Namen der Arbeitsgruppe „Sicherheit" dazu. Die „**Projektunterlagen**", das bedeutet, alles was auf den **elektronischen Datenträgern** drauf ist, ist mindestens noch zweimal schriftlich vorhanden. Die **Vernichtung der magnetischen Datenträger** zu dem personenbezogenen Material heißt nur, daß der schnelle Zugang zu diesem **Archivmaterial** unmöglich gemacht wird beziehungsweise daß der schnellste uns denkbare Zugang dazu uns unmöglich gemacht wird. Das heißt, was da vernichtet wird, soll verhindern, daß es ganz schnell möglich ist, innerhalb von zwei Wochen bestimmte Listen zu erstellen, bestimmte Projekte vollständig wieder da zu haben.

Um das abzusichern, daß auf diesen **fünf Millionen** praktisch **Informationsträgern** nichts anderes drauf ist, denke ich, können wir uns nicht das alles noch einmal ausdrucken lassen, sondern dafür dienen die eidesstattlichen Erklärungen, und im Moment arbeiten wohl zwei Gruppen, besetzt auch mit Computerspezialisten aus der Arbeitsgruppe „Sicherheit", die einfach stichprobenartig sich das klären lassen und nachprüfen, ob das denn den Angaben entspricht, was da drauf ist.

Ziegler (Moderator): Danke für die Erklärung.
Herr Lietz.

Lietz (NF): Wenn ich das richtig verstehe, heißt das, daß die Originale erhalten bleiben, aber die **Duplikate**, bis zu vier-, fünf-, siebenfachen Duplikaten – –

Ziegler (Moderator): Das heißt das nicht. Das war doch deutlich gesagt.

Brinksmeier (SPD): Das heißt nur, daß die Art und Weise, wie das in den Computer praktisch eingespeichert ist, vernichtet wird.

Ziegler (Moderator): Ja. Klar, Herr Lietz?
Frau Töpfer dann, bitte. Oder wollte Herr Weiß noch vorher? –

Weiß (DJ): Ich denke, es sollte gewährleistet sein auf jeden Fall, und vielleicht sollte das dann hier auch in der Vorlage drinstehen, daß die **Unterlagen** auf jeden Fall **archiviert** sind. Dafür bin ich historisch interessiert genug, das sollte nicht verloren gehen. Aber ich stimme voll der Intention zu, den **schnellen Zugriff** oder auch den **gesetzlich ungeregelten Zugriff** unmöglich zu machen.

Mir kommt noch eine Frage: Bei diesen **Magnetbändern, Wechselplatten, Disketten, Kassetten** und so weiter handelt es sich um **magnetische Datenträger**. Ist die **physische Vernichtung** unbedingt notwendig, oder sind die nicht nach Löschung der Informationen für die **Volkswirtschaft nutzbar** zu machen?

Und ich habe auch Bedenken gegen die **Verbrennung**, denn bei der Verbrennung dieser Datenträger wird eine erhebliche **ökologische Belastung** zu verzeichnen sein.

Ziegler (Moderator): Ich muß daran erinnern, daß wir nach Möglichkeit nicht alles, was schon einmal hier besprochen worden ist, heute wiederholen. Es ist letztes Mal deutlich gesagt worden, daß das eben nicht geht – bloß löschen –, weil das dann wieder aufgeweckt werden kann oder reaktiviert werden kann.
Jetzt, Frau Brandenburg.

Frau Brandenburg (NF): Ich wollte nur sagen, daß die Festplatten nicht löschbar sind ...

Ziegler (Moderator): Ja – –

Frau Brandenburg (NF): – deswegen müssen sie wirklich zerstampft werden oder wie [auch] immer.

Ziegler (Moderator): Ja.
Herr Klein.

Klein (VL): Ich möchte hier noch einmal klar verdeutlichen, daß es sich hier um **geheimdienstliche Informationen mit personenbezogenen Daten** handelt und in diesem Zusammenhang wohl kaum die Rede davon sein kann, daß es sich

---

[41] Dieser Vortrag wurde schriftlich zu Protokoll des Zentralen Runden Tisches gegeben. Die in { } gesetzten Ausführungen wurden davon abweichend nur mündlich vorgetragen. In [ ] gesetzte Texte finden sich lediglich in der schriftlich zu Protokoll gegebenen Fassung.

hier um **historisch interessantes Material** handelt, sondern daß es [sich um] eine erstrangige Gefährdung, im Zusammenhang mit der offenen Frage, wer darauf Zugriff haben wird, handelt; es darüber hinaus hier ausschließlich um die Frage des **schnellen Zugriffs** ging, wenn die Datenträger vernichtet werden sollen, von denen hier die Rede ist. Und ich meine, daß man, wenn man jetzt über diese Frage entscheidet, sich an diesen Kriterien zu orientieren hat.

Ziegler (Moderator): Außerdem ist gesagt worden – – Also es ist schriftlich noch einmal vorhanden, hatten Sie doch gesagt. Also, wollen wir das doch festhalten, daß es hier wirklich um die aufgeführten technischen, **magnetischen Datenträger** geht.

Jetzt das Schlußwort für Frau Töpfer.

Frau Töpfer (FDGB): Ich kann ja nicht mehr viel sagen, denn von Herrn Brinksmeier ist das ja schon im wesentlichen gesagt worden. Und zwar möchte ich nur betonen, daß im ersten Punkt, die beiden letzten Zeilen, zur möglichen Vernichtung nur eine **Empfehlung** sind. Das muß natürlich im Einzelfall geprüft werden. Es ist aber von immenser Bedeutung, daß wenigstens der **sofortige Zugriff** zu diesen Akten, die ja noch schriftlich vorhanden sind, unterbrochen wird und damit auch die praktische Arbeit des MfS weiterhin unterbunden [wird].

Ziegler (Moderator): Ja, würden Sie bitte noch „am Ort ihrer Aufbewahrung" klären. Denn da war die Feuerwehr zitiert worden.

Frau Töpfer (FDGB): Ich bin doch dafür, sie möglichst „am Ort" – man kann ja „möglichst" einführen – zu vernichten, da sonst beim **Transport** möglich ist, daß viele **Unterlagen verlorengehen** oder diese Festplatten, die einen **immensen Wert für andere Nachrichtendienste** darstellen könnten und so, wieder unsere Sicherheit und unseren Datenschutz beeinträchtigen.

Ziegler (Moderator): Also, Sie sind nicht für Streichung aus diesem Grund? Nun ist gesagt worden „möglichst". Das würden Sie einfügen?

Frau Töpfer (FDGB): „Grundsätzlich". Ich würde einfügen „grundsätzlich", das heißt: wenn nicht andere Dinge das erforderlich machen.

Ziegler (Moderator): Also, das verstehen wieder bloß Juristen, weil „grundsätzlich" heißt: es ist natürlich doch etwas anderes möglich, nicht? Aber Sie – –

Frau Töpfer (FDGB): – „möglichst" –

Ziegler (Moderator): – „möglichst". So, danke.

Ich möchte jetzt zur Abstimmung kommen. Wir müssen auch zum Schluß der Sitzung kommen. Es ist 21.04 Uhr. Gibt es noch Anfragen? – Das ist jetzt nicht der Fall.

Dann frage ich, wer dieser **Vorlage 13/34 [AG „Recht" und AG „Sicherheit": Zur physischen Vernichtung magnetischer Datenträger des MfS/AfNS]**, die zurückgreift auf die letzte Verhandlung – wer der zustimmt? – Mehrheit. Gegenstimmen? – Enthaltungen? – Das ist einstimmig angenommen.

TOP 17: Ökologie

Wir haben jetzt nur noch den **Antrag**, wir sind gleich am Ende, 13/36 **[Antrag AG „Ökologischer Umbau": Beteiligung des Runden Tisches am Nationalen Ökologischen Forschungsprojekt]**. Wir danken erst einmal Frau Töpfer.

[Vorlage] 13/36. Hier geht es lediglich um die Forderung, daß die **Arbeitsgruppe „Ökologischer Umbau"** bei der Erarbeitung eines Forschungsprojektes nationaler ökologischer Art unmittelbar einbezogen wird. Ich erinnere an das, was im Blick auf Greifswald Herr Platzeck heute früh mitgeteilt hat. Wer bringt das ein?

Herr Möller von der National-Demokratischen Partei.

Möller (NDPD): Ich hoffe, daß mir nicht geschieht, was das Sprichwort von dem sagt, der zuletzt kommt.

Ziegler (Moderator): Sie sind der Vorletzte.

Möller (NDPD): Oh, oh, Glück gehabt. Ich möchte den Antrag kurz begründen. Der Runde Tisch hat auf seiner Sitzung am 29. Januar übereinstimmend dahingehend entschieden, daß die ökologischen Forschungsprogramme unter Mitarbeit von Vertretern der Arbeitsgruppe „Ökologischer Umbau" entwickelt werden. Die letzte Beratung der Arbeitsgruppe, die am vergangenen Freitag stattfand, mußte feststellen, daß wir bis heute keine Kenntnis von den in Vorbereitung befindlichen Forschungsprojekten oder Konzeptionen haben. Daraufhin haben die dort vertretenen Parteien, Organisationen und Gruppierungen sich einstimmig zu dem hier vorliegenden Antrag **[Vorlage 13/36]** entschieden, den ich verlesen möchte:

> **[Vorlage 13/36, Antrag AG „Ökologischer Umbau": Beteiligung des Runden Tisches am Nationalen Ökologischen Forschungsprojekt]**
>
> Der Runde Tisch möge beschließen:
>
> Die am Runden Tisch vertretenen Parteien, Organisationen und Gruppierungen mißbilligen die konzeptionelle Arbeit der Regierung im Geschäftsbereich des Ministers für Wissenschaft und Technik.
>
> Die Regierung wird aufgefordert, unverzüglich dafür Sorge zu tragen, daß Vertreter der Arbeitsgruppe „Ökologischer Umbau" des Runden Tisches in die Erarbeitung des Nationalen Ökologischen Forschungsprojektes unmittelbar einbezogen werden.

Das genannte Forschungsprojekt ist neu im Bereich des Ministers und trägt die Nummer 13.

Danke schön.

Ziegler (Moderator): Gibt es dazu Wortmeldungen? – Dann möchte ich gleich darüber abstimmen lassen. Wer stimmt diesem Antrag zu? – Danke, das ist die Mehrheit. Gegenstimmen? – Enthaltungen? – Keine Enthaltung.

Wir haben jetzt als letztes den bereits diskutierten Antrag noch einmal in überarbeiteter Fassung zu nehmen. **Anlage zu 13/15** steht hier drauf. Das ist aber der überarbeitete **Antrag 13/15 [,Antrag GP, GL: Zum Fleischexport]**.

Ich glaube, Herr Dr. Lucht bringt das ein, ja?

Ökologie

Lucht (GL): Ja, in Abänderung zum zweiten Teil der **Vorlage 13/15** möchte ich hier folgenden Beschlußantrag verlesen:

> [**Vorlage 13/15a, Antrag GP, GL: Zum Fleischexport**]
>
> Der Runde Tisch möge beschließen:
>
> Es ist unverzüglich ein von den Ministerien für Land-, Forst- und Nahrungsgüterwirtschaft sowie Naturschutz-, Umweltschutz und Wasserwirtschaft getragenes Expertengremium zu bilden, das alle Anlagen zur Massentierhaltung
>
> a) hinsichtlich ihrer ökonomischen Rentabilität,
>
> b) hinsichtlich ihrer Umweltbelastung
>
> bewertet. Davon ausgehend ist zu jeder Anlage ein neuer umweltverträglicher Tierbestand festzulegen, wobei die Verringerung voll zu Lasten des Exportes geht.
>
> Ergeben sich daraus Auswirkungen auf die Beschäftigtenzahl, ist ein Sozialprogramm zu erarbeiten.
>
> Die Exportstrategie der DDR für Fleisch ist hinsichtlich der erreichten Rentabilität generell zu überprüfen.

Danke.

Ziegler (Moderator): Wir danken für die Einbringung. Diskutiert wurde darüber bereits, aber es meldet sich Herr Junghanns.

Junghanns (DBD): Ja, ich möchte noch um eine Streichung bitten. Der Halbsatz hinter „festzulegen", „wobei die Verringerung voll zu Lasten des Exportes geht".- Ja, das hängt von der Situation ab. Man muß sich doch die **Verfügbarkeit** innerhalb der **Exportstrategie** der Landwirtschaft, das kam vorhin zum Ausdruck, offenhalten. Was vorher gestellt ist von der „ökonomischen Rentabilität, hinsichtlich der Umweltbelastung" bis hin im letzten Satz: „Die Exportstrategie ist hinsichtlich der Rentabilität generell zu prüfen", sagt eigentlich alles aus, das läßt alle Möglichkeiten diesbezüglich offen. Aber die generelle Festlegung, **Tierbestandsreduzierungen** auch generell **in Exportreduzierungen umzuwandeln,** sind für uns Konstruktionen, die nicht miteinander gehen können.

Ziegler (Moderator): Also, Sie beantragen die Streichung dieses Halbsatzes. Gibt es weitere Wortmeldungen? –
Ja, Herr Lucht.

Lucht (GL): Ja, ich will dazu nur sagen: Wenn natürlich bei Verringerung die **Eigenversorgung der Bevölkerung** gesichert ist, dann haben wir nichts gegen diese Streichung. Das wäre Voraussetzung.

Ziegler (Moderator): Ja. Also, es gibt jetzt keine weiteren Wortmeldungen. Dann lassen wir jetzt den Abänderungsantrag – – Sie stimmen zu, Herr Lucht, ja? Na, dann brauchen wir ja gar nicht darüber abzustimmen. Das ist ja noch besser.
Danke schön.

Ich frage also, wer dem Antrag in dieser Fassung, – das müßte eigentlich heißen **13/15a**, aber damit wir es jetzt nur wissen: jetzt steht da „Anlage" –, wer diesem zustimmt, den bitte ich um das Handzeichen. – Danke schön, das ist die Mehrheit. Gegenstimmen? – Keine. Enthaltungen? – Keine.

Wir haben das Fernsehen überlebt. Die haben schon abgeschaltet. Daß Sie überlebt haben, dazu kann ich Sie nur beglückwünschen. Ermahnungen helfen nichts, denn wir haben so oft ermahnt, das zu lassen mit den Einzelanträgen. Es wird uns dann hoffentlich gelingen, wenigstens noch die drei Sitzungen zu überstehen.

Herr Stief hat nun noch zwei Wortmeldungen.

Stief (NDPD): – keine Wortmeldung. Ich habe nur eine Frage, daß wir gleich eine Bemerkung anschließen wegen der **Prioritätenkommission,** wann die wieder tagt.

Ziegler (Moderator): Das kommt jetzt. Nein, nein, das kommt.
Herr Wilkening.

Wilkening (CDU): Ja, meine Bemerkung wird hoffentlich in diesem Fall ausnahmsweise einmal die Zustimmung aller finden, nämlich wenn ich den Moderatoren, die ja bei dieser Marathonsitzung wohl den größten Kraftakt zu leisten hatten, dafür auch sehr herzlich danke.

[Anhaltender Beifall]

Ziegler (Moderator): Ja, zu spät, zu spät, zu spät: Wir müssen uns beschweren: Das Fernsehen ist nicht mehr da.[42]

Also, die Prioritätengruppe kann heute nicht mehr tagen. Aber ich bitte, damit wir uns kurz verständigen, nur noch wieder hier diese fünf Minuten zum Termin, daß wir es machen hierherzukommen. Danke. Kommen Sie gut nach Hause.

Die Sitzung ist beendet.

[Schluß der Sitzung gegen 21.45 Uhr]

---

[42] Siehe dazu das Dokument 13/16 im Anlagenband.